2017 年 12 月 28 日，人力资源社会保障部部长尹蔚民出席全国人力资源和社会保障工作会议并讲话。

2017 年 11 月 14 日，人力资源社会保障部部长尹蔚民到云南大理文化旅游青年创新创业孵化示范园调研。

2017 年 3 月 16 日，在习近平主席和沙特国王萨勒曼的见证下，人力资源社会保障部部长尹蔚民在人民大会堂与沙特劳动和社会发展大臣阿里·纳赛尔·艾尔加菲斯共同签署《中华人民共和国人力资源和社会保障部与沙特劳动和社会发展部劳动领域合作谅解备忘录》。

2017 年 6 月 2 日，人力资源社会保障部纪检组组长耿文清与新任职副司级领导干部进行集体廉政谈话。

2017 年 9 月 1 日，人力资源社会保障部纪检组组长耿文清到山西省天镇县调研。

2017 年 11 月 14 日，人力资源社会保障部副部长、国家外国专家局局长张建国出席国家外国专家局学习宣传贯彻党的十九大精神报告会并讲话。

2017 年 9 月 30 日，人力资源社会保障部副部长、国家外国专家局局长张建国到中国商用飞机有限责任公司调研。

2017 年 1 月 20 日，人力资源社会保障部副部长傅兴国出席全国公务员管理工作会议并讲话。

2017 年 6 月 16 日，人力资源社会保障部副部长傅兴国到吉林省白山市人力资源社会保障局职业技能培训公共实训基地建设现场调研。

2017 年 5 月 9 日，人力资源社会保障部副部长邱小平出席调解仲裁和劳动监察工作能力建设座谈会。

2017 年 3 月 31 日，人力资源社会保障部副部长邱小平到重庆庆铃汽车有限公司就国有企业工资改革问题进行调研。

2017 年 4 月 14 日，人力资源社会保障部副部长汤涛出席全国职业能力建设工作座谈会并讲话。

2017 年 8 月 16 日，人力资源社会保障部副部长汤涛到南京反高科技考试作弊交流现场调研。

2017 年 2 月 14 日，人力资源社会保障部副部长孔昌生主持人力资源社会保障部享受国务院特殊津贴人员颁奖座谈会。

2017 年 1 月 11 日，人力资源社会保障部副部长孔昌生在清华大学出席二十国集团创业研究中心成立仪式。

2017 年 6 月 22 日，人力资源社会保障部副部长游钧主持全国“互联网 + 人社”推进座谈会。

2017 年 5 月 25 日，人力资源社会保障部副部长游钧将第 10 亿张社会保障卡亲手交到河北省邯郸市馆陶县寿东村 16 岁学生宁洁手中。

2017 年 9 月 1 日，人力资源社会保障部副部长张义珍出席高校毕业生就业创业工作电视电话会议并讲话。

2017 年 11 月 8 日，人力资源社会保障部副部长张义珍到江西省开展就业扶贫工作调研。

2017 年 6 月 30 日，人力资源社会保障部副部长吴道槐主持推动返乡创业工作电视电话会议。

2017 年 5 月 6 日，人力资源社会保障部副部长吴道槐在乌鲁木齐出席第四届部分大中城市联合招聘高校毕业生春季活动新疆现场招聘会启动仪式。

2017 年 5 月 18 日，人力资源社会保障部部长尹蔚民出席二十国集团劳工就业部长会议，并在会上作了题为《携手应对挑战　塑造劳动世界的美好未来》的主旨发言。

2017 年 5 月 19 日，人力资源社会保障部部长尹蔚民与西班牙王国就业和社会保障大臣法蒂玛・巴内兹・加西亚签署《中华人民共和国和西班牙王国社会保障协定》。

2017 年 6 月 12 日，人力资源社会保障部副部长游钧出席第 106 届国际劳工大会，并以“积极促进绿色就业”为题作大会发言。

2017 年 7 月 24 日，人力资源社会保障部副部长张义珍出席在广西南宁召开的东盟+3（中日韩）“一带一路”就业服务国际研讨会并致辞。

2017 年 7 月 27 日，人力资源社会保障部部长尹蔚民出席在重庆召开的金砖国家劳工就业部长会议并致辞。

2017 年 10 月 13 日，世界技能组织全体成员大会在阿联酋阿布扎比宣布，2021 年第 46 届世界技能大赛将在中国上海举办。

2017 年 11 月 1 日，人力资源社会保障部部长尹蔚民会见应邀来访的白俄罗斯劳动和社会保障部部长科斯塔耶维奇 · 伊琳娜 · 安纳托利耶夫娜一行。

2017 年 11 月 30 日，人力资源社会保障部部长尹蔚民会见香港特别行政区政务司司长张建宗一行。

当地时间 2017 年 10 月 19 日晚，第 44 届世界技能大赛在阿联酋阿布扎比闭幕。中国代表团在本次大赛中参加了 47 个项目比赛，获得了 15 枚金牌、7 枚银牌、8 枚铜牌和 12 个优胜奖，取得了中国参加世界技能大赛以来的最好成绩。

2017 年 3 月 2 日，人力资源社会保障部和湖北省人民政府在北京签署《共同推进湖北技能强省战略工程备忘录》。

2017 年 3 月 10 日，人力资源社会保障部召开深化职称制度改革工作部署电视电话会议。

2017 年 3 月 23 日，全国行政机关公务员培训工作会议在重庆召开。

2017 年 3 月 23 日，人力资源社会保障部在北京召开全国就业工作座谈会。

2017 年 8 月 25 日，由中央组织部、人力资源社会保障部、国家公务员局共同组织的 2017 年中央机关初任培训新录用公务员宣誓仪式暨公务员先进事迹报告会在全国政协礼堂举行。

2017 年 9 月 7 日，全国医疗（生育）保险工作座谈会暨深化医保支付方式改革部署会在哈尔滨召开。

2017 年 10 月 26 日，人力资源社会保障部党组召开学习贯彻党的十九大精神扩大会议。

2017 年 12 月 13 日，人力资源社会保障部会同国家解决企业拖欠工资问题部际联席会议成员单位召开做好 2018 年春节前保障农民工工资支付工作视频会议。

2017 年 12 月 28 日，全国人力资源和社会保障工作会议在北京召开。

中国人力资源和社会保障
年　鉴
（文献卷）

CHINA HUMAN RESOURCES AND SOCIAL SECURITY YEARBOOK

2018

中国劳动社会保障出版社
中国人事出版社

图书在版编目(CIP)数据

中国人力资源和社会保障年鉴. 2018：文献卷、工作卷/人力资源和社会保障部组织编写. -- 北京：中国劳动社会保障出版社：中国人事出版社，2019

ISBN 978-7-5167-3769-9

Ⅰ.①中… Ⅱ.①人… Ⅲ.①人力资源管理-中国-2018-年鉴②社会保障-中国-2018-年鉴 Ⅳ.①F249.21-54②D632.1-54

中国版本图书馆 CIP 数据核字(2018)第 263185 号

中国劳动社会保障出版社
中 国 人 事 出 版 社 **出版发行**

(北京市惠新东街 1 号 邮政编码：100029)

*

北京新华印刷有限公司印刷装订 新华书店经销

880 毫米×1230 毫米 16 开本 59 印张 1.25 彩色印张 1436 千字

2019 年 3 月第 1 版 2019 年 3 月第 1 次印刷

定价：498.00 元

读者服务部电话：(010) 64929211/84209101/64921644

营销中心电话：(010) 64962347

出版社网址：http://www.class.com.cn

《中国人力资源和社会保障年鉴》
编辑委员会成员

《中国人力资源和社会保障年鉴》
编辑部成员

编辑说明

一、《中国人力资源和社会保障年鉴（2018）》是关于人力资源和社会保障工作的专业性史料工具书。本年鉴收录了2017年度我国人力资源社会保障工作重要文献、资料和数据，记录了2017年度我国人力资源社会保障事业发展概况，客观反映了人力资源社会保障工作改革发展成就、经验以及今后需要继续研究解决的问题。本年鉴是对党政机关领导干部和各部门工作人员、人力资源社会保障系统工作者、企业领导和人力资源管理者，以及人力资源社会保障科研理论工作者有价值的参考用书和工具书。

二、本年鉴分文献卷、工作卷两卷。文献卷包括人力资源和社会保障重要文献、人力资源和社会保障大事记。工作卷包括人力资源和社会保障工作概览、全国人力资源和社会保障工作、地方人力资源和社会保障工作、人力资源和社会保障统计资料。

三、本年鉴中，全国人力资源和社会保障工作分为28个部分：就业工作、人力资源市场建设与管理、职业能力建设、军转安置、专业技术人才工作、事业单位人事管理、公务员管理、城镇职工养老保险、失业保险、医疗保险、工伤保险、生育保险、城乡居民基本养老保险、社会保险经办管理、社会保险基金监管、劳动关系、劳动人事争议调解仲裁、机关事业单位工资福利离退休工作、农民工工作和发展家庭服务业促进就业及人社扶贫工作、法治建设、劳动保障监察、规划统计、信息化建设、科学研究、窗口单位作风建设与干部教育培训和评比表彰、新闻宣传政务信息报刊与出版、国际及与港澳台地区交流合作、社团活动；地方人力资源和社会保障工作47篇。

《中国人力资源和社会保障年鉴（2018）》的编辑出版是在全国人力资源社会保障系统的共同努力下完成的。在此，向所有参加编辑出版工作的领导和同志表示衷心的感谢。

《中国人力资源和社会保障年鉴》编辑部

2018年10月

目　录

文献卷

人力资源和社会保障重要文献

一、党和国家领导人关于人力资源和社会保障工作的活动和讲话

二、人力资源和社会保障部领导的讲话

三、重要文件

（一）中共中央、国务院文件

人力资源和社会保障大事记

工作卷

人力资源和社会保障工作概览

全国人力资源和社会保障工作

地方人力资源和社会保障工作

统计资料

文献卷

人力资源和社会保障重要文献

一、党和国家领导人关于人力资源和社会保障工作的活动和讲话

习近平提出，提高保障和改善民生水平，加强和创新社会治理（节选）

习近平同志在十九大报告中提出，提高保障和改善民生水平，加强和创新社会治理。

他说，要抓住人民最关心最直接最现实的利益问题，既尽力而为，又量力而行，一件事情接着一件事情办，一年接着一年干。坚持人人尽责、人人享有，坚守底线、突出重点、完善制度、引导预期，完善公共服务体系，保障群众基本生活，不断满足人民日益增长的美好生活需要，不断促进社会公平正义，形成有效的社会治理、良好的社会秩序，使人民获得感、幸福感、安全感更加充实、更有保障、更可持续。

提高就业质量和人民收入水平。要坚持就业优先战略和积极就业政策，实现更高质量和更充分就业。大规模开展职业技能培训，注重解决结构性就业矛盾，鼓励创业带动就业。提供全方位公共就业服务，促进高校毕业生等青年群体、农民工多渠道就业创业。破除妨碍劳动力、人才社会性流动的体制机制弊端，使人人都有通过辛勤劳动实现自身发展的机会。完善政府、工会、企业共同参与的协商协调机制，构建和谐劳动关系。坚持按劳分配原则，完善按要素分配的体制机制，促进收入分配更合理、更有序。鼓励勤劳守法致富，扩大中等收入群体，增加低收入者收入，调节过高收入，取缔非法收入。坚持在经济增长的同时实现居民收入同步增长、在劳动生产率提高的同时实现劳动报酬同步提高。拓宽居民劳动收入和财产性收入渠道。履行好政府再分配调节职能，加快推进基本公共服务均等化，缩小收入分配差距。

加强社会保障体系建设。全面建成覆盖全民、城乡统筹、权责清晰、保障适度、可持续的多层次社会保障体系。全面实施全民参保计划。完善城镇职工基本养老保险和城乡居民基本养老保险制度，尽快实现养老保险全国统筹。完善统一的城乡居民基本医疗保险制度和大病保险制度。完善失业、工伤保险制度。建立全国统一的社会保险公共服务平台。统筹城乡社会救助体系，完善最低生活保障制度。坚持男女平等基本国策，保障妇女儿童合法权益。完善社会救助、社会福利、慈善事业、优抚安置等制度，健全农村留守儿童和妇女、老年人关爱服务体系。发展残疾人事业，加强残疾康复服务。坚持房子是用来住的、不是用来炒的定位，加快建立多主体供给、多渠道保障、租购并举的住房制度，让全体人民住有所居。

坚决打赢脱贫攻坚战。要动员全党全国全社会力量，坚持精准扶贫、精准脱贫，坚持中央统筹省负总责市县抓落实的工作机制，强化党政一把手负总责的责任制，坚持大扶贫格局，注重扶贫同扶志、扶智相结合，深入实施东西部扶贫协作，重点攻克深度贫困地区脱贫任务，确保到二〇二〇年我国现行标准下农村贫困人口实现脱贫，贫困县全部摘帽，解决区域性整体贫困，做到脱真贫、真脱贫。

习近平强调，党的一切工作必须以最广大人民根本利益为最高标准。要坚持把人民群众的小事当作自己的大事，从人民群众关心的事情做起，从让人民群众满意的事情做起，带领人民不断创造美好生活。（新华社北京 2017 年 10 月 18 日电）

上海获得2021年第46届世界技能大赛举办权 习近平在申办陈述阶段通过视频发表致辞（节选）

10月13日，在阿联酋阿布扎比举行的世界技能组织全体成员大会一致决定，2021年第46届世界技能大赛在中国上海举办。

当地时间13日下午，在大会确定上海取得举办权前，国家主席习近平通过视频向大会致辞，代表中国政府和中国人民表达对上海市举办第46届世界技能大赛的坚定支持，承诺上海一定能为世界奉献一届富有新意、影响深远的世界技能大赛。

习近平指出，世界技能大赛在中国举办，将有利于推动中国同各国在技能领域的交流互鉴，带动中国全国民众尤其是近2亿青少年关注、热爱、投身技能活动，让中国人民有机会为世界技能运动发展作出贡献。中国政府高度赞赏世界技能组织的发展宗旨，愿意积极参与各项活动，继续为全球减贫和可持续发展作出更大贡献。中国政府将全面兑现每一项承诺，全方位践行世界技能组织2025战略。（新华社北京2017年10月13日电）

李克强在第十二届全国人民代表大会第五次会议上作政府工作报告（节选）

今年发展的主要预期目标是：国内生产总值增长 6.5%左右，在实际工作中争取更好结果；居民消费价格涨幅 3%左右；城镇新增就业 1 100 万人以上，城镇登记失业率 4.5%以内；进出口回稳向好，国际收支基本平衡；居民收入和经济增长基本同步；单位国内生产总值能耗下降 3.4%以上，主要污染物排放量继续下降。

今年的经济增长预期目标，符合经济规律和客观实际，有利于引导和稳定预期、调整结构，也同全面建成小康社会要求相衔接。稳增长的重要目的是保就业、惠民生。今年就业压力加大，要坚持就业优先战略，实施更加积极的就业政策。城镇新增就业预期目标比去年多 100 万人，突出了更加重视就业的导向。从经济基本面和就业吸纳能力看，这一目标通过努力是能够实现的。

去产能必须安置好职工，中央财政专项奖补资金要及时拨付，地方和企业要落实相关资金与措施，确保分流职工就业有出路、生活有保障。

持续推进大众创业、万众创新。“双创”是以创业创新带动就业的有效方式，是推动新旧动能转换和经济结构升级的重要力量，是促进机会公平和社会纵向流动的现实渠道，要不断引向深入。新建一批“双创”示范基地，鼓励大企业和科研院所、高校设立专业化众创空间，加强对创新型中小微企业支持，打造面向大众的“双创”全程服务体系，使各类主体各展其长、线上线下良性互动，使小企业铺天盖地、大企业顶天立地，市场活力和社会创造力竞相迸发。

大力促进就业创业。完善就业政策，加大就业培训力度，加强对灵活就业、新就业形态的支持。今年高校毕业生 795 万人，再创历史新高，要实施好就业促进、创业引领、基层成长等计划，促进多渠道就业创业。落实和完善政策，切实做好退役军人安置工作。加大就业援助力度，扶持城镇困难人员、残疾人就业，确保零就业家庭至少有一人稳定就业。我们必须牢牢抓住就业这一民生之本，让人们在劳动中创造财富，在奋斗中实现人生价值。

推进健康中国建设。城乡居民医保财政补助由每人每年 420 元提高到 450 元，同步提高个人缴费标准，扩大用药保障范围。在全国推进医保信息联网，实现异地就医住院费用直接结算。完善大病保险制度，提高保障水平。

织密扎牢民生保障网。继续提高退休人员基本养老金，确保按时足额发放。综合运用法律、行政、经济等手段，锲而不舍解决好农民工工资拖欠问题，决不允许他们的辛勤付出得不到应有回报。（新华社北京 2017 年 3 月 16 日电）

李克强在国家科学技术奖励大会上的讲话（节选）

我们要深化科技体制改革，充分调动科技人员积极性。人才是科技创新最关键的因素。必须充分尊重科技人才，保障科技人才权益，最大限度激发科技人才的创造活力。要深入推进科技领域简政放权、放管结合、优化服务改革，推行科研管理清单制度，实施更加方便简约有效的规则，赋予科研院所和高校更大的科研自主权，赋予创新领军人才更大的人财物支配权。要加大成果处置、收益分配、股权激励、人才流动、兼职兼薪等政策落实力度，使创新者得到应有荣誉和回报，增强科技人员的持久创造动力。

我们要推动大众创业、万众创新，着力激发全社会创新潜能。人民群众是历史的创造者，也是推动创新的根本力量。我们有1.7亿多受过高等教育或拥有专业技能的人才，蕴藏着巨大的创新潜能，这是我国发展用之不竭的最大"富矿"。要不拘一格用好各方面创新人才，集众智、汇众力，提高社会创新效率。既要支持专业人才在创新上不断突破，也要激发普通民众的创造潜力；既要支持本土人才勇攀高峰，也要吸引海归人才、外国人才来华创业创新。我们要以海纳百川、求贤若渴的气度，为各类创新人才施展才华提供更大空间、更广阔的舞台。（中国政府网，2017年1月9日）

在十二届全国人大五次会议记者会上李克强答中外记者问（节选）

可能稍加注意你们就会发现，在政府工作报告所提出的主要经济社会发展指标当中，有一项是抬高的，那就是今年我们要新增城镇就业1 100万人以上，比去年的目标增加100万人。我们之所以要有6.5%左右的经济增速，稳增长主要还是要保就业。因为就业对我们这样一个13亿多人口的大国来说是最大的民生。就业是经济发展的基础，是财富增长的来源，也是居民收入的主渠道。我们这几年一直在实施积极的就业政策，已经连续4年实现新增城镇就业1 300万人以上，今年更是强调就业优先，就是要保证能够实现比较充分的就业，把失业率控制在较低的水平。

这几年我们一直处在新成长劳动力的高峰，今年的就业压力仍然比较大，光高校毕业生就达795万，创历史新高，还有500万左右的中职毕业生，加上去过剩产能需要安置几十万转岗职工等等。我们要营造有利于创业就业的环境，不是靠政府去提供“铁饭碗”，而是让人民群众用劳动和智慧去创造或者说打造“金饭碗”。这几年我们就是通过创造岗位，实现了比较充分的就业。这里，我想请外国记者朋友能够多报道中国的就业岗位是靠自己创出来的。

我们完全有能力扩大就业，不会也不允许出现大规模群体性失业，对于一时不能就业、生计没有着落的群众，政府会负起责任，保障他们的基本生活。

“双创”可以说是应运而生，在全球化、“互联网＋”的时代，我们推动“放管服”改革，促进了大众创业、万众创新。这3年多来，每天平均有4万个以上市场主体注册登记，相当于每年新增1 000多万个。我和有些外国的领导人谈到这件事，他们很惊讶，这相当于他们国家中小微企业的总量。其实“双创”不仅是中小微企业的事，也是大企业的事，现在许多大企业也在推动“双创”，在线上创造很多众创空间，让线上的工人当创客，和订单背后的市场需求结合起来，更适应消费者的需要。“双创”覆盖了一二三产业、大中小企业，有着很强的生命力。

“双创”不仅带动了大量就业，促进创新驱动发展战略深入实施，它也是一场改革，因为它抓住了“人”这个生产力当中最重要的因素，让人的聪明才智和活力充分展现出来，让大家有改变命运、获得纵向上升的平等机会。它也创新了生产模式，许多新业态，像共享经济、“互联网＋”等等，可以说层出不穷，这些新业态有的是新旧动能转换过程当中产生的，新旧嫁接，有的是“老树开新花”，总的看它适应了市场的需求，适应了消费者个性化、多样化的要求。

我一直在想，也一直这么认为，中国有1.7亿受过高等教育和拥有高技能的人才，与近8亿的劳动力结合起来，能创造的财富，激发的能量是难以估算的，也会给市场，包括世界市场带来巨大的机遇。中国人民勤劳智慧，有着追求美好生活的不竭动力，政府就是要创造环境，让人民群众创业创新的热情持久不衰。当然“双创”和许多新事物一样，发展过程当中一些方面、一些企业会遇到曲折，但是大方向是正确的。

去年，我们推动供给侧结构性改革的一个重要任务就是化解钢铁、煤炭行业的过剩和落后产能，我们最关心的就是在去产能过程中如何安置好职工。所以中央财政拿了 1 000 亿元专项资金用于员工转岗安置，并且要求地方政府配套。去年，有 72 万多去过剩产能过程中的职工得到了妥善安置，当然，还有一些职工因为多种因素没有到新的就业岗位上，包括有的职工和企业有比较深的感情，想多留一段，但他们的生活都是有着落的。

今年去产能还要扩大到煤电领域，加上去年一些还没安置的职工，累计可能会有近百万人需要安置。我们的办法还是创造新的岗位，因为我们在推动发展新动能。刚才我讲了“双创”带动了大量新的就业，实际上也转移了许多传统动能的就业，新旧动能转换为传统产业带来了新的活力和生机，催生了新的就业岗位。当然我们没有掉以轻心，还会继续运用好专项基金，并要求地方政府做好配套。同时，企业也要尽社会责任。

如果你是一名煤矿工人，这个矿被淘汰，或者暂时停产了，我看你有很强的、灵活的就业能力，我建议你到新动能企业去，或者到老动能中产生的新职业中去。而且中国很多企业是有企业文化的，他们对老职工有感情，去新岗位就业了，企业仍然还会给一些补贴，扶上马、送一程。总而言之，把职工安置好，是我们推进供给侧结构性改革、推动化解和淘汰过剩产能中最关键的问题。（新华社北京 2017 年 3 月 15 日电）

李克强在全国深化简政放权放管结合优化服务改革电视电话会议上的讲话（节选）

为促进就业创业降门槛。对我们这样一个拥有13亿多人口的大国来说，就业不仅是民生之本，也是经济发展之基。今年的就业压力仍然很大，高校毕业生有795万，中专毕业生500万，复转退役军人60多万，共计有1 500多万城镇新增就业人口，还有近百万去产能分流职工需要安置。如果不能实现充分就业，怎么能创造财富？怎么能保持社会和谐稳定？目前一些发达国家的失业率将近20%，有的国家35岁以下青年的失业率甚至高达40%，成为引发社会动荡的不稳定因素。我们必须进一步采取措施营造促进就业创业的环境，继续实现比较充分的就业。

这里要特别强调，大众创业、万众创新是稳定和扩大就业的重要支撑，是推动新旧动能转换和结构升级的重要力量，是促进社会纵向流动和社会公平的重要渠道，也有利于引导人民群众特别是青年人通过努力奋斗实现自身价值。现在，“双创”理念和行动不仅在国内成为普遍共识，也得到国际社会认可。前不久，国务院批准再新建一批“双创”示范基地，推动“双创”迈向更高层次和水平，这对“放管服”改革提出了更高的要求。要进一步采取措施，推动在“双创”中实现一二三产业相互渗透、大中小企业融通发展，让更多小微企业在市场竞争中发展壮大，让传统企业包括央企，通过生产、管理、分配和创新模式等变革焕发新活力。据统计，现在新成长企业，包括“双创”企业、小微企业以及大企业里的“双创”平台等，容纳的新增就业达95%以上。对方兴未艾的新产业、新业态、新模式，要善于倾听市场主体和群众的呼声，在实施放权松绑的同时，积极探索包容审慎监管，对于那些看得准、有发展前景的，要量身定制适当的监管模式，促进其规范健康成长；对一时看不准的，可以先观察一段时间，为新兴生产力成长打开更大空间。（中国政府网，2017年6月29日）

李克强在第十一届夏季达沃斯论坛开幕式上的致辞（节选）

我们坚持把就业置于发展优先位置。就业是包容性增长的根本。没有比较充分的就业，就谈不上包容性增长，增加收入、创造社会财富也就成了无本之木。中国有9亿多劳动力，每年有1 300万左右大中专毕业生，还有大量农业富余劳动力需要向城镇转移。我们把就业作为衡量经济运行状况的关键指标，稳增长主要是为了保就业。坚持实施积极的就业政策，着力扩总量、抓重点、扶弱困。鼓励以创业带动就业，实施大学毕业生就业促进计划，支持农民工返乡创业，帮助去产能分流职工、城镇困难人员、残疾人等就业，确保零就业家庭至少有一人稳定就业。过去几年，中国城镇每年新增就业超过1 300万人，城镇调查失业率保持在5%左右。有国际权威机构进行多项发展指标综合评估，将中国就业表现列为世界第一。同时，居民收入增长与经济增速保持同步，基尼系数逐步缩小，中等收入群体稳步扩大。这对一个13亿多人口的发展中大国来说，是一项了不起的成就，也是对包容性增长的重要贡献。

我们持续扩大全社会创业创新参与度。这也是拓展就业渠道。人人参与、人人尽力、人人享有，是包容性增长的核心要义，也是当代中国创业创新的显著特征。近年来，中国深入实施创新驱动发展战略，广泛开展大众创业、万众创新，厚植社会创业创新沃土，取得了超出预期的效果。中国的创业创新，是社会成员广泛参与的。不仅企业和科研单位在推进“双创”，越来越多的普通人也加入进来，八仙过海、各显神通。自2014年我们提出“双创”以来，三年间平均每天新增市场主体超过4万家，其中新登记企业近1.4万户，企业活跃度保持在70%左右，今年5月份每天新登记企业更是达到1.8万户。中国的创业创新，是各类主体协同推进的。我们打造开放共享的“双创”平台，各类创新主体携手合作，线上线下良性互动，聚众智、汇众力，使创业创新的成本更低、速度更快、效率更高。前些天，世界知识产权组织等机构发布了2017年全球创新指数排名，中国列第22位，较2013年上升13位，居中等收入经济体之首。中国的创业创新，是人民群众普遍受益的。我们对新产业、新业态、新模式，如电子商务、移动支付、共享单车，实行包容审慎监管方式，促进了其快速健康发展。这不仅便利了百姓生活，也增加了大量就业岗位。在去年全部新增就业中，新动能的贡献率达到70%左右。“双创”让更多人有了改变自身命运的机会，拓宽了社会纵向流动通道。中国的创业创新，有力促进了经济转型升级和竞争力提高。“双创”推动了新兴产业迅速发展，使很多传统产业焕发生机，壮大了发展新动能。去年中国分享经济市场规模达3.5万亿元，增长速度超过100%，有6亿人参与分享。中国的创业创新，因其“众”而成其快、成其势、成其强，是实现包容性增长的有效途径。

我们不断提升基本民生保障水平。中国是世界上最大的发展中国家，解决好十几亿人口的温饱、住房、教育、医疗等基本民生问题很不容易。通过艰苦努力，中国建立起了覆盖全民的基本养老、基本医疗、义务教育三张保障网。我们瞄准中低收入人群特别是贫困人口，想方设法改善他们的生产生活条件，着力实施农村脱贫攻坚、城镇棚户区改造等重大民生工程。过去30多年，中国有7亿多人口摆脱贫困，创造了人类减贫史上的奇迹。目前正在大力推进精准扶贫、精准脱贫，计划到2020年使剩余的4 000多万农村贫困人口实现脱贫。中国曾经有约1亿人生活在城镇棚户区，过去8年累计投入各类资金6万多亿元，改造棚户区房屋3 000多万套，让8 000多万居民住上新楼房，这相当于一个较大国家的人口总量。中国的包容性增长，使人民群众生活更好、更有尊严，使经济社会发展更有活力、更可持续。当然，中国还是一个发展中国家，推进全体人民共享发展成果、实现现代化，还有很长的路要走。

今年以来，中国经济延续了稳中向好的发展态势。一季度经济增长6.9%，经济效益明显改善，二季度主要经济指标继续向好。发电量、货运量、企业新订单明显增加，规模以上工业企业利润两位数增长。外汇储备回升，人民币汇率基本稳定。特别是就业形势比较好，5月份全国城镇调查失业率降到4.91%，处于多年来最低水平。近期，多家国际组织和研究机构上调对中国经济增长的预测值，认为中国发展新动能不断积聚，经济再平衡稳步推进，这反映出市场的乐观预期。（新华社大连2017年6月27日电）

李克强对2017年全国大众创业万众创新活动周作出重要批示强调 进一步培育融合协同共享的双创生态环境 促进新产业蓬勃发展新动能持续壮大新人才不断涌现

在2017年全国大众创业万众创新活动周开幕之际，中共中央政治局常委、国务院总理李克强作出重要批示。批示指出：全国大众创业万众创新活动周是创新创业者碰撞思想、交流成果、展示风采的重要平台。当前，双创与各行各业深度融合发展，精准对接市场需求与社会海量创新资源，有效激发了市场活力和社会创造力，加快推动了新旧动能转换，促进了机会公平和就业扩大。要继续认真贯彻党中央、国务院决策部署，落实新发展理念，以推进供给侧结构性改革为主线，深入实施创新驱动发展战略，进一步培育融合、协同、共享的双创生态环境，着力营造公平竞争市场秩序，着力完善包容审慎监管制度，着力构建大中小企业融通发展的新格局，推动数字经济、平台经济发展，努力取得更多高水平的双创成果，以新产业蓬勃发展、新动能持续壮大、新人才不断涌现为经济转型升级提供有力支撑。（中国政府网，2017年9月15日）

李克强在会见世界技能大赛中国选手时强调
做大国工匠　建制造强国

11月21日，中共中央政治局常委、国务院总理李克强在中南海亲切会见世界技能大赛上取得优异成绩的中国选手。他说，推动中国制造和服务迈上中高端、实现经济高质量发展，新一代青年技能人才肩负不可替代的使命。

李克强说，要全面深入贯彻落实党的十九大精神和部署，实施创新驱动发展战略，激发“双创”澎湃活力，弘扬工匠精神，这是推动中国经济转型升级的强大动能。在全面建成小康社会和全面建设社会主义现代化国家进程中，技能人才可以大有作为，也必将大有作为。

受李克强邀请，第44届世界技能大赛中国代表团全体团员来到国务院小礼堂。李克强与选手们握手祝贺，勉励他们“要努力做大国工匠，把在世界技能大赛上取得的历史性突破融入到日常工作中，带动各行业职业技能水平实现历史性突破”。

本届大赛今年10月在阿联酋阿布扎比举行，68个国家和地区的千余名选手参赛。我国52名选手平均年龄不到21岁。在运输与物流、结构与建筑技术、制造与工程技术等6大类47项比赛中，获得了15金7银8铜和12个优胜奖，金牌、奖牌和团体总分均居首位。这项被誉为“世界技能奥林匹克”的大赛将于2021年在上海举办。

在与团员们合影留念并参观参赛项目成果展后，李克强主持召开座谈会。李克强与大家交流，他说，中国经济要迈上中高端，劳动者的职业技能首先要迈上中高端，希望全国技能人才钻研技术，精益求精，在平凡的岗位做出不平凡的业绩，用勤劳和智慧创造更多社会财富和美好人生。

“质量之魂，存于匠心。中国青年有匠心，能始终不渝追求卓越，中国品牌走向世界就有大希望。”李克强说，“我们要让工匠精神渗入每件产品、每道工序，‘差不多就行’的心态要不得，以工匠精神支撑企业家精神，支撑制造强国建设。”

目前，我国技能人才已达1.65亿人，但技能人才的素质、规模、结构仍难以满足经济社会向更高水平发展的需要。

李克强指出，要深化改革，完善政策，加大培养投入，加快培养能力建设，努力造就技能型劳动者大军，实现从“向人口要红利”到“向人才要红利”的转变。

他强调，要大力解决技能人才发展渠道窄、待遇偏低等问题，让广大技能人才有实实在在的成就感、获得感。

马凯参加上述活动。（新华社北京2017年11月23日电）

张高丽在2017年全国大众创业万众创新活动周启动仪式上强调 强化创新驱动发展　扎实推进创新创业

中共中央政治局常委、国务院副总理张高丽9月15日出席在上海举办的2017年全国大众创业万众创新活动周启动仪式并讲话。

张高丽表示，党中央、国务院高度重视创新创业工作。习近平总书记指出，创新是社会进步的灵魂，创业是推进经济社会发展、改善民生的重要途径，创新和创业相连一体、共生共存。适应和引领经济发展新常态，推进供给侧结构性改革，根本要靠创新。李克强总理对深入推进创新创业也提出了要求。近年来，各地区各部门按照党中央、国务院决策部署，深入实施创新驱动发展战略，创新创业环境不断优化、投入持续增加、主体日益壮大、成果层出不穷，对发展的支撑引领作用显著增强，我国正在探索走上一条符合国情、富有特色的创新创业之路。

张高丽强调，推进创新创业是深化供给侧结构性改革的应有之义，是加快新旧发展动能转换的必然要求，是扩大就业的有效途径。要适应改革创新潮流，综合施策，多方发力，促进创新创业向更广范围、更深层次拓展。要大力推动体制机制改革，加强产权保护制度建设，破除不利于创新创业的制度障碍，降低创新创业的制度性交易成本。要大力提升科技创新能力，围绕经济竞争力的核心关键、社会发展的瓶颈制约、国家安全的重大挑战，强化基础研究和共性关键技术研究，在重要领域和关键环节实现重大突破。要大力培育发展新兴产业，推动信息化与工业化深度融合，深入实施“中国制造2025”，加强军民融合创新发展，形成更多新的产业集群。要大力培养、吸引和用好人才，加快发展现代职业教育，重视和支持青年创新创业，充分激发科研人员积极性，加快形成规模宏大的创新创业人才队伍。要大力扶持创新创业，加大财税、金融等政策支持，降低企业融资、用能、物流等成本，营造宽容失败、鼓励创新创业的氛围。

张高丽表示，推进创新创业事关国家未来，事关民族复兴。我们要切实增强“四个意识”，更加紧密地团结在以习近平同志为核心的党中央周围，坚定信心，真抓实干，深入实施创新驱动发展战略，以优异成绩迎接党的十九大胜利召开。

张高丽在启动仪式结束后参观了创新创业主题展览。韩正、万钢参加活动。

这次活动周由国家发展改革委牵头组成的活动周组委会主办，主题是“双创促升级，壮大新动能”。有关部委和地方政府负责同志、中外企业及创客代表等约300人参加了启动仪式。（新华社上海2017年9月15日电）

全国就业创业工作暨2017年普通高等学校毕业生就业创业工作电视电话会议召开 李克强作出重要批示 刘延东马凯出席并讲话

全国就业创业工作暨2017年普通高等学校毕业生就业创业工作电视电话会议10日在北京召开。会议传达了中共中央政治局常委、国务院总理李克强关于促进就业创业的重要批示，中共中央政治局委员、国务院副总理刘延东，中共中央政治局委员、国务院副总理马凯出席会议并讲话。

会议指出，要深入实施就业优先战略和更加积极的就业政策，狠抓就业创业各项新举措落地，突出重点，精准施策，促进经济发展扩大就业，推动创业创新带动就业，突出抓好高校毕业生等重点群体就业，加强职业培训提升就业能力，强化就业创业公共服务，全面完成今年城镇新增就业1 100万人以上、城镇登记失业率4.5%以内的目标任务，全力确保就业局势稳定，为保持经济平稳健康发展作出更大贡献。

会议强调，做好高校毕业生就业创业工作事关社会和谐稳定大局，各地区各有关部门各高校要主动服务国家战略和经济社会发展需求，提高就业指导和服务能力，加大帮扶力度，引导毕业生到先进制造业、战略性新兴产业、现代服务业、现代农业等领域就业创业，鼓励毕业生到基层工作。要强化理想信念教育，深化创新创业教育改革，以市场需求为先导，完善专业学科布局，加强招生、培养和就业联动，切实增强学生就业竞争力和创业能力。（新华社北京2017年5月10日电）

马凯在国务院农民工工作领导小组会议上强调
加强培训　促进就业　治欠保支　保障权益

国务院农民工工作领导小组第五次全体会议1月20日在北京召开。中共中央政治局委员、国务院副总理马凯主持会议并讲话。

马凯充分肯定了农民工工作取得的积极进展。他指出，要认真落实习近平总书记和李克强总理重要指示批示精神，坚持稳中求进工作总基调，牢固树立和贯彻落实新发展理念，以有序推进农民工市民化为目标，以新生代农民工为重点对象，扎实做好为农民工服务工作，以优异成绩迎接党的十九大胜利召开。

马凯强调，要以新生代农民工为重点，大力促进农民工就业创业，实施“技能培训促就业行动”，多渠道、广领域为他们创造就业机会，统筹做好农民工返乡创业和就业扶贫工作。要以治欠保支为重点，切实维护农民工劳动保障权益，继续加大专项检查和整治力度，全力保障农民工工资支付，加快建立预防和解决拖欠农民工工资问题长效机制。要以完善户籍、住房、土地政策为重点，积极推动农民工在城镇落户，落实好户籍制度改革各项政策措施，全面实施居住证制度，将符合条件的农民工纳入住房保障范围，维护好农民工在农村的“三权”。要以教育医疗为重点，推动落实农民工平等享受城镇基本公共服务。积极促进农民工融入城市社会，加强人文关怀，做好关爱农村留守儿童、妇女和老人工作。（新华社北京2017年1月20日电）

马凯在国务院就业工作部际联席会议上强调 把就业放在更加重要位置抓紧抓好

中共中央政治局委员、国务院副总理马凯在2月17日召开的国务院就业工作部际联席会议上强调，要认真贯彻落实习近平总书记和李克强总理重要指示批示精神，坚持就业优先战略，实施更加积极的就业政策，确保完成今年就业目标任务，以优异成绩迎接党的十九大胜利召开。

马凯指出，2016年全国城镇新增就业1 314万人，四季度末城镇登记失业率4.02%，重点群体就业总体较好。在经济增速放缓、去产能任务加重等多重挑战下，就业任务超额完成，为改革发展稳定做出了积极贡献。

马凯强调，今年就业总量压力不减，结构性矛盾突出，重点群体就业任务艰巨。要进一步加强组织领导，完善政策措施，狠抓工作落实。一是增强经济发展创造就业岗位能力。加强就业政策与宏观政策协调配合，积极发展吸纳就业能力强的产业和企业。二是增强创业创新带动就业的能力。深化“放管服”改革，畅通大众创业创富通道，推动创业创新带动就业。三是增强重点人群就业保障能力。扎实做好高校毕业生、去产能分流职工、就业困难人员等就业工作。四是增强职业培训提升劳动者素质能力。坚持需求导向，建立终身职业技能培训制度，提升劳动者技能水平。五是增强就业公共服务供给能力。推动公共就业服务均等化、信息化、现代化，让群众享受到便捷高效的就业服务。（新华社北京2017年2月17日电）

马凯在中国国际人才交流大会上强调为优秀人才干事创业搭建广阔舞台

第十五届中国国际人才交流大会4月15日在深圳召开，中共中央政治局委员、国务院副总理马凯出席开幕式并讲话。中共中央政治局委员、广东省委书记胡春华，全国政协副主席齐续春出席开幕式。

马凯指出，人才资源是第一资源。经济发展靠人才，重大科技创新靠人才，解决人类共同面临的困难挑战也要靠人才。目前世界经济正在寻求走出长期低迷的有效途径，新一轮科技产业变革正在寻求突破方向，全球发展失衡正在寻求解决方案。各国应当携起手来，加强人才交流合作，创造人才成长环境，发挥人才重要作用，共同推动世界经济复苏繁荣和人类社会文明进步。

马凯强调，中国正在深入实施创新驱动发展战略，积极推动供给侧结构性改革，全面实施《中国制造2025》，扎实推进“一带一路”建设，加大生态环境保护治理力度，大力发展社会事业，为全面建成小康社会、实现中华民族伟大复兴的中国梦而努力奋斗。当今中国比历史上任何时期都更加渴求人才。发展的中国，也为各类优秀人才提供了事业进步和价值实现的难得机遇。中国政府将深入实施人才优先发展战略，深化人才领域体制机制改革，强化人才创新创业激励机制，实行更积极、更开放、更有效的人才引进政策，进一步完善海外人才引进方式，实施更大力度的海外高层次人才引进计划，提供更加便利的生活工作条件，为各类人才干事创业营造更加良好的环境。

（新华社深圳2017年4月15日电）

马凯出席全国军转安置工作电视电话会并讲话

全国军队转业干部安置工作电视电话会议6月8日在北京召开。中共中央政治局委员、国务院副总理马凯出席会议并讲话。

会议指出，军转干部是党和国家的宝贵财富。做好军转安置工作，关系国防和军队改革，关系国家改革发展稳定大局。要深入贯彻习近平总书记关于军转安置工作的重要指示精神，认真落实党中央、国务院、中央军委关于军转安置的政策要求，勇于担当，主动作为，全面完成今年工作任务。要拓宽渠道、深挖潜力，千方百计做好计划分配军转干部安置工作，照顾安排好功臣模范、长期在艰苦边远地区和特殊岗位工作的军转干部。落实自主择业政策和相关待遇，为自主择业军转干部提供优质服务。积极创造条件，妥善安置随调家属和随迁子女。持续开展关爱活动和思想政治工作，做好部分企业军转干部解困稳定工作。深化军转安置制度改革，健全“阳光安置”工作机制，探索“人岗相适”有效办法，完善“专项培训”制度措施，制定“扶持就业创业”措施办法。

会议强调，各地区、各部门、各单位要把军转安置作为特殊政治任务，加强组织领导，增强政治自觉，列入重要议事日程，摆上突出位置，完善细化政策措施，严肃工作纪律，不讲条件，不搞变通。要加强军地之间协作配合，形成工作合力。做好舆论引导，营造全社会关心支持军转工作的良好氛围。（中国政府网，2017年6月8日）

马凯在山东调研就业创业工作时强调
为就业创业提供优质服务营造良好环境

中共中央政治局委员、国务院副总理马凯在山东调研就业创业工作时强调，要认真学习贯彻习近平总书记系列重要讲话精神和治国理政新理念新思想新战略，贯彻落实党中央、国务院决策部署，坚持就业优先战略，实施更加积极的就业政策，大力推动大众创业、万众创新，提供优质公共服务，营造良好环境，确保就业大局持续稳定，为经济社会发展作出更大贡献。

9月15日，马凯在山东深入人力资源市场政务服务大厅、创业广场和企业了解就业创业情况，出席首届全国创业就业服务展示交流活动启动仪式，并主持召开就业创业工作座谈会。马凯指出，近年来在各有关方面的共同努力下，就业规模持续扩大，失业保持较低水平，就业结构不断优化，就业质量稳步提升，就业服务体系不断完善，成为经济运行的一大亮点。但也要看到，当前和今后时期，就业总量矛盾依然存在，结构性矛盾更加凸显，青年就业任务十分艰巨，做好就业工作仍然是一项长期而艰巨的任务。

马凯强调，各地区、各部门要站在政治、战略和全局的高度，充分认识就业工作的极端重要性，持续打好创业就业这场硬仗。要深入实施就业优先战略，稳定经济增长，调整经济结构，加快发展现代服务业，大力发展小微企业，形成经济发展和扩大就业良性互动。要完善积极的就业政策，抓紧制定落实国发〔2017〕28号文件的实施意见和配套政策，并做好与财政、金融、产业等政策的衔接协调。要推动以创业带动就业，深入推进“放管服”、商事制度改革，大力发展创业创新基地、创业孵化基地、创业园区和众创空间，实施好促进创业就业的优惠政策。要统筹抓好重点群体就业，继续把高校毕业生就业摆在首位，妥善安置好去产能职工，做好就业困难人员帮扶工作。要加大职业培训力度，坚持面向市场、服务发展、促进就业的导向，重点抓好新成长劳动力和企业在职职工培训。要强化就业创业服务，健全均等化、专业化、信息化的公共就业服务体系，加强基层就业服务能力建设。（新华社济南2017年9月15日电）

中国政府友谊奖颁奖仪式在北京举行 马凯出席并讲话

2017 年度中国政府友谊奖颁奖仪式 9 月 29 日在人民大会堂隆重举行。中共中央政治局委员、国务院副总理马凯向获奖外国专家颁奖并讲话。

马凯首先代表中国政府向获奖专家表示热烈祝贺，向所有在华工作外国专家和家属表示诚挚问候。他指出，党的十八大以来，以习近平同志为核心的党中央高度重视引进外国人才工作，五年间来华工作外国专家达到 334.6 万人次，结构持续优化，高层次人才聚集效应逐步显现，为中国现代化建设做出了积极贡献。

马凯强调，要认真贯彻落实党中央、国务院决策部署，践行“聚天下英才而用之”的战略思想，实施更积极、更开放、更有效的人才引进政策，营造公正、法治、宽松、宽容的引才用才环境，搭建引才聚才国际合作平台，促进人才与资本、项目有效对接，支持外国人才参与国家科研任务，健全利益回报机制，完善表彰奖励制度、工作管理制度和永久居留制度，切实保障外国人才合法权益，更大力度引进急需紧缺人才，为实现“两个一百年”奋斗目标和中华民族伟大复兴的中国梦提供更加广泛有力的人才支持。

国家外国专家局局长张建国宣读了授奖决定。

中国政府友谊奖是为表彰在中国现代化建设中做出突出贡献的外国专家而设立的最高荣誉奖项。本年度共有来自 21 个国家的 50 名外国专家获此殊荣。（新华社北京 2017 年 9 月 29 日电）

二、人力资源和社会保障部领导的讲话

全面深化职称制度改革
充分发挥人才评价“指挥棒”作用

尹蔚民

（2017年3月10日）

经中央全面深化改革领导小组会议审议通过，前不久，中共中央办公厅、国务院办公厅印发了《关于深化职称制度改革的意见》。这是党中央、国务院对人才评价和管理工作作出的重大改革，是我国人才事业发展的一件大事。今天我们召开深化职称制度改革工作部署电视电话会议，主要任务就是深入学习领会习近平总书记重要讲话精神，认真贯彻落实党中央、国务院改革要求，部署安排《关于深化职称制度改革的意见》（以下简称《意见》）实施工作。下面，我谈四点意见。

一、充分认识深化职称制度改革的重要意义

职称是专业技术人才学术技术水平和专业能力的主要标志。我国的职称制度经历了新中国成立后至“文化大革命”前的技术职务任命、1977年至1983年的专业技术职称评定、1986年以来的专业技术职务聘任等不同阶段。现行职称制度是在专业技术职务聘任制的基础上发展完善起来的。30年来，作为专业技术人才评价和管理的基本制度，职称制度一直具有很强的生命力，在团结凝聚专业技术人才，激励专业技术人才干事创业，提升专业技术人才队伍整体素质等方面都发挥了重要作用，受到社会的普遍认可。随着社会主义市场经济的建立完善，多种所有制经济快速发展，新兴职业大量涌现，专业技术人才队伍素质、结构、分布也发生了很大变化，现行职称制度逐渐显露出一些不能适应新形势新要求的问题，迫切需要通过深化改革加以解决。党的十八届三中、五中全会和中央《关于深化人才发展体制机制改革的意见》都对完善人才评价机制、深化职称制度改革提出了明确要求。可以说，《意见》的出台是相时而动，应运而生的，是落实人才发展体制机制改革的一项重要举措，对于进一步激发专业技术人才创新创造创业活力，拓展人才职业发展空间，不断提升我国人才供给水平，优化人才队伍结构，为实现“两个一百年”的奋斗目标提供有力人才支撑具有十分重要的意义。

（一）深化职称制度改革是加强专业技术人才队伍建设的重要举措。职称作为衡量专业技术人才能力和水平的标尺，是专业技术人才职业发展的阶梯和通道，承担着引导和激励专业技术人才不断提高能力素质的重要功能。习近平总书记强调，要发挥好人才评价“指挥棒”作用，为人才发挥作用、施展才华提供更加广阔的天地，让做出贡献的人才有成就感、获得感。我们认真贯彻落实总书记指示，在深化职称制度改革中，充分发挥人才评价的“指

挥棒”作用，为科学客观公正评价专业技术人才提供制度保障，让职称成为做大做强专业技术人才队伍的“助推器”。改革坚持重品德、重能力、重业绩的评价导向，破除专业技术人才成长的羁绊，让更多优秀人才脱颖而出；通过打破专业技术人才职业发展的“天花板”，拓展专业技术人才成长空间，让广大专业技术人才更有奔头，激发他们投身本职工作的热情；通过畅通非公有制经济组织、社会组织、自由职业专业技术人才职称申报渠道，为非公领域专业技术人才开辟顺畅的职业发展通道；通过对在艰苦边远地区和基层一线工作的专业技术人才进行倾斜，最大限度地激励专业技术人才扎根基层、立足岗位、踏实做事、攀登奉献。通过这些改革举措，健全和完善职称制度，从而推动我国专业技术人才队伍整体水平和实力的提升。

（二）深化职称制度改革是职称制度自身完善的必然要求。总体来讲，职称制度在不同的历史阶段，与当时的经济社会发展水平和人才队伍状况是基本适应的，在发展中也一直在进行自我革新、自我完善。近年来，按照党中央、国务院要求，我部会同教育部开展了中小学教师职称制度改革，会同国家卫生计生委完善了基层卫生专业技术人才职称政策。各地在改进完善职称制度方面也作了很多积极探索，比如，开展分类评价，优化评审条件，将非公单位纳入职称评审范围，下放评审权，向基层倾斜等。这些探索和尝试很好地解决了一些问题，但是还有一些更深层次的、涉及体制机制方面的问题还没有根本解决。比如，制度体系不够健全，还有工程、会计等 11 个系列没有设置正高级职称；评价标准不够科学，“一刀切”问题比较突出；评价机制不够完善，评价方式单一，评审过程不规范，缺乏有效监管；管理服务不规范不配套，用人单位评聘自主权落实不够，服务向非公领域延伸不够；等等。这些问题都是发展中的问题，迫切需要总结成功经验，通过深化改革，顺应人才呼声，适应时代要求，解决自身问题。这次深化职称制度改革，最鲜明的特点，就是坚持问题导向，不是推倒重来，不搞大水漫灌，而是针对职称制度存在的突出问题，精准施策，通过改革焕发职称制度新的生命力。

二、准确把握深化职称制度改革的总体要求和主要任务

深化职称制度改革，必须准确把握好改革的总体要求和主要任务，吃准吃透文件精神，确保改革坚持正确方向，持续稳步推进。

（一）牢牢把握深化职称制度改革的总体要求。《意见》强调，改革要牢固树立和贯彻落实新发展理念，立足服务人才强国战略和创新驱动发展战略，坚持党管人才原则，遵循人才成长规律，把握职业特点，以职业分类为基础，以科学评价为核心，以促进人才开发使用为目的，建立科学化、规范化、社会化的职称制度，为客观、科学、公正评价专业技术人才提供制度保障。《意见》还提出了四条基本原则，明确了今后一个时期改革的主要目标。对这些改革的总体要求，我们要从三个方面进行把握。一是要坚持正确的政治方向。改革要深入贯彻习近平总书记系列重要讲话精神和治国理政新理念新思想新战略，贯彻落实新发展理念，围绕中心，服务大局，面向经济社会发展主战场，为人才强国战略和创新驱动发展战略服务。要坚持党管人才原则，切实加强党委、政府对职称工作的统一领导，把职称制度改革作为人才发展体制机制改革的重要内容，稳步实施，统筹推进。二是要遵循科学的评价规律。要遵循人才成长规律，在职业分类的基础上，适应不同职业的性质和特点，进一步完善评价标准，创新评价方式，不断提高评价的科学化水平，为人才开发使用提供基本依据。三是要突出问题导向。聚焦职称工作中存在的突出问题，坚持解放思想、实事求是，找准突破口和切入点，做到对症下药、精准施策。

（二）准确把握深化职称制度改革的重点任务。这次职称制度改革提出了不少改革力度大、含金量高的重要举措，归纳起来，主要有

五个方面：

一是健全制度体系。在横向上，要完善职称系列，保持现有职称系列总体稳定的同时，进行个别调整，取消不适应发展的职称系列，整合职业属性相近的职称系列，增设新兴领域的职称系列。系列之下可根据专业领域设置专业类别，保持职称框架的动态稳定性和开放性。在纵向上，要补齐层级设置，现有 11 个未设置正高的系列均设置到正高级，打通专业技术人才职业发展通道。在制度外部衔接上，促进职称与职业资格有效衔接，减少交叉重复评价。

二是完善评价标准。这次职称制度改革第一次系统地将职称评价标准归结为品德、能力和业绩三个方面。坚持把品德放在首位，注重职业操守。同时，突出对创新能力的评价，突出对工作实绩的考核，特别是在论文、外语、计算机水平要求上不搞“一刀切”，向基层一线倾斜，为引进高层次人才和急需紧缺人才开辟绿色通道，等等。从《意见》出台后各方面的反映来看，这一方面的改革深受大家欢迎。

三是创新评价机制。评价机制改革重点要解决评价方式单一、评价范围覆盖不全面、社会组织发挥作用不够、评审缺乏有效监督等问题。在评价方式上，建立以同行专家评审为基础的业内评价机制，注重社会和业内认可，提高职称评价的针对性和科学性。在评价范围上，重点是建立社会化评审机制，打通非公领域专业技术人才评审通道，让非公领域专业技术人才在职称评审方面享有同等待遇。改革还就社会反映比较多的离岗创业人员评职称问题、高技能人才参评工程系列职称等问题提出了指导性意见。文件中提出的公务员不能评职称不是个新政策，是对原有政策的重申。各地、各部门要严格执行，不能开口子。

四是促进职称评价与培养、使用相衔接。职称制度不是一项单一的制度，它前面连着人才培养，后面接着人才使用，既检验人才培养成效，又为选人用人提供依据。改革一方面要做好与专业学位制度、继续教育制度等人才培养制度的有效衔接，督促专业技术人才更新知识、提高能力素质；另一方面要与用人制度相衔接，坚持以用为本，根据评价结果合理使用专业技术人才，实现职称评价结果与人才聘用、考核、晋升等用人制度有效衔接。

五是改进管理服务方式。改进管理服务方式的核心是转变政府职能，重点是处理好“放管服”的关系。服务是人才工作的本质，也一直是“短板”。职称改革要按照“于法周延、于事简便”的原则，以敬民之心，行简政之道，施公平之策，建立包括评价平台、评审机构、信息系统在内的职称评价公共服务体系，切实增强服务能力和水平，科学合理设置评价条件和程序，让专业技术人才少跑路、少填表、少准备资料，更好地为人才提供服务。

三、正确处理深化职称制度改革的重点问题

职称制度历史长，涉及面广，情况复杂，高度敏感，有许多重点问题需要我们深入分析和研究，并着力把握好改革的方向、力度和节奏。这里，我主要讲四个问题。

（一）关于评价标准“一刀切”问题。标准是人才评价的核心，也是大家最为关注的问题。标准问题中最为大家所诟病的是“唯论文”和外语与职称挂钩问题。论文是学术水平的主要载体，也是国际通用的评价指标；外语是专业技术人才学习研究的重要工具，也是跨文化沟通能力的重要体现。但是，评职称不能对所有系列、所有职业、所有人员都不加区别地提出论文和外语要求，不能简单地数论文数量、引用次数，看发表刊物的级别，形成论文崇拜，外语也不应该成为一票否决的“硬杠杠”。这种“一刀切”、绝对化的政策，背离了制度的初衷，限制了人才的发展，甚至成为学术不端和腐败行为的重要诱因。

《意见》针对这些突出问题，明确提出合理设置论文和科研成果条件，不将论文作为评价应用型人才的限制性条件。对职称外语考试不作统一要求，确实需要评价外语水平的，由用人单位或评审机构自主确定评审条件。这里

需要指出的是，不唯论文并不是不要论文；对职称外语不作统一要求，也不是一概不作要求。那样的话又走向了另外一个极端，对人才、事业发展同样也会造成伤害。

各地区、各部门一定要全面准确地把握中央的政策，客观辩证地看待评价标准，实事求是地设置评价指标。对评价标准哪些该要求，哪些不该要求，怎样要求，都要研究透、搞清楚。主要是把握好四个方面。一是坚持德才兼备、以德为先。重点考察职业道德，对师德有问题、医德有问题的实行“零容忍”，对学术造假“一票否决”。二是实行分类评价，区别对待。对不同领域、不同行业、不同层次的专业技术人才，制定不同的评价标准，避免“一把尺子量到底”，真正实现“干什么、评什么”。三是质量重于数量。推行代表作制度，重点考察研究成果和创作作品质量。改变急功近利的短期行为，让专业技术人才具有“板凳要坐十年冷，文章不写一句空”的执着坚守，立志做大学问、做真学问。四是凭实绩论英雄。要鼓励教师上讲台，医生到临床，工程师到实验室、厂房工地，农业技术人员到田间地头，在火热的基层一线建功立业，让干得好的人能评得上。评价一个人才，就是树立一面旗帜。我们要始终高度重视职称评价标准问题，力戒“一刀切”的做法，确保科学公正，导向正确。

（二）关于评价与使用的关系问题。评价的目的是使用。在职称评价与使用的关系上，从历史发展过程看，主要存在“评聘结合”与“评聘分开”两种方式。评聘结合与事业单位岗位管理制度相适应，评价与使用衔接紧密，符合因事择人、人岗匹配的原则，但受岗位结构比例限制，容易造成符合条件者评不上职称、地区单位之间不平衡等现象。评聘分开不受岗位结构比例限制，符合条件即可参加评审，有利于提高职称的通用性，促进人才合理流动配置，但也容易造成评价使用“两张皮”、降低标准、引发单位内部矛盾等问题。针对不同职业、单位和岗位特点，《意见》明确，对于全面实行岗位管理、专业技术人才学术技术水平与岗位职责密切相关的事业单位，一般应在岗位结构比例内开展职称评审。比如，已经全面推开的中小学教师职称制度改革，要求在核定的岗位结构比例内进行评审，评审通过即聘用到相应岗位。就实施情况看矛盾比较小，效果不错。对于不实行岗位管理的单位，以及通用性强、广泛分布在各社会组织的职称系列和新兴职业，可采用评聘分开方式，统一评价，分别使用。对实行评聘分开的单位和行业，也要坚持质量第一，进行适当的比例控制，防止降低标准、迁就照顾，避免对整个职称制度的科学性、公平性造成冲击。

下一步，我们要按照文件要求，坚持以用为本，根据各职称系列不同情况，深入分析职业属性、单位性质和岗位特点，进一步明确各系列评价与聘用的衔接关系，实现职称评价结果与各类专业技术人才聘用、考核、晋升等用人制度的衔接。

（三）关于职称与职业资格的关系问题。职称制度和职业资格制度是我国人才评价的两项基本制度。职称制度主要通过评审和认定的方式进行评价，覆盖人群是专业技术人才。职业资格主要通过统一考试、鉴定等方式评价，对象包括专业技术人才和技能人才。职称在发展过程中演化出部分职业资格，如经济、会计、统计、审计、卫生、出版、翻译等系列，实行中初级以考代评，考试通过后既作为评定职称的依据，又作为资格在全国通行，社会普遍认可。

《意见》提出，要促进职称制度与职业资格制度的有效衔接。我们要按照统筹规划、避免交叉、减少重复、共同评价的要求，妥善处理好职称与职业资格的关系。一方面，在两者密切相关的职业领域建立对应关系，专业技术人才取得职业资格即可认定其具备相应系列和层级的职称，并可作为申报高一级职称的条件。初级、中级职称实行全国统一考试的专业不再进行相应的职称评审或认定。另一方面，按照国务院要求，同步推进职业资格制度改革，进一步减少和规范职业资格许可和认定事项，建立国家职业资格目录清单，清单之外一律不得许可和认定职业资格，清单之内除准入类职业资格外一律不得与就业创业挂钩。

（四）关于职称评审权下放问题。《意见》明确提出要发挥用人单位在职称评审中的主导作用，科学界定、合理下放职称评审权限，推动人才智力密集的高校、医院、科研院所、大型企业等单位按照管理权限自主开展职称评审。对此，我们要把握以下几点：第一，“放”是方向。这是推进“放管服”改革、激发人才主体活力的必然要求。要结合实际，把该放的放好、放活、放到位。第二，要合理下放，有序承接。承接单位必须符合组建评委会的各项条件，有一套健全的制度保障评审公平公正。要优先选择条件成熟的地市、单位和社会组织，试点先行，成熟一个下放一个，逐步承接，避免为放而放。第三，要放管结合。越是下放评审权，就越要加强监督管理，避免一放了之，一放就乱。各级人力资源社会保障部门和有关行业主管部门在下放管理层级、推进单位自主评审和社会化评审的同时，决不能放弃监管责任，必须加强事中事后监管。承接单位接受评审权的同时，更要按照权责一致的原则，承担相应的责任，出现问题就要问责。对于不能正确行使评审权、不能确保评审质量的，要暂停自主评审工作直至收回评审权。

此外，非公有制领域专业技术人才职称评价问题也是一个重点问题。非公领域专业技术人才数量现在已经占了大半壁江山。非公组织形式多样，人事管理方式灵活，其人才流动性大、创新性强，多分布在新兴行业领域。我们要按照《意见》要求进一步打破户籍、地域、身份、档案、人事关系等制约，创造便利条件，畅通非公领域专业技术人才职称申报渠道，防止出现“玻璃门”“弹簧门”现象，确保民办机构与公立机构专业技术人才在职称评审方面享有平等待遇。要加快建立符合非公领域专业技术人才特点的、科学化的评价标准体系，鼓励社会组织和龙头企业参与评价标准制定。

四、加强组织领导，扎实做好《意见》的贯彻落实工作

一分部署，九分落实。职称这个“指挥棒”用得好不好，关键看落实。各地区各部门要充分认识职称制度改革的重要性、复杂性和敏感性，加强组织领导，加快工作进度，狠抓工作落实。

（一）加强组织领导，不断健全工作机制。各级人力资源社会保障部门要坚持党管人才原则，在党委领导和组织部门牵头抓总下，强化担当精神，敢于攻坚克难，把职称制度改革作为当前政府人才工作的头等大事来抓，切实履行好职称政策制定、制度建设、协调落实和监督检查等综合管理职能，自觉把职称制度改革融入人才工作全局。要细化改革方案，健全工作机制，制定工作规划，明确任务、明确责任、明确时限、明确要求，把各项任务落实、落细、落具体。要加强协调联动，人力资源社会保障部门要充分发挥综合管理和统筹协调作用，主动加强与行业主管部门的沟通，主动服务行业发展和人才队伍建设；行业主管部门要充分发挥作用，处理好整体和局部的关系，部门之间也要多商量、多合作，多作换位思考，合力推动改革。要强化监督落实，部里将适时对《意见》落实情况进行督查。

（二）加强分类指导，抓紧制定配套政策。《意见》是职称制度改革的顶层设计，落实各项改革任务，还需要制定一系列配套政策。要通过政策的丰富完善，不断推进职称制度科学化、规范化进程，逐步形成具有中国特色的职称政策制度体系。配套政策主要是两个方面：一是分系列制定改革指导意见。前期已经推开的中小学教师和基层卫生专业技术人才职称改革，为分系列推进改革探索了很好的经验。其他职称系列都要抓紧制定改革意见，成熟一个推出一个，力争 3 年内完成工程、卫生、农业、会计、高校教师、技工院校教师、科学研究等职称系列改革任务，5 年内争取完成所有系列职称制度改革任务。二是分类制定具有共性的单项政策，比如，职称外语政策、职称评审管理规定、职称评审委员会备案管理办法、部分职称系列设置正高级职称的过渡政策、职称评审信息化建设方案等，部里要抓紧研究，尽快出台。各地人力资源社会保障部门要抓紧制定本地区职称制度改革实施意见或实施办法，经地方党委政府同意、报部里备案后尽快实施。对重大改革事项和敏感复杂问题要及时请示报告，部里和省厅之间多交流情况，在统一部署下稳慎实施，不要自行其是。

（三）加强监督管理，确保改革落到实处。监督管理是政府管理的基本职能，是保障职称评审公平公正的重要环节。要坚持放管结合，把监管贯穿到职称评审各个环节，构建政府监管、单位（行业）自律、社会监督的综合监管体系，严厉打击违纪违规评审、学术造假和腐败行为，维护职称评审的清朗空间。要完善评审专家遴选机制，加强评审专家库建设，完善各级职称评审委员会核准备案管理制度。要加强事中事后监管，健全评委会工作程序和评审规则，严肃评审纪律，强化评审考核。要建立职称评审公开制度、回避制度、公示制度和随机抽查、巡查制度，建立复查、投诉和倒查追责机制，完善诚信承诺和失信惩戒机制。对通过弄虚作假、暗箱操作等违纪违规行为取得的职称，一律予以撤销。要防止领导干部利用职务之便评审职称，谋取利益。

（四）搞好宣传解读，营造良好的改革氛围。《意见》出台后，中央和各地新闻媒体开展了多种形式的宣传活动，得到了全社会的广泛关注和积极评价，取得了很好的效果。要继续开展多种形式的宣传报道活动，深入细致地搞好政策解读，积极宣传典型经验。要加强舆情研判，及时回应社会关切，防止把个别问题炒作成热点问题，局部问题演变成全局性问题，营造良好的舆论氛围和社会环境，引导广大专业技术人才充分知晓、理解、支持和积极参与到改革中来。要妥善处理改革中的矛盾问题，做好深入细致的思想工作，合理引导改革预期，把矛盾解决在前端、解决在基层、解决在单位，确保队伍稳定。

深化职称制度改革涉及 7 300 多万专业技术人才的切身利益，责任重大，任务艰巨。让我们更加紧密地团结在以习近平同志为核心的党中央周围，以高度的政治责任感和使命感，勇于担当，攻坚克难，精心组织，稳慎实施，确保改革取得实效，以优异成绩迎接党的十九大胜利召开。

在部务虚会上的讲话

尹蔚民

（2017年7月18日）

这次务虚会开得很好，大家以深化人力资源社会保障领域改革为主题，分析人力资源社会保障工作面临的形势，对当前重点工作进行深入研讨，并提出很多很好的意见和建议。各位部领导围绕分管工作总结成绩，分析形势，就下半年需要着力推进的工作提出要求。我都赞同。下面，我讲三点意见。

一、充分肯定成绩，坚定做好工作的信心

今年以来，全国人力资源社会保障系统在党中央、国务院坚强领导下，坚持稳中求进工作总基调，认真贯彻落实新发展理念，按照去年年底全国人力资源社会保障工作会议部署，扎实推进各项工作，主要任务指标好于预期，事业发展呈现良好态势。就业局势保持总体稳定。1—6月，城镇新增就业735万人，同比增加18万人；二季度末城镇登记失业率为3.95%，6月份全国城镇调查失业率为4.93%，均处于多年来最低水平。重点群体就业稳定，高校毕业生签约率稳中有升，去产能职工安置稳妥推进，农村劳动力转移就业规模继续扩大，就业困难人员得到有效帮扶，就业扶贫取得明显成效。出台实施“十三五”促进就业规划、做好当前和今后一段时期就业创业工作的意见、引导和鼓励高校毕业生到基层工作的意见等，失业保险制度不断创新发展，积极的就业政策体系进一步丰富和完善。就业工作取得的显著成绩，成为经济社会发展的一个突出亮点。社会保障制度运行总体平稳。机关事业单位养老保险制度改革稳步推进，出台了机关事业单位基本养老保险关系和职业年金转移接续办法、职工养老保险个人账户记账利率办法等政策文件，绝大多数省份开展了参保登记和缴费工作。城镇退休人员养老保险待遇调整工作总体顺利。基金投资运营启动实施。城乡居民基本医疗保险制度整合持续推进，改革成效显现。异地就医结算工作取得突破性进展，30个省份和新疆生产建设兵团接入国家系统，并陆续联网运行。首次实行国家医保药品目录准入谈判，36种药品通过谈判纳入目录，药品价格大幅降低。医保支付方式改革方案出台实施。全国所有省份失业保险费率均降至1%，预计为企业减负234亿元。工伤保险省级统筹等改革文件出台实施。截至6月底，全国基本养老、基本医疗、失业、工伤、生育保险参保人数分别为8.96亿人、10.69亿人、1.83亿人、2.21亿人、1.86亿人；1—6月，全国五项社会保险基金总收入3.14万亿元，同比增长28.8%，基金总支出2.47万亿元，同比增长23.8%，基金收支基本平衡。人才队伍建设扎实推进。深化职称制度改革部署实施，部分省份出台了改革实施意见。在大幅削减职业资格许可和认定事项基础上，建立了国家职业资格目录清单管理制度，职业资格规范

化管理进一步加强。各类人才计划和工程深入实施，各项职业技能竞赛蓬勃开展。深入贯彻落实关于加强新形势下引进外国人才工作的意见，外国人来华工作许可制度全面实施，引进外国人才和智力工作持续推进。人事管理进一步规范。公务员职务与职级并行制度改革试点部署开展，印发了试点实施办法，试点部门和地区制定了具体实施方案。公务员考录、公开遴选、平时考核、表彰奖励、培训监督等工作取得新进展。出台事业单位专业技术人员创新创业政策，创新创造活力进一步激发。军转安置工作稳妥推进。工资收入分配工作有序开展。国有企业负责人薪酬制度改革深入推进。法官检察官工资制度改革试点全面推开，大多数省份兑现了工资。公立医院薪酬制度改革试点部署实施。部分省市稳慎调整了最低工资标准。劳动关系保持和谐稳定。劳动人事争议案件、劳动保障违法案件、突发事件总量较去年同期均有所下降，劳动关系领域突出矛盾得到妥善处理。治欠保支专项行动取得显著成效，拖欠农民工工资问题得到有效遏制，保障农民工工资支付长效机制逐步健全。劳动保障监察和调解仲裁机制进一步完善，仲裁办案规则和组织规则等修订实施，劳动者权益得到有效维护。

这些成绩的取得，对于经济社会发展大局做出了积极贡献，得到党中央、国务院的充分肯定。我们要以更加奋发有为的精神状态，积极进取、扎实工作，努力做出更大的成绩。

今年以来，我国经济保持稳中向好态势，稳的格局在巩固，进的态势更明显。但也要看到，我国经济发展进入新常态，经济结构深度调整，社会结构深刻变动，一些深层次矛盾交叉叠加，发展中的不协调、不平衡、不可持续矛盾日益突出，这些对人力资源社会保障事业发展带来的影响日趋明显，我们面临的困难和压力仍然较大。就业总量压力不减，结构性矛盾更为突出。高校毕业生就业任务繁重，去产能职工安置难度加大。招工难和就业难问题并存，地区、行业分化趋势明显，劳动力市场冷热不均、供需错位现象严重，个别地区失业风险仍然存在。经济领域的风险可能进一步向劳动关系领域传导，降薪欠薪、欠保断保、规模裁员等问题引发的矛盾可能多发。如何适应新就业形态的发展，健全劳动用工制度，如何既进一步增强劳动力市场灵活性，又有效维护劳动者权益等，也还需要深入研究。社会保障在公平性和可持续性方面仍面临不少突出问题，特别是社保基金收支平衡面临严峻挑战，虽然上半年基金缺口状况有所缓解，但部分地区养老保险保发放压力依然很大，社会各界对此也十分关注。人才队伍总量不足，结构性矛盾突出，特别是高层次、高技能人才匮乏成为制约发展的重要因素，人才评价和激励机制改革有待进一步加快。人事管理领域仍然存在很多突出矛盾，特别是事业单位人事管理还不能很好适应发展需要。工资收入差距不合理、分配秩序不规范的问题依然没有得到有效解决。同时，我们自身工作也存在着不足，一些重点任务、重点改革落实还不到位，各地在推进中也不够平衡。

我们既要充分看到取得的成绩，坚定信心、振奋精神，也要沉稳应对风险挑战，增强忧患意识、保持清醒头脑，切实把思想和行动统一到中央的要求上来，统一到人力资源和社会保障工作的目标任务上来，进一步增强做好工作的责任感和紧迫感，提高工作的针对性和前瞻性，牢牢掌握推进工作的主动权。

二、把握工作规律，提高科学化规范化水平

人力资源社会保障部成立于 2008 年 3 月，各地的机构改革工作还要滞后一些。新部成立以来，我们一方面推进事业发展，一方面践行大部制改革的实践。现在回过头来看，新部成立近 10 年来，特别是党的十八大以来，我们深入贯彻落实党中央、国务院决策部署，认真学习贯彻习近平总书记系列重要讲话精神和治国理政新理念新思想新战略，围绕着如何更好地推进人力资源和社会保障事业发展，不断探索实践，不断深化认识，在人力资源社会保障工作根本任务、职责定位、工作格局、理念方法和内部建设等方面形成一系列行之有效的经验做法，有效提升了治理能力和治理水平，对人力资源社会保障事业发展具有十分重要的指导意义，需要我们认真总结，并在实践中不断完善。

做好人力资源社会保障工作，首先需要明确我们工作的政治站位和根本任务。我们的政治站位和根本任务，就是不断增进人民福祉、促进人的全面发展。这是践行全心全意为人民服务宗旨、坚持以人民为中心的发展思想的必然要求，也是由我们工作的性质决定的。人力资源社会保障工作全部工作对象涉及人，大部分工作内容涉及民生，与人民群众的切身利益紧密相连。通过我们的工作，保障劳动者就业权益，健全社会保障和收入分配制度，完善基本公共服务，促进民生改善，更好地增进人民福祉。通过我们的工作，开发人力资源，为人的全面发展创造良好条件，提供有力支撑，更好地促进人的全面发展与社会全面发展的有机统一。我们始终坚持这一根本任务，围绕中心、服务大局、准确定位，进一步坚定了事业发展的正确政治方向，提升了我们工作的政治价值。

做好人力资源社会保障工作，需要透彻理解我们工作的基本职责。我们的基本职责，就是宏观经济调控的重要参与者、社会管理和市场监管的重要执行者、公共服务的重要提供者、社会公平正义的重要维护者。这四个“者”，是对我们职责的准确概括和深刻阐释。就业是宏观经济调控的关键指标，是经济运行的晴雨表，是经济增长的目的。社会保险经办服务、劳动关系调整、公共就业服务等，是社会管理和公共服务的重要领域。人力资源市场监管，是政府监管市场的重要内容。就业、社会保障、人才工作、人事管理、工资收入分配和劳动关系，都涉及社会的公平正义。我们始终坚持这四个“者”的职责，找准推进工作的坐标，切实履行好政府部门的职能，发挥了应有的作用。

做好人力资源社会保障工作，需要明确我们的工作格局，也就是工作的总体布局。我们的工作格局，就是一条工作主线、六大业务板块。这是对我们工作的科学摆布。一条工作主线，即民生为本、人才优先。民生改善是发展的根本目的，人才是发展的第一资源。明确这一主线，高度概括了我们的核心工作，集中反映了推进工作的价值取向。六大业务板块，也就是就业、社会保障、人才队伍建设、人事管理、工资收入分配、劳动关系，涵盖了所有的业务范围，既相对独立、又密切关联。我们始终坚持一条主线统领六大板块、六大板块围绕一条主线的合理布局，有力促进了事业的整体发展。

做好人力资源社会保障工作，需要明确我们的工作理念。我们的工作理念，就是改革创新、公平正义、更可持续、统筹协调、坚守底线。这是人力资源社会保障领域落实中央新发展理念的本质要求，也体现了我国的基本国情、发展的阶段性特征和人力资源社会保障事业发展的内在规律。改革创新是推进事业发展的根本动力，是破解体制机制难题的关键一招。公平正义是我们工作的核心价值，也是共享发展的重要基础。更可持续是制度稳定运行、协调发展的内在要求。统筹协调是保障各项工作有序推进、增强发展整体性的基本要求。坚守底线是保障和改善民生工作的重大原则。我们始终坚持这些工作理念，使之相互贯通、相互促进，进一步明确了人力资源社会保障事业发展的思路、方向、着力点和实现路径。

做好人力资源社会保障工作，需要明确我们的工作方法。我们的工作方法，主要是突出重点、统筹兼顾，顶层设计、基层探索，调查研究、分类指导，问题导向、底线思维。这是马克思主义哲学方法论在我们领域的具体运用。突出重点、统筹兼顾，就是既讲两点论，也讲重点论，始终坚持把就业作为全系统第一位的工作，同时每个板块也都有自己的工作重点，以重点带动全局，协调推进人力资源社会保障工作开展。顶层设计、基层探索，就是既加强统筹谋划，增强事业发展的系统性整体性协同性，也鼓励地方大胆探索，充分吸收基层好的经验做法，及时总结上升为政策制度。调查研究、分类指导，就是在研究问题、制定政策、推进落实中既开展全面深入的调查研究，也针对我国地区差异大、发展不均衡的问题，指导各地因地制宜开展工作。问题导向、底线思维，就是深入思考工作中的突出矛盾和薄弱环节，着力破解制约事业发展的瓶颈问题，同时增强忧患意识，加强风险防控，确保不发生系统性区域性的风险。在推进工作中，我们还注重协调配合、上下联动，加强新闻宣传、舆论引导，等等。我们始终坚持运用这些方法，增强了工作的科学性预见性协调性，有力提升了工作的质量效率和水平。

做好人力资源社会保障工作，需要夯实基础、筑牢根基。我们的基础和根基，就是坚持以两部融合为基础、工作科学化规范化为支撑、党的建设为核心，不断加强内部建设。这是推进人力资源社会保障事业发展的坚强保证。新部刚刚组建，就提出两个部门彻底融合要实现“五个形成”，也就是思想上形成共识、工作上形成合力、制度上形成统一、文化上形成风格、服务上形成品牌，明确了新部融合的标准和方向。经过全系统努力，部门融合取得明显成效。在此基础上进一步提出，在融合基础上要巩固提高，要提高工作的科学化规范化水平。强调完善规章制度，夯实基层基础。强调做好每一项工作都必须明确任务、明确责任、明确时限、明确要求。要求干部做本职岗位的“活字典”，熟知业务的基本情况、基础数据、历史沿革、最新进展、未来趋势，一般干部应知应会，处级干部行家里手，司局级干部专家权威，不断提高工作的效率和质量。为筑牢事业发展的根基，把加强党的领导、全面从严治党贯穿内部建设全过程，认真落实抓党建的主体责任，强化思想理论武装，增强“四个意识”，切实加强基层党组织建设，不断深化党风廉政建设，坚持从严管理干部，党组织的战斗堡垒作用和党员的先锋模范作用得到有效发挥。我们始终坚持加强内部建设，注重培养忠诚干净担当的干部队伍，健全科学规范有序的工作机制，形成了凝心聚力的干事创业氛围，为事业发展提供了坚强保证。

这些工作规律，是对实践经验的总结，体现了人力资源社会保障事业发展新时期的新特点新要求，明确了人力资源社会保障事业在党和国家大局中的地位作用、责任使命、奋斗目标，确立了人力资源社会保障事业发展的遵循、路径、方式，解决了人力资源社会保障事业是什么、为什么、怎么干的问题，推动工作不断取得新的成绩，为改革发展稳定大局做出了积极贡献。这是全系统共同智慧的结晶，已经形成了广泛共识，是人力资源社会保障事业发展的宝贵财富，必须继续坚持并在实践中不断丰富发展完善。

三、扎实做好下半年工作，全面完成各项目标任务

关于下半年工作，各位部领导从分管工作角度进行了部署，讨论中大家也提出了很好的意见建议。总的看，下半年人力资源社会保障工作任务依然艰巨繁重。我们要按照既定部署，抓重点、攻难点、守底线，扎实做好各项工作，为党的十九大胜利召开增光添彩不添乱。

（一）全力确保就业局势稳定。就业关乎大局，本身就是大局。始终保持就业局势稳定，是人力资源社会保障系统的重大政治责任，也是为大局做出贡献的直接表现。下半年，高校毕业生将集中进入劳动力市场，钢铁煤炭去产能仍有大量职工需要安置，煤电等其他行业去产能也会分流职工，农村贫困劳动力就业脱贫任务繁重，部分地区就业困难突出，完成全年就业目标任务难度不小。我们必须以确保就业大局稳、重点群体稳为底线，多措并举、精准发力，全力以赴做好就业工作。一要落实好新一轮就业创业政策。当前最重要的，就是认真落实好“十三五”促进就业规划和做好当前和今后一段时期就业创业工作的意见。特别是这个意见，创新点多、针对性强、含金量高，是做好今后一个时期就业创业工作的指导性文件。各地要结合实际，按照时限要求抓紧制定细化方案，完善配套政策，对有明确要求的提出具体落实举措，对鼓励探索的敢于大胆创新。同时，加强政策宣传，强化对各地的督促检查和效果评估，推动就业创业新政策落地见效，更好发挥政策稳定和扩大就业的效力。二要突出抓好高校毕业生等重点群体就业创业。继续把高校毕业生就业摆在就业工作首位，以就业促进、创业引领、基层成长为着力点，健全涵盖校内外各阶段、就业创业全过程的服务体系，促进供需对接和精准帮扶，确保今年高校毕业生就业水平不降低。稳妥有序推进去产能职工安置工作，切实用好奖补资金，落实好稳岗补贴和技能培训补贴政策，确保分流职工就业有出路、创业有指导、生活有保障。继续鼓励和支持农民工等人员返乡创业，进一步落实完善政策、优化创业服务、加强创业培训，拓展农村劳动力就业新空间。落实好就业扶贫工作的指导意见，突出抓好就地就近就业和省内劳务对接，提高就业扶贫精准度，加快农村贫困劳动力就业脱贫。健全就业援助长效机制，对就业困难人员实行托底帮扶，确保零就业家庭至少有一人稳定就业。三要加强就业形势分析研判。密切关注经济形势对就业的影响，扎实做好常规监测分析，更加注重运用互联网大数据，在就业数据做实、做准上下更大功夫，全面准确掌握重点群体就业失业信息、享受就业政策和服务等情况。在此基础上，盯住关键指标和苗头性问题，及时作出预测预警和风险应对，为科学决策提供有力支持。同时，对于大学生“慢就业”等新情况新问题，深入开展研究，提出其内涵、表现、对就业的影响和应对措施等，并做好政策储备。

（二）扎实抓好改革落实。改革是推进事业发展的动力和源泉。党的十八届三中全会以来，我们出台实施了一批具有标志性、关键性的改革方案。中国特色积极就业政策体系不断创新完善，更加公平更可持续的社会保障制度建设持续推进，人才评价激励引进机制取得突破，公务员分类管理迈出坚实步伐，体现不同职业群体特点的工资收入分配政策初步形成，劳动关系协调、争议处理和执法机制日趋完善。这些改革举措，标志着人力资源社会保障领域改革的四梁八柱已经基本搭建起来，为各项制度的成熟定型奠定了坚实基础。当前，是人力资源社会保障领域全面深化改革的施工高峰期，也是落实改革任务的攻坚期，抓谋划、抓统筹、抓落实的任务依然艰巨繁重。中央要求，党的十八届三中全会部署的改革任务要在党的十九大召开之前基本完成，四中、五中、六中全会的改革任务持续推进，党的十九大还将就新一轮改革作出部署。从方案出台看，今年我部列入中央深改组要点的 11 项改革大多集中在下半年推出，各地也要出台一系列的改革举措。从改革落实看，前几年出台的改革举措要继续深入落实，今年部署的改革举措要加快推进。我们要进一步统一思想，坚定信心，主动作为，推动改革向纵深发展。一要强化责任担当。各地人力资源社会保障部门、部内各单位的主要负责人要承担起抓改革的主体责任，充分认识人力资源社会保障领域改革的重要地位和作用，切实增强大局意识和进取意识，强化责任担当，明确改革方向，亲自抓重点改革方案制定，带头攻坚克难、取得突破，带动本地区本部门积极推进改革。二要狠抓重点领域和关键环节。要坚持问题导向和目标导向，紧紧抓住事关体制机制建设的重点领域，使推出的改革举措更有利于增添经济发展动力，有利于促进社会公平正义，有利于增强人民群众获得感，有利于调动广大干部积极性。要狠抓改革思路确定、难点问题协调、改革方案质量、重大改革部署等关键环节，集中攻坚，做实做细，推动改革取得突破。三要加强上下联动。部里和各地人力资源社会保障部门必须统一步伐，同向发力，共同推进改革落实。各司局要多听取地方声音，鼓励地方大胆探索，不断推动政策完善和制度创新。各地在改革方案出台前要密切配合部里，做好基础性工作，在改革方案出台后按照进度要求，不折不扣落实好任务。四要切实抓好改革督察。部里已经把抓改革督察作为常态化工作来部署，各地也要按照要求，建立相应的督察工作机制，真正把责任层层传导下去，确保改革方向不偏离、改革任务不落空。同时，注重抓好试点推广和成效评估，提炼具有普遍意义的政策措施，发挥示范引领作用，推动面上制度创新。

（三）坚决防范和化解风险。为党的十九大召开营造良好氛围，是我们义不容辞的政治责任。规模性失业、社保基金支付能力不足、人事考试安全、劳动关系和特殊群体稳定等，是人力资源社会保障领域的主要风险，涉及经济社会发展多方面的复杂因素，关系到社会公平正义，稍有不慎，就容易引发影响社会稳定的问题。我们要牢固树立忧患意识和底线思维，采取有力措施，维护大局稳定，决不能因我们工作不到位而引发影响社会稳定的事件，决不能在我们领域发生影响全局的系统性区域性风险。一要加强风险隐患排查。要通过系统监测、数据分析、监察执法、加强管理等方式，全面梳理每个领域存在的风险点，合理区分风险等级，对可能引发影响社会稳定的风险做到早发现、早研判，做到每个风险点都有应对预案、处置流程，尽可能把隐患消灭在萌芽状态，把风险降到最低。规模性失业风险、社保基金支付风险等有些是可以通过数据监测预见的，特别需要系统上下畅通信息，及时反馈情况，以便采取应对措施。防范劳动关系领域风险关键是依法依规，会同有关方面把工作做细做实。下半年，还将开展公务员考录、事业单位招聘和职业资格考试等，要完善有关制度，加强内部控制，做好考试安全管理工作。二要做好信访维稳工作。要畅通信访渠道，引导群众逐级上访、依法上访，严格落实属地责任，努力把矛盾化解在基层，把问题解决在当地。处理好维稳和维权的关系，从完善政策、抓好落实、加强协调、强化执法等方面综合施策，积极稳妥解决群众合理合法的利益诉求。强化劳动保障监察执法和专项检查，下大力气解决拖欠农民工工资问题，坚决防止可能引发的群体性极端性事件。依法及时处理劳动争议，完善多元化纠纷解决机制。认真做好军转安置工作，高度重视部分退役军人和企业军转干部解困稳定工作。三要注重舆论引导。我们领域的工作，大多涉及群众切身利益，许多政策措施都会成为舆论关注的焦点。要扎实做好人力资源社会保障领域意识形态工作，健全宣传工作格局，创新方式方法，加强主动宣传、正面宣传，讲好人社好故事、唱响人社好声音，凝聚社会广泛共识。要做到政策措施出台同步宣传解读，特别是要面向基层，进校园、进企业、进街道，提高政策知晓度，及时回应群众关切，引导群众形成合理预期。要加强舆情监测预警，健全会商研判和处置回应机制，营造良好社会氛围。

（四）持续提升公共服务能力。我们是重要的民生部门，党和国家的很多重要民生政策，都要通过人力资源社会保障部门落实到百姓身上。人民群众的获得感幸福感，要通过我们的服务来感受。我们一定要落实好中央的要求，切实提升服务能力，真正让群众感受到党和政府的关怀，共享改革发展成果。一要着力提升信息化水平。特别是加快推进“互联网＋人社”建设。上个月，我们召开“互联网＋人社”推进座谈会作了全面部署。这是摆在各级领导干部面前一项非常重要而紧迫的任务，是实现人力资源社会保障工作决策科学化、管理精准化、服务人本化的迫切要求。各地、各司局要切实提高思想认识，把“互联网＋人社”作为一把手工程，主要负责同志亲自抓、负总责，强化责任、统筹推进。要突出重点，在形势分析、精准管理、人本服务等方面，围绕就业、社会保障、人事人才、劳动关系等业务，通过“互联网＋”进行重塑和再造。要按照“互联网＋”的要求，以更加开放的心态，持续推进工作体制机制创新，鼓励各地在统一标准的前提下，因地制宜，创造好的经验做法，并及时总结吸收到“互联网+人社”统筹规划和顶层设计之中。二要健全公共服务体系。要以公共服务可及性、均等化为目标，完善各级服务网络，持续加强基层服务平台建设，采取多种措施充实基层工作力量，打牢基层基础。要健全服务标准和服务项目，拓展服务功能，创新服务方式，进一步提升服务能力。三要加强窗口单位作风建设。我们系统有大量窗口单位和几十万的窗口服务人员，在就业服务、社保经办、人才服务、劳动关系调处、考试鉴定等多个领域直接面向群众服务，窗口单位的形象，在很大程度上反映了我们的精神面貌。要持续加强窗口单位作风建设，不断提升服务人员的政策水平，增强服务意识，改善服务态度，优化服务流程，把各级各类窗口单位打造成人民群众满意的公共服务平台，为群众提供优质高效便捷的服务。

最后，我强调一下第46届世界技能大赛申办和第44届世界技能大赛参赛工作。世界技能大赛是最高层级的世界性职业技能赛事，代表了各领域职业技能发展的世界先进水平，被誉为“世界技能奥林匹克”。参加世界技能大赛，对于提高我国技能人才培养水平，大力弘扬工匠精神，推进制造强国建设，加强国际交流合作具有十分重要的意义。我国参加了3届世界技能大赛，并取得较好成绩。今年，正式提出申办第46届大赛。10月中旬，将在阿联酋阿布扎比第44届大赛期间，由世界技能组织各成员投票确定最终举办城市。对此，党中央、国务院高度重视。我们将申办作为高技能人才队伍建设的一项重要工作，加强统筹协调，加大工作力度，并提出了打好“三大战役”的申办策略。目前，世界技能组织考察评估已顺利通过，中国国际技能大赛和技能与发展国际研讨会圆满成功，充分展示了我国技能人才的雄厚基础和承办赛事的能力水平，为申办打下了坚实的基础。现在，第三战役处于关键时期，我们正全力准备现场陈述工作。相关司局要会同上海市人力资源社会保障局，深入研究，拿出一个生动鲜活、富有创意，中华文化与现代技能紧密结合的陈述报告和宣传片。各地人力资源社会保障部门也要积极配合、齐心协力，全力做好第44届大赛赛前冲刺集训和组团参赛工作，力争再创佳绩，实现申办和参赛双丰收。

做好下半年的工作，任务艰巨、责任重大，让我们更加紧密地团结在以习近平同志为核心的党中央周围，振奋精神、锐意进取，确保完成各项目标任务，为推动人力资源和社会保障事业创新发展做出新贡献，以良好的精神面貌和优异的工作成绩迎接党的十九大胜利召开！

以习近平新时代中国特色社会主义思想为指引 开启人力资源和社会保障事业发展新征程

——在全国人力资源和社会保障工作会议暨先进集体和先进工作者表彰大会上的讲话

尹蔚民

（2017 年 12 月 28 日）

这次全国人力资源和社会保障工作会议的主要任务是，深入学习贯彻党的十九大精神，以习近平新时代中国特色社会主义思想为指引，落实中央经济工作会议和全国组织部长会议部署，总结党的十八大以来的工作，分析面临形势，研究部署任务，安排明年重点工作，动员全系统继续奋斗，开启人力资源和社会保障事业发展新征程。刚才传达了马凯副总理的批示，马凯副总理充分肯定了五年来人力资源和社会保障事业取得的显著成绩，对学习贯彻党的十九大精神，进一步推动人力资源和社会保障事业发展提出了要求、指明了方向，这是对我们工作的激励和鞭策，必须认真贯彻落实。会议表彰的先进集体和先进工作者是全系统涌现出的先进代表，他们以实际行动生动诠释了以人民为中心的崇高使命和真挚情怀，我代表部党组表示热烈的祝贺！希望大家再接再厉，再创佳绩。全系统要以他们为榜样，肩负起党的十九大赋予的新使命，为新时代人力资源和社会保障事业发展贡献更大力量。

一、砥砺奋进、攻坚克难，党的十八大以来人力资源和社会保障工作取得显著成效

2017 年是具有重要里程碑意义的一年。在以习近平同志为核心的党中央坚强领导下，系统上下紧紧围绕迎接十九大、宣传十九大、贯彻十九大这一中心任务，认真落实去年全国人力资源和社会保障工作会议部署，抓重点、抓改革、抓风险防控、促公共服务能力提升，圆满完成各项目标任务。城镇新增就业超过 1 300 万人，就业局势持续稳定。养老保险制度、医保支付方式、人才分类评价、职称制度、职务职级并行、劳动人事争议裁审衔接等 20 项重要改革举措制定出台和陆续实施。第 44 届世界技能大赛成绩实现历史性重大突破，成功申办第 46 届世界技能大赛。加大“互联网＋人社”推进力度，公共服务能力持续提升。经过全系统的共同努力，党的十八大以来的人力资源和社会保障工作圆满收官，为全面贯彻党的十九大精神、实现全面建成小康社会各项要求，奠定了坚实基础。

党的十八大以来的五年，是党和国家发展

进程中极不平凡的五年。面对风云变幻的国际局势、艰巨繁重的改革发展稳定任务，党中央团结带领全党全国各族人民，迎难而上、开拓进取，推动党和国家事业发生历史性变革。五年来，我们紧紧围绕党和国家工作大局，上下一心、砥砺奋进，坚决贯彻党中央关于人力资源和社会保障工作的部署，推动人力资源和社会保障事业发展取得新成就。

（一）促进就业创业工作成效突出。面对经济增速放缓、结构调整力度加大的新形势，在劳动力供给仍处高位、结构性就业矛盾日益突出的情况下，坚持把促进就业作为重大政治责任和第一位的工作，坚持实施就业优先战略和积极就业政策，突出重点群体，鼓励创业带动，优化服务培训，推动就业状况持续改善，就业结构不断优化，就业局势稳中向好。城镇新增就业累计超过 6 500 万人，城镇登记失业率、调查失业率保持在较低水平，高校毕业生总体就业率均在 90%以上，农村劳动力转移就业规模持续扩大，108 万去产能职工得到多渠道安置。大力开展职业培训，劳动者素质稳步提高。失业保险稳岗补贴、技能提升补贴政策同时发力，防失业、促就业作用有效发挥。公共就业和人才服务效率不断提升，人力资源市场体系进一步健全，人力资源服务业快速发展。中国特色积极就业政策体系不断丰富完善，展现出强大的生命力。就业工作取得的成就，成为民生改善的坚实基础、经济发展的基本支撑、社会稳定的“压舱石”。我国的就业表现在全球名列前茅，新创造就业岗位规模举世瞩目，赢得国际社会的广泛赞誉。

（二）覆盖城乡居民的社会保障体系基本建立。积极应对人口老龄化，改革完善制度体系，民生保障网进一步织密扎牢。统一城乡居民基本养老、医疗保险制度，实施机关事业单位养老保险制度，全面建立大病保险制度，实施全民参保计划，基本养老保险覆盖人数超过 9 亿人，全民医保基本实现，建筑业按项目参加工伤保险成效显著，制度公平性显著增强。基本实现异地就医直接结算，社会保障卡持卡人数超过 10.7 亿人，五级管理体系和服务网络基本形成，基于“互联网+”的服务模式正在普及，更好满足了群众需求。阶段性降低社会保险费率，积极助力供给侧结构性改革。五项社会保险基金收支规模持续扩大，累计结余 7.4 万亿元。制定养老保险制度改革总体方案，启动养老保险基金投资运营，推进医保支付方式改革，医疗保险和生育保险合并实施，稳步提高保障水平，进一步健全待遇调整机制，不断完善基金监管机制，推进制度可持续运行。社会保障工作的不断推进，对于保障群众基本生活、增进人民福祉发挥了积极作用。作为一个发展中的人口大国，我国在扩大社会保障覆盖范围上取得显著成就，建成世界上覆盖人数最多的社会保障网，受到国际社会高度认可。

（三）人才队伍建设进一步加强。坚持人才强国战略，主动适应经济社会发展需要，突出机制创新，加快迈进人才强国步伐。出台加强新形势下引进外国人才工作的意见，制定深化职称制度改革意见，全面深化职业资格制度改革，减少 434 项职业资格，加强人才激励表彰，创新人才引进政策，人才评价激励引进机制改革取得重大进展。各类人才工程项目计划、职业技能竞赛成效明显。博士后制度不断改革完善，支持留学人员回国创业政策持续发力。人才服务保障体系初步形成，人才创新创业环境逐步优化。专业技术人才、技能人才超过 2.3 亿人，引进外国高层次人才 300 多万人次，人才队伍素质和结构明显改善。人才工作的扎实推进，进一步激发各类人才创造活力，有力地助推了经济社会发展。

（四）人事管理科学化水平明显提升。以深化分类管理改革为引领，坚持激励约束保障并举，着力提高干部队伍素质能力、创新活力、服务水平。公务员分类改革破冰前行、稳步推进。试点建立职务与职级并行制度，突破职务晋升“天花板”，提振干事创业精气神。公务员考录、公开遴选 100 万人，年均培训 500 万人，队伍能力和作风建设不断加强。事业单位人事管理条例颁布施行，灵活用人机制初显成效。中国特色退役军官安置制度建设积极推进，军转干部得到妥善安置，企业军转干部保持总体稳定。人事制度改革的不断深化，打造了一支履行公共管理服务职能的坚强骨干力量。

（五）工资收入分配格局逐步改善。适应公务员分类管理、事业单位改革和国企改革要求，加快形成体现不同职业群体特点的工资收入分配政策，薪酬分配激励导向作用有效发挥。企业自主分配、平等协商确定的工资决定和增长机制初步形成，最低工资制度进一步健全，国有企业负责人薪酬制度改革取得重大进展。机关事业单位工资分类改革试点稳步推进，基本工资标准正常调整机制建立实施，津贴补贴制度逐步完善。工资收入分配制度的改革，促进了工资收入差距的逐步缩小，分配结构不断改善，分配秩序趋于规范。

（六）中国特色劳动关系不断创新发展。主动应对经济下行、化解过剩产能等对劳动关系的影响，创新协调、调处和执法机制，牢牢守住了不发生系统性区域性风险的底线。劳动合同制度全面实行，集体协商积极稳妥推进，协调劳动关系三方机制逐步完善，和谐劳动关系创建活动深入开展。劳动人事争议调解仲裁和劳动保障监察效能建设持续加强，违法案件、突发事件总量均呈下降态势。建立健全治理拖欠农民工工资问题长效机制，持续推进专项整治，拖欠势头得到有效遏制。中国特色劳动关系的创新发展，有效维护了劳动者权益，保持了劳动关系总体和谐稳定。

五年来，我们协调推进立法、执法监督和法制宣传教育，依法行政能力明显提高。广泛深入开展调查研究，支撑决策、推动工作的作用充分发挥。各类规划计划顺利编制实施，援疆、援藏、援青工作不断加强。金保工程建设积极推进，“互联网＋人社”建设步伐进一步加快。人社扶贫工作扎实推进，定点扶贫和对口帮扶取得明显成效。统筹推进为农民工服务和发展家庭服务业促进就业工作，农民工市民化取得重要进展，家庭服务业保持较快发展。政务公开、舆论引导、新闻发布及时有效，宣传阵地建设全面深入，营造了事业发展的良好氛围。群众来信来访和群体性事件得到妥善处理。加强国际合作交流，双边社会保障协定深入推进，在全球劳工治理中发挥积极作用。

党的十八大以来的五年，人力资源和社会保障事业发展理念、发展方式、治理机制不断改革创新、转型完善，逐步从多点突破到全面发力、纵深推进，形成了布局合理、体系健全、运行有序的科学治理架构。五年的改革是突破性的、进展是全方位的、成就是历史性的，解决了不少重大问题，破解了许多突出难题，办成了许多大事，群众的获得感显著增强。人力资源和社会保障事业展现出旺盛的活力、不竭的动力、强大的助力，社会影响日益广泛而深刻，在全局工作中的地位和作用显著提升，实现了与党和国家事业发展的同频共振，为党和国家事业开创性的历史性变革做出了积极贡献。

五年来，系统上下不断探索实践，在点滴积累中厚植发展优势，在坚持完善中升华对规律的认识，形成一系列行之有效的做法，以下七个方面体会尤为弥足珍贵。

必须提高政治站位。这是决定事业发展的根本保证。我们以习近平新时代中国特色社会主义思想为指引，始终坚持围绕中心、服务大局，坚定自觉地把以习近平同志为核心的党中央决策部署不折不扣落到实处，把人力资源和社会保障事业发展更好地融入党和国家工作全局，进一步坚定正确政治方向，提升了工作的政治价值。

必须坚持以人民为中心。这是事业发展必须坚持的根本要求。我们把人民对美好生活的向往作为不懈追求，坚持从实现好、维护好、发展好最广大人民根本利益出发，坚持在发展中保障和改善民生，在发展中不断提升人力资源价值，促进改革发展成果更多更公平惠及全体人民，增强了人民群众的获得感、幸福感、安全感。

必须坚持改革创新。这是推动事业发展的不竭动力。我们以高度的政治自觉、强烈的责任担当，蹄疾步稳抓好改革落实落地，破除一个个体制机制弊端，一批具有基础性决定性作用的关键改革迈出重要步伐，人力资源和社会保障领域改革的主体框架基本确立，为制度更加成熟定型奠定坚实基础，保持了事业发展的蓬勃活力。

必须不断探索规律。这是提升治理能力和治理水平的重要支撑。我们提出增进民生福祉、促进人的全面发展是我们的根本任务，认真履行宏观经济调控的重要参与者、社会管理和市场监管的重要执行者、公共服务的重要提供者、社会公平正义的重要维护者的基本职责，坚持“民生为本、人才优先”的工作主线、六大业务板块的合理布局，树立公平正义、共建共享等价值理念，明确突出重点、统筹兼顾等科学方法，注重依法行政、规划引领，有效提升了治理能力治理水平，推动事业发展更加科学、更高质量、更可持续。

必须提升服务能力。这是公共服务落实惠民政策的重要保障。我们顺应信息技术发展时代潮流，坚持服务对象、服务网络、服务功能全覆盖，加强协同联动，优化再造工作流程和服务模式，提升信息化水平，推进公共服务体系建设，持续改进窗口单位作风，不断提升服务效率和质量，让群众办事更加方便快捷。

必须强化底线思维。这是推进事业发展的重大工作原则。在经济领域风险向社会领域传导趋势明显的情况下，我们不断加强矛盾隐患治理，切实防范化解风险，推进事业持续平稳发展，没有因为人力资源和社会保障领域的问题影响和干扰大局，为改革发展稳定做出了应有贡献。

必须全面从严治党。这是实现事业永续发展的根基。我们把加强党的领导、全面从严治党贯穿内部建设全过程，认真落实党建主体责任，全面提升机关党建科学化水平，切实加强基层党组织建设，不断增强干部队伍能力素质，党组织战斗堡垒作用和党员先锋模范作用得到有效发挥，为事业发展提供了坚强保证。

同时，我们也清醒地认识到，人力资源和社会保障事业在发展环境、政策体系、制度建设等方面还面临不少矛盾、困难和问题。自身工作也还有许多不足，改革推进和抓落实力度还不够，工作进展不平衡，基层基础建设依然薄弱。这些都需要我们在今后的工作中着力加以改进和解决。

五年来成就和经验的取得，根本在于以习近平同志为核心的党中央坚强领导，根本在于习近平新时代中国特色社会主义思想科学指引，也离不开各级党委政府的有力推动和有关部门的支持配合，凝聚着全系统广大干部职工的心血和汗水。在此，我代表部党组向各有关部门单位、向全系统干部职工表示崇高的敬意和衷心的感谢!

二、进入新时代、踏上新征程，必须以习近平新时代中国特色社会主义思想为指引

党的十九大作出的一个重大政治判断，就是中国特色社会主义进入新时代，明确了我国发展新的历史方位。党的十九大一个重大历史贡献，就是将习近平新时代中国特色社会主义思想载入党章，确立为我们党必须长期坚持的指导思想。习近平新时代中国特色社会主义思想，从理论和实践结合上系统回答了新时代坚持和发展什么样的中国特色社会主义、怎样坚持和发展中国特色社会主义这个重大时代课题，为新时代伟大实践提供了行动指南，是推进人力资源和社会保障事业发展的根本遵循。

（一）进入新时代，必须正确认识和把握我国社会主要矛盾变化对人力资源和社会保障事业发展的深刻影响。习近平新时代中国特色社会主义思想，明确我国社会主要矛盾已经转化为人民日益增长的美好生活需要和不平衡不充分的发展之间的矛盾，这也是中国特色社会主义进入新时代的一个重要标志。这一矛盾变化，是根本性、全局性的，反映了我国发展的实际状况，揭示了制约我国发展的症结所在，指明了解决当代中国发展问题的根本着力点，

将对经济社会各个方面产生广泛而深刻的影响，对我们工作提出全新要求。

随着我国经济实力不断增强，社会不断发展进步，人民生活水平持续提高，人民群众美好生活需要的内涵不断丰富、层次不断提升。过去是解决“有没有”的问题，现在则是解决“好不好”的问题，人民群众不仅对物质文化生活提出了更高要求，而且还从人的全面发展和社会全面进步的角度对公平正义和个人社会价值提出更多需求。这些都是发展起来以后对民生改善的更高期望，在人力资源和社会保障领域有着具体体现。群众就业面临不少困难，公平性有待增强，质量还需要进一步提高，促进就业不仅面对总量压力和结构性矛盾，就业创业政策体系也还不能很好适应新产业、新模式、新业态等的发展。覆盖城乡居民的社会保障体系基本建立，已经解决了从无到有的问题，现在面对的是人民群众更高水平、更高质量、更方便快捷的需求，而制度公平性依然不足，可持续性面临重大挑战，在权利义务结合、责任分担、多层次发展等方面也还存在突出问题。人才创新创造活力需要进一步释放，人才队伍的规模、结构、素质都还不能很好适应经济社会发展需要。公务员队伍能力素质有待进一步提高，健全公务员队伍激励保障机制任务艰巨。部分职工工资收入水平较低，不合理收入分配差距依然较大，合理有序的工资收入分配格局尚未完全形成，工资决定和增长机制有待完善。一些用人单位侵害劳动者权益的问题还时有发生，劳动关系领域矛盾纠纷依然多发，劳动者平等意识、权利意识和公平要求不断增强，劳动关系协调难度日益加大，维护劳动关系和谐稳定任务仍十分繁重。公共服务体系还不健全，仍有许多短板。这些都是社会主要矛盾在我们这个领域的突出表现，也是影响事业发展的突出矛盾。

问题是时代的声音，矛盾是前进的动力。我们必须立足我国基本国情和发展的阶段性特征，紧扣社会主要矛盾变化，以人民对美好生活的需要为至高追求，准确把握人民群众需要的时代特点和发展演变规律，深入分析各项工作面临的发展环境，科学研判面临的困难和挑战，着力破除事业发展的制约因素，牢牢掌握工作的主动权，书写促进人的全面发展、全体人民共同富裕的崭新答卷。

（二）进入新时代，必须深入贯彻落实以人民为中心的发展思想，坚持在发展中保障和改善民生。以人民为中心的发展思想是习近平新时代中国特色社会主义思想的重要内容。这一思想的基本内涵就是，坚持人民主体地位，发展为了人民、发展依靠人民、发展成果由人民共享，在发展中保障和改善民生。以人民为中心的发展思想，深刻回答了发展的目的、发展的动力、发展的路径、发展的价值问题，第一次把保障和改善民生作为发展的中心任务，作为党和国家的奋斗目标和历史使命，上升到全局的高度，摆在党和国家事业极其重要的位置，把我们党的宗旨和执政理念与民生建设有机统一起来。这一思想，充分体现了我们党坚持人民主体地位的永恒立场，彰显了我们党人民至上的价值取向。

人力资源和社会保障工作全部对象涉及人，大部分工作内容涉及民生，与人民群众切身利益紧密相连，事关人民日益增长的美好生活需要。新时代人力资源和社会保障事业朝什么方向发展、发展什么、如何发展，都必须以习近平新时代中国特色社会主义思想为指引，尤其要深入贯彻以人民为中心的发展思想，坚持在发展中保障和改善民生，不断增进民生福祉。这是我们做好各项工作必须始终坚持的根本原则，也是破解新时代社会主要矛盾的关键所在。

在发展中保障和改善民生，必须紧紧抓住人民最关心最直接最现实的利益问题。这是做好新时代人力资源和社会保障工作的出发点和落脚点。党的十九大报告强调，要在幼有所育、学有所教、劳有所得、病有所医、老有所养、住有所居、弱有所扶上不断取得新进展。这些新的要求，许多都直接或间接涉及人力资源和社会保障工作。我们必须坚持把人民群众关心的小事当作自己的大事，从人民群众关心的事情做起，从让人民群众满意的事情做起，多谋民生之利、多解民生之忧，让全体人民更多更公平享有改革发展成果。

在发展中保障和改善民生，必须坚持尽力而为、量力而行。这是做好新时代人力资源和社会保障工作必须长期坚持的重大原则。我国仍处于并将长期处于社会主义初级阶段的基本国情没有变，我国是世界最大发展中国家的国际地位没有变，民生保障水平必须与经济发展水平相适应，需要循序渐进、积少成多，由量变发展到质变。我们必须坚持从实际出发，从保障基本权益做起，特别是在工资收入水平和社会保障水平提高上要与经济发展水平同步，不能做超过发展阶段和财力水平的事情。只要我们稳扎稳打，一件事情接着一件事情办、一年接着一年干，锲而不舍、久久为功，保障和改善民生就必有成效。

在发展中保障和改善民生，必须坚持人人尽责、人人享有。这是新时代人力资源和社会保障事业发展目标的实现途径，与促进人的全面发展、全体人民共同富裕的过程高度统一。一方面，我们必须通过制度改革创新开发人力资源，保障人民平等参与、平等发展的权利，为人的全面发展创造良好条件，充分调动人民群众的积极性、主动性和创造性。另一方面，必须认真履行保障和改善民生的重要职责，顺应人民新期待，落实好各项惠民政策，着力解决人民群众反映突出的问题，让人民群众感受到党和政府的关怀，不断提升民生的温度、幸福的质感。

在发展中保障和改善民生，必须坚持坚守底线、突出重点、完善制度、引导预期。这是做好新时代人力资源和社会保障工作的基本思路。坚守底线是第一位的，就是要始终牢牢守住保障群众基本生活和基本权益这一民生底线，集中力量做好普惠性、基础性、兜底性民生建设。突出重点，就是要聚焦人民群众主要民生诉求，立足于我国人口大国的基本特征，把就业作为最大的民生，作为保障和改善民生的关键和着力点。完善制度，就是要在民生领域特别是在社会保障和工资收入分配等方面作出更有效的制度安排，推进制度更加成熟定型。引导预期，就是要把党和政府的工作方向与群众的自身奋斗目标统一起来，形成勤劳致富改善生活的良好氛围和社会预期。

在发展中保障和改善民生，必须坚持社会公平正义。这是保障和改善民生工作的核心价值，关乎能否实现共同富裕目标。人力资源和社会保障各项工作都涉及社会的公平正义，无论在制度安排上还是在工作推进中，都要始终牢牢把握公平正义这一尺度。我们必须持续推进各项改革，推动政策落实，努力实现全体社会成员权利公平、机会公平、规则公平，更好地保障人民群众各方面权益。

（三）进入新时代，必须以更加昂扬的奋斗姿态推动人力资源和社会保障事业踏上新征程。党的十九大擘画了我国发展的宏伟蓝图，提出二〇二〇年全面建成小康社会，实现第一个百年奋斗目标，尔后乘势而上，向第二个百年奋斗目标进军，到二〇三五年基本实现社会主义现代化，到本世纪中叶把我国建成富强民主文明和谐美丽的社会主义现代化强国。这一宏伟蓝图，是落实新时代中国特色社会主义总任务的战略安排，对人力资源和社会保障事业发展提出新的奋斗目标和要求。我们必须顺应时代脉动，找准事业发展新的历史方位，以习近平新时代中国特色社会主义思想引领人力资源和社会保障事业发展新征程，共同形塑两个百年奋斗进程中人力资源和社会保障事业发展的美好前景。

到二〇二〇年，随着我国如期全面建成小康社会，人力资源和社会保障各项制度基本成熟定型，事业发展将整体提升到一个新的水平。中国特色积极就业政策日趋完善，比较充分就业基本实现。多层次社会保障体系基本建成，社会保障公平性、统一性、可持续性显著增强。人才发展体制机制更加健全，我国进入人力资源强国行列。人事管理法治化科学化水平显著提升，公务员队伍素质能力明显增强。

工资收入分配制度更加健全，分配格局更合理、更有序，分配差距进一步缩小。劳动关系治理能力明显提高，共建共治共享治理格局初步形成。人力资源和社会保障公共服务更加可及、高效、人本。

到二〇三五年，随着我国基本实现现代化，人力资源和社会保障制度体系将更加完善，公共服务水平全面跃升，社会就业更高质量更加充分更加公平，中等收入群体比例明显提高，社会保障需要基本满足，现代劳动关系治理格局基本形成，公务员队伍高素质专业化，人力资源充分开发利用，跻身人力资源强国前列。在那之后，再接续奋斗十五年，我国在本世纪中叶全面建成社会主义现代化强国，人们的工作更加体面、更有尊严，劳动价值得到充分尊重，人的发展更加全面，社会创造活力竞相迸发，美好生活的基础更加牢固。

新思想引领新时代，新时代要有新气象，更要有新作为。我们要肩负起新时代赋予的光荣使命，砥志砺行、勇于拼搏，奋力谱写人力资源和社会保障事业发展新篇章，为中华民族的伟大复兴贡献积极的人社力量！

三、开拓进取、奋发有为，努力开创人力资源和社会保障事业发展新局面

党的十九大对人力资源和社会保障工作提出的一系列新任务新要求，是在新时代推进人力资源和社会保障事业发展的行动总纲领。我们必须对标党的十九大科学部署，着力抓重点、补短板、强弱项、防风险，守正出新、因应得宜，进一步明确重点工作和关键举措，锲而不舍抓好落实，努力开创事业发展新局面。

2018 年是贯彻党的十九大精神的开局之年，是改革开放 40 周年，是决胜全面建成小康社会、实施“十三五”规划承上启下的关键一年。中央经济工作会议深入分析了当前的经济形势，确定了明年经济工作的政策取向和主要目标任务，对明年工作作出全面部署，强调保障和改善民生要突出问题导向，坚持尽力而为、量力而行，周密谋划、用心操作。我们要把思想和行动统一到中央对形势的科学研判和对工作的决策部署上来，切实抓好各项工作落实。做好明年人力资源和社会保障工作的总体要求是：全面贯彻党的十九大精神，以习近平新时代中国特色社会主义思想为指导，坚持稳中求进工作总基调，坚持新发展理念，紧扣我国社会主要矛盾变化，按照高质量发展要求，统筹推进“五位一体”总体布局和协调推进“四个全面”战略布局，坚持民生为本、人才优先，促发展与惠民生相结合，全力促进就业创业，深化社会保障改革，加快人才队伍建设，推进人事管理创新，完善工资收入分配制度，构建和谐劳动关系，提升公共服务能力，持之以恒全面从严治党，为全面建成小康社会做出积极贡献。

（一）全力促进就业创业。就业是最大的民生。我国是一个有着 13 亿多人口和 9 亿多劳动力资源的大国，做好就业工作不仅是重大经济问题、社会问题，还是重大政治问题。实现党的十九大确定的目标，必须坚持就业优先战略和积极就业政策，着力提高就业创业政策集合度，突出解决结构性就业矛盾，牢牢守住重点群体就业底线，圆满完成就业脱贫任务，更好发挥创业带动就业倍增效应，破除妨碍劳动者社会性流动的体制机制弊端，推动人力资源产业发展，加快构建全方位公共就业服务体系，努力实现更高质量和更充分就业。

明年就业任务依然艰巨，在实践中还要争取实现更好成果。明年是首次将调查失业率纳入预期目标，主要考虑是调查失业率能够更全面准确反映我国就业状况，将调查失业率与登记失业率并行使用，也有利于平稳过渡。我们必须始终把促进就业作为第一位的工作，加大力度，突出重点，精准施策，全力确保就业局势持续稳定。最重要的就是进一步完善就业创业政策，推动政策落地见效，特别是要在与宏观政策协同、支持和鼓励新产业新模式新业态等发展上加大创新力度。要把解决结构性就业矛盾摆在突出位置，改革就业培训机制，大规模开展职业技能培训，加大培训投入，建立终

身职业技能培训制度，组织开展多种形式的培训，全面提升劳动者就业创业能力。重点群体就业稳定是就业局势稳定的重要基础。明年高校毕业生820万人，必须把高校毕业生等青年群体就业摆在就业工作的首位，强化就业促进、创业引领、基层成长，启动实施青年就业启航计划，多渠道促进青年就业创业。扎实做好去产能职工分流安置、农村富余劳动力转移就业、农民工返乡创业、就业困难人员帮扶等工作。以就业扶贫为重点，持续抓好人社扶贫工作，加强政策扶持、资金扶持和服务平台建设。要充分释放创业带动就业巨大潜力，积极发展各类创业载体，健全差异化政策体系，加强创业服务和创业培训，持续激发创业创新积极性，增强新动能对就业的拉动作用。要推进失业保险援企稳岗工作，支持企业稳定就业岗位。要适应劳动力市场新变化和劳动者多层次就业需求，健全覆盖全民、贯穿全程、辐射全域、便捷高效的全方位公共就业创业服务体系，提升公共服务效率。要深入研究加快畅通劳动者社会性流动的政策措施，进一步完善平等就业制度，解决好性别歧视、身份歧视问题，健全人力资源市场体系。要全面实施人力资源服务业发展行动计划，加快培育人力资本服务增长点，提升人力资本供给能力和产业价值。大力发展家庭服务业促进就业。

就业稳，则心定、家宁、国安。我们要切实担负起促进就业这一新时代最大民生的神圣使命，努力使人人都有通过辛勤劳动实现自身发展的机会，让广大劳动者尽可能工作得更加愉悦、更有成就、更为幸福。

（二）推进多层次社会保障体系建设。社会保障是民生安全网、社会稳定器。实现党的十九大确定的目标，必须按照兜底线、织密网、建机制的基本要求，全面实施全民参保计划，改革完善基本养老保险制度，全面建立中国特色医疗保障制度，不断完善失业保险、工伤保险制度，建立全国统一的社会保险公共服务平台，全面建成覆盖全民、城乡统筹、权责清晰、保障适度、可持续的多层次社会保障体系。

明年，社会保障体系建设任务依然十分繁重。我们必须继续深化改革，促进制度可持续发展。全面实施全民参保计划是实现覆盖全民目标最重要的举措，要突出参保重点人群，采取多种措施，实现动态管理和更广泛覆盖。养老保险制度改革总体方案是社会保障领域的一项重大改革，明年的一项重点，就是要实施基本养老保险基金中央调剂制度，这是加快实现全国统筹迈出的第一步。部里要会同有关部门制定具体实施办法，各地也要认真做好相关基础工作，积极配合，尽快启动实施。要做好城镇退休人员养老保险待遇调整和提高城乡居民基础养老金最低标准等工作。各地要高度重视，进一步加强基金收支管理，通过盘活存量资源、优化支出结构等方式，确保养老金按时足额发放。要立足全面建立中国特色医疗保障制度，完善统一的城乡居民基本医保和大病保险制度，积极推进医保支付方式改革，扎实开展生育保险和医疗保险合并实施试点、长期护理保险制度试点，落实好提高城乡居民基本医保财政补助标准。深入推进跨省异地就医住院费用直接结算工作，把基层医疗机构和外出农民工、外来就业创业人员纳入进来，力争明年年底前基本实现全覆盖。随着供给侧结构性改革深化，阶段性降低社会保险费率政策将会延长一年，各地要认真做好基金测算和工作落实。同时，做好失业保险条例修订实施工作，健全费率调整与经济社会发展的联动机制。积极实施工伤保险基金省级统筹和待遇规范调整，全面推开工伤预防工作。切实加强基金监管和基金风险预警，提升监管能力和水平。

社会保险公共服务平台是提供社会保险公共服务的载体，直接关系到各项社保政策的实施效果。建立全国统一的社会保险公共服务平台是党的十九大提出的新要求，要建立集各项社会保险于一身，融经办服务与信息系统于一体，以社会保障卡为唯一载体，实现线上线下衔接互通，通过“一号一窗一网一卡”为参保单位和参保人员提供全网式、全流程服务的统一公共服务平台。明年重点是加快中央平台建设，抓紧制定规划，统一规范标准，借助“金保工程”二期，整合现有资源，推进业务协同。

更加可靠的社会保障，是人民美好生活的坚实基础。我们要以更大的改革勇气、更积极的进取精神、更高超的实践智慧，把民生安全网织密扎牢，让人人都享有基本社会保障，进一步增强群众的稳定预期和安全预期。

（三）加快人才强国建设步伐。人才是实现民族振兴、赢得国际竞争主动的战略资源，这是对人才的全新定位。实现党的十九大确定的目标，必须坚定实施人才强国战略，实行更加积极、更加开放、更加有效的人才政策，坚持高端引领和技能支撑，推进以评价激励引进为核心的人才体制机制改革，大力弘扬工匠精神，加大人力资本投入，健全市场化社会化人才服务体系，加快建成人力资源强国。

明年人才工作的重点，就是要深化人才评价激励机制改革，这是破除人才发展体制机制障碍的关键举措。目前，职称制度改革进展总体平稳，一些地方和部门也已出台了实施办法，社会反响积极。要加快主体职称系列改革步伐，真正做到放权松绑、激发活力。要落实好分类推进人才评价机制改革的指导意见，指导地方和行业部门完善配套政策。继续完善职业资格制度，建立并实施技能人才职业技能评价制度，进一步巩固减少规范职业资格许可和认定成果，建立职业资格目录动态调整机制，加强职业资格监管，发挥其职业规范和引领作用。健全保障人才以创新要素参与利益分配的措施，落实提高技术工人待遇政策，充分体现人才的社会价值。要做大做强高层次、高技能人才队伍，这是加强人才队伍建设的重点。深入实施各类重大人才工程项目计划。以“高精尖缺”为导向，加快培养一大批具有国际竞争力的高层次创新型人才队伍和高水平创新团队，加快引进重点领域急需紧缺的高层次留学人才。持续推进技工教育改革创新，鼓励更多青年走技能成才道路。要深入贯彻落实加强新形势下引进外国人才工作的意见，全面实施外国人来华工作许可制度，健全外国人才引进、外国人在中国工作的法规制度，进一步夯实具有国际竞争力的人才制度优势。

时代呼唤人才，人才引领发展。我们要适应经济高质量发展的需要，努力造就更为宏大的高素质创新型专业技术人才队伍和知识型、技能型、创新型劳动者大军，充分释放人才创造活力，努力形成人人渴望成才、人人努力成才、人人皆可成才、人人尽展其才的良好局面。

（四）加强高素质专业化公务员队伍建设。公务员队伍是党和国家事业的中坚力量。实现党的十九大确定的目标，必须紧紧围绕新时代中国特色社会主义发展对干部队伍的更高要求，突出政治标准，坚持严管和厚爱结合、激励和约束并重，坚定不移走中国特色公务员制度发展道路，以强化公益属性为方向推进事业单位人事制度改革，不断深化军转安置制度改革，全面提升干部队伍的素质能力、专业水平、干事创业活力。

明年，我们要进一步加快公务员分类改革步伐。实施职务与职级并行制度，是分类管理的重点，也是建立正向激励机制的有效措施。要坚持边试点、边总结，及时评估经验成效，抓紧形成成熟的制度规范。要协同推进专业技术类、行政执法类公务员分类管理，把握好与职务职级并行制度的关系，注重分类改革的系统性、整体性，统筹考虑两类公务员职位设置、职务管理等配套政策，及时做好入轨实施工作。抓紧公务员法修订工作，提出符合实践发展和改革精神的修订意见，为形成更加成熟定型的公务员管理制度体系奠定坚实的基础。深化事业单位人事制度改革，坚持转换用人机制和搞活用人制度，加强规范化管理，推进创新创业政策落实。明年要抓紧研究县以下事业单位管理岗位职员等级晋升制度试点方案，着力解决基层事业单位管理人员职业发展空间小、晋升通道单一、待遇偏低的矛盾。要按照全面推进国防和军队现代化的要求，扎实做好军转安置工作，深化制度改革，拓宽安置渠道，圆满完成年度安置任务，做好自主择业军转干部服务工作。

踏上新征程，干部队伍要有新气象新作为。我们要坚定不移地推进人事制度改革，不断提高人事管理法治化科学化水平，切实增强公务员队伍的生机活力，努力建设一支更好服务党和国家事业发展的高素质专业化公务员队伍。

（五）稳慎推进工资收入分配制度改革。收入分配是民生之源。实现党的十九大确定的目标，必须坚持按劳分配原则，完善按要素分配的体制机制，健全工资收入分配制度，切实发挥激励导向作用，进一步规范工资收入分配秩序，在经济增长的同时实现居民收入同步增长、在劳动生产率提高的同时实现劳动报酬同步提高，着力形成合理有序的工资收入分配格局。

明年，工资收入分配工作有大量的改革任务需要落实。在企业工资收入分配方面，重点是尽快出台实施国有企业工资决定机制改革意见，推动建立与劳动力市场基本适应、与企业经济效益和劳动生产率挂钩的工资决定和增长机制。进一步深化国有企业负责人薪酬制度改革，继续在中央和省管企业负责人中落实好改革政策，推动地市以下国有企业负责人薪酬制度改革。适应建立职业经理人制度要求，积极稳妥开展薪酬分配差异化改革试点。完善企业工资分配宏观指导制度，推动建立统一规范的国家省市三级企业薪酬调查和信息发布体系。稳慎把握最低工资标准的调整频率和幅度，引导形成合理预期。在机关事业单位工资分配方面，要以完善体现不同职业群体特点的工资收入分配政策为核心，加强制度设计，注重与公务员分类改革和事业单位改革有效衔接、协同推进。要扩大公立医院薪酬制度改革试点，开展总结评估，及时形成可复制、可推广的改革经验。同时，做好调整艰苦边远地区津贴实施范围和类别、完善事业单位高层次人才分配激励机制等工作，研究建立公务员和企业相当人员工资调查比较制度。

让广大劳动者有更加满意的工资收入，是改善民生、实现发展成果由人民共享最重要最直接的体现。我们要切实发挥工资收入分配对整个收入分配的基础性和先导性作用，通过不断努力，扩大中等收入群体，增加低收入者收入，调节过高收入，持续提升发展的包容性和共享水平。

（六）构建和谐稳定的劳动关系。劳动关系是最基本的社会关系之一，和谐稳定的劳动关系是社会和谐的重要基础。实现党的十九大确定的目标，必须不断完善政府、工会、企业共同参与的协商协调机制，进一步健全党委领导、政府负责、社会协同、企业和职工参与、法治保障的体制机制，全面解决拖欠农民工工资问题等突出矛盾，不断增强劳动力市场灵活性竞争性，积极构建中国特色和谐劳动关系。

明年，劳动关系领域矛盾隐患还很突出，新情况、新问题也不断显现，确保劳动关系和谐稳定任务依然十分繁重。摆在首位的，就是要切实抓好风险防控工作，源头治理、杜渐防萌，妥善处理突出矛盾，坚决防范系统性区域性风险。要健全劳动关系协商协调机制，推进集体协商和集体合同制度建设，完善协调劳动关系三方机制，深入开展和谐劳动关系创建活动，深化构建和谐劳动关系综合试验区建设，促进劳动关系共建共治共享。推进调解仲裁规范化、标准化、专业化和信息化建设，建立健全劳动人事争议裁审衔接工作机制。进一步完善劳动保障监察制度，健全举报投诉、“双随机”监管、执法协作等工作机制，推进企业守法诚信等级评价和失信惩戒制度建设。继续推动做好为农民工服务工作，加快推进农民工市民化。同时，要继续做好劳动合同法修订问题研究论证工作，适时提出修法建议。各地要高度重视治理拖欠农民工工资问题，严格落实属地监管职责，以解决工程建设领域尤其是政府投资工程项目欠薪为重点，做好专项整治工作。要进一步加强长效机制建设，使农民工工资拖欠问题得到持续有效遏制。

和合共生，是协调劳动关系的价值目标。我们要统筹维护劳动者权益和企业发展，全面提升治理水平，努力构建规范有序、公正合理、互利共赢、和谐稳定的劳动关系。

（七）全面提升公共服务能力。随着改革不断深化、政策体系不断完善，一系列惠民举措持续推出，更加需要我们的公共服务及时跟进。实现党的十九大确定的目标，必须加快转变服务理念和思维方式，主动适应群众需求，提升服务能力，优化服务供给，推进决策科学化、管理精准化、服务人本化，增强人力资源和社会保障公共服务的黏性，为群众提供更加便捷高效的服务。

近年来，我们把提升公共服务能力摆在更加突出的位置，着力加以推进，取得明显成效。明年，要持续加强这项工作。进一步健全以就业、社保等为重点的公共服务体系，完善各级服务网络，突出基层服务平台建设，健全服务标准和服务项目，推进服务对象、服务网络、服务功能全覆盖。特别是要着力提升信息化水平，这是未来的发展方向，将成为数字中国、智慧社会建设的重要内容。要牢固树立互联网思维，主动运用信息化手段统领各项业务，创新工作模式和流程，加快推进“互联网+人社”建设。要充分发挥大数据作用，善于获取数据、分析数据、运用数据，推动数据集中和开放共享，深度开发便民应用。社会保障卡是承载智慧人社功能的核心载体，要加快推广第三代社会保障卡，健全服务功能，优化服务体验，逐步实现跨业务、跨地区、跨部门应用，让社会保障卡成为我们和人民群众的连心桥。要持续加强窗口单位作风建设，不断提高工作人员能力素质，把各级各类窗口单位打造成人民群众满意的公共服务平台。

群众的期盼只有更高，我们的服务永无止境。我们要坚持把群众的需求牢牢挂在心上，让群众的获得感、幸福感通过我们的服务变得更加充实，努力让广大人民群众感受到人力资源和社会保障服务的温暖情怀。

（八）持之以恒全面从严治党。打铁必须自身硬。实现党的十九大确定的目标，必须按照新时代党的建设总要求，以党的政治建设为统领，以坚定理想信念为根基，以调动全系统党员干部积极性主动性创造性为着力点，全面加强党的建设，不断提高全系统党的建设质量，为人力资源和社会保障事业发展提供坚如磐石的政治保证。

持之以恒全面从严治党，必须始终加强党的领导，以习近平新时代中国特色社会主义思想为指引，以管党治党主体责任的落实推进党的建设各项工作。要把政治建设摆在首位，谋划事业发展，制定政策措施，培养干部人才，推动工作落实，都要着眼于我们党执政地位巩固和增强，着眼于党和人民事业发展。要严格遵守政治纪律和政治规矩，全面执行党内政治生活若干准则，确保党中央政令畅通，确保各项工作坚持正确的政治方向，营造风清气正的良好政治生态。要深入学习贯彻习近平新时代中国特色社会主义思想，坚定理想信念，更好地武装头脑、指导实践、推动工作。要锲而不舍抓好中央八项规定的落实，切实加强作风建设，特别是各级领导干部要带头转变作风，身体力行、以上率下，认真查摆“四风”突出问题，尤其是形式主义、官僚主义问题，采取措施，务求实效。全系统同志既要政治过硬，也要本领高强，努力增强做好工作的各项本领，提高专业素养和专业能力，涌现出更多的行家里手和专家权威。要抓牢意识形态工作，加强基层党组织建设，筑牢拒腐防变的思想防线和制度防线。

全面从严治党永远在路上。全系统同志必须以自我革新的勇气、坚韧不拔的毅力、从严从实的作风，把各级党组织建设得更加坚强有力，保证人力资源和社会保障事业发展行稳致远。

旗帜鲜明讲政治，是对全系统各级党组织的根本要求。我们要牢固树立政治意识、大局意识、核心意识、看齐意识，自觉同以习近平同志为核心的党中央保持高度一致，坚决维护以习近平同志为核心的党中央权威和集中统一领导，在各项工作中毫不动摇、百折不挠地把以习近平同志为核心的党中央决策部署落到实处。首要的政治任务，就是全面贯彻党的十九大精神，在学懂弄通做实上下功夫，在学习中焕发新活力，在实践中积累新动力，在实干中形成新业绩。要大兴调查研究之风，结合贯彻党的十九大精神真正动起来、深下去，扑下身子、沉到一线，紧扣突出矛盾，紧扣群众生产生活实际和对我们工作的期盼要求，切实把情况摸清楚，把群众需求搞明白，拿出解决问题的办法。要坚定不移地深化改革，充分认清肩负的责任担当，在巩固已有改革成果基础上，深入领会党的十九大提出的改革要求，保持工作连续性和前瞻性，压茬拓展改革广度和深度，推动改革梯次接续、前后衔接、协同配合，以改革突破引领事业发展。要做到真抓实干，切实把党的十九大部署转化为全系统的工作措施，以强烈的担当精神、善作善成的本领，按照“四个明确”的要求，把每项工作都做实做细、落到实处，努力实现人力资源和社会保障事业各项发展目标。

蓝图业已绘就，目标已经明确。时不我待，只争朝夕。让我们更加紧密地团结在以习近平同志为核心的党中央周围，高举中国特色社会主义伟大旗帜，不忘初心、牢记使命，开启人力资源和社会保障事业发展新征程，为全面建成小康社会，夺取新时代中国特色社会主义伟大胜利，实现中华民族伟大复兴的中国梦做出更大贡献！

忠诚履责　勇于担当
以全面从严治党优异成绩
迎接党的十九大胜利召开

——在全国人力资源社会保障系统 2017 年党风廉政建设工作座谈会上的讲话

耿文清

（2017 年 2 月 24 日）

一、正确认识当前人力资源社会保障系统党风廉政建设和反腐败斗争形势

党的十八大以来，以习近平同志为核心的党中央着力改进作风、着力严明纪律、着力惩治腐败，党的各级组织管党治党主体责任明显增强，中央八项规定精神得到坚决落实，党的纪律建设全面加强，腐败蔓延势头得到有效遏制，全面从严治党取得显著成效。习近平总书记在中央纪委七次全会上明确指出，反腐败斗争压倒性态势已经形成，不敢腐的目标初步实现，不能腐的制度日益完善，不想腐的堤坝正在构筑，党内政治生活呈现新的气象。习近平总书记同时强调，反腐败斗争形势依然严峻复杂，全面从严治党“仍然任重道远”。

2016 年以来，部党组认真履行全面从严治党主体责任，扎实开展“两学一做”学习教育，积极配合中央对人力资源社会保障部的专项政治巡视，认真整改巡视反馈问题，严肃问责违规违纪党员领导干部和党组织。同时，系统上下大力加强作风建设和政风行风建设，系统党风廉政建设各项工作取得了明显成效。部党组书记尹蔚民同志总结说：“2016 年是部党风廉政建设和反腐败工作方面问题暴露最充分的一年，是对问题整治决心和力度最大的一年，也是取得成效最为显著的一年。”

在充分肯定成绩的同时，也必须看到，当前人力资源社会保障系统党风廉政建设和反腐败工作仍然存在不少问题，应该引起我们高度重视。比如有的单位对党风廉政建设主体责任的压力层层传导不够，把纪律和规矩挺在前面的意识还不强；“四风”问题隐形变种，花样不断翻新，庸政懒政怠政的现象仍然不同程度存在，人力资源社会保障系统政风行风建设仍然面临很大挑战。以上这些问题，有的性质严重，涉及违纪违法，有的看似是小毛病，但不符合中央关于把纪律和规矩挺在前面的要求，任其发展会演变成大错误，我们要结合实际，认真加以解决。

落实中央全面从严治党各项要求，关键在

"严"字，来不得半点懈怠。绝不能把今天当成过去。要以新的态度适应新的形势，以新的认识指导新的实践。大问题我们要继续紧抓不放，一查到底，小问题也不能忽视，把螺丝越拧越紧。越往后执纪越严，这不是口号，更是实实在在的行动。我们要按照中央和部党组的要求，正确认识当前人力资源社会保障系统党风廉政建设和反腐败斗争形势，要坚决克服"届末之年反腐败可以收官"的思想，牢固树立反腐倡廉永远在路上的观念，继续在常和长、严和实、深和细上下功夫，要全面加强纪律建设，持之以恒抓好作风建设，不断增强全面从严治党的系统性、创造性、实效性。

二、进一步严肃党内政治生活，扎实做好全面从严治党的根本性基础工作

党的十八届六中全会颁布了《关于新形势下党内政治生活的若干准则》和《中国共产党党内监督条例》，这是推动全面从严治党向纵深发展，实现党内政治生活严肃化、规范化、健康化的重要举措。加强和规范党内政治生活，是新形势下加强党的建设的重要课题，也是推进全面从严治党的重要抓手。党要管党，首先要从党内政治生活管起；从严治党，首先要从党内政治生活严起。习近平总书记在中央纪委七次全会上强调："严肃党内政治生活是全面从严治党的根本性基础工作。"

各级人力资源社会保障部门要落实好中央和同级党委对新时期进一步严肃党内政治生活的要求。首先，要遵循以实事求是、理论联系实际、密切联系群众、批评和自我批评、民主集中制、严明党的纪律等为主要内容的党内政治生活基本规范，把开展严肃认真的党内政治生活作为当前党的建设最为迫切的重要任务来抓；其次，要以创新精神推动所属单位各级党组织进一步完善民主生活会、组织生活会和"三会一课"制度，不断提高人力资源社会保障系统党的建设科学化水平。去年年底，中央下发了《县以上党和国家机关党员领导干部民主生活会若干规定》，就2016年度县以上党和国家机关党员领导干部民主生活会专门下发了通知，中央还派出督导组对省部级单位民主生活会进行督导。驻部纪检组认真领会中央精神，切实履行党内监督职责，安排了8个工作小组参加了"一部两局"全部65个司局级单位党支部（党委）的民主生活会，首次实现全覆盖。大家普遍反映，纪检组参加民主生活会，对各党支部（党委）提高思想认识，增强民主生活会的严肃性和规范性水平起到了重要的推动作用。我们已经对各单位召开民主生活会的情况进行了认真总结，对其中的好经验、好做法，以及存在问题、意见建议等一并形成了专门材料，分别向中央纪委领导同志和部党组作了报告。

下一步，我们要把严肃党内政治生活不力的问题纳入对党组织的问责范围，切实督促各级党组织把党内政治生活严起来。要注重利用民主生活会、组织生活会、支部大会等党内政治生活的机会，让受到函询、提醒谈话、批评教育和纪律处分的同志，作出相关说明或深刻检查，切实增强党内政治生活的政治性、原则性、时代性和战斗性，使严肃认真的党内政治生活成为加强思想政治建设、推动作风和纪律建设、增强党性锻炼的有力抓手。

三、始终坚持把"四种形态"贯穿监督执纪各环节

监督执纪"四种形态"是全面从严治党的具体举措，覆盖了所有的违纪情况，且各种形态之间呈现出明显的违纪轻重和处置层次之分。这就要求我们要坚持实事求是、宽严相济的工作方法，提高综合把握能力，着力增强监督执纪方式、处分档次与违规违纪行为的适配度，而不是简单、片面、机械地按"大多数""少数""极少数"的比例来"剪裁"监督执纪现实。

在实践监督执纪"四种形态"过程中，我们必须从以下几个方面入手。一要继续对违反中央八项规定精神，奢靡享乐啁瑟到群众眼皮底下，什么红灯都敢闯、什么纪律规范都不在乎的领导干部保持零容忍的高压态势。严肃查处党的十八大后不收敛、不收手，顶风违纪的行为，尤其是违反政治纪律和政治规矩，对党不忠诚不老实的，坚持严的一手不放松。二要坚持将第一种形态作为纪律防线的第一道关口，让“红红脸、出出汗”成为常态，通过咬耳扯袖、抓早抓小适时“敲打”，防止小错变成大错，最大限度地保证大多数党员干部不出轨、不越界。三要有效运用第二种形态，将那些病情尚不严重的“患者”医治在成病之初，给有小错、患“微病”的党员干部轻装上阵的机会，充分发挥党规党纪惩前毖后、治病救人的根本目的。四要严格把握“四种形态”之间的转换条件，第一种、第二种形态能够用第一种形态就用第一种形态，第二种、第三种形态能够用第二种形态就用第二种形态，第三种、第四种形态能够用第三种形态就用第三种形态，这中间的转换条件就是犯错误的人要认错、悔错、改错，否则就不具备用比较轻的形态的可能性。对于愿意回头的人，我们要给他提供岸、提供救生圈。反过来，态度不好，就可能把第一种变成第二种，第二种变成第三种，第三种变成第四种。最后还要明确一点，就是践行监督执纪“四种形态”，不仅仅是派驻纪检组的事情，各级人力资源社会保障部门党组（党委）、机关党委（纪委）和人事部门也都是责任主体，每一个党组织、每一名党员都不能置身事外。

四、以严肃问责推动全面从严治党主体责任层层落实

强化问责是解决好当前管党治党突出问题的现实需要。动员千遍不如问责一次。必须通过严肃问责，推动各级人力资源社会保障部门党组织和党员领导干部把全面从严治党的主体责任真正担当起来。

一是要清醒认识自身在问责中的地位。各级人力资源社会保障部门机关党委（纪委）、派驻纪检组既是问责的主体，也是被问责的对象，不仅要敢于向他人问责，还要尽好自身之责，树立“该问责的不问责也要被问责”的责任意识和危机意识，时刻牢记如果我们该发现的问题没有发现，该报告处置的不及时报告处置，该问责的不去问责，就会被上级问责。二是要树立“严管就是厚爱”的观念。要正确认识对党员干部严管和厚爱的辩证关系，遇到问题老想“护犊子”“捂盖子”，只会让“微病”拖成“重症”，以为“救人”，实则害人。党培养一名领导干部不容易，我们不能平时不管不问，到出现大问题大错误时“一脚踹到井里”。三是在问责对象上，既要抓住领导干部这个“关键少数”，覆盖全体党员干部，又要突出对管党治党不力、战斗堡垒作用发挥不到位的党组织严肃问责。综合运用责令作出书面检查、通报批评、诫勉、组织处理、纪律处分等方式对党员领导干部和党组织进行问责，体现政策策略和方式方法的针对性、灵活性。四是在问责事项上，要针对当前全面从严治党中存在的突出问题和人力资源社会保障部门特点，突出管党治党政治责任这个重点，对党的领导弱化、党的建设缺失、单位违纪问题频发多发等情况进行严肃问责，让失责必问、问责必严成为常态。对发生违纪案件和不正之风的单位主要领导干部要实行“一案双查”，追究违纪责任，不断强化各级党员领导干部的责任担当意识。

另外，有些单位的党政负责同志在落实主体责任的认识上还存在误区，觉得自己不犯错误能做到，但不敢保证下属不出问题，认为一个人盯不住所有人。大家一定要走出这个误区。主体责任不仅仅是一把手的责任，也是每个班子成员的责任，一把手是第一责任人，但不是唯一责任人，出了问题每个班子成员都要承担自身之责。关键还是要层层传导压力，层层压实责任，要一级管好一级，一级带动一级，形成环环相扣的“责任链”和上下联动的合力。

五、紧盯群众身边的不正之风和腐败问题

“民心是最大的政治。”我们党最大的政治

优势是密切联系群众，民心始终是我们党最深厚的执政之基。人力资源社会保障业务所有工作都涉及人，大部分工作涉及民生，关乎千家万户数亿人的切身利益，关乎人民福祉和社会稳定，是党密切联系群众的重要渠道和载体。人力资源社会保障业务领域每发生一起违纪违法案件，都受到社会舆论的高度关注，都会影响到部门整体形象，影响党在人民群众中的威望，挥霍人民群众对党的信任和认同，“微腐败”也可能成为“大祸害”。虽然我们也做了大量工作，但仍会时不时地发生人力资源社会保障部门工作人员利用职权或业务工作便利违纪违法的案件。对此，我们的工作必须和群众的期望相向而行，及时回应群众关切，坚决惩治群众身边的不正之风和腐败问题，从严查处胆敢向老百姓“养命钱”“救命钱”伸手等带有人力资源社会保障部门特点的违纪违法行为，不断加大对麻木不仁、漠视群众诉求等懒政、怠政行为的治理力度，让中央一系列惠民务实的好政策落到实处，让广大群众在全面从严治党中增加获得感，不断巩固党的执政基础。

六、打铁还需自身硬，切实抓好队伍建设

同志们，我们担负着人力资源社会保障系统党风廉政建设和反腐败工作的重要职责，必须时刻牢记党和人民寄予我们的重托，这既是信任，更是考验。以往的经验教训告诉我们，信任不能代替监督，只有信任没有监督，信任就会变成放任。打铁还需自身硬，不只是要求我们守住廉洁自律的底线，而是要求我们在工作态度、业务能力、工作作风等方面全面锤炼提高，用担当诠释忠诚。要认真学习新出台的《中国共产党纪律检查机关监督执纪工作规则(试行)》，不断提高监督执纪问责工作的规范化、科学化水平。我们要做到无须扬鞭自奋蹄，撸起袖子加油干，唯有如此才能回答好总书记的千钧一问，不辜负党和人民重托。

切实加强队伍建设，还需要我们系统上下进一步加强沟通交流。驻部纪检组将继续坚持办好人力资源社会保障系统纪检干部培训班，从今年开始，把培训班从一期增加到两期，一期面向省一级纪检组，一期面向全人力资源社会保障系统纪检干部。同时，着力加强对全系统党风廉政建设工作的宣传交流，在中国组织人事报、中国劳动保障报这两家部属报刊和部门户网站上开辟“党风廉政”专栏，介绍各级人力资源社会保障部门党员干部特别是纪检干部的先进事迹，宣传强化监督执纪问责工作的好经验、好做法。对于特别优秀的事迹、特别典型的案例，我们也会及时向《中国纪检监察报》和中央纪委监察部门户网站推荐，在全国纪检监察系统展示人力资源社会保障部门纪检干部取得的工作成绩和良好形象。近期，我们将向各级人力资源社会保障部门征稿，希望大家踊跃投稿。

梦想照亮前方，奋进正当其时。同志们，让我们更加紧密地团结在以习近平同志为核心的党中央周围，全面深入贯彻党的十八届六中全会和中央纪委七次全会精神，坚定不移维护党中央权威和党中央集中统一领导，更加扎实地把中央和部党组的各项决策部署落到实处，持续推进人力资源社会保障系统全面从严治党工作不断走向深入。以雷厉风行、精益求精的作风，不断开创人力资源社会保障系统党风廉政建设和反腐败斗争新局面，以良好精神状态和优异工作成绩迎接党的十九大胜利召开！

在部务虚会上的发言

耿文清

（2017年7月18日）

根据会议安排，我结合学习贯彻党的十八届六中全会和十八届中央纪委七次全会精神，就深刻理解全面从严治党永远在路上的重要意义，加强监督执纪问责，努力构建良好政治生态等谈一些想法和考虑。

一、深刻认识全面从严治党永远在路上的重要意义

习近平总书记指出："全面从严治党永远在路上。要把严的要求落实到党的建设全过程和各方面，在坚持中深化，在深化中坚持，推动全面从严治党向纵深发展。"党的十八大以来，党中央从提出"作风建设永远在路上"到"党风廉政建设和反腐败斗争永远在路上"，再到"全面从严治党永远在路上"，是对党的建设规律认识的一步步深化。全面从严治党就是要把从严的要求覆盖每一个党组织和每一名党员，涵盖党的建设各个领域、各个方面；永远在路上就是越往后越严，而不是越往后越松，我们必须把严的要求落实到党的建设和各项工作的方方面面。

（一）正确认识当前人力资源社会保障系统党风廉政建设和反腐败斗争面临的形势

形势决定任务，只有全面摸清人力资源社会保障系统党风廉政建设状况，才能做到既抓住全面，又有针对性地补齐短板。党的十八大以来，各级人力资源社会保障部门的党风廉政建设和反腐败工作取得了长足进展，基本面是好的。部党组认真履行全面从严治党主体责任，扎实推进"两学一做"学习教育常态化、制度化，严肃问责违规违纪党员领导干部和党组织。同时，系统上下大力加强政风行风建设，党风廉政建设各项工作成效明显。一是主体责任意识不断增强。大多数领导干部能够从思想上认识主体责任对抓好全面从严治党的重要意义，认真履行"一岗双责"，强化担当意识，自觉履行全面从严治党的首要责任。二是广大党员干部守纪律讲规矩自觉性显著提高。通过保持惩治腐败高压态势，释放越往后执纪越严的强烈信号，充分发挥反面教材警示作用，深刻剖析典型案例，用身边事教育身边人，党员干部纪律意识不断增强。三是教育监督管理水平不断提升。通过加强日常管理监督，及时梳理风险点，有针对性地开展谈话提醒，把苗头性、倾向性问题解决在萌芽状态。四是制度建设不断完善。坚持问题导向，查找漏洞和薄弱环节，进一步健全完善干部轮岗、政务办理、内部管理等规章制度，着力减少自由裁量权，堵塞各种制度漏洞，防范廉政风险。

肯定成绩的同时，我们必须清醒地看到，人力资源社会保障系统党风廉政建设和反腐败工作依然存在一些问题，离全面从严治党的要求还有较大差距。主要表现在：

一是一些干部纪律意识仍然淡薄。有的党员领导干部对纪律规矩缺乏敬畏，违纪问题时有发生。今年上半年，违纪增长势头虽然得到遏制，但违纪问题还时常发生，甚至在个别地方出现串案和窝案。

二是部分党员干部存有惯性思维和侥幸心理。一些党员干部对“越往后执纪越严”的要求理解还不能有清醒认识，还“把今天当成过去”。还有的党员干部错误地认为即便发生了违纪行为，也不容易被发现。比如中央一再强调的如实填报领导干部个人有关事项，有同志就以为有些情况组织不掌握，即使抽查也不一定被抽到，结果这种心理害了自己。

三是业务风险、廉政风险，甚至是两种风险叠加的情况依旧存在。人力资源社会保障业务目前主要存在规模性失业、社保基金支付能力不足、人事考试安全、劳动关系和特殊群体稳定等业务风险，同时也存在内外串通、以权谋私等廉政风险。一旦防范不力，业务风险就会与廉政风险相互叠加、相互交织，产生更加严重的后果和更为恶劣的负面影响。

四是作风建设方面还存在短板。目前，一些人力资源社会保障部门懒政怠政等“为官不为”问题仍然存在，有的基层单位窗口服务态度不好，也有的单位对下级人力资源社会保障部门请示的事项，因怕承担责任，久拖不回复。这种不担责、不负责的思想行为，直接损害了党和政府的形象。不仅如此，人力资源社会保障系统“四风”问题反弹的压力也比较大，公款旅游、公款吃喝的现象还时有发生。

（二）高悬问责利剑，压实主体责任和监督责任

《中国共产党问责条例》的出台，释放出守土有责、守土尽责和失责必问、问责必严的强烈信号。大家要勇于把自己摆进去，紧密联系工作实际，唤醒责任意识，激发担当精神，否则就有可能被问责。2016 年，部属单位先后有几名党政一把手和党组织被问责，人力资源社会保障系统被问责单位和个人也不少。今后，失责必问成为常态。不仅应该问责而没有问责的，也要被问责。我们驻部纪检组和地方各级派驻纪检组如果在问责工作中不敢“较真”，没有了“战斗性”，高悬的问责利剑，也会毫不留情地落在我们自己的头上。进一步地说，如果一个部门或单位发生了重大问题，主体、监督两个责任都要被“问”，谁也跑不了。今年年初民政部发生腐败问题后，党组和纪检组原主要负责人都被追究了责任。因此，主体责任与监督责任是一个有机整体，不能互相替代，更不能互相削弱，必须相辅相成、共同尽责，形成合力。

人力资源社会保障事业政策性强、改革任务重、关系群众切身利益，业务工作很繁重，但也不能因此就忽视了党风廉政建设。有的同志认为廉政工作是纪委一家的事情，还有的同志认为“四种形态”前面有“监督执纪”四个字，那就是纪委的活儿，与“党组（党委）无关”。这些认识是片面的。全面从严治党，实践好“四种形态”，是对各级党组织的共同要求，是管党治党主体责任的具体化。党内监督是全党的任务，第一位的就是党组（党委）的职责。现在有些党员领导干部对“四种形态”的深刻内涵和精神实质不了解、不掌握，片面认为“四种形态”就是处理人。其实不然，“四种形态”尤其是第一种、第二种形态的运用，就是贯彻“惩前毖后、治病救人”方针，最大限度地保护干部，是真正关心、爱护干部。恰当地用好第一种、第二种形态，目的就是减少第三种、第四种形态。有些党员干部出现严重问题绝不是偶然的，对已经出现的一些苗头性、倾向性问题，由于没有及时采取“红红脸、出出汗”的方式抓早抓小，导致积小错为大错，“小问题”逐步演变成“大违纪”，教训是十分惨痛的。

二、加强执纪监督，努力构建良好政治生态

习近平总书记指出，党内出现的很多问题，归根到底是政治生活出了问题。在我们查处的违纪案件中发现，这些干部违纪的原因是

多方面的，其所在单位政治生态不健康、党内政治生活不正常是一个重要原因。为此，驻部纪检组重点抓了以下工作：

（一）推动构建良好政治生态

通过参加部党组会议，监督中央和国家重大决策部署的贯彻落实，监督“三重一大”执行情况，参加司局级单位党组织民主生活会全覆盖等多种方式，全面了解人力资源社会保障部“树木”和“森林”的情况。

去年年底，驻部纪检组派人参加“一部两局”所有65个司局级单位党组织的民主生活会。会前，我们认真准备梳理问题线索。会上，我们不仅带着“眼睛”看，带着“耳朵”听，还带着“嘴巴”说。坚持原则、实事求是，对看到、听到的问题绝不含糊，立即纠正。对受到函询、谈话提醒、批评教育、诫勉谈话和党纪处分的干部，都要求其在民主生活会上或作出说明，或作出深刻检查和自我批评。会后，我们将各单位民主生活会的基本情况、存在问题、意见建议等形成专题报告，向中央纪委作了汇报并通报“一部两局”党组，得到了中央纪委领导的充分肯定，党组也给予了高度评价，并采纳了我们提出的意见建议。中国纪检监察报和中国纪检监察杂志报道了我组的经验做法。大家普遍反映，纪检组参加民主生活会，对各党委（党支部）提高思想认识，增强民主生活会的严肃性和规范性起到了重要推动作用。

（二）挺纪于前，严格监督执纪

我们深刻认识到，“四种形态”使“惩前毖后、治病救人”方针的边界更加清晰，目标更加明确。我们从重点“查违纪”到全面“盯违纪”、从“事后查处”到“常态监督”转变，教育引导党员干部坚定理想信念，践行廉洁自律。用好第一种形态，注重抓早抓小，对倾向性和苗头性问题早发现、早提醒、早处置。用准第二种形态，始终坚持以事实为依据，以党纪为准绳。保持第三种、第四种形态的高压态势，该严肃处理的就严肃处理，这是前两种形态的保证。做好各类形态之间的转换，对问题性质不严重、能主动说明情况并积极认错、悔错、改错的党员干部，给机会、给台阶、给出路。保持纪律审查力度不减、节奏不变、尺度不松，既坚持严格执纪，又注重把事实弄清，靠证据说话，按程序办事，积极向中央纪委有关业务室请示沟通，准确恰当提出处理意见。

（三）紧紧抓住领导干部这个“关键少数”

从严治党，要抓住领导干部“关键少数”，突出对领导干部特别是一把手的监督，使党内监督真正严起来、实起来。一是向部属各单位主要负责人通报廉政建设有关情况，讲授落实全面从严治党的“方法论”。针对部分负责人反映的“管党治党主体责任意识有了，但缺少具体抓手和方法”以及“管住自己容易、管住大家难”等现象，召开部属各单位党政一把手参加的专题会议，不仅通报了去年以来人力资源社会保障部党风廉政建设和巡视整改情况，更着重介绍了落实好主体责任的路径和方法。二是坚持与主要负责人谈话制度。延续去年开展廉政谈话的做法，坚持“一对一”谈，深入了解有关业务情况和廉政风险。三是严把“党风廉洁意见回复”关。对拟提拔的同志，切实把好政治关和廉洁关，做到对组织负责、对干部负责。

（四）积极开展廉政教育

我们多次为部机关和系统党员干部开展廉政授课，引导广大干部提高廉洁从政意识；分别向离退休老干部、青年干部通报廉政建设有关情况。特别是针对发生违纪案件的部门，进一步讲解违纪案例，以案示教、以案示警，澄清事实，避免谣传。宣传党规党纪和政策要求，深入分析廉政风险，分别在中国组织人事报、劳动保障报开辟廉政专栏，刊发党风廉政建设最新要求、先进事迹、经验交流等文章，营造良好的廉政氛围。6月，结合人力资源社会保障部“用身边事教育身边人”案例警示教育月活动，派人到多个单位进行廉政授课，讲解党规党纪和纪律要求，引导广大党员干部慎微慎独慎行，筑牢思想防线，增强抵抗力、免疫力。

三、当前应做好的几项重点工作

今年下半年，我们党将召开第十九次全国代表大会，这是党和国家政治生活的一件大事，具有极其深远的重要意义。今年所有的工作，都要紧紧围绕迎接党的十九大胜利召开来谋划和展开。根据中央纪委的工作部署，结合人力资源社会保障系统工作实际，部属各单位和各级人力资源社会保障部门应重点关注以下三个方面：

（一）贯彻落实全面从严治党的各项要求。党要管党、从严治党是全党的共同责任，在座的同志都是全面从严治党的责任主体，是落实全面从严治党的“关键少数”。大家要强化责任担当，切实履行“一岗双责”，把责任传导给班子成员，并层层传导压力。各级派驻纪检组肩负全面从严治党的监督责任，严格监督执纪问责是他们应尽的职责。大家作为主体责任的第一责任人，要积极配合和支持各级派驻纪检组的工作，为其履行监督责任创造更好的条件和坚实的基础。落实全面从严治党，关键在于维护党的各项纪律，尤其是政治纪律。遵守政治纪律，就是要旗帜鲜明讲政治。讲政治和抓业务不是脱节的，人力资源社会保障业务关系到群众的切身利益，关系到群众的获得感，关系到党和群众的血肉联系，在人力资源社会保障领域为人民群众谋好利，这就是最大的政治。遵守政治纪律，当前最重要的就是进一步强化“四个意识”，维护党中央权威，绝不能妄议中央，散布违背党的理论和路线方针政策的言论，公开发表违背党中央决定的言论等，要坚决与党中央保持高度一致。一旦发现违反政治纪律的行为，必须坚决依纪严肃查处。

（二）以踏石留印、抓铁有痕的精神，不断加强作风建设。首先，要严格执行中央八项规定精神。“四风”问题极易反弹，尤其是在一些地方表现越来越隐蔽。党的十八大以后有的单位以工作为名，把调研地点安排在一些知名、热门旅游景点，我们对其中的违纪行为已经进行了严肃查处。大家要进一步提高认识，“瞪大眼睛、拉长耳朵”，保持高度警觉，对违反中央八项规定精神的问题，发现一起查处一起。其次，要采取积极措施，解决人力资源社会保障领域“庸懒散”现象。对作风不严不实、不作为、不担当的问题，发现苗头要及时提醒，有了问题就谈话诫勉，严重违纪就立案查处，逐步形成发现问题、纠正偏差的机制。

（三）做好对业务风险和廉政风险叠加的防范。“为政之道，以顺民心为本，以厚民生为本，以安而不扰民为本。”蔚民同志一再指出，人力资源社会保障工作全部涉及人，大部分涉及民生，关乎人民福祉和社会稳定。人力资源社会保障领域每发生一起违纪违法案件，都会影响到人力资源社会保障部门整体形象，挥霍人民群众对党的信任和认同，啃食人民群众的获得感。这些问题的发生，既有本人自律不够和单位执纪不严的原因，也与制度设计不够严密有关系，给了违纪人员可乘之机。我们在顶层设计时就要将廉政要求融入其中，做到制约、监督无死角无盲区。进一步增强忧患意识和底线思维，查找和防控重点业务领域风险，规范工作机制和工作程序，防止利益输送和不作为慢作为乱作为问题发生。

前不久，岐山同志在扶贫领域监督执纪问责工作电视电话会议上强调，对胆敢向扶贫资金财物“动奶酪”的严惩不贷。人力资源社会保障系统负责面向贫困家庭的就业补助、培训补贴、创业扶持等扶贫项目和资金，大家必须提高政治站位，加强监督检查，坚决查处扶贫领域的违纪违规行为，确保扶贫工作取得实实在在的成效。

“志不求易者成，事不避难者进。”党风廉政建设和反腐败斗争具有长期性、复杂性、艰巨性。为此，我希望人力资源社会保障系统各级领导干部能以身作则，带头做好表率，同时，也一如既往地支持和配合驻部纪检组、各级派驻纪检组的工作，总结提炼好的经验和做法，不断取得全面从严治党新成效，为人力资源社会保障事业健康发展提供有力保障，以优异成绩迎接党的十九大胜利召开。

在部务虚会上的发言

张建国

（2017年7月18日）

根据会议安排，我着重结合学习贯彻习近平总书记关于引进外国人才和智力工作系列重要讲话精神，全力抓好中共中央、国务院关于加强新形势下引进外国人才工作的意见（以下简称中央意见）贯彻落实以及推动“两学一做”学习教育常态化制度化，谈谈外专局上半年重点任务落实情况和下半年的主要工作打算。

一、上半年引智重点工作进展顺利

上半年以来，外专局深入学习习近平总书记关于引进外国人才和智力工作系列重要讲话精神，以贯彻落实中央意见为工作主线，以全面实施外国人来华工作许可制度为主要抓手，扎实推进引才引智事业改革发展，各项工作进展顺利。

（一）法制建设和体制创新实现新突破。全力配合中共中央办公厅、国务院办公厅，积极协调相关部门，推动意见任务分工方案于4月29日正式印发。方案将改革举措细化为44项具体任务，并明确了负责部门、时间进度和成果形式，标志着中央意见的贯彻落实迈出重要一步。牵头落实《政府工作报告》重点任务事项，细化实施方案，明确具体任务，其中人才签证实施细则与外交、公安等相关部门达成共识，马凯副总理作出重要批示。在前期试点基础上，于4月1日起在全国范围内全面实施外国人来华工作许可。目前，涉及许可工作的规范性文件废改立工作基本完成，外国人来华工作许可管理系统正式上线运行，统一、规范、多级联动的网络管理服务系统基本建成。

（二）引进派出工作取得新成效。坚持高端引领，认真做好国家“千人计划”外专项目、高端外国专家项目、高校国际化示范学院推进计划等重点项目，引进人才结构持续优化。据统计，2016年境外来中国大陆（内地）工作的外国人员为90.8万人次，港澳台人员为943.5万人次。积极服务国家“一带一路”、京津冀协同发展、全面创新改革试验区以及集成电路、新材料、大数据等国家重大战略和科技产业发展专项，高端引领的导向作用明显增强。印发《关于“十三五”期间因公出国（境）培训工作的指导意见》，坚持总量控制，优化项目结构，创新管理方式，出国（境）培训工作质量效益进一步提升。

（三）党建工作呈现新气象。坚决贯彻落实中央全面从严治党各项决策部署，持续巩固中央专项巡视整改成果，坚持把“两学一做”学习教育融入日常、抓在经常，采取务实有效举措，推动学习教育向深向细延伸。认真贯彻中纪委七次全会部署，持之以恒纠正“四风”，积极配合驻部纪检组做好案件处理，开展多种形式的廉政教育活动，党风廉政建设和反腐败工作深入推进。

春节前夕李克强总理与外国专家座谈圆满完成。第十五届中国国际人才交流大会顺利举行，马凯副总理发表重要讲话，并对大会总结情况作出重要批示。

二、全力以赴做好下半年工作

党的十八大以来，习近平总书记先后三次与在华工作的外国专家座谈交流并发表重要讲话，提出“聚天下英才而用之”的重要论述。去年 11 月，中央意见正式印发，是推进新形势下引才引智事业改革发展的科学遵循和行动指南，引才引智工作站在新的历史起点上。下半年，各项工作要继续以深入贯彻中央意见为主线，强化机遇意识，坚持问题导向，主动担当作为，全面提升工作能力和水平。

（一）抓牢工作主线，全力推动中央意见贯彻落实。意见强调，“国家外专局要会同有关方面抓好贯彻落实，督促指导各地将本意见要求落到实处”。分工方案明确的 44 项任务中，外专局牵头负责 21 项，参与负责 15 项，加强督查 8 项。作为主体责任单位，我们将按照职责分工，强化协调配合，周密部署推进，全力推动落实。一是督促指导各地区各部门采取多种形式持续深入学习，重点领会意见的精神实质和核心要义，准确把握中央对加强新形势下引进外国人才工作的新理念新思想新举措。加强意见精神的宣传，进一步阐释更积极、更开放、更有效的创新人才引进政策。二是拟建立部际协调机制，由我局担任召集单位，成员由方案涉及的国务院有关部门共同组成，主要职责是对落实方案有关措施进行安排和部署，共同研究推进过程中遇到的困难和问题，提出具体解决方案。三是认真履行方案中明确的统筹协调职责和国务院重点任务分工方案，拟发函请有关部门研究提出具体方案和意见建议，并明确承担任务的具体业务部门和联系人。督促各有关部门细化落实责任和目标任务，建立工作台账和跟踪机制，坚决落实好中央部署。

（二）强化主要抓手，全面实施外国人来华工作许可制度。全面实施外国人来华工作许可制度，是事关国家人才引进改革发展的重要基础性工作和制度性安排，对于推动形成统一管理、互联互通、协同监管的外国人工作管理体系具有重要意义。4 月 1 日全面实施后，进展比较顺利，但也面临着机构编制调整较多、地区发展不平衡、思想认识不到位等问题。下半年必须按照国务院统一部署，继续保持昂扬向上的精神状态和锐意进取的干事激情，全面落实好各项任务。一是创新管理方式。创新“互联网＋政务服务”运行模式，优化外国人来华工作管理服务系统，确保系统安全稳定、信息公开透明、数据集中统一。突出对“高精尖缺”特殊人才的支持，实施“承诺制”“容缺受理”等便利服务。认真落实“两随机、一公开”制度，加强事中事后监管。二是强化沟通协调。加强与人社、外交、公安等部门的沟通，针对分类标准、计点积分、系统设计、信息共享等内容，优化工作流程，完善政策措施，及时协调解决工作中出现的新情况新问题。三是加强政策研究。加快建立外国人来华工作指导目录、外国人才市场测试、用人单位分类管理等相关制度，加强外国人来华工作诚信体系建设，推动政策法规体系建设。四是加强各地外国人来华工作管理机构建设。充实人员力量，整合服务资源，强化培训宣传，营造良好氛围。

（三）完善法规政策，积极打造引进外国人才制度优势。长期以来，制约我国引进外国人才工作的瓶颈问题是法律法规缺失和制度建设滞后，特别是集聚国际顶尖人才的制度优势尚未确立，人才政策的开放度偏紧。尽快建立与国际接轨、符合人才流动规律、科学合理的引进外国人才法规制度体系，是实现“三更”“四得”目标要求的重要依据，也是我国人才制度竞争力的重要体现。一是推动人才签证实施细则出台。认真落实国务院领导同志批示精神，从完善人才评价标准、放宽签证有效期限、建立工作许可工作居留有机衔接机制入手，推动建立科学合理、标准统一、公开透明的人才签证制度，为高端外国人才出入境开辟绿色通道，增强我国人才政策开放度和吸引力。二是积极参与制定外国人永久居留管理条例。进一步明确高端外国人才申请和取得永久居留资格的条件和程序，对高端人才开辟绿色通道、简化手续，对急需紧缺人才优先审批，完善外国人从工作居留向永久居留的转换机制。三是加快制定外国人来华工作管理条例。会同人力资源社会保障部、外交部、公安部开展调查研究，提出解决方案，尤其是制定高效合理、科学反映市场需求的外国人才评价、准入机制，明确工作许可申请条件、申办程序，并与签证、居留、永久居留有机衔接，不断完善外国人来华工作管理制度。四是支持鼓励地方探索实践。重点抓住外国人来华工作许可、出入境、居留、永久居留、创新创业、社会保障、社会融入等方面的问题，有效发挥市场机制作用，完善配套政策措施，最大限度发挥政策效力。

（四）突出“高精尖缺”导向，进一步加强高端人才智力引进培养。引进外国人才总量不足与结构不合理并存，特别是位于科技前沿、产业高端的高层次战略人才引进不足，是新时期引才引智工作亟须改进的地方。当前，西方国家陷入制度性危机，中国吸引全球人才具有诸多有利条件。我们应抓住机遇，更加积极主动地吸引集聚全球人才。一是有效发挥重点项目的高端引领作用。聚焦国家战略和重大需求，围绕中央意见明确的引才重点，深入推进“千人计划”外专项目、高端外国专家项目等重大工程，加大高端紧缺人才引进力度，推动引才结构战略性调整。适应全球人才流动趋势新变化，主动参与国际人才市场竞争，有效发挥市场机制的决定性作用，探索灵活多样、便捷高效、符合国际惯例的引才方式，更好吸引外国优秀人才。二是持续加强出国（境）培训的宏观规划和监督管理。认真贯彻落实中央关于规范出国（境）培训工作的新要求，严格执行压缩后的培训规模，规范管理，优化结构，强化全过程监督，切实提升培训质量和效益，推动人才培养与经济社会发展深度融合。

（五）扎实推进“两学一做”学习教育常态化制度化。推进“两学一做”学习教育常态化制度化，是全面从严治党的战略性、基础性工程，必须以更加自觉的态度、更加有力的措施，持续推进、不断深化，切实将学习成果转化为党员干部武装头脑、指导实践、推动工作的强大动力。一是精心安排学习内容，认真组织学思践悟，通过深入学、反复学，联系实际学、带着问题学，领会基本精神和核心要义，掌握治国理政新理念新思想，坚持不懈筑牢信仰之基、补足精神之钙。二是坚持领导干部带头示范，教育引导广大党员干部按照“四讲四有”标准，持续践行“四个合格”标准，在“做合格党员”上实现常态化制度化。三是着力加强党支部建设，运用“三会一课”等制度充分发挥党支部教育管理党员的主体作用，切实抓好党建责任落实。

在全面实施外国人来华工作许可制度启动会上的讲话

张建国

（2017年3月30日）

这次会议的主要任务是深入学习贯彻习近平总书记关于引进外国人才和智力工作系列重要讲话和中共中央、国务院关于加强新形势下引进外国人才工作的意见精神，认真落实国务院审改办部署，全面启动外国人来华工作许可制度实施工作。下面，我讲四点意见。

一、深化认识，深刻理解全面实施外国人来华工作许可制度的重大意义

2016年11月，中共中央、国务院印发《关于加强新形势下引进外国人才工作的意见》（以下简称《意见》）。这是我国引进外国人才工作发展历史上具有里程碑意义的大事。外专系统全体干部职工要从全局和战略的高度，深刻认识全面实施外国人来华工作许可制度的重要意义，切实把思想和行动统一到党中央、国务院的决策部署上来。

第一，全面落实外国人来华工作许可制度，是贯彻落实习近平总书记关于引才引智工作系列重要讲话和意见精神的重要载体。

党中央、国务院高度重视引进外国人才工作。党的十八大以来，习近平总书记先后在北京、上海、莫斯科与外国专家亲切座谈并发表重要讲话，提出“聚天下英才而用之”的重要论述，要求外国专家主管部门完善引进外国人才体制机制，实施更积极、更开放、更有效的人才引进政策，让有志于来华发展的外国人才来得了、待得住、用得好、流得动。李克强总理每年会见中国政府友谊奖获奖外国专家，并召开外国专家新春座谈会听取意见建议。

在中央领导同志的高度重视和大力支持下，《意见》正式印发。《意见》紧紧围绕贯彻习近平总书记“聚天下英才而用之”的重要论述和“三更”“四得”的目标要求，坚持问题导向，提出了一系列含金量高、突破性强的改革之举。其中特别强调，要建立统一、权威、高效的外国人才管理体制。这集中反映了新形势下党和国家对引进外国人才工作的新要求，是对我们党科学人才观的进一步丰富和深化，是贯穿引才引智事业发展改革的重要遵循。今年《政府工作报告》再次强调，“实施更加有效的人才引进政策，广聚天下英才”，报告任务分工方案明确由外专局牵头落实。

全面实施外国人来华工作许可，以建立权责统一、运转高效、法治保障的外国人工作管理体制为目标引领，通过破除现行外国人来华工作管理体制存在的职能交叉、管理多头、政出多门、沟通不畅等诸多障碍，进一步减少重复审批、避免监管漏洞、提高行政效率，是深入贯彻习近平总书记重要讲话精神的积极实

践，是全面落实《意见》的重要抓手，是有效破解外国人才引进管理发展瓶颈的有力支撑，意义重大，影响深远。全国外专系统干部职工要牢固树立“四个意识”，切实增强做好工作的责任感、使命感，立足全局、着眼长远，履职尽责、迎难而上，全力推动中央决策部署落地生根、见到实效。

第二，全面落实外国人来华工作许可制度，是加强和规范外国人来华工作管理，更好参与国际人才竞争的重要基础性工作。

为有序推进外国人来华工作许可实施，实现在中国工作外国人“底数清、情况明、数据统一”，去年9月，国家外专局委托国家统计局首次开展了境外来中国大陆（内地）工作人员统计。据统计，2016年，境外来中国大陆（内地）工作外国人达90.8万人次。

外国人来华工作管理是一项复杂的系统工程，包含“决策、执行、管理、监督”等多环节内容，涉及人社、外交、公安等多部门信息共享和协同配合，直接关系我国对外开放的国际形象。随着经济全球化、人才竞争国际化趋势的加快和我国改革开放的深入发展，来华外国人工作领域不断扩大、人数不断增加，对我国经济社会发展必将产生深远影响。加强和改进外国人来华工作管理，最大限度发挥外国人在我国经济社会发展中的积极作用，将是今后我们面临的一个重要课题，也对我们的管理能力和管理水平提出了新的更高要求。

全面实施外国人来华工作许可，立足国家安全和经济社会健康发展需要，从优化业务流程、统一审批标准、实施分类管理、共享基础信息、提供便捷服务、完善信用监管和政策体系等多环节入手，一方面能够避免对我国就业市场的冲击，另一方面更好地利用各类优秀外国人才为我国经济社会发展服务，基本实现了外国人来华工作全链条、全流程管理，必将为今后我们研究和探索外国人来华工作管理经验和基本规律，提升外国人来华工作科学化、规范化、法制化水平奠定坚实基础。我们要认真贯彻落实党中央、国务院的决策部署，切实肩负起外国人工作管理主管部门职责，为完善我国外国人管理体制机制、建立具有国际竞争力的人才制度优势发挥更大作用。

二、明确思路，准确把握实施外国人来华工作许可制度的总体原则

全面实施外国人来华工作许可，政治性、政策性强，需要综合考虑国内和国际形势、中央和地方实际，树立前瞻意识和系统思维，体现近期任务与长远目标统筹，重点把握以下原则：

第一，坚持人才优先与就业优先相结合。人才优先、就业优先，是事关我国经济社会健康发展的两大基本战略。全面实施外国人来华工作许可，管理目标面向高层次外国人才和来华工作的外国人，按照“鼓励高端、控制一般、限制低端”的基本思路，必须对两类人员实施分类管理。一方面要充分借鉴国际经验，突出“高精尖缺”导向，优化高端外国人才来华工作的政策环境，更好满足实施创新驱动发展战略和国家重大需求，为我国综合国力增强加油助力；另一方面要立足我国是劳动力大国、就业压力长期存在的基本国情，在实现对国内就业市场有益补充的同时，限制一般外国人无序进入我国劳动力市场，确保国内劳动力充分就业。

第二，坚持政府引导与市场主导相结合。深化外国人才管理体制改革，核心问题是处理好政府和市场的关系，这是改革的“纲”，纲举才能目张。发挥市场配置资源的决定性作用和政府引导作用，保障和落实用人主体自主权，也是《意见》提出的基本原则之一。作为外国人才的主管部门，全面实施外国人来华工作管理，充分发挥好政府的引导作用是我们不可推卸的责任。一方面要转变政府职能，强化外国人来华工作宏观管理、政策指导、公共服务、营造环境、社会融入等方面的职能，建立权力清单和责任清单，突出“高精尖缺”导向，科学管控一般外国人在华工作，维护国家安全与利益，实现“有形之手”的精准调控；

另一方面要坚持人才需求导向，充分发挥市场在人力资源配置中的决定性作用，充分放权给用人单位，清除阻碍外国人管理服务创新的障碍，最大限度激发和释放各类优秀人才的创新创造活力，实现“无形之手”的润物无声。

第三，坚持试点先行与全面推进相结合。试点先行、全面推进，是深化外国人管理体制改革，推动顶层设计与基层探索良性互动、有机结合的重要方法。在深入调研的基础上，去年9月，我们在全国10个地区启动试点工作。各试点地区聚焦统一许可、分类管理、流程优化、数据共享、开辟高端人才绿色通道等重点任务，大胆探索创新、勇于攻坚克难，总结出一套可复制可推广的外国人来华工作管理模式和做法，为全面实施提供了有益借鉴。天津市人力资源社会保障局、天津市外专局积极完善地方立法，加快推进分类管理，在全国率先成立外国人来华工作管理处，着力打造统一管理的“天津模式”；上海市委、市政府高度重视，上海市人力资源社会保障局、上海市外专局在优化机构设置、加强队伍建设的基础上，计划将许可下放到自贸区和长宁区，推动管理服务中心下沉，逐步形成改革创新的“上海经验”；青岛市人力资源社会保障局、青岛市外专局积极争取领导重视和支持，在全市机构编制多年只减不增的情况下，专门增加5名编制，为全面推进实施工作提供了坚实保障。为系统总结试点经验和做法，深入研究试点工作中出现的新情况新问题，春节过后，国家外专局分别在广州、福州召开座谈会，广泛听取各方面意见建议，扎实做好全面实施的各项准备工作。

三、凝心聚力，全面落实外国人来华工作许可制度重点任务

全面实施外国人来华工作许可制度，是一项事关引才引智事业改革发展的重要基础性工作。在全国外专系统的共同努力下，在人力资源社会保障部、外交部、公安部等相关部门的支持配合下，试点工作取得阶段性成果。同时，我们也清醒认识到，做好这项工作还面临诸多困难和问题，主要是国内机构编制调整较多、各地区发展不平衡、思想认识不到位，有的地方还有畏难情绪，等等。按照进度安排，从4月1日起，将全面实施外国人来华工作许可制度。我们必须凝心聚力、再接再厉，始终做到坚定不移、不打折扣，进一步提高工作的预见性，打好主动仗，全面落实好各项任务。

第一，创新管理方式，统一规范外国人来华工作许可制度。要按照“一码”申请、“一窗”受理、“一网”办理、“一号”管理的基本要求，简化申请材料，优化审批流程，实现来华工作外国人统一规范管理。一是创新“互联网＋政务服务”运行模式，启用外国人来华工作管理服务系统，实现网上申报、限时办结、实时查询、过程留痕、全程监督，确保信息公开透明，数据集中统一。二是突出对“高精尖缺”特殊人才的支持，为外国高端人才来华工作开辟“绿色通道”，提供“承诺制”和“容缺受理”等便利服务。给予长期工作外国人一人一码，终身不变，动态管理记录其在华工作管理、服务、信用记录等情况。三是积极落实“两随机、一公开”监管制度，完善随机抽查和日常检查相结合的监管机制，加强事中事后监管。

第二，强化沟通协调，理顺外国人来华工作管理体制。要主动加强与人力资源社会保障部、外交部、公安部等相关部门的沟通，针对审批流程、分类标准、计点积分、系统设计、信息共享等内容，进一步优化工作流程，完善政策措施，及时协调解决工作中出现的新情况新问题，确保各环节顺畅衔接。日前，国家外专局、人力资源社会保障部、外交部、公安部等四部门已联合印发《关于全面实施外国人来华工作许可制度的通知》，对全面实施工作作出统一部署。各地区要进一步加大职能调整和机构整合力度，确保工作落实到位。

第三，加强政策研究，完善外国人来华工作政策法规体系。一是加快制定《外国人在中国工作管理条例》和人才签证实施细则，建立外国人来华工作指导目录、外国人才市场测

试、用人单位分类管理等相关制度，加强外国人来华工作诚信体系建设，运用大数据加强对市场主体服务监管。二是按照国务院部署，尽快梳理现有外国专家管理和外国人就业管理方面的政策文件，及时废止不合适的管理政策。各地区各部门也要及时清理现有的政策文件，有效解决制度“碎片化”问题，切实提高工作的系统性、整体性和协同性。

四、强化统筹，形成做好全面实施工作的整体合力

全面实施外国人来华工作许可制度，涉及横向管理的相关部门、纵向管理的全国外专系统，涉及众多用人主体以及外国人才，必须牢固树立“一盘棋”思想，严格落实责任，密切协调配合，共同参与落实，稳妥推进各项工作。

第一，加强组织领导，确保工作平稳有序。国家外专局将进一步完善实施外国人来华工作许可制度领导机制，加强对地方的业务指导，跟踪掌握和及时研究解决实施中出现的新情况新问题。各地区要勇于担当作为，结合本地实际，务必将职能调整和机构整合落实到位，制定本地区的具体实施意见，确保上下联动、协同推进。要建立全面实施后的安全风险防控、预警、应急处置等制度，加强舆情监控，实现平稳过渡。

第二，加强队伍建设，及时开展督导培训。各地外专局要以贯彻落实《意见》为工作主线，以全面实施许可制度为重要抓手，向党委（党组）作出专题汇报进行专题研究，争取领导的重视和支持，进一步推进外国人来华工作管理机构建设，充实人员力量。要强化工作督导，做好许可人员和用人单位经办人员培训工作，改进窗口作风建设，全面提升服务形象。

第三，加强对外宣传，营造良好舆论氛围。要精心策划全面实施外国人来华工作许可制度的宣传方案，加大典型经验、优秀成果宣传推广力度，进一步增强我国人才制度的感召力、影响力。要创新方式方法，发挥新媒体辐射作用，加强宣传引导，及时解读政策法规，让群众了解实施情况，监督实施进程，评价实施效果，提高社会认知度、认可度，形成推动工作的良好舆论氛围。要全面推进政务公开，回应社会关切，引导社会预期，发挥社会监督和舆论监督作用，及时解决服务对象反映的问题，实现社会力量的有效参与、良性互动。

实施外国人来华工作许可制度任务艰巨，使命光荣，我们要坚决贯彻落实党中央、国务院关于加强新形势下引进外国人才和智力工作的各项部署要求，紧紧抓住机遇，坚持改革创新，强化责任担当，努力为国家经济社会发展做出新的更大贡献，以优异成绩迎接党的十九大胜利召开！

在中央机关及其直属机构2018年度公务员招考工作协调会上的讲话

傅兴国

（2017年10月27日）

2017年度中央机关公务员招考工作，在各地各部门共同努力下，圆满完成了各项任务，得到中央领导同志的肯定。下面，我就做好2018年度招考工作强调三点意见。

一、充分认识做好今年中央机关公务员招考工作的重要意义

党的十八大以来，以习近平同志为核心的党中央，高度重视干部队伍建设和公务员队伍建设，对改革干部人事制度、加强干部队伍建设作出一系列重大部署。党的十九大报告提出要建设高素质专业化干部队伍，在选人用人上明确了五个方面的要求：一是要坚持党管干部原则，坚持德才兼备、以德为先，坚持五湖四海、任人唯贤，坚持事业为上、公道正派，把好干部标准落到实处。二是要坚持正确选人用人导向，匡正选人用人风气，突出政治标准，提拔重用牢固树立"四个意识"和"四个自信"、坚决维护党中央权威、全面贯彻执行党的理论和路线方针政策、忠诚干净担当的干部，选优配强各级领导班子。三是注重培养专业能力、专业精神，增强干部队伍适应新时代中国特色社会主义发展要求的能力。四是要大力发现储备年轻干部，注重在基层一线和困难艰苦的地方培养锻炼年轻干部，源源不断选拔使用经过实践考验的优秀年轻干部。五是统筹做好培养选拔女干部、少数民族干部和党外干部工作。这为我们做好今后干部工作和公务员管理工作提供了根本遵循和行动指南。

公务员考试录用工作是公务员队伍建设的一项基础性工作，也是干部工作的重要组成部分。把好公务员队伍入口，对于提升公务员队伍素质，加强干部队伍建设，推进国家治理体系和治理能力现代化具有重要意义。党的十八大以来，全国共考试录用公务员95万，其中，中央机关及其直属机构10.8万，占现有人员总数的15%。一大批来自社会各阶层、基本素质好、学历层次高、适合机关工作的年轻人进入各级党政机关，有效改善了公务员队伍结构，提高了公务员队伍整体素质，得到各级领导和社会各界广泛认可。

2018年度中央机关公务员招考，是党的十九大胜利闭幕后举行的首次公务员招考，要认真把握新时代中国特色社会主义对公务员管理事业的新要求，要以习近平新时代中国特色社会主义思想为指导，带头贯彻党的十九大精神和选人用人要求，每项工作都要与全国上下深入学习贯彻党的十九大精神相融合、相协调。可以说，扎实细致、安全平稳地做好招考工作，确保考试公平公正，做到精准科学选

人，既是对我们工作能力水平的检验，也是对我们责任担当的考验，既是我们政治意识、大局意识、核心意识和看齐意识的集中体现，也是我们学习贯彻党的十九大精神成果在考录工作中的具体展现。希望各单位一定要保持清醒的政治头脑，注重发挥多年组织开展这项工作积累的经验优势，同时，一定要增强忧患意识，坚决克服越是熟悉的事情往往越容易放松警惕的麻痹思想，把做好今年中央机关招考工作当作一项全新的政治任务，认真谋划、精心组织、平稳推进，确保每一个阶段、每一个环节都不出差错，确保各项工作万无一失。

二、认真分析今年中央机关公务员招考工作面临的新形势新挑战

今年中央机关公务员招考实施方案在党的十九大召开之前即已报经中央领导同志同意，在招考政策上没有大的调整，继续坚持面向基层的用人导向，认真落实新时期好干部标准和精准科学选人用人要求，保持了政策的连续性和稳定性，但在考试组织实施过程中可能面临一些新的形势和挑战。

一是招考人员规模仍然较大。2017 年度中央机关公务员招考计划招录 2.7 万人，网上报名人数 211.6 万人，通过资格审查人数 148.6 万人，实际参加笔试人数 98.4 万人。2018 年度招考计划招录 2.85 万人，较去年增加了 1 500 人。从今年上半年部分省市公务员招考和事业单位招聘考试报名人数同去年相比有较大增长的情况看，今年中央机关公务员招考报名、考试人员规模仍然可能较大，很可能不会少于去年，不排除创历史新高。报名人数和考试人数的增加，对网上报名系统、考场安排、考务组织以及阅卷工作等都将带来更大的压力，特别是今年启用了新的网上报名系统，对系统稳定性、安全性是一次重大的考验，在座的相关部门要加强研判、提前安排。之前，考录司、信息中心、人事考试中心已对今年报名和考试环节可能存在的风险隐患进行了认真梳理，提出了防范措施，制定了应急预案。下一步，关键要落实到位，要按照职责分工，明确任务、明确人员、明确责任、明确时限，做到工作无遗漏、责任无盲区、安全无死角。

二是考试安全形势不容乐观。近年来，特别是刑法修正案（九）出台以来，在公安部、工业和信息化部等部门的大力支持下，考试作弊和涉考犯罪活动得到了有效遏制，考试环境得到进一步净化。在考试规模有所增加的情况下，中央机关招考违纪违规人员从 2009 年的 1 016 人减少到去年的 264 人，雷同试卷考生数量也从 2009 年的 695 人减少到去年的 86 人，降幅明显。从公安部门提供的情况和我们对试卷分析的结果看，中央机关招考连续两年没有发现集团作弊的情况。这说明我们的工作取得了较好成效。但在去年上半年地方公务员招考中，有 3 个省发现了高科技集团作弊的情况，涉及 3 个团伙、23 名嫌疑人和数百名考生，引发社会和舆论的高度关注。这一情况同时警示我们，考试安全形势并不乐观，稍一松懈，已经被打压的犯罪团伙可能就会死灰复燃、再次铤而走险。为此，希望各相关部门通力合作，持续对涉考犯罪活动和考试作弊形成高压态势，公安部门继续在考前对一些“助考”团伙和重点人员进行布控，对胆敢以身试法的人员进行坚决抓捕、严厉打击，无线电管理部门加大人员和设备投入，对考试现场无线电信号情况进行严密监控，及时阻断和定位不明信号，使考试作弊无法得逞、犯罪团伙无机可乘。在考务组织方面，要按照去年 11 月中组部办公厅、人力资源社会保障部办公厅印发的《关于进一步加强公务员录用考试安全工作的通知》要求，加强与教育部门的沟通协调，加大标准化考点考场使用力度，对考试全程实行视频监控，加大防作弊技术和设备投入，加强监考、巡考人员培训，提高责任心和识别、鉴别作弊行为的能力，进一步夯实考试安全基础。

三是宣传舆论需要合理把控。中央机关公务员招考涉及 100 万名考生，背后就是 100 万个家庭，每年都是媒体报道和社会关注的热点。近年来，在宣传、舆论主管部门的大力支持下，经过与各主要媒体的长期合作和充分沟通，多数媒体对中央机关公务员招考的报道都能秉持平和、客观的态度，总体积极正面，社会反响较好。今年，要继续坚持以往好的做法，按照积极稳妥正面的宣传基调，正确引导舆论，关键是要按照已制定的宣传工作方案，把蔚民部长关于宣传舆论工作的指示要求落到实处，牢牢把握工作主动权。一方面，要提前研判，事先消除可能出现的热点问题，控制舆论过热情况和社会热点事件发生。另一方面，要保持高度警惕，密切关注舆情，对一些苗头性事件、倾向性事件要高度敏感，绝不能因疏忽大意而出现误判、漏判，贻误处置时机；绝不能因我们工作不到位、回应不及时而导致事态扩大，对工作产生负面影响。

四是培训市场乱象亟待治理。近年来，一些公务员考试社会培训机构在为考生提供培训服务的同时，存在扩大宣传、虚假宣传、欺骗宣传等误导考生的情况，有的培训机构网站使用“国家公务员考试网”“中央公务员考试网”等名称，有的网站甚至直接克隆中央机关公务员招考专题网站，还通过模仿设置政策法规、领导讲话、政策解读等栏目以假乱真，使社会和广大考生误认为是公务员主管部门官方网站，其最终目的是培训招生、销售教材牟利，严重损害了政府形象，侵害了广大考生的权益。有的培训机构甚至还直接或间接参与考试作弊，从近几年发生的几起大的考试作弊案件情况看，背后都有培训机构的身影。为维护良好的考试秩序，我们赞同有关部门提出的对公务员考试培训机构市场乱象分步规范清理的意见。第一，在网站名称上不能使用“国家”“中央”“中国”等字样，也不能使用“公务员考试”“公务员录用考试”“公务员招考”等专有名词；第二，不能盗仿今年新改版的中央机关公务员招考专题网站，也不能模仿设置政策法规、领导讲话、政策解读等栏目，以假乱真；第三，不能设置“报名入口”栏目，误导考生或套取考生个人信息；第四，不能作扩大宣传、虚假宣传、欺骗宣传；第五，自觉抵制参与考试作弊的违法行为。下一步，还要请有关部门继续在治理公务员考试培训市场乱象方面给予支持，综合施策，达到标本兼治的目的。

三、密切配合共同做好今年中央机关公务员招考组织实施工作

为了共同做好 2018 年度中央机关公务员招考工作，各部门各单位一定要高度重视，要从讲政治的高度和工作大局出发，切实增强责任感、使命感、紧迫感，既要按照任务分工，履职尽责，又要互相支持，密切配合。这里，我再重点强调一下各单位所承担的职能职责。一是考录司作为牵头单位，要全面负起责任，加强统筹谋划，做好总体协调，提供支持服务，抓好督查落实。二是信息中心要加大人员力量投入，保障公务员考录专题网站和整个报名、调剂系统的安全正常运行，特别是今年使用新的报名系统，各项措施要严之又严、细之又细，要做好数据备份，对各种突发情况要提前防范，发现异常一定要第一时间报告、第一时间处理、第一时间解决。三是人事考试中心要集中力量做好各项考务准备工作，特别是考前试卷印制、押送、保管等安全保密工作和考试当天考务组织实施工作，确保考试万无一失和试卷评阅工作平稳顺利。四是宣传中心要加强与宣传主管部门和有关媒体的沟通协调，密切关注舆情动态，及时做好舆情处置。五是请政策研究司、办公厅、规划财务司做好新闻发布、信息公开与信访处理、经费保障等工作。六是请驻部纪检组监督做好本次招考中防治不正之风的有关工作。

特别希望中央网信办、工业和信息化部、公安部等相关部门一如既往地支持这项工作。希望互联网信息管理部门加大对社会培训机构扩大宣传、虚假宣传、欺骗宣传行为的规范清理力度，及时发现和清理不实报道、不良炒作以及欺骗、误导考生的信息。希望无线电管理部门及时组织监控力量，加强对考试当天考场和考点的监测，力争考点城市全覆盖，对不明信号、涉嫌作弊的无线电信号及时予以查处、阻断。希望网络安全部门加大集团作弊活动线索排查和案件查处力度，根据刑法修正案（九）有关规定严厉打击各类涉考犯罪活动。

中央机关招考规模大、环节多、要求高，会后希望各部门各单位按照职责分工和工作要求，制定工作方案，配齐配强人员力量，周密部署，精心组织，认真实施，确保整个招考工作安全、平稳、顺利进行。

牢固树立以人民为中心的发展思想
扎实推进人社信访工作制度改革
以优异成绩迎接党的十九大胜利召开

——在全国人社信访工作座谈会上的讲话

傅兴国

（2017 年 9 月 15 日）

这次全国人社信访工作座谈会是经部党组同意召开的，是在第八次全国信访工作会议之后、党的十九大召开之前的一次重要会议。会议的主要任务是深入学习贯彻习近平总书记对信访工作的重要指示精神和第八次全国信访工作会议精神，贯彻落实尹蔚民部长关于做好人社信访工作的指示要求，总结交流各地经验做法，分析研判当前人社信访工作形势，安排部署做好党的十九大期间人社信访工作。会前，蔚民部长专门就这次会议作了批示，指明了下一步做好人社信访工作的重点和要求，我们一定要认真学习领会，并切实抓好贯彻落实。刚才，北京等 11 个省（区、市）人力资源社会保障厅（局）负责同志作了交流发言，从不同角度介绍了做好信访工作的好经验好做法，听了很受启发，也很受鼓舞，我都同意。

党中央、国务院对信访工作历来高度重视，习近平总书记多次就信访工作作出重要指示。习近平总书记的重要指示思想深刻、寓意深远，饱含着对人民群众的深厚感情，充分体现了亲民爱民的高尚情怀，体现了对信访工作的高度重视，具有很强的思想性、指导性和针对性，充分彰显了以人民为中心的发展理念，为我们做好新形势下的信访工作提供了根本遵循和科学指南。我们一定要自觉用习近平总书记重要指示精神武装头脑、指导实践，坚持从人力资源社会保障工作实际出发，把学习贯彻总书记重要指示精神与落实中央关于信访工作的决策部署紧密结合起来，与深入推进人社信访工作制度改革紧密结合起来，与加强人力资源社会保障干部队伍的思想、能力和作风建设紧密结合起来，强化政治担当，恪守为民之责，从严从实从细做好人力资源社会保障领域信访工作，更好地维护改革发展稳定大局。下面，我讲三点意见。

一、充分肯定人力资源社会保障系统信访工作取得的成绩

党的十八大以来，人力资源社会保障系统认真贯彻落实习近平总书记对信访工作的重要指示精神，在中央信访联席会议办公室的指导下，在人力资源社会保障部党组的坚强领导

下，始终坚持围绕中心、服务大局，始终坚持问题导向、精准发力，始终坚持立足本职、积极作为，全力推进人社信访工作制度改革，努力畅通信访渠道，规范信访秩序，创新工作机制，强化工作责任，从源头上有效化解了一批信访突出问题，有效维护了人民群众合法权益，维护了社会和谐稳定，人社信访工作成果显著。

一是从政策层面解决人社信访突出问题取得新成效。近年来，人力资源社会保障部门针对人民群众反映比较集中，具有普遍性、倾向性的信访突出问题进行深入研究分析，进一步完善政策措施、加大资金投入，有效解决了一批信访诉求集中的历史遗留问题，有力地维护了社会和谐稳定。比如，针对企业退休人员反映强烈的养老金偏低问题，连续 13 年（2005 年至 2017 年）上调企业退休人员基本养老金。针对企业军转干部群体，重点建立健全企业退休军转干部“基本养老金＋生活困难补助”的解困模式，奠定了总体稳定的坚实基础。针对农民工工资拖欠问题，切实落实《国务院办公厅关于全面治理拖欠农民工工资问题的意见》（国办发〔2016〕1 号）要求，探索建立保障农民工工资支付长效机制。针对医保异地报销问题，联合财政部、国家卫生计生委印发了《关于进一步做好基本医疗保险异地就医医疗费用结算工作的指导意见》，今年年内确保完成全国异地就医直接结算任务。

二是推进依法分类处理工作取得新突破。坚持把依法分类处理信访诉求作为推进人社信访工作制度改革的重要抓手。可以说，人力资源社会保障系统最早在这方面进行了探索，这是我们为全国信访工作制度改革做出的一大贡献，中央信访工作联席会议办公室对此予以高度肯定。在第八次全国信访工作会议上，我部进行了大会经验介绍。部机关制定印发了《通过法定途径分类处理信访投诉请求的意见》，各省（区、市）人力资源社会保障厅（局）结合本地区本单位实际，研究制定了实施细则和工作清单。目前这项工作正在以向业务部门导入、向基层导入的方式纵深推进。北京、河北、四川和青海等地通过积极引导信访人依法分类处理信访诉求，群众来信、来访量逐年下降，有效缓解了信访工作压力。

三是重要时间节点和重大活动期间信访工作做出新成绩。在全国两会、北京 APEC 会议、“9·3”阅兵、“一带一路”国际合作高峰论坛等重大活动期间，人力资源社会保障系统上下联动，圆满完成了信访工作任务。同时，各地人力资源社会保障部门根据当地党委政府的安排部署，积极参与在本地区举办重大活动时的信访工作。二十国集团领导人杭州峰会、金砖国家领导人厦门会晤期间，浙江、福建人力资源社会保障厅专门成立信访工作领导小组，主要负责同志靠前指挥，圆满完成了会议保障任务。

四是信访积案化解工作取得新进展。部办公厅梳理出 26 个部本级信访积案，制定印发《人力资源社会保障部机关信访积案化解工作方案》，各有关省区市人力资源社会保障部门积极行动，主动作为，逐案制定了化解措施。辽宁、湖南等地人力资源社会保障厅有关负责同志亲自包案督访，做了大量扎实有效的工作，问题得到了有效化解。在全系统的共同努力下，部机关 26 个信访积案中，已经化解了 20 个，化解率接近 80%，基本实现了“清仓见底”的工作目标。

五是推进网上信访工作呈现新亮点。按照国务院“深入推进网上信访，提高信访工作质量、效率和公信力”的要求和全国“互联网＋人社”推进座谈会精神，加快人社信访工作与信息化融合，推动群众走访向网上信访转变，推动人社信访工作更加便民、快捷和高效。部机关在国家部委中第一批接入国家信访信息系统，实现了来信来访数据信息的网上登记和查询。江苏、山东等地利用网络信息技术，搭建互动平台，在服务上注重群众体验，不断提高信访事项的流转速度、办理质量及透明度。上海、江西、重庆等地加大对信访数据的分析运用，不断提升服务科学决策的能力和水平。

据统计，2016 年全国各级信访工作机构登记人力资源和社会保障类信访事项 106.4 万件次，同比下降 15.9%，占全国信访总量的 15.4%，和 2008 年新部刚组建时相比，总量下降了 140 万件次，占比下降了近 10 个百分点。特别是人力资源社会保障领域新发生问题的数量和增量都在减少，这说明随着人力资源社会保障领域各项改革的逐步深入，我们从源头和政策层面化解了一批群众反映强烈的信访突出问题，从根本上扭转了信访量持续上行的趋势。

在第八次全国信访工作会议上，部办公厅信访处等 3 个单位被评为全国信访系统先进集体，北京市人力资源社会保障局徐霞等 10 名人力资源社会保障系统信访工作者受到了表彰。在此对受表彰的单位和个人表示祝贺！这些成绩的取得，主要得益于党中央、国务院的坚强领导，得益于部党组和蔚民部长对信访工作的高度重视、有力推动，得益于人力资源社会保障系统上上下下的共同努力，得益于全体人社信访干部的辛勤工作。同志们长期奋战在信访工作一线，真心实意为群众办实事、解难事、做好事，经常加班加点，任劳任怨。在此，我代表部党组和蔚民部长，向你们并通过你们向各级人社信访部门工作人员表示衷心感谢！

二、准确把握当前人社信访工作面临的新形势新任务

在充分肯定成绩的同时，也要清醒地看到，当前人社信访工作面临的形势依然严峻复杂。国内外环境复杂多变，经济下行压力依然较大，产能过剩和需求结构升级矛盾突出，经济增长内生动力不足，特别是一些资源型和传统产业比重大的地区困难增多，对就业、社会保障和劳动关系等工作带来的影响日趋明显。与此同时，新型企业经营模式用工方式更加灵活多样，劳动关系日趋复杂，矛盾逐步凸显。从具体工作看，当前人社信访形势总体平稳，人力资源社会保障系统信访量总的趋势在下降，但仍存在一些问题：一是人力资源社会保障领域仍然是群众信访诉求比较集中的领域；二是部机关信访量持续在高位运行；三是人力资源社会保障领域信访问题处理难度大。对这些问题，必须给予高度重视，采取有效措施，在今后工作中认真加以克服和解决。

三、全力以赴做好当前和党的十九大期间人社信访工作

为党的十九大胜利召开营造安全稳定的政治、社会环境，是我们义不容辞的一项重大政治责任。蔚民部长在批示中就做好当前信访工作提出了具体明确的要求，部办公厅也已专门印发通知，各级人力资源社会保障部门要切实按照部党组的要求，把做好当前信访工作作为一项重要政治任务来抓，凝心聚力、锐意进取，积极推动各项工作落到实处。

第一，坚持多措并举，进一步从源头上化解信访问题。一是从政策层面推动问题解决。人力资源社会保障领域的信访问题，有一部分涉及政策层面，需要我们通过改革破解长期积累的体制机制性障碍和结构性矛盾，从根本上解决群众的合理诉求。要善于从信访事项中发现带有普遍性、趋势性的政策制度问题，及时向有关部门提出完善政策的意见建议，有效化解因政策原因引起的信访问题。二是强化决策社会稳定风险评估。要把握好改革发展稳定的关系，在制定出台社会关注度高、容易引发连锁反应、牵一发而动全身的重要政策过程中，一定要瞻前顾后，慎之又慎，充分考虑不同群体的利益诉求，做到周到、周全、周密，防止“摁下葫芦起了瓢”。

第二，落实属地责任，依法及时就地解决信访问题。一是要深入开展矛盾纠纷排查。充分发挥信息工作在信访工作中的先导作用，及时组织会商研判，及时预知预警，做到底数清、情况明。二是要着力加强初信初访办理。对群众反映的信访事项，要坚持依法分类处理，落实好首接首办责任制，提高办理的质量和效率，防止矛盾激化，减少信访上行。三是

要切实强化责任追究。对因决策不当、不作为、乱作为引发信访问题的，对因信访问题处理不及时不到位、造成矛盾激化的，对在处置突发事件中推诿扯皮、造成不良影响的，严肃追责问责。

第三，从职能职责出发，推动做好重点群体有关工作。各级人力资源社会保障部门要对本地区、本领域内的重点群体、重点人员做到心中有数，采取有力措施，就地化解。针对企业军转干部，各级人力资源社会保障部门要提升政治站位、强化责任担当。针对下岗转业志愿兵、20 世纪 90 年代未分配大中专毕业生和民办教师等利益诉求群体，要从人力资源社会保障部门职能职责出发，认真梳理社会保障、再就业等方面政策，积极配合相关部门做好工作。

第四，以“钉钉子”精神，下大气力化解信访积案。各级人力资源社会保障部门要进一步巩固上一阶段信访积案化解取得的成果，对已化解的积案，要抓巩固、防反复，真正实现“案结事了”；对未化解的积案，要抓紧化解，不留尾巴。对部本级尚未化解的积案，有关地方人力资源社会保障厅（局）负责同志要亲自包案，确保做到“案结、事了、人和”，实现党的十九大前部机关信访积案“清仓见底”的目标。

第五，加强协调配合，共同做好应急处置工作。一是要统筹协调有关部门资源力量，增强信访工作的联动性、协同性。二是要加强突发事件应急处置。

做好当前和今后一个时期的人社信访工作使命光荣，责任重大，任务繁重。我们一定要把思想和行动统一到以习近平同志为核心的党中央对信访工作的重大决策部署上来，统一到部党组和蔚民部长关于做好人力资源社会保障信访工作的指示要求上来，把工作和力量凝聚到圆满完成人社信访工作的各项任务上来，牢固树立“四个意识”，不断增强“四个自信”，坚持最高标准、保持最佳状态、采取最有力措施，勇于担当、攻坚克难、扎实工作，以更加优异的成绩迎接党的十九大胜利召开！

聚焦治欠保支　提升执法能力
以优异成绩迎接党的十九大胜利召开

——在全国劳动保障监察工作座谈会上的讲话

邱小平

（2017年3月29日）

这次会议的主要任务是，全面贯彻党的十八大和十八届三中、四中、五中、六中全会精神，深入贯彻习近平总书记系列重要讲话精神，落实中央经济工作会议、全国两会的部署，按照全国人力资源和社会保障工作会议要求，总结两年来特别是2016年的劳动保障监察工作，分析面临的形势，交流学习重庆等地区的经验做法，安排部署今年的工作任务。

一、充分肯定两年来劳动保障监察工作取得的成绩

2015年武汉座谈会以来，特别是在刚刚过去的2016年，我们认真贯彻落实党中央、国务院关于深化行政执法体制改革、维护劳动者合法权益的决策部署，按照部里的工作要求，以落实《关于加强劳动保障监察执法能力建设的意见》（人社部发〔2015〕67号）为主线，以治理拖欠农民工工资问题为重点，锐意进取、扎实工作，推动劳动保障监察各项工作取得了新的显著成绩，实现了“十三五”良好开局。

（一）认真履行劳动保障监察职能职责，治理拖欠农民工工资等违法问题取得新的成效。2016年是农民工工资治欠保支工作力度较大的一年。年初，国务院办公厅印发《关于全面治理拖欠农民工工资问题的意见》（国办发〔2016〕1号），明确了目标任务和政策措施。各地区高度重视贯彻落实工作，普遍制定出台了实施意见，结合本地实际细化实化目标任务和政策举措，明确推进工作的时间表和路线图，从强化组织领导、完善工作机制、健全长效制度、加强日常执法和专项检查等方面，推动治欠保支工作深入开展。经过持续努力，解决拖欠农民工工资工作取得了新的明显成效，形势总体上趋于好转。各地在全力做好治欠保支工作的同时，组织开展清理整顿人力资源市场秩序、用人单位遵守劳动用工和社会保险法律法规情况等专项检查，依法查处了大批劳动保障违法案件，稳妥处置了一批因违法行为引发的群体性事件。据统计，2016年全国共主动检查用人单位190.8万户次，办结各类违法案件32.3万件，参与处理突发事件和群体性事件1.5万件，督促用人单位与202.7万名劳动者补签劳动合同，为劳动者追发工资等待遇350.6亿元，补缴社会保险费17.3亿元。

（二）切实加强劳动保障监察制度机制建

设，执法效率和规范化水平有了新的提高。

各地区认真落实严格规范公正文明执法要求，继续推动完善劳动保障监察制度和机制。省级举报投诉案件联动处理机制建设积极推进，推广随机抽查规范事中事后监管工作取得阶段性成效。各地区积极完善执法程序，规范执法自由裁量权，落实执法责任制，加强执法监督。劳动保障监察行政执法与刑事司法衔接机制不断完善，2016 年各地人力资源社会保障部门共向公安机关移送涉嫌欠薪犯罪案件 5 079 件，比上年增长 5.5%，公安机关立案 3 595 件，检察机关起诉 2 135 人，法院一审审结 1 890 件。劳动保障守信激励和失信惩戒机制逐步健全，部里制定出台《企业劳动保障守法诚信等级评价办法》和《重大劳动保障违法行为社会公布办法》后，各地积极做好今年 1 月 1 日正式实施的准备工作。

（三）积极稳妥推进劳动保障监察执法体制改革，监察工作体系建设取得新的进展。

一些地区按照党中央、国务院深化行政执法体制改革的要求，对改革完善劳动保障监察执法体制进行了有益探索。劳动保障监察“两网化”管理继续全面推进，各地区在实现地级城市全覆盖的基础上，进一步推动向县（市）和街道、乡镇延伸，同时着眼于建设智慧监察，大力推进劳动保障监察指挥中心建设，积极升级改造监察信息管理系统。2016 年，全国监察案件上线运行率达到 60%，共有 30 个省份上报了监测数据，涉及劳动保障违法案件 19.4 万件。

（四）大力加强劳动保障监察机构队伍建设，执法能力得到新的提升。

各地区认真贯彻落实人社部发〔2015〕67 号文件关于加强机构队伍建设的要求，推动劳动保障监察机构队伍建设取得积极成效。截至目前，已有 20 个省区市出台了贯彻人社部发〔2015〕67 号文件的实施意见，对规范监察机构性质、加强执法人员配备、强化执法保障等提出明确要求。各地区高度重视监察员培训工作，分级分类培训力度不断加大。各地区普遍加强了劳动保障监察队伍作风建设，涌现出北京市东城区劳动监察大队等一批全国人力资源社会保障系统优质服务窗口。

二、进一步明确 2017 年的主要工作任务

2017 年，是我国实施“十三五”规划的重要一年，是推进供给侧结构性改革的深化之年。下半年将召开党的第十九次全国代表大会，这是党和国家政治生活中的一件大事。做好今年的劳动保障监察维权维稳工作，为党的十九大胜利召开营造良好氛围，是我们义不容辞的政治责任。应该看到，劳动保障监察工作中还存在不少困难和问题。用人单位侵害劳动者合法权益的现象仍然大量存在，特别是拖欠农民工工资问题还很突出；劳动保障监察执法体制机制改革的有些举措落实还不到位，执法能力不足的矛盾需要继续破解。当前，我国经济下行压力依然较大，一些企业生产经营困难还比较多，经济领域的风险将进一步向劳动关系领域传导，欠薪欠保等劳动保障违法问题可能更加易发多发。同时，新生代劳动者集体维权意识越来越强，加上互联网及新媒体快速发展，各类矛盾纠纷极易快速扩散并发酵，如果处理不慎，容易发生连锁反应，甚至引发突发性群体事件。

做好今年劳动保障监察工作总的要求是：全面贯彻党的十八大和十八届三中、四中、五中、六中全会精神，深入贯彻习近平总书记系列重要讲话精神，落实中央经济工作会议和全国两会的部署，坚持稳中求进工作总基调，按照全国人力资源和社会保障工作会议要求，着力解决劳动保障领域突出违法问题，继续推进劳动保障监察体制机制改革，推动构建源头预防、动态监管和失信惩戒相结合的监察执法体系，切实维护劳动者合法权益，坚决防范化解劳动关系风险，以优异成绩迎接党的十九大胜利召开。

（一）以突出问题专项整治为重点，努力实现农民工工资治欠保支形势进一步明显好转。

要把进一步做好治欠保支工作作为监察执法重中之重的任务，以全面落实国务院第 163

次常务会议精神和国办发〔2016〕1号文件要求为统领，坚持标本兼治、综合治理，进一步采取坚决有力措施，从根本上遏制拖欠农民工工资问题，努力实现拖欠工资案件数、涉及劳动者人数和拖欠金额明显下降，坚决防止因欠薪引发大规模群体性事件。一是要突出治理重点。把解决工程建设领域欠薪问题摆在突出位置，配合住房城乡建设等部门加快改革建筑劳务用工制度，进一步规范建设市场秩序。按照财政部等部门日前作出的专项部署，配合有关部门督促各级政府抓紧做好偿还政府欠款工作，优先解决拖欠农民工工资，确保政府投资工程项目因拖欠工程款引起的历史欠薪在今年年底前全部得到清偿。二是要健全治理欠薪问题长效机制。在工程建设领域全面落实施工总承包企业对农民工工资支付负总责制度，加快推行农民工实名制管理，督促企业依法按月足额支付工资，推广委托银行代发工资办法。健全工资支付保障制度，细化实化有关政策措施，确保工资保证金、农民工工资专用账户管理等各项长效制度尽快落实落地。三是要加强监察执法。进一步畅通欠薪举报投诉渠道，强化日常巡视检查，加大专项整治行动力度。明年春节前，要继续组织开展好农民工工资支付情况专项检查。四是要层层传导压力，压实工作责任。下一步，部里将研究制定省级政府保障农民工工资支付工作考核办法。各地区要严格落实属地监管责任，完善治理欠薪目标责任制度，推动将保障农民工工资支付纳入各级政府考核评价指标体系。

同时，要继续加强对用人单位遵守劳动用工和社会保险法律法规情况的监察执法，及时查处不签订劳动合同、不依法参保缴费、黑职介等劳动保障违法问题，严厉打击使用童工等违法犯罪行为，切实维护劳动者合法权益。

（二）以规范执法、提高效率为着力点，进一步完善劳动保障监察制度机制。

要围绕落实中央关于“严格规范公正文明执法”的各项要求，进一步推进劳动保障监察制度机制创新。一是要完善劳动者举报投诉机制。加快推进举报投诉案件省级联动处理机制建设，力争实现2017年底各省级行政区域内“一点举报投诉、全网联动处理”的目标。二是要完善监察执法程序，规范执法裁量权。加大推广随机抽查规范事中事后监管工作力度，力争2017年底前全面实行“双随机、一公开”制度。按照国务院办公厅部署，今年将在天津、河北等16个地区开展行政执法公示制度、执法全过程记录制度、重大执法决定法制审核制度试点工作，有关地区人社部门要在当地政府的领导下，积极参与三项制度试点。进一步健全执法裁量权基准制度。三是要健全执法协作机制。进一步完善并落实与其他政府部门的执法协作、地区间执法协作，建立跨地区横向协作网络，确保跨地区违法案件得到有效解决。进一步完善并落实行政执法与刑事司法衔接机制，坚决克服有案不移、有案难移、以罚代刑现象。四是要健全劳动保障守法诚信制度。认真做好《企业劳动保障守法诚信等级评价办法》和《重大劳动保障违法行为社会公布办法》的组织实施工作。以欠薪行为为重点，加快建立企业“黑名单”制度，会同有关部门建立健全劳动保障失信联合惩戒机制，加大企业违法失信成本。

（三）以优化职能、强化基层为切入点，进一步健全劳动保障监察工作体系。

要按照当地党委政府的统一安排，继续积极稳妥推进劳动保障监察执法体制改革。强化劳动保障监察机构的综合执法职能，着力解决权责交叉、多头执法问题。厘清不同层级劳动保障监察职能，消除多层重复执法问题。要进一步推进劳动保障监察“两网化”建设，继续推动“两网化”管理向市（县）和乡镇街道延伸，加快实现全覆盖。加强基层网格信息采集，扩大信息采集覆盖面，提高信息定期更新频率。加强劳动保障监察管理信息系统升级改造，做好劳动保障监察信息监测工作。推动劳动保障监察指挥中心建设，提升对劳动保障违法行为预警、查处快速反应能力，努力实现“智慧监察”。

（四）以提升能力、改进作风为出发点，进一步加强劳动保障监察机构队伍建设。

要进一步落实人社部发〔2015〕67号文件有关要求，扎实推动劳动保障监察机构队伍建设不断取得新成效。尚未出台人社部发〔2015〕67号文件实施意见的地区，力争今年年底前全部出台。一是要以改革劳动保障监察执法体制为契机，依法健全县级以上各级劳动保障监察机构，合理配备各级监察机构的劳动保障监察员。二是要完善劳动保障监察员管理制度。修订《劳动监察员管理办法》，健全监察员资格管理制度，规范监察员持证上岗制度。研究加强劳动保障监察员职业保障问题，提升劳动保障监察队伍的职业化水平。三是加大劳动保障监察员培训力度。加强培训基础建设，积极开展分级分类培训，不断提高劳动保障监察队伍政治素质和业务能力。

三、从严从实从细抓好工作落实

今年的劳动保障监察目标任务已经明确，关键要坚定信心、凝聚共识，以从严从实从细的精神狠抓落实，推动各项工作落到实处。

一是要牢固树立大局意识。当前和今后一个时期，保持社会稳定，为党的十九大胜利召开营造良好社会氛围，是最大的大局。我们要全面贯彻党的十八届六中全会精神，深入学习贯彻习近平总书记系列重要讲话精神，进一步增强“四个意识”，自觉在思想上政治上行动上同以习近平同志为核心的党中央保持高度一致。最重要的就是要自觉服从大局、坚决维护大局，按照党中央、国务院的决策部署，扎实推动劳动保障监察各项工作落实落地，切实维护劳动者合法权益，将以人民为中心的发展思想落到实处，确保社会大局稳定。

二是要切实增强担当精神。劳动保障监察工作任务繁重、责任重大，必须增强责任意识、担当意识，奋发有为、迎难而上，通过苦干实干创造新业绩。要聚焦重点任务抓落实，进一步明确任务、明确责任、明确时限、明确要求，层层传导压力、压实责任。要切实发挥督促检查抓落实的“利器”作用，坚持目标导向、问题导向、结果导向，加大督查力度，创新督查方式，强化问责问效，确保各项任务不折不扣落实到位。

三是要坚决防范各类风险。要增强底线思维和忧患意识，将监察执法关口前移，完善监测预警机制，加强形势分析研判，对可能影响社会稳定的苗头性问题做到及时发现、及早处理。要进一步健全应急工作机制，完善应急处置和舆情应对预案，加强与系统内劳动关系、争议处理、信访等部门和系统外有关部门的协调联动，一旦发生因劳动保障违法行为引发的极端事件和群体性事件，要迅速介入，妥善处置，引导舆论，确保不引发系统性、区域性风险。

四是要持续加强作风建设。要按照部里关于建立窗口单位作风建设长效机制的意见，持续推进劳动保障监察机构作风建设，健全规章制度，完善服务规范。要进一步提高劳动保障监察人员的服务意识、廉政意识和职业道德水平，完善并全面落实劳动保障监察执法责任制和责任追究机制，坚决纠正不作为、乱作为等问题。

做好今年的劳动保障监察工作，任务艰巨，责任重大。我们要认真落实党中央、国务院的决策部署，开拓进取，真抓实干，努力完成各项工作任务，以优异成绩迎接党的十九大胜利召开。

努力做好农民工工作和家庭服务业工作以优异成绩迎接党的十九大胜利召开

——在全国农民工工作暨家庭服务业工作电视电话会议上的讲话

邱小平

（2017年3月14日）

这次会议的主要任务是，全面贯彻党的十八大和十八届三中、四中、五中、六中全会精神以及中央经济工作会议精神，落实今年全国两会有关要求，按照国务院农民工工作领导小组第五次全体会议、发展家庭服务业促进就业部际联席会议第九次全体会议工作部署，总结2016年工作进展情况，安排部署2017年农民工工作和家庭服务业工作重点任务。下面，我讲几点意见。

一、2016年农民工工作和家庭服务业工作回顾

（一）农民工就业创业取得新进展。把促进农民工就业作为就业工作的“纬线”摆在更加突出位置，千方百计拓宽农民工就业创业渠道，完善和落实促进农民工就业创业政策，组织206个县级地区开展支持农民工等人员返乡创业试点，扎实做好钢铁、煤炭行业化解过剩产能中的农民工安置工作。实施“十三五”时期农民工职业技能培训综合计划、农民工等人员返乡创业培训五年行动计划等专项计划，超额完成《政府工作报告》提出的每年培训2 100万人次以上农民工的任务。推动农村劳动力输出输入地建立劳务协作机制，推广“扶贫车间”等经验做法，开展技能脱贫千校行动。2016年全国农民工总量达到2.82亿人，其中外出农民工1.69亿人，分别比上年增加424万人和50万人，为稳定就业基本盘做出了贡献。

（二）农民工劳动权益保障取得新成效。大力加强欠薪问题综合治理，强化日常劳动监察执法，全年共查处工资类违法案件32.3万件，追发工资待遇350.6亿元，欠薪案件和金额均较上年下降。推进实施全民参保登记计划，年末全国参加职工基本养老、基本医疗、失业、工伤保险的农民工分别达到5 825万人、4 825万人、4 659万人、7 510万人。畅通农民工劳动争议案件处理绿色通道，全国仲裁机构受理涉及农民工的劳动争议案件34.1万件，涉及农民工人数48.5万人。扩大法律援助覆盖面，为52万多人次的农民工提供法律援助服务。深入开展重点行业领域职业危害专项治理，积极做好农民工工伤预防控制工作。

（三）农民工市民化进程取得新突破。制定实施财政转移支付、城市基础设施建设补贴、城镇新增建设用地与农民工市民化挂钩等配套政策，中央用于农业转移人口市民化的奖励资金达到100亿元。国务院办公厅印发推动1亿非户籍人口在城市落户方案，各地区普遍放宽农业转移人口落户城镇条件，25个省（区、市）出台居住证暂行条例实施办法。全国农民工随迁子女义务教育纳入政府财政保障的接近90%，除西藏外，各地共有11.8万符合条件的随迁子女在当地参加高考，较2015年增长47%。推进流动人口卫生计生基本服务均等化并已基本覆盖农民工及其随迁家属。多渠道改善农民工居住条件，1 800多个市县已将农民工纳入公租房保障范围。稳步推进农村宅基地制度改革试点，农村土地承包经营权确权登记颁证整省试点扩大到22个省（区、市）。

（四）农民工社会融合迈出新步伐。召开第二届全国优秀农民工和农民工工作先进集体表彰大会，评选表彰981名优秀农民工和100个先进集体。深入开展农民工加入工会集中行动，新增农民工会员1 500万人以上，优秀农民工代表巨晓林当选中华全国总工会兼职副主席。加强为农民工文化服务和宣传工作，开展新市民培训，推动各地建立农民工综合服务平台。积极构建农村留守儿童强制报告、应急处置、监护干预等救助保护机制。全社会关心关爱农民工的氛围进一步形成。

（五）家庭服务业扩容提质达到新水平。将员工制家政服务免征营业税、增值税政策延续至2018年底，在42个城市开展养老服务业综合改革试点，延长老年人住房反向抵押养老保险试点时间并扩大试点范围，在15个城市开展长期护理保险制度试点。推动72个联系点中心城市落实各项政策措施。引导家庭服务业线上线下整合创新发展，鼓励社会资本发展“互联网+”、智慧健康服务等新型服务业态。推动开展形式多样的家庭服务企业创建活动。推进家庭服务业国家（行业）标准制定修订工作，探索建立家政服务诚信制度。把家政服务培训纳入农民工职业技能提升计划，组织实施巾帼家政专项培训等工程，推动建立省级家庭服务业职业培训示范基地，举办全国巾帼家政服务职业大赛。全国家庭服务业保持了较快发展，产业规模继续扩大，服务领域继续拓展，从业人数继续增加。

当前，农民工工作和家庭服务业工作都还存在明显的短板。在农民工工作方面，农民工就业的总量矛盾依然存在、结构性矛盾日益突出，拖欠工资等损害农民工劳动保障权益的深层次问题还没有得到有效解决；一些城镇面向农民工的基本公共服务供给不足，一些大城市落户门槛仍然较高，许多农民工不愿也不敢进城落户。在发展家庭服务业方面，产业规模总体仍然偏小，行业规范化和从业人员职业化水平仍然偏低，供给总量性和结构性矛盾还没有得到根本解决，统计调查等基础工作也还比较薄弱。这些突出问题必须正视并逐步加以解决。

二、2017年农民工工作的主要任务

解决好农民工问题，事关我国工业化、新型城镇化、农业现代化发展与和谐社会建设，是实现“两个一百年”奋斗目标和中华民族伟大复兴中国梦历史进程中的战略性任务，是一项功在当代、利在千秋的伟大事业，在党和国家工作大局中处于十分重要的地位。习近平总书记在中央经济工作会议上强调，要继续扎实推进以人为核心的新型城镇化，促进农民工市民化。李克强总理指出，要围绕促进1亿农业转移人口市民化的目标，深化户籍制度改革，实现城镇外来人口落户1 300万人以上，推动居住证制度全覆盖。今年的《政府工作报告》对加快推进新型城镇化、促进农民工返乡创业、解决好农民工工资拖欠问题等也提出了明确要求。

做好农民工工作要深入贯彻中央经济工作会议精神，按照今年《政府工作报告》和国务院农民工工作领导小组第五次全体会议工作部署，坚持稳中求进工作总基调，以有序推进农

民工市民化为目标，以新生代农民工为重点对象，积极促进农民工就业创业，切实维护农民工劳动保障权益，推动农民工逐步实现平等享受城镇基本公共服务和在城镇落户，努力促进农民工社会融合，以优异成绩迎接党的十九大胜利召开。

（一）进一步稳定和扩大农民工就业创业。一是要千方百计创造就业机会。进一步健全城乡劳动者平等就业制度，完善并落实促进农民工就业创业的政策，强化公共就业创业服务，扩大支持农民工等人员返乡创业试点覆盖范围。大力扶持劳动密集型产业和生活性服务业发展，加大对中小微企业的支持力度，积极引导新生代农民工到以“互联网＋”为代表的新产业、新业态就业创业。扎实做好化解过剩产能中的农民工分流安置工作。二是要努力提升农民工职业技能水平。进一步加强农民工职业技能培训工作，实施农民工职业技能提升计划、农民工等人员返乡创业培训五年行动计划等，加强化解过剩产能中的农民工转岗技能培训，完成好年培训2 100万人次以上农民工的目标任务。将新生代农民工纳入国家教育培训发展规划，推进职业技能培训对农民工全覆盖，畅通农民工技能人才职业发展通道。三是要大力推进就业扶贫工作。统筹做好农民工返乡创业和就业扶贫工作，引导企业到贫困地区投资兴业，支持劳动密集型企业在贫困村设立“就业扶贫车间”。组织实施技能脱贫千校行动等针对贫困劳动力的职业培训。总结推广粤湘鄂试点经验，推进多层次劳务协作精准对接。

（二）进一步维护农民工劳动保障权益。一是要加大预防和解决拖欠农民工工资工作力度。以工程建设领域特别是政府投资工程项目为重点，坚持标本兼治、综合治理，落实欠薪发生地省级政府负总责、市（地）县级政府具体负责的属地责任和人力资源社会保障部门的监管责任。畅通农民工欠薪投诉举报渠道，加强日常监察执法，集中开展专项检查。畅通农民工劳动争议和法律援助绿色通道，依法及时处理欠薪争议。全面推行依法按月足额支付工资等制度，完善并落实农民工工资保证金等制度，建立健全拖欠工资“黑名单”制度。二是要加强农民工劳动用工管理。督促各类企业依法与招用的农民工签订劳动合同，提高农民工劳动合同签订率和履行质量。以落实同工同酬为重点，继续规范劳务派遣用工。三是要维护农民工社会保险等权益。扎实推进全民参保计划，扩大农民工参加社会保险覆盖面。做好基本养老保险关系转移接续、基本医疗保险关系转移接续和异地就医结算工作，继续推进建筑企业按项目参加工伤保险，提高农民工失业保险参保比例。落实高危行业农民工岗前强制性安全生产培训和职业健康培训，加强职业病防治。

（三）进一步推进农民工在城镇落户和逐步平等享受城镇基本公共服务。一是要积极推动农民工落户等改革举措落实落地。加大推动1亿非户籍人口在城市落户方案实施力度，确保实现城镇外来人口落户1 300万人以上的目标任务。推动落实财政转移支付、城市基础设施建设补贴、城镇新增建设用地与农民工市民化“三挂钩”政策。加快实施中央预算内投资安排向吸纳农业转移人口落户数量较多城镇倾斜政策。二是要加快构建以居住证为载体的基本公共服务供给体系。年内所有省份都要出台居住证暂行条例实施办法，并按要求向农民工提供基本公共服务。完善以居住证为主要依据的农民工随迁子女义务教育入学政策，启动实施第三期学前教育行动计划，落实随迁子女在当地参加中高考政策，推动特大城市进一步完善与居住证制度等相衔接的随迁子女在当地参加高考政策。全面实施流动人口健康教育和促进行动计划。制定完善公租房保障准入条件和标准，将更多在城镇稳定就业和生活的农民工纳入住房保障范围。三是要推动落实农民工土地权益改革举措。维护农民工土地承包权、宅基地使用权和集体收益分配权，不得强行要求进城落户农民工退出其在农村的“三权”。加快推进承包地确权登记颁证工作，建立健全农村产权流转交易市场体系，探索农户“三权”

自愿有偿退出机制。

（四）进一步促进农民工社会融合。一是要保障农民工民主政治权利。落实好推进产业工人队伍建设改革方案，积极推荐优秀农民工参选各级党代表、人大代表、政协委员，推动吸收优秀农民工加入工会领导机关。加强农民工中党、团组织建设，加大农民工加入工会工作力度。二是要加强为农民工文化服务等工作。落实好国家基本公共服务规划，推动开展新市民培训。开展面向农民工及其子女的文化惠民活动，组织好基层文化志愿服务工作。加强农民工综合服务平台建设。三是要加大特殊群体关爱服务力度。深化社会工作介入农村留守人员关爱服务体系部省合作试点，开展农村留守儿童“合力监护、相伴成长”关爱保护专项行动，切实把保护和关爱责任落到实处。

三、2017 年发展家庭服务业工作的主要任务

当前，发展家庭服务业处于大有可为的战略机遇期。我们要抓住机遇，乘势而上。今年要继续深入贯彻习近平总书记在视察济南农民工综合服务中心时的重要指示精神，认真落实发展家庭服务业促进就业部际联席会议第九次全体会议部署要求，坚持围绕“增加服务供给、提高服务质量”中心任务，着力落实和完善扶持家庭服务企业发展的政策措施，着力加强家政服务行业规范化建设，着力推进家庭服务从业人员职业化建设，着力推进中心城市家庭服务体系建设，努力推动家庭服务业取得新发展。

（一）着力落实和完善扶持家庭服务企业发展政策。落实医疗卫生与养老服务相结合和金融支持养老服务业发展有关政策，结合长期护理保险制度试点，推动养老服务与家政、医疗等生活性服务业融合发展。落实员工制家政服务免征增值税政策，进一步研究作为当前主要经营方式的非员工制家政服务的财税优惠政策。支持引导各类市场主体进入家庭服务业，深化千户百强家庭服务企业创建工作，加大对家庭服务业龙头示范企业支持和服务力度。

（二）着力加强家庭服务行业规范化建设。抓紧制定出台加强家政服务行业监管和行业自律文件。逐步建立完善家庭服务企业资质评价、诚信监督和信用公示等制度，健全家庭服务企业、从业人员信用记录和失信惩戒机制。推动地级以上城市普遍建立家庭服务行业协会。研究构建科学合理的家庭服务标准体系，加强国家（行业、地方）标准制定修订和宣传贯彻工作。在千户百强家庭服务企业创建中引入贯彻实施相关国家标准的规范要求。

（三）着力加强家庭服务从业人员职业化建设。发挥各有关部门和单位的资源优势，努力扩大家庭服务从业人员职业培训规模。继续将家政服务员职业培训纳入农民工职业技能提升计划，保证有培训需求的从业人员都能按有关规定得到政府补贴的职业培训。研究解决家政服务职业培训补贴落实中的问题。推动家庭服务职业培训示范基地建设，支持妇联组织开展巾帼家政服务专项培训工程以及其他单位的职业培训工作，推动开展多种形式的技能竞赛活动。

（四）着力推进中心城市家庭服务体系建设。加强政策、资金、人才等各类要素在中心城市集成，推动发展家庭服务业各项政策措施在 72 个联系点城市落实落地。加强中心城市家庭服务劳务市场及输送基地建设，重点推动中心城市与中西部贫困县开展劳务对接行动，探索建立跨区域供需对接机制。

四、进一步健全抓落实的工作机制

农民工工作和家庭服务业工作头绪多、政策性强、涉及面广，需要既积极发挥各成员单位的职能优势，又加强沟通协调和相互支持，形成强大工作合力。必须加强和改善组织领导，改进完善两个工作协调机制办公室的统筹协调、督促检查、信息交流、综合服务等工作，推动各项任务落实落地。

（一）进一步强化统筹协调。加强统筹谋划，重点围绕落实党中央、国务院有关重大决

策部署以及国务院领导同志重要批示要求，统筹谋划好年度重点工作任务，推动纳入当地政府目标考核内容，认真抓好组织实施。加强工作协调，建立完善重大事项研究会商制度，主动了解有关政策措施落实情况，共同分析研判形势，及时研究解决存在的突出问题。

（二）进一步推动工作落实。聚焦重点任务抓落实，建立重点工作任务台账，加强定期工作调度，及时掌握并报告工作进展情况。加强督促检查抓落实，探索随机选取督查单位和访谈对象的督查办法，强化对工作任务量化指标考核评估，及时向被督查单位反馈督察考评结果，对问题整改情况进行跟踪问效。破解难题抓落实，针对事业发展中的重点难点问题，组织开展专题研究，提出政策建议。

（三）进一步加强统计工作。改进农民工统计调查制度，完善和落实农民工市民化进程动态监测方案，加强对农民工市民化统计监测评估。下力气补齐家庭服务业统计工作短板，选取部分城市开展家庭服务业统计试调查，逐步在72个家庭服务业体系建设联系点城市全面推开统计工作。建立基础信息汇总共享制度，整合各成员单位统计信息资源，加强统计数据汇总分析和共享应用。

（四）进一步加强舆论宣传。建立宣传舆论与业务工作联动机制，重大改革举措出台和重要政策实施，要同步制定实施宣传工作方案。加强正面舆论宣传，落实加强为农民工服务宣传工作意见，有效发挥主流媒体、专业报刊主阵地作用，支持中央电视台等中央媒体组织好“城市梦想”等主题宣传活动。做好释疑解惑工作，引导新闻媒体客观公正报道欠薪案件等涉及农民工的敏感热点问题，防止发酵炒作酿成重大舆论事件。

（五）进一步加强自身建设。继续推动县级以上地方人民政府成立农民工工作领导小组，完善省、市（地）两级发展家庭服务业联席会议制度，合理充实办公室工作力量，建立健全上下贯通的工作体系。加强作风建设，强化“四个意识”，崇尚从严从实从细的作风，坚决把各项决策部署落到实处。

做好为农民工服务工作和家庭服务业工作是党中央、国务院交给我们的光荣使命，是大家的共同责任。让我们坚定信心，认真履职，扎实工作，努力开创工作新局面，为党的十九大胜利召开做出积极贡献！

服务大局　开拓创新
努力做好新形势下的规划财务工作

——在全国人力资源和社会保障规划财务工作座谈会上的讲话

汤　涛

（2017 年 3 月 30 日）

这次全国人力资源社会保障规划财务工作座谈会的主要任务是，贯彻落实全国人力资源社会保障工作会议部署，全面总结 2016 年人力资源社会保障规划财务工作，交流工作经验，深入分析“十三五”时期面临的形势，研究部署 2017 年重点任务。

一、2016 年规划财务工作成效明显

2016 年，面对严峻复杂的国内外形势，人力资源社会保障系统积极应对挑战，勇于开拓进取，全面完成各项目标任务，实现了“十三五”开门红。规划财务部门紧紧围绕人力资源社会保障中心工作，统筹谋划，协调推进，真抓实干，各项工作都取得了新进展。

（一）“十三五”规划编制任务圆满完成。学习贯彻十八届五中全会精神和《国民经济和社会发展第十三个五年规划纲要》，落实新发展理念，集中全系统智慧，编制完成了人力资源社会保障事业发展“十三五”规划纲要，描绘了人力资源社会保障事业发展宏伟蓝图。积极参与编制了《“十三五”促进就业规划》《“十三五”推进基本公共服务均等化规划》《“十三五”脱贫攻坚规划》等 7 个国家级重点专项规划，将人力资源社会保障领域的重大政策项目列入规划中，提升了人力资源社会保障工作的重要地位。各地与部里及时衔接，编制完成了本地区人力资源社会保障事业发展“十三五”规划。为抓好规划落实，部里召开了视频会议，开展了宣传培训活动，印发实施分工方案。各地也对规划实施进行动员部署，分解目标，明确任务，推动落实。

（二）年度事业发展计划目标顺利实现。2016 年是“十三五”开局之年，我们充分发挥计划管理的职能作用，努力提高计划编制科学性，加强计划执行调度和监测分析通报，有力推动了计划执行。各地层层分解落实全国目标任务，将人力资源社会保障核心指标纳入本地政府目标考核体系，确保了人力资源社会保障重点任务的落实。经全系统共同努力，2016 年人力资源社会保障事业发展计划目标任务顺利实现。

（三）统计服务决策能力有新的提升。认真贯彻落实习近平总书记关于统计工作的重要指示批示精神，开展统计法规和业务教育培训，有效提高了依法统计、防范造假的意识。社区直报、政策满意度、企业薪酬等调查填补

多项数据空白。针对重点难点问题开展专题分析，监测国际就业社保统计信息，主要数据和报告受到国务院领导、部领导和有关方面重视，为决策提供支撑和参考。建立统计数据仓库，推进统计信息化，发挥统计数据的应用价值。

（四）公共服务平台建设持续推进。基层平台覆盖面进一步扩大，2016 年中央预算内投资安排 3.89 亿元，支持 110 个县、297 个乡镇开展基层劳动就业和社会保障公共服务设施项目建设。7 年来，中央预算内共投资 50 亿元，支持中西部 1 500 多个县、5 500 多个乡镇改善了公共服务设施。经过协调争取，2016 年实训基地项目首次列入中央预算内投资计划，当年安排 5.11 亿元支持 29 个公共实训基地建设。

（五）信息化建设和标准化工作进一步加快。金保工程二期在国家 15 个重要信息系统中第一个完成立项并启动实施，项目总投资 24 亿元，实现对人力资源社会保障业务的全覆盖。落实李克强总理提出的用两年时间实现异地就医直接结算的要求，率先启动了异地就医结算平台建设。目前，全国 30 个省份实现省内异地就医直接结算，24 个省通过国家平台实现了跨省直接结算。加强信息化项目统筹管理，不断完善相关制度。部里制定了《“互联网＋人社”2020 行动计划》，各地在“互联网＋人社”方面积极实践探索。标准化工作深入推进，截至去年年底已发布 30 项国家标准和 124 项行业标准。

（六）财务预算和资产管理更加规范。适应财政预算制度改革的新要求，认真开展三年滚动预算编制工作。人力资源社会保障部门预算规模保持了适度增长，保障了事业发展所需。加强预算执行，盘活存量资金，强化绩效管理，依法预决算公开，降低行政成本，强化资金监管，资金使用效益进一步提高。建立健全财务管理制度，开展行政事业单位内部控制建设。组织编制社保基金预决算，组织修订社保基金财务制度和会计制度。各地加强社保基金预决算编制，跟踪分析预算执行，促进了社保基金平稳运行。开展了国有资产清查，摸清了“家底”。政府采购更加规范。审计力度进一步加大。

（七）对口支援和部省合作深入开展。贯彻落实中央新疆工作座谈会和中央西藏工作座谈会精神，部里出台了支持新疆、西藏和四省藏区人力资源社会保障事业发展的意见，制定了实施方案。组织召开了人力资源社会保障系统对口援藏工作座谈会和部分省市对口支援四省藏区工作座谈会，确定了“十三五”期间 200 多个援藏项目，初步落实资金 2 亿多元。各支援省市人力资源社会保障部门加大支援力度，在就业创业、职业培训、人才智力和基础设施支援方面取得了积极成效。部省合作稳步推进，京津冀、长江经济带等区域合作取得新进展。

二、“十三五”时期规划财务工作面临的形势和任务

“十三五”是全面建成小康社会的决胜阶段，是人力资源社会保障事业改革发展的重要时期，人力资源社会保障部门肩负着重要职责和任务。促进就业创业，建立更加公平更可持续的社会保障制度，加快人才队伍建设，深化人事制度改革，完善工资收入分配制度，构建和谐劳动关系，推进公共服务体系建设，都需要规划财务部门强化责任担当，充分发挥规划引领、决策支撑、服务保障的重要作用。“十三五”时期，重点围绕四个方面做好工作：

（一）围绕全面建成小康社会目标，着力实施人力资源社会保障“十三五”规划。党中央、国务院高度重视“十三五”规划落实工作，习近平总书记专项听取了国家“十三五”规划实施的汇报，中共中央办公厅、国务院办公厅专门下发文件对规划纲要实施机制提出了明确要求。“十三五”规划纲要和人力资源社会保障规划体系已经制定，关键是抓好落实。今后一个时期，人力资源社会保障事业发展面临着不少困难和挑战，确保规划目标如期完成

仍面临较大压力。人力资源社会保障部门在抓规划实施中也还存在一些问题，如规划实施的主体责任还不明确，实施的激励和保障机制不健全，监测评估针对性不强、实效性不够，问责机制有待建立完善等。对此，我们要坚持问题导向和目标导向，完善规划实施机制，发挥各方积极性，确保规划目标任务落实。一要强化主体意识和责任意识。强化规划纲要的统领和约束作用，切实维护规划纲要的严肃性和权威性。明确人力资源社会保障规划实施的责任主体，强化领导责任和实施职责，明确实施时间表和路线图。二要突出重点，统筹协调。注重年度计划和规划目标的衔接，着力推进重大工程、重大项目、重大政策的实施，加强项目统筹协调，形成更加高效的工作推进机制。三要强化规划实施督查和监测评估，探索完善监督考核机制，开展规划实施考核评价，加大重点工作督查力度。

（二）围绕构建“数字人社”，着力推动人力资源社会保障统计工作改革创新。随着我国的经济社会发展，统计数据在决策、执行、评估等方面的作用越来越突出。近年来，人力资源社会保障统计围绕中心工作，坚持依法统计、改革创新，取得了一定成绩。但也要看到，人力资源社会保障统计基础还比较薄弱，“数字人社”建设需加快推进，统计数据的准确性和时效性有待提高。一要强化统计的法纪意识，坚持依法依规科学统计，加大统计执法力度，坚决防范统计造假、弄虚作假。二要深化统计体制改革。完善统一管理、分工负责的统计体制，加强综合统计力量。建立健全统计责任体系，探索建立领导干部统计工作考核制度和责任追究制度。三要创新统计调查方式和手段，大力推进统计信息化建设。更多地采用科学的抽样调查和直报方式，从源头上解决统计数据虚报问题。四要围绕改革发展的重点难点问题，加强统计分析，提出对策建议。

（三）围绕推进“互联网＋人社”，着力加快信息化项目建设。当前，“互联网＋”、大数据、云计算等信息技术发展迅猛。国务院连续印发文件，对“互联网＋”、大数据发展和信息共享利用提出明确要求。我们顺应信息化的发展趋势，提出了“互联网＋人社”发展思路，各地大胆探索实践，“互联网＋”成为人力资源社会保障改革创新的重要推动力。但是，在推动“互联网＋人社”方面仍存在许多不足，“互联网＋”思维还不强，存在信息系统建设分散、系统上下联动不紧密、技术建设和业务应用两张皮等问题，信息资源开发利用共享仍有较大提升空间。“十三五”期间，人力资源社会保障系统要以金保工程二期建设为契机，全面提升信息化水平，推动“互联网＋人社”深入开展。一要认清形势，顺应信息化发展浪潮，将人力资源社会保障工作与互联网的创新理念、创新模式、先进技术深度融合，实现人力资源社会保障管理服务跨越式提升。二要加强顶层设计，建设涵盖人力资源社会保障六大板块业务的信息系统，通过政务外网实现部、省、市、县、乡（镇）五级联通，通过政府共享交换平台与其他政务部门实现信息共享、业务协同。三要开展信息系统整合工作，着力消除信息“烟囱”和数据“孤岛”等问题，综合运用预算管理、审计等手段，对于分散建设的信息系统，控制增量，消化存量。

（四）围绕财政体制改革新要求，着力加强财务预算管理。各地规划财务部门承担着部门预算管理和社保基金预算管理的重要职责。近年来，各级人力资源社会保障部门可支配的财力明显增强，社保基金预算规模快速增长。随着国家财税体制改革深入推进，部门预算管理和社保基金预算管理面临一系列新的要求，如推进部门预决算公开，实行中期财政规划管理，改进年度预算控制方式，建立跨年度预算平衡机制，推进中央与地方财政事权和支出责任划分改革等。规划财务部门要主动适应新变化，应对新挑战。一要强化预算意识，坚持从严从紧。要按照全面从严治党要求，严格财务管理，严肃财经纪律。按照过紧日子的要求，部门预算大力压减一般性支出，严格控制“三公经费”预算，压减非刚性、非重点项目支出，大力消化存量资金，提高资金使用效益。二要履行好社保基金预算管理职责。适应中央与地方财政事权和支出责任划分改革新变化，把握深化社保制度改革对基金预算的新要求，将积极财政政策用足用活，提高社会保险基金预决算编制质量。三要强化绩效管理，将财务管理与业务工作紧密结合，加强绩效考核，严格内控，确保资金使用安全合规。

三、切实做好2017年规划财务工作

做好2017年规划财务工作的总体要求是，全面贯彻党的十八大和十八届三中、四中、五中、六中全会精神，深入贯彻习近平总书记系列重要讲话精神和治国理政新理念新思想新战略，贯彻落实全国人力资源社会保障工作会议部署，以实施“十三五”规划为重点，科学合理制订年度计划，切实提高统计数据质量，加快推进信息化建设，严格财务资产管理，加强公共服务体系和基层平台建设，充分发挥规划引领、决策支撑、服务保障的重要作用。

（一）全面推进规划计划工作。一是研究制定规划编制实施管理办法。按照《关于建立健全国家“十三五”规划纲要实施机制的意见》，结合工作实际，制定管理办法，提升规划编制实施工作的科学化、规范化水平。二是开展规划实施情况评估。每年对重要指标、重大政策、重点任务和重大项目进行全面监测评估，每年选取1至2项具有综合性、重要性、现实紧迫性的工作，组织开展专项评估。三是确保完成2017年年度计划。各地要创新计划管理机制和手段，与“十三五”规划、目标责任考核有机结合，层层分解落实目标任务，监测分析计划执行情况，加强调研和日常调度。

（二）大力加强公共服务基础建设。一是推进基本公共服务设施建设，改善基本公共服务条件。基本公共服务设施建设是地方事权项目，对于基本公共服务条件不足的地区，要积极与发改、财政等部门沟通协商，争取立项支持。部里也将与发展改革委协调，推动规划中确定的项目尽快立项。二是加强和规范项目管理。对已经立项在建的基层平台项目，加快建设进度，尽早投入使用。对已建成的基层平台项目，加强管理，提高服务水平。争取将基层平台运行维护经费列入部门预算，建立长效机制。三是推进标准化建设。落实社会管理和公共服务标准化工作行动纲要，修订人力资源社会保障标准体系，开展综合标准化试点，推动平台服务标准化建设。

（三）切实提升统计数据质量。一是贯彻落实中央有关文件精神，加强统计数据质量控制，强化主体责任，开展数据审核和抽查，保证不出假数、虚数。加强业务培训和工作考核，高质量地完成各项统计任务。二是开展社区直报、政策满意度等重点专项调查，完成好服务业统计调查和人才资源统计任务。三是完善统计决策咨询制度，加强统计咨询专家队伍建设，发挥统计分析平台的作用。四是大力推进统计信息化，建立统计数据仓库，完善报表收集系统，探索建立网上直报系统，开展数据交换和信息共享。

（四）加快推进信息化项目建设。一是推进金保二期重点建设任务落实。机关事业单位养老保险、跨省异地就医直接结算等全国性重要信息系统要在年内建设完成并投入使用。二是完成新农保信息系统试点工程竣工验收。各地要形成本地的验收报告、中央财政补助资金使用情况的审计报告。三是积极落实“互联网+人社”2020行动计划。充分依托金保二期项目建设，逐步落实行动计划确定的48个行动主题。探索开展人力资源社会保障大数据分析利用。

（五）不断强化财务资产管理。一是加强部门三年滚动预算和年度预算编制工作。与人力资源社会保障规划计划更好衔接，改进项目入库机制，各方协同把关，提高入库项目质量。二是深化内部控制建设。普遍建立内部控制制度，堵塞管理漏洞，运用信息化手段提升部门财务预算管理规范化水平。三是改进预算执行管理。统筹做好当年预算执行和存量资金消化盘活工作，建立预算执行定期调度、报告

和通报制度，搭建预算执行动态监控平台，逐步实现预算执行精准调度和预算绩效日常监测。四是加强审计监督，有效运用审计成果，强化审计分析和问题整改，提升风险预警能力。五是编制人力资源社会保障领域政府购买服务目录，规范政府购买服务工作。

（六）扎实做好社保基金预决算。一是修订出台社保基金财务制度。待部里与财政部协调一致后正式印发，适时组织培训，做好制度实施工作。二是结合修订后的社保基金财务制度，调整和完善基金预算工作机制。三是研究社保基金中期规划，探索建立年度预算、中期规划、长期精算相结合的预算管理体系，推动社保基金可持续发展。

（七）协调开展对口支援和部省合作。一是加强对口支援工作。援助地区要认真落实对口支援规划中确定的人力资源社会保障领域项目，积极与受援地区对接。新疆、西藏和四省藏区做好需求细化和主动对接工作。二是加强部省合作和区域合作。部里与26个省份签署了部省合作备忘录，要建立备忘录落实情况动态交流机制，各地每年向部里报告备忘录执行情况。制定加快推进京津冀人力资源社会保障事业协同发展的实施意见。

（八）进一步加强自身建设。要巩固深化“两学一做”学习教育成果，深入学习习近平总书记系列重要讲话精神，牢固树立“四个意识”，特别是核心意识和看齐意识。要严明党的纪律，认真贯彻执行廉洁自律准则和纪律处分条例，时刻把纪律和规矩挺在前面。要围绕中心，服务大局，不折不扣推进中央和部党组重大决策部署落实落地。坚持问题导向和目标导向，改革创新规划财务管理和服务方式方法，进一步强化服务意识，提高服务质量。织牢规划财务制度的笼子，用制度管钱管物管数管项目，努力化解风险，守住底线。在严格要求的同时，也要热情关心爱护干部，加大培训培养力度，鼓励干事创业。

聚焦改革　主动担当
不断推动专业技术人才工作创新发展

——在全国专业技术人才工作骨干培训班上的讲话

汤　涛

（2017年5月23日）

这次培训班的主要任务是，深入学习贯彻习近平总书记关于人才工作的重要论述精神，学习研讨专业技术人才队伍建设工作思路和重点工作，交流工作经验和做法，推动专业技术人才工作不断创新发展。

一、充分认识专业技术人才工作面临的新形势新要求

党的十八大以来，党中央、国务院站在实现“两个一百年”奋斗目标和中华民族伟大复兴中国梦的历史高度，把人才工作摆在更加突出位置。我国专业技术人才队伍建设快速发展，制度改革稳步推进，工程项目成效显著，公共服务体系逐步完善，人才支撑引领作用发挥越发明显。当前和今后一个时期，要以习近平总书记关于人才工作重要论述为指引，准确理解把握专业技术人才工作面临的新形势新要求。

（一）应对日趋激烈的国际竞争、把握引才工作新机遇，对专业技术人才工作提出了新的更高要求。一方面，国际人才竞争的严峻形势，对我国吸引集聚人才形成巨大挑战。随着新一轮科技革命和产业变革的孕育兴起，许多国家把人才战略上升为国家战略，除了制定法律、降低移民门槛、提供经费支持等传统手段外，还通过开展国际研发合作、合作办学、依托猎头机构、设立引才机构、营造人才成长环境等方式吸引留住人才。另一方面，我国引进海外高端人才正迎来难得的战略窗口期。发达国家经济增长放缓，移民政策开始收紧，外籍人才工作门槛不断提高；而中国经济平稳发展，开放程度不断提高，政策环境不断优化，对海外人才显示出强大的“人才磁铁”效应，以“中国机遇”吸引全球人才正当其时、大有可为。

（二）推动经济转型升级、适应引领经济发展新常态，对专业技术人才工作提出了新的更高要求。实现我国经济社会可持续发展，关键依靠创新驱动发展。创新驱动实质是人才驱动，人才在推动发展方式转变、促进经济结构优化升级中的战略性、基础性、关键性地位将进一步凸显，在增强自主创新能力、提高我国核心竞争力中的引领推动作用将进一步增强。经过30多年的持续快速发展，我国综合国力显著提升，供给侧结构性改革加速产业结构优化升级和新旧动能转换，“双创”“中国制造

2025”和“互联网+”等重大发展战略实施都为专业技术人才创业创新、施展才华提供了广阔舞台，也为专业技术人才工作改革创新发展提供了难得机遇、提出了更高要求。

（三）深化人才发展体制机制改革、激发人才队伍新活力，对专业技术人才工作提出了新的更高要求。中央印发的《关于深化人才发展体制机制改革的意见》，是当前和今后一个时期全国人才工作特别是专业技术人才工作的重要指导性文件。《意见》涉及我部的改革任务很重，《主要任务分工方案》明确的46项改革任务中，由我部单独或者共同牵头的有31项，绝大部分又都涉及专业技术人才工作。虽然，我国专业技术人才工作取得了积极进展，但也必须清醒地看到，我国专业技术人才队伍的整体规模、素质能力、结构分布与经济社会发展需求还不相适应，高层次人才特别是一流科学家、领军人才匮乏已成为我们的瓶颈，基层人才分布不合理，中西部人才短缺，企业和非公领域人才总量不足，人才评价激励机制障碍多，等等。解决这些问题，根本出路在改革，要继续把深化人才发展体制机制改革作为贯穿专业技术人才工作的主线，抓住重点领域和关键环节推进改革，进一步释放人才活力。

二、推进专业技术人才工作创新发展的主要任务

（一）聚焦新发展理念，谋划专业技术人才工作整体布局。以新发展理念推动我国经济社会发展，是当前和今后一个时期我国发展的总体要求，专业技术人才工作要适应这个大趋势，把新发展理念贯彻落实到人才发展体制机制改革之中。要坚持创新发展，全面推进专业技术人才政策创新和体制机制创新，最大限度激发各类专业技术人才的创新创业创造活力，形成人才支撑创新、创新驱动发展的新局面。要坚持协调发展，注重统筹推进城乡、区域、产业、行业、不同所有制专业技术人才资源开发，加强与教育、科技、社会治理等领域改革的衔接，使专业技术人才事业与经济社会发展相协调。要坚持绿色发展，培养和集聚新技术新能源、节能环保产业和现代服务业专业技术人才，为推进生态文明建设、实现可持续发展提供有力保障。要坚持开放发展，树立全球视野和战略眼光，实施更开放的人才引进政策，拓展国际人才的交流合作，汇聚用好全球人才资源。要坚持共享发展，打破各种有形无形的“围墙”，推动专业技术人才横向和纵向流动，实现人才优化配置和资源共享。要紧紧抓住新一轮人才发展体制机制改革的机遇期，打破“条条框框”等惯性思维，从经济社会和人才事业发展全局谋划工作布局，推动各项人才政策升级、项目提质、服务增效，切实发挥最大综合效益，促进人才规模、质量、结构与经济社会发展相适应，实现人才发展与经济建设、政治建设、文化建设、社会建设、生态文明建设深度融合。

（二）聚焦深化改革，推动人才发展体制机制改革任务落地见效。一是全面落实职称制度改革各项任务。各地各部门要吃透改革精神和职称制度改革的重点难点问题，按照中央要求和部里部署，抓紧制定本地区改革的工作方案和实施意见，争取年内出台改革实施意见。各职称主体系列涉及的部门要抓紧拟定分系列的改革指导意见，确保3年内完成工程、卫生、农业、会计、高校教师、技工院校教师、科学研究等职称系列改革任务，5年内争取完成所有系列职称制度改革任务。要分类制定具有共性的单项政策，如职称外语政策、职称评审管理规定、职称评审委员会备案管理办法、部分职称系列设置正高级职称的过渡政策、职称评审信息化建设方案等。要抓好人事考试风险防控，多措并举确保人事考试安全。二是完成好中央交办的分类推进人才评价机制改革重任。今年，改革方案经中央审议出台后，我部将会同各地各部门研究制定实施方案，坚持以职业属性和岗位要求为基础，分类建立符合不同人才成长规律和实际特点的评价机制，促进各类优秀人才脱颖而出。各地各部门也要结合实际，制定具体实施方案，推动各项改革任务

落地见效。三是以目录管理为核心，改革完善职业资格制度。进一步巩固减少职业资格许可和认定成果，建立国家职业资格目录管理制度，向社会公布目录，目录之外一律不得许可和认定职业资格，目录之内除准入类职业资格外一律不得与就业创业挂钩。加强职业资格监管，持续开展减少职业资格许可和认定工作“回头看”，严肃查处在目录之外开展的职业资格许可和认定事项，持续查处“挂证”行为，清理规范行业“上岗证”“准入证”。四是统筹推进其他人才制度改革。认真贯彻落实《专业技术人员继续教育规定》，不断提高继续教育制度化、规范化水平。加快建立符合事业单位特点、灵活管用的选人用人制度，逐步实现人员“能进能出”、岗位“能上能下”、待遇“能高能低”的目标。研究制定《人力资源市场条例》，加快建立统一规范灵活的人力资源市场，破除人才流动的体制机制障碍。完善事业单位绩效工资制度，出台完善事业单位高层次人才收入分配激励机制的指导意见，健全鼓励创新创造的分配激励机制。探索建立人才管理服务权力清单和责任清单，清理和规范人才招聘、评价、流动等环节中的行政审批和收费事项。

（三）聚焦“高精尖缺”，加强专业技术人才队伍建设。一是加强高层次创新型领军人才选拔培养和发挥作用。继续实施好政府特殊津贴制度，严格选拔条件，改进评选办法，强化考核激励，实行动态管理，努力实现政府特殊津贴品牌项目的创新发展。研究完善特殊支持政策，创新人才选拔培养和更好发挥作用的政策措施，逐步构建一支结构合理、梯次递进的国家级专家队伍。二是加强博士后青年创新人才培养。贯彻落实国务院办公厅关于改革完善博士后制度的意见，坚持培养高层次创新型青年人才的基本方向，充分发挥高端人才牵引作用。要发挥博士后设站单位的主体作用、合作导师的主导作用，提高博士后质量，加大科研资助力度，促进博士后与重大科研计划、重大工程项目、重点高校师资队伍建设相结合。坚持严进严出，加强对博士后研究人员的在站管理。三是加大吸引海外高层次人才力度。去年，李克强总理对留学人员回国创业创新“六难”作出重要批示，人力资源社会保障部、教育部、科技部、财政部、国家发展改革委等18部门积极行动，共同研究破除留学人员创新创业壁垒，着力解决“六难”问题，吸引海外留学人员回国创新创业。要进一步降低门槛、落实待遇，扩大引才政策的开放度，聚天下英才而用之，加快构建具有国际竞争力，更积极、更开放、更有效的引才制度体系。四是加强急需紧缺人才培养。深入实施专业技术人才知识更新工程，加大力度，高标准高质量承办好国家高级研修项目，大力推进急需紧缺人才培养培训和岗位培训项目的实施，大力提升专业技术人才创新能力和整体素质。继续做好新疆、西藏少数民族科技骨干特殊培养工作。进一步加强基层和非公领域人才队伍建设。

（四）聚焦“中国制造 2025”等国家重大战略，不断提升专业技术人才服务保障能力。要把“中国制造 2025”等国家重大战略和重大工程作为锻造高端人才的孵化器，作为推进人才发展体制机制的试验田，在制定出台专业技术人才重大政策、实施重大人才工程项目时，向“中国制造 2025”确定的重点领域倾斜，推动由中国制造向中国智造、中国创造升级转变。一是配合“万人计划”，实施好百千万人才工程，改进完善国家级人选选拔方式，举办百千万人才专题研修班，组织开展百千万人才工程创新讲坛，开展工程人选国外培训，在制造业领域重点选拔培养一批能带动共性、关键性、基础性产品研发和产业化的领军人才。二是配合“千人计划”，实施各项留学人才引进计划，开展留学人员回国创新创业启动支持计划，引进资助一批制造业领域优秀海外人才。支持开展广州海交会、南京留交会、大连海创周等全国性留学人员科技项目交流活动，提升品牌影响力。三是继续实施博士后创新人才支持计划、博士后国际交流计划、香江学者计划、中德博士后交流计划，开展全国博士后学术交流活动。加强博士后创新示范中心和成果转化基地建设，支持博士后创新创业。四是主动瞄准“一带一路”建设、京津冀协同发展、长江经济带发展和脱贫攻坚等国家战略的实施，继续依托万名专家服务基层、海外赤子为国服务行动、博士后服务团等项目，组织高层次人才到企业和基层一线开展决策咨询、技术指导、培训授课、项目合作等服务活动，解决关键技术难题、培养一线人才、转化科技成果。

同时，要强化人才公共服务，不断完善政府人才公共服务体系，大力推行“互联网＋人才公共服务”，加强信息化建设。要建好高层次人才服务平台，加强“一园、两站、两基地”建设。继续做好专家休假、节日慰问等工作，健全完善联系服务专家机制。要持续推进窗口单位改进作风专项行动，发挥“千人计划”“万人计划”服务窗口作用，形成服务品牌。加强系统干部业务培训，不断提升服务能力。

三、以改革担当的精神抓好落实

一是敢担当。敢于担当是抓落实的根本。习近平总书记指出，改革推进到今天，比认识更重要的是决心，比方法更关键的是担当。大家要有改革担当精神，敢于啃硬骨头，敢于面对风险挑战，不能畏首畏尾，遇到困难绕道走，看到问题就放手，也不能做“孙连城”式的干部。主要负责同志要亲力亲为，真抓实干，拿出的实施方案要有棱角，提出的政策措施要有针对性，力求精确、精准、精细落实。

二是抓具体。“天下大事，必作于细”，任何工作一具体就能深入，一深入就能落实。中央和部里改革意见出台后，需要制定配套政策和实施方案，才能确保改革落到实处。要从实际出发，把原则要求变成可操作性的措施，制定路线图、时间表。从细处着手，抓具体、具体抓，把每一项工作都抓得很细致很具体很扎实。发扬“钉钉子”精神，抓铁有痕、踏石留印，抓一件成一件，积小胜为大胜，积跬步至千里。

三是善统筹。人才工作是一个有机的整体，不能割裂开来、单打独斗。要站在党和国家全局的高度，全系统形成改革合力，全国形成“一盘棋”，扎实推进人才发展体制机制改革。要善于统筹安排，不能越位，突出重点，弹好钢琴、转好盘子，以我部牵头的重点改革任务为突破，激活人才工作全局。要坚持党管人才原则，发挥政府人才工作的综合管理职能作用，加强工作统筹和协调沟通，调动各方面积极性。

四是重宣传。推动人才发展机制改革、引进高端人才需要一个良好的舆论环境。要重视人才宣传工作，开展多种形式的宣传报道活动，全面、准确、及时解读人才政策法规，加强杰出人才典型事迹宣传，及时总结推介各地各部门专业技术人才工作的经验做法，凝聚改革共识，唱响改革主旋律，推动各项改革顺利实施。要加强舆情研判，及时回应社会关切，防止激化矛盾，引发群体性、区域性事件。

五是督落实。习近平总书记在中央全面深化改革领导小组第三十四次会议上强调，各地区各部门要投入更多精力抓改革督察问效。近期，国务院部署开展了“放管服”专项督查、集中治理“挂证”工作、职称制度改革落实情况等系列督查工作。我部也将开展重点改革举措落实情况实地督查工作，包括深化职称制度改革。各地各部门要引起重视，切实提高抓改革落实的行动力、执行力，推进各项改革任务落地。

稳步推进社保改革发展
以优异成绩迎接党的十九大胜利召开

——在2017年全国社会保险局长会议上的讲话

游　钧

（2017年2月16日）

这次全国社保局长会议的主要任务是，全面贯彻党的十八大和十八届三中、四中、五中、六中全会精神，落实中央经济工作会议和全国人力资源社会保障工作会议部署，总结2016年社保经办管理服务工作，分析形势，安排部署2017年工作。

一、关于2016年社会保险工作

2016年是“十三五”开局之年，也是全面建成小康社会决胜阶段的开局之年。一年来，全国社保系统上下全面贯彻落实党中央、国务院的重大决策部署，以深化社保制度改革为引领，进一步织密扎牢社会保障安全网，社保领域各项改革和经办管理服务工作取得了可喜成绩，可谓亮点纷呈。突出表现在以下几个方面：

（一）社保制度改革加快推进并取得突破性进展。一年来，按照党中央、国务院的总体部署，社会保险制度改革夯基垒台、蹄疾步稳，一系列具有标志性意义的重要改革迈出坚实步伐。机关事业单位养老保险制度改革实施工作取得实质性进展，参保缴费和领取待遇人数达到2 763.71万人。整合城乡居民基本医疗保险制度扎实推进，全国31个省份对整合工作作出总体规划部署，其中22个省市统一由人力资源社会保障部门管理，237个地市由人力资源社会保障部门管理。全国跨省异地就医结算系统于去年年底正式上线试运行，标志着异地就医结算国家平台初步建成。7个省共计3 600亿元委托社保基金理事会对基本养老保险基金开展投资运营，为社保基金的保值增值打开了通道。在2015年降低失业、工伤、生育保险费率的基础上，2016年再次阶段性降低养老保险单位缴费费率和失业保险费率，全年降低企业成本约1 050亿元。在长春等15个城市启动长期护理保险制度试点工作。生育保险和医疗保险合并实施试点准备工作顺利完成，正在动员部署。2016年社会保险领域的改革任务艰巨而繁重，其涉及面之广、力度之大、节奏之快、要求之高前所未有，一些改革进展具有里程碑意义，对制度的完善和可持续发展必将产生十分重要而深远的影响。

（二）克服经济下行压力影响，扩面工作持续、稳步推进，更多的人群被纳入社保体系。基本养老保险参保人数88 709万人；基本医疗保险参保人数达到74 839万人，超过了全国人口的一半，实现了历史性突破；工伤保险参保人数 21 887 万人；生育保险参保人数 18 443 万人。越来越多的人被纳入社保体系，共同分享经济社会发展成果，充分体现了我国社会主义制度优越性。我国在覆盖城乡社会保障体系建设中取得的成就获得国际社会的充分肯定和高度评价。2016 年 11 月在巴拿马召开的国际社会保障协会（ISSA）第 32 届全球大会授予中国政府“社会保障杰出成就奖”。

（三）各项社保待遇稳步提高，社保的公平性进一步显现，人民群众的获得感不断增强。养老金标准连续调整，机关事业单位和企业退休人员基本养老金待遇首次同步调整并发放到位，13 个省份提高了城乡居民基础养老金标准。医疗保险待遇进一步提高。着力推进大病保险全覆盖，缓解困难群体的大额医疗费用负担。开展药品目录调整，进一步满足参保人员的用药需求。广大参保职工权益得到有效保障，人民群众的获得感不断增强。

（四）基金管理得到加强，基金运行总体安全平稳。2016 年，全国五项社会保险基金总收入为 5.28 万亿元，总支出为 4.65 万亿元，分别比 2015 年底增加 0.68 万亿元、0.75 万亿元。基金累计结余 6.57 万亿元。社保各项基金在经济下行压力加大和国家实施降费率的情况下，保持了基金收支总体平衡。

（五）创新社保经办管理，精准管理和便捷服务水平进一步提高。以开展全民参保计划为契机，积极推动与政府其他部门的数据共享和互联互通，推动社保经办业务与“互联网＋”技术深度融合，提高精确管理和精准服务水平。以先行城市创建为重点，积极推进多个标准制定与宣贯，经办服务标准化体系进一步健全；公共服务信息化建设力度不断加大，2016 年底全国社保卡持卡人数达到 9.72 亿人，社保经办“三化”建设持续推进。积极贯彻国务院“放管服”决策部署，推进“五证合一、一照一码”登记制度改革，进一步简化和优化了社会保险登记流程，切实减轻用人单位社保事务性负担。以明察暗访等形式促进行风建设，窗口单位服务质量和服务水平不断提升。全国有 125 个社会保险经办窗口单位被授予“全国人力资源和社会保障系统 2014—2016 年度优质服务窗口”荣誉称号。

一年来，各级社保部门结合新的形势和任务不断探索社保工作的发展规律，积累了新的宝贵经验，概括起来主要有：

始终坚持围绕中心，服务大局，找准工作的方位和坐标，把中央精神与社保工作实际紧密结合，不折不扣地把中央的各项决策部署落到实处。始终坚持改革创新、勇于担当，注重顶层设计与尊重基层首创精神相结合，形成改革合力，创造性地提出解决问题的新思路新方法，有效破解了工作发展中的难题。始终坚持突出重点、统筹兼顾，从党中央、国务院重大部署和人民群众要求最强烈、反映最突出的问题入手，突出重点，统筹兼顾，区分轻重缓急，有计划、有步骤地加以推进。始终坚持提升能力、改进作风，努力提高为群众服务的能力和水平，树立勤政为民务实良好形象。

二、2017 年社保工作面临的形势

今年社保工作面临着更加艰巨繁重的发展任务，保民生、保基本、兜底线的责任和压力都非常大。要认真分析，冷静应对。

一是为党的十九大召开营造良好外部环境对社保工作提出新的要求。不断增进民众福祉，维护社会和谐稳定，这是社保部门的核心任务和重大使命。在经济下行压力加大、结构深入调整的大背景下，如何以改革创新的举措确保社会保障增强公平性、适应流动性、保证可持续性，为党的十九大召开营造良好氛围，是我们必须完成好的重大政治任务。

二是经济发展的不确定性给社保工作带来重大挑战。世界经济仍处于缓慢复苏的进程中，国内经济发展“三期叠加”阶段性特征明显，对社保工作带来显著影响。部分企业生产经营困难，基金征缴收入增幅低于支出增幅的趋势明显。受人口老龄化、阶段性降低费率、社会保险待遇调整等因素影响，基金当期收支

缺口有可能进一步加大，保发放压力持续增加。“跑冒滴漏”仍是影响基金安全的心腹大患，风险防控的任务依然严峻。

三是改革和发展任务依然繁重而艰巨给社保工作带来巨大压力。2017年社保领域的改革和发展任务依然繁重。养老保险改革任务艰巨繁重。生育保险和医疗保险合并实施、长期护理保险等试点工作需要尽快实施，为在全国普遍实施创造条件；异地就医结算和全民参保计划等重大项目，需要尽快拿出经得起实践检验的成果等。同时，保发放、强征缴、优管理、防风险等日常管理也不可有丝毫松懈。

四是社保领域还存在一些突出的矛盾和问题亟待破解。主要表现在：一些制约事业发展的体制机制等问题尚未彻底解决，比如征缴体制、整合城乡居民医保等；部分改革任务进展滞后，比如机关事业单位养老保险改革、医疗保险付费方式改革等，相应的配套政策急需跟进；经办服务体系不完善，整体效能不够强，信息化水平不够高等。这些矛盾和问题要在今后工作中着力加以解决和克服。

在认清困难和挑战的同时，我们也要看到，中央对民生工作的高度重视为我们做好社保工作提供了行动指南和根本遵循。我国经济发展已呈现缓中趋稳、稳中向好的态势，社保领域的“四梁八柱”已基本确立，为做好今后一个时期社保工作奠定了坚实基础。大家务必要坚定信心，以坚韧不拔的毅力和勇往直前的担当精神，全力以赴做好今年工作。

三、2017年工作的总体思路和主要任务

2017年社保经办管理服务工作的总体思路是：全面贯彻落实党的十八大和十八届三中、四中、五中、六中全会精神，深入贯彻习近平总书记系列重要讲话精神，统筹推进“五位一体”总体布局和协调推进“四个全面”战略布局，坚持以人民为中心的发展思想，坚持稳中求进的工作总基调，按照“坚守底线、突出重点、完善制度、引导预期”的民生工作总要求及全国人力资源社会保障工作会议总体部署，进一步深化社会保障制度改革，确保各类人员社会保险待遇按时足额发放，有效防范和化解各类风险，不断提高社会保险经办管理水平和服务质量，以优异的成绩迎接党的十九大胜利召开。

做好全年工作务必做到三个确保：一是要确保各项社会保险待遇按时足额发放，不要有遗漏，不要留死角；二是确保各项改革任务和党中央、国务院重大决策部署落实到位，增强党和政府的公信力，提高人民群众的获得感；三是确保不发生大的系统性风险，既要维护基金安全，保证制度平稳运行，又要加强舆情管控，有效化解各类矛盾，妥善回应社会关切。重点做好以下几项工作：

（一）确保养老金按时足额发放。确保养老金当期发放是今年的一项重大政治任务。要按照习近平总书记“不要有遗漏，不要留死角”的要求，进一步强化确保发放的主体责任，严格费率调整政策，夯实缴费基数，加强基金征缴和稽核清欠力度，完善扩面征缴激励约束机制和省级统筹基金调剂制度。同时，多渠道筹集保发放资金，加强对重点地区、重点省份基金运行情况的预测预警，完善确保发放的应急举措，切实做到不漏不欠。要针对性地对特定人群特殊困难加强帮扶，特别是对去产能中出现的下岗职工要妥善安置，要关心收入明显下降的职工，对难以转岗的“4050”人群要发挥社会保障的托底作用。要贯彻党中央、国务院关于打赢脱贫攻坚战的决策部署，完善并落实社会保险扶贫政策，支持农村贫困人口参加社会保险，助力参保贫困人口精准脱贫。

同时，要做好2017年调待工作。要进一步体现待遇调整的“并轨”和“公平”。调待工作敏感性强、影响大，希望各地要立足本省实际，更要按照国务院的统一部署和要求，讲大局、守规矩，尽快补发2016年预发预调差额，圆满完成好2017年调待工作。

（二）扎实推进养老保险制度改革。养老保险制度改革是中央确定的五大关键性改革任务之一，是2017年改革的重头戏，关乎社会

保障制度的长远发展。要推动基本养老保险制度改革方案的制定实施工作，科学制定时间表和路线图，做好实施工作。完善城乡居民养老保险待遇确定和正常调整机制。全力支持国防和军队改革，扎实做好退役军人、军队职工和随军家属的社会保险转移接续工作，确保军队转出一个，地方接收一个。各地要按照统一部署，抓紧制定实施方案，精心组织，上下联动，确保改革任务落实落地。目前，部分地区机关事业单位养老保险制度改革进展比较缓慢。各地要高度重视，积极克服困难，加大推进力度，确保实施到位。

（三）继续推进医疗保险制度改革。积极推进医保支付方式改革。落实全国卫生与健康大会决策部署，积极推进医保支付方式改革，加强医保基金预算管理，推进按人头付费、病种付费和疾病诊断相关分组付费等支付方式，强化对医疗行为监控，真正发挥医保在医改中的基础性作用。要在年内确保完成全国异地就医直接结算任务。异地就医结算是国务院作出的庄严承诺。2017 年在实现国家和省级异地就医结算系统建设的基础上，逐步解决跨省异地安置退休人员住院费用直接结算，年底力争扩大到符合转诊规定的异地就医住院费用直接结算。我们要顺势而为，部省联动，周密设计，精心组织，确保完成。要继续全面推进城乡居民医保整合。已经整合的 22 个省份要理顺管理体制，提高服务效能，确保基金安全，实现制度平稳过渡。还没有整合的 8 个省份要主动作为，积极发挥职能作用，尽快实现整合，要把工作的着力点放在地市这一级。要继续提高城乡居民基本医保财政补助标准，同步提高个人缴费标准。

（四）年内要全面完成全民参保登记工作。2017 年是全民参保计划实施的重要转折年，是登记工作由试点转为全面启动的关键之年，也是为 2020 年基本实现法定人群全覆盖奠定坚实基础、创造必要条件的关键之年。2017 年所有省份都要在全省范围内全面启动参保登记工作，年底前要完成已参保人群的数据比对和清理，基本完成辖区内全部目标人群的登记工作，基本实现参保登记数据省级集中管理，为建立国家级全民参保登记信息库，完成各省登记数据联网入库做好准备。各地要牢牢把握关键的时间节点，切实增强整体意识，克服一切困难，确保完成 2017 年全民参保登记工作任务并取得实效。

（五）进一步强化基金监管。进一步加强基金基础管理，严格控制基金支出，加大对重复领取社会保险待遇的核查力度，强化基金征缴，努力完成年度基金征缴计划任务。加强基金运行情况的监测，加强对基金收不抵支问题的专题研究，建立监控机制，制定基金运行风险管理预案。同时要协同有关部门稳慎推进基本养老保险基金投资运营，多措并举增强基金支撑能力。推动社会保险待遇领取协查认证工作，将协助认证由城镇职工扩展到城乡居民，由经办机构认证扩展到自助认证，增强各级社保经办机构的风险管理意识。结合 2017 年即将启动的风险管理专项行动，明确风险管理“一把手”责任制，以落实内控要求为核心，积极推动落实各项风险管理配套措施，持续完善制度建设，统筹推动流程优化，积极促进手段创新，将风险管理专项行动融入提升经办管理服务效率和水平中。全面推开医疗保险智能监控工作，提高监控质量，增强监控效能，更好地利用大数据开展统计监测和管理服务。

（六）深入实施“互联网＋人社”2020 行动计划。部里已印发“互联网＋人社”行动计划，这是当前和今后一个时期人力资源社会保障信息化发展的总要求和大趋势，社保工作更要适应这个大趋势。当前重点是加快信息化发展，推动“互联网＋人社”在部分领域、地区的先行先试，形成一批可复制、可推广的实践方案和发展模式。加快电子社保建设步伐，进一步提高社保经办规范化、信息化和专业化水平。推动“互联网＋”理念在业务处理、监管监控、公共服务及决策支持等方面的贯彻。充分运用专项调查、统计、联网监测和核查比对等数据处理手段，加速数据分析成果转化应用，提升精确、精准、精细化管理服务水平。适应流动性，建立社会保险关系转移接续网上办理和查询服务信息系统。加快社会保险标准宣贯应用步伐，开展社会保险标准化建设“先行城市”评估活动，推动重点标准的全面应用，着力打造名称统一、标识统一、柜台统一、服装统一的经办服务品牌。全面实施企业“五证合一”社会保险登记，加快推进登记信息共享工作，开展企业年报数据分析应用，实现对参保单位的精确管理。加大跨地区业务系统应用力度，利用部异地转移系统支持关系转移接续、开展军人退役养老保险关系转续，继续扩大异地退管系统的应用范围，利用部比对查询系统做好数据核查比对工作。深入持续开展窗口单位作风建设，健全规范服务体系，推广综合柜员制以及网上经办、掌上办事等服务模式，优化简化服务流程，全面提升经办精确管理和服务便捷化水平。

（七）认真贯彻落实国务院部署，进一步做好失业保险降费率工作。2月8日，国务院第164次常务会议审议通过了第三次降低失业保险费率方案。从2017年1月1日起，允许失业保险总费率为1.5%的22个省份（含新疆生产建设兵团），将总费率再降低0.5个百分点，个人费率不得超过单位费率。

目前，经国务院同意，我部正在会同财政部制定下发《关于阶段性降低失业保险费率有关问题的通知》，请各地认真抓好贯彻落实。一是要充分认识降低失业保险费率在降低企业成本、促进实体经济发展、深化供给侧结构性改革中的重要作用，把思想和行动统一到党中央、国务院的决策部署上来，加强领导，扎实推进。二是抓紧制定本地降费方案。充分考虑失业保险待遇按时足额发放、提高待遇标准、促进失业人员再就业、落实失业保险稳岗补贴政策等因素对基金支付能力的影响，结合实际，认真测算，研究制定具体实施方案，平衡好降费率与保发放之间的关系，确保基金运行平稳。三是抓好组织实施。降费率实施方案出台后，要抓好动员部署、加强工作调度、做好督促检查，确保政策尽快落实落地，见到实效。降低失业保险费率政策性强，社会关注度高，要加强政策解读和宣传，对实施中遇到的问题要密切关注、妥善处理。

（八）继续做好其他各项重点工作。要加快推进机关事业单位养老保险制度改革进程，2017年6月底前要全面实现基金征缴和待遇发放，确保全面实施到位。做好职业年金经办管理、基金委托投资和账户管理工作，建立职业年金计划、监督和风险控制机制。要继续推进“同舟计划”实施，各地要在巩固现有成绩的基础上，再添把柴，再加把劲，力争实现建筑项目工伤保险参保全覆盖，同时启动交通、铁路、水利等行业建设项目按项目参保工作，全面夯实“先参保、再开工”的长效工作机制，为建筑业从业大军撑紧保护伞。要积极稳妥开展好长期护理保险试点全面启动实施和生育保险与医疗保险合并实施试点工作。

当前，各种新技术和新的管理手段、管理方式不断涌现，为开创社保经办新局面提供了广阔的前景。在这样一个机遇与挑战并存的时期，社保经办部门作为政府直接提供社会保障服务的公共机构，要不断解放思想，大胆探索。要善于运用“互联网+”思维方式，借助云计算、大数据等手段不断创新服务方式，实现社保经办工作转型升级。同时也要善于借助社会力量和市场机制，通过购买服务等方式，切实提升服务能力和工作效率，更好地满足广大人民群众不断提高的服务需要。

做好今年的社会保障工作，任务艰巨、责任重大、使命光荣。我们要深入贯彻党中央、国务院的决策部署，全面落实全国人力资源社会保障工作会议要求，坚持稳中求进工作总基调，狠抓任务落实，强化风险防范，加强队伍建设，确保完成全年各项目标任务，为党的十九大胜利召开守住民生底线，营造和谐氛围，做出更大贡献。

牢记使命　决战百日
打赢全国医保联网结算攻坚战

——在推进基本医疗保险跨省异地就医住院医疗费用直接结算工作视频会上的讲话

游　钧

（2017 年 6 月 2 日）

去年两会以来，按照党中央、国务院要求，我们集全系统之力，全力推进医保全国联网和跨省异地就医直接结算工作，按照三个时间节点要求，克难攻坚，如期完成了去年年底和今年两会前两个时间节点的工作任务。5 月 4 日，克强总理在我部报告上作出最新批示："系统建成是第一步，要抓紧投入运营，让异地就医结算的实效早日惠及人民群众。"延东、马凯副总理都作出重要批示。近日，国务院明确要求我们在 9 月底完成全国联网和跨省异地就医联网直接结算工作任务！为什么要求我们提前到 9 月底完成目标任务呢？我理解，一是要落实克强总理批示要求，让异地就医结算的实效早日惠及人民群众；二是为党的十九大胜利召开献上一份民生大礼！这是一项光荣而艰巨的政治任务！我们人力资源社会保障部门社保系统迎来了最严峻的考验！满打满算，大约一百天，时间紧、任务重、要求高。为此，部里在 5 月 23 日专门下发了《关于确保如期完成基本医疗保险全国联网和跨省异地就医住院医疗费用直接结算工作任务的通知》，对目标任务、主要措施、督导考核等再次提出了明确要求。今天召开视频会，就是再动员再部署，正式打响"六、七、八"百日攻坚战，打一个漂亮的歼灭战，以实际行动为党的十九大献礼添彩。

刚才，霁松同志通报了全国联网和跨省异地就医直接结算工作的进展情况，有喜有忧。喜的是，这项工作整体推进顺利，不断取得里程碑式的突破性进展，国家系统建设初步完成，除西藏外各省份都正式接入国家系统，上线的统筹地区、定点医疗机构和备案人员数量稳步增加，部分参保人员的住院医疗费用实现了直接结算，预付金拨付、基金清算等相关工作有序开展，全国联网结算的作用初步显现；忧的是，没入网的统筹地区、定点医疗机构和备案人员还比较多，国家系统还有待进一步完善，各方面保障还不够健全等。应该说我们面临的形势还是很严峻，不是很乐观。但实现异地就医直接结算，是党中央交给我们的政治任务，是铁定的决心，是不可撼动的政令军令。我们要有这样的决心、信心和勇气，狭路相逢勇者胜。为打好百日攻坚战，为确保如期完成任务，我强调四点。

一、要肯定成绩，提振信心

去年3月16日，李克强总理在记者招待会上承诺“争取用两年时间，使老年人跨省异地住院费用能够直接结算，使合情合理的异地结算问题不再成为群众的痛点”。为落实任务、兑现承诺，遵照国务院领导同志多次批示精神，部里迅速成立专题工作小组，并积极协调发改委、财政部等部门，倒排时间，集中攻关，扎实推进，完成了既定目标，取得阶段性成果。一是建章立制基本完成。目标任务、主要政策、业务模式、规范标准、系统建设要求、实施细则等大量政策文件已经明确。二是系统建设顺利完成。去年12月底国家系统正式上线，开展试运行。截至6月1日，除西藏外，30个省份及新疆生产建设兵团正式接入国家异地就医结算系统，开通212个地区和1 140家定点医疗机构，北京等14个省份全部开通；正式上传到国家异地就医结算平台的备案人员20万人。社保卡发放已突破10亿张，为异地就医打下了坚实的用卡基础。三是基金收付基本顺畅。基金收付是跨省直接结算的重点和难点。已审批预付金初始额度511笔，金额37 694万元；开展了3期业务清算，涉及24个省份；实际出院结算358人次，基金支付比例为71.9%。虽然额度还不够大，但检验了我们的政策模式和系统功能，为全面开展工作奠定了基础。5月9日，通过部门户网站和部政务微信平台，发布首期基本医疗保险跨省异地就医住院医疗费用直接结算160个地区和1 008家定点医疗机构，及时回应了社会关切。

这些成绩的取得，离不开各地党委政府的高度重视，离不开全系统的辛苦努力、团结协作，大家非常辛苦！一年多的实践探索，形成了不少好的做法。我觉得最突出的有这么几点：一是牢固树立政治意识，牢记使命，情系事业。大家始终站在讲大局、讲政治的高度，把工作当事业做，集中攻关，加班加点。不少地方一把手亲自负责、直接调度；研究政策、开发系统、开展测试中，大家不放过一个问题，不忽视一个细节，保证了工作进度和工作质量。二是注重加强顶层设计，统筹谋划，系统推进。全国联网和跨省异地就医直接结算点多线长面广，涉及主体多、环节多，利益关系复杂。大家将这项工作作为一项重大制度和政策安排，谋定而后动，下好先手棋，在制定政策的同时，同步确定业务模式、系统开发需求、经办管理能力配套；在试运行及正式开展结算时，同步完善结算系统，开发公共服务等辅助系统，开展宣传培训，整个系统协调配合整体推进。三是始终坚持高标准严要求，抓铁有痕，保证实效。比如，我们自上而下建立工作督导台账，层层压实责任，层层传导压力，增强了动力、形成了合力。部异地就医领导小组办公室悬挂了一张异地就医“作战图”，列出7类22项具体任务、完成时限、责任人员，时刻聚焦对表；江苏、浙江等与地市签订责任书，明确任务、时间、要求；一些地方建立工作台账，实现销号管理。比如，我们开展了8轮业务实测，覆盖23个省份，采用真人真卡真病历，开展入院、出院、退费、扣款等全流程测试，发现和解决了大量问题，绝大多数问题都当天解决，开始实测时经常到深夜，大家努力做到能解决的问题不过夜。再比如，我们注重业务培训和技术指导，部级层面组织了4期培训班，累计培训千余人次，绝大多数省份也都自行组织了业务培训。

之所以总结提炼这些我们从实践中悟出的经验，因为它是我们打赢百日攻坚战的有力武器。

二、要充分认识百日攻坚战的重要性和紧迫性

百日攻坚战的重要性体现在它是一项重大的政治任务，是群众的热切期盼，是我们沉甸甸的政治责任。去年8月，全国卫生与健康大会和党的十八届六中全会上，习近平总书记强调要推进基本医保全国联网和异地就医直接结算工作。去年两会记者会上，李克强总理承诺“争取用两年时间，使老年人跨省异地住院费用能够直接结算，使合情合理的异地结算问题

不再成为群众的痛点”。今年作政府工作报告时再次承诺，“在全国推进医保信息联网，实现异地就医住院费用直接结算”。此外，刘延东、马凯副总理多次就这项工作作出重要批示，国务院、全国人大都把这项工作列为今年重点任务和督查内容。人力资源社会保障部党组也多次对此项工作进行专题研究，尹蔚民部长更是亲力亲为、靠前指挥，提出了明确要求。2017年下半年将召开党的十九大，这是党和国家政治生活中的一件大事。能不能在党的十九大前为这项工作画一个圆满的句号，写上浓墨重彩的一笔，关键靠大家，靠在座的诸位。我们这项工作推进到今天，比认识更重要的是决心，比方法更关键的是担当。我们能不能为党的十九大只添彩而不添乱，主动作为、有所作为，善始善终、善作善成，而不拖各地党委政府的后腿呢？关键在“六、七、八”这3个月！

百日攻坚战的紧迫性体现在这项工作明确的时限要求、更高的质量要求，时不我待，还有很多困难和问题亟须解决，任务很艰巨。目前问题不少：一是工作进展不平衡。突出表现在“四少”：一些省份开通地区少、一些统筹地区开通医院少、备案上传信息少、直接结算量少。有的省份仅开通一个统筹区，有的省份仅上传几家医院。开展全国联网结算的最终目的，是要根本解决群众跑腿垫支问题。目前系统试运行已有5个多月，与全国每年数百万跨省异地就医人员相比，与我们花大力气建设全国联网系统相比，通过国家系统直接结算人数还不多，需要尽快提高直接结算人员数量，真正发挥系统功能。二是系统功能不平衡问题（结算子系统已基本可以满足业务需要，但统计分析、实时监测、查询等辅助子系统还不健全）、能力建设滞后问题、沟通协调问题（“三热三冷”现象，即经办机构热，医疗机构冷；参保地热，就医地冷；参保人员热，业务工作冷）。

这些问题，有些是进展中的问题，随着工作的推进将逐步解决；有些是认识上的问题，需要进一步强化政治意识；有些是客观条件问题，需要地方领导重视支持，加强能力建设；有些是协调配合问题，需要提高配合意识，提升协调能力。当前最最关键的是要实现系统接入全覆盖，社保卡持卡人员能在系统实现直接结算，所谓路要通、车能跑。

当然，既要认识到存在的困难和问题，也要增强信心。中央有明确要求，各地党委政府高度重视，各方大力支持，这是强有力的政治保障；国家系统建设已完成，试运行系统表现平稳，政策模式得到检验，这是重要的技术保障；多年来社会保险标准化、信息化、专业化“三化”建设的成果，一支能打硬仗的经办队伍，不断强化的医保管理能力，这些是组织保障。有了政治、技术、组织保障，百日攻坚战一定能取得胜利。

三、明确任务，确保打赢百日攻坚战

异地就医结算工作整体形势催人奋进，时不我待，各地要进一步明确目标，将思想和行动统一到党中央、国务院的最新要求上来，主动谋划、真抓实干，立起后墙、倒排工期，确保打赢全国联网结算的百日攻坚战。

一个总体目标：2017年9月底，确保国家异地就医结算系统全面启动、联网运行，确保在线备案人员跨省异地就医住院医疗费用全部实现直接结算，基本实现全国联网和跨省异地就医住院医疗费用直接结算任务目标。

六项主要指标：一是各省份全部接入国家异地就医结算系统；二是90%以上地市接入国家异地就医结算系统；三是承担异地就医任务重的医疗机构80%以上接入国家异地就医结算系统；四是备案范围从异地安置退休人员扩大到异地长期居住人员、常驻异地工作人员和异地转诊人员；五是预付金、结算资金如期拨付到位；六是就医地管理责任基本落实，异地就医纳入就医地统一监管。

七大工作任务：

一是加快推进省级和统筹地区联网工作。各省份要严格按部颁标准，加快信息系统和用卡环境的改造及测试，争取6月底、最迟9月底全部统筹地区接入国家异地就医结算系统。各省份要逐一明确每一个统筹地区接入时限，逐一建立接入台账，实行销号管理。部里将组成督导组进行督促、检查和通报。

二是加快推进定点医疗机构联网工作。优先将跨省异地就医任务重的医疗机构纳入国家异地就医结算系统，并开展测试，及时将信息上传至国家结算系统。要将部分备案人员选择较多的基层医疗机构纳入国家异地就医结算系统，加快将县级医疗机构纳入国家异地就医结算系统。

三是扩大备案人员范围，优化备案流程。6月底前，各统筹地区要制定转诊转院管理规范，实现备案范围的两个扩展：一是从异地安置退休人员扩大到异地长期居住人员、常驻异地工作人员和异地转诊人员；二是从职工医保参保人员扩大到城乡居民医保参保人员。要优化流程，简化手续，动态维护并及时上传人员备案信息。

四是切实提高跨省异地就医直接结算率。各地要梳理阻碍国家异地就医直接结算的问题及其原因，提出切实可行措施及时解决。9月底，备案人员信息上传国家异地就医结算系统的比率要达到90％。

五是加强就医地管理和服务。特别是北上广等大城市，就医地要将异地就医人员一视同仁纳入本地医保统一管理。加强审核、稽核，充分利用智能监控系统，根除虚假住院问题。对住院时间偏长、住院费用偏高的个案要重点监管，不断提高异地人员医疗管理服务水平。

六是加强基金收付管理，保障基金安全。参保地要按部里统一指令，把握好每月的关键时间节点，及时将预付金和清算资金归集、拨付到位，就医地要及时收款并进行对账确认，按当地规定与定点医疗机构及时结算，并对相关工作进行量化考核。

七是加快推进标准化建设工作。要严格按结算系统接口、社保卡跨省应用规范要求，开展本地系统改造工作。加快推进药品分类与代码、医疗服务项目分类与代码的技术标准应用，不断完善明细信息标准化。

四、从严要求，加强保障

一是压实压紧责任。各地要将异地就医直接结算作为第三季度人力资源社会保障系统的中心工作，作为今年的重点督办任务，再动员、再部署。各省、市人力资源社会保障部门要实行一把手负责制、问责制，亲力亲为；分管领导要靠前指挥，加强协调调度和督办。行政部门、经办机构、信息化综合管理机构等要进一步明确职责、细化任务、通力合作。各地要在机构、人员、经费等各个方面实行优先考虑，做好统筹安排，倒排时间、集中攻关，确保如期、高质量完成基本医保全国联网和跨省异地就医直接结算工作任务，确保人民群众得到实惠。

二是分类指导，强化督导。要认真梳理各地存在的问题，分门别类，找出各类问题存在的原因，建立工作台账，采取针对性措施，逐项清仓归零。要做好辖区内组织、推动工作，细化目标任务，层层分解落实，加强督导考核，确保各项任务按时高质量完成。从6月开始组成联合督导组，交叉督导。建立负面清单，7月之前系统内部正面通报，从7月开始将直接对社会通报未接入统筹地区。

三是加强应急处理。做好系统维护，建立异地就医结算系统和本地社保系统、社保卡用卡环境稳定的维护机制，完善应急响应机制，发现问题及时处置。

四是注重舆论宣传。要加强新闻宣传和舆论引导，利用大众传媒、互联网等渠道，动员和引导参保人员和定点医疗机构主动参与直接结算。正确引导异地就医需求。要密切关注舆情，加强舆情监控，避免片面解读。

百日攻坚战冲锋的号角已经吹响，希望大家不辜负党和国家的重托，不辜负广大人民群众的期待，“下定决心，不怕牺牲，排除万难，去争取胜利”，牢记使命，决战百日，打赢全国联网结算攻坚战，以优异成绩向党的十九大献礼！

坚定信心　开拓创新
努力谱写法治人社建设新篇章

——在全国人力资源和社会保障法治工作座谈会上的讲话

张义珍

（2017 年 8 月 23 日）

这次会议的主要任务是，全面贯彻党的十八大和十八届三中、四中、五中、六中全会精神，深入贯彻习近平总书记系列重要讲话精神和治国理政新理念新思想新战略，总结近年来人社法治工作，交流各地经验，分析面临的形势，对全面推进法治人社建设进行部署。下面，我讲四点意见。

一、近年来法治人社建设取得新成就

党的十八大特别是十八届四中全会以来，部党组高度重视法治人社建设，蔚民部长多次主持召开党组会、部务会，研究法治工作中的重大问题，强调要增强法治意识，严格依法办事。各级人力资源社会保障部门紧紧围绕中心工作，协调推进立法、执法、执法监督和法治宣传教育。通过大家的共同努力，全系统的法治意识得到了明显提升，法治人社建设取得了新成就。

（一）立法工作取得积极进展。全国人大常委会先后修改了劳动合同法，颁布了国家勋章和国家荣誉称号法，出台了关于社会保险欺诈刑罚适用的立法解释，还通过了授权国务院在部分地区和单位暂时调整适用公务员法、社会保险法有关规定的决定。国务院公布了《事业单位人事管理条例》《全国社会保障基金条例》等行政法规。我部制定或者修订了 16 件部门规章，并对规章和文件进行了全面清理，向社会公布了清理结果。各地结合当地实际，制定或者修订了人力资源社会保障领域地方性法规和政府规章 100 余件。

（二）行政执法行为进一步规范。一是积极推进行政审批制度改革，共取消 3 项部本级实施的行政许可、6 项中央指定地方实施的行政许可和 2 项行政审批中介服务事项，将 13 项非许可审批转为其他事项，将 4 项行政审批由工商登记前置审批改为后置审批。二是创新监管方式，印发了《关于“先照后证”改革后加强人力资源市场事中事后监管的意见》和《关于在人力资源和社会保障领域推广随机抽查规范事中事后监管的通知》。三是对行政许可、行政处罚、行政强制等具体行政行为进行规范，推进行政许可标准化建设，优化流程、完善程序、规范管理。四是印发了《关于加强和改进人力资源社会保障领域公共服务的意见》和《“互联网＋人社”2020 行动计划》，全面优化人力资源社会保障公共服务。

（三）行政执法监督不断加强。一是落实行政执法责任制，建立健全合法性审查、法律顾问、执法案卷评查和评议考核等制度，进一步完善了人力资源社会保障行政执法监督体系。二是认真贯彻行政复议法，妥善处理行政争议案件。三是认真做好行政应诉工作，认真执行司法判决。四是积极推进“阳光行政”，主动公开权力和责任清单、统计数据和重要工作进展情况，方便社会对人力资源社会保障部门进行直接监督。

（四）法治宣传教育取得新成绩。一是组织开展了全国性的“四法两条例”宣传月、农民工工资支付、工伤保险、12333全国统一咨询日等主题宣传活动。二是落实《关于完善国家工作人员学法用法制度的意见》，以领导干部、一线执法人员为重点对象，开展形式多样的法治教育培训。三是以企事业单位经营管理人员、劳动者等为重点对象，围绕涉及群众切身利益的问题，积极开展法律“六进”活动。四是创新方式方法，通过多种形式，多角度、全方位地宣传人力资源社会保障法规政策。

回顾近年来人社法治工作，主要有五方面的做法值得加以总结，并在今后工作中继续坚持和弘扬：

一是必须提高政治站位。各级人力资源社会保障部门坚决贯彻落实党中央关于全面依法治国的决策部署，把党的领导体现到人社法治工作的全过程和各方面。这是法治人社建设取得成绩的政治保证，也是我们进一步做好人社法治工作的根本要求。

二是必须真正重视法治。各级人力资源社会保障部门真正高度重视法治工作，将其作为推进人力资源社会保障事业发展的重要保障，加强组织领导，建立工作机制，落实工作责任，为法治人社建设各项任务的完成提供了有力组织保障。

三是必须服务中心工作。各级人力资源社会保障部门自觉把法治摆在人力资源社会保障事业发展的大局中来谋划和部署，努力把各项业务工作纳入法治轨道，实现法治工作与业务工作相互促进、良性互动，推动人力资源社会保障事业持续健康发展。

四是必须强化责任担当。面对艰巨、复杂、繁重的任务，各级人力资源社会保障部门勇于担当、开拓进取、忠诚履职，在完善人力资源社会保障法律制度、规范执法行为、加强执法监督等方面进行了大量探索和创新，有力地发挥了法治对人力资源社会保障事业的保障、引领、规范和推动作用。

五是必须突出重点、整体推进。各级人力资源社会保障部门始终注意协调推进各业务板块的法治化和法治建设各环节工作，同时又注意突出重点，以某一个方面或者某一个环节的突破，来带领和推动其他方面和环节的跟进和突破，形成了亮点纷呈、全面提升的发展氛围。

在肯定成绩的同时，我们也要清醒地看到，人社法治工作还存在着一些突出的矛盾和问题。在立法方面，部分业务领域的支架性法律还没有出台，有的法律规定可操作性不强，有的法律配套规定制定不及时。在执法方面，一些地方和业务领域还不同程度地存在着有法不依、执法不严、违法不究、不作为、乱作为甚至滥用权力的现象。在执法监督方面，事中事后监管急需加强，行政复议和行政应诉案多人少的矛盾更加凸显。在法治宣传教育方面，普法的理念、内容、方式方法还不适应新的形势，社会公众对人力资源社会保障法律法规的知晓度还不高。另外，个别单位和地方对法治工作重视不够，法制机构作用没有得到充分发挥，一些工作人员依法行政能力有待提高。这些问题需要引起我们高度重视，并切实加以解决。

二、深刻认识法治人社建设面临的新形势

未来几年，既是全面建成小康社会的决胜阶段，也是加快建设法治政府的关键时期，更是全面推进法治人社建设的重要机遇期。必须从战略和全局的高度，深刻认识全面推进法治人社建设的必要性、紧迫性和艰巨性，奋勇争

先、积极作为，在新的起点上推动人社法治工作迈向更高水平、实现更好发展。

（一）全面推进依法治国、加快建设法治政府，对法治人社建设提出了新要求。党的十八届四中全会和《法治政府建设实施纲要》对法治人社建设提出了新的更高的要求。我们必须从协调推进“四个全面”战略布局的高度来充分认识全面依法治国的重大意义，全面推进法治人社建设，把人力资源社会保障部门建设成为全面依法行政的部门，把人力资源社会保障领域建设成为全面依法治理的模范领域。

（二）深化人力资源社会保障领域的改革对法治人社建设提出了新需要。全面推进法治人社建设是全面深化人力资源社会保障改革的题中应有之意和必然要求，全面深化人力资源社会保障领域改革需要全面推进法治人社建设来保障。当前和今后一个时期，人力资源社会保障领域改革任务之重前所未有，而且深化人力资源社会保障领域改革进入深水区和攻坚期，余下的改革任务都是“硬骨头”。我们要按照党的十八届四中全会的要求，实现人力资源社会保障立法和人社改革决策相衔接，做到重大改革于法有据、立法主动适应改革需要。

（三）加快转变政府职能对法治人社建设提出了新挑战。党的十八届三中全会提出，必须切实转变政府职能，深化行政体制改革，建设法治政府和服务型政府。党的十八届四中全会进一步从依法全面履行政府职能、健全依法决策机制、坚持严格规范公正文明执法、强化对行政权力的制约和监督等方面，对建设法治政府进行了部署。人力资源社会保障部门是重要的民生部门，必须加快职能转变，这对法治人社建设提出了新的挑战。

（四）全社会法治意识的提高对法治人社建设提出了新期待。蔚民部长多次强调，人力资源社会保障工作最突出的特点是，全部工作关系到人，大部分工作涉及民生。这一特点决定了人民群众对法治人社建设更为关注，期待更高、更具体、更直接。这就要求我们加强人力资源社会保障法律制度体系建设，全面依法履行职责，做到公正严格规范文明，严格依法追究失职、渎职的责任。

三、准确把握法治人社建设的工作任务

为了适应新的形势，部党组研究制定了《人力资源和社会保障法治建设实施纲要（2016—2020 年）》，确定了法治人社建设的路线图和施工图。各项工作任务要力争在 2019 年底前全面完成，尤其要着力抓好以下四方面工作：

（一）以推动重点立法项目为主要抓手，完善人力资源社会保障法律制度体系。一是根据我国经济增长方式转变对提升人力资源素质的要求，加快人力资源开发方面的立法。同时，按照中央关于完善公务员制度、增强劳动力市场灵活性、完善社会保障制度等改革要求，配合立法机关做好相关法律的修改完善。二是根据维护法制统一和增强法律规范可操作性的要求，加快制定与就业促进法、社会保险法等法律相配套的行政法规。三是以规范各类执法行为和完善法律法规配套规定为重点，加快规章制定工作；各地也要结合当地实际，积极参与人力资源社会保障领域地方性法规、政府规章的制定工作。四是加强规范性文件监督管理，完善规范性文件制定程序。

（二）以规范行政行为为主要抓手，推动严格规范公正文明执法。一是全面梳理人力资源社会保障部门执法行为，建立人力资源社会保障执法事项指导性目录。二是制定执法行为规范，明确各项执法行为的主体、步骤、环节和时限；制定或者指导地方制定每个行政处罚事项的具体裁量标准和适用规则，规范裁量范围和幅度。三是认真做好执法全过程记录、行政执法公示和重大行政执法决定法制审核制度试点工作，并总结经验向全国推广。四是全面落实行政执法责任制，全面实行行政执法人员持证上岗和资格管理制度，探索建立行政执法评议考核制度，组织开展对行政执法行为的案卷评查。

（三）以行政争议案件处理为主要抓手，

进一步强化执法监督。一是认真履行行政复议职责，依法受理、公正处理行政复议案件，有效消除和化解行政争议。二是完善应诉工作制度，建立健全法制机构牵头协调、涉诉业务机构工作人员出庭应诉的工作机制。三是建立行政争议案件统计分析制度，从具体案件中总结改进行政行为的方法。四是建立行政争议处理情况通报制度和典型案例通报制度。五是自觉接受党内监督、人大监督和民主监督，认真落实各项执法检查工作任务；全面推进政务公开，畅通举报监督渠道，方便社会监督。

（四）以落实“谁执法谁普法”普法责任制为主要抓手，深入开展法治宣传教育。一是建立“谁执法谁普法”普法责任制，进一步细化、实化各级人力资源社会保障部门及其工作人员在普法中的责任。二是完善人力资源社会保障系统干部学法制度，落实党组（党委）中心组集体学法制度，把法治教育纳入系统干部教育培训总体规划，将法治课程列为领导干部和工作人员各类培训的必修课。三是针对重点人群、围绕热点难点问题，坚持集中法治宣传教育与经常性法治宣传教育相结合，继续深化“法律六进”活动。四是创新方式方法，加强新媒体新技术在普法中的运用，推进“互联网+人社”普法。

四、完善机制，狠抓落实，打赢法治人社建设的攻坚战

习近平总书记强调：“要抓实、再抓实，不抓实，再好的蓝图只能是一纸空文，再近的目标只能是镜花水月。”全面推进法治人社建设的蓝图已经绘就，关键是抓好落实。对此，我再强调几点要求。

（一）加强组织领导。地方各级人力资源社会保障部门主要负责人要切实履行推进法治人社建设第一责任人职责，带头依法行政。要结合实际确定本地区推进法治人社建设的具体措施，确定不同阶段的重点，有计划、分步骤地推进。要建立工作台账，确定每项任务的责任人、完成时限和具体要求，以踏石留印、抓铁有痕的作风抓好落实。

（二）加强法制机构和队伍建设。各省级人力资源社会保障部门都要依法设立法制机构，市县级人力资源社会保障部门也要依法建立健全法制工作机构，配备与工作任务相适应的专职人员。法制机构要充分发挥作用，努力当好本部门党组（党委）在依法行政方面的参谋、助手和法律顾问。

（三）加强上下联动和横向协同。要树立全国一盘棋的观念，部本级要率先垂范，加强对地方的指导，推广各地好的经验和做法；各地要深入研究法治人社建设中存在的问题，结合实际创造性地提出新思路、新办法。法制机构要在统筹抓总的基础上，调动和发挥内部各业务单位在法治人社建设中的积极性，推进法治人社建设任务的落实。

（四）加强考核评价和督促检查。各级人力资源社会保障部门要建立健全法治人社建设考评体系，科学设置考核指标，逐步完善考核措施，并注重考核结果的运用。要建立定期通报和督办机制，开展定期检查和专项督查，对工作不力、问题较多的，要及时约谈、责令整改，该通报的要通报，该批评的要批评。

全面推进法治人社建设任务艰巨，责任重大，使命光荣。我们要进一步认真学习、深刻领会、全面落实习近平总书记系列重要讲话精神，把思想和行动统一到党中央、国务院的决策部署上来，以高度的责任感和神圣的使命感，扎实工作，开拓创新，努力谱写法治人社建设的新篇章，以优异的成绩迎接党的十九大胜利召开！以扎实的行动学习贯彻好党的十九大精神！

不忘初心　牢记使命
全力以赴做好就业扶贫工作

——在全国就业扶贫经验交流现场会上的讲话

张义珍

（2017年11月9日）

这次会议的主要任务是，深入学习领会、贯彻落实党的十九大精神和习近平总书记关于脱贫攻坚的一系列重要讲话精神，总结交流就业扶贫经验做法，对就业扶贫工作再动员、再部署。刚才，听了11个省份的经验介绍，很有收获启发。希望各地学习借鉴并运用到实际工作中去。国务院扶贫办陈志刚副主任深刻分析了脱贫攻坚的历史和现状，对就业扶贫提出了有针对性的指导意见，我们要认真学习抓好落实。下面，我就人力资源社会保障系统推进就业扶贫工作讲三点意见。

一、深入学习领会党的十九大精神，进一步增强做好就业扶贫工作的责任感和使命感

党的十九大是在全面建成小康社会决胜阶段、中国特色社会主义进入新时代的关键时期，召开的一次十分重要的大会。党的十九大报告对当前和今后各个领域工作都作了重要而全面的战略部署，对坚决打赢脱贫攻坚战提出了明确要求。我们要把思想和行动切实统一到党的十九大精神上来，牢固树立“四个意识”，对就业扶贫工作的重要性再认识、再提高，进一步增强责任感和使命感，坚决做好就业扶贫工作。

第一，做好就业扶贫工作，是人力资源社会保障系统践行不忘初心、牢记使命的政治责任。党的十九大报告指出，中国共产党人的初心和使命，就是为中国人民谋幸福，为中华民族谋复兴。消除贫困、改善民生、实现共同富裕，是社会主义的本质要求，是我们党的重要使命。做好就业扶贫工作，通过帮助贫困劳动力实现就业来增加收入，从而带动贫困人口脱贫，帮助他们过上美好生活、一道走向共同富裕，这就是为贫困劳动力谋幸福，就是践行不忘初心、牢记使命的具体体现。我们要始终牢记这个初心和使命，牢固树立以人民为中心的发展思想，以永不懈怠的精神状态奋发有为、做出成绩。

第二，完成就业扶贫任务，是全面建成小康社会、抓重点补短板强弱项的历史担当。党的十九大报告指出，全面建成小康社会决胜期要突出抓重点、补短板、强弱项。习近平总书记强调：“全面建成小康社会，一个不能少；共同富裕路上，一个不能掉队。”习近平总书记还曾指出：“一人就业，全家脱贫，增加就业是最有效最直接的脱贫方式。长期坚持还可以有效解决贫困代际传递问题。”贫困问题是共

同小康的最大短板，贫困劳动力就业也是就业工作的弱项和短板，必须加以解决。做好就业扶贫工作，是人力资源社会保障部门为打赢脱贫攻坚战、全面建成小康社会履职尽责、打基础做贡献的客观要求。我们要从党和国家“两个一百年”发展战略的全局高度，以对党和人民负责的态度和历史担当，全力以赴做好工作。

第三，实现就业脱贫增收是提高保障和改善民生水平、推动民生工作上台阶的重要支撑。党的十九大报告指出，保障和改善民生要抓住人民最关心最直接最现实的利益问题，让改革发展成果更多更公平惠及全体人民。坚决打赢脱贫攻坚战，提高就业质量和人民收入水平，是报告中关于民生和社会治理七大任务中的两大任务。就业扶贫是这两大任务的交汇点，也是民生工作的突破点、着力点和关键点。做好就业扶贫工作，就直接助力脱贫攻坚、助力扩大就业和增加人民收入。我们要把就业扶贫作为对人力资源社会保障部门特别是就业系统的重大考验，真抓实干、干出成效，为提高保障和改善民生水平做出应有贡献！

二、充分肯定就业扶贫工作取得的成绩，高度重视就业扶贫工作创造的新鲜经验

部党组对就业扶贫工作高度重视，专门印发文件予以部署指导，各地勇于担当、敢于创新，采取有力措施加以推进。截至10月底，553万建档立卡贫困人口实现就业，各项工作取得积极进展。中共中央政治局常委汪洋同志作出重要批示：此事不易，成果不简单！望继续努力。汪洋同志此前还批示：卓有成效，当继续坚持，将有更大作用。汪洋同志的重要批示既是充分肯定，更是鼓励和鞭策。概要总结，就业扶贫工作成效主要有以下方面：

一是协同推进的工作机制已经建立。目前，中央重视、部省统筹、部门协同、市县党委政府全力抓落实的就业扶贫工作组织管理体系已经确立。中央将劳务协作纳入东西部扶贫协作考核，人社、财政两部门将就业扶贫任务和成效纳入就业补助资金分配因素，就业扶贫工作考核评价体系初步形成。全国贫困劳动力就业信息平台已经建成，支持所有贫困县及时获取、更新、上报贫困劳动力就业失业信息，人社、扶贫两部门信息衔接和工作调度的机制运行有效。

二是全面精准的政策体系逐步健全。人社、财政、国务院扶贫办出台了就业扶贫指导意见，各地还制定了一系列含金量高的政策。总的看，一是渠道广覆盖，各项政策覆盖到了就业扶贫工作涉及的各类对象和贫困劳动力就业创业各个渠道；二是重点更突出，在现有政策基础上，更加聚焦困难劳动力、聚焦扶志扶智、聚焦调动市场力量；三是扶持力度更大，贫困劳动力就业创业可享受的补贴项目更多，补贴标准更高。

三是行之有效的措施做法日益丰富。各地因地制宜，探索出许多新思路、新方法和新举措。思路上，从以引导外出务工为主，转向多渠道就业创业并重，并更加注重就地就近就业。方法上，从以大规模招聘为主，转向精准识别、精准施策的个性化服务。举措上，创设了扶贫车间、就业驿站、社区工厂、卫星工厂等就业创业新载体，探索了省内劳务协作、重大项目与贫困县结对子的劳务协作新渠道，开发了就业扶贫专岗、公益性岗位等托底帮扶新手段，建立了贫困户“两后生”上技工学校的技能提升新制度。

在就业形势复杂、就业任务繁重的背景下，就业扶贫工作取得如此成效，来之不易。首先得益于党中央的坚强领导，得益于部党组和各级党委政府高度重视、扎实推进，得益于相关部门和社会各界的支持配合，得益于贫困群众的艰苦奋斗，也离不开人力资源社会保障部门干部职工的担当付出。在这个过程中有几点体会特别重要：一是坚持党的领导是根本政治保障。做好就业扶贫工作，必须充分发挥政治优势和制度优势，党政齐抓、部门共管、区域协同。二是坚持以人民为中心是重要思想前提。做好就业扶贫工作，必须聚焦群众的切实

需求，想群众之所想，急群众之所急。三是坚持精准施策是基本工作要求。做好就业扶贫工作，必须把精准扶贫精准脱贫的基本方略贯穿到各项举措中，推动工作水平上台阶。这几点要继续坚持并不断发扬光大！在此，我代表人力资源社会保障部，向就业扶贫工作一线的同志们表示衷心感谢！

三、以落实党的十九大精神为引领，全面推动就业扶贫工作向纵深发展

回顾过往，成绩令人振奋，但也深感压力。随着就业扶贫工作不断深入，已经越发到了啃硬骨头、攻城拔寨的关键时期，下一步任务更加繁重。一是任务总量大，促进就业难。目前未就业贫困劳动力还有900多万，普遍素质偏低、能力偏弱，有的就业意愿不强，贫困发生地大多自然条件差、经济基础薄弱，就业机会不足。二是就业质量低，提升难度大。已就业的500多万贫困劳动力中，单位就业占比不足10%，就业稳定性差，收入水平低，社会保障不足，容易失业返贫。三是外部风险依然存在。宏观经济面临变数，技术进步日益加快，都将影响到贫困劳动力就业的中低端岗位。我们自身工作也存在很多不足，一些地方调查摸底、精准帮扶还不够扎实，一些地方工作举措规定动作多、自选动作少，就业扶贫长期效果还难以保证。这里有基层力量薄弱、长效机制还不健全的问题，也有思想认识、责任机制不到位的问题。这些问题如果不解决，将极大制约就业扶贫工作深入开展。

就业扶贫工作是我们的神圣使命，是必须圆满完成的政治任务。尹蔚民部长专门指出，要按照中央领导指示批示精神，在巩固前期工作基础上，继续加强工作指导，加大工作力度，完善政策措施，确保完成就业扶贫任务。各级人力资源社会保障部门要以党的十九大精神为指引，坚定信心、振奋精神，全面推动就业扶贫工作向纵深发展。

总目标是，坚持精准扶贫精准脱贫，坚决促进1 000万贫困劳动力实现就业，努力使劳动年龄内、有就业能力和意愿的贫困劳动力都能实现就业创业或参加到就业准备活动中去。总要求是，坚持以人民为中心的发展思想，不断扩大贫困劳动力就业规模，提高就业质量，确保零就业贫困户至少一人实现就业。总思路是，在全面推进工作中，更加注重精准帮扶、聚焦重点、落实责任、兜牢底线。精准帮扶，就是要对象清、情况明、对策准，实现全覆盖、全实名、全过程管理和服务。聚焦重点，就是要把深度贫困地区作为重中之重，坚决攻坚克难。落实责任，就是要细化目标任务，责任落实到人，层层抓落实。兜牢底线，就是要聚焦贫中之贫、困中之困，对贫困劳动力中的困难人员再筛查、再着力，提供托底就业帮扶。

具体来讲，要重点做好以下工作：

第一，岗位开发要多渠道。党的十九大报告明确提出，要坚持就业优先战略。这就要求将就业政策与产业政策、经济政策、社会政策等更好地衔接起来，以就业机会增长支撑就业扶贫。要依托各方资源扩大就业门路。结合产业扶贫、易地搬迁扶贫、电商扶贫，强化企业吸纳就业、职业培训、就业服务等政策，支持贫困地区发展，从根本上拓宽就业渠道。继续做实就业扶贫基地建设，打造一批吸纳贫困劳动力就业的重要载体。部里将会同国务院扶贫办，适时创建一批精准扶贫爱心企业。要更加重视就地就近就业。重点是要运用各项扶持政策，支持建设一批就业扶贫车间，方便贫困劳动力“出家门、进厂门”，并为残疾劳动力提供居家灵活就业机会。要在贫困地区开发一批就业扶贫公益性岗位，让有劳动能力和就业意愿的贫困劳动力都有业可就。要结合返乡创业工作的推进，加大创业担保贷款、创业服务培训力度，支持一批能人回乡下乡创业，带动贫困劳动力就业。

第二，就业服务要全方位。党的十九大报告明确提出，提供全方位公共就业服务。这是中央对就业服务工作的新要求。就业扶贫中的全方位就业服务包括：一要均等化。进一步加强贫困地区县乡村就业服务体系和能力建设，实施城乡一体的就业失业登记、职业介绍、职业指导等服务。二要全过程。要覆盖劳动者求职就业创业全过程。没有就业的，要帮助实现就业。实现就业后，要加强对企业的用工指导，对劳动者的持续跟踪服务。三要精准化。坚持分类指导，做到“一户一案、一人一策”，分门别类地帮助贫困劳动力解决就业增收问题。此外，还要进一步做实东西部劳务协作和省内劳务协作，引导贫困劳动力外出务工，引导企业到贫困县建厂吸纳就业。

第三，技能培训要全覆盖。党的十九大报告明确提出，大规模开展职业技能培训。这是缓解结构性就业矛盾的关键。要对贫困劳动力全面开展培训，着力提升素质和就业能力。对没有就业的，普遍开展引导性培训，加强就业指导，转变观念提高就业意愿。对40岁以下的，要做到技能培训全覆盖；40岁以上的，可拓宽培训领域，引导他们从事一产中的二三产业；贫困户中的“两后生”，要组织起来参加劳动预备制培训、就读技工院校。在扩量的基础上，要注重提升培训质量，注重把扶志扶智贯穿培训的全过程，同时培养良好的职业素养和公民素质。

第四，就业质量要有提升。党的十九大报告明确提出，要提高就业质量和人民收入水平。在就业扶贫工作中，也要聚焦提升贫困劳动力就业质量，这是稳定脱贫的必由之路。提高就业质量，就是要有稳定的就业、合理的收入、和谐的劳动关系、可靠的社会保障、安全的劳动环境。要加强教育引导。引导广大企业履行社会责任，积极吸纳贫困劳动力就业，为贫困劳动力提供安全的用工环境。同时也要教育贫困劳动力树立现代产业工人意识，遵规守纪、乐业奉献。要加强劳动权益保障，督促企业与贫困劳动力签订劳动合同和缴纳社会保险，按时足额发放劳动报酬。还要积极协调有关方面，为贫困劳动力提供力所能及的人文关怀，帮助其适应就业岗位和城市生活。

最后，特别强调一下深度贫困地区的就业扶贫工作。今年6月，习近平总书记在深度贫困地区脱贫攻坚座谈会上指出，要采取更加集中的支持、更加有效的举措、更加有力的工作，扎实推进深度贫困地区脱贫攻坚。9月，中共中央办公厅、国务院办公厅下发支持深度贫困地区脱贫攻坚的实施意见，其中要求人力资源社会保障部门牵头，加大就业扶贫力度。深度贫困地区就业扶贫工作，关系到全国就业扶贫工作总进展、总成效，是下一步就业扶贫工作的重中之重，要特别重视和支持。要聚焦重点区域，将目前贫困劳动力聚集的南疆四地州、四川凉山和西藏自治区作为重点，加大力度破解难题。要给予倾斜政策，深度贫困地区相关省市县可根据实际，拓展延伸现有就业政策，不断提高政策效益；深度贫困地区所在省份在省内就业补助资金的分配上要有所倾斜。要实施更加有力的措施，深度贫困地区所在省份、有对口支援关系的省份，要研究制定专门方案，明确目标任务和时间表。部里也要加强协调指导和组织推动，全力支持解决深度贫困地区的脱贫攻坚问题。

岁末年终，还有几项重点工作，希望各地抓紧推进。一是学懂弄通做实党的十九大关于就业工作的部署要求，谋划好当前和今后一个时期的重点工作。二是要全面、圆满、漂亮地完成各项任务特别是就业任务，以及各级党委政府对就业工作的任务安排。三是组织实施好年底前后的重点活动，把党的十九大的新精神、新要求体现到活动内容中去。

三、重 要 文 件

（一）中共中央、国务院文件

聘任制公务员管理规定（试行）

［新华社北京9月29日电　近日，中共中央办公厅、国务院办公厅印发了《聘任制公务员管理规定（试行）》，并发出通知，要求各地区各部门结合实际认真遵照执行。］

第一章　总　　则

第一条　为了健全用人机制，满足机关吸引和使用优秀人才的需求，提高公务员队伍专业化水平，规范公务员聘任工作，保障机关和聘任制公务员合法权益，根据《中华人民共和国公务员法》等相关法律法规，制定本规定。

第二条　本规定所称聘任制公务员，是指以合同形式聘任、依法履行公职、纳入国家行政编制、由国家财政负担工资福利的工作人员。

涉及国家秘密的职位不实行聘任制。

第三条　聘任制公务员的管理，坚持党管干部、党管人才原则，坚持德才兼备、以德为先，坚持公开、平等、竞争、择优，坚持监督约束与激励保障并重，依照法定的权限、条件、标准和程序进行。

机关依据公务员法和聘任合同对所聘公务员进行管理。

第四条　中央公务员主管部门负责全国聘任制公务员的综合管理工作。县级以上地方各级公务员主管部门负责本辖区内聘任制公务员的综合管理工作。上级公务员主管部门指导下级公务员主管部门的聘任制公务员管理工作。各级公务员主管部门指导同级机关的聘任制公务员管理工作。

第二章　职位设置与招聘

第五条　机关聘任公务员，主要面向专业性较强的职位，确有特殊需要的，也可以面向辅助性职位。聘任为领导职务的，应当是专业性较强的职位。

专业性较强的职位，是指具有低替代性，要求具备经过专门学习才能掌握的专业知识、专业技能的职位。

辅助性职位，是指具有较强事务性，在机关工作中处于辅助地位的职位。

第六条　机关聘任公务员，应当根据工作需要，在规定的编制限额和工资经费限额内进行。

第七条　机关聘任公务员，应当制定职位设置与招聘工作方案。职位设置与招聘工作方案包括聘任事由、编制使用情况、拟聘职位及名额、资格条件、待遇、聘期、招聘方式、程序等内容。

中央和国家机关及其直属机构职位设置与招聘工作方案，报中央公务员主管部门审批。省级以下机关及其直属机构职位设置与招聘工作方案，按程序逐级审核后报省级公务员主管部门审批。

省级以上公务员主管部门或者经授权同意的设区的市级公务员主管部门具体负责招聘的组织实施。

第八条　应聘人员除应当具备公务员法规定的条件外，还应当具备省级以上公务员主管部门批准的拟聘任职位所要求的资格条件。

应聘人员不得应聘与聘任机关公务员有任

职回避情形的职位。

第九条 机关聘任公务员，一般应当面向社会公开招聘。公开招聘按照以下程序进行：

（一）发布招聘公告。招聘公告应当载明聘任机关、聘任职位、职责、应聘资格条件、待遇、聘期，报名的方式方法、时间和地点，应聘需要提交的申请材料，考试测评内容、时间和地点以及其他应聘须知事项。

（二）报名与资格审查。应聘人员应当向机关提交真实、准确的申请材料。机关在规定时间内确认应聘人员是否具有应聘资格。

（三）考试测评。采取笔试、面试等方式进行，突出岗位特点，重点测查应聘人员的专业素养、业务能力和岗位匹配程度。

（四）考察与体检。机关根据考试测评成绩确定考察人选，并对其进行考察和体检。考察内容主要包括应聘人员的政治思想、道德品质、能力素质、学习和工作表现、工作业绩、遵纪守法、廉洁自律等方面的情况。

（五）公示。机关根据考试测评、考察情况和体检结果，择优提出拟聘任人员名单，并进行公示。公示期不少于五个工作日。

（六）审批或者备案。公示期满，对没有问题或者所反映问题不影响聘任的，中央和国家机关及其直属机构拟聘任人员名单报中央公务员主管部门备案，地方各级机关拟聘任人员名单报省级公务员主管部门或者经授权同意的设区的市级公务员主管部门审批。

（七）办理聘任手续。聘任机关与拟聘任人员签订聘任合同，办理相关手续。

公开招聘专业性较强的职位，经省级以上公务员主管部门批准，可以对上述程序进行调整或者适当简化。

第十条 对于工作急需、符合聘任职位条件的人选少、难以进行公开招聘的专业性较强的职位，经省级以上公务员主管部门批准，机关可以从符合条件的人员中直接选聘。直接选聘一般按照以下程序进行：

（一）提出拟聘任人选。机关根据平时掌握的情况或者通过相关单位、专业机构、同行专家等推荐，提出拟聘任人选。

（二）资格审查。根据招聘资格条件对应聘人员进行审查，重点审查政治品质、工作履历和工作业绩。

（三）考核测评。采取履历分析、面试比选、专家评审、业绩考核等方式，重点对拟聘任人选的专业素养、业务能力和岗位匹配程度进行考核、测评。

（四）考察与体检。

（五）公示。

（六）审批或者备案。

（七）办理聘任手续。

第十一条 机关不得聘任有下列情形之一的人员：

（一）曾因犯罪受过刑事处罚的；

（二）曾被开除公职或者因违纪违法被机关、事业单位解除聘任合同或者聘用合同的；

（三）涉嫌违纪违法正在接受专门机关审查尚未作出结论的；

（四）受纪律处分期间或者未满影响期限的；

（五）按照有关规定被列为失信联合惩戒对象的；

（六）法律法规规定的其他不得担任公务员情形的。

第三章 聘任合同

第十二条 机关聘任公务员，应当按照平等自愿、协商一致的原则，与所聘公务员签订书面的聘任合同，确定双方的权利和义务。

第十三条 聘任合同应当具备合同期限，职位及其职责要求，工作条件，工资、福利、保险待遇，解除聘任合同情形，违约责任等条款。

聘任机关与所聘公务员根据需要，可以在聘任合同中约定前款规定之外的保密管理、离职后从业限制等其他事项。

第十四条 聘任合同期限为一年至五年，由聘任机关根据工作任务和目标与拟聘任公务员协商确定。首次签订聘任合同的，可以约定试用期，试用期为一个月至六个月。

聘任为领导职务的，聘任合同期限为三年至五年，试用期为一年。

第十五条 聘任合同经双方协商一致，可以变更或者解除。变更或者解除聘任合同，应当采用书面形式。

第十六条 有下列情形之一的，聘任机关可以解除聘任合同：

（一）未经批准在其他单位兼职的；

（二）患病或者非因公负伤规定医疗期满后，不能从事原工作的；

（三）因订立合同所依据的客观情况发生重大变化，致使合同无法继续履行，经双方协商，未能就变更聘任合同内容达成协议的；

（四）法律法规规定或者聘任合同约定聘任机关可以解除聘任合同的其他情形。

聘任机关因前款第（二）、（三）项情形之一解除聘任合同的，应当提前三十日以书面形式通知聘任制公务员本人。

第十七条 有下列情形之一的，聘任机关应当解除聘任合同：

（一）经试用不符合聘任条件的；

（二）聘期内年度考核不称职的；

（三）不履行公务员义务，不遵守公务员纪律，经教育仍无转变，不适合继续在机关工作的；

（四）除本规定第十六条第一款第（二）项的情形外，其他因个人原因不能正常履行聘任合同约定工作职责的；

（五）旷工或者因公外出、请假期满无正当理由逾期不归连续超过十五天，或者一年内累计超过三十天的；

（六）有严重违纪违法行为或者被依法追究刑事责任的；

（七）法律法规规定或者聘任合同约定聘任机关应当解除聘任合同的其他情形。

第十八条 聘任制公务员在聘期内有公务员法规定不得辞退情形之一的，聘任机关不得解除聘任合同，但有本规定第十六条第一款第（一）项和第十七条第（一）、（三）、（五）、（六）、（七）项情形的除外。

第十九条 有下列情形之一的，聘任制公务员以书面形式通知机关后可以解除聘任合同：

（一）在试用期内的；

（二）聘任机关未按照聘任合同约定支付工资、未依法为聘任制公务员缴纳社会保险费等，或者未提供必要工作条件的；

（三）法律法规规定或者聘任合同约定聘任制公务员可以解除聘任合同的其他情形。

第二十条 聘任制公务员可以申请解除聘任合同，但有下列情形之一的除外：

（一）重要公务尚未处理完毕，且必须由本人继续处理的；

（二）正在接受审计、纪律审查，或者涉嫌犯罪，司法程序尚未终结的；

（三）法律法规规定或者聘任合同约定的其他不得解除聘任合同的情形。

聘任制公务员申请解除聘任合同，应当以书面形式向聘任机关提出。聘任机关应当在三十日内予以答复，未在规定时间内答复的视为同意解除聘任合同。未获批准前，聘任制公务员不得自行离职。

第二十一条 依照本规定第十六条第一款第（二）、（三）项解除聘任合同的，聘任机关应当向聘任制公务员支付经济补偿。经济补偿按照聘任制公务员在本机关工作的年限，每满一年支付一个月工资的标准执行。工作六个月以上不满一年的，支付一个月工资的经济补偿；不满六个月的，支付半个月工资的经济补偿。

依照本规定第十九条第（二）项解除聘任合同的，聘任机关应当按照合同约定支付工资，补缴社会保险费，并承担相应违约责任。

第二十二条 聘任合同期满或者聘任合同约定的终止条件出现，聘任合同即行终止。

聘任制公务员患病或者非因公负伤在规定的医疗期内的，女性在孕期、产假、哺乳期内的，聘任合同应当延续至相应的情形消失时终止，本人要求不延续的除外。

第二十三条 聘任合同解除或者终止，聘任机关应当出具解除或者终止聘任合同的书面证明，按规定办理人事档案、社会保险关系转移等相关手续；聘任制公务员应当按照要求进行公务交接，并履行法律法规规定和聘任合同约定的相关义务。

第二十四条 聘任合同的签订、变更、解除或者终止，应当报同级公务员主管部门备案。

第四章 日常管理

第二十五条 聘任制公务员试用期满合格后，聘任机关按照有关规定进行聘任制公务员登记，人事档案由聘任机关管理和保存。

第二十六条 聘任机关根据公务员考核有关规定，依据聘任合同全面考核聘任制公务员的德、能、勤、绩、廉，重点考核其完成聘任合同确定的工作任务情况。考核结果作为聘任制公务员获得工资、奖励等的依据。

聘任制公务员的考核坚持平时考核和定期考核相结合，定期考核一般按照年度进行，必要时可以采取聘期考核、绩效考核、目标责任考核等方式，考核结果应当向本人反馈。

第二十七条 聘任制公务员在聘期内一般不得变动职位。

聘任机关根据工作需要、考核结果和聘任制公务员本人意愿，经省级以上公务员主管部门批准，聘任合同期满后可以续聘。

对在专业性较强的职位上表现突出、做出显著成绩和贡献、工作长期需要的聘任制公务员，聘期满五年，年度考核结果均为称职以上或者聘期考核结果为优秀的，经省级以上公务员主管部门批准，可以转为委任制公务员。

第二十八条 聘任制公务员实行协议工资制，聘任制公务员工资一般按月支付，也可以实行年薪制等特殊工资政策。

聘任机关应当根据聘任职位，综合考虑市场同类人员和本单位其他公务员工资水平等因素，提出聘任职位所需的工资额度，报同级人力资源社会保障、财政部门核定。聘任制公务员的工资水平根据市场同类人员和本单位其他公务员工资水平调整情况进行调整。

第二十九条 聘任制公务员按照国家规定和聘任协议享受住房补贴、医疗补助等。

第三十条 聘任制公务员按照国家有关规定参加基本养老保险和职业年金、基本医疗保险、工伤保险、失业保险、生育保险。

第三十一条 聘任制公务员工资、福利、保险等待遇所需经费，通过政府预算安排。

第三十二条 国家鼓励聘任制公务员在工作中进行发明创造，对取得显著经济效益或者社会效益的给予奖励。

符合条件的聘任制公务员，经批准可以参加中央和地方各级重大人才工程和科研项目评选。

第三十三条 聘任制公务员与聘任机关之间因履行聘任合同发生争议的，可以依据有关规定申请人事争议仲裁。当事人对仲裁裁决不服的，可以按照有关规定向人民法院提起诉讼。仲裁裁决生效后，一方当事人不履行的，另一方当事人可以申请人民法院执行。

第五章 纪律监督

第三十四条 聘任制公务员必须遵守公务员法等相关法律法规规定和聘任合同约定的纪律要求。

聘任制公务员在履行职责中有弄虚作假、滥用职权、玩忽职守、徇私舞弊等违纪违法行为的，依照有关规定给予批评教育、组织处理或者纪律处分；构成犯罪的，依法追究刑事责任。

第三十五条 机关公开招聘和直接选聘公务员应当依法接受监督。组织招聘时，公务员主管部门和机关应当及时受理举报，并按照管理权限处理。

有下列情形之一的，省级以上公务员主管部门或者经授权同意的设区的市级公务员主管部门视情况分别予以责令纠正或者宣布无效；对负有领导责任和直接责任的人员，根据情节轻重，给予批评教育、组织处理或者纪律处分；构成犯罪的，依法追究刑事责任：

（一）不按规定的编制限额进行聘任的；

（二）不按规定的资格条件和程序聘任的；

（三）未经授权，擅自出台、变更聘任政策，造成不良影响的；

（四）聘任工作中徇私舞弊的。

第三十六条 从事聘任工作的人员有下列情形之一的，按照管理职能和权限，视情节轻重，给予批评教育、组织处理或者纪律处分；构成犯罪的，依法追究刑事责任：

（一）泄露试题或者其他招聘秘密信息的；

（二）弄虚作假进行聘任的；

（三）利用工作便利，协助应聘人员作弊的；

（四）因工作失职造成不良后果的；

（五）违反法律法规及本规定的其他行为的。

第三十七条 对违反招聘纪律的应聘人员，视情节轻重，分别给予批评教育，取消考试测评、考察与体检资格，不予聘任或者解除聘任合同等处理。

应聘人员在考试及相关环节中违纪违规行为的认定与处理，参照公务员考试录用违纪违规行为处理有关规定执行。

第三十八条 除本规定第十九条所列情形外，聘任制公务员提出解除聘任合同的，按照公务员从业限制有关规定，领导职务公务员在离职三年内，其他公务员在离职两年内，不得到与原工作业务直接相关的企业或者其他营利性组织任职，不得从事与原工作业务直接相关的营利性活动。

第六章　附　　则

第三十九条 法律法规对领导职务聘任另有规定的，从其规定。

第四十条 参照公务员法管理机关（单位）聘任工勤人员以外的工作人员，参照本规定执行。

第四十一条 本规定由中共中央组织部、人力资源社会保障部及国家公务员局负责解释。

第四十二条 本规定自 2017 年 9 月 19 日起施行。2011 年 1 月 28 日中共中央组织部、人力资源社会保障部印发的《聘任制公务员管理试点办法》同时废止。

国务院关于印发“十三五”促进就业规划的通知

国发〔2017〕10号

各省、自治区、直辖市人民政府，国务院各部委、各直属机构：

现将《“十三五”促进就业规划》印发给你们，请认真贯彻执行。

2017年1月26日

“十三五”促进就业规划

“十二五”以来，面对复杂严峻的国内外形势，党中央、国务院准确把握发展大势，不断创新宏观调控思路和方式，全面深化改革，激发了经济发展内生动力和就业创业活力，就业规模不断扩大、结构持续优化，创业带动就业能力显著增强，劳动者素质明显提高，就业质量进一步提升。

“十三五”时期，做好促进就业工作机遇和挑战并存。一方面，我国发展仍处于可以大有作为的重要战略机遇期，新型工业化、信息化、城镇化、农业现代化孕育巨大发展潜力，新一轮科技革命和产业变革正在兴起，新兴产业、新兴业态吸纳就业能力不断增强，大众创业、万众创新催生更多新的就业增长点，为促进就业奠定了更加坚实的物质基础。另一方面，国际经济形势依然复杂多变，国内一些长期积累的深层次矛盾逐步显现，经济发展新常态和供给侧结构性改革对促进就业提出了新的要求，劳动者素质结构与经济社会发展需求不相适应、结构性就业矛盾突出等问题凸显。就业是最大的民生，也是经济发展最基本的支撑。坚持实施就业优先战略，全面提升劳动者就业创业能力，实现比较充分和高质量的就业，是培育经济发展新动能、推动经济转型升级的内在要求，对发挥人的创造能力、促进群众增收和保障基本生活、适应人们对自身价值的追求具有十分重要的意义。

本规划依据《中华人民共和国国民经济和社会发展第十三个五年规划纲要》编制，旨在进一步加强战略引领、明确主要任务、细化政策重点，是“十三五”时期指导全国促进就业工作的战略性、综合性、基础性规划。

一、总体要求

（一）指导思想。

全面贯彻党的十八大和十八届三中、四中、五中、六中全会精神，深入贯彻习近平总书记系列重要讲话精神和治国理政新理念新思想新战略，认真落实党中央、国务院决策部署，统筹推进“五位一体”总体布局和协调推进“四个全面”战略布局，牢固树立和贯彻落实创新、协调、绿色、开放、共享的发展理念，推进供给侧结构性改革，实施就业优先战略和人才优先发展战略，把实施积极的就业政策摆在更加突出的位置，贯彻劳动者自主就业、市场调节就业、政府促进就业和鼓励创业的方针，不断提升劳动者素质，强化各类政策协同机制、优化社会资本带动机制、完善就业创业服务机制、健全劳动关系协调机制、构建就业形势综合监测机制，实现比较充分和更高质量的就业，为全面建成小康社会提供强大支撑。

（二）基本原则。

——坚持总量与结构并重。既要着眼于我国人口众多的基本国情，高度重视总量问题，又要从区域、行业、人群分化的实际出发，聚焦关键环节，抓住主要矛盾，坚持分类施策、精准发力，着力解决日益突出的结构性就业矛盾。

——坚持供需两端发力。既要加快培育经济发展新动能，大力发展吸纳就业能力强的产业，不断增强经济发展创造就业岗位能力，优化人力资源市场需求结构，又要坚持需求导向，加强人力资源开发，促进劳动者素质持续提升，改善人力资源市场供给侧结构。

——坚持就业政策与宏观政策协调。既要建立就业政策与宏观经济政策统筹的工作机制，积极扶持就业新形态，不断拓展就业新空间，又要密切关注就业形势变化，加强政策储备，以比较充分和更高质量的就业促进经济平稳运行。

——坚持统筹发挥市场与政府作用。既要优化环境，健全机制，加快消除制度性、体制性障碍，充分发挥市场在促进就业中的决定性作用，又要提高基本公共就业创业服务能力，更好发挥政府作用。

——坚持普惠性与差别化相结合。既要加快建立公平普惠的政策制度，健全人力资源市场体系，维护劳动者提升自身素质、参与就业创业的平等权利，又要坚持突出重点，完善和落实支持政策，扎实做好就业托底工作，帮助就业重点群体和困难群体提升技能、就业创业。

（三）主要目标。

到2020年，要实现以下目标：

就业规模稳步扩大，就业质量进一步提升。“十三五”时期城镇新增就业5 000万人以上，全国城镇登记失业率控制在5%以内，高校毕业生、农民工等重点人群就业形势基本稳定。促进贫困人口就业，带动1 000万人脱贫。服务业从业人员、城镇就业人员所占比重不断提高，就业结构持续优化。城乡均等的公共就业创业服务体系更加健全，劳动者权益保护制度不断完善，企业劳动合同签订率保持在90%以上，工资收入合理增长，就业质量进一步提升。

创业环境显著改善，带动就业能力持续增强。促进创业政策体系不断完善，服务能力明显提升，各类劳动者创业创富通道更加畅通，全社会支持创业、参与创业的积极性显著提高，创业成功率明显提升，创业带动创新、促进就业增收能力持续增强。

人力资源结构不断优化，劳动者就业创业能力明显提高。劳动年龄人口平均受教育年限达到10.8年，新增劳动力平均受教育年限达到13.5年，劳动者素质普遍提高，适应就业形势变化能力不断增强。全国技能劳动者总量达到约1.7亿人，其中高技能人才总量达到5 500万人、占技能劳动者总量的比重达到32%，技术技能人才短缺状况有效缓解。

二、增强经济发展创造就业岗位能力

坚持就业优先战略，既要以大众创业、万众创新和新动能培育带动就业，也要保护和改造提升能带动就业的传统动能，引导劳动密集型企业向中西部和东北地区转移，大力发展制造业和服务业，通过创造多样化需求带动就业，在新旧动能接续转换中促进就业。

（四）积极培育新的就业增长点。

大力发展新兴产业新兴业态，不断拓展新兴就业领域。紧紧把握全球科技革命和产业变革重大机遇，深入实施创新驱动发展战略，不断优化政策组合，大力发展新一代信息技术、高端装备、新材料、生物、新能源汽车、新能源、节能环保、数字创意等战略性新兴产业，拓展产业发展新空间，创造就业新领域。推进新产品、新服务应用示范，加快产业化进程，持续释放吸纳就业潜力。积极探索和创新监管方式，创造更加宽松的环境，加快发展平台经济等新经济形态，催生更多微经济主体，培育更多跨界融合、面向未来的就业创业沃土，开发更多新型就业模式。编制出台共享经济发展指南，通过放宽市场准入、创新监管手段、引导多方治理等优化环境，完善消费者权益保护等相关政策，促进共享经济健康发展。健全就业、劳动保障等相关制度，支持发展就业新形态。

专栏1　　支持发展共享经济下的新型就业模式

1. 营造有利于共享经济加快发展的政策环境。加快完善风险控制、信用体系、质量安全、社会保障等政策法规，保障各方合法权益，促进社会资源通过共享实现高效充分利用，支持共享经济加快发展。

2. 完善支持劳动者参与共享经济就业创业的政策措施。支持符合条件、经工商登记注册的共享经济创业人员，按规定享受现行就业创业扶持政策。加快完善用工、工资支付等相关制度，引导和支持更多劳动者参与共享经济下的就业创业活动。加强劳动人事争议调解仲裁和劳动保障监察，切实保护劳动者合法权益。

积极发展吸纳就业能力强的产业和企业，创造更多就业机会。加快发展民生刚性需求大、国际竞争优势明显的轻工业等劳动密集型制造业。鼓励发展家庭手工业，创造更多居家灵活就业机会。开展加快发展现代服务业行动，不断拓展服务业发展广度和深度，鼓励发展就业容量大、门槛低的家政护理等生活性服务业。扩大市场准入范围，落实降税减负等扶持政策，促进中小企业加快发展，培育特色产业集群，带动更多就业。营造公平开放的市场环境，鼓励中小企业利用电商平台等多种方式开拓市场，促进中小企业融入全球产业链和价值链，在发展壮大中持续拓展就业空间。综合运用差别化存款准备金率、再贷款、信贷政策导向效果评估等多种政策工具，引导金融机构开展应收账款融资、动产融资、供应链融资等创新业务，优化小微企业融资环境。鼓励符合条件的金融机构在依法合规、风险可控的前提下，发行小微企业金融债券和小微企业相关信贷资产证券化产品，进一步盘活存量资产，加大小微企业信贷投放力度，增强其吸纳就业能力。

加快发展现代农业，扩大职业农民就业空间。推进农业、林业产业链和价值链建设，着力构建现代农业和林业产业体系、生产体系、经营体系，推动粮经饲统筹、农林牧渔结合、种养加一体、一二三产业融合发展，创造更多职业农民就业机会。完善政策支持体系，积极发展农业生产性服务业、农产品深加工和储运，推动发展“互联网＋现代农业”，大力发展农产品电子商务、休闲农业、创意农业、森林体验、森林康养和乡村旅游等新业态，加快培育专业大户、家庭农场、农民合作社、农业企业等新型农业经营主体，扩大职业农民就业规模。

完善创新创造利益回报机制，激发经济升级和扩大就业内生动力。深化收入分配制度改革，不断强化收入分配政策的激励导向。分类施策，支持劳动者以知识、技术、管理、技能等创新要素按贡献参与分配，实行股权、期权等中长期激励政策，以市场价值回报人才价值，全面激发劳动者创业创新热情，加快新旧发展动能转换，实现经济中高速增长、产业迈向中高端水平，不断拓宽就业空间。

专栏2　城乡居民增收行动

1. 技能人才增收行动。发挥企业主体作用，提升技能人才待遇；完善技术工人薪酬激励机制。贯通职业资格、学历等认证渠道；营造崇尚技能的社会氛围，培养造就更多技术工人。

2. 新型职业农民增收行动。将培育新型职业农民纳入国家教育培训发展规划，提高职业农民增收能力，创造更多就业空间，拓展增收渠道。

3. 科研人员增收行动。保障合理的基本薪酬水平，提高就业质量；落实中央财政科研项目资金管理有关政策，发挥科研项目资金的激励引导作用。健全绩效评价和奖励机制，激励创业创新。

4. 小微创业者增收行动。深化简政放权、放管结合、优化服务改革，释放市场活力，降低市场准入门槛，健全创业成果利益分配机制，打通创业创富通道。

5. 企业经营管理人员增收行动。在国有企业建立职业经理人制度，采取多种方式探索完善中长期激励机制；为非公经济组织重点营造公平、公正、透明、稳定的法治环境，依法平等保护财产权。

6. 基层干部队伍增收行动。完善基层干部队伍薪酬制度；实现对不同地区、不同岗位的差别化激励，充分调动基层干部队伍积极性。

7. 有劳动能力的困难群体增收行动。鼓励有劳动能力的困难群体提升人力资本，主动参加生产劳动，通过自身努力增加收入。

（五）着力缓解困难地区困难行业就业压力。

加快困难地区脱困步伐，创造更多就地就近就业机会。指导和推动资源枯竭城市等困难地区培育发展劳动密集型接续产业。研究制定支持产业衰退地区振兴发展的指导意见，通过落实财政、投资、金融、土地等支持政策，促进产业衰退地区发展接续产业，增强吸纳就业能力。发挥区域比较优势，引导符合条件的劳动密集型企业特别是高附加值的劳动密集型企业向中西部地区和东北地区转移，创造更多就地就近就业机会。对去产能任务重、待岗职工多、失业风险大的地区，开展就业援助专项行动。

专栏3　重点地区促进就业专项行动

1. 东北老工业基地促进就业行动。组织实施东北地区人才就业专项行动。加大高素质技术技能人才培养和引进力度，在东北地区组织开展老工业基地产业转型技术技能人才双元培育改革试点。加强专业培训，做好高校毕业生就业和失业人员再就业工作，帮助就业困难人员实现就业，确保零就业家庭实现至少一人就业。加强对东北地区就业形势的研判和监测预警。

2. 资源枯竭城市和独立工矿区促进就业行动。支持资源枯竭城市重点发展一批接续替代产业，吸纳失业矿工、棚户区改造回迁居民再就业。开展采煤沉陷区综合治理。加大力度实施独立工矿区改造搬迁工程，支持矿区基础设施、公共服务设施和接续替代产业平台改造建设，通过矿区转型发展创造更多就业机会。

3. 产业衰退地区促进就业行动。发挥产业基础好和产业工人素质高的优势，积极承接有利于延伸产业链、提高技术水平和资源综合利用的产业。全面开展城区老工业区搬迁改造，统筹推进企业搬迁改造和新兴产业培育，提升老工业区就业吸纳能力。建设一批产业转型升级示范区和示范园区，提供宜居宜业的创业创新环境，打造承接中高端人才回流和专业人才就业的重要平台载体。

4. 国有林场和国有林区促进就业行动。推进重点国有林区深山远山职工搬迁以及国有林场撤并整合和职工搬迁，通过中央基建投资支持大小兴安岭和长白山林区接续替代产业发展，在保护好原生态和不破坏森林资源的前提下，支持发展吸纳就业能力强的种养业、林下特色产业、北药产业、生态文化旅游业、商贸服务业，加强园区基础设施建设，推动林区打造产业竞争新优势，进一步扩大就业和再就业。

5. 困难地区就业援助行动。针对因经济结构调整或重大自然灾害而形成的就业困难地区，发挥部门职能优势，动员群团组织力量，搭建政企合作平台，促进重点群体就业创业。

推动困难行业传统产业转型发展，稳定现有用工需求。通过化解过剩产能、淘汰落后产能、落实减税降费政策、加快分离国有企业办社会职能等综合措施，推动钢铁、煤炭等行业转型发展，稳定用工需求。实施制造业重大技术改造升级工程，加快新一代信息技术与制造业的深度融合，提高产品科技含量和附加值，推动传统制造业由生产型向生产服务型转变，延伸产业链条，增加就业岗位。合理降低实体经济企业融资、人工、能源、物流等成本，落实减轻企业税费负担各项措施，加快转型升级步伐，增强经济持续稳定增长动力，扩大用工需求。同步推进产业结构调整和劳动者技能转换，在转型发展中不断增强吸纳就业能力。

三、提升创业带动就业能力

坚持深化“放管服”改革，不断优化创业环境，畅通创业创富通道，激发全社会支持创业、参与创业的积极性，不断增强创业带动就业能力。

（六）畅通创业创富通道。

加快形成有利于劳动者参与创业的政策环境。深化行政审批制度改革、收费管理制度改革、商事制度改革，创新监管方式，优化政府服务，降低市场准入门槛和制度性交易成本，破除制约劳动者创业的体制机制障碍。拓宽创业投融资渠道，管好用好创业担保贷款，合理增加贴息资金投入，扩大担保基金规模。鼓励金融机构充分依托互联网信息技术，通过大数据、交叉信息验证等方式，科学评估还款能力，优化贷款审批流程，提升网络平台创业主体和小微企业创业主体贷款的便捷性和可获得性。落实促进高校毕业生、退役军人、残疾人、登记失业人员等群体创业的税费优惠政策。加大对初创企业的场地支持、设施提供、房租减免、住房优惠等政策扶持力度，降低创业成本。

调动劳动者创业创富积极性。加快落实高校、科研院所等专业技术人员离岗创业政策，鼓励科技、教育、文化等专业人才转变观念，发挥知识和技术优势，成为创业的引领者。积极推进投贷联动试点，探索符合科创企业发展需求的金融服务模式，促进更多科技人才就业创业。支持大中专毕业生转变择业观念，自立自强，成为创业的生力军。研究实施留学人员回国创业创新启动支持计划。进一步放宽外国人才申请签证、工作许可、居留许可和永久居留证的条件，简化开办企业审批流程，加大创业启动资金支持力度，完善子女入学、医疗、住房等配套政策，吸引更多境外高端人才来华创业创新。大力支持农民工等人员返乡下乡创业。引导城镇失业人员等其他各类人员以创业促就业。引导高校开展创业创新训练计划，激发大学生创业创新动力。在全社会大力弘扬创业风尚，培育创业意识，营造鼓励创业、宽容失败的社会氛围。

专栏4　创业创新人才引进计划

1. 加大引进力度。支持设立引进外国人才创业创新试验基地，提供政策支持和优化服务，吸引世界各地创业创新人才聚集。
2. 完善政策措施。组建优秀青年创业导师队伍，为来华创业青年提供政策解读、创业项目推荐、信息咨询等服务。
3. 提升服务能力。搭建孵化增值服务平台，整合创业创新服务资源，不断提升服务的针对性和有效性。

专栏5　结合新型城镇化开展支持农民工等人员返乡创业试点

1. 分类实施试点。按照分类实施、有序推进的原则，以县为主体因地制宜开展培育产业集群、发展农村电商、促进转型脱困、带动扶贫增收、加快民族地区发展等返乡创业试点工作。
2. 完善返乡创业政策。落实相关税费优惠政策，支持试点地区加快出台降低门槛、财政支持、金融服务等创新性政策措施，营造良好的创业环境。支持部分试点地区开展“两权”（农村承包土地的经营权、农民住房财产权）抵押贷款试点。组织开展鼓励农民工等人员返乡创业三年行动计划，大力推进返乡农民工等人员创业培训工作。
3. 优化返乡创业环境。支持部分试点地区建设公共实训基地，提高培训能力；加强交通、物流、电信等基础设施建设，优化发展环境。支持试点地区发展农产品加工、乡村旅游、休闲农业等相关产业。

（七）扩大创业带动就业效应。

强化创业服务，提高创业成功率。统筹规划、合理布局，建设一批各具特色、高水平的区域、高校和科研院所、企业“双创”示范基地，提升创业服务能力。推广新型孵化模式，加快发展众创空间，建设一批创业孵化基地和创业园区，提供项目开发、开业指导、融资等一条龙服务，支持劳动者成功创业。建设小微企业创业创新基地，形成线上与线下、孵化与投资相结合的开放式综合服务载体，为小微企业创业兴业提供低成本、便利化、全要素服务。推动乡村旅游创客示范基地建设。打造“预孵化＋孵化器＋加速器＋稳定器”的梯级孵化体系，根据创业主体不同阶段、不同需求，提供有针对性的专业化、差别化、定制化指导服务，促进创业企业加快发展。规范发展区域性股权市场，为创业企业提供直接融资服务。推进知识产权交易，加快建设全国知识产权运营公共服务平台。推动重点实验室、科技园等平台资源向社会开放。探索建立志愿者服务机制，组建高素质辅导师队伍。建立健全课堂教学、自主学习、结合实践、指导帮扶、文化引领融为一体的创业创新教育培训体系。构建面向人人的创业服务平台，深入推进创业型城市创建活动，积极培育创业生态系统。

专栏6　　创业培训计划

1. 健全培训制度。建立培训对象甄选制度，完善创业意愿识别和能力短板诊断机制。建立健全培训绩效考评制度，对创业培训工作成效实施第三方评估。

2. 创新培训模式。开发针对不同创业群体、不同阶段创业活动的创业培训项目。积极探索创业培训与技能培训、区域产业相结合的培训模式。试点推广“慕课”等“互联网＋”创业培训新模式，大规模开展开放式在线培训。加强远程公益创业培训。研究探索通过“创业券”“创新券”等方式提供创业培训服务。深入实施高校毕业生就业创业促进计划和技能就业专项行动，鼓励高等院校、职业院校学生在校期间开展创业竞赛、技能竞赛、创业实训等“试创业”实践活动和电子商务培训活动，并按规定将其纳入创业培训政策支持范围。

3. 加强课程开发。以创业活动不同阶段、不同业态的知识技能需求为导向，构建多层次、模块化的创业培训课程体系。鼓励有条件的地区以政府和社会资本合作（PPP）模式组织开发新领域、新业态的创业培训课程并实施创业培训。加强创业培训师资队伍建设，吸纳社会专业人士加入创业培训专家队伍。

4. 规范机构发展。建立健全政府购买服务机制，鼓励和引导各类优质教育培训资源投入创业培训。

健全传导扩散机制，增强创业带动能力。打通“创业—创新—经济和就业增长点”培育链条，统筹产业链、创新链、资金链和政策链，大力支持培育一批吸纳就业能力强的创新型创业企业。完善新兴产业和现代服务业发展政策，鼓励大型互联网企业、行业领军企业通过网络平台向各类创业创新主体开放技术、开发、营销、推广等资源，打通科技和经济结合的通道，加强创业创新资源共享与合作，切实将人才优势和科技优势转化为产业优势和经济优势。鼓励发展“互联网＋创业”，支持“自组织、自激励、自就业”的创业模式，强化创业带动就业、促进增收效应。

四、加强重点群体就业保障能力

坚持突出重点，加快完善更加积极的就业政策，统筹做好高校毕业生等重点群体就业工作，兜住民生底线。

（八）切实做好高校毕业生就业工作。

拓展高校毕业生就业领域。继续把高校毕业生就业摆在就业工作首位，多方位拓宽就业领域。在产业结构调整中，着力支持科技含量高的智力密集型产业特别是战略性新兴产业、现代服务业以及各类新业态、新模式加快发展，开发更多适合高校毕业生的高质量就业岗位。

引导和鼓励高校毕业生到基层就业。结合政府购买基层公共管理和社会服务开发岗位，统筹实施基层服务项目，落实学费代偿、资金补贴、税费减免等扶持政策，进一步引导和鼓励高校毕业生到城乡基层、中西部地区、中小微企业就业。健全基层服务保障机制，畅通流动渠道，拓展扎根基层高校毕业生职业发展通道。

增强高校毕业生就业服务能力。深入实施高校毕业生就业创业促进计划，健全高校毕业生就业创业服务体系，创新就业信息服务方式方法，注重运用“互联网＋就业”模式，加强就业市场供需衔接和精准帮扶。加大就业见习力度，做好困难毕业生就业帮扶工作。

（九）促进农村劳动力转移就业。

拓宽农村劳动力转移就业渠道。建立健全城乡劳动者平等就业制度，引导农村劳动力外出就业、就地就近就业。推进农村劳动力转移就业示范基地建设，结合推进新型城镇化建设，合理引导产业梯度转移，创造更多适合农村劳动力转移就业的机会。加强部分行政村劳动力转移就业监测。

促进农村贫困劳动力转移就业。按照政府推动、市场主导的原则，加强劳务协作，积极促进农村建档立卡贫困人口和非建档立卡的农村低保对象、贫困残疾人中的劳动力稳定就业和转移就业。建立健全劳务输出对接机制，提高劳务输出就业脱贫的组织化程度。输出地要摸清底数，准确掌握建档立卡贫困人口和非建档立卡的农村低保对象、贫困残疾人中有就业意愿和劳动能力的未就业人员以及已就业人员基本情况，因人因需提供技能培训和就业服务。输入地要动员企业参与，实现人岗对接，保障稳定就业。引导金融机构创新金融服务体制机制，积极开展扶贫小额信贷、助学贷款、易地扶贫搬迁贷款等业务，支持贫困人口通过发展生产实现就业创业。依据建档立卡贫困人口和非建档立卡的农村低保对象、贫困残疾人信息数据精准识别帮扶对象，建立台账，制订计划，实施“春潮行动”、技能脱贫千校行动。

（十）统筹其他群体就业。

强化困难群体就业援助。健全就业援助制度，完善就业援助政策，鼓励企业吸纳困难人员就业。对就业困难人员和零就业家庭成员开展实名制动态管理和分类帮扶，提供一对一就业援助，做到零就业家庭“产生一户、援助一户、消除一户、稳定一户”，确保零就业家庭动态清零。通过公益性岗位托底帮扶一批确实难以通过市场就业的大龄就业困难人员、零就业家庭人员，实现最低生活保障家庭中有劳动能力的成员至少有一人就业。加强社会救助与就业联动，对实现就业的低保对象，在核算其家庭收入时，可扣减必要的就业成本，并通过“低保渐退”等措施，增强其就业意愿和就业稳定性。

高度重视化解过剩产能职工安置工作。将职工安置摆在化解过剩产能工作的突出位置。坚持企业主体、地方组织、依法依规的原则，分类施策，精准发力，拓宽分流渠道，加强转岗再就业帮扶，做好去产能企业职工安置工作。安置过程中要发挥好职工代表大会、厂务公开等民主管理制度的作用。落实通过失业保险基金发放稳岗补贴等扶持政策，引导钢铁、煤炭等行业困难企业以协商薪酬、灵活工时、培训转岗等方式稳定现有工作岗位。充分发挥中央奖补资金作用，通过转岗就业创业、托底安置、内部退养等多种方式妥善安置职工。

做好特定群体就业工作。做好军队转业干部和退役士兵的接收安置工作。高度重视青年群体就业工作，采取有针对性的措施帮助其就业创业。统筹做好残疾人、少数民族劳动者、退役运动员、戒毒康复人员、刑满释放人员等群体就业工作。消除针对特定群体的就业歧视，营造公平就业环境。

专栏 7　　重点人群就业促进计划

1. 高校毕业生就业创业促进计划。适应高校毕业生就业创业新需要，将就业创业有机融合，建立涵盖学校内外各阶段、求职就业各环节、就业创业全过程的服务体系。健全未就业毕业生实名数据库，为高校毕业生提供就业信息、职业指导和就业见习等就业服务。普及创业教育，加强职业培训。加强部门之间工作衔接、信息共享，推动高校毕业生就业创业。

2. 实施高校毕业生基层服务项目。统筹实施大学生村官、农村教师特岗计划、“三支一扶”计划、志愿服务西部计划和农技特岗计划等专门项目，选拔派遣高校毕业生到基层服务。规范项目管理，加强人员培养使用，强化日常考核监督，切实发挥项目示范引领作用。

3. 促进农村劳动力转移就业。坚持统筹城乡就业，多渠道开发就业岗位，落实扶持政策，加强职业培训和就业创业服务，优化就业创业环境，加强形势分析和就业监测，促进农村富余劳动力有序外出就业、就地就近就业和返乡创业，着力稳定和扩大农民工就业规模。

4. 做好化解过剩产能职工安置工作。以钢铁、煤炭等行业为重点，实施再就业帮扶行动，对确实要离开企业的劳动者，普遍开展转岗培训或技能提升培训，免费提供就业创业服务，落实职业培训补贴等扶持政策，促进其自主创业和转岗就业。对距法定退休年龄五年以内、再就业有困难的职工，经其本人自愿选择和企业同意，可实行内部退养，由企业发放生活费并缴纳基本养老和医疗保险费单位缴纳部分，个人按规定缴费。

5. 推进就业扶贫。通过精准对接、劳务协作和政策扶持，促进有就业意愿和就业能力的未就业贫困人口和非建档立卡的农村低保对象、贫困残疾人转移就业，促进已实现就业的建档立卡贫困人口和非建档立卡的农村低保对象、贫困残疾人稳定就业。组织全国千所左右省级重点以上技工院校开展技能脱贫千校行动，实现“教育培训一人、就业创业一人、脱贫致富一户”的目标。实施职业教育东西协作行动计划，以职业教育和培训为重点，瞄准建档立卡贫困人口和非建档立卡的农村低保对象、贫困残疾人精准发力，促进就业脱贫。通过就业带动促进 1 000 万贫困人口脱贫。

6. 实施就业援助。加大企业吸纳困难群体就业的扶持力度，规范公益性岗位开发管理，畅通进出通道。大力推进残疾人按比例就业。完善就业援助制度，实施精细化的分类帮扶和实名制动态管理，缩短长期失业者失业周期。

五、提高人力资源市场供求匹配能力

坚持发挥市场在人力资源配置中的决定性作用，深化改革，加强监管，提高服务能力，不断提升人力资源市场供求匹配效率。

（十一）规范人力资源市场秩序。

健全人力资源市场体系。加快建立统一开放、竞争有序的人力资源市场体系，打破城乡、地区、行业分割和身份、性别歧视，完善市场运行规则，规范招人用人制度，消除影响平等就业的制度障碍。增强劳动力市场灵活性，促进劳动力在地区、行业、企业之间自由流动。推进人力资源市场信用体系和标准体系建设，加强人力资源市场管理信息平台建设。推进户籍制度改革，积极稳妥将有稳定劳动关系并在城镇居住一定年限的农民工及其家属逐步转为城镇居民。

加大监管力度。健全人力资源市场法律法规体系，尊重劳动者和用人单位市场主体地位，依法保障其合法权益。依法规范实施人力资源市场行政许可，进一步简化优化审批流程，提高服务的便捷性和可及性。加强人力资源市场事中事后监管，实施随机抽查监管，建立年度报告公示制度，探索运用新兴信息技术提升监管效能。强化日常监督检查，开展人力资源市场秩序清理整顿专项行动，严厉查处相关违法违规行为。充分发挥各类人力资源服务机构、行业协会和社会力量的监督作用，积极推进社会协同共治。

（十二）提升人力资源市场供求匹配效率。

提高公共就业服务能力。合理保障就业创业服务经费、配备工作人员。加快建立职业指导员、职业信息分析专业人员、劳动保障专理员、劳动人事争议调解员仲裁员、劳动保障监察协管员、劳动关系协调员等专业工作人员队伍。完善普惠性就业服务制度，推进服务均等化。综合运用就业服务新技术新方法，指导劳动者规划职业生涯，提高求职就业能力。不断优化服务流程，完善服务功能，推进就业服务项目化，提高就业服务质量和效率。完善就业信息服务制度，建立信息互联互通机制，搭建共享发布平台，开展就业信息分析利用，引导劳动者求职和用人单位招聘。加快公共就业服务信息化建设，推动大数据等新技术应用，到2020年，全面建成省级集中的公共就业服务信息系统和公共就业创业服务平台，充分运用网站、移动应用、自助终端、“12333”热线、微信等渠道，打造线上线下一体的服务体系。开展公共就业创业服务示范城市建设，引导就业服务发展。

大力发展人力资源服务业。以产业引导、政策扶持和环境营造为重点，规范发展人事代理、人才推荐、人员培训、劳务派遣等人力资源服务。加强统筹规划和政策引导，依托重大项目和龙头企业，培育创新发展、符合市场需求的人力资源服务产业园。鼓励创新，实施“互联网＋人力资源服务”行动，培育壮大人力资源服务产业。加强人力资源服务业从业人员职业培训，加快全国人力资源市场供求信息监测和发布制度建设。

专栏 8　　人力资源服务业发展推进计划

1. 人力资源服务机构建设。重点培育一批有核心产品、成长性好、竞争力强的企业集团，推动人力资源服务产品创新、管理创新和服务创新。推进人力资源服务业和互联网技术融合，开展“互联网＋人力资源服务”行动。

2. 人力资源服务产业园建设。加强顶层设计，建设一批有特色、有规模、有活力、有效益的人力资源服务产业园，充分发挥园区集聚发展和辐射带动作用。

3. 人力资源服务队伍建设。开展人力资源服务机构经营管理人员培训，加大人力资源服务业高层次人才培养和引进力度。实施人力资源服务业领军人才培养计划。

六、强化劳动者素质提升能力

坚持人才优先，健全劳动者素质提升长效机制，加快培育更高技能水平、更好专业素养和敬业精神、更强创新能力和创业精神的劳动者队伍，着力缓解结构性就业矛盾。

（十三）提升人才培养质量。

加快教育结构调整。适应经济社会发展需求变化，引导高校构建与学校定位和办学特色相匹配的学科专业体系，增设经济社会发展和民生改善急需专业，更新升级传统专业，优化人才培养结构。充分发挥行业组织作用，建立专业设置、学生就业与重点产业人才需求相衔接的预测预警机制。继续深入实施基础学科拔尖学生培养试验计划，支持高水平研究型大学依托优势基础学科建设国家青年英才培训基地。加强服务行业发展的特色人才培养。加快建立高等学校分类体系，鼓励不同层次、类型的高校牢牢把握人才需求方向，统筹研究型、应用型、复合型等各类人才培养。鼓励具备条件的地方普通本科院校向应用型转变，培养更多技术技能型人才。推进职业教育与普通教育分类管理，探索建立国家资历框架，引导各级各类职业院校科学定位、办出特色。在优化布局基础上，改善职业院校基本办学条件，建设一批高水平的职业院校和骨干专业，加快培育大批具有专业技能与工匠精神的高素质劳动者和人才。健全公平公正、多元投入、规范高效的国家资助政策体系，保障职业院校家庭经济困难学生完成学业。完善顶层设计，研究制定规范发展继续教育的政策制度。

深化教学改革。推动职业院校、本科高校与行业企业共同实施全流程协同育人，共同开展教育教学、组织质量评价。全面建立职业院校教学工作诊断与改进制度。建立全国高校继续教育质量报告制度，强化高校继续教育责任主体意识，加强事中事后监管。深化专业、课程、教材体系改革，加强教材规划、管理和审查，推动课程内容与职业标准、教学过程与生产过程有效对接，及时调整、更新教学内容和教学方式，强化实践教学。建立和完善现代学校制度，落实学校在人事管理、教师评聘、收入分配等方面的办学自主权，支持职业院校、本科高校自主聘用有丰富实践经验的人员担任专兼职教师，加快建设“双师型”教师队伍。制定实施企业参与职业教育的激励政策、有利于校企人员双向交流的人事管理政策，落实学生实习政策，全面推进现代学徒制试点工作，深入推进职业教育集团化办学，推动学校与企业合作建设一批共建共享的实训基地。

完善终身学习服务体系。充分发挥各级各类学校的优势，加强终身教育制度建设。提供更多继续教育和职业技能培训课程，发展在线教育和远程教育，积极发挥高校继续教育数字化资源开放和在线教育联盟作用，为全体社会成员提供多次选择、多种路径的终身学习机会。进一步办好开放大学。鼓励高等学校招收有实践经历人员，支持社会成员通过直接升学、先就业再升学、边就业边学习等多种方式不断发展。科学设置评估考核指标，加快构建全程化、模块化、多元化的终身学习成果评价体系，增强终身学习质量保障能力，提高社会成员终身学习积极性。

（十四）提高劳动者职业技能。

完善职业技能培训制度。适应经济转型要求，推动职业培训转型升级，进一步扩大培训规模。研究建立终身职业技能培训制度，提高劳动者就业创业能力。建立健全以企业、职业院校和各类培训机构为依托，以就业技能培训、岗位技能提升培训和创业培训为主要形式，覆盖全体、贯穿终身的培训体系。调动各方积极性，加快推行工学一体、企业新型学徒制、“互联网＋”等培训模式。创新职业培训方式，实行国家基本职业培训包制度，规范管理，提高补贴标准，增强职业培训的针对性和有效性。完善职业技能培训财政资金补贴方式，对建档立卡贫困人口和非建档立卡的农村低保对象、贫困残疾人等符合条件人员，探索采取整建制购买培训项目、直补培训机构等方式，提高培训效果。探索建立重点产业职业技能培训需求指导目录制度，加大对指导目录内培训项目的补贴力度。建立国家职业资格目录清单管理制度，清单之外一律不得许可和认定职业资格，清单之内除准入类职业资格外一律不得与就业创业挂钩。构建科学设置、规范运行、依法监管的国家职业资格框架和管理服务体系。建立培训、鉴定、就业分工合作机制，以及培训信息发布、质量评价和保障机制。

健全劳动者技能提升激励机制。提高技术工人待遇，定期开展高技能人才评选表彰活动。完善技能人才与同等学历、职称人员享受平等待遇政策，落实积分落户、招聘录用、岗位聘任、职务职级晋升、职称评定、薪酬、学习进修、休假体检等待遇，全面加强技能人才激励工作。

增强公共实训能力。突出建设重点，科学合理布局，在整合资源基础上，统筹建设若干区域性大型实训基地、一批地市级综合型实训基地和县级地方产业特色型实训基地，构筑布局合理、定位明确、功能突出、信息互通、协调发展的职业技能实训基地网络，不断提升公共实训能力。采取中央基建投资补助等多种形式，鼓励和引导保险资金等社会资本通过设立职业技能培训产业发展基金等多种途径，参与支持公共实训基地建设。

提升重点人群职业技能。实施高技能人才振兴计划和专业技术人才知识更新工程，突出“高精尖缺”导向，大力发展技工教育，培训急需紧缺人才。开展贫困家庭子女、未升学初高中毕业生、农民工、失业人员和转岗职工、退役军人、残疾人免费接受职业培训行动。组织实施化解过剩产能企业职工、高校毕业生、新生代农民工等重大专项培训计划。实施全员质量素质提升工程。加快实施新型职业农民培育工程，建立教育培训、规范管理和政策扶持相衔接的制度体系。发挥企业主体作用，开展岗位技能提升培训，按照职工工资总额的1.5％～2.5％足额提取教育培训经费，专项用于职工特别是一线职工教育培训。

专栏9　新型职业农民培育工程

1. 健全培育机制。加快建立农业行政主管部门负责，农业广播电视学校、涉农院校、农民合作社、农业产业化龙头企业、农业技术推广机构以及其他各类市场主体多方参与、适度竞争的多元培育机制，强化新型职业农民培育示范，到2020年，实现新型职业农民培育工程覆盖全国所有农业县（市、区）。

2. 创新培育模式。促进教学内容与生产实际、教学安排与农时农事、理论教学与实践实习紧密结合，允许分阶段完成培训。采取送教下乡、半农半读、弹性学制等形式，鼓励农民接受中高等职业教育，培养高层次新型职业农民。建设新型职业农民培育信息化平台，为新型职业农民提供在线学习、跟踪指导等服务。

3. 加大支持力度。创新新型职业农民培训财政支持方式，加强财政资金使用监管，着力提高培训效果。采取融资担保等措施，加大对新型职业农民的政策扶持力度。推动有条件的新型职业农民按规定参加养老、医疗等社会保险。

4. 壮大新型职业农民队伍。实施现代青年农场主培养计划和农村青年创业致富“领头雁”培养计划，吸引年轻人务农创业。实施新型农业经营主体带头人轮训计划，“十三五”时期将新型农业经营主体带头人轮训一遍。强化管理服务和政策扶持，培养一批有文化、懂技术、善经营、会管理的新型职业农民。

（十五）培养良好职业素养。

加强职业道德建设。引导劳动者遵守纪律、诚实守信，自觉履行劳动义务，依法理性维护自身权益。将职业道德教育贯穿于教育培训全过程。引导企业加强职业文化建设，弘扬良好职业行为习惯，推动劳动者形成“干一行、爱一行”的职业理念。

强化职业发展和就业指导教育。普遍开设职业发展与就业指导课程，建立专业化、全程化的就业指导教学体系，增强毕业生特别是高校毕业生自我评估能力、职业开发能力及择业能力，切实转变就业观念。加强就业指导教师培训和实践锻炼，创新教学方法，进一步提高教学效果。

培育工匠精神。充分发挥院校、企业、工会等各方积极性，将培育工匠精神融入到教育培训、企业文化建设等各领域各环节，大力培养劳动者精益求精的职业素质。完善激励机制，培树先进典型，营造尊重劳动、尊重工匠的良好社会氛围，提高劳动者培育工匠精神的自主性。

七、构建更有力的保障支撑体系

不断强化各类政策协同机制、优化社会资本带动机制、完善就业创业服务机制、健全劳动关系协调机制、构建就业形势综合监测机制，加快落实规划重点任务。

（十六）强化各类政策协同机制。

坚持实施就业优先战略，充分发挥就业目标的引导作用，统筹制定国民经济和社会发展总体规划，统筹考虑宏观调控的重点和节奏。将促就业稳就业作为宏观经济政策的优先目标，加快完善更加积极的就业政策体系，加强就业政策与财税、货币、产业、投资、贸易等宏观经济政策以及人才、教育、培训、社保等社会政策的统筹协调，形成有利于促进就业的宏观政策体系。各级政府要积极调整财政支出结构，合理加大促进就业相关资金筹集力度，提高财政资金支持就业创业效益，保障就业管理和服务高效运转。实施支持就业创业的税收优惠政策，促进符合条件的重点群体就业创业。鼓励和引导各类金融机构加大对就业创业的金融支持。建立投资带动就业等宏观经济政策的就业影响评估机制。健全促进就业工作机制，完善考核指标体系，加大就业创业指标考核权重，强化政府促进就业责任。加强对就业工作进度和各项目标任务完成情况的督促检查，对就业创业工作成效明显的地方加大激励支持力度，对工作不力的予以问责。坚持底线思维，加强联防联控、相机抉择，建立突发事件应对机制，确保就业形势总体稳定。

（十七）优化社会资本带动机制。

统筹发挥好市场和政府“两只手”的作用，创新服务供给模式，通过政府和社会资本合作（PPP）等多种形式，有序有效引导并带动社会资本扩大就业创业服务供给。推动政府向社会力量购买更多基本公共就业创业服务，提升专业化服务水平。鼓励多元主体办学，引导行业企业、社会团体、科研机构和公民个人积极参与举办职业教育，重点支持举办非营利性职业院校，探索发展股份制、混合所有制职业院校，探索公办和社会力量举办的职业院校相互委托管理和购买服务机制。出台实施细则，落实土地供给、资质许可等具体办法，支持社会资本兴办教育和培训机构。落实政府购买培训相关政策，建立政府资金投入与管理制度，逐步形成培训机构自主开展培训、劳动者自主选择培训机构、政府提供资金支持和依法监管的职业技能培训运行机制。

（十八）完善就业创业服务机制。

加强基层公共就业创业服务平台建设，健全覆盖城乡的公共就业创业服务体系，完善运行管理机制。推进公共就业信息服务平台建设，完善全国就业信息监测制度，建立部门和省级就业信息资源库，实现就业管理和就业服务工作全程信息化。加快创业培训信息化管理平台建设，实现数据、信息、资源联通共享。健全人才流动公共服务体系，加快推进流动人员人事档案信息化建设。探索建立与国际接轨的全球人才招聘制度。加强“金保工程”建设，加快社会保险信息互联互通进程，进一步提高社会保险关系转移接续服务能力。完善公共就业创业和教育培训服务效能第三方评估机制。

（十九）健全劳动关系协调机制。

完善劳动标准体系。全面实行劳动合同制度。推行集体协商和集体合同制度。完善协调劳动关系三方机制。健全最低工资增长机制，建立统一规范的企业薪酬调查和信息发布制度，完善企业工资决定和正常增长机制、工资支付保障长效机制。完善劳动保障监察机制，加强劳动保障监察执法能力建设。加强劳动争议调解仲裁工作规范化、标准化、专业化、信息化建设，加快劳动争议调解仲裁服务体系建设，建立健全重大集体劳动争议应急调处机制和仲裁特别程序。

（二十）构建就业形势综合监测机制。

健全就业统计指标体系，完善统计口径和调查方法，建立有关就业新形态、创业情况的统计监测指标，更加全面反映就业创业情况。做好就业统计调查保障工作。建立就业统计数据质量核查机制，加强与社会保险等其他数据校核比对。进一步加强就业形势分析研判，健全就业形势定期综合会商评估工作机制。加强部门与研究机构、市场分析机构的密切协作，建立就业数据与宏观经济、行业经营等数据以及社会机构相关数据交叉比对机制，提高就业形势监测和分析能力。建立全国性的劳动力市场价格监测体系，及时掌握不同地区、重点行业的就业形势与收入变化等情况。建立完善失业监测预警机制，及时掌握监测企业人员变动情况及趋势，适时发布预警信息。

八、组织实施

（二十一）加强部门协调，明确职责分工。

各有关部门要高度重视促进就业工作，切实履行好促进就业鼓励创业的职责，不断完善促进就业创业的政策措施，健全工作机制，明确任务分工，加强跟踪调度，协调解决重大问题，确保本规划重点任务、主要措施有效落实。

（二十二）加强上下联动，压实各方责任。

各地区、各有关部门要结合实际，围绕规划主要任务，进一步细化目标措施，抓好贯彻落实。省级人民政府对辖区内规划实施工作负总责，确保规划重点任务和工程建设落到实处。

（二十三）加强督促检查，抓好规划评估。

国家发展改革委、人力资源社会保障部要会同有关部门建立督促检查制度，开展规划实施情况年度监测，组织规划实施中期和终期评估，重大情况及时上报国务院。

附件：重点任务分工方案

附件

重点任务分工方案

序号	重点工作	负责单位
1	紧紧把握全球科技革命和产业变革重大机遇，深入实施创新驱动发展战略，不断优化政策组合，大力发展新一代信息技术、高端装备、新材料、生物、新能源汽车、新能源、节能环保、数字创意等战略性新兴产业，拓展产业发展新空间，创造就业新领域	国家发展改革委、科技部、工业和信息化部等按职责分工负责
2	积极探索和创新监管方式，创造更加宽松的环境，加快发展平台经济等新经济形态，催生更多微经济主体，培育更多跨界融合、面向未来的就业创业沃土，开发更多新型就业模式	国家发展改革委、工商总局、工业和信息化部、商务部、人力资源社会保障部等按职责分工负责
3	编制出台共享经济发展指南，通过放宽市场准入、创新监管手段、引导多方治理等优化环境，完善消费者权益保护等相关政策，促进共享经济健康发展	国家发展改革委牵头负责
4	健全就业、劳动保障等相关制度，支持发展就业新形态	人力资源社会保障部牵头负责
5	开展加快发展现代服务业行动，不断拓展服务业发展广度和深度，鼓励发展就业容量大、门槛低的家政护理等生活性服务业	国家发展改革委牵头负责
6	综合运用差别化存款准备金率、再贷款、信贷政策导向效果评估等多种政策工具，引导金融机构开展应收账款融资、动产融资、供应链融资等创新业务，优化小微企业融资环境。鼓励符合条件的金融机构在依法合规、风险可控的前提下，发行小微企业金融债券和小微企业相关信贷资产证券化产品，进一步盘活存量资产，加大小微企业信贷投放，增强其吸纳就业能力	人民银行、银监会牵头负责
7	推进农业、林业产业链和价值链建设，着力构建现代农业和林业产业体系、生产体系、经营体系，推动粮经饲统筹、农林牧渔结合、种养加一体、一二三产业融合发展，创造更多职业农民就业机会	农业部、国家发展改革委、国家林业局按职责分工负责
8	完善政策支持体系，积极发展农业生产性服务业、农产品深加工和储运，推动发展“互联网＋现代农业”，大力发展农产品电子商务、休闲农业、创意农业、森林体验、森林康养和乡村旅游等新业态，加快培育专业大户、家庭农场、农民合作社、农业企业等新型农业经营主体，扩大职业农民就业规模	农业部、国家发展改革委、国家林业局、国家旅游局等按职责分工负责
9	分类施策，支持劳动者以知识、技术、管理、技能等创新要素按贡献参与分配，实行股权、期权等中长期激励政策，以市场价值回报人才价值，全面激发劳动者创业创新热情	国家发展改革委、人力资源社会保障部、科技部、财政部等按职责分工负责
10	开展城乡居民增收行动	国家发展改革委牵头负责
11	指导和推动资源枯竭城市等困难地区培育发展劳动密集型接续产业。研究制定支持产业衰退地区振兴发展的指导意见，通过落实财政、投资、金融、土地等支持政策，促进产业衰退地区发展接续产业，增强吸纳就业能力	国家发展改革委牵头负责

续表

序号	重点工作	负责单位
12	开展重点地区促进就业专项行动	国家发展改革委、人力资源社会保障部按职责分工负责
13	实施制造业重大技术改造升级工程，加快新一代信息技术与制造业的深度融合，提高产品科技含量和附加值，推动传统制造业由生产型向生产服务型转变，延伸产业链条，增加就业岗位	国家发展改革委牵头，工业和信息化部、科技部按职责分工负责
14	同步推进产业结构调整和劳动者技能转换，在转型发展中不断增强吸纳就业能力	国家发展改革委、人力资源社会保障部牵头负责
15	拓宽创业投融资渠道，管好用好创业担保贷款，合理增加贴息资金投入，扩大担保基金规模。鼓励金融机构充分依托互联网信息技术，通过大数据、交叉信息验证等方式，科学评估还款能力，优化贷款审批流程，提升网络平台创业主体和小微企业创业主体贷款的便捷性和可获得性	人力资源社会保障部、国家发展改革委、财政部、人民银行、银监会等按职责分工负责
16	加快落实高校、科研院所等专业技术人员离岗创业政策，鼓励科技、教育、文化等专业人才转变观念，发挥知识和技术优势，成为创业的引领者。积极推进投贷联动试点，探索符合科创企业发展需求的金融服务模式，促进更多科技人才就业创业	国家发展改革委、教育部、科技部、人力资源社会保障部、人民银行等按职责分工负责
17	进一步放宽外国人才申请签证、工作许可、居留许可和永久居留证的条件，简化开办企业审批流程，加大创业启动资金支持力度，完善子女入学、医疗、住房等配套政策，吸引更多境外高端人才来华创业创新	国家外专局、人力资源社会保障部牵头，外交部、公安部、工商总局、教育部、国家卫生计生委、住房城乡建设部等按职责分工负责
18	实施创业创新人才引进计划	国家外专局、人力资源社会保障部牵头负责
19	结合新型城镇化开展支持农民工等人员返乡创业试点	国家发展改革委牵头，工业和信息化部、财政部、人力资源社会保障部、国土资源部、住房城乡建设部、交通运输部、农业部、商务部、人民银行、国家林业局等按职责分工负责
20	统筹规划、合理布局，建设一批各具特色、高水平的区域、高校和科研院所、企业“双创”示范基地，提升创业服务能力	国家发展改革委牵头负责
21	推广新型孵化模式，加快发展众创空间，建设一批创业孵化基地和创业园区，提供项目开发、开业指导、融资等一条龙服务，支持劳动者成功创业	科技部牵头负责
22	建设小微企业创业创新基地，形成线上与线下、孵化与投资相结合的开放式综合服务载体，为小微企业创业兴业提供低成本、便利化、全要素服务	工业和信息化部牵头负责
23	规范发展区域性股权市场，为创业企业提供直接融资服务。推进知识产权交易，加快建设全国知识产权运营公共服务平台。推动重点实验室、科技园等平台资源向社会开放	证监会、国家知识产权局、科技部等按职责分工负责
24	构建面向人人的创业服务平台，深入推进创业型城市创建活动，积极培育创业生态系统。实施创业培训计划	人力资源社会保障部牵头负责

续表

序号	重点工作	负责单位
25	打通“创业—创新—经济和就业增长点”培育链条，统筹产业链、创新链、资金链和政策链，大力支持培育一批吸纳就业能力强的创新型创业企业	国家发展改革委牵头，工业和信息化部、科技部、商务部等按职责分工负责
26	完善新兴产业和现代服务业发展政策，鼓励大型互联网企业、行业领军企业通过网络平台向各类创业创新主体开放技术、开发、营销、推广等资源，打通科技和经济结合的通道，加强创业创新资源共享与合作，切实将人才优势和科技优势转化为产业优势和经济优势	国家发展改革委、工业和信息化部、科技部等按职责分工负责
27	在产业结构调整中，着力支持科技含量高的智力密集型产业特别是战略性新兴产业、现代服务业以及各类新业态、新模式加快发展，开发更多适合高校毕业生的高质量就业岗位	国家发展改革委、工业和信息化部、科技部、商务部等按职责分工负责
28	结合政府购买基层公共管理和社会服务开发岗位，统筹实施基层服务项目，落实学费代偿、资金补贴、税费减免等扶持政策，进一步引导和鼓励高校毕业生到城乡基层、中西部地区、中小微企业就业。健全基层服务保障机制，畅通流动渠道，拓展扎根基层高校毕业生职业发展通道	人力资源社会保障部、教育部牵头负责
29	深入实施高校毕业生就业创业促进计划，健全高校毕业生就业创业服务体系，创新就业信息服务方式方法，注重运用“互联网＋就业”模式，加强就业市场供需衔接和精准帮扶	人力资源社会保障部、教育部牵头负责
30	推进农村劳动力转移就业示范基地建设，结合推进新型城镇化建设，合理引导产业梯度转移，创造更多适合农村劳动力转移就业的机会。加强部分行政村劳动力转移就业监测	国家发展改革委、农业部、人力资源社会保障部等按职责分工负责
31	按照政府推动、市场主导的原则，加强劳务协作，积极促进农村建档立卡贫困人口和非建档立卡的农村低保对象、贫困残疾人中的劳动力稳定就业和转移就业	人力资源社会保障部、国务院扶贫办、民政部、中国残联按职责分工负责
32	对就业困难人员和零就业家庭成员开展实名制动态管理和分类帮扶，提供一对一就业援助，做到零就业家庭“产生一户、援助一户、消除一户、稳定一户”，确保零就业家庭动态清零。通过公益性岗位托底帮扶一批确实难以通过市场就业的大龄就业困难人员、零就业家庭人员，实现最低生活保障家庭中有劳动能力的成员至少有一人就业。加强社会救助与就业联动，对实现就业的低保对象，在核算其家庭收入时，可扣减必要的就业成本，并通过“低保渐退”等措施，增强其就业意愿和就业稳定性	人力资源社会保障部、民政部按职责分工负责
33	将职工安置摆在化解过剩产能工作的突出位置。坚持企业主体、地方组织、依法依规的原则，分类施策，精准发力，拓宽分流渠道，加强转岗再就业帮扶，做好去产能企业职工安置工作	人力资源社会保障部、国务院国资委牵头负责
34	实施重点人群就业促进计划	人力资源社会保障部牵头负责
35	加快建立统一开放、竞争有序的人力资源市场体系，打破城乡、地区、行业分割和身份、性别歧视，完善市场运行规则，规范招人用人制度，消除影响平等就业的制度障碍。增强劳动力市场灵活性，促进劳动力在地区、行业、企业之间自由流动。推进人力资源市场信用体系和标准体系建设，加强人力资源市场管理信息平台建设	人力资源社会保障部牵头负责

续表

序号	重点工作	负责单位
36	实施人力资源服务业发展推进计划	人力资源社会保障部牵头，国家发展改革委、工业和信息化部按职责分工负责
37	适应经济社会发展需求变化，引导高校构建与学校定位和办学特色相匹配的学科专业体系，增设经济社会发展和民生改善急需专业，更新升级传统专业，优化人才培养结构。充分发挥行业组织作用，建立专业设置、学生就业与重点产业人才需求相衔接的预测预警机制	教育部牵头，人力资源社会保障部、国家发展改革委按职责分工负责
38	加快建立高等学校分类体系，鼓励不同层次、类型的高校牢牢把握人才需求方向，统筹研究型、应用型、复合型等各类人才培养。鼓励具备条件的地方普通本科院校向应用型转变，培养更多技术技能型人才	教育部牵头负责
39	健全公平公正、多元投入、规范高效的国家资助政策体系，保障职业院校家庭经济困难学生完成学业	财政部牵头，国家发展改革委、教育部、人力资源社会保障部按职责分工负责
40	建立全国高校继续教育质量报告制度，强化高校继续教育责任主体意识，加强事中事后监管	教育部牵头负责
41	深化专业、课程、教材体系改革，加强教材规划、管理和审查，推动课程内容与职业标准、教学过程与生产过程有效对接，及时调整、更新教学内容和教学方式，强化实践教学	教育部牵头负责
42	建立和完善现代学校制度，落实学校在人事管理、教师评聘、收入分配等方面的办学自主权，支持职业院校、本科高校自主聘用有丰富实践经验的人员担任专兼职教师，加快建设“双师型”教师队伍	教育部牵头负责
43	制定实施企业参与职业教育的激励政策、有利于校企人员双向交流的人事管理政策，落实学生实习政策，全面推进现代学徒制试点工作，深入推进职业教育集团化办学，推动学校与企业合作建设一批共建共享的实训基地	教育部牵头，国家发展改革委、人力资源社会保障部、财政部、国务院国资委等按职责分工负责
44	充分发挥各级各类学校的优势，加强终身教育制度建设	教育部牵头负责
45	研究建立终身职业技能培训制度。加快推行工学一体、企业新型学徒制、“互联网＋”等培训模式。创新职业培训方式，实行国家基本职业培训包制度，规范管理，提高补贴标准，增强职业培训的针对性和有效性。完善职业技能培训财政资金补贴方式，对建档立卡贫困人口和非建档立卡的农村低保对象、贫困残疾人等符合条件人员，探索采取整建制购买培训项目、直补培训机构等方式，提高培训效果。探索建立重点产业职业技能培训需求指导目录制度，加大对指导目录内培训项目的补贴力度。建立国家职业资格目录清单管理制度，清单之外一律不得许可和认定职业资格，清单之内除准入类职业资格外一律不得与就业创业挂钩。构建科学设置、规范运行、依法监管的国家职业资格框架和管理服务体系。建立培训、鉴定、就业分工合作机制，以及培训信息发布、质量评价和保障机制	人力资源社会保障部牵头负责
46	完善技能人才与同等学历、职称人员享受平等待遇政策，落实积分落户、招聘录用、岗位聘任、职务职级晋升、职称评定、薪酬、学习进修、休假体检等待遇，全面加强技能人才激励工作	人力资源社会保障部牵头负责

续表

序号	重点工作	负责单位
47	突出建设重点，科学合理布局，在整合资源基础上，统筹建设若干区域性大型实训基地、一批地市级综合型实训基地和县级地方产业特色型实训基地，构筑布局合理、定位明确、功能突出、信息互通、协调发展的职业技能实训基地网络，不断提升公共实训能力	国家发展改革委、人力资源社会保障部牵头负责
48	实施高技能人才振兴计划和专业技术人才知识更新工程，突出“高精尖缺”导向，大力发展技工教育，培训急需紧缺人才。开展贫困家庭子女、未升学初高中毕业生、农民工、失业人员和转岗职工、退役军人、残疾人免费接受职业培训行动。组织实施化解过剩产能企业职工、高校毕业生、新生代农民工等重大专项培训计划	人力资源社会保障部牵头负责
49	加快实施新型职业农民培育工程，建立教育培训、规范管理和政策扶持相衔接的制度体系	农业部牵头负责
50	加强职业道德建设。强化职业发展和就业指导教育。培育工匠精神	人力资源社会保障部、教育部、国务院国资委、全国总工会、共青团中央等按职责分工负责
51	坚持实施就业优先战略，充分发挥就业目标的引导作用，统筹制定国民经济和社会发展总体规划，统筹考虑宏观调控的重点和节奏	国家发展改革委、人力资源社会保障部、财政部、人民银行等按职责分工负责
52	健全促进就业工作机制，完善考核指标体系，加大就业创业指标考核权重，强化政府促进就业责任。加强对就业工作进度和各项目标任务完成情况的督促检查，对就业创业工作成效明显的地方加大激励支持力度，对工作不力的予以问责	人力资源社会保障部牵头负责
53	统筹发挥好市场和政府“两只手”的作用，创新服务供给模式，通过政府和社会资本合作（PPP）等多种形式，有序有效引导并带动社会资本扩大就业创业服务供给。推动政府向社会力量购买更多基本公共就业创业服务，提升专业化服务水平	人力资源社会保障部牵头负责
54	鼓励多元主体办学，引导行业企业、社会团体、科研机构和公民个人积极参与举办职业教育，重点支持举办非营利性职业院校，探索发展股份制、混合所有制职业院校，探索公办和社会力量举办的职业院校相互委托管理和购买服务机制	教育部、人力资源社会保障部按职责分工负责
55	出台实施细则，落实土地供给、资质许可等具体办法，支持社会资本兴办教育和培训机构	教育部、人力资源社会保障部、国土资源部、国家发展改革委等按职责分工负责
56	落实政府购买培训相关政策，建立政府资金投入与管理制度，逐步形成培训机构自主开展培训、劳动者自主选择培训机构、政府提供资金支持和依法监管的职业技能培训运行机制	人力资源社会保障部、财政部牵头负责
57	推进公共就业信息服务平台建设，完善全国就业信息监测制度，建立部门和省级就业信息资源库，实现就业管理和就业服务工作全程信息化。加快创业培训信息化管理平台建设，实现数据、信息、资源联通共享。健全人才流动公共服务体系，加快推进流动人员人事档案信息化建设。探索建立与国际接轨的全球人才招聘制度	人力资源社会保障部、国家外专局按职责分工负责

续表

序号	重点工作	负责单位
58	完善劳动保障监察机制，加强劳动保障监察执法能力建设。加强劳动争议调解仲裁工作规范化、标准化、专业化、信息化建设，加快劳动争议调解仲裁服务体系建设，建立健全重大集体劳动争议应急调处机制和仲裁特别程序	人力资源社会保障部牵头负责
59	健全就业统计指标体系，完善统计口径和调查方法，建立有关就业新形态、创业情况的统计监测指标，更加全面反映就业创业情况。做好就业统计调查保障工作。建立就业统计数据质量核查机制，加强与社会保险等其他数据校核比对	国家统计局牵头负责
60	进一步加强就业形势分析研判，健全就业形势定期综合会商评估工作机制。加强部门与研究机构、市场分析机构的密切协作，建立就业数据与宏观经济、行业经营等数据以及社会机构相关数据交叉比对机制，提高就业形势监测和分析能力	国家发展改革委、人力资源社会保障部牵头负责
61	建立全国性的劳动力市场价格监测体系，及时掌握不同地区、重点行业的就业形势与收入变化等情况	国家发展改革委、人力资源社会保障部按职责分工负责
62	建立完善失业监测预警机制，及时掌握监测企业人员变动情况及趋势，适时发布预警信息	人力资源社会保障部牵头负责

国务院关于印发“十三五”国家老龄事业发展和养老体系建设规划的通知

国发〔2017〕13号

各省、自治区、直辖市人民政府，国务院各部委、各直属机构：

现将《“十三五”国家老龄事业发展和养老体系建设规划》印发给你们，请认真贯彻执行。

2017年2月28日

“十三五”国家老龄事业发展和养老体系建设规划

为积极开展应对人口老龄化行动，推动老龄事业全面协调可持续发展，健全养老体系，根据《中华人民共和国老年人权益保障法》和《中华人民共和国国民经济和社会发展第十三个五年规划纲要》，制定本规划。

第一章　规划背景

第一节　“十二五”时期的成就

“十二五”时期我国老龄事业和养老体系建设取得长足发展。《中国老龄事业发展“十二五”规划》《社会养老服务体系建设规划（2011—2015年）》确定的目标任务基本完成。老年人权益保障和养老服务业发展等方面的法规政策不断完善；基本养老、基本医疗保障覆盖面不断扩大，保障水平逐年提高；以居家为基础、社区为依托、机构为补充、医养相结合的养老服务体系初步形成，养老床位数量达到672.7万张；老年宜居环境建设持续推进，老年人社会参与条件继续优化；老年文化、体育、教育事业快速发展，老年人精神文化生活日益丰富；老年人优待项目更加丰富、范围大幅拓宽，敬老养老助老社会氛围日益浓厚，老年人的获得感和幸福感明显增强。

专栏1　“十二五”期间老龄事业发展和养老体系建设主要指标完成情况

主要指标	完成情况	预期目标	完成率（%）
城镇职工基本养老保险参保人数（亿人）	3.54	3.57	99
城乡居民基本养老保险参保人数（亿人）	5.05	4.5	112
企业退休人员社会化管理比例（%）	81.1	80	101

续表

主要指标	完成情况	预期目标	完成率（%）
离退休人员养老金待遇年均增长率（%）	10.7	7	152
农村五保供养平均标准年均增长率（%）	15.3	7	219
城乡居民基本医疗保险参保人数（亿人）	13.3	13.2	101
每千名老年人拥有养老床位数（张）	30.3	30	101
基层老年法律援助覆盖面（%）	98	75	131
老年协会城乡社区创建率（%）	81.9	87.5	94
老年教育参与率（%）	3.5	5	70
老年志愿者占比（%）	10	10	100

第二节 “十三五”时期的形势

“十三五”时期是我国全面建成小康社会决胜阶段，也是我国老龄事业改革发展和养老体系建设的重要战略窗口期。

严峻形势。预计到2020年，全国60岁以上老年人口将增加到2.55亿人左右，占总人口比重提升到17.8%左右；高龄老年人将增加到2 900万人左右，独居和空巢老年人将增加到1.18亿人左右，老年抚养比将提高到28%左右；用于老年人的社会保障支出将持续增长；农村实际居住人口老龄化程度可能进一步加深。

明显短板。涉老法规政策系统性、协调性、针对性、可操作性有待增强；城乡、区域老龄事业发展和养老体系建设不均衡问题突出；养老服务有效供给不足，质量效益不高，人才队伍短缺；老年用品市场供需矛盾比较突出；老龄工作体制机制不健全，社会参与不充分，基层基础比较薄弱。

有利条件。党中央、国务院高度重视老龄事业发展和养老体系建设，“十三五”规划纲要对积极应对人口老龄化提出明确要求。经济社会平稳健康发展，供给侧结构性改革加快推进，公共服务和民生保障能力不断增强，科技创新成果加快推广应用，劳动年龄人口仍较为充足，社会参与老龄事业发展积极性不断提高。

制定实施“十三五”国家老龄事业发展和养老体系建设规划是贯彻落实党中央、国务院关于积极应对人口老龄化决策部署的重要措施，对于保障和改善民生，增强老年人参与感、获得感和幸福感，实现全面建成小康社会奋斗目标具有重要战略意义。

第二章 指导思想、基本原则和发展目标

第一节 指导思想

高举中国特色社会主义伟大旗帜，全面贯彻党的十八大和十八届三中、四中、五中、六中全会精神，深入贯彻习近平总书记系列重要讲话精神和治国理政新理念新思想新战略，认真落实党中央、国务院决策部署，统筹推进“五位一体”总体布局和协调推进“四个全面”战略布局，牢固树立和贯彻落实创新、协调、绿色、开放、共享的发展理念，坚持党委领导、政府主导、社会参与、全民行动，着力加强全社会积极应对人口老龄化的各方面工作，着力完善老龄政策制度，着力加强老年人民生保障和服务供给，着力发挥老年人积极作用，着力改善老龄事业发展和养老体系建设支撑条件，确保全体老年人共享全面建成小康社会新成果。

第二节 基本原则

以人为本，共建共享。坚持保障和改善老

年人民生，逐步增进老年人福祉，大力弘扬孝亲敬老、养老助老优秀传统文化，为老年人参与社会发展、社会力量参与老龄事业发展和养老体系建设提供更多更好支持，实现不分年龄、人人共建共享。

补齐短板，提质增效。坚持问题导向，注重质量效益，着力保基本、兜底线、补短板、调结构，不断健全完善社会保障制度体系，促进资源合理优化配置，强化薄弱环节，加大投入力度，有效保障面向老年人的基本公共服务供给。

改革创新，激发活力。坚持政府引导、市场驱动，深化简政放权、放管结合、优化服务改革，不断增强政府依法履职能力，加快形成统一开放、竞争有序的市场体系，保障公平竞争，改善营商环境，支持创业创新，激发市场活力。

统筹兼顾，协调发展。坚持把应对人口老龄化与促进经济社会发展相结合，促进老龄事业发展和养老体系建设城乡协调、区域协调、事业产业协调，统筹做好老年人经济保障、服务保障和精神关爱等制度安排，实现协调可持续发展。

第三节　发 展 目 标

到 2020 年，老龄事业发展整体水平明显提升，养老体系更加健全完善，及时应对、科学应对、综合应对人口老龄化的社会基础更加牢固。

多支柱、全覆盖、更加公平、更可持续的社会保障体系更加完善。城镇职工和城乡居民基本养老保险参保率达到 90%，基本医疗保险参保率稳定在 95%以上，社会保险、社会福利、社会救助等社会保障制度和公益慈善事业有效衔接，老年人的基本生活、基本医疗、基本照护等需求得到切实保障。

居家为基础、社区为依托、机构为补充、医养相结合的养老服务体系更加健全。养老服务供给能力大幅提高、质量明显改善、结构更加合理，多层次、多样化的养老服务更加方便可及，政府运营的养老床位数占当地养老床位总数的比例不超过 50%，护理型床位占当地养老床位总数的比例不低于 30%，65 岁以上老年人健康管理率达到 70%。

有利于政府和市场作用充分发挥的制度体系更加完备。老龄事业发展和养老体系建设的法治化、信息化、标准化、规范化程度明显提高。政府职能转变、“放管服”改革、行政效能提升成效显著。市场活力和社会创造力得到充分激发，养老服务和产品供给主体更加多元、内容更加丰富、质量更加优良，以信用为核心的新型市场监管机制建立完善。

支持老龄事业发展和养老体系建设的社会环境更加友好。全社会积极应对人口老龄化、自觉支持老龄事业发展和养老体系建设的意识意愿显著增强，敬老养老助老社会风尚更加浓厚，安全绿色便利舒适的老年宜居环境建设扎实推进，老年文化体育教育事业更加繁荣发展，老年人合法权益得到有效保护，老年人参与社会发展的条件持续改善。

专栏 2　　“十三五”期间国家老龄事业发展和养老体系建设主要指标

类别	指标	目标值
社会保障	基本养老保险参保率	达到 90%
	基本医疗保险参保率	稳定在 95%以上
养老服务	政府运营的养老床位占比	不超过 50%
	护理型养老床位占比	不低于 30%
健康支持	老年人健康素养	提升至 10%
	二级以上综合医院设老年病科比例	35%以上
	65 岁以上老年人健康管理率	达到 70%

续表

类别	指标	目标值
精神文化生活	建有老年学校的乡镇（街道）比例	达到50%
	经常性参与教育活动的老年人口比例	20%以上
社会参与	老年志愿者注册人数占老年人口比例	达到12%
	城乡社区基层老年协会覆盖率	90%以上
投入保障	福彩公益金用于养老服务业的比例	50%以上

第三章　健全完善社会保障体系

第一节　社会保险制度

完善养老保险制度。制定实施完善和改革基本养老保险制度总体方案。完善社会统筹与个人账户相结合的基本养老保险制度，构建包括职业年金、企业年金，以及个人储蓄性养老保险和商业保险的多层次养老保险体系。推进个人税收递延型商业养老保险试点。建立基本养老金合理调整机制，适当提高退休人员基本养老金标准。加快健全社会保障管理体制和经办服务体系。建立更加便捷的养老保险转移接续机制。

健全医疗保险制度。健全稳定可持续筹资和报销比例调整机制，完善缴费参保政策。加快推进基本医疗保险全国联网和异地就医结算，实现跨省异地安置退休人员住院费用直接结算。鼓励有条件的地方研究将基本治疗性康复辅助器具按规定逐步纳入基本医疗保险支付范围。巩固完善城乡居民大病保险。鼓励发展补充医疗保险和商业健康保险、老年人意外伤害保险。

探索建立长期护理保险制度。开展长期护理保险试点的地区要统筹施策，做好长期护理保险与重度残疾人护理补贴、经济困难失能老年人护理补贴等福利性护理补贴项目的整合衔接，提高资源配置效率效益。鼓励商业保险公司开发适销对路的长期护理保险产品和服务，满足老年人多样化、多层次长期护理保障需求。

第二节　社会福利制度

制定实施老年人照顾服务项目，鼓励地方丰富照顾服务项目、创新和优化照顾服务提供方式。着力保障特殊困难老年人的养老服务需求，确保人人能够享有基本养老服务。在全国范围内基本建成针对经济困难的高龄、失能老年人的补贴制度。对经济困难的老年人，地方各级人民政府逐步给予养老服务补贴。完善农村计划生育家庭奖励扶助和特别扶助制度。

第三节　社会救助制度

确保所有符合条件的老年人按规定纳入最低生活保障、特困人员救助供养等社会救助制度保障范围。完善医疗救助制度，全面开展重特大疾病医疗救助，逐步将低收入家庭老年人纳入救助范围。完善临时救助制度，加强对老年人的“救急难”工作，按规定对流浪乞讨、遭受遗弃等生活无着老年人给予救助。落实农村最低生活保障制度与扶贫开发政策有效衔接有关政策要求，确保现行扶贫标准下农村贫困老年人实现脱贫。

第四节　公益慈善事业

鼓励面向老年人开展募捐捐赠、志愿服务、慈善信托、安全知识教育、急救技能培训、突发事故防范等形式多样的公益慈善活动。依法加强对公益慈善组织和公益慈善活动的扶持和监管，依法及时查处以公益慈善为名实施的侵害老年人合法权益等违反法律法规、违背公序良俗的行为。加强民政部门与公益慈善组织、社会服务机构之间的信息对接和工作衔接，实现政府救助与社会帮扶有机结合。

第四章　健全养老服务体系

第一节　夯实居家社区养老服务基础

大力发展居家社区养老服务。逐步建立支持家庭养老的政策体系，支持成年子女与老年父母共同生活，履行赡养义务和承担照料责任。支持城乡社区定期上门巡访独居、空巢老年人家庭，帮助老年人解决实际困难。支持城乡社区发挥供需对接、服务引导等作用，加强居家养老服务信息汇集，引导社区日间照料中心等养老服务机构依托社区综合服务设施和社区公共服务综合信息平台，创新服务模式，提升质量效率，为老年人提供精准化个性化专业化服务。鼓励老年人参加社区邻里互助养老。鼓励有条件的地方推动扶持残疾、失能、高龄等老年人家庭开展适应老年人生活特点和安全需要的家庭住宅装修、家具设施、辅助设备等建设、配备、改造工作，对其中的经济困难老年人家庭给予适当补助。大力推行政府购买服务，推动专业化居家社区养老机构发展。

加强社区养老服务设施建设。统筹规划发展城乡社区养老服务设施，新建城区和新建居住（小）区按要求配套建设养老服务设施，老城区和已建成居住（小）区无养老服务设施或现有设施未达到规划要求的，通过购置、置换、租赁等方式建设。加强社区养老服务设施与社区综合服务设施的整合利用。支持在社区养老服务设施配备康复护理设施设备和器材。鼓励有条件的地方通过委托管理等方式，将社区养老服务设施无偿或低偿交由专业化的居家社区养老服务项目团队运营。

专栏3　　居家社区养老服务工程

依托城乡社区公共服务综合信息平台，以失能、独居、空巢老年人为重点，整合建立居家社区养老服务信息平台、呼叫服务系统和应急救援服务机制，方便养老服务机构和组织向居家老年人提供助餐、助洁、助行、助浴、助医、日间照料等服务。

实施“互联网＋”养老工程。支持社区、养老服务机构、社会组织和企业利用物联网、移动互联网和云计算、大数据等信息技术，开发应用智能终端和居家社区养老服务智慧平台、信息系统、App应用、微信公众号等，重点拓展远程提醒和控制、自动报警和处置、动态监测和记录等功能，规范数据接口，建设虚拟养老院。

第二节　推动养老机构提质增效

加快公办养老机构改革。加快推进具备向社会提供养老服务条件的公办养老机构转制为企业或开展公建民营。实行老年人入住评估制度，优先保障特困供养人员集中供养需求和其他经济困难的孤寡、失能、高龄等老年人的服务需求。完善公建民营养老机构管理办法，鼓励社会力量通过独资、合资、合作、联营、参股、租赁等方式参与公办养老机构改革。政府投资建设和购置的养老设施、新建居住（小）区按规定配建并移交给民政部门的养老设施、党政机关和国有企事业单位培训疗养机构等改建的养老设施，均可实施公建民营。

支持社会力量兴办养老机构。贯彻全面放开养老服务市场、提升养老服务质量的有关政策要求，加快推进养老服务业“放管服”改革。对民间资本和社会力量申请兴办养老机构进一步放宽准入条件，加强开办支持和服务指导。落实好对民办养老机构的投融资、税费、土地、人才等扶持政策。鼓励采取特许经营、政府购买服务、政府和社会资本合作等方式支持社会力量举办养老机构。允许养老机构依法依规设立多个服务网点，实现规模化、连锁化、品牌化运营。鼓励整合改造企业厂房、商业设施、存量商品房等用于养老服务。

全面提升养老机构服务质量。加快建立全国统一的服务质量标准和评价体系，完善安全、服务、管理、设施等标准，加强养老机构服务质量监管。建立健全养老机构分类管理和养老服务评估制度，引入第三方评估，实行评估结果报告和社会公示。加强养老服务行业自律和信用体系建设。支持发展养老机构责任保险，提高养老机构抵御风险能力。

第三节　加强农村养老服务

推动农村特困人员供养服务机构服务设施和服务质量达标，在保障农村特困人员集中供养需求的前提下，积极为低收入、高龄、独居、残疾、失能农村老年人提供养老服务。通过邻里互助、亲友相助、志愿服务等模式和举办农村幸福院、养老大院等方式，大力发展农村互助养老服务。发挥农村基层党组织、村委会、老年协会等作用，积极培育为老服务社会组织，依托农村社区综合服务中心（站）、综合性文化服务中心、村卫生室、农家书屋、全民健身等设施，为留守、孤寡、独居、贫困、残疾等老年人提供丰富多彩的关爱服务。

第五章　健全健康支持体系

第一节　推进医养结合

完善医养结合机制。统筹落实好医养结合优惠扶持政策，深入开展医养结合试点，建立健全医疗卫生机构与养老机构合作机制，建立养老机构内设医疗机构与合作医院间双向转诊绿色通道，为老年人提供治疗期住院、康复期护理、稳定期生活照料以及临终关怀一体化服务。大力开发中医药与养老服务相结合的系列服务产品，鼓励社会力量举办以中医药健康养老为主的护理院、疗养院，建设一批中医药特色医养结合示范基地。

支持养老机构开展医疗服务。支持养老机构按规定开办康复医院、护理院、临终关怀机构和医务室、护理站等。鼓励执业医师到养老机构设置的医疗机构多点执业，支持有相关专业特长的医师及专业人员在养老机构开展疾病预防、营养、中医养生等非诊疗性健康服务。对养老机构设置的医疗机构，符合条件的按规定纳入基本医疗保险定点范围。

第二节　加强老年人健康促进和疾病预防

开展老年人健康教育，促进健康老龄化理念和医疗保健知识宣传普及进社区、进家庭，增强老年人的自我保健意识和能力。加强对老年人健康生活方式和健身活动指导，提升老年人健康素养水平至10%。基层医疗卫生机构为辖区内65周岁以上老年人普遍建立健康档案，开展健康管理服务。加强对老年人心脑血管疾病、糖尿病、恶性肿瘤、呼吸系统疾病、口腔疾病等常见病、慢性病的健康指导、综合干预。指导老年人合理用药，减少不合理用药危害。研究推广老年病防治适宜技术，及时发现健康风险因素，促进老年病早发现、早诊断、早治疗。面向老年人开展中医药健康管理服务项目。加强老年严重精神障碍患者的社区管理和康复服务。

第三节　发展老年医疗与康复护理服务

加强老年康复医院、护理院、临终关怀机构和综合医院老年病科建设。有条件的地区可将部分公立医院转为康复、护理等机构。提高基层医疗卫生机构康复护理床位占比，积极开展家庭医生签约服务，为老年人提供连续的健康管理和医疗服务。到2020年，35%以上的二级以上综合医院设立老年病科。落实老年人医疗服务优待政策，为老年人特别是高龄、重病、残疾、失能老年人就医提供便利服务。鼓励各级医疗卫生机构和医务工作志愿者为老年人开展义诊。加强康复医师、康复治疗师、康复辅助器具配置人才培养，广泛开展偏瘫肢体综合训练、认知知觉功能康复训练等老年康复护理服务。

第四节　加强老年体育健身

结合贯彻落实全民健身计划，依托公园、广场、绿地等公共设施及旧厂房、仓库、老旧商业设施等城市空置场所，建设适合老年人体育健身的场地设施，广泛开展老年人康复健身体育活动。支持乡镇（街道）综合文化站建设体育健身场地，配备适合老年人的设施和器材。支持公共和民办体育设施向老年人免费或优惠开放。加强老年人体育健身方法和项目研究，分层分类引导老年运动项目发展。继续举办全国老年人体育健身大会。鼓励发展老年人体育组织，到 2020 年，90％的街道和乡镇建立老年人基层体育组织，城乡社区普遍建立老年人健身活动站点和体育团队。

第六章　繁荣老年消费市场

第一节　丰富养老服务业态

大力发展养老服务企业，鼓励连锁化经营、集团化发展，实施品牌战略，培育一批各具特色、管理规范、服务标准的龙头企业，加快形成产业链长、覆盖领域广、经济社会效益显著的养老服务产业集群。支持养老服务产业与健康、养生、旅游、文化、健身、休闲等产业融合发展，丰富养老服务产业新模式、新业态。鼓励金融、地产、互联网等企业进入养老服务产业。利用信息技术提升健康养老服务质量和效率。

第二节　繁荣老年用品市场

增加老年用品供给。引导支持相关行业、企业围绕健康促进、健康监测可穿戴设备、慢性病治疗、康复护理、辅助器具和智能看护、应急救援、通信服务、电子商务、旅游休闲等重点领域，推进老年人适用产品、技术的研发和应用。支持老年用品制造业创新发展，采用新工艺、新材料、新技术，促进产品升级换代。丰富适合老年人的食品、药品、服装等供给；加强老年用品测试和质量监管，鼓励开辟老年用品展示、体验场所，发展老年用品租赁市场，支持办好老龄产业博览会。

提升老年用品科技含量。加强对老年用品产业共性技术的研发和创新。支持推动老年用品产业领域大众创业、万众创新。支持符合条件的老年用品企业牵头承担各类科技计划（专项、基金等）科研项目。支持技术密集型企业、科研院所、高校及老龄科研机构加强适老科技研发和成果转化应用。落实相关税收优惠政策，支持老年用品产业领域科技创新与应用项目。

第七章　推进老年宜居环境建设

第一节　推动设施无障碍建设和改造

严格执行无障碍环境建设相关法律法规，完善涉老工程建设标准规范体系，在规划、设计、施工、监理、验收、运行、维护、管理等环节加强相关标准的实施与监督。加强与老年人自主安全地通行道路、出入相关建筑物、搭乘公共交通工具、交流信息、获得社区服务密切相关的公共设施的无障碍设计与改造。加强居住区公共设施无障碍改造，重点对坡道、楼梯、电梯、扶手等公共建筑节点进行改造。探索鼓励市场主体参与无障碍设施建设和改造的政策措施。

第二节　营造安全绿色便利生活环境

在推进老旧居住（小）区改造、棚户区改造、农村危房改造等工程中优先满足符合住房救助条件的老年人的基本住房安全需求。加强对养老服务设施的安全隐患排查和监管。加强养老服务设施节能宜居改造，将各类养老机构和城乡社区养老服务设施纳入绿色建筑行动重点扶持范围。推动老年人共建共享绿色社区、传统村落、美丽宜居村庄和生态文明建设成果。支持多层老旧住宅加装电梯。引导、支持开发老年宜居住宅和代际亲情住宅。继续推进街道、社区“老年人生活圈”配套设施建设，为老年人提供一站式便捷服务。

专栏 4　　老年宜居环境建设示范行动

完善老年宜居环境建设评价标准体系，开展“老年友好型城市”和“老年宜居社区”建设示范行动，继续开展全国无障碍建设城市创建工作。到 2020 年，60％以上城市社区达到老年宜居社区基本条件，40％以上农村具备老年宜居社区基本条件，大部分老年人的基本公共服务需求能够在社区得到满足。

第三节　弘扬敬老养老助老的社会风尚

把敬老养老助老纳入社会公德、职业道德、家庭美德、个人品德建设，纳入文明城市、文明村镇、文明单位、文明校园、文明家庭考评。利用春节、清明节、中秋节、重阳节等传统节日，开展创意新、影响大、形式多的宣传教育活动，推动敬老养老助老教育进学校、进家庭、进机关、进社区。继续开展“敬老月”和全国敬老爱老助老评选表彰活动。推进非本地户籍常住老年人与本地户籍老年人同等享受优待。到2020年，老年人优待制度普遍建立完善。

第八章　丰富老年人精神文化生活

第一节　发展老年教育

落实老年教育发展规划，扩大老年教育资源供给，拓展老年教育发展路径，加强老年教育支持服务，创新老年教育发展机制，促进老年教育可持续发展，优先发展城乡社区老年教育，促进各级各类学校开展老年教育，部门、行业企业、高校举办的老年大学要进一步提高面向社会办学开放度，支持鼓励各类社会力量举办或参与老年教育。实施社会主义核心价值观培育、老年教育机构基础能力提升、学习资源建设整合、远程老年教育推进等计划。到2020年，基本形成覆盖广泛、灵活多样、特色鲜明、规范有序的老年教育新格局。全国县级以上城市至少应有一所老年大学。

第二节　繁荣老年文化

完善覆盖城乡的公共文化设施网络，在基层公共文化设施内开辟适宜老年人的文化娱乐活动场所，增加适合老年人的特色文化服务项目。推动公共文化服务设施向老年人免费或优惠开放，为老年人开展文化活动提供便利。文化信息资源共享、农村电影放映、农家书屋等重大文化惠民工程增加面向老年人的服务内容和资源。广泛开展群众性老年文化活动，培育老年文化活动品牌。鼓励创作发行老年人喜闻乐见的图书、报刊以及影视剧、戏剧、广播剧等文艺作品。鼓励制作适合微博、微信、手机客户端等新媒体传播的优秀老年文化作品。加强数字图书馆建设，拓展面向老年人的数字资源服务。加强专业人才和业余爱好者相结合的老年文化队伍建设。

第三节　加强老年人精神关爱

健全老年人精神关爱、心理疏导、危机干预服务网络，督促家庭成员加强对老年人的情感关怀和心理沟通；依托专业精神卫生机构和社会工作服务机构、专业心理工作者和社会工作者开展老年心理健康服务试点，为老年人提供心理关怀和精神关爱；支持企事业单位、社会组织、志愿者等社会力量开展形式多样的老年人关爱活动。鼓励城乡社区为老年人精神关爱提供活动场地、工作条件等支持。

专栏5　　老年教育机构基础能力提升计划

改善现有老年大学（学校）办学条件。建设一批在本区域发挥示范作用的乡镇（街道）老年人学习场所。改善基层社区老年教育机构设施设备，建设好村、社区老年学习点。探索“养、医、体、文”等场所与老年人学习场所的结合。开展养教结合试点。编辑出版有时代特色、科学内涵、文化品位，适应社会需要的老年教育系列教材。

第九章　扩大老年人社会参与

第一节　培育积极老龄观

引导老年人树立终身发展理念，始终保持自尊自爱自信自强的精神状态，积极面对老年生活，参与社会发展，发挥正能量，作出新贡献。引导全社会正确认识、积极接纳、大力支持老年人参与社会发展。

第二节 加强老年人力资源开发

将老年人才开发利用纳入各级人才队伍建设总体规划，鼓励各地制定老年人才开发利用专项规划。鼓励专业技术领域人才延长工作年限。鼓励各有关方面建立老年人才信息库，实现互联互通、资源共享。支持老年人才自主创业，帮助有意愿且身体状况允许的贫困老年人和其他老年人接受岗位技能培训或农业实用技术培训，通过劳动脱贫或致富。推动用人单位与受聘老年人依法签订书面协议。依法保障老年人在生产劳动过程中的合法收入、安全和健康权益。对老有所为贡献突出的老年人和在老有所为工作中贡献突出的单位、个人，可按规定给予表彰或奖励。

第三节 发展老年志愿服务

支持老年人积极参与基层民主监督、社会治安、公益慈善、移风易俗、民事调解、文教卫生、全民健身等工作。发挥老年人优良品行传帮带作用，支持老党员、老专家、老军人、老劳模、老干部开展关心教育下一代活动。深入开展“银龄行动”，组织医疗卫生、文化教育、农业科技等老专家、老知识分子参与东部援助西部、发达地区援助落后地区等志愿服务。推行志愿服务记录制度，鼓励老年人参加志愿服务，到2020年老年志愿者注册人数达到老年人口总数的12%。

第四节 引导基层老年社会组织规范发展

坚持扶持发展和规范管理并重，加强老年社会组织的培育扶持和登记管理。采取政府购买服务等措施加大对公益性、互助性、服务性、专业性基层老年社会组织的支持力度。继续推动老年社会组织加强能力建设和规范化建设，提高专业素质、服务能力和社会公信力，促进老年人通过社会组织实现自我管理、自我教育、自我服务。支持老年社会组织参加或承办政府有关人才培养、项目开发、课题研究、咨询服务等活动。

专栏6　　基层老年协会规范化建设工程

多渠道筹措资金支持基层老年协会建设，改善基层老年协会活动设施和条件，加强基层老年协会骨干培训和活动辅导，鼓励专业人士在基层老年协会能力建设中发挥骨干作用。积极推进基层老年协会党建工作，探索发挥基层老年协会在促进当地发展、调解涉老纠纷、开展互助服务、活跃老年人精神文化生活等方面积极作用的有效方式和途径。城乡社区基层老年协会覆盖率达到90%以上。

第十章 保障老年人合法权益

第一节 完善老龄事业法规政策体系

完善老年人权益保障配套法规，积极听取老年人的意见建议，研究建立老年人监护制度，加快老年人社会服务、社会优待、社会参与等制度建设。健全优待老年人的财政投入、服务评价、检查监督、奖励表彰等政策。

第二节 健全老年人权益保障机制

健全贯彻老年人权益保障法律法规的联合执法、执法检查、综合评估等制度。充分发挥基层党组织、基层群众性自治组织、老年社会组织作用，完善维护老年人合法权益社会监督、矛盾纠纷排查调解、多部门快速反应联合查处综合治理等机制。做好老年人来信来访工作。建立老年人法律维权热线，加强老年人法律服务和法律援助，针对老年群体特点开展适应老年人特殊需求的专项法律服务活动。扩大老年人法律援助范围，拓展基层服务网络，推进法律援助工作站点向城市社区和农村延伸，方便老年人及时就近寻求法律帮助。重点做好农村和贫困、高龄、空巢、失能等特殊困难老年群体的法律服务、法律援助和司法救助。

第三节 加大普法宣传教育力度

落实国家“七五”普法规划要求，加强老

年人权益保障法律法规普法宣传教育，深入结合“法律六进”活动，推动普法宣传教育规范化、常态化，强化全社会维护老年人合法权益的法治观念。开展更多适合老年人的法治宣传活动，帮助老年人学法、懂法、用法，提高守法意识和依法维权意识。

第十一章　强化工作基础和规划实施保障

第一节　强化工作基础保障

推进信息化建设。落实促进大数据发展行动纲要，在切实保障数据安全的前提下，着力推动各有关部门涉及老年人的人口、保障、服务、信用、财产等基础信息分类分级互联共享，消除信息孤岛。在此基础上推动搭建全国互联、上下贯通的老龄工作信息化平台，加强涉老数据、信息的汇集整合和发掘运用，建立基于大数据的可信统计分析决策机制。支持各地积极推进为老服务综合信息平台在城市社区全覆盖、在农村地区扩大覆盖，推进信息惠民服务向老年人覆盖、数据资源向社会开放，更好地服务于保障改善老年人民生和大众创业、万众创新。

完善投入机制。各级政府要根据经济社会发展状况和老年人口增长情况，建立稳定的老龄事业经费投入保障机制。民政部本级彩票公益金和地方各级政府用于社会福利事业的彩票公益金，50%以上要用于支持发展养老服务业，并随老年人口的增加逐步提高投入比例。落实和完善鼓励政策，引导各类社会资本投入老龄事业，倡导社会各界对老龄事业进行慈善捐赠，形成财政资金、社会资本、慈善基金等多元结合的投入机制。

壮大人才队伍。推进涉老相关专业教育体系建设，加快培养老年医学、康复、护理、营养、心理和社会工作、经营管理、康复辅具配置等人才。建立以品德、能力和业绩为导向的职称评价和技能等级评价制度，拓宽养老服务专业人员职业发展空间。推动各地保障和逐步提高养老服务从业人员薪酬待遇。

专栏 7　　人才培养工程

在养老服务、医养结合、科技助老等重点领域，每年培养造就一批高层次人才，符合条件的享受人才引进政策，示范带动养老服务业发展。在全国各类养老服务机构中，培养选拔优秀护理员，提供居住落户、住房保障、子女就学等方面的政策扶持。

实施养老护理人员培养培训计划，“十三五”时期力争使全国养老机构护理人员都得到至少一次专业培训。

对各级老龄工作机构的人员定期开展老龄政策和相关知识培训。

加强基层工作。进一步完善老龄工作机制，保证城乡社区老龄工作有人抓、老年人事情有人管、老年人困难有人帮。建立基层老龄工作先进典型激励机制。继续推进离退休人员管理服务社会化，建立健全老年人原工作单位、居住社区、老年社会组织和基层党组织齐抓共管的工作机制。总结创建离退休干部基层服务型党组织的好经验好做法，积极探索老年社会组织党建工作的新途径新办法。探索建立工会、共青团、妇联、残联等群团组织参与老年人管理服务的常态化机制和制度化渠道。

加强科学研究和调查统计。按照深化中央财政科技计划（专项、基金等）管理改革的总体部署，通过优化整合后的国家科技计划（专项、基金等）、社会科学基金等支持老龄事业领域的科技创新、基础理论研究和政策应用研究。完善老龄科学学科体系，加快老龄科学人才培养。在高校、研究机构、企业和地方，设立一批老龄科学理论研究基地、老龄产业实践研究基地、老龄政策创制试点基地。组建高层次老龄问题智库，健全重大决策专家咨询制度。加强国家人口老龄化中长期应对策略研究。完善老龄事业统计指标体系，建立老龄事业统计公报定期发布制度。推动城乡老年人生活状况抽样调查制度化、常态化、规范化。

加强宣传和国际合作。坚持正确舆论导

向，充分发挥各类媒体作用，加大对人口老龄化国情、老龄政策法规、老龄事业发展重大主题以及老龄工作典型人物、事迹、经验等的宣传报道力度，提升舆情研判引导能力，营造全社会关注老龄问题、关心老龄事业、支持老龄工作的良好氛围。加强对外宣传，适时向国际社会推介老龄事业发展中国模式，进一步提升我国在国际老龄领域影响力。积极参与全球及地区老龄问题治理，加强与联合国有关机构、国际涉老组织和有关国家的交流与合作。研究筹办应对人口老龄化相关国际会议。推动中国老龄事业发展与落实 2030 年可持续发展议程相关目标有机对接。

第二节　强化规划实施保障

加强组织领导。坚持党对老龄工作的统一领导，发挥各级党委总揽全局、协调各方的领导核心作用，为规划实施提供坚强保证；强化各级政府落实规划的主体责任，将本规划主要任务指标纳入当地经济社会发展规划，纳入为民办实事项目，纳入政府工作议事日程和目标责任考核内容。健全老龄工作体制机制，形成推进规划实施的合力。加强专家支持系统建设，建立由多学科、多领域专家参与的专家顾问制度，为规划实施提供技术咨询、评估和指导。

加强督促检查。全国老龄办、民政部、国家发展改革委会同有关部门，加强对各地的指导、督促，及时检查并向国务院报告工作进展情况。搭建社会监督平台，健全第三方评估机制，适时对规划执行情况进行评估，向社会公布评估结果。县级以上地方政府要结合实际制定本规划实施方案，细化相关指标，确保责任到位、工作到位、投入到位、见到实效。鼓励各地积极探索，勇于创新，创造性地实施规划。

国务院关于做好当前和今后一段时期就业创业工作的意见

国发〔2017〕28号

各省、自治区、直辖市人民政府，国务院各部委、各直属机构：

就业是13亿多人口最大的民生，也是经济发展最基本的支撑。党中央、国务院坚持把就业放在经济社会发展的优先位置，强力推进简政放权、放管结合、优化服务改革，营造鼓励大众创业、万众创新的良好环境，加快培育发展新动能，就业局势保持总体稳定。但也要看到，当前经济社会发展中还存在不少困难和问题，部分地区、行业、群体失业风险有所上升，招工难与就业难并存的结构性矛盾加剧，新就业形态迅速发展对完善就业政策提出了新要求。面对就业形势的新变化和新挑战，必须把就业作为重中之重，坚持实施就业优先战略和更加积极的就业政策，坚决打好稳定和扩大就业的硬仗，稳住就业基本盘，在经济转型中实现就业转型，以就业转型支撑经济转型。现就进一步做好就业创业工作提出以下意见。

一、坚持实施就业优先战略

（一）促进经济增长与扩大就业联动。稳增长的主要目的是保就业，要创新宏观调控方式，把稳定和扩大就业作为区间调控的下限，保持宏观政策连续性稳定性，促进经济中高速增长，增强对就业拉动能力。若城镇新增就业大幅下滑、失业率大幅攀升，要加大财政政策和货币政策调整实施力度，促进经济企稳向好，确保就业稳定。加强经济政策与就业政策衔接，在制定财税、金融、产业、贸易、投资等重大政策时，要综合评价对就业岗位、就业环境、失业风险等带来的影响，促进经济增长与扩大就业联动、结构优化与就业转型协同。（国家发展改革委、财政部、工业和信息化部、商务部、人民银行、税务总局等负责。列第一位者为牵头单位，下同）

（二）促进产业结构、区域发展与就业协同。优化发展环境，推进实施政府和社会资本合作，大力发展研究设计、电子商务、文化创意、全域旅游、养老服务、健康服务、人力资源服务、服务外包等现代服务业。完善多元化产业体系，既注重发展资本、技术和知识密集的先进制造业、战略性新兴产业，又要支持劳动密集型产业发展，降低实体经济成本，推进传统产业绿色改造，创造更多就业机会。结合区域发展战略实施，引导东部地区产业向中西部和东北地区有序转移，落实完善中西部地区外商投资优势产业目录，支持中西部地区利用外资，引导劳动者到重点地区、重大工程、重大项目、重要领域就业。（国家发展改革委、科技部、工业和信息化部、民政部、财政部、人力资源社会保障部、商务部、文化部、国家卫生计生委、国家旅游局等负责）

（三）发挥小微企业就业主渠道作用。落实小微企业降税减负等一系列扶持政策和清理规范涉企收费有关政策。着力推进小微企业创新发展，推动小微企业创业创新示范基地建设，搭建公共服务示范平台。加大科研基础设施、大型科研仪器向小微企业开放力度，为小微企业产品研发、试制提供支持。鼓励高校、科研院所及企业向小微企业转移科技成果，有条件的地区可推动开放共享一批基础性专利或购买一批技术资源，支持小微企业协同创新。（工业和信息化部、国家发展改革委、教育部、科技部、财政部、税务总局、国家知识产权局等负责）

（四）缓解重点困难地区就业压力。促进资源型城市转型发展，实施替代产业培育行动计划，扶持劳动密集型产业、服务业和小微企业发展。补齐基础设施短板，加大对商贸流通、交通物流、信息网络等建设和改造项目的倾斜力度，完善公共服务设施，实施西部和东北地区人力资源市场建设援助计划。强化人才支撑，加大招才引智力度，引导科研院所、博士后工作站、高校在具备条件的资源型城市布局，对急需紧缺人才可提供研究场地、科研经费、安家补助等政策支持。对地处偏远、资源枯竭、不适宜居住的独立工矿区，有组织地开展跨地区劳务对接。对去产能任务重、待岗职工多、失业风险大的困难地区，实施就业援助行动。（国家发展改革委、教育部、科技部、工业和信息化部、财政部、人力资源社会保障部、交通运输部、商务部、全国总工会、共青团中央、全国妇联等负责）

二、支持新就业形态发展

（五）支持新兴业态发展。以新一代信息和网络技术为支撑，加强技术集成和商业模式创新，推动平台经济、众包经济、分享经济等创新发展。改进新兴业态准入管理，加强事中事后监管。将鼓励创业创新发展的优惠政策面向新兴业态企业开放，符合条件的新兴业态企业均可享受相关财政、信贷等优惠政策。推动政府部门带头购买新兴业态企业产品和服务。（国家发展改革委、工业和信息化部、财政部、商务部、人民银行、工商总局等负责）

（六）完善适应新就业形态特点的用工和社保等制度。支持劳动者通过新兴业态实现多元化就业，从业者与新兴业态企业签订劳动合同的，企业要依法为其参加职工社会保险，符合条件的企业可按规定享受企业吸纳就业扶持政策。其他从业者可按灵活就业人员身份参加养老、医疗保险和缴纳住房公积金，探索适应灵活就业人员的失业、工伤保险保障方式，符合条件的可享受灵活就业、自主创业扶持政策。加快建设“网上社保”，为新就业形态从业者参保及转移接续提供便利。建立全国住房公积金异地转移接续平台，为跨地区就业的缴存职工提供异地转移接续服务。（人力资源社会保障部、财政部、住房城乡建设部等负责）

三、促进以创业带动就业

（七）优化创业环境。持续推进“双创”，全面落实创业扶持政策，深入推进简政放权、放管结合、优化服务改革。深化商事制度改革，全面实施企业“五证合一、一照一码”、个体工商户“两证整合”，部署推动“多证合一”。进一步减少审批事项，规范改进审批行为。指导地方结合实际整合市场监管职能和执法力量，推进市场监管领域综合行政执法改革，着力解决重复检查、多头执法等问题。（国家发展改革委、中央编办、工商总局等按职责分工负责）

（八）发展创业载体。加快创业孵化基地、众创空间等建设，试点推动老旧商业设施、仓储设施、闲置楼宇、过剩商业地产转为创业孵化基地。整合部门资源，发挥孵化基地资源集聚和辐射引领作用，为创业者提供指导服务和政策扶持，对确有需要的创业企业，可适当延长孵化周期。各地可根据创业孵化基地入驻实体数量和孵化效果，给予一定奖补。（人力资源社会保障部、国家发展改革委、科技部、财政部、住房城乡建设部等负责）

（九）加大政策支持。继续实施支持和促进重点群体创业就业的税收政策。对首次创办小微企业或从事个体经营并正常经营1年以上的高校毕业生、就业困难人员，鼓励地方开展一次性创业补贴试点工作。对在高附加值产业创业的劳动者，创业扶持政策要给予倾斜。（财政部、人力资源社会保障部、税务总局等负责）

（十）拓宽融资渠道。落实好创业担保贷款政策，鼓励金融机构和担保机构依托信用信息，科学评估创业者还款能力，改进风险防控，降低反担保要求，健全代偿机制，推行信贷尽职免责制度。促进天使投资、创业投资、互联网金融等规范发展，灵活高效满足创业融资需求。有条件的地区可通过财政出资引导社会资本投入，设立高校毕业生就业创业基金，为高校毕业生创业提供股权投资、融资担保等服务。（人民银行、国家发展改革委、财政部、人力资源社会保障部、银监会、证监会等负责）

四、抓好重点群体就业创业

（十一）鼓励高校毕业生多渠道就业。实施高校毕业生就业创业促进计划，健全涵盖校内外各阶段、就业创业全过程的服务体系，促进供需对接和精准帮扶。教育引导高校毕业生树立正确的就业观念，促进他们更好参与到就业创业活动中，敢于通过创业实现就业。实施高校毕业生基层成长计划，引导鼓励高校毕业生到城乡基层、中小微企业就业，落实学费补偿、助学贷款代偿、资金补贴等政策，建立高校毕业生“下得去、留得住、干得好、流得动”的长效机制。鼓励高校毕业生到社会组织就业，对于吸纳高校毕业生就业的社会组织，符合条件的可同等享受企业吸纳就业扶持政策。鼓励科研项目单位吸纳高校毕业生参与研究，按规定将社会保险补助纳入劳务费列支，劳务费不设比例限制。鼓励大学生应征入伍，落实好学费资助、助学贷款代偿、优抚安置等政策。合理安排机关事业单位招录（招聘）和高校毕业生基层服务项目招募时间，优化录用（聘用）流程，为高校毕业生求职就业提供便利。支持高校毕业生到国际组织实习任职。加大就业见习力度，允许就业见习补贴用于见习单位为见习人员办理人身意外伤害保险以及对见习人员的指导管理费用，艰苦边远地区、老工业基地、国家级贫困县可将见习对象范围扩大到离校未就业中职毕业生。加大对困难高校毕业生的帮扶力度，将求职创业补贴补助范围扩展到贫困残疾人家庭、建档立卡贫困家庭高校毕业生和特困人员中的高校毕业生。促进留学回国人员就业创业，实施留学人员回国创新创业启动支持计划，鼓励留学人员以知识产权等无形资产入股方式创办企业。简化留学人员学历认证等手续，降低服务门槛，依法为全国重点引才计划引进人才及由政府主管部门认定的海外高层次留学人才申请永久居留提供便利。实施有效的人才引进和扶持政策，吸引更多人才回流，投身创业创新。（人力资源社会保障部、教育部、工业和信息化部、公安部、财政部、民政部、人民银行、工商总局、国家知识产权局、全国总工会、共青团中央、中国残联等负责）

（十二）稳妥安置化解钢铁煤炭煤电行业过剩产能企业职工。鼓励去产能企业多渠道分流安置职工，支持企业尽最大努力挖掘内部安置潜力，对不裁员或少裁员的，降低稳岗补贴门槛，提高稳岗补贴标准。促进分流职工转岗就业创业，对单位新增岗位吸纳去产能分流人员的，按规定给予企业吸纳就业扶持政策；对自主创业的分流人员，要优先安排入驻各类创业孵化基地，落实创业扶持政策；对确实难以安置的就业困难人员，新增及腾退的公益性岗位要优先安置。要将符合条件的去产能企业下岗职工纳入现行就业创业政策扶持范围。积极稳妥、依法依规处理劳动关系，对本轮化解钢铁煤炭煤电行业过剩企业产能职工因解除劳动合同依法取得的一次性补偿收入，符合相关税收法律法规规定条件的，可享受相关个人所得税政策。稳妥做好国有企业瘦身健体、提质增效、剥离企业办社会职能过程中的职工安置工作。（人力资源社会保障部、国家发展改革委、

工业和信息化部、财政部、国务院国资委、税务总局、全国总工会等负责）

（十三）健全城乡劳动者平等就业制度。农村转移劳动者在城镇常住并处于无业状态的，可在城镇常住地进行失业登记。公共就业服务机构要为其提供均等化公共就业服务和普惠性就业政策，并逐步使外来劳动者与当地户籍人口享有同等的就业扶持政策。对在农村常住并处于无地无业状态的劳动者，有条件的地区可探索为其在农村常住地进行失业登记，并提供相应的就业服务和政策扶持。加大对发展潜力大、吸纳农业转移人口多的县城和重点镇用地计划指标倾斜，大力发展特色县域经济、魅力小镇、乡村旅游和农村服务业，为农村劳动者就地就近转移就业创造空间。促进农民工返乡创业，大力发展农民合作社、种养大户、家庭农场、建筑业小微作业企业、“扶贫车间”等生产经营主体，其中依法办理工商登记注册的可按规定享受小微企业扶持政策，对吸纳贫困家庭劳动力就业并稳定就业1年以上的，地方可酌情给予一定奖补。鼓励金融机构按照商业化可持续发展原则，运用扶贫再贷款优先支持带动建档立卡贫困户就业发展的企业及家庭农场、专业大户、农民合作社等经济主体。适应新生代农民工就业创业特点，推进职业培训对新生代农民工全覆盖，创新培训内容和方式，多渠道、广领域拓宽就业创业渠道，引导新生代农民工到以“互联网+”为代表的新产业、新业态就业创业。推动农村劳动力有序外出就业，对人力资源服务机构、劳务经纪人等市场主体开展有组织劳务输出的，给予就业创业服务补贴。加大对贫困人口特别是易地扶贫搬迁贫困人口转移就业的支持力度，确保他们搬得出、稳得住、能致富。（人力资源社会保障部、国家发展改革委、财政部、国土资源部、农业部、人民银行、国家旅游局、国务院扶贫办等按职责分工负责）

（十四）完善就业援助长效机制。全面落实各项扶持政策，促进结构调整、转型升级中的失业人员再就业。合理确定就业困难人员范围，强化分类帮扶和实名制动态管理，确保零就业家庭、有劳动能力的成员均处于失业状态的低保家庭至少有一人稳定就业。加强社会保障与就业联动，对实现就业的低保对象，在核算其家庭收入时可扣减必要的就业成本，增强其就业意愿和就业稳定性。（人力资源社会保障部、民政部、财政部、中国残联负责）

（十五）促进退役军人就业创业。认真做好军队转业干部安置工作，大力扶持自主择业军队转业干部就业创业，积极开展就业服务、职业培训、创业孵化等服务活动，按规定落实相关扶持政策。加大退役士兵安置工作力度，对符合政府安排工作条件的，要采取刚性措施，确保岗位落实、妥善安置。对自主就业的，要强化教育培训，落实优惠政策，提高就业创业成功率。（人力资源社会保障部、民政部等按职责分工负责）

五、强化教育培训和就业创业服务

（十六）提高教育培训质量。坚持面向市场、服务发展、促进就业的人力资源开发导向，着力化解就业结构性矛盾。深入推进高校创新创业教育改革，加快高校学科专业结构调整优化，健全专业预警和动态调整机制，深化课程体系、教学内容和教学方式改革。更好发挥职业教育和职业培训作用，推进职业教育和职业培训精准对接产业发展需求、精准契合受教育者需求，加快发展现代职业教育，着力提高学生的就业能力和创造能力。实施现代职业教育质量提升计划、产教融合发展工程、高技能人才振兴计划和大国工匠培训支持计划，统筹普通高中和中等职业教育协调发展，提高中等职业教育招生比例，大力发展技工教育，大规模开展职业培训，广泛开展岗位练兵、技术比武、技能竞赛、师徒帮教等活动，加快培育大批具有专业技能和工匠精神的高素质劳动者和技术技能人才，确保企业职工教育经费足额提取并合理使用。健全技能人才多元化评价机制，完善技能人才职业技能等级认定政策并做好与职业资格制度的衔接，建立职业资格、职业技能等级与相应职称比照认定制度，用人单位聘用的高级工、技师、高级技师可比照相应层级工程技术人员享受同等待遇。（教育部、国家发展改革委、财政部、人力资源社会保障部、全国总工会、共青团中央等按职责分工负责）

（十七）完善职业培训补贴方式。根据产业发展和市场需求，定期发布重点产业职业培训需求、职业资格和职业技能等级评定指导目录，对指导目录内的职业培训和技能鉴定，完善补贴标准，简化审核流程。创新培训模式，探索职业培训包模式，充分运用职业培训补贴，支持优质培训机构开发数字培训课程，支持平台开展网上创业培训，支持培训机构引进国外优质资源或开展联合办学。在现行职业培训补贴直接补贴个人方式基础上，可根据去产能企业失业人员、建档立卡贫困人口的特点，创新培训组织形式，采取整建制购买培训项目、直接补贴培训机构等方式开展集中培训。依法参加失业保险 3 年以上、当年取得职业资格证书或职业技能等级证书的企业职工，可申请参保职工技能提升补贴，所需资金按规定从失业保险基金中列支。（人力资源社会保障部、财政部等负责）

（十八）强化公共就业创业服务。着力推进公共就业创业服务专业化，合理布局服务网点，完善服务功能，细化服务标准和流程，增强主动服务、精细服务意识。创新服务理念和模式，根据不同群体、企业的特点，提供个性化、专业化的职业指导、就业服务和用工指导。加强公共就业创业服务从业人员职业化建设，建立定期培训、持证上岗制度。落实政府购买基本公共就业创业服务制度，充分运用就业创业服务补贴政策，支持公共就业创业服务机构和高校开展招聘活动和创业服务，支持购买社会服务，为劳动者提供职业指导、创业指导、信息咨询等专业化服务。加强公共就业创业服务信息化建设，在充分利用现有平台基础上，建立“互联网＋”公共就业创业服务平台，推动服务向移动端、自助终端等延伸，扩大服务对象自助服务范围，推广网上受理、网上办理、网上反馈，实现就业创业服务和管理全程信息化。（人力资源社会保障部、财政部等负责）

（十九）推进人力资源市场建设。加强人力资源市场法治化建设，逐步形成完善的市场管理法规体系。深化人力资源市场整合改革，统筹建设统一规范、竞争有序的人力资源市场体系，打破城乡、地区、行业分割和身份、性别、残疾、院校等歧视。规范招人用人制度和职业中介服务，密切关注女性平等就业情况，促进妇女、残疾人等公平就业。建立与经济社会发展需求相适应的人力资源供求预测和信息发布制度。开展人力资源市场诚信体系建设，加快出台人力资源市场各类标准，创新事中事后监管方式，营造规范有序的市场环境。推进流动人员人事档案管理服务信息化建设。大力发展人力资源服务业，实施人力资源服务业发展推进计划。简化劳动者求职手续，有条件的地区可建立入职定点体检和体检结果互认机制，尽力避免手续过于繁琐、重复体检。（人力资源社会保障部、国家发展改革委、国家卫生计生委、工商总局、全国妇联、中国残联等负责）

六、切实加强组织实施

（二十）强化政府责任。各地要切实履行政府促进就业责任，政府主要负责同志为本地区就业工作第一责任人。完善就业工作目标责任制，纳入党政领导班子工作实绩考核。按照中央与地方财政事权和支出责任划分的原则，合理安排就业资金支出，加强资金使用管理和监督，提高资金使用效益。（人力资源社会保障部、国家发展改革委、财政部等负责）

（二十一）狠抓政策落实。加强政策宣传，强化督查问责和政策落实情况评估。健全激励机制和容错纠错机制，对抓落实有力有效的，加大政策和资金倾斜力度，适时予以表彰；对大胆探索、担当尽责、不谋私利，但在依法依规履行职责过程中由于难以预见因素出现失误

或错误的，可容错免责；对不履行或者不正确履行职责的，依纪依法严肃问责。（人力资源社会保障部、监察部、财政部等负责）

（二十二）加强统计监测和形势研判。完善统计监测制度，探索建立新就业形态、劳动者创业等统计监测指标。扩大就业数据信息来源，加强就业数据与宏观经济数据的比对分析，充分利用大数据技术开展就业监测，为加强形势研判、落实完善政策、实施精准服务提供有力支撑。（国家统计局、教育部、人力资源社会保障部、国家发展改革委、工业和信息化部、农业部、商务部、工商总局等负责）

（二十三）防范化解失业风险。增强风险意识和底线思维，根据就业失业重点指标、人力资源市场供求、宏观经济运行等变化，及早发现异常情况和潜在风险，按照分级预警、分层响应、分类施策的原则，制定应对规模性失业风险预案。对出现严重规模性失业风险的地区，省级人民政府可通过提高稳岗补贴标准、开展以工代赈、组织跨地区劳务对接、合理降低企业人工成本、阶段性延长领取失业保险金期限、开展生活帮扶等措施，化解失业风险。（人力资源社会保障部、国家发展改革委、财政部、民政部、商务部、人民银行、工商总局等负责）

各地区、各有关部门要结合实际，进一步细化政策措施，抓好贯彻落实，为保持就业局势稳定、加快推进经济转型升级提供有力保障。

2017 年 4 月 13 日

国务院关于强化实施创新驱动发展战略进一步推进大众创业万众创新深入发展的意见

国发〔2017〕37号

各省、自治区、直辖市人民政府，国务院各部委、各直属机构：

创新是社会进步的灵魂，创业是推进经济社会发展、改善民生的重要途径，创新和创业相连一体、共生共存。近年来，大众创业、万众创新蓬勃兴起，催生了数量众多的市场新生力量，促进了观念更新、制度创新和生产经营管理方式的深刻变革，有效提高了创新效率、缩短了创新路径，已成为稳定和扩大就业的重要支撑、推动新旧动能转换和结构转型升级的重要力量，正在成为中国经济行稳致远的活力之源。为进一步系统性优化创新创业生态环境，强化政策供给，突破发展瓶颈，充分释放全社会创新创业潜能，在更大范围、更高层次、更深程度上推进大众创业、万众创新，现提出如下意见。

一、大众创业、万众创新深入发展是实施创新驱动发展战略的重要载体

深入推进供给侧结构性改革，全面实施创新驱动发展战略，加快新旧动能接续转换，着力振兴实体经济，必须坚持“融合、协同、共享”，推进大众创业、万众创新深入发展。要进一步优化创新创业的生态环境，着力推动“放管服”改革，构建包容创新的审慎监管机制，有效促进政府职能转变；进一步拓展创新创业的覆盖广度，着力推动创新创业群体更加多元，发挥大企业、科研院所和高等院校的领军作用，有效促进各类市场主体融通发展；进一步提升创新创业的科技内涵，着力激发专业技术人才、高技能人才等的创造潜能，强化基础研究和应用技术研究的有机衔接，加速科技成果向现实生产力转化，有效促进创新型创业蓬勃发展；进一步增强创新创业的发展实效，着力推进创新创业与实体经济发展深度融合，结合“互联网＋”“中国制造2025”和军民融合发展等重大举措，有效促进新技术、新业态、新模式加快发展和产业结构优化升级。

——创新为本、高端引领。以科技创新为基础支撑，实现创新带动创业、创业促进创新的良性循环。坚持质量效率并重，引导创新创业多元化、特色化、专业化发展，推动产业迈向中高端。坚持创新创业与实体经济相结合，实现一二三产业相互渗透，推动军民融合深入发展，创造新供给、释放新需求，增强产业活力和核心竞争力。

——改革先行、精准施策。以深化改革为核心动力，主动适应、把握、引领经济发展新常态，面向新趋势、新特征、新需求，主动作为，针对重点领域、典型区域、关键群体的特点精准发力，出实招、下实功、见实效。着力破除制约创新创业发展的体制机制障碍，促进生产、管理、分配和创新模式的深刻变革，继

续深入推进“放管服”改革，积极探索包容审慎监管，为新动能的成长打开更大空间。

——人才优先、主体联动。以人才支撑为第一要素，改革人才引进、激励、发展和评价机制，激发人才创造潜能，鼓励科技人员、中高等院校毕业生、留学回国人才、农民工、退役士兵等有梦想、有意愿、有能力的群体更多投身创新创业。加强科研机构、高校、企业、创客等主体协同，促进大中小微企业优势互补，推动城镇与农村创新创业同步发展，形成创新创业多元主体合力汇聚、活力迸发的良性格局。

——市场主导、资源聚合。充分发挥市场配置资源的决定性作用，整合政府、企业、社会等多方资源，建设众创、众包、众扶、众筹支撑平台，健全创新创业服务体系，推动政策、技术、资本等各类要素向创新创业集聚，充分发挥社会资本作用，以市场化机制促进多元化供给与多样化需求更好对接，实现优化配置。

——价值创造、共享发展。以价值创造为本质内涵，大力弘扬创新文化，厚植创业沃土，营造敢为人先、宽容失败的良好氛围，推动创新创业成为生活方式和人生追求。践行共享发展理念，实现人人参与、人人尽力、人人享有，使创新创业成果更多更公平地惠及全体人民，促进社会公平正义。

二、加快科技成果转化

重点突破科技成果转移转化的制度障碍，保护知识产权，活跃技术交易，提升创业服务能力，优化激励机制，共享创新资源，加速科技成果向现实生产力转化。

（一）建立完善知识产权运用和快速协同保护体系，扩大知识产权快速授权、确权、维权覆盖面，加快推进快速保护由单一产业领域向多领域扩展。搭建集专利快速审查、快速确权、快速维权等于一体，审查确权、行政执法、维权援助、仲裁调解、司法衔接相联动的知识产权保护中心。探索建立海外知识产权维权援助机制。发挥国家知识产权运营公共服务平台枢纽作用，加快建设国家知识产权运营服务体系。（国家知识产权局牵头负责）

（二）推动科技成果、专利等无形资产价值市场化，促进知识产权、基金、证券、保险等新型服务模式创新发展，依法发挥资产评估的功能作用，简化资产评估备案程序，实现协议定价和挂牌、拍卖定价。促进科技成果、专利在企业的推广应用。（国家知识产权局、财政部、科技部、中国科协等单位按职责分工负责）

（三）探索在战略性新兴产业相关领域率先建立利用财政资金形成的科技成果限时转化制度。财政资金支持形成的科技成果，除涉及国防、国家安全、国家利益、重大社会公共利益外，在合理期限内未能转化的，可由国家依法强制许可实施转化。（科技部、财政部、国家发展改革委等部门按职责分工负责）

（四）引导众创空间向专业化、精细化方向升级，支持龙头骨干企业、高校、科研院所围绕优势细分领域建设平台型众创空间。探索将创投孵化器等新型孵化器纳入科技企业孵化器管理服务体系，并享受相应扶持政策。（科技部牵头负责）

（五）推动科研院所落实国家科技成果转化法律法规和政策，强化激励导向，提高科研院所成果转化效率。坚持试点先行，进一步扩大科研院所自主权，激发科研院所和科技人员创新创业积极性。（科技部、人力资源社会保障部等部门按职责分工负责）

（六）促进仪器设备开放共享，探索仪器设备所有权和经营权分离机制，对于财政资金购置的仪器设备，探索引入专业服务机构进行社会化服务等多种方式。（科技部牵头负责）

（七）实施科研院所创新创业共享行动，鼓励科研院所发挥自身优势，进一步提高科技成果转化能力和创新创业能力，进一步开放现有科研设施和资源，推动科技成果在全社会范围实现共享和转化。（国家发展改革委、中科院、科技部等单位按职责分工负责）

三、拓展企业融资渠道

不断完善金融财税政策，创新金融产品，扩大信贷支持，发展创业投资，优化投入方式，推动破解创新创业企业融资难题。

（八）在有效防控风险的前提下，合理赋予大型银行县支行信贷业务权限。支持地方性法人银行在符合条件的情况下在基层区域增设小微支行、社区支行，提供普惠金融服务。支持商业银行改造小微企业信贷流程和信用评价模型，提高审批效率。（银监会牵头负责）

（九）完善债权、股权等融资服务机制，为科技型中小企业提供覆盖全生命周期的投融资服务。稳妥推进投贷联动试点工作。推广专利权质押等知识产权融资模式，鼓励保险公司为科技型中小企业知识产权融资提供保证保险服务，对符合条件的由地方各级人民政府提供风险补偿或保费补贴。持续优化科技型中小企业直接融资机制，稳步扩大创新创业公司债券试点规模。支持政府性融资担保机构为科技型中小企业发债提供担保。鼓励地方各级人民政府建立政银担、政银保等不同类型的风险补偿机制。（银监会、人民银行、保监会、财政部、科技部、国家知识产权局、证监会等部门按职责分工负责）

（十）改革财政资金、国有资本参与创业投资的投入、管理与退出标准和规则，建立完善与其特点相适应的绩效评价体系。依法依规豁免国有创业投资机构和国有创业投资引导基金国有股转持义务。（财政部、国务院国资委等部门按职责分工负责）

（十一）适时推广创业投资企业和天使投资个人有关税收试点政策，引导社会资本参与创业投资。推动创业投资企业、创业投资管理企业及其从业人员在第三方征信机构完善信用记录，实现创业投资领域信用记录全覆盖。（财政部、税务总局、国家发展改革委等部门按职责分工负责）

（十二）推动国家新兴产业创业投资引导基金、国家中小企业发展基金、国家科技成果转化引导基金设立一批创业投资子基金。引导和规范地方各级人民政府设立创业投资引导基金，建立完善对引导基金的运行监管机制、财政资金的绩效考核机制和基金管理机构的信用信息评价机制。（国家发展改革委、财政部、工业和信息化部等部门按职责分工负责）

（十三）健全完善创新券、创业券的管理制度和运行机制，在全面创新改革试验区域探索建立创新券、创业券跨区域互通互认机制。（科技部、国家发展改革委等部门按职责分工负责）

四、促进实体经济转型升级

深入实施“互联网＋”、“中国制造 2025”、军民融合发展、新一代人工智能等重大举措，着力加强创新创业平台建设，培育新兴业态，发展分享经济，以新技术、新业态、新模式改造传统产业，增强核心竞争力，实现新兴产业与传统产业协同发展。

（十四）加强基础研究，提升原始创新能力。改革和创新科研管理、投入和经费使用方式。高校和科研院所要鼓励科研人员与创业者开展合作和互动交流，建立集群思、汇众智、解难题的众创空间。面向企业和社会创新的难点，凝练和解决科学问题，举办各种形式的创新挑战赛，通过众包共议方式，提高创新效率和水平。（科技部、财政部等部门按职责分工负责）

（十五）在战略性领域布局建设若干产业创新中心，整合利用现有创新资源形成充满活力的创新网络。依托企业、联合高校和科研院所，建设符合发展需求的制造业创新中心，开展关键共性重大技术研究和产业化应用示范。推动建立一批军民结合、产学研一体的科技协同创新平台。（国家发展改革委、工业和信息化部、科技部、教育部等部门按职责分工负责）

（十六）实施企业创新创业协同行动。支持大型企业开放供应链资源和市场渠道，推动开展内部创新创业，带动产业链上下游发展，

促进大中小微企业融通发展。（国家发展改革委、工业和信息化部、国务院国资委、全国工商联等单位按职责分工负责）

（十七）鼓励大型企业全面推进“双创”工作，建设“双创”服务平台与网络，开展各类“双创”活动，推广各类大型企业“双创”典型经验，促进跨界融合和成果转化。（国家发展改革委、工业和信息化部、国务院国资委、全国工商联等单位按职责分工负责）

（十八）促进分享经济发展，合理引导预期，创新监管模式，推动构建适应分享经济发展的包容审慎监管机制和社会多方协同治理机制，完善新就业形态、消费者权益、社会保障、信用体系建设、风险控制等方面的政策法规，研究完善适应分享经济特点的税收征管措施，研究建立平台企业履职尽责与依法获得责任豁免的联动机制。（国家发展改革委、人力资源社会保障部、人民银行、工商总局、税务总局、中央网信办等单位按职责分工负责）

（十九）发布促进数字经济发展战略纲要，强化系统性设计，打破制约数字生产力发展的制度障碍，推进市场化的生产资料分享，提升市场配置资源效率，加速数字化转型，引领和适应数字经济发展。发起“一带一路”数字经济国际合作倡议，促进“一带一路”沿线国家数字经济交流与合作。（国家发展改革委、中央网信办等单位按职责分工负责）

（二十）进一步完善新产业新业态新模式统计分类，充分利用大数据等现代信息技术手段，研究制定“双创”发展统计指标体系，科学、准确、及时反映经济结构优化升级的新进展。（国家统计局牵头负责）

（二十一）加快研究制定工业互联网安全技术标准，建设工业互联网网络安全监测平台和中小企业网络安全公共服务平台，强化工业互联网安全保障支撑能力。（工业和信息化部牵头负责）

（二十二）积极落实支持大众创业、万众创新的用地政策，加大新供用地保障力度，鼓励盘活利用现有用地，引导新产业集聚发展，完善新产业用地监管制度。（国土资源部牵头负责）

（二十三）研究制定促进首台（套）重大技术装备示范应用的意见，建立健全首台（套）重大技术装备研发、检测评定、示范应用体系，完善财政、金融、保险等支持政策，明确相关招标采购要求，建立示范应用激励和保障机制，营造良好的政策和市场环境。（国家发展改革委牵头负责）

（二十四）充分利用产业投资基金支持先进制造业发展。实施新一轮技术改造升级重大工程，支持关键领域和瓶颈环节技术改造。（国家发展改革委、工业和信息化部、财政部等部门按职责分工负责）

五、完善人才流动激励机制

充分激发人才创新创业活力，改革分配机制，引进国际高层次人才，促进人才合理流动，健全保障体系，加快形成规模宏大、结构合理、素质优良的创新创业人才队伍。

（二十五）制定人才签证实施细则，明确外国人申请和取得人才签证的标准条件和办理程序；全面实施外国人来华工作许可制度，简化外国高层次人才办理工作许可证和居留证件的程序。开展外国高层次人才服务“一卡通”试点，建立安居保障、子女入学和医疗保健服务通道。进一步完善外国人才由工作居留向永久居留转换机制，实现工作许可、签证和居留有机衔接。（国家外专局、公安部、外交部、人力资源社会保障部等部门按职责分工负责）

（二十六）允许外国留学生凭高校毕业证书、创业计划申请加注“创业”的私人事务类居留许可。外国人依法申请注册成为企业的，可凭创办企业注册证明等材料向有关部门申请工作许可和工作类居留许可。（公安部、人力资源社会保障部、国家外专局等部门按职责分工负责）

（二十七）实施留学人员回国创新创业启动支持计划，吸引更多高素质留学人才回国创新创业。继续推进两岸青年创新创业基地建设，推动内地与港澳地区开展创新创业交流合作。深入开展“万侨创新行动”，支持建设华侨华人创新创业基地，探索建立华侨华人创新创业综合服务体系，为华侨华人高层次专业人才和企业家出入境、停居留以及申办外国人永久居留身份证件提供便利。推动来内地创业的港澳同胞、回国（来华）创业的华侨华人享受当地城镇居民同等待遇的社会公共服务。继续推进海外人才离岸创新创业基地建设。（人力资源社会保障部、外交部、公安部、国务院港澳办、国务院台办、国务院侨办、中国科协等单位按职责分工负责）

（二十八）完善高校和科研院所绩效考核办法，在核定的绩效工资总量内高校和科研院所可自主分配。事业单位引进高层次人员和招聘急需紧缺人才，可简化招录程序，没有岗位空缺的可申请设置特设岗位，并按相关规定办理人事关系，确定岗位薪资。（人力资源社会保障部、教育部、科技部等部门按职责分工负责）

（二十九）实施社团创新创业融合行动，搭建创新创业资源对接平台，推介一批创新创业典型人物和案例，推动创新精神、企业家精神和工匠精神融合，进一步引导和推动各类科技人员投身创新创业大潮。（国家发展改革委、中国科协等单位按职责分工负责）

（三十）加快将现有支持“双创”相关财政政策措施向返乡下乡人员创新创业拓展，将符合条件的返乡下乡人员创新创业项目纳入强农惠农富农政策范围。探索实施农村承包土地经营权以及农业设施、农机具抵押贷款试点。允许返乡下乡人员依法使用集体建设用地开展创新创业。返乡农民工可在创业地参加各项社会保险。鼓励有条件的地方将返乡农民工纳入住房公积金缴存范围，按规定将其子女纳入城镇（城乡）居民基本医疗保险参保范围。地方人民政府要建立协调推动机制，有条件的县级人民政府应设立“绿色通道”，为返乡下乡人员创新创业提供便利服务。（农业部、人力资源社会保障部、国土资源部等部门和有关地方人民政府按职责分工负责）

（三十一）各地区可根据实际需要制定灵活的引才引智政策，采取不改变人才的户籍、人事关系等方式，以用为本，发挥实效，解决关键领域高素质人才稀缺等问题。（各地方人民政府负责）

六、创新政府管理方式

持续深化“放管服”改革，加大普惠性政策支持力度，改善营商环境，放宽市场准入，推进试点示范，加强文化建设，推动形成政府、企业、社会良性互动的创新创业生态。

（三十二）出台公平竞争审查实施细则，进一步健全审查机制，明确审查程序，强化审查责任，推动全面实施公平竞争审查制度，为创新创业营造统一开放、竞争有序的市场环境。（国家发展改革委、财政部、商务部、工商总局等部门按职责分工负责）

（三十三）推进“多证合一”登记制度改革，将涉企登记、备案等有关事项和各类证照进一步整合到营业执照上。对内外资企业，在支持政策上一视同仁，推动实施一个窗口登记注册和限时办结。推动取消企业名称预先核准，推广自主申报。全面实施企业简易注销登记改革，实现市场主体退出便利化。建设全国统一的电子营业执照管理系统，推进无介质电子营业执照建设和应用。（工商总局牵头负责）

（三十四）加大事中事后监管力度，实现“双随机、一公开”监管全覆盖，开展跨部门“双随机”联合检查，提高监管效能。健全跨部门、跨地区执法协作机制，推进市场监管领域综合执法改革。（工商总局、中央编办、国务院法制办等单位按职责分工负责）

（三十五）在有条件的基层政府设立专业化的行政审批机构，实行审批职责、审批事项、审批环节“三个全集中”。（各地方人民政府、有关部门按职责分工负责）

（三十六）适时适当放宽教育等行业互联网准入条件，降低创新创业门槛，加强新兴业态领域事中事后监管。（教育部牵头负责）

（三十七）推进跨省经营企业部分涉税事项全国通办。推进银行卡受理终端、网上银行、手机银行等多元化缴税方式。加强国税、地税联合办税。建立健全市、县两级银税合作工作机制，加大基层银税合作力度，逐步扩大税务、银行信用信息共享内容。探索通过建立电子平台或在银税双方系统中互设接口等方式，实现银税信息“线上”互动。（税务总局牵头负责）

（三十八）积极有序推进试点示范，加快建设全国双创示范基地，推进小微企业创业创新基地城市示范，整合创建一批农村创新创业示范基地。推广全面创新改革试验经验。研究新设一批国家自主创新示范区、高新区，深化国家自主创新示范区政策试点。（国家发展改革委、科技部、财政部、工业和信息化部、农业部等部门按职责分工负责）

（三十九）办好全国“双创”活动周，营造创新创业良好氛围。组织实施好“创响中国”系列活动，开展创业投资企业、院士专家、新闻媒体地方行。高质量办好创新创业赛事，推动创新创业理念更加深入人心。（国家发展改革委、中国科协等单位按职责分工负责）

各地区、各部门要认真落实本意见的各项要求，进一步细化政策措施，切实履职尽责，密切配合，勇于探索，主动作为，及时总结经验，加强监督检查，确保各项政策落到实处，推进大众创业、万众创新深入发展，为全面实施创新驱动发展战略、培育壮大新动能、改造提升传统动能和促进我国经济保持中高速增长、迈向中高端水平提供强劲支撑。

2017 年 7 月 21 日

国务院关于印发划转部分国有资本充实社保基金实施方案的通知

国发〔2017〕49号

各省、自治区、直辖市人民政府，国务院各部委、各直属机构：

现将《划转部分国有资本充实社保基金实施方案》印发给你们，请认真贯彻执行。

2017年11月9日

划转部分国有资本充实社保基金实施方案

党中央、国务院高度重视社会保障体系建设。我国统一的企业职工基本养老保险制度建立以来，以确保企业离退休人员基本养老金按时足额发放为中心，参保范围不断扩大，基金征缴力度不断加强，各项工作取得明显成效，对建立社会主义市场经济体制、维护改革发展稳定大局、保障企业离退休人员权益发挥了重要作用。与此同时，在企业职工基本养老保险制度逐步完善过程中，受多种因素影响，形成了一定的企业职工基本养老保险基金缺口。随着经济社会发展和人口老龄化加剧，基本养老保险基金支付压力不断加大，为充分体现代际公平和国有企业发展成果全民共享，现决定划转部分国有资本充实社保基金，具体方案如下。

一、指导思想

全面贯彻落实党的十九大精神，深入贯彻习近平新时代中国特色社会主义思想，认真落实党中央、国务院决策部署，按照《中共中央 国务院关于深化国有企业改革的指导意见》和基本养老保险制度改革有关要求，在推动国有企业深化改革的同时，通过划转部分国有资本充实社保基金，使全体人民共享国有企业发展成果，增进民生福祉，促进改革和完善基本养老保险制度，实现代际公平，增强制度的可持续性。

二、基本原则

坚持目标引领，与基本养老保险制度改革目标紧密结合。基本养老保险制度改革是系统工程，应统筹兼顾，考虑长远，力求在公共财政适度支持的情况下实现精算平衡。划转部分国有资本，基本目标是弥补因实施视同缴费年限政策形成的企业职工基本养老保险基金缺口，促进建立更加公平、更可持续的养老保险制度。

坚持系统规划，与深化国有企业改革目标紧密结合。统筹考虑划转部分国有资本的目标、企业职工基本养老保险基金缺口成因、国有资本现状和企业发展需要，科学界定划转范围，合理确定划转比例。

坚持立足长远，与弥补企业职工基本养老保险基金缺口的目标相结合。通过划转实现国有资本多元化持有，但不改变国有资本属性。划转承接主体作为财务投资者，管理运营所划入的国有资本，建立国有资本划转和企业职工基本养老保险基金缺口逐步弥补相结合的运行机制。

坚持独立运营，与社保基金多渠道筹集的政策目标相结合。划转的国有资本具有充实社保基金的特定用途和政策目标，运营收益根据基本养老保险基金的支出需要上缴，专项用于弥补企业职工基本养老保险基金缺口。划转的国有资本应集中持有，独立运行，单独核算，接受考核和监督。

三、划转范围、对象、比例和承接主体

（一）划转范围。将中央和地方国有及国有控股大中型企业、金融机构纳入划转范围。公益类企业、文化企业、政策性和开发性金融机构以及国务院另有规定的除外。

（二）划转对象。中央和地方企业集团已完成公司制改革的，直接划转企业集团股权；中央和地方企业集团未完成公司制改革的，抓紧推进改革，改制后按要求划转企业集团股权；同时，探索划转未完成公司制改革的企业集团所属一级子公司股权。全国社会保障基金因国有股权划转、投资等各种原因形成的上市企业和非上市企业股权除外。

（三）划转比例。首先以弥补企业职工基本养老保险制度转轨时期因企业职工享受视同缴费年限政策形成的企业职工基本养老保险基金缺口为基本目标，划转比例统一为企业国有股权的10%。今后，结合基本养老保险制度改革及可持续发展要求，若需进一步划转，再作研究。

（四）承接主体。划转的国有股权是基本养老保险基金的重要组成部分。划转的中央企业国有股权，由国务院委托社保基金会负责集中持有，单独核算，接受考核和监督。条件成熟时，经批准，社保基金会可组建养老金管理公司，独立运营划转的中央企业国有股权。

划转的地方企业国有股权，由各省级人民政府设立国有独资公司集中持有、管理和运营。也可将划转的国有股权委托本省（区、市）具有国有资本投资运营功能的公司专户管理。

四、划转程序

（一）按照中央企业国有股权划转的部署和步骤安排，国有资产监督管理机构负责提出本机构所监管企业拟划转股权的建议方案，由财政部会同有关部门审核确认。其中，国务院国资委监管的中央企业，由财政部会同人力资源社会保障部、国务院国资委审核确认；中央金融机构等由财政部会同人力资源社会保障部审核确认。

本方案所称国有资产监督管理机构，是指代表国务院和地方人民政府履行出资人职责的部门（机构）、负责监督管理行政事业单位所办企业国有资产和金融类企业国有资产的财政部门。

（二）根据经审核确认的划转方案，国有资产监督管理机构具体办理企业国有股权的划出手续，社保基金会相应办理股权划入手续，并对划入的国有股权设立专门账户管理。

地方企业国有股权划转工作比照中央企业办理。

（三）划转对象涉及多个国有股东的，由第一大股东的国有资产监督管理机构负责对国有股东身份和应划转股权进行初审，提交同级财政部门确认。国有股东分别属于中央和地方管理的，按第一大股东的产权归属关系，将应划转的国有股权统一划转至社保基金会或各省（区、市）国有独资公司等承接主体。

（四）划转上市公司国有股权的，国有资

产监督管理机构应同时向中国证券登记结算有限责任公司下达国有股转持通知，并抄送社保基金会或各省（区、市）国有独资公司等承接主体。中国证券登记结算有限责任公司在收到国有股转持通知后15个工作日内，将应转持的国有股权变更登记到社保基金会或各省（区、市）国有独资公司等承接主体。

（五）国有股权划转至社保基金会或各省（区、市）国有独资公司等承接主体后，相关企业应及时进行账务调整，并按规定做好国有资产产权变动登记工作。国有股权划出方应当就划转事项通知本企业债权人。涉及上市公司股份权益变动的，相关企业需按照证券监管有关规定，履行信息披露义务。

（六）国有资产监督管理机构负责向同级财政部门提供年度划转任务执行情况，财政部门逐级汇总后，由财政部会同人力资源社会保障部、国务院国资委、证监会、社保基金会上报国务院。

五、承接主体对国有资本的管理

（一）资本管理。社保基金会及各省（区、市）国有独资公司等承接主体作为财务投资者，享有所划入国有股权的收益权和处置权，不干预企业日常生产经营管理，一般不向企业派出董事。必要时，经批准可向企业派出董事。

对划入的国有股权，社保基金会及各省（区、市）国有独资公司等承接主体原则上应履行3年以上的禁售期义务，并应承继原持股主体的其他限售义务。在禁售期内，如划转涉及的相关企业上市，应承继原持股主体的禁售期义务。

（二）收益管理。对划入的国有股权，社保基金会及各省（区、市）国有独资公司等承接主体的收益主要来源于股权分红。除国家规定须保持国有特殊持股比例或要求的企业外，社保基金会及各省（区、市）国有独资公司等承接主体经批准也可以通过国有资本运作获取收益。

六、划转步骤

按照试点先行、分级组织、稳步推进的原则完成划转工作。

第一步，2017年选择部分中央企业和部分省份开展试点。中央企业包括国务院国资委监管的中央管理企业3至5家、中央金融机构2家。试点省份的划转工作由有关省（区、市）人民政府具体组织实施。

第二步，在总结试点经验的基础上，2018年及以后，分批划转其他符合条件的中央管理企业、中央行政事业单位所办企业以及中央金融机构的国有股权，尽快完成划转工作。各省（区、市）人民政府负责组织实施本地区地方国有企业的国有股权划转工作。

七、配套措施

（一）自本方案印发之日起，划转范围内企业实施重大重组，改制上市，或改组组建国有资本投资、运营公司等涉及国有股权变动的改革事项，企业改革方案应与国有资本划转方案统筹考虑。

（二）探索建立对划转国有股权的合理分红机制。社保基金会及各省（区、市）国有独资公司等承接主体持有的股权分红和运作收益，专项用于弥补企业职工基本养老保险基金缺口，不纳入国有资本经营预算管理。每年6月底前，社保基金会及各省（区、市）国有独资公司等承接主体应将上年度国有资本收益和分红情况报送同级财政、人力资源社会保障部门。

（三）社保基金会及各省（区、市）国有独资公司等承接主体持有的国有资本收益，由同级财政部门统筹考虑基本养老保险基金的支出需要和国有资本收益状况，适时实施收缴，专项用于弥补企业职工基本养老保险基金缺口。

国有资本运作管理办法和中央财政对收缴资金的具体使用办法等另行制定。

（四）自本方案印发之日起，《国务院关于印发减持国有股筹集社会保障资金管理暂行办法的通知》（国发〔2001〕22号）和《财政部 国资委 证监会 社保基金会关于印发〈境内证券市场转持部分国有股充实全国社会保障基金实施办法〉的通知》（财企〔2009〕94号）等现行国有股转（减）持政策停止执行。

八、组织实施

划转部分国有资本充实社保基金，是基本养老保险制度改革和国有企业改革的重要组成部分，是保障和改善民生的重要举措。国务院国有企业改革领导小组要加强统筹协调、督促落实。财政部、人力资源社会保障部、国务院国资委、证监会、社保基金会等部门要各司其职，密切配合，出台配套制度办法，加强对本方案执行的支持和指导，做好方案实施的监督评估工作。各有关部门和机构要高度重视划转工作，统筹规划，周密安排，落实责任，有序实施。各省（区、市）人民政府对本地区划转工作负总责，要结合实际抓紧制定具体落实方案，确保按要求完成划转目标任务。

国务院办公厅关于印发生育保险和职工基本医疗保险合并实施试点方案的通知

国办发〔2017〕6号

各省、自治区、直辖市人民政府，国务院各部委、各直属机构：

《生育保险和职工基本医疗保险合并实施试点方案》已经国务院同意，现印发给你们，请试点地区和各有关部门加强组织领导，认真贯彻执行。

2017年1月19日

生育保险和职工基本医疗保险合并实施试点方案

为贯彻落实党的十八届五中全会精神和《中华人民共和国国民经济和社会发展第十三个五年规划纲要》，根据《全国人民代表大会常务委员会关于授权国务院在河北省邯郸市等12个试点城市行政区域暂时调整适用〈中华人民共和国社会保险法〉有关规定的决定》，现就做好生育保险和职工基本医疗保险（以下统称两项保险）合并实施试点工作制定以下方案。

一、总体要求

（一）指导思想。全面贯彻党的十八大和十八届三中、四中、五中、六中全会精神，深入贯彻习近平总书记系列重要讲话精神和治国理政新理念新思想新战略，认真落实党中央、国务院决策部署，统筹推进“五位一体”总体布局和协调推进“四个全面”战略布局，牢固树立和贯彻落实创新、协调、绿色、开放、共享的发展理念，遵循保留险种、保障待遇、统一管理、降低成本的总体思路，推进两项保险合并实施，通过整合两项保险基金及管理资源，强化基金共济能力，提升管理综合效能，降低管理运行成本。

（二）主要目标。2017年6月底前启动试点，试点期限为一年左右。通过先行试点探索适应我国经济发展水平、优化保险管理资源、促进两项保险合并实施的制度体系和运行机制。

二、试点地区

根据实际情况和有关工作基础，在河北省邯郸市、山西省晋中市、辽宁省沈阳市、江苏省泰州市、安徽省合肥市、山东省威海市、河南省郑州市、湖南省岳阳市、广东省珠海市、重庆市、四川省内江市、云南省昆明市开展两项保险合并实施试点。未纳入试点地区不得自行开展试点工作。

三、试点内容

（一）统一参保登记。参加职工基本医疗保险的在职职工同步参加生育保险。实施过程中要完善参保范围，结合全民参保登记计划摸清底数，促进实现应保尽保。

（二）统一基金征缴和管理。生育保险基金并入职工基本医疗保险基金，统一征缴。试点期间，可按照用人单位参加生育保险和职工基本医疗保险的缴费比例之和确定新的用人单位职工基本医疗保险费率，个人不缴纳生育保险费。同时，根据职工基本医疗保险基金支出情况和生育待遇的需求，按照收支平衡的原则，建立职工基本医疗保险费率确定和调整机制。

职工基本医疗保险基金严格执行社会保险基金财务制度，两项保险合并实施的统筹地区，不再单列生育保险基金收入，在职工基本医疗保险统筹基金待遇支出中设置生育待遇支出项目。探索建立健全基金风险预警机制，坚持基金收支运行情况公开，加强内部控制，强化基金行政监督和社会监督，确保基金安全运行。

（三）统一医疗服务管理。两项保险合并实施后实行统一定点医疗服务管理。医疗保险经办机构与定点医疗机构签订相关医疗服务协议时，要将生育医疗服务有关要求和指标增加到协议内容中，并充分利用协议管理，强化对生育医疗服务的监控。执行职工基本医疗保险、工伤保险、生育保险药品目录以及基本医疗保险诊疗项目和医疗服务设施范围。生育医疗费用原则上实行医疗保险经办机构与定点医疗机构直接结算。

（四）统一经办和信息服务。两项保险合并实施后，要统一经办管理，规范经办流程。生育保险经办管理统一由职工基本医疗保险经办机构负责，工作经费列入同级财政预算。充分利用医疗保险信息系统平台，实行信息系统一体化运行。原有生育保险医疗费结算平台可暂时保留，待条件成熟后并入医疗保险结算平台。完善统计信息系统，确保及时准确反映生育待遇享受人员、基金运行、待遇支付等方面情况。

（五）职工生育期间的生育保险待遇不变。生育保险待遇包括《中华人民共和国社会保险法》规定的生育医疗费用和生育津贴，所需资金从职工基本医疗保险基金中支付。生育津贴支付期限按照《女职工劳动保护特别规定》等法律法规规定的产假期限执行。

四、保障措施

（一）加强组织领导。两项保险合并实施是党中央、国务院作出的一项重要部署，也是推动建立更加公平更可持续社会保障制度的重要内容。试点城市所在省份要高度重视，加强领导，密切配合，推动试点工作有序进行。人力资源社会保障部、财政部、国家卫生计生委要会同有关方面加强对试点地区的工作指导，及时研究解决试点中的困难和问题。试点省份和有关部门要加强沟通协调，共同推进相关工作。

（二）精心组织实施。试点城市要高度重视两项保险合并实施工作，按照本试点方案确定的主要目标、试点措施等要求，根据当地生育保险和职工基本医疗保险参保人群差异、基金支付能力、待遇保障水平等因素进行综合分析和研究，周密设计试点实施方案，确保参保人员相关待遇不降低、基金收支平衡，保证平稳过渡。2017 年 6 月底前各试点城市要制定试点实施方案并组织实施。

（三）加强政策宣传。试点城市要坚持正确的舆论导向，准确解读相关政策，大力宣传两项保险合并实施的重要意义，让社会公众充分了解合并实施不会影响参保人员享受相关待遇，且有利于提高基金共济能力、减轻用人单位事务性负担、提高管理效率，为推动两项保险合并实施创造良好的社会氛围。

（四）做好总结评估。各试点城市要及时总结经验，试点过程中发现的重要问题和有效做法请及时报送人力资源社会保障部、财政部、国家卫生计生委，为全面推开两项保险合并实施工作奠定基础。人力资源社会保障部、财政部、国家卫生计生委要对试点期间各项改革措施执行情况、实施效果、群众满意程度等内容进行全面总结评估，并向国务院报告。

国务院办公厅关于进一步深化基本医疗保险支付方式改革的指导意见

国办发〔2017〕55号

各省、自治区、直辖市人民政府，国务院各部委、各直属机构：

医保支付是基本医保管理和深化医改的重要环节，是调节医疗服务行为、引导医疗资源配置的重要杠杆。新一轮医改以来，各地积极探索医保支付方式改革，在保障参保人员权益、控制医保基金不合理支出等方面取得积极成效，但医保对医疗服务供需双方特别是对供方的引导制约作用尚未得到有效发挥。为更好地保障参保人员权益、规范医疗服务行为、控制医疗费用不合理增长，充分发挥医保在医改中的基础性作用，经国务院同意，现就进一步深化基本医疗保险支付方式改革提出如下意见。

一、总体要求

（一）指导思想。

全面贯彻党的十八大和十八届三中、四中、五中、六中全会精神，深入贯彻习近平总书记系列重要讲话精神和治国理政新理念新思想新战略，按照党中央、国务院决策部署，落实全国卫生与健康大会精神，紧紧围绕深化医药卫生体制改革目标，正确处理政府和市场关系，全面建立并不断完善符合我国国情和医疗服务特点的医保支付体系。健全医保支付机制和利益调控机制，实行精细化管理，激发医疗机构规范行为、控制成本、合理收治和转诊患者的内生动力，引导医疗资源合理配置和患者有序就医，支持建立分级诊疗模式和基层医疗卫生机构健康发展，切实保障广大参保人员基本医疗权益和医保制度长期可持续发展。

（二）基本原则。

一是保障基本。坚持以收定支、收支平衡、略有结余，不断提高医保基金使用效率，着力保障参保人员基本医疗需求，促进医疗卫生资源合理利用，筑牢保障底线。

二是建立机制。发挥医保第三方优势，健全医保对医疗行为的激励约束机制以及对医疗费用的控制机制。建立健全医保经办机构与医疗机构间公开平等的谈判协商机制、“结余留用、合理超支分担”的激励和风险分担机制，提高医疗机构自我管理的积极性，促进医疗机构从规模扩张向内涵式发展转变。

三是因地制宜。各地要从实际出发，充分考虑医保基金支付能力、医保管理服务能力、医疗服务特点、疾病谱分布等因素，积极探索创新，实行符合本地实际的医保支付方式。

四是统筹推进。统筹推进医疗、医保、医药各项改革，注重改革的系统性、整体性、协调性，发挥部门合力，多措并举，实现政策叠加效应。

（三）主要目标。

2017年起，进一步加强医保基金预算管理，全面推行以按病种付费为主的多元复合式医保支付方式。各地要选择一定数量的病种实施按病种付费，国家选择部分地区开展按疾病诊断相关分组（DRGs）付费试点，鼓励各地完善按人头、按床日等多种付费方式。到2020年，医保支付方式改革覆盖所有医疗机构及医疗服务，全国范围内普遍实施适应不同疾病、不同服务特点的多元复合式医保支付方式，按项目付费占比明显下降。

二、改革的主要内容

（一）实行多元复合式医保支付方式。针对不同医疗服务特点，推进医保支付方式分类改革。对住院医疗服务，主要按病种、按疾病诊断相关分组付费，长期、慢性病住院医疗服务可按床日付费；对基层医疗服务，可按人头付费，积极探索将按人头付费与慢性病管理相结合；对不宜打包付费的复杂病例和门诊费用，可按项目付费。探索符合中医药服务特点的支付方式，鼓励提供和使用适宜的中医药服务。

（二）重点推行按病种付费。原则上对诊疗方案和出入院标准比较明确、诊疗技术比较成熟的疾病实行按病种付费。逐步将日间手术以及符合条件的中西医病种门诊治疗纳入医保基金病种付费范围。建立健全谈判协商机制，以既往费用数据和医保基金支付能力为基础，在保证疗效的基础上科学合理确定中西医病种付费标准，引导适宜技术使用，节约医疗费用。做好按病种收费、付费政策衔接，合理确定收费、付费标准，由医保基金和个人共同分担。加快制定医疗服务项目技术规范，实现全国范围内医疗服务项目名称和内涵的统一。逐步统一疾病分类编码（ICD-10）、手术与操作编码系统，明确病历及病案首页书写规范，制定完善符合基本医疗需求的临床路径等行业技术标准，为推行按病种付费打下良好基础。

（三）开展按疾病诊断相关分组付费试点。探索建立按疾病诊断相关分组付费体系。按疾病病情严重程度、治疗方法复杂程度和实际资源消耗水平等进行病种分组，坚持分组公开、分组逻辑公开、基础费率公开，结合实际确定和调整完善各组之间的相对比价关系。可以疾病诊断相关分组技术为支撑进行医疗机构诊疗成本与疗效测量评价，加强不同医疗机构同一病种组间的横向比较，利用评价结果完善医保付费机制，促进医疗机构提升绩效、控制费用。加快提升医保精细化管理水平，逐步将疾病诊断相关分组用于实际付费并扩大应用范围。疾病诊断相关分组收费、付费标准包括医保基金和个人付费在内的全部医疗费用。

（四）完善按人头付费、按床日付费等支付方式。支持分级诊疗模式和家庭医生签约服务制度建设，依托基层医疗卫生机构推行门诊统筹按人头付费，促进基层医疗卫生机构提供优质医疗服务。各统筹地区要明确按人头付费的基本医疗服务包范围，保障医保目录内药品、基本医疗服务费用和一般诊疗费的支付。逐步从糖尿病、高血压、慢性肾功能衰竭等治疗方案标准、评估指标明确的慢性病入手，开展特殊慢性病按人头付费，鼓励医疗机构做好健康管理。有条件的地区可探索将签约居民的门诊基金按人头支付给基层医疗卫生机构或家庭医生团队，患者向医院转诊的，由基层医疗卫生机构或家庭医生团队支付一定的转诊费用。对于精神病、安宁疗护、医疗康复等需要长期住院治疗且日均费用较稳定的疾病，可采取按床日付费的方式，同时加强对平均住院天数、日均费用以及治疗效果的考核评估。

（五）强化医保对医疗行为的监管。完善医保服务协议管理，将监管重点从医疗费用控制转向医疗费用和医疗质量双控制。根据各级各类医疗机构的功能定位和服务特点，分类完善科学合理的考核评价体系，将考核结果与医保基金支付挂钩。中医医疗机构考核指标应包括中医药服务提供比例。有条件的地方医保经办机构可以按协议约定向医疗机构预付一部分医保资金，缓解其资金运行压力。医保经办机构要全面推开医保智能监控工作，实现医保费用结算从部分审核向全面审核转变，从事后纠正向事前提示、事中监督转变，从单纯管制向监督、管理、服务相结合转变。不断完善医保信息系统，确保信息安全。积极探索将医保监管延伸到医务人员医疗服务行为的有效方式，探索将监管考核结果向社会公布，促进医疗机构强化医务人员管理。

三、配套改革措施

（一）加强医保基金预算管理。按照以收定支、收支平衡、略有结余的原则，科学编制并严格执行医保基金收支预算。加快推进医保基金收支决算公开，接受社会监督。

各统筹地区要结合医保基金预算管理完善总额控制办法，提高总额控制指标的科学性、合理性。完善与总额控制相适应的考核评价体系和动态调整机制，对超总额控制指标的医疗机构合理增加的工作量，可根据考核情况按协议约定给予补偿，保证医疗机构正常运行。健全医保经办机构与医疗机构之间的协商机制，促进医疗机构集体协商。总额控制指标应向基层医疗卫生机构、儿童医疗机构等适当倾斜，制定过程按规定向医疗机构、相关部门和社会公开。

有条件的地区可积极探索将点数法与预算总额管理、按病种付费等相结合，逐步使用区域（或一定范围内）医保基金总额控制代替具体医疗机构总额控制。采取点数法的地区确定本区域（或一定范围内）医保基金总额控制指标后，不再细化明确各医疗机构的总额控制指标，而是将项目、病种、床日等各种医疗服务的价值以一定点数体现，年底根据各医疗机构所提供服务的总点数以及地区医保基金支出预算指标，得出每个点的实际价值，按照各医疗机构实际点数付费，促进医疗机构之间分工协作、有序竞争和资源合理配置。

（二）完善医保支付政策措施。严格规范基本医保责任边界，基本医保重点保障符合“临床必需、安全有效、价格合理”原则的药品、医疗服务和基本服务设施相关费用。公共卫生费用、与疾病治疗无直接关系的体育健身或养生保健消费等，不得纳入医保支付范围。各地要充分考虑医保基金支付能力、社会总体承受能力和参保人个人负担，坚持基本保障和责任分担的原则，按照规定程序调整待遇政策。科学合理确定药品和医疗服务项目的医保支付标准。

结合分级诊疗模式和家庭医生签约服务制度建设，引导参保人员优先到基层首诊，对符合规定的转诊住院患者可以连续计算起付线，将符合规定的家庭医生签约服务费纳入医保支付范围。探索对纵向合作的医疗联合体等分工协作模式实行医保总额付费，合理引导双向转诊，发挥家庭医生在医保控费方面的“守门人”作用。鼓励定点零售药店做好慢性病用药供应保障，患者可凭处方自由选择在医疗机构或到医疗机构外购药。

（三）协同推进医药卫生体制相关改革。建立区域内医疗卫生资源总量、医疗费用总量与经济发展水平、医保基金支付能力相适应的宏观调控机制，控制医疗费用过快增长。推行临床路径管理，提高诊疗行为透明度。推进同级医疗机构医学检查检验结果互认，减少重复检查。建立医疗机构效率和费用信息公开机制，将费用、患者负担水平等指标定期公开，接受社会监督，并为参保人就医选择提供参考。完善公立医疗机构内部绩效考核和收入分配机制，引导医疗机构建立以合理诊疗为核心的绩效考核评价体系，体现多劳多得、优劳优酬。规范和推动医务人员多点执业。

四、组织实施

（一）加强组织领导。各省（区、市）要高度认识深化医保支付方式改革的重要性，在医改领导小组领导下，协调推进医保支付方式及相关领域改革，妥善做好政策衔接，发挥政策合力。各级人力资源社会保障、卫生计生、财政、发展改革、中医药等部门要根据各自职能，协同推进医保支付方式改革，明确时间表、路线图，做好规划和组织落实工作。

（二）切实抓好落实。各统筹地区要按照本意见精神，在总结经验的基础上，结合本地实际，于2017年9月底前制定具体改革实施方案。人力资源社会保障部、国家卫生计生委会同财政部、国家中医药局成立按疾病诊断相关分组付费试点工作组，2017年选择部分地区开展按疾病诊断相关分组付费试点，并加强技术指导。

（三）做好交流评估。加强不同地区间医保支付方式改革成果交流，及时总结推广好的经验做法。各统筹地区要开展改革效果评估，既对改革前后医疗费用、医疗服务数量和质量、医保待遇水平、参保人员健康水平等进行纵向评估，又与周边地区、经济和医疗水平相似地区进行横向比较，通过评估为完善政策提供支持。

2017年6月20日

国务院办公厅关于加快发展商业养老保险的若干意见

国办发〔2017〕59号

各省、自治区、直辖市人民政府，国务院各部委、各直属机构：

商业养老保险是商业保险机构提供的，以养老风险保障、养老资金管理等为主要内容的保险产品和服务，是养老保障体系的重要组成部分。发展商业养老保险，对于健全多层次养老保障体系，促进养老服务业多层次多样化发展，应对人口老龄化趋势和就业形态新变化，进一步保障和改善民生，促进社会和谐稳定等具有重要意义。为深入贯彻落实《中共中央关于全面深化改革若干重大问题的决定》、《国务院关于加快发展养老服务业的若干意见》（国发〔2013〕35号）、《国务院关于加快发展现代保险服务业的若干意见》（国发〔2014〕29号）等文件要求，经国务院同意，现就加快发展商业养老保险提出以下意见：

一、总体要求

（一）指导思想。

全面贯彻党的十八大和十八届三中、四中、五中、六中全会精神，深入贯彻习近平总书记系列重要讲话精神和治国理政新理念新思想新战略，认真落实党中央、国务院决策部署，牢固树立新发展理念，以提高发展质量和效益为中心，以推进供给侧结构性改革为主线，以应对人口老龄化、满足人民群众日益增长的养老保障需求、促进社会和谐稳定为出发点，以完善养老风险保障机制、提升养老资金运用效率、优化养老金融服务体系为方向，依托商业保险机构专业优势和市场机制作用，扩大商业养老保险产品供给，拓宽服务领域，提升保障能力，充分发挥商业养老保险在健全养老保障体系、推动养老服务业发展、促进经济提质增效升级等方面的生力军作用。

（二）基本原则。

坚持改革创新，提升保障水平。以应对人口老龄化、保障和改善民生为导向，坚持专注主业，深化商业养老保险体制机制改革，激发创新活力，增加养老保障产品和服务供给，提高服务质量和效率，更好满足人民群众多样化、多层次养老保障需求。

坚持政策引导，强化市场机制。更好发挥政府引导和推动作用，给予商业养老保险发展必要政策支持，创造良好政策环境。充分发挥市场在资源配置中的决定性作用，鼓励市场主体及相关业务特色化、差异化发展。

坚持完善监管，规范市场秩序。始终把维护保险消费者合法权益作为商业养老保险监管的出发点和立足点，坚持底线思维，完善制度体系，加强监管协同，强化制度执行，杜绝行政摊派、强买强卖，营造平等参与、公平竞争、诚信规范的市场环境。

（三）主要目标。

到2020年，基本建立运营安全稳健、产

品形态多样、服务领域较广、专业能力较强、持续适度盈利、经营诚信规范的商业养老保险体系，商业养老保险成为个人和家庭商业养老保障计划的主要承担者、企业发起的商业养老保障计划的重要提供者、社会养老保障市场化运作的积极参与者、养老服务业健康发展的有力促进者、金融安全和经济增长的稳定支持者。

二、创新商业养老保险产品和服务

（四）丰富商业养老保险产品供给，为个人和家庭提供个性化、差异化养老保障。支持商业保险机构开发多样化商业养老保险产品，满足个人和家庭在风险保障、财富管理等方面的需求。积极发展安全性高、保障性强、满足长期或终身领取要求的商业养老年金保险。支持符合条件的商业保险机构积极参与个人税收递延型商业养老保险试点。针对独生子女家庭、无子女家庭、“空巢”家庭等特殊群体养老保障需求，探索发展涵盖多种保险产品和服务的综合养老保障计划。允许商业养老保险机构依法合规发展具备长期养老功能、符合生命周期管理特点的个人养老保障管理业务。

（五）推动商业保险机构提供企业（职业）年金计划等产品和服务。鼓励商业保险机构发展与企业（职业）年金领取相衔接的商业保险业务，强化基金养老功能。支持符合条件的商业保险机构申请相关资质，积极参与企业年金基金和职业年金基金管理，在基金受托、账户管理、投资管理等方面提供优质高效服务。鼓励商业保险机构面向创新创业企业就业群体的市场需求，丰富商业养老保险产品供给，优化相关服务，提供多样化养老保障选择。

（六）鼓励商业保险机构充分发挥行业优势，提供商业服务和支持。充分发挥商业保险机构在精算管理和服务资源等方面的优势，为养老保险制度改革提供技术支持和相关服务。支持符合条件的商业保险机构利用资产管理优势，依法依规有序参与基本养老保险基金和全国社会保障基金投资运营，促进养老保险基金和社会保障基金保值增值。

三、促进养老服务业健康发展

（七）鼓励商业保险机构投资养老服务产业。发挥商业养老保险资金长期性、稳定性优势，遵循依法合规、稳健安全原则，以投资新建、参股、并购、租赁、托管等方式，积极兴办养老社区以及养老养生、健康体检、康复管理、医疗护理、休闲康养等养老健康服务设施和机构，为相关机构研发生产老年用品提供支持，增加养老服务供给。鼓励商业保险机构积极参与养老服务业综合改革试点，加快推进试点地区养老服务体系建设。

（八）支持商业保险机构为养老机构提供风险保障服务。探索商业保险机构与各类养老机构合作模式，发展适应养老机构经营管理风险要求的综合责任保险，提升养老机构运营效率和稳健性。支持商业保险机构发展针对社区日间照料中心、老年活动中心、托老所、互助型社区养老服务中心等老年人短期托养和文体休闲活动机构的责任保险。

（九）建立完善老年人综合养老保障计划。针对老年人养老保障需求，坚持保障适度、保费合理、保单通俗原则，大力发展老年人意外伤害保险、老年人长期护理保险、老年人住房反向抵押养老保险等适老性强的商业保险，完善保单贷款、多样化养老金支付形式等配套金融服务。逐步建立老年人长期照护、康养结合、医养结合等综合养老保障计划，健全养老、康复、护理、医疗等服务保障体系。

四、推进商业养老保险资金安全稳健运营

（十）发挥商业养老保险资金长期投资优势。坚持风险可控、商业可持续原则，推进商业养老保险资金稳步有序参与国家重大战略实施。支持商业养老保险资金通过债权投资计划、股权投资计划、不动产投资计划、资产支持计划、保险资产管理产品等形式，参与重大基础设施、棚户区改造、新型城镇化建设等重大项目和民生工程建设，服务科技型企业、小微企业、战略性新兴产业、生活性服务新业态

等发展，助力国有企业混合所有制改革。

（十一）促进商业养老保险资金与资本市场协调发展。发挥商业保险机构作为资本市场长期机构投资者的积极作用，依法有序参与股票、债券、证券投资基金等领域投资，为资本市场平稳健康发展提供长期稳定资金支持，规范有序参与资本市场建设。

（十二）审慎开展商业养老保险资金境外投资。在风险可控前提下，稳步发展商业养老保险资金境外投资业务，合理配置境外资产，优化配置结构。支持商业养老保险资金通过相关自贸试验区开展境外市场投资；按照商业可持续原则，有序参与丝路基金、亚洲基础设施投资银行和金砖国家新开发银行等主导的投资项目，更好服务国家“走出去”战略。

五、提升管理服务水平

（十三）加强制度建设。坚持制度先行，健全商业养老保险管理运行制度体系，优化业务流程，提升运营效率，增强商业养老保险业务运作规范性。细化完善商业养老保险资金重点投资领域业务规则，强化限额管理，探索建立境外投资分级管理机制。完善商业养老保险服务国家战略的引导政策和支持实体经济发展的配套政策。

（十四）提升服务质量。制定完善商业养老保险服务标准，构建以保险消费者满意度为核心的服务评价体系。深入推进以客户为中心的运营管理体系建设，运用现代技术手段，促进销售渠道和服务模式创新，为保险消费者提供高效便捷的服务。突出销售、承保、赔付等关键服务环节，着力改进服务质量，提升保险消费者消费体验，巩固培育商业品牌和信誉。

（十五）发展专业机构。提升商业养老保险从业人员职业道德和专业素质，加大专业人才培养和引进力度，完善职业教育。支持符合条件的商业保险机构发起设立商业养老保险机构，拓宽民间资本参与商业养老保险机构投资运营渠道，允许专业能力强、市场信誉度高的境外专业机构投资商业养老保险机构。

（十六）强化监督管理。完善商业养老保险监管政策，加强监督检查，规范商业养老保险市场秩序，强化保险消费者权益保护。落实偿付能力监管制度要求，加强商业养老保险资金运用监管，健全风险监测预警和信息披露机制。督促商业保险机构加强投资能力和风险管控能力建设，强化资产负债匹配管理和风险控制，防范投资运用风险，实现商业养老保险资金保值及合理回报，提升保险保障水平。

六、完善支持政策

（十七）加强组织领导与部门协同。各地区、各有关部门要将加快发展商业养老保险纳入完善养老保障体系和加快发展养老服务业的总体部署，加强沟通配合，创新体制机制，积极研究解决商业养老保险发展中的重大问题。有关部门可根据本意见精神，细化完善配套政策措施。各省（区、市）人民政府可结合实际制定具体实施意见，促进本地区商业养老保险持续健康发展。

（十八）加强投资和财税等政策支持。研究制定商业养老保险服务实体经济的投资支持政策，完善风险保障机制，为商业养老保险资金服务国家战略、投资重大项目、支持民生工程建设提供绿色通道和优先支持。落实好国家支持现代保险服务业和养老服务业发展的税收优惠政策，对商业保险机构一年期以上人身保险保费收入免征增值税。2017 年年底前启动个人税收递延型商业养老保险试点。研究制定商业保险机构参与全国社会保障基金投资运营的相关政策。

（十九）完善地方保障支持政策。各省（区、市）人民政府要统筹规划养老服务业发展，鼓励符合条件的商业保险机构投资养老服务业，落实好养老服务设施的用地保障政策。支持商业保险机构依法依规在投资开办的养老机构内设置医院、门诊、康复中心等医疗机构，符合条件的可按规定纳入城乡基本医疗保险定点范围。支持商业保险机构开展住房反向抵押养老保险业务，在房地产交易、登记、公证等机构设立绿色通道，降低收费标准，简化办事程序，提升服务效率。

（二十）营造良好环境。大力普及商业养老保险知识，增强人民群众商业养老保险意识。以商业养老保险满足人民群众多样化养老保障需求为重点，加大宣传力度，积极推广成熟经验。加强保险业诚信体系建设，推动落实守信联合激励和失信联合惩戒机制。强化行业自律，倡导公平竞争合作，为商业养老保险健康发展营造良好环境。

2017年6月29日

国务院办公厅关于印发保障农民工工资支付工作考核办法的通知

国办发〔2017〕96号

各省、自治区、直辖市人民政府，国务院各部委、各直属机构：

《保障农民工工资支付工作考核办法》已经国务院同意，现印发给你们，请认真贯彻执行。

2017年12月6日

保障农民工工资支付工作考核办法

第一条 为落实保障农民工工资支付工作的属地监管责任，有效预防和解决拖欠农民工工资问题，切实保障农民工劳动报酬权益，维护社会公平正义，促进社会和谐稳定，根据有关规定，制定本办法。

第二条 本办法适用于对各省（区、市）人民政府及新疆生产建设兵团（以下统称各省级政府）保障农民工工资支付工作的年度考核。

第三条 考核工作在国务院领导下，由解决企业工资拖欠问题部际联席会议（以下简称部际联席会议）负责实施，部际联席会议办公室具体组织落实。考核工作从2017年到2020年，每年开展一次。

第四条 考核工作坚持目标导向、问题导向和结果导向，遵循客观公正原则，突出重点，注重实效。

第五条 考核内容主要包括加强对保障农民工工资支付工作的组织领导、建立健全工资支付保障制度、治理欠薪特别是工程建设领域欠薪工作成效等情况。

第六条 部际联席会议办公室组织部际联席会议各成员单位制定年度考核方案及细则，明确具体考核指标和分值。

第七条 考核工作于考核年度次年年初开始，4月底前完成。按照以下步骤进行：

（一）省级自查。各省级政府对照考核方案及细则，对考核年度保障农民工工资支付工作进展情况和成效进行自查，填报自查考核表，形成自查报告，于2月底前报送部际联席会议办公室。各省级政府对自查报告真实性、准确性负责。

（二）实地核查。3月底前，由部际联席会议办公室组织部际联席会议各成员单位组成考核组，采取抽查等方式，对省级政府考核年度保障农民工工资支付工作进展情况和成效进行实地核查，对相关考核指标进行评估。实地核查采取听取汇报、抽样调查、核验资料、明察暗访等方式进行。

（三）综合评议。部际联席会议办公室组织部际联席会议各成员单位根据各地自查情况，结合实地核查和社会治安综合治理、公安、信访等部门掌握的情况，进行考核评议，形成考核报告，报部际联席会议审议。

第八条 考核采取分级评分法，基准分为100分，考核结果分为A、B、C三个等级。

（一）符合下列条件的，考核等级为A级：

1. 领导重视、工作机制健全，各项工资支付保障制度完备、落实得力，工作成效明显；

2. 考核得分排在全国前十名。

（二）有下列情形之一的，考核等级为C级：

1. 保障农民工工资支付工作不力、成效不明显、欠薪问题突出，考核得分排在全国后三名的；

2. 发生5起及以上因拖欠农民工工资引发50人以上群体性事件，或发生2起及以上因政府投资工程项目拖欠农民工工资引发50人以上群体性事件的；

3. 发生1起及以上因拖欠农民工工资引发极端事件并造成严重后果的。

（三）考核等级在A、C级以外的为B级。

第九条 考核结果报经国务院同意后，由部际联席会议向各省级政府通报，并抄送中央组织部，作为对各省级政府领导班子和有关领导干部进行综合考核评价的参考。考核过程中发现需要问责的问题线索，移交纪检监察机关。

第十条 对考核等级为A级的，由部际联席会议予以通报表扬；对考核等级为C级的，由部际联席会议对该省级政府有关负责人进行约谈，提出限期整改要求。被约谈省级政府应当制定整改措施，并在被约谈后2周内提交书面报告，由部际联席会议办公室负责督促落实。

第十一条 对在考核工作中弄虚作假、瞒报谎报造成考核结果失实的，予以通报批评；情节严重的，依纪依法追究相关人员责任。

第十二条 各省级政府可参照本办法，结合本地区实际制定相关办法，加强对本地区各级政府保障农民工工资支付工作的考核。

第十三条 本办法由部际联席会议办公室负责解释，自印发之日起施行。

最高人民检察院关于贪污养老、医疗等社会保险基金能否适用《最高人民法院 最高人民检察院关于办理贪污贿赂刑事案件适用法律若干问题的解释》第一条第二款第一项规定的批复

（2017年7月19日最高人民检察院第十二届检察委员会第六十七次会议通过　2017年7月26日公布　自2017年8月7日起施行）

各省、自治区、直辖市人民检察院，解放军军事检察院，新疆生产建设兵团人民检察院：

近来，一些地方人民检察院就贪污养老、医疗等社会保险基金能否适用《最高人民法院 最高人民检察院关于办理贪污贿赂刑事案件适用法律若干问题的解释》第一条第二款第一项规定请示我院。经研究，批复如下：

养老、医疗、工伤、失业、生育等社会保险基金可以认定为《最高人民法院　最高人民检察院关于办理贪污贿赂刑事案件适用法律若干问题的解释》第一条第二款第一项规定的“特定款物”。

根据刑法和有关司法解释规定，贪污罪和挪用公款罪中的“特定款物”的范围有所不同，实践中应注意区分，依法适用。

此复。

2017年7月26日

（二）人力资源和社会保障部文件

专业技术人员资格考试违纪违规行为处理规定

（经2017年2月3日人力资源社会保障部第117次部务会审议通过
2017年2月16日人力资源和社会保障部令第31号公布
自2017年4月1日起施行）

第一章　总　　则

第一条　为加强专业技术人员资格考试工作管理，保证考试的公平、公正，规范对违纪违规行为的认定与处理，维护应试人员和考试工作人员合法权益，根据有关法律、行政法规制定本规定。

第二条　专业技术人员资格考试中违纪违规行为的认定和处理，适用本规定。

第三条　本规定所称专业技术人员资格考试，是指由人力资源社会保障部或者由其会同有关行政部门确定，在全国范围内统一举行的准入类职业资格考试、水平评价类职业资格考试以及与职称相关的考试。

本规定所称应试人员，是指根据专业技术人员资格考试有关规定参加考试的人员。

本规定所称考试工作人员，是指参与考试管理和服务工作的人员，包括命（审）题（卷）、监考、主考、巡考、考试系统操作、评卷等人员和考试主管部门及考试机构的有关工作人员。

本规定所称考试主管部门，是指各级人力资源社会保障行政部门、有关行政主管部门以及依据法律、行政法规规定具有考试管理职能的行业协会或者学会等。

本规定所称考试机构，是指经政府及其有关部门批准的各级具有专业技术人员资格考试工作职能的单位。

第四条　认定与处理违纪违规行为，应当事实清楚、证据确凿、程序规范、适用规定准确。

第五条　人力资源社会保障部负责全国专业技术人员资格考试工作的综合管理与监督。

各级考试主管部门、考试机构或者有关部门按照考试管理权限依据本规定对应试人员、考试工作人员的违纪违规行为进行认定与处理。其中，造成重大社会影响的严重违纪违规行为，由省级考试主管部门会同省级考试机构或者由省级考试机构进行认定与处理，并将处理情况报告人力资源社会保障部和相应行业的考试主管部门。

第二章　应试人员违纪违规行为处理

第六条　应试人员在考试过程中有下列违纪违规行为之一的，给予其当次该科目考试成绩无效的处理：

（一）携带通讯工具、规定以外的电子用品或者与考试内容相关的资料进入座位，经提醒仍不改正的；

（二）经提醒仍不按规定书写、填涂本人身份和考试信息的；

（三）在试卷、答题纸、答题卡规定以外位置标注本人信息或者其他特殊标记的；

（四）未在规定座位参加考试，或者未经考试工作人员允许擅自离开座位或者考场，经提醒仍不改正的；

（五）未用规定的纸、笔作答，或者试卷前后作答笔迹不一致的；

（六）在考试开始信号发出前答题，或者在考试结束信号发出后继续答题的；

（七）将试卷、答题卡、答题纸带出考场的；

（八）故意损坏试卷、答题纸、答题卡、电子化系统设施的；

（九）未按规定使用考试系统，经提醒仍不改正的；

（十）其他应当给予当次该科目考试成绩无效处理的违纪违规行为。

第七条 应试人员在考试过程中有下列严重违纪违规行为之一的，给予其当次全部科目考试成绩无效的处理，并将其违纪违规行为记入专业技术人员资格考试诚信档案库，记录期限为五年：

（一）抄袭、协助他人抄袭试题答案或者与考试内容相关资料的；

（二）互相传递试卷、答题纸、答题卡、草稿纸等的；

（三）持伪造证件参加考试的；

（四）本人离开考场后，在考试结束前，传播考试试题及答案的；

（五）使用禁止带入考场的通讯工具、规定以外的电子用品的；

（六）其他应当给予当次全部科目考试成绩无效处理的严重违纪违规行为。

第八条 应试人员在考试过程中有下列特别严重违纪违规行为之一的，给予其当次全部科目考试成绩无效的处理，并将其违纪违规行为记入专业技术人员资格考试诚信档案库，长期记录：

（一）串通作弊或者参与有组织作弊的；

（二）代替他人或者让他人代替自己参加考试的；

（三）其他情节特别严重、影响恶劣的违纪违规行为。

第九条 应试人员应当自觉维护考试工作场所秩序，服从考试工作人员管理，有下列行为之一的，终止其继续参加考试，并责令离开考场；情节严重的，按照本规定第七条、第八条的规定处理；违反《中华人民共和国治安管理处罚法》等法律法规的，交由公安机关依法处理；构成犯罪的，依法追究刑事责任：

（一）故意扰乱考点、考场等考试工作场所秩序的；

（二）拒绝、妨碍考试工作人员履行管理职责的；

（三）威胁、侮辱、诽谤、诬陷工作人员或者其他应试人员的；

（四）其他扰乱考试管理秩序的行为。

第十条 应试人员有提供虚假证明材料或者以其他不正当手段取得相应资格证书或者成绩证明等严重违纪违规行为的，由证书签发机构宣布证书或者成绩证明无效，并按照本规定第七条处理。

第十一条 在阅卷过程中发现应试人员之间同一科目作答内容雷同，并经阅卷专家组确认的，由考试机构或者考试主管部门给予其当次该科目考试成绩无效的处理。作答内容雷同的具体认定方法和标准，由省级以上考试机构确定。

应试人员之间同一科目作答内容雷同，并有其他相关证据证明其违纪违规行为成立的，视具体情形按照本规定第七条、第八条处理。

第十二条 专业技术人员资格考试诚信档案库由人力资源社会保障部统一建立，管理办法另行制定。

考试诚信档案库纳入全国信用信息共享平台，向用人单位及社会提供查询，相关记录作为专业技术人员职业资格证书核发和注册、职称评定的重要参考。考试机构可以视情况向社会公布考试诚信档案库记录相关信息，并通知当事人所在单位。

第三章 考试工作人员违纪违规行为处理

第十三条 考试工作人员有下列情形之一

的，停止其继续参加当年及下一年度考试工作，并由考试机构、考试主管部门或者建议有关部门给予处分：

（一）不严格掌握报名条件的；

（二）擅自提前考试开始时间、推迟考试结束时间及缩短考试时间的；

（三）擅自为应试人员调换考场或者座位的；

（四）提示或者暗示应试人员答卷的；

（五）未准确记录考场情况及违纪违规行为，并造成一定影响的；

（六）未认真履行职责，造成考场秩序混乱或者所负责考场出现雷同试卷的；

（七）未执行回避制度的；

（八）其他一般违纪违规行为。

第十四条 考试工作人员有下列情形之一的，由考试机构、考试主管部门或者建议有关部门将其调离考试工作岗位，不得再从事考试工作，并给予相应处分：

（一）因命（审）题（卷）发生错误，造成严重后果的；

（二）以不正当手段协助他人取得考试资格或者取得相应证书的；

（三）因失职造成应试人员未能如期参加考试，或者使考试工作遭受重大损失的；

（四）擅自将试卷、试题信息、答题纸、答题卡、草稿纸等带出考场或者传给他人的；

（五）故意损坏试卷、试题载体、答题纸、答题卡的；

（六）窃取、擅自更改、编造或者虚报考试数据、信息的；

（七）泄露考务实施工作中应当保密信息的；

（八）在评阅卷工作中，擅自更改评分标准或者不按评分标准进行评卷的；

（九）因评卷工作失职，造成卷面成绩错误，后果严重的；

（十）指使或者纵容他人作弊，或者参与考场内外串通作弊的；

（十一）监管不严，使考场出现大面积作弊现象的；

（十二）擅自拆启未开考试卷、试题载体、答题纸等或者考试后已密封的试卷、试题载体、答题纸、答题卡等的；

（十三）利用考试工作之便，以权谋私或者打击报复应试人员的；

（十四）其他严重违纪违规行为。

第十五条 考试工作人员违反《中华人民共和国保守国家秘密法》及有关规定，造成在保密期限内的考试试题、试卷及相关材料内容泄露、丢失的，由相关部门视情节轻重，分别给予责任人和有关负责人处分；构成犯罪的，依法追究刑事责任。

第四章 处理程序

第十六条 对应试人员违纪违规行为被当场发现的，考试工作人员应当予以制止。对于被认定为违纪违规的，要收集、保存相应证据材料，如实记录违纪违规事实和现场处理情况，当场告知其记录内容，并要求本人签字；对于拒绝签字或者恶意损坏证据材料的，由两名考试工作人员如实记录其拒签或者恶意损坏证据材料的情况。违纪违规记录经考点负责人签字认定后，报送考试机构或者考试主管部门。

第十七条 对应试人员违纪违规行为作出处理决定前，应当告知应试人员拟作出的处理决定及相关事实、理由和依据，并告知应试人员依法享有陈述和申辩的权利。作出处理决定的考试机构或者考试主管部门对应试人员提出的事实、理由和证据，应当进行复核。

对应试人员违纪违规行为作出处理决定的，由考试机构或者考试主管部门制作考试违纪违规行为处理决定书，依法送达被处理的应试人员。

第十八条 被处理的应试人员对处理决定不服的，可以依法申请行政复议或者提起行政诉讼。

第十九条 考试工作人员因违纪违规行为

受到处分不服的，可以依法申请复核或者提出申诉。

第五章 附 则

第二十条 本规定自 2017 年 4 月 1 日起施行。人力资源社会保障部 2011 年 3 月 15 日发布的《专业技术人员资格考试违纪违规行为处理规定》（人力资源和社会保障部令第 12 号）同时废止。

本规定施行前发生的违纪违规行为，在本规定施行后尚未作出处理决定的，按照本规定处理；在本规定施行前发生的行为按本规定属于违纪违规行为，但按原规定不属于违纪违规行为的，不得作为违纪违规行为处理。

人力资源社会保障部关于修改《外国人在中国就业管理规定》的决定

（经 2017 年 1 月 22 日人力资源社会保障部第 116 次部务会审议通过并商公安部、外交部、商务部同意　2017 年 3 月 13 日人力资源和社会保障部令第 32 号公布　自公布之日起施行）

根据《中华人民共和国出境入境管理法》和《外国人入境出境管理条例》的规定，按照国务院关于简政放权、放管结合、优化服务的要求，现决定对《外国人在中国就业管理规定》（劳部发〔1996〕29 号）有关条款进行修改。

一、将第八条、第十条中的“职业签证”修改为“Z 字签证”。

二、删去第十四条。

三、将第十五条修改为：“获准来中国工作的外国人，应凭许可证书及本国有效护照或能代替护照的证件，到中国驻外使、领馆、处申请 Z 字签证。

“凡符合第九条第二项规定的人员，应凭中国海洋石油总公司签发的通知函电申请 Z 字签证；凡符合第九条第三项规定的人员，应凭文化部的批件申请 Z 字签证。

“凡符合本规定第十条第一款规定的人员，应凭合作交流项目书申请 Z 字签证；凡符合第十条第二项规定的人员，应凭工商行政管理部门的登记证明申请 Z 字签证。”

本决定自公布之日起施行。

劳动人事争议仲裁办案规则

（经2017年4月24日人力资源社会保障部第123次部务会审议通过
2017年5月8日人力资源和社会保障部令第33号公布
自2017年7月1日起施行）

第一章　总　　则

第一条　为公正及时处理劳动人事争议（以下简称争议），规范仲裁办案程序，根据《中华人民共和国劳动争议调解仲裁法》（以下简称调解仲裁法）以及《中华人民共和国公务员法》（以下简称公务员法）、《事业单位人事管理条例》、《中国人民解放军文职人员条例》和有关法律、法规、国务院有关规定，制定本规则。

第二条　本规则适用下列争议的仲裁：

（一）企业、个体经济组织、民办非企业单位等组织与劳动者之间，以及机关、事业单位、社会团体与其建立劳动关系的劳动者之间，因确认劳动关系，订立、履行、变更、解除和终止劳动合同，工作时间、休息休假、社会保险、福利、培训以及劳动保护，劳动报酬、工伤医疗费、经济补偿或者赔偿金等发生的争议；

（二）实施公务员法的机关与聘任制公务员之间、参照公务员法管理的机关（单位）与聘任工作人员之间因履行聘任合同发生的争议；

（三）事业单位与其建立人事关系的工作人员之间因终止人事关系以及履行聘用合同发生的争议；

（四）社会团体与其建立人事关系的工作人员之间因终止人事关系以及履行聘用合同发生的争议；

（五）军队文职人员用人单位与聘用制文职人员之间因履行聘用合同发生的争议；

（六）法律、法规规定由劳动人事争议仲裁委员会（以下简称仲裁委员会）处理的其他争议。

第三条　仲裁委员会处理争议案件，应当遵循合法、公正的原则，先行调解，及时裁决。

第四条　仲裁委员会下设实体化的办事机构，称为劳动人事争议仲裁院（以下简称仲裁院）。

第五条　劳动者一方在十人以上并有共同请求的争议，或者因履行集体合同发生的劳动争议，仲裁委员会应当优先立案，优先审理。

第二章　一般规定

第六条　发生争议的用人单位未办理营业执照、被吊销营业执照、营业执照到期继续经营、被责令关闭、被撤销以及用人单位解散、歇业，不能承担相关责任的，应当将用人单位和其出资人、开办单位或者主管部门作为共同当事人。

第七条　劳动者与个人承包经营者发生争议，依法向仲裁委员会申请仲裁的，应当将发包的组织和个人承包经营者作为共同当事人。

第八条 劳动合同履行地为劳动者实际工作场所地，用人单位所在地为用人单位注册、登记地或者主要办事机构所在地。用人单位未经注册、登记的，其出资人、开办单位或者主管部门所在地为用人单位所在地。

双方当事人分别向劳动合同履行地和用人单位所在地的仲裁委员会申请仲裁的，由劳动合同履行地的仲裁委员会管辖。有多个劳动合同履行地的，由最先受理的仲裁委员会管辖。劳动合同履行地不明确的，由用人单位所在地的仲裁委员会管辖。

案件受理后，劳动合同履行地或者用人单位所在地发生变化的，不改变争议仲裁的管辖。

第九条 仲裁委员会发现已受理案件不属于其管辖范围的，应当移送至有管辖权的仲裁委员会，并书面通知当事人。

对上述移送案件，受移送的仲裁委员会应当依法受理。受移送的仲裁委员会认为移送的案件按照规定不属于其管辖，或者仲裁委员会之间因管辖争议协商不成的，应当报请共同的上一级仲裁委员会主管部门指定管辖。

第十条 当事人提出管辖异议的，应当在答辩期满前书面提出。仲裁委员会应当审查当事人提出的管辖异议，异议成立的，将案件移送至有管辖权的仲裁委员会并书面通知当事人；异议不成立的，应当书面决定驳回。

当事人逾期提出的，不影响仲裁程序的进行。

第十一条 当事人申请回避，应当在案件开庭审理前提出，并说明理由。回避事由在案件开庭审理后知晓的，也可以在庭审辩论终结前提出。

当事人在庭审辩论终结后提出回避申请的，不影响仲裁程序的进行。

仲裁委员会应当在回避申请提出的三日内，以口头或者书面形式作出决定。以口头形式作出的，应当记入笔录。

第十二条 仲裁员、记录人员是否回避，由仲裁委员会主任或者其委托的仲裁院负责人决定。仲裁委员会主任担任案件仲裁员是否回避，由仲裁委员会决定。

在回避决定作出前，被申请回避的人员应当暂停参与该案处理，但因案件需要采取紧急措施的除外。

第十三条 当事人对自己提出的主张有责任提供证据。与争议事项有关的证据属于用人单位掌握管理的，用人单位应当提供；用人单位不提供的，应当承担不利后果。

第十四条 法律没有具体规定、按照本规则第十三条规定无法确定举证责任承担的，仲裁庭可以根据公平原则和诚实信用原则，综合当事人举证能力等因素确定举证责任的承担。

第十五条 承担举证责任的当事人应当在仲裁委员会指定的期限内提供有关证据。当事人在该期限内提供证据确有困难的，可以向仲裁委员会申请延长期限，仲裁委员会根据当事人的申请适当延长。当事人逾期提供证据的，仲裁委员会应当责令其说明理由；拒不说明理由或者理由不成立的，仲裁委员会可以根据不同情形不予采纳该证据，或者采纳该证据但予以训诫。

第十六条 当事人因客观原因不能自行收集的证据，仲裁委员会可以根据当事人的申请，参照民事诉讼有关规定予以收集；仲裁委员会认为有必要的，也可以决定参照民事诉讼有关规定予以收集。

第十七条 仲裁委员会依法调查取证时，有关单位和个人应当协助配合。

仲裁委员会调查取证时，不得少于两人，并应当向被调查对象出示工作证件和仲裁委员会出具的介绍信。

第十八条 争议处理中涉及证据形式、证据提交、证据交换、证据质证、证据认定等事项，本规则未规定的，可以参照民事诉讼证据规则的有关规定执行。

第十九条 仲裁期间包括法定期间和仲裁委员会指定期间。

仲裁期间的计算，本规则未规定的，仲裁委员会可以参照民事诉讼关于期间计算的有关规定执行。

第二十条 仲裁委员会送达仲裁文书必须有送达回证，由受送达人在送达回证上记明收到日期，并签名或者盖章。受送达人在送达回证上的签收日期为送达日期。

因企业停业等原因导致无法送达且劳动者一方在十人以上的，或者受送达人拒绝签收仲裁文书的，通过在受送达人住所留置、张贴仲裁文书，并采用拍照、录像等方式记录的，自留置、张贴之日起经过三日即视为送达，不受本条第一款的限制。

仲裁文书的送达方式，本规则未规定的，仲裁委员会可以参照民事诉讼关于送达方式的有关规定执行。

第二十一条 案件处理终结后，仲裁委员会应当将处理过程中形成的全部材料立卷归档。

第二十二条 仲裁案卷分正卷和副卷装订。

正卷包括：仲裁申请书、受理（不予受理）通知书、答辩书、当事人及其他仲裁参加人的身份证明材料、授权委托书、调查证据、勘验笔录、当事人提供的证据材料、委托鉴定材料、开庭通知、庭审笔录、延期通知书、撤回仲裁申请书、调解书、裁决书、决定书、案件移送函、送达回证等。

副卷包括：立案审批表、延期审理审批表、中止审理审批表、调查提纲、阅卷笔录、会议笔录、评议记录、结案审批表等。

第二十三条 仲裁委员会应当建立案卷查阅制度。对案卷正卷材料，应当允许当事人及其代理人依法查阅、复制。

第二十四条 仲裁裁决结案的案卷，保存期不少于十年；仲裁调解和其他方式结案的案卷，保存期不少于五年；国家另有规定的，从其规定。

保存期满后的案卷，应当按照国家有关档案管理的规定处理。

第二十五条 在仲裁活动中涉及国家秘密或者军事秘密的，按照国家或者军队有关保密规定执行。

当事人协议不公开或者涉及商业秘密和个人隐私的，经相关当事人书面申请，仲裁委员会应当不公开审理。

第三章 仲裁程序

第一节 申请和受理

第二十六条 本规则第二条第（一）、（三）、（四）、（五）项规定的争议，申请仲裁的时效期间为一年。仲裁时效期间从当事人知道或者应当知道其权利被侵害之日起计算。

本规则第二条第（二）项规定的争议，申请仲裁的时效期间适用公务员法有关规定。

劳动人事关系存续期间因拖欠劳动报酬发生争议的，劳动者申请仲裁不受本条第一款规定的仲裁时效期间的限制；但是，劳动人事关系终止的，应当自劳动人事关系终止之日起一年内提出。

第二十七条 在申请仲裁的时效期间内，有下列情形之一的，仲裁时效中断：

（一）一方当事人通过协商、申请调解等方式向对方当事人主张权利的；

（二）一方当事人通过向有关部门投诉，向仲裁委员会申请仲裁，向人民法院起诉或者申请支付令等方式请求权利救济的；

（三）对方当事人同意履行义务的。

从中断时起，仲裁时效期间重新计算。

第二十八条 因不可抗力，或者有无民事行为能力或者限制民事行为能力劳动者的法定代理人未确定等其他正当理由，当事人不能在规定的仲裁时效期间申请仲裁的，仲裁时效中止。从中止时效的原因消除之日起，仲裁时效期间继续计算。

第二十九条 申请人申请仲裁应当提交书面仲裁申请，并按照被申请人人数提交副本。

仲裁申请书应当载明下列事项：

（一）劳动者的姓名、性别、出生日期、身份证件号码、住所、通讯地址和联系电话，用人单位的名称、住所、通讯地址、联系电话和法定代表人或者主要负责人的姓名、职务；

（二）仲裁请求和所根据的事实、理由；

（三）证据和证据来源，证人姓名和住所。

书写仲裁申请确有困难的，可以口头申请，由仲裁委员会记入笔录，经申请人签名、盖章或者捺印确认。

对于仲裁申请书不规范或者材料不齐备的，仲裁委员会应当当场或者在五日内一次性告知申请人需要补正的全部材料。

仲裁委员会收取当事人提交的材料应当出具收件回执。

第三十条　仲裁委员会对符合下列条件的仲裁申请应当予以受理，并在收到仲裁申请之日起五日内向申请人出具受理通知书：

（一）属于本规则第二条规定的争议范围；

（二）有明确的仲裁请求和事实理由；

（三）申请人是与本案有直接利害关系的自然人、法人或者其他组织，有明确的被申请人；

（四）属于本仲裁委员会管辖范围。

第三十一条　对不符合本规则第三十条第（一）、（二）、（三）项规定之一的仲裁申请，仲裁委员会不予受理，并在收到仲裁申请之日起五日内向申请人出具不予受理通知书；对不符合本规则第三十条第（四）项规定的仲裁申请，仲裁委员会应当在收到仲裁申请之日起五日内，向申请人作出书面说明并告知申请人向有管辖权的仲裁委员会申请仲裁。

对仲裁委员会逾期未作出决定或者决定不予受理的，申请人可以就该争议事项向人民法院提起诉讼。

第三十二条　仲裁委员会受理案件后，发现不应当受理的，除本规则第九条规定外，应当撤销案件，并自决定撤销案件后五日内，以决定书的形式通知当事人。

第三十三条　仲裁委员会受理仲裁申请后，应当在五日内将仲裁申请书副本送达被申请人。

被申请人收到仲裁申请书副本后，应当在十日内向仲裁委员会提交答辩书。仲裁委员会收到答辩书后，应当在五日内将答辩书副本送达申请人。被申请人逾期未提交答辩书的，不影响仲裁程序的进行。

第三十四条　符合下列情形之一，申请人基于同一事实、理由和仲裁请求又申请仲裁的，仲裁委员会不予受理：

（一）仲裁委员会已经依法出具不予受理通知书的；

（二）案件已在仲裁、诉讼过程中或者调解书、裁决书、判决书已经发生法律效力的。

第三十五条　仲裁处理结果作出前，申请人可以自行撤回仲裁申请。申请人再次申请仲裁的，仲裁委员会应当受理。

第三十六条　被申请人可以在答辩期间提出反申请，仲裁委员会应当自收到被申请人反申请之日起五日内决定是否受理并通知被申请人。

决定受理的，仲裁委员会可以将反申请和申请合并处理。

反申请应当另行申请仲裁的，仲裁委员会应当书面告知被申请人另行申请仲裁；反申请不属于本规则规定应当受理的，仲裁委员会应当向被申请人出具不予受理通知书。

被申请人答辩期满后对申请人提出反申请的，应当另行申请仲裁。

第二节　开庭和裁决

第三十七条　仲裁委员会应当在受理仲裁申请之日起五日内组成仲裁庭并将仲裁庭的组成情况书面通知当事人。

第三十八条　仲裁庭应当在开庭五日前，将开庭日期、地点书面通知双方当事人。当事人有正当理由的，可以在开庭三日前请求延期开庭。是否延期，由仲裁委员会根据实际情况决定。

第三十九条　申请人收到书面开庭通知，无正当理由拒不到庭或者未经仲裁庭同意中途退庭的，可以按撤回仲裁申请处理；申请人重新申请仲裁的，仲裁委员会不予受理。被申请人收到书面开庭通知，无正当理由拒不到庭或者未经仲裁庭同意中途退庭的，仲裁庭可以继续开庭审理，并缺席裁决。

第四十条 当事人申请鉴定的，鉴定费由申请鉴定方先行垫付，案件处理终结后，由鉴定结果对其不利方负担。鉴定结果不明确的，由申请鉴定方负担。

第四十一条 开庭审理前，记录人员应当查明当事人和其他仲裁参与人是否到庭，宣布仲裁庭纪律。

开庭审理时，由仲裁员宣布开庭、案由和仲裁员、记录人员名单，核对当事人，告知当事人有关的权利义务，询问当事人是否提出回避申请。

开庭审理中，仲裁员应当听取申请人的陈述和被申请人的答辩，主持庭审调查、质证和辩论、征询当事人最后意见，并进行调解。

第四十二条 仲裁庭应当将开庭情况记入笔录。当事人或者其他仲裁参与人认为对自己陈述的记录有遗漏或者差错的，有权当庭申请补正。仲裁庭认为申请无理由或者无必要的，可以不予补正，但是应当记录该申请。

仲裁员、记录人员、当事人和其他仲裁参与人应当在庭审笔录上签名或者盖章。当事人或者其他仲裁参与人拒绝在庭审笔录上签名或者盖章的，仲裁庭应当记明情况附卷。

第四十三条 仲裁参与人和其他人应当遵守仲裁庭纪律，不得有下列行为：

（一）未经准许进行录音、录像、摄影；

（二）未经准许以移动通信等方式现场传播庭审活动；

（三）其他扰乱仲裁庭秩序、妨害审理活动进行的行为。

仲裁参与人或者其他人有前款规定的情形之一的，仲裁庭可以训诫、责令退出仲裁庭，也可以暂扣进行录音、录像、摄影、传播庭审活动的器材，并责令其删除有关内容。拒不删除的，可以采取必要手段强制删除，并将上述事实记入庭审笔录。

第四十四条 申请人在举证期限届满前可以提出增加或者变更仲裁请求；仲裁庭对申请人增加或者变更的仲裁请求审查后认为应当受理的，应当通知被申请人并给予答辩期，被申请人明确表示放弃答辩期的除外。

申请人在举证期限届满后提出增加或者变更仲裁请求的，应当另行申请仲裁。

第四十五条 仲裁庭裁决案件，应当自仲裁委员会受理仲裁申请之日起四十五日内结束。案情复杂需要延期的，经仲裁委员会主任或者其委托的仲裁院负责人书面批准，可以延期并书面通知当事人，但延长期限不得超过十五日。

第四十六条 有下列情形的，仲裁期限按照下列规定计算：

（一）仲裁庭追加当事人或者第三人的，仲裁期限从决定追加之日起重新计算；

（二）申请人需要补正材料的，仲裁委员会收到仲裁申请的时间从材料补正之日起重新计算；

（三）增加、变更仲裁请求的，仲裁期限从受理增加、变更仲裁请求之日起重新计算；

（四）仲裁申请和反申请合并处理的，仲裁期限从受理反申请之日起重新计算；

（五）案件移送管辖的，仲裁期限从接受移送之日起重新计算；

（六）中止审理期间、公告送达期间不计入仲裁期限内；

（七）法律、法规规定应当另行计算的其他情形。

第四十七条 有下列情形之一的，经仲裁委员会主任或者其委托的仲裁院负责人批准，可以中止案件审理，并书面通知当事人：

（一）劳动者一方当事人死亡，需要等待继承人表明是否参加仲裁的；

（二）劳动者一方当事人丧失民事行为能力，尚未确定法定代理人参加仲裁的；

（三）用人单位终止，尚未确定权利义务承继者的；

（四）一方当事人因不可抗拒的事由，不能参加仲裁的；

（五）案件审理需要以其他案件的审理结果为依据，且其他案件尚未审结的；

（六）案件处理需要等待工伤认定、伤残等级鉴定以及其他鉴定结论的；

（七）其他应当中止仲裁审理的情形。

中止审理的情形消除后，仲裁庭应当恢复审理。

第四十八条 当事人因仲裁庭逾期未作出仲裁裁决而向人民法院提起诉讼并立案受理的，仲裁委员会应当决定该案件终止审理；当事人未就该争议事项向人民法院提起诉讼的，仲裁委员会应当继续处理。

第四十九条 仲裁庭裁决案件时，其中一部分事实已经清楚的，可以就该部分先行裁决。当事人对先行裁决不服的，可以按照调解仲裁法有关规定处理。

第五十条 仲裁庭裁决案件时，申请人根据调解仲裁法第四十七条第（一）项规定，追索劳动报酬、工伤医疗费、经济补偿或者赔偿金，如果仲裁裁决涉及数项，对单项裁决数额不超过当地月最低工资标准十二个月金额的事项，应当适用终局裁决。

前款经济补偿包括《中华人民共和国劳动合同法》（以下简称劳动合同法）规定的竞业限制期限内给予的经济补偿、解除或者终止劳动合同的经济补偿等；赔偿金包括劳动合同法规定的未签订书面劳动合同第二倍工资、违法约定试用期的赔偿金、违法解除或者终止劳动合同的赔偿金等。

根据调解仲裁法第四十七条第（二）项的规定，因执行国家的劳动标准在工作时间、休息休假、社会保险等方面发生的争议，应当适用终局裁决。

仲裁庭裁决案件时，裁决内容同时涉及终局裁决和非终局裁决的，应当分别制作裁决书，并告知当事人相应的救济权利。

第五十一条 仲裁庭对追索劳动报酬、工伤医疗费、经济补偿或者赔偿金的案件，根据当事人的申请，可以裁决先予执行，移送人民法院执行。

仲裁庭裁决先予执行的，应当符合下列条件：

（一）当事人之间权利义务关系明确；

（二）不先予执行将严重影响申请人的生活。

劳动者申请先予执行的，可以不提供担保。

第五十二条 裁决应当按照多数仲裁员的意见作出，少数仲裁员的不同意见应当记入笔录。仲裁庭不能形成多数意见时，裁决应当按照首席仲裁员的意见作出。

第五十三条 裁决书应当载明仲裁请求、争议事实、裁决理由、裁决结果、当事人权利和裁决日期。裁决书由仲裁员签名，加盖仲裁委员会印章。对裁决持不同意见的仲裁员，可以签名，也可以不签名。

第五十四条 对裁决书中的文字、计算错误或者仲裁庭已经裁决但在裁决书中遗漏的事项，仲裁庭应当及时制作决定书予以补正并送达当事人。

第五十五条 当事人对裁决不服向人民法院提起诉讼的，按照调解仲裁法有关规定处理。

第三节　简易处理

第五十六条 争议案件符合下列情形之一的，可以简易处理：

（一）事实清楚、权利义务关系明确、争议不大的；

（二）标的额不超过本省、自治区、直辖市上年度职工年平均工资的；

（三）双方当事人同意简易处理的。

仲裁委员会决定简易处理的，可以指定一名仲裁员独任仲裁，并应当告知当事人。

第五十七条 争议案件有下列情形之一的，不得简易处理：

（一）涉及国家利益、社会公共利益的；

（二）有重大社会影响的；

（三）被申请人下落不明的；

（四）仲裁委员会认为不宜简易处理的。

第五十八条 简易处理的案件，经与被申请人协商同意，仲裁庭可以缩短或者取消答辩期。

第五十九条 简易处理的案件，仲裁庭可以用电话、短信、传真、电子邮件等简便方式送达仲裁文书，但送达调解书、裁决书除外。

以简便方式送达的开庭通知，未经当事人确认或者没有其他证据证明当事人已经收到的，仲裁庭不得按撤回仲裁申请处理或者缺席裁决。

第六十条 简易处理的案件，仲裁庭可以根据案件情况确定举证期限、开庭日期、审理程序、文书制作等事项，但应当保障当事人陈述意见的权利。

第六十一条 仲裁庭在审理过程中，发现案件不宜简易处理的，应当在仲裁期限届满前决定转为按照一般程序处理，并告知当事人。

案件转为按照一般程序处理的，仲裁期限自仲裁委员会受理仲裁申请之日起计算，双方当事人已经确认的事实，可以不再进行举证、质证。

第四节 集体劳动人事争议处理

第六十二条 处理劳动者一方在十人以上并有共同请求的争议案件，或者因履行集体合同发生的劳动争议案件，适用本节规定。

符合本规则第五十六条第一款规定情形之一的集体劳动人事争议案件，可以简易处理，不受本节规定的限制。

第六十三条 发生劳动者一方在十人以上并有共同请求的争议的，劳动者可以推举三至五名代表参加仲裁活动。代表人参加仲裁的行为对其所代表的当事人发生效力，但代表人变更、放弃仲裁请求或者承认对方当事人的仲裁请求，进行和解，必须经被代表的当事人同意。

因履行集体合同发生的劳动争议，经协商解决不成的，工会可以依法申请仲裁；尚未建立工会的，由上级工会指导劳动者推举产生的代表依法申请仲裁。

第六十四条 仲裁委员会应当自收到当事人集体劳动人事争议仲裁申请之日起五日内作出受理或者不予受理的决定。决定受理的，应当自受理之日起五日内将仲裁庭组成人员、答辩期限、举证期限、开庭日期和地点等事项一次性通知当事人。

第六十五条 仲裁委员会处理集体劳动人事争议案件，应当由三名仲裁员组成仲裁庭，设首席仲裁员。

仲裁委员会处理因履行集体合同发生的劳动争议，应当按照三方原则组成仲裁庭处理。

第六十六条 仲裁庭处理集体劳动人事争议，开庭前应当引导当事人自行协商，或者先行调解。

仲裁庭处理集体劳动人事争议案件，可以邀请法律工作者、律师、专家学者等第三方共同参与调解。

协商或者调解未能达成协议的，仲裁庭应当及时裁决。

第六十七条 仲裁庭开庭场所可以设在发生争议的用人单位或者其他便于及时处理争议的地点。

第四章 调解程序

第一节 仲裁调解

第六十八条 仲裁委员会处理争议案件，应当坚持调解优先，引导当事人通过协商、调解方式解决争议，给予必要的法律释明以及风险提示。

第六十九条 对未经调解、当事人直接申请仲裁的争议，仲裁委员会可以向当事人发出调解建议书，引导其到调解组织进行调解。当事人同意先行调解的，应当暂缓受理；当事人不同意先行调解的，应当依法受理。

第七十条 开庭之前，经双方当事人同意，仲裁庭可以委托调解组织或者其他具有调解能力的组织、个人进行调解。

自当事人同意之日起十日内未达成调解协议的，应当开庭审理。

第七十一条 仲裁庭审理争议案件时，应当进行调解。必要时可以邀请有关单位、组织或者个人参与调解。

第七十二条 仲裁调解达成协议的，仲裁庭应当制作调解书。

调解书应当写明仲裁请求和当事人协议的结果。调解书由仲裁员签名，加盖仲裁委员会印章，送达双方当事人。调解书经双方当事人签收后，发生法律效力。

调解不成或者调解书送达前，一方当事人反悔的，仲裁庭应当及时作出裁决。

第七十三条　当事人就部分仲裁请求达成调解协议的，仲裁庭可以就该部分先行出具调解书。

第二节　调解协议的仲裁审查

第七十四条　经调解组织调解达成调解协议的，双方当事人可以自调解协议生效之日起十五日内，共同向有管辖权的仲裁委员会提出仲裁审查申请。

当事人申请审查调解协议，应当向仲裁委员会提交仲裁审查申请书、调解协议和身份证明、资格证明以及其他与调解协议相关的证明材料，并提供双方当事人的送达地址、电话号码等联系方式。

第七十五条　仲裁委员会收到当事人仲裁审查申请，应当及时决定是否受理。决定受理的，应当出具受理通知书。

有下列情形之一的，仲裁委员会不予受理：

（一）不属于仲裁委员会受理争议范围的；

（二）不属于本仲裁委员会管辖的；

（三）超出规定的仲裁审查申请期间的；

（四）确认劳动关系的；

（五）调解协议已经人民法院司法确认的。

第七十六条　仲裁委员会审查调解协议，应当自受理仲裁审查申请之日起五日内结束。因特殊情况需要延期的，经仲裁委员会主任或者其委托的仲裁院负责人批准，可以延长五日。

调解书送达前，一方或者双方当事人撤回仲裁审查申请的，仲裁委员会应当准许。

第七十七条　仲裁委员会受理仲裁审查申请后，应当指定仲裁员对调解协议进行审查。

仲裁委员会经审查认为调解协议的形式和内容合法有效的，应当制作调解书。调解书的内容应当与调解协议的内容相一致。调解书经双方当事人签收后，发生法律效力。

第七十八条　调解协议具有下列情形之一的，仲裁委员会不予制作调解书：

（一）违反法律、行政法规强制性规定的；

（二）损害国家利益、社会公共利益或者公民、法人、其他组织合法权益的；

（三）当事人提供证据材料有弄虚作假嫌疑的；

（四）违反自愿原则的；

（五）内容不明确的；

（六）其他不能制作调解书的情形。

仲裁委员会决定不予制作调解书的，应当书面通知当事人。

第七十九条　当事人撤回仲裁审查申请或者仲裁委员会决定不予制作调解书的，应当终止仲裁审查。

第五章　附　　则

第八十条　本规则规定的“三日”“五日”“十日”指工作日，“十五日”“四十五日”指自然日。

第八十一条　本规则自 2017 年 7 月 1 日起施行。2009 年 1 月 1 日人力资源社会保障部公布的《劳动人事争议仲裁办案规则》（人力资源和社会保障部令第 2 号）同时废止。

劳动人事争议仲裁组织规则

（经2017年4月24日人力资源社会保障部第123次部务会审议通过
2017年5月8日人力资源和社会保障部令第34号公布
自2017年7月1日起施行）

第一章 总 则

第一条 为公正及时处理劳动人事争议（以下简称争议），根据《中华人民共和国劳动争议调解仲裁法》（以下简称调解仲裁法）和《中华人民共和国公务员法》《事业单位人事管理条例》《中国人民解放军文职人员条例》等有关法律、法规，制定本规则。

第二条 劳动人事争议仲裁委员会（以下简称仲裁委员会）由人民政府依法设立，专门处理争议案件。

第三条 人力资源社会保障行政部门负责指导本行政区域的争议调解仲裁工作，组织协调处理跨地区、有影响的重大争议，负责仲裁员的管理、培训等工作。

第二章 仲裁委员会及其办事机构

第四条 仲裁委员会按照统筹规划、合理布局和适应实际需要的原则设立，由省、自治区、直辖市人民政府依法决定。

第五条 仲裁委员会由干部主管部门代表、人力资源社会保障等相关行政部门代表、军队文职人员工作管理部门代表、工会代表和用人单位方面代表等组成。

仲裁委员会组成人员应当是单数。

第六条 仲裁委员会设主任一名，副主任和委员若干名。

仲裁委员会主任由政府负责人或者人力资源社会保障行政部门主要负责人担任。

第七条 仲裁委员会依法履行下列职责：

（一）聘任、解聘专职或者兼职仲裁员；

（二）受理争议案件；

（三）讨论重大或者疑难的争议案件；

（四）监督本仲裁委员会的仲裁活动；

（五）制定本仲裁委员会的工作规则；

（六）其他依法应当履行的职责。

第八条 仲裁委员会应当每年至少召开两次全体会议，研究本仲裁委员会职责履行情况和重要工作事项。

仲裁委员会主任或者三分之一以上的仲裁委员会组成人员提议召开仲裁委员会会议的，应当召开。

仲裁委员会的决定实行少数服从多数原则。

第九条 仲裁委员会下设实体化的办事机构，具体承担争议调解仲裁等日常工作。办事机构称为劳动人事争议仲裁院（以下简称仲裁院），设在人力资源社会保障行政部门。

仲裁院对仲裁委员会负责并报告工作。

第十条 仲裁委员会的经费依法由财政予以保障。仲裁经费包括人员经费、公用经费、仲裁专项经费等。

仲裁院可以通过政府购买服务等方式聘用记录人员、安保人员等办案辅助人员。

第十一条 仲裁委员会组成单位可以派兼职仲裁员常驻仲裁院，参与争议调解仲裁活动。

第三章 仲 裁 庭

第十二条 仲裁委员会处理争议案件实行仲裁庭制度，实行一案一庭制。

仲裁委员会可以根据案件处理实际需要设立派驻仲裁庭、巡回仲裁庭、流动仲裁庭，就近就地处理争议案件。

第十三条 处理下列争议案件应当由三名仲裁员组成仲裁庭，设首席仲裁员：

（一）十人以上并有共同请求的争议案件；

（二）履行集体合同发生的争议案件；

（三）有重大影响或者疑难复杂的争议案件；

（四）仲裁委员会认为应当由三名仲裁员组庭处理的其他争议案件。

简单争议案件可以由一名仲裁员独任仲裁。

第十四条 记录人员负责案件庭审记录等相关工作。

记录人员不得由本庭仲裁员兼任。

第十五条 仲裁庭组成不符合规定的，仲裁委员会应当予以撤销并重新组庭。

第十六条 仲裁委员会应当有专门的仲裁场所。仲裁场所应当悬挂仲裁徽章，张贴仲裁庭纪律及注意事项等，并配备仲裁庭专业设备、档案储存设备、安全监控设备和安检设施等。

第十七条 仲裁工作人员在仲裁活动中应当统一着装，佩戴仲裁徽章。

第四章 仲 裁 员

第十八条 仲裁员是由仲裁委员会聘任、依法调解和仲裁争议案件的专业工作人员。

仲裁员分为专职仲裁员和兼职仲裁员。专职仲裁员和兼职仲裁员在调解仲裁活动中享有同等权利，履行同等义务。

兼职仲裁员进行仲裁活动，所在单位应当予以支持。

第十九条 仲裁委员会应当依法聘任一定数量的专职仲裁员，也可以根据办案工作需要，依法从干部主管部门、人力资源社会保障行政部门、军队文职人员工作管理部门、工会、企业组织等相关机构的人员以及专家学者、律师中聘任兼职仲裁员。

第二十条 仲裁员享有以下权利：

（一）履行职责应当具有的职权和工作条件；

（二）处理争议案件不受干涉；

（三）人身、财产安全受到保护；

（四）参加聘前培训和在职培训；

（五）法律、法规规定的其他权利。

第二十一条 仲裁员应当履行以下义务：

（一）依法处理争议案件；

（二）维护国家利益和公共利益，保护当事人合法权益；

（三）严格执行廉政规定，恪守职业道德；

（四）自觉接受监督；

（五）法律、法规规定的其他义务。

第二十二条 仲裁委员会聘任仲裁员时，应当从符合调解仲裁法第二十条规定的仲裁员条件的人员中选聘。

仲裁委员会应当根据工作需要，合理配备专职仲裁员和办案辅助人员。专职仲裁员数量不得少于三名，办案辅助人员不得少于一名。

第二十三条 仲裁委员会应当设仲裁员名册，并予以公告。

省、自治区、直辖市人力资源社会保障行政部门应当将本行政区域内仲裁委员会聘任的仲裁员名单报送人力资源社会保障部备案。

第二十四条 仲裁员聘期一般为五年。仲裁委员会负责仲裁员考核，考核结果作为解聘和续聘仲裁员的依据。

第二十五条 仲裁委员会应当制定仲裁员工作绩效考核标准，重点考核办案质量和效率、工作作风、遵纪守法情况等。考核结果分为优秀、合格、不合格。

第二十六条 仲裁员有下列情形之一的，仲裁委员会应当予以解聘：

（一）聘期届满不再续聘的；

（二）在聘期内因工作岗位变动或者其他原因不再履行仲裁员职责的；

（三）年度考核不合格的；

（四）因违纪、违法犯罪不能继续履行仲裁员职责的；

（五）其他应当解聘的情形。

第二十七条 人力资源社会保障行政部门负责对拟聘任的仲裁员进行聘前培训。

拟聘为省、自治区、直辖市仲裁委员会仲裁员及副省级市仲裁委员会仲裁员的，参加人力资源社会保障部组织的聘前培训；拟聘为地（市）、县（区）仲裁委员会仲裁员的，参加省、自治区、直辖市人力资源社会保障行政部门组织的仲裁员聘前培训。

第二十八条 人力资源社会保障行政部门负责每年对本行政区域内的仲裁员进行政治思想、职业道德、业务能力和作风建设培训。

仲裁员每年脱产培训的时间累计不少于四十学时。

第二十九条 仲裁委员会应当加强仲裁员作风建设，培育和弘扬具有行业特色的仲裁文化。

第三十条 人力资源社会保障部负责组织制定仲裁员培训大纲，开发培训教材，建立师资库和考试题库。

第三十一条 建立仲裁员职业保障机制，拓展仲裁员职业发展空间。

第五章 仲裁监督

第三十二条 仲裁委员会应当建立仲裁监督制度，对申请受理、办案程序、处理结果、仲裁工作人员行为等进行监督。

第三十三条 仲裁员不得有下列行为：

（一）徇私枉法，偏袒一方当事人；

（二）滥用职权，侵犯当事人合法权益；

（三）利用职权为自己或者他人谋取私利；

（四）隐瞒证据或者伪造证据；

（五）私自会见当事人及其代理人，接受当事人及其代理人的请客送礼；

（六）故意拖延办案、玩忽职守；

（七）泄露案件涉及的国家秘密、商业秘密和个人隐私或者擅自透露案件处理情况；

（八）在受聘期间担任所在仲裁委员会受理案件的代理人；

（九）其他违法违纪的行为。

第三十四条 仲裁员有本规则第三十三条规定情形的，仲裁委员会视情节轻重，给予批评教育、解聘等处理；被解聘的，五年内不得再次被聘为仲裁员。仲裁员所在单位根据国家有关规定对其给予处分；构成犯罪的，依法追究刑事责任。

第三十五条 记录人员等办案辅助人员应当认真履行职责，严守工作纪律，不得有玩忽职守、偏袒一方当事人、泄露案件涉及的国家秘密、商业秘密和个人隐私或者擅自透露案件处理情况等行为。

办案辅助人员违反前款规定的，应当按照有关法律法规和本规则第三十四条的规定处理。

第六章 附 则

第三十六条 被聘任为仲裁员的，由人力资源社会保障部统一免费发放仲裁员证和仲裁徽章。

第三十七条 仲裁委员会对被解聘、辞职以及其他原因不再聘任的仲裁员，应当及时收回仲裁员证和仲裁徽章，并予以公告。

第三十八条 本规则自 2017 年 7 月 1 日起施行。2010 年 1 月 20 日人力资源社会保障部公布的《劳动人事争议仲裁组织规则》（人力资源和社会保障部令第 5 号）同时废止。

事业单位公开招聘违纪违规行为处理规定

（经2017年9月25日人力资源社会保障部第135次部务会审议通过
2017年10月9日人力资源和社会保障部令第35号公布
自2018年1月1日起施行）

第一章　总　　则

第一条　为加强事业单位公开招聘工作管理，规范公开招聘违纪违规行为的认定与处理，保证招聘工作公开、公平、公正，根据《事业单位人事管理条例》等有关规定，制定本规定。

第二条　事业单位公开招聘中违纪违规行为的认定与处理，适用本规定。

第三条　认定与处理公开招聘违纪违规行为，应当事实清楚、证据确凿、程序规范、适用规定准确。

第四条　中央事业单位人事综合管理部门负责全国事业单位公开招聘工作的综合管理与监督。

各级事业单位人事综合管理部门、事业单位主管部门、招聘单位按照事业单位公开招聘管理权限，依据本规定对公开招聘违纪违规行为进行认定与处理。

第二章　应聘人员违纪违规行为处理

第五条　应聘人员在报名过程中有下列违纪违规行为之一的，取消其本次应聘资格：

（一）伪造、涂改证件、证明等报名材料，或者以其他不正当手段获取应聘资格的；

（二）提供的涉及报考资格的申请材料或者信息不实，且影响报名审核结果的；

（三）其他应当取消其本次应聘资格的违纪违规行为。

第六条　应聘人员在考试过程中有下列违纪违规行为之一的，给予其当次该科目考试成绩无效的处理：

（一）携带规定以外的物品进入考场且未按要求放在指定位置，经提醒仍不改正的；

（二）未在规定座位参加考试，或者未经考试工作人员允许擅自离开座位或者考场，经提醒仍不改正的；

（三）经提醒仍不按规定填写、填涂本人信息的；

（四）在试卷、答题纸、答题卡规定以外位置标注本人信息或者其他特殊标记的；

（五）在考试开始信号发出前答题，或者在考试结束信号发出后继续答题，经提醒仍不停止的；

（六）将试卷、答题卡、答题纸带出考场，或者故意损坏试卷、答题卡、答题纸及考试相关设施设备的；

（七）其他应当给予当次该科目考试成绩无效处理的违纪违规行为。

第七条　应聘人员在考试过程中有下列严重违纪违规行为之一的，给予其当次全部科目考试成绩无效的处理，并将其违纪违规行为记入事业单位公开招聘应聘人员诚信档案库，记录期限为五年：

（一）抄袭、协助他人抄袭的；

（二）互相传递试卷、答题纸、答题卡、草稿纸等的；

（三）持伪造证件参加考试的；

（四）使用禁止带入考场的通讯工具、规定以外的电子用品的；

（五）本人离开考场后，在本场考试结束前，传播考试试题及答案的；

（六）其他应当给予当次全部科目考试成绩无效处理并记入事业单位公开招聘应聘人员诚信档案库的严重违纪违规行为。

第八条 应聘人员有下列特别严重违纪违规行为之一的，给予其当次全部科目考试成绩无效的处理，并将其违纪违规行为记入事业单位公开招聘应聘人员诚信档案库，长期记录：

（一）串通作弊或者参与有组织作弊的；

（二）代替他人或者让他人代替自己参加考试的；

（三）其他应当给予当次全部科目考试成绩无效处理并记入事业单位公开招聘应聘人员诚信档案库的特别严重的违纪违规行为。

第九条 应聘人员应当自觉维护招聘工作秩序，服从工作人员管理，有下列行为之一的，终止其继续参加考试，并责令离开现场；情节严重的，按照本规定第七条、第八条的规定处理；违反《中华人民共和国治安管理处罚法》的，交由公安机关依法处理；构成犯罪的，依法追究刑事责任：

（一）故意扰乱考点、考场以及其他招聘工作场所秩序的；

（二）拒绝、妨碍工作人员履行管理职责的；

（三）威胁、侮辱、诽谤、诬陷工作人员或者其他应聘人员的；

（四）其他扰乱招聘工作秩序的违纪违规行为。

第十条 在阅卷过程中发现应聘人员之间同一科目作答内容雷同，并经阅卷专家组确认的，给予其当次该科目考试成绩无效的处理。作答内容雷同的具体认定方法和标准，由中央事业单位人事综合管理部门确定。

应聘人员之间同一科目作答内容雷同，并有其他相关证据证明其违纪违规行为成立的，视具体情形按照本规定第七条、第八条处理。

第十一条 应聘人员在体检过程中弄虚作假或者隐瞒影响聘用的疾病、病史的，给予其不予聘用的处理。有请他人顶替体检以及交换、替换化验样本等严重违纪违规行为的，给予其不予聘用的处理，并将其违纪违规行为记入事业单位公开招聘应聘人员诚信档案库，记录期限为五年。

第十二条 应聘人员在考察过程中提供虚假材料、隐瞒事实真相或者有其他妨碍考察工作的行为，干扰、影响考察单位客观公正作出考察结论的，给予其不予聘用的处理；情节严重、影响恶劣的，将其违纪违规行为记入事业单位公开招聘应聘人员诚信档案库，记录期限为五年。

第十三条 应聘人员聘用后被查明有本规定所列违纪违规行为的，由招聘单位与其解除聘用合同、予以清退，其中符合第七条、第八条、第十一条、第十二条违纪违规行为的，记入事业单位公开招聘应聘人员诚信档案库。

第十四条 事业单位公开招聘应聘人员诚信档案库由中央事业单位人事综合管理部门统一建立，纳入全国信用信息共享平台，向招聘单位及社会提供查询，相关记录作为事业单位聘用人员的重要参考，管理办法另行制定。

第三章 招聘单位和招聘工作人员违纪违规行为处理

第十五条 招聘单位在公开招聘中有下列行为之一的，事业单位主管部门或者事业单位人事综合管理部门应当责令限期改正；逾期不改正的，对直接负责的主管人员和其他直接责任人员依法给予处分：

（一）未按规定权限和程序核准（备案）招聘方案，擅自组织公开招聘的；

（二）设置与岗位无关的指向性或者限制性条件的；

（三）未按规定发布招聘公告的；

（四）招聘公告发布后，擅自变更招聘程序、岗位条件、招聘人数、考试考察方式等的；

（五）未按招聘条件进行资格审查的；

（六）未按规定组织体检的；

（七）未按规定公示拟聘用人员名单的；

（八）其他应当责令改正的违纪违规行为。

第十六条 招聘工作人员有下列行为之一的，由相关部门给予处分，并停止其继续参加当年及下一年度招聘工作：

（一）擅自提前考试开始时间、推迟考试结束时间及缩短考试时间的；

（二）擅自为应聘人员调换考场或者座位的；

（三）未准确记录考场情况及违纪违规行为，并造成一定影响的；

（四）未执行回避制度的；

（五）其他一般违纪违规行为。

第十七条 招聘工作人员有下列行为之一的，由相关部门给予处分，并将其调离招聘工作岗位，不得再从事招聘工作；构成犯罪的，依法追究刑事责任：

（一）指使、纵容他人作弊，或者在考试、考察、体检过程中参与作弊的；

（二）在保密期限内，泄露考试试题、面试评分要素等应当保密的信息的；

（三）擅自更改考试评分标准或者不按评分标准进行评卷的；

（四）监管不严，导致考场出现大面积作弊现象的；

（五）玩忽职守，造成不良影响的；

（六）其他严重违纪违规行为。

第四章　处理程序

第十八条 应聘人员的违纪违规行为被当场发现的，招聘工作人员应当予以制止。对于被认定为违纪违规的，要收集、保存相应证据材料，如实记录违纪违规事实和现场处理情况，当场告知应聘人员记录内容，并要求本人签字；对于拒绝签字或者恶意损坏证据材料的，由两名招聘工作人员如实记录其拒签或者恶意损坏证据材料的情况。违纪违规记录经考点负责人签字认定后，报送组织实施公开招聘的部门。

第十九条 对应聘人员违纪违规行为作出处理决定前，应当告知应聘人员拟作出的处理决定及相关事实、理由和依据，并告知应聘人员依法享有陈述和申辩的权利。作出处理决定的部门对应聘人员提出的事实、理由和证据，应当进行复核。

对应聘人员违纪违规行为作出处理决定的，应当制作公开招聘违纪违规行为处理决定书，依法送达被处理的应聘人员。

第二十条 应聘人员对处理决定不服的，可以依法申请行政复议或者提起行政诉讼。

第二十一条 参与公开招聘的工作人员对因违纪违规行为受到处分不服的，可以依法申请复核或者提出申诉。

第五章　附　　则

第二十二条 本规定自2018年1月1日起施行。

企业年金办法

（经2016年12月20日人力资源社会保障部第114次部务会审议通过，财政部审议通过　2017年12月18日人力资源和社会保障部、财政部令第36号公布　自2018年2月1日起施行）

第一章　总　　则

第一条　为建立多层次的养老保险制度，推动企业年金发展，更好地保障职工退休后的生活，根据《中华人民共和国劳动法》《中华人民共和国劳动合同法》《中华人民共和国社会保险法》《中华人民共和国信托法》和国务院有关规定，制定本办法。

第二条　本办法所称企业年金，是指企业及其职工在依法参加基本养老保险的基础上，自主建立的补充养老保险制度。国家鼓励企业建立企业年金。建立企业年金，应当按照本办法执行。

第三条　企业年金所需费用由企业和职工个人共同缴纳。企业年金基金实行完全积累，为每个参加企业年金的职工建立个人账户，按照国家有关规定投资运营。企业年金基金投资运营收益并入企业年金基金。

第四条　企业年金有关税收和财务管理，按照国家有关规定执行。

第五条　企业和职工建立企业年金，应当确定企业年金受托人，由企业代表委托人与受托人签订受托管理合同。受托人可以是符合国家规定的法人受托机构，也可以是企业按照国家有关规定成立的企业年金理事会。

第二章　企业年金方案的订立、变更和终止

第六条　企业和职工建立企业年金，应当依法参加基本养老保险并履行缴费义务，企业具有相应的经济负担能力。

第七条　建立企业年金，企业应当与职工一方通过集体协商确定，并制定企业年金方案。企业年金方案应当提交职工代表大会或者全体职工讨论通过。

第八条　企业年金方案应当包括以下内容：

（一）参加人员；

（二）资金筹集与分配的比例和办法；

（三）账户管理；

（四）权益归属；

（五）基金管理；

（六）待遇计发和支付方式；

（七）方案的变更和终止；

（八）组织管理和监督方式；

（九）双方约定的其他事项。

企业年金方案适用于企业试用期满的职工。

第九条　企业应当将企业年金方案报送所在地县级以上人民政府人力资源社会保障行政部门。

中央所属企业的企业年金方案报送人力资

源社会保障部。

跨省企业的企业年金方案报送其总部所在地省级人民政府人力资源社会保障行政部门。

省内跨地区企业的企业年金方案报送其总部所在地设区的市级以上人民政府人力资源社会保障行政部门。

第十条 人力资源社会保障行政部门自收到企业年金方案文本之日起15日内未提出异议的，企业年金方案即行生效。

第十一条 企业与职工一方可以根据本企业情况，按照国家政策规定，经协商一致，变更企业年金方案。变更后的企业年金方案应当经职工代表大会或者全体职工讨论通过，并重新报送人力资源社会保障行政部门。

第十二条 有下列情形之一的，企业年金方案终止：

（一）企业因依法解散、被依法撤销或者被依法宣告破产等原因，致使企业年金方案无法履行的；

（二）因不可抗力等原因致使企业年金方案无法履行的；

（三）企业年金方案约定的其他终止条件出现的。

第十三条 企业应当在企业年金方案变更或者终止后10日内报告人力资源社会保障行政部门，并通知受托人。企业应当在企业年金方案终止后，按国家有关规定对企业年金基金进行清算，并按照本办法第四章相关规定处理。

第三章　企业年金基金筹集

第十四条 企业年金基金由下列各项组成：

（一）企业缴费；

（二）职工个人缴费；

（三）企业年金基金投资运营收益。

第十五条 企业缴费每年不超过本企业职工工资总额的8%。企业和职工个人缴费合计不超过本企业职工工资总额的12%。具体所需费用，由企业和职工一方协商确定。

职工个人缴费由企业从职工个人工资中代扣代缴。

第十六条 实行企业年金后，企业如遇到经营亏损、重组并购等当期不能继续缴费的情况，经与职工一方协商，可以中止缴费。不能继续缴费的情况消失后，企业和职工恢复缴费，并可以根据本企业实际情况，按照中止缴费时的企业年金方案予以补缴。补缴的年限和金额不得超过实际中止缴费的年限和金额。

第四章　账户管理

第十七条 企业缴费应当按照企业年金方案确定的比例和办法计入职工企业年金个人账户，职工个人缴费计入本人企业年金个人账户。

第十八条 企业应当合理确定本单位当期缴费计入职工企业年金个人账户的最高额与平均额的差距。企业当期缴费计入职工企业年金个人账户的最高额与平均额不得超过5倍。

第十九条 职工企业年金个人账户中个人缴费及其投资收益自始归属于职工个人。

职工企业年金个人账户中企业缴费及其投资收益，企业可以与职工一方约定其自始归属于职工个人，也可以约定随着职工在本企业工作年限的增加逐步归属于职工个人，完全归属于职工个人的期限最长不超过8年。

第二十条 有下列情形之一的，职工企业年金个人账户中企业缴费及其投资收益完全归属于职工个人：

（一）职工达到法定退休年龄、完全丧失劳动能力或者死亡的；

（二）有本办法第十二条规定的企业年金方案终止情形之一的；

（三）非因职工过错企业解除劳动合同的，或者因企业违反法律规定职工解除劳动合同的；

（四）劳动合同期满，由于企业原因不再续订劳动合同的；

（五）企业年金方案约定的其他情形。

第二十一条 企业年金暂时未分配至职工企业年金个人账户的企业缴费及其投资收益，

以及职工企业年金个人账户中未归属于职工个人的企业缴费及其投资收益，计入企业年金企业账户。

企业年金企业账户中的企业缴费及其投资收益应当按照企业年金方案确定的比例和办法计入职工企业年金个人账户。

第二十二条 职工变动工作单位时，新就业单位已经建立企业年金或者职业年金的，原企业年金个人账户权益应当随同转入新就业单位企业年金或者职业年金。

职工新就业单位没有建立企业年金或者职业年金的，或者职工升学、参军、失业期间，原企业年金个人账户可以暂时由原管理机构继续管理，也可以由法人受托机构发起的集合计划设置的保留账户暂时管理；原受托人是企业年金理事会的，由企业与职工协商选择法人受托机构管理。

第二十三条 企业年金方案终止后，职工原企业年金个人账户由法人受托机构发起的集合计划设置的保留账户暂时管理；原受托人是企业年金理事会的，由企业与职工一方协商选择法人受托机构管理。

第五章　企业年金待遇

第二十四条 符合下列条件之一的，可以领取企业年金：

（一）职工在达到国家规定的退休年龄或者完全丧失劳动能力时，可以从本人企业年金个人账户中按月、分次或者一次性领取企业年金，也可以将本人企业年金个人账户资金全部或者部分购买商业养老保险产品，依据保险合同领取待遇并享受相应的继承权；

（二）出国（境）定居人员的企业年金个人账户资金，可以根据本人要求一次性支付给本人；

（三）职工或者退休人员死亡后，其企业年金个人账户余额可以继承。

第二十五条 未达到上述企业年金领取条件之一的，不得从企业年金个人账户中提前提取资金。

第六章　管理监督

第二十六条 企业成立企业年金理事会作为受托人的，企业年金理事会应当由企业和职工代表组成，也可以聘请企业以外的专业人员参加，其中职工代表应不少于三分之一。

企业年金理事会除管理本企业的企业年金事务之外，不得从事其他任何形式的营业性活动。

第二十七条 受托人应当委托具有企业年金管理资格的账户管理人、投资管理人和托管人，负责企业年金基金的账户管理、投资运营和托管。

第二十八条 企业年金基金应当与委托人、受托人、账户管理人、投资管理人、托管人和其他为企业年金基金管理提供服务的自然人、法人或者其他组织的自有资产或者其他资产分开管理，不得挪作其他用途。

企业年金基金管理应当执行国家有关规定。

第二十九条 县级以上人民政府人力资源社会保障行政部门负责对本办法的执行情况进行监督检查。对违反本办法的，由人力资源社会保障行政部门予以警告，责令改正。

第三十条 因订立或者履行企业年金方案发生争议的，按照国家有关集体合同的规定执行。

因履行企业年金基金管理合同发生争议的，当事人可以依法申请仲裁或者提起诉讼。

第七章　附　　则

第三十一条 参加企业职工基本养老保险的其他用人单位及其职工建立补充养老保险的，参照本办法执行。

第三十二条 本办法自 2018 年 2 月 1 日起施行。原劳动和社会保障部 2004 年 1 月 6 日发布的《企业年金试行办法》同时废止。

本办法施行之日已经生效的企业年金方案，与本办法规定不一致的，应当在本办法施行之日起 1 年内变更。

人力资源社会保障部　财政部
关于机关事业单位基本养老保险关系和职业年金转移接续有关问题的通知

人社部规〔2017〕1号

各省、自治区、直辖市及新疆生产建设兵团人力资源社会保障厅（局）、财政（务）厅（局）：

按照《国务院关于机关事业单位工作人员养老保险制度改革的决定》（国发〔2015〕2号）和《国务院办公厅关于印发机关事业单位职业年金办法的通知》（国办发〔2015〕18号）的规定，为做好机关事业单位养老保险参保人员基本养老保险关系和职业年金转移接续工作，切实维护流动就业人员的养老保险权益，现就有关问题通知如下：

一、关于机关事业单位基本养老保险关系转移接续

（一）参保人员在同一统筹范围内的机关事业单位之间流动的，只转移基本养老保险关系，不转移基金。

（二）参保人员在机关事业单位养老保险制度内跨统筹范围流动的，在转移基本养老保险关系的同时，转移基金。

（三）参保人员从机关事业单位流动到企业的，在转移基本养老保险关系的同时，转移基金。其中，参保人员经组织批准从机关事业单位调动到企业的，基本养老保险关系转移至调入企业参保地的企业职工基本养老保险社保经办机构；参保人员因辞职、辞退等原因离开机关事业单位的，基本养老保险关系转移至户籍所在地的企业职工基本养老保险社保经办机构。以后在户籍所在地以外就业参保的，基本养老保险关系转移接续按照《国务院办公厅关于转发人力资源社会保障部　财政部城镇企业职工基本养老保险关系转移接续暂行办法的通知》（国办发〔2009〕66号）相关规定执行；高校、科研院所等事业单位专业技术人员离岗创业保留人事关系期间，可暂不转移基本养老保险关系。待其正式办理离职后，根据其重新就业情况，按照上述办法相应转移接续基本养老保险关系。

（四）参保人员跨统筹范围流动或从机关事业单位流动到企业的，个人缴费部分按计入本人基本养老保险个人账户的全部储存额计算转移；单位缴费部分以本人改革后各年度实际缴费工资为基数，按12%的总和转移，参保缴费不足1年的，按实际缴费月数计算转移。

（五）参保人员从企业流动到机关事业单位的，在转移基本养老保险关系的同时，个人缴费部分和单位缴费部分转移比照国办发〔2009〕66号文件相关规定执行。其中，改革前曾参加企业职工基本养老保险、改革后参加机关事业单位基本养老保险的参保人员，按照上述办法转移接续在企业参保期间的基本养老保险关系。

（六）改革前参加地方原有机关事业单位养老保险试点、改革后纳入机关事业单位基本养老保险的人员，在转移接续基本养老保险关系时，不转移参加试点期间的单位缴费和个人缴费，改革前的个人缴费本息按照《人力资源社会保障部　财政部关于贯彻落实〈国务院关于机关事业单位工作人员养老保险制度改革的决定〉的通知》（人社部发〔2015〕28号）有关规定执行。

二、关于机关事业单位参保人员养老保险关系转移接续后的职业年金补记

（一）参保人员办理了正式调动或辞职、辞退手续离开机关事业单位的，根据改革前本人在机关事业单位工作的年限长短补记职业年金，以实账方式划转至本人职业年金个人账户，所需资金由其原所在单位按现行经费保障渠道解决。补记职业年金标准详见附件。

（二）参保人员从企业再次流动到机关事业单位的，本人退休时，按照机关事业单位养老保险办法计发待遇，同时补记职业年金的本金及投资收益划转到待遇领取地机关事业单位基本养老保险统筹基金。若参保人员在退休前从机关事业单位又流动到企业的，不再重复补记职业年金，原补记的职业年金转移和管理运营按照国办发〔2015〕18号文件规定执行。

三、关于养老保险关系转移接续后的相关待遇计发参数

（一）参保人员在机关事业单位之间跨统筹范围流动的，待达到退休年龄时，视同缴费指数根据本人退休时的职务职级（技术职称）所对应的待遇领取地的视同缴费指数标准确定；过渡期内老办法待遇标准中的退休补贴标准，根据2014年9月本人的职务职级（技术职称）对应的待遇领取地退休补贴标准确定；在其他统筹地区参保缴费时段的实际缴费指数，可以按照本人相应年度缴费工资基数和待遇领取地对应的上年度在岗职工平均工资计算，也可以按照本人相应年度缴费工资基数和其他统筹地区对应的上年度在岗职工平均工资计算，就高不就低。

（二）参保人员从机关事业单位流动到企业参保的，其视同缴费指数按企业职工基本养老保险有关政策确定。

（三）改革后，参保人员从企业流动到机关事业单位，过渡期内达到退休年龄的，可参照待遇领取地同等条件（如职务、技术职称等）人员的标准，确定其老办法待遇标准，实行新老办法对比计发养老待遇，具体办法由各地根据实际制定。过渡期之后达到退休年龄的，直接按照新办法计发养老待遇。其他类似人员，按照上述办法处理。

（四）参保人员在机关事业单位与企业之间流动的，养老保险关系转移接续后的基本养老保险缴费年限（含视同缴费年限）、个人账户储存额累计计算。

四、关于养老保险关系转移接续后的待遇领取地确定

（一）参加机关事业单位养老保险制度的人员达到退休年龄时，其退休时的基本养老保险关系所在地为待遇领取地。

（二）参保人员从机关事业单位流动到企业的，待达到退休年龄时，按照国办发〔2009〕66号文件等规定确定待遇领取地。

五、关于处理多重养老保险关系

参保人员同时存续多重基本养老保险关系或重复缴纳基本养老保险费的，应按照“先转后清”的原则，由转入地社保经办机构负责按规定清理。

六、关于职业年金转移接续

职业年金个人账户实账部分按照国办发〔2015〕18号文件的规定转移接续，职业年金单位缴费采取记账方式管理的部分，按以下办法转移接续：

（一）参保人员在由相应的同级财政全额供款的单位之间流动时，可转移本人的职业年

金单位缴费部分的累计记账额，继续由转入单位采取记账方式管理。

（二）参保人员由机关事业单位流动到企业、在非同级财政全额供款的单位之间流动，或者由财政全额供款单位流动到非财政全额供款单位的，应当由转出单位相应的同级财政保障拨付资金记实后转移接续。

（三）参保人员由非财政全额供款单位流动到财政全额供款单位后，原实账积累的个人账户资金按规定转移接续，同时其到新就业单位后的职业年金单位缴费部分可采取记账方式管理。

七、关于职业年金、企业年金个人账户管理和待遇计发

（一）参保人员在机关事业单位与企业之间流动时，本人职业年金或者企业年金个人账户包含的按照规定正常缴费形成的职业年金（以下简称正常缴费）、参加本地机关事业单位养老保险试点的个人缴费本息划转的资金（以下简称划转缴费）、补记的职业年金（以下简称补记缴费）和企业年金分别管理并计算收益。

（二）参保人员从机关事业单位流动到企业并在企业职工养老保险制度内达到退休年龄，参加所在企业建立企业年金计划的，将正常缴费、补记缴费和企业年金累计储存额合并计算，按照企业年金制度相关规定领取企业年金待遇，同时将划转缴费累计储存额一次性支付给本人。

（三）参保人员从机关事业单位流动到企业并在企业职工养老保险制度内达到退休年龄，所在企业没有建立企业年金计划并由原管理机构管理运营正常缴费、划转缴费和补记缴费的，将正常缴费和补记缴费累计储存额合并计算，按照国办发〔2015〕18号文件规定领取职业年金待遇，同时将划转缴费累计储存额一次性支付给本人。

（四）参保人员从企业流动到机关事业单位的，原在企业建立的企业年金按规定转移并投资运营。在机关事业单位养老保险制度内达到退休年龄的，过渡期内，企业年金累计储存额不计入新老办法标准对比范围，按照企业年金制度相关规定领取企业年金待遇，同时按照国办发〔2015〕18号文件规定领取职业年金待遇；过渡期之后，将职业年金、企业年金累计储存额合并计算，按照国办发〔2015〕18号文件规定领取职业年金待遇。

（五）参保人员在职期间或退休后死亡的，其正常缴费、划转缴费、补记缴费和企业年金累计储存余额可以继承。

机关事业单位基本养老保险关系和职业年金转移接续经办规程另行制定。

本通知自2014年10月1日开始执行，已有规定与本通知不一致的，按本通知执行。

附件：补记职业年金标准公式（略）

2017年1月12日

人力资源社会保障部关于支持和鼓励事业单位专业技术人员创新创业的指导意见

人社部规〔2017〕4号

各省、自治区、直辖市及新疆生产建设兵团人力资源社会保障厅（局），国务院各部委、各直属机构人事部门：

为贯彻落实党中央、国务院关于加快实施创新驱动发展战略、深化人才发展体制机制改革、大力推进大众创业万众创新和做好新形势下就业创业工作的总体部署和要求，发挥事业单位在科技创新和大众创业万众创新中的示范引导作用，激发高校、科研院所等事业单位（简称事业单位）专业技术人员科技创新活力和干事创业热情，促进人才在事业单位和企业间合理流动，营造有利于创新创业的政策和制度环境，按照简政放权、放管结合、优化服务的要求，现就支持和鼓励事业单位专业技术人员创新创业提出以下指导意见。

一、支持和鼓励事业单位选派专业技术人员到企业挂职或者参与项目合作

事业单位选派符合条件的专业技术人员到企业挂职或者参与项目合作，是强化科技同经济对接、创新成果同产业对接、创新项目同现实生产力对接的重要举措，有助于实现企业、高校、科研院所协同创新，强化对企业技术创新的源头支持。

事业单位专业技术人员到企业挂职或者参与项目合作期间，与原单位在岗人员同等享有参加职称评审、项目申报、岗位竞聘、培训、考核、奖励等方面权利。合作期满，应返回原单位，事业单位可以按照有关规定对业绩突出人员在岗位竞聘时予以倾斜；所从事工作确未结束的，三方协商一致可以续签协议。专业技术人员与企业协商一致，自愿流动到企业工作的，事业单位应当及时与其解除聘用合同并办理相关手续。

事业单位选派专业技术人员到企业挂职或者参与项目合作，应当根据实际情况，与专业技术人员变更聘用合同，约定岗位职责和考核、工资待遇等管理办法。事业单位、专业技术人员、企业应当约定工作期限、报酬、奖励等权利义务，以及依据专业技术人员服务形成的新技术、新材料、新品种以及成果转让、开发收益等进行权益分配等内容。

二、支持和鼓励事业单位专业技术人员兼职创新或者在职创办企业

支持和鼓励事业单位专业技术人员到与本单位业务领域相近企业、科研机构、高校、社会组织等兼职，或者利用与本人从事专业相关的创业项目在职创办企业，是鼓励事业单位专业技术人员合理利用时间，挖掘创新潜力的重要举措，有助于推动科技成果加快向现实生产力转化。

事业单位专业技术人员在兼职单位的工作业绩或者在职创办企业取得的成绩可以作为其

职称评审、岗位竞聘、考核等的重要依据。专业技术人员自愿流动到兼职单位工作，或者在职创办企业期间提出解除聘用合同的，事业单位应当及时与其解除聘用合同并办理相关手续。

事业单位专业技术人员兼职或者在职创办企业，应该同时保证履行本单位岗位职责、完成本职工作。专业技术人员应当提出书面申请，并经单位同意；单位应当将专业技术人员兼职和在职创办企业情况在单位内部进行公示。事业单位应当与专业技术人员约定兼职期限、保密、知识产权保护等事项。创业项目涉及事业单位知识产权、科研成果的，事业单位、专业技术人员、相关企业可以订立协议，明确权益分配等内容。

三、支持和鼓励事业单位专业技术人员离岗创新创业

事业单位专业技术人员带着科研项目和成果离岗创办科技型企业或者到企业开展创新工作（简称离岗创业），是充分发挥市场在人才资源配置中的决定性作用，提高人才流动性，最大限度激发和释放创新创业活力的重要举措，有助于科技创新成果快速实现产业化，转化为现实生产力。

事业单位专业技术人员离岗创业期间依法继续在原单位参加社会保险，工资、医疗等待遇，由各地各部门根据国家和地方有关政策结合实际确定，达到国家规定退休条件的，应当及时办理退休手续。创业企业或所工作企业应当依法为离岗创业人员缴纳工伤保险费用，离岗创业人员发生工伤的，依法享受工伤保险待遇。离岗创业期间非因工死亡的，执行人事关系所在事业单位抚恤金和丧葬费规定。离岗创业人员离岗创业期间执行原单位职称评审、培训、考核、奖励等管理制度。离岗创业期间取得的业绩、成果等，可以作为其职称评审的重要依据；创业业绩突出，年度考核被确定为优秀档次的，不占原单位考核优秀比例。离岗创业期间违反事业单位工作人员管理相关规定的，按照事业单位人事管理条例等相关政策法规处理。

事业单位对离岗创业人员离岗创业期间空出的岗位，确因工作需要，经同级事业单位人事综合管理部门同意，可按国家有关规定用于聘用急需人才。离岗创业人员返回的，如无相应岗位空缺，可暂时突破岗位总量聘用，并逐步消化。离岗创业人员离岗创业期间，本人提出与原单位解除聘用合同的，原单位应当依法解除聘用合同；本人提出提前返回的，可以提前返回原单位。离岗创业期满无正当理由未按规定返回的，原单位应当与其解除聘用合同，终止人事关系，办理相关手续。

事业单位专业技术人员离岗创业，须提出书面申请，经单位同意，可在3年内保留人事关系。对离岗创办科技型企业的，按规定享受国家创业有关扶持政策。事业单位与离岗创业人员应当订立离岗协议，约定离岗事项、离岗期限、基本待遇、保密、成果归属等内容，明确双方权利义务，同时相应变更聘用合同。离岗创业项目涉及原单位知识产权、科研成果的，事业单位、离岗创业人员、相关企业可以订立协议，明确收益分配等内容。

四、支持和鼓励事业单位设置创新型岗位

在事业单位设置创新型岗位，是促进事业单位全面参与国家创新体系建设的重要举措，有助于充分发挥高校、科研院所等事业单位人力资源和技术资源优势，加快推动科技创新。

事业单位可根据创新工作需要设置开展科技项目开发、科技成果推广和转化、科研社会服务等工作的岗位（简称创新岗位），并按规定调整岗位设置方案。通过调整岗位设置难以满足创新工作需求的，可按规定申请设置特设岗位，不受岗位总量和结构比例限制。创新岗位人选可以通过内部竞聘上岗或者面向社会公开招聘等方式产生，任职条件要求具有与履行岗位职责相符的科技研发、科技创新、科技成果推广能力和水平。事业单位根据创新工作实际，可探索在创新岗位实行灵活、弹性的工作时间，便于工作人员合理安排利用时间开展创新工作。事业单位绩效工资分配应当向在创新岗位做出突出成绩的工作人员倾斜。创新岗位工作人员依法取得的科技成果转化奖励收入，不纳入单位绩效工资；取得的技术项目开发、科技成果推广和转化、科研社会服务成果，应当作为职称评审、项目申报、岗位竞聘、考核、奖励的重要依据。事业单位应当与创新岗位工作人员订立或者变更聘用合同，聘用合同内容应当符合创新工作实际，明确合同期限、岗位职责要求、岗位工作条件、工资待遇、社会保险、合同变更、终止和解除的条件、违反合同的责任等条款，双方协商一致，可以约定知识产权保护等条款。

事业单位可以设立流动岗位，吸引有创新实践经验的企业管理人才、科技人才和海外高水平创新人才兼职。事业单位设置流动岗位，可按规定申请调整工资总额，用于发放流动岗位人员工作报酬。流动岗位人员通过公开招聘、人才项目引进等方式被事业单位正式聘用的，其在流动岗位工作业绩可以作为事业单位岗位聘用和职称评审的重要依据。事业单位应当与流动岗位人员订立协议，明确工作期限、工作内容、工作时间、工作要求、工作条件、工作报酬、保密、成果归属等内容。

五、组织实施

各级人力资源社会保障部门要树立大局意识，充分认识到支持和鼓励事业单位专业技术人员参与创新创业工作的重要意义，把这项工作摆到重要议事日程。要解放思想，大胆创新，结合本地区本部门实际，细化相关政策，研究具体措施，做到真正切实管用；要加强组织实施，指导事业单位主管部门和事业单位落实文件要求，建立健全内部管理制度，确保政策落到实处；要搞好跟踪服务，切实解决事业单位专业技术人员创新创业中的实际困难，解决他们的后顾之忧，为事业单位专业技术人员投身创新发展实践提供人事政策保障。同时，要通过完善聘用合同管理、强化考核等办法，加强规范管理；指导事业单位按规定定期将离岗创业人员情况按程序报主管部门并同级事业单位人事综合管理部门备案。要及时研究解决政策实施过程中碰到的新情况、新问题，重点问题及时向人力资源社会保障部报告。

2017 年 3 月 10 日

人力资源社会保障部　住房城乡建设部关于印发《注册城乡规划师职业资格制度规定》和《注册城乡规划师职业资格考试实施办法》的通知

人社部规〔2017〕6号

各省、自治区、直辖市及新疆生产建设兵团人力资源社会保障厅（局）、住房城乡建设厅（规划委、规划局），国务院各部委、各直属机构人事部门，中央管理的企业：

为了加强城乡规划专业技术人才队伍建设，根据《中华人民共和国城乡规划法》有关规定，在总结原注册城市规划师职业资格制度实施情况的基础上，人力资源社会保障部、住房城乡建设部制定了《注册城乡规划师职业资格制度规定》和《注册城乡规划师职业资格考试实施办法》，现印发给你们，请遵照执行。

自本通知发布之日起，原人事部、原建设部发布的《关于印发〈注册城市规划师执业资格制度暂行规定〉及〈注册城市规划师执业资格认定办法〉的通知》（人发〔1999〕39号）和《关于印发〈注册城市规划师执业资格考试实施办法〉的通知》（人发〔2000〕20号），原人事部办公厅、原建设部办公厅发布的《关于注册城市规划师执业资格认定工作及有关问题的通知》（人办发〔1999〕121号）和《关于注册城市规划师执业资格考试报名补充规定的通知》（人办发〔2001〕38号）同时废止。

2017年5月22日

注册城乡规划师职业资格制度规定

第一章　总　　则

第一条　为加强城乡规划师队伍建设，保障规划工作质量，维护国家、社会和公共利益，根据《中华人民共和国城乡规划法》和国家职业资格证书制度有关规定，制定本规定。

第二条　国家对注册城乡规划师实行准入类职业资格制度，纳入全国专业技术人员职业资格证书制度统一规划。

第三条　本规定所称的注册城乡规划师，

是指通过全国统一考试取得注册城乡规划师职业资格证书，并依法注册后，从事城乡规划编制及相关工作的专业人员。

从事城乡规划实施、管理、研究工作的国家工作人员及相关人员，可以通过考试取得注册城乡规划师职业资格证书。

第四条 人力资源社会保障部、住房城乡建设部共同负责注册城乡规划师职业资格制度的政策制定，并按职责分工对制度的实施进行指导、监督和检查。

各省、自治区、直辖市人力资源社会保障行政主管部门和城乡规划行政主管部门，按照职责分工负责本行政区域内注册城乡规划师职业资格制度实施的监督管理。

第二章 考 试

第五条 注册城乡规划师职业资格实行全国统一大纲、统一命题、统一组织的考试制度。原则上每年举行一次考试。

第六条 住房城乡建设部负责拟定注册城乡规划师职业资格考试科目、考试大纲，组织命审题工作，提出考试合格标准建议。

第七条 人力资源社会保障部组织专家审定考试科目和考试大纲，会同住房城乡建设部确定考试合格标准，并对考试工作进行指导、监督和检查。

第八条 凡中华人民共和国公民，遵守国家法律、法规，恪守职业道德，并符合下列条件之一的，均可申请参加注册城乡规划师职业资格考试：

（一）取得城乡规划专业大学专科学历，从事城乡规划业务工作满 6 年；

（二）取得城乡规划专业大学本科学历或学位，或取得建筑学学士学位（专业学位），从事城乡规划业务工作满 4 年；

（三）取得通过专业评估（认证）的城乡规划专业大学本科学历或学位，从事城乡规划业务工作满 3 年；

（四）取得城乡规划专业硕士学位，或取得建筑学硕士学位（专业学位），从事城乡规划业务工作满 2 年；

（五）取得通过专业评估（认证）的城乡规划专业硕士学位或城市规划硕士学位（专业学位），或取得城乡规划专业博士学位，从事城乡规划业务工作满 1 年。

除上述规定的情形外，取得其他专业的相应学历或者学位的人员，从事城乡规划业务工作年限相应增加 1 年。

第九条 注册城乡规划师职业资格考试合格，由各省、自治区、直辖市人力资源社会保障行政主管部门，颁发人力资源社会保障部统一印制，人力资源社会保障部、住房城乡建设部共同用印的《中华人民共和国注册城乡规划师职业资格证书》（以下简称注册城乡规划师职业资格证书）。该证书在全国范围有效。

第十条 对以不正当手段取得注册城乡规划师职业资格证书的，按照国家专业技术人员资格考试违纪违规行为处理规定进行处理。

第三章 注 册

第十一条 国家对注册城乡规划师职业资格实行注册执业管理制度。取得注册城乡规划师职业资格证书且从事城乡规划编制及相关工作的人员，经注册方可以注册城乡规划师名义执业。

第十二条 中国城市规划协会负责注册城乡规划师注册及相关工作。

第十三条 申请注册的人员必须同时具备以下条件：

（一）遵纪守法，恪守职业道德和从业规范；

（二）取得注册城乡规划师职业资格证书；

（三）受聘于一家城乡规划编制机构；

（四）注册管理机构规定的其他条件。

第十四条 经批准注册的申请人，由中国城市规划协会核发该协会用印的《中华人民共和国注册城乡规划师注册证书》。

第十五条 以不正当手段取得注册证书的，由发证机构撤销其注册证书，3 年内不予重新注册；构成犯罪的，依法追究刑事责任。

出租出借注册证书的，由发证机构撤销其注册证书，不再予以重新注册；构成犯罪的，依法追究刑事责任。

第十六条 注册证书的每一注册有效期为3年。注册证书在有效期内是注册城乡规划师的执业凭证，由注册城乡规划师本人保管、使用。

第十七条 申请初始注册的，应当自取得注册城乡规划师职业资格证书之日起3年内提出申请。逾期申请初始注册的，应符合继续教育有关要求。

第十八条 中国城市规划协会应当及时向社会公告注册城乡规划师注册有关情况，并于每年年底将注册人员信息报住房城乡建设部备案。

第十九条 继续教育是注册城乡规划师延续注册、重新注册和逾期初始注册的必备条件。在每个注册有效期内，注册城乡规划师应当按照规定完成相应的继续教育。

第二十条 注册城乡规划师初始注册、延续注册、变更注册、重新注册、注销注册和不予注册等注册管理，以及继续教育的具体办法，由中国城市规划协会另行制定，并报住房城乡建设部备案。

第二十一条 住房城乡建设部及地方各级城乡规划行政主管部门发现注册城乡规划师违法违规行为的，或发现不能履行注册城乡规划师职责情形的，应通知中国城市规划协会，协会须依据有关规定进行处理，并将处理结果报住房城乡建设部备案。

第四章 执　业

第二十二条 住房城乡建设部及地方各级城乡规划行政主管部门依法对注册城乡规划师执业活动实施监管。中国城市规划协会受住房城乡建设部委托，在职责范围内承担相关工作。

第二十三条 住房城乡建设部及地方各级城乡规划行政主管部门在注册城乡规划师执业活动监管工作中，可按权限查询、调取注册城乡规划师注册管理信息系统的相关数据，中国城市规划协会应予支持和配合。

第二十四条 注册城乡规划师的执业范围：

（一）城乡规划编制；

（二）城乡规划技术政策研究与咨询；

（三）城乡规划技术分析；

（四）住房城乡建设部规定的其他工作。

第二十五条 注册城乡规划师的执业能力：

（一）熟悉相关法律、法规及规章；

（二）熟悉我国城乡规划相关技术标准与规范体系，并能熟练运用；

（三）具有良好的与社会公众、相关管理部门沟通协调的能力；

（四）具有较强的科研和技术创新能力；

（五）了解国际相关标准和技术规范，及时掌握技术前沿发展动态。

第二十六条 《中华人民共和国城乡规划法》要求编制的城镇体系规划、城市规划、镇规划、乡规划和村庄规划的成果应有注册城乡规划师签字。

第二十七条 注册城乡规划师在执业活动中，须对所签字的城乡规划编制成果中的图件、文本的图文一致、标准规范的落实等负责，并承担相应责任。

第五章 权利和义务

第二十八条 注册城乡规划师享有下列权利：

（一）使用注册城乡规划师称谓；

（二）对违反相关法律、法规和技术规范的要求及决定提出劝告，并可在拒绝执行的同时向注册管理机构或者上级城乡规划主管部门报告；

（三）接受继续教育；

（四）获得与执业责任相应的劳动报酬；

（五）对侵犯本人权利的行为进行申诉；

（六）其他法定权利。

第二十九条 注册城乡规划师履行下列义务：

（一）遵守法律、法规和有关管理规定，

恪守职业道德和从业规范；

（二）执行城乡规划相关法律、法规、规章及技术标准、规范；

（三）履行岗位职责，保证执业活动质量，并承担相应责任；

（四）不得同时受聘于两个或两个以上单位执业，不得允许他人以本人名义执业，严禁“证书挂靠”；

（五）不断更新专业知识，提高技术能力；

（六）保守在工作中知悉的国家秘密和聘用单位的商业、技术秘密；

（七）协助城乡规划主管部门及注册管理机构开展相关工作。

第六章　附　　则

第三十条　对通过考试取得注册城乡规划师职业资格证书，且符合《工程技术人员职务试行条例》规定的工程师职务任职条件的人员，用人单位可根据工作需要聘任工程师技术职务。

第三十一条　城乡规划编制单位配备注册城乡规划师的数量、注册城乡规划师签字的文件种类、执业活动等的具体要求和管理办法，由住房城乡建设部另行规定。

第三十二条　本规定施行前，依据《人事部　建设部关于印发〈注册城市规划师执业资格制度暂行规定〉及〈注册城市规划师执业资格认定办法〉的通知》（人发〔1999〕39 号）等有关规定，取得的注册城市规划师执业资格证书，与按照本规定要求取得的注册城乡规划师职业资格证书的效用等同。

第三十三条　本规定自发布之日起施行。

注册城乡规划师职业资格考试实施办法

第一条　人力资源社会保障部、住房城乡建设部共同委托人力资源和社会保障部人事考试中心、住房和城乡建设部执业资格注册中心，承担注册城乡规划师职业资格考试考务等具体工作。

各省、自治区、直辖市人力资源社会保障行政主管部门和城乡规划行政主管部门共同负责本地区的考试工作，具体职责分工由各地协商确定。

第二条　受住房城乡建设部委托，住房和城乡建设部执业资格注册中心会同中国城市规划协会成立注册城乡规划师职业资格考试专家委员会，负责注册城乡规划师职业资格考试大纲编写、命题等工作。考试专家委员会章程报住房城乡建设部备案。

第三条　注册城乡规划师职业资格考试设《城乡规划原理》《城乡规划管理与法规》《城乡规划相关知识》和《城乡规划实务》4 个科目。

第四条　注册城乡规划师职业资格考试分 4 个半天进行。《城乡规划实务》科目的考试时间为 3 小时，其他科目的考试时间均为 2.5 小时。

考试成绩实行 4 年为一个周期的滚动管理办法，在连续的 4 个考试年度内参加应试科目的考试并合格，方可取得注册城乡规划师资格证书。

第五条　通过全国统一考试取得一级注册建筑师资格证书并符合《注册城乡规划师职业资格制度规定》（以下简称《规定》）中注册城乡规划师职业资格考试报名条件的，可免试《城乡规划原理》和《城乡规划相关知识》科目，只参加《城乡规划管理与法规》和《城乡规划实务》2 个科目的考试。

在连续的 2 个考试年度内参加上述科目考试并合格，可取得注册城乡规划师职业资格证书。

第六条 符合《规定》第八条第（五）项报名条件的，可免试《城乡规划原理》科目，只参加《城乡规划管理与法规》《城乡规划相关知识》和《城乡规划实务》3个科目的考试。

在连续的3个考试年度内参加上述科目考试并合格，可取得注册城乡规划师职业资格证书。

第七条 在教育部颁布《普通高等学校本科专业目录（2012年）》之前，高等学校颁发的“城市规划”专业大学本科学历或学位，与《规定》第八条的“城乡规划”专业大学本科学历或学位等同。

在国务院学位委员会、教育部颁布《学位授予和人才培养学科目录（2011年）》之前，高等学校颁发的“城市规划”或“城市规划与设计”专业的硕士、博士层次相应学位，与《规定》第八条的“城乡规划”专业的硕士、博士层次相应学位等同。

第八条 《规定》第八条的“建筑学学士学位（专业学位）”和“建筑学硕士学位（专业学位）”，是指根据国务院学位委员会颁布的《建筑学专业学位设置方案》，由国务院学位委员会授权的高等学校，在授权期内颁发的建筑学专业相应层次的专业学位，包括“建筑学学士”和“建筑学硕士”两个层次，不包括建筑学专业的工学学士学位、工学硕士学位以及“建筑与土木工程领域”的工程硕士学位。

“城市规划硕士学位（专业学位）”是指由国务院学位委员会授权的高等学校，在授权期内颁发的“城市规划硕士”专业学位。

第九条 符合注册城乡规划师职业资格报考条件的报考人员，按照当地人事考试机构规定的程序和要求完成报名，携带相关证件和材料到指定地点进行报名资格审查。审查合格后，核发准考证。参加考试人员凭准考证和有效证件在指定的日期、时间和地点参加考试。

中央和国务院各部门及所属单位、中央管理企业的人员按属地原则报名参加考试。

第十条 考点原则上设在直辖市和省会城市的大、中专院校或者高考定点学校。考试日期原则上为每年第四季度。

第十一条 坚持考试与培训分开的原则。凡参与考试工作（包括命题、审题与组织管理等）的人员，不得参加考试，也不得参加或者举办与考试内容相关的培训工作。应考人员参加培训坚持自愿原则。

第十二条 考试实施机构及其工作人员，应当严格执行国家人事考试工作人员纪律规定和考试工作的各项规章制度，遵守考试工作纪律，切实做好试卷命制、印刷、发送和保管等各环节的安全保密工作，严防泄密。

第十三条 对违反考试工作纪律和有关规定的人员，按照国家专业技术人员资格考试违纪违规行为处理规定处理。

人力资源社会保障部 财政部关于修订印发《资产评估师职业资格制度暂行规定》和《资产评估师职业资格考试实施办法》的通知

人社部规〔2017〕7号

各省、自治区、直辖市及新疆生产建设兵团人力资源社会保障厅（局）、财政厅（局），国务院各部委、各直属机构人事部门，中央管理的企业：

根据《中华人民共和国资产评估法》要求，为加强资产评估专业人员队伍建设，适应资产评估行业发展，在总结资产评估师职业资格制度实施情况的基础上，人力资源社会保障部、财政部修订了《资产评估师职业资格制度暂行规定》和《资产评估师职业资格考试实施办法》，现印发给你们，请遵照执行。

自本通知施行之日起，《人力资源社会保障部 财政部关于印发资产评估师职业资格制度暂行规定和资产评估师职业资格考试实施办法的通知》（人社部发〔2015〕43号）同时废止。

2017年5月23日

资产评估师职业资格制度暂行规定

第一章 总 则

第一条 为加强资产评估专业人员队伍建设，提高资产评估专业人员素质，规范资产评估行业管理，根据《中华人民共和国资产评估法》和国家职业资格证书制度的有关规定，制定本规定。

第二条 本规定适用于从事资产评估业务的专业人员。

第三条 国家设立资产评估师水平评价类职业资格制度，面向全社会提供资产评估师能力水平评价服务，纳入全国专业技术人员职业资格证书制度统一规划。

第四条 资产评估师职业资格实行考试的评价方式。

资产评估师英文为：Public Valuer（简称PV）。

第五条 通过资产评估师职业资格考试并取得职业资格证书的人员，表明其已达到承办法定评估业务的要求和水平。

第六条 人力资源社会保障部、财政部共同负责资产评估师职业资格制度的政策制定，并按职责分工对资产评估师职业资格制度的实施进行指导、监督和检查。中国资产评估协会具体承担资产评估师职业资格的评价与管理工作。

第二章 考 试

第七条 资产评估师职业资格增设珠宝评估专业，其资格名称为资产评估师（珠宝）。资产评估师（含珠宝评估专业）职业资格（以下统称资产评估师职业资格）实行全国统一大纲、统一命题、统一组织的考试制度。

第八条 中国资产评估协会负责资产评估师职业资格考试的组织和实施工作。组织成立资产评估师职业资格考试专家委员会，研究制定资产评估师职业资格考试科目、考试大纲、考试试题和考试合格标准。

第九条 人力资源社会保障部、财政部对中国资产评估协会实施的考试工作进行监督和检查，指导中国资产评估协会确定资产评估师职业资格考试科目、考试大纲、考试试题和考试合格标准。

第十条 具有高等院校专科以上学历的公民，可以参加资产评估师职业资格考试。

第十一条 资产评估师职业资格考试合格，由中国资产评估协会颁发人力资源社会保障部、财政部监制，中国资产评估协会用印的《中华人民共和国资产评估师职业资格证书》（以下简称资产评估师职业资格证书）。该证书在全国范围有效。

中国资产评估协会应当在其网站上公布资产评估师名单，并实时更新。

第十二条 对以不正当手段取得资产评估师职业资格证书的，按照国家专业技术人员资格考试违纪违规行为处理规定处理。

第三章 职业能力

第十三条 取得资产评估师职业资格证书的人员，应当遵守国家法律、法规及资产评估行业相关制度准则，恪守职业道德，秉承客观公正原则，维护国家和社会公共利益。

第十四条 取得资产评估师职业资格证书的人员，应当具备的职业能力：

（一）熟悉资产评估行业相关法律、法规和行业制度、准则；

（二）跟踪国内外评估技术方法和评估市场的发展趋势，具有较强的开拓创新能力；

（三）运用评估专业理论与方法，较好完成资产评估业务；

（四）独立解决资产评估业务中的疑难问题。

第十五条 取得资产评估师职业资格证书的人员，应当按照国家专业技术人员继续教育以及资产评估行业管理的有关规定，参加继续教育，不断更新专业知识，提高职业素质和业务能力。

第四章 附 则

第十六条 通过考试取得资产评估师职业资格证书的，用人单位可根据工作需要按照经济系列相应级别职称择优聘任。

第十七条 本规定施行前，按照国家有关规定取得的注册资产评估师执业资格证书和资产评估师职业资格证书继续有效。

第十八条 本规定自发布之日起施行。

资产评估师职业资格考试实施办法

第一条 人力资源社会保障部、财政部按照职责分工负责指导、监督和检查资产评估师职业资格考试的实施工作。

第二条 中国资产评估协会具体负责资产评估师职业资格考试的实施工作。

第三条 资产评估师职业资格考试设《资产评估基础》《资产评估相关知识》《资产评估实务（一）》和《资产评估实务（二）》4个科目。每个科目的考试时间为3小时。资产评估师职业资格考试原则上每年举行一次。

第四条 资产评估师（珠宝）职业资格考试设《资产评估基础》《资产评估相关知识》《珠宝鉴定与评估》《珠宝评估实务》4个科目。其中《资产评估基础》和《资产评估相关知识》2个科目纳入资产评估师职业资格统一考试；《珠宝鉴定与评估》和《珠宝评估实务》科目考试原则上每两年举行一次。

《珠宝鉴定与评估》和《珠宝评估实务》每个科目的考试时间为3小时。

第五条 资产评估师（含珠宝评估专业）职业资格考试成绩实行4年为一个周期的滚动管理办法。在连续4年内，参加全部（4个）科目的考试并合格，可取得相应资产评估师职业资格证书。

第六条 符合《资产评估师职业资格制度暂行规定》（以下简称《暂行规定》）第十条考试报名条件的人员，可申请参加资产评估师（含珠宝评估专业）职业资格考试。

第七条 符合《暂行规定》第十条考试报名条件，并具备下列一项条件的人员，可免试相应科目。

（一）按照国家有关规定取得高级会计师、高级审计师、高级经济师职称，或者通过全国统一考试取得注册会计师证书，可免试资产评估师职业资格《资产评估相关知识》科目，只参加《资产评估基础》《资产评估实务（一）》《资产评估实务（二）》3个科目的考试。

（二）按照国家有关规定取得资产评估专业副教授及以上职称，可免试资产评估师职业资格《资产评估基础》科目，只参加《资产评估相关知识》《资产评估实务（一）》《资产评估实务（二）》3个科目的考试。

（三）通过全国统一考试取得资产评估师职业资格证书，可免试资产评估师（珠宝）职业资格《资产评估基础》《资产评估相关知识》2个科目，只参加《珠宝鉴定与评估》和《珠宝评估实务》2个科目的考试。

免试部分科目的人员在报名时，应当提供相应证明。

第八条 免试部分科目人员的考试成绩，以应试科目数量确定其合格成绩管理滚动有效期限。参加3个科目考试其合格成绩以3年为一个滚动管理周期；参加2个科目考试其合格成绩以2年为一个滚动管理周期。免试部分科目的人员，必须在连续3年或者2年内取得应试科目的合格成绩，方可取得相应资产评估师职业资格证书。

第九条 为保证资产评估师考试科目名称调整的平稳过渡，在2017年度考试报名时，应按如下要求进行：

（一）在2017年以前，已按照原《资产评估师职业资格考试实施办法》取得部分考试科目合格成绩的人员，可按照以下两种情况报考：

1. 2017年度继续按照原考试科目要求参加剩余科目的考试，考试结束后仍未取得资产评估师职业资格证书的人员，有效成绩按照以下对应关系转换至新的科目，并按照4年为一个滚动周期的办法管理；

2. 2017 年度申请参加新科目考试，有效成绩按照以下对应关系转换至新的科目，并按照 4 年为一个滚动周期的办法管理。

原考试科目	现考试科目
《资产评估》	《资产评估基础》 《资产评估实务（二）》
《资产评估》 《机电设备评估》 《建筑工程评估》	《资产评估基础》 《资产评估实务（一）》 《资产评估实务（二）》
《财务会计》 《经济法》	《资产评估相关知识》

（二）其他人员应当按照本办法规定的科目报名参加考试。

自 2018 年起，资产评估师职业资格考试报名均应按照本办法规定的科目和要求进行。

第十条　参加考试由本人提出申请，按考试管理机构有关考试报名的规定办理手续。考试管理机构按照规定的程序和报名条件审核合格后，核发准考证。参加考试人员凭准考证和有效证件在指定的日期、时间和地点参加考试。

中央和国务院各部门及所属单位、中央管理企业的人员按属地原则报名参加考试。

第十一条　资产评估师（含珠宝评估专业）职业资格考试的考点，原则上设在直辖市和省会城市的中、高等学校或者高考定点学校。如确需在其他城市设置考点，须经中国资产评估协会批准。考试日期原则上在每年的第三季度。

第十二条　坚持考试与培训分开的原则。凡参与考试工作（包括命题、审题与组织管理等）的人员，不得参加考试，也不得参加或者举办与考试内容相关的培训工作。应考人员参加培训坚持自愿原则。

第十三条　考试实施机构及其工作人员，应当严格执行《人事考试工作人员纪律规定》（人社部发〔2013〕36 号）和考试工作的各项规章制度，遵守考试工作纪律，切实做好从考试试题的命制到使用等各环节的安全保密工作，严防泄密。

第十四条　对违反考试工作纪律和有关规定的人员，按照国家专业技术人员资格考试违纪违规行为处理规定处理。

人力资源社会保障部关于贯彻执行《事业单位工作人员处分暂行规定》若干问题的意见

人社部规〔2017〕11号

各省、自治区、直辖市及新疆生产建设兵团人力资源社会保障厅（局），中央和国家机关各部委、各人民团体组织人事部门：

《事业单位工作人员处分暂行规定》（以下简称《处分规定》）颁布施行以来，部分地方和单位提出一些需要进一步明确的问题，为落实中央从严管理干部要求，进一步规范事业单位处分工作，妥善解决实际工作中的问题，经商中央组织部、监察部，现提出如下意见。

一、《处分规定》所称事业单位主管部门，除有特别规定外，均以事业单位法人证书中“举办单位”栏所记载的部门为准。

二、事业单位工作人员被依法判处刑罚的，按照《处分规定》第二十二条的规定执行，不适用第十三条、第十四条关于减轻处分或者免予处分的规定。

三、受降低岗位等级或者撤职处分的事业单位工作人员，已按规定调整岗位且年度考核被确定为不合格档次的，不再以年度考核不合格为由重复处理。

四、事业单位工作人员在受处分期间，不得聘用到其他类别岗位，根据相关规定不得在现类别岗位工作的除外。

五、对同时在管理和专业技术两类岗位任职的事业单位工作人员发生违纪违法行为，给予降低岗位等级或者撤职处分时，应当同时降低两类岗位的等级，并根据违纪违法的情形与岗位性质的关联度确定降低岗位类别的主次。

六、对被判处刑罚事业单位工作人员的处分决定，应当在判决生效后1个月内作出。

七、事业单位工作人员存在违纪违法行为，有关单位不处分或者不按规定处理的，应当根据《处分规定》第四十五条规定追究相关人员责任。因上述情形造成办案期限超过12个月的，由事业单位人事综合管理部门或者主管部门责令相关单位或部门在1个月内依法作出处分决定。

八、处分期满后，原处分决定单位批准解除处分的，应当自处分期满之日起1个月内作出，处分解除时间自处分期满之日起计算，并在解除处分决定中注明。

九、事业单位工作人员在受处分期间交流到其他事业单位工作或者原处分决定单位出现合并、分立等情形的，由与其建立人事关系的新单位执行原处分决定。

十、公务员在受处分期间交流到事业单位的，原处分决定继续执行。处分期满后，由所在事业单位商原处分决定单位按照有关规定解除处分决定。

十一、事业单位工作人员受到降低岗位等级处分，无岗位等级可降而降低薪级工资的，处分解除后，不视为恢复受处分前的薪级工资。

十二、按照《处分规定》第四十四条规定，已经退休的事业单位工作人员涉嫌违纪违法的，不再作出处分决定，但应当立案调查并按程序作出调查结论，明确其应受处分的种类。对于应当给予降低岗位等级或者撤职以上处分的，其养老保险等相应待遇按有关规定执行。

十三、本意见自发布之日起执行。

2017 年 6 月 21 日

人力资源社会保障部　财政部
国家卫生计生委　国家安全监管总局
关于印发工伤预防费使用管理暂行办法的通知

人社部规〔2017〕13号

各省、自治区、直辖市及新疆生产建设兵团人力资源社会保障厅（局）、财政（财务）厅（局）、卫生计生委、安全监管局：

为更好地坚持以人为本，保障职工的生命安全和健康，根据《工伤保险条例》规定，人力资源社会保障部会同财政部、卫生计生委、安全监管总局制定了《工伤预防费使用管理暂行办法》（以下简称《办法》），现印发给你们，请结合实际认真贯彻落实。

各地人力资源社会保障、财政、卫生计生、安全监管等部门要根据《办法》要求，高度重视、认真组织、密切配合，结合本地区工作实际，围绕工伤预防工作目标，细化落实政策措施，制定具体实施方案，建立工作机制，做好政策宣传解读，加强预防费使用监管，积极稳妥推进工伤预防工作。

2017年8月17日

工伤预防费使用管理暂行办法

第一条　为更好地保障职工的生命安全和健康，促进用人单位做好工伤预防工作，降低工伤事故伤害和职业病的发生率，规范工伤预防费的使用和管理，根据社会保险法、《工伤保险条例》及相关规定，制定本办法。

第二条　本办法所称工伤预防费是指统筹地区工伤保险基金中依法用于开展工伤预防工作的费用。

第三条　工伤预防费使用管理工作由统筹地区人力资源社会保障行政部门会同财政、卫生计生、安全监管行政部门按照各自职责做好相关工作。

第四条　工伤预防费用于下列项目的支出：

（一）工伤事故和职业病预防宣传；

（二）工伤事故和职业病预防培训。

第五条　在保证工伤保险待遇支付能力和储备金留存的前提下，工伤预防费的使用原则上不得超过统筹地区上年度工伤保险基金征缴收入的3%。因工伤预防工作需要，经省级人力资源社会保障部门和财政部门同意，可以适当提高工伤预防费的使用比例。

第六条 工伤预防费使用实行预算管理。统筹地区社会保险经办机构按照上年度预算执行情况，根据工伤预防工作需要，将工伤预防费列入下一年度工伤保险基金支出预算。具体预算编制按照预算法和社会保险基金预算有关规定执行。

第七条 统筹地区人力资源社会保障部门应会同财政、卫生计生、安全监管部门以及本辖区内负有安全生产监督管理职责的部门，根据工伤事故伤害、职业病高发的行业、企业、工种、岗位等情况，统筹确定工伤预防的重点领域，并通过适当方式告知社会。

第八条 统筹地区行业协会和大中型企业等社会组织根据本地区确定的工伤预防重点领域，于每年工伤保险基金预算编制前提出下一年拟开展的工伤预防项目，编制项目实施方案和绩效目标，向统筹地区的人力资源社会保障行政部门申报。

第九条 统筹地区人力资源社会保障部门会同财政、卫生计生、安全监管等部门，根据项目申报情况，结合本地区工伤预防重点领域和工伤保险等工作重点，以及下一年工伤预防费预算编制情况，统筹考虑工伤预防项目的轻重缓急，于每年10月底前确定纳入下一年度的工伤预防项目并向社会公开。

列入计划的工伤预防项目实施周期最长不超过2年。

第十条 纳入年度计划的工伤预防实施项目，原则上由提出项目的行业协会和大中型企业等社会组织负责组织实施。

行业协会和大中型企业等社会组织根据项目实际情况，可直接实施或委托第三方机构实施。直接实施的，应当与社会保险经办机构签订服务协议。委托第三方机构实施的，应当参照政府采购法和招投标法规定的程序，选择具备相应条件的社会、经济组织以及医疗卫生机构提供工伤预防服务，并与其签订服务合同，明确双方的权利义务。服务协议、服务合同应报统筹地区人力资源社会保障部门备案。

面向社会和中小微企业的工伤预防项目，可由人力资源社会保障、卫生计生、安全监管部门参照政府采购法等相关规定，从具备相应条件的社会、经济组织以及医疗卫生机构中选择提供工伤预防服务的机构，推动组织项目实施。

参照政府采购法实施的工伤预防项目，其费用低于采购限额标准的，可协议确定服务机构。具体办法由人力资源社会保障部门会同有关部门确定。

第十一条 提供工伤预防服务的机构应遵守社会保险法、《工伤保险条例》以及相关法律法规的规定，并具备以下基本条件：

（一）具备相应条件，且从事相关宣传、培训业务二年以上并具有良好市场信誉；

（二）具备相应的实施工伤预防项目的专业人员；

（三）有相应的硬件设施和技术手段；

（四）依法应具备的其他条件。

第十二条 对确定实施的工伤预防项目，统筹地区社会保险经办机构可以根据服务协议或者服务合同的约定，向具体实施工伤预防项目的组织支付30％～70％预付款。

项目实施过程中，提出项目的单位应及时跟踪项目实施进展情况，保证项目有效进行。

对于行业协会和大中型企业等社会组织直接实施的项目，由人力资源社会保障部门组织第三方中介机构或聘请相关专家对项目实施情况和绩效目标实现情况进行评估验收，形成评估验收报告；对于委托第三方机构实施的，由提出项目的单位或部门通过适当方式组织评估验收，评估验收报告报人力资源社会保障部门备案。评估验收报告作为开展下一年度项目重要依据。

评估验收合格后，由社会保险经办机构支付余款。具体程序按社会保险基金财务制度、工伤保险业务经办管理等规定执行。

第十三条 社会保险经办机构要定期向社会公布工伤预防项目实施情况和工伤预防费用使用情况，接受参保单位和社会各界的监督。

第十四条 工伤预防费按本办法规定使用，违反本办法规定使用的，对相关责任人参照社会保险法、《工伤保险条例》等法律法规的规定处理。

第十五条 工伤预防服务机构提供的服务不符合法律和合同规定、服务质量不高的，三年内不得从事工伤预防项目。

工伤预防服务机构存在欺诈、骗取工伤保险基金行为的，按照有关法律法规等规定进行处理。

第十六条 统筹地区人力资源社会保障、卫生计生、安全监管等部门应分别对工作场所工伤发生情况、职业病报告情况和安全事故情况进行分析，定期相互通报基本情况。

第十七条 各省、自治区、直辖市人力资源社会保障行政部门可以结合本地区实际，会同财政、卫生计生和安全监管等行政部门制定具体实施办法。

第十八条 企业规模的划分标准按照工业和信息化部、国家统计局、国家发展改革委、财政部《关于印发中小企业划型标准规定的通知》（工信部联企业〔2011〕300号）执行。

第十九条 本办法自2017年9月1日起施行。

人力资源社会保障部关于印发《拖欠农民工工资"黑名单"管理暂行办法》的通知

人社部规〔2017〕16号

各省、自治区、直辖市及新疆生产建设兵团人力资源社会保障厅（局）：

《拖欠农民工工资"黑名单"管理暂行办法》已经第134次部务会审议通过，现印发给你们，请遵照执行。

2017年9月25日

拖欠农民工工资"黑名单"管理暂行办法

第一条 为规范拖欠农民工工资"黑名单"管理工作，加强对拖欠工资违法失信用人单位的惩戒，维护劳动者合法权益，根据《企业信息公示暂行条例》、《国务院关于建立完善守信联合激励和失信联合惩戒制度加快推进社会诚信建设的指导意见》（国发〔2016〕33号）、《国务院办公厅关于全面治理拖欠农民工工资问题的意见》（国办发〔2016〕1号），制定本办法。

第二条 本办法所称拖欠农民工工资"黑名单"（以下简称拖欠工资"黑名单"），是指违反国家工资支付法律法规规章规定，存在本办法第五条所列拖欠工资情形的用人单位及其法定代表人、其他责任人。

第三条 人力资源社会保障部负责指导监督全国拖欠工资"黑名单"管理工作。

省、自治区、直辖市人力资源社会保障行政部门负责指导监督本行政区域拖欠工资"黑名单"管理工作，每半年向人力资源社会保障部报送本行政区域的拖欠工资"黑名单"。

地方人力资源社会保障行政部门依据行政执法管辖权限，负责拖欠工资"黑名单"管理的具体实施工作。

第四条 拖欠工资"黑名单"管理实行"谁执法，谁认定，谁负责"，遵循依法依规、公平公正、客观真实的原则。

第五条 用人单位存在下列情形之一的，人力资源社会保障行政部门应当自查处违法行为并作出行政处理或处罚决定之日起20个工作日内，按照管辖权限将其列入拖欠工资"黑名单"。

（一）克扣、无故拖欠农民工工资报酬，数额达到认定拒不支付劳动报酬罪数额标准的；

（二）因拖欠农民工工资违法行为引发群体性事件、极端事件造成严重不良社会影响的。

将劳务违法分包、转包给不具备用工主体资格的组织和个人造成拖欠农民工工资且符合前款规定情形的，应将违法分包、转包单位及不具备用工主体资格的组织和个人一并列入拖欠工资“黑名单”。

第六条 人力资源社会保障行政部门将用人单位列入拖欠工资“黑名单”的，应当提前书面告知，听取其陈述和申辩意见。核准无误的，应当作出列入决定。

列入决定应当列明用人单位名称及其法定代表人、其他责任人姓名、统一社会信用代码、列入日期、列入事由、权利救济期限和途径、作出决定机关等。

第七条 人力资源社会保障行政部门应当按照有关规定，将拖欠工资“黑名单”信息通过部门门户网站、“信用中国”网站、国家企业信用信息公示系统等予以公示。

第八条 人力资源社会保障行政部门应当按照有关规定，将拖欠工资“黑名单”信息纳入当地和全国信用信息共享平台，由相关部门在各自职责范围内依法依规实施联合惩戒，在政府资金支持、政府采购、招投标、生产许可、资质审核、融资贷款、市场准入、税收优惠、评优评先等方面予以限制。

第九条 拖欠工资“黑名单”实行动态管理。

用人单位首次被列入拖欠工资“黑名单”的期限为1年，自作出列入决定之日起计算。

列入拖欠工资“黑名单”的用人单位改正违法行为且自列入之日起1年内未再发生第五条规定情形的，由作出列入决定的人力资源社会保障行政部门于期满后20个工作日内决定将其移出拖欠工资“黑名单”；用人单位未改正违法行为或者列入期间再次发生第五条规定情形的，期满不予移出并自动续期2年。

已移出拖欠工资“黑名单”的用人单位再次发生第五条规定情形，再次列入拖欠工资“黑名单”，期限为2年。

第十条 人力资源社会保障行政部门决定将用人单位移出拖欠工资“黑名单”的，应当通过部门门户网站、“信用中国”网站、国家企业信用信息公示系统等予以公示。

第十一条 用人单位被列入拖欠工资“黑名单”所依据的行政处理或处罚决定被依法变更或者撤销的，作出列入决定的人力资源社会保障行政部门应当及时更正拖欠工资“黑名单”。

第十二条 用人单位被移出拖欠工资“黑名单”管理的，相关部门联合惩戒措施即行终止。

第十三条 人力资源社会保障等行政部门工作人员在实施拖欠工资“黑名单”管理过程中，滥用职权、玩忽职守、徇私舞弊的，依法予以处理。

第十四条 各省级人力资源社会保障行政部门可根据本办法制定实施细则。

第十五条 本办法自2018年1月1日起施行。

人力资源社会保障部关于事业单位公开招聘岗位条件设置有关问题的通知

人社部规〔2017〕17号

各省、自治区、直辖市及新疆生产建设兵团人力资源社会保障厅（局），中央和国家机关各部委、各直属机构人事部门：

为完善事业单位公开招聘制度，规范事业单位选人用人行为，现就事业单位公开招聘岗位条件设置有关问题通知如下：

一、用人单位要根据招聘岗位需求，科学合理地设置招聘岗位条件，不得设置指向性或与岗位无关的歧视性条件。

二、专业设置须与招聘岗位相匹配。原则上应从宽确定专业要求，同一岗位可设置一个或多个相近的适合岗位要求的专业，也可按专业大类设置专业条件。对没有专业要求的招聘岗位，可设置为专业不限。

三、专业名称要准确、规范，具体可参照当地省级组织、人力资源社会保障部门制定或确定的公开招聘事业单位工作人员或考录公务员专业参考目录，也可参照教育部门的专业目录，并在招聘公告中明确相应的专业参考目录。

四、资格审查工作由用人单位或主管部门负责，事业单位人事综合管理部门负责监督，审查过程中要严格把关，确保相关材料真实、准确、有效。负责资格审查的单位和人员要认真履职，严格按照有关政策规定和招聘公告确定的招聘条件进行资格审查，准确把握审查标准，统一审查尺度，不得随意放宽招聘岗位条件。实施网上报名的，可在资格复审阶段查看原件。对没有通过资格审查的人员，用人单位或主管部门有义务接受其询问并告知其原因。

五、资格审查工作中，要重视和加强与应聘人员的沟通，做好政策宣传解释工作，及时化解争议，增强招聘工作公信力。

六、招聘岗位条件一经面向社会公开发布，未经招聘公告核准备案部门同意不得擅自更改。经同意确需更改的，要提前发布变更或补充公告。

七、从事事业单位公开招聘的工作人员要强化政治意识、责任意识，严格遵守各项工作纪律，维护公开招聘制度的严肃性。对违纪违规、失职渎职的责任人员要依法依规予以问责追责，严肃处理。

八、各地、各部门要根据本《通知》要求，制定具体的公开招聘岗位条件设置办法。

2017年10月16日

人力资源社会保障部关于印发进一步减少和规范职业资格许可和认定事项改革方案的通知

人社部发〔2017〕2号

各省、自治区、直辖市人民政府，国务院各部委、各直属机构：

《进一步减少和规范职业资格许可和认定事项的改革方案》已经国务院同意，现印发给你们，请认真贯彻落实。

2017年1月5日

进一步减少和规范职业资格许可和认定事项的改革方案

职业资格制度是目前国际通行的科学评价人才的重要制度。我国自1994年开始推行职业资格制度，二十多年来，在促进职业教育培训发展、提高劳动者素质、加强人才队伍建设、提高人力资源配置效率等方面发挥了积极作用。但也出现了设置过多过滥、证出多门、考培不分、鉴培不分、监管不力、法律法规和技术体系滞后等突出问题。

2013年以来，国务院将减少和规范职业资格许可和认定事项作为推进简政放权、放管结合、优化服务（以下简称放管服）改革的重要内容，先后分七批取消了434项国务院部门设置的职业资格许可和认定事项，削减比例达到原总量的70%以上，持续降低就业创业门槛，激发市场活力和社会创造力，促进创业创新。根据国务院2016年放管服改革工作安排，为进一步做好减少和规范职业资格许可和认定事项工作，制定本方案。

一、总体要求

（一）指导思想。

以邓小平理论、“三个代表”重要思想、科学发展观为指导，全面贯彻党的十八大和十八届三中、四中、五中、六中全会精神，深入贯彻习近平总书记系列重要讲话精神和治国理政新理念新思想新战略，统筹推进“五位一体”总体布局和协调推进“四个全面”战略布局，牢固树立和贯彻落实创新、协调、绿色、开放、共享的发展理念，按照国务院推进放管服改革的部署和要求，遵循社会主义市场经济规律和人才成长规律，大力推进减少和规范职业资格许可和认定事项工作，深化人才评价制度改革，为促进大众创业、万众创新提供支持服务。

（二）基本原则。

继续坚持经国务院同意的减少和规范职业资格许可和认定事项的“四个取消”原则，即取消国务院部门设置的没有法律、法规或国务院决定作为依据的准入类职业资格；国务院部门设置实施的有法律法规依据，但与国家安全、公共安全、公民人身财产安全关系并不密切，或不宜采取职业资格方式进行管理的准入类职业资格，按程序提请修订有关法律法规后予以取消；取消国务院部门和全国性行业协会、学会自行设置的水平评价类职业资格；取消地方各级人民政府及有关部门自行设置的职业资格。在此基础上，进一步加大清理规范治理力度，并遵循以下基本原则：

——加快简政放权。落实放管服改革措施，进一步减少和规范职业资格许可和认定事项，最大限度激发和释放就业创业创新活力；同时，加强顶层设计，规范职业资格设置，形成科学的人才评价管理体制。

——突出市场导向。发挥市场在人力资源配置中的决定性作用，分类推进人才评价制度改革，更多发挥企业、行业和社会组织在人才评价中的重要作用，保障和落实用人单位自主权。

——强化监管服务。加快转变政府职能，明确政府监管权责，加强事中事后监管，提升服务能力，为各类人才和用人单位提供优质服务。

（三）目标任务。

2017 年初，基本完成集中清理职业资格许可和认定事项工作，公布实施国家职业资格目录清单。在“十三五”时期，构建起科学设置、规范运行、依法监管的国家职业资格框架和管理服务体系。

二、主要改革任务

（一）进一步加大减少取消职业资格许可和认定事项工作力度。继续加强后续清理工作，对剩余的 184 项职业资格许可和认定事项，除涉及国家安全、公共安全、公民人身财产安全的外，要进一步研究清理取消。对已经取消的职业资格许可和认定事项，要分类妥善处理后续工作，做好政策衔接，确保社会稳定；要加强跟踪督查，及时组织“回头看”，确保清理到位，防止反弹或变相恢复。建立职业资格许可和认定事项清理规范长效机制，对督查发现、媒体反映、群众举报的违规设置实施的职业资格许可和认定事项，发现一起，查处一起。

（二）实施国家职业资格目录清单管理。对经清理后剩余的职业资格许可和认定事项，按程序报经国务院审定后，以人力资源社会保障部名义向社会公布国家职业资格目录清单。清单之外一律不得许可和认定职业资格，清单之内除准入类职业资格外一律不得与就业创业挂钩。建立调整更新机制，对目录清单进行适时调整、动态更新。

（三）全面清理名目繁多的各种行业准入证、上岗证等。对没有法律法规依据的行业准入证、上岗证等，一律取消；对虽有法律法规依据，但与国家安全、公共安全、公民人身财产安全关系不密切的行业准入证、上岗证等，提请修订法律法规后予以取消或进行优化整合。

（四）强化对职业资格设置实施的监管服务。严格落实“考培分离”“鉴培分离”，健全职业资格证书管理办法，严格证书发放管理。严肃查处职业资格证书挂靠、寻租等行为，确保职业资格证书的公信力和权威性。建设全国专业技术人员资格考试报名服务平台和全国职业技能鉴定服务监管平台，加强职业资格信息化管理和服务，畅通社会服务和公众监督渠道。

（五）完善技能人才职业技能等级认定政策，并做好与职业资格的衔接。研究完善技能人才职业技能等级认定政策，制定不同职业技能等级享受相应的职业培训、技能鉴定、就业创业等补贴政策，完善技能人才认定统计办法，促进职业培训和技能人才队伍建设。研究制定职业标准和评价规范，积极推动由企业和行业组织自主开展技能评价。做好职业资格制度与技能人才职业技能等级认定政策的衔接，建立职业资格、职业技能等级与相应的职称、学历比照认定制度，畅通技能人才职业发展通道。

（六）加强国家职业资格法治建设。研究构建与我国经济社会发展和人才队伍建设相适应、统一开放的国家职业资格框架体系。推动职业资格设置管理相关立法工作，明确职业资格法律地位、管理体制、职责分工、设置方式和监管服务等基本制度。研究制定专门管理办法，加强对涉及在我国境内开展的境外各类职业资格相关活动的管理。

三、工作措施

（一）加强组织领导。进一步提高认识，加强领导，明确责任，精心组织，周密部署，深入推进减少和规范职业资格许可和认定事项改革工作。

（二）加强沟通协调。发挥国务院推进职能转变协调小组职业资格改革组的牵头作用，加强部门间的沟通协调，形成工作合力，确保各项改革举措整体推进。

（三）加强督促指导。加强对地方的督促指导，充分发挥地方各级政府推进职能转变协调机制的作用，推动做好减少和规范职业资格许可和认定事项工作。

（四）加强宣传引导。做好改革经验总结推广和宣传引导工作，及时发布权威改革信息，及时回应社会关切，营造良好改革氛围。

人力资源社会保障部　外交部　教育部关于允许优秀外籍高校毕业生在华就业有关事项的通知

人社部发〔2017〕3号

各省、自治区、直辖市人力资源社会保障厅（局）、外事办公室、教育厅（教委）：

为贯彻落实《关于深化人才发展体制机制改革的意见》，拟允许部分无工作经历的优秀外籍高校毕业生在华就业。按照《外国人在中国就业管理规定》，现就有关事项通知如下：

一、人员范围

外籍高校毕业生包括在中国境内高校取得硕士及以上学位且毕业1年以内的外国留学生，以及在境外知名高校取得硕士及以上学位且毕业1年以内的外籍毕业生。

二、审批条件

外籍高校毕业生在中国就业，应具备以下条件：

（一）年满18周岁，身体健康；

（二）无犯罪记录；

（三）学习成绩优秀，平均成绩不低于80分（百分制，其他分制换算成百分制处理）或B+/B（等级制）以上，在校期间无不良行为记录；

（四）取得相应的学历与学位；

（五）有确定的聘用单位，从事工作岗位与所学专业对口，薪酬原则上不低于当地城镇单位在岗职工平均工资，具体标准由各省级人力资源社会保障部门根据就业市场实际和引进人才工作的需要合理确定；

（六）持有有效护照或能代替护照的其他国际旅行证件。

三、办理程序

用人单位聘用符合条件的外籍高校毕业生，应向当地人力资源社会保障部门或外国专家归口管理部门提出申请，并提供以下材料：

（一）拟聘用者履历证明；

（二）聘用意向书（包括意向薪酬）；

（三）聘用原因报告（包括当地公共就业和人才服务机构面向国内劳动者公开发布招聘信息满30天的证明）；

（四）拟聘用者健康状况证明；

（五）拟聘用者无犯罪记录证明；

（六）拟聘用者所取得的学历学位证明材料；

（七）拟聘用者所就读学校出具的在校期间无不良行为记录（境外高校外籍毕业生可免除）和成绩证明材料；

（八）拟聘用者6个月内正面免冠照片。

人力资源社会保障部门或外国专家归口管理部门按规定进行审批。对符合条件的外国留学生发放外国人就业许可证书（或工作许可，下同）和外国人就业证（或工作证，下同）。

对符合条件的境外高校外籍毕业生发放外

国人就业许可证书。取得外国人就业许可证书的海外高校外籍毕业生，应按规定办理Z字签证，入境后办理外国人就业证。

四、其他事项

（一）外国人就业证有效期首次为1年。聘用外籍高校毕业生就业期满，用人单位拟继续聘用的，按规定履行审批手续后可以继续聘用，期限不超过5年。外籍高校毕业生所缴纳个人所得税低于意向薪酬应付税额、或用人单位拟给予其的薪酬低于规定标准的，就业证不予延期。

（二）外籍高校毕业生在华就业实行配额管理。各省级人力资源社会保障部门要根据本省企业对外籍高校毕业生的需求数量、本地区高校毕业生就业形势等因素，提出本省配额需求数量，于每年12月1日前报送人力资源社会保障部。人力资源社会保障部将综合研究确定下一年度全国及各省（区、市）的配额数量，以适当方式公开公示，并抄送外交、教育、公安配合实施。2017年配额需求由各省级人力资源社会保障部门于2017年1月31日前提出申请。

（三）本通知自印发之日起执行。

2017年1月6日

人力资源社会保障部　财政部　国家卫生计生委　国家中医药管理局关于开展公立医院薪酬制度改革试点工作的指导意见

人社部发〔2017〕10 号

各省、自治区、直辖市人民政府：

为贯彻落实党的十八大和十八届三中、五中全会关于研究建立适应行业特点的公立医院薪酬制度精神，落实全国卫生与健康大会的有关要求，决定开展公立医院薪酬制度改革试点工作。经国务院同意，现提出如下意见。

一、开展公立医院薪酬制度改革试点的重要意义

公立医院一直执行事业单位统一的工资制度、工资政策和工资标准，对调动医务人员积极性发挥了积极作用。随着深化医药卫生体制改革和事业单位分类改革的推进，公立医院现行工资制度不能完全适应改革发展形势的要求。医疗行业人才培养周期长、职业风险高、技术难度大、责任担当重，建立符合医疗行业特点、体现以知识价值为导向的公立医院薪酬制度，是深化医药卫生体制改革和事业单位收入分配制度改革的重要内容，对确立公立医院激励导向和增强公立医院公益性，调动医务人员的积极性、主动性、创造性，推动公立医院事业的发展，都具有重要意义。完善公立医院薪酬制度关系到医务人员的切身利益，关系到医改的成效，涉及面广，政策性强，情况复杂，需要经过试点取得经验后再全面推行。

二、公立医院薪酬制度改革试点的指导思想和基本原则

开展公立医院薪酬制度改革试点的指导思想是，贯彻落实党的十八大和十八届三中、五中、六中全会精神，按照深化医药卫生体制改革和收入分配制度改革的总体部署，与医疗、医保、医药联动改革相衔接，积极稳妥开展试点，探索建立适应我国医疗行业特点的公立医院薪酬制度，完善正常调整机制，健全激励约束机制，以增加知识价值为导向进行分配，着力体现医务人员技术劳务价值，规范收入分配秩序，逐步实现公立医院收入分配的科学化和规范化，增强公立医院公益性，调动医务人员积极性，不断提高医疗服务质量和水平。

开展公立医院薪酬制度改革试点的基本原则：

——坚持激励与约束相结合。适应公立医院综合改革要求，与公立医院管理体制、运行机制、服务价格调整、医保支付、人事管理、控制不合理医疗费用以及推进分级诊疗、家庭医生签约服务等改革相衔接，健全与岗位职责、工作业绩、实际贡献紧密联系的分配激励机制，加强宏观调控和有效监管，规范医务人员收入分配秩序。

——坚持按劳分配与按生产要素分配相结

合。适应行业特点的要求，坚持中西医并重，完善公立医院内部分配制度和分配机制，合理体现医务人员技术劳务价值。

——坚持动态调整与合理预期相结合。在确保医疗机构良性运行、基本医保支出可承受、群众整体负担不增加、提高医疗服务水平的基础上，动态调整公立医院薪酬水平，与国民经济发展相协调、与社会进步相适应。妥善处理不同地区、不同等级、不同类型公立医院之间收入分配关系。

三、公立医院薪酬制度改革试点的主要内容

试点地区要根据医疗卫生行业特点，完善适应行业特点的公立医院薪酬制度。

（一）优化公立医院薪酬结构。

要结合公立医院公益性定位、工作特点和本地实际，以及不同公立医院的功能定位和医、护、技、药、管等不同岗位职责要求，合理确定公立医院薪酬结构，注重医务人员长期激励。完善岗位绩效工资制，有条件的可探索实行年薪制、协议工资制等多种模式。

（二）合理确定公立医院薪酬水平。

人力资源社会保障、财政部门根据当地经济发展、财政状况、工作量、服务质量、公益目标完成情况、成本控制、绩效考核结果等，按照“允许医疗卫生机构突破现行事业单位工资调控水平，允许医疗服务收入扣除成本并按规定提取各项基金后主要用于人员奖励”的要求，在现有水平基础上合理确定公立医院薪酬水平和绩效工资总量，逐步提高诊疗费、护理费、手术费等医疗服务收入在医院总收入中的比例。对高层次人才聚集、公益目标任务繁重，承担科研、教学任务以及需要重点发展的公立医院或绩效考核评价结果优秀的公立医院，适当提高薪酬水平。建立动态调整机制，稳步提高医务人员薪酬水平，调动医务人员积极性。

（三）推进公立医院主要负责人薪酬改革。

公立医院主管部门根据公立医院考核评价结果、个人履职情况、职工满意度等因素，合理确定医院主要负责人的薪酬水平。公立医院主要负责人薪酬水平应高于本院平均薪酬水平，并与本院职工薪酬水平保持合理关系。鼓励公立医院主管部门对公立医院主要负责人探索实行年薪制。

（四）落实公立医院分配自主权。

公立医院在核定的薪酬总量内进行自主分配。医院制定绩效分配办法要充分发扬民主，广泛征求职工意见，充分体现医、护、技、药、管等不同岗位差异，兼顾不同学科之间的平衡，向关键和紧缺岗位、高风险和高强度岗位、高层次人才、业务骨干和做出突出成绩的医务人员倾斜，向人民群众急需且专业人才短缺的专业倾斜，体现知识、技术、劳务、管理等要素的价值，避免大锅饭。适当提高低年资医生薪酬水平，统筹考虑编制内外人员薪酬待遇，推动公立医院编制内外人员同岗同薪同待遇。严禁向科室和医务人员下达创收指标，医务人员个人薪酬不得与药品、卫生材料、检查、化验等业务收入挂钩。

（五）健全以公益性为导向的考核评价机制。

公立医院主管部门要制定科学的公立医院考核评价指标体系，综合考虑职责履行、工作量、服务质量、费用控制、运行绩效、成本控制、医保政策执行情况等因素，定期组织考核，考核结果与医院薪酬总量挂钩。对考核不合格的医院，要适当降低薪酬水平。

公立医院主管部门要制定公立医院主要负责人的绩效考核评价办法，综合考虑工作责任、医院管理的实际情况、医院考核评价结果和任期目标任务完成情况等因素，定期组织考核，考核结果与公立医院主要负责人薪酬挂钩。

公立医院要制定内部考核评价办法，综合考虑岗位工作量、服务质量、行为规范、技术能力、医德医风和患者满意度等因素，考核结果与医务人员薪酬挂钩。

（六）经费来源。

公立医院薪酬制度改革试点工作所需经费，通过原渠道解决。完善公立医院收入中可

用于工作人员收入分配的资金管理政策。

（七）试点范围和时间。

上海、江苏、浙江、安徽、福建、湖南、重庆、四川、陕西、青海、宁夏等11个综合医改试点省份各选择3个市（州、区），除西藏外的其他省份各选择1个公立医院综合改革试点城市进行试点。从发文之日起开展试点工作，为期1年。未列入试点范围的公立医院综合改革试点城市和各县（市）可先行探索制定公立医院绩效工资总量核定办法。

（八）加强监督管理。

试点地区要加强对公立医院薪酬分配的监督管理，试点医院要严格执行国家工资政策，严肃分配纪律，按照有关规定严肃查处医务人员收受红包、回扣等违规违纪行为。公立医院主管部门应于次年初将上年公立医院收入分配情况和负责人薪酬水平报同级政府人力资源社会保障、财政部门和医改办备案。

四、做好公立医院薪酬制度改革试点工作的要求

（一）加强对试点工作的领导。

人力资源社会保障部、财政部、国家卫生计生委、国家中医药管理局负责试点工作的政策指导和监督检查工作，建立试点工作通报制度。试点地区要在当地党委、政府领导下，成立试点工作领导小组，人力资源社会保障部门牵头负责，各部门密切配合，在推进公立医院管理体制、运行机制、价格调整、医保支付、人事管理改革的同时开展试点，要明确责任分工和进度安排，抓好任务分解，务求取得实效。

（二）精心组织做好试点工作。

试点地区要根据本指导意见的精神和要求，结合本地实际研究制定试点实施方案，组织开展试点，并报四部门备案以及按季度报送进展情况，于试点工作结束后1个月内报送试点工作总结。试点地区在制定实施方案时和试点工作中，要考虑全国实施的可行性，形成可复制、可持续、可推广的实践经验。

（三）做好舆论引导和稳定工作。

试点地区人力资源社会保障、财政、卫生计生、中医药管理部门要做好政策解释和思想政治工作，及时制定应急预案，密切关注社会舆情，确保试点工作平稳顺利进行。

2017年1月24日

人力资源社会保障部　财政部关于阶段性降低失业保险费率有关问题的通知

人社部发〔2017〕14号

各省、自治区、直辖市及新疆生产建设兵团人力资源社会保障厅（局）、财政（财务）厅（局）：

为进一步减轻企业负担，增强企业活力，促进就业稳定，经国务院同意，现就阶段性降低失业保险费率有关问题通知如下：

一、从2017年1月1日起，失业保险总费率为1.5%的省（区、市），可以将总费率降至1%，降低费率的期限执行至2018年4月30日。在省（区、市）行政区域内，单位及个人的费率应当统一，个人费率不得超过单位费率。具体方案由各省（区、市）研究确定。

二、失业保险总费率已降至1%的省份仍按照《人力资源社会保障部　财政部关于阶段性降低社会保险费率的通知》（人社部发〔2016〕36号）执行。

三、各地降低失业保险费率，要充分考虑失业保险待遇按时足额发放、提高待遇标准、促进失业人员再就业、落实失业保险稳岗补贴政策等因素对基金支付能力的影响，结合实际，认真测算，研究制定具体方案，经省级人民政府批准后执行，并报人力资源社会保障部和财政部备案。

阶段性降低失业保险费率政策性强，社会关注度高。各地要把思想和行动统一到党中央、国务院决策部署上来，加强组织领导，精心组织实施。要平衡好降费率与保发放之间的关系，加强基金运行的监测和评估，确保基金平稳运行。各地贯彻落实本通知情况以及执行中遇到的问题，请及时向人力资源社会保障部、财政部报告。

2017年2月16日

人力资源社会保障部关于印发国家基本医疗保险、工伤保险和生育保险药品目录（2017年版）的通知

人社部发〔2017〕15号

各省、自治区、直辖市及新疆生产建设兵团人力资源社会保障厅（局），福建省医保办：

《国家基本医疗保险、工伤保险和生育保险药品目录（2009年版）》印发以来，各级人力资源社会保障部门认真贯彻落实药品目录要求，不断规范和完善医保用药管理，对保障参保人员的基本用药需求、维护基金平稳运行、促进医药行业的健康发展等发挥了重要作用。为贯彻全国卫生与健康大会精神，建立更加公平可持续的社会保障制度，稳步提高基本医疗保障水平，促进医疗服务和药品生产技术进步和创新，逐步建立完善基本医疗保险用药范围动态调整机制，根据《中华人民共和国社会保险法》《工伤保险条例》以及《城镇职工基本医疗保险用药范围管理暂行办法》（劳社部发〔1999〕15号）等法律法规和文件的规定，我部组织专家进行药品评审，制定了《国家基本医疗保险、工伤保险和生育保险药品目录（2017年版）》（以下简称《药品目录》）。现就有关问题通知如下：

一、严格药品目录支付规定。《药品目录》分为凡例、西药、中成药、中药饮片四部分。凡例是对《药品目录》的编排格式、名称剂型规范、限定支付范围等内容的解释和说明，西药部分包括了化学药和生物制品，中成药部分包括了中成药和民族药，中药饮片部分采用排除法规定了基金不予支付费用的饮片。参保人员使用目录内西药、中成药及目录外中药饮片发生的费用，按基本医疗保险、工伤保险、生育保险有关规定支付。国家免费提供的抗艾滋病病毒药物和国家公共卫生项目涉及的抗结核病药物、抗疟药物和抗血吸虫病药物，参保人员使用且在公共卫生支付范围的，基本医疗保险、工伤保险和生育保险基金不予支付。

二、规范各省药品目录调整。各省（区、市）社会保险主管部门对《药品目录》甲类药品不得进行调整，并应严格按照现行法律法规和文件规定进行乙类药品调整。《药品目录》调整要坚持专家评审机制，坚持公平公正公开，切实做好廉政风险防控，不得以任何名目向企业收取费用，不得采取任何形式的地方保护主义行为，行政主管部门不得干预专家评审结果。

各省（区、市）应于2017年7月31日前发布本地基本医疗保险、工伤保险和生育保险药品目录。调整的数量（含调入、调出、调整限定支付范围）不得超过国家乙类药品数量的15%。各省（区、市）乙类药品调整情况应按规定报我部备案。

各统筹地区应在本省（区、市）基本医疗保险、工伤保险和生育保险药品目录发布后1个月内执行新版药品目录，并按照有关规定更

新纳入基金支付范围的医院制剂清单。

三、完善药品目录使用管理。各统筹地区要根据辖区内医疗机构和零售药店药品使用情况，做好目录内药品对应工作，及时更新完善信息系统药品数据库。各省（区、市）要结合异地就医直接结算等工作，加快应用《社会保险药品分类与代码》行业标准，建立完善全省（区、市）统一的药品数据库，实现省域范围内西药、中成药、医院制剂、中药饮片的统一管理。

各地要结合《药品目录》管理规定以及卫生计生等部门制定的处方管理办法、临床技术操作规范、临床诊疗指南和药物临床应用指导原则等，将定点医药机构执行使用《药品目录》情况纳入定点服务协议管理和考核范围。建立健全基本医疗保险医疗服务智能监控系统和社会保险药品使用监测分析体系，重点监测用量大、费用支出多且可能存在不合理使用的药品，监测结果以适当方式向社会公布。发挥药师作用，激励医疗机构采取有效措施促进临床合理用药。

各省（区、市）要按照药品价格改革的要求加快推进按通用名制定医保药品支付标准工作。各统筹地区可进一步完善医疗保险用药分类支付管理办法。对乙类药品中主要起辅助治疗作用的药品，可适当加大个人自付比例，拉开与其他乙类药品支付比例差距。对临床紧急抢救与特殊疾病治疗所必需的目录外药品，可以建立定点医疗机构申报制度，明确相应的审核管理办法，并报上级人力资源社会保障部门备案。

四、探索建立医保药品谈判准入机制。我部将对经专家评审确定的拟谈判药品按相关规则进行谈判，符合条件的药品纳入医保支付范围，名单另行发布。

各地在《药品目录》调整工作和组织实施过程中，遇有重大问题，应及时报告。本文件印发后，《关于印发国家基本医疗保险、工伤保险和生育保险药品目录的通知》（人社部发〔2009〕159号）文件同时废止。

附件：国家基本医疗保险、工伤保险和生育保险药品目录（2017年版）（略）

2017年2月21日

人力资源社会保障部　全国博士后管理委员会关于贯彻落实《国务院办公厅关于改革完善博士后制度的意见》有关问题的通知

人社部发〔2017〕20号

各省、自治区、直辖市及新疆生产建设兵团人力资源社会保障厅（局），国务院有关部委、直属机构人事（干部）部门，中央军委政治工作部干部局，各博士后设站单位：

博士后制度是我国培养高层次创新型青年人才的一项重要制度。改革完善博士后制度，提高博士后培养质量，推动博士后事业科学发展，是贯彻党的十八大精神，深入实施人才优先发展战略，加快建设人才强国的根本要求。2015年11月，国务院办公厅印发了《关于改革完善博士后制度的意见》（国办发〔2015〕87号，以下称《意见》），对今后一段时期的博士后制度改革提出了总体要求，指明了发展方向。为确保《意见》的贯彻落实，进一步做好博士后工作，现就有关问题通知如下：

一、优化博士后工作平台建设

按照国务院推进简政放权、放管结合、转变政府职能的要求，进一步优化博士后工作平台建设。博士后科研流动站（以下简称流动站）在五年内获得过综合评估优秀等次的，其设站单位中具有博士学位一级学科授予权或建有国家重点科研平台的非设站学科，经省级博士后管理部门推荐，全国博士后管委会办公室（以下称全国博管办）备案后，可招收博士后人员。博士后科研工作站（以下简称工作站）设站3年以上、近3年累计招收博士后人员不少于6人、博士后工作成效突出的，经省级博士后管理部门推荐、全国博管办核准，可独立招收博士后人员。园区类工作站设立、注销分站，由省级博士后管理部门核准，报全国博管办备案。流动站、工作站严重违反博士后工作有关规定或丧失设站条件的，可由相应博士后管理部门提出建议，报全国博管办注销。

二、严格博士后人员招收管理

明确博士后人员定位，进一步加强博士后人员的招收管理。年龄在35周岁以下、获得博士学位一般不超过3年的人员，可申请从事博士后研究工作。申请进入工作站、人文社会科学领域或人才紧缺的自然科学领域流动站的人员，年龄可适当放宽。严格控制设站单位招收本单位同一一级学科、超龄、在职的博士后人员比例。不得招收党政机关领导干部在职从事博士后研究工作。规范博士后人员挂职锻炼，博士后人员在设站单位全职从事研究工作的时间不得少于两年，减少自然科学领域博士后挂职锻炼数量。

对通过出站考核的博士后人员发放《博士后证书》。《博士后证书》一般由省级博士后管理部门或设站单位印发。获得博士后创新人才支持计划、博士后国际交流计划等国家专项计划资助的博士后人员的《博士后证书》由全国博士后管理委员会印发。

规范博士后人员退站管理。具有下列情形之一，设站单位在告知本人或公告后须予以退站：进站半年后仍未取得国家承认的博士学位证书的；提供虚假材料获得进站资格的；中期或出站考核不合格的；严重违反学术道德，弄虚作假，影响恶劣的；被处以刑事处罚的；因旷工等行为违反所在单位劳动纪律规定，符合解除劳动（聘用）合同情形的；因患病等原因难以完成研究工作的；出国逾期不归超过30天的；合同（协议）期满，无正当理由不办理出站手续或在站时间超过6年的；其他情况应予退站的。人事档案、户口转至设站单位的博士后人员退站后，应将人事档案按照有关规定转至人事（劳动）关系接收单位或公共就业和人才服务机构，将户口按照有关规定迁移至进站前常住户口所在地。

三、提升博士后工作服务水平

按照《意见》要求认真落实博士后人员相关待遇，提升博士后工作服务水平。作为具有流动性质的科研人员，博士后人员在站期间享受设站单位职工待遇，计算工作年限。进站前无工作经历的博士后人员参加工作时间从进站之日起计算。事业单位性质的设站单位所招收的博士后人员，实行岗位绩效工资制度，执行专业技术人员基本工资标准。对进站前未进行过职称评定的博士后人员，设站单位应予以认定中级职称，在博士后人员期满出站前，可对其进行职称评定或提出评定意见。博士后人员在站期间的科研成果应作为在站或出站后评定职称的依据。设站单位应按有关规定为博士后人员缴纳社会保险。

规范博士后人员及其家属户口档案办理。未将人事档案转至设站单位的博士后人员，不予办理其进出站户口迁落手续及出站时配偶、未成年子女的户口随迁手续。博士后人员期满出站后，未办理工作派遣手续的，其户口和人事档案按规定转至其进站前常住户口所在地及当地公共就业和人才服务机构。

四、发挥博士后设站单位主体作用

充分发挥高校、科研院所、企业在博士后人员招收培养中的主体作用。设站单位应与博士后人员签订事业单位聘用合同或企业劳动合同（在职博士后人员签订工作协议），结合科研项目要求签订科研计划书。流动站博士后合作导师应具有博士生指导教师资格或正高级专业技术职务，工作站博士后合作导师应具有高级专业技术职务。设站单位可根据研究项目需要，在2～4年内灵活确定博士后人员在站时间。对进站后承担国家重大科技项目的博士后人员，经设站单位同意，可根据项目期限和承担任务调整在站时间。从事博士后研究工作的总期限不得超过6年。

各地、各部门要充分认识做好博士后工作的重要意义，加强组织领导，明确职责分工，积极协调配合，形成工作合力，共同推动博士后工作科学发展，更好发挥博士后制度在培养高层次创新型青年人才、推动大众创业万众创新中的独特作用。各地、各部门和各设站单位可根据本通知精神，结合实际情况制定具体实施办法。

本通知自发布之日起施行。此前颁布的博士后工作的相关文件凡与本通知不符的，以本通知为准。

2017年3月13日

人力资源社会保障部　国家发展改革委等五部门关于做好 2017 年化解钢铁煤炭行业过剩产能中职工安置工作的通知

人社部发〔2017〕24 号

各省、自治区、直辖市及新疆生产建设兵团人力资源社会保障厅（局）、发展改革委、工业和信息化主管部门、财政（财务）厅（局）、国资委（局），有关中央企业：

2016 年化解钢铁煤炭行业过剩产能（以下简称去产能）中的职工安置工作总体平稳有序，为改革发展营造了和谐稳定的社会环境。但也要看到，职工安置工作中还存在进展不平衡等问题。2017 年是供给侧结构性改革的深化之年，职工安置工作任务依然繁重。为做好今年去产能中的职工安置工作，现就有关事宜通知如下：

一、抓好工作部署

（一）明确目标任务。2017 年职工安置工作对象重点包括：2017 年去产能任务涉及的分流职工、2016 年列入计划但尚未完成分流安置的职工、分流安置后仍处于失业状态的人员。各地要结合实际，抓紧制定职工安置总体计划、进度安排和任务分工，推动相关地区和企业稳步实施，确保分流职工就业有出路、生活有保障，确保不发生因职工安置引发的规模性失业和重大群体性事件。

（二）开展摸底排查。要全面掌握涉及职工基本情况和计划分流情况，摸清企业与职工间工资、社保、经济补偿等债权债务情况，组织企业及时填报职工基本信息及分流安置情况。人社部门要加大实地调查、电话抽查、参保数据比对等力度，确保信息真实可靠，并按规定录入信息系统，实现动态更新。对反映没有职工或职工联系不上的，企业要说明具体情况，人社部门核查后予以备案。去产能任务有变化的，要在任务调整后 10 个工作日内更新职工信息。

（三）强化指导服务。坚持企业主体、地方组织、依法依规，强化企业主体责任，重视对企业分流安置职工工作的指导和服务。各地要为企业提供职工安置工作指导手册、职工安置方案范本和工作流程图，并通过开设专门窗口、指定专人负责等方式，优化对企业及分流职工的就业创业、社保经办等服务，有条件的地区还可开展企业负责人及具体工作人员培训。对去产能职工安置任务重、情况复杂的重点企业，相关部门要组成联合工作组，会同企业共同研究解决举措。

二、拓宽安置渠道

（一）鼓励企业更多内部分流。支持企业优化结构、多元发展，更多通过内部调剂，多渠道分流安置富余人员。支持企业利用现有场地、设施和技术，通过转型转产、发展第三产业等，创造新的就业空间。支持企业成立人力资源公司，在与职工协商一致的前提下，采取劳务派遣、企业间余缺调剂等方式，向缺工地区和企业有组织输出职工。支持企业盘活原有厂房、场地，设立创业孵化基地，为分流人员创业提供场地支持和创业服务。允许职工与企业协商一致后，保留一定期限劳动关系离岗创业。对企业在内部转岗安置职工中开展转岗培训或创业培训的，可通过工业企业结构调整专项奖补资金（以下简称专项奖补资金）予以支持。

（二）促进转岗就业创业。大力实施再就业帮扶行动，提前了解分流职工的就业需求，细化帮扶方案，对去产能企业要逐户开展1次就业创业政策对话会，为分流职工免费提供1次有针对性的职业指导、就业服务和职业培训，对分流人员较集中的，要举办专场招聘，确保为每位分流职工至少推荐3个就业岗位。有条件的地方，还可组织专业力量为分流职工开展心理咨询等服务。推进不同地区结对合作帮扶，组织开展劳务对接协作、联合招聘、校企合作培养等活动，促进分流人员就业创业。

（三）强化托底安置。对就业困难人员，要提供“一对一”的就业援助，加强动态管理和分类帮扶。对困难人员较为集中的社区和工矿区，支持企业通过设立车间、代工点等吸纳就业。对通过市场渠道确实难以就业的大龄困难人员和零就业家庭人员，要加大公益性岗位开发力度托底帮扶。各地新增或腾退的公益性岗位，应优先安置去产能涉及的就业困难人员，特别是大龄困难人员和零就业家庭人员，确保零就业家庭动态清零。

三、保障职工权益

（一）依法处理劳动关系。要健全完善监督机制，通过抽查安置方案、观摩职工代表大会、设立举报电话等方式，跟踪企业职工安置方案制定实施。职工安置方案必须明确安置渠道、经济补偿金计算办法、社会保险关系接续办法、资金保障等内容。凡安置方案不完善、资金不落实和程序不符合规定，或职工代表范围窄、代表性不强、协调沟通不够的，职工安置工作不得实施操作。

（二）加强社保衔接。做好分流人员重新就业或灵活就业后的参保缴费、社保关系转移接续等工作。妥善解决工伤人员待遇问题，对曾经接触职业病危害作业、分流时没有发现罹患职业病、在与企业解除劳动关系后未再从事接触职业病危害作业，之后被诊断为职业病的，可按照《人力资源社会保障部关于执行〈工伤保险条例〉若干问题的意见》（人社部发〔2013〕34号）执行。未参加工伤保险的去产能企业安置职工时，应向工伤保险经办机构划拨或预拨部分资金，以解决工伤人员安置和以后诊断为职业病人员的工伤保险待遇费用。各地可根据本地区退养人员中工伤人员的数量、工伤保险基金结余情况等，合理确定基金调剂、企业趸缴、专项奖补资金补助的比例，切实保障好工伤人员待遇问题。

（三）注重风险防范。要强化风险意识和底线思维，密切关注困难地区、困难企业和困难职工，紧盯规模性失业风险、劳动关系处置、社会保险接续、经济补偿发放等风险点，完善应对预案，妥善化解矛盾和风险。对困难企业、困难职工比较集中的地区，要加大就业援助行动实施力度，指导企业妥善解决欠薪欠保、职工基本生活保障等问题。对符合条件的失业人员，要及时纳入失业保险金发放和社会救助范围。对纳入当年去产能关停计划、已实际停产放假的困难企业，可通过专项奖补资金对尚未解除劳动关系的下岗职工发放基本生活费。

四、强化组织实施

（一）加强组织领导。职工安置是去产能工作的关键和难点，各地必须高度重视，始终把职工安置作为去产能工作的重中之重，列入总体方案、任务分解、督查验收的重要内容。要进一步加强组织领导，完善职工安置工作协调机制，明确部门职责，加强信息衔接和工作调度，做到去产能与职工安置工作同谋划、同部署、同推进。

（二）落实资金保障。要督促企业加大资金筹集力度，保障职工安置经费落实。各地要进一步调整财政支出结构，加大对职工安置工作投入力度，在专项奖补资金分配中适当提高职工安置因素占比，更加侧重向职工分流人数多、困难程度大的地区和企业倾斜。要严格规范专项奖补资金使用管理，确保专项奖补资金全部用于职工安置。

（三）加强督促检查。要加大督查力度，定期调度工作进展，及时解决工作推进中遇到的问题，确保工作顺利推进。对责任不落实、政策不落实，以及拒报、虚报、瞒报相关信息和进展情况的，要约谈当地政府及企业负责人，情节严重的，要追究有关单位和人员责任，并在工作考核中加以考量。高度重视职工安置信访问题，落实首访负责制，对违反安置政策、违规使用资金等重点问题线索要认真核查督办。

（四）及时报告情况。要认真落实定期报告制度，按月上报职工安置工作进展情况，及时反映存在的问题和困难。对因职工安置工作引发的突发事件，要第一时间向当地党委政府和上级人力资源社会保障部门报告事件概况及处置进展情况。

（五）注重舆论引导。要加大对职工安置政策措施的宣传力度，及时总结推广好的经验做法，帮助职工了解政策、增强信心。要注重收集新闻媒体及互联网反映的问题，认真研究解决，并及时回应社会关切。

各地要按照本通知精神，进一步强化责任担当，结合当地实际，完善本地区去产能职工安置工作部署和政策措施，切实加强监督检查，务求工作实效，努力确保职工安置积极稳妥推进，以优异成绩迎接党的十九大召开。

2017 年 3 月 21 日

人力资源社会保障部　中央综治办　最高人民法院　司法部　财政部　中华全国总工会　中华全国工商业联合会　中国企业联合会/中国企业家协会　关于进一步加强劳动人事争议调解仲裁完善多元处理机制的意见

人社部发〔2017〕26号

各省、自治区、直辖市人力资源社会保障厅（局）、综治办、高级人民法院、司法厅（局）、财政厅（局）、总工会、工商业联合会、企业联合会/企业家协会，新疆生产建设兵团人力资源社会保障局、综治办、新疆维吾尔自治区高级人民法院生产建设兵团分院、司法局、财务局、工会、工商业联合会、企业联合会/企业家协会：

劳动人事争议调解仲裁是劳动人事关系矛盾纠纷多元化解机制的重要组成部分。当前，我国正处于经济社会转型时期，劳动关系矛盾处于凸显期和多发期，劳动人事争议案件逐年增多。通过协商、调解、仲裁、诉讼等方式依法有效处理劳动人事争议，对于促进社会公平正义、维护劳动人事关系和谐与社会稳定具有重要意义。根据中共中央办公厅、国务院办公厅《关于完善矛盾纠纷多元化解机制的意见》，现就进一步加强劳动人事争议调解仲裁完善多元处理机制，提出如下意见。

一、总体要求

（一）指导思想。全面贯彻党的十八大和十八届三中、四中、五中、六中全会精神，以邓小平理论、“三个代表”重要思想、科学发展观为指导，深入贯彻习近平总书记系列重要讲话精神，主动适应经济发展新常态，积极落实加强和创新社会治理新要求，探索新时期预防化解劳动人事关系矛盾纠纷的规律，不断提高调解仲裁规范化、标准化、专业化、信息化水平，推动健全中国特色劳动人事争议处理制度，完善劳动人事争议多元处理机制，切实维护劳动人事关系和谐与社会稳定，为全面建成小康社会做出更大贡献。

（二）基本原则。

1. 坚持协调联动、多方参与。在党委领导、政府主导、综治协调下，积极发挥人力资源社会保障部门牵头作用，鼓励各有关部门和单位发挥职能作用，引导社会力量积极参与，合力化解劳动人事关系矛盾纠纷。

2. 坚持源头治理、注重调解。贯彻“预防为主、基层为主、调解为主”工作方针，充分发挥协商、调解在劳动人事争议处理中的基础性作用，最大限度地把矛盾纠纷解决在基层和萌芽状态。

3. 坚持依法处理、维护公平。完善劳动人事争议调解制度和仲裁准司法制度，发挥司法的引领、推动和保障作用，运用法治思维和法治方式处理劳动人事争议，切实维护用人单位和劳动者的合法权益。

4. 坚持服务为先、高效便捷。以提高劳动人事争议处理质效为目标，把服务理念贯穿争议处理全过程，为用人单位和劳动者提供优质服务。

5. 坚持立足国情、改革创新。及时总结实践经验，借鉴国外有益做法，加强制度创新，不断完善劳动人事争议多元处理机制。

（三）主要目标。到2020年，劳动人事争议协商解决机制逐步完善，调解基础性作用充分发挥，仲裁制度优势显著增强，司法保障作用进一步加强，协商、调解、仲裁、诉讼相互协调、有序衔接的劳动人事争议多元处理格局更加健全，劳动人事争议处理工作服务社会能力明显提高。

二、健全劳动人事争议预防协商解决机制

（四）指导用人单位加强劳动人事争议源头预防。加大法律法规政策宣传力度，推动用人单位全面实行劳动合同或者聘用合同制度，完善民主管理制度，推行集体协商和集体合同制度，保障职工对用人单位重大决策和重大事项的知情权、参与权、表达权、监督权，加强对职工的人文关怀。指导企业与职工建立多种方式的对话沟通机制，完善劳动争议预警机制，特别是在分流安置职工等涉及劳动关系重大调整时，广泛听取职工意见，依法保障职工合法权益。探索建立符合事业单位和社会团体工作人员、聘任制公务员和军队文职人员管理特点的单位内部人事争议预防机制。切实发挥企业事业单位法律顾问、公司律师在预防化解劳动人事争议方面的作用。推行劳动人事争议仲裁建议书、司法建议书制度，促进用人单位有效预防化解矛盾纠纷。

（五）引导支持用人单位与职工通过协商解决劳动人事争议。推动建立劳动人事争议协商解决机制，鼓励和引导争议双方当事人在平等自愿基础上协商解决纠纷。指导用人单位完善协商规则，建立内部申诉和协商回应制度。加大工会参与协商力度。鼓励社会组织和专家接受当事人申请或委托，为其解决纠纷予以协调、提供帮助。探索开展协商咨询服务工作，督促履行和解协议。

三、完善专业性劳动人事争议调解机制

（六）建立健全多层次劳动人事争议调解组织网络。推进县（市、区）调解组织建设，加强乡镇（街道）劳动就业社会保障服务所（中心）调解组织建设。在乡镇（街道）综治中心设置劳动人事争议调解窗口，由当地劳动就业社会保障服务所（中心）调解组织负责其日常工作。积极推动企业劳动争议调解委员会建设，指导推动建立行业性、区域性调解组织，重点在争议多发的制造、餐饮、建筑、商贸服务以及民营高科技等行业和开发区、工业园区等区域建立调解组织。加强事业单位及其主管部门调解组织建设，重点推动教育、科技、文化、卫生等事业单位及其主管部门建立由人事部门代表、职工代表、工会代表、法律顾问等组成的调解组织。加强专业性劳动人事争议调解与仲裁调解、人民调解、司法调解的联动，逐步实现程序衔接、资源整合和信息共享。同时，充分发挥人民调解组织在调解劳动争议方面的作用，在劳动争议多发的乡镇（街道），人民调解委员会可设立专门的服务窗口，及时受理并调解劳动争议。各级人力资源社会保障部门要加强统筹协调，指导推动劳动人事争议调解工作，建立专业性调解组织和调解员名册制度，加强工作情况通报和人员培训。

（七）加强劳动人事争议调解规范化建设。进一步规范调解组织工作职责、工作程序和调解员行为。建立健全调解受理登记、调解处理、告知引导、回访反馈、档案管理、统计报告、工作考评等制度。建立健全集体劳动争议

应急调解机制，发生集体劳动争议时，人力资源社会保障部门要会同工会、企业代表组织及时介入，第一时间进行调解，调解不成的及时引导当事人进入仲裁程序。

（八）鼓励支持社会力量参与调解。引导劳动人事争议当事人主动选择、自愿接受调解服务。通过政府购买服务等方式，鼓励和支持法学专家、律师以及退休的法官、检察官、劳动人事争议调解员仲裁员等社会力量参与劳动人事争议调解工作，有条件的可设立调解工作室。发挥社区工作者、平安志愿者、劳动关系协调员、劳动保障监察网格管理员预防化解劳动人事争议的作用。鼓励支持社会组织开展劳动人事争议调解工作。

四、创新劳动人事争议仲裁机制

（九）完善仲裁办案制度。建立仲裁办案基本制度目录清单，指导各地完善仲裁制度体系。创新仲裁调解制度，可在仲裁院设立调解庭开展调解工作。依法细化终局裁决规定，提高终局裁决比例。建立健全证据制度，制定体现劳动人事争议处理特点的仲裁证据规则。建立仲裁委员会仲裁办案监督制度，提高仲裁办案纠错能力。推行劳动人事争议仲裁委员会三方仲裁员组庭处理集体劳动争议制度。实行“阳光仲裁”，逐步实行仲裁裁决书网上公开，接受社会监督。推进法律援助参与劳动人事争议仲裁，在案件多发高发地区的仲裁机构设立法律援助窗口，依法为符合条件的农民工、工伤职工等群体提供法律援助服务。

（十）简化优化仲裁具体办案程序。实施案件分类处理，简化优化立案、庭审、调解、送达等具体程序，提高仲裁案件处理质量和效率。规范简易仲裁程序，灵活快捷处理小额简单争议案件。建立健全集体劳动争议快速仲裁特别程序，通过先行调解、优先受理、经与被申请人协商同意缩短或取消答辩期、就近就地开庭等方式，实现快调、快审、快结。深化仲裁庭审方式改革，推广以加强案前引导、优化庭审程序、简化裁决文书为核心内容的要素式办案，提高案件裁决效率。推进派驻仲裁庭、巡回仲裁庭和流动仲裁庭建设，为当事人提供便捷服务。

（十一）加强仲裁办案管理和指导。建立仲裁案件管理标准体系，制定办案程序公正评价标准、办案质量效率评价标准和办案人员工作绩效考核标准。建立仲裁办案指导制度，统一仲裁办案适用标准，重点加强对新兴行业劳动争议、集体劳动争议等重大疑难案件处理工作的指导。加强案例指导，综合运用案例汇编、案例研讨会、庭审观摩等方式，发挥典型案例在统一处理标准、规范自由裁量权等方面的作用。统一仲裁文书格式。建立区域劳动人事争议处理交流协作机制。

五、完善调解、仲裁、诉讼衔接机制

（十二）加强调解与仲裁的衔接。调解组织对调解不成的争议案件，要及时引导当事人进入仲裁程序；定期向仲裁机构通报工作情况，共同研究有关问题；邀请仲裁机构参与调处重大疑难争议案件。仲裁机构要加强对辖区内调解组织的业务指导，建立仲裁员定点联系调解组织制度，落实调解建议书、委托调解、调解协议仲裁审查确认等制度，开展调解员业务培训。在争议案件多发高发地区，仲裁机构可在调解组织设立派驻仲裁庭。

（十三）加强调解与诉讼的衔接。调解组织要主动接受人民法院的指导，协助人民法院调处劳动人事争议。健全劳动人事争议特邀调解制度，吸纳符合条件的调解组织或调解员成为特邀调解组织或特邀调解员，接受人民法院委派或委托开展调解工作。鼓励和支持调解组织在诉讼服务中心等部门设立调解工作室。依法落实调解协议司法确认制度。

（十四）加强仲裁与诉讼的衔接。建立仲裁与诉讼有效衔接的新规则、新制度，实现裁审衔接机制长效化、受理范围一致化、审理标准统一化。各级仲裁机构和同级人民法院要加强沟通联系，建立定期联席会议、案件信息交流、联合业务培训等制度。有条件的地区，人民法院可在仲裁机构设立派驻法庭。

六、强化基础保障机制

（十五）加强调解仲裁队伍建设。乡镇（街道）劳动就业社会保障服务所（中心）调解组织要根据实际需要配备专职调解员，通过政府购买服务、调剂事业编制等方式，拓展调解员来源渠道。企业劳动争议调解委员会要配备一定数量的专兼职调解员，鼓励企业人力资源、法务、工会部门工作人员参与调解工作。仲裁机构要及时充实专职仲裁员队伍，并配备相应的仲裁办案辅助人员；注重从工会、企业代表组织以及其他社会组织中聘用兼职仲裁员，积极吸纳律师、专家学者等担任兼职仲裁员。持续开展调解员仲裁员分级分类培训，加强思想道德教育、职业道德教育和业务能力培训。探索远程在线培训、建立集中实训基地等培训新模式，培训重心向基层倾斜。鼓励地方先行先试，探索建立仲裁员激励约束和职业保障机制，拓展职业发展空间。健全风险防控机制，推进行风建设。培育和弘扬调解仲裁文化，大力宣传先进调解仲裁机构和优秀调解员仲裁员。

（十六）加快推进调解仲裁工作信息化建设。树立“互联网+”理念，利用现代化信息技术手段提高劳动人事争议处理效能。依托金保二期工程，建立调解仲裁办案信息系统、人员信息系统、监测管理信息系统，在实现人力资源社会保障系统内部信息互联互通的基础上，逐步实现调解仲裁信息与综治、人民法院等信息系统的互联互通。建立在线服务平台，整合调解、仲裁和诉讼资源，逐步开展在线调解、在线仲裁、电子送达等，实现线上、线下服务对接，提供“一站式”争议处理服务。

（十七）依法保障调解仲裁经费需要。按照《中华人民共和国劳动争议调解仲裁法》等有关规定，将仲裁工作所需经费列入同级财政预算予以保障，为开展仲裁活动提供支撑。对采取政府购买服务方式开展劳动人事争议处理工作的，要加强购买服务资金的预算管理。

（十八）改善调解仲裁服务条件。按照国家“十三五”规划纲要“基本公共服务项目清单”要求，不断改善调解仲裁服务条件。加强调解组织基础建设，确保调解有基本工作场所、有基本工作设施。加强仲裁机构标准化建设。仲裁员、记录人员在仲裁活动中应着正装，佩戴仲裁胸徽。

七、加强组织领导

（十九）健全劳动人事争议多元处理工作格局。积极推动将劳动人事争议处理工作纳入当地党委、政府重要议事日程，采取有力措施抓实抓好。综治组织要做好调查研究、组织协调、督导检查、考评、推动等工作，进一步把完善劳动人事争议多元处理机制作为综治工作（平安建设）考评的重要内容，严格落实社会治安综合治理领导责任制。人力资源社会保障部门要发挥在劳动人事争议处理中的主导作用，承担牵头职责，制定完善规章政策，会同有关部门统筹推进劳动人事争议调解仲裁组织建设、制度建设和队伍建设。人民法院要发挥司法在劳动人事争议处理中的引领、推动和保障作用，加强诉讼与调解、仲裁的有机衔接，依法及时有效审理劳动人事争议案件。司法行政部门要指导人民调解组织积极开展劳动争议调解工作，加强对人民调解员的劳动法律法规政策和调解方法技巧培训，组织推动律师做好法律援助和社会化调解工作。工会、企业代表组织要发挥代表作用，引导支持企业守法诚信经营、履行社会责任，依法设立劳动争议调解委员会，建立健全用人单位内部争议解决机制，教育引导职工依法理性维权。各有关部门要建立完善形势研判、信息沟通、联合会商、协调配合制度，形成各负其责、齐抓共管、互动有力、运转高效的联动机制。要充分发挥综治中心优势，有效整合工作资源，优化劳动人事争议多元处理机制。

（二十）强化责任落实，营造良好环境。各地要在当地党委、政府的领导下，进一步做好劳动人事争议调解仲裁工作，不断完善劳动人事争议多元处理机制。人力资源社会保障部门要会同有关部门制定切实可行的实施方案，明确任务、明确措施、明确责任、明确要求，并对本意见落实情况进行督促检查。充分运用传统媒体和现代传媒，加强劳动人事争议处理工作的宣传，营造良好舆论氛围。

2017 年 3 月 21 日

人力资源社会保障部　财政部关于 2017 年调整退休人员基本养老金的通知

人社部发〔2017〕30 号

各省、自治区、直辖市人民政府，国务院各部委、各直属机构，新疆生产建设兵团：

经国务院批准，从 2017 年 1 月 1 日起调整企业和机关事业单位退休人员（以下简称退休人员）基本养老金水平。现就有关事项通知如下：

一、调整范围。2016 年 12 月 31 日前已按规定办理退休手续并按月领取基本养老金的退休人员。

二、调整水平。总体调整水平按照 2016 年退休人员月人均基本养老金的 5.5%左右确定。

三、调整办法。此次调整退休人员基本养老金，要兼顾企业和机关事业单位退休人员，按照调整办法大体统一的原则，采取定额调整、挂钩调整与适当倾斜相结合的办法。定额调整要体现公平原则；挂钩调整要体现“多工作、多缴费、多得养老金”的激励机制，可与退休人员本人缴费年限（或工作年限）、基本养老金水平等因素挂钩；对高龄退休人员、艰苦边远地区企业退休人员，可适当提高调整水平。继续确保企业退休军转干部基本养老金不低于当地企业退休人员平均水平。要合理确定定额调整、挂钩调整与适当倾斜三部分比重，增强调整办法的激励性导向。

四、资金来源。调整基本养老金所需资金，参加企业职工基本养老保险的从企业基本养老保险基金中列支，参加机关事业单位工作人员基本养老保险的从机关事业单位基本养老保险基金中列支。对中西部地区、老工业基地、新疆生产建设兵团和在京中央国家机关及所属事业单位，中央财政予以适当补助。未参加职工基本养老保险的，调整所需资金由原渠道解决。

各地区要通过扩大养老保险覆盖面、加强基金征缴、完善省级统筹、调整财政支出结构加大对养老保险基金补助力度等措施，提高养老保险基金的支付能力，不得发生新的拖欠。

五、组织实施。调整退休人员基本养老金，体现了党中央、国务院对广大退休人员的亲切关怀，直接关系各类退休人员的切身利益，涉及面广，政策性强，敏感度高。各地区要高度重视，切实加强领导，精心组织实施，准确解读政策，正确引导舆论，确保各项工作平稳进行。各地区要按照国务院统一部署，结合本地区实际，制定具体实施方案，合理确定调整水平和调整办法，对调整养老金工作的组织领导、工作进度、资金保障等作出周密安排，于 2017 年 5 月 31 日前报送人力资源社会保障部、财政部审批后组织实施。各地区要严格按照两部批准的实施方案执行，把各项调整政策落实到位，不得自行提高调整水平、突破调整政策。对自行提高调整水平的地区，将予以批评问责，并相应扣减中央财政补助资金。在京中央国家机关及所属事业单位的调整方案由人力资源社会保障部、财政部制定并组织实施。

2017 年 4 月 13 日

人力资源社会保障部 财政部关于印发统一和规范职工养老保险个人账户记账利率办法的通知

人社部发〔2017〕31号

各省、自治区、直辖市及新疆生产建设兵团人力资源社会保障厅（局）、财政（务）厅（局），中央国家机关养老保险管理中心：

根据《国务院关于机关事业单位工作人员养老保险制度改革的决定》（国发〔2015〕2号）和《国务院办公厅关于印发机关事业单位职业年金办法的通知》（国办发〔2015〕18号）精神，现将《统一和规范职工养老保险个人账户记账利率办法》印发给你们，请认真贯彻执行。

2017年4月13日

统一和规范职工养老保险个人账户记账利率办法

按照党中央、国务院关于完善个人账户制度的部署，为进一步促进养老保险制度的公平统一，增强参保缴费的激励约束作用，特制定统一和规范职工养老保险个人账户记账利率办法。

一、统一和规范记账利率的基本原则。一是坚持制度公平性，统一确定机关事业单位和企业职工基本养老保险个人账户记账利率。二是增强制度激励作用，引导参保人员积极参保和足额缴费。三是保证合理待遇水平，保证职工基本养老保险个人账户养老金和职业年金合理的替代率水平，保障参保人员退休后的基本生活。四是坚持制度可持续发展，体现精算平衡，科学确定职工基本养老保险和职业年金个人账户记账利率的规则和水平。

二、统一职工基本养老保险个人账户记账利率。统一机关事业单位和企业职工基本养老保险个人账户记账利率，每年由国家统一公布。记账利率应主要考虑职工工资增长和基金平衡状况等因素研究确定，并通过合理的系数进行调整。记账利率不得低于银行定期存款利率。

三、确定职业年金个人账户记账利率办法。职业年金个人账户记账利率根据实账积累部分的投资收益率确定，建立一个或多个职业年金计划的省（区、市），职业年金的月记账利率为实际投资收益率或根据多个职业年金计划实际投资收益率经加权平均后的收益率。

四、规范职工个人账户记账利率公布时间。职工基本养老保险个人账户记账利率每年6月份由人力资源社会保障部和财政部公布。职业年金个人账户记账利率由人力资源社会保障部和财政部根据各省（区、市）职业年金实账积累部分投资收益情况，每年公布一次。

人力资源社会保障部　财政部关于做好2017年城镇居民基本医疗保险工作的通知

人社部发〔2017〕36号

各省、自治区、直辖市及新疆生产建设兵团人力资源社会保障厅（局）、财政（务）厅（局），福建省医保办：

2017年是实施“十三五”规划的重要一年。根据党中央、国务院关于推进整合城乡居民基本医疗保险制度、巩固完善城乡居民大病保险、有效发挥全民医保在深化医改和建设健康中国中作用等部署要求，现就做好2017年城镇居民基本医疗保险（含人力资源社会保障部门管理的城乡居民基本医疗保险，下同。以下简称居民医保）工作通知如下：

一、提高筹资标准，增强保障能力

（一）提高财政补助标准。2017年居民医保各级财政人均补助标准在2016年基础上新增30元，平均每人每年达到450元。其中，中央财政对西部、中部地区分别按照80%、60%的比例进行补助，对东部地区各省分别按一定比例进行补助。省级财政要加大对困难地区倾斜力度，进一步完善省级及以下财政分担办法。按照《国务院关于实施支持农业转移人口市民化若干财政政策的通知》（国发〔2016〕44号）要求，对持居住证参保并按相同标准缴费的按当地居民相同标准给予补助。

（二）强化个人缴费征缴。2017年城乡居民医保人均个人缴费标准在2016年基础上提高30元，平均每人每年达到180元。各地要加大宣传引导力度，加强个人缴费征缴工作。按照《关于进一步加强医疗救助与城乡居民大病保险有效衔接的通知》（民发〔2017〕12号），全面落实资助困难群众参保政策，确保将特困人员、低保对象、建档立卡贫困人口等困难人员纳入居民医保和大病保险。

二、加快推进整合，促进公平可持续

（三）建立统一制度。各地要持续加大整合城乡居民基本医疗保险制度工作推进力度，督促指导统筹地区在省级规划部署的基础上，尽快研究制定整合制度具体实施方案。着力从整合制度政策、理顺管理体制、实行一体化经办等方面，整体有序做好各项整合工作，平稳实现城乡制度并轨，力争2017年基本建立城乡统一的居民基本医疗保险制度。整合过程中，个人缴费实行分档的统筹地区，最低档应不低于国家规定标准；将农村妇女符合条件的住院分娩医疗费用纳入支付范围。

（四）提升整合效应。要打破城乡分割，实施全民参保计划，做到应保尽保，促进连续参保，防止重复参保、重复补贴、重复建设。均衡城乡居民待遇水平，保障基本医保待遇公平普惠，增强群众获得感。提高统筹层次，增强医保基金互助共济和抵御风险能力，提升居民公平可及、合理有序利用医疗服务的水平。充分依托现有经办基础，有效整合资源，实行一体化运行，稳步提升服务效能。充分利用全民医保统一管理优势，更好地发挥在深化医改与建设健康中国中的基础性作用，推动实现“三医联动”。

三、完善大病保险，助力脱贫攻坚

（五）实施精准支付。各地要落实中央脱贫攻坚战略部署，深入实施健康扶贫工程，聚焦农村建档立卡贫困人口等完善大病保险，加强托底保障。在提高居民医保筹资标准、按规定落实困难人群个人缴费补助的基础上，合理确定大病保险筹资标准，增强大病保险保障能力。加大大病保险向困难人员政策倾斜力度，通过降低起付线、提高报销比例等实施精准支付政策，切实提高贫困人口受益水平。要完善大病保险委托承办合同，加强对商保公司政策落实情况的考核与监督。

（六）做好制度衔接。各地要进一步加强大病保险与医疗救助的有效衔接，注重在保障对象与支付政策方面形成保障合力，加强减贫济困托底保障链条建设，有效防止因病致贫、因病返贫问题发生。加强基本医保、大病保险、医疗救助经办协作，充分利用基本医保管理信息系统，为参保人员提供“一站式”即时结算服务。完善大病保险统计分析，加强大病保险运行监管，督促承办机构加强费用控制、严格基金使用和实现即时结算，并按要求报送运行情况。

四、强化管理监控，防范运行风险

（七）完善服务监管。各地要以全面深化付费方式改革和推行医疗保险智能监控为契机，着力提高保障功能和控制费用增长相并重，强化医疗保险对医疗服务供方的管理监督。以付费总额控制为基础推行按病种、按人头等多种方式相结合的复合付费方式，完善谈判协商、风险分担、激励约束机制，促进定点医疗机构主动规范医疗服务行为和控制医疗服务成本。以完善基本医保管理信息系统为依托，以实行医保医师管理为基础，探索监管重点向医务人员服务行为延伸的有效方式，对定点机构医药服务行为通过事前提醒、事中监控、事后审核实施全程实时监控，加大违法、违规、违约行为查处力度。

（八）加强基金预警。各级经办机构要增强风险防范意识，建立健全基金运行监控管理机制。统筹基本医保与大病保险，完善基金收支预算管理，健全基金运行分析制度，加强收不抵支风险监测。加强定点医疗机构合理控制医疗费用监督考核，严格基金支出管理。建立健全风险预警、评估、化解机制及预案，针对问题和风险，及早研判、综合施策，明确主体，责任到位，防患于未然。

五、加强宣传引导，稳定社会预期

（九）构建良好氛围。做好 2017 年居民医保工作，涉及群众切身利益，关乎社会稳定。各级人力资源社会保障部门和财政部门要高度重视、密切配合，注重加强宣传引导和舆情监测，准确解读政策，合理引导预期，做好风险应对。对实施过程中遇到的重大问题要及时向人力资源社会保障部、财政部报告。

2017 年 4 月 24 日

人力资源社会保障部　财政部关于失业保险支持参保职工提升职业技能有关问题的通知

人社部发〔2017〕40号

各省、自治区、直辖市及新疆生产建设兵团人力资源社会保障厅（局）、财政（财务）厅（局）：

为贯彻落实《国务院关于做好当前和今后一段时期就业创业工作的意见》（国发〔2017〕28号）关于“依法参加失业保险3年以上、当年取得职业资格证书或职业技能等级证书的企业职工，可申请参保职工技能提升补贴，所需资金按规定从失业保险基金中列支”的要求，提升参加失业保险职工的职业技能，发挥失业保险促进就业作用，现就有关问题通知如下：

一、申领条件

同时符合以下条件的企业职工，可申领技能提升补贴：

（一）依法参加失业保险，累计缴纳失业保险费36个月（含36个月）以上的。

（二）自2017年1月1日起取得初级（五级）、中级（四级）、高级（三级）职业资格证书或职业技能等级证书的。

二、审核程序

（一）职工应在职业资格证书或职业技能等级证书核发之日起12个月内，到本人失业保险参保地失业保险经办机构，申领技能提升补贴。

（二）失业保险经办机构通过职业资格证书或职业技能等级证书联网查询、与失业保险参保信息比对等方式进行审核。

（三）失业保险经办机构按照规定程序对申请审核通过后，应直接将补贴资金发放至申请人本人的个人银行账户或社会保障卡。

技能提升补贴申请、审核的具体程序和操作办法，由各省级人力资源社会保障部门、财政部门根据本地实际，本着方便、快捷、安全、审慎的原则制定，并主动向社会公开。

三、补贴标准

技能提升补贴的标准由省级人力资源社会保障部门、财政部门根据本地失业保险基金运行情况、职业技能培训、鉴定收费标准等因素综合确定，并适时调整。

补贴标准应根据取得职业资格证书或职业技能等级证书有所区别。职工取得初级（五级）职业资格证书或职业技能等级证书的，补贴标准一般不超过1 000元；职工取得中级（四级）职业资格证书或职业技能等级证书的，补贴标准一般不超过1 500元；职工取得高级（三级）职业资格证书或职业技能等级证书的，补贴标准一般不超过2 000元。

各省（自治区、直辖市）可根据本地产业发展方向和人力资源市场需求，研究制定本地区紧缺急需的职业（工种）目录。技能提升补贴标准可向地区紧缺急需职业（工种）予以倾斜。

同一职业（工种）同一等级只能申请并享受一次技能提升补贴。

四、资金使用

在失业保险基金科目中设立技能提升补贴科目，所需资金从失业保险基金技能提升补贴科目中列支。

各省（自治区、直辖市）要将技能提升补贴支出纳入失业保险基金预算管理，规范运作，切实保证基金有效使用和安全运行。要重点关注基金支付能力相对较弱的统筹地区，发挥省级调剂金的作用，确保每个地区符合条件的职工都能享受到政策。

五、工作要求

（一）加强组织领导。失业保险基金用于参保职工技能提升补贴，有利于引导职工提高职业技能水平和职业转换能力，从源头上减少失业、稳定就业；有利于弘扬工匠精神，推动我国由人力资源大国向人力资源强国迈进，为我国产业转型升级提供强有力的人才支撑。各级人力资源社会保障部门、财政部门要高度重视，将其作为失业保险预防失业、稳定就业的重要举措，精心组织、狠抓落实。要尽快制定实施办法，在6月30日前报人力资源社会保障部、财政部备案。

（二）提高审核效率。以“规范、安全、便捷”为原则，整合利用现有资源，将受理、审核、发放、监督等工作纳入信息化管理，简化申报材料，优化审核流程，强化信息共享，完善服务标准，创新服务模式，提高经办服务质量。有条件的地区，可以运用电子政务手段，探索实行技能提升补贴网络在线申请、审核。

（三）强化监督管理。职业技能鉴定机构要严格鉴定标准，严把证书发放质量。失业保险经办机构要建立与职业技能鉴定机构的信息共享、沟通协调机制，通过信息比对有效甄别证书的真实性，严防冒领、骗取补贴。制定补贴资金的审核、公示、拨付、监督等制度，严格财务管理和资金监管，防范廉洁风险。公示补贴发放情况，畅通投诉举报渠道，发挥社会监督作用。对违法违规行为，按规定追究相关责任。

（四）加大宣传力度。设计编印通俗易懂的宣传材料，深入企业、街道、社区，开展形式多样的政策解读和集中宣传活动；在失业保险经办机构、职业技能鉴定机构、人力资源市场等场所，悬挂、张贴、发放宣传材料；运用广播电视、报纸期刊、微博微信等渠道宣传申领条件、申请办法、受理部门、办理时限。通过广泛宣传，使参保职工了解政策内容，熟悉办理程序，知晓办事场所，更方便更快捷地享受政策。

本《通知》自印发之日起开始施行。各地在政策执行中遇到的重大问题应及时向人力资源社会保障部、财政部报告。人力资源社会保障部、财政部适时组织开展政策绩效评估，根据实际调整完善政策。

2017年5月15日

人力资源社会保障部关于将36种药品纳入国家基本医疗保险、工伤保险和生育保险药品目录乙类范围的通知

人社部发〔2017〕54号

各省、自治区、直辖市及新疆生产建设兵团人力资源社会保障厅（局），福建省医保办：

按照《关于印发〈国家基本医疗保险、工伤保险和生育保险药品目录（2017年版）〉的通知》（人社部发〔2017〕15号）要求，我部组织专家对部分药品进行谈判，并确定了医保支付标准。现予以公布并通知如下：

一、将利拉鲁肽注射剂等36种药品（以下统称“有关药品”）纳入《国家基本医疗保险、工伤保险和生育保险药品目录（2017年版）》（以下简称药品目录）乙类范围，各省（区、市）社会保险主管部门不得将有关药品调出目录，也不得调整限定支付范围。

二、附表“医保支付标准”一栏规定的支付标准包括基本医疗保险基金和参保人员共同支付的全部费用，基本医疗保险基金和参保人员的分担比例由各统筹地区确定。规定的支付标准有效期截至2019年12月31日，有效期满后按照医保药品支付标准有关规定进行调整。有效期内，如有同通用名称药品（仿制药）上市，我部将根据仿制药价格水平调整该药品的医保支付标准并另行发布；如出现药品市场实际价格明显低于现行支付标准的，我部可以与企业协商重新制定支付标准并另行发布。

三、各省（区、市）要积极探索多种方式加强有关药品管理，促进合理用药。对规定需“事前审查后方可使用”或其他需要严格管理的药品，要建立统一的事前审查规定；对用量大、费用高的药品要纳入基本医疗保险医疗服务智能监控系统进行重点监控，并做好费用分析；要采取有效措施鼓励定点零售药店为参保人员提供药品，发挥药店在医保药品供应保障方面的积极作用。

四、各省（区、市）要认真贯彻落实本通知要求，将有关药品纳入药品目录乙类范围，与药品目录一并执行。同时，要加快推进本省（区、市）乙类药品调整工作，尽快发布。

附件：36种有关药品名单（略）

2017年7月13日

人力资源社会保障部关于进一步做好人力资源和社会保障领域深化简政放权放管结合优化服务改革工作有关问题的通知

人社部发〔2017〕57 号

各省、自治区、直辖市及新疆生产建设兵团人力资源社会保障厅（局），部属各单位，外专局、公务员局：

为贯彻落实《国务院办公厅关于印发全国深化简政放权放管结合优化服务改革电视电话会议重点任务分工方案的通知》（国办发〔2017〕57 号），进一步做好人力资源和社会保障领域深化简政放权放管结合优化服务改革工作（以下简称“放管服”改革），现就有关问题通知如下：

一、充分认识深化人力资源和社会保障领域“放管服”改革的重要意义

深化“放管服”改革，是国家推动经济社会持续健康发展的战略举措，是实现政府职能转变的深刻革命。2017 年是党的十九大召开之年，也是实施“十三五”规划的重要一年和推进供给侧结构性改革的深化之年，深化人力资源和社会保障领域“放管服”改革，对于降低制度性交易成本、激发市场活力和社会创造力、促进就业创业、增强群众获得感幸福感具有重要意义。各级人力资源社会保障部门要充分认识深化人力资源和社会保障领域“放管服”改革的重要意义，按照“为促进就业创业降门槛、为各类市场主体减负担、为激发有效投资拓空间、为公平营商创条件、为群众办事生活增便利”的要求，以更大的决心、更大的力度、更有效的措施，推动人力资源社会保障领域“放管服”改革向纵深发展，以深化“放管服”改革的优异成绩迎接党的十九大胜利召开。

二、持续简政放权，促进就业创业

（一）继续深化行政审批制度改革。持续加大行政审批事项取消下放力度，把该放的权力放出去，该取消的取消。对确需下放给基层的审批事项，要确保基层接得住、管得好。积极规范行政审批行为，推进行政许可标准化建设，不断优化审批流程，完善工作程序，压缩办理时限，提高审批效率。积极推行一个窗口受理，对适合网上审批的应实行网上审批。所有行政审批事项都严格按法定时限做到“零超时”。

（二）持续推进职业资格改革。通过取消、合并等再减少一批职业资格。公布国家职业资格目录，实行清单式管理，并实行动态调整。今后未经批准一律不得在清单之外自行设置国家职业资格，清单之内非准入类职业资格一律不得与就业创业挂钩，行业协会、学会等不得变相开展职业资格许可和认定。职业资格设置、取消及纳入、退出目录，须经评估论证，特别是新设职业资格要征求社会意见并报国务

院批准。妥善处理职业资格取消后续工作，统筹做好职业资格发展、整合等相关工作，坚决防止已取消的职业资格“死灰复燃”，持续查处“挂证”行为。稳步推进行业组织有序承接水平评价类职业资格具体认定工作。

（三）推行“多证合一、一照一码”。积极配合有关部门推进“多证合一、一照一码”登记制度改革，不断完善社会保险登记流程，通过信息共享平台，直接获取工商部门推送的新注册企业信息，利用单位统一的社会信用代码进行参保登记后，将相关信息反馈给工商部门，实现数据双向共享，2017 年 10 月底前在全国范围内实现“多证合一、一照一码”。以“法人和其他组织统一社会信用代码”为单位标识开展用人单位基础信息库建设，推动用人单位基础信息的集中统一管理和共享共用。

（四）支持鼓励高校、科研院所等事业单位专业技术人员创新创业。落实《关于支持和鼓励事业单位专业技术人员创新创业的指导意见》（人社部规〔2017〕4 号），支持和鼓励事业单位设置创新型岗位、选派专业技术人员到企业挂职或参与项目合作，支持和鼓励事业单位专业技术人员离岗创新创业、兼职创新或在职创办企业，并根据不同创新创业方式，采取相应的人事管理办法。

（五）全面推进政务公开。全面落实党中央、国务院关于政务公开工作的部署要求和政府信息公开条例，坚持以公开为常态、不公开为例外，大力推进人力资源社会保障部门决策、执行、管理、服务和结果公开，保障人民群众知情权、参与权、表达权和监督权。紧紧围绕人力资源社会保障事业发展和人民群众关注关切，加大就业、社保等重点领域信息公开，以公开促落实、促规范、促服务。2017 年底前制定部本级和人力资源社会保障系统主动公开基本目录，并动态更新，不断提升主动公开的标准化规范化水平。

三、创新监管方式，提高监管效能

（一）加强人力资源市场监管。贯彻落实《关于“先照后证”改革后加强人力资源市场事中事后监管的意见》（人社部发〔2016〕49 号），严格遵循法定条件和程序，规范实施人力资源市场行政审批，加强对下放审批事项的监督，指导各地开展年度报告公示、随机抽查等监管工作。加快《人力资源市场条例》立法进程，研究制定网络招聘管理规定、人力资源服务机构管理办法等配套规章。持续推进人力资源服务机构诚信体系建设，提升全行业诚信服务水平。继续开展清理整顿人力资源市场秩序专项行动，畅通投诉举报渠道，发挥好社会监督作用，维护公平竞争的市场环境。探索建立人力资源服务机构等级评价体系，进一步加强人力资源服务标准研究制定工作。

（二）加强社保基金智能监控。推进社会保险与财政、税务、公安、金融监管、民政、卫生计生等部门数据资源的融合应用，及时发现和处理冒领、骗保等违法违规行为。推进医保智能监控，利用医保大数据，对医药服务机构、参保人员的医疗服务行为及其费用进行数据采集、对比分析、审核监督，全面提升医保管理的质量和效率。

（三）推行劳动保障智慧监察。加强劳动用工动态监测，及时发现违法行为线索。贯彻落实《关于在人力资源和社会保障领域推广随机抽查规范事中事后监管的通知》（人社部发〔2016〕2 号），2017 年底前全面推开“双随机”抽查，进一步健全随机抽查系统，完善相关细则，确保监管公平公正、不留死角。建立健全劳动保障监察举报投诉案件省级联动处理机制，力争 2017 年底前基本在各省级行政区域内实现“一点举报投诉，全网联动处理”。落实《重大劳动保障违法行为社会公布办法》和《企业劳动保障守法诚信等级评价办法》，建立健全失信联合惩戒机制，建立拖欠工资企业“黑名单”管理制度，逐步使失信企业“一处违法，处处受限”。

（四）加强评比达标表彰监管。从严控制评比达标表彰奖项设置、表彰周期和名额，严格落实全国评比达标表彰项目目录清单管理并实行动态更新制度，及时在主流媒体和网站公布评比达标表彰工作情况，主动接受社会监督。开展评比达标表彰工作检查，重点查处未经批准擅自开展活动、违反政策规定和不按批准内容开展活动、借评比达标表彰活动收取费用以及滥发奖金等行为。

四、优化公共服务，提升服务质量

（一）大力推进“互联网＋政务服务”。贯彻落实《国务院关于加快推进“互联网＋政务服务”工作的指导意见》（国发〔2016〕55号）和《“互联网＋人社”2020行动计划》（人社部发〔2016〕105号），充分运用“互联网＋”和大数据思维，进一步简化优化人力资源和社会保障领域公共服务流程，提升为民服务能力和水平。编制部本级政务服务事项目录，向社会公开发布并实时更新、动态管理。结合金保工程二期，建设统一的人力资源社会保障公共服务信息平台，2017年底前基本完成部本级平台建设，并主动做好与国家“互联网＋政务服务”平台的对接。推进社会保障一卡通建设，强化社会保障卡的身份凭证作用和社会保障号码的用户唯一标识作用。推进异地就医直接结算，2017年9月底前基本实现全国联网和跨省异地就医住院医疗费用直接结算。建好中国公共招聘网，持续推进公共就业服务规范化信息化专业化建设，尽早实现公共就业信息全国互联共享。加强部门间数据资源共享与信息协同互认，变“群众来回跑”为“部门协同办”。

（二）深入开展“减证便民”行动。进一步清理规范人社领域各类证件证明材料，今年再精简一批人社领域的证明材料。凡没有法律法规依据的一律取消，能通过个人现有证明来证明的一律取消，能采取申请人书面承诺方式解决的一律取消，能通过网络核验的一律取消。对必要的证明要加强互认共享，减少不必要的重复举证。

（三）持续加强窗口单位建设。继续会同有关部门推进基层服务平台建设，加大综合性基层服务平台建设力度。加快完善人力资源和社会保障领域的窗口服务标准，优化前台服务流程、后台管理流程和业务控制流程，实现前台窗口与后台支持的有机衔接。不断创新服务方式，积极推行预约服务、延时服务、上门服务和应急服务等便民措施，畅通优先服务“绿色通道”。完善门户网站、12333咨询电话等平台的政策宣传、信息查询、在线受理和投诉举报等功能，推广移动应用、自助一体机、微博微信、短信息等多种服务方式。深入开展优质服务窗口创建活动，大力加强服务队伍建设，密切关注舆论，倾听群众呼声，回应群众关切，不断提高服务效率和质量，不断增强人民群众的获得感幸福感。

五、切实加强组织领导

各级人力资源社会保障部门要把深化“放管服”改革放在突出位置，主要负责同志要亲自抓，认真组织实施，细化分解任务，明确时间节点，层层压实责任，确保改革措施落地见效，以改革的实际成效取信于民。要以强有力的督查促进改革落实，对督查发现落实到位、积极作为的典型要通报表扬、给予激励，对发现的问题要坚决整改，对敷衍塞责、延误改革、整改不力的要严肃问责，对工作不落实的要公开曝光。要尊重并发挥基层首创精神，加强指导协调，支持地方因地制宜大胆探索。要按照重大改革于法有据的要求，做好深化“放管服”改革涉及的规章、规范性文件清理工作，对改革涉及的法律法规立改废问题，主动与法制部门加强衔接、同步推进。要主动与宣传部门衔接沟通，做好改革经验总结推广和宣传引导工作，及时回应社会关切，营造良好改革氛围。

2017年7月25日

人力资源社会保障部关于工伤保险待遇调整和确定机制的指导意见

人社部发〔2017〕58号

各省、自治区、直辖市及新疆生产建设兵团人力资源社会保障厅（局）：

工伤保险待遇是工伤保险制度的重要内容。随着经济社会发展，职工平均工资与生活费用发生变化，适时调整工伤保险待遇水平，既是工伤保险制度的内在要求，也是促进社会公平、维护社会和谐的职责所在，是各级党委、政府保障和改善民生的具体体现。根据《工伤保险条例》，现就工伤保险待遇调整和确定机制，制定如下指导意见：

一、总体要求

全面贯彻党的十八大和十八届三中、四中、五中、六中全会精神，深入贯彻习近平总书记系列重要讲话精神和治国理政新理念新思想新战略，紧紧围绕统筹推进“五位一体”总体布局和协调推进“四个全面”战略布局，坚持以人民为中心的发展思想，依据社会保险法和《工伤保险条例》，建立工伤保险待遇调整和确定机制，科学合理确定待遇调整水平，提高工伤保险待遇给付的服务与管理水平，推进建立更加公平、更可持续的工伤保险制度，不断增强人民群众的获得感与幸福感。

工伤保险待遇调整和确定要与经济发展水平相适应，综合考虑职工工资增长、居民消费价格指数变化、工伤保险基金支付能力、相关社会保障待遇调整情况等因素，兼顾不同地区待遇差别，按照基金省级统筹要求，适度、稳步提升，实现待遇平衡。原则上每两年至少调整一次。

二、主要内容

（一）伤残津贴的调整。伤残津贴是对因工致残而退出工作岗位的工伤职工工资收入损失的合理补偿。一级至四级伤残津贴调整以上年度省（区、市）一级至四级工伤职工月人均伤残津贴为基数，综合考虑职工平均工资增长和居民消费价格指数变化情况，侧重职工平均工资增长因素，兼顾工伤保险基金支付能力和相关社会保障待遇调整情况，综合进行调节。伤残津贴调整可以采取定额调整和适当倾斜的办法，对伤残程度高、伤残津贴低于平均水平的工伤职工予以适当倾斜。（具体计算公式见附件1）

五级、六级工伤职工的伤残津贴按照《工伤保险条例》的规定执行。

（二）供养亲属抚恤金的调整。供养亲属抚恤金是工亡职工供养亲属基本生活的合理保障。供养亲属抚恤金调整以上年度省（区、市）月人均供养亲属抚恤金为基数，综合考虑职工平均工资增长和居民消费价格指数变化情况，侧重居民消费价格指数变化，兼顾工伤保险基金支付能力和相关社会保障待遇调整情况，综合进行调节。供养亲属抚恤金调整采取

定额调整的办法。（具体计算公式见附件2）

（三）生活护理费的调整。生活护理费根据《工伤保险条例》和《劳动能力鉴定 职工工伤与职业病致残等级》相关规定进行计发，按照上年度省（区、市）职工平均工资增长比例同步调整。职工平均工资下降时不调整。

（四）住院伙食补助费的确定。省（区、市）可参考当地城镇居民消费支出结构，科学确定工伤职工住院伙食补助费标准。住院伙食补助费原则上不超过上年度省（区、市）城镇居民日人均消费支出额的40%。

（五）其他待遇。一次性伤残补助金、一次性工亡补助金、丧葬补助金按照《工伤保险条例》规定的计发标准计发。工伤医疗费，辅助器具配置费，工伤康复和统筹地区以外就医期间交通、食宿费用等待遇，根据《工伤保险条例》和相关目录、标准据实支付。

一次性伤残就业补助金和一次性工伤医疗补助金，由省（区、市）综合考虑工伤职工伤残程度、伤病类别、年龄等因素制定标准，注重引导和促进工伤职工稳定就业。

三、工作要求

（一）高度重视，加强部署。建立工伤保险待遇调整和确定机制，关系广大工伤职工及工亡职工供养亲属的切身利益。各地要切实加强组织领导，提高认识，扎实推进，从2018年开始，要按照指导意见规定，结合当地实际，做好待遇调整和确定工作，与工伤保险基金省级统筹工作有机结合、紧密配合、同步推进，防止出现衔接问题和政策冲突。

（二）统筹兼顾，加强管理。要统筹考虑工伤保险待遇调整涉及的多种因素，详细论证，周密测算，选好参数和系数，确定科学、合理的调整额，建立科学、有效的调整机制。省（区、市）人力资源社会保障部门要根据《工伤保险条例》和本指导意见制定调整方案，报经省（区、市）人民政府批准后实施。要加强管理，根据《工伤保险条例》规定，统筹做好工伤保险其他待遇的调整、确定和计发，进一步加强待遇支付管理，依规发放和支付，防止跑冒滴漏、恶意骗保，维护基金安全。

（三）正确引导，确保稳定。工伤保险待遇调整直接涉及民生，关乎公平与效率。要加强工伤保险政策宣传，正确引导舆论，争取社会对待遇调整工作的理解与支持，为调整工作营造良好舆论氛围。做好调整方案的风险评估工作，制定应急处置预案，确保待遇调整工作平稳、有序、高效。待遇调整情况请及时报人力资源社会保障部。

附件：

1. 一级至四级工伤职工伤残津贴调整公式

2. 供养亲属抚恤金调整公式

2017年7月28日

附件 1

一级至四级工伤职工伤残津贴调整公式

$$Z_1 = S \times (G \times a + X \times b) \pm C$$

$$a + b = 1,\ a > b,\ C \geq 0$$

其中：Z_1——一级至四级工伤职工伤残津贴人均调整额；

S——上年度省（区、市）一级至四级工伤职工月人均伤残津贴；

G——上年度省（区、市）职工平均工资增长率；

X——上年度省（区、市）居民消费价格指数；

a——职工平均工资增长率的权重系数；

b——居民消费价格指数的权重系数；

C——省（区、市）工伤保险基金支付能力和相关社会保障待遇调整等因素综合调节额。

当职工平均工资下降时，G=0；当居民消费价格指数为负时，X=0。

附件 2

供养亲属抚恤金调整公式

$$Z_2 = F \times (G \times a + X \times b) \pm C$$

$$a + b = 1,\ a < b,\ C \geq 0$$

其中：Z_2——供养亲属抚恤金人均调整额；

F——上年度省（区、市）月人均供养亲属抚恤金；

G——上年度省（区、市）职工平均工资增长率；

X——上年度省（区、市）居民消费价格指数；

a——职工平均工资增长率的权重系数；

b——居民消费价格指数的权重系数；

C——省（区、市）工伤保险基金支付能力和相关社会保障待遇调整等因素综合调节额。

当职工平均工资下降时，G=0；当居民消费价格指数为负时，X=0。

人力资源社会保障部　财政部　国务院扶贫办关于切实做好社会保险扶贫工作的意见

人社部发〔2017〕59号

各省、自治区、直辖市及新疆生产建设兵团人力资源社会保障厅（局）、财政（务）厅（局）、扶贫办：

为贯彻党中央、国务院关于打赢脱贫攻坚战的决策部署，落实“十三五”脱贫攻坚规划，进一步织密扎牢社会保障“安全网”，现就做好社会保险扶贫工作提出如下意见：

一、明确社会保险扶贫的目标任务

社会保险扶贫的目标任务是，充分发挥现行社会保险政策作用，完善并落实社会保险扶贫政策，提升社会保险经办服务水平，支持帮助建档立卡贫困人口、低保对象、特困人员等困难群体（以下简称贫困人员）及其他社会成员参加社会保险，基本实现法定人员全覆盖，逐步提高社会保险待遇水平，助力参保贫困人员精准脱贫，同时避免其他参保人员因年老、疾病、工伤、失业等原因陷入贫困，为打赢脱贫攻坚战贡献力量。

二、完善并落实社会保险扶贫政策

（一）减轻贫困人员参保缴费负担。对建档立卡未标注脱贫的贫困人口、低保对象、特困人员等困难群体，参加城乡居民基本养老保险的，地方人民政府为其代缴部分或全部最低标准养老保险费，并在提高最低缴费档次时，对其保留现行最低缴费档次。对贫困人员参加城乡居民基本医疗保险个人缴费部分由财政给予补贴。进一步做好建筑业农民工按项目参加工伤保险工作，对用工方式灵活、流动性大、建档立卡农村贫困劳动力（以下简称贫困劳动力）相对集中的行业，探索按项目等方式参加工伤保险。用人单位招用农民合同制工人应当依法缴纳失业保险费，农民合同制工人本人不缴纳失业保险费。依法将包括农民工在内的合同制工人纳入生育保险，由用人单位缴纳生育保险费，职工个人不缴费。

（二）减轻贫困人员医疗费用负担。结合城乡居民基本医疗保险制度整合，做好制度平稳并轨，确保贫困人员保障待遇不降低。巩固完善城乡居民大病保险，对贫困人员通过降低起付线、提高报销比例和封顶线等倾斜性政策，实行精准支付。对贫困人员中已核准的因病致贫返贫患者，通过加强基本医保、大病保险和医疗救助的有效衔接，实施综合保障，提高其医保受益水平。对其他罹患重特大疾病陷入贫困的患者，可采取综合保障措施。对工伤尘肺病患者，按规定将疗效可靠的尘肺病治疗药物列入工伤保险药品目录，将符合医疗诊疗规范的尘肺病治疗技术和手段纳入工伤保险基金支付范围。将参加城乡居民基本医疗保险的非就业妇女符合条件的住院分娩医疗费用纳入城乡居民基本医疗保险报销范围。

（三）适时提高社会保险待遇水平。研究

建立城乡居民基本养老保险待遇确定与基础养老金最低标准正常调整机制，完善城乡居民基本养老保险筹资和保障机制。根据经济发展和居民收入水平增长情况，适时适度逐步提高城乡居民基本养老保险最低缴费标准和基础养老金标准。强化多缴多得、长缴多得的激励约束机制，完善缴费补贴政策，引导城乡居民主动参保缴费。完善基本养老保险基金投资运营政策，加强风险管理，提高投资回报率。农民合同制工人在用人单位依法为其缴纳失业保险费满1年，劳动合同期满不续订或提前与其解除劳动合同后，可申领一次性生活补助。

（四）体现对贫困人员的适度优先。加强城乡居民基本养老保险与农村最低生活保障、特困人员救助供养等社会救助制度的统筹衔接，“十三五”期间，在认定农村低保和扶贫对象时，中央确定的城乡居民基本养老保险基础养老金暂不计入家庭收入。充分运用浮动费率政策，促使企业加强工伤预防，有效降低工伤发生率。对符合工伤保险待遇先行支付情形的贫困劳动力，工伤保险经办机构应给予先行支付。有条件的地区可打破户籍限制，统一农民合同制工人和城镇职工失业保险政策。

三、强化社会保险扶贫的保障措施

（一）推进贫困人员应保尽保和法定人员全覆盖。全面实施全民参保计划，深入贫困地区，农民工集中的高风险行业、单位和岗位，重点摸清贫困人员和贫困劳动力参加社会保险情况，采取通俗易懂的方式开展政策宣传。根据贫困人员和贫困劳动力参保信息，认真落实社会保险扶贫政策，积极主动开展参保登记及缴费等经办服务工作。各地社会保险经办机构要按规定支付参保人员社会保险待遇。

（二）增强贫困地区社会保险经办服务能力。各地要科学整合贫困地区现有公共服务资源和社会保险经办管理资源，采取政府购买服务、增加公益性岗位、聘用合同工等方式充实基层经办力量。加强经办窗口作风建设，简化优化流程，推进标准应用，提升服务水平。加大贫困地区社会保险经办人员培训支持力度，开展“送培训到基层”活动，提高培训层次和质量。组织实施“互联网＋人社”2020行动计划，将社会保险信息系统向基层延伸，打造方便快捷的基层经办平台。

（三）提高对贫困人员的医疗保险服务水平。加强定点医疗机构监管，完善协议管理，积极探索按人头、按病种等付费方式，促进医疗机构为贫困人员提供合理必要的医疗服务，主动控制医疗成本，进一步降低其医疗费用负担。充分依托基层医疗卫生机构，结合建立分级诊疗体系，完善医保差异化支付政策，适当提高基层医疗卫生机构政策范围内医疗费用报销比例，促进贫困人员就近合理有序就医。依托基本医保信息平台，实现基本医保、大病保险、医疗救助“一站式”即时结算，切实减轻贫困患者垫资压力。

（四）加强对社会保险扶贫工作的组织领导。各地要充分认识开展社会保险扶贫工作的重要性，围绕扶贫大局，创新思路对策，加强协调配合，全力抓好社会保险扶贫政策的落实。人力资源社会保障部和国务院扶贫办建立信息共享机制，定期开展建档立卡贫困人口与全国社会保险参保人员数据信息比对工作。各级人力资源社会保障部门要建立管理台账，做好人员标识，动态掌握建档立卡贫困人口参保和待遇保障情况，为实施社会保险精准扶贫提供数据支撑。各地财政部门要做好社会保险补助资金的预算安排和分配下达，确保按时足额拨付到位。

各地人力资源社会保障、财政、扶贫部门要按照各自职责，加强工作调度，防范廉政风险，定期开展督促检查。对推进社会保险扶贫工作成效突出的地区和个人，推广其经验做法，营造良好社会氛围；对思想认识不到位、扶贫政策不落实、廉政风险防范不力的，予以通报批评并责成及时纠正，确保完成社会保险扶贫目标任务。

2017年8月1日

人力资源社会保障部　财政部关于工伤保险基金省级统筹的指导意见

人社部发〔2017〕60号

各省、自治区、直辖市及新疆生产建设兵团人力资源社会保障厅（局）、财政（财务）厅（局）：

实行基金省级统筹是工伤保险制度体系建设的重要举措，是推进工伤保险制度公平可持续发展的必然要求，对提高基金使用效率、增强保障能力具有重要意义。根据社会保险法、《工伤保险条例》等有关法律法规要求，现就工伤保险基金省级统筹（以下简称省级统筹）工作提出如下意见。

一、指导思想和基本原则

（一）指导思想。全面贯彻党的十八大和十八届三中、四中、五中、六中全会精神，深入贯彻习近平总书记系列重要讲话精神和治国理政新理念新思想新战略，紧紧围绕统筹推进“五位一体”总体布局和协调推进“四个全面”战略布局，坚持以人民为中心的发展思想，落实社会保险法和《工伤保险条例》，以更好保障工伤职工合法权益为出发点，以促进工伤保险制度更加公平、更可持续为落脚点，逐步建立规范、高效的工伤保险基金省级统筹管理体系。

（二）基本原则。坚持制度统一，分级管理，提高工伤保险服务水平；坚持职责明晰，强化考核，确保省级统筹有效运行；坚持统调结合，缺口分担，建立基金管理良性机制；坚持目标明确，分步实施，推进工伤保险健康发展。

二、主要内容

实行省级统筹，要求在省（区、市）内统一工伤保险参保范围和参保对象，统一工伤保险费率政策和缴费标准，统一工伤认定和劳动能力鉴定办法，统一工伤保险待遇支付标准，统一工伤保险经办流程和信息系统。

在基金管理上，有条件的省（区、市）可以实行基金统收统支管理；不具备条件的省（区、市）也可以在省级建立调剂金，由市（地）按照一定的规则和比例上解到省级社保基金财政专户集中管理，用于调剂解决各市（地）工伤保险基金支出缺口。

三、保障措施

（一）做好政策标准平稳衔接。实行省级统筹，全省（区、市）统一工伤保险各项政策及待遇标准，要统筹考虑各地经济发展水平差异、待遇计发基数变化情况，采取过渡办法，逐步实现待遇平衡。在行业费率调整方面，应按照平稳有序的原则，逐步调整到位，避免基金征缴和支付大幅波动，确保工伤保险制度平稳运行。

（二）明确各级责权划分。实行省级统筹，要明确各级在管理上的主体责任，坚持“以支定收、收支平衡”的原则，完善基金预算管理，健全基金征缴责任制和考核指标，建立职、权、责约束机制和基金缺口分担机制。各市（地）要强化基金征缴主体责任，严格执行基金支出范围和标准，根据《工伤保险条例》的规定，加强工伤认定、劳动能力鉴定管理，规范、优化流程，提高工作质量。地方各级财政要切实保证工伤认定调查必要的经费支出。

（三）加强基金管理使用。各省（区、市）要切实加强工伤保险基金管理，按《工伤保险条例》要求建立储备金。实行省级统收统支管理的省份，在处理各市（地）原结余基金时，可根据地方实际，采取不同时期结余基金分别上解、分步实施等方法。实行省级调剂金管理的省份，要结合本地实际确定合理的调剂金上解比例。建立省级调剂金后，各市（地）不再建立储备金和调剂金，原各市（地）自行筹集并建立的储备金、调剂金纳入本地基金结余，如当年出现基金缺口的，应按照动用本地区累计结余、省级调剂金的先后顺序解决。省级调剂金具体使用和管理办法由各省（区、市）制定。各省（区、市）应按照“以支定收、收支平衡”的原则和《工伤保险条例》相关规定及时调整缴费费率。

（四）做好信息系统的整合。各省（区、市）要依托“金保工程”整合现有资源，建立支持省级统筹的社会保险信息系统，提供工伤认定、劳动能力鉴定申报、参保权益信息查询、经办管理等网上服务，支持工伤医疗费即时结算。实现省、市、县三级管理部门信息的纵向互联，与银行、医疗和康复等机构的横向互通，与财政、住建、安监、工会等部门的信息共享，实现工伤保险业务运行、医疗费监控、基金监督、管理决策的信息化。

四、工作要求

（一）高度重视，加强领导。实行省级统筹，关系工伤保险制度的公平可持续发展，是社会保险制度建设的重要内容。各省（区、市）人力资源社会保障厅（局）要切实加强组织领导，根据需要成立由分管厅（局）领导担任组长的领导小组，制定专门工作方案，明确任务要求和进度安排，确保在2020年底全面实现省级统筹。成立领导小组情况及专门工作方案应于10月底前报人力资源社会保障部备案。

（二）周密部署，平稳实施。实施省级统筹，政策性强，涉及面广，各省（区、市）务必作出周密、细致的工作部署，确保实施工作平稳有序。已经实施省级统筹的省（区、市）要以本指导意见下发为契机，主动对标对表，一揽子解决工作中遇到的问题。

（三）加强宣传，引导舆论。实行省级统筹，要在政策风险评估的基础上，同步对宣传和舆论引导工作作出部署安排，加强针对性宣传，为省级统筹的平稳实施营造良好舆论氛围。

2017年6月22日

人力资源社会保障部关于公布国家职业资格目录的通知

人社部发〔2017〕68号

各省、自治区、直辖市人民政府，国务院各部委、各直属机构：

根据国务院推进简政放权、放管结合、优化服务改革部署，为进一步加强职业资格设置实施的监管和服务，人力资源社会保障部研究制定了《国家职业资格目录》，经国务院同意，现予以公布。

建立国家职业资格目录是转变政府职能、深化行政审批制度和人才发展体制机制改革的重要内容，是推动大众创业、万众创新的重要举措。建立公开、科学、规范的职业资格目录，有利于明确政府管理的职业资格范围，解决职业资格过多过滥问题，降低就业创业门槛；有利于进一步清理违规考试、鉴定、培训、发证等活动，减轻人才负担，对于提高职业资格设置管理的科学化、规范化水平，持续激发市场主体创造活力，推进供给侧结构性改革具有重要意义。

国家按照规定的条件和程序将职业资格纳入国家职业资格目录，实行清单式管理，目录之外一律不得许可和认定职业资格，目录之内除准入类职业资格外一律不得与就业创业挂钩；目录接受社会监督，保持相对稳定，实行动态调整。设置准入类职业资格，其所涉职业（工种）必须关系公共利益或涉及国家安全、公共安全、人身健康、生命财产安全，且必须有法律法规或国务院决定作为依据；设置水平评价类职业资格，其所涉职业（工种）应具有较强的专业性和社会通用性，技术技能要求较高，行业管理和人才队伍建设确实需要。今后职业资格设置、取消及纳入、退出目录，须由人力资源社会保障部会同国务院有关部门组织专家进行评估论证；新设职业资格应当遵守《国务院关于严格控制新设行政许可的通知》（国发〔2013〕39号）规定并广泛听取社会意见后，按程序报经国务院批准。人力资源社会保障部门要加强监督管理，各地区、各部门未经批准不得在目录之外自行设置国家职业资格，严禁在目录之外开展职业资格许可和认定工作，坚决防止已取消的职业资格“死灰复燃”，对违法违规设置实施的职业资格事项，发现一起，严肃查处一起。行业协会、学会等社会组织和企事业单位依据市场需要自行开展能力水平评价活动，不得变相开展资格资质许可和认定，证书不得使用“中华人民共和国”“中国”“中华”“国家”“全国”“职业资格”或“人员资格”等字样和国徽标志。对资格资质持有人因不具备应有职业水平导致重大过失的，负责许可认定的单位也要承担相应责任。

推行国家职业资格目录管理是一项既重要又复杂的系统性工作，各地区、各部门务必高度重视，周密部署，精心组织，搞好衔接，确保职业资格目录顺利实施，相关工作平稳过渡。要不断巩固和拓展职业资格改革成效，为各类人才和用人单位提供优质服务，为促进经济社会持续健康发展作出更大贡献。

附件：国家职业资格目录（共计140项）

2017年9月12日

附件

国家职业资格目录（共计140项）

一、专业技术人员职业资格（共计59项。其中准入类36项，水平评价类23项）

序号	职业资格名称	实施部门（单位）	资格类别	设定依据	备注
1	教师资格	教育部	准入类	《中华人民共和国教师法》 《教师资格条例》（国务院令第188号） 《〈教师资格条例〉实施办法》（教育部令2000年第10号）	
2	注册消防工程师	公安部、人力资源社会保障部	准入类	《中华人民共和国消防法》 《注册消防工程师制度暂行规定》（人社部发〔2012〕56号）	
3	法律职业资格	司法部	准入类	《中华人民共和国律师法》 《中华人民共和国法官法》 《中华人民共和国检察官法》 《中华人民共和国公证法》	
4	中国委托公证人资格（香港、澳门）	司法部	准入类	《国务院对确需保留的行政审批项目设定行政许可的决定》（国务院令第412号）	
5	注册会计师	财政部	准入类	《中华人民共和国注册会计师法》	
6	民用核安全设备无损检验人员资格	环境保护部	准入类	《民用核安全设备监督管理条例》（国务院令第500号）	
7	民用核设施操纵人员资格	环境保护部、国家能源局	准入类	《中华人民共和国民用核设施安全监督管理条例》	
8	注册核安全工程师	环境保护部、人力资源社会保障部	准入类	《中华人民共和国放射性污染防治法》 《注册核安全工程师执业资格制度暂行规定》（人发〔2002〕106号）	

续表

序号	职业资格名称		实施部门（单位）	资格类别	设定依据	备注
9	注册建筑师		全国注册建筑师管理委员会及省级注册建筑师管理委员会	准入类	《中华人民共和国建筑法》 《中华人民共和国注册建筑师条例》（国务院令第184号） 《关于建立注册建筑师制度及有关工作的通知》（建设〔1994〕第598号） 《国务院关于修改〈建设工程勘察设计管理条例〉的决定》（国务院令第662号）	
10	监理工程师		住房城乡建设部、交通运输部、水利部、人力资源社会保障部	准入类	《中华人民共和国建筑法》 《建设工程质量管理条例》（国务院令第279号） 《注册监理工程师管理规定》（建设部令2006年第147号） 《公路水运工程监理企业资质管理规定》（交通运输部令2015年第4号）	
11	房地产估价师		住房城乡建设部、国土资源部、人力资源社会保障部	准入类	《中华人民共和国城市房地产管理法》 《房地产估价师执业资格制度暂行规定》（建房〔1995〕147号）	
12	造价工程师		住房城乡建设部、交通运输部、水利部、人力资源社会保障部	准入类	《中华人民共和国建筑法》 《造价工程师执业资格制度暂行规定》（人发〔1996〕77号）	
13	注册城乡规划师		住房城乡建设部、人力资源社会保障部、中国城市规划协会	准入类	《中华人民共和国城乡规划法》 《注册城乡规划师职业资格制度规定》（人社部规〔2017〕6号）	
14	建造师		住房城乡建设部、人力资源社会保障部	准入类	《中华人民共和国建筑法》 《注册建造师管理规定》（建设部令2006年第153号） 《建造师执业资格制度暂行规定》（人发〔2002〕111号）	
15	勘察设计注册工程师	注册结构工程师	住房城乡建设部、人力资源社会保障部	准入类	《中华人民共和国建筑法》 《国务院关于修改〈建设工程勘察设计管理条例〉的决定》（国务院令第662号） 《勘察设计注册工程师管理规定》（建设部令2005年第137号） 《注册结构工程师执业资格制度暂行规定》（建设〔1997〕222号）	

续表

序号	职业资格名称		实施部门（单位）	资格类别	设定依据	备注
15	勘察设计注册工程师	注册土木工程师	住房城乡建设部、交通运输部、水利部、人力资源社会保障部	准入类	《中华人民共和国建筑法》 《国务院关于修改〈建设工程勘察设计管理条例〉的决定》（国务院令第662号） 《勘察设计注册工程师管理规定》（建设部令2005年第137号） 《注册土木工程师（岩土）执业资格制度暂行规定》（人发〔2002〕35号） 《注册土木工程师（水利水电工程）制度暂行规定》（国人部发〔2005〕58号） 《注册土木工程师（港口与航道工程）执业资格制度暂行规定》（人发〔2003〕27号） 《勘察设计注册土木工程师（道路工程）制度暂行规定》（国人部发〔2007〕18号）	
		注册化工工程师	住房城乡建设部、人力资源社会保障部		《中华人民共和国建筑法》 《国务院关于修改〈建设工程勘察设计管理条例〉的决定》（国务院令第662号） 《勘察设计注册工程师管理规定》（建设部令2005年第137号） 《注册化工工程师执业资格制度暂行规定》（人发〔2003〕26号）	
		注册电气工程师			《中华人民共和国建筑法》 《国务院关于修改〈建设工程勘察设计管理条例〉的决定》（国务院令第662号） 《勘察设计注册工程师管理规定》（建设部令2005年第137号） 《注册电气工程师执业资格制度暂行规定》（人发〔2003〕25号）	
		注册公用设备工程师			《中华人民共和国建筑法》 《国务院关于修改〈建设工程勘察设计管理条例〉的决定》（国务院令第662号） 《勘察设计注册工程师管理规定》（建设部令2005年第137号） 《注册公用设备工程师执业资格制度暂行规定》（人发〔2003〕24号）	
		注册环保工程师	住房城乡建设部、环境保护部、人力资源社会保障部		《中华人民共和国建筑法》 《国务院关于修改〈建设工程勘察设计管理条例〉的决定》（国务院令第662号） 《勘察设计注册工程师管理规定》（建设部令2005年第137号） 《注册环保工程师制度暂行规定》（国人部发〔2005〕56号）	

续表

序号	职业资格名称		实施部门（单位）	资格类别	设定依据	备注
15	勘察设计注册工程师	注册石油天然气工程师	住房城乡建设部、人力资源社会保障部	准入类	《中华人民共和国建筑法》 《国务院关于修改〈建设工程勘察设计管理条例〉的决定》（国务院令第 662 号） 《勘察设计注册工程师管理规定》（建设部令 2005 年第 137 号） 《勘察设计注册石油天然气工程师制度暂行规定》（国人部发〔2005〕84 号）	
		注册冶金工程师			《中华人民共和国建筑法》 《国务院关于修改〈建设工程勘察设计管理条例〉的决定》（国务院令第 662 号） 《勘察设计注册工程师管理规定》（建设部令 2005 年第 137 号） 《勘察设计注册冶金工程师制度暂行规定》（国人部发〔2005〕85 号）	
		注册采矿/矿物工程师			《中华人民共和国建筑法》 《国务院关于修改〈建设工程勘察设计管理条例〉的决定》（国务院令第 662 号） 《勘察设计注册工程师管理规定》（建设部令 2005 年第 137 号） 《勘察设计注册采矿/矿物工程师制度暂行规定》（国人部发〔2005〕86 号）	
		注册机械工程师			《中华人民共和国建筑法》 《国务院关于修改〈建设工程勘察设计管理条例〉的决定》（国务院令第 662 号） 《勘察设计注册工程师管理规定》（建设部令 2005 年第 137 号） 《勘察设计注册机械工程师制度暂行规定》（国人部发〔2005〕87 号）	
16	注册验船师		交通运输部、农业部、人力资源社会保障部	准入类	《中华人民共和国船舶和海上设施检验条例》（国务院令第 109 号） 《中华人民共和国渔业船舶检验条例》（国务院令第 383 号） 《注册验船师制度暂行规定》（国人部发〔2006〕8 号）	
17	船员资格（含船员、渔业船员）		交通运输部、农业部	准入类	《中华人民共和国海上交通安全法》 《中华人民共和国船员条例》（国务院令第 494 号） 《中华人民共和国内河交通安全管理条例》（国务院令第 355 号） 《中华人民共和国渔港水域交通安全管理条例》（国务院令第 38 号）	

续表

序号	职业资格名称		实施部门（单位）	资格类别	设定依据	备注
18	兽医资格	执业兽医	农业部	准入类	《中华人民共和国动物防疫法》	
		乡村兽医			《中华人民共和国动物防疫法》 《乡村兽医管理办法》（农业部令2008年第17号）	
19	拍卖师		中国拍卖行业协会	准入类	《中华人民共和国拍卖法》	
20	演出经纪人员资格		文化部	准入类	《国务院关于修改〈营业性演出管理条例〉的决定》（国务院令第528号） 《营业性演出管理条例实施细则》（文化部令2009年第47号）	
21	医生资格	医师	国家卫生计生委	准入类	《中华人民共和国执业医师法》	
		乡村医生			《乡村医生从业管理条例》（国务院令第386号）	
		人体器官移植医师			《中华人民共和国执业医师法》 《人体器官移植条例》（国务院令第491号） 《关于对人体器官移植技术临床应用规划及拟批准开展人体器官移植医疗机构和医师开展审定工作的通知》（卫办医发〔2007〕38号） 《国务院关于取消和调整一批行政审批项目等事项的决定》（国发〔2014〕27号）	
22	护士执业资格		国家卫生计生委、人力资源社会保障部	准入类	《护士条例》（国务院令第517号） 《护士执业资格考试办法》（卫生部、人力资源和社会保障部令2010年第74号）	
23	母婴保健技术服务人员资格		国家卫生计生委	准入类	《中华人民共和国母婴保健法》	
24	出入境检疫处理人员资格		质检总局	准入类	《中华人民共和国进出境动植物检疫法实施条例》（国务院令第206号）	
25	注册设备监理师		质检总局、人力资源社会保障部	准入类	《国务院对确需保留的行政审批项目设定行政许可的决定》（国务院令第412号） 《注册设备监理师执业资格制度暂行规定》（国人部发〔2003〕40号）	
26	注册计量师		质检总局、人力资源社会保障部	准入类	《中华人民共和国计量法》 《注册计量师制度暂行规定》（国人部发〔2006〕40号）	
27	广播电视播音员、主持人资格		新闻出版广电总局	准入类	《国务院对确需保留的行政审批项目设定行政许可的决定》（国务院令第412号）	
28	新闻记者职业资格		新闻出版广电总局	准入类	《国务院对确需保留的行政审批项目设定行政许可的决定》（国务院令第412号） 《新闻记者证管理办法》（新闻出版总署令2009年第44号）	

续表

序号	职业资格名称		实施部门（单位）	资格类别	设定依据	备注
29	注册安全工程师		安全监管总局、人力资源社会保障部	准入类	《中华人民共和国安全生产法》 《注册安全工程师执业资格制度暂行规定》（人发〔2002〕87号）	
30	执业药师		食品药品监管总局、人力资源社会保障部	准入类	《中华人民共和国药品管理法》 《中华人民共和国药品管理法实施条例》（国务院令第360号） 《药品经营质量管理规范》（国家食品药品监督管理总局令2016年第28号） 《执业药师资格制度暂行规定》（人发〔1999〕34号）	
31	专利代理人		国家知识产权局	准入类	《专利代理条例》（国务院令第76号）	
32	导游资格		国家旅游局	准入类	《中华人民共和国旅游法》 《导游人员管理条例》（国务院令第263号）	
33	注册测绘师		国家测绘地信局、人力资源社会保障部	准入类	《中华人民共和国测绘法》 《注册测绘师制度暂行规定》（国人部发〔2007〕14号）	
34	航空人员资格	空勤人员、地面人员	中国民航局	准入类	《中华人民共和国民用航空法》	
		民用航空器外国驾驶员、领航员、飞行机械员、飞行通信员			《国务院对确需保留的行政审批项目设定行政许可的决定》（国务院令第412号）	
		航空安全员			《国务院对确需保留的行政审批项目设定行政许可的决定》（国务院令第412号）	
		民用航空电信人员、航行情报人员、气象人员			《国务院对确需保留的行政审批项目设定行政许可的决定》（国务院令第412号）	
35	会计从业资格		财政部	准入类	《中华人民共和国会计法》 《会计从业资格管理办法》（财政部令2012年第73号）	现已进入修法程序，视相关法律修订情况依法作出调整
36	特种设备检验、检测人员资格认定		质检总局	准入类	《中华人民共和国特种设备安全法》	

续表

序号	职业资格名称	实施部门（单位）	资格类别	设定依据	备注
37	工程咨询（投资）专业技术人员职业资格	国家发展改革委、人力资源社会保障部、中国工程咨询协会	水平评价类	《工程咨询（投资）专业技术人员职业资格制度暂行规定》（人社部发〔2015〕64号）	
38	通信专业技术人员职业资格	工业和信息化部、人力资源社会保障部	水平评价类	《中华人民共和国电信条例》（国务院令第291号） 《通信专业技术人员职业水平评价暂行规定》（国人部发〔2006〕10号）	
39	计算机技术与软件专业技术资格	工业和信息化部、人力资源社会保障部	水平评价类	《计算机技术与软件专业技术资格（水平）考试暂行规定》（国人部发〔2003〕39号）	
40	社会工作者职业资格	民政部、人力资源社会保障部	水平评价类	《国家中长期人才发展规划纲要（2010—2020年）》 《关于加强社会工作专业人才队伍建设的意见》（中组发〔2011〕25号） 《社会工作者职业水平评价暂行规定》（国人部发〔2006〕71号）	
41	会计专业技术资格	财政部、人力资源社会保障部	水平评价类	《中华人民共和国会计法》 《会计专业职务试行条例》（职改字〔1986〕第55号） 《会计专业技术资格考试暂行规定》（财会〔2000〕11号）	
42	资产评估师	财政部、人力资源社会保障部、中国资产评估协会	水平评价类	《中华人民共和国资产评估法》 《资产评估师职业资格制度暂行规定》（人社部规〔2017〕7号）	
43	经济专业技术资格	人力资源社会保障部	水平评价类	《经济专业人员职务试行条例》（职改字〔1986〕第74号） 《经济专业技术资格考试暂行规定》（人职发〔1993〕1号）	
44	土地登记代理专业人员职业资格	国土资源部、人力资源社会保障部、中国土地估价师与土地登记代理人协会	水平评价类	《不动产登记暂行条例》（国务院令第656号） 《土地登记代理专业人员职业资格制度暂行规定》（人社部发〔2015〕66号）	
45	环境影响评价工程师	环境保护部、人力资源社会保障部	水平评价类	《建设项目环境保护管理条例》（国务院令第253号） 《环境影响评价工程师职业资格制度暂行规定》（国人部发〔2004〕13号）	
46	房地产经纪专业人员职业资格	住房城乡建设部、人力资源社会保障部、中国房地产估价师与房地产经纪人学会	水平评价类	《中华人民共和国城市房地产管理法》 《房地产经纪专业人员职业资格制度暂行规定》（人社部发〔2015〕47号）	

续表

序号	职业资格名称	实施部门（单位）	资格类别	设定依据	备注
47	机动车检测维修专业技术人员职业资格	交通运输部、人力资源社会保障部	水平评价类	《中华人民共和国道路运输条例》（国务院令第406号） 《机动车检测维修专业技术人员职业水平评价暂行规定》（国人部发〔2006〕51号）	
48	公路水运工程试验检测专业技术人员职业资格	交通运输部、人力资源社会保障部	水平评价类	《建设工程质量管理条例》（国务院令第279号） 《公路水运工程试验检测专业技术人员职业资格制度规定》（人社部发〔2015〕59号）	
49	水利工程质量检测员资格	水利部、中国水利工程协会	水平评价类	《建设工程质量管理条例》（国务院令第279号） 《水利工程质量检测管理规定》（水利部令2008年第36号）	
50	卫生专业技术资格	国家卫生计生委、人力资源社会保障部	水平评价类	《卫生技术人员职务试行条例》（职改字〔1986〕第20号） 《关于加强卫生专业技术职务评聘工作的通知》（人发〔2000〕114号） 《临床医学专业技术资格考试暂行规定》（卫人发〔2000〕462号） 《预防医学、全科医学、药学、护理、其他卫生技术等专业技术资格考试暂行规定》（卫人发〔2001〕164号）	
51	审计专业技术资格	审计署、人力资源社会保障部	水平评价类	《中华人民共和国审计法》 《中华人民共和国审计法实施条例》（国务院令第571号） 《审计专业技术初、中级资格考试规定》（审人发〔2003〕4号） 《高级审计师评价办法（试行）》（人发〔2002〕58号）	
52	税务师	税务总局、人力资源社会保障部、中国注册税务师协会	水平评价类	《中华人民共和国税收征收管理法》 《税务师职业资格制度暂行规定》（人社部发〔2015〕90号）	
53	认证人员职业资格	质检总局	水平评价类	《中华人民共和国认证认可条例》（国务院令第390号）	
54	出版专业技术人员职业资格	新闻出版广电总局、人力资源社会保障部	水平评价类	《国务院关于修改〈出版管理条例〉的决定》（国务院令第594号） 《国务院关于修改〈音像制品管理条例〉的决定》（国务院令第595号） 《出版专业人员职务试行条例》（职改字〔1986〕第41号） 《出版专业技术人员职业资格考试暂行规定》（人发〔2001〕86号）	

续表

序号	职业资格名称	实施部门（单位）	资格类别	设定依据	备注
55	统计专业技术资格	国家统计局、人力资源社会保障部	水平评价类	《统计专业职务试行条例》（职改字〔1986〕第57号） 《统计专业技术资格考试暂行规定》（国统字〔1995〕46号） 《关于印发高级统计师资格评价办法（试行）的通知》（人社部发〔2011〕90号）	
56	银行业专业人员职业资格	银监会、人力资源社会保障部、中国银行业协会	水平评价类	《银行业专业人员职业资格制度暂行规定》（人社部发〔2013〕101号）	
57	证券期货业从业人员资格	证监会	水平评价类	《中华人民共和国证券法》 《期货交易管理条例》（国务院令第489号）	
58	文物保护工程从业资格	国家文物局	水平评价类	《中华人民共和国文物保护法实施条例》（国务院令第377号） 《文物保护工程管理办法》（文化部令2003年第26号） 《文物保护工程勘察设计资质管理办法（试行）》 《文物保护工程施工资质管理办法（试行）》 《文物保护工程监理资质管理办法（试行）》（文物保发〔2014〕13号）	
59	翻译专业资格	中国外文局、人力资源社会保障部	水平评价类	《翻译专业职务试行条例》（职改字〔1986〕第54号） 《翻译专业资格（水平）考试暂行规定》（人发〔2003〕21号）	

二、技能人员职业资格（共计81项。其中准入类5项，水平评价类76项）

序号	职业资格名称	实施部门（单位）	资格类别	设定依据	备注
1	消防设施操作员	消防行业技能鉴定机构	准入类	《中华人民共和国消防法》	
2	焊工	人社部门技能鉴定机构	准入类	《中华人民共和国消防法》	
		环境保护部（民用核安全设备焊工、焊接操作工）		《民用核安全设备监督管理条例》（国务院令第500号） 《国务院对确需保留的行政审批项目设定行政许可的决定》（国务院令第412号） 《国务院关于修改部分行政法规的决定》（国务院令第666号）	
3	家畜繁殖员	农业行业技能鉴定机构	准入类	《中华人民共和国畜牧法》	

续表

序号	职业资格名称		实施部门（单位）	资格类别	设定依据	备注
4	健身和娱乐场所服务人员	游泳救生员	体育行业技能鉴定机构	准入类	《全民健身条例》（国务院令第560号公布，国务院令第638号、第666号修订）	
		社会体育指导员（游泳、滑雪、潜水、攀岩）			《全民健身条例》（国务院令第560号公布，国务院令第638号、第666号修订）《第一批高危险性体育项目目录公告》（国家体育总局公告第16号）	除游泳、滑雪、潜水、攀岩等高危险性体育项目外的社会体育指导员，为水平评价类
5	轨道交通运输服务人员	轨道列车司机	交通运输行业技能鉴定机构	准入类	《铁路安全管理条例》（国务院令第639号）《关于印发客车检车员等10个国家职业标准的通知》（劳社厅发〔2005〕11号）《关于印发第十九批矿山救护工等22个国家职业标准的通知》（劳社厅发〔2008〕6号）	
			国家铁路局（铁路机车车辆驾驶人员）			
6	机械设备修理人员	设备点检员	冶金行业技能鉴定机构	水平评价类	《关于印发船舶管系工等42个国家职业技能标准的通知》（人社厅发〔2009〕66号）	
		电工	安全生产监督管理部门相关机构、人社部门技能鉴定机构		《关于印发船舶管系工等42个国家职业技能标准的通知》（人社厅发〔2009〕66号）	
		锅炉设备检修工	电力行业技能鉴定机构		《关于印发第十五批模具设计师等65个国家职业标准的通知》（劳社厅发〔2006〕33号）	
		变电设备检修工			《关于印发防腐蚀工等22个国家职业标准的通知》（劳社厅发〔2001〕3号）	
		工程机械维修工	机械行业技能鉴定机构		《关于印发平版制版工等23个国家职业技能标准的通知》（人社厅发〔2010〕39号）	
7	通用工程机械操作人员	起重装卸机械操作工	交通运输行业技能鉴定机构、人社部门技能鉴定机构	水平评价类	《关于印发列车值班员等65个国家职业（工种）标准的通知》（劳社厅发〔2007〕14号）	

续表

序号	职业资格名称		实施部门（单位）	资格类别	设定依据	备注
8	建筑安装施工人员	电梯安装维修工	人社部门技能鉴定机构会同有关行业协会	水平评价类	《关于印发防腐蚀工等22个国家职业标准的通知》（劳社厅发〔2001〕3号）	
		制冷空调系统安装维修工			《关于印发第八批林木种苗工等65个国家职业标准的通知》（劳社厅发〔2004〕1号）	
9	土木工程建筑施工人员	筑路工	交通运输行业技能鉴定机构、住房城乡建设部门相关机构	水平评价类	《关于印发汽车运输调度员等8个国家职业标准的通知》（劳社厅发〔2007〕27号）	
		桥隧工			《关于印发客车检车员等10个国家职业标准的通知》（劳社厅发〔2005〕11号）	
		防水工	住房城乡建设部门相关机构、人社部门技能鉴定机构		《关于印发手工木工等8个国家职业技能标准的通知》（人社厅发〔2011〕129号）	
		电力电缆安装运维工	电力行业技能鉴定机构		《关于印发第十五批模具设计师等65个国家职业标准的通知》（劳社厅发〔2006〕33号）	
10	房屋建筑施工人员	砌筑工、混凝土工、钢筋工、架子工	住房城乡建设部门相关机构、人社部门技能鉴定机构	水平评价类	《关于印发手工木工等8个国家职业技能标准的通知》（人社厅发〔2011〕129号）	
11	水生产、输排和水处理人员	水生产处理工	化工、电力行业技能鉴定机构，住房城乡建设部门相关机构	水平评价类	《关于印发养老护理员等四个国家职业技能标准的通知》（人社厅发〔2011〕104号）	
		工业废水处理工	化工行业技能鉴定机构		《关于印发紧急救助员等6个国家职业技能标准的通知》（人社厅发〔2012〕54号）	
12	气体生产、处理和输送人员	工业气体生产工	化工行业技能鉴定机构	水平评价类	《关于印发第十批玩具设计师等68个国家职业标准的通知》（劳社厅发〔2005〕1号）	
		工业废气治理工	化工、电力行业技能鉴定机构		《关于印发紧急救助员等6个国家职业技能标准的通知》（人社厅发〔2012〕54号）	
		压缩机操作工	化工、煤炭行业技能鉴定机构		《关于印发第十批玩具设计师等68个国家职业标准的通知》（劳社厅发〔2005〕1号）	

续表

序号	职业资格名称		实施部门（单位）	资格类别	设定依据	备注
13	电力、热力生产和供应人员	锅炉运行值班员、发电集控值班员、变配电运行值班员、继电保护员	电力行业技能鉴定机构	水平评价类	《关于印发第十五批模具设计师等65个国家职业标准的通知》（劳社厅发〔2006〕33号）	
		燃气轮机值班员			《关于印发船舶管系工等42个国家职业技能标准的通知》（人社厅发〔2009〕66号）	
		锅炉操作工	人社部门技能鉴定机构会同有关行业协会		《关于印发组合机床操作工等28个国家职业标准的通知》（劳社厅发〔2000〕14号）	
14	仪器仪表装配人员	钟表及计时仪器制造工	轻工行业技能鉴定机构	水平评价类	《关于印发第十批玩具设计师等68个国家职业标准的通知》（劳社厅发〔2005〕1号）	
15	电子设备装配调试人员	广电和通信设备电子装接工、广电和通信设备调试工	电子通信行业技能鉴定机构	水平评价类	《关于印发液晶显示器件制造工等10个国家职业标准的通知》（劳社厅发〔2005〕2号）	
16	计算机制造人员	计算机及外部设备装配调试员	电子通信行业技能鉴定机构	水平评价类	《关于印发液晶显示器件制造工等10个国家职业标准的通知》（劳社厅发〔2005〕2号）	
17	电子器件制造人员	液晶显示器件制造工	电子通信行业技能鉴定机构	水平评价类	《关于印发通信设备检验员和液晶显示器件制造工国家职业技能标准的通知》（人社厅发〔2011〕35号）	
		半导体芯片制造工、半导体分立器件和集成电路装调工			《关于印发半导体芯片制造工等13个国家职业标准的通知》（劳社厅发〔2003〕2号）	
18	电子元件制造人员	电子产品制版工、印制电路制作工	电子通信行业技能鉴定机构	水平评价类	《关于印发半导体芯片制造工等13个国家职业标准的通知》（劳社厅发〔2003〕2号）	
19	电线电缆、光纤光缆及电工器材制造人员	电线电缆制造工	机械行业技能鉴定机构	水平评价类	《关于印发防腐蚀工等22个国家职业标准的通知》（劳社厅发〔2001〕3号）	
20	输配电及控制设备制造人员	变压器互感器制造工	机械行业技能鉴定机构	水平评价类	《关于印发第九批国家职业标准的通知》（劳社厅发〔2004〕7号）	
		高低压电器及成套设备装配工			《关于印发第三批国家职业标准的通知》（劳社厅发〔2002〕1号）	

续表

序号	职业资格名称		实施部门（单位）	资格类别	设定依据	备注
21	汽车整车制造人员	汽车装调工	机械行业技能鉴定机构	水平评价类	《关于印发第十批玩具设计师等68个国家职业标准的通知》（劳社厅发〔2005〕1号）	
22	医疗器械制品和康复辅具生产人员	矫形器装配工、假肢装配工	民政行业技能鉴定机构	水平评价类	《关于印发假肢师等8个国家职业标准的通知》（劳社厅发〔2006〕8号）	
23	金属加工机械制造人员	机床装调维修工	人社部门技能鉴定机构会同有关行业协会	水平评价类	《关于印发第十五批模具设计师等65个国家职业标准的通知》（劳社厅发〔2006〕33号）	
24	工装工具制造加工人员	模具工	人社部门技能鉴定机构会同有关行业协会	水平评价类	《关于印发锁具修理工等5个国家职业技能标准的通知》（人社厅发〔2012〕114号）	
25	机械热加工人员	铸造工、锻造工、金属热处理工	人社部门技能鉴定机构会同有关行业协会	水平评价类	《关于印发船舶管系工等42个国家职业技能标准的通知》（人社厅发〔2009〕66号）	
26	机械冷加工人员	车工、铣工	人社部门技能鉴定机构会同有关行业协会	水平评价类	《关于印发第十批玩具设计师等68个国家职业标准的通知》（劳社厅发〔2005〕1号） 《关于印发船舶管系工等42个国家职业技能标准的通知》（人社厅发〔2009〕66号）	
		钳工、磨工、冲压工			《关于印发船舶管系工等42个国家职业技能标准的通知》（人社厅发〔2009〕66号）	
		电切削工	机械行业技能鉴定机构、人社部门技能鉴定机构		《关于印发第十二批房地产策划师等54个国家职业标准的通知》（劳社厅发〔2006〕1号）	
27	硬质合金生产人员	硬质合金成型工、硬质合金烧结工、硬质合金精加工工	有色金属行业技能鉴定机构	水平评价类	《关于印发第八批林木种苗工等65个国家职业标准的通知》（劳社厅发〔2004〕1号）	
28	金属轧制人员	轧制原料工、金属轧制工、金属材热处理工、金属材精整工	冶金、有色金属行业技能鉴定机构	水平评价类	《关于印发高炉原料工等27个工种国家职业标准的通知》（人社厅发〔2008〕71号）	
		金属挤压工、铸轧工	有色金属行业技能鉴定机构		《关于印发第十五批模具设计师等65个国家职业标准的通知》（劳社厅发〔2006〕33号）	

续表

序号	职业资格名称		实施部门（单位）	资格类别	设定依据	备注
29	轻有色金属冶炼人员	氧化铝制取工、铝电解工	有色金属行业技能鉴定机构	水平评价类	《关于印发第八批林木种苗工等 65 个国家职业标准的通知》（劳社厅发〔2004〕1 号）	
30	重有色金属冶炼人员	重冶火法冶炼工、电解精炼工	有色金属行业技能鉴定机构	水平评价类	《关于印发第八批林木种苗工等 65 个国家职业标准的通知》（劳社厅发〔2004〕1 号）	
		重冶湿法冶炼工			《关于印发第九批国家职业标准的通知》（劳社厅发〔2004〕7 号）	
31	炼钢人员	炼钢原料工、炼钢工	冶金行业技能鉴定机构	水平评价类	《关于印发高炉原料工等 27 个工种国家职业标准的通知》（人社厅发〔2008〕71 号）	
32	炼铁人员	高炉原料工、高炉炼铁工、高炉运转工	冶金行业技能鉴定机构	水平评价类	《关于印发高炉原料工等 27 个工种国家职业标准的通知》（人社厅发〔2008〕71 号）	
33	矿物采选人员	井下支护工	有色金属、煤炭、冶金行业技能鉴定机构	水平评价类	《关于印发第十六批汽车加气站操作工等 10 个国家职业标准的通知》（劳社厅发〔2007〕3 号）	
		矿山救护工			《关于印发第十九批矿山救护工等 22 个国家职业标准的通知》（劳社厅发〔2008〕6 号）	
34	陶瓷制品制造人员	陶瓷原料准备工、陶瓷烧成工、陶瓷装饰工	轻工、建材行业技能鉴定机构	水平评价类	《关于印发第八批林木种苗工等 65 个国家职业标准的通知》（劳社厅发〔2004〕1 号）	
35	玻璃纤维及玻璃纤维增强塑料制品制造人员	玻璃纤维及制品工	建材行业技能鉴定机构	水平评价类	《关于印发防腐蚀工等 17 个国家职业技能标准的通知》（人社厅发〔2009〕90 号）	
		玻璃钢制品工			《关于印发第十批玩具设计师等 68 个国家职业标准的通知》（劳社厅发〔2005〕1 号）	
36	水泥、石灰、石膏及其制品制造人员	水泥生产工、石膏制品生产工	建材行业技能鉴定机构	水平评价类	《关于印发第八批林木种苗工等 65 个国家职业标准的通知》（劳社厅发〔2004〕1 号）	
		水泥混凝土制品工			《关于印发第十批玩具设计师等 68 个国家职业标准的通知》（劳社厅发〔2005〕1 号）	

续表

序号	职业资格名称		实施部门（单位）	资格类别	设定依据	备注
37	药物制剂人员	药物制剂工	中医药行业技能鉴定机构	水平评价类	《关于印发中药调剂员等5个国家职业技能标准的通知》（人社厅发〔2009〕94号）	
38	中药饮片加工人员	中药炮制工	中医药行业技能鉴定机构	水平评价类	《关于印发中药炮制与配制工国家职业技能标准的通知》（人社厅发〔2011〕94号）	
39	涂料、油墨、颜料及类似产品制造人员	涂料生产工、染料生产工	化工行业技能鉴定机构	水平评价类	《关于印发第十二批房地产策划师等54个国家职业标准的通知》（劳社厅发〔2006〕1号）	
40	农药生产人员	农药生产工	化工行业技能鉴定机构	水平评价类	《关于印发第十五批模具设计师等65个国家职业标准的通知》（劳社厅发〔2006〕33号）	
41	化学肥料生产人员	合成氨生产工、尿素生产工	化工行业技能鉴定机构	水平评价类	《关于印发第六批国家职业标准的通知》（劳社厅发〔2003〕14号）	
42	基础化学原料制造人员	硫酸生产工、硝酸生产工、纯碱生产工	化工行业技能鉴定机构	水平评价类	《关于印发第十批玩具设计师等68个国家职业标准的通知》（劳社厅发〔2005〕1号）	
		烧碱生产工、无机化学反应生产工			《关于印发第十二批房地产策划师等54个国家职业标准的通知》（劳社厅发〔2006〕1号）	
		有机合成工			《关于印发第十五批模具设计师等65个国家职业标准的通知》（劳社厅发〔2006〕33号）	
43	化工产品生产通用工艺人员	化工总控工	化工行业技能鉴定机构	水平评价类	《关于印发第十批玩具设计师等68个国家职业标准的通知》（劳社厅发〔2005〕1号）	
		防腐蚀工			《关于印发防腐蚀工等17个国家职业技能标准的通知》（人社厅发〔2009〕90号）	
		制冷工	人社部门技能鉴定机构会同有关行业协会		《关于印发船舶管系工等42个国家职业技能标准的通知》（人社厅发〔2009〕66号）	

续表

序号	职业资格名称		实施部门（单位）	资格类别	设定依据	备注
44	炼焦人员	炼焦煤制备工	煤炭、冶金行业技能鉴定机构	水平评价类	《关于印发高炉原料工等27个工种国家职业标准的通知》（人社厅发〔2008〕71号） 《关于印发防腐蚀工等17个国家职业技能标准的通知》（人社厅发〔2009〕90号）	
		炼焦工			《关于印发高炉原料工等27个工种国家职业标准的通知》（人社厅发〔2008〕71号）	
45	工艺美术品制作人员	景泰蓝制作工	轻工行业技能鉴定机构	水平评价类	《关于印发第八批林木种苗工等65个国家职业标准的通知》（劳社厅发〔2004〕1号）	
46	木制品制造人员	手工木工	住房城乡建设部门相关机构、人社部门技能鉴定机构	水平评价类	《关于印发手工木工等8个国家职业技能标准的通知》（人社厅发〔2011〕129号）	
47	纺织品和服装剪裁缝纫人员	服装制版师	纺织行业技能鉴定机构	水平评价类	《关于印发第五批国家职业标准的通知》（劳社厅发〔2003〕1号）	
48	印染人员	印染前处理工、印花工、印染后整理工、印染染化料配制工	纺织行业技能鉴定机构	水平评价类	《关于印发第十二批房地产策划师等54个国家职业标准的通知》（劳社厅发〔2006〕1号）	
		纺织染色工			《关于印发第十批玩具设计师等68个国家职业标准的通知》（劳社厅发〔2005〕1号）	
49	织造人员	整经工、织布工	纺织行业技能鉴定机构	水平评价类	《关于印发第十批玩具设计师等68个国家职业标准的通知》（劳社厅发〔2005〕1号）	
50	纺纱人员	纺纱工	纺织行业技能鉴定机构	水平评价类	《关于印发第十批玩具设计师等68个国家职业标准的通知》（劳社厅发〔2005〕1号）	
		缫丝工			《关于印发第十二批房地产策划师等54个国家职业标准的通知》（劳社厅发〔2006〕1号）	
51	纤维预处理人员	纺织纤维梳理工、并条工	纺织行业技能鉴定机构	水平评价类	《关于印发第十批玩具设计师等68个国家职业标准的通知》（劳社厅发〔2005〕1号）	

续表

序号	职业资格名称		实施部门（单位）	资格类别	设定依据	备注
52	酒、饮料及精制茶制造人员	酿酒师、品酒师	轻工行业技能鉴定机构	水平评价类	《关于印发第十八批平版印刷工等20个国家职业标准的通知》（劳社厅发〔2008〕5号）	
		酒精酿造工、白酒酿造工、啤酒酿造工、黄酒酿造工、果露酒酿造工			《关于印发第五批国家职业标准的通知》（劳社厅发〔2003〕1号）	
		评茶员	供销行业技能鉴定机构、人社部门技能鉴定机构		《关于印发防腐蚀工等22个国家职业标准的通知》（劳社厅发〔2001〕3号）	
53	乳制品加工人员	乳品评鉴师	轻工行业技能鉴定机构	水平评价类	《关于印发防腐蚀工等17个国家职业技能标准的通知》（人社厅发〔2009〕90号）	
54	粮油加工人员	制米工、制粉工、制油工	粮食行业技能鉴定机构	水平评价类	《关于印发粮油竞价交易员等7个国家职业标准的通知》（劳社厅发〔2005〕10号）	
55	动植物疫病防治人员	农作物植保员	农业行业技能鉴定机构	水平评价类	《关于印发农作物种子繁育员等17个国家职业标准的通知》（劳社厅发〔2003〕3号）	
		动物疫病防治员、动物检疫检验员			《关于印发果树园艺工等4个国家职业技能标准的通知》（人社厅发〔2009〕99号）	
		水生物病害防治员			《关于印发农业实验工等7个国家职业技能标准的通知》（人社厅发〔2010〕89号）	
		林业有害生物防治员	林业行业技能鉴定机构		《关于印发森林抚育工等11个国家职业技能标准的通知》（人社厅发〔2015〕12号）	
56	农业生产服务人员	农机修理工	农业行业技能鉴定机构	水平评价类	《关于印发农情测报员等4个国家职业技能标准的通知》（人社厅发〔2011〕88号）	
		沼气工			《关于印发农业实验工等7个国家职业技能标准的通知》（人社厅发〔2010〕89号）	
		农业技术员			《关于印发农业技术指导员等5个国家职业标准的通知》（劳社厅发〔2007〕4号）	

续表

序号	职业资格名称		实施部门（单位）	资格类别	设定依据	备注
57	康复矫正服务人员	助听器验配师	卫生计生行业技能鉴定机构	水平评价类	《关于印发第十七批铝制品制作工等26个国家职业标准的通知》（劳社厅发〔2008〕1号）	
		口腔修复体制作工			《关于印发反射疗法师等3个国家职业标准的通知》（劳社厅发〔2007〕11号）	
		眼镜验光员、眼镜定配工	人社部门技能鉴定机构会同有关行业协会		《关于印发第十五批模具设计师等65个国家职业标准的通知》（劳社厅发〔2006〕33号）	
58	健康咨询服务人员	健康管理师	卫生计生行业技能鉴定机构	水平评价类	《关于印发反射疗法师等3个国家职业标准的通知》（劳社厅发〔2007〕11号）	
		生殖健康咨询师			《关于印发第十七批铝制品制作工等26个国家职业标准的通知》（劳社厅发〔2008〕1号）	
59	计算机和办公设备维修人员	信息通信网络终端维修员	电子通信行业技能鉴定机构	水平评价类	《关于印发线务员等4个国家职业技能标准的通知》（人社厅发〔2009〕78号）	
60	汽车摩托车修理技术服务人员	汽车维修工	交通运输行业技能鉴定机构、人社部门技能鉴定机构	水平评价类	《关于印发中式烹调师等4个国家职业技能标准的通知》（人社厅发〔2014〕62号）	
61	保健服务人员	保健调理师	中医药行业技能鉴定机构	水平评价类	《关于印发第七批速录师等14个国家职业标准的通知》（劳社厅发〔2003〕19号） 《关于印发中药调剂员等5个国家职业技能标准的通知》（人社厅发〔2009〕94号）	
62	美容美发服务人员	美容师	人社部门技能鉴定机构会同有关行业协会	水平评价类	《关于印发第九批国家职业标准的通知》（劳社厅发〔2004〕7号）	
		美发师			《关于印发船舶管系工等42个国家职业技能标准的通知》（人社厅发〔2009〕66号）	
63	生活照料服务人员	孤残儿童护理员	民政行业技能鉴定机构	水平评价类	《关于印发孤残儿童护理员和灾害信息员国家职业标准的通知》（劳社厅发〔2007〕26号）	
		育婴员	人社部门技能鉴定机构会同有关行业协会		《关于印发平版制版工等23个国家职业技能标准的通知》（人社厅发〔2010〕39号）	
		保育员			《关于印发船舶管系工等42个国家职业技能标准的通知》（人社厅发〔2009〕66号）	

续表

序号	职业资格名称		实施部门（单位）	资格类别	设定依据	备注
64	有害生物防制人员	有害生物防制员	卫生计生行业技能鉴定机构、人社部门技能鉴定机构	水平评价类	《关于印发第十批玩具设计师等68个国家职业标准的通知》（劳社厅发〔2005〕1号）	
65	环境治理服务人员	工业固体废物处理处置工	化工行业技能鉴定机构	水平评价类	《关于印发紧急救助员等6个国家职业技能标准的通知》（人社厅发〔2012〕54号）	
66	水文服务人员	水文勘测工	水利行业技能鉴定机构	水平评价类	《关于印发河道修防工等6个职业（工种）国家职业技能标准的通知》（人社厅发〔2009〕69号）	
67	水利设施管养人员	河道修防工、水工闸门运行工	水利行业技能鉴定机构	水平评价类	《关于印发河道修防工等6个职业（工种）国家职业技能标准的通知》（人社厅发〔2009〕69号）	
		水工监测工			《关于印发水工监测工等3个国家职业技能标准的通知》（人社厅发〔2010〕108号）	
68	地质勘查人员	地勘钻探工	国土资源行业技能鉴定机构	水平评价类	《关于印发地质测量工等6个国家职业标准的通知》（劳社厅发〔2008〕7号）	
		地质调查员			《关于印发海洋环境监测工等6个国家职业标准的通知》（劳社厅发〔2008〕4号） 《关于印发地质测量工等6个国家职业标准的通知》（劳社厅发〔2008〕7号）	
		地勘掘进工、地质实验员、物探工			《关于印发掘进工等7个国家职业技能标准的通知》（人社厅发〔2010〕61号）	
69	检验、检测和计量服务人员	农产品食品检验员	农业、粮食行业技能鉴定机构	水平评价类	《关于印发第三批国家职业标准的通知》（劳社厅发〔2002〕1号） 《关于印发农作物种子繁育员等17个国家职业标准的通知》（劳社厅发〔2003〕3号） 《关于印发粮油竞价交易员等7个国家职业标准的通知》（劳社厅发〔2005〕10号） 《关于印发啤酒花生产工等9个国家职业技能标准的通知》（人社厅发〔2015〕5号）	
		纤维检验员	供销行业技能鉴定机构		《关于印发第三批国家职业标准的通知》（劳社厅发〔2002〕1号）	

续表

序号	职业资格名称		实施部门（单位）	资格类别	设定依据	备注
69	检验、检测和计量服务人员	贵金属首饰与宝玉石检测员	轻工、珠宝首饰行业技能鉴定机构	水平评价类	《关于印发第三批国家职业标准的通知》（劳社厅发〔2002〕1号）	
		机动车检测工	机械、交通运输行业技能鉴定机构		《关于印发第十批玩具设计师等68个国家职业标准的通知》（劳社厅发〔2005〕1号） 《关于印发汽车客运服务员等5个国家职业技能标准的通知》（人社厅发〔2009〕76号）	
70	测绘服务人员	大地测量员、摄影测量员、地图绘制员	测绘地理信息行业技能鉴定机构	水平评价类	《关于印发大地测量员等5个国家职业标准的通知》（劳社厅发〔2006〕23号）	
		不动产测绘员			《关于印发第五批国家职业标准的通知》（劳社厅发〔2003〕1号） 《关于印发大地测量员等5个国家职业标准的通知》（劳社厅发〔2006〕23号）	
		工程测量员	测绘地理信息、国土资源、交通运输行业技能鉴定机构		《关于印发大地测量员等5个国家职业标准的通知》（劳社厅发〔2006〕23号）	
71	安全保护服务人员	保安员	公安部门相关机构、人社部门技能鉴定机构	水平评价类	《关于印发保安员国家职业技能标准的通知》（人社厅发〔2014〕88号）	
		安检员	民航行业技能鉴定机构、人社部门技能鉴定机构		《关于印发民航安全检查员国家职业标准的通知》（劳社厅发〔2005〕6号）	
		智能楼宇管理员	住房城乡建设部门相关机构、人社部门技能鉴定机构		《关于印发第十二批房地产策划师等54个国家职业标准的通知》（劳社厅发〔2006〕1号）	
		安全评价师	人社部门技能鉴定机构会同有关行业协会		《关于印发第十八批平版印刷工等20个国家职业标准的通知》（劳社厅发〔2008〕5号）	
72	人力资源服务人员	劳动关系协调员	人社部门技能鉴定机构会同有关行业协会	水平评价类	《关于印发第十八批平版印刷工等20个国家职业标准的通知》（劳社厅发〔2008〕5号）	
		企业人力资源管理师			《关于印发第十六批汽车加气站操作工等10个国家职业标准的通知》（劳社厅发〔2007〕3号）	

续表

序号	职业资格名称		实施部门（单位）	资格类别	设定依据	备注
73	物业管理服务人员	中央空调系统运行操作员	住房城乡建设部门相关机构、人社部门技能鉴定机构	水平评价类	《关于印发第五批国家职业标准的通知》（劳社厅发〔2003〕1号）	
74	信息通信网络运行管理人员	信息通信网络运行管理员	电子通信行业技能鉴定机构	水平评价类	《关于印发第十八批平版印刷工等20个国家职业标准的通知》（劳社厅发〔2008〕5号） 《关于印发电信业务营业员等四个国家职业技能标准的通知》（人社厅发〔2011〕114号）	
75	广播电视传输服务人员	广播电视天线工	广电行业技能鉴定机构	水平评价类	《关于印发广播电视天线工和电影放映员国家职业技能标准的通知》（人社厅发〔2011〕15号）	
		有线广播电视机线员			《关于印发有线广播电视机线员国家职业标准的通知》（劳社厅发〔2006〕3号）	
76	信息通信网络维护人员	信息通信网络机务员	电子通信行业技能鉴定机构	水平评价类	《关于印发电信业务营业员等四个国家职业技能标准的通知》（人社厅发〔2011〕114号）	
		信息通信网络线务员			《关于印发线务员等4个国家职业技能标准的通知》（人社厅发〔2009〕78号）	
77	餐饮服务人员	中式烹调师	人社部门技能鉴定机构会同有关行业协会	水平评价类	《关于印发中式烹调师等4个国家职业技能标准的通知》（人社厅发〔2014〕62号）	
		中式面点师、西式烹调师、西式面点师			《关于印发平版制版工等23个国家职业技能标准的通知》（人社厅发〔2010〕39号）	
		茶艺师			《关于印发第四批国家职业标准的通知》（劳社厅发〔2002〕10号）	
78	仓储人员	（粮油）仓储管理员	粮食行业技能鉴定机构	水平评价类	《关于印发粮油竞价交易员等7个国家职业标准的通知》（劳社厅发〔2005〕10号）	
79	航空运输服务人员	民航乘务员	民航行业技能鉴定机构	水平评价类	《关于印发民航乘务员等2个国家职业标准的通知》（劳社厅发〔2006〕27号）	
		机场运行指挥员			《关于印发第十九批矿山救护工等22个国家职业标准的通知》（劳社厅发〔2008〕6号）	

续表

<table>
<tr><th>序号</th><th colspan="2">职业资格名称</th><th>实施部门
（单位）</th><th>资格类别</th><th>设定依据</th><th>备注</th></tr>
<tr><td>80</td><td>道路运输服务人员</td><td>机动车驾驶教练员</td><td>交通运输行业技能鉴定机构</td><td>水平评价类</td><td>《关于印发机动车驾驶教练员国家职业技能标准的通知》（人社厅发〔2011〕26号）</td><td></td></tr>
<tr><td rowspan="3">81</td><td rowspan="3">消防和应急救援人员</td><td>消防员</td><td>消防行业技能鉴定机构</td><td rowspan="3">水平评价类</td><td>《关于印发灭火救援员国家职业技能标准的通知》（人社厅发〔2011〕18号）</td><td rowspan="3"></td></tr>
<tr><td>森林消防员</td><td>林业行业技能鉴定机构</td><td>《关于印发第十二批房地产策划师等54个国家职业标准的通知》（劳社厅发〔2006〕1号）</td></tr>
<tr><td>应急救援员</td><td>紧急救援行业技能鉴定机构</td><td>《关于印发紧急救助员等6个国家职业技能标准的通知》（人社厅发〔2012〕54号）</td></tr>
</table>

人力资源社会保障部　最高人民法院关于加强劳动人事争议仲裁与诉讼衔接机制建设的意见

人社部发〔2017〕70号

各省、自治区、直辖市人力资源社会保障厅（局）、高级人民法院，解放军军事法院，新疆生产建设兵团人力资源社会保障局、新疆维吾尔自治区高级人民法院生产建设兵团分院：

加强劳动人事争议仲裁与诉讼衔接（以下简称裁审衔接）机制建设，是健全劳动人事争议处理制度、完善矛盾纠纷多元化解机制的重要举措。近年来，一些地区积极探索加强裁审衔接工作，促进了劳动人事争议合法公正及时解决，收到了良好的法律效果和社会效果。但是，从全国来看，劳动人事争议裁审衔接机制还没有在各地区普遍建立，已建立的也还不够完善，裁审工作中仍然存在争议受理范围不够一致、法律适用标准不够统一、程序衔接不够规范等问题，影响了争议处理质量和效率，降低了仲裁和司法的公信力。为进一步加强劳动人事争议裁审衔接机制建设，现提出如下意见。

一、明确加强裁审衔接机制建设的总体要求

做好裁审衔接工作，要全面贯彻党的十九大和十九届一中全会精神，以习近平新时代中国特色社会主义思想为指导，坚持以人民为中心的发展思想，切实落实深化依法治国实践以及提高保障和改善民生水平、加强和创新社会治理的决策部署，按照《中共中央　国务院关于构建和谐劳动关系的意见》《中共中央办公厅　国务院办公厅关于完善矛盾纠纷多元化解机制的意见》有关要求，积极探究和把握裁审衔接工作规律，逐步建立健全裁审受理范围一致、裁审标准统一、裁审程序有效衔接的新规则新制度，实现裁审衔接工作机制完善、运转顺畅，充分发挥劳动人事争议处理中仲裁的独特优势和司法的引领、推动、保障作用，合力化解矛盾纠纷，切实维护当事人合法权益，促进劳动人事关系和谐与社会稳定。

二、统一裁审受理范围和法律适用标准

（一）逐步统一裁审受理范围。各地劳动人事争议仲裁委员会（以下简称仲裁委员会）和人民法院要按照《中华人民共和国劳动争议调解仲裁法》等法律规定，逐步统一社会保险争议、人事争议等争议的受理范围。仲裁委员会要改进完善劳动人事争议受理立案制度，依法做到有案必立，有条件的可探索实行立案登记制，切实发挥仲裁前置的功能作用。

（二）逐步统一裁审法律适用标准。各地仲裁委员会和人民法院要严格按照法律规定处理劳动人事争议。对于法律规定不明确等原因造成裁审法律适用标准不一致的突出问题，由

人力资源社会保障部与最高人民法院按照《中华人民共和国立法法》有关规定，通过制定司法解释或指导意见等形式明确统一的法律适用标准。省、自治区、直辖市人力资源社会保障部门与高级人民法院要结合裁审工作实际，加强对法律适用问题的调查研究，及时提出意见建议。

三、规范裁审程序衔接

（一）规范受理程序衔接。对未经仲裁程序直接起诉到人民法院的劳动人事争议案件，人民法院应裁定不予受理；对已受理的，应驳回起诉，并告知当事人向有管辖权的仲裁委员会申请仲裁。当事人因仲裁委员会逾期未作出仲裁裁决而向人民法院提起诉讼且人民法院立案受理的，人民法院应及时将该案的受理情况告知仲裁委员会，仲裁委员会应及时决定该案件终止审理。

（二）规范保全程序衔接。仲裁委员会对在仲裁阶段可能因用人单位转移、藏匿财产等行为致使裁决难以执行的，应告知劳动者通过仲裁机构向人民法院申请保全。劳动者申请保全的，仲裁委员会应及时向人民法院转交申请书及仲裁案件受理通知书等相关材料。人民法院裁定采取保全措施或者裁定驳回申请的，应将裁定书送达申请人，并通知仲裁委员会。

（三）规范执行程序衔接。仲裁委员会依法裁决先予执行的，应向有执行权的人民法院移送先予执行裁决书、裁决书的送达回证或其他送达证明材料；接受移送的人民法院应按照《中华人民共和国民事诉讼法》和《中华人民共和国劳动争议调解仲裁法》相关规定执行。人民法院要加强对仲裁委员会裁决书、调解书的执行工作，加大对涉及劳动报酬、工伤保险待遇争议特别是集体劳动人事争议等案件的执行力度。

四、完善裁审衔接工作机制

（一）建立联席会议制度。各地人力资源社会保障部门和人民法院要定期或不定期召开联席会议，共同研究分析劳动人事争议处理形势，互相通报工作情况，沟通协调争议仲裁与诉讼中的受理范围、程序衔接、法律适用标准等问题，推进裁审工作有效衔接。

（二）建立信息共享制度。各地人力资源社会保障部门和人民法院要加强劳动人事争议处理工作信息和统计数据的交流，实现信息互通和数据共享。人力资源社会保障部门要加强争议案件处理情况追踪，做好裁审对比情况统计分析，不断改进争议仲裁工作，人民法院要积极支持和配合。要建立健全案卷借阅制度，做好案卷借阅管理工作。有条件的地区，可以实行电子案卷借阅或通过信息平台共享电子案卷，并做好信息安全和保密工作。

（三）建立疑难复杂案件办案指导制度。各地仲裁委员会和人民法院要加强对疑难复杂、重大劳动人事争议案件的研讨和交流，开展类案分析，联合筛选并发布典型案例，充分发挥典型案例在统一裁审法律适用标准、规范裁审自由裁量尺度、服务争议当事人等方面的指导作用。

（四）建立联合培训制度。各地人力资源社会保障部门和人民法院要通过举办师资培训、远程在线培训、庭审观摩等方式，联合开展业务培训，增强办案人员的素质和能力，促进提高裁审衔接水平。

五、加强组织领导

各地人力资源社会保障部门和人民法院要高度重视加强劳动人事争议裁审衔接机制建设工作，将其作为推进建立中国特色劳动人事争议处理制度的重要措施，纳入劳动人事关系领域矛盾纠纷多元处理工作布局，加强领导，统筹谋划，结合当地实际联合制定实施意见，切实抓好贯彻落实。人力资源社会保障部门要积极主动加强与人民法院的沟通协调。人民法院要明确由一个庭室统一负责裁审衔接工作，各有关庭室要积极参与配合。省、自治区、直辖市人力资源社会保障部门、高级人民法院要加强对市、县裁审衔接工作的指导和督促检查，推动裁审衔接工作顺利开展。要加大政策引导和宣传力度，增进劳动人事争议当事人和社会公众对裁审衔接工作的了解，引导当事人依法理性维权，为合法公正及时处理争议营造良好氛围。

2017年11月8日

人力资源社会保障部　财政部关于调整失业保险金标准的指导意见

人社部发〔2017〕71号

各省、自治区、直辖市及新疆生产建设兵团人力资源社会保障厅（局）、财政（财务）厅（局）：

为进一步提高失业人员基本生活保障水平，根据《失业保险条例》，现就调整失业保险金标准提出以下指导意见：

一、充分认识调整失业保险金标准的重要意义

保障失业人员失业期间的基本生活是失业保险制度的基本功能。近年来，各地深入贯彻落实失业保险有关法律法规，多措并举，有序推进，全国失业保险金水平逐年提高，地区差距逐步缩小，有效地保障了失业人员基本生活，为兜牢民生底线发挥了积极作用。各地要充分认识提高失业保险金标准关系失业人员共享经济社会发展成果，关系人民群众的获得感和幸福感，对于促进社会公平，维护社会和谐稳定具有重要意义。要在确保失业保险基金平稳运行的前提下，逐步提升失业保障水平，切实保障好失业人员的基本生活。

二、科学合理确定失业保险金标准

《失业保险条例》规定："失业保险金的标准，按照低于当地最低工资标准、高于城市居民最低生活保障标准的水平，由省、自治区、直辖市人民政府确定。"确定失业保险金具体标准，要统筹考虑失业人员及其家庭基本生活需要和失业保险基金运行安全，坚持"保生活"和"促就业"相统一，既要保障失业人员基本生活需要，又要防止待遇水平过高影响就业积极性。各省要在确保基金可持续前提下，随着经济社会的发展，适当提高失业保障水平，分步实施，循序渐进，逐步将失业保险金标准提高到最低工资标准的90%。各省要发挥省级调剂金的作用，加大对基金支撑能力弱的统筹地区的支持力度。

三、切实做好组织实施工作

确定失业保险金标准，直接关系失业人员的切身利益，体现了党中央、国务院对失业人员的关心关怀。各地要以人为本，高度重视，精心实施，对组织领导、工作进度、资金保障等作出周密安排。各省、自治区、直辖市人社厅（局）会同财政厅（局）要结合本地实际，提出调整方案，报省、自治区、直辖市人民政府确定。各地在贯彻落实过程中遇到的问题，请及时向人力资源社会保障部、财政部报告。

2017年9月20日

人力资源社会保障部　财政部关于进一步完善企业职工基本养老保险省级统筹制度的通知

人社部发〔2017〕72号

各省、自治区、直辖市及新疆生产建设兵团人力资源社会保障厅（局）、财政（务）厅（局）：

2007年，原劳动保障部、财政部《关于推进企业职工基本养老保险省级统筹有关问题的通知》（劳社部发〔2007〕3号）下发以来，各地不断建立健全省级统筹制度，有效促进了养老保险政策统一，提高了管理水平和工作效率，增强了确保发放能力，也促进了人力资源合理流动。由于各地经济社会发展及推进工作力度存在差异，目前省级统筹工作开展尚不平衡，一些地区还存在政策不统一、管理不规范等问题。为了进一步完善省级统筹制度，推动实现全国统筹，现就有关问题通知如下：

一、各地要在基本养老保险制度、缴费政策、待遇政策、基金使用、基金预算和经办管理实现“六统一”的基础上，积极创造条件实现全省基本养老保险基金统收统支。省级统筹制度应覆盖全省（自治区、直辖市）所有地区，目前省内仍实行单独统筹的地区（含计划单列市、副省级省会城市、经济特区、各类开发园区等）要尽快将其纳入省级统筹范围，执行全省（自治区、直辖市）统一政策。

二、各地要严格按照国家统一规定执行基本养老保险费率政策，不得自行调整费率。需要调整时，须按规定报请人力资源社会保障部和财政部批复。违规自行出台费率调整政策的，要立即纠正。全省应执行统一的费率政策，目前企业职工基本养老保险费率尚未统一的省份，要制定过渡措施，最迟2020年实现全省费率统一。

三、各地要按照国家规定，统一基本养老保险单位缴费基数和个人缴费基数核定办法，并健全工作机制，夯实缴费基数。在确定个人缴费上下限基数等参数时，目前尚未使用全省在岗职工平均工资的，要制定过渡措施，尽快实现统一。

四、各地要严格执行国家统一的待遇政策，严格调控养老待遇水平，不得自行出台待遇政策或将统筹外项目纳入基本养老保险基金支付范围。企业退休人员基本养老金调整由省级人民政府按照国家规定统一部署实施，严格按照人力资源社会保障部、财政部批复的标准进行调整，全省实行统一的调整办法。

五、各地要在不断完善省级预算制度的基础上，加强对基本养老保险基金的统一调度使用。要明确省、地（市）、县各级政府的责任，进一步强化基金收支管理。要进一步建立健全省内基金缺口分担机制和基本养老保险基金管理的激励约束机制，在省级调剂制度和缺口分担机制中，进一步体现与工作绩效挂钩。

六、各地要统一全省企业职工基本养老保险业务经办规程，加强对各级经办机构的业务指导，实现规范化、统一化管理。要以实现全省统一信息系统为目标，尽快完成包括企业职工基本养老保险在内的社会保险信息系统和数据向省级集中，推动信息的纵向互通、横向共享。健全完善线上线下公共服务体系，为参保人员提供更加便捷的服务。

完善企业职工基本养老保险省级统筹制度是深化养老保险制度改革的重要内容，关系改革、发展和稳定的大局。各地要高度重视，切实加强领导，健全工作机制，认真组织实施，促进养老保险制度的健康持续发展。

2017 年 9 月 14 日

人力资源社会保障部关于印发人力资源服务业发展行动计划的通知

人社部发〔2017〕74号

各省、自治区、直辖市及新疆生产建设兵团人力资源社会保障厅（局），外交部、国家发展改革委、教育部、工业和信息化部、财政部、商务部、国家税务总局、国家工商行政管理总局办公厅：

为贯彻落实国务院《“十三五”促进就业规划》和《关于做好当前和今后一段时期就业创业工作的意见》关于实施人力资源服务业发展行动计划的有关要求，我们研究制定了《人力资源服务业发展行动计划》，现印发给你们，请各地和有关部门高度重视，结合实际情况，制定具体实施方案，抓好组织落实，确保各项任务顺利完成。

2017年9月29日

人力资源服务业发展行动计划

人力资源是推动经济社会发展的第一资源。人力资源服务业是生产性服务业和现代服务业的重要组成部分，对推动经济发展、促进就业创业和优化人才配置具有重要作用。近年来，人力资源服务业快速发展，新模式、新业态不断涌现，服务产品日益丰富，服务能力进一步提升，但与我国经济社会发展对人力资源服务业的要求相比，与世界先进水平相比，还有一定差距。为贯彻落实国务院《“十三五”促进就业规划》、国务院《关于做好当前和今后一段时期就业创业工作的意见》关于实施人力资源服务业发展行动计划的有关要求，制定本行动计划。

一、总体要求

（一）指导思想

全面贯彻党的十八大和十八届三中、四中、五中、六中全会精神，深入贯彻习近平总书记系列重要讲话精神和治国理政新理念新思想新战略，围绕贯彻实施就业优先战略和人才强国战略，充分发挥市场在人力资源配置中的决定性作用和更好发挥政府作用，以产业引导、政策扶持和环境营造为重点，健全管理制度，完善服务体系，提高服务质量，推动人力资源服务业快速发展，为实现充分就业和优化配置人力资源，促进经济社会发展，提供优质高效的人力资源服务保障。

（二）基本原则

市场主导，政府推动。发挥市场在人力资源配置中的决定性作用，推进统一规范的人力资源市场建设，鼓励各类人力资源服务机构适应市场需求，提供优质高效的人力资源服务。更好发挥政府作用，完善人力资源市场法规制度体系，加强人力资源市场监管，处理好政府与市场的关系，促进公共服务和经营性服务协同发展。

融合创新，集聚发展。鼓励人力资源服务企业向价值链高端发展，推动跨界融合，探索新兴业态，开发服务产品，拓展服务内容，创新服务方式，提升人力资源服务供给水平。发挥人力资源服务业的集聚效应，建设人力资源公共服务枢纽型基地和产业创新发展平台。

促进交流，开放合作。坚持国际国内两个市场协调发展，落实国家构建开放型经济新体制的要求，营造良好投资环境，积极引进国际知名人力资源服务品牌。加大国际交流与合作力度，鼓励国内人力资源服务机构走出去，积极开拓国际业务。

（三）目标任务：到2020年，基本建立专业化、信息化、产业化、国际化的人力资源服务体系，实现公共服务有效保障、经营性服务逐步壮大，服务就业创业与人力资源开发配置能力显著提高，人力资源服务业对经济增长贡献率稳步提升。

产业规模进一步增长。到2020年，产业规模达到2万亿元。培育形成100家左右在全国具有示范引领作用的行业领军企业。培育一批有特色、有规模、有活力、有效益的人力资源服务产业园。

行业结构进一步优化。人力资源服务行业结构更加合理，服务主体进一步多元化，服务业态更加丰富，产品附加值显著提高，各类业态协调发展。

人才队伍进一步壮大。不断提高从业人员专业化、职业化水平。培养行业领军人才，加大行业高层次人才培养和引进力度。到2020年行业从业人员达到60万人，领军人才达到1万名左右。

服务能力进一步提升。人力资源服务市场化、专业化水平和国际竞争力大幅提升，服务方式不断改进，服务质量明显提升，规模化、品牌化和信息化水平不断提高，为“一带一路”建设、“京津冀协同发展”等国家重大战略提供人力资源支撑保障能力显著增强。

二、主要内容

实施骨干企业培育计划、领军人才培养计划、产业园区建设计划和“互联网＋”人力资源服务行动、诚信主题创建行动、“一带一路”人力资源服务行动，进一步改善发展环境，培育市场主体，推进业态创新，加快开放合作。

（一）骨干企业培育计划

坚持政府引导、市场运作、科学规划、合理布局，支持通过兼并、收购、重组、联盟等方式，重点培育一批有核心产品、成长性好、具有国际竞争力的综合性人力资源服务骨干企业。加快发展有市场、有特色、有潜力的专业化人力资源服务骨干企业，引导人力资源服务企业细化专业分工，向价值链高端延伸。鼓励开展高级人才寻访、人力资源管理咨询、人力资源服务外包等服务的企业，按照产业结构转型升级的要求加快发展。鼓励企业注册和使用自主人力资源服务商标，开展自主品牌建设，形成一批知名企业和著名品牌。支持人力资源服务企业参选本地区服务业重点企业名录和高新技术企业名录。发挥国有控股人力资源服务企业示范引导作用。鼓励有条件的地方通过设立人力资源服务业发展基金等多种方式，扶持人力资源服务骨干企业发展。

（二）领军人才培养计划

着力提高从业人员专业化、职业化水平，建设一支素质优良、结构合理的人力资源服务业人才队伍。加大人力资源服务业高层次人才培养力度，依托著名高校、职业院校、大型企业、跨国公司，建立人力资源服务培训基地和实训基地，开展行业高层次人才培训。实施人力资源服务业领军人才研修计划，举办高研班，开展学术交流和研修活动。加大高层次人才引进力度，将其纳入国家和地方有关人才计划和人才引进项目，享受相关优惠政策。建立行业领军人才库，及时准确全面地掌握行业领军人才情况。加强人力资源服务业理论研究，鼓励有条件的高校培养人力资源服务业方向的专业硕士，加大专业学术人才培养力度。

（三）产业园区建设计划

加强顶层设计和统筹规划，以国家中心城市、区域中心城市以及国家级新区、高新技术开发区、经济技术开发区、边境经济合作区、跨界经济合作区等产业聚集区域为依托，继续抓紧培育建设一批有规模、有辐射力、有影响力的国家级人力资源服务产业园。鼓励有条件的地区根据本地经济发展和产业转型需要，培育建设一批有特色、有活力、有效益的地方产业园。探索园区管理模式创新，提升园区建设水平，充分发挥园区集聚发展和辐射带动作用。加强园区管理，落实产业园在税收、资金、工商、土地用房等方面的政策，充分发挥园区培育、孵化、展示、交易功能。开展人力资源服务产业园建设评估，对已经建成运行的产业园进行考核评估，总结园区平台建设、管理服务、机制创新、服务创新等方面的成效与经验。

（四）“互联网＋”人力资源服务行动

落实国家“互联网＋”发展战略要求，推动人力资源服务和互联网的深度融合，积极运用大数据、云计算、移动互联网、人工智能等新技术，促进人力资源服务业创新发展、融合发展。加强人力资源服务信息化建设，构建人力资源信息库，实现数据互联互通，信息共享。鼓励人力资源服务企业设立研发机构，加强服务手段、商业模式、关键技术的研发和推广应用。鼓励人力资源服务企业与互联网企业开展技术合作，支持互联网企业跨界兼营人力资源服务业务。进一步加强行业交流，鼓励地方搭建人力资源服务业创新发展平台，举办人力资源服务供需对接、服务产品推介等活动。支持人力资源服务企业运用互联网技术探索开展与金融、教育、医疗等行业的跨界服务模式。推进人力资源服务业信息化基础设施建设，健全信息安全保护制度。

（五）诚信主题创建行动

持续推动人力资源服务行业诚信体系建设，围绕诚信服务树品牌、规范管理促发展，深入开展人力资源服务机构诚信主题创建行动，打造一批“全国人力资源诚信服务示范机构”，发挥先进典型在市场管理和行业发展中的引领带动作用。鼓励各地结合实际开展选树人力资源诚信服务示范机构活动。围绕推进诚信体系建设，加快构建守信激励和失信惩戒的良好制度环境，建立健全人力资源服务机构信用记录，纳入全国信用信息共享平台，形成诚实守信、规范发展的共同理念和良好氛围，不断提升诚信服务、优质服务水平。

（六）“一带一路”人力资源服务行动

围绕服务“一带一路”建设战略，积极构建公平稳定、透明高效、监管有力、接轨国际的人力资源服务业外商投资管理体制。稳步推进人力资源市场对外开放，引进我国市场急需的海外人力资源服务企业，加强与国际知名人力资源服务机构的合作。加强与“一带一路”沿线国家人力资源服务交流合作，鼓励吸引“一带一路”沿线国家人力资源服务业在我国投资设立人力资源服务企业。支持国内人力资源服务企业为“一带一路”沿线国家在我国设立的企业提供人力资源服务。根据对等开放原则，积极推动降低市场准入壁垒，鼓励有条件的人力资源服务企业在“一带一路”沿线国家设立分支机构，大力开拓国际市场，构建全球服务网络，为我国企业“走出去”承接国际服务，提供特色化、精细化人力资源服务。积极搭建“一带一路”人力资源服务国际交流合作平台，在“一带一路”国际合作高峰论坛框架下，推动举办人力资源服务业国际合作论坛。

三、组织实施

（一）加强组织领导。各地要加强组织领

导，将发展人力资源服务业纳入本地经济社会发展规划和就业、人才、服务业发展规划，统筹谋划人力资源服务业发展。健全工作机制，加强与组织、发改、财政、工商、税务等部门的协调，协同配合，形成合力，及时研究解决人力资源服务业发展中的重大问题。加强对人力资源服务业发展的考核评价，确保落实促进人力资源服务业发展的各项措施。

（二）加大支持力度。各地要结合实际，制定人力资源服务业行动计划实施方案，出台有针对性的政策措施。落实人力资源服务业发展的税收相关政策。鼓励和引导经营性人力资源服务机构参与社会公益服务。稳步推进政府向社会力量购买人力资源服务，研究推动将人力资源服务纳入政府购买服务的指导目录，明确政府购买人力资源服务种类、性质和内容。有条件的地方要投入专项资金，对重点领域和薄弱环节给予支持。推动人力资源服务企业积极进入资本市场。进一步放宽人力资源服务业市场准入，鼓励社会资本进入人力资源服务领域。

（三）营造良好发展环境。贯彻落实国务院“放管服”改革要求，依法规范实施人力资源服务行政许可，进一步简化优化审批流程，提高服务的便捷性和可及性。加强人力资源市场事中事后监管，实施随机抽查，建立年度报告公示制度。强化劳动保障监察执法，持续开展清理整顿人力资源市场秩序专项行动，加大对网络招聘平台的监管力度，严肃查处违法违规行为。加强人力资源服务标准化建设，建立健全标准体系。加强人力资源服务机构能力建设，探索建立人力资源服务机构等级评价体系。建立人力资源市场供求预测和信息发布制度，编撰人力资源服务业发展报告。实施西部和东北地区人力资源市场建设援助计划。培育发展各类人力资源服务行业协会，充分发挥行业协会作用。

（四）加强宣传引导。各地要加强对人力资源服务业的宣传，充分发挥各级人力资源社会保障网站第一平台作用，积极探索利用政务微博、微信和手机 App 等新媒体手段，不断提高宣传的有效性和影响力。鼓励各地和行业协会举办人力资源服务业发展博览会、人力资源服务业创新创业大赛、人力资源服务发展论坛等活动。丰富宣传内容，创新宣传形式，注意总结人力资源服务业在促进就业创业、优化人才开发和服务经济发展等方面发挥的重要作用，扩大人力资源服务业的知名度、美誉度和社会影响力。

人力资源社会保障部关于建立中央和国家机关所属事业单位公开招聘服务平台的通知

人社部发〔2017〕76号

中央和国家机关各部委、各直属机构人事部门：

为规范中央和国家机关所属事业单位公开招聘工作，根据《事业单位人事管理条例》（国务院第652号令，以下简称《条例》）等规定，现就建立中央和国家机关所属事业单位公开招聘服务平台有关事项通知如下。

一、目标任务

搭建公开招聘统一服务平台，集中统一发布中央和国家机关所属事业单位招聘信息，拓宽事业单位选人用人视野，提高事业单位工作人员队伍素质；方便应聘人员及时了解招聘信息，扩大高校毕业生就业渠道、促进大学生就业；广泛接受社会监督，维护选人用人公平正义，解决用人不规范问题；发挥中央和国家机关所属事业单位在公开招聘中的示范引领作用，进一步加强和改进事业单位公开招聘工作。

二、平台设置

在人力资源社会保障部门户网站设置“事业单位公开招聘”专栏，建立中央和国家机关所属事业单位公开招聘服务平台（以下简称服务平台）。

三、平台主要功能

（一）集中发布招聘信息

服务平台主要发布公开招聘公告、拟聘人员公示等信息。招聘信息每年3月、11月集中发布两次，有招聘急需的，可随时发布。有条件的单位，可同时在本部门、本单位网站等面向社会发布公开招聘信息。

（二）开展政策咨询和信息交流

刊载政策规定，提供政策咨询，对公开招聘中遇到的问题，及时予以解答。同时，也为各单位交流经验提供平台。

（三）提供下载服务

服务平台设置下载服务功能，提供事业单位公开招聘公告模板、拟聘人员公示模板、报名表格、聘用合同范本等。

四、招聘信息发布

（一）拟订招聘公告

按照《条例》、《事业单位公开招聘人员暂行规定》（人事部第6号令）、《关于进一步规范事业单位公开招聘工作的通知》（人社部发〔2010〕92号）等规定拟订招聘方案，严格执行关于招聘范围、条件、程序、信息发布、资格审查、考试考察、聘用等方面的要求。

（二）报送和发布招聘信息程序

招聘公告经主管部门审核同意后，一般在招聘开始前20天将公告和其他相关材料并附电子文档报送人力资源社会保障部事业单位人事管理司。拟聘人员信息应在招聘公告发布的范围内公示。调整招聘岗位条件、数量或取消招聘岗位等，应及时在招聘公告发布的同一范围公布相关信息。

（三）审查资格条件

用人单位或主管部门应对应聘人员的资格条件进行严格审查。要求考生诚信应聘，真实、准确提供个人信息材料。按照招聘公告规定的岗位资格条件，认真核实应聘人员的学历、专业等材料的真实性、有效性，切实把好资格审查关。

（四）严肃工作纪律

严格执行公开招聘制度规定和工作纪律，招聘信息一经发布，应当严格执行，不得擅自更改，经同意确需更改的，要提前发布变更公告。不得违反规定擅自放宽招聘的范围、条件及程序，不得擅自设置加分条件、放宽开考比例。要设立并公布监督电话或信箱，受理有关投诉或者举报，并及时反馈调查处理情况。中央事业单位人事综合管理部门设立专门的监督举报方式，在平台上公布。

五、组织保障

中央和国家机关所属事业单位公开招聘工作是政策性强、社会关注度高、具有较强示范引领作用的重要工作和阳光工程。各部门要高度重视，切实增强责任感，狠抓制度落实，确保招聘工作顺利进行。要按照招聘信息集中发布月的时间要求，统筹安排，认真研究制定公开招聘实施办法和工作方案，明确具体操作细则，加强对所属事业单位公开招聘方案审核把关，并及时报送。要精心组织，严格落实招聘方案，深入细致地做好政策解释、舆论引导和突发事件处置工作，确保公开招聘平稳有序。中央组织部公务员管理办公室、人力资源社会保障部事业单位人事管理司建立工作协调机制，及时沟通信息，定期召开会议，加强综合研判、工作指导和监督检查，不断规范和加强公开招聘工作。

2017年10月16日

人力资源社会保障部关于全国人力资源社会保障系统认真学习宣传贯彻党的十九大精神的通知

人社部发〔2017〕80号

各省、自治区、直辖市及新疆生产建设兵团人力资源社会保障厅（局），各副省级市人力资源社会保障局：

日前，中共中央印发关于认真学习宣传贯彻党的十九大精神的决定，对学习宣传贯彻党的十九大精神作出部署。为进一步推动全国人力资源社会保障系统认真学习宣传贯彻党的十九大精神，按照中央部署要求，现就有关事项通知如下。

一、充分认识学习宣传贯彻党的十九大精神的重大意义

党的第十九次全国代表大会，是在全面建成小康社会决胜阶段、中国特色社会主义进入新时代的关键时期召开的一次十分重要的大会。大会高举中国特色社会主义伟大旗帜，以马克思列宁主义、毛泽东思想、邓小平理论、“三个代表”重要思想、科学发展观、习近平新时代中国特色社会主义思想为指导，分析了国际国内形势发展变化，回顾和总结了过去5年的工作和历史性变革，作出了中国特色社会主义进入了新时代、我国社会主要矛盾已经转化为人民日益增长的美好生活需要和不平衡不充分的发展之间的矛盾等重大政治论断，深刻阐述了新时代中国共产党的历史使命，确立了习近平新时代中国特色社会主义思想的历史地位，提出了新时代坚持和发展中国特色社会主义的基本方略，确定了决胜全面建成小康社会、开启全面建设社会主义现代化国家新征程的目标，对新时代推进中国特色社会主义伟大事业和党的建设新的伟大工程作出了全面部署。大会批准了习近平同志代表十八届中央委员会所作的《决胜全面建成小康社会夺取新时代中国特色社会主义伟大胜利》的报告，批准了中央纪律检查委员会的工作报告，审议通过了《中国共产党章程（修正案）》，选举产生了新一届中央委员会和中央纪律检查委员会。

习近平同志的报告，深刻回答了新时代坚持和发展中国特色社会主义的一系列重大理论和实践问题，描绘了决胜全面建成小康社会、夺取新时代中国特色社会主义伟大胜利的宏伟蓝图，进一步指明了党和国家事业的前进方向，是全党全国各族人民智慧的结晶，是我们党团结带领全国各族人民在新时代坚持和发展中国特色社会主义的政治宣言和行动纲领，是马克思主义的纲领性文献。《中国共产党章程（修正案）》将习近平新时代中国特色社会主义思想写入党章，确立为我们党必须长期坚持的指导思想。修改后的党章充分体现了党的十八大以来党的理论创新、实践创新、制度创新成果，充分体现了党的十九大报告确立的重大理论观点和重大战略思想，对推进党的事业和党的建设必将更好发挥规范和指导作用。

党的十九届一中全会选举产生了以习近平

同志为核心的新一届中央领导集体，一批经验丰富、德才兼备、奋发有为的同志进入中央领导机构，充分显示出中国特色社会主义事业蓬勃兴旺、充满活力。

认真学习宣传贯彻党的十九大精神，事关党和国家工作全局，事关中国特色社会主义事业长远发展，事关最广大人民根本利益，对于动员全党全国各族人民更加紧密地团结在以习近平同志为核心的党中央周围，高举中国特色社会主义伟大旗帜，坚定道路自信、理论自信、制度自信、文化自信，为实现推进现代化建设、完成祖国统一、维护世界和平与促进共同发展三大历史任务，为决胜全面建成小康社会、夺取新时代中国特色社会主义伟大胜利、实现中华民族伟大复兴的中国梦、实现人民对美好生活的向往继续奋斗，具有重大现实意义和深远历史意义。全国人力资源社会保障系统干部职工要深刻认识所肩负的责任和使命，以高度的政治责任感、历史使命感、民族自豪感，以更高标准、更严要求和更加昂扬向上的精神状态和奋斗姿态，认真学习宣传贯彻党的十九大精神，自觉把思想和行动统一到党的十九大精神上来，把智慧和力量凝聚到党的十九大提出的重大战略部署和各项任务上来。

二、全面准确学习领会党的十九大精神

学习领会党的十九大精神，必须坚持全面准确，坚持读原著、学原文、悟原理，做到学深悟透。要认真研读党的十九大报告和党章，学习习近平总书记在党的十九届一中全会上的重要讲话精神，着重把握以下几个方面。

1. 深刻领会党的十九大的主题。不忘初心，牢记使命，高举中国特色社会主义伟大旗帜，决胜全面建成小康社会，夺取新时代中国特色社会主义伟大胜利，为实现中华民族伟大复兴的中国梦不懈奋斗。这是党的十九大的主题，明确回答了我们党在新时代举什么旗、走什么路、以什么样的精神状态、担负什么样的历史使命、实现什么样的奋斗目标的重大问题。中国共产党人的初心和使命，就是为中国人民谋幸福，为中华民族谋复兴。这个初心和使命是激励中国共产党人不断前进的根本动力。中国特色社会主义是改革开放以来党的全部理论和实践的主题，在未来的征程上，要高举中国特色社会主义伟大旗帜，更加自觉地增强道路自信、理论自信、制度自信、文化自信，确保党和国家事业始终沿着正确方向胜利前进。决胜全面建成小康社会是到 2020 年必须完成的奋斗目标，要举全党全国之力，为实现第一个百年奋斗目标而奋斗。全面建成小康社会是党和国家事业发展的一个阶段性目标，这个目标实现后，我们要在新的历史起点上夺取新时代中国特色社会主义伟大胜利，为实现中华民族伟大复兴的中国梦不懈奋斗。

2. 深刻领会习近平新时代中国特色社会主义思想的历史地位和丰富内涵。党的十八大以来，以习近平同志为核心的党中央，坚持解放思想、实事求是、与时俱进、求真务实，坚持辩证唯物主义和历史唯物主义，紧密结合新的时代条件和实践要求，以全新的视野深化对共产党执政规律、社会主义建设规律、人类社会发展规律的认识，进行艰辛理论探索，取得重大理论创新成果，创立了习近平新时代中国特色社会主义思想。习近平新时代中国特色社会主义思想，是对马克思列宁主义、毛泽东思想、邓小平理论、“三个代表”重要思想、科学发展观的继承和发展，是马克思主义中国化最新成果，是党和人民实践经验和集体智慧的结晶，是中国特色社会主义理论体系的重要组成部分，是全党全国人民为实现中华民族伟大复兴而奋斗的行动指南，必须长期坚持并不断发展。党的十九大报告用“8 个明确”概括了这一思想的主要内容。为贯彻落实习近平新时代中国特色社会主义思想，党的十九大报告提出新时代坚持和发展中国特色社会主义的基本方略，并概括为“14 个坚持”。习近平新时代中国特色社会主义思想，是指导思想层面的表述，在行动纲领层面称之为中国特色社会主义基本方略。要全面贯彻党的基本理论、基本路线、基本方略，更好引领党和人民事业发展。

3. 深刻领会党的十八大以来党和国家事业发生的历史性变革。党的十八大以来的5年，是党和国家发展进程中极不平凡的5年。5年来，以习近平同志为核心的党中央科学把握当今世界和当代中国发展大势，顺应实践要求和人民愿望，举旗定向、运筹帷幄，统揽伟大斗争、伟大工程、伟大事业、伟大梦想，统筹推进“五位一体”总体布局、协调推进“四个全面”战略布局，以巨大的政治勇气和强烈的责任担当，提出一系列新理念新思想新战略，出台一系列重大方针政策，推出一系列重大举措，推进一系列重大工作，解决了许多长期想解决而没有解决的难题，办成了许多过去想办而没有办成的大事，推动党和国家事业发生历史性变革。5年来的成就是全方位的、开创性的，5年来的变革是深层次的、根本性的。这些历史性变革，对党和国家事业发展具有重大而深远的影响。

4. 深刻领会中国特色社会主义进入了新时代。经过长期努力，中国特色社会主义进入了新时代，这是我国发展新的历史方位。这个新时代，是承前启后、继往开来、在新的历史条件下继续夺取中国特色社会主义伟大胜利的时代，是决胜全面建成小康社会、进而全面建设社会主义现代化强国的时代，是全国各族人民团结奋斗、不断创造美好生活、逐步实现全体人民共同富裕的时代，是全体中华儿女勠力同心、奋力实现中华民族伟大复兴中国梦的时代，是我国日益走近世界舞台中央、不断为人类做出更大贡献的时代。中国特色社会主义进入新时代，在中华人民共和国发展史上、中华民族发展史上具有重大意义，在世界社会主义发展史上、人类社会发展史上也具有重大意义。这意味着近代以来久经磨难的中华民族迎来了从站起来、富起来到强起来的伟大飞跃，迎来了实现中华民族伟大复兴的光明前景；意味着科学社会主义在21世纪的中国焕发出强大生机活力，在世界上高高举起了中国特色社会主义伟大旗帜；意味着中国特色社会主义道路、理论、制度、文化不断发展，拓展了发展中国家走向现代化的途径，给世界上那些既希望加快发展又希望保持自身独立性的国家和民族提供了全新选择，为解决人类问题贡献了中国智慧和中国方案。

5. 深刻领会我国社会主要矛盾的变化。中国特色社会主义进入新时代，我国社会主要矛盾已经转化为人民日益增长的美好生活需要和不平衡不充分的发展之间的矛盾。我国稳定解决了十几亿人的温饱问题，总体上实现小康，不久将全面建成小康社会，人民美好生活需要日益广泛，不仅对物质文化生活提出了更高要求，而且在民主、法治、公平、正义、安全、环境等方面的要求日益增长。同时，我国社会生产力水平总体上显著提高，社会生产能力在很多方面进入世界前列，更加突出的问题是发展不平衡不充分，这已经成为满足人民日益增长的美好生活需要的主要制约因素。我国社会主要矛盾的变化是关系全局的历史性变化，对党和国家工作提出了许多新要求。要在继续推动发展的基础上，着力解决好发展不平衡不充分问题，大力提升发展质量和效益，更好满足人民在经济、政治、文化、社会、生态等方面日益增长的需要，更好推动人的全面发展、社会全面进步。我国社会主要矛盾的变化，没有改变我们对我国社会主义所处历史阶段的判断，我国仍处于并将长期处于社会主义初级阶段的基本国情没有变，我国是世界最大发展中国家的国际地位没有变。我们要牢牢把握社会主义初级阶段这个基本国情，牢牢立足社会主义初级阶段这个最大实际，牢牢坚持党的基本路线这个党和国家的生命线、人民的幸福线。

6. 深刻领会新时代中国共产党的历史使命。实现中华民族伟大复兴是近代以来中华民族最伟大的梦想。中国共产党一经成立，就把实现共产主义作为党的最高理想和最终目标，义无反顾肩负起实现中华民族伟大复兴的历史使命，团结带领人民进行了艰苦卓绝的斗争，谱写了气吞山河的壮丽史诗。今天，我们比历史上任何时期都更接近、更有信心和能力实现中华民族伟大复兴的目标。行百里者半九十。中华民族伟大复兴，绝不是轻轻松松、敲锣打鼓就能实现的，必须准备付出更为艰巨、更为艰苦的努力。实现伟大梦想，必须进行伟大斗争。这个伟大斗争就是具有许多新的历史特点的伟大斗争。要充分认识这场伟大斗争的长期性、复杂性、艰巨性，发扬斗争精神，提高斗争本领，不断夺取伟大斗争新胜利。实现伟大梦想，必须建设伟大工程。这个伟大工程就是我们党正在深入推进的党的建设新的伟大工程。要不断增强党的政治领导力、思想引领力、群众组织力、社会号召力，确保我们党永葆旺盛生命力和强大战斗力。实现伟大梦想，必须推进伟大事业。这个伟大事业就是中国特色社会主义伟大事业。要更加自觉地增强“四个自信”，既不走封闭僵化的老路，也不走改旗易帜的邪路，始终坚持和发展中国特色社会主义。伟大斗争、伟大工程、伟大事业、伟大梦想，紧密联系、相互贯通、相互作用，其中起决定性作用的是党的建设新的伟大工程。建设伟大工程，要结合伟大斗争、伟大事业、伟大梦想的实践来进行，确保党始终走在时代前列、始终成为全国人民的主心骨、始终成为坚强领导核心。

7. 深刻领会决胜全面建成小康社会、建设社会主义现代化国家的新目标新征程。改革开放之后，我们党对我国社会主义现代化建设作出战略安排，提出“三步走”战略目标和“两个一百年”奋斗目标。从现在到2020年，是全面建成小康社会决胜期。要按照全面建成小康社会各项要求，紧扣我国社会主要矛盾变化，突出抓重点、补短板、强弱项，特别是要坚决打好防范化解重大风险、精准脱贫、污染防治的攻坚战，使全面建成小康社会得到人民认可、经得起历史检验。党的十九大对第二个百年奋斗目标进行了战略规划，将全面建设社会主义现代化国家的新征程分为两个阶段来安排。第一个阶段，从2020年到2035年，在全面建成小康社会的基础上，再奋斗15年，基本实现社会主义现代化。第二个阶段，从2035年到本世纪中叶，在基本实现现代化的基础上，再奋斗15年，把我国建成富强民主文明和谐美丽的社会主义现代化强国。从全面建成小康社会到基本实现现代化，再到全面建成社会主义现代化强国，是新时代中国特色社会主义发展的战略安排。

8. 深刻领会坚定不移全面从严治党的重大部署。党要团结带领人民进行伟大斗争、推进伟大事业、实现伟大梦想，必须毫不动摇坚持和完善党的领导，毫不动摇把党建设得更加坚强有力。要坚持和加强党的全面领导，坚持党要管党、全面从严治党，以加强党的长期执政能力建设、先进性和纯洁性建设为主线，以党的政治建设为统领，以坚定理想信念宗旨为根基，以调动全党积极性、主动性、创造性为着力点，全面推进党的政治建设、思想建设、组织建设、作风建设、纪律建设，把制度建设贯穿其中，深入推进反腐败斗争，不断提高党的建设质量，把党建设成为始终走在时代前列、人民衷心拥护、勇于自我革命、经得起各种风浪考验、朝气蓬勃的马克思主义执政党。

同时，要深刻领会党的十九大对社会主义经济建设、政治建设、文化建设、社会建设、生态文明建设以及国防和军队建设、港澳台工作、外交工作的重大部署。

三、全面准确把握、深入贯彻落实党的十九大赋予人力资源和社会保障领域的目标任务

党的十九大对新时代坚持和发展中国特色社会主义作出全面部署，对人力资源和社会保障工作提出了明确要求。中国特色社会主义进入新时代、我国社会主要矛盾已经转化，人力资源社会保障系统一定要站在新的历史起点，把握新的历史方位，全面准确深入地贯彻落实党的十九大赋予人力资源和社会保障领域的各项目标任务。各级人力资源社会保障部门要在全面系统学习党的十九大精神的基础上，深入学习领会党的十九大报告中有关人力资源和社会保障工作的重要论述，认真回顾总结党的十八大以来人力资源和社会保障工作取得的成绩

和经验，深刻认识肩负的重要责任，精心谋划开创人力资源和社会保障工作新局面的思路，制定人力资源和社会保障事业新的发展目标、作出新的安排部署，切实把党的十九大对人力资源和社会保障领域的各项部署和要求落到实处。

人力资源社会保障系统学习贯彻党的十九大精神，必须深刻领会坚持以人民为中心的发展思想。坚持以人民为中心的发展思想，不断促进人的全面发展、全体人民共同富裕，是习近平新时代中国特色社会主义思想的重要内容。党的十九大报告强调，全党必须牢记，为什么人的问题，是检验一个政党、一个政权性质的试金石。带领人民创造美好生活，是我们党始终不渝的奋斗目标。党的十九大报告还强调，增进民生福祉是发展的根本目的。保障和改善民生要抓住人民最关心最直接最现实的利益问题，既尽力而为，又量力而行，坚持人人尽责、人人享有，坚守底线、突出重点、完善制度、引导预期，完善公共服务体系，保障群众基本生活，不断满足人民日益增长的美好生活需要，使人民获得感、幸福感、安全感更加充实、更有保障、更可持续。这为做好新时代人力资源和社会保障工作指明了方向，提供了根本遵循。

人力资源社会保障系统学习贯彻党的十九大精神，必须全面落实党的十九大赋予人力资源和社会保障领域的各项目标任务。一是认真落实党的十九大提出的实现更高质量和更充分就业的要求。深刻认识就业是最大的民生，继续把促进就业作为人力资源社会保障系统最重大的政治责任。坚持实施就业优先战略，不断丰富和完善更加积极的就业政策。大规模开展职业技能培训，注重解决结构性就业矛盾，鼓励创业带动就业。提供全方位公共就业服务，增强重点人群就业保障能力，促进高校毕业生等青年群体、农民工多渠道就业创业。破除妨碍劳动力、人才社会性流动的体制机制弊端，使人人都有通过辛勤劳动实现自身发展的机会。二是认真落实党的十九大提出的加强社会保障体系建设的要求。坚持全覆盖、保基本、多层次、可持续的基本方针，按照兜底线、织密网、建机制的基本要求，全面建成覆盖全民、城乡统筹、权责清晰、保障适度、可持续的多层次社会保障体系。全面实施全民参保计划。完善城镇职工基本养老保险和城乡居民基本养老保险制度，尽快实现养老保险全国统筹。全面建立中国特色基本医疗保障制度。完善统一的城乡居民基本医疗保险制度和大病保险制度。完善失业、工伤保险制度。建立全国统一的社会保险公共服务平台。三是认真落实党的十九大提出的加快建设人才强国的要求。深刻认识人才是实现民族振兴、赢得国际竞争主动的战略资源，围绕人才强国战略和创新驱动发展战略，改革完善人才发展体制机制，实行更加积极、更加开放、更加有效的人才政策。深化职称制度改革，分类推进人才评价机制改革，继续完善职业资格制度。培养造就一大批具有国际水平的战略科技人才、科技领军人才、青年科技人才和高水平创新团队。建设知识型、技能型、创新型劳动者大军，弘扬劳模精神和工匠精神。四是认真落实党的十九大提出的建设高素质专业化干部队伍的要求。按照中央关于干部人事制度改革的总体部署和从严管理干部的一系列要求，加强公务员制度改革和队伍建设，深化事业单位人事制度改革。注重培养专业能力、专业精神，增强干部队伍适应新时代中国特色社会主义发展要求的能力。坚持严管和厚爱结合、激励和约束并重，完善干部考核评价机制，建立激励机制和容错纠错机制。五是认真落实党的十九大提出的提高人民收入水平的要求。进一步深化机关事业单位和企业工资制度改革，健全科学的工资水平决定机制和正常增长机制，努力在经济增长的同时实现居民收入同步增长、在劳动生产率提高的同时实现劳动报酬同步提高。六是认真落实党的十九大提出的构建和谐劳动关系的要求。积极应对转变发展方式、优化经济结构、转换增长动力对劳动关系带来的影响，进一步完善政府、工会、企业共同参与的协商协调机制，构建和谐劳动关系。此外，党的十九大还提出，要着力加快建设实体经济、科技创新、现代金融、人力资源协同发展的产业体系；在人力资本服务等领域培育新增长点、形成新动能；支持和鼓励农民就业创业；加快农业转移人口市民化；完善职业教育和培训体系，深化产教融合、校企合作；深化事业单位改革，深化军官职业化制度改革；制定完善便利香港、澳门居民在内地发展的政策措施，逐步为台湾同胞在大陆学习、创业、就业、生活提供与大陆同胞同等的待遇等，都与人力资源和社会保障工作密切相关。各级人力资源社会保障部门要深入领会、准确把握党的十九大赋予的各项任务，排出任务表、时间表、路线图，加大工作力度，狠抓工作落实，统筹推进各方面各领域改革，不断开创人力资源和社会保障事业改革发展新局面。

四、深入推进党的十九大精神学习宣传贯彻

深入学习宣传贯彻党的十九大精神，是当前和今后一个时期全国人力资源社会保障系统的首要政治任务和头等大事。学习宣传贯彻党的十九大精神，既要整体把握、全面系统，又要突出重点、抓住关键，把着力点聚焦到习近平新时代中国特色社会主义思想是党必须长期坚持的指导思想上，聚焦到5年来党和国家事业取得历史性成就和发生历史性变革上，聚焦到作出中国特色社会主义进入了新时代、我国社会主要矛盾已经转化为人民日益增长的美好生活需要和不平衡不充分的发展之间的矛盾等重大政治论断的深远影响上，聚焦到贯彻落实党的十九大的重大决策部署上，聚焦到以习近平同志为核心的新一届中央领导集体是深受全党全国各族人民拥护和信赖的领导集体上，聚焦到习近平总书记是全党拥护、人民爱戴、当之无愧的党的领袖上。

一要牢固树立“四个意识”。人力资源社会保障系统学习宣传贯彻党的十九大精神，最重要、最关键、最根本的是要推动全体党员干部牢固树立政治意识、大局意识、核心意识、看齐意识，严格遵守政治纪律和政治规矩，在政治立场、政治方向、政治原则、政治道路上同以习近平同志为核心的党中央保持高度一致，自觉维护以习近平同志为核心的党中央权威和集中统一领导。要坚持用习近平新时代中国特色社会主义思想武装头脑、指导实践、推动工作。要坚定不移全面从严治党，把党的政治建设放在首位，全面增强执政本领。要自觉在大局中思考、在大局中定位、在大局下行动，扎实做好保障和改善民生的各项工作，真正使以人民为中心的发展思想在人力资源和社会保障领域落到实处，以实际行动同以习近平同志为核心的党中央保持高度一致。

二要加强组织领导。各级人力资源社会保障部门要按照中央的统一部署和各地党委的专题部署，结合人力资源社会保障部门实际，紧密结合全党即将开展的“不忘初心、牢记使命”主题教育，作出周密安排，精心组织实施，迅速兴起学习宣传贯彻党的十九大精神热潮。要通过开展中心组学习、举办辅导报告会、开展专题培训、组织座谈交流、开展建言献策活动等方式，面向全体党员开展多形式、分层次、全覆盖的全员培训，组织广大党员干部认真学习党的十九大精神，真正做到学懂弄通、学深悟透，内化于心、外化于行。要加强工作指导，加强督促检查，务求取得实效，切忌形式主义。领导干部特别是主要负责同志要切实履行好“一岗双责”，带头学习，带头示范。

三要紧密联系实际。各级人力资源社会保障部门要紧密联系工作实际，大兴调查研究之风，扑下身子、沉到一线，认真践行党的群众路线，做到问需于民、问计于民。要围绕党的十九大提出的新目标、新任务、新要求，站在新时代的角度，深入分析社会主要矛盾转化在人力资源和社会保障领域的影响变化，研究提出决胜全面建成小康社会的工作重点、关键举措，思考和勾画第二个百年奋斗目标的发展愿景，在此基础上研究制定明年的工作思路。人力资源社会保障部党组将于近期赴地方开展集中调研，召开部务虚会研究提出贯彻落实党的

十九大精神的工作思路和措施，并将在全国人力资源和社会保障工作会议上进行部署。要以党的十九大精神为指引，牢固树立全国一盘棋思想，坚持抓重点、抓改革、抓风险防控、促服务能力提升，以钉钉子精神抓好党的十九大精神贯彻落实。

四要持续引向深入。各级人力资源社会保障部门要坚持贴近党员干部思想和工作实际，不断创新方式方法和平台载体，努力增强学习宣传党的十九大精神的针对性实效性。人力资源社会保障系统报刊、网站要精心策划、集中报道，大力宣传党的十九大精神，策划推出一批有分量有深度的报道和文章；大力宣传各级党组织和广大党员干部在学习贯彻党的十九大精神中的良好风貌和解决实际问题的新进展新成效；围绕社会普遍关注的热点难点问题，加大引导力度，及时解疑释惑，形成用党的十九大精神统一思想、凝聚力量、推动工作的良好氛围。

各地人力资源社会保障部门学习宣传贯彻党的十九大精神的情况，要及时向人力资源社会保障部报告。

2017 年 11 月 3 日

人力资源社会保障部关于全面落实行政执法责任制的指导意见

人社部发〔2017〕81号

各省、自治区、直辖市及新疆生产建设兵团人力资源社会保障厅（局），部属有关单位，公务员局：

为贯彻落实法治政府建设的有关要求，进一步规范人力资源社会保障系统行政执法行为，督促行政机关有效履行职责，维护公民、法人和其他组织的合法权益，现就人力资源社会保障系统全面落实行政执法责任制提出以下指导意见。

一、指导思想和基本原则

人力资源社会保障系统全面落实行政执法责任制的指导思想是：深入学习和全面贯彻党的十九大精神，以习近平新时代中国特色社会主义思想为指引，统筹推进“五位一体”总体布局和协调推进“四个全面”战略布局，着眼建设法治政府，推进依法行政，严格规范公正文明执法，按照《中共中央关于全面推进依法治国若干重大问题的决定》和《法治政府建设实施纲要（2015—2020年）》关于全面落实行政执法责任制的有关要求，围绕人力资源和社会保障中心工作，认真梳理行政执法依据、科学确定行政执法职责、严格规范行政执法程序、加强行政执法监督检查，不断推进人力资源社会保障系统行政执法责任制工作深入开展，努力形成执法有依据、行为有规范、过程有监督、违法有追究的人力资源社会保障行政执法新格局。

人力资源社会保障系统全面落实行政执法责任制应坚持以下基本原则：

（一）服务民生、以人为本。围绕服务就业创业、社会保障、人才队伍建设、工资收入分配、劳动关系等重要民生领域，坚持以人民群众满意为工作的出发点和落脚点，始终把尊重群众权利、保护群众利益贯穿于人力资源社会保障行政执法全过程。

（二）职权法定、程序正当。坚持“法定职责必须为、法无授权不可为”，严格按照法律法规规定或授权的范围行使职权、履行职责。以行政许可、行政处罚、行政强制等执法行为为重点，严格执法标准、细化执法措施、完善执法程序、加强执法管理，持续提高执法规范化水平。

（三）文明公正、便捷高效。着眼人力资源社会保障行政执法保障民生、服务群众的实际，推广运用说服教育、劝导示范等非强制性执法手段，注重发挥守法诚信褒奖和违法失信惩戒机制的调整作用，加强行政执法信息化建设和信息共享，创新使用网上办理、数据跑腿等简捷、便民、高效的行政执法方式。

二、依法界定执法职责

（一）梳理执法依据。各级人力资源社会保障部门要根据法律、法规、规章等认真梳理行政执法权力来源、种类、范围，以适当方式向社会公布，并根据法律、法规、规章的立、改、废、释情况及时修订。

（二）分解执法职权。按照执法依据的梳理结果，根据本部门内设执法机构和执法岗位的配置，将法定职权分解到具体执法机构和执法岗位，明确执法标准、程序和目标。分解执法职权要科学合理，既要避免平行执法机构和执法岗位的职权交叉、重复，又要有利于促进相互之间的协调配合。

（三）确定执法职责。根据有权必有责的要求，在分解执法职权的基础上，合理确定不同具体执法机构、执法人员的执法职责，并根据执法机构和执法人员违反法定义务的不同情形，依法确定其应承担责任的种类和内容。

（四）落实行政执法人员资格管理和持证上岗制度。经考试合格具备行政执法资格且取得人力资源社会保障部或地方政府发放的行政执法证件的，方能从事行政执法活动，未取得行政执法资格的不得从事行政执法活动。

三、健全完善执法程序

（一）推行行政执法公示制度。及时主动公开行政执法主体、人员、职责、权限、依据、程序、监督方式等信息。行政执法人员在执法过程中要主动表明身份，接受社会监督。研究探索行政执法决定公开的范围、内容、方式，建立完善公开信息的审核、纠错机制。

（二）探索建立执法全过程记录制度。通过文字、音像等记录方式，对行政执法活动全过程进行记录、跟踪、监控，实现全过程留痕和可回溯管理。充分发挥全过程记录信息在案卷评查、执法监督、评议考核、数据统计分析、舆情应对和健全社会信用体系等工作中的作用。

（三）严格执行重大执法决定法制审核制度。科学确定法制审核机构、配备法制审核人员，结合人力资源社会保障系统行政执法实际，确定重大执法决定的范围，明确具体审核内容，细化审核工作流程、审核方式、时限要求等程序规定，重大执法决定未经法制审核或审核未通过的，不得作出。

（四）建立健全行政执法裁量权基准制度。按照法律、法规、规章的有关规定，科学合理细化量化行政处罚等具体行政行为的裁量权，完善适用规则，严格规范裁量权行使，避免执法的随意性。

四、科学组织评议考核

各级人力资源社会保障部门要建立健全内部评议考核机制，定期组织对内设行政执法机构、所属的法律法规授予行政执法权的组织、受本部门委托行使行政执法权的组织和行政执法人员的行政执法工作进行评议考核。

（一）评议考核的内容。评议考核的主要内容包括行政执法的主体资格是否符合规定，行政执法行为是否符合执法权限，适用执法依据是否规范，行政执法程序是否合法，行政执法决定的内容是否合法、适当，行政执法案卷是否完整、规范，行政执法决定引起的行政复议和行政诉讼结果等。

（二）评议考核的方法。各级人力资源社会保障部门要结合评议考核对象的具体情况和特点，制定评议考核方案，明确评议考核的具体标准，并将评议考核结果作为奖励惩戒的重要依据。评议考核可以采取组织考评、个人自我考评、互查互评相结合的方法，做到日常评议考核与年度评议考核的有机衔接。坚持把案卷评查作为提高执法质量的重要手段，积极探索新的评议考核方法，利用现代信息管理手段，提高评议考核的公正性和准确性。

（三）评议考核的要求。评议考核应当严格遵守公开、公平、公正原则。在评议考核中，要公正对待、客观评价行政执法人员的行政执法行为。评议考核的标准、过程和结果要以适当方式在一定范围内公开。坚持内部评议与外部评议相结合，认真听取相关行政管理相对人的意见，外部评议情况要作为最终考核意见的重要依据。评议考核原则上采取百分制的形式，考核分值应当在内部依法行政考核中占有一定比重。要把评议考核与目标考核、岗位责任制考核等结合起来，避免对行政执法活动进行重复评议考核。

五、严格落实执法责任

各级人力资源社会保障部门要建立健全对违法或者不当行政执法行为的内部责任追究机制。对内设行政执法机构，可以根据造成后果的严重程度或者影响的恶劣程度等情况，给予通报批评、取消评比先进的资格等处理；对所属的法律法规授予行政执法权的组织，可以给予限期整改、通报批评、取消评比先进的资格等处理；对于受本部门委托行使行政执法权的组织要加强监管，确保其在权限范围内依法行使职权。

对有违法或者不当行政执法行为的有关行政执法人员，可以根据过错形式、危害大小、情节轻重等具体情况，给予批评教育、离岗培训、调离执法岗位、取消执法资格等处理。对依法依纪应当采取组织处理措施的行政执法人员，按照干部管理权限和规定程序办理；对依法依纪应当追究政纪责任的，由任免机关、监察机关依法给予处分；涉嫌犯罪的，移送司法机关依法处理。追究行政执法责任，必须做到实事求是、客观公正，处理前要充分听取当事人的意见，保障其陈述和申辩的权利，确保不枉不纵。

六、加强组织领导

各级人力资源社会保障部门要把全面落实行政执法责任制作为加强法治建设、转变工作职能、增强政府公信力和执行力的重要抓手，加强组织领导，逐级落实责任，切实形成合力。要加强行政执法队伍建设，科学配置行政执法机构和人员，健全完善日常学法和平时考核制度，狠抓执法纪律和职业道德教育，全面提高执法人员依法行政的能力。要主动接受人大监督、社会监督和舆论监督，通过回访行政管理相对人、组织开展满意度测评、委托第三方评议等方式，认真听取意见，改进工作作风。要探索创新行政执法绩效评估和奖惩办法，鼓励创先争优、树立先进典型，推动形成有利于严格执法、公正执法、文明执法的良好环境。

各级人力资源社会保障部门要结合实际抓好落实，有关全面落实行政执法责任制工作的重要情况和问题，要及时上报。

2017 年 11 月 3 日

中共中央组织部　人力资源社会保障部等五部门关于印发高校毕业生基层成长计划的通知

人社部发〔2017〕85号

各省、自治区、直辖市及新疆生产建设兵团党委组织部，政府人力资源社会保障厅（局）、教育厅（教委、教育局）、财政（财务）厅（局）、团委：

为贯彻落实党的十九大精神，按照《中共中央办公厅　国务院办公厅印发〈关于进一步引导和鼓励高校毕业生到基层工作的意见〉的通知》和《国务院关于做好当前和今后一段时期就业创业工作的意见》关于实施高校毕业生基层成长计划的有关要求，中央组织部、人力资源社会保障部、教育部、财政部、共青团中央制定了《高校毕业生基层成长计划》，现印发给你们，请各地高度重视，加强组织领导，结合各地实际，制定具体实施方案，抓好组织实施，确保各项任务顺利完成。

2017年11月16日

高校毕业生基层成长计划

高校毕业生是国家宝贵的人才资源，基层是高校毕业生成长成才的重要平台。为贯彻落实党的十九大精神，按照《中共中央办公厅　国务院办公厅印发〈关于进一步引导和鼓励高校毕业生到基层工作的意见〉的通知》和《国务院关于做好当前和今后一段时期就业创业工作的意见》关于实施高校毕业生基层成长计划的有关要求，引导高校毕业生更好在基层就业创业，促进高校毕业生在基层成长成才，建设高素质基层人才队伍，为基层经济社会发展提供人才支持，制定本计划。

一、指导思想

全面贯彻落实党的十九大精神，坚持以习近平新时代中国特色社会主义思想为指导，统筹推进“五位一体”总体布局和协调推进“四个全面”战略布局，按照鼓励高校毕业生多渠道就业创业、加强青年人才选拔培养、引导人才向基层一线流动的决策部署，深入实施人才强国战略、就业优先战略和乡村振兴战略，紧紧围绕决胜全面建成小康社会和坚决打赢脱贫攻坚战对基层人才的需求，坚持服务基层和培养人才相结合，市场主导和政府推动相结合，政策支持和完善服务相结合，适应基层发展需要，尊重人才成长规律，创新措施，精准施策，着力在基层一线和困难艰苦的地方培养锻炼青年人才，培养一支高素质基层人才队伍，为基层经济社会发展提供人才支持，实现基层发展和人才成长的融合互动。

二、目标任务

高校毕业生基层成长计划主要面向以各种形式在基层服务工作的高校毕业生，力争用10年左右的时间，通过强化教育培训、实践锻炼、职业发展、管理服务等全链条的扶持措施，建设一支结构合理、素质优良、作风过硬的基层青年人才队伍。通过建立分层次、多渠道的基层优秀青年后备人才选拔体系，有计划、有重点地遴选一批具有坚定政治信念、现代管理理念和管理能力的基层管理人才，一批具有钻研精神、专业知识水准和实践经验的基层专业技术人才，一批具有创新精神、市场意识和经营管理能力的基层创新创业人才。

三、主要内容

针对高校毕业生基层成长的特点和需求，实施能力素质培育、岗位锻炼成才、职业发展支持、成长环境营造、服务体系建设和后备人才选拔六项具体计划。

（一）实施能力素质培育计划，夯实高校毕业生基层成长基础。提升能力素质是为高校毕业生基层成长提供持续动力的重要手段。各地要面向基层高校毕业生构建集党性教育、政策理论、业务知识、实践指导于一体的教育培训体系，不断丰富教育培训内容，创新教育培训方式。与高校毕业生相关的各类培训项目、培训经费要向基层倾斜，地方各级党校和行政学院可开设专门课程，各地组织实施的“双基”公务员培训、农村实用人才培训、新型农业经营人才培训、住院医师规范化培训和助理全科医生培训、专业技术人员继续教育培训、高技能人才培训等人才培养工程要优先培训基层高校毕业生，全国每年培训人数不少于1万人。基层高校毕业生参加创业培训、职业技能培训的，按规定给予职业培训补贴，取得职业资格证书或职业技能等级证书的，按规定给予参保职工技能提升补贴。建立基层人才导师结对帮扶制度，推动国家、省市学术技术带头人、高层次人才与基层高校毕业生建立结对培养关系，指导培养对象开展科学研究、技术攻关、新产品开发和新技术新工艺推广等，吸纳培养对象参与导师科研项目，导师培养成果可视同基层工作业绩，在高层次人才推荐选拔、表彰推优、专家休假疗养等方面优先考虑。鼓励行业部门实施基层人才专项培训计划，通过定向委培、学习进修、跟班学习、实践考察等多种渠道，提升基层高校毕业生岗位适应、职业发展和实践能力。鼓励有条件的地方选送扎根基层高校毕业生到境外、国外进行考察交流、进修学习等，不断健全短期培训和长期培养相结合、国内培养和国际交流相结合的开放式培养体系。用人单位要为基层高校毕业生参加学习培训活动提供必要的时间保障和经费支持。

（二）实施岗位锻炼成才计划，搭建高校毕业生基层成长平台。强化岗位锻炼是促进高校毕业生发挥作用、加快成长成才的必然途径。各地及各用人单位要尊重基层高校毕业生的特点和特长，积极搭建工作平台，做到人尽其才、才尽其用，将基层高校毕业生放在重要岗位上压担子、给台阶、多锻炼，支持他们承担重点任务、创新项目、技术攻关等，在艰苦复杂的环境和丰富的基层实践中锻炼成长。建立健全导师培养制，由单位负责同志或业务带头人对重点培养的基层高校毕业生进行“一对一”传帮带，放在校长助理、所长助理、专家助理、总经理助理等重要岗位上进行锻炼培养。建立健全多岗位锻炼制度，对有发展潜力的基层高校毕业生有针对性地进行多岗位锻炼，培养一专多能复合型人才。建立健全交流锻炼制度，进一步畅通交流锻炼渠道，积极选派基层高校毕业生中的业务骨干到上级单位或发达地区挂职锻炼、跟班学习等。

（三）实施职业发展支持计划，拓展高校毕业生基层成长空间。加强职业发展支持是促进高校毕业生基层成长的重要组织保障。各地要坚持基层导向，在干部人才选拔任用工作中注重基层经历。适当提高基层事业单位中、高级专业技术岗位设置比例，对高层次人才或基层急需紧缺专业人才，可通过特设岗位等方式引进符合条件的高校毕业生。对优秀的基层高校毕业生注重选拔使用，在专业技术职务（职称）评聘、人才项目选拔、出国深造、参加进修学习和学术会议等方面予以优先。创新完善基层专业技术人才职称评审制度，鼓励有条件的地方单独建立基层专业技术人才职称评审委员会或评审组，单独评审，侧重考察实际工作业绩，适当放宽学历和任职要求。对长期在基层一线工作且做出重要贡献的基层高校毕业生，可破格晋升职称等级。对参加高校毕业生基层服务项目服务期满后留在基层工作的人员，要及时纳入高校毕业生基层成长计划，跟踪培养。落实干部交流轮岗制度，对工作条件特别艰苦或岗位职责重、压力大的基层高校毕业生，适时组织交流或轮岗。

（四）实施基层成长环境营造计划，提供高校毕业生基层成长良好工作生活保障。促进高校毕业生在基层成长成才必须营造良好的工作生活环境。落实新录用到中西部地区、东北地区或艰苦边远地区、国家扶贫开发工作重点县县以下机关事业单位工作的高校毕业生高定级别工资档次或薪级工资相关政策。将基层高校毕业生纳入当地人才政策扶持范围，符合条件的提供住房、医疗、子女就读、落户、职称申报等方面配套支持。各级各类人才表彰奖励项目进一步向基层一线倾斜，将基层高校毕业生纳入表彰奖励对象范围。逐步建立健全基层高校毕业生表彰奖励体系，形成分层次、分类别的基层优秀青年人才评选奖励机制。人力资源社会保障部会同有关部门按规定适时评选表彰一批扎根基层、干事创业、敬业奉献、表现突出的基层优秀青年人才。基层单位对长期服务基层、爱岗敬业、表现突出的高校毕业生要优先给予奖励。

（五）实施基层成长服务体系建设计划，形成关心关爱基层高校毕业生成长的良好氛围。促进高校毕业生基层成长需要创造的良好社会氛围。加强党组织对高校毕业生基层成长的领导和引导，对到基层工作的党员高校毕业生，各级党委和基层党组织应加强教育管理和激励关怀，严格组织生活和纪律约束，对非党员的优秀人才要加强政治引领和政治吸引，使高校毕业生在基层充分感受党的关怀关爱，沿着正确方向健康成长。人力资源社会保障部门要会同有关部门建立高校毕业生基层成长联系服务机制，定期或不定期开展座谈、走访慰问等活动，密切与基层高校毕业生联系。教育、卫生、农业、文化等行业部门要关心关爱本行业基层高校毕业生，要格外关注长期在基层艰苦岗位上工作的高校毕业生，了解他们思想动态和工作生活情况，帮助解决实际困难。公共就业和人才服务机构要将基层高校毕业生作为重要服务对象，及时提供就业创业服务，落实相关政策扶持。基层用人单位要立足自身资源，加大对高校毕业生的政策倾斜和照顾。要依托现有场地资源、利用互联网技术，为基层高校毕业生搭建形式多样的线上线下互动平台，推动他们相互学习交流。充分发挥各级工会、共青团、妇联等组织的作用，创造更多机会增强基层高校毕业生成就感、归属感。

（六）实施后备人才计划，打造一批扎根基层的优秀青年人才。建立分层次、多渠道的基层后备人才选拔体系。人力资源社会保障部会同有关部门从基层优秀高校毕业生中每年遴选 5 000 人左右，建立国家基层成长计划后备人才库。各地人力资源社会保障部门会同相关部门建立本地基层成长计划后备人才库。将基层成长计划后备人才纳入本地青年干部队伍、人才队伍建设规划，统筹衔接，协调推进，加强支持。上级机关事业单位选拔干部人才、同级单位岗位职务（等级）晋升和评聘专业技术职务（岗位），应当将纳入后备人才的优秀高校毕业生作为重点人选对象。各级财政部门应统筹使用现有经费渠道，为基层成长计划后备人才库的高校毕业生提供适当的培养经费补助。各地组织基层成长计划后备人才开展集中培训符合条件的，可采取整建制购买培训项目等方式由就业补助资金按规定给予支持。要加大跟踪培养力度，通过理论学习、实践锻炼、国情考察、对外交流等多种方式，培养出一批政治坚定、勇挑重担、作风过硬的基层后备人才，源源不断地为基层干部人才队伍建设提供新鲜血液。

四、组织实施

（一）加强组织领导。地方各级党委和政府要将实施高校毕业生基层成长计划作为贯彻落实十九大精神的实际行动，作为贯彻落实《中共中央办公厅　国务院办公厅印发〈关于进一步引导和鼓励高校毕业生到基层工作的意见〉的通知》的具体措施，加强对本地基层成长计划的组织领导。各地人力资源社会保障部门要结合各地实际情况，积极会同组织、教育、财政、共青团等部门和单位研究制定具体实施方案，细化计划内容，明确工作任务、职责分工、时间进度和工作要求，并精心组织实施。要强化部门协同，充分发挥各有关部门职能优势，分工协作，形成合力，共同推进计划的顺利实施。

（二）加大支持力度。各地区、各部门要统筹做好高校毕业生基层成长计划的经费保障工作，确保高校毕业生基层成长计划的顺利实施。各地要综合利用相关资金，积极支持基层高校毕业生的培养培训、项目资助、事业发展等。鼓励用人单位积极创造条件，为基层高校毕业生工作、学习、生活提供便利。

（三）加强督导落实。各地要建立高校毕业生基层成长计划督导机制，加强工作指导，开展督促检查，推动计划层层落实。定期开展高校毕业生基层成长计划实施效果评估，及时总结经验，不断完善政策措施和工作方法，确保计划实现预期目标。

（四）强化宣传引导。各地要多形式多渠道宣传基层成长计划的重大意义、目标任务和政策措施，广泛开展动员，力争将符合条件的优秀高校毕业生均纳入基层成长计划。要树立一批基层高校毕业生典型，大力宣传优秀事迹和突出贡献，加强舆论引导，营造良好的社会氛围。

人力资源社会保障部关于第五批宣布失效和废止文件的通知

人社部发〔2017〕87号

各省、自治区、直辖市及新疆生产建设兵团人力资源社会保障厅（局）：

根据国务院文件清理工作的统一部署，我部对涉及“放管服”改革的规范性文件进行了清理。其中部分文件因调整对象已消失、工作任务已完成、适用期已满、已有新规定替代、原有依据已废止等原因，应当宣布失效或废止。现宣布失效26份文件（见附件1），废止76份文件（见附件2）。

附件：

1. 人力资源社会保障部宣布失效的文件目录

2. 人力资源社会保障部宣布废止的文件目录

2017年11月24日

附件1

人力资源社会保障部宣布失效的文件目录

序号	文号	文件名称	清理意见	理由
1	劳薪字〔1990〕81号	劳动部关于贯彻《国务院批转劳动部等部门关于加强城镇集体所有制企业职工工资收入管理意见的通知》的通知	宣布失效	工作任务已完成
2	人专发〔1991〕6号	关于解决早期回国定居专家生活津贴和部分人员工资偏低问题的实施意见	宣布失效	适用期已满
3	劳薪字〔1991〕19号	劳动部印发《关于进一步搞好全民所有制企业内部工资分配的意见》的通知	宣布失效	工作任务已完成
4	劳力字〔1992〕7号	劳动部关于扩大试行全员劳动合同制的通知	宣布失效	工作任务已完成
5	劳薪字〔1992〕8号	劳动部关于进行岗位技能工资制试点工作的通知	宣布失效	工作任务已完成

续表

序号	文号	文件名称	清理意见	理由
6	劳薪字〔1992〕28号	劳动部关于部分试点企业探索改变国家与企业分配关系的意见	宣布失效	工作任务已完成
7	劳薪字〔1992〕30号	劳动部关于下发《关于搞好岗位技能工资制试点工作有关问题的意见》的通知	宣布失效	工作任务已完成
8	劳部发〔1993〕41号	劳动部印发《关于进一步深化岗位技能工资制试点工作的意见》的通知	宣布失效	工作任务已完成
9	劳部发〔1993〕411号	劳动部关于印发《劳动部关于建立社会主义市场经济体制时期劳动体制改革总体设想》的通知	宣布失效	工作任务已完成
10	劳政字〔1993〕3号	劳动部关于实施《全民所有制工业企业转换经营机制条例》的意见	宣布失效	工作任务已完成
11	劳部发〔1994〕409号	劳动部关于实施最低工资保障制度的通知	宣布失效	工作任务已完成
12	劳部发〔1994〕463号	劳动部关于尽快制定劳动合同制度实施方案的通知	宣布失效	工作任务已完成
13	劳部发〔1994〕486号	劳动部关于进行集体协商签订集体合同试点工作的意见	宣布失效	工作任务已完成
14	劳办发〔1997〕19号	劳动部办公厅关于印发《外商投资企业工资集体协商的几点意见》的通知	宣布失效	工作任务已完成
15	劳社厅发〔2003〕6号	关于进一步做好扩大城镇职工基本医疗保险覆盖范围工作的通知	宣布失效	工作任务已完成
16	劳社厅函〔2005〕56号	关于扩大城镇职工基本医疗保险制度改革试点范围意见的函	宣布失效	工作任务已完成
17	劳社厅函〔2005〕104号	劳动和社会保障部办公厅关于进一步贯彻实施最低工资规定的通知	宣布失效	工作任务已完成
18	劳社厅函〔2005〕120号	关于暂缓执行《国家基本医疗保险和工伤保险药品目录》有关规定的通知	宣布失效	调整对象消失
19	劳社厅函〔2005〕197号	关于扩大城镇职工基本医疗保险制度改革试点范围及相关问题意见的函	宣布失效	工作任务已完成
20	劳社厅发〔2006〕11号	关于开展农民工参加医疗保险专项扩面行动的通知	宣布失效	工作任务已完成
21	劳社厅函〔2006〕260号	关于从医疗保险和工伤保险药品目录中删除鱼腥草注射液等药品品种的通知	宣布失效	调整对象消失
22	劳社厅函〔2006〕697号	关于做好新颁布的劳动能力鉴定标准组织实施工作的通知	宣布失效	工作任务已完成
23	劳社部发〔2007〕20号	劳动和社会保障部关于进一步健全最低工资制度的通知	宣布失效	工作任务已完成
24	劳社厅函〔2007〕248号	关于从医疗保险和工伤保险药品目录中删除培高利特制剂的通知	宣布失效	调整对象消失
25	人社部发〔2010〕39号	关于做好2010年城镇居民基本医疗保险工作的通知	宣布失效	工作任务已完成
26	人社厅发〔2010〕99号	关于公布2010年工伤康复试点机构评估结果的通知	宣布失效	工作任务已完成

附件 2

人力资源社会保障部宣布废止的文件目录

序号	文号	文件名称	清理意见	理由
1	劳人劳〔1983〕2 号	劳动人事部关于印发《企业职工奖惩条例》若干问题的解答意见的通知	宣布废止	原有依据已废止
2	劳险字〔1988〕2 号	关于女职工生育待遇若干问题的通知	宣布废止	已有新规定替代
3	劳办力字〔1989〕20 号	劳动部办公厅关于临时工管理有关问题的复函	宣布废止	已有新规定替代
4	劳办力字〔1989〕25 号	劳动部办公厅关于《企业职工奖惩条例》有关条款解释问题的函	宣布废止	原有依据已废止
5	劳力字〔1990〕1 号	劳动部关于《企业职工奖惩条例》有关条款解释问题的复函	宣布废止	原有依据已废止
6	劳力字〔1990〕56 号	劳动部关于继续贯彻执行《国营企业招用工人暂行规定》的通知	宣布废止	原有依据已废止
7	劳力字〔1991〕7 号	劳动部关于全民所有制公司机构、编制审批工作的通知	宣布废止	原有依据已废止
8	劳力字〔1991〕32 号	劳动部办公厅关于《国营企业辞退违纪职工暂行规定》第二条有关问题解释的复函	宣布废止	原有依据已废止
9	劳力字〔1991〕50 号	劳动部关于《企业职工奖惩条例》有关条款解释的复函	宣布废止	原有依据已废止
10	劳办力字〔1991〕44 号	劳动部办公厅关于《企业职工奖惩条例》有关条款解释问题的函	宣布废止	原有依据已废止
11	劳力字〔1991〕65 号	关于邮电企业继续招用农民合同制工人的复函	宣布废止	原有依据已废止
12	劳办力字〔1991〕55 号	劳动部办公厅关于劳动合同制工人被劳教后劳教费用问题的复函	宣布废止	已有新规定替代
13	劳办力字〔1991〕66 号	劳动部办公厅关于农业事业单位招用农民合同制工人问题的复函	宣布废止	原有依据已废止
14	劳办计字〔1991〕24 号	劳动部办公厅对大连市劳动局《关于劳动合同制职工发放生活补助费的请示》的复函	宣布废止	原有依据已废止
15	劳办薪字〔1991〕9 号	劳动部办公厅关于企业单位对错判人员工资如何补发的复函	宣布废止	已有新规定替代
16	劳部发〔1992〕34 号	关于严格执行国务院规定，不得随意改变社会保险管理体制问题的通知	宣布废止	已有新规定替代
17	劳办力字〔1992〕2 号	劳动部办公厅关于劳动合同期限问题的复函	宣布废止	原有依据已废止
18	劳办力字〔1992〕11 号	劳动部办公厅关于劳动合同起算时间和试用期问题的复函	宣布废止	原有依据已废止

续表

序号	文号	文件名称	清理意见	理由
19	劳办力字〔1992〕18号	劳动部办公厅关于《企业职工奖惩条例》有关条款解释问题的复函	宣布废止	原有依据已废止
20	劳办力字〔1992〕19号	劳动部办公厅关于全民合同制工人合同期满后形成事实劳动关系问题的复函	宣布废止	已有新规定替代
21	劳办力字〔1992〕29号	劳动部办公厅关于企业能否给予退休职工开除处分的复函	宣布废止	原有依据已废止
22	劳办力字〔1992〕38号	劳动部办公厅关于同意纺织企业招用农民合同制工人的复函	宣布废止	原有依据已废止
23	劳办力字〔1992〕47号	劳动部办公厅关于贯彻《全民所有制企业招用农民合同制工人的规定》中有关问题的复函	宣布废止	原有依据已废止
24	劳办力字〔1992〕48号	劳动部办公厅关于企业与职工解除劳动关系可继续使用“除名”方式的复函	宣布废止	原有依据已废止
25	劳办力字〔1992〕53号	劳动部办公厅关于《企业职工奖惩条例》有关问题的复函	宣布废止	原有依据已废止
26	劳办力字〔1992〕57号	劳动部办公厅关于《企业职工奖惩条例》是否适用于劳动合同制工人有关问题的复函	宣布废止	原有依据已废止
27	劳办力发〔1992〕63号	劳动部办公厅关于企业职工奖惩程序问题的复函	宣布废止	原有依据已废止
28	劳办发〔1993〕68号	劳动部办公厅关于企业处理擅自离职职工问题的复函	宣布废止	已有新规定替代
29	劳办发〔1993〕83号	劳动部办公厅关于企业职工奖惩问题的复函	宣布废止	原有依据已废止
30	劳办发〔1993〕199号	劳动部办公厅关于企业辞退违纪职工生效时间的复函	宣布废止	原有依据已废止
31	劳办发〔1993〕211号	劳动部办公厅关于合同制工人被判徒刑缓刑问题的复函	宣布废止	原有依据已废止
32	劳部发〔1994〕65号	劳动部关于逾期终止劳动合同等问题的复函	宣布废止	原有依据已废止
33	劳部发〔1994〕360号	劳动部关于全面实行劳动合同制的通知	宣布废止	已有新规定替代
34	劳部发〔1994〕481号	劳动部关于印发《违反和解除劳动合同的经济补偿办法》的通知	宣布废止	已有新规定替代
35	劳部发〔1994〕497号	劳动部、国家体改委关于印发《股份有限公司劳动工资管理规定》的通知	宣布废止	上位法已修改
36	劳部发〔1994〕509号	劳动部办公厅关于开展劳动合同鉴证工作有关问题的通知	宣布废止	原有依据已废止
37	劳办发〔1994〕13号	劳动部办公厅关于确定职工开除处分时间问题的复函	宣布废止	原有依据已废止
38	劳办发〔1994〕48号	劳动部办公厅关于自动离职与职工除名应如何界定的复函	宣布废止	原有依据已废止
39	劳办发〔1994〕75号	劳动部办公厅关于企业职工在留用察看期间是否可以开除问题的复函	宣布废止	原有依据已废止
40	劳办发〔1994〕87号	劳动部办公厅关于对“需向第三国保密的劳务合同文本”等问题解释的函	宣布废止	原有依据已废止

续表

序号	文号	文件名称	清理意见	理由
41	劳办发〔1994〕100号	劳动部办公厅关于被宣告缓刑的职工留用察看期满是否恢复其正式职工身份的复函	宣布废止	原有依据已废止
42	劳办发〔1994〕173号	劳动部办公厅关于职工在续订合同期内违反劳动合同的赔偿问题的函	宣布废止	原有依据已废止
43	劳办发〔1994〕208号	劳动部办公厅关于建议恢复劳动合同鉴证工作的复函	宣布废止	原有依据已废止
44	劳办发〔1994〕214号	劳动部办公厅关于精神病患者可否解除劳动合同的复函	宣布废止	已有新规定替代
45	劳办发〔1994〕256号	劳动部办公厅对“关于国有企业和集体所有制企业能否参照执行劳部发〔1994〕118号文件中的有关规定的请示”的复函	宣布废止	已有新规定替代
46	劳部发〔1995〕370号	劳动部关于加快建立劳动合同制度的通知	宣布废止	已有新规定替代
47	劳办发〔1995〕19号	劳动部办公厅对《关于全面实行劳动合同制若干问题的请示》的复函	宣布废止	原有依据已废止
48	劳办发〔1995〕35号	劳动部办公厅对《关于执行〈违反和解除劳动合同的经济补偿办法〉有关规定的请示》的答复	宣布废止	已有新规定替代
49	劳办发〔1995〕121号	劳动部办公厅关于支付退休退职费用适用法规问题的复函	宣布废止	已有新规定替代
50	劳办发〔1995〕150号	劳动部办公厅、国家经贸委办公厅对“关于用人单位要求在职职工缴纳抵押性钱款或股金的做法应否制止的请示”的复函	宣布废止	已有新规定替代
51	劳办发〔1995〕179号	劳动部办公厅关于通过新闻媒介通知职工回单位并对逾期不归者按自动离职或旷工处理的复函	宣布废止	原有依据已废止
52	劳办发〔1995〕223号	劳动部办公厅关于调入合同有关问题的复函	宣布废止	原有依据已废止
53	劳办发〔1995〕281号	劳动部办公厅关于农民合同制工人续订劳动合同有关问题的复函	宣布废止	已有新规定替代
54	劳部发〔1996〕162号	劳动部、国家工商行政管理局、中国个体劳动者协会关于私营企业和个体工商户全面实行劳动合同制度的通知	宣布废止	已有新规定替代
55	劳部发〔1996〕332号	劳动部、中国人民银行、中国工商银行、中国农业银行、中国银行、中国建设银行、中国人民保险（集团）公司关于加快国有商业银行、保险公司实行劳动合同制度的通知	宣布废止	已有新规定替代
56	劳办发〔1996〕33号	劳动部办公厅对《关于终止或解除劳动合同计发经济补偿金有关问题的请示》的复函	宣布废止	已有新规定替代
57	劳办发〔1996〕181号	劳动部办公厅关于用人单位不签订劳动合同，员工要求经济补偿问题的复函	宣布废止	已有新规定替代
58	劳办发〔1996〕211号	劳动部办公厅对《关于农民轮换工有关政策问题的请示》的复函	宣布废止	原有依据已废止
59	劳办发〔1996〕215号	劳动部办公厅对《关于临时工的用工形式是否存在等问题的请示》的复函	宣布废止	原有依据已废止

续表

序号	文号	文件名称	清理意见	理由
60	劳办发〔1996〕243号	劳动部办公厅关于终止劳动合同支付经济补偿金有关问题的复函	宣布废止	原有依据已废止
61	劳办发〔1996〕244号	劳动部办公厅对《关于农民轮换工问题的请示》的复函	宣布废止	原有依据已废止
62	劳办发〔1997〕23号	劳动部办公厅对《关于取保候审的原固定工不签订劳动合同的请示》的复函	宣布废止	已有新规定替代
63	劳办发〔1997〕42号	劳动部办公厅关于职工因私出境定居而解除劳动合同经济补偿问题的复函	宣布废止	已有新规定替代
64	劳办发〔1997〕49号	劳动部办公厅关于卖淫嫖娼人员被收容教育期间工资福利待遇等有关问题的复函	宣布废止	已有新规定替代
65	劳办发〔1997〕65号	劳动部办公厅关于固定工在转制过程中因劳动合同期限协商不一致未签劳动合同问题的复函	宣布废止	已有新规定替代
66	劳社厅函〔2001〕125号	关于企业职工“法定退休年龄”涵义的复函	宣布废止	与国发〔1978〕104号对企业职工退休年龄的规定不一致
67	劳社部发〔2003〕27号	劳动和社会保障部、建设部关于切实解决建筑业企业拖欠农民工工资问题的通知	宣布废止	已有新规定替代
68	劳社部发〔2004〕23号	关于印发《国家基本医疗保险和工伤保险药品目录》的通知	宣布废止	已有新规定替代
69	劳社厅函〔2004〕123号	关于当事人对工伤认定不服申请行政复议问题的复函	宣布废止	已有新规定替代
70	劳社部发〔2005〕23号	劳动和社会保障部、建设部、公安部、监察部、司法部、工商行政管理总局、中国人民银行、中华全国总工会、中国银行业监督管理委员会关于进一步解决拖欠农民工工资问题的通知	宣布废止	已有新规定替代
71	劳社厅函〔2005〕210号	劳动和社会保障部关于工资基金结余问题的复函	宣布废止	原有依据已废止
72	国人部发〔2006〕150号	关于行政机关任命的事业单位工作人员违反纪律处分的通知	宣布废止	已有新规定替代
73	劳社厅函〔2006〕515号	关于生育保险覆盖范围问题的复函	宣布废止	已有新规定替代
74	国人部发〔2007〕152号	关于行政机关任命的事业单位工作人员参照执行《行政机关公务员处分条例》的通知	宣布废止	已有新规定替代
75	劳社部发〔2007〕37号	关于城镇居民基本医疗保险儿童用药有关问题的通知	宣布废止	已有新规定替代
76	人社厅函〔2009〕366号	关于海南省生育津贴发放期限请示的复函	宣布废止	原有依据已废止

人力资源社会保障部印发《关于深化技工院校教师职称制度改革的指导意见》的通知

人社部发〔2017〕90号

各省、自治区、直辖市及新疆生产建设兵团人力资源社会保障厅（局），国务院有关部门人事工作机构，有关中央企业人事部门：

为贯彻落实中共中央办公厅、国务院办公厅印发的《关于深化职称制度改革的意见》有关要求，进一步完善符合技工院校教师特点的职称制度，我们研究制定了《关于深化技工院校教师职称制度改革的指导意见》，现印发给你们，请结合实际情况，制定具体实施方案，抓好贯彻落实，确保技工院校教师职称制度改革顺利推进。

2017年11月28日

关于深化技工院校教师职称制度改革的指导意见

技工院校（包括技师学院、高级技工学校和技工学校）是国民教育体系和人力资源开发的重要组成部分，是培养技能人才的专门学校。技工院校教师是我国教师队伍和专业技术人才队伍的重要组成部分，是培养高素质技能人才、推动技工教育事业改革发展的重要力量。为贯彻落实中共中央办公厅、国务院办公厅印发的《关于深化职称制度改革的意见》，现就深化技工院校教师职称制度改革提出如下指导意见。

一、指导思想和基本原则

（一）指导思想

全面贯彻落实党的十九大精神，以习近平新时代中国特色社会主义思想为指导，按照中央深化职称制度改革的总体要求，遵循技工教育发展规律，健全完善符合技工院校教师职业特点的职称制度，畅通技工院校教师职业发展通道，更加科学客观公正地评价人才，更好地发挥其在技能人才培养中的作用，为大力发展技工教育，推进技工院校改革创新提供制度保障和人才支撑。

（二）基本原则

1. 坚持遵循规律，突出特点。遵循技工院校教师成长规律，突出技工教育职业特点，引导技工院校教师提高能力素质，促进其职业发展。

2. 坚持统一制度，分类管理。在统一的技工院校教师职称制度下，根据文化、技术理论课教师和生产实习课指导教师的不同特点，分类施策。

3. 坚持科学评价，激励创新。以品德、能力、业绩为导向，发挥人才评价“指挥棒”作用，激励技工院校教师提高教育教学水平，提高创新创业能力。

4. 坚持以用为本，发挥作用。围绕用好用活人才，创新人才评价机制，促进人才评价与使用相结合，使职称制度与技工院校聘用制度和岗位管理制度相配套。

二、主要内容

通过健全制度体系、完善评价标准、创新评价机制、实现职称制度与用人制度的有效衔接等措施，形成以品德、能力和业绩为导向，以社会和业内认可为核心，覆盖各级各类技工院校教师的职称制度。

（一）健全制度体系

1. 完善技工院校教师职称层级，设置正高级职称。文化、技术理论课教师职称设初级、中级、高级，初级只设助理级，高级分设副高级和正高级，助理级、中级、副高级和正高级职称名称依次为助理讲师、讲师、高级讲师、正高级讲师。生产实习课指导教师职称设初级、中级、高级，初级分设员级和助理级，高级分设副高级和正高级，员级、助理级、中级、副高级和正高级职称名称依次为三级实习指导教师、二级实习指导教师、一级实习指导教师、高级实习指导教师、正高级实习指导教师。

2. 促进技工院校教师职称与事业单位岗位设置相衔接。正高级对应专业技术岗位一至四级，副高级对应专业技术岗位五至七级，中级对应专业技术岗位八至十级，助理级对应专业技术岗位十一至十二级，员级对应专业技术岗位十三级。

（二）完善评价标准

1. 充分体现技工院校教师职业特点。坚持把师德放在评价的首位，引导教师立德树人，爱岗敬业。注重实践教学和技能人才培养实绩，注重职业素养的养成、工匠精神的塑造和创新创业能力的培养，注重产教融合、校企合作和工学结合的一体化教学方法，注重教学一线实践、参与职业技能大赛等经历。切实改变唯论文、唯学历倾向，不将论文作为技工院校生产实习课指导教师职称评审的限制性条件，可将职业技能竞赛成绩、参与教材开发和教学研究情况、指导学生实习的成果、专利成果、教案等作为评价条件。不对职称外语和计算机应用能力考试作统一要求，确实需要评价外语和计算机水平的，由用人单位或评审机构自主确定评审条件。

2. 实行国家标准和地区标准相结合。人力资源社会保障部负责制定《技工院校教师水平评价基本标准条件》（附后），各省（自治区、直辖市）人力资源社会保障厅（局）可根据本地区技工教育发展实际，制定不低于国家标准的具体评价标准。

3. 向优秀人才倾斜。对少数特别优秀的教师，可制定相应的破格评审条件。对既承担文化、技术理论课教学任务，又承担生产实习教学任务的一体化教师，可制定相应的倾斜条件。获得中华技能大奖、全国技术能手荣誉称号，担任国家级技能大师工作室负责人，本人获得或指导学生获得世界技能大赛优胜奖以上名次，获得省部级以上表彰的劳动模范、优秀教师、优秀教育工作者，可直接申报评审高级职称。对于从企业直接录用的具有工作经验的高技能人才，可按有关规定申报评审中级以上生产实习课指导教师职称。

（三）创新评价机制

1. 加强评委会建设。完善评委会的组织管理办法，健全工作程序和评审规则，合理确定组成人员的范围，注重遴选高水平的技工教育专家和经验丰富的一线高技能人才担任评委。各省（自治区、直辖市）、国务院有关部门、有关中央企业可按有关规定成立技工院校高级职称评审委员会，国务院有关部门和有关中央企业成立的高级职称评审委员会报人力资源社会保障部核准备案，其他技工院校高级职称评审委员会由省级人力资源社会保障部门核准备案，中级和初级职称评审委员会管理办法由各地自行制定。

2. 改进评价方式。积极探索以同行专家评审为基础的业内评价机制，采取说课讲课、面试答辩、专家评议、实践操作、材料评审等多种评价方式。建立技工院校教师职称评审公开制度，实行政策公开、标准公开、程序公开、结果公开，确保评价的客观公正。

3. 下放评审权限。科学界定、合理下放技工院校教师职称评审权限，逐步将高级职称评审权限下放至符合条件的市地人力资源社会保障部门和举办技工院校的大型企业。积极培育技工院校自主评审能力，推动技工院校自主开展初级、中级职称评审，探索教学能力较强、教师规模较大的技工院校自主开展高级职称评审试点。对于自主评审的单位，人力资源社会保障部门不再审批评审结果，改为事后备案管理。加强对自主评审工作的监管，对于不能正确行使评审权、不能确保评审质量的，将暂停自主评审工作直至收回评审权。

（四）实现职称制度与用人制度的有效衔接

技工院校教师职称评审是技工院校岗位聘用的重要依据和关键环节，岗位聘用是职称评审结果的主要体现。公办技工院校教师职称评审时要坚持评聘结合，根据《事业单位岗位设置管理试行办法》和技工院校岗位设置管理的有关规定核定岗位，教师竞聘上一级职称层级的岗位，由学校在岗位结构比例范围内差额推荐符合条件的教师参加评审，聘用通过职称评审的教师到相应教师岗位。人力资源社会保障部门及学校主管部门应及时兑现受聘教师的工资待遇。非公办技工院校教师职称评审时可参照公办技工院校评审办法，也可采取评聘分开方式，由学校推荐符合条件的教师参加评审。与技工院校教师职称层级对应的高级、中级、初级专业技术岗位之间的结构比例，以及高级、中级、初级岗位内部各等级的结构比例，要结合技工院校办学规模、办学层次、技能人才培养实际情况，按照国家有关规定执行。其中，正高级教师要从严控制，在确保质量的前提下逐步达到合理比例。文化、技术理论课教师和生产实习课指导教师中的正高级教师所占比例应大体相当。

三、组织实施

（一）统一思想，加强领导。技工院校教师职称制度改革是分系列推进职称制度改革的重要内容，是技工院校人事制度改革的重要举措，各省（自治区、直辖市）人力资源社会保障厅（局）要高度重视，成立相应的领导机构和工作机构，切实加强领导，明确工作责任，确保技工院校教师职称制度改革平稳推进。

（二）精心组织，稳慎实施。技工院校教师职称制度改革工作政策性强，各省（自治区、直辖市）人力资源社会保障厅（局）要结合本地区实际，认真制定改革工作方案，对申报条件、申报材料、申报程序、评价办法、评审程序和配套政策等作出具体规定。对改革前各地自行试点评审的技工院校正高级教师，要按有关规定通过一定程序进行确认，具体办法由各地、各有关部门和中央企业另行制定。各层级新的职称评审工作，严格按照本意见规定进行，不得随意降低评价标准条件，不得擅自扩大评审范围。

（三）强化监督，确保公平。技工院校教师职称制度改革涉及广大技工院校教师切身利益，各省（自治区、直辖市）人力资源社会保障厅（局）要严格规范评审程序。健全完善评聘监督机制，认真执行职称评审回避制度、公示制度、随机抽查制度，建立复查、投诉机制，充分发挥纪检监察部门和广大教师的监督作用，完善诚信承诺和失信惩戒机制，确保评聘程序公正规范，评聘过程公开透明。

各地在改革中要及时总结经验，发现、研究和解决改革中出现的新情况、新问题，妥善处理改革、发展和稳定的关系。

本意见适用于技工学校、高级技工学校、技师学院。地方各级技工教育教研机构教研人员和职业培训机构教师可参照本意见参加职称评审。

附件：技工院校教师水平评价基本标准条件

附件

技工院校教师水平评价基本标准条件

一、遵守国家宪法和法律法规，认真贯彻国家教育方针，热爱技工教育事业。

二、具有良好的政治素质、职业道德和敬业精神，遵守学校规章制度和教学行为规范，身心健康，教风端正，为人师表，勇于创新。

三、具备相应的专业知识、技能水平和教学教研能力，能够自觉运用教学新理念和新技术。

四、具备相应的教师资格，并在教育教学一线工作。

五、任现职以来近3年年度考核和师德考核均为称职（合格）以上。

六、任现职期间参加企业实践符合有关文件规定要求。

七、技工院校教师评审各层级职称，除必须达到上述标准条件，还应分别具备以下标准条件：

（一）文化、技术理论课教师

层级	教学教研要求	业绩成果要求	学历、技能等级要求
助理讲师	1. 基本掌握教育学生的原理和方法，了解任教专业的基本概况，具有所教学科必备的专业知识和技能，掌握所教学科的课程标准、教材，课程设计合理，教学效果较好 2. 基本胜任班主任工作 3. 具有学生社团、第二课堂等方面的组织能力	见习1年期间的教案	具备大学本科毕业学历或技工院校预备技师（技师）班毕业，见习期1年期满并考核合格；或者具备硕士学位 技术理论课教师具有相关职业（工种）初级及以上技能水平
讲师	1. 具有本专业扎实的专业知识和技能，掌握本专业的课程标准、教材、教学原理和教学方法，教学经验比较丰富，教学效果好 2. 担任班主任1年以上 3. 具有一定的组织和开展教育教学研究的能力，承担教学改革研究任务，并在教学改革实践中积累了一定经验 4. 具有比较丰富的学生社团、第二课堂等方面的组织能力，了解企业对人才培养的要求，积极承担职业培训任务	应至少具备下列2项条件： 1. 积极参与学校教学管理、教学改革、教学研究等工作，获得校级以上表彰 2. 参加地市级以上职业技能竞赛取得较好成绩，或者指导学生在地市级以上职业技能竞赛中取得较好成绩 3. 带领学生到企事业单位实习实训、社会实践1期以上 4. 参与校级以上精品课程或教学资源库建设，并获得表彰 5. 参与校级以上说课、微课、示范课、教案、课件制作等比赛之一并获得表彰	具备大学本科毕业学历或技工院校预备技师（技师）班毕业，并在助理讲师岗位任教4年以上；或者具备硕士学位，并在助理讲师岗位任教2年以上；或者具备博士学位 技术理论课教师具有相关职业（工种）中级及以上技能水平

续表

层级	教学教研要求	业绩成果要求	学历、技能等级要求
高级讲师	1. 能对学生进行有效的思想道德教育和职业指导，引导学生健康成长 2. 具有扎实的理论基础、专业知识和专业技能，了解本学科前沿动态，掌握先进的教育理念、教学手段，教学经验丰富，教书育人成绩突出 3. 在教学团队中发挥骨干作用，具有指导与开展教育教学研究的能力，在教学改革创新实践中取得比较突出的成绩 4. 能够指导青年教师开展学生社团、第二课堂等活动，熟悉企业对人才培养的要求；技术理论课教师能协助企业开展技术攻关和合作研发 5. 能够承担企业在职职工等群体的职业培训工作	应至少具备下列 3 项条件： 1. 积极参与学校教学管理、教学改革、教学研究等工作，获得地市级以上表彰 2. 主持过学校该专业一体化课程教改工作，在教学团队中发挥骨干作用 3. 参加地市级以上职业技能竞赛取得优异成绩 4. 指导学生在地市级以上职业技能竞赛中取得优异成绩 5. 带领学生到企事业单位实习实训、社会实践 2 期以上；或者主持过企业研究课题，帮助企业解决技术难题 6. 参与地市级以上精品课程或教学资源库建设，并获得表彰 7. 参与地市级以上说课、微课、示范课、教案、课件制作等比赛之一，并获得表彰 8. 参与省部级以上课题研究，或者主持地市级以上课题研究 9. 参编至少 1 部省部级以上统编教材	具备大学本科及以上学历或技工院校预备技师（技师）班毕业，受聘讲师职务 5 年以上 技术理论课教师具有相关职业（工种）高级及以上技能操作水平
正高级讲师	1. 具有崇高的职业理想，在教育教学一线工作 10 年以上，教书育人成绩显著 2. 系统地掌握本专业基础理论和专业理论知识，具有较高理论研究水平，掌握国内外本专业前沿发展动态；掌握先进的教育理念和现代化教学手段；教学水平高超，教学业绩卓著，教学特色鲜明 3. 在教学团队中发挥关键作用，掌握技能人才培养规律，具有主持和指导教育教学研究的能力，指导教学改革、教学研究方面有创新，并取得显著成果。在本地区能起到专业（学科）带头人作用，在指导和培养其他层级教师方面做出突出贡献 4. 能够指导青年教师开展学生社团、第二课堂等活动，熟悉企业对人才培养的要求，具有解决生产实践中具有一定难度技术问题的能力，在技术革新方面有较大贡献 5. 能够承担高级工以上职业培训任务	应至少具备下列 4 项条件： 1. 积极参与学校教学管理、教学改革、教学研究等工作，获得省部级以上表彰 2. 主持过学校该专业一体化课程教改工作，在教学团队中发挥关键作用 3. 参加省级以上职业技能竞赛取得优异成绩 4. 指导学生在省级以上职业技能竞赛中取得优异成绩 5. 带领学生到企事业单位实习实训、社会实践 3 期以上；或者主持过企业攻关难题 6. 参与省部级以上精品课程或教学资源库建设，并获得表彰 7. 参与省部级以上说课、微课、示范课、教案、课件制作等比赛之一，并获得表彰 8. 主持过至少 1 项省部级以上课题研究 9. 参编至少 2 部省部级以上统编教材	一般应具备大学本科及以上学历或技工院校预备技师（技师）班毕业，受聘高级讲师 5 年以上 技术理论课教师具有相关职业（工种）技师及以上技能操作水平

（二）生产实习课指导教师

层级	教学教研要求	业绩成果要求	学历、技能等级要求
三级实习指导教师	1. 基本掌握教育学生的原理和方法，能够正确教育和引导学生 2. 具有教育学、心理学和教学法的基础知识，基本掌握所教学科的专业知识和生产实习教学法，能够承担本职业（工种）部分实习教学 3. 了解本职业（工种）各种工具、设备结构原理以及文明生产、安全操作规程	见习1年期间的教案	具备中等职业学校（技工学校）毕业学历、大学专科学历或技工院校高级工班毕业，见习1年期满并考核合格；或者具备大学本科学历或技工院校预备技师（技师）班毕业 具有相关职业（工种）中级及以上技能操作水平
二级实习指导教师	1. 掌握教育学生的原理和方法，能够正确教育和引导学生，能在教学过程中弘扬工匠精神 2. 具有教育学、心理学和教学法的基础知识，基本掌握所教学科的专业知识和生产实习教学法，能够独立承担本职业（工种）部分实习教学 3. 掌握本职业（工种）各种工具、设备结构原理以及文明生产、安全操作规程 4. 能够胜任班主任工作	参加工作以来的教案	具备中等职业学校（技工学校）毕业学历，在三级实习指导教师岗位上任教3年；或者具备大学专科学历或技工院校高级工班毕业，在三级实习指导教师岗位上任教2年；或者具备大学本科学历或技工院校预备技师（技师）班毕业，在三级实习指导教师岗位上任教1年；或者具备硕士学位；具有相关职业（工种）高级及以上技能操作水平
一级实习指导教师	1. 具有本专业扎实的专业知识和技能，掌握本专业的课程标准、教材、教学原理和教学方法，能够将弘扬工匠精神贯穿教学全过程，教学经验比较丰富，教学效果比较好 2. 担任班主任1年以上 3. 具有一定的组织和开展教育教学研究的能力，承担教学改革研究任务，并在教学改革实践中积累了一定经验 4. 了解本专业工作过程或技术流程，能够胜任本专业实习课和工艺课的教学工作，并结合技能比武、技能竞赛等指导学生提高操作技能水平。积极承担职业培训任务	应至少具备下列2项条件： 1. 积极参与学校教学管理、教学改革、教学研究等工作，获得校级以上表彰 2. 主持过学校该专业一体化课程教改工作，在教学团队中发挥重要作用 3. 参加地市级以上职业技能竞赛取得较好成绩，或者指导学生在地市级以上职业技能竞赛中取得较好成绩 4. 带领学生到企事业单位实习实训、社会实践1期以上 5. 在培养指导生产实习指导教师提高技能操作水平和实习教学能力方面做出一定成绩	具备中等职业学校（技工学校）毕业学历，在二级实习指导教师岗位上任教5年以上；或者具备大学专科或技工院校高级工班毕业，在二级实习指导教师岗位任教4年以上；或者具备大学本科学历或技工院校预备技师（技师）班毕业，在二级实习指导教师岗位任教3年以上；或者具备硕士学位，在二级实习指导教师岗位任教2年以上 具有相关职业（工种）技师及以上技能操作水平

续表

层级	教学教研要求	业绩成果要求	学历、技能等级要求
高级实习指导教师	1. 具有本专业扎实的基础理论、专业知识和精湛的操作技能，掌握本专业工作过程或技术流程，教学经验丰富，教学业绩显著，形成一定的教学特色 2. 担任班主任工作1年以上，承担过预备技师及以上毕业课题指导工作，教书育人成绩比较突出 3. 具有较强的组织和开展实习教学研究和技术革新能力，并取得突出的成果，技能人才培养经验丰富。起到专业带头人的作用 4. 熟练掌握企业生产、服务流程，熟悉企业对人才培养的要求，协助企业开展技术攻关和合作研发，指导过实验、实训、顶岗实习、社会调查或毕业设计等教学工作 5. 能够承担企业在职职工等群体的职业培训工作	应至少具备下列3项条件： 1. 积极参与学校教学管理、教学改革、教学研究等工作，获得地市级以上表彰 2. 主持过学校该专业一体化课程教改工作，在教学团队中发挥骨干作用 3. 参加地市级以上职业技能竞赛取得优异成绩 4. 指导学生在地市级以上职业技能竞赛中取得优异成绩 5. 带领学生到企事业单位实习实训、社会实践2期以上；或者主持过企业研究课题，帮助企业解决技术难题 6. 在培养指导生产实习指导教师提高技能操作水平和实习教学能力方面做出一定成绩 7. 参与省部级以上课题研究，或者主持地市级以上课题研究 8. 参编至少1部省部级以上统编教材	具备大学本科及以上学历或技工院校预备技师（技师）班毕业，受聘一级实习指导教师5年以上 具有相关职业（工种）高级技师技能操作水平
正高级实习指导教师	1. 具有崇高的职业理想，在教育教学一线工作10年以上，独立承担过预备技师及以上毕业课题指导工作，教书育人成绩显著 2. 系统地掌握本专业基础理论和专业理论知识，具有较高理论研究水平，掌握国内外本专业前沿发展动态；掌握先进的教育理念和现代化教学手段；教学水平高超，教学业绩卓著，教学特色鲜明 3. 在教学团队中发挥关键作用，掌握技能人才培养规律，具有主持和指导教育教学研究的能力，指导教学改革、教学研究方面有创新，并取得显著成果。在本地区能起到专业（学科）带头人作用，在指导和培养其他层级教师方面做出突出贡献 4. 熟练掌握企业生产、服务流程，熟悉企业对人才培养的要求，协助企业开展技术攻关和合作研发，指导过实验、实训、顶岗实习、社会调查或毕业设计等教学工作。培养学生的专业实践能力和创新创业能力实绩突出，直接指导学生在企业进行专业技能、创新创业和教学实践活动并取得突出成绩 5. 能够承担高级工以上职业培训任务	应至少具备下列4项条件： 1. 积极参与学校教学管理、教学改革、教学研究等工作，获得省部级以上表彰 2. 主持过学校该专业一体化课程教改工作，在教学团队中发挥关键作用 3. 参加省级以上职业技能竞赛取得优异成绩 4. 指导学生在省级以上职业技能竞赛中取得优异成绩 5. 带领学生到企事业单位实习实训、社会实践3期以上；或者主持过企业研究课题，帮助企业解决技术难题 6. 在培养指导生产实习指导教师提高技能操作水平和实习教学能力方面做出一定成绩 7. 主持过至少1项省部级以上课题研究 8. 参编至少2部省部级以上统编教材	一般应具备大学本科及以上学历或技工院校预备技师（技师）班毕业，受聘高级实习指导教师5年以上 具有相关职业（工种）高级技师技能操作水平

人力资源社会保障部　财政部
国家卫生计生委　国家中医药管理局
关于扩大公立医院薪酬制度改革试点的通知

人社部发〔2017〕92号

各省、自治区、直辖市人民政府：

《关于开展公立医院薪酬制度改革试点工作的指导意见》（人社部发〔2017〕10号，以下简称《指导意见》）印发后，各地精心组织、扎实推进，取得了阶段性成效。根据国务院第189次常务会议关于扩大公立医院薪酬制度改革试点的精神，现就有关事项通知如下：

一、扩大试点范围

各省（自治区、直辖市）结合本地实际，进一步积极、自主扩大公立医院薪酬制度改革试点范围，除按照《指导意见》明确的试点城市外，其他城市至少选择1家公立医院开展薪酬制度改革试点。

二、关于试点时间

新纳入试点的城市自发文之日起组织开展试点，为期1年。

三、加强组织领导

（一）试点地区要高度重视，周密部署，及时按照《指导意见》制定扩大试点工作的实施方案，于2018年1月底前报四部门备案。

（二）试点地区人力资源社会保障、财政、卫生计生、中医药管理部门要密切配合，及时总结试点经验，深入研究和解决试点中出现的问题，确保按时完成试点任务。

（三）试点地区要加强指导，鼓励试点医院积极探索，推进医疗、医保、医药联动改革，推动建立多劳多得、优绩优酬的激励机制，进一步调动医务人员积极性。

2017年12月12日

人力资源社会保障部关于贯彻“谁执法谁普法”普法责任制的实施意见

人社部发〔2017〕98号

各省、自治区、直辖市及新疆生产建设兵团人力资源社会保障厅（局），部属各单位：

为健全人力资源和社会保障法治宣传教育机制，落实普法责任，进一步做好普法工作，根据中共中央办公厅、国务院办公厅印发的《关于实行国家机关“谁执法谁普法”普法责任制的意见》，现就人力资源社会保障部门贯彻“谁执法谁普法”普法责任制提出以下实施意见。

一、总体要求

（一）指导思想

深入学习宣传贯彻党的十九大精神，以习近平新时代中国特色社会主义思想为指引，紧紧围绕统筹推进“五位一体”总体布局和协调推进“四个全面”战略布局，全面贯彻落实党中央关于法治宣传教育的决策部署，按照“谁执法谁普法”“谁服务谁普法”“谁主管谁普法”的要求，明确普法职责任务，健全工作制度，加强督促检查，不断推进人力资源和社会保障普法工作深入开展，努力形成系统上下联动、部门齐抓共管、社会广泛参与的工作格局，为全面依法治国做出积极贡献。

（二）基本原则

——坚持普法工作与业务工作相结合。把法治宣传教育融入业务工作全过程，在实际工作中加强法治宣传教育，不断提高人力资源和社会保障领域法治宣传教育的实际效果。

——坚持系统内普法与社会普法并重。各级人力资源社会保障部门要努力提高系统工作人员的法律素质，在履行好系统内普法责任的同时，围绕依法履行职责，向执法对象、服务对象、主管对象以及社会公众开展普法，增强社会公众的法治意识。

——坚持条块结合、密切协作。实行部门管理和属地管理相结合，加强部门与地方的衔接配合，完善分工负责、共同参与的普法工作机制，形成普法工作合力。

——坚持从实际出发、注重实效。立足人力资源和社会保障系统实际，围绕民生为本、人才优先的工作主线，创新普法理念、工作机制和方式方法，积极推动各项普法责任的落实，切实增强普法的针对性和实效性。

二、职责任务

（一）建立普法责任制。各级人力资源社会保障部门要把普法作为全面推进人力资源和社会保障法治建设的基础性工作，纳入部门工作总体布局，做到与其他业务工作同部署、同检查、同落实。各业务工作机构在制订年度工作计划时，要一并提出对相关的法律法规规章和重要规范性文件的普法安排，尤其要对当年计划开展的重大业务活动中如何开展普法活动以及当年拟制定的规章和规范性文件如何进行普法作出相应安排。各级人力资源社会保障部门要制订年度普法工作计划，对全年的普法任务、时间安排、普法形式等进行部署。

（二）明确普法内容。要把深入学习宣传习近平总书记关于全面依法治国的重要论述，学习宣传以习近平同志为核心的党中央关于全面依法治国的重要部署作为普法的核心内容。要突出宣传宪法，弘扬宪法精神，树立宪法权威。深入宣传中国特色社会主义法律体系，突出宣传法治政府建设方面的法律法规。要深入宣传党内法规，增强广大党员的党章党规党纪意识。要结合工作实际深入宣传劳动法、劳动合同法、就业促进法、劳动争议调解仲裁法、社会保险法、《事业单位人事管理条例》等人力资源和社会保障领域的法律法规规章和规范性文件，增强工作人员依法履职能力，特别是领导干部运用法治思维和法治方式开展工作的能力，提高社会公众对人力资源和社会保障法律法规的知晓度。

（三）切实做好系统党员干部的普法工作。各级人力资源社会保障部门要落实领导干部学法制度，把宪法法律和党章党规列入党组（党委）中心组年度学习计划，每年至少组织开展1次集体学法。要做好系统工作人员法治宣传教育工作，将行政处罚法、行政许可法、行政复议法等行政部门日常工作必须掌握的法律法规以及规范部内行政行为的制度规定作为法治宣传的基本内容，使之成为广大党员干部应知应会的工作常识，切实提高工作的科学化、规范化水平。要把法治教育纳入系统干部教育培训总体规划，将法治课程列为领导干部和工作人员初任培训、任职培训、专题培训、党校培训以及各类业务培训的必修课，确保法治培训课时数量和培训质量。新制定或者修订的法律、法规、规章和规范性文件出台后，都要在全系统组织专题培训。要加强对工作人员学法用法的考试考核，完善评估机制。大力开展机关法治文化建设，充分利用办公楼大厅、走廊等公用区域，因地制宜设置法治标语牌或者法治宣传栏，结合实际开展法律知识竞赛、学法用法演讲、法治文艺汇演、法治征文评选等法治文化活动。

（四）充分利用政策法规制定过程开展普法。在起草法律、行政法规草案过程中，要利用召开座谈会、论证会、到基层调研等方式，在广泛听取意见的同时，说明相关制度设计，解释立法依据，增强社会对立法的知晓度和理解力。在规章和规范性文件制定过程中，要对拟制定规章和规范性文件进行宣传，还要对制定规章和规范性文件所依据的法律法规进行宣传；除依法需要保密的外，要将规章草案和社会关注度高、涉及公众切身利益的重要规范性文件通过网站、报纸等向社会公开征求意见；规章和规范性文件草案提交部务会审议时要附宣传工作方案。规章和规范性文件公布后，要通过制定宣传提纲、在线访谈、答记者问、发表解读文章等方式，以通俗易懂的语言将公民、法人和其他组织的权利义务、权利救济方式等主要内容，通过网站、新闻媒体公布，方便社会公众理解掌握。政策法规及其宣传解读材料公布后，起草单位应当于5个工作日内报全国人力资源和社会保障系统法治宣传教育领导小组办公室。

（五）注重在依法履行职责过程中开展普法。在组织开展重大活动、专项检查、专项行动时，要把普法作为重要环节，对普法内容、普法形式、普法责任等作出具体部署。在“春风行动”“民营企业招聘周”“高校毕业生就业服务月”“就业援助月”等活动中，要结合工作对象特点，全面宣传促进就业创业的政策措施和涉及劳动者权利义务的法律法规，为广大劳动者和用人单位提供高效便捷的服务。在组织开展用人单位遵守劳动用工和社会保险法律法规情况、社会保险基金监督、农民工工资支付、清理整顿人力资源市场秩序等专项检查活动，以及推进“全民参保计划”“同舟计划”等专项行动时，要对普法内容、普法形式、普法责任等作出具体部署。要把向管理服务对象宣传普及相关法律知识作为工作流程的必备步骤，在依法履行职责、提供公共服务的过程中答疑解惑，使人民群众及时、准确了解相关政策法规。针对人力资源和社会保障领域热点问题和事件，要组织执法人员和专家学者进行权威解读，弘扬法治精神，正确引导舆论。

（六）通过以案释法开展普法。建立并落实工作人员以案释法制度。在行政处罚、行政强制、行政检查、劳动人事争议仲裁、行政争议案件处理、信访事项处理、工伤认定等过程中，要结合具体案情向当事人进行释法说理，把矛盾纠纷排查化解与法治宣传教育有机结合起来，让群众在解决问题中学习法律知识，树立法治观念。加强典型案例的收集、整理、研究和发布工作，发挥典型案例的引导、规范、预防与教育功能。结合法律“六进”活动，组织开展经常性以案释法活动，以身边人说身边事，用身边事教育身边人，推动法治宣传教育贴近基层、贴近百姓、贴近生活。

（七）创新普法工作方式方法。在巩固橱窗、板报等基础宣传阵地的同时，探索电子显示屏、电子触摸屏等新型载体的运用，建好用好法治宣传教育基地。积极推进“互联网＋人社”，注重依托网站、微博、微信、微视频和移动应用等新媒体新技术开展普法活动，努力构建多层次、立体化、全方位的法治宣传教育网络，增强普法活动的可及性和针对性。继续做好对广大用人单位的法治培训工作，力争做到全覆盖。探索将人力资源和社会保障法律法规作为技工院校必修课程的重要内容。要充分利用国家宪法日、法律颁布实施纪念日、12333全国统一咨询日等时间节点，积极组织开展集中普法活动，不断增强法治宣传实效。

三、组织保障和落实机制

（一）加强对普法工作的领导。各级人力资源社会保障部门党组（党委）要高度重视，进一步建立健全普法工作领导机构和办事机构，把法治宣传教育工作经费纳入本级财政预算，切实予以保障。普法工作领导机构和办事机构要切实发挥组织、协调、指导和监督作用，定期召开专题会议，听取汇报、通报工作、研究解决重大问题。各业务工作机构要按照普法责任制的要求，认真做好本业务领域相关政策法规的宣传教育，形成各负其责、各司其职、紧密配合的普法工作合力。

（二）建立工作报告制度。部属各单位应当于每年11月底前向全国人力资源和社会保障系统法治宣传教育领导小组办公室报告当年落实“谁执法谁普法”普法责任制的情况以及下一年度的普法工作安排。地方各级人力资源社会保障部门应当于每年年底前向上一级人力资源社会保障部门报告当年落实“谁执法谁普法”普法责任制的情况以及下一年度普法工作计划。

（三）强化考核评价和督促检查。要把“谁执法谁普法”普法责任制落实情况纳入考评体系，加强督促检查和工作指导，确保责任落到实处。全国人力资源和社会保障系统法治宣传教育领导小组办公室要对部属各单位、各地普法工作进行检查，对普法工作突出、成效明显的先进单位予以表扬，对措施不力、工作不到位、任务未完成的单位予以通报，督促限期整改。

（四）开展法治宣传教育示范创建活动。各级人力资源社会保障部门可以选择若干地区，大力培育法治宣传教育的先进典型，充分发挥先进典型的示范带动作用。要注重总结落实普法责任制好的做法，积极推广普法工作好的经验，加强宣传，不断提高人力资源和社会保障普法工作水平。

附件：

1. 人力资源社会保障部“谁执法谁普法”普法责任清单（略）

2. 人力资源社会保障部“谁执法谁普法”普法任务分工（略）

2017年12月27日

解决企业工资拖欠问题部际联席会议关于印发《2017年度保障农民工工资支付工作考核方案》的通知

人社部发〔2017〕100号

各省、自治区、直辖市人民政府及新疆生产建设兵团解决企业工资拖欠问题工作协调机制：

根据国务院办公厅印发的《保障农民工工资支付工作考核办法》（国办发〔2017〕96号）有关规定，现印发《2017年度保障农民工工资支付工作考核方案》，请认真贯彻执行。

2017年12月29日

2017年度保障农民工工资支付工作考核方案

根据《国务院办公厅关于印发保障农民工工资支付工作考核办法的通知》（国办发〔2017〕96号），解决企业工资拖欠问题部际联席会议（以下简称部际联席会议）决定开展2017年度保障农民工工资支付工作考核，现制定考核方案如下：

一、考核时间

自本方案印发之日起，启动2017年度保障农民工工资支付工作考核，2018年3月底前完成。

二、考核主体及对象

部际联席会议负责实施考核，部际联席会议办公室具体组织落实。考核对象是各省、自治区、直辖市人民政府及新疆生产建设兵团（以下统称各省级政府）。

三、考核内容

各省级政府加强对治欠保支工作的组织领导、建立健全工资支付保障制度、治理欠薪特别是工程建设领域欠薪工作成效等情况。考核指标及分值见“2017年度保障农民工工资支付工作考核细则”（附件1）。

四、考核步骤

（一）省级自查。各省级政府按照考核办法及考核细则，对本地区2017年度保障农民工工资支付工作情况进行自查，填报自查考核表（附件2），汇总自查相关材料，形成自查报告，于2018年2月28日前报送部际联席会议办公室。

（二）实地核查。部际联席会议办公室将组织考核组，在2018年3月15日前赴地方采取随机抽查、明察暗访等方式，实地核验各地保障农民工工资支付工作情况，具体安排另行通知。

（三）综合评议。部际联席会议将根据各地区提交的自查报告以及实地核查情况，结合社会治安综合治理、公安、信访等部门掌握的情况，对各地区进行考核评议，形成考核报告，于2018年3月底前报国务院。

考核报告经国务院同意后，部际联席会议将按规定向各省级政府通报，并抄送中央组织部。考核过程中发现的问题线索，移交纪检监察机关实施问责。

五、工作要求

国务院决定对各省级政府治欠保支工作进行考核，是推动地方政府落实保障农民工工资支付工作属地监管责任的重大举措，是实现到2020年基本无拖欠目标的重要制度安排，各地区要高度重视，认真组织落实。

一是要按时完成自查，提交自查报告，主动配合接受实地核查。

二是要真实、准确报告本地区治欠保支工作进展情况和成效，对弄虚作假、瞒报谎报的，实行一票否决，直接列入C级，并在全国范围予以通报批评。

三是要按照国办发〔2017〕96号文件要求，结合本地区实际，组织实施对本地区各级政府保障农民工工资支付工作的考核。

附件：

1. 2017年度保障农民工工资支付工作考核细则

2. 2017年度自查考核表

附件1

2017年度保障农民工工资支付工作考核细则

特别说明：考核打分除允许阶梯打分外，余者皆为完全实现者得分，否则零分。

序号	考核内容			评分项目	评分说明	分值（100分）
	一级指标	二级指标	年度指标			
一、加强组织领导（20分）						
1	落实属地监管责任	1. 落实省级政府负总责、市县级政府具体负责的工作体制	省本级建立由政府负责人牵头，相关部门参与的工作协调机制	1. 建立工作协调机制；1分 2. 工作协调机制由省级政府负责人担任召集人；0.5分 3. 建立定期研究会商机制，每年至少召开2次会议。0.5分	工作协调机制应当以解决拖欠农民工工资问题为主要议题	2

续表

序号	考核内容			评分项目	评分说明	分值（100分）
	一级指标	二级指标	年度指标			
1	落实属地监管责任	1. 落实省级政府负总责、市县级政府具体负责的工作体制	省以下市（地）、县级政府建立由政府负责人牵头，相关部门参与的工作协调机制	1. 省内全部市（地）、县级政府建立工作协调机制；1分 2. 工作协调机制由政府负责人担任召集人。1分	工作协调机制应当以解决拖欠农民工工资问题为主要议题	2
		2. 完善目标责任制度，将保障农民工工资支付工作纳入政府考核评价指标体系	省本级制定保障农民工工资支付工作目标责任制度	1. 出台保障农民工工资支付工作目标责任制度的文件。1分		1
			省本级建立对下级政府保障农民工工资支付工作考核指标体系	1. 制定考核办法，设立考核指标；1分 2. 组织实施考核。1分	考核应为省级政府对下级地方政府的考核，不含只对所属工作部门的考核 对保障农民工工资支付工作进行单项考核或与其他事项共同进行考核的，均可得分	2
		3. 实施定期督查情况	省级政府定期对下级政府保障农民工工资支付工作开展督查	1. 建立定期督查制度；1分 2. 实施定期督查；1分 3. 对欠薪问题高发、举报投诉量大的地区进行重点督查；1分 4. 督查重大欠薪违法案件。1分	督查指省级政府直接组织或部署有关部门具体实施的督查，不含所属工作部门自行组织的督查	4
		4. 实施问责情况	省级政府建立保障农民工工资支付工作问责制度	1. 建立对保障农民工工资支付工作的问责制度；1分 2. 对监管责任不落实、组织工作不到位的单位和个人问责；1分 3. 对因拖欠工程款引发欠薪的政府投资工程项目负责人问责。1分	2、3项如已按规定问责或经自查没有需问责的单位、个人，该项可得分；如在实地核查和综合评议阶段发现应问责未问责情形的，扣除该项自评得分	3
2	完善协调机制	5. 落实部门监管责任	人力资源社会保障部门承担组织协调和督促检查职责	1. 牵头组织制订本地区年度保障农民工工资支付工作计划。1分		1

续表

序号	考核内容			评分项目	评分说明	分值（100分）
	一级指标	二级指标	年度指标			
2	完善协调机制	5. 落实部门监管责任	1. 工作协调机制成员单位履责情况 2. 建立地方政府横向协作网络	1. 行业主管部门落实行业监管责任，规范工程建设领域市场秩序，开展打击转包、违法分包执法活动；1分 2. 行业主管部门督办因挂靠承包、违法分包、转包、拖欠工程款等造成的欠薪案件情况；1分 3. 制定具体措施办法，严格政府投资工程项目审批；1分 4. 制定具体措施办法，加强对政府投资工程项目资金监管，按规定及时拨付财政资金；1分 5. 建立协调解决欠薪问题的地方政府横向协作网络。1分	1、2项中行业主管部门主要指住房城乡建设、交通运输、水利以及其他主管工程建设的主管部门；3项主要涉及发展改革等负责政府投资工程项目审批的主管部门；4项中主要涉及财政以及其他履行政府投资工程项目资金监管和拨付职能的有关行业主管部门	5
二、建立健全工资支付保障制度（40分）						
3	规范工资支付行为	6. 督促企业按月足额支付工资	在建工程项目执行按月足额支付工资规定	1. 80%以上在建工程项目实现按月足额支付工资；1分 2. 政府投资工程项目实现按月足额支付工资。1分	评分项目中的“以上”均含本数，下同 1项中在建工程项目指已在行业主管部门领取施工许可证的工程项目，下同 1项达到70%不足80%的评0.8分，达到60%不足70%的评0.5分，其他不得分 2项中政府投资工程项目是指建设资金由财政性资金负担且业主单位为机关、事业单位或人民团体的工程项目 2项达到80%不足100%的评0.8分，达到70%不足80%的评0.5分，其他不得分	2

续表

序号	考核内容			评分项目	评分说明	分值（100分）
	一级指标	二级指标	年度指标			
3	规范工资支付行为	7. 落实工程建设领域总承包企业负总责、分包企业负直接责任的制度	1. 制定施工总承包企业加强对分包企业劳动用工和工资发放监督管理的具体措施 2. 制定建设单位或施工总承包企业在欠付工程款范围内先行垫付农民工工资的具体办法 3. 制定建设单位或施工总承包企业承担因违法发包、转包或违法分包造成欠薪的清偿责任的具体办法	1. 制定并组织落实。3分（3项各占1分）	相应的制度措施应适用于所有领域（如建筑市政、交通、水利等）的工程项目，只适用于部分领域工程项目的，扣除相应项目一半分值	3
		8. 规范劳动用工管理	1. 督促企业依法签订劳动合同 2. 在工程建设领域实行农民工实名制管理	1. 在建工程项目劳动合同签订率达85%以上；1分 2. 实名制管理覆盖40%以上在建工程项目。1分	1项达到80%不足85%的评0.8分，达到70%不足80%的评0.5分，其他不得分	2
		9. 推行银行代发工资制度	工程建设领域实行分包企业委托总承包企业直接向农民工代发工资制度	1. 在建工程项目中由分包企业委托总承包企业直接向农民工代发工资的项目数占比达60%以上。2分	1项达到50%不足60%的评1分，其他不得分	2
4	健全工资支付保障制度	10. 落实企业工资支付监控机制	构建工资支付监控网络	1. 建立工资支付监控预警机制。1分		1
		11. 实行工资保证金制度	落实工资保证金制度	1. 制定实施工资保证金制度的办法；1分 2. 在建工程项目按规定缴纳工资保证金。1分		2
		12. 建立农民工工资专用账户制度	制定并实行农民工工资专用账户管理制度	1. 制定农民工工资专用账户管理制度的办法；1分 2. 实行农民工工资专用账户制度覆盖60%以上在建工程项目。1分	2项达到50%不足60%的评0.5分，其他不得分	2

续表

序号	考核内容			评分项目	评分说明	分值（100分）
	一级指标	二级指标	年度指标			
4	健全工资支付保障制度	13. 完善企业守法诚信管理制度	1. 建立拖欠工资企业“黑名单”制度 2. 落实《重大劳动保障违法行为社会公布办法》《企业劳动保障守法诚信等级评价办法》 3. 对欠薪企业实施失信联合惩戒	1. 组织推进拖欠农民工工资企业“黑名单”制度建设；1分 2. 按规定公布重大劳动保障违法行为；1分 3. 开展企业劳动保障守法诚信等级评价工作；1分 4. 建立省内欠薪企业失信联合惩戒机制；1分 5. 按规定向各信用信息平台推送欠薪信息，实现企业信用信息互认共享。1分	2项中省本级2017年度内未按规定公布的，本项不得分	5
		14. 依法治理欠薪行为	1. 建立健全劳动保障监察制度机制 2. 加强农民工工资支付监察执法 3. 及时处理欠薪争议案件	1. 畅通举报投诉渠道，建立并落实举报投诉案件省级联动处理机制；2分 2. 落实“双随机”抽查和重点监督检查相结合的日常巡视检查机制；2分 3. 开展农民工工资支付情况多部门联合专项执法检查；1分 4. 建立省内跨地区执法协作机制；0.5分 5. 完善并落实行政执法和刑事司法衔接机制；1分 6. 建立欠薪案件快裁快审机制；0.5分 7. 建立集体欠薪案件和重大欠薪案件挂牌督办机制；0.5分 8. 建立对被欠薪农民工提供法律援助制度。0.5分	1项考核要点：省内建立运行劳动保障监察管理信息系统；省内劳动保障监察管理信息系统互联互通；劳动保障监察案件通过劳动保障监察管理信息系统统一办理；举报投诉案件省内联动处理，实现“一点举报投诉、全网联动处理”（各0.5分） 2项考核要点：省级建立“双随机”抽查“两单一库”；日常巡视检查中落实“双随机”抽查（各1分） 4项指劳动保障监察执法 6、7项指劳动争议仲裁案件	8
		15. 加强基层执法能力	落实《人力资源社会保障部　中央编办　财政部关于加强劳动保障监察执法能力建设的意见》	1. 制定落实《人力资源社会保障部　中央编办　财政部关于加强劳动保障监察执法能力建设的意见》的实施办法；1分 2. 加强基层劳动保障监察执法力量；2分 3. 劳动保障监察机构在人力资源社会保障领域承担综合执法职能；0.5分 4. 制定保障用于劳动保障监察工作的特种专业技术用车的具体措施。0.5分	2项考核要点：县级以上各级劳动保障监察机构健全；按规定配齐监察执法人员，杜绝违规挤占、挪用监察机构编制的问题；将各级劳动保障监察履行职责所需经费列入同级财政预算；各级劳动保障监察办案场所设施功能齐全，执法所需基本装备配备到位（各0.5分）	4

续表

序号	考核内容			评分项目	评分说明	分值（100分）
	一级指标	二级指标	年度指标			
4	健全工资支付保障制度	16. 完善欠薪突发事件应急处置机制	1. 健全应急处置预案 2. 完善应急周转金制度	1. 普遍建立欠薪突发事件应急处置预案；1分 2. 建立应急周转金制度。1分		2
		17. 落实施工现场维权公示制度	施工总承包企业在施工现场设立维权信息告示牌	1. 施工现场设立维权信息告示牌制度覆盖所有在建工程项目。1分	1项达到80%不足100%的评0.8分，达到70%不足80%的评0.5分，其他不得分	1
		18. 加强建设资金监管	1. 在工程建设领域推行工程款支付担保制度 2. 政府投资工程项目禁止施工企业带资施工 3. 规范工程款支付和结算	1. 制定建设单位对工程款支付实行担保制度的具体办法；1分 2. 落实政府投资工程项目禁止施工企业带资施工要求；1分 3. 全面推行施工过程结算；1分 4. 落实主管部门不得批准长期拖欠工程款（结算）的建设单位开工新项目的规定。1分	4项中，如在实地核查和综合评议阶段发现有违规批准有关建设单位新项目开工的，扣除该项得分	4
		19. 创新工资支付保障制度	结合本地区实际，探索建立治理欠薪问题的新机制、新办法	1. 加分项。2分	加分项主要指考核地区在治理欠薪过程中，在国务院统一工作要求之外，根据本地区实际依法依规制定的措施办法，并已取得明显成效	2
三、保障农民工工资支付工作成效（40分）						
5	工作实效	20. 落实目标责任制度	完成保障农民工工资支付工作目标	1. 组织实施并完成年度工作目标任务。2分	1项中的年度工作目标任务是指省本级按照国务院统一部署制定的年度工作目标	2
		21. 欠薪案件处置情况	1. 举报投诉案件结案率 2. 行业主管部门督办案件结案率 3. 处置欠薪突发事件	1. 劳动保障监察举报投诉案件按期结案率达95%以上；1分 2. 其他行业主管部门督办案件结案率达95%以上；1分 3. 对因欠薪导致生活困难的农民工予以适当救助；0.5分 4. 因欠薪引发的突发事件全部得到妥善处置。0.5分		3

续表

序号	考核内容			评分项目	评分说明	分值（100分）
	一级指标	二级指标	年度指标			
5	工作实效	22. 欠薪治理效果	1. 被欠薪农民工比重 2. 落实地方政府投资工程项目欠薪清偿责任	1. 被欠薪农民工比重按排名计分（比重由低到高，前5名计15分，6～15名计10分，16～25名计5分，26名之后计0分）；15分 2. 地方政府工程项目因拖欠工程款导致欠薪的，在2017年底前优先全部清偿。10分	1项中的被欠薪农民工数是指经被考核地区查实的欠薪案件中涉及的农民工人数，考核地区不填报该项目评分，只上报被欠薪农民工数 2项中的欠薪发生时间截止在2017年底前	25
		23. 社会影响	1. 因欠薪引发群体性事件 2. 因欠薪引发极端事件并造成严重后果	1. 因欠薪引发50人以上群体性事件，每发生1起扣1分；5分 2. 因欠薪引发极端事件并造成严重后果，发生1起扣1分。5分	1、2项自查没有发生相应情形的，可得分；发生相应情形的，对应项目分数扣完为止 2项中的严重后果主要结合社会影响、给当事人造成的损害情况等综合考虑	10

附件2

2017年度自查考核表

序号	2017年度指标	评分项目	得分（分）
一、加强组织领导			
1	省本级建立由政府负责人牵头，相关部门参与的工作协调机制	1. 建立工作协调机制；1分 2. 工作协调机制由省级政府负责人担任召集人；0.5分 3. 建立定期研究会商机制，每年至少召开2次会议。0.5分	
2	省以下市、县（区）政府建立由政府负责人牵头，相关部门参与的工作协调机制	1. 省内全部市（地）、县级政府建立工作协调机制；1分 2. 工作协调机制由政府负责人担任召集人。1分	
3	省本级制定保障农民工工资支付工作目标责任制度	1. 出台保障农民工工资支付工作目标责任制度的文件。1分	

续表

序号	2017年度指标	评分项目	得分（分）
4	省本级建立对下级政府保障农民工工资支付工作考核指标体系	1. 制定考核办法，设立考核指标；1分 2. 组织实施考核。1分	
5	省级政府定期对下级政府保障农民工工资支付工作开展督查	1. 建立定期督查制度；1分 2. 实施定期督查；1分 3. 对欠薪问题高发、举报投诉量大的地区进行重点督查；1分 4. 督查重大欠薪违法案件。1分	
6	省级政府建立保障农民工工资支付工作问责制度	1. 建立对保障农民工工资支付工作的问责制度；1分 2. 对监管责任不落实、组织工作不到位的单位和个人问责；1分 3. 对因拖欠工程款引发欠薪的政府投资工程项目负责人问责。1分	
7	人力资源社会保障部门承担组织协调和督促检查职责	1. 牵头组织制订本地区年度保障农民工工资支付工作计划。1分	
8	1. 工作协调机制成员单位履责情况 2. 建立地方政府横向协作网络	1. 行业主管部门落实行业监管责任，规范工程建设领域市场秩序，开展打击转包、违法分包执法活动；1分 2. 行业主管部门督办因挂靠承包、违法分包、转包、拖欠工程款等造成的欠薪案件情况；1分 3. 制定具体措施办法，严格政府投资工程项目审批；1分 4. 制定具体措施办法，加强对政府投资工程项目资金监管，按规定及时拨付财政资金；1分 5. 建立协调解决欠薪问题的地方政府横向协作网络。1分	
二、建立健全工资支付保障制度			
9	在建工程项目执行按月足额支付工资规定	1. 80%以上在建工程项目实现按月足额支付工资；1分 2. 政府投资工程项目实现按月足额支付工资。1分	
10	1. 制定施工总承包企业加强对分包企业劳动用工和工资发放监督管理的具体措施	1. 制定并组织落实。3分（3项各占1分）	
	2. 制定建设单位或施工总承包企业在欠付工程款范围内先行垫付农民工工资的具体办法		
	3. 制定建设单位或施工总承包企业承担因违法发包、转包或违法分包造成欠薪的清偿责任的具体办法		

续表

序号	2017年度指标	评分项目	得分（分）
11	1. 督促企业依法签订劳动合同 2. 在工程建设领域实行农民工实名制管理	1. 在建工程项目劳动合同签订率达85%以上；1分 2. 实名制管理覆盖40%以上在建工程项目。1分	
12	工程建设领域实行分包企业委托总承包企业直接向农民工代发工资制度	1. 在建工程项目中由分包企业委托总承包企业直接向农民工代发工资的项目数占比达60%以上。2分	
13	构建工资支付监控网络	1. 建立工资支付监控预警机制。1分	
14	落实工资保证金制度	1. 制定实施工资保证金制度的办法；1分 2. 在建工程项目按规定缴纳工资保证金。1分	
15	制定并实行农民工工资专用账户管理制度	1. 制定农民工工资专用账户管理制度的办法；1分 2. 实行农民工工资专用账户制度覆盖60%以上在建工程项目。1分	
16	1. 建立拖欠工资企业“黑名单”制度 2. 落实《重大劳动保障违法行为社会公布办法》《企业劳动保障守法诚信等级评价办法》 3. 对欠薪企业实施失信联合惩戒	1. 组织推进拖欠农民工工资企业“黑名单”制度建设；1分 2. 按规定公布重大劳动保障违法行为；1分 3. 开展企业劳动保障守法诚信等级评价工作；1分 4. 建立省内欠薪企业失信联合惩戒机制；1分 5. 按规定向各信用信息平台推送欠薪信息，实现企业信用信息互认共享。1分	
17	1. 建立健全劳动保障监察制度机制 2. 加强农民工工资支付监察执法 3. 及时处理欠薪争议案件	1. 畅通举报投诉渠道，建立并落实举报投诉案件省级联动处理机制；2分 2. 落实“双随机”抽查和重点监督检查相结合的日常巡视检查机制；2分 3. 开展农民工工资支付情况多部门联合专项执法检查；1分 4. 建立省内跨地区执法协作机制；0.5分 5. 完善并落实行政执法和刑事司法衔接机制；1分 6. 建立欠薪案件快裁快审机制；0.5分 7. 建立集体欠薪案件和重大欠薪案件挂牌督办机制；0.5分 8. 建立对被欠薪农民工提供法律援助制度。0.5分	
18	落实《人力资源社会保障部　中央编办　财政部关于加强劳动保障监察执法能力建设的意见》	1. 制定落实《人力资源社会保障部　中央编办　财政部关于加强劳动保障监察执法能力建设的意见》的实施办法；1分 2. 加强基层劳动保障监察执法力量；2分 3. 劳动保障监察机构在人力资源社会保障领域承担综合执法职能；0.5分 4. 制定保障用于劳动保障监察工作的特种专业技术用车的具体措施。0.5分	

续表

序号	2017年度指标	评分项目	得分（分）
19	1. 健全应急处置预案 2. 完善应急周转金制度	1. 普遍建立欠薪突发事件应急处置预案；1分 2. 建立应急周转金制度。1分	
20	施工总承包企业在施工现场设立维权信息告示牌	1. 施工现场设立维权信息告示牌制度覆盖所有在建工程项目。1分	
21	1. 在工程建设领域推行工程款支付担保制度 2. 政府投资工程项目禁止施工企业带资施工 3. 规范工程款支付和结算	1. 制定建设单位对工程款支付实行担保制度的具体办法；1分 2. 落实政府投资工程项目禁止施工企业带资施工要求；1分 3. 全面推行施工过程结算；1分 4. 落实主管部门不得批准长期拖欠工程款（结算）的建设单位开工新项目的规定。1分	
22	结合本地区实际，探索建立治理欠薪问题的新机制、新办法	1. 加分项。2分	
三、保障农民工工资支付工作成效			
23	完成保障农民工工资支付工作目标	1. 组织实施并完成年度工作目标任务。2分	
24	1. 举报投诉案件结案率 2. 行业主管部门督办案件结案率 3. 处置欠薪突发事件	1. 劳动保障监察举报投诉案件按期结案率达95%以上；1分 2. 其他行业主管部门督办案件结案率达95%以上；1分 3. 对因欠薪导致生活困难的农民工予以适当救助；0.5分 4. 因欠薪引发的突发事件全部得到妥善处置。0.5分	
25	1. 被欠薪农民工比重 2. 落实地方政府投资工程项目欠薪清偿责任	1. 被欠薪农民工比重按排名计分（比重由低到高，前5名计15分，6～15名计10分，16～25名计5分，26名之后计0分）；15分 2. 地方政府工程项目因拖欠工程款导致欠薪的，在2017年底前优先全部清偿。10分	（被欠薪农民工人数）
26	1. 因欠薪引发群体性事件 2. 因欠薪引发极端事件并造成严重后果	1. 因欠薪引发50人以上群体性事件，每发生1起扣1分；5分 2. 因欠薪引发极端事件并造成严重后果，发生1起扣1分。5分	

填写说明：

1. 自查按实际情况评分，落实即得分，其他除特别说明可分档打分外，均不得分。

2. 填报自评分数时，请将评分项目内各小项得分逐一列明。

人力资源社会保障部关于做好2017年全国高校毕业生就业创业工作的通知

人社部函〔2017〕20号

各省、自治区、直辖市及新疆生产建设兵团人力资源社会保障厅（局）：

2017年全国高校毕业生总量达到795万人的历史新高，促进高校毕业生就业任务更为繁重。各地要认真贯彻党中央、国务院关于高校毕业生就业创业工作的重要决策部署，坚持把高校毕业生就业摆在就业工作首位，以实施高校毕业生就业创业促进计划为抓手，拓展就业渠道，完善精准服务，强化困难帮扶，切实做好高校毕业生就业创业工作，确保高校毕业生就业局势稳定。现就有关事项通知如下：

一、落实完善就业创业政策，进一步拓宽高校毕业生就业渠道

各地要结合实际落实完善各项就业创业扶持政策，促进高校毕业生多渠道就业创业。认真贯彻落实国务院印发的《关于进一步做好新形势下就业创业工作的意见》和中共中央办公厅、国务院办公厅印发的《关于进一步引导和鼓励高校毕业生到基层工作的意见》，落实完善学费补偿、高定工资档次、税收优惠、社保补贴、创业担保贷款等政策，结合政府购买基层公共管理和社会服务开发就业岗位，统筹实施“三支一扶”计划等基层服务项目，鼓励毕业生到城乡基层、中西部地区、艰苦边远地区、中小微企业就业和创业。要进一步简化政策审批办理流程，推行一个窗口受理、一站式办理、在线办理，指导帮助毕业生和用人单位做好政策申请、手续申报，加快审批和资金拨付，确保政策兑现。运用报纸、电视、互联网等各类媒体广泛开展政策宣传解读，深入高校和用人单位组织政策宣讲、咨询等活动，提高政策知晓度和覆盖面。要积极推进国有企业招聘应届高校毕业生信息公开，健全毕业生到基层工作的服务保障机制，做好社会保险转移接续、人事档案管理服务等工作，畅通毕业生跨区域、跨不同单位主体就业的渠道。发挥市场在人力资源配置中的决定性作用，健全统一规范的人力资源市场，加强人力资源市场监管，依法清理整顿人力资源市场秩序，严厉打击招聘过程中的欺诈行为，及时纠正各类就业歧视，保护毕业生就业权益。

二、引领高校毕业生自主创业，促进以创业带动就业

各地要切实抓好创业引领行动的组织实施，力促各项帮扶措施落地见效，为高校毕业生创业提供全方位支持。要综合运用税收优惠、创业担保贷款、就业创业服务补贴、经营场所租金补贴等创业扶持政策和鼓励企业招用高校毕业生的就业扶持政策，重点支持高校毕业生创业企业吸纳应届毕业生，发挥创业带动就业作用。要加大毕业生创业培训工作力度，

抓好专项培训计划组织实施，提升培训针对性实效性，同时配合教育部门和高校深化创新创业教育改革，组织高校毕业生参加创业模拟、实训等创业实践活动，帮助毕业生增强创业能力。要进一步做好创业服务工作，强化公共就业服务机构创业服务功能，发挥好创业孵化基地、大学生创业园、创客空间等创业服务载体的作用，扩大创业导师队伍，为毕业生创业提供咨询辅导、项目孵化、场地支持等服务。用好政府购买服务、政府与社会资本合作机制，动员创业服务行业领军企业参与到高校毕业生创业培训和服务中来，改善创业培训和服务供给，提升创业培训和服务的水平及效率。组织举办大学生创业大赛、创业项目展示交流、创业主题宣传等活动，联手有关方面构建创业资源对接交易平台、青年创客社区等创业生态系统，努力营造鼓励毕业生创业创新的社会氛围。

三、实施高校毕业生就业创业促进计划，强化有针对性的就业服务

各地要以落实高校毕业生就业创业促进计划为着力点，会同教育部门抓紧制定计划实施方案，细化措施安排，重点是建立健全涵盖校内校外各阶段、求职就业各环节、就业创业全过程的服务体系，加强工作对接和情况交流，督促推进计划执行，确保实施成效。要联合教育部门和高校落实校园精准服务行动，组织公共就业人才服务进校园，选择一批高级职业指导师为毕业生提供专门指导，组织学生参观人力资源市场，配合高校举办校园招聘活动，主动提供一批岗位信息，帮助更多毕业生在离校前落实就业岗位。要做好毕业生离校前后的信息衔接，城市人力资源社会保障部门要及时向所在地高校了解掌握毕业生基本情况，省级人力资源社会保障部门要及早与教育部门、高校衔接未就业毕业生实名信息，共同建立完善登记信息反馈、信息核查、跟踪服务制度，确保信息真实完整、服务有效接续。各地公共就业人才服务机构要对未就业毕业生逐一进行联系，针对需求开展个性化就业帮扶，对就业困难和长期失业毕业生要提供“一对一”援助服务，落实好各项就业创业扶持政策。实施高校毕业生技能就业专项活动，提升毕业生技能水平和职业发展能力。健全就业见习制度，拓展就业见习岗位数量，提升见习质量，提高见习项目的保障能力。

各地要适应高校毕业生多元化就业需求，加强和改进就业服务，更好促进供需匹配。要结合本地经济社会发展需要和毕业生不同时段求职就业特点，继续开展民营企业招聘周、就业服务月、服务周、大中城市联合招聘等专项服务活动，有针对性地组织专业化、小型化、行业化招聘服务，发挥各类人力资源服务企业的作用，通过购买服务的方式扩大社会化服务供给，做好对企业的用人指导，进一步提高服务实效。推进公共就业人才服务机构实体大厅服务向网络服务延伸，运用微信、微博、手机App等平台，多渠道、点对点发布和推送就业信息，精准促进人岗匹配，打造便捷高效的“互联网＋就业服务”模式。要着力夯实服务基础，健全离校未就业高校毕业生实名信息数据库，规范信息采集、更新、报送等工作流程，动态更新就业进展情况，实现信息共享和业务协同，提升就业管理服务信息化水平。

四、加强组织领导和部门联动，协同各方共同做好高校毕业生就业创业工作

各地要加强对高校毕业生就业创业工作的组织领导，依托就业工作联席会议协调机制，组织和动员各有关单位发挥职能，特别是与教育部门加强协同配合，综合施策，形成促进高校毕业生就业创业工作的合力。要加强对市、县工作的督促检查，层层分解落实责任，建立定期调度、通报等工作推进机制，对任务重、压力大的地方要重点督促指导。要密切跟踪高校毕业生就业形势变化，根据就业新情况、新特点，研究完善有针对性的政策措施，制定应对特殊情况的预案。加强高校毕业生就业创业宣传工作，总结推广地方经验做法和创新实践，积极宣传毕业生主动投身基层一线就业和创业的典型事迹，引导树立正确舆论导向，营造良好社会氛围。

2017 年 2 月 6 日

人力资源社会保障部关于学习贯彻“十三五”促进就业规划的通知

人社部函〔2017〕28号

各省、自治区、直辖市及新疆生产建设兵团人力资源社会保障厅（局）：

国务院印发了《“十三五”促进就业规划》（以下简称《规划》），这是继2012年国务院批转的《促进就业规划（2011—2015年）》后第二个国家级就业专项规划。为推动《规划》学习贯彻，现就有关问题通知如下：

一、认真学习领会，充分认识《规划》精神和重要意义

印发《规划》是着眼于全面建成小康社会作出的重要决策，是落实我国国民经济和社会发展“十三五”规划纲要的重要支撑，是对我国未来一个时期就业事业发展的重要战略部署，对于保障和改善民生、推进供给侧结构性改革、保持社会和谐稳定具有十分重要的意义。《规划》贯彻习近平总书记系列重要讲话精神和治国理政新思想新理念新战略，树立和贯彻落实创新、协调、绿色、开放、共享的发展理念，在科学研判就业形势的基础上，阐明了“十三五”时期促进就业的指导思想、基本原则、主要目标、任务措施和保障体系，进一步加强了战略引领、明确了主要任务、细化了政策重点，是未来一个阶段指导全国促进就业工作的战略性、综合性、基础性规划。各级人力资源社会保障部门要开展多层次、多形式的学习培训活动，深入学习领会《规划》精神实质，准确把握《规划》主要内容和工作要求，充分认识贯彻实施《规划》的重要意义，不断提高工作能力和水平，切实增强做好就业工作的责任感和使命感，全力以赴做好就业工作，确保就业局势总体稳定。

二、结合本地实际，研究制定《规划》具体实施方案

各级人力资源社会保障部门要在地方党委、政府的领导下，切实履行就业工作牵头部门的职责，坚持求真务实、勇于担当的工作作风，主动协调发改等有关部门，结合本地区实际，抓紧研究制定具体实施方案和工作措施，明确任务分工、时间进度和保障措施，细化完善政策措施，确保各项工作有序推进、按期完成。要建立健全目标责任制，把《规划》确定的目标任务逐级逐项分解到地区、落实到部门，层层抓好落实。要将落实《规划》与本地经济社会发展规划和人力资源社会保障事业发展规划相衔接，与各项工作年度计划相衔接，确保重要指标和重点任务衔接到位、落实到位。

三、健全完善实施机制，确保《规划》落实到位

各级人力资源社会保障部门要加强《规划》实施的统筹协调，会同发改等有关部门完

善督促检查制度，开展《规划》实施情况年度监测，组织《规划》实施中期和终期评估，推动《规划》顺利实施。要强化督促检查，加强跟踪调度，通过完善督促指导、跟踪检查、反馈通报等抓落实的长效机制，确保各项任务落实到位。要完善监测评估制度，健全统计监测体系，对照实施方案，按年度对《规划》主要任务目标实施进展情况进行分析评估，推动各项工作扎实开展。要加强《规划》实施总体情况考核评价，结合实际研究制定考核评价体系和具体考核办法，对主要指标和重点任务完成情况进行考核评价，并对《规划》实施情况进行中期和终期评估。对《规划》中的重大行动和重点计划，要积极协调有关部门落实资金支持，加强资金管理，有计划、有步骤地推进行动和计划实施，为落实《规划》提供有力保障。

四、加强组织领导和舆论宣传，为《规划》实施凝聚合力创造良好氛围

各级人力资源社会保障部门要会同发改等有关部门，向当地党委、政府汇报《规划》的主要精神和具体要求，争取领导的重视和支持，推动政府把贯彻实施《规划》摆在优先位置。要在当地党委、政府的统一领导下，充分发挥就业工作联席会议作用，加强与有关部门的沟通协作，切实形成齐抓共管、协同推进的工作格局，共同推动《规划》实施。要把贯彻实施《规划》作为人社部门的重要政治责任和重要任务，切实加强组织领导，形成一把手亲自抓、分管领导具体抓，一级抓一级、层层抓落实的良好工作机制。各级人力资源社会保障部门要把舆论宣传作为落实《规划》的一项重要内容抓紧抓好，充分利用各种传统媒体和新兴传播平台，采用灵活多样的形式，大力宣传《规划》的重要意义、主要内容及政策措施，宣传实施《规划》的好做法好经验，让广大人民群众了解知晓党和政府促进就业、保障和改善民生的各项政策，争取各方对就业事业发展的理解和支持，为《规划》顺利实施营造良好社会氛围。

2017 年 3 月 10 日

人力资源社会保障部关于贯彻落实《国务院关于做好当前和今后一段时期就业创业工作的意见》的通知

人社部函〔2017〕51号

各省、自治区、直辖市及新疆生产建设兵团人力资源社会保障厅（局）：

2017年4月13日，国务院印发《关于做好当前和今后一段时期就业创业工作的意见》（国发〔2017〕28号，以下简称《意见》）。这是国务院继印发《“十三五”促进就业规划》后对就业创业工作作出的又一重大部署，充分体现了党中央、国务院对就业创业工作的高度重视。为做好《意见》贯彻落实，现就有关问题通知如下：

一、充分认识《意见》出台的重要意义

国务院出台的这个《意见》，是做好当前和今后一段时期就业创业工作的重要指引，是对积极就业政策体系的重要发展和创新。《意见》立足经济下行压力较大、结构调整加深的背景，一方面围绕稳定就业基本盘，调整完善了宏观经济与就业政策协同、创业资金支持、重点群体就业、失业风险防范等政策；另一方面围绕拓展就业新空间，提出了支持新就业形态发展的政策方向。各地人力资源社会保障部门要充分认识《意见》出台的重要意义，牢牢扭住就业这一关系13亿多人口切身利益的最大民生，增强抓好贯彻落实的政治自觉和责任自觉，把思想和行动统一到中央关于就业创业工作的决策部署上来，坚决打好稳定和扩大就业的硬仗。要把深入学习《意见》精神、准确把握《意见》内容，作为抓好贯彻落实的重要前提，迅速开展多层次、多形式的学习活动，组织联席会议成员单位集中学、人社厅局领导班子带头学、就业系统干部队伍深入学，切实把《意见》精神转化为完善工作思路、强化工作措施的自觉行动，持续提升工作科学化和规范化水平。要全面开展就业系统干部职工特别是基层工作人员业务培训，通过集中学习、专题研讨、干部轮训、专家辅导、个人自学等方式，使工作人员更加准确地掌握和执行就业创业政策。

二、精心制定具体实施办法

各地人力资源社会保障部门要立即行动起来，按照《意见》要求，及时向党委、政府汇报，主动协调有关部门，细化实化政策措施，确保省级实施办法于9月底前、地市级实施办法于12月底前印发，对求职创业补贴等时间要求明确的政策，要按新标准及时兑现。要确保中央政策不打折扣、全面落地，同时以贯彻落实《意见》为契机，聚焦破解长期困扰本地区就业创业工作的难点和短板，主动做好地方政策创新和衔接，探索出台一批接地气、有力度的实招硬招，避免简单转发、照抄照搬。要重点围绕《意见》提出的加强经济政策与就业

政策衔接、支持新就业形态发展、一次性创业补贴试点、吸纳贫困劳动力就业奖补、拓展就业见习补贴和求职创业补贴、设立高校毕业生就业创业基金、失业保险基金支持参保职工技能提升补贴、降低去产能企业稳岗补贴门槛并提高标准、简化留学人员学历认证和劳动者求职体检手续等新政策、新要求，及时明确操作流程，提高针对性和实效性。要进一步优化政策办理程序，精简证明材料，提高经办效率，运用网上受理、电子审核、数据共享等新技术，提升经办信息化管理水平，增强劳动者和用人单位享受就业创业政策的获得感。

三、广泛开展政策宣传解读

各地人力资源社会保障部门要进一步做实做细政策宣传解读工作，精心组织开展形式多样的宣传活动，夯实《意见》贯彻落实的重要基础。要协调地方主要媒体，组织相关领域专家，配合做好《意见》宣传解读，形成上下互动、覆盖全国的宣传热潮，同时在本地区实施办法印发后，及时通过政策吹风会、新闻发布会等，向社会发布信息。要充分利用报刊、电视、网络、移动客户端等各类媒体和信息传播渠道，以群众喜闻乐见的方式将政策讲清讲透，对重点群体进行政策精准推送，使劳动者和用人单位对就业创业政策应享尽知。要编印一批政策宣传材料，组织公共就业创业服务机构和基层服务平台，主动进校园、进企业、进街道宣传政策，利用服务窗口、12333 服务热线等渠道，做好就业创业政策咨询解答。要讲好中国特色的就业创业故事，大力宣传各地落实就业创业政策的经验做法和劳动者运用政策就业创业的典型事迹，加强舆论引导和舆情监测应对，帮助劳动者树立正确的就业择业观念，形成全社会共同关心和支持就业创业工作的良好氛围。

四、切实加强《意见》贯彻落实的组织保障

各地人力资源社会保障部门要按照《意见》要求，积极争取党委、政府支持，强化就业创业工作组织领导，推动政府负责同志亲自挂帅，更好发挥就业创业工作联席会议机制作用。要健全工作协调机制，履行牵头部门职责，充分调动有关部门、人民团体和其他各方的积极性，形成统一组织、齐抓共管、分工协作的工作格局。要坚持把促进就业创业作为全系统的重要政治责任和首要工作，完善就业工作目标责任制，纳入党政领导班子工作实绩考核，层层分解任务、压实责任，加强对市县贯彻落实《意见》和工作推进情况的指导督查。要健全激励和问责机制，对真抓实干、落实有力的，加大支持倾斜，适时予以表彰；对消极懈怠、履责不力的，及时批评整改，依纪依法问责。要密切关注经济和就业形势变化，加强信息统计监测和形势分析研判，制定完善应对预案，稳妥做好风险防范应对。为做好贯彻落实工作，部里将对各地贯彻落实《意见》情况进行定期调度，适时组织开展专项督查。

2017 年 4 月 20 日

人力资源社会保障部关于企业年金基金管理机构资格延续的通告

人社部函〔2017〕133号

根据《企业年金基金管理机构资格认定暂行办法》（劳动和社会保障部令第24号）等规定，我部组织专家对企业年金基金管理资格有效期满、提出延续申请的机构进行评审，现将评审结果公布如下。

一、延续4家企业年金基金法人受托机构资格：华宝信托有限责任公司、中信信托有限责任公司、平安养老保险股份有限公司、太平养老保险股份有限公司。

二、延续7家企业年金基金账户管理人资格：中国工商银行股份有限公司、交通银行股份有限公司、上海浦东发展银行股份有限公司、招商银行股份有限公司、中国光大银行股份有限公司、华宝信托有限责任公司、新华人寿保险股份有限公司。

三、延续6家企业年金基金托管人资格：中国工商银行股份有限公司、中国建设银行股份有限公司、中国银行股份有限公司、交通银行股份有限公司、招商银行股份有限公司、中国光大银行股份有限公司。

四、延续14家企业年金基金投资管理人资格：海富通基金管理有限公司、华夏基金管理有限公司、南方基金管理有限公司、易方达基金管理有限公司、嘉实基金管理有限公司、招商基金管理有限公司、富国基金管理有限公司、博时基金管理有限公司、银华基金管理股份有限公司、中国国际金融股份有限公司、中信证券股份有限公司、华泰资产管理有限公司、平安养老保险股份有限公司、太平养老保险股份有限公司。

2017年7月25日

人力资源社会保障部办公厅关于实施中芬社会保障协定的通知

人社厅发〔2017〕6号

各省、自治区、直辖市及新疆生产建设兵团人力资源社会保障厅（局）：

2011年7月1日《中华人民共和国社会保险法》（以下简称《社会保险法》）实施以来，为有效解决中芬两国在对方国工作的人员双重缴纳社会保险费的问题，中芬两国政府通过多轮谈判于2014年9月22日正式签署了《中华人民共和国政府和芬兰共和国政府社会保障协定》（以下简称《协定》），并于2016年10月18日正式签署了《关于实施中华人民共和国政府和芬兰共和国政府社会保障协定的行政协议》（以下简称《行政协议》）。双方商定，《协定》和《行政协议》于2017年2月1日正式生效。为确保《协定》和《行政协议》的贯彻执行，现就有关问题通知如下：

一、《协定》的主要内容

（一）互免险种范围。

中国为职工基本养老保险和失业保险；芬兰为与收入相关的年金计划下的老年、残疾和遗属年金及失业保险。

（二）中方适用免除在芬缴纳相关社会保险费的人员。

1. 派遣人员。指受雇于在中国领土上有经营场所的雇主，依其雇佣关系被雇主派往芬兰领土上为该雇主工作的人员。

2. 自雇人员。指受中国法律规定管辖并且通常在中国领土上工作，临时到芬兰领土上从事自雇工作的人员。

3. 在航海船舶上的雇员。指在悬挂中国船旗的航海船舶上受雇的人员及通常居住在中国领土上，被中国的雇主派遣到悬挂芬兰国旗的航海船舶上工作的人员。

4. 在航空器上受雇的飞行人员。指受雇的企业总部在中国的人员。

5. 外交、领事机构人员和公务员。

6. 例外。中芬两国主管机关或经办机构可同意根据特定人员或人群的情况对《协定》第六至第九条作例外处理，条件是所涉及人员受中芬两国任一国法律规定管辖。

（三）芬方适用免除在华缴纳相关社会保险费的人员。

芬方适用免除在华缴纳社会保险费的人员与中方适用人员的条件类同。

（四）免除缴纳社会保险费的期限。

1. 派遣人员和自雇人员首次申请免除缴费期限最长为5年。

2. 如果派遣人员的派遣期限或自雇人员的自雇期限超过5年，经中芬两国主管机关或经办机构同意，可予以延长。

（五）主管机关、联络机构和经办机构。

1. 主管机关：中方为人力资源社会保障部，芬方为社会事务和卫生部。

2. 联络机构：中方为人力资源和社会保

障部社会保险事业管理中心，芬方为芬兰养老金中心（ETK）。

3. 经办机构：中方为人力资源和社会保障部社会保险事业管理中心，芬方为芬兰养老金中心（ETK）。

二、依据《协定》免除缴纳相关社会保险费的管理办法

（一）中方在芬人员办理免缴相关社会保险费《参保证明》的流程。

已在中国国内按规定参加了职工基本养老保险和失业保险，并按时足额缴纳保险费的人员，可以按照以下程序申请办理《参保证明》，以免除在芬缴纳相关的社会保险费。具体流程如下：

1. 申请人填写《根据中芬社会保障协定出具的〈参保证明〉申请表》（以下简称《申请表》，样式附后），并加盖所在单位公章。《申请表》可从部门户网站上下载，网址：www.mohrss.gov.cn（进入后点击“服务之窗”中的“表格下载”）。申请人也可在部门户网站查阅“中芬社会保障协定参保证明办事指南”（点击“服务之窗”中的“办事指南”）。

2. 申请人或代理人持填写后的《申请表》（一式3份）交由参保所在地（省、市、县）的社会保险经办机构审核；经办机构在审核其参保缴费情况无误后，加盖印章。负责职工基本养老保险和失业保险的机构若分设，应分别核实盖章，并各留存1份《申请表》备案。

3. 申请人或代理人将盖章后的1份《申请表》挂号或快递寄至部社保中心（地址：北京市东城区安定门外大街138号皇城国际B座，收信单位：人力资源社会保障部社保中心国际合作处，邮编：100011，电话：010-89946777）。

4. 部社保中心收到《申请表》后予以审核。如审核通过，将在15个工作日内出具并向申请人邮寄《参保证明》；如审核未通过，及时向申请人说明原因。

5. 例外情况涉及人员填写《申请表》时，需附个人简要情况及相关说明材料。部社保中心收到《申请表》后，由中芬两国主管机关或经办机构共同决定是否同意作例外处理。如同意，部社保中心向申请人出具《参保证明》；如不同意则向申请人说明原因。

6. 申请人向芬兰经办机构提交《参保证明》，并申请免除缴纳相应的社会保险费。

（二）芬方在华人员免缴相关社会保险费的管理办法。

1. 芬方在华工作人员向参保所在地社会保险经办机构提交由芬兰养老金中心（ETK）开具的《参保证明》，其参保所在地社会保险经办机构审核原件，留存复印件备案。核准信息后，依据其《参保证明》上规定的期限免除其相关社会保险缴费义务。

2. 若芬方人员在《协定》生效之前已在中国领土上工作，则该派遣人员或自雇人员的免除缴费期限应当从《协定》生效之日起计算。

3. 凡不能提交《参保证明》的芬方在华人员，各地社会保险经办机构应按《社会保险法》和《在中国境内就业的外国人参加社会保险暂行办法》（部令16号）的规定，督促其参加中国的社会保险。

4. 除《协定》规定的免缴职工基本养老保险和失业保险外，芬方在华人员应按《社会保险法》和部令16号的规定，参加中国其他社会保险险种。

以上规定自《协定》和《行政协议》生效之日起开始执行。各级人力资源社会保障部门要高度重视此项工作，各地社会保险经办机构应本着如实、便捷的原则及时办理核准和免缴有关手续，在审核时要认真核对相关信息，防止欠费和虚假现象发生。各地在执行中如发现问题，请及时向我部社保中心报告。

附件：

1. 中华人民共和国政府和芬兰共和国政府社会保障协定

2. 关于实施中华人民共和国政府和芬兰共和国政府社会保障协定的行政协议

3. 根据中芬社会保障协定出具的《参保证明》申请表（样表）（略）

4. 中方《参保证明》（样表）（略）

5. 芬方《参保证明》（样表）（略）

2017年1月17日

附件1

中华人民共和国政府和芬兰共和国政府社会保障协定

中华人民共和国（以下称中国或缔约一国）政府和芬兰共和国（以下称芬兰或缔约一国）政府为规范两国在社会保障领域的相互关系，达成协议如下：

第一部分　总　　则

第一条　定　　义

一、为本协定之目的：

（一）法律规定

在中国，系指本协定第二条第一款第一项适用范围所包括的社会保险制度相关的法律、行政法规、部门规章、地方性法规和其他规定；

在芬兰，系指本协定第二条第一款第二项适用范围所包括的社会保险制度相关的法律法规。

（二）主管机关

在中国，系指人力资源和社会保障部；

在芬兰，系指社会事务和卫生部。

（三）经办机构

在中国，系指人力资源和社会保障部社会保险事业管理中心或由该部指定的其他机构；

在芬兰，系指负责实施本协定第二条第一款第二项所规定的法律及制度的机构或组织。

（四）领土

在中国，系指《中华人民共和国社会保险法》以及相关法律法规适用的领土；

在芬兰，系指芬兰的领土。

（五）国民

在中国，系指具有中华人民共和国国籍的个人；

在芬兰，系指国籍法所定义的芬兰国民。

二、本条中未定义的词语应具有缔约两国各自适用法律规定赋予的含义。

第二条　法律适用范围

一、本协定适用于与以下社会保险制度相关的法律规定：

（一）在中国

1. 职工基本养老保险；

2. 失业保险。

（二）在芬兰

1. 与收入相关的年金计划下的老年、残疾和遗属年金；

2. 失业保险。

二、除非本协定另有规定，本条第一款所提及的法律规定不包括缔约一国与第三国在社会保障方面缔结的条约或其他国际协定，以及为具体实施之目的颁布的法律规定。

第三条　人员适用范围

除非另有规定，本协定将适用于正在或曾经受第二条所提及法律规定管辖的所有人员，及从这些人员获得权益的其他人员。

第四条　平等对待

除非本协定另有规定，第三条所提及人员在适用缔约一国法律规定时，应当受到与该国国民平等的对待。

第五条　待遇输出

除非本协定另有规定，缔约一国不应仅因为待遇领取人停留或居住在缔约另一国或第三国领土上而减少或改变依据缔约一国法律规定获得的待遇。

第二部分　关于适用法律的规定

第六条　一般规定

除非本协定另有规定，在缔约一国领土上受雇或自雇的人员，就该项工作而言，仅受该缔约国法律规定管辖。

第七条　派遣人员和自雇人员

一、如果雇员在缔约一国领土上受雇于在该缔约国领土有经营场所的雇主，依其雇佣关系被雇主派往缔约另一国领土为该雇主工作，该雇员就该雇佣关系而言继续仅适用首先提及缔约国的法律规定，如同该雇员仍在该缔约国领土受雇一样，条件是该派遣期限不超过60个日历月。

二、受缔约一国法律规定管辖并且通常在该国领土上工作的自雇人员，临时到缔约另一国领土上从事自雇工作，该人员应仅受首先提及缔约国法律规定管辖，如同该人员仍在该国领土上自雇一样，条件是其在缔约另一国领土上从事自雇活动的期限不超过60个日历月。

三、若本条第一款和第二款所提及的雇佣或自雇期限超过60个日历月，缔约两国主管机关或经办机构可同意该雇员或自雇人员继续适用首先提及缔约国的法律规定。

第八条　航海船舶和航空器上的雇员

一、在悬挂任一缔约国船旗的航海船舶上受雇的人员适用该缔约国的法律规定。但是，如果该雇员通常居住在缔约一国领土上，被在同一缔约国的雇主派遣到悬挂缔约另一国国旗的航海船舶上工作，则该雇员适用首先提及缔约国的法律规定，如同该雇员仍在该缔约国领土上受雇一样。

二、在航空器上受雇的飞行人员，就其雇佣关系而言，适用其受雇企业总部所在地领土所属的缔约国法律规定。但是，如果该企业在缔约另一国领土上拥有代表机构，则受雇于该代表机构的人员将受该代表机构所在地领土所属的缔约国法律规定管辖。

第九条　外交、领事机构人员和公务员

一、本协定不影响一九六一年四月十八日签订的《维也纳外交关系公约》和一九六三年四月二十四日签订的《维也纳领事关系公约》的适用。

二、公务员及类似人员受其雇佣机构所在缔约国法律规定管辖。

第十条　例　　外

缔约两国主管机关或经办机构可同意根据特定人员或人群的情况对本协定第六至九条作例外处理，条件是所涉及人员受缔约一国的法律规定管辖。

第三部分　其他和行政规定

第十一条　实施安排

一、为实施本协定，缔约两国主管机关将签订行政协议，制定必要措施，并指定联络机构。

二、缔约两国主管机关将相互通报可能会影响本协定实施的任何立法修改和增订情况。

第十二条　信息交流和相互协助

缔约两国主管机关或经办机构应根据对方书面要求，在各自法律规定允许的范围内，相互提供实施本协定所需的信息和协助。协助应当免费提供。

第十三条 信息保密

一、缔约一国主管机关、经办机构或联络机构根据本协定传送至缔约另一国主管机关、经办机构或联络机构的个人信息应保密使用，且只能专门用于实施本协定及协定所适用的法律规定之目的。

二、本条第一款所指缔约一国接收的信息应当受到该缔约国关于个人隐私保护和个人信息保密的国内法律约束。

第十四条 交流语言

一、在实施本协定时，缔约两国主管机关、经办机构和联络机构可以使用各自官方语言或英语进行交流。

二、缔约一国主管机关、经办机构和联络机构不得仅因为某些文件是用缔约另一国官方语言写成而拒绝受理。

第十五条 费用和认证免除

一、缔约一国对依照本国法律规定应出具的证明书或其他文书所实施的税收、印花税、登记或记录费用的减免政策应同样适用于依照缔约另一国法律规定应出具的证明书和同类文书。

二、为实施本协定所必须出具的文件和证明书，无须经外交或领事机构认证。

三、经缔约一国经办机构或联络机构证明真实准确的文件副本，缔约另一国经办机构或联络机构应当作为真实准确的副本接受，无须进一步证明。

第十六条 争端解决

缔约两国关于本协定解释或适用方面的任何争议应由缔约两国主管机关通过谈判和磋商方式解决。如果未能解决争议，则应通过外交途径解决。

第四部分 过渡和最终条款

第十七条 协定生效前的派遣

在适用本协定第七条时，若该人员在本协定生效前已经在缔约一国领土上工作，则第七条所指雇佣或自雇期限应当从本协定生效之日起计算。

第十八条 复审

一、缔约两国可应缔约一国要求对本协定进行复审。

二、本协定生效后10年内，缔约两国将对本协定进行复审，决定是否需要修改本协定以确保完全覆盖参加或曾经参加了缔约两国社会保障的双方国民。

第十九条 生效

缔约两国应当通过外交渠道相互书面通知已完成使本协定生效所必需的国内法律程序。本协定自最后一份通知收到之日后的第三个月的第一天生效。

第二十条 期限与终止

本协定长期有效。缔约任一国可书面通知缔约另一国要求终止本协定。本协定自缔约任一国向缔约另一国发出终止通知之日起第12个月的最后一天起终止。

下列代表，经各自政府正式授权，在本协定上签字，以昭信守。

本协定于二〇一四年九月二十二日在赫尔辛基签订，一式两份，每份均用中文、芬兰文及英文三种语言写成，三种文本同等作准。如对文本的解释发生分歧，以英文本为准。

中华人民共和国政府	芬兰共和国政府
代表	代表

附件 2

关于实施中华人民共和国政府和芬兰共和国政府社会保障协定的行政协议

依据中华人民共和国（以下称中国或缔约一国）政府和芬兰共和国（以下称芬兰或缔约一国）政府社会保障协定第十一条，两国主管机关为实施该协定达成协议如下：

第一条　定　　义

一、为实施本行政协议之目的：

（一）“协定”指中国政府与芬兰政府于二〇一四年九月二十二日签署的社会保障协定；

（二）“协议”指本行政协议。

二、本行政协议中的术语与协定中所使用的含义相同。

第二条　经办机构

一、协定第一条所指经办机构为下述机构：

（一）在中国，系指人力资源和社会保障部社会保险事业管理中心；

（二）在芬兰，系指芬兰养老金中心（ETK）。

二、经办机构将：

（一）共同确定实施协定和行政协议所需的程序、表格、参保证明书和通知；

（二）每年按照共同确定的时间交换统计数据。

第三条　联络机构

一、为实施协定和本行政协议，出于沟通和交流信息的目的，联络机构：

（一）在中国，系指人力资源和社会保障部社会保险事业管理中心；

（二）在芬兰，系指芬兰养老金中心（ETK）。

二、联络机构的联系方式在附件 1 中规定。

第四条　经办机构和联络机构的交流

一、经办机构和联络机构之间及其与相关人员之间可直接进行交流。

二、经办机构和联络机构将用英语进行交流。

第五条　参保证明书

一、根据协定第二部分任何一条规定，当缔约一国法律规定适用时，本协议第二条第一款规定的该缔约国经办机构将根据雇主、雇员或自雇人员的请求，出具参保证明书，证明该雇员或自雇人员继续受该缔约国法律规定管辖并注明参保证明书的有效期。在雇员为派遣的情形下，证明书将出具两份，一份给雇员，另一份给雇主。证明书样本见本行政协议附件 2。

二、参保证明书由下述机构出具：

（一）若适用中国法律规定，由人力资源和社会保障部社会保险事业管理中心出具；

（二）若适用芬兰的法律规定，由芬兰养老金中心（ETK）出具。

三、参保证明书的副本将提供给缔约另一国的经办机构。

第六条　信息交换

一、按照缔约一国经办机构的要求，缔约

另一国经办机构将提供：

（一）关于实施协定和行政协议必要和可提供的信息；

（二）养老金待遇领取者生存证明。

二、若符合缔约两国必要的法律和技术要求，两国经办机构将交换电子数据。

三、缔约一国经办机构向缔约另一国经办机构传输的任何个人数据须遵守协定第十三条的规定。

第七条　相互协助

一、缔约两国经办机构和联络机构将在实施协定的所有方面进行合作。

二、缔约两国经办机构和联络机构将采取必要和适当的措施推进协定的实施。

三、缔约两国经办机构和联络机构的代表将根据需要轮流在缔约两国会晤，讨论协定实施的相关事宜。

第八条　费用免除

第六条和第七条所提及的信息交换和相互协助应当免费提供。

第九条　行政协议复审

经缔约两国主管机关同意，可对本行政协议进行修改。

第十条　行政协议有效期

本行政协议于协定生效之日生效，与协定具有相同的有效期。

本行政协议于二〇一六年　　月　　日在　　　　　　签署，一式两份，每份均用中文、芬兰文和英文写成，三种文本同等作准。如果对文本的解释产生任何歧义，以英文本为准。

中国主管机关 代表	芬兰主管机关 代表

附件 2.1

联络机构的联系方式

在中国：

人力资源和社会保障部社会保险事业管理中心

地址：中国北京市东城区安定门外大街138号皇城国际B座

邮编：100011

电话：+86 10 89946773

传真：+86 10 89946770

邮箱：yaoqian@mohrss.gov.cn
jiangtingting@mohrss.gov.cn

在芬兰：

芬兰养老金中心（ETK）

1. 关于适用的法律和派遣

请联系法律部

地址：FI-00065 ELÄKETURVAKESKUS 芬兰

电话：+ 358 29 411 2816（工作日上午8:00—下午4:00）

传真：+358 29 411 2616

邮箱：ulkomaanasiat@etk.fi

2. 关于与收入相关的养老金问题

请联系国际养老金事务部

地址：FI-00065 ELÄKETURVAKESKUS 芬兰

电话：+358 29 411 2818（工作日上午8:00—下午4:00）

传真：+358 29 411 2610

邮箱：ulkomaiset.elakeasiat@etk.fi

人力资源社会保障部办公厅关于印发《机关事业单位基本养老保险关系和职业年金转移接续经办规程（暂行)》的通知

人社厅发〔2017〕7号

各省、自治区、直辖市及新疆生产建设兵团人力资源社会保障厅（局），中央国家机关养老保险管理中心：

为统一规范机关事业单位基本养老保险关系和职业年金转移接续业务经办流程，确保转移接续衔接顺畅，按照《国务院关于机关事业单位工作人员养老保险制度改革的决定》（国发〔2015〕2号）和《关于机关事业单位基本养老保险关系和职业年金转移接续有关问题的通知》（人社部规〔2017〕1号）确定的基本原则和主要政策，我部制定了《机关事业单位基本养老保险关系和职业年金转移接续经办规程（暂行）》（以下简称经办规程）。现印发给你们，并就贯彻执行经办规程提出如下要求：

一、充分认识做好转移接续工作的重要意义。做好机关事业单位基本养老保险关系和职业年金的转移接续工作，有利于保障参保人员流动时的养老保险权益，促进机关事业单位养老保险制度改革顺利推进。制定和施行统一规范的经办规程，是贯彻落实机关事业单位养老保险制度改革的配套文件，是经办职工养老保险关系转移接续的基本遵循，也是规范经办管理服务工作的根本保证。各级社会保险经办机构要统一思想，提高认识，认真学习经办规程的内容，遵循经办规程的具体要求，切实做好经办规程的贯彻落实工作。

二、准确把握经办规程的基本内容和要求。机关事业单位基本养老保险关系和职业年金转移接续工作是社会保险经办机构的一项新业务，经办规程既包括机关事业单位基本养老保险关系，也包括职业年金转移接续；既涉及机关事业单位之间、机关事业单位与企业之间基本养老保险关系转移接续，也涉及职业年金与企业年金之间的转移接续。各级社会保险经办机构要认真掌握转移接续的政策依据、适用范围和责任主体等内容；严格执行经办规则和相关要求，遵守经办服务职责、流程、标准和时限；准确理解职工基本养老保险关系和职业年金转入转出信息、资金等项目的指标解释，正确使用各种账表卡册；重点掌握职业年金转移涉及的补记、记实、保留以及企业年金等衔接办法；熟悉多次转移、欠费、重复缴费等情形的处理办法，保证机关事业单位基本养老保险关系和职业年金转移接续经办工作有章可循、精准实施。

三、扎实开展宣传培训工作。经办规程政策性、专业性和操作性强，及时开展宣传引导和业务培训工作十分重要。各地要制定宣传方案，统一宣传口径，印制宣传资料等；依据经办规程，认真梳理参保人员关心、社会关注的重点、难点和热点问题，明确宣传重点内容和重点对象；充分发挥网络、报刊、电视等媒介作用，帮助参保人员全面准确了解相关政策，耐心释疑解惑，合理引导社会预期和舆论方向。各地要把培训作为业务经办工作的重要基础，有计划、分层次地组织学习培训。要抓好经办骨干培训，培养一支政策宣讲和业务操作能手，做到精准操作，运用自如。同时要抓好参保单位人力资源管理人员的培训，确保经办规程落实不走样。

四、着力加强经办管理服务工作。各地要严格按照经办规程的要求，细化省内转移接续规程，优化转移接续流程，简化办事环节和手续，拓展服务渠道，创新服务方式，提高经办管理质量和服务水平。要加强机关事业单位基本养老保险个人账户和职业年金个人账户管理，规范账户项目，强化分项管理，分类做好基本养老保险个人账户资金、缴费形成的职业年金、参加本地机关事业单位养老保险试点的个人缴费本息划转的资金、补记的职业年金和企业年金等记账管理工作，确保分得清、记得准、转得动、接得上，维护参保人员的合法权益。要加强经办能力建设，适当充实经办力量，配置必要工作设施，落实工作经费。抓紧改造本地业务信息系统，实现地方与部级转移接续信息系统无缝衔接，推动跨区域信息互联互通，充分应用信息系统提高转移接续效率。加快推进“互联网＋公共服务”，方便参保人员办理关系转移手续和查询咨询相关业务。切实加强地区之间、社会保险经办机构之间和部门（单位）之间的沟通协调，强化责任，上下联动，左右协调，形成工作合力，为参保单位和参保人员提供方便、快捷、优质的服务。

五、建立工作分析报告制度。各地要组织好所属地区转移人次和基金的统计、核实、汇总、上报工作，确保数据真实、及时和准确，每季度次月 10 日前将数据上报部社保中心。要对转移接续情况进行动态监测，认真解决衔接不顺、转移不畅的问题。要跟踪了解经办规程的实施情况，研究解决工作中出现的新情况、新问题，加强风险防控，及时化解各种矛盾，重要情况和重大问题及时报告。

六、切实加强组织领导。做好机关事业单位基本养老保险关系和职业年金转移接续工作，直接关系到参保人员的切身利益，事关改革发展稳定大局。各级人力资源社会保障部门要高度重视，加强组织领导，精心筹划实施。各地社会保险经办机构要严格按照经办规程的要求，结合本地区工作实际，研究制定贯彻落实的工作实施方案，明确任务、明确责任、明确时限、明确要求，并加强督促检查，确保落实到位。

2017 年 1 月 18 日

机关事业单位基本养老保险关系和职业年金转移接续经办规程（暂行）

第一章　总　　则

第一条　为统一规范机关事业单位工作人员基本养老保险关系和职业年金转移接续业务经办程序，根据《国务院关于机关事业单位工作人员养老保险制度改革的决定》（国发〔2015〕2 号）、《国务院办公厅关于印发机关事业单位职业年金办法的通知》（国办发〔2015〕18 号）、《关于机关事业单位基本养老保险关系和职业年金转移接续有关问题的通知》（人社部规〔2017〕1 号）和《关于印发职业年金基金管理暂行办法的通知》（人社部发〔2016〕92号），制定本规程。

第二条 本规程适用于参加基本养老保险在职人员（以下简称参保人员）在机关事业单位之间、机关事业单位与企业之间流动就业时，其基本养老保险关系和职业年金、企业年金转移接续的业务经办。

第三条 县级以上社会保险经办机构负责机关事业单位基本养老保险关系和职业年金的转移接续业务经办。

第四条 参保人员符合以下条件的，应办理基本养老保险关系和职业年金的转移接续：

（一）在机关事业单位之间流动的；

（二）在机关事业单位和企业（含个体工商户和灵活就业人员）之间流动的；

（三）因辞职辞退等原因离开机关事业单位的。

第五条 参保人员在同一统筹范围内机关事业单位之间流动的，只转移基本养老保险关系，不转移基本养老保险基金。省（自治区、直辖市）内机关事业单位基本养老保险关系转移接续经办规程由各省（自治区、直辖市）制定。

省内建立一个职业年金计划或建立多个职业年金计划且实行统一收益率的，参保人员在本省（自治区、直辖市）机关事业单位之间流动时，只转移职业年金关系，不转移职业年金基金；需要记实职业年金的，按规定记实后再办理转移接续。省内建立多个职业年金计划且各年金计划分别计算收益率的，参保人员在省内各年金计划之间的转移接续，由各省（自治区、直辖市）自行制定实施细则。

第六条 转出地和转入地社会保险经办机构通过全国基本养老保险关系跨省转移接续系统，进行基本养老保险关系和职业年金转移接续信息交换。

第二章 基本养老保险关系转移接续

第七条 参保人员在机关事业单位之间跨省流动的、从机关事业单位流动到企业的，按以下流程办理：

（一）出具参保缴费凭证。参保人员转移接续前，参保单位或参保人员到基本养老保险关系所在地（以下简称转出地）社会保险经办机构申请开具《养老保险参保缴费凭证》（附件1，以下简称《参保缴费凭证》）。转出地社会保险经办机构核对相关信息后，出具《参保缴费凭证》，并告知转移接续条件。

（二）转移接续申请。参保人员新就业单位或本人向新参保地（以下简称转入地）社会保险经办机构提出转移接续申请并出示《参保缴费凭证》，填写《养老保险关系转移接续申请表》（附件2，以下简称《申请表》）。如参保人员在离开转出地时未开具《参保缴费凭证》，由转入地社会保险经办机构与转出地社会保险经办机构联系补办。

（三）发联系函。转入地社会保险经办机构对符合转移接续条件的，应在受理之日起15个工作日内生成《基本养老保险关系转移接续联系函》（附件3，以下简称《基本养老保险联系函》），并向参保人员转出地社会保险经办机构发出。

（四）转出基本养老保险信息表和基金。转出地社会保险经办机构在收到《基本养老保险联系函》之日起15个工作日内完成以下手续：

1. 核对有关信息并生成《基本养老保险关系转移接续信息表》（附件4，以下简称《基本养老保险信息表》）；机关事业单位之间转移接续的，转出地社会保险经办机构应将缴费工资基数、相应年度在岗职工平均工资等记录在《基本养老保险信息表附表》（附件5）。

2. 办理基本养老保险基金划转手续。其中：个人缴费部分按记入本人个人账户的全部储存额计算转移；单位缴费部分以本人改革后各年度实际缴费工资为基数，按12%的总和转移；参保缴费不足1年的，按实际缴费月数计算转移；当发生两次及以上转移的，原从企业职工基本养老保险转入的单位缴费部分和个人账户储存额随同转移。

3. 将《基本养老保险信息表》和《基本

养老保险信息表附表》传送给转入地社会保险经办机构。

4. 终止参保人员在本地的基本养老保险关系。

（五）基本养老保险关系转入。转入地社会保险经办机构收到《基本养老保险信息表》和转移基金，在信息、资金匹配一致后15个工作日内办结以下接续手续：

1. 核对《基本养老保险信息表》及转移基金额。

2. 将转移基金额按规定分别记入统筹基金和参保人员个人账户。

3. 根据《基本养老保险信息表》及参保单位或参保人员提供的材料，补充完善相关信息；机关事业单位之间转移接续的，根据《基本养老保险信息表附表》按照就高不就低的原则核实参保人员的实际缴费指数。

4. 将办结情况告知新参保单位或参保人员。

第八条 参保人员从企业流动到机关事业单位的，其流程按本规程第七条规定办理。转移基金按以下办法计算：

（一）个人账户储存额：1998年1月1日之前个人缴费累计本息和1998年1月1日之后个人账户的全部储存额。个人账户储存额与按规定计算的资金转移额不一致的，1998年1月1日之前的，转入地和转出地均保留原个人账户记录；1998年1月1日至2005年12月31日期间，个人账户记账比例高于11%的部分不计算为转移基金，个人账户记录不予调整，低于11%的，转出地按11%计算转移资金并相应调整个人账户记录；2006年1月1日之后的个人账户记账比例高于8%的部分不转移，个人账户不予调整，低于8%的，转出地按8%计算转移资金，并相应调整个人账户记录。

（二）统筹基金（单位缴费）：以本人1998年1月1日后各年度实际缴费工资为基数，按12%的总和转移；参保缴费不足1年的，按实际缴费月数计算转移。

第九条 参保人员因辞职、辞退、未按规定程序离职、开除、判刑等原因离开机关事业单位的，应将基本养老保险关系转移至户籍所在地企业职工社会保险经办机构，按以下流程办理转移接续手续：

（一）原参保单位提交《机关事业单位辞职辞退等人员基本养老保险关系转移申请表》（附件6），并提供相关资料。

（二）转出地社会保险经办机构在收到《机关事业单位辞职辞退等人员基本养老保险关系转移申请表》之日起15个工作日内完成以下手续：

1. 核对有关信息并生成《基本养老保险信息表》；

2. 办理基本养老保险基金划转手续，转移基金额按本规程第七条第四款第2项规定计算；

3. 将《基本养老保险信息表》传送给转入地社会保险经办机构；

4. 终止参保人员在本地的基本养老保险关系并将办结情况告知原参保单位。

（三）基本养老保险关系转入。转入地社会保险经办机构收到《基本养老保险信息表》和转移基金，在信息、资金匹配一致后15个工作日内办结以下接续手续：

1. 核对《基本养老保险信息表》及转移基金额；

2. 将转移基金额按规定分别记入统筹基金和参保人员个人账户；

3. 根据《基本养老保险信息表》及相关资料，补充完善相关信息；

4. 将办结情况告知参保人员或原参保单位。

第三章 职业年金转移接续

第十条 参保人员出现以下情形之一的，参保单位或参保人员在申报基本养老保险关系转移接续时，应当一并申报职业年金（企业年金）转移接续：

（一）从机关事业单位流动到本省（自治

区、直辖市）内的机关事业单位；

（二）从机关事业单位流动到本省（自治区、直辖市）外的机关事业单位；

（三）从机关事业单位流动到已建立企业年金的新参保单位；

（四）从已建立企业年金的参保单位流动到机关事业单位。

第十一条 社会保险经办机构在办理职业年金转移接续时，需转移以下基金项目：

（一）缴费形成的职业年金；

（二）参加本地机关事业单位养老保险试点的个人缴费本息划转的资金；

（三）补记的职业年金；

（四）原转入的企业年金。

以上项目应在职业年金个人账户管理中予以区分，分别管理并计算收益。

第十二条 参加机关事业单位养老保险人员在2014年10月1日后办理了正式调动或辞职、辞退手续离开机关事业单位的，应由原参保单位填报《职业年金补记申请表》（附件7），并提供其改革前本人在机关事业单位工作年限相关证明材料。转出地社会保险经办机构依据单位申请资料，协助计算所需补记的职业年金个人账户金额，生成《职业年金个人账户记实/补记通知》（附件8，以下简称《记实/补记通知》）；原参保单位根据《记实/补记通知》向原资金保障渠道申请资金，及时划转至社会保险经办机构职业年金归集账户。社会保险经办机构确认账实相符后，记入其职业年金个人账户。

第十三条 参保人员在相应的同级财政全额供款的单位之间流动的，职业年金个人账户中记账金额无须记实，继续由转入单位采取记账方式管理。

除此之外，职业年金个人账户中记账部分需在转移接续前记实。参保人员需要记实本人职业年金记账部分时，转出地社会保险经办机构应根据参保单位申请资料，向其出具《记实/补记通知》，记实资金到账并核对一致后，记入参保人员的职业年金个人账户。

第十四条 参保人员从机关事业单位流动到本省（自治区、直辖市）以外机关事业单位的，按以下流程办理职业年金转移接续：

（一）出具参保缴费凭证，按本规程第七条第一款规定办理。

（二）发年金联系函。新参保单位向转入地社会保险经办机构申请职业年金转入，转入地社会保险经办机构受理并审核相关资料，符合转移接续条件的，在受理之日起15个工作日内向转出地社会保险经办机构发出《职业年金（企业年金）关系转移接续联系函》（附件9，以下简称《年金联系函》）；对不符合转移接续条件的，应一次性告知需补充的相关材料。

（三）转出年金信息表、基金。转出地社会保险经办机构在收到《年金联系函》后，在确认补记年金、记实资金足额到账之日起45个工作日内完成以下手续：

1. 办理职业年金个人账户的记实、补记和个人账户资产的赎回等业务；

2. 核对有关信息并生成《职业年金（企业年金）关系转移接续信息表》（附件10，以下简称《年金信息表》）；

3. 向转入地社会保险经办机构发送《年金信息表》，同时将转移资金划转至转入地社会保险经办机构职业年金归集账户；

4. 终止参保人员在本地的职业年金关系。

（四）职业年金关系转入。转入地社会保险经办机构在收到《年金信息表》和确认转移基金账实相符后，15个工作日内办结以下接续手续：

1. 核对《年金信息表》及转移基金，进行资金到账处理；

2. 将转移金额按项目分别记入参保人员的职业年金个人账户；

3. 根据《年金信息表》及参保单位或参保人员提供的材料，补充完善相关信息；

4. 将办结情况通知新参保单位或参保人员。

第十五条 参保人员从机关事业单位流动到已建立企业年金制度的企业，原参保单位或参保人员申请办理职业年金转移接续。参保人员存在职业年金补记、职业年金个人账户记实等情形的，转出地社会保险经办机构完成上述业务后，45个工作日内办结以下转出手续：

（一）受理并审核企业年金管理机构出具的《年金联系函》；

（二）转出地社会保险经办机构核对相关信息后生成《年金信息表》，将赎回的职业年金个人账户资金划转至新参保单位的企业年金受托财产托管账户；

（三）将《年金信息表》通过新参保单位或参保人员反馈至企业年金管理机构；

（四）终止参保人员的职业年金关系。

第十六条 参保人员从已建立企业年金制度的企业流动到机关事业单位的，转入地社会保险经办机构按以下流程办理转入手续：

（一）受理参保单位或参保人员提出的转移接续申请，15个工作日内向其出具《年金联系函》；

（二）审核企业年金管理机构提供的参保人员参加企业年金的证明材料；

（三）接收转入资金，账实匹配后按规定记入职业年金个人账户。

第十七条 存在下列情形之一的，参保人员的职业年金基金不转移，原参保地社会保险经办机构在业务系统中标识保留账户，继续管理运营其职业年金个人账户：

（一）参保人员升学、参军、失业期间的；

（二）参保人员的新就业单位没有实行职业年金或企业年金制度的。

社会保险经办机构在参保单位办理上述人员相关业务时，应告知参保单位按规定申请资金补记职业年金或记实职业年金记账部分，在记实或补记资金账实相符后，将记实或补记金额记入参保人员的职业年金个人账户。

参保人员退休时，负责管理运营职业年金保留账户的社会保险经办机构依本人申请按照国办发〔2015〕18号文件规定计发职业年金待遇。同时，将原参加本地试点的个人缴费本息划转资金的累计储存额一次性支付给本人。

第十八条 参保人员从企业再次流动到机关事业单位的，转入地社会保险经办机构按以下方式办理：

（一）未参加企业年金制度的企业转出，转入的机关事业单位和原机关事业单位在同一省（自治区、直辖市）内的，转入地机关事业单位社会保险经办机构将参保人员保留账户恢复为正常缴费账户，按规定继续管理运营；

（二）未参加企业年金制度的企业转出，转入的机关事业单位和原机关事业单位不在同一省（自治区、直辖市）内的，参保人员的职业年金保留账户按照制度内跨省转移接续流程（本规程第十四条）办理；

（三）建立企业年金制度的企业转出，按照从企业流动到机关事业单位的企业年金转移接续流程（本规程第十六条）办理。

第十九条 参保人员再次从机关事业单位流动到企业的，不再重复补记职业年金。参保人员再次从企业流动到机关事业单位的，在机关事业单位养老保险制度内退休时，待遇领取地社会保险经办机构将补记职业年金本金及投资收益划转到机关事业单位基本养老保险统筹基金。

第二十条 参保人员达到待遇领取条件时，存在建立多个职业年金关系的，应由待遇领取地社会保险经办机构通知其他建立职业年金关系的社会保险经办机构，按照本规程第十四条规定将职业年金关系归集至待遇领取地社会保险经办机构。

第二十一条 参保人员从企业流动到机关事业单位的，原在企业建立的企业年金按规定转移接续并继续管理运营。参保人员在机关事业单位养老保险制度内退休时，过渡期内，企业年金累计储存额不计入新老办法标准对比范围，企业年金累计储存额除以计发月数，按月领取；过渡期之后，将职业年金、企业年金累计储存额合并计算，按照国办发〔2015〕18号文件计发职业年金待遇。

第二十二条 改革前参加地方原有试点、改革后纳入机关事业单位基本养老保险的人员，改革前的个人缴费本息划入本人职业年金个人账户管理。

第四章　其他情形处理

第二十三条　参保人员转移接续基本养老保险关系前本人欠缴基本养老保险费的，由本人向原基本养老保险关系所在地补缴个人欠费后再办理基本养老保险关系转移接续手续，同时原参保所在地社会保险经办机构负责转出包括参保人员原欠缴年份的单位缴费部分；本人不补缴个人欠费的，社会保险经办机构也应及时办理基本养老保险关系和基金转出的各项手续，其欠缴基本养老保险费的时间不计算缴费年限，个人欠费的时间不转移基金，之后不再办理补缴欠费。

第二十四条　参保人员同时存续基本养老保险关系或重复缴纳基本养老保险费的，转入地社会保险经办机构应按“先转后清”的原则，在参保人员确认保留相应时段缴费并提供退款账号后，办理基本养老保险关系清理和个人账户储存额退还手续。

第二十五条　转入地社会保险经办机构发现《基本养老保险信息表》转移金额等信息有误的，应通过全国基本养老保险关系转移接续系统或书面材料告知转出地社会保险经办机构。由转出地社会保险经办机构补充完善相关资料后，转入地社会保险经办机构办理相关转移接续手续。

第二十六条　社会保险经办机构在办理养老保险关系转移接续时，对资料不全或不符合规定的，应一次性告知需要补充和更正的资料或不予受理的理由。

第二十七条　转出地社会保险经办机构对参保人员转移接续的有关信息应保留备份。

第五章　附　　则

第二十八条　本规程由人力资源社会保障部负责解释。

附件：

1. 养老保险参保缴费凭证（略）
2. 养老保险关系转移接续申请表（略）
3. 基本养老保险关系转移接续联系函（略）
4. 基本养老保险关系转移接续信息表（略）
5. 基本养老保险信息表附表（略）
6. 机关事业单位辞职辞退等人员基本养老保险关系转移申请表（略）
7. 职业年金补记申请表（略）
8. 职业年金个人账户记实/补记通知（略）
9. 职业年金（企业年金）关系转移接续联系函（略）
10. 职业年金（企业年金）关系转移接续信息表（略）

人力资源社会保障部办公厅关于做好农村贫困劳动力就业信息平台有关工作的通知

人社厅发〔2017〕9号

各省、自治区、直辖市及新疆生产建设兵团人力资源社会保障厅（局）：

为贯彻落实《人力资源社会保障部 财政部 国务院扶贫办关于切实做好就业扶贫工作的指导意见》（人社部发〔2016〕119号），为就业扶贫工作提供技术支撑，我部组织建设了“农村贫困劳动力就业信息平台”（以下简称平台），并已实现部署上线运行。现就做好有关事项通知如下：

一、工作目标

依托互联网，通过平台建设全国农村贫困劳动力就业信息实名制动态数据库，形成跨部门、跨地区联动维护机制，使各级人力资源社会保障部门明确本地区就业扶贫工作对象，并动态管理农村贫困劳动力就业失业信息，记载提供相关就业服务和享受政策情况，全面体现本地区就业扶贫工作进展和成效。

二、工作内容

（一）掌握基本信息。我部将于每年1月份将国务院扶贫办扶贫开发信息系统中的农村贫困劳动力基本信息交换导入平台，并于每季度初通过与我部掌握的就业和社会保险信息进行比对，更新相关信息。各级人力资源社会保障部门要于每季度初3个工作日内，通过平台了解掌握本地户籍和在本地就业的农村贫困劳动力信息，作为就业扶贫工作对象。

（二）核实和补充就业失业信息。各地要开展全面摸排，通过上门走访、电话联系、数据比对等方式，与农村贫困劳动力取得联系，了解其就业失业状态，按照《农村贫困劳动力就业人员信息采集表》（附件1）和《农村贫困劳动力未就业人员信息采集表》（附件2）要求，在每年3月底前完成信息的首次核实、补充工作。对初始状态为“未就业”的农村贫困劳动力，由户籍地负责核实和补充相关信息。对初始状态为“已就业”的农村贫困劳动力，由就业地负责核实和补充相关信息。

（三）动态更新就业失业信息。各地要加强对辖区内就业扶贫工作对象的跟踪服务，及时掌握其就业失业状态，有针对性地提供职业指导、职业介绍、技能培训和权益维护等服务，对符合条件的落实相关扶持政策，并在平台上及时更新就业失业状态变动情况和提供服务落实政策情况。

（四）定期汇总上报。各地要依托平台数据，对本省（区、市）户籍农村贫困劳动力就业信息进行汇总，按季度上报《本地户籍农村贫困劳动力就业失业情况统计表》（附件3）。本地户籍人口中已没有建档立卡贫困人口的省份，要按季度上报《在本地就业农村贫困劳动力就业失业情况统计表》（附件4）。数据报告期为上一季度21日至本季度20日。

三、工作要求

（一）高度重视，加强领导。做好平台有关工作，是实现就业扶贫精准化、信息化的重要基础，也是就业扶贫工作进展和成效的直接体现。各地要高度重视，加强领导，建立各司其责、分工协作的工作机制，明确工作任务、工作责任、工作进度、工作要求，精心组织实施。

（二）及时填报，保证质量。各地要按照本通知要求，推进就业扶贫工作信息化，确保各项数据的真实性、准确性、及时性。季度汇总统计表于下一季度首月3个工作日前上报，并应与平台数据保持一致。

（三）加强指导，开展调度。各省（区、市）要加强工作指导与调度，督促各市（区、县）开展就业扶贫各项工作，并及时更新平台信息。我部将根据平台信息更新情况和各地汇总统计表上报情况，开展工作调度和通报。

平台向省、市、县三级人力资源社会保障部门开放用户权限。请各地根据实际工作需要，确定本省（区、市）内平台的用户范围，并统一组织开户申请工作，于2017年2月17日前，将《农村贫困劳动力就业信息平台开户申请表》（附件5）以传真及电子邮件形式上报我部。

附件：

1. 农村贫困劳动力就业人员信息采集表（略）

2. 农村贫困劳动力未就业人员信息采集表（略）

3. 本地户籍农村贫困劳动力就业失业情况统计表（略）

4. 在本地就业农村贫困劳动力就业失业情况统计表（略）

5. 农村贫困劳动力就业信息平台开户申请表（略）

2017年1月22日

人力资源社会保障部办公厅　财政部办公厅 国家卫生计生委办公厅关于做好生育保险和职工基本医疗保险合并实施试点有关工作的通知

人社厅发〔2017〕29号

河北省、山西省、辽宁省、江苏省、安徽省、山东省、河南省、湖南省、广东省、重庆市、四川省、云南省人力资源社会保障厅（局）、财政厅（局）、卫生计生委：

为贯彻落实《国务院办公厅关于印发生育保险和职工基本医疗保险合并实施试点方案的通知》（国办发〔2017〕6号，以下简称《通知》）要求，积极稳妥推进试点工作，现就有关问题通知如下：

一、充分认识试点工作的重要意义

开展生育保险和职工基本医疗保险（以下简称两项保险）合并实施试点，是贯彻党的十八届五中全会精神和《中华人民共和国国民经济和社会发展第十三个五年规划纲要》的一项重要举措，对于进一步完善社会保障体系，更好地保障参保人员待遇，提升社会保险综合效能具有重要意义。各试点地区要紧紧围绕《通知》要求统筹推进试点，通过整合两项保险基金及管理资源，强化基金共济能力，提升管理水平，降低管理成本，探索适应我国经济发展水平、优化管理资源、促进两项保险合并实施的制度体系和运行机制。

二、建立健全组织机构

为做好试点组织领导工作，国家成立了由人力资源社会保障部、财政部、国家卫生计生委组成的部际试点工作小组（以下简称部际工作小组），试点地区所在省份和试点城市要相应成立两项保险合并实施试点工作领导机构，将两项保险合并实施试点工作列入重要议事日程，落实工作人员，健全工作机制，统筹组织试点工作。人力资源社会保障、财政、卫生计生等有关部门要按照职责密切配合，认真研究和解决试点中遇到的问题，确保完成试点任务。

三、周密制定试点方案

各地要全面准确领会《通知》精神，结合本地实际，广泛听取各方面意见，细化和落实政策措施，制定具体实施方案。围绕试点目标，把握试点推进节奏，明确工作推进的时间表、路线图。试点地区所在省份要加强对试点城市的指导，主动协调解决重点难点问题。试点方案要由人力资源社会保障部门商财政、卫生计生部门共同制定，方案出台前要充分征求部际工作小组意见，方案出台后报部际工作小组备案。试点城市要确保在2017年6月底前出台实施方案并组织实施。

四、加强政策宣传，营造良好社会氛围

试点工作关系广大人民群众的切身利益，政策性强，涉及面广，社会关注度高。试点地

区要做好政策宣传、舆论引导等工作，准确解读相关政策。要充分利用各种新闻媒体大力宣传两项保险合并实施的重要意义，让社会公众充分了解合并实施不会影响参保人员享受相关待遇，为改革营造良好的社会氛围。

五、加强总结评估

试点地区要对两项保险的参保人数、待遇享受、基金运行、服务管理等方面开展摸底调查，采集基线数据。试点期间，每月10日前要将上月试点进展情况向部际工作小组办公室报告，重大问题及时上报。要适时开展自我评估，定期上报评估情况。人力资源社会保障部、财政部、国家卫生计生委将组建试点评估专家组，对试点期间各项改革措施执行情况、实施效果、群众满意度等方面进行全面评估，各地要做好配合工作。

为加强中央和地方的沟通联系，各试点地区所在省份和试点城市均应确定试点工作负责人及联络员，及时与部际工作小组办公室联系。

2017年3月17日

人力资源社会保障部办公厅　财政部办公厅关于进一步做好2017年就业重点工作的通知

人社厅发〔2017〕32号

各省、自治区、直辖市及新疆生产建设兵团人力资源社会保障厅（局）、财政厅（局、财务局）：

2017年，受经济下行压力和结构调整影响，就业形势仍然复杂严峻，工作任务更加繁重。各地人力资源社会保障和财政部门要进一步提高认识、加强配合，认真谋划工作安排，探索更有针对性的措施，全力确保目标任务完成，以优异成绩迎接党的十九大召开。现就做好今年就业创业有关重点工作通知如下：

一、完善落实积极就业政策

各地要把抓好政策落实作为全年就业工作的主线。全面实施现行就业创业政策，及时做好新一轮就业创业政策的配套和细化工作，加强工作调度、督查问责和典型引路，确保政策落地生效。进一步加强部门衔接，优化经办程序，方便劳动者享受政策。持续加强政策宣传，继续组织政策宣传周等活动，充分利用新媒体开展精准宣传，提高劳动者政策知晓度。加强政策解读、业务交流和教育培训，提升基层工作人员政策水平。

二、全力促进高校毕业生就业

各地要坚持把高校毕业生就业摆在就业工作首位。积极拓宽就业渠道，引导和鼓励毕业生到基层工作，健全服务保障机制。以实施高校毕业生就业创业促进计划为抓手，综合运用涵盖校内外各阶段、就业创业全过程的一揽子措施，促进毕业生就业创业。加强创业培训、跟踪服务和政策扶持的衔接配合，拓宽多元化资金支持渠道，为毕业生创业提供全方位支持。实施“三支一扶”计划，开展能力提升专项培训，做好招募选拔、管理服务、培养使用、期满流动等工作。完善毕业生实名制精准服务制度，提升职业培训、就业见习等服务项目保障能力。加强对各类就业困难和长期失业毕业生的就业援助，提供“一对一”指导和服务，保证求职创业补贴应享尽享。

三、稳妥做好去产能职工安置工作

各地要始终把职工安置作为化解钢铁煤炭行业过剩产能工作的重中之重，推动职工安置与去产能任务确定、奖补资金安排等工作同考虑、同部署。积极创新鼓励措施，落实稳岗补贴和内退职工免缴失业保险费政策，引导企业更多通过内部挖潜安置职工。对分流职工中的失业人员，要提前介入、及时跟进，按规定发放失业保险金，提供有针对性的岗位对接、技能提升、创业引导和政策扶持。对其中的就业困难人员和零就业家庭成员，要加大援助力度，确实难以通过市场实现就业的，通过公益性岗位托底帮扶。完善落实应对预案，及时协调解决突发问题，确保不因职工安置问题引发重大群体性事件。

四、全面开展就业扶贫工作

各地要将就业扶贫作为政治任务，全面落实人社、财政、扶贫三部门就业扶贫文件，细化实化政策措施，抓好工作部署谋划，统筹相关资金保障政策落实。依托农村贫困劳动力就业信息平台，及时获取贫困劳动力就业失业基础信息。建立岗位开发、技能培训、就业服务、权益维护“四位一体”工作机制，促进贫困劳动力转移就业和稳定就业。建立健全对口劳务协作机制，争取把劳务协作纳入本地区东西部扶贫协作省际结对协作机制的总体框架，对符合条件的，在东部省份对西部省份对口援助资金和援助项目安排上予以支持。遴选一批企业作为贫困劳动力就业基地，定向接收贫困劳动力。实施技能脱贫千校行动，组织技工院校定向招收建档立卡贫困家庭和非建档立卡的农村低保家庭、经济困难残疾人家庭以及农村特困救助供养应、往届“两后生”。

五、统筹推进各类群体就业

各地要继续做好农村富余劳动力转移就业工作，推动农民工平等享受基本公共就业创业服务。加强对失业人员的就业服务和政策扶持，帮助尽早实现再就业。健全困难人员就业援助长效机制，强化分类帮扶、精准帮扶，规范公益性岗位开发管理，完善政策期满退出机制。加强对去产能任务较重、发生重特大自然灾害的地区和资源枯竭型城市的就业援助，及时制订计划，开展专门指导，保障资金投入。参与东北等困难地区就业援助行动的相关省份，要将此列为全年重点任务，实施好劳务对接协作等各项具体行动，确保重点地区就业局势稳定。

六、大力促进创业带动就业

各地要以制订实施创业行动计划为抓手，综合运用人社部门和其他相关部门促进创业的政策措施，加强对创业者的政策扶持。用好普惠金融发展专项资金，抓好创业担保贷款及财政贴息政策落实，引导金融机构加强对重点群体创业的金融支持。加强对重点群体的创业培训，完善创业培训工作机制。制定公共创业服务项目清单和服务指南，明确服务内容和标准，支持市场主体参与公共创业服务。持续推进创业孵化载体建设，提升综合服务能力，努力提高创业成功率。深入推进农民工等人员返乡创业，会同有关部门统筹实施返乡创业三年行动计划。

七、切实强化公共就业服务和人力资源市场建设

各地要进一步健全覆盖城乡的公共就业服务体系，重点加强基层公共就业服务平台建设，推进公共就业服务均等化、标准化、信息化。打造“互联网＋”公共就业创业服务平台，实施公共就业服务人员队伍能力提升计划。充分运用就业创业服务补助政策，研究确定向社会购买基本就业创业服务成果的范围，创新服务供给模式，增加服务供给数量，提升服务专业化水平。大力发展人力资源服务业，推动实施人力资源服务业发展推进计划和人力资源服务龙头企业培育工程。

八、大力开展职业培训工作

各地要加大职业培训力度，大规模开展职业培训，推动扩大企业新型学徒制试点，建立企业新型学徒培养模式。完善落实贫困家庭子女、未升学初高中毕业生、农民工、失业人员和转岗职工、退役军人等免费职业培训政策，确保培训补贴资金投入，规范补贴资金使用。统筹实施新生代农民工职业技能提升计划、高校毕业生技能就业行动、化解过剩产能企业职工特别职业培训计划、“春潮行动”、返乡农民工创业培训行动计划、残疾人职业技能提升计划等项目。深入实施国家高技能人才振兴计划，推进高技能人才培训基地、技能大师工作室和技师培训项目建设。积极探索建立国家基本职业培训包制度。

九、努力夯实就业工作基础

各地要密切关注经济和就业形势变化，做好就业常规统计和市场供求、失业动态、农村劳动力转移就业等情况监测，强化对就业信息统计监测的资金保障，提升就业形势分析研判能力。强化底线思维，紧盯关键指标和重点群体、重点市县、重点企业的就业失业状况，稳妥做好风险防范和应对工作。做好离校未就业高校毕业生、去产能涉及企业职工以及农村建档立卡和非建档立卡的低保对象、特困人员、经济困难残疾人等贫困劳动力等实名制信息采集入库和管理工作，实现信息动态更新、综合运用。建立登记失业人员、就业困难人员实名制数据库和稳岗补贴企业实名制信息系统，逐步推进享受就业创业扶持政策人员实名制数据库建设。

十、管好用好促进就业资金

各地财政部门要主动发挥职能作用，适应保障民生兜底的需要，加大对促进就业的支持力度，强化就业补助资金对扶持创业的支出保障。结合工作实际，科学测算资金需求，合理安排资金规模，完善资金分配办法。持续完善资金管理制度和内控监管机制，切实强化对市县完善落实制度情况的督促检查，继续做好资金管理使用情况专项检查工作，更多采取两部门联合检查、委托第三方机构专业审查等方式进行检查。做好资金滚存结余清查和使用情况统计报送工作，加强对市县资金支出进度的调度，以强化政策落实带动资金支出、促进结余消化。科学确定资金区域绩效目标，以绩效目标申报为契机，进一步加强完善绩效评价工作，提高资金使用效益。将失业保险基金按规定用于促进就业支出，开展东7省（市）失业保险基金用于促进就业的使用绩效评估。

2017年3月21日

人力资源社会保障部办公厅 国务院扶贫办综合司关于进一步做好就业扶贫工作有关事项的通知

人社厅发〔2017〕38号

各省、自治区、直辖市及新疆生产建设兵团人力资源社会保障厅（局）、扶贫办（对口支援办）：

为贯彻脱贫攻坚“十三五”规划，进一步做好就业扶贫工作，根据《关于切实做好就业扶贫工作的指导意见》（人社部发〔2016〕119号）有关要求，现就有关事项通知如下：

一、遴选一批全国就业扶贫基地

（一）遴选目的

充分发挥就业扶贫基地的示范效应，引领带动更多企业吸纳农村贫困劳动力就业；发布就业扶贫基地的用工岗位信息，为各地开展有组织劳务输出、农村贫困劳动力自主求职提供帮助。

（二）遴选原则

政府广泛动员，企业自主申报，坚持公平、公正、公开，实事求是、择优推荐。

（三）遴选范围

具备遴选条件的各类企业均可申报。

（四）遴选条件

1. 热心社会公益、具有社会责任感。

2. 能够提供适合农村贫困劳动力就业岗位，并愿意接收人力资源社会保障部门、扶贫部门推荐的建档立卡农村贫困劳动力就业。

3. 能够吸纳建档立卡农村贫困劳动力就业的数量不少于30人。

4. 职业培训制度较为完善，积极开展员工技能培训。

5. 遵守人力资源社会保障法律法规，与建档立卡农村贫困劳动力依法签订劳动合同、合同期限至少在1年以上；能够按时足额支付劳动报酬、缴纳社会保险费；劳动保障诚信等级评价为A级。

6. 劳动关系总体和谐，近年来未发生拖欠工资、集体停工等重大事件；职业安全卫生制度比较健全，管理规范，近年来未发生重大安全生产事故。

7. 生产经营比较稳定，近年来无不良征信和违法行为记录，无经济、法律纠纷；有健康向上的企业文化，注重人文关怀。

（五）遴选程序

1. 由省级人力资源社会保障部门对照上述基本条件，组织开展遴选工作并择优推荐；

2. 人力资源社会保障部、国务院扶贫办汇总各省份报送的就业扶贫基地名单并向社会公布。

（六）有关要求

1. 精心组织。各地要高度重视，广泛动员能够提供较多适合农村贫困劳动力就业岗位的企业主动申报，优先遴选能够提供岗位数量较多、劳动条件较好、权益保障到位的企业。各地遴选报送的企业数量不少于30家。

2. 认真填报推荐表。各地人力资源社会保障部门要负责核实推荐表（见附件1）各项内容，确保真实准确，同时要指导所推荐的就业扶贫基地填报岗位信息表（见附件2），于2017年4月30日前一并报送人力资源社会保障部。

3. 加强工作指导。各地要加强对就业扶贫基地的跟踪指导，及时了解掌握就业扶贫基地吸纳贫困劳动力就业情况，督促企业按季度上报能够提供贫困劳动力就业的岗位信息。对降低工作标准或无法完成既定扶贫任务目标的就业扶贫基地，将进行动态调整；对工作突出的就业扶贫基地，将作为人力资源社会保障部、国务院扶贫办创建精准扶贫爱心企业的参考。

二、深入推进扶贫劳务协作

劳务协作是东西部扶贫协作的重要组成部分。《中共中央办公厅　国务院办公厅关于进一步加强东西部扶贫协作工作的指导意见》明确将劳务协作纳入国家脱贫攻坚考核范围，作为国家扶贫督查巡查重要内容。各地特别是东西部扶贫协作结对省市（见附件3）务必高度重视，采取切实有效举措，提升协作水平，促进农村贫困劳动力转移就业和稳定就业。

（一）建立健全劳务协作机制。东西部扶贫协作省市要确定劳务协作实施机构、联系人，建立定期联系制度，签订劳务协作协议。协作双方人社部门已经签订劳务协作协议的，要抓紧组织实施；协作双方政府已签订框架协议的，双方人社部门要抓紧细化实化劳务协作具体措施，抓紧签订劳务协作协议；协作双方尚未签订协议的，双方人社部门之间要抓紧对接，尽快签订劳务协作协议。中西部省份在开展省际劳务协作的同时，要组织省内经济发达市县与贫困县开展劳务协作。

（二）夯实劳务协作内容。各地要坚持优势互补、合作共赢，把切实解决农村贫困劳动力就业作为劳务协作的首要目标任务，在开发当地岗位、共享用工岗位信息、开展有组织劳务输出、组织技能培训、加强输出后的跟踪管理服务、维护劳动权益等方面开展务实合作，支持贫困地区公共就业服务机构建设，努力促进贫困劳动力与企业精准对接，帮助贫困劳动力实现就业和稳定就业。特别是要结合中心城市与中西部贫困地区家政服务劳务对接行动的开展，在劳务协作中突出家政服务业供需对接。

（三）加强工作推动。东西部扶贫协作省份省级人社部门要加强对劳务协作工作的统筹协调和指导，全面掌握省内劳务协作进展情况，尤其要掌握通过劳务协作促进建档立卡农村贫困劳动力就业的数量；加强对参与劳务协作市县的工作指导，及时帮助解决问题困难，推动劳务协作取得实效。东西部扶贫协作省份确定的实施机构、联系人，以及签订的劳务协议，请于4月30日前报送人力资源社会保障部。“十三五”期间东西部扶贫劳务协作进展情况，请分别于每年6月底、12月底前报送。

三、大力支持贫困劳动力就地就近就业

各地要支持贫困县创造就业机会，多渠道开发县内就业岗位，促进贫困劳动力就地就近就业。要结合产业扶贫，依托东西扶贫协作机制，引导和支持劳动密集型行业企业到贫困县投资办厂或加工项目分包。鼓励探索集中生产与家庭分散加工相结合的就业模式，支持贫困人口居家就业和灵活就业。要因地制宜采取措施，在乡镇、行政村创建社区工厂、扶贫车间、加工点，组织贫困劳动力在家门口就业。鼓励创业带动就业，结合贫困县特色产业、特色产品、旅游资源等，支持贫困县农民工返乡创业，加大贫困村创富带头人培训力度，落实各项创业扶持政策，带动更多贫困人口增收脱贫。对通过市场渠道确实难以实现就业的，可结合易地扶贫搬迁、生态保护脱贫、基础设施

建设等脱贫攻坚工程中开发出来的岗位，优先帮扶其就业。

附件：

1. 就业扶贫基地推荐表（略）

2. 就业扶贫基地岗位信息表（略）

3. 东西部协作扶贫对口支援机制（略）

2017 年 4 月 11 日

人力资源社会保障部办公厅关于实施中国瑞士社会保障协定的通知

人社厅发〔2017〕69号

各省、自治区、直辖市及新疆生产建设兵团人力资源社会保障厅（局）：

2011年7月1日《中华人民共和国社会保险法》实施以来，为有效解决中瑞两国在对方国工作的人员双重缴纳社会保险费的问题，中瑞两国政府通过多轮谈判于2015年9月30日正式签署了《中华人民共和国政府和瑞士联邦政府社会保障协定》（以下简称《协定》）。双方商定，《协定》于2017年6月19日正式生效。为确保《协定》的贯彻执行，现就有关问题通知如下：

一、《协定》主要内容

（一）互免险种范围。

中国为职工基本养老保险、城乡居民基本养老保险、失业保险；瑞士为养老和遗属保险、残疾保险。根据瑞士法律规定，适用或免除瑞士养老和遗属保险以及残疾保险的雇员将自动适用或免除瑞士失业保险。

（二）中方适用免除在瑞士缴纳相关社会保险费的人员。

1. 派遣人员。指受雇于中国领土上有经营场所的雇主，依其雇佣关系被雇主派往瑞士为该雇主工作的人员。

2. 在航海船舶上的雇员。指在悬挂中国船旗的航海船舶上受雇的人员及通常居住在中国领土上，被中国的雇主派遣到悬挂瑞士国旗的航海船舶上工作的人员。

3. 在航空器上的雇员。指受雇的企业总部在中国的管理人员或机组成员。

4. 外交和领事机构人员。

5. 政府或公共服务机构受雇人员。指受雇于中国中央或地方政府或其他公共服务机构，依其雇佣关系被雇主派往瑞士领土为其工作的人员。

6. 随行家属。上述1～5类人员的随行并共同居住的配偶及子女，同样适用免除在瑞士缴纳相关社会保险费，前提是其配偶及子女未在瑞士领土上受雇或自雇，且应在中国参加城乡居民基本养老保险。

7. 例外。中瑞两国主管机关可同意根据特定人员或人群的情况，就适用《协定》第三条至第七条作例外处理，条件是所涉及人员受中瑞两国任一国法律规定管辖。

（三）瑞方适用免除在华缴纳相关社会保险费的人员。

瑞方适用免除在华缴纳社会保险费的人员与中方适用人员的条件类同。

（四）派遣人员免除缴纳社会保险费的期限。

就派遣人员而言，首次申请免除缴费期限最长为6年。如派遣期限超过6年，经中瑞两国主管机关同意，可予以延长。

（五）主管机关、联络机构和经办机构。

1. 主管机关：中方为人力资源社会保障部，瑞方为联邦社会保险办公室。

2. 联络机构：中方为人力资源社会保障部国际合作司，瑞方为联邦社会保险办公室。

3. 经办机构：中方为人力资源社会保障部社会保险事业管理中心或该部指定的其他机构，瑞方为养老和遗属保险以及残疾保险赔偿办公室。

二、依据《协定》免除缴纳相关社会保险费的管理办法

（一）中方在瑞士人员办理免缴相关社会保险费《证明书》的流程。

已在中国国内按规定参加了职工基本养老保险、城乡居民基本养老保险、失业保险，并按时足额缴纳保险费的人员，可以按照以下程序办理申请免除在瑞士缴纳相关社会保险费。具体流程如下：

1. 申请人填写《根据中国瑞士社会保障协定出具的〈证明书〉申请表》（以下简称《申请表》，样式附后），并加盖所在单位公章。《申请表》可从部政府网站上下载，网址：www.mohrss.gov.cn（进入后点击“服务之窗”中的“表格下载”）。申请人也可在部政府网站查阅“中国瑞士社会保障协定证明书办事指南”（点击“服务之窗”中的“办事指南”）。

2. 申请人或代理人将填写后的《申请表》（一式3份）提交参保所在地（省、市、区县）的社会保险经办机构审核；经办机构在审核其参保缴费情况无误后，加盖印章并留存相关《申请表》备案。

3. 申请人或代理人将盖章后的1份《申请表》挂号或快递寄至部社保中心（地址：北京市东城区安定门外大街138号皇城国际B座，收信单位：人力资源社会保障部社保中心国际合作处，邮编：100011，电话：010-89946777）。

4. 部社保中心国际合作处收到《申请表》后予以审核。如审核通过，将在15个工作日内出具并向申请人邮寄《证明书》；如审核未通过，及时向申请人说明原因。

5. 例外情况涉及人员填写《申请表》时，需附个人简要情况及相关说明材料。部社保中心收到《申请表》后，由中瑞两国主管机关共同决定是否同意作例外处理。如同意，部社保中心向申请人出具《证明书》；如不同意则向申请人说明原因。

6. 申请人向瑞士经办机构提交《证明书》，并申请免除缴纳相应的社会保险费。

（二）瑞士在华人员免除缴纳相关社会保险费的管理办法。

1. 瑞士在华人员向参保所在地社会保险经办机构提交由瑞士经办机构出具的《证明书》，其参保所在地社会保险经办机构审核原件，留存复印件备案。核准信息后，依据其《证明书》上规定的期限免除其相关社会保险缴费义务。

2. 凡不能提交《证明书》的瑞士在华人员，各地社会保险经办机构应按《中华人民共和国社会保险法》和《在中国境内就业的外国人参加社会保险暂行办法》（部令16号）的规定，督促其参加中国的社会保险。当参保人员离开中国时，其所缴纳的保险费或个人账户余额的返还应按照部令16号第五条第二款规定执行。

3. 除《协定》规定的免缴职工基本养老保险、城乡居民基本养老保险、失业保险外，瑞士在华人员应按《社会保险法》和部令16号的规定，参加中国其他社会保险险种。

以上规定自《协定》生效之日起开始执行。各级人力资源社会保障部门要高度重视此项工作，各地社会保险经办机构应本着如实、便捷的原则及时办理核准和免缴有关手续。在审核时要认真核对相关信息，防止欠费和虚假现象发生。各地在执行中如发现问题，请及时向我部报告。

附件：

1. 中华人民共和国政府和瑞士联邦政府社会保障协定

2. 根据中国瑞士社会保障协定出具的《证明书》申请表（样表）（略）

3. 中方《证明书》（样表）（略）

4. 瑞方《证明书》（样表）（略）

2017 年 6 月 13 日

附件 1

中华人民共和国政府和瑞士联邦政府社会保障协定

为发展中华人民共和国和瑞士联邦（以下称缔约两国）友好关系之目的，促进缔约两国的人员往来，中华人民共和国政府和瑞士联邦政府愿加强在社会保险领域的合作，达成协议如下：

第一条 定 义

一、为本协定之目的：

（一）法律规定

在中华人民共和国，系指本协定适用范围（第二条第一款第一项）所包括社会保险制度的法律、行政法规、部门规章、地方性法规和其他法律规定；

在瑞士联邦，系指本协定适用范围（第二条第一款第二项）所包括社会保障制度的法律、法规、规章和其他一般性具备法律效力的条例。

（二）主管机关

在中华人民共和国，系指人力资源和社会保障部；

在瑞士联邦，系指联邦社会保险办公室。

（三）经办机构

在中华人民共和国，系指人力资源和社会保障部社会保险事业管理中心或该部指定的其他机构；

在瑞士联邦，系指养老和遗属保险以及残疾保险赔偿办公室。

（四）领土

在中华人民共和国，系指《中华人民共和国社会保险法》以及相关法律法规适用的领土；

在瑞士联邦，系指瑞士领土。

（五）国民

在中华人民共和国，系指具有中华人民共和国国籍的个人；

在瑞士联邦，系指具有瑞士国籍的个人。

二、本条中未定义的词语应具有缔约两国各自适用法律规定赋予的含义。

第二条 法律适用范围

一、本协定适用于与下列社会保险制度相关的法律规定：

（一）在中华人民共和国：

1. 职工基本养老保险；

2. 城乡居民基本养老保险；

3. 失业保险。

（二）在瑞士联邦：

1. 养老和遗属保险；

2. 残疾保险。

根据瑞士法律规定，适用或免除瑞士养老和遗属保险以及残疾保险的雇员将自动适用或免除瑞士失业保险。

二、除非本协定另有规定，本条第一款所提及的法律规定不包括缔约一国可能与第三国在社会保障方面缔结的条约或其他国际协定，以及为具体实施之目的颁布的法律规定。

第三条 雇员参保义务

除非本协定另有规定，在缔约一国领土上受雇或自雇的人员，就该项工作而言，仅受该缔约国法律规定管辖。

第四条 派遣人员

一、如果雇员在缔约一国领土上受雇于在该缔约国领土有经营场所的雇主，依其雇佣关系被雇主派往缔约另一国领土为该雇主工作，该雇员就该雇佣关系而言，在此项工作的首个72个日历月内继续仅适用首先提及的缔约国关于参保义务的法律规定，如同该雇员仍在该缔约国领土上受雇一样。

二、如果派遣期限超过本条第一款所规定期限，在缔约两国主管机关同意的情况下，则本条第一款中首先提及的缔约一国法律规定将继续适用。

第五条 航海船舶和航空器上的雇员

一、在悬挂任一缔约国船旗的航海船舶上受雇的人员应依据该缔约国的法律规定参加保险。但是，如果该雇员通常居住在缔约一国领土上，被派遣到悬挂缔约另一国船旗的航海船舶上工作，则该雇员适用首先提及缔约国的法律规定，如同该雇员仍在该缔约国领土上受雇一样。

二、在航空器上受雇的管理人员或机组成员，就其雇佣关系而言，适用其受雇企业总部所在地领土所属的缔约国法律规定。但是，如果该企业在缔约另一国领土上拥有分支机构或常设机构，则受雇于该分支机构或常设机构的人员将受该分支机构或常设机构所在地领土所属的缔约国法律规定管辖。

第六条 外交和领事机构人员

本协定不影响1961年4月18日签订的《维也纳外交关系公约》和1963年4月24日签订的《维也纳领事关系公约》的适用。

第七条 政府或公共服务机构受雇人员

如果雇员受雇于缔约一国中央、地区或地方政府或其他公共服务机构，依其雇佣关系被雇主派往缔约另一国领土为其工作，该雇员就该雇佣关系而言，仅适用首先提及缔约国的法律规定。

第八条 随行家属的参保义务

一、依据第四条至第七条之规定，缔约一国有关参保义务的法律规定适用于在缔约另一国领土上工作的人员时，该法律规定同样适用于在缔约另一国领土上与该人员共同居住的配偶及子女，前提是其配偶及子女未在缔约另一国领土上受雇或自雇。

二、根据第一款之规定，配偶及子女适用中华人民共和国法律规定时，应参加城乡居民基本养老保险。

三、根据第一款之规定，配偶及子女适用瑞士法律规定时，应参加瑞士养老和遗属保险以及残疾保险。

第九条 例 外

缔约两国主管机关可同意根据特定人员或人群的情况，对第三条至第七条作例外处理，条件是所涉及人员受缔约一国法律规定管辖。

第十条 保险费返还

一、如果缔约一国人员受缔约另一国法律规定管辖，且已依照缔约另一国法律规定缴纳保险费，当该人员离开该缔约国时，其所缴纳的保险费或个人账户余额应予以返还。返还方式如下：

（一）在中华人民共和国：

依照适用法律规定返还个人账户余额。

（二）在瑞士联邦：

依照《养老和遗属保险法》第十八条第三款关于非缔约国国民的规定返还。

二、保险费应直接返还给受益人。

三、当缔约一国经办机构以自由兑换货币返还保险费时，兑换率应以支付当日实际汇率计算。

第十一条　实施安排

一、缔约两国主管机关可通过协商共同决定实施本协定的必要措施。

二、缔约两国主管机关应相互通报可能影响本协定实施的法律规定修改和增订情况。

三、为实施本协定，指定联络机构如下：

（一）在中华人民共和国：

人力资源和社会保障部国际合作司，北京。

（二）在瑞士联邦：

联邦社会保险办公室，伯尔尼。

第十二条　信息交流和相互协助

缔约两国主管机关或经办机构应根据对方书面要求，在各自法律规定允许的范围内，相互提供实施本协定所需的信息和协助。协助应无偿提供。

第十三条　证明书的出具

一、在本协定第四条、第五条和第七条所述情况下，其法律规定适用的缔约一国经办机构，将根据申请就相关雇佣关系出具证明书，证明该雇员受其法律规定管辖。在本协定第四条所述情况下，证明书必须注明有效期并用中文和英文两种语言书写。

二、若适用中华人民共和国的法律规定，证明书由人力资源和社会保障部社会保险事业管理中心或该部指定的其他机构出具。

三、若适用瑞士联邦的法律规定，证明书由养老和遗属保险以及残疾保险赔偿办公室出具。

四、证明书的申请应在派遣之前提交。如果缔约一国人员在协定生效之时已经受缔约另一国法律规定管辖，证明书应当在协定生效后3个日历月内提供。

第十四条　信息保密

一、缔约一国所接收的信息须事先经缔约另一国同意后才可公开。由缔约一国主管机关或经办机构根据本协定提供给缔约另一国主管机关或经办机构的个人信息在使用时应保密，且只能用于实施本协定之目的。相关信息应受数据传输方和接收方的保护，防止在非授权情况下被读取、修改或传递。缔约一国主管机关或经办机构接收的信息应受该缔约国关于个人隐私保护和个人信息保密的国家法律约束。

缔约一国主管机关或经办机构对该信息的后续使用、存储及废弃应受该缔约国关于隐私保护的法律约束。

二、数据提供机构应保证所提供数据的准确性，并确保数据内容与使用目的相匹配。就此而言，对国家法律中任何关于数据传输的限制性规定应予尊重。若出现数据不完整或提供了不应被提供数据的情况，数据接收方应被立即告知并纠正或销毁相关数据。

三、所传输的个人数据存储期限应与传输数据目的相一致。数据的销毁应不损害受社会保障保护的相关人员的权益。

第十五条　交流语言和认证

一、本协定实施过程中，缔约两国主管机关和经办机构可用双方的官方语言进行交流。

二、缔约一国主管机关和经办机构不得仅因文件是用缔约另一国官方语言写成而拒绝受理。

三、适用本协定所需提交的文件，特别是证明书，无须办理任何认证或者其他类似手续。

第十六条　争端解决

缔约两国关于本协定解释或适用方面的争端应由缔约两国主管机关通过谈判和磋商方式解决。如争端在一定时间内未得以解决，则应通过外交途径解决。

第十七条　过渡和最终条款

一、在依据本协定第四条计算最长派遣期限时，不应将该协定生效前已完成的派遣期限考虑在内。

二、本协定终止时，个人依据本协定相关规定已获得的所有权益应予以保留。

第十八条　生　　效

缔约两国应以书面形式相互通知已完成使本协定生效所必需的国内法律程序。本协定自后一份通知收到后的第 90 天起生效。

第十九条　期限与终止

本协定长期有效。本协定自缔约任一国向缔约另一国发出书面终止通知之日起第 12 个月的最后一天起终止。

第二十条　复　　审

一、缔约两国可应缔约一国要求对本协定进行复审。

二、本协定生效后 10 年内，缔约两国将对本协定进行复审，决定是否需要修改本协定以确保尽可能完全覆盖参加或曾经参加了缔约两国社会保障的两国国民。

下列代表，经各自政府正式授权，在本协定上签字，以昭信守。

本协定于 2015 年 9 月 30 日在北京签订，一式两份，每份均用中文、德文和英文三种语言写成，三种文本同等作准。如对文本的解释发生分歧，以英文文本作准。

中华人民共和国政府代表	瑞士联邦政府代表
＿＿＿＿＿＿	＿＿＿＿＿＿

人力资源社会保障部办公厅　财政部办公厅关于公布2016年职工基本养老保险个人账户记账利率等参数的通知

人社厅发〔2017〕71号

各省、自治区、直辖市及新疆生产建设兵团人力资源社会保障厅（局）、财政（务）厅（局），中央国家机关养老保险管理中心：

按照《国务院关于机关事业单位工作人员养老保险制度改革的决定》（国发〔2015〕2号）、《人力资源社会保障部　财政部关于贯彻落实〈国务院关于机关事业单位工作人员养老保险制度改革的决定〉的通知》（人社部发〔2015〕28号）和《人力资源社会保障部　财政部关于印发统一和规范职工养老保险个人账户记账利率办法的通知》（人社部发〔2017〕31号）等规定，现就2016年职工基本养老保险个人账户记账利率等参数问题通知如下：

一、2016年城镇职工基本养老保险（含机关事业单位和企业职工基本养老保险）个人账户记账利率为8.31%。

二、2014年10月1日至2015年12月31日机关事业单位基本养老保险个人账户记账利率为5%。

三、老办法待遇计发标准中的工资增长率G_{2015}为6%。

职工基本养老保险个人账户记账利率等参数用于计发养老待遇，直接关系到广大参保人员切身利益，政策性强，精确操作要求高。各地和中央国家机关养老保险管理中心要切实加强领导，精心安排部署，积极稳妥组织实施。

2017年6月8日

人力资源社会保障部办公厅关于印发《治欠保支三年行动计划（2017—2019）》的通知

人社厅发〔2017〕80号

各省、自治区、直辖市及新疆生产建设兵团人力资源社会保障厅（局）：

为进一步贯彻《国务院办公厅关于全面治理拖欠农民工工资问题的意见》（国办发〔2016〕1号）和国务院第163次常务会议精神，确保到2020年实现基本无拖欠的工作目标，解决企业拖欠工资问题部际联席会议办公室制定了《治欠保支三年行动计划（2017—2019）》，现印发给你们，请会同协调机制成员单位认真抓好落实。

2017年7月7日

治欠保支三年行动计划（2017—2019）

一、行动目标

以解决工程建设领域欠薪问题为重点，综合运用法律、行政、经济等手段，健全源头预防、动态监管、失信惩戒相结合的制度保障体系，用三年左右时间，形成制度完备、责任落实、监管有力的治理格局，实现被欠薪农民工比重逐年下降，力争到2020年实现农民工工资基本无拖欠。

二、行动措施

（一）全面推行劳动用工实名制管理。督促用人单位与招用的农民工依法签订劳动合同，建立职工名册。在工程建设领域，全面实行农民工实名制管理制度，建立劳动计酬手册，健全用工和工资支付记录，明确用人单位对农民工的工资支付责任。2017年底前，实名制管理覆盖40%以上在建工程项目，2018年底前覆盖率达到70%，到2019年底基本实现全覆盖。

（二）落实按月足额支付工资规定。督促工程建设领域用人单位依法支付农民工工资，实现月清月结。到2017年底，执行按月足额支付工资规定覆盖80%以上在建工程项目，2018年底前覆盖率达到90%，到2019年底基本实现全覆盖。

（三）完善工资支付监控机制。充分发挥劳动保障监察“网格化、网络化”管理优势，对辖区内用人单位工资支付情况实行日常监管，对出现工资支付困难的劳动密集型加工制造、餐饮服务以及涉及化解过剩产能的企业，实行重点监控，积极探索建立欠薪预警系统，及时发现和处置欠薪隐患。

（四）落实工资保证金制度。在工程建设领域全面推行工资保证金制度，根据用人单位工资支付情况，实行差异化缴存，推行银行保函等第三方担保制度，规范工资保证金收缴、使用、退还办法，实现及时收缴，按时退回。到2017年底，基本实现所有在建工程项目全覆盖，逐步将工资保证金实施范围扩大到其他易发欠薪行业。

（五）建立农民工工资专用账户管理制度。在工程建设领域，实行农民工工资与其他工程款分账管理制度，施工企业应在银行建立工资专户，专门用于发放农民工工资。鼓励实行分包企业委托总承包企业直接向农民工代发工资的办法。到2017年底，农民工工资专用账户管理制度覆盖60%以上在建工程项目，2018年底前覆盖率达到80%，到2019年底基本实现全覆盖。

（六）强化劳动保障监察执法。进一步畅通农民工欠薪举报投诉渠道，健全劳动保障监察举报投诉案件省级联动处理机制。到2017年底，在各省级行政区域内基本实现“一点举报投诉、全网联动处理”，为农民工提供便捷、高效的执法服务。通过加强日常巡视检查，督促用人单位严格落实按月支付农民工工资的法律规定。会同有关部门每年在元旦、春节和其他关键时点组织开展农民工工资支付情况专项检查，对欠薪违法行为实施集中整治。对举报投诉和检查中发现的欠薪问题，劳动保障监察机构要在法定期限内快办快结，做到欠薪案件限时清零。

（七）充分发挥劳动争议调解仲裁作用。进一步加强基层劳动争议调解工作，努力将涉及拖欠农民工工资的劳动争议化解在基层。劳动争议仲裁机构要继续开辟争议处理“绿色通道”，简化办案程序，改进办案方式，对涉及拖欠农民工工资的争议案件优先受理、优先开庭、及时裁决、快速结案。

（八）加大对欠薪违法行为的信用惩戒力度。进一步加强与有关主管部门对欠薪问题的协同监管和联合惩戒，2017年底前，制定严重欠薪联合惩戒部门合作备忘录，制定并组织实施欠薪企业“黑名单”制度。落实《重大劳动保障违法行为社会公布办法》和《企业劳动保障守法诚信等级评价办法》，定期公布重大欠薪违法案件。

（九）开展治欠保支法律援助和普法宣传。畅通法律援助渠道，在农民工集聚地和仲裁、监察等机构建立法律援助工作站点，方便农民工获取信息、提出申请。法律援助机构对农民工申请支付劳动报酬的法律援助案件不再审查经济困难条件。充分运用多种宣传媒介，广泛宣传国办发〔2016〕1号文件的主要内容和相关劳动保障法律法规，增强用人单位依法用工的法律意识，引导农民工理性维权。在每年治理欠薪工作关键时点，组织开展保障农民工工资支付集中宣传活动，形成全社会关心关爱农民工的社会氛围。

（十）落实属地监管责任。按照属地管理、分级负责、谁主管谁负责的原则，落实解决欠薪问题属地政府及其所属部门的监管责任。加强对地方政府治欠保支工作的督查考核，完善目标责任制度，2018年底前，推动各省将保障农民工工资支付纳入政府考核评价指标体系。对属地监管责任不落实、组织工作不到位的单位和工作人员，依法依纪实施问责。

三、行动要求

（一）加强组织领导。各级人力资源社会保障部门要高度重视治欠保支工作，把推进落实国办发〔2016〕1号文件工作作为构建和谐劳动关系、促进社会稳定的重大举措，抓紧抓实。健全由本级政府负责人牵头、相关职能部门参与的工作协调机制，明确任务分工，结合本地区实际细化年度工作任务、工作措施和时间安排，切实把治欠保支三年行动计划落到实处。

（二）加强工作调度和督促检查。各省级人力资源社会保障部门要进一步加强对所辖地区治欠保支工作的督促检查，健全工作台账，做到责任到人、责任到岗，抓好督查督办，层层传导工作压力，定期通报情况，形成一级抓一级的工作格局。解决企业拖欠工资问题部际联席会议办公室对各地治欠保支工作进展情况适时开展调度，对落实工作滞后的，将在一定范围内予以通报。

人力资源社会保障部办公厅关于推进公共就业服务专业化的意见

人社厅发〔2017〕86号

各省、自治区、直辖市及新疆生产建设兵团人力资源社会保障厅（局）：

公共就业服务是促进市场供需匹配、实施就业援助的重要载体，是政府促进就业的重要手段。当前，公共就业服务还存在着服务内容简单、服务方式粗放、服务手段落后、服务能力不足等突出问题，迫切需要运用专业知识和新技术新方法，进一步强化基本服务，创新服务模式，加强队伍建设，更好地服务于新形势下的就业创业工作。现就推进公共就业服务专业化提出以下意见：

一、拓展职业指导服务功能

各地要综合运用专业知识和方法，激发劳动者就业创业信心和积极性。充分利用职业素质测评的新工具和新方法，帮助劳动者合理确定职业定位和方向，做好职业生涯规划。组织各类新成长劳动力参观公共就业创业和人才服务机构，开展模拟求职应聘、现场观摩等体验式教学活动，帮助他们提高求职就业经验和技巧。加强劳动者失业原因分析，科学诊断其求职就业面临的困难和问题，有针对性地提出解决方案和建议。各地要加强对用人单位的用工指导，帮助用人单位根据市场供求状况科学制订和调整招聘计划，合理确定招聘条件，做好岗位需求特征描述等基础工作，提高招聘针对性和成功率。帮助用人单位建立完善相关管理制度，提高用工稳定性。积极宣传和解读就业创业政策，帮助用人单位申请和享受相关就业扶持政策，提高其吸纳就业积极性。

二、加大对重点群体的精准帮扶

各地要建立健全重点群体信息数据库，定期对辖区内长期失业的就业困难人员、高校毕业生等青年、去产能企业下岗职工、建档立卡贫困人员开展摸底调查，对个人状况、就业需求等情况及时登记和更新，实行实名制动态管理。结合劳动者就业经历、失业原因、知识技能、健康状况等因素，对其进行分级分类，综合运用职业介绍、职业指导、职业技能培训和创业培训、就业援助等措施，提供有针对性的精准帮扶。全程记录为每一名服务对象提供服务的过程及效果，定期进行跟踪回访和分析评估，及时调整帮扶措施，帮助其尽快实现就业创业。

三、完善就业信息服务制度

各地要健全岗位信息采集和核验制度，确保岗位信息真实有效。要注意做好劳动者隐私信息的安全保密工作。建立劳务协作信息互联互通和共享发布机制，推动就业创业信息跨地区共享。建立信息反馈机制，向服务对象及时反馈服务进展情况，向高校及时反馈实名制登记离校未就业毕业生的相关信息，指导用人单位将招聘岗位录用结果及时向求职者反馈。完善市场供求信息分析制度，加强信息分析和利用，合理引导用人单位招聘用工和劳动者求职择业，为科学分析就业形势、调整就业创业培训计划、开展就业创业服务提供参考依据。

四、加快信息技术应用

各地要加快公共就业服务信息化建设和应用，充分运用互联网和移动互联等现代信息技术，打造“互联网＋公共就业服务”，构建基于实体大厅、网上平台、移动应用、自助终端等渠道的一体化公共就业服务平台。加快推进公共就业服务业务线上办理，凡具备网上办理条件的事项都要实现网上受理、网上办理、网上反馈，实现办理进度和办理结果网上实时查询，为劳动者和用人单位提供更加方便、快捷的服务。加强公共就业信息服务平台建设，尚未实现与中国公共招聘网联网的地方要加快推进联网进程，整合各类服务信息和数据，实现就业创业信息的联网共享和统一汇总发布。进一步加强全国就业信息监测平台建设，完善服务功能，提升数据质量，运用“大数据”“云计算”等技术手段，加强对服务对象访问偏好和访问习惯分析，精准识别服务对象的需求，智能匹配服务内容和服务方式，探索开展行业、职业发展需求分析与预测。

五、创新就业服务模式

各地要加强各项服务措施的衔接配合，建立职业指导、职业介绍、职业技能培训、就业见习、创业服务等服务项目有机结合机制。建立职业指导人员服务基层机制，每一名职业指导人员每年要为一定数量特定服务对象提供服务，每一位长期失业者、就业困难人员、公益性岗位安置人员等服务对象都要确定专门的职业指导人员，建立长期固定联系，提供针对性服务。完善招聘会组织形式，根据当地人力资源结构特点，组织更多专业化、小型化的定向或专场招聘会。推进就业服务区域协作，发挥城市群和中心城市的辐射带动作用，推动重点地区公共就业服务共建共享，在服务内容、服务流程、服务标准等方面实现一体化，促进人力资源在区域间合理流动和有效配置。探索推进公共就业服务项目化，将有相同服务需求的劳动者组织到相关服务项目中，运用专业化服务技术和方法提高服务质量和效率。充分运用就业创业服务补贴政策和政府向社会力量购买服务机制，扩大服务供给，提升服务专业化水平。

六、推进服务便民利民

各地要加强公共就业服务标准化建设，优化服务流程，简化服务环节和手续。强化窗口单位作风建设，全面实行首问负责制、全程代理制、一次性告知制、限时办结制，加强与就业关联业务之间的信息共享和业务协同。整合窗口服务资源，推动同类服务窗口合并和功能重组，在完善“一站式”服务的基础上向“一柜式”服务转变，实行“前台综合受理、后台分类处理”。在办理各项业务的同时，开展服务对象满意度和服务需求调查，健全服务效果反馈和服务需求表达机制。完善服务场所功能布局，充分利用场地空间，合理划分功能区域。统筹规划城市范围内公共就业服务机构建设，合理布局服务网点，推广“15 分钟服务圈”模式。开展公共就业服务示范城市建设，树立一批典型城市和公共就业服务机构服务示范窗口，引领各地提高服务质量和效率。深入开展充分就业社区建设，带动基层服务平台提升服务水平。

七、提升服务队伍能力

各地要加快建设结构合理、素质优良的职业指导人员、职业信息分析师、劳动保障协理员等专业化队伍。探索建立公共就业服务人员职业生涯发展和晋升通道，健全激励机制，稳定人员队伍。制订实施公共就业服务人员能力提升计划，通过组织定期轮训和专题培训等方式，全面提升工作人员能力和素质。加强与高校、科研单位、知名企业等的合作，开展定期培训、专题培训、脱产轮训，并充分运用互联网、云技术等手段，开展网上学习、远程教学等线上培训，多层次、多渠道培养公共就业服务专业人员。充分发挥公共就业服务相关协会作用，通过组织开展职业指导师等专业人员年会等形式，加强业务学习和服务技术方法交流，提高服务能力水平。开展就业服务技术国际交流合作，培养和提升公共就业服务人员队伍的创新能力和专业水平。

八、健全公共就业服务工作机制

各地要以城市为中心加强公共就业服务的统筹管理，围绕服务对象和市场需要组织实施就业服务项目，统一服务流程和标准，使各类劳动者在城市范围内都能享受到统一规范的服务。加强县级及以下基层公共就业服务平台建设，明确各级公共就业服务机构职能，指导街道（乡镇）和社区（行政村）劳动保障协理员重点做好劳动者就业失业信息及需求调查核实、就业创业服务信息上传下达等基础工作。健全公共就业服务经费保障机制，落实开展公共就业服务所需的基本支出和项目支出经费，充分发挥就业创业服务补助资金加强公共就业服务机构服务能力建设的作用。健全公共就业服务绩效考核机制，综合考虑服务工作量、服务成本、服务效果和服务对象满意度等因素，建立健全相应的绩效评价指标体系和考核办法。

各地要进一步加强对公共就业服务的组织领导，推进服务资源整合，理顺管理服务职能。要结合本地实际，在服务机制、服务模式和服务内容等方面积极探索、大胆创新。要大力总结和宣传有效做法、实践经验和典型事迹，推介公共就业服务理念、服务项目和服务品牌，树立公平、高效、优质的服务形象。

2017 年 7 月 25 日

人力资源社会保障部办公厅关于实施中国—荷兰社会保障协定的通知

人社厅发〔2017〕93号

各省、自治区、直辖市及新疆生产建设兵团人力资源社会保障厅（局）：

2011年7月1日《中华人民共和国社会保险法》实施以来，为有效解决中国、荷兰两国在对方国工作的人员双重缴纳社会保险费的问题，通过多轮谈判，中荷两国政府于2016年9月12日正式签署了《中华人民共和国政府和荷兰王国政府社会保障协定》（以下简称《协定》）。我部与荷兰社会事务和就业部同日签署了《关于实施中华人民共和国政府和荷兰王国政府社会保障协定的谅解备忘录》（以下简称《谅解备忘录》）。双方商定，《协定》和《谅解备忘录》于2017年9月1日正式生效。为确保《协定》和《谅解备忘录》的贯彻执行，现就有关问题通知如下：

一、《协定》主要内容

（一）互免险种范围

中国为职工基本养老保险、失业保险；荷兰为养老保险、失业保险和遗属保险。

（二）中方适用免除在荷兰缴纳相关社会保险费的人员

1. 派遣工作人员。指受中国法律规定管辖并受雇于中国领土上有经营场所并正常开展业务的雇主，且在派遣之前在中国领土上直接为该雇主工作至少一个月的人员。

2. 海员。指在悬挂中国船旗的航海船舶上受雇的人员及通常居住在中国领土上，被中国的雇主派往悬挂荷兰船旗的航海船舶上工作的人员。

3. 航空器雇员。指受雇雇主主要经营场所在中国的机组人员。

4. 公务人员、外交和领事机构人员。外交和领事机构工作人员指《维也纳外交关系公约》《维也纳领事关系公约》中定义的相关人员。公务人员指中国派遣至荷兰领土上的公务人员。

5. 随行家属。上述第1类和第4类人员的随行的配偶和子女，同样适用免除在荷兰缴纳相关社会保险费，除非其配偶和子女在荷兰领土上受雇或自雇。

6. 例外。中荷两国主管机关或经办机构可同意就特定人员或人群，对《协定》第五条至第八条以及第九条第二、三、四款的适用作例外处理，条件是所涉及人员受中荷两国任一国法律规定管辖。

（三）荷方适用免除在华缴纳相关社会保险费的人员

荷方适用免除在华缴纳社会保险费的人员与中方适用人员的条件类同。

（四）派遣工作人员免除缴纳社会保险费的期限

就派遣工作人员而言，首次申请免除缴费期限最长为5年。如派遣期限超过5年，经中荷两国主管机关或经办机构同意，可予以延长，延长免除期限不超过1年。

（五）主管机关和经办机构

1. 主管机关：中方为人力资源社会保障部，荷方为社会事务和就业大臣。

2. 经办机构：中方为人力资源社会保障部社会保险事业管理中心或该部指定的其他机构，荷方为社会保险银行或社会事务和就业大臣指定的其他机构。

二、依据《协定》免除缴纳相关社会保险费的管理办法

（一）中方在荷兰人员办理免缴相关社会保险费《参保证明》的管理办法

已在中国国内按规定参加了职工基本养老保险和失业保险，并按时足额缴纳保险费的人员，可以按照以下程序办理申请免除在荷兰缴纳相关社会保险费。

1. 对于在协定生效之日前已经在荷兰工作的人员，请于协定生效之日起6个月内向我部社保中心提出免缴申请。对于在协定生效之日后开始在荷兰工作的人员，请于在荷兰开始工作之日起6个月内向我部社保中心提出免缴申请。

2. 申请人填写《根据中荷社会保障协定出具的〈参保证明〉申请表》（以下简称《申请表》，样式附后），并加盖所在单位公章。《申请表》可从部门户网站上下载，网址：www.mohrss.gov.cn（进入后点击“服务之窗”中的“表格下载”）。申请人也可在部门户网站查阅“中荷社会保障协定参保证明办事指南”（点击“服务之窗”中的“办事指南”）。

3. 申请人或代理人将填写后的《申请表》（一式3份）提交参保所在地的社会保险经办机构审核；经办机构在审核其参保缴费情况无误后，加盖印章并留存相关《申请表》备案。

4. 申请人或代理人将盖章后的1份《申请表》挂号或快递寄至部社保中心（地址：北京市东城区安定门外大街138号皇城国际B座，收信单位：人力资源社会保障部社保中心国际合作处，邮编：100011，电话：010-89946777）。

5. 部社保中心收到《申请表》后予以审核。如审核通过，将在15个工作日内出具并向申请人邮寄《参保证明》；如审核未通过，及时向申请人说明原因。

6. 例外情况涉及人员填写《申请表》时，需附个人简要情况及相关说明材料。部社保中心收到《申请表》后，由中荷两国主管机关或经办机构共同决定是否同意作例外处理。如同意，部社保中心向申请人出具《参保证明》；如不同意则向申请人说明原因。

7. 对于派遣工作人员中申请延长免除期限的人员，应在前一次免除到期之日3个月前向我部社保中心提出延长免除期限申请。由中荷两国经办机构共同决定是否同意免除申请。如同意，部社保中心向申请人出具《参保证明》。如不同意则向申请人说明原因。

8. 申请人向荷兰经办机构提交《参保证明》，并申请免除缴纳相应的社会保险费。

（二）荷兰在华人员免除缴纳相关社会保险费的管理办法

1. 接收荷兰在华人员的合法经济实体应向其参保所在地社会保险经办机构提交由荷兰经办机构出具的《参保证明》，其参保所在地社会保险经办机构审核原件，留存复印件备案。核准信息后，依据其《参保证明》上规定的期限免除其相关社会保险缴费义务。

2. 若申请人是在《协定》生效前来华工作的，则其位于中国的接收该派遣雇员的合法经济实体应当在《协定》生效之日起6个月内向其参保所在地社会保险经办机构提交由荷兰经办机构出具的《参保证明》，免除期限自《协定》生效之日起计算。《协定》生效6个月后提交《参保证明》的，免除期限自《参保证明》提交次月起计算。

3. 若申请人是在《协定》生效后来华工作的，且其位于中国的接收该派遣雇员的合法经济实体在其到华工作之日起6个月内向其参保所在地社会保险经办机构提交由荷兰经办机构出具的《参保证明》的，该地社会保险经办机构核准信息后，将按参保证明规定的免缴期限免除其《协定》规定的相关社会保险缴费义务；若《参保证明》是其在华工作之日起6个月后提交的，中荷两国经办机构将根据《协定》第十条进行协商。

4. 凡不能提交《参保证明》的荷兰在华人员，各地社会保险经办机构应按《中华人民共和国社会保险法》和《在中国境内就业的外国人参加社会保险暂行办法》（人力资源社会保障部令第16号）的规定，督促其参加中国的社会保险。

5. 除《协定》规定的免缴职工基本养老保险和失业保险外，荷兰在华人员应按《社会保险法》和部令第16号的规定，参加中国其他社会保险险种。

以上规定自《协定》生效之日起开始执行。各级人力资源社会保障部门要高度重视此项工作，各地社会保险经办机构应本着如实、便捷的原则及时办理核准和免缴有关手续。在审核时要认真核对相关信息，防止欠费和虚假现象发生。各地在执行中如发现问题，请及时向我部报告。

附件：

1. 中华人民共和国政府和荷兰王国政府社会保障协定

2. 关于实施中华人民共和国政府和荷兰王国政府社会保障协定的谅解备忘录

3. 申请表（样表）（略）

4. 中方《参保证明》（样表）（略）

5. 荷方《参保证明》（样表）（略）

2017年8月3日

附件1

中华人民共和国政府和荷兰王国政府社会保障协定

中华人民共和国政府（以下称中国或缔约一方）和荷兰王国政府（以下称荷兰或缔约一方）为发展中国和荷兰友好关系之目的，愿加强在社会保障领域的合作，特别是为避免两国社会保障制度中的某些双重覆盖，达成协议如下：

第一条　定　　义

一、为本协定之目的：

（一）领土

在中华人民共和国，系指所有适用《中华人民共和国社会保险法》及其相关法律法规的中华人民共和国领土，包括领陆、内水、领海、领空，以及根据国际法和其国内法，中华人民共和国拥有主权权利或管辖权的领海以外的区域；

在荷兰王国，系指荷兰的欧洲部分，包括荷兰王国根据国际法行使管辖权或主权权利的领海及领海以外邻接领海的区域。

（二）法律规定

在中国，系指本协定适用范围（第二条第一款第一项）所包括与社会保险制度相关的法律、行政法规、部门规章、地方性法规和其他法律规定；

在荷兰，系指第二条第一款第二项所指的法律和规定。

（三）主管机关

在中国，系指人力资源和社会保障部；

在荷兰，系指社会事务和就业大臣。

（四）经办机构

在中国，系指人力资源和社会保障部社会保险事业管理中心或该部指定的其他机构；

在荷兰，系指社会保险银行或上述大臣指定的其他机构。

二、本条第一款中未定义的任何词语应具有适用法律规定赋予的含义。

第二条　法律适用范围

一、本协定适用于与以下社会保险制度相关的法律规定：

（一）在中国

1. 职工基本养老保险；

2. 失业保险。

（二）在荷兰

1. 养老保险；

2. 失业保险；

3. 遗属保险。

二、除非本协定另有规定，本条第一款所指的法律规定不包括缔约一方与第三国在社会保障方面缔结的条约，或为具体实施这些条约之目的颁布的法律规定。

第三条　人员适用范围

除非另有规定，本协定应适用于缔约任一方法律规定管辖的所有人员，以及因这些人员而获得权益的其他人员。

第四条　平等待遇

除非本协定另有规定，第三条所提及的缔约一方人员，如在缔约另一方国家领土上工作或居留，在适用缔约另一方法律规定时，享有与该缔约方国民平等的义务和权利。

第五条　一般规定

除非本协定另有规定，在缔约一方国家领土上受雇的人员，就该项工作而言，仅受该缔约方法律规定管辖。

第六条　派遣工作人员

一、如雇员受缔约一方法律规定管辖并受雇于在该缔约方国家领土上有经营场所并正常开展业务的雇主，且在派遣之前在该缔约方国家领土上直接为该雇主工作至少1个月，该人员被同一雇主派遣至缔约另一方国家领土上工作时，应仅受首先提及的缔约一方法律规定管辖，如同该人员仍在首先提及的缔约一方国家领土上工作一样，条件是该派遣期限不超过60个月。

二、如同一雇员在60个月内相继被多次派遣，则这些派遣将被计为一次派遣，除非相邻派遣之间间隔12个月以上。

三、在第一款所述情况下，如该人员继续受缔约一方法律规定管辖，则此款同样适用于该人员随行的配偶和子女，除非他们在缔约另一方国家领土上受雇或自雇。

四、被其雇主派遣至第三国领土且继续受派遣缔约方法律规定管辖，随后又被该雇主从第三国领土派遣至接收缔约方国家领土上的人员应适用本条第一款之规定。

五、在派遣期限超过本条第一款规定的情况下，经缔约双方主管机关或经办机构同意，该款所指首先提及的缔约一方法律规定将继续适用。继续适用的申请程序将在根据第十三条第一款签署的谅解备忘录中规定。

第七条　海　员

在航海船舶上受雇的人员应受该船舶悬挂船旗所属缔约一方在第二条中所述法律规定管辖。

如该人员通常居住在缔约一方国家领土上，被该缔约方的雇主派往悬挂缔约另一方船旗的航海船舶上工作，则该人员应适用首先提及的缔约一方法律规定，如同该人员仍在首先提及的缔约一方国家领土上受雇一样。

本条不影响悬挂船旗所属缔约一方国家法律法规明确的应依据《2006年海事劳工公约》

（MLC，2006）履行的船东义务。

第八条　航空器雇员

在航空器上工作的机组人员，就该雇佣关系而言，仅受其雇主主要经营场所所在地领土所属的缔约一方法律规定管辖。如该企业在缔约另一方国家领土上有分支机构或注册办事处，且该人员受雇于该分支机构或注册办事处，则该人员应仅适用该分支机构或注册办事处所在地领土所属的缔约一方法律规定管辖。

第九条　公务人员、外交和领事机构人员

一、本协定不影响1961年4月18日签订的《维也纳外交关系公约》和1963年4月24日签订的《维也纳领事关系公约》的适用。

二、由缔约一方派遣至缔约另一方国家领土上的公务人员，仅受首先提及的缔约一方法律规定管辖，如同该人员仍在首先提及的缔约一方国家领土上工作一样。

三、在第二款所述情况下，如该人员继续受缔约一方法律规定管辖，则此款同样适用于该人员随行的配偶和子女，除非他们在缔约另一方国家领土上受雇或自雇。

四、缔约一方位于缔约另一方国家领土上的外交使团或领事馆聘用的当地雇员受缔约另一方法律规定管辖。

第十条　例　　外

缔约双方主管机关或经办机构可同意就特定人员或人群，对第五至八条以及第九条第二、三、四款的适用作例外处理，条件是所涉及人员受缔约一方法律规定管辖。

第十一条　居　　住

依据本协定规定受荷兰法律规定管辖的人员，为依据该法律规定参保之目的，应被视同在荷兰领土上居住。

第十二条　证明书的出具

在本协定第六条和第十条所述情况下：

一、如适用中国的法律规定，证明书由中国经办机构在派遣起始之日起6个月内出具，证明该雇员受其法律规定管辖。证明书须注明有效期限，其副本应提供给荷兰经办机构。

二、如适用荷兰的法律规定，证明书由荷兰经办机构出具，并由位于中国的接收该派遣雇员的合法经济实体在派遣起始之日起6个月内向中国经办机构提交，证明该雇员受其法律规定管辖。证明书须注明有效期限。

三、如证明书未能在派遣起始之日起6个月内出具或提交，接收证明书的经办机构可延迟派遣期限的起始日期。

第十三条　实施安排

一、缔约双方主管机关将签订谅解备忘录，制定实施本协定的必要措施。

二、缔约双方主管机关应相互通报可能影响本协定实施的法律规定修改和增订情况。

第十四条　信息交流和相互协助

缔约双方主管机关或经办机构应根据对方书面要求，在各自法律规定允许的范围内，相互提供实施本协定所需的信息和协助。

第十五条　交流语言

一、实施本协定的交流语言为英语。

二、适用本协定所需提交的文件，特别是证明书，无须办理任何认证或其他类似手续。

第十六条　争端解决

缔约双方关于本协定解释或适用方面的争端应由缔约双方主管机关或经办机构通过谈判和协商方式解决。如争端未能在一定时期内解决，则应通过外交途径解决。

第十七条　信息保密

一、缔约一方主管机关或经办机构应根据其法律和法规，向缔约另一方主管机关或经办机构提供实施本协定所必需的依据法律规定收集的个人信息。

二、除非缔约一方法律和法规另有要求，根据本条第一款由缔约另一方传输给该缔约方的个人信息应仅用于实施本协定之目的。缔约一方接收的信息应受该缔约方有关个人数据保密的法律和法规约束。

第十八条 过渡条款

适用第六条第一款时，如该人员在本协定生效之日前已经在缔约一方国家领土上工作，该款所指派遣期限应自本协定生效之日起计算。证明书应参照第十二条之规定，在本协定生效之日起6个月内出具或提交。

第十九条 复 审

一、缔约双方可应缔约一方要求对本协定进行复审。

二、本协定生效后10年内，缔约双方应共同对本协定是否需要修改进行复审，以确保本协定涵盖第三条所指缔约双方人员的全部参保事宜。

第二十条 生 效

缔约双方应通过外交渠道相互书面通知已完成本协定生效所必需的各自国内法律程序。本协定自最后一份通知收到之日起第4个月的第一天生效。

第二十一条 期限与终止

本协定长期有效。本协定自缔约任一方向缔约另一方发出书面终止通知之日起第12个月的最后一天起终止。

下列代表，经各自政府正式授权，在本协定上签字，以昭信守。

本协定于2016年9月12日在海牙签订，一式两份，每份均用中文、荷兰文及英文三种语言写成，三种文本同等作准。如对文本的解释发生分歧，以英文本为准。

中华人民共和国政府 代表	荷兰王国政府 代表
____________	____________

附件2

关于实施中华人民共和国政府和荷兰王国政府社会保障协定的谅解备忘录

中华人民共和国人力资源和社会保障部与荷兰社会事务和就业部为实施于2016年9月12日签署的《中华人民共和国政府和荷兰王国政府社会保障协定》（以下称协定），依据协定第十三条第一款，达成谅解备忘录如下：

第一条 定 义

本谅解备忘录中的术语与协定中所使用的含义相同。

第二条 经办机构

协定第一条第一款第（四）项中所定义的经办机构依据本谅解备忘录被赋予相关职责。他们将在协定实施过程中相互协助。

第三条 表格与程序

一、经办机构将共同决定实施协定和本谅解备忘录所必要的表格与程序。

二、所附表格为本谅解备忘录的组成部分。表格的变更不影响本谅解备忘录的效力。

三、任何关于表格的变更，经办机构应立即相互通知。

第四条　参保证明

一、依据协定第十二条，适用其法律规定的缔约一方经办机构，将就相关雇佣关系出具参保证明，证明该雇员受协定第二条提及的法律规定管辖。参保证明应注明有效期限及该雇员的随行配偶及子女姓名。

二、本条所指的参保证明，将由以下机构出具：

（一）如适用中国的法律规定，由人力资源和社会保障部社会保险事业管理中心出具。参保证明提供给相关个人，并向位于阿姆斯特尔芬的社会保险银行和雇主提供副本。

（二）如适用荷兰的法律规定，由位于阿姆斯特尔芬的社会保险银行出具。参保证明提供给相关个人，并向人力资源和社会保障部社会保险事业管理中心和雇主提供副本。

第五条　适用协定第六条的申请程序

一、协定第六条所提及的雇员或雇主应向缔约一方经办机构提出书面免除申请。该经办机构批准后，向雇员及雇主出具参保证明。参保证明样本见本谅解备忘录附件。

二、如雇员在协定生效之日前已经在中国领土上工作，位于中国的接收该派遣雇员的合法经济实体应当在协定生效之日起6个月内向中国经办机构提交参保证明，免除期限自协定生效之日起计算。协定生效6个月后提交参保证明的，免除期限自参保证明提交次月起计算。

如雇员在协定生效之日前已经在荷兰领土上工作，其参保证明应由中国经办机构在协定生效之日起6个月内出具，免除期限自协定生效之日起计算。协定生效6个月后出具参保证明的，免除期限自参保证明出具次月起计算。

三、如雇员在协定生效之日后开始在中国领土上工作，且位于中国的接收该派遣雇员的合法经济实体自该雇员在中国开始工作之日起6个月内向中国经办机构提交参保证明，其在中国法律规定中的缴费义务按照参保证明注明的期限免除。如位于中国的接收该派遣雇员的合法经济实体在该雇员在中国开始工作6个月后提交参保证明，中国和荷兰的经办机构将依据协定第十条进行协商。

如雇员在协定生效之日后开始在荷兰领土上工作，且中国经办机构在其在荷兰工作开始之日起6个月内向荷兰经办机构出具参保证明，该雇员在荷兰法律规定中的缴费义务按照参保证明注明的期限免除。如中国经办机构在该雇员在荷兰开始工作6个月后出具参保证明，中国和荷兰的经办机构将依据协定第十条进行协商。

四、延长免除期限申请程序

（一）协定第六条第五款所提及的人员应在前一次免除期限到期之日3个月前向适用其法律规定的缔约一方经办机构提出延长免除期限申请。延长免除期限不超过12个日历月。

（二）经办机构共同决定是否同意免除申请。

（三）首先提及的缔约一方经办机构向雇员和雇主告知申请结果。如果申请获批，首先提及的缔约一方经办机构将依据双方经办机构的共同决定向雇员出具参保证明，并向雇主及缔约另一方经办机构提供副本。

第六条　适用协定第十条的申请程序

一、雇员及其雇主应共同向其申请适用法律规定的缔约一方经办机构提交书面例外申请。

二、缔约双方主管机关或经办机构将共同决定是否同意依据协定第十条作例外处理。

三、首先提及的缔约一方经办机构向雇员和雇主告知申请结果。如果申请获批，首先提及的缔约一方经办机构将依据双方经办机构的共同决定向雇员出具参保证明，并向雇主及缔约另一方经办机构提供副本。

第七条　参保证明信息的交换

一、依据本谅解备忘录出具的参保证明副

本，应由双方经办机构于参保证明出具的次月以纸质或电子版本形式交换。

二、双方经办机构应于次年1月31日前交换上年度根据协定第六条和第十条出具的参保证明份数年度统计数据，应将这些统计数据填入双方经办机构商定的表格。

三、在参保证明有效期限内，若参保证明的任何相关信息发生变化（例如变更雇主、在任期结束前回国），派出国经办机构将废止该参保证明，并以纸质或电子形式及时通知接收国经办机构。

第八条　行政协助

如依据协定第十四条需提供行政协助，缔约双方经办机构应免费提供该行政协助所需的人员及经办费用，双方经办机构同意的情形除外。

第九条　生效、终止与修订

一、本谅解备忘录于协定生效之日生效，直至协定终止之日。

二、经缔约双方主管机关同意，可对本谅解备忘录进行补充或修订。

三、缔约双方主管机关将在本谅解备忘录生效之日起12个月后，及此后每5年对其规定进行复审。或者在特殊情况下，经缔约任一方主管机关书面请求随时进行复审。

第十条　法律义务

本谅解备忘录将只在协定及缔约双方各自法律规定的框架内执行，不产生任何新的国内及国际法权利和义务。

本谅解备忘录于2016年9月12日在海牙签署，一式两份，每份均用中文、荷兰文和英文写成，三种文本同等作准。如果对文本的解释产生任何歧义，以英文本为准。

中华人民共和国 人力资源和社会保障部	荷兰 社会事务和就业部
______________	______________

人力资源社会保障部办公厅关于进一步加强招聘信息管理的通知

人社厅发〔2017〕101 号

各省、自治区、直辖市及新疆生产建设兵团人力资源社会保障厅（局）：

近一时期，部分招聘网站、人力资源服务机构违规发布虚假招聘信息，造成部分求职者上当受骗，严重损害了求职者合法权益。为进一步规范人力资源市场秩序，加强对招聘活动特别是互联网招聘活动的监管，为广大劳动者创造公平、有序的就业环境，切实维护劳动者的合法权益，现就加强招聘信息管理有关事项通知如下：

一、完善招聘信息管理制度

各地要进一步健全人力资源市场招聘信息管理制度，不断完善招聘信息服务，规范招聘行为。要建立定期检查和不定期抽查制度，对用人单位和人力资源服务机构招聘信息发布情况进行检查，督促其确保信息的真实性、合法性。要建立人力资源服务机构年度报告公示制度，将招聘信息服务情况纳入报告内容向社会公示。要进一步完善招聘信息服务标准，加强招聘信息管理，向劳动者和用人单位提供更加规范的招聘服务。要建立守信激励和失信惩戒机制，推进人力资源服务机构诚信体系建设，增强行业自律。

二、强化招聘各方责任

各地要加强对用人单位、人力资源服务机构特别是互联网招聘平台招聘行为的管理，强化用人单位的主体责任和招聘服务提供者的信息审查责任。用人单位发布招聘信息应真实有效，不得设置性别、民族等歧视性内容，不得发布虚假招聘广告，不得以招用人员为名牟取不正当利益或进行其他违法活动。人力资源服务机构特别是互联网招聘平台应当依法履行信息发布审核义务，加强对招聘单位的资质认证和信息发布人员的实名认证，规范信息发布流程，防止虚假信息的发布；要建立服务情况跟踪检查机制，了解服务进展，跟踪用人单位招聘进度和劳动者求职应聘情况；要建立意见投诉和结果反馈机制，对求职者和用人单位在求职招聘中遇到的问题及时调查处理，并将调查处理结果反馈求职者和用人单位；要加强对求职者和用人单位信息的保护，防止因信息泄露使求职者和用人单位合法权益受到侵害。

三、严厉打击信息发布违法违规行为

各地要进一步加大对人力资源市场的劳动保障监察执法力度，会同有关主管部门对互联网招聘平台实施集中整治，严厉打击用人单位招用劳动者以及人力资源服务机构开展职业介绍过程中的各类违法违规行为。对用人单位发布虚假招聘广告、以招聘为名牟取不正当利益或进行其他违法活动的，要依法责令改正并可处罚款。对未经许可擅自从事职业中介活动的，要依法予以关闭、没收违法所得并处罚款；对提供虚假招聘信息、为无合法证照的用人单位提供职业中介服务的，要依法责令改正、没收违法所得并处罚款，情节严重的要吊销人力资源服务许可证。对扣押劳动者居民身份证等证件、以担保或者其他名义向劳动者收取押金财物的，要责令限期退还并依法给予处罚。各类用人单位、人力资源服务机构及互联网招聘平台违反法律规定，侵害劳动者合法权益，造成财产损失或者其他损害的，要依法承担民事责任，构成犯罪的要依法追究刑事责任。

四、加强对求职者的教育引导

各地要加强对劳动法、劳动合同法、就业促进法等法律法规和就业政策的宣传解读，帮助劳动者增强法律意识，知晓获取帮助、维护权益的方式和渠道。要推进人力资源服务机构诚信创建活动，定期发布诚信人力资源服务机构名单，引导求职者和用人单位到合法的人力资源服务机构求职招聘。要加强对失业人员和高校毕业生的职业指导，编制求职指南等材料，帮助他们了解正确的求职就业方法和途径。要多渠道发布招聘欺诈典型案例和有关求职陷阱的专门提示，帮助劳动者提高警惕，增强防范识别能力和自身权益保护意识。

五、鼓励社会参与监督

各地要充分利用举报电话、互联网、新媒体等手段，畅通投诉举报渠道，鼓励劳动者、用人单位、社会组织等社会力量参与人力资源市场监督，多种途径获取违法违规行为线索。要建立投诉举报处理机制，及时查处人力资源市场违法违规行为，将查处结果向社会公开，并对有多次投诉或不良评价的监管对象实施预警等。建立舆情监督和应急处理机制，及时发现苗头性问题，做好处理预案。

各地要高度重视招聘信息管理工作，加强组织领导，可根据工作实际，细化实施方案，明确责任要求，切实把这项工作抓好。

2017 年 8 月 16 日

人力资源社会保障部办公厅关于贯彻落实贪污社会保险基金属于刑法贪污罪中较重情节规定的通知

人社厅发〔2017〕107号

各省、自治区、直辖市及新疆生产建设兵团人力资源社会保障厅（局）：

近日，《最高人民检察院关于贪污养老、医疗等社会保险基金能否适用〈最高人民法院 最高人民检察院关于办理贪污贿赂刑事案件适用法律若干问题的解释〉第一条第二款第一项规定的批复》（以下简称批复）明确，养老、医疗、工伤、失业、生育等社会保险基金可以认定为《最高人民法院 最高人民检察院关于办理贪污贿赂刑事案件适用法律若干问题的解释》第一条第二款第一项规定的“特定款物”，即贪污社会保险基金属于刑法第三百八十三条第一款规定的“其他较重情节”，贪污社会保险基金数额在一万元以上不满三万元的，依法判处三年以下有期徒刑或者拘役，并处罚金。批复明确把贪污社会保险基金作为刑法规定的“较重情节”，降低了贪污社保基金行为的入刑门槛，加大了对贪污社会保险基金犯罪行为的惩治力度，体现了对社会保险基金的重视，对保障社会保险基金安全、维护参保人权益具有重要意义。各级人力资源社会保障部门要高度重视，认真学习，深刻领会，加强对社会保险基金的管理和监督，严格防止贪污社会保险基金行为，贯彻落实批复规定，维护基金安全。现将有关事项通知如下：

一、加强宣传教育，提高防范贪污社会保险基金的意识。各级人力资源社会保障部门，特别是社会保险管理部门要组织干部职工认真学习批复规定，深刻领会其实质。要把批复规定传达到社会保险管理的每名干部职工，让每名干部职工深刻认识社会保险基金安全的重要性和贪污社会保险基金的危害性。社会保险基金是老百姓的养命钱、救命钱，任何个人不能贪污挪用。贪污社会保险基金，不仅危害基金安全和群众利益，而且影响干部队伍形象和社会保险制度威信，必须受到法律的严惩。要把宣传贯彻批复规定与开展廉政教育活动结合起来，结合过往案例进行警示教育。要把宣传贯彻批复规定与贯彻执行《社会保险工作人员纪律规定》结合起来，严格遵循“二十个不准”，预防和遏制职务犯罪。

二、完善内控管理，堵塞贪污社会保险基金的风险漏洞。梳理完善社会保险经办机构管理的内控制度，从源头上堵塞可能发生贪污社会保险基金的风险漏洞。优化经办操作流程，建立健全岗位之间、业务环节之间相互监督、相互制衡的机制，明确岗位职责，建立责任追究制度。严格社会保险基金管理，执行基金财务会计制度，做到基金账账相符，账实相符，日清月结。实现社会保险管理服务全面信息化，用流程管事，用电脑管人，加强信息化对业务工作的监督控制。落实政务公开要求，公开社会保险政策和办事指南，及时告知个人权益变化情况。

三、严格基金监督，着力查处贪污社会保险基金的违法行为。突出重点，梳理排查容易发生贪污社会保险基金行为的风险点，加强对财务会计、出纳等重要岗位的监督检查，加强对基金征缴、待遇发放等重要环节的监督检查，加强对政策变化、干部调整等重要时段的监督检查。加大力度，在做好日常监督检查的基础上，加强专项监督检查。创新手段，积极应用社会保险基金监管系统，提高监督效能，增强监督针对性和时效性。形成合力，鼓励和支持社会各方面参与基金监督，依法受理举报，构建行政监督与社会监督有机结合的全方位基金监督体系。从严查处，对发现涉嫌贪污社会保险基金的行为坚决一查到底，绝不放纵。

四、建立衔接机制，严惩贪污社会保险基金的犯罪行为。落实《行政执法机关移送涉嫌犯罪案件的规定》要求，加强与检察机关的沟通，建立行政执法与刑事司法衔接机制。对涉嫌贪污社会保险基金犯罪的，及时将案件移送人民检察院处理。要积极配合检察机关，做好社会保险基金管理政策咨询、资料提供、调查取证等工作，支持查处贪污社会保险基金的犯罪行为，严厉打击犯罪分子，维护社会保险基金安全，维护社会保险制度威信，维护参保群众利益。

附件：最高人民检察院关于贪污养老、医疗等社会保险基金能否适用《最高人民法院　最高人民检察院关于办理贪污贿赂刑事案件适用法律若干问题的解释》第一条第二款第一项规定的批复

2017 年 8 月 22 日

附件

最高人民检察院关于贪污养老、医疗等社会保险基金能否适用《最高人民法院　最高人民检察院关于办理贪污贿赂刑事案件适用法律若干问题的解释》第一条第二款第一项规定的批复

高检发释字〔2017〕1 号

（2017 年 7 月 19 日最高人民检察院第十二届检察委员会第六十七次会议通过）

各省、自治区、直辖市人民检察院，解放军军事检察院，新疆生产建设兵团人民检察院：

近来，一些地方人民检察院就贪污养老、医疗等社会保险基金能否适用《最高人民法院　最高人民检察院关于办理贪污贿赂刑事案件适用法律若干问题的解释》第一条第二款第一项规定请示我院。经研究，批复如下：

养老、医疗、工伤、失业、生育等社会保险基金可以认定为《最高人民法院　最高人民检察院关于办理贪污贿赂刑事案件适用法律若

干问题的解释》第一条第二款第一项规定的“特定款物”。

根据刑法和有关司法解释规定，贪污罪和挪用公款罪中的“特定款物”的范围有所不同，实践中应注意区分，依法适用。

此复。

2017年7月26日

人力资源社会保障部办公厅 财政部办公厅关于印发职业年金基金归集账户管理暂行办法的通知

人社厅发〔2017〕110号

各省、自治区、直辖市及新疆生产建设兵团人力资源社会保障厅（局）、财政（财务）厅（局）：

根据《国务院办公厅关于印发机关事业单位职业年金办法的通知》（国办发〔2015〕18号）、《人力资源社会保障部　财政部关于印发职业年金基金管理暂行办法的通知》（人社部发〔2016〕92号）的要求，人力资源社会保障部、财政部研究制定了《职业年金基金归集账户管理暂行办法》，现印发给你们，请认真贯彻执行。

2017年8月22日

职业年金基金归集账户管理暂行办法

第一条　为规范职业年金基金归集账户的设立和管理，保障职业年金基金财产安全，根据《国务院办公厅关于印发机关事业单位职业年金办法的通知》（国办发〔2015〕18号）、《人力资源社会保障部　财政部关于印发职业年金基金管理暂行办法的通知》（人社部发〔2016〕92号）等有关规定，制定本办法。

第二条　职业年金基金归集财产托管账户（以下简称归集账户）是指归集账户托管银行（以下简称托管银行）受社会保险经办机构（以下简称社保经办机构）委托，以职业年金基金归集财产名义开立的、专门用于归集和划转职业年金基金财产的专用存款账户。归集账户应单独开设，不得与社会保险基金收入户、支出户、财政专户、税务机关征收社会保险费账户和各级社保经办机构单位账户等其他任何账户共用。

归集账户财产属于职业年金基金财产，独立于机关事业单位、各级社保经办机构和托管银行的固有财产及其管理的其他财产。机关事业单位、各级社保经办机构和托管银行，因机构调整、依法解散、被依法撤销或者被依法宣告破产等原因进行终止清算的，归集账户财产不属于其清算财产。若有关部门对归集账户进行冻结或扣划，托管银行有义务出示证据证明归集账户财产及其账户性质，各级社保经办机构应予以协助，保全归集账户财产安全。

第三条 归集账户的主要用途是：暂存单位和个人缴费收入、转移收入、利息收入以及其他收入，划转归集账户财产。

单位和个人缴费收入是指机关事业单位和个人依据有关规定分别缴纳的职业年金缴费。

转移收入是指参保对象跨统筹地区和跨不同养老保险制度流动而划入的职业年金基金收入。

利息收入是指职业年金基金在归集账户中取得的银行存款利息。

其他收入是指以上收入之外的归集账户收入。

划转归集账户财产是指省级以下归集账户向省级归集账户划转，中央及省级归集账户向职业年金基金受托财产托管账户划转，以及出现短溢缴等情况的资金划转。

除归集账户银行存款外，任何地区、部门、单位和个人不得动用归集账户财产进行任何形式的直接或间接投资。

第四条 各级社保经办机构应按照公开、公平、公正的原则，从具有企业年金基金托管资格或证券投资基金托管资格的银行中选择、更换托管银行。社保经办机构应与托管银行签订《××（地区名）职业年金基金归集账户托管协议》（以下简称《托管协议》，范本附后）。

第五条 各级社保经办机构应当履行下列职责：

（一）根据《托管协议》，委托托管银行开立归集账户；

（二）向托管银行发送参保单位缴费信息；

（三）向托管银行下达资金划款指令；

（四）核对收款信息，并完成账务处理；

（五）及时、准确记录参保单位和个人的缴费信息；

（六）安全保管相关业务活动记录、账册、报表和其他资料；

（七）国家规定和《托管协议》约定的其他职责。

第六条 托管银行应当履行下列职责：

（一）安全保管归集账户财产；

（二）根据《托管协议》，受社保经办机构委托，开立归集账户；

（三）接收职业年金缴费；

（四）执行社保经办机构下达的符合《托管协议》约定的划款指令，对不符合约定的划款指令，托管银行应拒绝执行，并及时向同级人力资源社会保障行政部门报告；

（五）向社保经办机构反馈收款、划款等信息；

（六）定期向社保经办机构提供归集账户余额及明细信息等；

（七）安全保管相关业务活动记录、账册、报表和其他资料；

（八）国家规定和《托管协议》约定的其他职责。

第七条 建立一个职业年金计划或建立多个职业年金计划、实行统一收益率的，各级社保经办机构委托托管银行分别开立一个归集账户，账户名称为“××（托管银行简称）××（地区名）职业年金基金归集财产”。

建立多个职业年金计划并按计划估值、不实行统一收益率的，各级社保经办机构委托托管银行按计划分别开立一个归集账户，账户名称为“××（托管银行简称）××（地区名）××计划职业年金基金归集财产”。

第八条 托管银行开立归集账户，应按照相关要求齐备下列文件：

（一）托管银行营业执照正本；

（二）托管银行基本存款账户开户许可证；

（三）托管银行“企业年金基金管理机构”或“证券投资基金管理机构”资格的证明文件；

（四）社保经办机构与托管银行签订的《托管协议》；

（五）社保经办机构委托托管银行开立职业年金基金归集账户的委托书。

第九条 归集账户名称等发生变化时，托管银行应根据社保经办机构委托，及时办理归集账户的变更和撤销。

第十条 中央国家机关养老保险管理中心选择或更换托管银行时，应将《托管协议》报人力资源社会保障部和财政部备案。

省级及省级以下社保经办机构选择或更换托管银行时，应将《托管协议》报同级人力资源社会保障行政部门和财政部门备案，同时抄报省级人力资源社会保障行政部门和财政部门。

第十一条 代理人每月按照受托管理合同约定，向托管银行下达指令，将账实匹配一致后的职业年金基金财产全额划入职业年金基金受托财产托管账户，匹配不一致的职业年金缴费原路径全额退回至参保单位。

省级以下社保经办机构应按月向托管银行下达指令，将账实匹配一致后的职业年金基金财产全额划入省级归集账户，匹配不一致的职业年金缴费原路径全额退回至参保单位。

各级归集账户不得发生与职业年金基金归集无关的其他支付业务，不得支取现金，不得购买和使用支票、汇票、本票等转账凭证。

第十二条 归集账户利息收入作为职业年金基金财产投资收益，每季度结息后划转。中央及省级归集账户利息，直接划入职业年金基金受托财产托管账户。省级以下归集账户利息，先划入省级归集账户，再划入职业年金基金受托财产托管账户。

第十三条 各级社保经办机构与托管银行应建立核对机制，按照《托管协议》约定，履行各自职责，确保归集账户记录完整、及时、准确。

第十四条 各级社保经办机构与托管银行应加强信息化建设，运用技术手段，提升管理效率。

第十五条 各级社保经办机构与托管银行应严格按照本办法规定管理归集账户，建立健全内部管理制度，接受相关部门的监督检查。未按照本办法开立归集账户的社保经办机构，应在2017年底前按本办法进行规范，并将已归集的职业年金基金财产转入归集账户。

人力资源社会保障行政部门和财政部门负责对归集账户的使用和管理情况进行监督检查，发现问题及时纠正，同时向上级人力资源社会保障行政部门和财政部门报告。

第十六条 本办法自印发之日起执行。

附件：职业年金基金归集账户托管协议（范本）（略）

人力资源社会保障部办公厅关于贯彻落实社会保险扶贫工作意见有关问题的通知

人社厅发〔2017〕111号

各省、自治区、直辖市及新疆生产建设兵团人力资源社会保障厅（局）：

为进一步贯彻落实好《人力资源社会保障部 财政部 国务院扶贫办关于切实做好社会保险扶贫工作的意见》（人社部发〔2017〕59号，以下简称《意见》）精神，现就有关事项通知如下：

一、充分认识做好社会保险扶贫工作的重要意义。党中央、国务院始终高度重视扶贫工作。党的十八大以来，以习近平同志为核心的党中央把扶贫开发工作提升到治国理政新高度，把贫困人口脱贫作为全面建成小康社会的底线任务和标志性指标，在全国范围全面打响了脱贫攻坚战。开展社会保险扶贫，是贯彻落实党中央、国务院打赢脱贫攻坚战决策部署的重要举措，是进一步织密扎牢社会保障“安全网”的重要内容，是提升社会保险工作科学化、精细化的重要途径，是人社领域聚焦精准扶贫的又一个实际行动。各级人力资源社会保障部门要把思想和行动统一到党中央、国务院决策部署上来，按照《意见》要求，围绕扶贫工作大局，加强组织领导，强化精准发力，切实做好社会保险扶贫工作。

二、抓紧制定具体实施办法。《意见》明确了社会保险扶贫政策及保障措施，有些是原则性规定。各地要主动与相关部门沟通联系，围绕社会保险扶贫目标任务，加强调研、摸清底数，测算资金、明确责任，拟定步骤、细化措施，尽快制定符合本地实际的具体实施办法。特别是减轻贫困人员参保缴费和医疗费用负担的具体落实办法，要增强精准性、可操作性，打通最后一公里，确保贫困人员一个不落纳入社会保险覆盖范围，助力精准脱贫。

三、深入开展政策宣传。各地要主动协调宣传部门，依据《社会保险扶贫政策解读》（见附件），并结合本地具体落实办法，集中一段时间开展专项宣传活动。要突出重点，切实把好政策特别是为贫困人员代缴城乡居民养老保险费和减轻贫困人员医疗费用负担的扶持政策原原本本向老百姓讲清楚，调动他们的参保续保积极性，使其充分享受到党和政府的惠民之策。要深入贫困地区、农民工集中的高风险行业、单位和岗位，采取通俗易懂的方式，有针对性地解疑释惑，引导其主动参保，持续缴费。要加强舆论引导和舆情监测，形成合理预期，营造良好社会氛围。各级人社部门从事社会保险工作的同志，要认真学习领会文件精神，把准吃透政策要点，确保落实不跑偏走样。

四、定期进行工作调度。我部拟于今年四季度召开全国社会保险扶贫工作经验交流暨现场推进会，调度工作进展，总结交流经验，推动工作落实。部社会保险相关司（中心）要对涉及本单位业务的扶贫工作建立台账，跟踪指导问效，定期开展调度。情况调度每季度1次，自2017年第四季度（全国社会保险扶贫工作经验交流暨现场推进会前调度一次）开始实施。调度情况每季度结束后由农保司汇总报部领导。各级人力资源社会保障部门要建立综合管理台账，做好人员标识，动态掌握建档立卡未标注脱贫的贫困人口、低保对象、特困人员等困难群体的参保和待遇发放情况，配合部里做好调度工作。我部将以情况通报、工作信息、实地督查等形式进行督办，确保社会保险扶贫工作有力有序推进。

五、及时总结新鲜经验。各地要注重挖掘社会保险扶贫典型线索，及时总结新鲜经验。全国社会保险扶贫工作经验交流暨现场推进会将交流各地好经验好做法，届时我们将从省、地市、县级3个层面及城乡居民养老保险、城乡居民医疗保险、工伤保险、失业保险、生育保险、经办管理服务6个方面选择部分可复制可推广的典型经验作大会交流。同时，汇编社会保险扶贫经验材料。请各地提前做好相关准备。

附件：社会保险扶贫政策解读

2017年8月29日

附件

社会保险扶贫政策解读

2017年8月1日，《人力资源社会保障部　财政部　国务院扶贫办关于切实做好社会保险扶贫工作的意见》（人社部发〔2017〕59号，以下简称《意见》）发布实施。为做好社会保险扶贫宣传工作，现就社会保险扶贫政策解读如下。

一、准确把握社会保险扶贫的目标任务

社会保险扶贫的目标任务，概括起来就是3条：

1. 帮助贫困人员参保脱贫。即对建档立卡贫困人口、低保对象、特困人员等困难群体（以下简称贫困人员），通过适当扶持政策，帮助他们参加社会保险，使其获得相应的保险待遇，助力精准脱贫。

2. 引导非贫困人员参保防贫。即对非贫困人员特别是其中的未参保人员或断保人员，结合推进全民参保计划，摸清底数，加强宣传，引导其按规定参保续保，获得相应保险待遇，防止因年老、疾病、工伤、失业、生育等陷入贫困。

3. 助力打赢脱贫攻坚战。无论是帮助贫困人员参保脱贫，还是引导非贫困人员参保而防止致贫返贫，社会保险扶贫的职责定位，就是要服务中央扶贫大局，助力打赢脱贫攻坚战。要与最低生活保障制度等政策性兜底脱贫措施搞好衔接，发挥综合保障作用。

二、认真理解社会保险扶贫政策

（一）城乡居民基本养老保险扶贫政策

城乡居民养老保险扶贫政策主要从入口代缴、出口提标、贫困人员适度优先3个方面着力：

1. 从入口上由地方人民政府代缴部分或全部最低标准养老保险费。《意见》提出，对建档立卡未标注脱贫的贫困人口、低保对象、

特困人员等困难群体，参加城乡居民基本养老保险的，地方人民政府为其代缴部分或全部最低标准养老保险费，并在提高最低缴费档次时，对其保留现行最低缴费档次。这一条主要是针对贫困人员缴费能力弱的实际，从参保“入口”减轻其缴费负担。城乡居民养老保险主要面向低收入群体，这之中包含许多相对贫困人员。政府在其贫困期出钱代缴最低标准保费，帮助他们度过暂时的艰难期，体现了中国特色社会主义的制度优势。据测算，截至2016年底，上述三类人员符合参加城乡居民养老保险人员近5 800万人。通过实施代缴，将上述人员纳入城乡居民养老保险覆盖范围，能有效扶贫和防贫。

2. 从出口上提高保障标准。《意见》提出4条措施来提高保障标准：一是研究建立城乡居民基本养老保险待遇确定与基础养老金最低标准正常调整机制，完善城乡居民基本养老保险筹资和保障机制。这条政策从国家层面设定城乡居民养老保险待遇目标、结构及实现路径，主要目的是给予城乡居民养老保险参保人员相对稳定预期。特别是通过稳步提高基础养老金最低标准，可以增加贫困人员现金收入，更好保障其基本生活。二是要求各地根据经济发展和居民收入水平增长情况，适时适度逐步提高城乡居民基本养老保险最低缴费标准和基础养老金标准。三是强化多缴多得、长缴多得的激励约束机制，完善缴费补贴政策，引导城乡居民主动参保缴费。上述2条政策主要从增加个人账户积累、提高个人账户养老金的角度，通过动态提高最低缴费档次、完善缴费补贴，鼓励城乡居民早缴费、选高档，从而提高养老金整体水平，有效防止因年老陷入贫困。四是完善基本养老保险基金投资运营政策，加强风险管理，提高投资回报率。这条主要从养老保险基金保值增值的角度，让参保居民看到，自己的养老钱由国家保管，不仅安全有保障，还能保值增值，从而增强参保居民的信心和制度的吸引力。

3. 从对象上体现优先原则。《意见》提出，加强城乡居民基本养老保险与农村最低生活保障、特困人员救助供养等社会救助制度的统筹衔接，“十三五”期间，在认定农村低保和扶贫对象时，中央确定的城乡居民基本养老保险基础养老金暂不计入家庭收入。这条主要针对农村低保和扶贫对象。考虑到他们是困难群体，在享受相关待遇时给予适当优惠，按照只叠加、不扣减、不冲销的原则，做好相关制度衔接，保证更多收入来源，增强扶贫力度。

（二）城乡居民基本医疗保险扶贫政策

1. 贫困人员参加城乡居民基本医疗保险个人缴费部分由财政给予补贴。为实现《中共中央　国务院关于打赢脱贫攻坚战的决定》提出的“保障贫困人口享有基本医疗卫生服务，努力防止因病致贫、因病返贫”目标，政府要对城乡贫困人员参加城乡居民基本医疗保险个人缴费部分给予补贴。我国《社会保险法》明确规定，城乡居民基本医疗保险实行个人缴费和政府补贴相结合，享受最低生活保障的人、丧失劳动能力的残疾人、低收入家庭60周岁以上的老年人和未成年人等个人缴费部分，由政府给予补贴，所需资金由医疗救助基金列支。考虑到部分农村建档立卡贫困人员还不在上述范围，2017年民政部、财政部、人力资源社会保障部等部门联合印发《关于进一步加强医疗救助与城乡居民大病保险有效衔接的通知》（民发〔2017〕12号），明确将农村建档立卡贫困人员作为救助对象，要求各地根据本地区医疗救助资金筹资情况、基本医疗保险缴费标准以及个人承担能力等明确资助额度，对于特困人员给予全额资助，对于低保对象、建档立卡贫困人口给予定额资助。当前各地落实《意见》要求，就是要抓好上述政策落实，确保贫困人员一个不落纳入基本医疗保险和大病保险覆盖范围。

2. 减轻贫困人员医疗费用负担。主要通过城乡居民基本医保、大病保险和医疗救助三项制度形成合力，发挥综合保障作用。

一是整合城乡居民基本医疗保障制度，发挥主体保障作用。2016年以来，按照国务院要求，围绕“整合制度政策、理顺管理体制、提升服务效能”三个层面，各地积极推进整合城镇居民基本医疗保险和新型农村合作医疗，通过实现覆盖范围、筹资政策、保障待遇、医保目录、定点管理、基金管理“六统一”，逐步建立统一的城乡居民基本医疗保险制度。整合制度整体提高了基本医疗保险保障水平，扩大了农村居民定点医疗机构选择范围，拓宽了医保基金支付的诊疗项目和药品范围，提高了农村居民特别是贫困人员医保保障水平和医疗服务水平，政策范围内住院费用基金支付比例达到70%左右，更好发挥了基本医疗保险的主体保障作用。

二是巩固完善城乡居民大病保险，进一步向困难群体倾斜，实施精准支付政策。城乡居民大病保险对大病患者发生的高额医疗费用在基本医疗保险之上，给予进一步支付，支付比例达到50%以上。同时，对贫困人口通过降低大病保险起付线、提高报销比例和封顶线等倾斜性政策，实现精准支付，提高贫困人口受益面和受益水平。大病患者平均住院医疗费用报销比例提高近12个百分点。2016年底人社部门负责的城乡居民大病保险有30万贫困人口受益。

三是加强各项制度有效衔接，发挥医疗救助托底保障功能。做好基本医保、大病保险、医疗救助等各项制度政策衔接，落实医疗救助资助困难人员参保，并在基本医保、大病保险支付之后，再给予救助，进一步减负济困。鼓励各地对其他罹患重特大疾病患者采取综合保障措施，防止其陷入贫困。加快推进基本医疗保险、大病保险、医疗救助“一站式”信息交换和即时结算，为贫困患者提供便捷服务。

（三）工伤保险扶贫政策

1. 探索推进农民工和贫困劳动力按项目参加工伤保险。2014年底，我部会同住房城乡建设部、安全监管总局、全国总工会联合印发《关于进一步做好建筑业工伤保险工作的意见》（人社部发〔2014〕103号），针对建筑业生产经营方式特殊、职工尤其是农民工流动性大等特点，确定了工伤优先、项目参保、概算列支、一次提取、全员覆盖、前置约束等一系列创新举措。2015年以来，我们结合全民参保登记计划，启动实施了“同舟计划”专项扩面行动，全力推进以农民工为主的建筑业职工参加工伤保险。今年我们将新开工项目参保率列入人社事业发展计划指标，将建筑业按项目参保工作纳入常规性工作考核。各地要按照《意见》要求，继续推进以农民工为主的建筑业职工参加工伤保险。同时我们将启动交通运输、铁路、水利、能源等领域工程项目的按项目参保工作，并着手研究针对用工方式灵活、流动性大、农村贫困劳动力相对集中的新业态行业就业人员参保政策。

2. 积极防范工伤尘肺病患者致贫返贫。2016年1月，国家有关部门联合下发《关于加强农民工尘肺病防治工作的意见》（国卫疾控发〔2016〕2号），对尘肺病农民工有关待遇保障问题作出相应安排。今年我部印发《国家基本医疗保险、工伤保险和生育保险药品目录（2017年版）》，尽可能将疗效可靠的尘肺病治疗药品（如汉防己甲素、矽肺宁等）纳入药品目录范围，并已将符合医疗诊疗规范的尘肺病治疗技术和手段纳入工伤保险基金支付范围。各地要按照《意见》要求落实好新印发的药品目录，将疗效可靠的治疗技术和手段纳入工伤保险基金支付范围，做好工伤保险与基本医疗保险、大病保险等制度衔接，切实减轻工伤尘肺病患者医疗费用负担。

3. 通过浮动费率政策降低工伤发生率，减少贫困发生率。浮动费率政策是我国工伤保险费率政策的重要组成部分，目的是通过费率浮动机制促使企业加强工伤预防，有效降低工伤发生率。浮动费率政策是通过费率浮动的办法确定每个行业内的费率档次。一类行业分为三个档次，即在基准费率的基础上，可向上浮动至120%、150%，二类至八类行业分为五个档次，即在基准费率的基础上，可分别向上浮动至120%、150%或向下浮动至80%、50%。各统筹地区每一至三年对各参保单位的工伤风险状况进行一次全面评估，并依据其工伤保险费使用、工伤发生率、职业病危害程度等因素，确定其费率是否浮动及浮动的档次。对风险程度骤升的单位，可一次上浮两个档次，并通过适当形式通报，以示警戒；对存在工伤保险费使用少、工伤发生率低等情形的单位，可按规定相应下浮其费率。

4. 对发生工伤的贫困劳动力优先支付工伤保险待遇。依据社会保险法和《工伤保险条例》授权，我部制定发布了《社会保险基金先行支付暂行办法》（人社部令第 15 号），对先行支付的程序、条件以及追偿作出了规定，旨在保障职工发生工伤、医疗费用应当由第三人支付但第三人不支付或者无法确定第三人的情况下，以及用人单位未依法为职工缴纳工伤保险费，职工发生工伤后用人单位不支付工伤保险待遇的，由社会保险基金代为先行支付，以保障职工及时获得工伤和医疗救治的权益。先行支付体现了“以人为本”理念，较好解决了贫困劳动力工伤、医疗待遇保障问题，对维护社会和谐稳定起到了积极作用。

（四）失业保险扶贫政策

1. 农民合同制工人不缴纳失业保险费。农民合同制工人（以下简称农民工）是指企业、事业单位招用的具有农业户口，并且与招用单位签订了劳动合同的劳动者。随着工业化、城镇化进程加快，农民工已成为我国城镇劳动力中不可或缺的组成部分。在市场经济和社会化大生产的背景下，农民工同样面临失业风险。为确保农民工合法权益，《社会保险法》规定“职工应当参加失业保险，由用人单位和职工按照国家规定共同缴纳失业保险费；进城务工的农村居民依照本法规定参加社会保险”。《失业保险条例》将农民工纳入失业保险制度覆盖范围，规定用人单位招用农民工必须按规定为其参加失业保险，并缴纳单位应缴纳的失业保险费，农民工本人不缴费。这不仅能减轻农民工经济负担，还能使其获得相应保险待遇。

2. 帮助失业农民工度过暂时困难期。《失业保险条例》规定“单位招用的农民合同制工人连续工作满 1 年，本单位并已缴纳失业保险费，劳动合同期满未续订或者提前解除劳动合同的，由社会保险经办机构根据其工作时间长短，对其支付一次性生活补助。补助办法及标准由省、自治区、直辖市人民政府规定”。之所以如此规定，是因为农民工合同期满后，如果用人单位不再与之续订新的劳动合同，会失去原来工作，生活可能会遇到暂时困难，应得到相应生活补助。

3. 探索统一农民合同制工人和城镇职工失业保险政策。随着城镇化快速推进，一些有条件的地区开始打破户籍限制，建立统一农民合同制工人和城镇职工失业保险政策。如广东、江苏等地出台的失业保险规定中，均不再对农民工参保政策作单独规定，统一为城镇职工失业保险政策，许多地方已开始统一失业保险政策的实践探索。下一步，我们将总结评估相关地区统一农民工和城镇职工失业保险参保和待遇申领的实施效果，根据我国城镇化推进程度和异地流动就业新情况，指导各地因地制宜、有序有度地做好统一失业保险政策工作。

（五）生育保险扶贫政策

1. 依法将包括农民工在内的合同制工人纳入生育保险，由用人单位缴纳生育保险费，职工个人不缴费。社会保险法第五十三条规定，职工应当参加生育保险，由用人单位按照国家规定缴纳生育保险费，职工不缴纳生育保险费。第九十五条规定，进城务工的农村居民依照本法规定参加社会保险。因此，包括农民工在内的合同制工人参加生育保险，个人不缴费，符合国家法律，能减轻农民工家庭经济负担。

2. 将参加城乡居民基本医疗保险的非就业妇女符合条件的住院分娩医疗费用纳入城乡居民基本医疗保险报销范围。《人力资源社会保障部　财政部关于做好 2010 年城镇居民基本医疗保险工作的通知》（人社部发〔2010〕39 号）规定，要将城镇居民医疗保险参保人员住院分娩和产前检查发生的符合规定的医疗费用纳入城镇居民医保基金支付范围。《人力资源社会保障部　财政部关于做好 2017 年城镇居民基本医疗保险工作的通知》（人社部发〔2017〕36 号）规定，将农村妇女符合条件的住院分娩医疗费用纳入城乡居民基本医疗保险制度支付范围。由于城镇居民基本医疗保险与新型农村合作医疗已整合为城乡居民基本医疗保险，故提出上述政策。

人力资源社会保障部办公厅关于持续开展离校未就业高校毕业生技能就业行动的通知

人社厅发〔2017〕127号

各省、自治区、直辖市及新疆生产建设兵团人力资源社会保障厅（局）：

为贯彻《国务院关于印发“十三五”促进就业规划的通知》（国发〔2017〕10号）、《国务院关于做好当前和今后一段时期就业创业工作的意见》（国发〔2017〕28号），加强高校毕业生职业培训，提升高校毕业生就业创业能力，我部决定自2017年起持续开展离校未就业高校毕业生技能就业行动。现就有关事项通知如下：

一、指导思想

贯彻落实党中央、国务院关于高校毕业生就业创业工作决策部署，以服务高校毕业生就业、缓解就业结构性矛盾为宗旨，精准对接产业发展需求和离校未就业高校毕业生就业需求，持续组织开展高校毕业生职业培训，不断增强培训的针对性和有效性，切实提高离校未就业高校毕业生职业技能水平和就业创业能力，促进其到生产服务一线和基层就业，加强高技能人才队伍建设，为做好当前和今后一段时期就业创业工作，推动经济社会发展提供有力支撑。

二、目标任务

在全国范围内组织技工院校等职业院校、公共实训基地、企业培训中心和各类职业培训机构，对有就业创业培训愿望的离校未就业高校毕业生开展就业技能培训、新型学徒制培训、岗位技能提升培训、创新创业培训和技能脱贫培训等，帮助其掌握就业创业的专项技能，提高岗位工作能力、职业转换能力和创业创造能力，培训合格率力争达到90%以上，培训后就业创业率力争达到90%以上。

三、主要内容

（一）广泛组织动员。各级人力资源社会保障部门要把离校未就业高校毕业生技能就业行动作为推进供给侧结构性改革和实施就业优先战略的重要任务，积极采取措施，全力推动。要根据本地区经济社会发展、促进就业和人才发展总体规划，制定本地区中长期高校毕业生技能就业行动规划，将离校未就业高校毕业生技能就业行动作为人力资源社会保障部门工作考核的重要内容。要通过政府购买服务等方式确定一批符合条件的职业培训机构承担培训任务，着力开发适应市场和高校毕业生需求的培训项目，发布符合本地实际的政府补贴职业培训目录。要加强政策引导、加大宣传力度，广泛动员离校未就业高校毕业生积极参与并自主选择适合的培训项目和专业，引导高校毕业生树立素质就业、技能成才的观念，力争每年年底前有培训意愿的毕业生都能参加到技能就业行动中。

（二）开展就业技能培训。要将有培训意愿的离校未就业高校毕业生全部纳入职业培训服务范围，用好用足就业培训鉴定等政策，综合运用多种措施，力争实现高校毕业生在离校后参加就业技能培训。要加强职业指导，帮助高校毕业生分析就业形势和人力资源市场状况，明确技能就业方向。要增强职业培训的针对性有效性，对未就业的高校毕业生，根据其所学专业，重点围绕战略性新兴产业、先进制造业、现代服务业的需求，主要开展以定向培训为主，弥补技能短板、提高动手能力的就业技能培训。对企业拟录用的高校毕业生，重点开展以定岗培训为主的岗前培训，或组织技工院校与企业合作开设“大学生技能提升班”，提高毕业生适应岗位工作能力。鼓励见习单位对参加见习的高校毕业生开展岗前培训，掌握必备的岗位知识和技能。要强化工匠精神和职业素质教育，增强高校毕业生的职业责任感和使命感。指导职业培训机构运用优质教学资源、设施设备和师资力量，根据高校毕业生的特点制定专门的培训方案，确保培训质量，切实提高毕业生的就业技能水平。

（三）开展企业新型学徒制培训和岗位技能提升培训。结合企业新型学徒制的推行，鼓励将与企业签订6个月以上劳动合同的技能岗位新招用高校毕业生纳入新型学徒制培训范围。企业可结合生产实际自主确定学徒培养对象，按照政府引导、企业为主、院校参与的原则，采取“企校双制、工学一体”的培养模式，由企业与技工院校、职业培训机构、企业培训中心等教育培训机构采取企校双师带徒、工学交替培养、脱产或半脱产培训等模式共同培养新型学徒，为企业打造高水平的后备技能人才队伍。对拥有一定技能的理工科等专业毕业，正在技能岗位工作的高校毕业生，企业应结合产业升级和技术进步的要求，通过在岗培训、脱产培训、岗位练兵、技能竞赛、业务研修、参与技能大师工作室活动等多种方式，积极开展岗位技能提升培训，加快培养一批高技能人才。

（四）开展创新创业培训。全面落实创新创业扶持政策，加强高校毕业生创新创业培训和实训。针对高校毕业生创新创业的特点和需求，依托培训机构、企业培训（实训）中心、创业孵化基地、创客空间、网络平台等，开展创业意识教育、创新素质培养、企业项目指导、开业指导、企业经营管理等培训。要开发合适的创业培训课程，推广成型的培训实训模式，重点实施“创办和改善你的企业(SIYB)”培训项目和网络创业培训项目，将网络创业培训纳入政府补贴范围。支持有条件的高校、教育培训机构、创业服务企业、行业协会、群团组织等开发适合大学生的创业培训项目，发挥好企业技能大师工作室、劳模和职工创新工作室对高校毕业生创新创业的指导作用。

（五）开展精准技能脱贫培训。加大困难帮扶力度，重点了解掌握零就业家庭、城乡低保家庭、农村贫困户、残疾等就业困难的离校未就业高校毕业生基本情况，特别是少数民族、长期失业等毕业生的培训需求和就业意愿，建立完善职业培训对接机制，精准提供职业培训服务。做好职业培训的个性化指导，采取订单培训、定岗培训、定向培训等就业导向的培训模式，保证培训质量和就业效果。

四、保障措施

（一）加强组织领导。各地要建立在政府统一领导下，人力资源社会保障部门统筹协调，相关部门各司其职，共同推动离校未就业高校毕业生技能就业行动的工作机制。要结合实际制定工作规划和具体实施方案，明确工作任务、职责分工、时间进度和具体要求，抓好工作落实，按要求报告年度工作进展情况。

（二）做好培训就业衔接。指导培训机构加强与公共就业人才服务机构和基层就业服务平台的联系对接，摸清有培训意愿的离校未就业毕业生底数，及时掌握培训需求，确定社会需求大、就业前景好、毕业生认可度高的培训专业，开发对高校毕业生需求比较集中的生产性服务业、生活性服务业、战略性新兴产业、先进制造业等领域的培训项目。做好参训学员的职业指导和就业帮扶。

（三）落实补贴政策。各地人力资源社会保障部门要积极协调财政部门，对参加培训的离校未就业高校毕业生，按照《人力资源社会保障部　教育部关于实施高校毕业生就业创业促进计划的通知》（人社部发〔2016〕100号）和《财政部　人力资源社会保障部关于印发〈就业补助资金管理暂行办法〉的通知》（财社〔2015〕290号）的有关规定，落实职业培训补贴政策和职业技能鉴定补贴政策。高校毕业生培训结业并取得职业资格证书、职业技能等级证书、专项职业能力证书或培训合格证书，按规定给予培训费补贴和技能鉴定补贴。企业新录用的高校毕业生参加新型学徒制培训、技能提升培训、技师培训，按规定给予培训费补贴或失业保险职工技能提升补贴。离校未就业高校毕业生在见习期间参加见习单位开展的岗前培训的，按规定给予见习单位培训费补贴。

（四）提高培训质量。认真执行部颁教学计划和教学大纲，在国家公布的教材目录中选用职业培训教材。创新培训方式方法，探索职业培训包模式，广泛开展互联网＋职业培训，规范职业培训过程。在高校毕业生集中的城市，提升改造一批适应高校毕业生培训需要的职业技能公共实训基地，加强技工院校等培训机构基础能力建设。

（五）加大宣传力度。各地要综合利用广播、电视、报纸、移动端等多种方式，积极宣传培训政策措施。通过人力资源社会保障门户网站、公共就业人才服务网站、基层就业服务平台等，及时发布政府补贴职业培训目录、职业培训机构名单、补贴经费报销流程等信息。引导广大高校毕业生走技能就业之路，到基层和生产一线建功立业。

各地要把年度贯彻落实情况于每年年底前报我部职业能力建设司。

2017年9月19日

人力资源社会保障部办公厅关于实施失业保险援企稳岗“护航行动”的通知

人社厅发〔2017〕129号

各省、自治区、直辖市及新疆生产建设兵团人力资源社会保障厅（局）：

失业保险稳岗补贴政策实施以来，在稳定就业岗位、助力企业发展方面发挥了重要作用，但实践中也存在着区域进展不平衡、经办服务不到位、政策效应发挥不足等问题。为进一步贯彻《国务院关于做好当前和今后一段时期就业创业工作的意见》（国发〔2017〕28号）、《国务院关于进一步做好新形势下就业创业工作的意见》（国发〔2015〕23号）、《人力资源社会保障部　财政部　发展改革委　工业和信息化部关于失业保险支持企业稳定岗位有关问题的通知》（人社部发〔2014〕76号）精神，深入落实失业保险稳岗补贴政策，我部决定从2018年至2020年在全国实施失业保险援企稳岗“护航行动”。现就有关问题通知如下：

一、目标原则

（一）行动目标。通过“护航行动”，推动各地全面、规范实施失业保险支持企业稳定岗位政策，实现“两个全覆盖”，即符合条件的统筹地区政策全覆盖，符合申领条件企业的主体全覆盖，为企业脱困发展、减少失业、稳定就业护航。

（二）基本原则。一是坚持全面落实和适度拓展并重原则。既要指导失业保险基金支撑能力较强的统筹地区全面、规范实施，又要合理运用省级调剂金支持基金支撑能力不足一年的统筹地区适度推行稳岗补贴政策，力争让更多企业受益，提高援企稳岗整体效能。二是坚持兜牢民生底线与助力企业发展并重原则。在确保按时足额发放失业保险待遇的前提下，突出对符合产业发展方向、暂时出现经营困难企业的政策支持，切实援助企业摆脱困境。三是坚持加强管理和优化服务并重原则。既要加强基金监管，防范道德风险，又要以人为本，不断改进服务。

二、工作措施

（一）公平公正，推动政策全面实施。省级人力资源社会保障部门要充分利用稳岗补贴实名制信息系统、失业保险统计月报、基金预决算数据等信息，全面、准确掌握本地稳岗补贴政策实施情况。对上年度失业保险基金滚存结余具备一年以上支付能力且基金管理规范，却未开展稳岗补贴工作的统筹地区，要指导帮助其认真分析原因，统一思想，提高认识，力争将惠企政策尽快落实到位。对基金支付能力不足一年，特别是去产能企业集中，涉及员工数量众多、就业岗位偏少的统筹地区，要加大失业保险省级调剂金调剂力度，支持其适度开展稳岗补贴工作，使更多企业享受到稳岗补贴政策。

（二）扶困扶危，加大精准帮扶力度。省

级人力资源社会保障部门要重点关注去产能任务较重的钢铁、煤炭、煤电等行业，可根据本地实际适当降低享受稳岗补贴门槛，提高标准，加大政策支持力度。同时，对发展前景好但生产经营遇到暂时性困难，未能按时足额缴纳失业保险费的企业，在补缴欠费后，符合条件并申请的，要及时发放稳岗补贴；但对不符合产业发展方向、技术落后、没有市场前景、生产经营恢复无望的“僵尸企业”，不宜发放稳岗补贴。

（三）强化服务，增强政策可获得感。各级人力资源社会保障部门要以“简化手续、缩短流程、高效便企”为原则，进一步规范并优化企业申请、审核审批、公示公告、资金拨付的流程。对于符合条件的企业，只要年内申报，经办机构要积极受理，并按规定发放。要增强主动服务意识，积极组织力量，将稳岗补贴政策及时送到企业，特别是稳岗补贴发放率较低的统筹地区，要认真分析原因，主动对接，推广网上申报，适时采取联合办公、现场办公等方式，为企业申报提供方便快捷服务。

（四）严格审批，切实维护基金安全。各级人力资源社会保障部门要强化享受稳岗补贴企业信息公示制度，主动接受社会监督；按照严格把握、动态监管的原则健全资金管理制度。深入梳理资金风险点，重点查找骗取套取、贪污受贿、利益输送等问题隐患，全面推动党风廉政、资金监管、监督检查等制度落实，切实防范廉政道德风险。对违规问题，一经发现要按规定严肃处理。要加强跟踪问效，通过多种形式指导企业按规定使用资金，切实发挥补贴资金支持企业稳定岗位的政策效应。同时，要按照发展改革委等28部门关于对失信责任主体实施联合惩戒通知的要求，注意信息的搜集和比对，严格审核，不得向严重违法失信企业等失信责任主体发放稳岗补贴。

（五）扩大宣传，提升经办服务能力。各级人力资源社会保障部门要充分利用电视专场、报刊专栏、在线访谈、网上对话和现场咨询等多种宣传形式，广泛宣传稳岗补贴政策，进一步增进企业、职工和社会各界政策的知晓度。要加强失业保险经办机构能力建设，定期组织业务培训，做好政策解读，不断提高经办人员的政策水平、服务意识、业务素质和执行能力，为推进援企稳岗政策落实提供有力保障。

（六）信息先行，提高稳岗政策效应。各级人力资源社会保障部门要积极推广使用稳岗补贴实名制信息系统，减少手工操作环节，实现稳岗补贴申请、审批、公示、发放业务流程的全程信息化；努力实现稳岗补贴信息系统与其他信息系统的信息共享，积极运行信息比对等技术手段审核企业参保缴费及人员变化情况。要充分运用大数据思维，深度挖掘数据价值，对企业享受补贴等情况开展多角度分析，为各级政府决策提供翔实、准确、鲜活的一手材料，切实提高政策效应。

三、行动要求

各级人力资源社会保障部门要充分认识经济发展新常态下加强援企稳岗实施“护航行动”的重要性，高度重视，将“护航行动”作为助力企业脱困发展、稳定就业局势的一项重要举措，进一步增强责任感和使命感，切实加强组织领导，明确职责分工，抓好工作落实。

各省、自治区、直辖市人力资源社会保障厅（局）要全面部署实施，定期检查、调度、通报各统筹地区稳岗补贴工作进展，及时解决遇到的问题，确保工作扎实推进。要于每年1月31日前向部失业保险司报送上年度“护航行动”实施情况，包括进展情况、存在问题和下一步工作打算，特别是对尚未落实稳岗补贴政策的统筹地区，要说明原因并提出改进措施，同时注意发现、收集、整理、报送本地区在行动开展过程中好的典型经验和做法，部里将予以宣传推广。

2017年9月21日

人力资源社会保障部办公厅关于做好国家职业资格目录公布实施后技能人员职业资格有关工作的通知

人社厅发〔2017〕133号

各省、自治区、直辖市及新疆生产建设兵团人力资源社会保障厅（局），国务院有关部门、有关行业组织和集团公司人事劳动保障工作机构，军队士兵职业技能鉴定工作办公室：

为贯彻落实《人力资源社会保障部关于公布国家职业资格目录的通知》（人社部发〔2017〕68号）要求，现就做好技能人员职业资格有关工作通知如下：

一、各地区、各有关部门、各有关行业组织要严格按照《国家职业资格目录》（以下简称《目录》）中“设定依据”标明的国家职业标准组织开展职业技能鉴定，规范、准确、完整使用《目录》规定的职业资格名称。

二、对于未列入《目录》但已启动组织实施鉴定工作的，各地区、各有关部门、各有关行业组织和集团公司参照《人力资源社会保障部办公厅关于做好取消部分技能人员职业资格许可认定事项后续工作的通知》（人社厅发〔2016〕182号）要求，抓紧做好后续工作，分类妥善处理有关问题。对已经发布鉴定考试公告或已受理鉴定考试报名的，根据考生意愿，或继续做好鉴定考试工作，或退费；对已组织完成鉴定考试的，做好职业资格证书发放等后续工作；对按“双证书”（毕业证书和职业资格证书，下同）招生的职业院校（技工院校），兑现招生条件，使学生毕业时能够取得“双证书”；对《目录》公布前取得的职业资格证书，可作为水平能力的证明。

三、有关行业技能鉴定机构（具体机构信息另行公布）要在《目录》规定的范围内组织开展鉴定工作，主动接受所在地人力资源社会保障部门的监督管理。各级人力资源社会保障部门要按照属地管理原则依法依规加强监督管理，做好支持服务。

四、军队士兵职业技能鉴定暂按原规定执行，抓紧组织评估论证按规定上报。

建立国家职业资格目录是转变政府职能、深化行政审批制度改革的重要内容，是规范职业资格管理、加强人才队伍建设的重要举措，各地区、各部门要高度重视，强化责任意识，加强宣传引导，做好工作衔接，巩固改革成效，确保平稳过渡。

2017年10月11日

人力资源社会保障部办公厅关于在部分职称系列设置正高级职称有关问题的通知

人社厅发〔2017〕139号

各省、自治区、直辖市及新疆生产建设兵团人力资源社会保障厅（局），中央和国家机关各部委、各直属机构人事部门，中央管理的企业：

为进一步健全职称层级，拓展专业技术人才职业发展空间，最大限度释放和激发专业技术人才创新创造创业活力，根据《关于深化职称制度改革的意见》要求，经研究决定，目前未设置正高级职称的职称系列均设置到正高级。现将有关事宜通知如下：

一、系列和名称

（一）增设正高级的职称系列和正高级名称分别为：工程系列增设正高级工程师，经济系列增设正高级经济师，会计系列增设正高级会计师（其中审计专业为正高级审计师），统计系列增设正高级统计师，技工院校教师系列增设正高级讲师、正高级实习指导教师，中等专业学校教师系列增设正高级讲师，工艺美术系列增设正高级工艺美术师，艺术系列增设高级舞台技师（副高级为主任舞台技师），实验技术系列增设正高级实验师，船舶系列增设正高级船长、正高级轮机长、正高级船舶电子员、正高级引航员，民用航空飞行系列增设正高级飞行员、正高级领航员、正高级飞行通信员、正高级飞行机械员。农业系列继续开展农业技术推广研究员职称评审工作，可设置农业、林业相关专业。其他系列个别专业未设置到正高级职称的，在分类推进各系列职称制度改革时进一步完善。

（二）在实行岗位管理的事业单位，增设的正高级职称对应专业技术岗位一至四级。各系列高级、中级、初级岗位之间的比例，以及高级、中级、初级岗位内部各等级的结构比例，按照国家关于事业单位岗位设置管理及各行业事业单位岗位设置指导意见的相关规定执行。

二、基本标准条件

（三）申报评审正高级职称的人员必须遵守中华人民共和国宪法和法律，具有良好的职业道德和敬业精神，具备正常履行岗位职责必需的身体条件和心理素质。还应同时具备以下条件：

1. 具有系统、扎实的专业理论和实践功底，科研水平、学术造诣或科学实践能力强，全面掌握本专业国内外前沿发展动态，取得重大理论研究成果和关键技术突破，或取得其他创造性研究成果，推动了本专业的发展。

2. 长期从事本专业工作，工作业绩突出，能够主持完成本专业领域重大项目，能够解决重大疑难问题或掌握关键技术，取得了显著的经济效益和社会效益。

3. 在本专业领域具有较高的知名度和影

响力，在指导、培养中青年学术技术骨干方面做出突出贡献，发挥了较强的引领和示范作用。

4. 一般应具有大学本科及以上学历，取得本系列相应专业副高级职称，在副高级岗位上从事相关工作5年及以上。

5. 国家对职业准入有明确要求的，还应具备相应的职业资格。

（四）正高级职称评价标准实行国家标准、地区标准和单位标准相结合。各省、自治区、直辖市及新疆生产建设兵团（以下简称各省），中央和国家机关有关部门、中央管理的企业（以下简称中央有关部门和单位）可按照职称制度改革的要求，结合本地区本行业实际情况，制定不低于基本标准条件的具体评价标准。

三、评审组织

（五）各省、中央有关部门和单位负责组建正高级职称评审委员会，评审相应系列正高级职称。中央有关部门和单位组建的正高级职称评审委员会报人力资源社会保障部核准备案。各地以及实行自主评审的单位经授权组建的正高级职称评审委员会报省级人力资源社会保障部门核准备案。备案有效期按照国家有关规定执行，备案情况定期向社会公示。未经核准备案，不得自行开展正高级职称评审工作。

（六）正高级职称评审委员会委员由本专业或相近专业高水平专家组成，一般应具有正高级职称。首次评审可以吸纳高校、科研机构、大型企业、行业协会学会等相邻或相近专业具有正高级职称的专家或本专业领域业内公认、业绩突出的资深专家担任评审委员会委员。

（七）创新正高级职称评审方式，建立以同行专家评审为基础的业内评价机制。可采用个人述职、成果展示、面试答辩、实践操作、综合评议、业绩考察等多种形式，提高正高级职称评审的针对性和科学性。

（八）正高级职称评审委员会应坚持以品德、能力、业绩为导向，严格掌握标准条件，确保评审质量，切实发挥正高级职称评审的导向作用。

（九）省级人力资源社会保障部门、中央有关部门和单位要对本地区、本单位正高级职称数量进行宏观调控。全面实行岗位管理的事业单位，一般应在岗位结构比例内开展评审。其他单位也要坚持质量第一、宁缺毋滥，严格评审标准，进行适当的比例控制，统筹考虑高层次人才队伍建设的长远规划。

（十）本通知实施前自行试点评审的正高级职称，要按照通知要求通过一定程序进行确认，具体衔接办法由各省、中央有关部门和单位另行制定。

四、监督管理

（十一）加强正高级职称评审工作的事中事后监管，充分发挥广大专业技术人才的监督作用。建立职称评审公开制度，实行政策公开、标准公开、程序公开、结果公开，正高级职称的评审办法、具体评价标准在正高级职称评审委员会备案时一并上报，并向社会公开或在本单位内部公开。

（十二）正高级职称评审委员会应按照评审权限开展工作，不得擅自扩大评审范围。各级人力资源社会保障部门要加强对评审过程的监督管理，建立随机抽查、巡查制度，对违反评审工作纪律、不能保证评审质量的评委会，视情节停止该评委会的工作，直至收回评审权，并追究相关责任人的责任。

（十三）探索建立职称申报评审诚信档案和失信黑名单制度，纳入信用信息共享平台。完善诚信承诺和失信惩戒机制，实行学术造假“一票否决制”，对通过弄虚作假、暗箱操作等违纪违规行为取得的正高级职称，一律予以撤销。

增设正高级职称是深化职称制度改革的重要举措，涉及面广，政策性强，各省、中央有关部门和单位要高度重视，加强领导，精心组织。坚持分类推进、试点先行、稳步实施，抓紧制定各系列实施方案，科学制定评价标准，做好衔接过渡，妥善处理改革过程中遇到的矛盾和问题。要加强舆论引导，搞好政策解读，引导广大专业技术人才正确对待和积极参与改革工作。

本通知自发布之日起施行。执行中遇到的重大问题和意见建议，要及时报告人力资源社会保障部。

2017 年 11 月 1 日

人力资源社会保障部办公厅　财政部办公厅关于在就业补助资金使用信息公开中进一步加强个人信息保护的通知

人社厅发〔2017〕149号

各省、自治区、直辖市及新疆生产建设兵团人力资源社会保障厅（局）、财政（财务）厅（局）：

近年来，各地区认真落实积极的就业政策，规范就业补助资金管理使用，着力推进政策落实和资金使用阳光运行，取得了良好成效。与此同时，个别地区在就业补助资金使用信息公开中，由于专业性、规范性不足，存在享受补贴人员个人信息和隐私泄露的隐患。为确保各项就业补贴政策落实落细，防止资金使用信息公开中泄露个人信息和隐私，现就有关事项通知如下：

一、提高思想认识。就业补助资金使用信息公开是加强资金管理使用、主动接受社会监督的重要手段，保护政策对象个人信息和隐私是政府依法行政、保障公民合法权益的重要要求。各地务必高度重视，强化以人民为中心的发展思想，增强依法行政意识，遵守国家有关个人信息保护的法规制度，将个人信息保护与资金规范管理、信息公开公示等工作放在同等重要的位置上考虑，处理好政府信息公开与个人信息保护的关系，既保证资金使用公开透明，也杜绝个人敏感信息泄露，维护好劳动者信息安全和合法权益，使就业政策落实更规范、更安全、更有温度。

二、规范公开内容。各地要按照《就业补助资金管理办法》（财社〔2017〕164号，以下简称《办法》）要求，做好各项补贴资金使用情况的公开公示，并根据个人信息保护的有关要求，进一步规范公开内容。对《办法》规定公开内容中的个人身份证号码，在公开时要注意隐藏或遮挡身份证号码部分数字。对《办法》未要求公开的家庭住址、联系方式、银行卡号、出生日期、家庭困难状况、身体残疾情况等涉及享受补贴人员个人隐私的敏感信息，原则上不予公开，确需公开的要注意保护个人信息和隐私安全。

三、抓好自查整改。各地接到本通知后，要迅速开展就业补助资金使用信息公开情况自查，充分利用技术手段，对相关网站和公开公示栏进行全面排查，做到不留死角、不留盲区。对信息应公开而未予公开的问题，要及时对外发布，确保按要求主动公开。对敏感信息不当公开、涉及个人隐私泄露的问题，要立即采取删除、隐藏、遮挡等补救措施，确保个人信息和隐私安全。

四、严格信息使用。各地在工作中，要切实加强各项就业补贴政策享受人员的个人信息管理，严禁用于资金管理、政策落实和公共就业服务之外的其他用途，严禁以任何形式将落实政策、提供服务中获取的劳动者个人信息出售或提供给任何社会机构及个人。已经建立政策落实和资金管理信息系统的地区，要进一步加强网络信息安全防护建设，着力避免信息泄露。

各地要迅速向本地区各级人力资源社会保障部门、财政部门和公共就业服务机构传达本通知要求，推动其按照“谁公开、谁负责”的原则，强化责任意识，严格工作程序，实现资金规范管理和个人信息保护有效衔接、互促共进；并主动协调教育部门，指导高校做好求职创业补贴等高校毕业生就业补贴政策的校内信息公开公示。各地落实本通知要求相关情况和遇到的问题，2017 年 12 月 25 日前向两部报告。

2017 年 12 月 5 日

人力资源社会保障部办公厅　财政部办公厅
关于规范跨省异地就医住院费用
直接结算有关事项的通知

人社厅发〔2017〕162号

各省、自治区、直辖市及新疆生产建设兵团人力资源社会保障厅（局）、财政（务）厅（局）：

在全国范围内推进基本医保跨省异地就医住院费用直接结算，是2017年《政府工作报告》明确的重点任务和民生承诺。经过各地艰苦努力，目前全国所有省份和统筹地区已全部接入国家异地就医结算系统并联网运行，覆盖全部参加基本医保和新农合的人员；符合规定的省内和跨省异地就医住院费用实现直接结算，这项工作取得了阶段性重大进展。同时，一些新的矛盾和问题也逐步显现，亟须在工作中加以解决。现就规范跨省异地就医住院费用直接结算有关事项通知如下：

一、加快扩大基层定点医疗机构覆盖范围

在前期承担异地就医任务重的定点医疗机构基本纳入的基础上，加快将更多符合条件的基层医疗机构纳入跨省异地就医定点医疗机构范围。2018年2月底前，确保每个县区至少有1家跨省异地就医定点医疗机构。鼓励有条件的省份，采取有效措施，推进异地就医需求人员多的乡镇的医疗机构接入。

二、切实简化备案手续，优化备案流程

（一）各地要做好跨省异地就医直接结算备案管理等有关工作，切实精简备案手续，优化备案流程，扩充备案渠道，积极创造条件，为参保人提供窗口、网站、电话传真、手机App等多种服务渠道，方便群众备案。

（二）修订《关于做好基本医疗保险跨省异地就医住院医疗费用直接结算工作的通知》（人社部发〔2016〕120号，以下简称120号文件）附件1《________省（区、市）跨省异地就医登记备案表》（见附件）。新备案表取消定点医疗机构栏，增加“温馨提示”内容。

（三）规范备案有效期限。备案有效期内办理入院手续的，无论本次出院日期是否超出备案有效期，均属于有效备案。鼓励各地积极探索针对不同人群制定不同的备案有效期。

（四）参保地需在2018年2月底前落实直接备案到就医地市或省份的要求，可参考《参保人员异地就医备案就医地行政区划代码关联对照表》（从部级协同管理平台下载），做好就医地行政区划代码的关联工作。备案时选择的就医地，其所有辖区均为有效备案地区。原则上，备案到省本级或省会城市的，省本级和省会城市的所有跨省异地就医定点医疗机构都可以支持直接结算。

三、严格跨省异地就医退费管理

（一）参保人在进行跨省异地就医直接结

算备案登记时，经办机构应提醒参保人认真阅读并充分理解“温馨提示”内容。在跨省定点医疗机构出院时完成直接结算的，不允许因待遇差等原因给参保人办理退费。

（二）就医地应严格按照120号文件要求，在参保人出院结算后5日内将医疗费用明细上传国家异地就医结算系统，确保上传明细及时、精确、完整。

四、充分发挥预付金的作用，用好用活预付金

（一）就医地可调剂使用预付金。为及时与定点医疗机构结算跨省异地就医费用，实现跨省异地就医费用与本统筹地区医疗费用同时与定点医疗机构结算，就医地可调剂使用各参保地的预付金，但仍需依据权责发生制原则按参保地进行明细核算。

（二）及时调整预付金额度。参保省份预付金出现红色预警时，就医省可根据120号文件规定，及时发起基金紧急调增申请，人力资源社会保障部社会保险事业管理中心（医疗保险异地就医结算管理中心，以下简称人社部中心）确认并通知参保省按时限完成预付金调增。参保省应按时限要求将调增的预付金额度拨付到就医省。参保省可以根据跨省异地就医费用发生情况和本省基金支撑情况，主动联系就医省，要求提高预付金额度。

（三）按时足额拨付资金。各省份预付金和清算资金应从人社部中心签章之日起，按照120号文件规定的时限拨付到位。自2018年起，人力资源社会保障部、财政部将按季度通报各省份预付金和清算资金按时拨付情况。对长期拖欠预付金和清算资金的参保省，就医省可视情况向人社部中心提出申请终止该参保省的直接结算业务。

五、明确异地就医跨年度费用结算办法

（一）就医地对于参保人住院治疗过程跨自然年度的，应以出院结算日期为结算时点，按一笔费用整体结算，并将医疗费用信息传回参保地。

（二）参保地需尽快明确跨年度费用结算办法。可以按一笔费用整体结算；也可以计算日均费用后，根据跨年度前后的住院天数，将住院医疗费用分割到两个年度，确定基金和个人费用分担额度。

附件：________省（区、市）跨省异地就医登记备案表（略）

2017年12月29日

人力资源社会保障部办公厅关于开展 12333 全国统一咨询日活动的通知

人社厅函〔2017〕9 号

各省、自治区、直辖市及新疆生产建设兵团人力资源社会保障厅（局）：

为宣传人力资源和社会保障政策、推广 12333 公共服务品牌，每年 3 月 30 日，全国人力资源社会保障系统举办“12333 全国统一咨询日”（以下简称统一咨询日）活动。今年我部决定以“话说居民养老保险”为主题，开展统一咨询日活动。现就有关事项通知如下：

一、紧扣主题

城乡居民基本养老保险是重要民生工程。做好城乡居民基本养老保险工作对于全面建成小康社会、促进社会公平正义、维护社会和谐稳定具有重要意义。各地要紧扣“话说居民养老保险”的活动主题，按照全覆盖、保基本、有弹性、可持续的方针，紧紧围绕城乡居民在参保、缴费和待遇领取等方面的热点问题，制定详细的活动方案，谋划好场地选择、问题征集、资料准备和媒体联络等工作，确保活动周密周全。

二、创新形式

各地要结合实际，创新活动形式，采用群众易于接受的方式，深入农村和社区开展统一咨询日活动，同步在社会保险经办大厅、乡镇社会保障所和合作银行开展咨询活动，组织咨询员和业务人员现场答疑解惑，发放宣传资料，增设专家热线，特别要针对符合条件的未参保人群提供咨询、讲解政策。有条件的地区可以开放 12333 咨询服务中心，邀请媒体和城乡居民代表参观、座谈，听取他们对城乡居民基本养老保险工作和 12333 电话咨询服务工作的意见和建议。

三、做好宣传

各地要根据活动安排制定宣传方案，围绕城乡居民基本养老保险政策要点、便民经办服务、全民参保计划，邀请新闻媒体进行宣传报道。围绕统一咨询日活动，通过政府网站、广播电视、微博微信、短信、移动应用、报纸杂志等多种渠道开展宣传互动，引导符合条件的广大城乡居民踊跃参保、持续缴费、增加积累，保障参保人的合法权益。

四、精心组织

各地要高度重视统一咨询日活动，加强领导，统筹安排，确保活动现场安全、有序。12333 电话咨询服务机构要做好活动的具体组织工作，提前完善城乡居民基本养老保险方面的咨询内容，做好咨询员的专题培训，现场提供咨询服务；业务部门要进一步完善政策解答口径，明确咨询宣传重点，安排业务专家提供现场服务；宣传部门要做好宣传资料准备和媒体联系工作，在咨询问答、现场互动和媒体宣传等方面形成合力，共同办好统一咨询日活动。

请各地于3月10日前，将活动方案报部信息中心备案。4月6日前，将相关文字、图片、视频等资料和活动总结报送部信息中心。工作中如有问题，请及时与我们联系。

2017年1月20日

人力资源社会保障部办公厅关于宣布涉及创新政策与提供政府采购优惠挂钩继续有效文件目录的通知

人社厅函〔2017〕39号

各省、自治区、直辖市及新疆生产建设兵团人力资源社会保障厅（局）：

根据《国务院办公厅关于进一步开展创新政策与提供政府采购优惠挂钩相关文件清理工作的通知》（国办函〔2016〕92号）要求，我部对涉及创新政策与提供政府采购优惠挂钩的规范性文件进行了全面清理。经汇总，涉及自主创新政策与提供政府采购优惠挂钩的规范性文件共4份，现宣布继续有效；未列入此次继续有效文件目录的规范性文件，不得作为行政管理的依据。

附件：人力资源社会保障部宣布继续有效的文件目录

2017年2月23日

附件

人力资源社会保障部宣布继续有效的文件目录

序号	制发机关	文件名称	文号
1	人力资源社会保障部	关于加强人力资源服务机构诚信体系建设的通知	人社部发〔2012〕46号
2	人力资源社会保障部办公厅	关于在人力资源服务机构中开展诚信服务主题创建活动的通知	人社厅发〔2013〕26号
3	人力资源社会保障部 国家发展改革委 财政部	关于加快发展人力资源服务业的意见	人社部发〔2014〕104号
4	人力资源社会保障部	关于"先照后证"改革后加强人力资源市场事中事后监管的意见	人社部发〔2016〕49号

人力资源社会保障部办公厅关于进一步做好建筑业工伤保险工作的通知

人社厅函〔2017〕53号

各省、自治区、直辖市及新疆生产建设兵团人力资源社会保障厅（局）：

建筑业工伤保险专项扩面行动——“同舟计划”实施两年来，各地人力资源社会保障部门认真贯彻《关于进一步做好建筑业工伤保险工作的意见》（人社部发〔2014〕103号，以下简称《意见》），主动作为，扎实推进，建筑业按项目参加工伤保险工作取得显著成效（分省区市项目参保率情况详见附件1）。但工作中还存在亟待解决的突出问题，如工作进展不平衡，有12个省份新开工项目参保率低于全国平均水平；部分地区过于依赖行政强制力的集中推动，确保项目参保工作的长效机制还没有建立；交通运输、铁路、水利等相关行业建设项目参加工伤保险工作尚未启动等。为推动建立健全建筑业按项目参加工伤保险的长效工作机制，巩固建筑项目“先参保、再开工”政策成效，完成“同舟计划”确定的目标任务，现就进一步做好建筑业按项目参加工伤保险工作通知如下：

一、进一步提高认识，增强做好建筑业工伤保险工作的责任感、紧迫感

党中央、国务院高度重视建筑业工人合法权益保护问题。近期，《国务院办公厅关于促进建筑业持续健康发展的意见》（国办发〔2017〕19号）再次强调，要“建立健全与建筑业相适应的社会保险参保缴费方式，大力推进建筑施工单位参加工伤保险”。这不仅是当前工伤保险扩面的中心任务，也是促进建筑业持续健康发展、保护建筑业工人合法权益的重要举措，各级人社部门要增强政治责任感和工作紧迫感，切实抓好工作落实，围绕项目参保模式积极推进政策创新和管理服务创新，着力建立健全建筑业按项目参保长效工作机制，同时，为灵活就业人员、分享经济等新业态从业人员的参保管理工作积累经验，奠定基础。

二、进一步加强领导，推动形成更高水平、更高效率的部门协作机制

建筑业按项目参加工伤保险工作涉及多部门职责，需要多部门联动。各级人社部门要进一步发挥好牵头作用，会同有关部门加强和完善联席会议、联合督查、信息共享、定期会商等行之有效的部门协作机制。要联合有关部门，切实把握好政策关键点，在“项目参保证明作为保证工程安全施工的具体措施之一，不落实不予核发施工许可证”的问题上不开口子，不搞变通，守住政策底线。3月底前，请各地将省（区、市）一级部门协作机制建立、运行情况，书面报部工伤保险司备案。

三、进一步强化督查通报，夯实项目参保长效工作机制

实践证明，督查、通报是推进项目参保工作的有效抓手，也是建立健全项目参保长效工作机制的关键措施。各地要进一步发挥督查对推进项目参保工作的作用，突出加强对工作进度慢、参保率回落较大地区的督查。4月底前，请各地人社厅局将2017年度开展专项督查和会同有关部门开展联合督查的工作方案报部工伤保险司、社保中心备案。

要进一步坚持和完善项目参保率定期调度通报制度，探索将新开工项目参保率纳入人社事业发展计划指标。4月10日前，请各地将截至3月底的《建筑项目参保情况统计表》（详见附件2）及省（区、市）内项目参保率定期调度通报制度建立情况报部工伤保险司、社保中心，之后逢单月10日前报送《建筑项目参保情况统计表》。

四、进一步创新管理服务，推动实现从“要我参保”到“我要参保”的转变

建筑业按项目参加工伤保险，是适应建筑业用工特点作出的政策创新。在项目参保模式下，要高度重视管理服务创新，优化流程，减少环节，提高效率，逐步开辟绿色通道、专门窗口，提供一站式服务，逐步实现工伤医疗费用联网实时结算。借鉴商业保险管理经验，创新人性化服务内容，进一步提升工伤保险在为参保企业、项目和工伤职工服务上的便捷性和可及性。

附件：

1. 建筑项目参保情况统计汇总表（略）
2. 建筑项目参保情况统计表（略）

2017年3月9日

人力资源社会保障部办公厅关于加强技工教育和职业培训教材建设工作的通知

人社厅函〔2017〕107号

各省、自治区、直辖市及新疆生产建设兵团人力资源社会保障厅（局）：

为贯彻落实《技工教育“十三五”规划》（人社部发〔2016〕121号），充分发挥技工教育和职业培训教材的基础性、支撑性作用，全面提高技能人才培养质量，现就加强技工教育和职业培训教材建设工作通知如下：

一、统筹推进，大力开发技工教育和职业培训教材

（一）积极开拓技工教育教材新领域。服务产业转型升级和技工院校新专业建设需要，大力开发战略性新兴产业、先进制造业、现代服务业等相关专业教材。以国家技能人才培养标准和一体化课程规范为引领，扩大一体化课程教材规模。充分发挥世界技能大赛的带动作用，做好相关教材开发，推动技工院校在课程设置、教学内容等方面与世界先进标准对接。及时总结企业新型学徒制试点经验，探索开发贴近企业岗位实际、符合技能人才成长规律的相关教材。

（二）整体推进职业培训教材建设。以《职业培训包开发技术规程》为遵循，结合新经济、新产业、新职业发展，积极开发集培训目标、培训内容、教学资源、考核大纲于一体的职业培训包，不断丰富品种、系列。围绕“大众创业、万众创新”，加快创新创业相关培训教材开发。

（三）加快开发高技能人才培训教材。根据我国经济社会发展、产业转型升级和供给侧结构性改革需要，以《中国制造2025》为引领，以国家十大振兴产业和战略性新兴产业紧缺型高技能人才培养为重点，以先进制造业高端技术、高技能人才核心技能和工艺研发能力为主要方向，加快高技能人才培训教材开发步伐，基本形成规模合理、工种齐全、技能高端的高技能人才培训教材体系，为深入实施国家高技能人才振兴计划服务。

二、提升质量，强化技工教育和职业培训教材的规范管理

（一）强化教材思想性。深入学习贯彻习近平总书记系列重要讲话精神，自觉把中国特色社会主义理论体系贯穿教材建设的全过程，坚持以社会主义核心价值观引领技工教育，深入开展爱国主义、集体主义、社会主义教育，有机融入中华优秀传统文化、革命传统、法治意识和国家安全、民族团结以及生态文明教育，落实立德树人根本任务。要大力弘扬劳动光荣、技能宝贵、创造伟大的时代风尚，突出技工教育和职业培训特色，注重融入职业精神、工匠精神教育。

（二）精心编写（修订）教材。优化教材编写团队，完善教材编写程序，积极吸收借鉴优秀教材编写经验，在精编细选、精益求精上下功夫，努力多出精品教材。要充分反映技工教育和职业培训最新教学成果，及时反映新技术、新工艺、新材料、新设备的应用。把握现代教育培训技术发展趋势，积极推进教材数字化，增强教育培训效果。我部组织制定技工院校德育、语文、历史、数学、英语、计算机基础与应用、体育与健康课程标准，以及专业教学计划和教学大纲，作为教材编审的主要依据。技工教育和职业培训教材一般不超过 3 年修订一次。

（三）规范教材选用。建立健全技工教育和职业培训教材目录制度，我部定期公布技工教育和职业培训教材目录。各省级人力资源社会保障部门负责指导技工院校和职业培训机构做好教材选用工作。技工院校德育、语文、历史等国家课程教材必须在国家公布的目录中选用，数学、英语、计算机基础与应用、体育与健康等公共基础课在教材目录中优先选用，专业课教材应从教材目录中择优选用。开展一体化课程教学改革试点的技工院校，应按照部颁一体化课程规范执行，使用统一组织开发的一体化教材。对政府补贴性职业培训和创业培训，从职业培训教材目录中选用教材。要坚决打击盗版行为，防止盗版教材进课堂。

三、加强领导，细化工作措施

（一）落实责任分工。人力资源社会保障部职业培训教材工作委员会统筹全国技工教育和职业培训教材建设工作。各地人力资源社会保障部门要强化责任，把教材建设作为职业能力建设领域重要工作摆上工作日程，强化工作分工和督促检查，务求工作实效。要指导技工院校和职业培训机构实行教材使用校长责任制，确保课程开设齐全、教材使用规范，不发生违法违纪问题。

（二）建设高素质编审队伍。加强国家级教材编审人员的遴选和培训，加快建设一支高素质的编写和审稿专家队伍。优化编写团队结构，吸收相关领域学科专家、课程专家、教研人员、一线优秀教师以及行业企业专业技术人员、高技能人才等不同方面人员参加教材编写。技工院校、职业培训机构要推荐优秀教师参加教材编写。严格编审人员管理，各单位要对参与教材编审的人员进行审核，在政治立场、师德师风、学术诚信等方面存在问题的人员不得参与教材编审。

（三）加大教材研究力度。加强关系技工教育和职业培训教材建设全局的基础研究、国内外技工教育和职业培训教材建设比较研究，技能人才培养规律和教材开发体系研究，夯实教材建设理论基础。试点建设国家技工教育与职业培训教材建设研究基地，采取竞争入选、定期评估、动态调整的管理办法，主要依托优质技工院校、有关教育教学研究机构，设立若干课程教材研究基地，为教材建设提供理论支持和决策依据。

（四）健全工作制度。凡承担国家级教材编审任务的人员，所在单位应充分保障其编审时间，并提供必要的条件，建立优秀教材编修在工作量计算、科研成果统计、职称评聘方面的认定机制。要健全教材建设相关规章制度，依法依规推进教材建设。充分发挥新闻媒体宣传引导作用，总结宣传教材建设经验做法，大力推广教材建设优秀成果和先进典型，不断营造有利于推动教材建设的良好环境和氛围。

2017 年 5 月 3 日

人力资源社会保障部办公厅关于对国家基本医疗保险、工伤保险和生育保险药品目录中部分药品名称进行调整规范的通知

人社厅函〔2017〕249 号

各省、自治区、直辖市及新疆生产建设兵团人力资源社会保障厅（局），福建省医保办：

近期，国家食品药品监督管理总局对部分药品品种和名称进行了变更。据此，对我部印发的《国家基本医疗保险、工伤保险和生育保险药品目录（2017 年版）》中部分药品名称进行如下调整规范，请遵照执行。

一、西药部分第 14 号“铝碳酸镁”的剂型变更为“口服常释剂型、咀嚼片”。

二、西药部分第 207 号、第★（207）号“卡络磺钠”的药品名称变更为“卡络磺钠（肾上腺色腙）”。

三、西药部分第★（355）号“硝苯地平（Ⅰ、Ⅱ、Ⅲ）”的药品名称变更为“硝苯地平（Ⅰ、Ⅱ、Ⅲ、Ⅳ）”。

四、西药部分第 356 号“L-门冬氨酸氨氯地平”的药品名称变更为“门冬氨酸氨氯地平”。

五、西药部分第★（555）号“泼尼松龙”且剂型为“注射剂”的，药品名称变更为“泼尼松龙（氢化泼尼松）”。

六、西药部分第 813 号“亮丙瑞林”的剂型变更为“微球注射剂、缓释微球注射剂”。

2017 年 9 月 20 日

人力资源社会保障部办公厅关于在统计工作中执行新国民经济行业分类国家标准的通知

人社厅函〔2017〕254号

各省、自治区、直辖市及新疆生产建设兵团人力资源社会保障厅（局），部属各单位，公务员局：

《国民经济行业分类》（GB/T 4754—2017）已经国家质量监督检验检疫总局和国家标准化管理委员会批准发布，在统计调查活动中应当执行新《国民经济行业分类》。请你们认真贯彻执行《国家统计局关于执行新国民经济行业分类国家标准的通知》（国统字〔2017〕142号），从2017年统计年报和2018年定期统计报表起统一使用新标准，并按照有关规定做好历史统计资料调整工作。

附件：国家统计局关于执行新国民经济行业分类国家标准的通知（国统字〔2017〕142号）

2017年9月26日

附件

国家统计局关于执行新国民经济行业分类国家标准的通知

国统字〔2017〕142号

各省、自治区、直辖市统计局，新疆生产建设兵团统计局，国务院各有关部门办公厅（室），国家统计局各调查总队，各司级行政单位、在京直属事业单位、出版社：

《国民经济行业分类》（GB/T 4754—2017）已经国家质量监督检验检疫总局和国家标准化管理委员会批准发布。根据《中华人民共和国统计法实施条例》的规定，在统计调查活动中应当执行新《国民经济行业分类》。经研究决定，国务院各部门、各地统计局、国家统计局各级调查队从2017年统计年报和2018年定期统计报表起统一使用新标准。

各部门、各地区要结合工作实际，认真学习宣传新《国民经济行业分类》，做好实施新标准的各项准备，并按照有关规定做好历史统计资料调整工作。

为配合新标准的实施，我局将修订并发布《国民经济行业分类注释》，并逐步修订有关的派生统计分类标准。

2017年8月29日

国家公务员局　国务院扶贫办关于开展行政机关公务员脱贫攻坚培训的意见

国公局发〔2017〕4号

各省、自治区、直辖市及新疆生产建设兵团公务员局、扶贫办（局），国务院各部委、各直属机构人事部门：

为贯彻落实《中共中央　国务院关于打赢脱贫攻坚战的决定》《“十三五”脱贫攻坚规划》和《“十三五”行政机关公务员培训纲要》，进一步做好行政机关公务员脱贫攻坚培训工作，现提出如下意见：

一、充分认识开展公务员脱贫攻坚培训的重要意义

党的十八大以来，以习近平同志为核心的党中央对脱贫攻坚高度重视，把扶贫开发作为全面建成小康社会最艰巨任务和最突出短板纳入“五位一体”总体布局和“四个全面”战略布局，摆到治国理政重要位置。公务员队伍是贯彻落实党中央、国务院决策部署的骨干力量，是打赢脱贫攻坚战的重要组织保证。大力开展公务员脱贫攻坚培训，为贫困地区经济社会发展提供智力和人才支持，对于打赢脱贫攻坚战和全面建成小康社会具有重要意义。各级公务员管理部门要进一步增强“四个意识”，使公务员培训工作主动服务脱贫攻坚，助力打赢脱贫攻坚战。

二、进一步明确公务员脱贫攻坚培训的总体要求

全面贯彻落实党的十八大和十八届三中、四中、五中、六中全会精神，以习近平总书记扶贫开发战略思想为指导，深入学习领会精准扶贫、精准脱贫基本方略的深刻内涵，坚持突出重点与整体带动相结合，坚持培训内容与扶贫政策相衔接，针对脱贫攻坚的重点地区、重点任务和重点人群，立足本地本行业精准脱贫攻坚任务，精准对接培训任务，精准实施培训项目，强化培训质量和效益，把提升精准脱贫专业化能力贯穿培训全过程。从2017年起到2019年，实现贫困地区公务员全员培训一遍，公务员队伍遵循扶贫开发规律的主动性和自觉性进一步提高，打赢脱贫攻坚战的信心进一步坚定，政策水平和科学扶贫能力进一步提升。

三、进一步抓好公务员脱贫攻坚培训的主要工作

（一）精准对接贫困地区发展规划，制订公务员脱贫攻坚培训专项计划。各级公务员管理部门要认真学习领会中央脱贫攻坚决策部署的精神内涵，结合本地本部门社会经济发展规划、扶贫任务和贫困地区脱贫攻坚规划，确定公务员脱贫攻坚培训的目标任务；要将脱贫攻坚培训作为一项政治任务，纳入公务员培训规划，以2018年和2019年为重点，分年度制订专项培训计划，加大工作力度，确保脱贫攻坚培训有效实施；要统筹公务员四类培训工作，尤其是脱贫攻坚任务重的地区和部门，要将脱

贫攻坚培训作为专门业务和在职培训的重要内容，与实施“双基”公务员培训工程相结合，使脱贫攻坚培训融入公务员管理整体工作中。

（二）根据脱贫攻坚需要精准安排培训内容。坚持紧扣需求、按需施教，紧紧围绕服务脱贫攻坚大局需要和不同类型贫困地区实际，积极开展培训需求调研，深入了解不同地区、不同岗位公务员培训需求，科学设计培训内容，增强培训针对性。认真学习领会习近平总书记扶贫开发战略思想，深入开展扶贫开发理论政策培训，系统学习精准扶贫的基本理论、方针政策、实践规律、国际经验等内容；深入学习扶贫规划制定与实施、项目资金管理、区域经济发展、新农村建设、特色产业开发、农村电商扶贫、驻村帮扶、动员社会力量参与扶贫、科技创新、对外开放、“放管服”改革、基层社会治理等扶贫开发业务知识和实务技能；深入开展依法行政、政策执行、服务群众、协调沟通、应急处置等方面的培训。

（三）创新培训方式方法，切实提高培训实效。各地各部门要结合实际，努力打造培训品牌项目，积极举办示范班、重点班。改进班次设置，以短期培训、专题研讨为主；改进教学方式，加大案例教学、现场教学力度，发挥脱贫先进典型示范作用；加强研讨交流，总结推广先进经验做法，研究解决制约贫困地区发展的瓶颈问题；积极搭建网络培训平台，充分利用网络开展扶贫政策和知识培训，提高培训覆盖面；倡导送教上门下乡，实施分段教学、异地教学、合作办班等。加强省际之间的交流与合作，适当组织贫困地区公务员到发达地区培训。

（四）结合实际找准公务员培训服务脱贫攻坚的着力点。开展公务员脱贫攻坚培训，既要整体联动，又要突出重点。发达地区要强化服务脱贫攻坚大局意识，积极为贫困地区公务员培训提供有效支持和协助。脱贫攻坚任务重的地方，要抓住集中连片特困地区、扶贫开发工作重点县、深度贫困地区等重点区域，抓住贫困地区领导职务公务员、乡镇公务员、专项扶贫公务员和行业扶贫公务员等重点对象，因地因人因需开展精准培训。行业部门要加大相关扶贫政策宣传培训力度，确保行业扶贫政策落到实处。对口帮扶单位要充分发挥职能优势，多为贫困地区公务员提供培训资源和参训机会。国家公务员局对口培训项目要把打赢脱贫攻坚战作为首要目标，重点向贫困地区倾斜，打造提升贫困地区公务员精准脱贫能力的重要平台。

（五）加强培训师资、教材等基础建设。充分运用并不断完善国家级和省级扶贫培训师资库，积极推动领导干部和扶贫一线干部上讲台，拓宽师资来源渠道。加强培训管理者和教学人员业务交流和专题培训，提高组织能力和教学水平。进一步加强扶贫理论、典型案例和实务技能等系列教材体系建设，积极组织编写富有特色、务实管用的教材案例，努力打造一批公务员扶贫培训精品教材和精品课程。积极推进培训教材、精品课程和师资共建共享。加强公务员脱贫攻坚培训理论研究，总结推广各地各部门实践中创造的成功经验和做法。

（六）加强培训管理。严格执行中央八项规定精神和加强学员管理9条规定，加强学风建设，严格学员选调，强化学员管理，对违反有关规定的行为严肃处理。严肃讲坛纪律，确保培训师资对党忠诚、严谨治学。加强经费监管，厉行节约、勤俭办学。

（七）加强考核评估和监督检查。加强对公务员脱贫攻坚培训规划和计划制订、培训组织实施、培训经费使用等情况的考核评估和监督检查，及时发现和解决工作中存在的问题。各级公务员主管部门和扶贫工作部门要适时开展调研检查和督导评估，强化跟踪问效，抓好各项措施落实。

四、加强组织保障，健全工作机制

（一）加强组织领导。各地各部门要高度重视贫困地区公务员培训工作，将脱贫攻坚培训切实摆上重要议事日程，加强统筹规划，因地制宜制定实施方案。积极拓宽经费来源渠道，加大对贫困地区培训经费的投入。加强宣传引导，为工作顺利开展营造良好氛围。

（二）强化责任落实。将公务员培训服务脱贫攻坚战略作为一项政治责任，明确工作任务、工作责任、工作时限和具体要求，责任到人。对重视不够、问题较大的要通报批评、督促整改，对于任务不落实或落实不力的，要追究行政责任。

（三）注重沟通协调。充分发挥公务员主管部门和扶贫工作主管部门牵头抓总、宏观指导和统筹协调的职能作用。建立定期会商和联合调研机制，加强沟通协调和工作交流，研究解决重点难点问题。积极整合培训资源，搭建有效平台和载体，加强交流合作，实现上下联动、横向联合、优势互补，形成各司其职、各尽其责、密切配合、齐抓共管的工作格局。

2017年6月16日

（三）联 合 发 文

国家卫生计生委　财政部　国家发展改革委　教育部　人力资源社会保障部　国家中医药局　国务院医改办关于做好国家卫生计生委和国家中医药局属管医院参加属地公立医院综合改革有关工作的通知

国卫体改发〔2017〕38号

北京市、天津市、吉林省、上海市、江苏省、山东省、湖北省、湖南省、广东省、四川省、陕西省卫生计生委、财政厅（局）、发展改革委、教育厅（教委）、人力资源社会保障厅（局）、中医药局、医改办，教育部有关直属高校，国家卫生计生委、国家中医药局属管医院：

为贯彻落实《2017年政府工作报告》、《国务院办公厅关于印发深化医药卫生体制改革2017年重点工作任务的通知》（国办发〔2017〕37号）要求和全国医改工作电视电话会议精神，决定全面推开国家卫生计生委、国家中医药局直属医院和预算管理的高校附属医院（以下简称委局属管医院）综合改革，全部取消药品加成。现将有关工作通知如下：

一、充分认识全面推开委局属管医院综合改革的重要意义

2017年全面推开公立医院综合改革，全部取消药品加成，是党中央、国务院作出的决策部署，是深化医药卫生体制改革的重中之重。委局属管医院是公立医院的“国家队”，代表着我国医疗技术的最高水平，在疑难危重疾病诊疗、人才培养、医学科研、引领区域和全国医疗技术进步、参与突发事件紧急医学救援和提升国际竞争力等方面发挥着重要的、不可替代的作用。委局属管医院的改革与发展，关系医改成效和卫生与健康事业发展，具有重要的风向标意义。各委局属管医院要充分认识全面推开公立医院综合改革的重要性，牢固树立政治意识、大局意识、核心意识、看齐意识，自觉把思想认识和行动统一到党中央、国务院的决策部署上来，按照属地公立医院综合改革的统一部署，积极参加改革，发挥“国家队”示范带头作用，不折不扣落实好各项改革任务。

二、委局属管医院要突出抓好重点改革任务落实

（一）认真贯彻落实《国务院办公厅关于城市公立医院综合改革试点的指导意见》（国办发〔2015〕38号）和属地公立医院综合改革实施方案，2017年9月30日前全面推开综合改革，全部取消药品加成（中药饮片除外），破除以药补医机制，建立维护公益性、调动积极性、保障可持续的公立医院运行新机制和决策、执行、监督相互协调、相互制衡、相互促进的治理机制，加快建立现代医院管理制度。

（二）认真执行属地医疗服务价格改革政策，配合做好调整医疗服务价格结构工作，提高体现医务人员技术劳务价值的医疗服务收入在医院总收入中的比例。要按照“国家队”的功能定位，开展与“国家队”相适应的医疗服务项目，积极开展技术难度和风险程度高的新技术、新项目。要履行社会责任开展基本医疗服务，严格执行政府指导价，有序开展实行市场调节价的特需医疗服务及其他市场竞争比较充分、个性化需求比较强的医疗服务，严格控制特需医疗服务规模，提供特需医疗服务的比例不超过全部医疗服务的10%。

（三）积极参与分级诊疗制度建设，率先全部参与医疗联合体建设并发挥引领作用。按照属地医联体建设的总体安排，联合二级医院、基层医疗卫生机构等组建医疗集团，以人才共享、技术支持、检查互认、处方流动、服务衔接为纽带进行合作，积极为家庭医生团队提供技术支持和业务指导，引导优质医疗资源下沉，提升基层医疗服务能力。鼓励跨区域与若干医联体建立合作关系，组建高层次、优势互补的医联体，辐射带动区域医疗服务能力提升。鼓励以专科协作为纽带，跨区域组建专科联盟，提升重大疾病救治能力。鼓励向基层、边远和欠发达地区提供远程医疗服务，提高优质医疗资源可及性和医疗服务整体效率。积极发挥委局属管医院在健康扶贫、对口支援、组团式援藏援疆等方面的带头作用。

（四）积极参加属地药品、高值医用耗材集中采购，医院使用的所有药品（不含中药饮片）均应当通过属地省级药品集中采购平台（省级公共资源交易平台）采购。鼓励委局属管医院联合组建或与地方医院联合组建采购集团，发挥批量采购优势，落实带量、带预算采购，进一步挤压药品耗材价格水分。率先实施药品采购“两票制”，鼓励与药品生产企业直接结算药品货款、药品生产企业与配送企业结算配送费用，并严格按照合同约定的时间支付药品货款。

（五）积极参加属地医保支付方式改革，逐步减少按项目收付费数量，扩大按病种和按服务单元收付费范围。积极探索按疾病诊断相关分组（DRGs）收付费改革，做好基础性工作和临床数据规范化工作。推进临床路径管理，提高临床路径管理病例数、入径率和完成率。积极参与医保异地就医联网结算工作。

（六）完善医院收入分配机制。按照中央事业单位实施绩效工资有关政策规定，完善绩效工资分配办法，体现岗位差异，兼顾学科平衡，体现多劳多得、优绩优酬。健全内部绩效考核制度，突出岗位职责履行、工作量、服务质量、行为规范、医疗质量安全、医疗费用控制、人才培养、医德医风和患者满意度等指标，将考核结果与医务人员个人薪酬、岗位聘用、职称晋升挂钩。严禁向科室和医务人员下达创收指标，医务人员个人薪酬不得与药品、卫生材料、检查、化验等业务收入挂钩。

（七）带头贯彻落实《关于控制公立医院医疗费用不合理增长的若干意见》（国卫体改发〔2015〕89号），采取规范医务人员诊疗行为、强化医院内控制度、严格控制医院规模、降低药品耗材虚高价格、推进医保支付方式改革、构建分级诊疗体系、实施全民健康促进和健康管理等综合措施，控制医疗费用不合理增长。按照属地化原则，委局属管医院纳入属地医疗费用控制范围。

（八）率先建立现代医院管理制度。制定医院章程，建立健全医院内部管理机构、管理制度、议事规则、办事程序等，规范内部治理结构和权力运行规则，健全医疗质量安全、人力资源、财务资产、绩效考核、人才培养培训、科研、后勤、信息等内部管理制度，提高医院管理的规范化、精细化、科学化水平，降低医院运行成本。严格落实医疗质量安全核心制度，推进合理检查、用药和治疗。在岗位设置、收入分配、职称评定、管理使用等方面，对编制内外人员统筹考虑。建立健全全面预算管理、成本管理、财务报告、第三方审计和财务信息公开制度。2017 年 7 月底前，委局属管医院全部完成总会计师设立工作。落实住院医师规范化培训、专科医师规范化培训和继续医学教育制度，加强临床重点专科、学科和教学基地建设，做好医学生培养工作。强化医院信息系统标准化和规范化建设，率先建立统一的信息标准和接口，实现互联互通。

（九）率先落实进一步改善医疗服务行动计划。科学实施预约诊疗，实现分时段精准预约，推行实名制预约诊疗。根据患者就诊情况，灵活调配院内门急诊、住院病床、药房等医疗资源，打通影响患者看病就医体验的瓶颈环节。加强日间手术质量精细化管理，探索将部分住院服务转变为日间医疗服务，优化诊疗服务流程，提高医疗服务效率，缓解患者“住院难”和“手术难”问题。持续提升医疗质量，建立疑难重症、急性病多学科诊疗模式，加强诊区安全和患者隐私保护。加强护理队伍建设，全面实施优质护理，持续改善护理服务。加强药事管理，促进合理用药。开展就医信息查询与推送、诊间结算等信息化服务，搭建双向转诊信息平台，在方便群众就医方面发挥表率作用。

（十）成立由主要负责同志任组长的改革领导小组，主要负责同志亲自抓、负总责，切实做好改革实施工作。已经推开改革的委局属管医院，要深化内部运行机制改革，持续改善医疗服务，完善惠民便民措施，调动医务人员参与改革的积极性。在改革过程中要加强与属地和上级有关部门的沟通，重要情况及时报告。尚未推开改革的委局属管医院，要根据属地公立医院综合改革实施方案和本院实际，制定医院综合改革工作方案和应急预案，逐项分解改革任务，建立工作台账，倒排时间表，明确路线图，把责任压实、要求提实。要做好成本测算和经济运行情况分析，为属地有关部门制定医疗服务价格调整方案提供依据，并积极争取政策支持。

（十一）对医务人员和行政管理人员开展全员培训，做好思想动员、业务培训、应急演练，确保全员知晓、全员参与、全员落实，引领医院全体职工以高度的主人翁精神投入改革、支持改革，自觉承担起改革主体责任。要加强改革政策宣传，在医院挂号、门诊、住院结算等病人集中的场所增派政策宣传员、引导员，用群众听得懂的语言、看得懂的形式，向患者解读改革政策、宣传改革成效，引导合理预期，及时回应社会关切，为改革营造良好舆论环境。

三、有关部门和地方要积极支持委局属管医院改革工作

（一）落实政府投入和监管责任。中央财政加大对符合区域卫生规划的委局属管医院基本建设和设备购置、重点学科发展等的投入力度，严禁举债建设。中央财政统筹考虑取消药品加成情况，对委局属管医院推进公立医院综合改革、建立现代医院管理制度给予奖励补助，对改革进展快、成效好的医院以及肿瘤、精神疾病等专科医院给予倾斜。贯彻落实《国家卫生计生委关于开展委属委管医院综合绩效考核的通知》（国卫体改发〔2017〕11 号），建立以功能定位、职责履行、费用控制、运行绩效、财务管理、成本控制、人才培养、科技创新以及群众满意度为核心的综合绩效考核体系，进行综合绩效考核，考核结果与补助资金挂钩。

（二）各有关省（市）承担全面推开各级各类公立医院综合改革的主体责任，要将委局属管医院纳入当地公立医院综合改革范围统筹考虑，指导委局属管医院所在城市完善改革政策措施。对承担地方指令性工作任务的委局属管医院，地方要给予合理补助。要充分考虑委局属管医院知名专家聚集、疑难重症患者多、技术水平高、教学科研任务重的情况，以及肿瘤、精神疾病等专科医院承担较多公共卫生职能的特殊性，按照“总量控制、结构调整、有升有降、逐步到位”要求，通过提高诊疗、手术、康复、护理、中医等体现医务人员技术劳

务价值的医疗服务价格，降低大型医用设备检查治疗和检验等价格，适度放开知名专家诊察费价格，及时受理新增医疗服务项目等多种方式，给予合理补偿。支持在委局属管医院开展多元复合式医保支付方式改革，重点推进按病种付费，实行按病种收付费的病种不少于100个，开展按疾病诊断相关分组（DRGs）付费试点，完善按人头付费、按服务单元付费等医保支付方式。探索符合中医药服务特点的医保支付方式。

（三）对已经推开改革的委局属管医院，各有关省（市）要密切跟踪改革进展，实时监测医疗服务、经济运行等指标，及时解决改革中出现的新情况、新问题。对受影响较大、价格补偿不到位的医院，要限时提出解决办法，确保医院的稳定和发展。对尚未推开改革的委局属管医院，各有关省（市）要加强指导，深入调研、精细测算、科学论证、凝聚共识、精准施策；各有关省（市）医改办要组织对取消药品加成进行风险评估，于改革实施前1个月将属地公立医院综合改革实施方案和风险评估报告报国务院医改办。

2017年7月3日

民政部　财政部　人力资源社会保障部　国家卫生计生委　保监会　国务院扶贫办关于进一步加强医疗救助与城乡居民大病保险有效衔接的通知

民发〔2017〕12号

各省（自治区、直辖市）民政厅（局）、财政厅（局）、人力资源社会保障厅（局）、卫生计生委、扶贫办；各保监局；各计划单列市民政局、财政局、人力资源社会保障局、卫生计生委、扶贫办；新疆生产建设兵团民政局、财务局、人力资源社会保障局、卫生计生委、扶贫办：

医疗救助和城乡居民大病保险（以下简称大病保险）是我国多层次医疗保障体系的重要组成部分，发挥保障困难群众基本医疗权益的基础性作用。为进一步加强两项制度在对象范围、支付政策、经办服务、监督管理等方面的衔接，充分发挥制度效能，现就有关事项通知如下。

一、加强保障对象衔接

（一）做好资助困难群众参加基本医疗保险工作。各地要全面落实资助困难群众参保政策，确保其纳入基本医疗保险和大病保险范围。根据本地区医疗救助资金筹集情况、基本医疗保险缴费标准以及个人承担能力等明确资助额度，对于特困人员给予全额资助，对于低保对象、建档立卡贫困人口给予定额资助。对按规定纳入定额资助范围的人员，要做好参保动员工作，加大保费征缴力度，提高参保意愿，可由其先行全额缴纳参保费用，相关部门再将资助资金支付本人，确保人费对应、足额缴纳、及时参保。

（二）拓展重特大疾病医疗救助对象范围。各地要贯彻落实国务院办公厅转发民政部等五部门《关于进一步完善医疗救助制度全面开展重特大疾病医疗救助工作的意见》（国办发〔2015〕30号），对经大病保险报销后仍有困难的低保对象、特困人员、建档立卡贫困人口、低收入重度残疾人等困难群众（含低收入老年人、未成年人、重病患者）实施重特大疾病医疗救助，积极探索做好因病致贫家庭重病患者救助工作。省级民政部门要会同相关部门综合考虑家庭经济状况以及医疗费用支出、医疗保险支付情况等因素，完善低收入救助对象和因病致贫家庭重病患者的认定办法，指导市、县民政部门依托社会救助家庭经济状况核对机制，准确认定救助对象，及时落实救助政策。

二、加强支付政策衔接

（三）落实大病保险倾斜性支付政策。各地要统筹考虑大病保险筹资水平、当地人均可支配收入和低保标准等，制定大病保险向低保对象、特困人员、建档立卡贫困人口、低收入重度残疾人等困难群众（含低收入老年人、未成年人、重病患者）倾斜的具体办法，明确降低大病保险起付线、提高报销比例的量化要求，实施精准支付，提高困难群众受益水平。各省（自治区、直辖市）要根据大病患者需求、筹资能力等实际，合理确定大病保险合规医疗费用范围。要将对困难群众的倾斜照顾措施纳入大病保险实施方案，通过招投标等方式，与承办机构签订合同，确保部署实施。

（四）提高重特大疾病医疗救助水平。各地要合理调整医疗救助资金支出结构，稳步提高重特大疾病医疗救助资金支出占比。综合救助家庭经济状况、自负医疗费用、当地医疗救助筹资情况等因素，建立健全分类分段的梯度救助模式，科学设定救助比例和年度最高救助限额。重点救助对象救助水平要高于其他救助对象；同一类救助对象，个人自负费用数额越大，救助比例越高。积极拓展重特大疾病医疗救助费用报销范围，原则上经基本医疗保险、大病保险、各类补充保险等报销后个人负担的合规医疗费用，均计入救助基数。合规医疗费用范围应参照大病保险的相关规定确定，并做好与基本医疗保险按病种付费改革衔接。鼓励有条件的地方对困难群众合规医疗费用之外的自负费用按照一定比例给予救助，进一步提高大病保障水平。

（五）实行县级行政区域内困难群众住院先诊疗后付费。各地要针对低保对象、特困人员、建档立卡贫困人口、低收入重度残疾人等困难群众（含低收入老年人、未成年人、重病患者），全面实施县级行政区域内定点医疗机构住院先诊疗后付费改革。依托定点医疗机构服务窗口，实现基本医疗保险、大病保险、医疗救助的同步即时结算，困难群众出院时只需支付自负医疗费用。鼓励有条件的地方建立市级和省级行政区域内困难群众按规定分级转诊和异地就医先诊疗后付费的结算机制。

三、加强经办服务衔接

（六）规范医疗费用结算程序。各地要按照精准测算、无缝对接的工作原则和“保险在先、救助在后”的结算程序，准确核定结算基数，按规定结算相关费用，避免重复报销、超费用报销等情况。对于年度内单次或多次就医，费用均未达到大病保险起付线的，要在基本医疗保险报销后，按次及时结算医疗救助费用。对于单次就医经基本医疗保险报销后费用达到大病保险起付线的，应即时启动大病保险报销，并按规定对经基本医疗保险、大病保险支付后的剩余合规费用给予医疗救助。对于年度内多次就医经基本医疗保险报销后费用累计达到大病保险起付线的，要分别核算大病保险和医疗救助费用报销基数，其中大病保险应以基本医疗保险报销后超出大病保险起付线的费用作为报销基数；原则上，医疗救助以基本医疗保险、大病保险支付后的剩余多次累计个人自负合规总费用作为救助基数，对照医疗救助起付线和年度最高救助限额，分类分档核算救助额度，并扣减已按次支付的医疗救助费用。

（七）加强医疗保障信息共享。各地要加快推进基本医疗保险、大病保险、医疗救助“一站式”费用结算信息平台建设，努力实现资源协调、信息共享、结算同步。积极提升“一站式”信息平台管理服务水平，为困难群众跨地域看病就医费用结算提供便利。民政、扶贫等部门要加强与大病保险承办机构协作，及时、全面、准确提供救助对象信息，为“一站式”信息平台建设提供数据支撑。探索通过政府购买服务等方式，支持具备开展“一站式”结算条件的大病保险承办机构参与医疗救助经办服务。

四、加强监督管理衔接

（八）强化服务运行监管。各地各相关部门要做好医疗服务行为的质量监督和规范管理，防控不合理医疗行为和费用。人力资源社会保障、卫生计生、民政、财政、保险监管等部门要定期对基本医疗保险、大病保险、医疗救助经办（承办）机构的资金使用、管理服务等情况开展监督检查。保险监管部门要做好商业保险承办机构从业资格审查。商业保险机构承办大病保险要实行单独核算，严格资金管理，确保及时偿付、高效服务。

（九）做好绩效评价工作。各地要建立健全医疗救助工作绩效评价机制，将重特大疾病医疗救助开展情况纳入社会救助绩效评价体系，并将评价结果作为分配医疗救助补助资金的重要依据。对于工作推进缓慢、政策落实不到位的地区要进行重点督导，按规定予以通报批评。民政部将会同相关部门采取“两随机、一公开”、委托第三方等方式对各地工作开展情况实地抽查。

各地要以提高制度可及性、精准性以及群众满意度作为出发点和落脚点，抓紧制定本地区医疗救助和大病保险制度衔接的实施方案，进一步明确工作目标、主要任务、实施步骤和保障措施，确保制度稳健运行和可持续发展。要加大政策宣传力度，积极稳妥回应公众关切，合理引导社会预期，努力营造良好氛围。

2017 年 1 月 16 日

财政部　税务总局　人力资源社会保障部关于继续实施支持和促进重点群体创业就业有关税收政策的通知

财税〔2017〕49号

各省、自治区、直辖市、计划单列市财政厅（局）、国家税务局、地方税务局、人力资源社会保障厅（局），新疆生产建设兵团财务局、人力资源社会保障局：

为支持和促进重点群体创业就业，现将有关税收政策通知如下：

一、对持《就业创业证》（注明“自主创业税收政策”或“毕业年度内自主创业税收政策”）或《就业失业登记证》（注明“自主创业税收政策”或附着《高校毕业生自主创业证》）的人员从事个体经营的，在3年内按每户每年8 000元为限额依次扣减其当年实际应缴纳的增值税、城市维护建设税、教育费附加、地方教育附加和个人所得税。限额标准最高可上浮20%，各省、自治区、直辖市人民政府可根据本地区实际情况在此幅度内确定具体限额标准，并报财政部和税务总局备案。

纳税人年度应缴纳税款小于上述扣减限额的，以其实际缴纳的税款为限；大于上述扣减限额的，以上述扣减限额为限。

上述人员是指：1. 在人力资源社会保障部门公共就业服务机构登记失业半年以上的人员；2. 零就业家庭、享受城市居民最低生活保障家庭劳动年龄内的登记失业人员；3. 毕业年度内高校毕业生。高校毕业生是指实施高等学历教育的普通高等学校、成人高等学校应届毕业的学生；毕业年度是指毕业所在自然年，即1月1日至12月31日。

二、对商贸企业、服务型企业、劳动就业服务企业中的加工型企业和街道社区具有加工性质的小型企业实体，在新增加的岗位中，当年新招用在人力资源社会保障部门公共就业服务机构登记失业半年以上且持《就业创业证》或《就业失业登记证》（注明“企业吸纳税收政策”）人员，与其签订1年以上期限劳动合同并依法缴纳社会保险费的，在3年内按实际招用人数予以定额依次扣减增值税、城市维护建设税、教育费附加、地方教育附加和企业所得税优惠。定额标准为每人每年4 000元，最高可上浮30%，各省、自治区、直辖市人民政府可根据本地区实际情况在此幅度内确定具体定额标准，并报财政部和税务总局备案。

按上述标准计算的税收扣减额应在企业当年实际应缴纳的增值税、城市维护建设税、教育费附加、地方教育附加和企业所得税税额中扣减，当年扣减不完的，不得结转下年使用。

本条所称服务型企业，是指从事《销售服务、无形资产、不动产注释》（《财政部　国家税务总局关于全面推开营业税改征增值税试点的通知》——财税〔2016〕36号附件）中“不动产租赁服务”、“商务辅助服务”（不含货物运输代理和代理报关服务）、“生活服务”

（不含文化体育服务）范围内业务活动的企业以及按照《民办非企业单位登记管理暂行条例》（国务院令第251号）登记成立的民办非企业单位。

三、享受上述优惠政策的人员按以下规定申领《就业创业证》：

（一）按照《就业服务与就业管理规定》（人力资源社会保障部令第24号）第六十三条的规定，在法定劳动年龄内，有劳动能力，有就业要求，处于无业状态的城镇常住人员，在公共就业服务机构进行失业登记，申领《就业创业证》。对其中的零就业家庭、城市低保家庭的登记失业人员，公共就业服务机构应在其《就业创业证》上予以注明。

（二）毕业年度内高校毕业生在校期间凭学生证向公共就业服务机构按规定申领《就业创业证》，或委托所在高校就业指导中心向公共就业服务机构按规定代为其申领《就业创业证》；毕业年度内高校毕业生离校后直接向公共就业服务机构按规定申领《就业创业证》。

（三）上述人员申领相关凭证后，由就业和创业地人力资源社会保障部门对人员范围、就业失业状态、已享受政策情况进行核实，在《就业创业证》上注明“自主创业税收政策”“毕业年度内自主创业税收政策”或“企业吸纳税收政策”字样，同时符合自主创业和企业吸纳税收政策条件的，可同时加注；主管税务机关在《就业创业证》上加盖戳记，注明减免税所属时间。

四、本通知的执行期限为2017年1月1日至2019年12月31日。本通知规定的税收优惠政策按照备案减免税管理，纳税人应向主管税务机关备案。税收优惠政策在2019年12月31日未享受满3年的，可继续享受至3年期满为止。

对《财政部　国家税务总局关于全面推开营业税改征增值税试点的通知》（财税〔2016〕36号）文件附件3第三条第（二）项政策，纳税人在2016年12月31日未享受满3年的，可按现行政策继续享受至3年期满为止。

五、本通知所述人员不得重复享受税收优惠政策，以前年度已享受扶持就业的专项税收优惠政策的人员不得再享受本通知规定的税收优惠政策。如果企业的就业人员既适用本通知规定的税收优惠政策，又适用其他扶持就业的专项税收优惠政策，企业可选择适用最优惠的政策，但不能重复享受。

六、上述税收政策的具体实施办法由税务总局会同财政部、人力资源社会保障部、教育部、民政部另行制定。

各地财政、税务、人力资源社会保障部门要加强领导、周密部署，把大力支持和促进重点群体创业就业工作作为一项重要任务，主动做好政策宣传和解释工作，加强部门间的协调配合，确保政策落实到位。同时，要密切关注税收政策的执行情况，对发现的问题及时逐级向财政部、税务总局、人力资源社会保障部反映。

2017年6月12日

财政部　民政部　人力资源社会保障部
关于运用政府和社会资本合作模式
支持养老服务业发展的实施意见

财金〔2017〕86 号

各省、自治区、直辖市、计划单列市财政厅（局）、民政厅（局）、人力资源社会保障厅（局），新疆生产建设兵团财务局、民政局、人力资源社会保障局：

为贯彻《国务院关于印发“十三五”国家老龄事业发展和养老体系建设规划的通知》（国发〔2017〕13 号）、《国务院办公厅转发财政部　发展改革委　人民银行关于在公共服务领域推广政府和社会资本合作模式指导意见的通知》（国办发〔2015〕42 号）精神，落实着力推进幸福产业服务消费提质扩容工作部署，鼓励运用政府和社会资本合作（PPP）模式推进养老服务业供给侧结构性改革，加快养老服务业培育与发展，形成多层次、多渠道、多样化的养老服务市场，推动老龄事业发展，现提出以下意见：

一、总体要求

（一）指导思想。

全面贯彻党中央、国务院关于老龄事业、养老服务业发展的决策部署，践行新发展理念，着力推动政府和社会资本合作促进养老服务领域供给侧结构性改革，优化养老服务领域资金资源投入使用方式，发挥社会力量的主体作用，激发社会活力，提高养老服务供给效率和能力，促进多层次、多渠道、多样化的养老服务更加方便可及，努力使养老服务业成为扩大内需、增加就业、保障和改善民生、推动经济转型升级的重要力量。

（二）基本原则。

政府引导，市场驱动。坚持养老服务领域供给侧结构性改革方向，深入推广政府和社会资本合作科学理念，优化养老服务领域政府资金资源投入使用方向和方式，发挥引导带动作用，注重发挥市场在资源配置中的决定性作用，营造公平竞争的市场环境，鼓励各类市场主体参与养老服务 PPP 项目，充分调动社会资本特别是民间资本的积极性，逐步使社会力量成为养老服务领域的主体。

厘清边界，支持基础。针对养老服务的不同类型，坚持公共服务属性，合理界定政府和社会资本合作提供的养老服务边界，优先支持保障型基本养老和改善型中端养老服务发展，促进资源合理优化配置，加大投入力度，探索形成符合当前国情的养老服务供给模式，保障面向老年人的基础性养老服务供给。

强化监督，提质增效。完善运营监督机制，强化绩效评价和项目监管，推动养老服务行业标准化建设，严格执行财政 PPP 工作制度规范体系，促进养老服务业规范发展。坚持问题导向，强化薄弱环节，通过机制创新增加养老服务供给，提升养老服务水平，增进老年人福祉。

（三）工作目标。政府和社会资本合作提供养老服务的供给能力大幅提高、质量明显改善、结构更加合理，市场活力和社会创造力得到充分激发，多层次、多样化的养老服务市场初步形成。政府职能转变、“放管服”改革成效显著，群众满意度显著提高，养老服务业成为推动经济社会发展的新动能。

二、优先支持的重点养老服务领域

重点引导和鼓励社会资本通过PPP模式，立足保障型基本养老服务和改善型中端养老服务，参与以下养老服务供给：

（四）养老机构。

鼓励政府将现有公办养老机构交由社会资本方运营管理。支持机关、企事业单位将所属的度假村、培训中心、招待所、疗养院等，通过PPP模式转型为养老机构，吸引社会资本运营管理。鼓励商业地产库存高、出租难的地方，通过PPP模式将闲置厂房、商业设施及其他可利用的社会资源改造成养老机构。

（五）社区养老体系建设。

鼓励政府和社会资本在城乡社区内建设运营居家养老服务网点、社区综合服务设施，兴办或运营老年供餐、社区日间照料、老年精神文化生活等形式多样的养老服务。支持政府将所辖区域内的社区养老服务打包，通过PPP模式交由社会资本方投资、建设或运营，实现区域内的社区养老服务项目统一标准、统一运营。

（六）医养健融合发展。

鼓励养老机构与医疗卫生机构、健康服务机构开展合作，支持打造“以健康管理为基础、以养老服务为核心、以医疗服务为支撑”的全生命周期养老服务链，兴建一批以养老为主题，附加康养、体育健身、医疗、教育、文化娱乐、互联网等现代服务业的“养老＋”综合新业态。

三、规范推进项目实施

（七）统筹论证养老服务项目可行性。

各级财政、民政、社会保障部门要加强合作，依托全国PPP综合信息平台，综合项目实施周期、收费定价机制、投资收益水平、风险分配基本框架、所需政府投入等因素，论证筛选出适宜采用PPP模式运作的养老服务项目，做好项目储备，确保工作有序推进。

（八）依法择优选择社会资本方。

合理设置参与条件，消除本地保护主义和隐形门槛。除本级政府所属尚未转型的融资平台公司、控股国有企业外，建立现代企业制度的境内外法人，均可作为养老服务项目的社会资本方。鼓励在养老服务项目建设、运营、管理等方面具有专业资质的社会资本方，通过兼并重组、输出服务技术和品牌等形式，发展跨区域、跨行业的综合性养老服务集团，推动养老服务向品牌化、连锁化、专业化和规模化方向发展。

（九）多渠道构建项目回报机制。

根据项目特点，建立政府付费、使用者付费和开发性资源补偿相结合的项目回报机制，鼓励政府统筹运用授权经营、资本金注入、土地入股、运营补贴、投资补助等方式，支持养老项目建设。允许社会资本配套建设符合规定的医院、康养中心、疗养院及附属设施等经营性项目，提高项目综合盈利能力。鼓励社会资本通过“互联网＋”等创新运营模式，降低项目成本，提高项目运营效率和投资回报水平。

（十）发挥示范引领带动作用。

鼓励各级财政、民政、社会保障部门优先选择一批有示范带动作用、需求长期稳定的养老服务项目开展试点，探索创新合作机制。推出一批养老服务业PPP示范项目，打造项目样板和标杆，有效发挥示范项目对全国养老服务项目的引领带动作用。加强案例总结和经验推广，探索养老服务业运用PPP模式的成熟路径。

四、积极提供政策保障

（十一）加强组织领导。

各级财政、民政、社会保障部门要切实提高思想认识，积极推动建立跨部门的工作协调机制，明确各自职责分工，抓好工作部署，落实工作责任，推动项目实施，及时研究解决合作项目建设运行中的重大问题。

（十二）落实现有优惠政策。

合理界定养老服务项目类型，PPP 项目依法登记为公益性或经营性养老机构，按规定享受现行投资、补贴、税收、土地等优惠政策，保障养老服务设施用地供应。严格执行养老服务领域行政事业性收费减免政策。

（十三）优化财政资金投入方式。

鼓励各级财政部门加大养老服务业财政资金投入，优化资金使用方式，推动财政资金支持重点从生产要素环节向终端服务环节转移，从补建设向补运营转变，支持养老领域 PPP 项目实施。对社会急需、项目发展前景好的养老服务项目，要通过中央基建投资等现有资金渠道予以积极扶持。鼓励各地建立养老服务业引导性基金，吸引民间资本参与，支持符合养老服务业发展方向的 PPP 项目。

（十四）创新金融服务方式。

鼓励金融机构通过债权、股权、设立养老服务产业基金等多种方式，支持养老领域 PPP 项目。积极支持社保资金、保险资金等用于收益稳定、回收期长的养老服务 PPP 项目。充分发挥中国 PPP 基金的引导带动作用，积极支持养老服务 PPP 项目。鼓励保险公司探索开发长期护理险、养老机构责任险等保险产品。

（十五）营造良好发展环境。

各级财政、民政、社会保障部门要因地制宜细化落实各项扶持政策，切实为社会资本进入养老领域，创造公平有序的市场环境和保障有力的政策支持体系。进一步加大对养老投入力度，加快养老资金整合，优化社会资本参与环境，提高社会资本进入养老领域的积极性。

2017 年 8 月 14 日

财政部　人力资源社会保障部关于印发《就业补助资金管理办法》的通知

财社〔2017〕164号

各省、自治区、直辖市、计划单列市财政厅（局）、人力资源社会保障厅（局），新疆生产建设兵团财务局、人力资源社会保障局：

为充分发挥就业补助资金作用，切实落实各项就业创业扶持政策，提高资金使用的安全性、规范性和有效性，根据《中华人民共和国预算法》《中华人民共和国就业促进法》等相关法律法规，我们制定了《就业补助资金管理办法》。现予印发，请遵照执行。

附件：就业补助资金管理办法

2017年10月13日

附件

就业补助资金管理办法

第一章　总　　则

第一条　为落实好各项就业政策，规范就业补助资金管理，提高资金使用效益，根据《中华人民共和国预算法》《中华人民共和国就业促进法》等相关法律法规，制定本办法。

第二条　本办法所称就业补助资金是由县级以上人民政府设立，由本级财政部门会同人力资源社会保障部门（以下简称人社部门）管理，通过一般公共预算安排用于促进就业创业的专项资金。

第三条　就业补助资金管理应遵循以下原则：

（一）注重普惠，重点倾斜。落实国家普惠性的就业创业政策，重点支持就业困难群体就业创业，适度向中西部地区、就业工作任务重地区倾斜，促进各类劳动者公平就业，推动地区间就业协同发展。

（二）奖补结合，激励相容。优化机制设计，奖补结合，充分发挥各级政策执行部门、政策对象等积极性。

（三）易于操作，精准效能。提高政策可操作性和精准性，加强监督与控制，以绩效导向、结果导向强化就业补助资金管理。

第二章　资金支出范围

第四条　就业补助资金分为对个人和单位的补贴、公共就业服务能力建设补助两类。

对个人和单位的补贴资金用于职业培训补贴、职业技能鉴定补贴、社会保险补贴、公益性岗位补贴、创业补贴、就业见习补贴、求职创业补贴等支出；公共就业服务能力建设补助资金用于就业创业服务补助和高技能人才培养补助等支出。

同一项目就业补助资金补贴与失业保险待遇有重复的，个人和单位不可重复享受。

第五条　享受职业培训补贴的人员范围包括：贫困家庭子女、毕业年度高校毕业生（含技师学院高级工班、预备技师班和特殊教育院校职业教育类毕业生，下同）、城乡未继续升学的应届初高中毕业生、农村转移就业劳动者、城镇登记失业人员（以下简称五类人员），以及符合条件的企业职工。

职业培训补贴用于以下方面：

（一）五类人员就业技能培训和创业培训。对参加就业技能培训和创业培训的五类人员，培训后取得职业资格证书的（或职业技能等级证书、专项职业能力证书、培训合格证书，下同），给予一定标准的职业培训补贴。各地应当精准对接产业发展需求和受教育者需求，定期发布重点产业职业培训需求指导目录，对指导目录内的职业培训，可适当提高补贴标准。对为城乡未继续升学的应届初高中毕业生垫付劳动预备制培训费的培训机构，给予一定标准的职业培训补贴。其中农村学员和城市低保家庭学员参加劳动预备制培训的，同时给予一定标准的生活费补贴。

（二）符合条件的企业职工岗位技能培训。对企业新录用的五类人员，与企业签订1年以上期限劳动合同、并于签订劳动合同之日起1年内参加由企业依托所属培训机构或政府认定的培训机构开展岗位技能培训的，在取得职业资格证书后给予职工个人或企业一定标准的职业培训补贴。对按国家有关规定参加企业新型学徒制培训、技师培训的企业在职职工，培训后取得职业资格证书的，给予职工个人或企业一定标准的职业培训补贴。

（三）符合条件人员项目制培训。各地人社、财政部门可通过项目制方式，向政府认定的培训机构整建制购买就业技能培训或创业培训项目，为化解钢铁煤炭煤电行业过剩产能企业失业人员（以下简称去产能失业人员）、建档立卡贫困劳动力免费提供就业技能培训或创业培训。对承担项目制培训任务的培训机构，给予一定标准的职业培训补贴。

第六条　对通过初次职业技能鉴定并取得职业资格证书（不含培训合格证）的五类人员，给予职业技能鉴定补贴。对纳入重点产业职业资格和职业技能等级评定指导目录的，可适当提高补贴标准。

第七条　享受社会保险补贴的人员范围包括：符合《就业促进法》规定的就业困难人员和高校毕业生。

社会保险补贴用于以下方面：

（一）就业困难人员社会保险补贴。对招用就业困难人员并缴纳社会保险费的单位，以及通过公益性岗位安置就业困难人员并缴纳社会保险费的单位，按其为就业困难人员实际缴纳的基本养老保险费、基本医疗保险费和失业保险费给予补贴，不包括就业困难人员个人应缴纳的部分。对就业困难人员灵活就业后缴纳的社会保险费，给予一定数额的社会保险补贴，补贴标准原则上不超过其实际缴费的2/3。就业困难人员社会保险补贴期限，除对距法定退休年龄不足5年的就业困难人员可延长至退休外，其余人员最长不超过3年（以初次核定其享受社会保险补贴时年龄为准）。

（二）高校毕业生社会保险补贴。对招用毕业年度高校毕业生，与之签订1年以上劳动合同并为其缴纳社会保险费的小微企业，给予最长不超过1年的社会保险补贴，不包括高校毕业生个人应缴纳的部分。对离校1年内未就业的高校毕业生灵活就业后缴纳的社会保险费，给予一定数额的社会保险补贴，补贴标准原则上不超过其实际缴费的2/3，补贴期限最长不超过2年。

第八条 享受公益性岗位补贴的人员范围为就业困难人员，重点是大龄失业人员和零就业家庭人员。

对公益性岗位安置的就业困难人员给予岗位补贴，补贴标准参照当地最低工资标准执行。

公益性岗位补贴期限，除对距法定退休年龄不足5年的就业困难人员可延长至退休外，其余人员最长不超过3年（以初次核定其享受公益性岗位补贴时年龄为准）。

第九条 对首次创办小微企业或从事个体经营，且所创办企业或个体工商户自工商登记注册之日起正常运营1年以上的离校2年内高校毕业生、就业困难人员，试点给予一次性创业补贴。具体试点办法由省级财政、人社部门另行制定。

第十条 享受就业见习补贴的人员范围为离校2年内未就业高校毕业生，艰苦边远地区、老工业基地、国家级贫困县可扩大至离校2年内未就业中职毕业生。对吸纳上述人员参加就业见习的单位，给予一定标准的就业见习补贴，用于见习单位支付见习人员见习期间基本生活费、为见习人员办理人身意外伤害保险，以及对见习人员的指导管理费用。对见习人员见习期满留用率达到50%以上的单位，可适当提高见习补贴标准。

第十一条 对在毕业年度有就业创业意愿并积极求职创业的低保家庭、贫困残疾人家庭、建档立卡贫困家庭和特困人员中的高校毕业生，残疾及获得国家助学贷款的高校毕业生，给予一次性求职创业补贴。

第十二条 就业创业服务补助用于加强公共就业创业服务机构服务能力建设，重点支持信息网络系统建设及维护，公共就业创业服务机构及其与高校开展的招聘活动和创业服务，对创业孵化基地给予奖补，以及向社会购买基本就业创业服务成果。

第十三条 高技能人才培养补助重点用于高技能人才培训基地建设和技能大师工作室建设等支出。

第十四条 其他支出是指各地经省级人民政府批准，符合中央专项转移支付相关管理规定，确需新增的项目支出。

第十五条 就业补助资金中对个人和单位的补贴资金的具体标准，在符合以上原则规定的基础上，由省级财政、人社部门结合当地实际确定。各地要严格控制就业创业服务补助的支出比例。

第十六条 就业补助资金不得用于以下支出：

（一）办公用房建设支出。

（二）职工宿舍建设支出。

（三）购置交通工具支出。

（四）发放工作人员津贴补贴等支出。

（五）“三公”经费支出。

（六）普惠金融项下创业担保贷款（原小额担保贷款，下同）贴息及补充创业担保贷款基金相关支出。

（七）部门预算已安排支出。

（八）法律法规禁止的其他支出。

个人、单位按照本办法申领获得的补贴资金，具体用途可由申请人或申请单位确定，不受本条规定限制。

第三章 资金分配与下达

第十七条 中央财政就业补助资金实行因素法分配。

分配因素包括基础因素、投入因素和绩效因素三类。其中：

（一）基础因素主要根据劳动力人口等指标，重点考核就业工作任务量。

（二）投入因素主要根据地方政府就业补助资金的安排使用等指标，重点考核地方投入力度。

（三）绩效因素主要根据各地失业率和新增就业人数等指标，重点考核各地落实各项就业政策的成效。

每年分配资金选择的因素、权重、方式及

增减幅上下限，可根据年度就业整体形势和工作任务重点适当调整。

第十八条 地方可对公共就业服务能力建设补助资金中的高技能人才培养补助资金，实行项目管理，各地人社部门应当编制高技能人才培养中长期规划，确定本地区支持的高技能人才重点领域。

各省级人社部门每年需会同财政部门组织专家对拟实施高技能人才培养项目进行评审，省级财政部门会同人社部门根据评审结果给予定额补助，评审结果需报人力资源社会保障部和财政部备案。

第十九条 财政部会同人力资源社会保障部于每年10月31日前将下一年度就业补助资金预计数下达至各省级财政和人社部门；每年在全国人民代表大会审查批准中央预算后90日内，正式下达中央财政就业补助资金预算。

第二十条 各省级财政、人社部门应在收到中央财政就业补助资金后30日内，正式下达到市、县级财政和人社部门；省、市级财政、人社部门应当将本级政府预算安排给下级政府的就业补助资金在本级人民代表大会批准预算后60日内正式下达到下级财政、人社部门。

地方各级财政、人社部门应对其使用的就业补助资金提出明确的资金管理要求，及时组织实施各项就业创业政策。

第二十一条 就业补助资金应按照财政部关于专项转移支付绩效目标管理的规定，做好绩效目标的设定、审核、下达工作。

第四章 资金申请与使用

第二十二条 职业培训补贴实行“先垫后补”和“信用支付”等办法。有条件的地区应探索为劳动者建立职业培训个人信用账户，鼓励劳动者自主选择培训机构和课程，并通过信用账户支付培训费用。

申请职业培训补贴资金根据资金的具体用途分别遵循以下要求：

（一）五类人员申请就业技能培训和创业培训补贴应向当地人社部门提供以下材料：《就业创业证》（或《就业失业登记证》《社会保障卡》，下同）复印件、职业资格证书复印件、培训机构开具的行政事业性收费票据（或税务发票，下同）等。

（二）职业培训机构为城乡未继续升学的初高中毕业生、贫困家庭子女、城镇登记失业人员代为申请职业培训补贴的，还应提供以下材料：身份证复印件（城镇登记失业人员凭《就业创业证》复印件）、初高中毕业证书复印件、代为申请协议；城市低保家庭学员的生活费补贴申请材料还应附城市居民最低生活保障证明材料。

（三）符合条件的企业在职职工申请技能培训补贴应向当地人社部门提供以下材料：职业资格证书复印件、培训机构出具的行政事业性收费票据等。企业为在职职工申请新型学徒制培训补贴应提供以下材料：职业资格证书复印件、培训机构出具的行政事业性收费票据等。企业在开展技师培训或新型学徒制培训前，还应将培训计划、培训人员花名册、劳动合同复印件等有关材料报当地人社部门备案。

（四）职业培训机构为去产能失业人员、建档立卡贫困劳动力开展项目制培训的，申请补贴资金应向委托培训的人社部门提供以下材料：身份证复印件、职业资格证书复印件、培训机构开具的行政事业性收费票据、培训计划和大纲、培训内容和教材、授课教师信息、全程授课视频资料等。培训机构在开展项目制培训前，还应将培训计划和大纲、培训人员花名册等有关材料报当地人社部门备案。

上述申请材料经人社部门审核后，对五类人员和企业在职职工个人申请的培训补贴或生活费补贴资金，按规定支付到申请者本人个人银行账户或个人信用账户；对企业和培训机构代为申请或直补培训机构的培训补贴资金，按规定支付到企业和培训机构在银行开立的基本账户。

第二十三条 五类人员申请职业技能鉴定补贴应向当地人社部门提供以下材料：《就业

创业证》复印件、职业资格证书复印件、职业技能鉴定机构开具的行政事业性收费票据（或税务发票）等。经人社部门审核后，按规定将补贴资金支付到申请者本人个人银行账户。

第二十四条 社会保险补贴实行“先缴后补”，并根据资金具体用途分别遵循以下要求：

（一）招用就业困难人员的单位和招用毕业年度高校毕业生的小微企业，申请社会保险补贴应向当地人社部门提供以下材料：符合条件人员名单、《就业创业证》复印件或毕业证书复印件、劳动合同复印件、社会保险费征缴机构出具的社会保险缴费明细账（单）等。

（二）灵活就业的就业困难人员和灵活就业的离校1年内高校毕业生，申请社会保险补贴应向当地人社部门提供以下材料：《就业创业证》复印件或毕业证书复印件、灵活就业证明材料、社会保险费征缴机构出具的社会保险缴费明细账（单）等。

（三）通过公益性岗位安置就业困难人员的单位，申请社会保险补贴应向当地人社部门提供以下材料：《就业创业证》复印件、享受社会保险补贴年限证明材料、社会保险费征缴机构出具的社会保险缴费明细账（单）等。

上述资金经人社部门审核后，按规定将补贴资金支付到单位在银行开立的基本账户或申请者本人个人银行账户。

第二十五条 通过公益性岗位安置就业困难人员的单位，申请公益性岗位补贴应向当地人社部门提供以下材料：《就业创业证》复印件、享受公益性岗位补贴年限证明材料、单位发放工资明细账（单）等。经人社部门审核后，按规定将补贴资金支付到单位在银行开立的基本账户或公益性岗位安置人员本人个人银行账户。

第二十六条 吸纳离校2年内未就业高校毕业生参加就业见习的单位，申请就业见习补贴应向当地人社部门提供以下材料：参加就业见习的人员名单、就业见习协议书、《就业创业证》复印件、毕业证书复印件、单位发放基本生活补助明细账（单）、为见习人员办理人身意外伤害保险发票复印件等。经人社部门审核后，按规定将补贴资金支付到单位在银行开立的基本账户。

第二十七条 符合条件的高校毕业生所在高校申请求职创业补贴应向当地人社部门提供以下材料：毕业生获得国家助学贷款（或享受低保、身有残疾、建档立卡贫困家庭、贫困残疾人家庭、特困救助供养）证明材料、毕业证书（或学籍证明）复印件等。申请材料经毕业生所在高校初审报当地人社部门审核后，按规定将补贴资金支付到毕业生本人个人银行账户。

第二十八条 县级以上财政、人社部门可通过就业创业服务补助资金，支持下级公共就业服务机构加强其人力资源市场信息网络系统建设。对于基层公共就业服务机构承担的免费公共就业服务和创业孵化基地开展的创业孵化服务，应根据工作量、专业性和成效等，给予一定的补助。对公共就业创业服务机构及其与高校开展的招聘活动和创业服务，应根据服务人数、成效和成本等，给予一定的补助。

县级以上财政、人社部门可按政府购买服务相关规定，向社会购买基本就业创业服务成果，具体范围和办法由省级财政、人社部门确定。

第二十九条 各地应当结合区域经济发展、产业振兴发展规划和新兴战略性产业发展的需要，依托具备高技能人才培训能力的职业培训机构和城市公共实训基地，建设高技能人才培训基地，重点开展高技能人才研修提升培训、高技能人才评价、职业技能竞赛、高技能人才课程研发、高技能人才成果交流等活动。

各地应当发挥高技能领军人才在带徒传技、技能攻关、技艺传承、技能推广等方面的重要作用，选拔行业、企业生产、服务一线的优秀高技能人才，依托其所在单位建设技能大师工作室，开展培训、研修、攻关、交流等技能传承提升活动。

高技能人才培养补助资金使用具体范围由省级财政、人社部门结合实际情况，按照现行规定确定。

第三十条 地方各级人社、财政部门应当进一步优化业务流程，积极推进网上申报、网上审核、联网核查。对能依托管理信息系统或与相关单位信息共享、业务协同获得的个人及单位信息、资料的，可直接审核拨付补贴资金，不再要求单位及个人报送纸质材料。

第三十一条 就业补助资金的支付，按财政国库管理制度相关规定执行。

第五章 资金管理与监督

第三十二条 地方各级财政、人社部门应当建立健全财务管理规章制度，强化内部财务管理，优化业务流程，加强内部风险防控。

地方各级人社部门应当建立和完善就业补助资金发放台账，做好就业补助资金使用管理的基础工作，有效甄别享受补贴政策人员和单位的真实性，防止出现造假行为。落实好政府采购等法律法规的有关规定，规范采购行为。加强信息化建设，将享受补贴人员、项目补助单位、资金标准、预算安排和执行等情况及时纳入管理信息系统，并实现与财政部门的信息共享。

第三十三条 各地财政、人社部门应当建立完善科学规范的绩效评价指标体系，积极推进就业补助资金的绩效管理。财政部和人力资源社会保障部应当根据各地就业工作情况，定期委托第三方进行就业补助资金绩效评价。地方各级财政、人社部门应当对本地区就业补助资金使用情况进行绩效评价，并将评价结果作为就业补助资金分配的重要依据。

第三十四条 各级财政部门应当加快资金拨付进度，减少结转结余。人社部门要按照本办法规定积极推动落实就业创业扶持政策，确保资金用出成效。

第三十五条 各级财政、人社部门应当将就业补助资金管理使用情况列入重点监督检查范围，有条件的地方，可聘请具备资质的社会中介机构开展第三方监督检查，自觉接受审计等部门的检查和社会监督。

第三十六条 地方各级财政、人社部门应当按照财政预决算管理的总体要求，做好年度预决算工作。

第三十七条 各级人社、财政部门应当做好信息公开工作，通过当地媒体、部门网站等向社会公开年度就业工作总体目标、工作任务完成、各项补贴资金的使用等情况。

各项补贴资金的使用情况公开内容包括：享受各项补贴的单位名称或人员名单（含身份证号码）、补贴标准及具体金额等。其中，职业培训补贴还应公开培训的内容、取得的培训成果等；公益性岗位补贴还应公开公益性岗位名称、设立单位、安置人员名单、享受补贴时间等；求职创业补贴应在各高校初审时先行在校内公示。

第三十八条 各级财政、人社部门应当建立就业补助资金“谁使用、谁负责”的责任追究机制。

各级财政、人社部门及其工作人员在就业补助资金的分配审核、使用管理等工作中，存在违反本办法规定的行为，以及其他滥用职权、玩忽职守、徇私舞弊等违法违纪行为的，依照《中华人民共和国预算法》《中华人民共和国公务员法》《中华人民共和国行政监察法》等国家有关法律法规追究相应责任。涉嫌犯罪的，依法移送司法机关处理。

对疏于管理、违规使用资金的地区，中央财政将相应扣减其下一年度就业补助资金；情节严重的，取消下一年度其获得就业补助资金的资格，并在全国范围内予以通报。

第六章 附 则

第三十九条 省级财政、人社部门可根据各地实际情况，依照本办法制定就业补助资金管理和使用的具体实施办法。

第四十条 本办法自发布之日起施行。《财政部 人力资源社会保障部关于印发〈就业补助资金管理暂行办法〉的通知》（财社〔2015〕290号）同时废止。

教育部　人力资源社会保障部关于印发《高校教师职称评审监管暂行办法》的通知

教师〔2017〕12号

各省、自治区、直辖市教育厅（教委）、人社厅（局），新疆生产建设兵团教育局、人社局，有关部门（单位）人事教育司（局），教育部直属各高等学校：

为深入贯彻落实《中共中央办公厅　国务院办公厅关于深化职称制度改革的意见》和《教育部　中央编办　发展改革委　财政部　人力资源社会保障部关于深化高等教育领域简政放权放管结合优化服务改革的若干意见》等文件精神，教育部、人力资源社会保障部研究制定了《高校教师职称评审监管暂行办法》。现印发给你们，请结合实际，认真贯彻执行。

2017年10月20日

高校教师职称评审监管暂行办法

第一章　总　　则

第一条　为贯彻落实《中共中央办公厅　国务院办公厅关于深化职称制度改革的意见》和《教育部　中央编办　发展改革委　财政部　人力资源社会保障部关于深化高等教育领域简政放权放管结合优化服务改革的若干意见》，进一步落实高等学校办学自主权，做好高校教师职称评审权下放后的监管工作，激发教师教书育人积极性、创造性，促进优秀人才脱颖而出，制定本办法。

第二条　全国高校教师系列职称评审监管适用本办法，民办高校可参照执行。各地可根据实际情况制定实施细则。

第三条　高校教师职称评审权直接下放至高校，尚不具备独立评审能力的可以采取联合评审、委托评审的方式，主体责任由高校承担。高校副教授、教授评审权不应下放至院（系）一级。高校主管部门对所属高校教师职称评审工作实施具体监管和业务指导。教育行政部门、人力资源社会保障部门对高校教师职称评审工作实施监管。

第二章　评 审 工 作

第四条　高校按照中央深化职称制度改革的部署，结合学校发展目标与定位、教师队伍建设规划，制定本校教师职称评审办法和操作方案等，明确职称评审责任、评审标准、评审程序。校级评审委员会要认真履行评审的主体责任。院（系）应按规定将符合职称评审条件的教师推荐至校级评审委员会。

第五条 高校制定的教师职称评审办法、操作方案等文件须符合国家相关法律法规和职称制度改革要求。文件制定须按照学校章程规定，广泛征求教师意见，经“三重一大”决策程序讨论通过并经公示后执行。

第六条 中央部门所属高校教师职称评审办法、操作方案和校级评审委员会组建情况等报主管部门、教育部、人力资源社会保障部备案。其他高校报主管部门及省级教育、人力资源社会保障部门备案。

第七条 高校根据国家有关规定制定岗位设置方案和管理办法，在岗位结构比例内自主组织职称评审、按岗聘用。

第八条 高校每年3月31日前须将上一年教师职称评审工作情况报主管部门。高校职称评审过程有关材料档案应妥善留存至少10年，保证评审全程可追溯。

第三章 监管内容

第九条 高校教师职称评审工作必须认真贯彻落实党和国家的教育方针以及职称制度改革有关政策，体现为人民服务、为中国共产党治国理政服务、为巩固和发展中国特色社会主义制度服务、为改革开放和社会主义现代化建设服务的原则，切实把师德评价放在首位。

第十条 高校教师职称评审工作落实以下要求的情况：

（一）本办法第四、五、六、七、八条的内容是否落实；

（二）各级评审组织组建是否规范、健全；

（三）是否按照备案的评审办法和操作方案开展工作，排除利益相关方、工作连带方的干扰；

（四）在评审中是否有违纪违法行为，对教师反映比较强烈的问题是否妥善处理。

第四章 监管方式

第十一条 高校主管部门每年对高校报送的职称评审工作情况等材料进行核查。

第十二条 教育、人力资源社会保障部门及高校主管部门采取“双随机”方式定期按一定比例开展抽查。根据抽查情况、群众反映或舆情反映较强烈的问题，有针对性地进行专项巡查。要突出监管重点，防止责任悬空、防止程序虚设。

第十三条 高校教师职称评审要严格执行公开、公示制度，主动接受监督。教育、人力资源社会保障部门及高校主管部门将抽查、巡查情况通报公开。

第十四条 有关部门及高校要完善投诉举报制度，畅通意见反映渠道，强化高校自律和社会监督，及时处理群众反映的有关问题。

第五章 惩处措施

第十五条 高校教师职称评审中申报教师一旦被发现弄虚作假、学术不端等，按国家和学校相关规定处理。因弄虚作假、学术不端等通过评审聘任的教师，撤销其评审聘任结果。

第十六条 完善评审专家遴选机制，对违反评审纪律的评审专家，应及时取消评审专家资格，列入“黑名单”；对高校和院系党政领导及其他责任人员违纪违法，利用职务之便为本人或他人评定职称谋取利益，按照有关规定予以处理。

第十七条 高校因评审工作把关不严、程序不规范，造成投诉较多、争议较大的，教育、人力资源社会保障部门及高校主管部门要给予警告，并责令限期整改。对整改无明显改善或逾期不予整改的高校，暂停其自主评审资格直至收回评审权，并进行责任追究。

国家安全监管总局 人力资源社会保障部关于印发《注册安全工程师分类管理办法》的通知

安监总人事〔2017〕118号

各省、自治区、直辖市及新疆生产建设兵团安全生产监督管理局、人力资源社会保障厅（局），各省级煤矿安全监察局，国务院各部委、各直属机构人事部门，各中央企业：

为贯彻落实《中共中央 国务院关于推进安全生产领域改革发展的意见》和《中华人民共和国安全生产法》有关要求，加强安全生产监督管理，完善注册安全工程师职业资格制度，经商住房城乡建设部、交通运输部同意，现将《注册安全工程师分类管理办法》印发给你们，请遵照执行。

2017年11月2日

注册安全工程师分类管理办法

第一条 为加强安全生产工作，健全完善注册安全工程师职业资格制度，依据《中华人民共和国安全生产法》及国家职业资格证书制度等规定，制定本办法。

第二条 人力资源社会保障部、国家安全监管总局负责注册安全工程师职业资格制度的制定、指导、监督和检查实施，统筹规划注册安全工程师专业分类。

第三条 注册安全工程师专业类别划分为：煤矿安全、金属非金属矿山安全、化工安全、金属冶炼安全、建筑施工安全、道路运输安全、其他安全（不包括消防安全）。

如需另行增设专业类别，由国务院有关行业主管部门提出意见，人力资源社会保障部、国家安全监管总局共同确定。

第四条 注册安全工程师级别设置为：高级、中级、初级（助理）。

第五条 注册安全工程师按照专业类别进行注册，国家安全监管总局或其授权的机构为注册安全工程师职业资格的注册管理机构。

第六条 注册安全工程师可在相应行业领域生产经营单位和安全评价检测等安全生产专业服务机构中执业。

第七条 高级注册安全工程师采取考试与

评审相结合的评价方式，具体办法另行规定。

第八条 中级注册安全工程师职业资格考试按照专业类别实行全国统一考试，考试科目分为公共科目和专业科目，由人力资源社会保障部、国家安全监管总局负责组织实施。

第九条 国家安全监管总局或其授权的机构负责中级注册安全工程师职业资格公共科目和专业科目（建筑施工安全、道路运输安全类别除外）考试大纲的编制和命审题组织工作。

住房城乡建设部、交通运输部或其授权的机构分别负责建筑施工安全、道路运输安全类别中级注册安全工程师职业资格专业科目考试大纲的编制和命审题工作。

人力资源社会保障部负责审定考试大纲，负责组织实施考务工作。

第十条 住房城乡建设部、交通运输部或其授权的机构分别负责其职责范围内建筑施工安全、道路运输安全类别中级注册安全工程师的注册初审工作。各省、自治区、直辖市安全监管部门和经国家安全监管总局授权的机构负责其他中级注册安全工程师的注册初审工作。

国家安全监管总局或其授权的机构负责中级注册安全工程师的注册终审工作。终审通过的建筑施工安全、道路运输安全类别中级注册安全工程师名单分别抄送住房城乡建设部、交通运输部。

第十一条 中级注册安全工程师按照专业类别进行继续教育，其中专业课程学时应不少于继续教育总学时的一半。

第十二条 危险物品的生产、储存单位以及矿山、金属冶炼单位应当有相应专业类别的中级及以上注册安全工程师从事安全生产管理工作。

危险物品的生产、储存单位以及矿山单位安全生产管理人员中的中级及以上注册安全工程师比例应自本办法施行之日起2年内，金属冶炼单位安全生产管理人员中的中级及以上注册安全工程师比例应自本办法施行之日起5年内达到15%左右并逐步提高。

第十三条 助理注册安全工程师职业资格考试使用全国统一考试大纲，考试和注册管理由各省、自治区、直辖市人力资源社会保障部门和安全监管部门会同有关行业主管部门组织实施。

第十四条 取得注册安全工程师职业资格证书并经注册的人员，表明其具备与所从事的生产经营活动相应的安全生产知识和管理能力，可视为其安全生产知识和管理能力考核合格。

第十五条 注册安全工程师各级别与工程系列安全工程专业职称相对应，不再组织工程系列安全工程专业职称评审。

高级注册安全工程师考评办法出台前，工程系列安全工程专业高级职称评审仍然按现行制度执行。

第十六条 本办法施行之前已取得的注册安全工程师执业资格证书、注册助理安全工程师资格证书，分别视同为中级注册安全工程师职业资格证书、助理注册安全工程师职业资格证书。

本办法所称注册安全工程师是指依法取得注册安全工程师职业资格证书，并经注册的专业技术人员。

第十七条 本办法由人力资源社会保障部、国家安全监管总局按照职责分工分别负责解释，自2018年1月1日起施行。以往规定与本办法不一致的，按照本办法规定执行。

文献卷

人力资源和社会保障大事记

2017 年人力资源和社会保障大事记

一月

1 月 3 日　尹蔚民、游钧同志向国务院领导同志汇报养老保险有关工作。

邱小平同志参加国务院领导同志到北京市西城区基层卫生服务工作调研座谈。

1 月 4 日　尹蔚民、傅兴国同志列席国务院第 160 次常务会议。同日，尹蔚民同志列席中央网络安全和信息化领导小组第 4 次会议。

1 月 5 日　耿文清同志出席部全面从严治党工作领导小组会议并讲话，孔昌生同志主持。会议听取近期机关党建重点工作情况汇报，研究审议并原则通过《人力资源社会保障部 2016 年全面从严治党工作形势分析》等文件。

傅兴国同志出席全国专利系统先进集体和先进工作者表彰会。同日，出席中央和国家机关事务工作先进集体劳动模范和先进工作者表彰大会，并宣读表彰决定。

邱小平同志到国药集团开展国企改革任务落实情况专项督查。

张义珍同志参加国家发展改革委召开的 2017 年一季度经济形势研究及全年重点工作落实部门协调会。

1 月 6 日　尹蔚民、张建国、傅兴国同志参加十八届中央纪委第七次全会。同日，尹蔚民同志参加党和国家功勋荣誉表彰工作委员会第 5 次会议。

傅兴国同志出席 2017 年度中央国家行政机关直属机构公务员招考面试工作视频会并讲话。

孔昌生同志主持召开人力资源社会保障部出席党的十九大代表推选工作动员部署会，传达中央有关精神，部署推选工作。

1 月 6 日至 8 日　耿文清同志参加十八届中央纪委第七次全会。

1 月 9 日　尹蔚民同志主持召开第 164 次党组会，传达十八届中央纪委第七次全会精神，研究贯彻落实措施；分析部全面从严治党工作形势，审议《人力资源社会保障部 2017 年党风廉政建设工作要点（送审稿）》，听取 2016 年机关党建工作述职评议考核和民主评议党员情况的汇报，审议《人力资源社会保障部党组 2016 年度民主生活会对照检查材料（送审稿）》《人力资源社会保障部党组 2016 年述职报告（送审稿）》《2017 年人力资源和社会保障工作要点（送审稿）》。耿文清、张建国、傅兴国、邱小平、汤涛、孔昌生、游钧、张义珍同志参加。

人力资源社会保障部召开传达贯彻党的十八届中央纪委第七次全会精神会议。尹蔚民同志主持会议并讲话。耿文清同志传达习近平总书记重要讲话和王岐山同志工作报告精神。傅兴国、邱小平、孔昌生、游钧、张义珍同志出席。

汤涛同志参加国务院副总理马凯主持召开的国家新材料产业发展领导小组第一次会议并介绍人力资源社会保障部有关工作。

1 月 10 日　傅兴国同志主持召开国家公务员局第 90 次党组会、第 73 次局务会，传达贯彻十八届中央纪委第七次全会精神，审议《中共国家公务员局党组 2016 年述职报告》

《中共国家公务员局党组2016年度民主生活会对照检查材料》，审议《2017年公务员对口培训计划》。

游钧同志出席全国社保标准化技术委员会换届大会并讲话。会议审议通过《第一届社保标委会工作报告》等文件，审查通过《社会保险业务分类与代码》等7项标准。社保标委会37名委员、国家标准委相关负责同志和标准制定工作组牵头单位相关负责同志参加。

张义珍同志带队到吉林省开展钢铁煤炭行业淘汰落后产能专项督查。

1月11日　尹蔚民同志列席国务院第161次常务会议。

二十国集团创业研究中心在清华大学成立。尹蔚民同志和清华大学党委书记陈旭为中心揭牌，孔昌生同志和杨斌副校长分别代表人力资源社会保障部和清华大学签署合作共建二十国集团创业研究中心协议书。

游钧同志主持召开座谈会，与财政部副部长余蔚平一行商谈社会保险基金财务制度修订事宜，就基金预算编报程序和基金国库集中支付等问题进行讨论。

1月12日　尹蔚民同志主持召开第165次党组会，听取司级干部2016年度考核等次有关情况的汇报，传达学习习近平总书记在中央政治局民主生活会上的重要讲话精神。傅兴国、邱小平、汤涛、游钧、张义珍同志参加。

傅兴国同志出席全国食品药品监督管理工作和表彰先进会议暨党风廉政建设工作会议。

1月12日至15日　耿文清同志在广西南宁出席部分省市人力资源社会保障厅（局）纪检组组长工作座谈会并讲话。会后，到百色市、平果县调研人力资源社会保障系统党风廉政建设工作，听取工作情况汇报，实地考察百色市、平果县新安镇社保服务窗口。

1月12日至13日　孔昌生同志到部定点扶贫县山西天镇开展考察调研。其间，与山西省、大同市人力资源社会保障部门和天镇县委、县政府主要负责同志座谈，就贯彻落实《部定点帮扶天镇县脱贫工作规划》进行工作对接；看望人力资源社会保障部挂职扶贫干部，实地考察天镇保姆培训基地，走访慰问贫困户。

1月13日　尹蔚民同志参加李克强总理主持召开的座谈会，听取专家学者和企业界人士对《政府工作报告（征求意见稿）》的意见建议。

傅兴国同志主持国家公务员局第91次党组会，传达学习习近平总书记在中央政治局民主生活会上的重要讲话精神和中央政治局民主生活会情况通报。

邱小平同志出席全国公安机关改革创新大赛颁奖仪式。

游钧同志主持召开国家基本医疗保险、工伤保险和生育保险药品目录调整工作领导小组全体会议。

张义珍同志带队到北京开展钢铁煤炭行业淘汰落后产能专项督查。

1月14日　汤涛、张义珍同志获得中央国家机关2016年度部级领导干部历史文化讲座“勤学奖”。

游钧同志参加国务院会议，研究推进基本医疗保险全国联网和异地就医结算有关工作。

1月15日　傅兴国同志主持召开国家公务员局党组2016年度民主生活会。局党组成员紧扣学习贯彻党的十八届六中全会精神主题做个人对照检查，开展批评与自我批评。

1月16日　尹蔚民同志主持召开部党组2016年度民主生活会。耿文清、张建国、傅兴国、邱小平、汤涛、孔昌生、游钧、张义珍同志参加。会议邀请2016年度省部级党员领导干部民主生活会第25督导组到会指导。

1月17日　尹蔚民、傅兴国同志走访中央军委政治工作部。

傅兴国同志走访武警总部。同日，出席全国机构编制工作系统先进集体和先进工作者表彰大会，并宣读表彰决定。

孔昌生同志参加中央国家机关第31次党的工作会议暨第29次纪检工作会议。同日，出席人力资源社会保障部“不忘初心，砥砺前行——用青春年华谱写人力资源社会保障事业新篇章”主题演讲比赛决赛，为获奖选手颁奖，同时为中央国家机关第三届公文写作大赛获奖人员颁奖。

张义珍同志主持就业专家讲座，邀请来自北京大学中国职业研究所、阿里研究院等单位的专家对新技术发展中就业工作面临的新变化、新情况作专题发言。

1月18日　尹蔚民、傅兴国同志参加国务院第6次全体会议。尹蔚民同志列席国务院第162次常务会议。同日，尹蔚民、傅兴国同志参加全国组织部长会议。

1月19日　尹蔚民同志参加李克强总理主持召开的各民主党派中央、全国工商联负责人和无党派人士代表座谈会，听取对《政府工作报告（征求意见稿）》的意见建议。

人力资源社会保障部召开2016年度工作总结表彰大会。尹蔚民同志出席并讲话，耿文清同志主持，孔昌生同志宣读表彰决定，傅兴国、汤涛、游钧、张义珍同志出席。

邱小平同志带队到上海开展全国总工会送温暖和保障春节前农民工工资支付工作督查。其间，与上海市副市长时光辉就有关工作进行沟通，听取上海市人力资源社会保障局、住房城乡建设委等有关部门和市总工会保障农民工工资支付工作情况汇报，看望慰问两户困难劳模和困难职工，到建设工地进行检查。

1月20日　全国公务员管理工作会议在北京召开。会议全面贯彻党的十八大和十八届三中、四中、五中、六中全会精神，深入贯彻习近平总书记系列重要讲话精神，按照全国组织部长会议和全国人力资源社会保障工作会议部署，总结2016年工作，分析面临的形势，安排部署2017年工作。当日上午，中央组织部常务副部长陈希作工作报告，尹蔚民同志主持会议；下午，傅兴国同志作会议总结。

尹蔚民、张建国同志参加李克强总埋主持召开的在华外国专家新春座谈会。

尹蔚民、汤涛同志走访慰问中国航天科工集团北京航星机器制造有限公司高级技师戴天方和北京化工大学化工学院院长、中国工程院院士陈建峰，向他们致以新春祝福和诚挚问候，并听取对人才工作的意见建议。

邱小平同志参加国务院副总理马凯主持召开的国务院农民工工作领导小组第五次全体会议，会议总结2016年农民工工作，听取第十次全国农民工工作督察情况汇报，研究部署2017年农民工工作。

张义珍同志到河北省张家口市张北县公会镇慰问“三支一扶”人员，参加在张北县召开的基层工作高校毕业生座谈会并讲话。河北省副省长张古江主持会议。

1月22日　尹蔚民同志参加中央政治局集体学习。

尹蔚民同志主持召开第166次党组会、第116次部务会，学习讨论国务院有关文件，听取调整部属事业单位处级领导岗位人员选拔聘用方式情况的汇报，审议《人力资源社会保障部2017年外事活动计划（送审稿）》；审议《关于印发国家基本医疗保险、工伤保险和生育保险药品目录的通知（送审稿）》《人力资源社会保障部关于修改〈外国人在中国就业管理规定〉的决定（草案）》《人力资源社会保障部2017年度二、三类会议计划（送审稿）》《人力资源社会保障部2017年度培训班计划（送审稿）》《人力资源社会保障部2017年度评比表彰工作计划（送审稿）》。耿文清、傅兴国、邱小平、汤涛、孔昌生、游钧、张义珍同志参加。

邱小平同志到人民网就保障农民工工资支付工作作在线访谈。

1月23日　张义珍同志参加国务院副总理张高丽主持召开的研究钢铁煤炭电力行业去产能有关工作的会议。

1月23日至24日　汤涛同志参加第十二届全国人大财政经济委员会第五十六次全体会议。会议听取国家发展改革委关于2016年国民经济和社会发展计划执行情况及2017年计划草案的汇报并进行初步审议，听取工信部、人力资源社会保障部、住房城乡建设部、商务部、人民银行和国家统计局6部门的工作情况汇报。代表人力资源社会保障部就2016年人力资源社会保障工作情况和2017年工作计划安排作汇报。

1月24日　傅兴国同志主持召开国家公务员局全体干部会议并作总结讲话。

1月26日　尹蔚民、傅兴国同志参加中共中央办公厅、国务院办公厅2017年春节团拜会。

二月

2月3日　尹蔚民、傅兴国、邱小平同志列席国务院第163次常务会议。

尹蔚民同志主持召开第167次党组会、第117次部务会，听取关于确定人力资源社会保障部出席党的十九大代表候选人初步人选有关情况的汇报，审议《人力资源社会保障部党组关于加强干部选拔任用工作监督的实施意见（送审稿）》《人力资源社会保障部党组关于防止干部“带病提拔”的暂行办法（送审稿）》；审议《人力资源社会保障部　财政部关于阶段性降低失业保险费率有关问题的通知（送审稿）》《2017年中国国际技能大赛工作方案（送审稿）》《人力资源社会保障部规范性文件合法性审查试行规定（草案）》《专业技术人员资格考试违纪违规行为处理规定（修订草案）》《人力资源社会保障部关于加强和改进业务培训班管理规定（送审稿）》。耿文清、傅兴国、邱小平、汤涛、孔昌生、游钧、张义珍同志参加。

2月6日　尹蔚民同志列席中央全面深化改革领导小组第32次会议。

2月6日至7日　尹蔚民同志随中央有关调研组到河南调研。

2月6日至10日　傅兴国同志先后到广东省、天津市就功勋荣誉和表彰奖励获得者待遇及困难劳模帮扶工作机制建立问题进行调研。分别听取广东省和广州市、深圳市及天津市和河北区工作汇报；走访广州市公安局黄浦分局禁毒大队、深圳光启理工高等研究院、深圳市宝安区社会福利中心，看望先进模范人物。9日，参加由中央综治办、中央维稳办、公安部、民政部、人力资源社会保障部、国家信访局联合召开的全国做好军队退役人员工作视频会议并讲话。

2月8日　尹蔚民、张义珍同志列席国务院第164次常务会议。

2月9日　邱小平同志参加国务院解决农民工工资问题专题督查动员部署会。

张义珍同志主持召开部宣传工作领导小组会议，传达全国宣传部长会议和全国网信办主任会议精神，研究《2017年人力资源和社会保障宣传工作要点（讨论稿）》和《人力资源社会保障舆情工作办法（试行）（讨论稿）》，分析人力资源社会保障宣传工作形势，部署2017年人力资源社会保障宣传工作。

2月9日至11日　尹蔚民同志随中央有关调研组到陕西省调研。

2月10日　汤涛同志与外交部副部长李保东就申办第46届世界技能大赛事宜交换意见。

2月13日　尹蔚民、张建国、傅兴国同志参加省部级主要领导干部学习贯彻党的十八届六中全会精神专题研讨班开班式。

2月13日至16日　尹蔚民同志在中央党校参加省部级主要领导干部学习贯彻党的十八届六中全会精神专题研讨班。

2月13日至19日　张义珍同志带领国务院退役士兵安置和权益保障工作督导检查组二组一行8人，对山东、江苏两省退役士兵安置和权益保障工作情况进行专项督查。

2月14日　邱小平同志参加国务院会议，研究防范化解煤电产能过剩风险有关工作。

2月15日　傅兴国同志主持召开国家公务员局第93次党组会、第74次局务会，审议国家公务员局2017年度项目预算和支出计划、会议计划、委托研究项目计划、局党组2017年集中调研方案，研究加强机关党建工作措施；审议《关于中央综治办等23个单位授予部级荣誉称号表彰计划有关问题的请示》。

汤涛同志在上海听取上海市人力资源社会保障局第46届世界技能大赛上海申办工作进展情况汇报和人力资源社会保障部申办工作安排建议，研究对接申办相关工作，并对做好下一步工作提出要求，上海市副市长时光辉出席。随后，实地考察2017年中国国际技能大赛开、闭幕式举办场馆和国际技能研讨会会址。

2月15日至16日　耿文清同志在浙江省杭州市出席2017年人力资源社会保障系统纪检干部培训班并授课。

2月16日　傅兴国同志与审计署副审计长孙宝厚一行就进一步推进国家审计职业化建设、实行审计人员分类管理、建立审计专业技术类公务员职务序列事项进行沟通。

汤涛同志在江苏省苏州市调研，听取省人力资源社会保障厅关于第44届世界技能大赛参赛集训及2017年中国国际技能大赛苏州赛区筹备情况汇报，研究对接相关工作，对做好下一步工作提出要求。随后，到苏州工业园区考察信达生物制药（苏州）有限公司、苏州旭创科技有限公司和苏州元禾控股有限公司人才工作情况。

2月16日至17日　游钧同志出席全国社会保险局长会议并讲话，参加分组讨论，听取各地分管社会保险经办管理工作的副厅（局）长的意见。

2月17日　国务院就业工作部际联席会议召开全体会议，国务院副总理马凯出席会议并讲话，国资委主任肖亚庆传达近期中央领导同志关于就业工作的重要指示批示精神。尹蔚民同志主持会议，张义珍同志代表联席会议办公室作工作汇报，联席会议各成员单位有关负责同志出席并发言。

傅兴国同志出席全国侨务工作会议并宣读表彰决定。

汤涛同志参加中央组织部部长赵乐际主持召开的中央人才工作协调小组第44次会议。会议总结2016年人才工作，部署2017年工作任务，审议有关文件。汤涛同志就《关于分类推进人才评价机制改革的指导意见（稿）》作说明。

2月17日至19日　耿文清同志到浙江省金华市、浦江县调研人力资源社会保障系统党风廉政建设工作。其间，听取金华市人力资源社会保障部门工作情况汇报，考察金华市人才市场和社保局办事大厅、南苑社区服务中心、浦江县人力资源社会保障办事窗口、黄宅镇人力资源社会保障基层站所等。

2月19日　尹蔚民同志主持召开第168次党组会，研究部党组成员分工。耿文清、张建国、傅兴国、邱小平、汤涛、孔昌生、游钧同志参加。

2月20日　尹蔚民同志列席中央政治局常委会会议。

傅兴国同志参加国务院各部门负责人及办公厅（室）主任会议。

汤涛同志参加国务院副总理张高丽主持召开的会议，研究部署推进供给侧结构性改革，进一步激发社会领域投资活力有关工作。

2月21日　尹蔚民同志参加中央政治局集体学习。

中央组织部、人力资源社会保障部、国家公务员局召开公务员职务与职级并行制度试点工作部署会。尹蔚民同志出席并讲话。中央组织部副部长邓声明主持会议。傅兴国同志出席。

汤涛同志参加国务院会议，研究落实领导同志重要批示、治理“挂证”乱象有关问题。

2月22日　尹蔚民同志列席国务院第165次常务会议。

尹蔚民同志主持召开第169次党组会、第118次部务会，传达省部级主要领导干部学习贯彻党的十八届六中全会精神专题研讨班有关精神，传达重点课题调研部署会精神，研究重点课题调研工作，审议《人力资源社会保障部直属机关2017年党建工作要点（送审稿）》，听取关于2016年预算管理和2017年预算编制情况的汇报，审议《2017年金砖国家劳工就业部长系列会议筹备工作方案（送审稿）》；审议《人力资源社会保障部　财政部关于 2017 年调整退休人员基本养老金的通知（送审稿）》《人力资源社会保障部关于进一步加强劳动人事争议调解仲裁完善多元处理机制的意见（送审稿）》。耿文清、邱小平、汤涛、游钧、张义珍同志参加。

傅兴国同志参加国务院召开的现代医院管理制度建设座谈会。同日，主持召开国家公务员局第 94 次党组会，审议国家公务员局 2017 年机关党建工作要点、局党组理论学习中心组 2017 年度学习计划。

2 月 23 日　傅兴国同志出席在江苏南京召开的部分省（区、市）企业军转干部解困和稳定工作部署会并讲话。会议传达贯彻习近平总书记关于军队退役人员工作重要指示和全国视频会议精神，分析研判企业军转干部稳定形势，交流经验做法，对 2017 年部分企业军转干部解困和稳定工作作出部署。

邱小平同志出席国家协调劳动关系三方会议第二十二次会议并讲话，会议主要听取三方会议 2016 年工作情况汇报，分析研判劳动关系形势，审议 2017 年工作要点。

游钧同志参加国务院医改领导小组工作座谈会。

2 月 23 日至 24 日　耿文清、张义珍同志在湖北武汉出席全国人力资源社会保障系统 2017 年党风廉政建设工作座谈会并讲话。

2 月 24 日　邱小平同志出席公立医院薪酬制度改革试点电视电话部署会并讲话。同日，参加全面深化供销合作社综合改革工作电视电话会议。随后，与财政部部长助理戴柏华沟通工资福利有关工作。

汤涛同志参加中央组织部部长赵乐际主持召开的党的建设制度改革专项小组第 11 次会议，审议有关文件。汤涛同志就《关于分类推进人才评价机制改革的指导意见（稿）》作说明。

游钧同志在安徽合肥出席生育保险和基本医疗保险合并实施试点工作会议并讲话，对确保完成试点工作提出要求。同日，出席国务院安委会第三考核组召开的对安徽省政府安全生产工作考核情况反馈会并讲话。

2 月 24 日至 26 日　耿文清同志到湖北省麻城市、红安县调研人力资源社会保障系统党风廉政建设工作。其间，听取麻城市人力资源社会保障部门工作情况汇报，考察麻城市中馆驿镇人力资源社会保障服务中心、红安县经济技术开发区人力资源服务中心。

2 月 27 日　汤涛同志到中央编办（国务院审改办），与副主任吴知论就电工证整合问题进行沟通。

张义珍同志出席全国人力资源社会保障宣传工作座谈会并讲话。会议深入贯彻落实党的十八届六中全会和全国宣传部长会议、全国网信办主任会议精神，围绕讲好人力资源社会保障故事、唱响人力资源社会保障好声音，以迎接、宣传、贯彻党的十九大为主题，研究人力资源社会保障新闻宣传和舆论引导工作形势，总结交流工作经验，部署 2017 年人力资源社会保障宣传工作。

2 月 28 日　尹蔚民同志参加中央财经领导小组第 15 次会议。

2 月 28 日至 3 月 1 日　汤涛同志在山东章丘出席《中国大能手》（第三季）大型职业技能竞技节目主会场启动仪式，考察山东省技师学院特色专业建设情况。随后，到潍坊调研，考察潍柴控股集团一号工厂、科技展馆、潍柴高级技工学校和山东工业技师学院印刷实训中心、数控实训中心、信息实训中心，以及第 44 届世界技能大赛工业控制项目中国集训基地。

三月

3 月 1 日　尹蔚民、游钧同志出席国务院新闻办新闻发布会，介绍就业和社会保障有关情况并答记者问。同日，尹蔚民同志接受新华网记者采访。

傅兴国同志到浙江杭州主持召开部分地区事业单位人事管理工作座谈会，听取华东六省一市和河南省人力资源社会保障厅（局）分管同志对事业单位人事制度改革和人事管理工作的意见建议。

汤涛同志主持召开部人才工作领导小组2017年第一次会议，总结2016年工作，研究部署2017年工作任务。

游钧同志参加国务院会议，研究部署医改有关工作。

张义珍同志参加全国退役士兵安置工作领导小组专题会议。

3月2日　人力资源社会保障部和湖北省人民政府在部机关签署《共同推进湖北技能强省战略工程备忘录》，尹蔚民同志与中共湖北省委副书记、省长王晓东在备忘录上签字。傅兴国同志和湖北省委书记、省人大常委会主任蒋超良，湖北省委常委、省委秘书长傅德辉，省人民政府秘书长王祥喜出席。汤涛同志主持签约仪式。

尹蔚民、傅兴国、邱小平同志分别与青海省委书记王国生一行座谈。

中央组织部、人力资源社会保障部联合召开国家“万人计划”杰出人才座谈会，汤涛同志主持，并与中央组织部副部长周祖翼共同为首批杰出人才颁发证书。

3月2日至10日　张义珍同志参加国家行政学院2017年春季学期省部级干部深化国有企业改革与“三去一降一补”专题研讨班学习。其间，为研讨班学员作“国有企业改革中的人员分流与再就业”主题报告。

3月3日　尹蔚民同志主持召开发展家庭服务业促进就业部际联席会议第九次全体会议并讲话，邱小平同志作2016年发展家庭服务业工作汇报。

汤涛同志参加国家技术创新工程部际协调小组会议。

3月6日　尹蔚民同志主持召开第170次党组会、第119次部务会，审议《关于党的十九大报告议题意见建议的报告（送审稿）》，研究人力资源社会保障部出席党的十九大代表候选人初步人选，审议《人力资源社会保障部党组中心组2017年度专题学习计划（送审稿）》《人力资源社会保障舆情工作办法（试行）（送审稿）》，听取2016年领导干部个人有关事项随机抽查处理有关情况的汇报，听取部属事业单位处级领导岗位人员选拔聘用方式有关问题的汇报；审议《国务院关于进一步做好促进就业创业工作的意见（代拟稿）（送审稿）》《人力资源社会保障部关于支持和鼓励事业单位专业技术人员创新创业的指导意见（送审稿）》。耿文清、傅兴国、邱小平、汤涛、游钧同志参加。

3月7日　傅兴国同志主持召开国家公务员局第95次党组会，审议《国家公务员局党组关于党的十九大报告议题征求意见建议的报告》。

3月8日　尹蔚民同志主持部党组理论学习中心组集体学习研讨，深入领会习近平总书记在省部级主要领导干部学习贯彻党的十八届六中全会精神专题研讨班上的讲话精神。耿文清、傅兴国、邱小平、汤涛、游钧同志出席并发言。

尹蔚民同志出席两会“部长通道”集体采访活动并答记者问。

游钧同志主持召开人力资源社会保障部全国党员干部现代远程教育专题教材制播工作领导小组会议，总结2015年和2016年工作，听取成员单位意见、建议，部署2017年工作。

张义珍同志出席“三八”国际妇女节纪念暨表彰大会，并宣读人力资源社会保障部、全国妇联表彰全国妇联系统先进集体、劳动模范和先进工作者的决定。

3月9日　尹蔚民同志出席引导和鼓励高校毕业生到基层工作电视电话会议并讲话，张义珍同志主持。

尹蔚民、邱小平、汤涛、游钧同志分别会见吉林省委常委、长春市委书记王君正一行。

汤涛同志参加“互联网＋”行动部际联席会议第二次会议。

3月10日　人力资源社会保障部召开深化职称制度改革工作部署电视电话会议，部署安排中共中央办公厅、国务院办公厅《关于深化职称制度改革的意见》贯彻落实工作。尹蔚民同志出席并讲话，汤涛同志主持。

3月11日　傅兴国同志应全国政协十二届五次会议秘书处邀请参加特邀委员第56组小组会议，听取部分军队委员对退役军人安置和服务保障问题的意见建议，并介绍军转安置工作的有关情况。

3月13日　尹蔚民同志主持召开第171次党组会，审议《人力资源社会保障部党组2016年度干部选拔任用工作情况的报告（送审稿）》《人力资源社会保障部关于贯彻落实〈法治政府建设实施纲要（2015—2020年）〉有关情况的报告（送审稿）》，听取当前人力资源社会保障宣传工作形势分析，审议《2017年人力资源社会保障宣传工作要点（送审稿）》。耿文清、傅兴国、邱小平、游钧、张义珍同志参加。

3月14日　尹蔚民同志出席解决企业拖欠工资问题部际联席会议第二次全体会议并讲话，邱小平同志出席并代表部际联席会议办公室作工作汇报。

傅兴国同志主持召开国家公务员局党组理论学习中心组2017年度第一次集体学习研讨，专题学习习近平总书记在省部级主要领导干部学习贯彻党的十八届六中全会精神专题研讨班上的讲话精神。

邱小平同志出席全国农民工工作暨家庭服务业工作电视电话会议并讲话，浙江等4个地方和财政部等4个部门的同志发言。会议总结2016年农民工工作及家庭服务业工作，交流经验，分析形势，部署2017年工作。

国务院决定，免去孔昌生同志的人力资源社会保障部副部长职务。

3月15日　尹蔚民同志分别会见广东省委常委、省政府党组副书记林少春一行和山西省委常委、常务副省长高建民一行。

汤涛同志出席贯彻落实《技工教育“十三五”规划》专题视频会，就贯彻落实《技工教育“十三五”规划》进行部署。

张义珍同志主持召开《增加人民福祉　促进人的全面发展——党的十八大以来人力资源社会保障事业改革与发展》图书编写出版启动会，研究讨论图书编写出版具体方案、任务分工及工作进度安排，并提出具体要求。

3月15日至19日　耿文清同志先后到江西九江培训基地和宜春市、新余市、丰城市、分宜县调研。其间，听取宜春市人力资源社会保障部门工作情况汇报，考察宜春、新余和丰城市劳动人事争议仲裁院，宜春市经济技术开发区劳动人事争议调解中心，丰城市尚庄镇乡镇调解中心，新余市渝水区下村镇工业基地管理处劳保所基层调解组织等，调查了解调解仲裁领域党风廉政建设工作。

3月16日　在习近平主席和沙特国王萨勒曼的见证下，尹蔚民同志在人民大会堂与沙特劳动和社会发展大臣阿里·纳赛尔·艾尔加菲斯共同签署《中华人民共和国人力资源和社会保障部与沙特劳动和社会发展部劳动领域合作谅解备忘录》，建立双方在劳动就业立法、劳动关系、劳动力市场、劳动监察等领域的合作框架。同日，尹蔚民同志会见沙特劳动和社会发展大臣阿里·纳赛尔·艾尔加菲斯一行，双方就落实两部门合作谅解备忘录、加强在二十国集团等多边领域合作交换意见。

人力资源社会保障部召开传达贯彻2017年两会精神大会。尹蔚民同志主持并讲话。孙宝树同志传达十二届全国人大五次会议精神，吴江同志传达全国政协十二届五次会议精神。傅兴国、汤涛、游钧、张义珍同志出席。

张义珍同志主持召开部机关党建集体约谈会，对2016年度机关党建工作考核评为“较差”和“一般”等次的10个单位党组织进行集体约谈，对整改工作提出要求。同日，张义珍同志参加去产能、去杠杆、降成本部际联席会议，会议传达中央财经领导小组第15次会议精神，讨论2017年钢铁煤炭煤电去产能、去杠杆和降成本重点工作分工。

3月17日　尹蔚民、傅兴国同志列席国务院第166次常务会议。

尹蔚民同志主持召开部咨询专家座谈会，

听取对人力资源和社会保障领域有关问题的意见建议。傅兴国同志参加。

邱小平同志出席化解过剩产能职工安置工作部内协调机制全体会并讲话。张义珍同志主持。会议传达学习中央领导同志关于做好职工安置工作的重要指示批示精神，传达尹蔚民同志批示要求，总结 2016 年工作，分析面临的形势和问题，明确 2017 年工作安排和任务分工。

张义珍同志主持召开全国人力资源社会保障系统先进集体和先进工作者评选表彰工作小组会议，研究审议全国人力资源社会保障系统先进集体和先进工作者评选表彰工作方案和通知。

3 月 20 日　游钧同志参加国务院扶贫开发领导小组第十五次全体会议。

3 月 21 日　尹蔚民、张建国、傅兴国同志参加国务院第五次廉政工作会议。

尹蔚民、汤涛同志参加由国务院副总理马凯主持召开的第 46 届世界技能大赛申办工作领导小组第一次全体会议。会上，国务院副秘书长丁学东宣读《国务院办公厅关于成立第 46 届世界技能大赛申办工作领导小组、申办工作委员会的通知》，尹蔚民同志和上海市副市长时光辉汇报第 46 届世界技能大赛申办工作进展情况和下一步重点工作打算。

傅兴国同志主持召开国家公务员局第 96 次党组会、第 75 次局务会，传达学习国务院第五次廉政工作会议精神，传达学习习近平总书记关于中央国家机关领导班子建设重要讲话精神，研究更好发挥局党组领导核心作用有关问题；审议《关于规范公务员辞去公职后从业行为的意见（送审稿）》。

张义珍同志主持召开人力资源社会保障部 2017 年领导干部报告个人有关事项工作部署培训会并讲话。

3 月 22 日　尹蔚民同志主持召开第 172 次党组会、第 120 次部务会，传达学习习近平总书记在中央有关会议上的重要讲话精神，传达学习国务院第五次廉政工作会议精神，研究贯彻落实措施，专题分析部保密工作形势，学习讨论中央有关文件；审议《2017 年度部重大研究课题选题（送审稿）》《2017 年度委托研究项目计划（送审稿）》《2017 年人力资源和社会保障事业发展计划（送审稿）》。耿文清、傅兴国、邱小平、汤涛、游钧同志参加。

尹蔚民同志出席部直属机关第九次党的工作会议并讲话，耿文清同志主持。张义珍同志总结 2016 年机关党建工作，部署 2017 年工作，通报 2016 年度司级干部考核情况。傅兴国、邱小平、汤涛同志参加。

游钧同志参加国务院会议，研究养老保险有关问题。

3 月 22 日至 23 日　全国失业保险工作座谈会在北京召开，张义珍同志出席并讲话。会议对 2016 年失业保险工作进行总结，分析形势任务，对 2017 年工作进行部署。

3 月 23 日　汤涛同志到北京怀柔科学城进行调研，考察中科院国家空间科学中心、中科院力学所、中科合成油技术有限公司，就科学城总体情况及人才支持政策需求等问题听取汇报。

3 月 23 日至 24 日　全国就业工作座谈会在北京召开。尹蔚民、张义珍同志出席并讲话。

全国行政机关公务员培训工作会议在重庆召开。傅兴国同志出席并讲话。

3 月 24 日　尹蔚民、张义珍同志参加国际组织人才工作领导小组第 3 次会议。

傅兴国同志参加公务员录用考试（重庆）测评基地挂牌仪式，并对公务员考试录用、平时考核、职务职级并行、分类管理及公安机关职务序列改革等工作进行调研，听取意见建议。

邱小平同志主持第 34 次人力资源社会保障部讲坛，邀请国家行政学院原副院长、博士生导师、全国政协委员周文彰以“增强全面从严治党的系统性创造性实效性”为主题作报告。

3 月 27 日　尹蔚民同志主持召开第 173

次党组会，审议《关于评选表彰全国人力资源社会保障系统先进集体和先进工作者工作方案（送审稿）》。耿文清、张建国、傅兴国、汤涛、游钧、张义珍同志参加。

尹蔚民同志参加国务院副总理张高丽主持召开的国务院推进职能转变协调小组第十次全体会议，并汇报职业资格改革组有关工作，汤涛同志参加。

3月28日　第46届世界技能大赛申办工作委员会第一次全体会议在上海召开。尹蔚民同志主持并作总结讲话，上海市委副书记、市长应勇出席并讲话，汤涛同志传达申办工作领导小组第一次全体会议精神。

游钧同志参加2017年全国医改工作电视电话会议。

3月29日　游钧同志参加全国人大常委会药品管理法执法检查组第一次全体会议，并汇报人力资源社会保障部贯彻实施药品管理法的工作情况。

3月29日至31日　邱小平同志在重庆出席全国劳动保障监察工作会议并讲话。

3月29日至30日　全国人事考试工作座谈会在贵州省贵阳市召开，汤涛同志出席并讲话。

3月30日　汤涛同志出席全国人力资源和社会保障规划财务工作座谈会并讲话。

同日，汤涛同志会见伊朗合作社、劳动和社会福利部副部长霍加图拉·米尔赞一行，就进一步加强两部相关业务合作、支持我国申办2021年第46届世界技能大赛、邀请伊朗参加我国技能大赛等事宜进行深入交流。

3月31日　尹蔚民同志参加国务院第7次全体会议。

尹蔚民同志主持召开第174次党组会、第121次部务会，审议《关于评选表彰全国人力资源社会保障系统先进集体和先进工作者工作方案（送审稿）》《人力资源社会保障部关于保障和改善民生问题的研究报告（送审稿）》；审议《专业技术人才知识更新工程2017年高级研修项目计划（送审稿）》。耿文清、傅兴国、汤涛、游钧、张义珍同志参加。

张义珍同志参加纪念《妇女权益保障法》颁布25周年暨全国维护妇女儿童权益先进表彰会。

四月

4月1日　汤涛同志就第十届中国留学人员南京国际交流与合作大会有关工作与南京市副市长刘以安座谈。

4月3日至5日　汤涛同志陪同世界技能组织考察评估团到上海考察，参加上海市申办2021年第46届世界技能大赛情况陈述，实地考察相关场地和设备。

4月5日　尹蔚民、张义珍同志列席国务院第167次常务会议。

4月6日　中央国家机关纪工委专项检查组到人力资源社会保障部开展监督执纪问责专项检查。尹蔚民、耿文清同志分别会见中央国家机关工委副书记、纪工委书记陈超英。张义珍同志主持召开监督执纪问责座谈会。

尹蔚民同志会见世界技能组织考察评估团，介绍我国职业能力建设工作发展成就和申办2021年第46届世界技能大赛的重要意义。汤涛同志参加。

尹蔚民、张义珍同志分别会见河北省副省长张古江一行。

游钧同志在北京调研。到北京大学人民医院考察外地参保人跨省异地就医刷卡直接结算情况，全流程观看两位外地参保人跨省刷卡办理出院结算和刷卡办理入院，与西城区及医院负责同志召开座谈会，了解医药分开综合改革准备情况和跨省异地就医工作情况；到市人力资源社会保障局听取医改和异地就医直接结算工作进展情况汇报，充分肯定工作取得的成绩，并对下一步工作提出要求。

4月6日至13日　邱小平同志率团访问白俄罗斯并到俄罗斯出席“第三届全俄劳动保护周”活动。

4月7日　尹蔚民、汤涛同志陪同李克强总理在人民大会堂礼节性会见世界技能组织考察评估团。

游钧同志参加国务院医改工作会议。

张义珍同志参加国务院政策例行吹风会，介绍《关于做好当前和今后一段时期就业创业工作的意见》有关情况，并答记者问。

4月10日　尹蔚民同志主持召开第175次党组会、第122次部务会；审议《人力资源社会保障部2017年立法工作计划（送审稿）》《人力资源社会保障部政务信息资源共享管理暂行办法（送审稿）》《人力资源社会保障部政务信息资源目录（送审稿）》。耿文清、傅兴国、汤涛、游钧、张义珍同志参加。

4月11日　尹蔚民同志出席全国市县人力资源社会保障窗口单位作风建设专题示范培训班开班式，并作《关于人力资源和社会保障工作面临的形势和任务》专题报告。张义珍同志主持。

汤涛同志出席2017年留学人员回国服务工作部际联席会议并讲话，总结交流2016年工作经验，部署安排2017年工作任务。同日，出席2017年度博士后创新人才支持计划专家评审会并讲话。

4月12日　尹蔚民、游钧同志列席国务院第168次常务会议。

4月12日至15日，尹蔚民同志到广东开展集中调研。其间，听取广东省和广州市、东莞市人力资源社会保障工作汇报；到广东工业大学创业孵化基地、琶洲互联网创新集聚区、微信总部、广东易事特电源公司、东莞技师学院等进行调研，分别召开部分高校负责人、大学生代表和部分企业负责人参加的座谈会，了解大学生就业创业、技能人才培养、企业转型升级、用工、劳动关系等情况；实地考察广州越秀区大东街道办事处、东莞奇兴服装有限公司村民车间等，了解基层公共就业创业服务、就业扶贫等工作情况。

4月13日　傅兴国同志主持召开国家公务员局党组会，传达学习习近平总书记在中央全面深化改革领导小组第33次会议上的重要讲话精神并研究贯彻落实措施，审议《国家公务员局局属各司空缺副司长及处级职位配备工作方案（送审稿）》。

张义珍同志主持召开部国际组织人才工作领导小组第3次会议并讲话。

4月13日至14日　游钧同志在湖北武汉主持召开长期护理保险试点工作座谈会，部署2017年工作，听取地方汇报，研讨重点问题。随后，听取湖北省人力资源社会保障厅工作汇报，并到省社保局、医保管理局、信息中心和武汉市武昌区民福老年病医院调研。

4月14日至15日　全国职业能力建设工作座谈会在广东深圳召开。汤涛同志出席会议并讲话。随后，到富士康科技集团和深圳燃气集团股份有限公司开展农民工职业技能培训工作调研；考察2017年中国技能大赛——第44届世界技能大赛全国选拔赛暨中国（深圳）国际技能邀请赛现场，参观第十五届中国国际人才交流大会展馆。

4月15日　中共中央政治局委员、国务院副总理马凯出席第十五届中国国际人才交流大会开幕式并讲话，中共中央政治局委员、广东省委书记胡春华，全国政协副主席齐续春出席开幕式。尹蔚民、张建国同志参加开幕式。

4月17日　尹蔚民同志主持召开第176次党组会，审议《关于参加人力资源社会保障部、公务员局司局级单位党组织民主生活会有关情况的报告（送审稿）》，传达学习中央推进“两学一做”学习教育常态化制度化工作座谈会精神，审议《中共人力资源社会保障部党组关于推进“两学一做”学习教育常态化制度化实施方案（送审稿）》，研究党组成员分工调整。耿文清、傅兴国、邱小平、汤涛、游钧同志参加。

游钧同志出席2017年调整退休人员基本养老金工作视频会议并讲话。

4月17日至21日　傅兴国同志到陕西开展集中调研。其间，听取陕西省和西安市、汉中市、安康市、宝鸡市以及城固县、汉阴县人力资源社会保障工作汇报；先后到西安市人力资源社会保障服务大厅、西北大学、城固县上元观镇、城固县博望街道办事处、西乡县农民工创业园、汉阴县涧池镇干部管理及公共服务窗口、东岭集团有限公司、宝鸡市市民中心、宝鸡市公共就业服务机构和社会保险经办机构进行实地调研；分别召开和谐劳动关系、工资支付保障、就业和人才评价、事业单位人事管理、公务员管理、军转安置工作座谈会，深入了解有关情况，听取意见建议。

4 月 18 日　尹蔚民同志列席中央全面深化改革领导小组第 34 次会议。

汤涛同志出席国家专业技术人才知识更新工程指导协调小组全体会议并讲话。

4 月 18 日至 23 日　耿文清同志到四川开展集中调研。其间，与四川省纪委书记王雁飞就人力资源社会保障工作进行沟通；听取省人力资源社会保障厅工作情况汇报，为省人力资源社会保障厅副处级以上领导干部讲廉政党课；召集不同企业和就业创业群体代表座谈，听取对人力资源社会保障工作的意见建议；与甘孜州、阿坝州相关同志交流，实地调研甘孜州泸定县冷碛镇、康定市塔公镇、丹巴县聂呷乡，阿坝州金川县庆宁乡、马尔康市卓克基镇、红原县瓦切镇、若尔盖县唐克镇、理县古尔沟镇和桃坪镇、汶川县映秀镇和水磨镇等 9 个县（市）就业创业、社保扶贫、基层公共服务平台和信息化建设以及党风廉政建设等情况。

4 月 19 日　尹蔚民同志列席国务院第 169 次常务会议。

汤涛同志到中国航天科技集团参观航天科技“十二五”创新成就展，听取人才队伍建设有关意见建议。

4 月 19 日至 20 日　2017 年金砖国家就业工作组第一次会议在云南玉溪召开。游钧同志出席开幕式并致辞。

4 月 20 日　尹蔚民、汤涛同志参加全国老龄委第 19 次全体会议。

邱小平同志与国家保密局副局长杜永胜一行座谈。

4 月 22 日　汤涛同志到中央电视台出席《中国大能手》“五一”特别节目《匠心筑梦》现场录制活动，并启动《中国大能手》（第三季）大型职业技能竞技节目。

4 月 24 日　人力资源社会保障部举行司处级国家工作人员首次宪法宣誓仪式，尹蔚民同志监誓，张义珍同志主持，2016 年 1 月 1 日以来新任职的 58 名司处级干部进行了宣誓。耿文清、张建国、傅兴国、邱小平、汤涛、游钧、吴道槐同志出席。

尹蔚民同志主持召开第 177 次党组会、第 123 次部务会，审议《中共人力资源和社会保障部党组关于认真学习贯彻习近平总书记重要讲话精神切实加强领导班子建设的情况报告（送审稿）》，研究确定出席党的十九大代表候选人初步人选和出席中央国家机关党代表会议代表人选，审议《部属事业单位职业培训管理暂行办法（送审稿）》；审议《劳动人事争议仲裁办案规则（修订草案）》《劳动人事争议仲裁组织规则（修订草案）》。耿文清、傅兴国、邱小平、汤涛、游钧、张义珍、吴道槐同志参加。

尹蔚民同志与西藏自治区党委副书记、政府主席齐扎拉一行座谈。

4 月 24 日至 28 日　游钧同志到江苏开展集中调研。其间，听取江苏省和南通市人力资源社会保障工作汇报；召开综合医改试点省座谈会和中央在苏事业单位养老保险参保座谈会；到南通市第二人民医院、南通市北阁护理院、无锡市人民医院、无锡留学人员创业园、尼康光学仪器有限公司、华光锅炉有限公司、南京市大学生创业示范园等进行调研，分别召开部分高校负责同志、大学生代表和部分企业负责人参加的座谈会；实地考察南通市崇川区文峰街道厂南社区人力资源社会保障服务站、南通市政务中心社保服务大厅、无锡市人力资源市场、无锡市社保经办大厅、南京市水西门社保经办综合服务窗口、江苏省和南京市共建 12333 咨询服务中心。28 日，在江苏南京主持召开综合医改试点省座谈会，会议分析深化医改面临的形势和任务，深入研讨当前医改中的重大问题，加强对综合医改工作的指导。

4 月 25 日　尹蔚民同志参加中央政治局集体学习。

傅兴国同志主持召开国家公务员局第 99 次党组会，审议《中共国家公务员局党组关于加强自身建设的实施意见（送审稿）》《中共国家公务员局党组关于推进“两学一做”学习教育常态化制度化的实施方案（送审稿）》；研究出席中央国家机关党代会代表人选。

邱小平同志参加国务院会议，研究国企改革有关问题。

汤涛同志到江苏省出席第十届中国留学人员南京国际交流与合作大会开幕式并致辞。之后，就专业技术人才工作进行调研。

吴道槐同志与陕西省委常委、常务副省长梁桂一行就就业工作座谈。

4 月 25 日至 28 日　汤涛同志到福建开展集中调研。其间，听取省人力资源社会保障厅和福州市、厦门市人力资源社会保障局关于人力资源社会保障工作情况的汇报；先后到福州市劳动就业管理中心和社会劳动保险管理中心、厦门人才市场和社会保险管理中心等人力资源社会保障系统窗口单位，福建技师学院、福建农林大学、福建省飞毛腿高级技工学校、福建船政交通职业学院、龙岩技师学院、厦门技师学院等院校，飞毛腿集团公司、龙腾新创众创空间、福建龙马环卫装备股份有限公司、国网厦门供电公司等企业，闵龙林、陈国信两个国家级技能大师工作室进行实地调研。

4 月 26 日　尹蔚民同志列席国务院第 170 次常务会议。

张义珍同志参加全国退役士兵安置和权益保障工作电视电话会议。

吴道槐同志参加国务院会议，研究 2017 年全国“双创”活动周有关安排。

4 月 26 日至 27 日　傅兴国同志先后出席河北省自主择业军转干部“双创”成果展示与项目人才交流大会并讲话；参加国家公务员局在石家庄市召开的京津冀公务员管理工作协同发展座谈会；参加全国司法系统先进集体、先进工作者和劳动模范代表座谈会及表彰电视电话会议，并在表彰会上宣读表彰决定。

4 月 27 日　尹蔚民同志参加国务院领导同志主持召开的中央企业推进“双创”工作座谈会。

耿文清同志在“五四”青年节前夕为青年干部讲廉政党课。

国务院决定，任命吴道槐同志为人力资源社会保障部副部长。

4 月 28 日　傅兴国同志参加全国政务公开领导小组第一次会议。

张义珍同志主持召开直属机关党委全委会，研究确定人力资源社会保障部出席党的十九大代表候选人初步人选和参加中央国家机关党代会代表人选。

吴道槐同志参加中央组织部常务副部长陈希主持召开的海外高层次人才引进工作小组会议并发言。

五月

5 月 2 日　尹蔚民同志主持召开第 178 次党组会、第 124 次部务会，听取关于 2016 年人力资源社会保障扶贫工作情况和 2017 年工作考虑的汇报；审议《人力资源社会保障部办公厅　财政部办公厅关于印发“三支一扶”人员能力提升专项计划 2017 年示范培训项目的通知（送审稿）》。耿文清、傅兴国、邱小平、汤涛、游钧、张义珍、吴道槐同志参加。

5 月 3 日　尹蔚民同志列席国务院第 171 次常务会议。

尹蔚民同志接受中央电视台采访，录制《将改革进行到底》专题片，介绍就业、社保等领域改革情况。

5 月 3 日至 12 日　张义珍同志率团到亚美尼亚、拉脱维亚和爱沙尼亚三国访问。

5 月 4 日　人力资源社会保障部召开青年干部座谈会，尹蔚民同志出席并作专题党课，与青年干部谈成长成才，傅兴国同志主持。

国务院军队转业干部安置工作小组会议在北京召开，总结 2016 年军转安置工作，研究

2017年工作安排。尹蔚民同志主持会议并讲话，傅兴国同志作工作报告。

汤涛同志主持召开沟通协调会，围绕民航局未落实国务院取消民航两项行政许可事项问题进行专题研究。

游钧同志参加行业协会商会与行政机关脱钩联合工作组第三次会议。

5月5日　尹蔚民同志出席党和国家功勋荣誉表彰工作委员会第6次会议。

5月5日至7日　吴道槐同志到新疆开展集中调研，出席第四届部分大中城市联合招聘高校毕业生春季活动新疆现场招聘会启动仪式并致辞。其间，与新疆维吾尔自治区副主席马敖·赛依提哈木扎、新疆生产建设兵团副司令员张勇就人力资源社会保障工作进行沟通；听取自治区人力资源社会保障厅、兵团人力资源社会保障局工作汇报；先后到自治区人力资源社会保障厅信息中心、兵团农六师五家渠市经济开发区创业孵化基地、梅花氨基酸有限责任公司、人民路街道劳动社保事务所服务窗口进行实地调研，并召开高校毕业生就业工作座谈会，与部分高校、企业、毕业生代表及地方人力资源社会保障部门座谈，了解高校毕业生就业情况和存在的困难，听取意见建议。

5月8日　尹蔚民同志主持召开第179次党组会、第125次部务会，研究机关人事任免事项；听取吉林、江西、陕西国家级人力资源服务产业园有关问题的汇报，审议《关于失业保险支持参保职工提升职业技能有关问题的通知（送审稿）》《关于开展中央企业职业经理人薪酬制度改革试点工作的意见（送审稿）》，听取新增“全国人力资源社会保障系统政策研究工作座谈会”为三类会议的汇报。耿文清、傅兴国、邱小平、游钧、吴道槐同志参加。

傅兴国同志主持召开国家公务员局第100次党组会、第76次局务会，学习中央有关文件精神，审议《中共国家公务员局党组意识形态工作责任制实施细则（送审稿）》；审议《关于公务员管理工作更好服务于京津冀协同发展战略的实施意见（送审稿）》。

5月9日　吴道槐同志参加国家教育体制改革领导小组第25次会议。

5月9日至13日　邱小平同志到云南开展集中调研。其间，与云南省副省长高峰就人力资源社会保障工作进行沟通交流；听取省人力资源社会保障厅工作情况汇报，检查人力资源社会保障重点工作进展情况；到昆明市、玉溪市、大理州开展实地调研，分别召开基层人力资源社会保障部门及其调解仲裁、劳动保障监察机构，保障农民工工资支付工作相关部门、企业和农民工座谈会，听取意见建议；出席云南省与浙江省等9省市劳动保障监察合作协议签约仪式；实地考察省和三地市（州）、县（区）劳动人事争议仲裁院、劳动保障监察机构、人力资源社会保障服务经办窗口以及玉溪百信集团公司、大理泰安新城建设项目施工工地、大理下岗职工创业超市、大理技师学院等，查看人力资源社会保障服务窗口能力建设、基层创业就业、农村劳动力转移就业和职业技能培训、留守儿童关爱、保障农民工工资支付、企业调解组织建设、企业创建和谐劳动关系等情况。

5月9日至10日　游钧同志到四川成都出席“2017成都全球创新创业交易会”开幕式并调研。其间，参观创新创业展览，听取成都市长期照护保险试点工作汇报，视察成都市高新区桂溪街道办事处社会事务服务中心、成都军区机关医院、四川省医保局，了解基层窗口服务情况及信息化建设、军区机关医院跨省异地就医结算系统运行情况及军队医院改革、四川省异地就医结算系统建设等情况。

5月10日　尹蔚民同志列席国务院第172次常务会议。

国务院召开全国就业创业工作暨2017年普通高等学校毕业生就业创业工作电视电话会议，深入贯彻落实党中央、国务院决策部署和李克强总理重要批示精神，进一步推动做好就业创业工作，重点对2017年高校毕业生就业创业工作进行安排部署。会议传达李克强总理重要批示。国务院副总理刘延东、马凯出席会议并作重要讲话。尹蔚民同志出席会议并发言。吴道槐同志参加。

5月10日至17日　傅兴国同志应邀访问保加利亚、马其顿。

5月10日至13日　吴道槐同志率人力资源社会保障部、国家发展改革委、科技部、财政部、国土资源部、商务部等部门组成的联合调研组到河南开展农民工返乡创业集中调研。其间，先后深入兰考、汝州两县（市），实地考察返乡创业村、创业特色小镇、返乡创业园区、创业企业和返乡创业综合服务中心，与县政府及有关部门、返乡创业者座谈。在郑州召开部分重点省份支持农民工返乡创业工作专题座谈会，传达国务院领导同志有关批示指示精神，听取与会各省支持农民工返乡创业工作汇报，梳理分析突出问题，研究推动政策细化实化和服务落地见效的措施。调研结束时，与河南省省长陈润儿、省委组织部部长孔昌生进行工作沟通。

5月11日　游钧同志参加国家食品药品监管总局召开的医疗器械审评审批制度改革部际联席会议。

5月12日　汤涛同志主持召开申办第46届世界技能大赛友好交流工作研讨会，通报申办重点工作总体进展和申办形势分析情况，研究申办友好交流工作，并对做好下一步工作提出要求。

5月15日至17日　吴道槐同志应邀随中央组织部代表团出席新加坡总理公署主办的“第六届中新领导力论坛”，并就“公务员队伍建设和管理中的创新”作专题发言。

5月16日　尹蔚民同志主持召开第180次党组会、第126次部务会，学习习近平总书记在中央全面深化改革领导小组第33、34次会议上的重要讲话精神，审议《人力资源社会保障部关于贯彻落实中央改革办〈关于加大督察力度狠抓改革落实的通知〉的工作方案（送审稿）》，审议纪律检查事项，传达中央有关文件精神；审议《农保司2017年度委托研究项目计划（送审稿）》。耿文清、邱小平、汤涛、游钧、张义珍同志参加。

张义珍同志参加迎接党的十九大暨“砥砺奋进的五年”重大主题宣传动员会。

5月16日至18日　游钧同志率国务院医改督查组第四组到河南省郑州市、漯河市开展实地督查。其间，考察市、县级公立医院，访谈有关人员，查阅台账资料，核查医改政策的贯彻落实情况，并先后听取河南省和郑州市、漯河市医改工作情况汇报。

5月16日至20日　张义珍同志到湖南省就窗口单位作风建设和就业创业工作进行调研。其间，先后到湘潭市、岳阳市、长沙市13个基层单位调研，并暗访4个基层窗口，召开4个座谈会。

5月17日　邱小平同志列席国务院第173次常务会议。

汤涛同志主持召开京津冀人力资源社会保障事业协同发展调研座谈会，听取京津冀三省市人力资源社会保障部门和部内有关单位对《关于推进京津冀人力资源社会保障事业协同发展的实施意见（征求意见稿）》的意见和建议。

5月17日至24日　尹蔚民同志率团出席在德国巴德诺伊纳尔召开的二十国集团劳工就业部长会议，并在会上作题为《携手应对挑战　塑造劳动世界的美好未来》的主旨发言。其间，与西班牙就业和社会保障大臣法蒂玛·巴内兹·加西亚签署《中华人民共和国和西班牙王国社会保障协定》和《关于实施中华人民共和国和西班牙王国社会保障协定的行政协议》。

5月18日至23日　耿文清同志到甘肃省兰州市、甘南州、临夏州调研人力资源社会保障系统党风廉政建设工作。其间，听取甘肃省和兰州市、甘南州、临夏州、和政县人力资源社会保障部门及派驻纪检组工作情况汇报，考察兰州市、甘南州、卓尼县、夏河县人力资源社会保障局，临夏州社保综合服务大厅，临夏市新华社区、民淘网，和政县慧聚电子商务科技有限公司等。

5月19日　傅兴国同志出席全国公安系

统英雄模范立功集体表彰大会并宣读表彰决定。

游钧同志参加国务院副总理汪洋主持召开的会议，研究药品医疗器械改革创新有关工作。

5 月 20 日　汤涛同志参加全国科技活动周暨北京科技周开幕式。

5 月 21 日至 25 日　汤涛同志到安徽开展调研工作。其间，先后到中国科技大学先进技术研究院和合肥通用机械研究院了解高层次人才队伍建设情况；考察安徽博微长安电子有限公司技能大师工作室和金寨技师学院；现场考察金寨县桃岭乡桐岗村扶贫工作，并召开扶贫工作座谈会，听取意见建议，指导扶贫和人才工作。23 日，全国专业技术人才工作骨干培训班在金寨县委党校举办，汤涛同志出席开班式并讲话。

5 月 22 日　傅兴国同志主持召开国家公务员局第 77 次局务会，审议《聘任制公务员管理规定（试行）（送审稿）》《公务员职务与职级并行制度试点实施办法（送审稿）》。

5 月 23 日　张义珍同志参加全国政协主席俞正声同志主持召开的全国政协“坚定文化自信，讲好中国故事”专题协商会议。

5 月 23 日至 25 日　游钧同志率国务院医改督查组第四组到河北省石家庄市、邯郸市开展实地督查。其间，考察市、县级公立医院，访谈有关人员，查阅台账资料，核查医改政策的贯彻落实情况，并先后听取河北省和石家庄市、邯郸市医改工作情况汇报。

5 月 24 日　汤涛同志列席国务院第 174 次常务会议，汇报公布国家职业资格目录清单有关工作。

5 月 25 日至 26 日　汤涛同志在上海召集部相关职能单位和上海市人力资源社会保障局有关负责同志研究 2017 年中国国际技能大赛上海赛区和国际技能研讨会筹备情况、第 46 届世界技能大赛申办友好交流工作进展情况，随后与有关人员研究苏州赛区筹备情况和沟通对接相关工作，并对做好下一步工作提出要求。随后，出席第 46 届世界技能大赛申办工作委员会第二次全体会议暨 2017 年中国国际技能大赛组委会会议。

5 月 26 日　尹蔚民同志参加中央政治局集体学习。

吴道槐同志出席中国人才交流协会第四届会员代表大会并讲话。

5 月 27 日　汤涛同志出席国务院副总理刘延东主持召开的国务院深化医药卫生体制改革领导小组会议，研究深化医教协同、进一步推进医学教育改革与发展的有关问题。

吴道槐同志出席庆祝全国科技工作者日暨创新争先奖励大会并宣读表彰决定。

5 月 31 日　傅兴国同志主持召开国家公务员局党组理论学习中心组集体学习研讨，学习贯彻《中国共产党党组工作条例（试行）》等文件。

六月

6 月 1 日　尹蔚民同志主持召开第 181 次党组会、第 127 次部务会，传达中央有关文件精神；审议《公务员职务与职级并行制度试点实施办法（送审稿）》《聘任制公务员管理规定（试行）（送审稿）》《人力资源社会保障部　财政部关于工伤保险基金省级统筹的指导意见（送审稿）》。耿文清、傅兴国、汤涛、游钧、张义珍、吴道槐同志参加。

汤涛同志出席贯彻落实中央关于深化统计管理体制改革决策部署座谈会并讲话。

张义珍同志与中央组织部副部长齐玉带领的调研组到人才中心就流动党员教育管理工作进行调研，实地查看流动党员服务窗口，与人才中心和北京市人才中心流动党员管理相关负责同志、流动人才党支部书记代表座谈。

6 月 2 日　耿文清同志与本部 40 名新任职副司级领导干部进行集体廉政谈话并提出纪律要求。

傅兴国同志参加国务院副总理张高丽主持召开的研究进一步清理涉企收费有关工作的会议。

邱小平同志主持召开部内扶贫工作推进会，学习传达国务院扶贫开发领导小组第17次全体会议精神，讨论部扶贫工作考核办法和扶贫工作指标等，研究部署下一步人力资源社会保障扶贫有关工作。

游钧同志出席推进基本医疗保险跨省异地就医住院医疗费用直接结算工作视频会议并讲话。

6月5日　尹蔚民、汤涛同志在上海听取部相关职能单位和上海市人力资源社会保障局有关负责同志汇报2017年中国国际技能大赛和2017技能与发展国际研讨会准备情况，并对做好“一赛一会”提出要求。汤涛同志视察研讨会会场和大赛开幕式彩排。

6月6日　尹蔚民同志在上海出席2017技能与发展国际研讨会开幕式并致辞，汤涛同志主持开幕式。

同日，尹蔚民、汤涛同志在上海会见世界技能组织主席西蒙·巴特利、世界技能组织副主席兼竞赛委员会主任普拉绍尔，就举办2017年中国国际技能大赛和国际技能研讨会、申办2021年第46届世界技能大赛交换意见。之后，视察世博会博物馆、国家会展中心和世博文化中心。

当晚，2017年中国国际技能大赛在上海开幕。上海市委书记韩正宣布大赛开幕，尹蔚民同志致辞，汤涛同志参加。

傅兴国同志会见国务院应急办主任李晓东及国务院应急办值守应急工作专题调研组一行。

6月6日至13日　应德国劳动和社会事务部以及国际劳工组织邀请，游钧同志率团到德国访问并出席在日内瓦举办的第106届国际劳工大会。访德期间，会见德国劳工和社会事务部国务秘书法希米，访问德国卫生部、德联邦法定医疗保险最高联合会、德国法定医保监督管理共同委员会、德国法定医保企业医保机构等单位，就养老保险、医疗保险和长期护理保险等进行交流。在日内瓦期间，以“积极促进绿色就业”为题在第106届国际劳工大会上作大会发言。

6月7日　尹蔚民同志列席国务院第175次常务会议。

汤涛同志在江苏省苏州市出席2017年中国国际技能大赛苏州赛区开赛仪式，宣布开赛，并视察苏州赛区比赛现场。

6月8日　2017年全国军队转业干部安置工作电视电话会议在北京召开。国务院副总理马凯、中央军委政治工作部领导出席会议并讲话，就学习贯彻习近平总书记关于军转安置工作的重要讲话精神、做好2017年军转安置工作作动员部署。尹蔚民同志作报告。傅兴国同志主持。

吴道槐同志出席人力资源社会保障部与财政部相关职能单位联合召开的失业保险工作座谈会并讲话。

6月8日至10日　汤涛同志在上海先后视察2017年中国国际技能大赛上海赛区比赛现场，会见世界技能组织官员和国际技能研讨会部分参会代表，视察临港高技能人才培养基地，出席2017年中国国际技能大赛闭幕式并宣布闭幕，听取上海市人力资源社会保障局关于申办世界技能大赛有关工作情况汇报。

6月9日　人力资源社会保障部举办离退休干部党风廉政建设专题报告会。耿文清同志介绍一年多来人力资源社会保障部党风廉政建设情况。张义珍同志主持并讲话。

傅兴国同志主持召开国家公务员局第78次局务会，通报局党组上半年集中调研有关情况，审议《国家公务员局重大事项督查落实实施办法（试行）（送审稿）》《培训与监督司关于增加培训班计划的请示》《公务员平时考核办法（试行）（送审稿）》。

邱小平同志出席全国劳动人事争议调解仲裁员培训班并讲话。

6月12日　尹蔚民同志主持召开第182次党组会和第128次部务会，审议向中央报送有关问题建议的报告（送审稿）；听取2017年部重大研究课题新增选题的汇报，审议《关于〈事业单位工作人员处分暂行规定〉执行中若干问题的意见（送审稿）》《工伤预防费使用管理暂行办法（送审稿）》《人力资源社会保障部　财政部　国务院扶贫办关于切实做好社会保险扶贫工作的意见（送审稿）》。耿文清、傅兴国、邱小平、汤涛、张义珍、吴道槐同志参加。

在李克强总理和卢森堡首相贝泰尔的见证下，张义珍同志在人民大会堂与卢森堡大公国驻华大使石泰嵋共同签署《中华人民共和国人力资源和社会保障部与卢森堡大公国社会保障部关于推动社会保障领域合作的谅解备忘录》。

6月13日　国务院召开全国推进简政放权放管结合优化服务改革电视电话会议，尹蔚民、张建国、傅兴国、汤涛同志在主会场参加，耿文清、邱小平、张义珍、吴道槐同志在人力资源社会保障部分会场参加。

张义珍同志主持人力资源社会保障部第三十五次讲坛，邀请中国传媒大学媒介与公共事务研究院院长、党委书记董关鹏以“全媒体舆论引导实务3.0：新平台　新战略　新标配”为题作报告。

6月14日　尹蔚民同志列席国务院第176次常务会议。

中央组织部、人力资源社会保障部、国家公务员局共同召开修订公务员法工作部署会。尹蔚民同志出席并讲话，中央组织部副部长邓声明主持会议并总结，傅兴国同志出席。全国人大内司委、全国人大常委会法工委和国务院法制办相关负责同志发言。

傅兴国同志与国家体育总局副局长赵勇一行就全民健身模范市县表彰奖励问题进行沟通。

汤涛同志与广州市副市长黎明一行就中国海外人才交流大会筹备工作座谈。

张义珍同志礼节性会见日本厚生劳动省事务次官二川一男一行。双方就中日社保协定谈判、长期护理保险项目合作以及中国申办第46届世界技能大赛等事宜交换意见。

6月15日　汤涛同志与国土资源部副部长凌月明就职业资格有关工作进行沟通。

吴道槐同志参加国务院会议，研究促进民间投资健康发展有关问题。

6月15日至17日　全国人力资源社会保障系统政策研究工作座谈会在吉林省长春市召开。傅兴国同志出席并讲话。随后，傅兴国同志到辽源市、白山市就公务员管理工作有关问题等进行调研，召开多个座谈会，听取地方公务员主管部门、基层公务员代表、乡镇主要领导的意见建议。

汤涛同志到香港出席“职业专才教育国际研讨会暨香港青年技能大赛2017”开幕式。其间，会见香港职业训练局主席陈镇仁、执行干事尤曾家丽，并就申办世界技能大赛与世界技能组织执行局成员、竞赛委员会副主任冯建强交换意见。

6月16日　尹蔚民、邱小平同志参加国务院会议，研究央企职业经理人薪酬制度改革有关问题。

吴道槐同志参加国务院会议，研究东北地区经济形势有关问题。

6月16日至18日　耿文清同志到河北调研人力资源社会保障系统党风廉政建设工作。其间，参加省人力资源社会保障厅党风廉政建设专题教育活动；考察邯郸市社保综合服务大厅、大学生创业园、军队转业人员创业园，涉县井店镇、更乐镇人力资源社会保障基层平台建设，武安市去产能企业职工安置工作，永年区广府镇城乡居民养老保险工作等，了解基层人力资源社会保障部门有关业务廉政风险防控情况。

6月19日　尹蔚民同志主持召开第183次党组会、第129次部务会，审议《关于当前人力资源社会保障领域意识形态情况专题分析研判的报告（送审稿）》；审议《关于规范工伤保险有关待遇调整和确定机制的指导意见（送审稿）》。耿文清、傅兴国、汤涛、游钧、张义珍、吴道槐同志参加。

6月20日　尹蔚民同志参加中央军民融合发展委员会第一次全体会议。

6月21日　尹蔚民同志列席国务院第177

次常务会议。

游钧同志到浙江省桐庐县就社保工作进行调研，实地考察桐庐县社保服务大厅、安厨农业电商研究院。

6月21日至23日　尹蔚民同志在浙江杭州出席“互联网＋人社”推进座谈会并调研。其间，与浙江省政府签署《共同推进“互联网＋人社”行动提升公共服务水平合作协议》；参观首届全国人力资源社会保障信息化创新应用展；实地考察杭州市余杭区社保办事大厅、杭州红会医院、杭州下城区潮鸣街道社会服务中心、梦想小镇、浙江机电职业技术学院；召开高校毕业生就业创业座谈会，听取有关高校负责同志、大学生代表、用人单位代表等的意见建议，并与省委书记车俊、省长袁家军、省委组织部部长任振鹤、副省长熊建平等就人力资源社会保障工作交换意见。游钧同志参加上述活动。

6月22日　傅兴国同志参加中共国务院党组理论学习中心组学习讲座。

邱小平同志与银监会副主席曹宇一行就央企负责人薪酬制度改革有关工作座谈。

张义珍同志参加“砥砺奋进的五年”大型成就展筹展工作领导小组会议。

吴道槐同志到山东济南出席中国就业促进会第三届会员代表大会并调研。其间，实地考察济南大学创业学院建设，并与部分高校和应届毕业生代表座谈，听取山东省人力资源社会保障厅工作汇报。

6月26日　尹蔚民同志列席中央全面深化改革领导小组第36次会议。

尹蔚民同志主持召开第184次党组会，审议《关于推进京津冀人力资源和社会保障事业协同发展的实施意见（送审稿）》，听取关于2016年度预算执行等审计情况及我部整改措施的汇报，审议《国有资产管理职能转变工作方案（送审稿）》，审议《干部交流工作暂行办法（送审稿）》，传达中央有关文件精神。耿文清、傅兴国、邱小平、汤涛、游钧、张义珍、吴道槐同志参加。

6月27日　尹蔚民同志列席中央政治局常委会会议。

尹蔚民、邱小平同志分别会见黑龙江省副省长贾玉梅一行。

全国工伤保险工作座谈会在河北石家庄召开，游钧同志出席并讲话。

张义珍同志主持召开全国人力资源社会保障系统窗口单位作风建设工作协调领导小组第三次会议。

6月27日至7月2日　耿文清同志到陕西西安参加部分省（区、市）派驻人力资源社会保障厅（局）纪检组长工作座谈会，并到榆林、延安开展人力资源社会保障系统党风廉政建设工作调研。

6月28日　邱小平同志到中国工商银行总部就国有企业工资决定机制改革有关工作开展调研。

6月28日至29日　汤涛同志到江西赣州出席深入推进赣南等中央苏区振兴发展工作会议，并视察江西赣州技师学院。随后，到宁都县参加定点帮扶宁都技工学校调研对接活动，实地考察宁都技工学校，出席定点帮扶宁都技工学校座谈会。

6月28日至30日　中央国家机关党代表会议在北京召开。张义珍同志与部12名代表参加。

6月29日　傅兴国同志与中央政策研究室副主任张季一行座谈，介绍人力资源社会保障部改革落实的整体情况。同日，出席国医大师、全国名中医表彰大会暨座谈会并宣读表彰决定。

邱小平同志与国家开发投资集团有限公司同志就国有企业工资决定机制改革有关工作座谈。

6月30日　国务院就业工作部际联席会议召开推动返乡创业工作电视电话会议。尹蔚民同志出席并讲话，吴道槐同志主持，国家发展改革委副主任王晓涛、农业部副部长陈晓华出席并讲话。

傅兴国同志主持召开国家公务员局第102

次党组会，研究国家公务员局机构职责编制调整事宜。

邱小平同志到中粮集团就国有企业工资决定机制改革有关工作进行调研。

游钧同志主持召开改革和完善基本养老保险制度工作领导小组第二次调度会，听取各项具体工作任务牵头单位汇报，对下一步工作提出要求。

张义珍同志出席人力资源社会保障部“永远在路上——庆祝中国共产党成立96周年，喜迎十九大”诗词朗诵暨征文颁奖活动并致辞。随后，观看离退休干部“喜迎十九大书画摄影展暨老年课堂教学成果汇报展”，对继续办好老年课堂等工作提出要求。

七月

7月3日　国务院任命的国家工作人员宪法宣誓仪式在国务院小礼堂举行。李克强总理监誓。尹蔚民、傅兴国、吴道槐同志参加。

尹蔚民同志主持召开第185次党组会，审议《关于提高技术工人待遇的意见（送审稿）》《关于进一步健全社会保险管理服务标准化体系的指导意见（送审稿）》。傅兴国、邱小平、汤涛、游钧、张义珍、吴道槐同志参加。

耿文清同志参加中央纪委扶贫领域监督执纪问责电视电话会议。

7月4日　汤涛同志与保监会副主席梁涛就精算师职业资格事宜进行沟通协调。

吴道槐同志出席上半年就业形势专家分析座谈会。

7月5日　尹蔚民同志列席国务院第178次常务会议。

中央单位军转安置工作会议在北京召开，傅兴国同志出席会议并讲话。

7月6日　游钧同志参加国务院领导主持召开的贯彻落实《政务信息系统整合共享实施方案》座谈会。

7月7日　尹蔚民同志参加纪念全民族抗战爆发80周年仪式。

邱小平同志到航天科工集团就国有企业工资决定机制改革调研。

张义珍同志在河南出席人力资源社会保障部第十期司级干部培训班结业式并作总结讲话。

7月10日至11日　尹蔚民同志陪同李克强总理到陕西调研。其间，实地考察了陕西自贸试验区杨凌片区、杨凌众创田园、杨凌职业农民创业创新园、秦川机床基地。

7月11日　张义珍同志出席第14届中国—东盟博览会组委会会议并致辞。

7月12日　尹蔚民同志列席国务院第179次常务会议。

张义珍同志主持召开部宣传工作领导小组全体会议，通报上半年人力资源社会保障宣传工作情况，分析人力资源社会保障宣传工作形势，部署下一步工作，研究《关于加强和改进人力资源社会保障基层宣传工作的意见（讨论稿）》。

7月13日　尹蔚民同志参加中央农村工作领导小组第13次会议。

部直属机关党校2017年春季班举行毕业典礼，张义珍同志出席，为学员颁发毕业证书并讲话。

吴道槐同志主持召开首届全国创业就业展示交流活动筹备工作领导小组第一次全体会议，研究部署展示交流活动筹备工作。

7月13日至14日　邱小平同志到黑龙江开展脱贫攻坚工作巡查。到绥化市兰西县进行实地督查，选取红星乡红星村、平山镇合兴村2个贫困村进行入户访谈和暗访，共访谈和暗访32名贫困户和已脱贫户，访谈18名县乡村干部，实地考察村办扶贫项目等，检查前期脱贫攻坚工作中存在的突出问题整改情况，广泛听取基层干部和群众的意见和建议。随后，与财政部相关负责同志共同听取黑龙江省政府脱贫攻坚工作情况汇报，并反馈兰西县巡查情况。

7月13日至15日　汤涛同志到云南昆明参加7·15世界青年技能日主题活动，与云南省副省长董华共同出席“世界青年技能日主题活动暨技能中国行 2017——走进云南”启动仪式并参观技能成果展。实地调研云南交通技师学院、云南技师学院和云南冶金集团，听取云南省人力资源社会保障工作汇报。

7 月 14 日至 15 日　全国金融工作会议在北京召开。尹蔚民、张建国、傅兴国同志参加 14 日会议，游钧同志全程参加。

7 月 17 日　尹蔚民同志列席中央财经领导小组第 16 次会议。

7 月 17 日至 18 日　部年中务虚会在北京召开。会议以深化人力资源社会保障领域改革为主题，分析面临的形势，围绕就业、社会保障、人事人才、工资收入分配和劳动关系等重点工作进行深入研讨，对下半年工作进行安排部署。尹蔚民同志主持并讲话。耿文清、张建国、傅兴国、邱小平、汤涛、游钧、张义珍、吴道槐同志发言。

7 月 17 日至 26 日　按照国务院第四次大督查统一部署，游钧同志带领第五督查组对吉林开展实地督查。其间，与吉林省委、省政府主要负责同志见面交流，分别到 6 个市 10 个县，召开各级各类座谈会 42 个，实地走访企业 97 家，访谈企业家、创业者和群众 158 人，直接核查问题线索 19 个，接到群众热线电话问题线索 1 024 个并及时处理。

7 月 18 日　尹蔚民同志主持召开第 187 次党组会、第 131 次部务会。传达学习全国金融工作会议精神；审议《关于加强和改进人力资源社会保障基层宣传工作的意见（送审稿）》。耿文清、傅兴国、邱小平、汤涛、张义珍、吴道槐同志参加。

7 月 18 日至 19 日　第八次全国信访工作会议在北京召开。傅兴国同志出席并宣读表彰决定，同时，代表人力资源社会保障部就推进依法分类处理信访诉求工作作大会交流发言。部办公厅信访处被授予全国信访系统先进集体荣誉称号。

7 月 19 日　尹蔚民同志列席国务院第 180 次常务会议。

尹蔚民、傅兴国同志列席中央全面深化改革领导小组第 37 次会议。

傅兴国同志在山西就公务员队伍建设有关问题进行调研，召开座谈会听取省、市、县公务员主管部门及部分省直机关有关同志意见建议。

7 月 20 日　人力资源社会保障部邀请部分全国人大代表、返乡创业农民工代表、有关专家来部，就全国人大重点督办建议“支持农民工返乡创业”专题进行座谈。尹蔚民同志出席并讲话，吴道槐同志主持。

受尹蔚民同志委托，耿文清同志主持召开部全面从严治党工作领导小组会议，张义珍同志出席。会议听取机关党建工作专项督查调研情况汇报，研究审议并原则通过《人力资源社会保障部 2017 年上半年全面从严治党工作形势分析》《关于中央国家机关纪工委专项检查整改情况的报告》《关于开展案例警示教育月活动情况的报告》等有关文件，对《部党组中心组学习规定（修订稿）》《部党组民主生活会规定（修订稿）》《关于加强和改进人力资源社会保障部直属机关党支部建设的实施意见》进行研究讨论。

国务院军转安置工作小组、人力资源社会保障部会同中央维稳办、公安部、国家信访局等部门在山西太原召开全国部分企业军转干部解困和稳定工作联合座谈会。傅兴国同志出席并讲话。会议学习贯彻习近平总书记重要指示和全国信访工作会议精神，落实尹蔚民同志有关批示要求，总结交流各部门经验做法，对部分企业军转干部解困和稳定工作进行再动员、再部署，为建军 90 周年纪念活动和党的十九大胜利召开营造和谐稳定的社会氛围。

汤涛同志与中国残疾人联合会副理事长程凯就第十届国际残疾人职业技能竞赛申办事宜进行商谈。

7 月 21 日　尹蔚民同志参加习近平总书记主持召开的征求各民主党派、全国工商联和无党派人士对上半年经济形势和下半年经济工作意见的座谈会。

汤涛同志出席第 44 届世界技能大赛集训

冲刺动员会并作动员讲话，为新增参赛项目中国集训基地和技术指导专家组长等颁发标牌和聘书。部分省市人力资源社会保障部门、行业企业世界技能大赛工作负责同志，47 个参赛项目牵头集训基地负责人等 200 多人参加。同日，汤涛同志出席 2017 年全国骨干技工院校校长高级研修活动座谈会并讲话。

7 月 24 日　尹蔚民同志参加中央政治局集体学习。

尹蔚民同志主持召开第 188 次党组会，传达中央有关文件，听取关于全国社会保障卡线上身份认证与支付结算服务平台项目建议书的汇报，听取机关党建工作专项督查调研情况的汇报，听取关于中央国家机关纪工委专项检查整改情况和开展案例警示教育月活动情况的汇报，审议《人力资源社会保障部 2017 年上半年全面从严治党工作形势分析（送审稿）》。耿文清、傅兴国、邱小平、汤涛、游钧、吴道槐同志参加。

7 月 24 日至 26 日　东盟＋3（中日韩）“一带一路”就业服务国际研讨会在广西南宁召开。张义珍同志出席开幕式并致辞。

7 月 25 日　尹蔚民同志主持召开第 189 次党组会，传达学习中央有关文件。耿文清、傅兴国、游钧、吴道槐同志参加。

邱小平同志参加推进产业工人队伍建设改革协调小组会议。

金砖国家就业工作组第二次会议在重庆召开。张义珍同志出席开幕式并致辞。

7 月 25 日至 26 日　汤涛同志在青海出席部分省市对口支援青海省藏区人力资源社会保障工作座谈会并讲话。会后，汤涛同志就基层平台建设、人才培养、技能培训等工作，先后到西宁湟中县基层就业和社会保障公共服务平台、青海大学人才特区、青海三江源生态与高原农牧业专家服务基地、大学生创业孵化基地、玉树市人力资源社会保障公共服务平台、八一职业技术学院、八一医院进行实地调研。

7 月 26 日　傅兴国同志主持召开国家公务员局第 104 次党组会，传达学习习近平总书记关于巡视工作重要讲话精神、《中国共产党巡视工作条例》和第八次全国信访工作会议精神，通报局机关开展“用身边事教育身边人”案例警示教育月活动情况。

7 月 26 日至 27 日　金砖国家劳工就业部长会议在重庆召开。尹蔚民同志出席并主持 27 日会议，张义珍同志主持 26 日会议并代尹蔚民同志致辞。

7 月 26 日至 30 日　耿文清同志到甘肃白银、定西调研人力资源社会保障系统扶贫领域监督执纪问责工作。其间，在白银靖远县、定西渭源县考察贫困家庭劳动力培训和劳务输转等扶贫工作情况，考察白银公司和白银矿冶职业技术学院，在渭源县召开工作座谈会，听取定西市和渭源县关于人力资源社会保障系统扶贫领域监督执纪问责工作情况汇报；在兰州参加全国人力资源社会保障系统干部队伍建设培训班结业式并授课。

7 月 28 日　尹蔚民同志列席国务院第 181 次常务会议。

尹蔚民同志主持第 46 届世界技能大赛申办工作委员会第三次全体会议，并作总结讲话。汤涛同志介绍申办友好交流工作进展情况及下一步工作考虑。会议听取了申办重点工作安排及分工、申办领导小组第二次全体会议方案说明和申办报告等汇报，审议了申办重点工作安排等事项。上海市市长应勇参加会议并讲话，副市长时光辉参加会议。

国家公务员局年中务虚会在北京召开。会议深入学习贯彻习近平总书记系列重要讲话精神，研究分析公务员管理面临的新形势、新任务，总结上半年工作，部署落实下半年重点工作。会议围绕公务员管理改革、健全正向激励机制、基层公务员队伍建设和公务员能力建设等专题深入交流研讨。傅兴国同志主持并讲话。

张义珍同志参加国务院副总理张高丽主持召开的国务院推进职能转变协调小组第十一次全体会议。

7 月 30 日　张义珍同志与中央组织部部

务委员兼干部一局局长张建春一同送中央和国家机关及人民团体、中央企业第九批援疆干部人才进疆，并于次日主持援疆干部人才培训班开班式暨欢迎大会。

7月31日　尹蔚民同志主持召开第190次党组会，传达学习省部级主要领导干部“学习习近平总书记重要讲话精神，迎接党的十九大”专题研讨班有关精神，研究贯彻落实措施，通报中央组织部反馈的2016年部领导班子年度考核测评情况，研究党组成员分工调整，听取对个人有关事项重点查核中存在问题人员处理意见的汇报。耿文清、张建国、傅兴国、邱小平、汤涛、吴道槐同志参加。

游钧同志参加国务院医改领导小组会议。

八月

8月1日　傅兴国同志参加庆祝中国人民解放军建军90周年大会。

同日，傅兴国同志会见来访的越南内务部副部长阮维升、教育部副部长范孟雄一行，介绍我国事业单位改革整体情况及事业单位人事制度改革有关情况。

8月3日　汤涛同志出席中国博士后科学基金会换届会暨第六届理事会第一次全体会议并讲话。

8月4日　游钧同志会见辽宁省副省长江瑞一行，就辽宁省养老保险有关问题进行座谈。

8月7日至11日　傅兴国同志作为中央代表团成员，到内蒙古自治区参加自治区成立70周年庆祝活动。

8月15日至19日　游钧同志在西藏林芝出席西藏自治区社保卡首发暨跨省异地就医结算系统正式开通仪式。其间，听取西藏人力资源社会保障工作汇报，与自治区副主席汪海洲就西藏人力资源社会保障工作交换意见；到西藏农牧学院、林芝市人民医院及巴宜区进行调研。经停四川成都和重庆期间，分别主持召开座谈会，对机关事业单位参保、推动异地就医直接结算工作及信息化建设情况进行调研。

8月16日　汤涛同志在江苏南京出席全国人事考试中心主任及反作弊技术培训班开班式并讲话。

8月17日　尹蔚民同志主持召开第191次党组会，集中学习讨论中央有关文件和中纪委有关文件。耿文清、张建国、邱小平、张义珍同志，杨志明、杨士秋、袁彦鹏同志参加。

汤涛同志出席全国卫生计生系统先进集体、先进工作者和劳动模范及“白求恩奖章”获得者表彰大会并宣读表彰决定。

8月18日　尹蔚民同志列席国务院第182次常务会议。

8月19日　张义珍同志在西安出席科技人才峰会并讲话。

8月21日　尹蔚民、游钧同志参加国务院副总理马凯召集的会议，研究基本养老保险制度改革有关工作。

8月22日　国务院决定，免去吴道槐同志的人力资源社会保障部副部长职务。

8月23日　尹蔚民同志列席国务院第183次常务会议。

汤涛同志与教育部副部长孙尧座谈，就贯彻落实国务院副总理马凯关于大力支持技工院校重要批示等工作交换意见。

张义珍同志到山东济南出席全国人力资源社会保障法治工作座谈会并讲话，参加分组讨论听取意见建议。

8月24日　游钧同志参加国务院副秘书长孟扬召集的会议，研究第46届世界技能大赛申办陈述有关工作。

人力资源社会保障部与山东省政府、济南市政府在济南共同召开全国创业就业服务展示交流活动筹备工作部省市联席会议。张义珍同志出席并讲话。

8月24日至25日　汤涛同志在辽宁沈阳出席2017年中国技能大赛——第13届“振兴杯”全国青年职业技能大赛闭幕式，并到铁岭技师学院实地督导第44届世界技能大赛工业控制项目集训工作。

8月25日　傅兴国同志参加李克强总理

主持召开的推动中国制造强国建设、持续推进经济结构转型升级座谈会。同日，出席由中央组织部、人力资源社会保障部、国家公务员局共同组织的2017年中央机关初任培训新录用公务员宣誓仪式暨公务员先进事迹报告会并讲话。

游钧同志在福建参加综合医改暨医保制度整合现场推进会。

8月27日至30日　傅兴国同志在天津先后参加全国群众体育先进及体育系统先进表彰活动，开展公务员职务与职级并行制度试点情况调研，并就退役士兵安置和权益保障情况进行专项督导检查。

8月28日　尹蔚民同志主持召开第192次党组会、第132次部务会，审议《关于完善职工基本医疗保险门诊保障机制的指导意见（送审稿）》；审议《关于推行终身职业技能培训制度的意见（送审稿）》《省级政府保障农民工工资支付工作考核办法（送审稿）》。耿文清、张建国、汤涛、游钧、张义珍同志参加。

8月29日　邱小平同志参加东西部扶贫协作经验交流会。

8月29日至30日　汤涛同志在河北固安出席京津冀人力资源和社会保障事业协同发展第一次部省（市）联席会议，并实地调研雄安新区人力资源社会保障工作。河北省副省长张古江出席。

8月30日　尹蔚民同志列席国务院第184次常务会议。

人力资源社会保障部举行第二次新任职司处级国家工作人员宪法宣誓仪式，尹蔚民同志监誓，张义珍同志主持，新任职的113名司处级干部进行宣誓。耿文清、张建国、汤涛、游钧同志参加。

8月31日至9月3日　耿文清同志到山西省大同市、天镇县、右玉县调研人力资源社会保障系统扶贫领域监督执纪问责工作和人力资源社会保障部定点扶贫工作情况，考察大同市人力资源市场、天镇县人力资源社会保障局、天镇保姆培训基地扶贫项目、右玉县农村电子商务运营中心、图远实业有限公司和威远镇就业社保服务所，到天镇县新平堡村、右玉县刘家窑村看望贫困户，了解人力资源社会保障部在新平堡村挂职第一书记工作情况。

九月

9月1日　张义珍同志出席高校毕业生就业创业工作电视电话会议并讲话。会议贯彻落实党中央、国务院关于高校毕业生就业创业工作的重要决策部署，传达国务院领导近期关于就业工作的重要批示指示精神，对做好下半年毕业生就业创业工作再部署、再推动，布置开展高校毕业生就业服务月活动。

9月3日至6日　傅兴国同志到山东济南、滨州、淄博就退役士兵安置和权益保障工作开展督查。

9月4日　尹蔚民同志会见北京市副市长卢彦一行。

汤涛同志到甘肃兰州看望参加人力资源社会保障部组织的首次学术休假活动的专家。

9月4日至5日　邱小平同志参加全国总工会第十六届执委会第六次全会、主席团第13次全会。

9月4日至6日　张义珍同志在福建厦门出席金砖国家领导人第九次会晤和新兴市场国家与发展中国家对话会。在厦门期间，张义诊同志对就业工作进行了调研，先后考察市行政服务中心人力资源社会保障事务分中心、通达（厦门）科技有限公司、海沧街道青礁村、海兴社区、海峡两岸青年创业基地、厦门大学，并召开座谈会。

9月5日　尹蔚民同志参加中央网络安全和信息化领导小组专题会议。

9月6日　尹蔚民同志会见西藏自治区副主席庄严一行。

邱小平同志列席国务院第185次常务会议。

中央编办批复，将中国劳动保障科学研究院、人力资源和社会保障部劳动科学研究所、人力资源和社会保障部劳动工资研究所、人力资源和社会保障部国际劳动保障研究所、人力资源和社会保障部社会保障研究所5家事业单位进行整合，设立中国劳动和社会保障科学研究院。设立中央国家机关养老保险管理中心。人力资源和社会保障部社会保险事业管理中心加挂“人力资源和社会保障部医疗保险异地结算管理中心”和“人力资源和社会保障部社会保险技术标准评定中心”两块牌子，不再加挂“中央国家机关养老保险管理中心”牌子。

9月6日至7日　张义珍同志在重庆出席创业引领者专项活动暨创业培训讲师大赛全国总决赛颁奖活动，考察重庆市大学生就业创业服务中心并召开座谈会。

9月6日至8日　全国医疗（生育）保险工作座谈会在黑龙江哈尔滨召开，游钧同志出席并讲话。会议前后，游钧同志在哈尔滨调研。其间，听取省人力资源社会保障厅工作汇报，实地考察省医保局经办大厅和养老保险经办大厅，观看就业地图和医保智能化演示；召开专题会，听取黑龙江养老金情况汇报。

9月7日　尹蔚民同志参加李克强总理主持召开的会议，听取与主要国际组织负责人圆桌对话会议筹备情况的汇报，并研究有关文稿。

同日，尹蔚民、汤涛同志参加国务院副总理马凯主持召开的第46届世界技能大赛申办工作领导小组第二次全体会议。

傅兴国同志在山东济南主持召开有天津、上海、江苏、福建、山东、广东人力资源社会保障厅（局）主要负责同志参加的座谈会。会后在济南就公务员职务职级并行制度试点工作进行调研。

9月8日　尹蔚民同志参加全国纪检监察系统表彰大会并宣读表彰决定。耿文清同志参加。

同日，尹蔚民同志陪同李克强总理到天津职业技术师范大学考察现代职业教育发展情况并看望慰问师生。

汤涛同志到安徽芜湖出席2017年中国技能大赛——“埃夫特·栋梁杯”第二届全国工业机器人技术应用技能大赛暨“技能中国行2017——走进安徽”启动仪式。随后，到奇瑞汽车股份有限公司进行调研，视察皖江人力资源公共职业训练基地、安徽芜湖技师学院，并与教师代表座谈。

张义珍同志主持召开全国创业就业展示交流活动筹备工作领导小组会议，研究部署活动筹备工作。

9月10日　尹蔚民、汤涛同志到北京市工贸技师学院慰问技工院校师生，召开技工院校教师座谈会，向全国技工院校教师致以崇高敬意和节日祝贺。实地视察第44届世界技能大赛时装项目中国集训基地，听取基地负责同志关于项目集训备赛情况汇报，看望项目专家、教练和选手。

国际继续工程教育协会2017年秋季执委会召开，汤涛、王晓初同志会见全体参会人员并讲话。

9月10日至13日，傅兴国同志到江苏南京、盐城、泰州就退役士兵安置和权益保障工作开展督查。

9月11日　尹蔚民同志主持召开第193次党组会、第133次部务会，研究机关人事事项；审议《关于加强劳动人事争议仲裁与诉讼衔接机制建设的意见（送审稿）》《人力资源社会保障部关于废止〈台湾香港澳门居民在内地就业管理规定〉的决定（送审稿）》《关于调整失业保险金标准的指导意见（送审稿）》。耿文清、张建国、邱小平、汤涛、张义珍同志参加。

汤涛同志出席部落实推进产业工人队伍建设改革协调小组会议精神的会议并讲话。部相关职能单位负责同志传达协调小组会议精神，各单位汇报落实产业工人队伍建设改革方案的举措和打算。

张义珍同志会见来京参加第二次“1＋6”圆桌对话会的国际劳工组织总干事盖·莱德。

9月11日至16日，游钧同志率国务院安委会安全生产大检查第七综合督查组，对江苏开展安全生产督查工作。其间，与江苏省省长吴政隆进行工作座谈，并到江苏中能硅业科技发展有限公司、徐工集团等企业进行督查；督查组听取江苏省工作汇报，分别对无锡、徐州、宿迁、连云港、淮安等市安全生产大检查工作开展情况，以及各级政府和企业安全生产责任制落实情况进行综合督查。住房城乡建设部、国家安全监管总局、国家煤矿安监局有关同志参加。

9月12日　尹蔚民同志参加李克强总理主持的与主要国际经济组织负责人“1＋6”圆桌对话会。

邱小平同志在河北石家庄出席全国家政服务劳务对接扶贫行动签约活动并讲话。其间，会见河北省副省长张古江，就人力资源社会保障有关工作进行沟通；与各省（区、市）人力资源社会保障厅（局）有关负责同志就家庭服务业工作座谈，总结工作进展情况，分析面临的形势和问题，对做好下一步家庭服务业工作提出要求。

张义珍同志主持召开全国人力资源社会保障系统先进集体和先进工作者评比表彰工作领导小组会议，研究审议评选表彰初审情况，部署下一步工作。

9月13日　尹蔚民、游钧同志列席国务院第186次常务会议。

尹蔚民、邱小平、游钧、张义珍同志出席学习贯彻习近平总书记关于全面依法治国重要论述专题讲座暨部党组中心组学习（扩大）会。

汤涛同志到广西南宁出席海内外高端人才创新创业成果展开幕式并致辞。

9月13日至17日　耿文清同志到湖南就2017年国家一级建造师资格考试进行巡考并调研。其间，听取长沙和郴州人事考试及党风廉政建设情况汇报，到郴州市技师学院、湖南涉外经济学院巡考；考察郴州市汝城县土桥镇足田村和文明乡沙洲村扶贫点、郴州市苏仙区苏仙岭街道办事处和杨家坪社区人力资源服务平台。

9月14日至15日　傅兴国同志到青海调研。其间，视察了青海省高等职业技术学院，到海东市互助县就基层公务员队伍建设情况听取基层公务员主管部门、基层公务员代表意见建议。15日，全国人力资源社会保障信访工作座谈会在西宁召开，傅兴国同志出席并讲话。会议学习贯彻习近平总书记对信访工作的重要指示和第八次全国信访工作会议精神，落实尹蔚民同志批示要求，总结交流各地人力资源社会保障部门经验做法，对做好当前人力资源社会保障信访工作进行动员部署，为党的十九大胜利召开营造和谐稳定的社会氛围。

9月15日　国务院副总理马凯出席首届全国创业就业展示交流活动启动仪式，山东省委书记刘家义和尹蔚民同志分别致辞，张义珍同志主持。国务院副总理马凯还实地考察了省人力资源市场政务服务大厅、济南高新区齐鲁软件园创新广场、中国重型汽车集团有限公司技术发展中心。尹蔚民、张义珍同志陪同考察。

同日，国务院副总理马凯出席就业创业工作座谈会并讲话，尹蔚民同志主持会议，张义珍同志参加。

汤涛同志出席第44届世界技能大赛中国组委会全体会议并讲话。同日，到中冶建筑研究总院有限公司，督导和调研第44届世界技能大赛焊接和建筑金属构造项目集训冲刺情况。

9月16日　尹蔚民、汤涛同志参加深化人才发展体制机制改革经验交流会，汤涛同志作经验交流发言。

游钧同志出席由人力资源社会保障部和环保部联合举办的“绿色发展与科技创新——百千万人才工程创新讲坛”开幕式并致辞。

张义珍同志在山东济南出席全国就业信息化建设工作推进会暨就业服务工作座谈会并讲话。

9月18日　尹蔚民同志主持召开第194次党组会、第134次部务会，审议《人力资源社会保障部党组网络安全工作责任制实施细则（送审稿）》，传达学习中央有关文件；审议

《拖欠工资“黑名单”管理暂行办法（送审稿）》。耿文清、张建国、傅兴国、邱小平、游钧同志参加。

尹蔚民同志接受中央电视台《不忘初心 继续前进》电视政论片组采访，介绍党的十八大以来就业和社会保障事业取得的成就。

游钧同志会见澳大利亚安保集团董事长白凯琳一行，就如何应对人口老龄化、完善养老保险制度特别是促进年金发展进行交流。

9月18日至19日　张义珍同志到陕西西安参加第三届中国“互联网＋”大学生创新创业大赛全国总决赛相关活动。

9月19日　傅兴国同志出席全国社会治安综合治理表彰大会并宣读表彰决定。

张义珍同志到北京展览馆现场审核“砥砺奋进的五年”大型成就展人力资源社会保障领域展示内容。

9月20日　尹蔚民同志参加国务院第187次常务会议，并汇报促进就业有关工作。张义珍同志列席。

中央组织部、人力资源社会保障部、中央军委政治工作部召开2017年师职转业干部安置工作推进会，傅兴国同志出席并主持。

9月20日至22日　耿文清同志在河北秦皇岛出席2017年全国派驻人力资源社会保障厅（局）纪检组负责人业务培训班开班式并授课。

9月21日　傅兴国同志在湖南长沙主持召开有北京、河北、辽宁、吉林、河南、湖北、湖南等省（市）人力资源社会保障厅（局）主要负责同志参加的座谈会。

9月22日　尹蔚民同志参加中央军民融合发展委员会第2次会议。

人力资源社会保障部举办喜迎党的十九大干部职工文艺演唱会。演唱会分序《喜迎十九大》和《颂歌献给党》《讲好人社好故事》《唱响人社好声音》《永远跟党走》四个篇章。尹蔚民、邱小平、游钧同志出席，张义珍同志致辞。

傅兴国同志在贵州贵阳主持召开有内蒙古、广西、重庆、四川、贵州、云南、甘肃等省（区、市）人力资源社会保障厅（局）主要负责同志参加的座谈会。之后，到黔南州调研公务员管理和事业单位人事管理工作。

9月23日　邱小平同志出席人力资源社会保障部和工信部联合在北京理工大学举办的“新材料产业创新发展——百千万人才工程创新讲坛”开幕式并致辞。

9月24日至28日　邱小平同志带队到比利时出席中欧劳动关系高层对话会并致辞。会前，会见欧盟就业社会事务与融合总司司长迈克·塞沃兹，就人力资源社会保障有关工作进行沟通交流。之后，访问比利时就业、劳工与社会对话部和布鲁塞尔大区促进就业局，分别会见就业、劳工与社会对话部执行委员会副主席简·温图安和促进就业局相关负责人，围绕劳动就业、社会保障和社会对话有关问题进行交流；访问欧洲政策研究中心，就劳动力市场改革有关情况进行沟通交流。

9月25日　尹蔚民同志主持召开第195次党组会、第135次部务会，审议《聚焦民生、忠诚履职、严格执纪，推动“一部两局”全面从严治党向纵深发展——十八大以来中央纪委驻人力资源社会保障部纪检组工作总结（送审稿）》《中共人力资源和社会保障部党组理论学习中心组学习规定（送审稿）》《中共人力资源和社会保障部党组民主生活会规定（送审稿）》《关于加强和改进人力资源社会保障部党支部建设的实施意见（送审稿）》；听取新增“人才服务机构失联党员规范管理和组织处置工作调度会”为三类会议计划的汇报，审议《人力资源服务业发展行动计划（送审稿）》《事业单位公开招聘违纪违规行为处理规定（送审稿）》。耿文清、傅兴国、汤涛、游钧、张义珍同志参加。

张义珍同志对2017年向国际劳工组织推送初级专业人员笔试进行巡考。

9月26日　张义珍同志主持召开首届全国创业就业展示交流活动总结会，回顾总结活动情况，对下一步工作提出要求。

9 月 26 日至 29 日　傅兴国同志带领中央第十三督导组先后到广西、云南开展党的十九大维稳安保集中督导检查工作。在广西期间，听取自治区党委、政府党的十九大维稳安保工作汇报，并与自治区党委书记彭清华进行会谈，先后到来宾、贵港开展实地督导检查。在云南期间，与云南省委书记陈豪进行会谈，听取省委、省政府党的十九大维稳安保工作汇报，先后到曲靖、昆明开展实地督导检查。

9 月 27 日　尹蔚民同志列席国务院第 188 次常务会议。同日，参加李克强总理主持召开的营改增工作座谈会。

9 月 29 日　尹蔚民同志参加中央政治局集体学习。

游钧同志参加全国政协人口资源环境委员会第五次人口与发展座谈会并介绍有关情况。

张义珍同志在北京主会场出席全国推进落实技能提升补贴政策经验交流电视电话会议并讲话。

9 月 30 日　尹蔚民同志参加烈士纪念日向人民英雄敬献花篮仪式。

同日，尹蔚民、张建国同志陪同国务院领导同志会见荣获 2017 年度中国政府友谊奖的外国专家。

十月

10 月 8 日　汤涛同志出席第 44 届世界技能大赛参赛行前动员会并作动员讲话。外交部和人力资源社会保障部相关职能单位负责同志分别就外事纪律、参赛技术要求、团组管理、宣传纪律等提出要求。第 44 届世界技能大赛中国代表团、技术保障团全体团员参加。

10 月 9 日　尹蔚民同志参加国务院第 189 次常务会议，并汇报基本医保全国联网和异地就医直接结算工作。游钧同志列席。

尹蔚民同志主持召开第 197 次党组会、第 136 次部务会，审议《国务院关于建立企业职工基本养老保险基金中央调剂制度的决定（代拟稿）》，传达学习习近平总书记在中央政治局第四十三次集体学习上的讲话；审议《人力资源社会保障部　财政部关于建立企业薪酬调查和信息发布制度的通知（送审稿）》《人力资源社会保障部　财政部关于建立城乡居民基本养老保险待遇确定和基础养老金正常调整机制的意见（送审稿）》，听取我部拟承办 2018 年国际社会保障协会第四届亚太区域社会保障大会有关情况汇报。张建国、傅兴国、邱小平、游钧、张义珍同志参加。

耿文清同志参加十八届中央纪委第八次全体会议。

傅兴国同志主持召开国家公务员局第 108 次党组会，审议《中共国家公务员局党组理论学习中心组学习规定（送审稿）》《中共国家公务员局党组民主生活会规定（送审稿）》《国家公务员局干部选拔任用工作暂行办法（送审稿）》，对学习贯彻党的十九大精神和十九大前后局机关安全保卫保密及维稳工作提出要求。

邱小平同志参加脱贫攻坚先进事迹报告会。

汤涛同志参加国家教育体制改革领导小组召开的贯彻落实《关于深化教育体制机制改革的意见》电视电话会议并作发言。

10 月 10 日　尹蔚民、傅兴国、游钧同志与黑龙江省委书记张庆伟、省长陆昊一行座谈。同日，尹蔚民同志会见贵州省副省长陈鸣明一行。

游钧同志召集会议，传达国务院第 189 次常务会议精神，研究落实常务会议对跨省异地就医直接结算工作要求。

10 月 11 日至 14 日　党的十八届七中全会在北京召开。尹蔚民同志参加，耿文清、张建国、傅兴国同志列席。

邱小平同志带队到海南开展公立医院薪酬制度改革和艰苦边远地区津贴等机关事业单位工资工作调研。其间，听取海南省人力资源社会保障厅机关事业单位工资工作情况汇报，与海南省委常委、三亚市委书记严朝君，海南省副省长王路就人力资源社会保障有关工作进行沟通。到基层管委会、医院等机关事业单位进行实地调研，分别召开人力资源社会保障、财政、编制、卫计、科技等部门和基层机关事业单位干部座谈会，听取意见和建议。

10月11日至12日　张义珍同志到湖北武汉出席东部地区公共行政组织“基于共享发展的电子治理”国际研讨会开幕式并致辞；到华中科技大学、湖北青年企业孵化器开展青年创新创业工作调研，听取湖北省人力资源社会保障厅专题汇报。

10月12日至16日　汤涛同志率团到阿联酋阿布扎比出席世界技能组织大会，参加第46届世界技能大赛申办、第44届世界技能大赛开幕式等活动。其间，听取申办和参赛有关工作汇报，实地考察第44届世界技能大赛比赛场馆，视察申办第46届世界技能大赛现场陈述彩排；会见世界技能组织主席西蒙·巴特利和首席执行官大卫·霍伊，与香港青年技能比赛常务委员会主席许宗盛、香港职业训练局主席陈镇仁及执行干事尤曾家丽座谈；与上海市副市长彭沉雷共同出席第46届世界技能大赛成功申办新闻发布会；实地考察世界技能大赛中国展区，现场巡视我国参赛的47个项目，与专家、教练等了解比赛有关情况。

10月13日　张义珍同志以“落实全面从严治党要求　打造坚强战斗堡垒　为学习宣传贯彻党的十九大精神提供政治保证和组织保证”为主题，围绕贯彻落实部党组新出台的《关于加强和改进人力资源社会保障部直属机关党支部建设的实施意见》讲专题党课。

10月13日至14日　尹蔚民同志率团到阿联酋阿布扎比出席世界技能组织全体大会，并就中国上海申办2021年第46届世界技能大赛作现场陈述。会后，出席中国上海获得第46届世界技能大赛主办权答谢招待会并致辞，世界技能组织主席西蒙·巴特利、首席执行官大卫·霍伊及各成员代表参加。在阿联酋阿布扎比期间，尹蔚民同志还出席了世界技能大赛申办与参赛工作会议，听取关于申办第46届世界技能大赛准备情况和第44届世界技能大赛参赛准备情况的汇报。汤涛同志参加上述活动。

10月16日　尹蔚民同志列席国务院第190次常务会议。

10月17日　党的十九大中央国家机关代表团举行第一次全体会议。尹蔚民、张建国、傅兴国、张义珍同志参加，汤涛同志列席。

尹蔚民、张建国、傅兴国、张义珍同志参加党的十九大预备会议。

10月18日　党的十九大在人民大会堂开幕，尹蔚民、张建国、傅兴国、张义珍同志参加，耿文清、汤涛同志和袁彦鹏同志列席。邱小平、游钧同志在部机关与本部党员干部一同收看习近平总书记代表第十八届中央委员会向大会作报告。

10月18日至24日　党的十九大在北京召开。尹蔚民、张建国、傅兴国、张义珍同志参加，耿文清、汤涛同志和袁彦鹏同志列席。

10月21日　受尹蔚民同志委托，汤涛同志在首都国际机场欢迎第44届世界技能大赛中国代表团回国，并召开简短座谈会。

10月22日　尹蔚民同志参加党的十九大“满足人民新期待，保障改善民生”专题记者招待会，介绍党的十八大以来就业和社会保障工作取得的成就，宣传解读党的十九大报告对就业和社会保障工作的部署安排，并回答记者提问。

汤涛同志在北京市实美职业学校考点巡视审计专业技术资格考试。

10月24日　党的十九届一中全会预备会议在北京召开。傅兴国同志参加，耿文清同志列席。

邱小平同志在北京出席部分地区劳动保障监察法律制度建设工作座谈会并讲话，会议总结交流贯彻落实刑法关于拒不支付劳动报酬罪的经验做法，分析当前存在的问题，听取意见和建议，并对下一步做好行政司法联动打击欠薪工作提出要求。

游钧同志主持召开会议，听取北京市人力资源社会保障局开展医保按疾病诊断相关分组（DRGs）付费情况的汇报，并就下一步推进医保按疾病诊断相关分组（DRGs）付费试点进行任务部署。

10 月 25 日　习近平总书记等中央领导同志亲切会见出席党的十九大的代表、特邀代表和列席人员，并同大家合影留念。尹蔚民、耿文清、张建国、傅兴国、张义珍同志和袁彦鹏同志参加。

党的十九届一中全会在北京召开。傅兴国同志参加，耿文清同志列席。

耿文清同志参加十九届中央纪委第一次全体会议。

张义珍同志会见美国劳工部助理部长帮办马克·米特豪瑟和美国驻华使馆公参冯以宏一行，出席第七次中美劳工部门对话并致开幕词，介绍中国在就业促进和技能开发等方面有关情况，宣介习近平主席在党的十九大报告中提出的新思想、新要求。

10 月 26 日　人力资源社会保障部召开部党组学习贯彻党的十九大精神扩大会议，尹蔚民同志主持并讲话，耿文清同志传达党的十八届七中全会主要精神，傅兴国同志传达党的十九届一中全会主要精神，张义珍同志传达党的十九大主要精神。邱小平、游钧同志和部分离退休的原部领导参加。

傅兴国同志主持召开国家公务员局党组理论学习中心组（扩大）专题学习会议，传达学习贯彻党的十九大精神。

10 月 27 日　傅兴国同志出席中央机关及其直属机构 2018 年度公务员招考工作协调会并讲话。同日，主持召开国家公务员局机关党员干部会议，传达学习贯彻党的十九大精神。

张义珍同志参加中央国家机关学习宣传贯彻党的十九大精神动员部署会暨“党组党委书记谈十九大”座谈会，并代表尹蔚民同志发言。

10 月 30 日　尹蔚民同志列席国务院第 191 次常务会议。同日，参加李克强总理主持召开的会议，研究部署筹备中央经济工作会议有关工作。

耿文清同志参加中央纪委学习贯彻党的十九大精神会议。

张义珍同志主持召开部直属机关党委第 6 次常委会议，组织学习新修订的党章和中央政治局集体学习会议精神，审议并原则通过机关党委、机关纪委常委会议事规则等 5 项制度规定，审议通过办公厅党总支等 7 家党组织换届选举结果和机关服务中心党委等 3 家党组织换届选举及委员候选人预备人选，研究讨论学习宣传贯彻党的十九大精神的工作安排，并就下一步机关党建重点工作任务和机关党委第 7 次常委会学习讨论内容进行部署。

中国劳动和社会保障科学研究院设立。

10 月 31 日　尹蔚民同志主持召开第 199 次党组会、第 137 次部务会，传达学习习近平总书记在十九届中央政治局第一次集体学习上的讲话，研究贯彻落实措施，审议《人力资源社会保障部关于全面落实行政执法责任制的指导意见（送审稿）》；审议《人力资源社会保障部办公厅关于在部分职称系列设置正高级职称有关问题的通知（送审稿）》《中共中央组织部 人力资源社会保障部等五部门关于实施高校毕业生基层成长计划的通知（送审稿）》。耿文清、张建国、傅兴国、邱小平、汤涛、游钧、张义珍同志参加。

邱小平同志参加国务院国有企业改革领导小组第 22 次会议。同日，出席劳动经济理论与实践创新发展座谈会，华福周同志参加座谈。

汤涛同志与教育部副部长孙尧就发展技工教育、职称等工作进行商谈。

十一月

11 月 1 日　尹蔚民同志会见应邀来访的白俄罗斯劳动和社会保障部部长科斯塔耶维奇·伊琳娜·安纳托利耶夫娜一行，介绍中国共产党十八大以来人力资源社会保障工作取得的主要成就，宣介党的十九大的重大意义与主要精神，表达继续加强中白人力资源社会保障合作的意愿。

傅兴国同志主持召开国家公务员局第 110 次党组会，传达学习习近平总书记在十九届中央政治局第一次集体学习上的讲话精神；审议《功勋荣誉表彰奖励获得者待遇规定（试行）（送审稿）》《功勋荣誉表彰奖励获得者困难帮扶办法（试行）（送审稿）》《国家公务员局关于行政机关公务员管理部门认真学习宣传贯彻党的十九大精神的通知（送审稿）》。

邱小平同志与白俄罗斯劳动和社会保障部部长科斯塔耶维奇·伊琳娜·安纳托利耶夫娜一行就劳动关系等工作座谈。

汤涛同志出席教材建设工作专题会并讲话。

张义珍同志与国务院法制办副主任甘藏春就修订《失业保险条例》和制定《人力资源市场条例》有关问题进行沟通。

11月2日　耿文清同志主持召开部全面从严治党工作领导小组2017年第3次会议，张义珍同志传达学习习近平总书记在十九届中央政治局第一次集体学习上的重要讲话精神。会议审议《部全面从严治党工作领导小组年底前学习贯彻党的十九大精神方案（送审稿）》，领导小组各位成员结合学习党的十九大精神，就我部下一步全面从严治党工作思路措施谈意见建议。

汤涛同志出席2017年第二期全国骨干技工院校校长高级研修活动座谈会并讲话。

游钧同志与中央编办副主任牛占华、社保基金理事会副理事长王文灵就社保基金会体制机制改革有关问题进行商议。

张义珍同志主持召开国际组织人才工作调度会，听取本年度任务进展情况汇报，并对近期重点工作进行部署。

11月3日　尹蔚民同志主持召开部党组中心组集体学习会议，传达《中共中央关于认真学习宣传贯彻党的十九大精神的决定》，结合学习党的十九大精神谈学习体会，并对下一步学习宣传贯彻提出具体要求。耿文清、傅兴国、邱小平、游钧、张义珍同志分别发言。

汤涛同志在江苏南京出席2017年中国技能大赛——第五届全国铁道行业职业技能大赛闭幕式并讲话。之后，到江苏省人力资源社会保障厅调研职业能力建设工作。

游钧同志出席“发挥医保对医改引领作用的研究”课题结题会并讲话。

11月3日至4日　张义珍同志主持召开就业问题研讨会，深入学习贯彻党的十九大精神，分析新时代就业领域面临的新形势、新任务，研讨进一步做好就业工作的新思路、新举措。

11月6日　尹蔚民同志主持召开第200次党组会、第138次部务会，审议《人力资源社会保障部办公厅关于进一步加强和改进人力资源社会保障网络宣传工作的意见（送审稿）》；审议《人力资源社会保障部关于深化技工院校教师职称制度改革的指导意见（送审稿）》。耿文清、傅兴国、汤涛、游钧、张义珍同志参加。

游钧同志视察2018年度中央机关及其直属机构考试录用公务员网上报名工作，现场听取工作汇报，检查系统运行、网络安全和电话咨询等工作情况，要求全力以赴确保公考网上报名工作顺利完成。

11月6日至10日　按照部党组第2次集中调研安排，傅兴国同志到福建开展调研。其间，听取省人力资源社会保障厅和福州、宁德、漳州、厦门市及南靖县人力资源社会保障工作汇报，实地考察省社会劳动保险局、城乡居民社会养老保险中心、厦门市人才市场、南靖县人力资源社会保障服务窗口、2个创业园区、1所大学、6家企业；分别召开乡镇基层公务员座谈会和“三支一扶”、大学生村官、选调生、创业大学生代表座谈会，听取意见建议；与省委书记、省长于伟国，副省长黄琪玉进行会谈，就做好人力资源社会保障工作交换意见。

按照部党组第2次集中调研安排，汤涛同志到内蒙古开展调研。其间，听取自治区和呼和浩特、包头、巴彦淖尔、乌海等市县人力资源社会保障工作汇报，实地考察人力资源社会保障公共服务平台、专家服务基地、技工学校、创新创业示范（孵化）基地等，并听取对人力资源社会保障工作的意见建议。

11月6日至9日　按照部党组第2次集中调研安排，张义珍同志分别到浙江、江西开展调研。在浙江期间，到湖州安吉县余村“两山”教育基地、县公共服务大厅、残疾人电商创业服务中心、鲁家村农村电商创业园和杭州市人工智能小镇、梦想小镇大学生创业孵化企业实地调研，召开高校毕业生、返乡农民工、企业负责人等座谈会，听取省、市、县人力资源社会保障部门工作汇报。在江西期间，出席由人力资源社会保障部与国务院扶贫办联合举办的全国就业扶贫经验交流现场会并讲话，实地考察赣州上犹县灯饰产业园、犹江绿月就业扶贫产业基地，就进一步做好新时代就业工作听取部分省市厅局长意见建议。

11月7日　尹蔚民同志参加李克强总理主持召开的经济形势专家和企业家座谈会。

11月7日至12日　按照部党组第2次集中调研安排，耿文清同志到贵州开展调研。其间，听取贵州省和黔东南州、黔南州人力资源社会保障部门及派驻纪检组工作汇报，实地考察凯里市和平塘县人力资源社会保障局、贵阳清镇市职教城、观山湖区碧海社区基层平台、凯里市互联网众创产业园、丹寨县扬武镇社保金融一体化服务平台和就业扶贫创业点、龙里县中等职业学校。

11月7日至8日　汤涛同志在内蒙古呼和浩特出席全国专家服务工作座谈会并讲话，自治区副主席常军政参加会议并讲话。

11月7日至10日　按照部党组第2次集中调研安排，游钧同志到上海开展调研。其间，就医保支付方式改革、长期护理保险试点、“双创”和大学生就业创业等工作，深入基层服务中心、医院、护理站、“双创”基地等实地调研并进行座谈。

11月8日　尹蔚民同志列席国务院第192次常务会议。

11月9日　尹蔚民同志会见湖北省委常委、常务副省长黄楚平一行。

11月10日　中央国家机关养老保险管理中心设立，人力资源和社会保障部社会保险事业管理中心加挂“人力资源和社会保障部医疗保险异地结算管理中心”和“人力资源和社会保障部社会保险技术标准评定中心”两块牌子。

11月11日　傅兴国同志参加全国维稳办主任会议暨党的十九大维稳安保集中督导检查工作总结会议。

11月11日至19日　张义珍同志率团访问巴西、阿根廷。在巴西期间，会见巴西财政部社会保障秘书凯特诺、劳动和就业部执行秘书尤穆若。在阿根廷期间，出席第四届持续消除童工全球大会，在全体会议上致辞并参加青年就业专题讨论会；大会期间，会见国际劳工组织总干事盖·莱德、南非劳动部副部长霍罗米萨、智利劳工部副部长迪埃兹。

11月13日　傅兴国同志参加支持军队和武警部队全面停止有偿服务工作部际联席会议专题会议，并就进一步做好政策需求清单研究拟制工作发言。

汤涛同志出席中央机关及其直属机构2018年考试录用公务员考务工作部署视频会议并讲话。

11月13日至16日　按照部党组第2次集中调研安排，尹蔚民同志到云南开展调研。其间，到昆明、大理两地，实地考察大理技师学院、大理州医保局、下关镇太和村卫生室、大理市青年创新创业孵化示范园、云南白药集团国家级技能大师工作室、云南大学启迪K栈众创空间、省人力资源社会保障综合经办服务窗口、呈贡斗南花市、云南海归创业园，了解基层人力资源社会保障工作情况；分别召开服务对象、基层人力资源社会保障局负责人、大学生就业创业、云南省人力资源社会保障工作4个座谈会，听取意见建议；与云南省委书记陈豪、副省长宗国英进行会谈，就做好人力资源社会保障工作交换意见；出席人力资源社会保障部与云南省政府共同推进云南省技能强省行动计划备忘录签署仪式，汤涛同志签署备忘录。

11月13日至15日　按照部党组第2次集中调研安排，游钧同志到湖北就推进医保支付方式改革、谋划2018年社保工作等开展调研。其间，召开9省（市）人力资源社会保障厅（局）分管领导座谈会，听取意见建议；到孝感市实地考察人力资源社会保障信息数据中心、人事考试标准化考场、社会保障和人力资源服务大厅、市中心医院异地就医结算平台；与湖北部分地市人力资源社会保障局负责同志座谈，听取基层意见。15日，在武汉出席2017湖北人力资源就业创业博览会开幕式并致辞，视察了博览会展区现场。

11月14日　汤涛同志出席第44届世界技能大赛中国组委会全体会议，听取各成员单位工作汇报，并对下一步做好第44届世界技能大赛参赛总结、第45届世界技能大赛备战和第46届世界技能大赛筹备工作提出要求。

11月15日　邱小平同志出席解决企业拖欠工资问题部际联席会议办公室第二次全体会议并讲话。

11月17日　游钧同志出席第23期社会保险经办机构负责人培训班座谈会，听取学员代表意见并讲话，为学员代表颁发结业证书。

11月17日至18日　汤涛同志在广东深圳参加2017年中国技能大赛——第九届全国交通运输行业职业技能大赛闭幕式并调研。在深圳巡视2017年执业药师资格考试工作，并就如何做好职业资格考试工作召开座谈会，听取食品药品监管总局、广东省人事考试局、深圳市人力资源社会保障局有关同志意见建议。召开座谈会，听取第44届世界技能大赛参赛总结、成果展示和第3届中国青年技能营开营仪式筹备工作情况汇报。

11月20日　尹蔚民同志列席中央全面深化改革领导小组第1次会议。

尹蔚民同志主持召开第201次党组会、第139次部务会，传达学习中央有关文件精神，研究贯彻落实措施，听取关于全国人力资源社会保障系统先进集体和先进工作者评选表彰工作情况的汇报，审议《国务院关于改革国有企业工资决定机制的意见（代拟稿）》；审议《人力资源社会保障部关于第五批宣布失效和废止文件的通知（送审稿）》，听取关于2017年全国技工院校一体化师资培训班有关情况的汇报。耿文清、邱小平、游钧、张义珍同志参加。

人力资源社会保障部举办学习贯彻党的十九大精神专题辅导报告会，邀请中央宣讲团成员、国务院法制办党组书记袁曙宏作“党的十九大的主要精神和历史贡献”专题辅导。尹蔚民、耿文清、傅兴国、邱小平、汤涛、游钧同志出席，张义珍同志主持。

11月21日　李克强总理、马凯副总理在国务院小礼堂亲切接见第44届世界技能大赛中国代表团，与代表团全体人员合影并观看世界技能大赛参赛成果展示，尹蔚民同志陪同参加。之后，李克强总理主持召开座谈会并发表重要讲话，马凯副总理参加座谈会，尹蔚民同志汇报有关情况，3位世赛参赛选手汇报个人参赛情况。国务院副秘书长、财政部部长肖捷，国务院副秘书长丁学东、孟扬，国务院研究室副主任石刚，汤涛、张义珍同志，外交部、教育部、全国总工会、共青团中央、全国妇联主要负责同志参加。

尹蔚民同志出席第44届世界技能大赛参赛总结大会暨第3届中国青年技能营开营仪式并讲话，为青年技能营授旗，宣布青年技能营开营。汤涛同志主持会议，张义珍同志宣读表彰第44届世界技能大赛获奖选手和为参赛工作做出贡献的单位及个人的决定。

尹蔚民同志礼节性会见南非共和国公职部部长费丝·穆坦比女士和南非驻华大使多拉娜·姆西曼女士一行。双方共同表达利用两国建交20周年这一契机继续推动深化合作的愿望。

傅兴国同志主持召开国家公务员局第112次党组会、第79次局务会，传达学习中央有关文件精神，审议修订后的《中共国家公务员局党组关于改进工作作风密切联系群众的规定（送审稿）》；审议《关于举办学习贯彻党的十九大精神专题研讨班的请示》。

11月22日　尹蔚民同志列席国务院第193次常务会议。

11月23日至24日　尹蔚民同志主持召开部2017年年底务虚会并讲话。会议深入学习贯彻党的十九大精神，全面准确把握党的十九大赋予我部的新任务，研究贯彻落实的思路和举措。耿文清、张建国、傅兴国、邱小平、汤涛、游钧、张义珍同志参加并结合分管工作发言。

11月24日　游钧同志主持召开会议，研究职业年金和中央机关养老保险经办相关工作。

11月27日　尹蔚民同志主持召开第202次党组会，审议《功勋荣誉表彰奖励获得者待遇规定（代拟稿）》《功勋荣誉表彰奖励获得者困难帮扶办法（代拟稿）》《中共中央组织部　人力资源社会保障部等四部门关于县以下事业单位建立管理岗位职员等级晋升制度的试点意见（送审稿）》，听取关于成立流动人才党员党建工作领导小组有关情况的汇报，传达学习中央有关文件。耿文清、傅兴国、邱小平、汤涛、游钧、张义珍同志参加。

张义珍同志会见卢森堡驻华大使俞博生，双方共同签署《中华人民共和国政府和卢森堡大公国政府社会保障协定》及其行政协议。

11月28日　尹蔚民同志主持召开第203次党组扩大会，传达学习中央有关文件。耿文清、傅兴国、邱小平、汤涛、张义珍同志参加，部分离退休的原部和国家公务员局领导列席。

尹蔚民同志礼节性会见香港劳工及福利局局长罗致光一行，双方就进一步促进和巩固内地与香港在劳工事务和社会福利领域的合作进行沟通交流。

傅兴国同志主持召开国家公务员局2017年年底务虚会并讲话。会议以习近平新时代中国特色社会主义思想为指引，深入学习贯彻党的十九大精神，研究贯彻落实的工作思路和主要措施。

同日，傅兴国同志主持召开国家公务员局第113次党组会，审议2017年度中央机关及有关地区公务员招考重大经费支出项目。

张义珍同志会见来访的瑞士联邦经济与教育研究部国务秘书、经济总局局长茵艾辛-弗莱施和瑞士驻华大使戴尚贤一行，介绍我部主要职能及取得的成就，并对瑞士企业表达的关切作出回应，双方共同表达了继续推动落实中瑞劳工对话和深化两部合作的愿望。

11月29日至12月3日　耿文清同志到安徽六安、宣城调研并推动人力资源社会保障部在金寨定点扶贫工作，调研安徽省人力资源社会保障系统学习贯彻党的十九大精神和党风廉政建设情况。其间，听取金寨县脱贫攻坚工作情况和安徽金寨技师学院建设情况汇报，到金寨县人力资源社会保障局、古碑镇就业扶贫驿站、油坊店乡茶产业扶贫基地、泾县泾川镇红星社区、绩溪县“冯良才技能大师工作室”等地进行实地考察，到金寨县油坊店乡面冲村看望慰问贫困户。

11月30日　尹蔚民同志会见香港特别行政区政务司司长张建宗一行，双方就内地与香港在促进就业、养老保障、劳工权益、公务员管理等方面的合作进行深入交流。

汤涛同志参加国务院推进职能转变协调小组研究深化“放管服”改革专题会议，并就职业资格改革工作发言。

11月30日至12月1日　张义珍同志到四川调研钢铁煤炭去产能职工安置工作。其间，实地调研乐山市桫莲煤矿，与去产能转产人员进行视频访谈，分别召开四川省、乐山市去产能职工安置座谈会，与政府有关部门和相关企业座谈。先后出席在成都召开的全国失业保险援企稳岗“护航行动”现场推进会、失业保险工作座谈会并讲话，与相关企业代表、失业保险基层经办机构工作人员进行交流，听取对稳岗补贴政策以及修订《失业保险条例》的意见建议。此外，还出席了四川省第一届“天府杯”创业大赛闭幕式，并致辞、颁奖。

十二月

12月1日　傅兴国同志出席由中央维稳办、公安部、民政部、人力资源社会保障部联合召开的部分军队退役人员稳定工作视频会议并讲话。

邱小平同志在北京市一施工现场出席“全国保障农民工工资支付集中宣传活动”启动仪式并讲话，同步启动全国农民工工资支付情况专项检查工作。

游钧同志出席社保学会举办的全国社会保险大数据应用创新大赛成果展示交流会并讲话。社保学会会长胡晓义主持。

12月2日　汤涛同志出席湖北省在清华大学举办的“招才引智”计划推介活动，并与湖北省副省长曹广晶、清华大学党委副书记过勇就专技人才工作进行交流。

12月4日　尹蔚民同志主持召开第204次党组会、第140次部务会，审议《人力资源社会保障部2017年度机关党建述职评议考核工作实施方案（送审稿）》《全国人力资源和社会保障工作会议暨系统先进集体先进工作者表彰大会方案（送审稿）》。耿文清、傅兴国、汤涛、游钧、张义珍同志参加。

傅兴国同志听取2018年度中央机关招考考务工作和考试安全措施落实情况汇报，并对下一步工作提出要求。

邱小平同志出席深度贫困地区人力资源社会保障部门脱贫攻坚工作座谈会并讲话。会议听取深度贫困地区人力资源社会保障脱贫攻坚工作进展情况、存在问题和下一步考虑、意见建议等，对做好下一步工作提出要求。

游钧同志参加国务院副秘书长肖捷主持召开的会议，研究2018年进一步降费有关问题。

12月4日至5日　张义珍同志到山西天镇调研部定点扶贫工作，实地走访赵家沟乡中心学校、大镇县保姆培训基地，与县委主要负责同志和相关部门负责同志座谈，听取我部挂职干部工作汇报。随后，到大同调研钢铁煤炭行业去产能职工安置工作，实地考察阳高县同煤集团热电厂，召开山西有关部门、去产能企业和分流职工代表座谈会。会见山西省委常委、大同市委书记张吉福，就去产能职工安置工作和天镇定点扶贫工作进行沟通。

12月5日　尹蔚民同志主持召开解决企业拖欠工资问题部际联席会议第三次全体会议并讲话。会议主要传达学习中央领导同志重要指示批示精神，研究部署春节前保障农民工工资支付工作。邱小平同志出席。

傅兴国同志主持召开座谈会，就全国人力资源和社会保障工作会议报告稿和2018年工作要点征求部分省市人力资源社会保障厅（局）长意见建议。

汤涛同志到北京市工艺美术高级技工学校调研并召开座谈会。

12月6日　尹蔚民同志列席国务院第194次常务会议。同日，参加中央领导同志召集的党外人士座谈会。

傅兴国同志主持召开国家公务员局第114次党组会。会议梳理总结党的十八大以来贯彻落实中央八项规定精神推进作风建设有关情况，审议《关于做好局属各司年度考核和机关党建述职评议考核工作有关问题的请示》《关于召开国家公务员局全体党员大会的请示》。

12月6日至10日　耿文清同志到云南昆明参加中央机关及其直属机构2018年度录用公务员考试巡考。其间，对人事考试廉政风险进行专项监督，到玉溪、红河调研人力资源社会保障系统党风廉政建设情况。

12月6日至8日　邱小平同志带队到福建开展第十一次全国农民工工作督查。其间，听取省政府农民工工作情况汇报，与副省长黄琪玉就有关工作进行沟通；到泉州开发区实验学校、石狮新市民积分管理服务中心与和谐劳动关系服务中心、泉州云创智谷创业园、厦门湖里区殿前街道办事处、厦门欣贺服饰有限公司、厦门弘信电子公司现场检查农民工有关工作；与农民工、基层农民工工作者和工会有关同志等进行一对一访谈，听取意见建议。

12 月 7 日　游钧同志参加中央宣传部和外交部在北京举办的“南南人权论坛”开幕式，并陪同中央宣传部部长黄坤明会见与会外宾。

12 月 7 日至 8 日　汤涛同志到海南博鳌看望休假院士专家，并召开座谈会听取意见建议。之后，到广西北海与参加休假活动的高技能领军人才代表座谈，听取对高技能人才队伍建设工作的意见建议。

12 月 8 日　尹蔚民同志参加中央政治局集体学习。

张义珍同志主持召开机关党委第 7 次常委会，集体学习“红船精神”和中央国家机关工委关于 2017 年度党建述职评议考核工作的通知，围绕学习贯彻党的十九大精神，对如何抓好 2018 年度机关党建工作进行交流研讨。会议审议通过中央养老保险管理中心成立党委、纪委等事项。

12 月 8 日至 9 日　傅兴国同志到浙江宁波出席 2017 年全国人事人才科研工作年会并致辞。随后，到浙江金华就公务员聘任制工作开展调研，听取公务员主管部门、用人单位、聘任制公务员意见建议。

12 月 9 日　汤涛同志到四川成都中航工业集团成飞公司、蜀绣技能大师工作室调研技能人才队伍建设工作，出席第 3 届中国青年技能营闭营式活动并讲话。

12 月 9 日至 10 日　中央机关及其直属机构 2018 年度公务员招考笔试在全国各地举行。耿文清、傅兴国、汤涛同志和国家公务员局相关负责同志分别到云南、浙江、四川、北京、安徽考区巡考。

12 月 11 日　尹蔚民同志主持召开第 205 次党组会，审议《全国人力资源和社会保障工作会议报告稿（送审稿）》。耿文清、邱小平、汤涛、游钧、张义珍同志参加。

傅兴国同志参加全国国有林场和国有林区改革推进会。

邱小平同志和最高人民法院审判委员会专委杜万华出席全国加强劳动人事争议仲裁与诉讼衔接工作机制建设电视电话会议并讲话。

汤涛同志出席技工院校高技能人才培养联盟校企合作座谈会并讲话。

12 月 12 日　机关党委学习贯彻党的十九大精神暨纪检业务培训班举行开班式，耿文清同志以“解读十八届中央纪委向十九大工作报告”为主题讲授第一课，张义珍同志出席并讲话。

傅兴国同志出席中共国家公务员局机关全体党员大会暨局机关第一届党委、纪委选举大会并讲话。

汤涛同志出席中华职业教育社第十一届理事会。

12 月 13 日　尹蔚民同志列席国务院第 195 次常务会议。

尹蔚民同志出席做好 2018 年春节前保障农民工工资支付工作视频会议并讲话。邱小平同志主持，财政部副部长刘伟、住房城乡建设部副部长易军出席并讲话。

12 月 14 日　尹蔚民同志列席中央政治局常委会会议。

傅兴国同志与参加国家公务员局学习贯彻党的十九大精神专题研讨班的学员座谈并讲话。

张义珍同志参加 2017 年国家宪法日领导干部旁听庭审活动和“领导干部如何带头尊法学法守法用法”主题座谈会。

12 月 15 日　汤涛同志到上海出席第 44 届世界技能大赛上海参赛表彰暨第 46 届世界技能大赛申办工作总结会。之后，听取上海市人力资源社会保障局关于第 46 届世界技能大赛筹备工作情况汇报。

张义珍同志出席部 2017 年度社科研究系列高级专业技术职务评审工作会议，为第五届高评委委员颁发聘书并讲话。

12 月 18 日　尹蔚民同志参加中央人才工作协调小组专题会议。

邱小平同志会见由越南劳动、荣军和社会部副部长尹茂烨率领的越南中央工资、社会保险和优抚政策改革指导委员会代表团一行，向越方介绍我国国有企业收入分配制度改革与实施情况，并解答工资、社保等问题。

同日，邱小平同志与财政部副部长余蔚平一行就工资福利有关工作座谈。

12月18日至20日　中央经济工作会议在北京召开。尹蔚民、张建国、傅兴国同志参加。

汤涛同志到广东就技能人才培养工作分别前往广东省技师学院、惠州市技师学院、中山市技师学院进行实地调研；出席博士后创新人才支持计划工作座谈会并讲话；参加2017年中国技能大赛——全国智能制造应用技术技能大赛决赛开幕式；出席2017年中国海外人才交流大会暨第19届中国留学人员广州科技交流会开幕式并致辞；参加中欧高技能产业创新论坛暨技能中国行2017——走进广东活动。

12月20日　邱小平同志参加国务院副总理刘延东主持召开的会议，研究完善院士制度有关工作。

12月21日　尹蔚民同志主持部党组传达贯彻中央经济工作会议精神扩大会议并讲话。傅兴国同志传达中央经济工作会议精神。耿文清、邱小平、游钧同志参加。

汤涛同志到河南济源出席基层劳动就业和社会保障服务平台建设座谈会，并实地调研部分乡镇（街道）和社区（村）人力资源社会保障服务平台。

12月22日　尹蔚民、傅兴国、张义珍同志参加全国组织部长会议。

傅兴国同志主持召开全国人力资源和社会保障工作会议暨表彰大会筹备协调会，听取各筹备组工作汇报，并对做好下一步工作提出要求。

汤涛同志视察北京科技大学博士后公寓维修改造情况。

12月25日　尹蔚民同志主持召开第208次党组会、第141次部务会，审议《关于我部组织开展学习贯彻习近平新时代中国特色社会主义思想和党的十九大精神集中轮训实施方案（送审稿）》，听取关于追授李永康同志“全国人力资源社会保障系统先进工作者”荣誉的情况汇报；审议《部党组2017年度民主生活会工作方案（送审稿）》，听取关于增补直属机关党委常委有关情况的汇报；审议《人力资源社会保障部关于贯彻“谁执法谁普法”普法责任制的实施意见（送审稿）》；审议《关于基本医疗保险药品支付标准制定规则的指导意见（送审稿）》。张建国、傅兴国、邱小平、汤涛、张义珍同志参加。

尹蔚民、汤涛同志研究改革完善技能人才评价制度工作。

邱小平同志参加国有企业改革任务落实情况专项督查启动会。

游钧同志参加国务院副总理刘延东主持召开的有关会议，研究公立医院控费有关工作。同日，与广东省委常委、常务副省长林少春一行座谈，研究广东省职工养老保险有关问题。

张义珍同志主持召开我部2017年直属机关党建工作述职评议考核会并作总结讲话。部属23个司级单位党组织书记进行党建工作述职，并现场回答问题。

12月26日　傅兴国同志主持召开国家公务员局第115次党组会、第80次局务会，审议《中共国家公务员局党组2017年度民主生活会工作方案（送审稿）》；审议《考试录用司关于审议司法行政机关人民警察招录培养制度改革意见的请示》。

12月27日　尹蔚民同志参加国务院副总理张高丽主持召开的国务院推进职能转变协调小组第十二次全体会议，并汇报职业资格改革组有关工作情况。汤涛同志参加。

12月28日至29日　中央农村工作会议在北京召开，尹蔚民、张建国、邱小平同志参加。

全国人力资源和社会保障工作会议暨先进集体和先进工作者表彰大会在北京召开。尹蔚民同志出席并作工作报告，耿文清同志主持，傅兴国同志作总结讲话，张义珍同志宣读表彰决定。汤涛、游钧同志参加。

12 月 29 日　傅兴国同志主持召开会议，组织传达学习贯彻全国组织部长会议和全国人力资源社会保障工作会议精神，部署近期重点工作。

部直属机关党校举行 2017 年秋季班毕业典礼，张义珍同志出席，为学员颁发毕业证书并讲话。

中国人力资源和社会保障
年　鉴
（工作卷）

CHINA HUMAN RESOURCES AND SOCIAL
SECURITY YEARBOOK

2018

中国劳动社会保障出版社
中国人事出版社

图书在版编目(CIP)数据

中国人力资源和社会保障年鉴. 2018：文献卷、工作卷/人力资源和社会保障部组织编写. -- 北京：中国劳动社会保障出版社：中国人事出版社，2019

ISBN 978-7-5167-3769-9

Ⅰ.①中… Ⅱ.①人… Ⅲ.①人力资源管理-中国-2018-年鉴②社会保障-中国-2018-年鉴 Ⅳ.①F249.21-54②D632.1-54

中国版本图书馆 CIP 数据核字(2018)第 263185 号

中国劳动社会保障出版社
中 国 人 事 出 版 社 出版发行

（北京市惠新东街 1 号 邮政编码：100029）

*

北京新华印刷有限公司印刷装订 新华书店经销

880 毫米×1230 毫米 16 开本 59 印张 1.25 彩色印张 1436 千字

2019 年 3 月第 1 版 2019 年 3 月第 1 次印刷

定价：498.00 元

读者服务部电话：(010) 64929211/84209101/64921644

营销中心电话：(010) 64962347

出版社网址：http://www.class.com.cn

《中国人力资源和社会保障年鉴》
编辑部成员

编 辑 说 明

一、《中国人力资源和社会保障年鉴（2018）》是关于人力资源和社会保障工作的专业性史料工具书。本年鉴收录了2017年度我国人力资源社会保障工作重要文献、资料和数据，记录了2017年度我国人力资源社会保障事业发展概况，客观反映了人力资源社会保障工作改革发展成就、经验以及今后需要继续研究解决的问题。本年鉴是对党政机关领导干部和各部门工作人员、人力资源社会保障系统工作者、企业领导和人力资源管理者，以及人力资源社会保障科研理论工作者有价值的参考用书和工具书。

二、本年鉴分文献卷、工作卷两卷。文献卷包括人力资源和社会保障重要文献、人力资源和社会保障大事记。工作卷包括人力资源和社会保障工作概览、全国人力资源和社会保障工作、地方人力资源和社会保障工作、人力资源和社会保障统计资料。

三、本年鉴中，全国人力资源和社会保障工作分为28个部分：就业工作、人力资源市场建设与管理、职业能力建设、军转安置、专业技术人才工作、事业单位人事管理、公务员管理、城镇职工养老保险、失业保险、医疗保险、工伤保险、生育保险、城乡居民基本养老保险、社会保险经办管理、社会保险基金监管、劳动关系、劳动人事争议调解仲裁、机关事业单位工资福利离退休工作、农民工工作和发展家庭服务业促进就业及人社扶贫工作、法治建设、劳动保障监察、规划统计、信息化建设、科学研究、窗口单位作风建设与干部教育培训和评比表彰、新闻宣传政务信息报刊与出版、国际及与港澳台地区交流合作、社团活动；地方人力资源和社会保障工作47篇。

《中国人力资源和社会保障年鉴（2018）》的编辑出版是在全国人力资源社会保障系统的共同努力下完成的。在此，向所有参加编辑出版工作的领导和同志表示衷心的感谢。

《中国人力资源和社会保障年鉴》编辑部

2018年10月

目　　录

工作卷

人力资源和社会保障工作概览

全国人力资源和社会保障工作

地方人力资源和社会保障工作

统 计 资 料

人力资源和社会保障工作概览

2017年人力资源和社会保障工作情况

2017年，在以习近平同志为核心的党中央坚强领导下，人力资源社会保障工作深入贯彻习近平新时代中国特色社会主义思想和党的十九大精神，认真落实党中央、国务院决策部署，坚持抓重点、抓改革、抓风险防控、促公共服务能力提升，主动作为、砥砺奋进，圆满完成全年目标任务。

一、就业局势保持总体稳定

（一）就业目标全面完成。

坚持把就业工作摆在首位，积极应对新形势、新情况，深入实施就业优先战略，印发实施《“十三五”促进就业规划》（国发〔2017〕10号）、《关于做好当前和今后一段时期就业创业工作的意见》（国发〔2017〕28号）等，召开全国就业工作座谈会、全国就业创业工作暨2017年普通高等学校毕业生就业创业工作电视电话会议、就业创业工作座谈会等，组织抓好工作落实。2017年全国城镇新增就业1 351万人，同比增加37万人，超额完成1 100万人的目标任务；年末全国城镇登记失业率3.9%，为2002年以来的最低水平。

（二）高校毕业生等重点群体就业保持稳定。

落实引导和鼓励高校毕业生到基层工作的意见，组织实施高校毕业生就业创业促进计划和基层成长计划，开展就业服务月、服务周、大中城市联合招聘等活动，高校毕业生就业总体平稳。

扎实推进去产能职工安置工作，实施东北等困难地区劳务对接合作、人力资源服务机构联合招聘等行动，去产能职工得到多渠道安置。加强就业援助，就业困难人员得到有效帮扶，确保零就业家庭实现动态清零。

积极推动就业扶贫，加强政策扶持、资金支持和服务平台建设，积极推动就近就地转移就业，鼓励和支持返乡农民工就业创业，建成全国农村贫困劳动力就业信息平台，遴选1 400多个就业扶贫基地，600多万名农村建档立卡贫困劳动力实现就业增收。

（三）职业培训工作力度持续加大。

出台持续开展离校未就业高校毕业生技能就业行动和失业保险金支持参保职工提升职业技能等政策。实施63个公共实训基地建设项目，开发10个职业培训包，开展全国创业培训师资示范培训。大规模开展职业培训，劳动者素质稳步提高。全年共组织各类职业培训1 690万人次，其中农民工培训898万人次。

（四）公共就业服务能力不断提升。

印发《关于推进公共就业服务专业化的意见》（人社厅发〔2017〕86号），发布8项公共就业服务国家标准，加强信息监测平台和公共招聘网建设，提升公共就业服务水平。举办“首届全国创业就业服务展示交流活动”，全方位展示党的十八大以来创业就业服务的崭新面貌。印发实施《人力资源服务业发展行动计划》（人社部发〔2017〕74号），实施西部、东北地区人力资源市场建设援助计划，深入开展人力资源服务机构诚信主题创建活动，人力资源服务业快速发展，公共就业和人才服务效率不断提升。

二、覆盖城乡的社会保障体系基本建立

（一）社会保障制度体系进一步健全。

积极推进机关事业单位养老保险制度改革，出台实施《关于机关事业单位基本养老保险关系和职业年金转移接续有关问题的通知》（人社部规〔2017〕1号）、《关于印发统一和规范职工养老保险个人账户记账利率办法的通知》（人社部发〔2017〕31号）、《关于进一步完善企业职工基本养老保险省级统筹制度的通知》（人社部发〔2017〕72号）等政策，修订实施《企业年金办法》（人力资源和社会保障部、财政部令第36号）。城乡居民基本医疗保险制度整合取得积极进展，省级层面基本完成整合制度规划部署。出台实施《关于进一步深化基本医疗保险支付方式改革的指导意见》（国办发〔2017〕55号）。深入开展生育保险与医疗保险合并实施试点、长期护理保险制度试点，落实和完善大病保险精准扶贫措施。出台《关于工伤保险基金省级统筹的指导意见》（人社部发〔2017〕60号）、《工伤预防费使用管理暂行办法》（人社部规〔2017〕13号）等，工伤保险政策体系进一步完善。所有省份失业保险费率均降至1%，进一步减轻企业缴费压力，积极助力供给侧结构性改革。

（二）社会保险覆盖范围进一步扩大。

截至2017年年底，全国基本养老、基本医疗、失业、工伤、生育保险参保人数分别为9.15亿人、11.77亿人、1.88亿人、2.27亿人、1.93亿人，分别比上年增加2 771万人、43 290万人、695万人、834万人、849万人。全年社保基金总收入为6.72万亿元，同比增长25.4%；总支出为5.71万亿元，同比增长21.9%。

（三）社会保障水平进一步提高。

企业退休人员基本养老金水平实现“十三连调”，企业和机关事业单位退休人员基本养老金同步调整，1亿多退休人员受益。城乡居民人均月养老金超过120元。提高城乡居民医保补助标准，达到人均450元。新版国家基本医疗、工伤和生育保险药品目录发布实施，保障范围进一步扩大。首次开展国家医保药品目录准入谈判，36种药品通过谈判纳入目录，药品价格大幅降低。印发调整失业保险金标准的指导意见，明确逐步将失业保险金标准提高到城镇职工最低工资标准的90%。

（四）经办管理服务进一步提升。

跨省异地就医住院费用直接结算工作稳步推进，所有统筹地区全部接入全国异地就医结算系统，90%以上的三级定点医疗机构联接入网，累计结算18万人次，基金支付28.54亿元。全面推进社保卡发放和综合应用，社保卡持卡人数达10.88亿人。全民参保计划基本完成登记任务，全国全民参保登记信息库已基本建设成型。

（五）基金投资运营稳步开展。

基本养老保险基金投资运营稳步推进，北京、安徽等9个省（区、市）签署了4 300亿元的委托投资合同，2 731.5亿元资金已经到账并开始投资。江苏、浙江、甘肃、西藏4省（区）政府已审议通过委托投资计划。深入开展全国社保基金监管和监督检查，加强企业年金市场监管，促进年金基金规范管理。

三、人才队伍建设进一步加强

（一）人才体制机制改革稳步推进。

深入贯彻实施中央关于深化人才发展体制机制改革的意见，推进职称制度改革，印发《关于在部分职称系列设置正高级职称有关问题的通知》（人社厅发〔2017〕139号），进一步健全职称层级，拓展专业技术人员职业发展空间。在大幅削减职业资格许可和认定事项基础上，建立国家职业资格目录清单管理制度，印发《关于公布国家职业资格目录的通知》（人社部发〔2017〕68号），公布国家职业资格目录140项，职业资格规范化管理进一步加强。

（二）专业技术人才队伍建设不断加强。

创新完善国家专家培养选拔制度体系，国务院政府特殊津贴有关工作有序开展，“百千

万人才工程”等选拔工作稳步推进。改革完善博士后制度。西部东北地区高层次人才援助计划、万名专家服务基层活动、海外赤子为国服务行动计划等稳步实施。新疆西藏少数民族科技骨干特殊培养、博士后创新人才支持、专业技术人才知识更新等工程项目深入实施。

（三）技能人才队伍建设进一步加强。

实施国家高技能人才振兴计划，加强高技能人才培训基地和技能大师工作室建设，推进企业新型学徒制、职业训练院等改革试点。高技能人才队伍进一步壮大，全年新增高技能人才 320 万人。大力发展技工教育，全国技工院校招生实现两连增，毕业生就业率达 97.6%。参加第 44 届世界技能大赛，中国代表团获得 15 枚金牌、7 枚银牌、8 枚铜牌和 12 个优胜奖，高居奖牌榜和金牌榜首位，获得参赛以来最好成绩。成功申办第 46 届世界技能大赛。

（四）引进外国人才和智力工作持续推进。

深入贯彻落实关于加强新形势下引进外国人才工作的意见，外国人来华工作许可制度全面实施，引进外国人才和智力工作持续推进。

四、人事制度改革持续深化

（一）公务员管理工作不断加强。

加强公务员分类管理，专业技术类、行政执法类公务员分类改革有序推进。稳步开展公务员职务与职级并行制度改革试点。中共中央办公厅、国务院办公厅印发《聘任制公务员管理规定（试行）》。公务员考录、公开遴选、平时考核、培训监督等工作取得新进展。印发实施《国家功勋荣誉表彰条例》。

（二）事业单位人事管理不断规范。

印发《关于支持和鼓励事业单位专业技术人员创新创业的指导意见》（人社部规〔2017〕4 号），激发专业技术人员创新创业活力。完善事业单位人事管理配套政策，健全岗位管理制度。出台实施《关于贯彻执行〈事业单位工作人员处分暂行规定〉若干问题的意见》（人社部规〔2017〕11 号），事业单位公开招聘违纪违规行为处理工作进一步加强。完善机关事业单位防治“吃空饷”问题长效机制。

（三）军转安置任务顺利完成。

创新军转培训方式，大力扶持自主择业干部就业创业，维护企业军转干部稳定，顺利完成军转干部安置任务，为深化国防和军队改革顺利推进提供了有力保障。

五、工资收入分配制度改革扎实推进

（一）企业工资管理有序开展。

国有企业负责人薪酬制度改革深入推进，中央企业已按照新的制度执行，地方国有企业改革稳步推进。研究制定改革国有企业工资决定机制的意见。20 个省份稳慎调整了最低工资标准，平均调增幅度为 11%。22 个地区发布了工资指导线。继续探索建立企业薪酬调查和信息发布制度，在 153 个城市开展了企业薪酬调查工作。

（二）机关事业单位工资分配制度改革深入推进。

配合公务员分类改革开展的法官检察官工资制度改革试点全面推开，大多数省份兑现了工资。完善人民警察执勤岗位津贴制度和加班补贴制度。中央事业单位绩效工资制度全面实行。公立医院薪酬制度改革试点部署实施。

六、劳动关系保持总体和谐稳定

（一）劳动关系协调工作稳步推进。

主动应对经济下行、化解过剩产能等对劳动关系带来的影响，劳动关系领域风险防控力度进一步加大。集体协商和集体合同制度建设稳步推进。15 个省份建立了协调劳动关系三方委员会，继续深化和谐劳动关系创建活动，积极推广地方构建和谐劳动关系综合试验区建设的经验做法。

（二）劳动人事争议调解仲裁工作持续加强。

修订实施《劳动人事争议仲裁办案规则》（人力资源和社会保障部令第 33 号）和《劳动人事争议仲裁组织规则》（人力资源和社会保障部令第 34 号），印发实施《关于加强劳动人事争议仲裁与诉讼衔接机制建设的意见》（人社部发〔2017〕70 号）。全国各级劳动人事争议仲裁机构立案受理劳动人事争议案件 166.5 万件，涉及劳动者 199.1 万人，当期审结案件 157.5 万件，均比上年有所下降，调解仲裁效能不断提升。

（三）劳动保障监察执法力度不断加大。

印发实施《治欠保支三年行动计划（2017—2019）》（人社厅发〔2017〕80 号）、《拖欠农民工工资“黑名单”管理暂行办法》（人社部规〔2017〕16 号），印发《保障农民工工资支付工作考核办法》（国办发〔2017〕96 号），把农民工工资支付纳入省级政府考核，治理拖欠农民工工资问题的长效机制进一步健全，专项整治持续推进，拖欠势头得到有效遏制。推进劳动保障监察举报投诉案件省级联动处理机制建设，广泛推行“双随机、一公开”执法方式，加大对企业违法行为监督和惩戒力度。全国各级劳动保障监察机构共查处各类劳动保障违法案件 20.6 万件，主动检查用人单位 171.9 万户，追发工资等待遇 250.1 亿元，督促缴纳社会保险费 12.9 亿元，均比上年下降。

（四）为农民工服务工作进一步加强。

国务院农民工工作领导小组办公室会同有关部门围绕有序推进农民工市民化，积极研究配套政策，开展市民化进程动态监测，为农民工落户城镇创造条件。积极开展全国家政服务劳务对接扶贫行动，建立跨区域供需对接机制。实施家政服务提质扩容行动，加强中心城市家庭服务体系建设，推进家庭服务业规范化职业化建设。

全国人力资源和社会保障工作

就业工作

一、就业目标全面完成

2017年，全国城镇新增就业1 351万人，城镇失业人员再就业558万人，就业困难人员就业177万人，年末城镇登记失业率为3.9%，均完成年初确定目标（城镇新增就业人员1 100万人以上，城镇失业人员再就业500万人，就业困难人员就业120万人，城镇登记失业率控制在4.5%以内）。

二、继续实施更加积极的就业创业政策

（一）推动各地区各部门做好就业工作。

2月，国务院就业工作部际联席会议全体会议召开，马凯副总理出席会议并讲话。经全体会议审定，联席会议印发2017年工作要点及成员单位主要工作安排，对各部门共同做好就业工作进行安排部署。中央财政继续加大就业补助资金支持力度，当年共安排就业补助资金447亿元，为就业创业政策落实提供了坚实保障。9月15日，国务院副总理马凯在山东济南出席就业创业工作座谈会并调研。马凯副总理强调，要认真学习贯彻习近平总书记系列重要讲话精神和党中央治国理政新理念、新思想、新战略，贯彻落实党中央、国务院决策部署，坚持就业优先战略，实施更加积极的就业政策，大力推动大众创业、万众创新，提供优质公共服务，营造良好环境，确保就业大局持续稳定，为经济社会发展做出更大贡献。人力资源社会保障部部长尹蔚民主持会议，国务院有关部门、11个省政府负责同志参加会议。

（二）完善更加积极的就业政策。

为做好新形势下就业创业工作，按照党中央、国务院部署，人力资源社会保障部会同有关部门在充分研究的基础上，报请国务院印发《关于做好当前和今后一段时期就业创业工作的意见》（国发〔2017〕28号），于4月13日正式出台。意见从坚持实施就业优先战略、支持新就业形态发展、促进以创业带动就业、抓好重点群体就业创业、强化教育培训和就业创业服务及切实加强组织实施六方面，对进一步做好就业创业工作进行了全面部署，提出一系列政策措施。7月27日，国务院印发《关于强化实施创新驱动发展战略进一步推进大众创业万众创新深入发展的意见》（国发〔2017〕37号），进一步系统性优化创新创业生态环境，强化政策供给，突破发展瓶颈，充分释放全社会创新创业潜能，在更大范围、更高层次、更深程度上推进大众创业、万众创新。10月13日，财政部、人力资源社会保障部共同出台《关于印发〈就业补助资金管理办法〉的通知》（财社〔2017〕164号），进一步明确了就业补助资金管理原则、支出范围、分配下达、申请使用和管理监督等规定，为就业政策落实、资金安全运行提出明确要求，提供保障。

三、努力做好高校毕业生就业工作

（一）落实完善高校毕业生就业创业政策。

2月6日，人力资源社会保障部印发《关于做好2017年全国高校毕业生就业创业工作的通知》（人社部函〔2017〕20号），以实施高校毕业生就业创业促进计划为抓手，从落实完善政策、强化就业服务、加强组织领导等方

面对全国人力资源社会保障系统做好毕业生就业创业工作作出部署安排。5月10日，国务院召开全国就业创业工作暨2017年普通高等学校毕业生就业创业工作电视电话会议，李克强总理对会议作出重要批示，刘延东副总理、马凯副总理出席会议并讲话，对做好就业创业工作和2017年高校毕业生就业创业工作进行了全面部署。9月1日，召开高校毕业生就业创业工作电视电话会议，对做好离校未就业高校毕业生就业工作进行再部署、再推动。11月16日，会同中央组织部、教育部、财政部等部门和共青团中央印发《高校毕业生基层成长计划》（人社部发〔2017〕85号），实施能力素质培育、岗位锻炼成才、职业发展支持、成长环境营造、服务体系建设和后备人才选拔6项措施，畅通毕业生基层成长发展通道。12月12日至13日，在河南省郑州市召开高校毕业生就业工作座谈会，调度各地工作进展，分析高校毕业生就业形势，推动完成就业工作目标任务。

（二）深入实施高校毕业生就业创业促进计划。

人力资源社会保障部推动各地制定高校毕业生就业创业促进计划实施方案，细化措施安排，开展能力提升、创业引领、校园精准服务、就业帮扶、权益保护五项行动，构建贯通校内外各阶段、就业创业全过程的服务体系。综合利用各方资源促进毕业生创业，组织开展创业培训，鼓励有条件的地区设立高校毕业生就业创业基金，统筹建设大学生创业孵化基地、创业园等服务平台，为大学生创业提供政策咨询、项目开发、融资对接、跟踪扶持等服务。5月27日，人力资源社会保障部会同中国银监会、教育部印发《关于进一步加强校园贷规范管理工作的通知》（银监发〔2017〕26号），对整治以求职、培训、就业等为名义的校园贷提出要求。加强对离校未就业高校毕业生的就业帮扶，开展实名登记，摸清就业需求，提供有针对性的就业创业服务，聚焦建档立卡贫困家庭、身有残疾、长期失业等困难毕业生，落实求职创业补贴政策，优先提供岗位信息、培训见习等服务，帮助未就业毕业生尽快实现就业或参加到就业准备活动中。10月19日，在黑龙江省哈尔滨市召开高校毕业生实名制就业工作座谈会，推动各地交流工作经验，提升实名制就业管理服务水平，增强毕业生就业服务实效。

（三）开展高校毕业生就业服务专项活动。

针对毕业生不同时段需求，人力资源社会保障部会同有关部门密集开展了一系列全国性就业服务专项活动。3月和10月，组织第四届部分大中城市联合招聘高校毕业生（春季）活动和第五届大中城市联合招聘高校毕业生（秋季）活动，开展城市联合网络招聘大会、跨区域巡回招聘会、现场招聘会等招聘服务，为毕业生提供岗位信息297.2万条。3月10日至5月31日，会同教育部、国资委开展第六届中央企业面向西藏、青海、新疆高校毕业生专场招聘活动，组织动员31家中央企业和113家分支机构提供2 000多个岗位。9月，在全国组织开展高校毕业生就业服务月活动，重点帮扶2017届及往届离校未就业高校毕业生，活动期间共提供就业岗位230万个，为82.3万名未就业毕业生办理了实名登记，对17.1万名毕业生开展了就业援助。同时，工作中着力提升服务精细化水平，开发高校毕业生招聘精准服务平台，建立用人单位岗位信息和毕业生简历信息数据库，运用“互联网＋”模式提高供求匹配效率。做好中央企业招聘应届高校毕业生信息公开工作，在部官网专栏中持续发布招聘信息。

四、大力促进群体就业和推进公平就业

（一）深入推进就业扶贫。

坚决贯彻落实党中央、国务院打赢脱贫攻坚战战略部署，坚持精准扶贫、精准脱贫基本方略，积极推进就业扶贫工作。1月，印发《关于做好农村贫困劳动力就业信息平台有关工作的通知》（人社厅发〔2017〕9号），依托信息平台对农村贫困劳动力就业失业情况进行

管理，及时掌握就业扶贫工作进展。2月至3月，会同国务院扶贫办等部门组织开展春风行动，针对农村贫困劳动力外出务工的高峰期，集中开展专场招聘会、政策宣讲等系列就业服务活动，为贫困劳动力送岗位、送政策、送服务，促进其与用人单位匹配对接。4月，印发《关于进一步做好就业扶贫工作有关事项的通知》（人社厅发〔2017〕38号），部署就业扶贫全年重点工作，组织开展就业扶贫基地遴选、推进东西部扶贫劳务协作、着力促进就地就近就业。6月，会同国务院扶贫办印发《关于公布全国就业扶贫基地名单的通知》（人社厅函〔2017〕148号），在全国范围内确定1 465家企业作为全国就业扶贫基地，为贫困劳动力自主求职就业和开展有组织劳务输出提供支持。9月，印发《关于开展“就业扶贫行动日”活动的通知》（人社厅函〔2017〕251号），部署10月17日在全国范围内开展就业扶贫行动日活动，集中开展政策宣讲、招聘会、送岗下乡等活动。11月，在江西省赣州市召开全国就业扶贫经验交流现场会，总结就业扶贫经验做法，研究部署进一步做好就业扶贫工作。同时，加强就业扶贫工作宣传，在《中国劳动保障报》开设就业扶贫宣传专栏，及时跟进报道劳务协作试点及各地就业扶贫工作情况；利用部官方网站、官方微信多渠道多形式对山东“扶贫车间”等地方经验做法加强宣传推广。持续推进农村劳动力转移就业工作，组织示范县工作座谈会。开展农民工返乡创业和新生代农民工就业创业专题调研，并形成专题报告报中央领导。

（二）推进就业援助工作。

始终将促进就业困难人员就业作为民生工作重点，作为“织牢民生安全网”的重要内容，常抓不懈。年初，会同中国残联组织开展就业援助月活动，对就业困难人员进行摸底调查，指导调度各地强化日常工作和集中活动，促进就业困难人员、残疾人等就业。9月，配合民政部印发《关于积极推行政府购买服务加强基层社会救助经办服务能力的意见》（民发〔2017〕153号）。会同财政部赴黑龙江省佳木斯市开展就业援助工作专题调研，了解存在的困难与问题，研究下一步工作思路措施。12月上旬，在北京召开部分省份就业援助工作座谈会，围绕健全实名动态管理制度、完善就业援助工作管理制度、形成就业援助政策措施工具包、建立就业援助责任体系等主题，研究进一步做好就业援助工作政策文件的具体内容。12月下旬，会同中国残联联合印发开展2018年就业援助月专项活动的通知，部署做好下一年度就业援助月活动。

（三）稳妥做好去产能职工安置工作。

人力资源社会保障部将做好化解钢铁煤炭行业过剩产能中的职工安置工作列为全系统的重中之重，建立自上而下职工安置责任机制，制定整体安排和任务分工，有序指导推进工作。3月，会同相关部门出台《关于做好2017年化解钢铁煤炭行业过剩产能中职工安置工作的通知》（人社部发〔2017〕24号），加大对企业内部安置、下岗职工生活保障及困难地区的资金倾斜，细化实化再就业帮扶行动。组织各地开展自查，对重点省份约谈并开展现场核查，明确整改要求，保障资金使用到位。依托实名制信息系统，不定期开展电话回访，了解去产能职工状况及心态。积极做好政策宣传，及时回应社会关切，总结推广各地工作经验和亮点。2017年，去产能职工安置工作平稳有序开展，为改革发展营造了和谐稳定的社会环境。

（四）支持农民工等人员返乡创业。

2017年，人力资源社会保障部将支持农民工等人员返乡创业作为重点工作任务，列入年度工作安排。1月，对各省份支持农民工等人员返乡创业工作进行了全面调度，及时掌握各地工作进展情况和存在问题，向国务院领导呈送专门报告。3月，人力资源社会保障部组织20个农民工主要输出省份开展农民工返乡创业工作调研，深入县乡基层，了解工作情况，查找问题不足，研究提出改进意见。5月，人力资源社会保障部会同国家发展改革委、农业部等8部门组成调研组，赴河南省开展支持农民工返乡创业工作集中调研，并于5月12日在河南省郑州市召开了部分重点省份支持农民工返乡创业工作专题座谈会，听取10个重点省份工作情况汇报，总结经验，查摆问题，研究解决办法。6月30日，国务院就业工作部际联席会议在京召开推动返乡创业工作电视电话会议，贯彻落实党中央、国务院关于支持农民工等人员返乡创业工作的决策部署，总结交流经验，分析存在问题，部署推进返乡创业工作深入开展。人力资源社会保障部、国家发展改革委和农业部对返乡创业工作作了再部署、再推动。河南省汝州市、湖北省枝江市、四川省金堂县代表在会上作典型经验发言。科技部、财政部、商务部、人民银行、工商总局等联席会议有关成员单位和国土资源部、国务院扶贫办相关负责同志参加会议。7月，人力资源社会保障部邀请部分全国人大代表、返乡创业农民工代表、有关专家来部，就全国人大重点督办的“支持农民工返乡创业”建议进行座谈。

（五）进一步完善外国人就业管理制度。

按照党中央、国务院有关部署要求，坚持“引进高端、控制一般、限制低端”的指导思想，稳妥做好外国人来华就业工作。1月，会同外交部、教育部印发《关于允许优秀外籍高校毕业生在华就业有关事项的通知》（人社部发〔2017〕3号），首次允许无工作经历外籍高校毕业生在华就业，并实施配额管理。3月底，会同国家外专局、外交部、公安部印发《关于全面实施外国人来华工作许可制度的通知》（外专发〔2017〕40号），明确自4月1日起，全面实施外国人来华工作许可制度。

（六）统筹做好其他群体就业工作。

统筹推进各类群体就业工作。配合国家禁毒办印发《关于加强禁毒社会工作者队伍建设的意见》（禁毒办通〔2017〕2号）；赴西藏林芝开展禁毒工作督查。配合中国残联研究制定扶持残疾人自主就业创业的政策性文件。配合民政部研究退役士兵就业创业的政策措施。会同全国妇联等，开展全国两孩政策对妇女就业影响课题研究。

五、全面开展公共就业创业服务专项活动

（一）就业援助月活动。

元旦、春节期间，会同中国残联在全国开展以“就业帮扶、真情相助”为主题的就业援助月专项活动，采取多种有针对性的帮扶措施，帮助各类就业困难人员和残疾登记失业人员实现就业。活动期间，全国共走访57.3万户就业困难人员家庭；登记认定38.1万名未就业困难人员，其中残疾就业困难人员5.1万人，去产能职工4.4万人；帮助32.2万名就业困难人员实现了就业，其中残疾就业困难人员3.1万人，去产能职工3.8万人；登记认定2.2万户零就业家庭，帮助1.6万户零就业家庭中1.8万人实现就业；帮助72.5万名就业困难人员享受就业扶持政策，其中企业招用人员17.6万人，灵活就业45万人，公益性岗位安置5.7万人；共有4.8万户企业招用困难人员并享受扶持政策。

（二）春风行动。

1月，会同国务院扶贫办、全国总工会、全国妇联印发《关于开展2017年春风行动的通知》（人社部函〔2017〕6号），将农村建档立卡贫困劳动者列为重点服务对象，明确“促进转移就业，助力脱贫攻坚”的主题，对春风行动作出部署。2月上旬至3月底，在全国范围内开展2017年春风行动。活动期间，全国共发放“春风卡”等宣传资料4 721.4万份，组织专场招聘会2.4万场，为1 941.3万人提供免费政策咨询、岗位信息等公共就业创业服务（其中建档立卡贫困劳动者176.9万人，女性651.7万人）；组织参加职业技能培训117万人，其中参加创业培训51.4万人，享受培训补贴61.6万人；帮助劳动维权107.4万人。

（三）民营企业招聘周。

4月下旬，人力资源社会保障部会同教育

部和全国总工会、全国工商联以“促进供需精准对接，助力创新驱动发展”为主题，组织全国31个省（区、市）以及新疆生产建设兵团县级以上城市开展了“2017年全国民营企业招聘周”活动。招聘对象以2017届高校毕业生为重点，同时面向各类求职者。招聘企业以民营企业、中小微企业为重点，同时鼓励各类企事业单位参加招聘活动。招聘形式采取专场招聘、综合招聘、联合招聘、异地视频和网络招聘，同时，鼓励招聘单位进入高等院校、乡镇、街道和社区招聘，鼓励求职者登录中国公共招聘网求职。活动期间，各地充分利用移动互联网技术，通过微信、微博、手机App、二维码等新技术手段拓宽信息服务渠道，打造线上线下全方位立体化服务模式。招聘现场设立了就业信息发布、就业政策咨询、职业指导、技能培训、创业项目推介等服务平台，并设立了劳动权益维护服务台，对求职者在签订劳动合同、工资支付、社会保障、劳动争议和参加工会组织等方面进行指导和服务。活动期间，全国共有11.5万家民营企业参加，提供各类岗位信息276万条，其中适合高校毕业生就业的岗位116.8万个；共有约72.4万名求职者与用人单位达成了就业意向，其中高校毕业生26万人，农村进城务工劳动者29.5万人，就业困难人员7.5万人，建档立卡贫困人员3.2万人。活动期间，累计发放政策宣传品606.2多万份，提供维权及法律援助约15.2万人次。同时，中国公共招聘网开辟招聘周活动专版，发布岗位信息4万余条，涉及招聘单位2.2万家，招聘人数26万余人；访问量近56万人次，访客人数约14万人。

（四）举办首届全国创业就业服务展示交流活动。

9月15日至19日，人力资源社会保障部和山东省人民政府在济南市共同举办首届全国创业就业服务展示交流活动。中共中央政治局委员、国务院副总理马凯出席启动仪式，并参观了展示项目。人力资源社会保障部部长尹蔚民、副部长张义珍，山东省委书记刘家义，国务院6个部委、11个省政府负责同志，各地人力资源社会保障部门代表参加。活动分为主题展示和专项交流两大方面。主题展示部分共设综合展区、创业培训、创业服务、就业服务、创意创业5大展区，集中展示来自全国各地的170个优秀项目，展现创业培训、创业服务、就业服务等方面的新理念、新方法，展示服务培育出的优秀创业项目，全方位呈现党的十八大以来我国创业就业服务的崭新面貌。活动期间，累计有9万多人次入场参观，11万多人次在线观展。专项交流包括新旧动能转换企业峰会、创业大讲堂、创业服务座谈会、创业研究成果发布会等活动。其间，每天至少举办2场活动，近3 000人参与，同业内专家、创业典型进行面对面交流，成功搭建了创业就业管理部门与服务机构、普通大众与创业专家、创业者与创业服务者之间深度交流、直接对话的宽广平台。

六、加强完善公共就业和人才服务能力建设

（一）进一步完善就业信息服务。

指导各地加快建设集省级集中、业务专网管理和互联网经办服务于一体的公共就业服务业务应用系统，着力提升公共就业服务信息化建设和应用水平。推进“互联网＋”公共就业创业服务平台建设，进一步加强国家级就业信息服务平台即中国公共招聘网工作，基本实现了招聘信息的全国联网和共享发布，为各类求职人员免费提供招聘岗位、招聘会等就业信息服务。截至2017年年底，中国公共招聘网与全国288家公共就业和人才服务机构实现联网，覆盖了全国202个地级城市，日均发布有效招聘岗位信息20余万条，涉及招聘人数超过110万人。同时，推进全国就业信息监测平台建设，实现了对全国范围内劳动者的个人基本信息、就业登记与失业登记信息、享受就业扶持政策信息等动态监控。截至2017年年底，全国就业信息监测平台已覆盖全国4.6亿名劳动者。6月上旬，人力资源社会保障部办公厅

印发《关于建立人力资源市场职业供求状况分析工作定点联系城市的通知》（人社厅发〔2017〕68 号），在全国确定了 102 个城市作为市场供求状况分析工作定点联系城市，指导各地进一步拓宽信息来源，加强专业分析，把握市场变化，发挥市场供求信息对研判就业形势的基础性作用。8 月中旬，人力资源社会保障部办公厅印发《关于进一步加强招聘信息管理的通知》（人社厅发〔2017〕101 号），要求各地高度重视招聘信息管理工作，进一步规范人力资源市场秩序，着力加强对招聘活动特别是互联网招聘活动的监管，为广大劳动者创造公平、有序的就业环境，切实维护劳动者的合法权益。

（二）进一步健全公共就业服务体系。

2 月下旬和 3 月上旬，国家质量监督检验检疫总局、国家标准化管理委员会发布 2017 年第 4 号、第 5 号《中国国家标准公告》，批准《公共就业服务　总则》《公共就业服务术语》《公共就业服务中心设施设备要求》《就业登记管理服务规范》《失业登记管理服务规范》《就业援助服务规范》《职业介绍服务规范》《职业指导服务规范》等 8 项公共就业服务国家标准，为各地开展规范化公共就业服务和就业管理活动提供支持，推动公共服务朝着标准化、规范化方向发展。5 月下旬，人力资源社会保障部办公厅印发《关于认定第四批国家级充分就业社区的通知》（人社厅发〔2017〕60 号），认定了 194 个社区为第四批国家级充分就业社区，进一步发挥充分就业社区典型引路作用，推动各地加强基层就业服务工作。7 月下旬，人力资源社会保障部办公厅印发《关于推进公共就业服务专业化的意见》（人社厅发〔2017〕86 号），指导各地运用专业知识和新技术新方法，进一步强化基本服务，创新服务模式，加强队伍建设，更好地服务于新形势下的就业创业工作。

落实统一的公共就业和人才服务制度，指导各地强化服务功能，优化服务流程，提高服务的及时性、针对性和有效性。覆盖部、省、市、区（县）、街道（乡镇）、社区（行政村）五级管理、六级服务的公共就业和人才服务体系进一步完善，通过区（县）以上综合性服务机构（包括政府举办的人才交流服务机构和劳动就业服务机构）、街道（乡镇）和社区（行政村）的基层服务窗口，以及就业培训、创业担保贷款、创业服务等服务实体向求职者和用人单位提供就业创业服务。截至 2017 年年底，区（县）级基本实现了公共就业和人才流动服务机构全覆盖；8 624 个街道、3.2 万个乡镇建立了基层服务平台，分别覆盖全部街道的 98.6%和全部乡镇的 98%；8.9 万个社区和 41.7 万个行政村聘请了专职或兼职的工作人员，分别覆盖全部社区的 94.9%和全部行政村的 77.5%。2017 年，各级公共就业和人才服务机构共办理登记招聘服务 5 598.5 万人次，办理登记求职 4 002.7 万人次，为 1 639.4 万人次提供了职业指导服务，为 1 872.8 万人次提供了职业介绍服务，为 387.7 万人次提供了创业服务。

七、加强就业形势监测和分析

（一）做好就业统计监测工作。

继续做好城镇新增就业、失业人员再就业、困难人员就业数据月度统计汇总和城镇登记失业人员、城镇登记失业率数据季度统计汇总工作，定期进行数据分析，形成就业数据分析报告。开展 31 个大中城市就业形势分析及 11 个省市人力资源市场供求和企业用工情况监测工作，按月对相关情况进行汇总分析。完善去产能职工信息管理系统，开展实名制信息采集录入工作，建立了统计月报制度，及时掌握职工安置进展情况。开展 20 个省份 2 000 个行政村农村劳动力转移就业监测工作，及时掌握外出、返乡人数变化情况。

（二）定期开展就业形势分析研判。

依托人力资源社会保障部及相关部门组织开展的多个项目，运用统计、调查、监测以及实地调研、课题研究等多种手段，从就业失业总体状况、劳动力市场运行、企业用工、重点群体就业等多个维度，分析研判就业形势，按季度形成分析报告呈报国务院领导。与智联招聘、58同城等市场机构合作，探索利用人力资源市场大数据，加强就业形势分析。同时，针对人工智能发展对就业影响、促进快递业就业、推动困难典型城市就业等问题，撰写了专题报告报国务院领导，提出政策建议。

人力资源市场建设与管理

2017年，人力资源市场建设工作紧紧围绕“民生为本、人才优先”工作主线，服务就业优先战略和人才强国战略，坚持发挥市场在人力资源配置中的决定性作用，更好发挥政府作用，以重大改革任务为引领，以重点工作为中心，以重大项目为抓手，各项工作取得新突破、新进展、新成绩。

一、重大改革任务落地生效

全面落实中央深改办重点改革任务，加快推进《关于进一步引导和鼓励高校毕业生到基层工作的意见》落地生效。会同中央组织部、教育部、共青团中央召开动员部署电视电话会议，尹蔚民部长出席并发表重要讲话。以部领导署名文章、答记者问、专家访谈、典型案例等多种形式解读政策、宣传政策，营造良好环境。配合中央深改办和国务院加强督查指导，截至年末，全国已有25个省份出台配套政策。会同中央组织部、教育部、财政部、共青团中央制定实施《高校毕业生基层成长计划》，进一步完善“下得去、留得住、干得好、流得动”的工作机制。

二、市场立法取得积极进展

落实中央深改组工作要点和国务院2017年立法计划，完成《人力资源市场条例》实施效果预评估及重大问题论证，通过国务院法制办办务会审议，已提请国务院常务会议审议。同步开展网络招聘管理规定等配套规章研究制定工作。

三、统一的市场体系基本形成

一是市场整合融合进一步深化，功能完善、机制健全、运行有序、服务规范的市场体系基本形成。二是探索建立人力资源市场供求信息监测制度，实施“一线观察”，开展人力资源市场指数研究。三是支持西部、东北地区15省份实施人力资源市场建设援助计划，促进西部和东北地区人力资源市场建设。四是发挥人力资源市场在就业创业方面的作用。举办人力资源高校毕业生就业服务周活动，为高校毕业生提供就业创业宣讲、岗位信息推送、招聘等活动，有效促进高校毕业生就业和流动。

四、市场领域“放管服”改革积极推进

一是加强事中事后监管。组织开展了2017年国务院所属部门人才中介服务机构年度报告公示工作。督促56家部委人才机构全部完成总结自查，并按要求通过本单位门户网站等平台，对年度报告相关情况进行公示，强化了服务机构主体责任，增强了社会监督共治力度，在行业内发挥了带头示范作用。发布实施《人力资源服务机构能力指数》等12项国家标准，人力资源服务标准化、规范化进程不断推向深入，对人力资源市场的技术支撑效应初步显现。会同工商总局、教育部、公安部等部门印发了《关于开展以“招聘、介绍工作”为名从事传销活动专项整治工作的通知》，专项整治以“招聘、介绍工作”为名的传销活动。持续开展清理整顿市场秩序专项行动并赴

福建等地调研督查，严厉打击市场违法行为，维护市场良好环境。二是持续推进诚信体系建设，印发《关于进一步推进人力资源服务机构诚信服务主题创建活动的通知》（人社厅发〔2017〕37号），要求各地以“诚信服务树品牌，规范管理促发展”为主题，进一步推进人力资源服务机构诚信服务主题创建活动。同时，结合主题创建活动的开展，确定北京融德人才咨询服务有限责任公司等128家人力资源服务机构为“全国人力资源诚信服务示范机构”。通过诚信服务主题创建活动的开展，促进了人力资源服务业的健康有序发展。三是积极稳妥做好国家自贸区和自主创新示范区人力资源市场扩大对外开放政策试点。

五、人力资源服务业实现跨越式发展

一是落实国务院《“十三五”促进就业规划》（国发〔2017〕10号）、《关于做好当前和今后一段时期就业创业工作的意见》（国发〔2017〕28号），制定实施《人力资源服务业发展行动计划》（人社部发〔2017〕74号）。二是加强园区建设，批复中国长春、南昌和西安人力资源服务产业园，国家级园区达11家。三是实施行业领军人才培养计划，举办全国人力资源服务业发展能力建设高研班、博士后学术交流会。四是营造行业发展环境，出版《中国人力资源服务业发展报告（2017年）》，指导支持地方开展相关活动。2017年全行业营业总收入达1.44万亿元，比2016年增长21.9%，全年帮助超过2.03亿人次实现就业或转换了工作岗位，为3 190万家次用人单位提供了服务，成为经济社会发展新增长点和新动能。

六、加强流动人才公共服务体系建设

一是加快流动人员人事档案信息化建设，研究拟定指导意见和数据库、管理服务运行平台技术规范。二是推进流动人才档案管理政策落实，会同中央组织部召开人才中介服务机构失联党员规范管理和组织处置工作调度会，举办首次全国人才流动公共服务培训班，指导系统凝心聚力、服务大局。三是加强人才公共服务前瞻性研究，开展人才公共服务体系建设部级重大课题研究，支持11省份制定发布急需紧缺人才目录。

七、高校毕业生“三支一扶”计划深入实施

一是圆满完成2017年度选拔招募工作，招募约2.9万名高校毕业生到农村基层服务。二是实施“三支一扶”人员能力提升专项计划，全国组织开展52期示范培训班，培训5 000人次。举办首期“三支一扶”计划全国示范培训班。三是召开部际会议，加大各基层项目政策统筹力度。

职业能力建设

2017年，在党中央、国务院的高度重视下，在人力资源社会保障部党组的坚强领导下，职业能力建设事业取得重大突破，圆满完成世界技能大赛申办和参赛两大任务，用优异的成绩为党的十九大召开献礼，高技能人才队伍建设稳步推进，技工院校招生规模保持稳定，职业培训制度日趋完善，职业资格改革深入推进，各项工作保持良好态势。

一、认真分析形势，明确重点任务

4月14日，全国职业能力建设工作座谈会在深圳召开。会议总结了2016年全国职业能力建设工作，分析了面临的形势，明确了2017年重点任务。人力资源社会保障部副部长汤涛出席会议并讲话。会议要求，2017年职业能力建设工作要以世界技能大赛申办和参赛工作为重点，实现新突破，力争成功申办第46届世界技能大赛，力争第44届世界技能大赛再创佳绩。要以表彰激励工作为重点，加强技能人才政策创新，出台提高技术工人待遇的政策，落实新时期产业工人队伍建设政策，创新实施高技能人才振兴计划。要以贯彻落实《技工教育“十三五”规划》（人社部发〔2016〕121号）为重点，打牢技能人才培养基础，在深化校企合作、强化招生工作、拓展职业培训、实施技能脱贫千校行动上下功夫。要以建立终身职业技能培训制度为重点，加强重点群体职业培训，加大资金投入，加强规范管理。要以完善技能人才评价体系为重点，推进评价制度改革，加快建立国家职业资格目录清单管理制度，完善技能人才职业技能等级认定政策。要以大力弘扬工匠精神为重点，全面加强技能人才宣传工作，把弘扬工匠精神、推动产业工人队伍建设作为全年职业能力建设系统宣传主题，讲好技能故事。

二、推进技能人才队伍建设，落实人才强国战略

认真学习贯彻党的十九大精神，提高政治站位和大局意识，加强高技能人才队伍建设。作为主要部门参与制定《新时期产业工人队伍建设改革方案》并推动落实。研究制定提高技术工人待遇政策措施，与河南、湖北、云南省人民政府签订备忘录，开展部省共建技能振兴工程、技能强省工作，提升技能人才工作地位，推动改革创新。传递中国特色社会主义新时代党和国家对广大技能人才的关心与厚爱，弘扬劳模精神和工匠精神，营造劳动光荣社会风尚，尹蔚民部长春节前慰问高技能人才，首次在广西北海市举办高技能领军人才休假活动，开展2次国家级技能大师研修交流活动。全年新增高技能人才280万人（含技师、高级技师），建设国家高技能人才培训基地115个、国家级技能大师工作室149个。

三、完善职业培训制度，大规模开展职业培训

一是开展调研，研究制定政策。会同工商总局研究制定营利性民营职业培训机构登记管理办法。制定推行终身职业技能培训制度政策，提出了包括培训体系建设、体制机制等一系列重大改革措施。此外，研究起草新生代农

民工职业技能提升计划（稿）。

二是实施化解过剩产能企业职工特别职业培训计划、农民工职业技能提升计划（“春潮行动”），实施农民工等返乡人员创业培训五年行动计划（2016—2020年）、残疾人职业技能提升计划（2016—2020年），开展全国创业培训师资示范培训。全年政府补贴性职业培训1 690万人次，其中农民工897万人次。

三是持续开展企业新型学徒制试点工作，相继在22个省（区、市）的158家企业开展试点，惠及约1.8万名职工，涉及近百个职业（工种）。首批印发育婴员、家政服务员、养老护理员、汽车维修工、电子商务师、餐厅服务员、焊工、中式烹调师、装配钳工、数控车工等10个职业培训包，组织开展第二批职业培训包开发工作。深入实施国家高技能人才培训计划，实施63个公共实训基地建设项目。

四是研究制定离校未就业高校毕业生技能就业专项行动，加大高校毕业生技能培训工作力度，举办了5期少数民族地区和振兴东北内蒙古地区创业师资培训班。

四、深入推进技工院校改革，大力发展技工教育

一是制定出台技工院校职称制度改革、加强技工教育和职业培训教材建设等文件，会同有关部门印发高中阶段教育攻坚计划（2017—2020年）和加强技工院校共青团工作的意见，推动《技工教育“十三五”规划》（人社部发〔2016〕121号）全面落实。会同国家发展改革委共同实施职业教育产教融合项目和公共实训基地建设项目，确保技工院校按合理比例参与。

二是继续深化教学改革，完成前两批10个试点专业国家技能人才培养标准和一体化课程规范开发工作，在全国84所技工院校开展第三批17个专业一体化课程教学改革试点。深化校企合作，坚持多元办学，深入推进建设职业训练院试点工作并取得积极进展。

三是印发技工院校招生文件，发挥全系统职能作用，全力促进招生工作。深入实施技能脱贫千校行动，做好定点帮扶安徽金寨技师学院、江西宁都技工学校等工作。

四是大力弘扬工匠精神，会同工信部等6部门举办2017年世界青年技能日主题宣传活动，组织开展教师节慰问、新学期第一堂课等活动，营造良好社会环境。在第44届世界技能大赛中，中国代表团获奖的42名选手中有32名来自技工院校，占76%。

五、深入推进职业资格改革，做好相关后续工作

一是制定出台职业资格改革方案。经国务院同意，2017年1月，印发《进一步减少和规范职业资格许可和认定事项的改革方案》（人社部发〔2017〕2号），明确改革的主要任务和工作措施，推动职业资格改革向纵深发展。

二是制定公布国家职业资格目录。在分7批取消434项职业资格的基础上，经国务院同意，9月，印发《关于公布国家职业资格目录的通知》（人社部发〔2017〕68号），向社会公布国家职业资格目录，实行清单式管理。目录接受社会监督，保持相对稳定，实行动态调整。

三是开展减少职业资格许可和认定工作“回头看”。按照国务院要求，印发《关于开展减少职业资格许可和认定工作“回头看”的通知》（人社部函〔2016〕300号），通过自查和督查相结合的方式，确保职业资格领域各项政策措施落实到位。

四是全面清理行业准入证、上岗证。按照国务院要求，对准入证、上岗证进行了摸底，明确了清理的范围、原则和工作要求，梳理汇总了各部门、各行业协会学会准入证、上岗证情况，逐项研究提出了处理意见，并报送国务院推进职能转变协调小组。

五是做好取消职业资格的善后工作。分类做好取消职业资格有关后续工作，先后印发《关于做好取消部分技能人员职业资格许可认定事项后续工作的通知》（人社厅发〔2016〕

182号)、《关于做好国家职业资格目录公布实施后技能人员职业资格有关工作的通知》（人社厅发〔2017〕133号）等有关文件，进行广泛的宣传引导和政策解读。

六、大力开展职业技能竞赛，实现世赛申办和参赛双丰收

一是成功申办2021年第46届世赛。成立第46届世界技能大赛申办工作领导小组和申办工作委员会，并先后召开了3次申办工作领导小组全体会议、3次申办工作委员会全体会议，分别就如何开展友好交流、打好“三大战役”进行专题研究部署。把加强友好交流工作作为重中之重，全力争取世界技能组织各成员的支持。同时，圆满完成世界技能组织考察评估接待任务，李克强总理在京会见了世界技能组织主席西蒙·巴特利一行。特别是人力资源社会保障部会同上海、江苏举办了大规模的国际技能竞赛和研讨会，展示了上海按国际标准办赛办会的“软、硬实力”，以实际行动和国家实力，表明我国申办的诚意、决心和信心，得到了世界技能组织官员及大多数成员的支持。习近平总书记亲自在申办报告发表书面致辞并在申办陈述现场进行了视频致辞。尹蔚民部长和上海市政府应勇市长在申办现场作陈述发言。

二是出色完成第44届世赛参赛工作。中国代表团取得15金7银8铜12优胜的成绩，居金牌榜、奖牌榜和团体总分首位，创造了我国参赛以来的最好成绩，取得了历史性重大突破，工业机械装调项目选手、常州技师学院学生宋彪还荣获参赛选手最高奖项——阿尔伯特·维达大奖。11月21日，李克强总理在中南海会见代表团全体成员并作重要讲话。同日，人力资源社会保障部召开了第44届世赛参赛总结大会暨第3届中国青年技能营开营仪式。

三是组织开展2017年中国技能大赛，包括第44届世界技能大赛全国选拔赛、第十三届“振兴杯”全国青年职业技能大赛、全国智能制造应用技术技能大赛等国家级一类大赛6项、二类竞赛47项。

七、创新宣传形式，营造良好社会环境

开展7·15世界青年技能日主题宣传活动。会同上海开展申办世赛宣传口号征集和形象大使推选活动。在砥砺奋进成就展中宣传职业能力建设工作。举办6次技能中国行主题活动。制作三期技能公益广告在中央电视台播出，制播《中国大能手》“五一”特别节目——《匠心筑梦》和《中国大能手》（第三季）大型职业技能竞技节目。制作世赛、中华技能大奖等主题宣传画、宣传片，编印《技能之巅》等书籍，加强“技能中国”微信公众号等新媒体和中央媒体宣传，大力宣传高技能人才典型，营造良好氛围。

军转安置

2017年，按照中央关于做好深化国防和军队改革期间军转安置工作的部署和要求，经过各级党委、政府和军队各级组织的共同努力，8万余名军队转业干部安置任务圆满完成，自主择业军队转业干部管理服务水平不断提升，军队转业干部教育培训工作创新发展，各项工作任务取得了新的成效。

一、动员部署军队转业干部安置工作

（一）召开国务院军队转业干部安置工作小组会议。

5月4日，国务院军队转业干部安置工作小组会议在京召开。会议总结了2016年军转安置工作，研究了2017年工作安排。国务院军队转业干部安置工作小组组长、中央组织部副部长、人力资源社会保障部部长尹蔚民主持会议并讲话。国务院军队转业干部安置工作小组副组长、人力资源社会保障部副部长、国家公务员局局长傅兴国作工作报告。国务院军队转业干部安置工作小组副组长、中央军委政治工作部主任助理何宏军出席会议并讲话。国务院军队转业干部安置工作小组成员及成员单位负责同志参加会议。

（二）召开全国军队转业干部安置工作电视电话会议。

6月8日，2017年全国军队转业干部安置工作电视电话会议在京召开。中共中央政治局委员、国务院副总理马凯出席会议并作重要讲话。国务院军队转业干部安置工作小组组长、中央组织部副部长、人力资源社会保障部部长尹蔚民作工作报告。会议在北京设主会场，在各省、自治区、直辖市和副省级市设分会场。国务院军队转业干部安置工作小组成员和成员单位相关司局负责同志，军队驻京各大单位、武警总部政治工作部、干部局和转业办负责同志出席主会场会议。各省（区、市）军队转业干部安置工作小组成员，党委组织部负责同志，人力资源社会保障厅（局）、军转办负责同志，军队京外各大单位政治工作部及转业办负责同志，省军区（卫戍区、警备区）和武警总队负责同志出席分会场会议。各副省级市军队转业干部安置工作小组的同志及有关部门负责人在各自分会场参加会议。

会议指出，军队转业干部是党和国家的宝贵财富，是建设中国特色社会主义的重要力量。做好军队转业干部安置工作，关系深化国防和军队改革顺利推进，关系国家改革发展稳定大局。要深入贯彻落实习近平总书记关于军转安置工作的重要指示精神，强化“四个意识”，坚持把军转安置工作作为一项特殊的政治任务，勇于担当，主动作为，确保军转安置任务顺利完成。要全面落实中央下达的安置计划，不折不扣执行中央的政策规定，注重突出重点安置对象，切实把广大转业干部接收好、安置好、使用好。要进一步健全阳光安置工作机制，探索人岗相适有效办法，完善专项培训制度措施，制定就业创业扶持措施，积极稳妥推进军转安置工作创新发展。

会议强调，2017年是党和国家事业发展中具有重大意义的一年，也是国防和军队改革向纵深推进的关键一年。各地要把军队转业干部安置工作列入重要议事日程，摆在突出位置，加强组织领导，纳入目标管理，压实领导责任，为做好工作提供坚强有力的组织保证。要强化政治纪律和政治规矩，在执行中央政策上决不允许讲价钱、搞变通。军地之间要加强协作配合，始终带着对人民子弟兵的深厚感情，满腔热情地做好军转安置工作。要加强舆论宣传工作，进一步营造支持国防和军队改革、关心爱护军队转业干部的浓厚社会氛围。

会议要求，做好军转安置工作使命光荣、责任重大。要更加紧密团结在以习近平同志为核心的党中央周围，全面落实中央关于深化国防和军队改革期间军转安置工作的部署和要求，攻坚克难，扎实工作，圆满完成军转安置任务，以优异成绩迎接党的十九大胜利召开。

各省（区、市）按照统一要求，相继召开军转安置工作会议，对本地区的军转安置工作进行动员部署。

（三）召开中央单位军队转业干部安置工作会议。

7月5日，中央单位军队转业干部安置工作会议在京召开。会议传达了2017年全国军队转业干部安置工作电视电话会议精神，总结了2016年中央单位军转安置工作情况，部署了2017年接收900名军队转业干部的安置任务。中央和国家机关各部委，各直属机构、事业单位、人民团体，各中央企业干部（人事）部门负责同志参加。

二、全面落实军队转业干部安置工作各项任务

（一）计划分配军队转业干部安置工作。

7月25日，国务院军队转业干部安置工作小组、中央组织部、中央机构编制委员会办公室、人力资源社会保障部、财政部、教育部、中央军委政治工作部、中央军委后勤保障部8部门联合印发《关于做好2017年军队转业干部安置工作的通知》（国转联〔2017〕5号，以下简称《通知》），对2017年度军队转业干部安置工作提出具体要求。《通知》明确，2017年是国防和军队改革向纵深推进的一年，全军和武警部队有8万余名干部转业地方，其中计划分配4.47万余名，自主择业3.54万余名。《通知》强调，要坚持以习近平总书记关于军转安置工作的重要指示精神为统领，认真贯彻2017年全国军队转业干部安置工作电视电话会议精神，认真落实军转安置政策以及深化国防和军队改革期间军转安置的有关规定，切实把中央关于军转安置工作的各项政策规定落到实处。《通知》要求，各省（区、市）要加强对军转安置工作的组织领导，按照规定的时间节点有序推进安置工作，10月底前落实计划分配军队转业干部定岗定位，向部队发出军队转业干部和随调家属报到通知，12月底前全面完成年度安置任务。

11月1日，为做好中央单位接收安置军队转业干部收尾工作，召开了部分中央单位落实安置计划督导会，督促相关单位加快安置进度，按时完成任务。各有关单位干部人事部门负责同志参加。

11月6日，为全面了解掌握近年来中央垂直管理系统军转安置工作情况，进一步改进和加强垂直管理系统安置工作，召集国税总局、海关总署等15家中央垂直管理系统召开了中央垂直管理系统军转安置工作座谈会，会议总结了党的十八大以来中央垂直管理系统京外单位接收安置军队转业干部情况，分析了当前工作面临的形势任务和矛盾问题，研究提出了下一步工作思路和措施。

11月30日，部分省（区、市）军转安置工作推进督导座谈会在哈尔滨召开。会议充分肯定了黑龙江、江苏、云南3省经验做法，对安置工作推进较慢的部分省（区、市）提出明确时间节点和工作要求。会议强调要深入学习贯彻党的十九大精神和习近平总书记关于军转安置工作的重要指示精神，军转工作在新时代有新作为，圆满完成深化国防和军队改革期间的军队转业干部安置任务。会议要求在年底前完成年度安置任务，继续深化军转工作探索创新，进一步推动军转工作改革发展。有关省（区、市）的人力资源社会保障厅（局）分管

领导和军转办主任参加会议。

截至12月底，2017年度军队转业干部安置任务顺利落实，4.47万余名计划分配军队转业干部得到妥善安置，9 400余名师团职干部得到重点安置。中央单位共接收安置军队转业干部近1 000名，超额完成了年度安置任务。

（二）自主择业军队转业干部安置工作。

各省（区、市）军转部门按照年度安置计划，接收安置了3.5万名自主择业军队转业干部，顺利完成档案接收、待遇保障、扶持就业等任务。全国累计接收安置自主择业军队转业干部20余万名。

4月17日至21日，国务院军队转业干部安置工作小组办公室委托转业军官培训中心，在湖南省常德市举办全国自主择业工作培训班，对退役金发放系统和自主择业工作信息平台运行维护进行培训，对自主择业政策进行系统讲解。各省（区、市）及部分地（市、区）从事自主择业管理服务工作的同志参加。

4月26日，国务院军队转业干部安置工作小组副组长、人力资源社会保障部副部长、国家公务员局局长傅兴国出席河北省自主择业军队转业干部“双创”成果展示与项目人才交流大会并讲话，充分肯定了河北省经验做法，对进一步做好自主择业军队转业干部就业创业工作提出要求。

5月14日，国务院军队转业干部安置工作小组、人力资源社会保障部、财政部、中央军委政治工作部、中央军委后勤保障部联合印发《关于调整自主择业军队转业干部退役金标准的通知》（国转联〔2017〕3号），根据移交地方安置的军队退休干部退休费调整情况，调整了自主择业军队转业干部退役金标准。

6月13日至14日，全国退役金调整暨退役金检查工作部署会在安徽省合肥市召开，对退役金调整工作落实提出要求，对退役金发放软件进行操作培训，对退役金发放情况自查、抽查工作提出要求，对下一步自主择业工作思路和重点任务进行部署。各省（区、市）和计划单列市自主择业工作部门负责同志以及部分省（区、市）负责退役金发放工作的同志参加会议。

9月18日，国务院军队转业干部安置工作小组办公室印发《关于自主择业工作信息平台建设情况的通报》，对自主择业工作信息平台建设情况进行总结，表扬先进，分析问题，明确下一步信息平台建设工作重点任务和要求。

11月15日至16日，全国自主择业管理服务工作座谈会在云南省昆明市召开。云南、河北、辽宁、江苏、河南、重庆6个省市从退役金管理、扶持就业创业、信息平台建设等方面介绍经验；会议通报了第二次退役金检查和信息平台建设情况；会议认真学习党的十九大精神，分析军转工作面临的新形势，明确下一步自主择业工作思路和重点任务。各省（区、市）自主择业工作机构负责同志以及异地管理服务协作试点省份分管厅局长参加了会议。

12月7日，国务院军队转业干部安置工作小组办公室印发《关于开展自主择业军转干部异地管理服务协作试点的通知》（国转办〔2017〕16号），确定在北京、天津、河北、四川、重庆、贵州、云南、西藏开展异地管理服务协作试点，明确了试点工作总体思路、试点地区和时间、协作内容、工作机制、有关要求。

（三）军队转业干部教育培训工作。

全面启动探索开展军队转业干部进高校专项培训工作，创新开展自主择业军队转业干部个性化培训，为自主择业军队转业干部就业创业提供更多帮助，网络培训参训总人数比2016年又上一个新台阶。

1月12日，在北京召开进高校专项培训工作联系点座谈会，研究安排探索开展军队转业干部高校专项培训有关工作。辽宁、上海、江苏、河南、广东、云南、新疆7省（区、市）军转部门负责同志参加。

1月16日，国务院军队转业干部安置工作小组、中央组织部、教育部、人力资源社会保障部、财政部、中央军委政治工作部联合印发《关于探索开展军队转业干部进高等学校专项培训的指导意见》（国转联〔2017〕1号），明确了学员选派、高校选择、培养模式、管理保障和经费使用等问题，为开展高校培训工作提供了政策依据。

3月27日至4月1日，在成都举办军队转业干部进高校培训工作专题培训班，宣讲政策，部署工作。教育部、财政部有关司局和全军转业办负责同志，各省（区、市）负责军转教育培训工作的同志参加。

6月25日至27日，2017年北京地区军队转业干部适应性培训班分5个批次举办，进京安置的3 600余名军队转业干部参加了培训，适应性培训实现了全覆盖。

7月12日至14日，全国自主择业军队转业干部网络课堂管理员培训班在吉林省吉林市召开，总结经验、研究问题，对下一步工作作出安排。各省（区、市）军转部门相关负责同志参加。

11月27日至12月下旬，联合北京大学和清华大学开展中央国家机关和中央管理的在京企事业单位军队转业干部专业培训，结合新形势、新要求，对组织管理、培训课程和师资安排进行优化，790余名军队转业干部参加培训。

12月7日至8日，在福建省福州市召开全国军队转业干部进高校专项培训工作座谈会，总结经验，交流做法，研究推动军队转业干部进高校专项培训工作。各省（区、市）负责军转教育培训工作的同志参加。

专业技术人才工作

2017年，在以习近平同志为核心的党中央坚强领导下，紧紧围绕迎接党的十九大、学习党的十九大、贯彻党的十九大这一中心任务，坚持人才强国战略，围绕部中心工作和人才工作总体部署，聚焦新发展理念，聚焦深化改革，聚焦国家重大战略，聚焦人才队伍建设，实施更加积极、更加开放、更加有效的人才政策，开展更加科学、更加精准、更加高效的人才工程项目，充分发挥政府人才工作综合管理职能作用，推进人才分类评价机制改革，加强高层次人才选拔培养，优化人才公共服务，强化人才队伍建设。

一、人才评价机制改革加快推进

一是落实人才发展体制机制改革任务，协调推进人力资源社会保障部牵头的31项改革任务取得积极进展，在中央组织部深化人才发展体制机制改革经验交流会上，介绍人才评价改革经验。组织召开人力资源社会保障部人才工作领导小组会议，印发部2017年人才工作要点。举办全国专业技术人才工作骨干培训班，召开部分省会城市人才工作座谈会。二是分类推进人才评价机制改革。12月14日，中央政治局常委会会议审议通过《关于分类推进人才评价机制改革的指导意见（稿）》，拟于2018年以中共中央办公厅、国务院办公厅文件印发实施。三是积极推动职称制度改革。组织召开深化职称制度改革工作部署电视电话会议，召开部分省市职称制度改革督查工作会议，督促各地印发实施意见。加快推进各系列职称制度改革，建立工作台账，印发《关于深化技工院校教师职称制度改革指导意见》（人社部发〔2017〕90号）、《关于在部分职称系列设置正高级职称有关问题的通知》（人社厅发〔2017〕139号），研究部署2017年中小学教师职称评审工作。四是深入推进职业资格制度改革。落实“放管服”要求，经国务院同意，印发国家职业资格目录140项，实行清单式管理。集中治理“挂证”行为，继续开展职业资格许可和认定事项“回头看”工作。修订出台《专业技术人员资格考试违纪违规行为处理规定》（人力资源和社会保障部令第31号）。

二、高层次创新型人才队伍建设不断加强

一是创新完善国家专家培养选拔制度体系，优化人选结构，提升人选质量。完成2016年享受国务院政府特殊津贴人员名单公布、证书制发和津贴发放等工作。组织遴选411名“百千万人才工程”国家级人选，累计遴选5 700余人。二是牵头18部门会签《关于贯彻落实国务院领导同志解决留学回国人员创业创新“六难”重要批示有关情况的报告》，上报国务院。会同29个部门和单位召开留学人员回国服务工作部际联席会议，明确“六难”重点任务分工方案。进一步降低门槛，实施更积极、更开放、更有效的留学人员回国政策，加大引进海外高层次人才力度。三是印发《关于贯彻落实〈国务院办公厅关于改革完善博士后制度的意见〉有关问题的通知》（人社部发〔2017〕20号），优化博士后平台建设，严格博士后招收管理，发挥设站单位主体作用，培养高层次创新型青年人才。2017年进站

1.7万人、出站1.1万人。召开博士后管理工作座谈会，部署落实《意见》和《通知》任务。

三、专业技术人才工程项目深入实施

一是深入实施专业技术人才知识更新工程，召开工程指导协调小组会议，部署实施国家级高级研修项目300期，培养高层次专业技术人才2.1万人，完成急需紧缺人才培养培训和岗位培训123.6万人次，新设20个国家级专业技术人员继续教育基地。二是举办全国专家工作暨专家管理服务软件培训班，加大“百千万人才工程”实施力度，组织3期工程人选国情研修班，选调166人参加研修，围绕国家重大战略举办2期工程创新讲坛。三是配合中央组织部实施“千人计划”，实施高层次留学人才回国资助和留学人员回国创业启动支持计划，支持141名留学回国人员创新创业。配合中央组织部实施“万人计划”，完成青年拔尖人才复评工作，推荐选拔一批哲学社会科学领军人才人选。四是大力实施博士后创新人才支持计划、博士后国际交流计划、香江学者计划、中德博士后交流项目，选拔资助约930人次。签署中德博士后交流新协议，举办中外博士后制度研讨会，开展全国博士后学术交流活动。五是开展新疆、西藏少数民族专业技术人才特殊培养工作，加强特培学员管理服务，选拔培养新疆400名、西藏120名特培学员，组织4批专家入疆进藏开展学术交流、技术指导、项目合作等服务活动。

四、专业技术人才服务工作成效明显

一是指导各地贯彻落实《关于加强基层专业技术人才队伍建设的意见》（人社部发〔2016〕57号），健全完善配套政策措施。组织实施西部和东北地区高层次人才援助计划，开展20个重点示范项目。二是深入推进专家服务基层工作，遴选56个重点服务项目，新建10个国家级专家服务基地。开展春节慰问专家、海南休假活动，首次赴甘肃开展专家暑期学术休假活动。三是实施海外赤子为国服务行动计划，支持地方开展广州海交会、南京留交会、大连海外学子创业周、苏州国际精英创业周等留学人员科技项目交流品牌活动。四是加大博士后经费资助力度，博士后日常经费资助9.6亿元，博士后科学基金面上资助、特别资助经费6.3亿元。开展6期博士后管理人员培训班，举办12批博士后科技服务团，改进博士后进出站服务系统。五是贯彻落实专业技术人员继续教育规定，指导各地区各部门出台实施细则和配套文件。加强知识更新工程公共服务平台建设，推动“互联网＋”继续教育，开发新疆、西藏特培在线学习平台。

事业单位人事管理

2017年，事业单位人事管理工作深入贯彻落实党的十九大精神，以探索符合事业单位发展需要和行业特点的人事管理工作机制为重点，全面推进各项具体工作，取得明显成效。

一、事业单位人事制度改革继续深化

全面落实中央决策部署，推动事业单位人事制度改革。一是会同中央组织部开展事业单位人事管理工作情况联合调研。先后在北京、辽宁、浙江、山东、广东、四川6个省市了解情况，共召开21次座谈会，听取了140多个地方组织人事部门、行业主管部门和事业单位的意见，分析形势，总结经验做法，形成了《事业单位队伍建设情况调研报告》。二是为贯彻落实党中央、国务院关于加快实施创新驱动发展战略、深化人才发展体制机制改革以及大力推进创新创业的总体部署和要求，为激发高校、科研院所等事业单位专业技术人员科技创新活力和干事创业热情，营造有利于创新创业的政策和制度环境，印发《人力资源社会保障部关于支持和鼓励事业单位专业技术人员创新创业的指导意见》（人社部规〔2017〕4号），明确了支持和鼓励事业单位专业技术人员创新创业的具体情形和政策措施。三是参与事业单位改革、行业体制改革、重点领域改革等工作，会同有关部门研究高校、公立医院、科研院所人事制度改革指导意见。

二、事业单位人事管理配套政策规章进一步完善

加强制度建设，制定条例配套政策规章。一是为落实中央从严管理干部要求，进一步规范事业单位处分工作，印发了《人力资源社会保障部关于贯彻执行〈事业单位工作人员处分暂行规定〉若干问题的意见》（人社部规〔2017〕11号），着重解决地方和单位在具体执行过程中的问题。二是研究制定事业单位工作人员奖励、考核规定和事业单位申诉案件办理规则。三是研究起草事业单位人事监督、培训、回避、交流等配套政策。

三、公开招聘制度建设成效显著

规范招聘工作，完善公开招聘制度。一是为完善事业单位公开招聘政策体系，规范事业单位公开招聘行为，印发《事业单位公开招聘违纪违规行为处理规定》（人力资源和社会保障部令第35号）。二是及时回应媒体关注的事业单位公开招聘岗位条件设置问题，出台了《关于事业单位公开招聘岗位条件设置有关问题的通知》（人社部规〔2017〕17号）。三是为拓宽招聘渠道，方便应聘人员了解招聘信息，出台了《关于建立中央和国家机关所属事业单位公开招聘服务平台的通知》（人社部发〔2017〕76号）。四是为统筹推进研究港澳台居民到内地事业单位就业相关政策，出台了关于扩大台湾居民在大陆事业单位就业和做好港澳居民到内地事业单位就业工作的文件。五是落实《关于进一步做好艰苦边远地区县乡事业单位公开招聘工作的通知》（人社部规〔2016〕3号），指导各地做好相关工作。

四、聘用制度建设深入推进

规范聘用合同，推进聘用制度建设。一是

研究起草了《事业单位聘用合同规定》，着手修订聘用合同范本。二是开展规范聘用合同管理专题课题研究，研究解决人事关系的认定、终止，新聘用人员、初次就业人员聘用期限，未签合同人员处理，聘用合同推行中面临的订立、履行、变更、解除、终止等新问题。

五、岗位管理制度建设不断完善

以建立按需设岗、人岗相适、能上能下、科学规范、开放包容、运行高效的事业单位岗位管理体系为目标，健全岗位管理制度。一是为加强事业单位管理人员队伍建设，针对基层事业单位管理岗位工作人员晋升空间有限的问题，研究起草了县以下事业单位管理岗位职员等级晋升制度试点意见，并与中央组织部、中央编办、财政部达成一致意见。二是研究起草了事业单位特设岗位设置管理的指导意见。三是进一步健全完善岗位管理制度，研究起草《关于进一步规范和加强事业单位岗位管理工作的指导意见》。继续推进岗位设置管理工作，指导地方做好岗位设置的方案变更备案工作，开展对部分中央国家机关所属事业单位调整变更岗位设置方案的备案。

六、扎实做好基础性工作

一是为加强贯彻实施《事业单位人事管理条例》的指导，举办 3 期培训班，对 700 余名事业单位人事管理工作业务骨干进行培训。二是巩固“吃空饷”专项治理成果，9 月中旬至 11 月，会同中央组织部、中央编办、财政部在全国开展机关事业单位防治“吃空饷”问题长效机制建立情况的专项自查和联合督查工作。

公务员管理

2017年，公务员管理部门全面贯彻党的十九大精神，以习近平新时代中国特色社会主义思想为指导，认真落实中央改革决策，按照全国组织部长会议、全国人力资源和社会保障工作会议及全国公务员管理工作会议部署，围绕建设高素质专业化公务员队伍目标，聚焦精准科学，力求重点突破，各项工作按计划有序推进，积极稳妥实施，取得显著成效。

一、公务员职位管理工作

（一）加强聘任制公务员管理。

在继续推进聘任制公务员试点工作的同时，按照中央有关要求，中央组织部、人力资源社会保障部、国家公务员局对试点工作进行了全面总结，研究起草了《聘任制公务员管理规定（试行）》[以下简称《规定（试行）》]。7月19日，中央全面深化改革领导小组第三十七次会议审议通过《规定（试行）》。会议指出，对部分专业性较强的职位实行聘任制，是完善选人用人制度、加强公务员队伍建设的一项重要制度安排。要坚持党管干部、党管人才原则，坚持德才兼备、以德为先，坚持公开、平等、竞争、择优，坚持监督约束和激励保障并重，依照法定权限、条件、标准、程序进行，提高公务员队伍专业化水平。9月19日，中共中央办公厅、国务院办公厅印发《规定（试行）》。

（二）做好中央机关公开遴选和公开选调工作。

为贯彻落实党的十八大和十八届三中、四中、五中、六中全会精神，中央机关组织实施了2017年公开遴选和公开选调公务员工作。

一是在公开遴选政策方面，为进一步强化公开遴选工作从基层选拔优秀公务员的鲜明导向，对公开遴选公务员的任职定级政策作了适当调整，规定对于报考主任科员以下公开遴选职位的，可参考其原任职务与级别，比照本机关同等条件人员任职，进一步增强了公平公正性。

二是在选拔的科学性方面，将主任科员、副主任科员、科员三个职务层次合并为主任科员及以下，增加基层优秀公务员报考和脱颖而出的机会。同时，鼓励支持各单位根据工作需要和岗位特点自主命制面试试题，全面测查选拔人员专业能力和素质；坚持和强化差额考察方式，充分发挥差额考察的制度优势，注重考察人选与岗位的适应性和匹配性，不简单地以分取人。

三是在组织实施方面，对考生报名系统作进一步优化，增加考生报名过程中的提醒提示内容；同时优化资格审查系统，提高资格审查工作效率，降低资格审查人员的工作强度。使用人力资源社会保障电话咨询服务号（12370）向各相关部门和考生发送短信，做好提醒提示工作，进一步提升考试服务水平。2017年中央机关公开遴选和公开选调工作于5月发布公告，6月在北京等17个考点城市组织进行笔试，7月后，各部门陆续组织开展面试、考察及公示等工作。当年共选拔319名优秀基层公务员和国有企业事业单位人员。

（三）积极参与相关改革工作。

担任深入推进经济发达镇行政管理体制改

革工作小组联络员，牵头人力资源社会保障部相关职能单位研究修改经济发达镇行政管理体制改革实施意见。按照人力资源社会保障部党组的安排部署，赴天津、山东督查有关重点改革举措落实情况等。

二、公务员考试录用工作

（一）有效落实中央改革任务。

一是进一步加强基层考录工作。加大政策倾斜力度，在设置招考计划时加大县乡基层职位的比例，进一步结合实际发挥降低艰苦边远乡镇机关进入门槛政策效力。县乡机关录用人数占总招录人数的72.16％，乡镇机关招录计划的完成率继续上升，达到96.81％，艰苦边远地区基层机关“招人难”问题进一步缓解。严格基层机关新录用人员管理，落实最低服务年限等相关规定，较好地保证了基层机关新录用公务员队伍稳定。积极开展面向服务基层项目人员、大学生退役士兵、优秀村（社区）干部考试录用公务员等工作。

二是深入推进公安机关人民警察招录培养制度改革。坚持分类招警、科学考录，完善公安招录配套政策，进一步优化招考流程。根据工作实际需要，合理设置报考资格条件、开考比例、考试科目和测评办法。坚持优化来源、畅通渠道，全国各个省份分别面向公安院校公安专业应届毕业生和社会考生的招警工作，共招警3.55万名，其中面向公安院校公安专业毕业生招警1.6万名，入警率达84％。开展技侦、语言、网安、反恐等专业特殊招录专项考试，录用了1 271名特殊专门人才。开展特殊专业定向招录培养工作，招录258人。

（二）顺利完成公务员招考。

认真组织中央机关及其直属机构2017年度考试录用公务员工作。计划录用公务员和机关工作人员2.7万人，211.6万人次报名，148.6万人通过招录机关的资格审查，98.4万人参加公共科目笔试，实际录用2.5万人，占录用计划数的92％。各地公务员招考达120余项次，报名人数近550万人，实际录用16.6万人。组织了在西藏招录藏汉双语公务员工作，17个地市和10个中央机关安排231个职位计划，共录用203人。

（三）不断完善考录制度。

研究制定公务员考试录用违纪违规信息管理办法，加强考试录用诚信体系建设。指导各地结合实际研究制定修订了考录有关政策，江苏制定了考试录用公务员工作规范，湖南制定了特殊职位公务员考试录用办法，山东制定了公务员录用考察办法，湖北修订印发了公务员录用面试规程，福建起草了关于进一步做好公务员录用考试有关工作确保考试安全的通知。

（四）提高考录科学化水平。

一是有序推进分类分级录用考试。进一步完善公务员分类分级考试框架设计，就公务员分类分级考试录用工作的指导意见征求各地区各单位意见。加强专业科目考试指导，完成公务员专业科目考试试题命制指南，对银监、证监、公安专业科目试题进行质量分析，组织召开中央机关招考专业科目考试命题培训会。进一步推进分类面试工作，在加强对已开展自主命题单位指导的基础上，将民航系统纳入试点范围，单独命制针对本行业系统的面试题，提高精准选人水平。委托测评基地开展乡镇机关公务员招考测评要素调研工作，为乡镇机关公务员招考考试大纲编制、考试试题命制提供依据。

二是进一步提高试题命制质量。完成2018年度中央机关招考公共科目笔试试题、2017年度中央机关招考面试试题及二次调剂面试试题命制，完成外交部非通用语留学生遴选考试、海事系统泸州宜宾海事局转制考试、水利部转制考试等专项考试试题命制。在命题过程中不断提高命题规范化水平和试题质量要求，并不断创新考试组织形式，在公安院校毕业生招警考试中进行了计算机化考试试点，在农业部和海南国税局开展了结构化小组面试试点。

三是完善考录科学化支撑体系。不断加强

考试测评基地建设，为公务员录用考试（重庆）测评基地揭牌，指导考试测评基地完成省级同步招考公共科目笔试试题命制，委托开展命题、科研等工作，不断提高测评基地的区域服务能力。继续开展考录科研工作，完成3项课题的结题工作，根据考录工作应用研究和基础研究的需要，新立项17项科研课题，扩大参与专家范围，丰富人员构成，进一步夯实科学化基础。加强面试考官培训工作，为中央国家机关培训面试考官2 100名，为1 800名考官进行证书注册，指导新疆等10个省份举办18期面试考官培训班，提高全国面试考官的总体水平。

（五）夯实考录工作基础。

印发2017年行政机关公务员考试录用工作要点，部署全国考录工作。举办地方考录工作人员培训班，配强考录工作力量，强化工作规范。强化考试安全管理，细化考务组织，加强与公安、工信等部门的协调配合，健全联席会议机制，完善全国公务员录用考试违纪违规人员信息库，严厉打击考试作弊行为，保证了地方录用考试的安全顺利进行。健全全国考录系统信息交流机制，及时通报、共享各地重点工作情况。及时回应社会关切，营造良好工作环境。

三、公务员考核奖励工作

（一）研究指导公务员考核工作。

一是起草公务员平时考核办法。会同中央组织部就《公务员平时考核办法》在全系统征求意见，已经国家公务员局局务会审议通过。

二是加强公务员年度考核工作。支持西藏提高年度考核优秀比例；指导各地区各部门开展年度考核工作，做好相关政策解释工作。

（二）积极开展公务员奖励工作。

一是制定出台公务员奖励相关制度。会同国税总局出台《税务系统公务员奖励办法（试行）》；支持成都市出台《成都市公务员及时奖励暂行办法》，支持青海省起草人民满意公务员评选表彰规范性文件。

二是规范开展公务员奖励工作。审核批复了52家中央机关报送的定期奖励方案；配合相关部门做好公务员及时奖励工作，进一步发挥及时奖励的激励作用。

（三）全面推进国家表彰奖励工作。

一是参与建立中国特色功勋荣誉表彰制度。认真学习贯彻习近平总书记的指示精神，按照党和国家功勋荣誉表彰工作委员会的要求，在中共中央办公厅、国务院办公厅的指导下，牵头起草《国家功勋荣誉表彰条例》，中共中央、国务院已于2017年8月8日印发这个条例；配合中央组织部制定了《中国共产党党内功勋荣誉表彰条例》，配合中央军委政治工作部起草了《军队功勋荣誉表彰条例》。

二是研究建立功勋荣誉表彰奖励获得者待遇规定和困难帮扶机制。牵头制定《功勋荣誉表彰奖励获得者待遇规定（试行）》和《表彰奖励获得者困难帮扶办法（试行）》，两个文件的送审稿已经党和国家功勋荣誉表彰工作委员会会议审议原则通过。

三是研究完善以党中央、国务院名义开展的全国劳动模范和先进工作者评选表彰综合工作方案。进一步就改进全国劳动模范和先进工作者综合表彰工作进行调研，征求地方工作部门、相关部委和先进模范的意见。

四是选树重大先进模范典型。按照功勋荣誉表彰制度，依法进行及时表彰。

五是认真做好部级表彰奖励工作。严格执行部级表彰奖励计划申报审批制度，联合23个部门，表彰1 636个先进集体和4 543名先进个人。会同有关部门研究撤销了部分违法违纪人员的相关称号。

（四）严格规范评比达标表彰活动。

一是严格审核评比达标表彰项目。坚持围绕中心、服务大局、合理设置、注重实效原则，对有关地区和部门围绕脱贫攻坚等设立项目的申请，加快审核进度，及时报批。坚持总量控制、依法依规、从严从紧、综合平衡的原则，严格控制评比达标表彰项目的奖项设置、评选周期、表彰名额、奖励标准等，有效防止活动过多过滥。全年共审核有关地方和部门申请设立、调整和撤销的160个项目。

二是指导规范评比达标表彰活动。加强政策指导，配合中共中央办公厅法规局，对11个省（区、市）报中央备案的规范性文件，审核相关评比达标表彰工作内容，提出意见建议。加强监督检查，会同有关部门查处违规开展的评比达标表彰项目。

三是组织实施表彰奖励活动。围绕脱贫攻坚和建设世界科技强国等国家重大战略，会同有关部门开展了2017年度全国脱贫攻坚奖、全国创新争先奖和长征五号首次飞行任务、中国极地考察、集体林权制度改革等表彰活动，共表彰先进集体200个、先进个人418名，发挥了示范引领、激励导向作用。

（五）有序推进相关管理工作。

创新劳模管理服务工作，分类别分地区组织先进模范参加国庆招待会，分别在海南、山东、云南举办3期省部级以上荣誉称号获得者休假疗养，106名先进模范参加。组织开展党和国家功勋荣誉表彰奖励业务培训班，各省（区、市）以及中央和国家机关各部门分管考核奖励工作的负责同志约200人参训。组织开展西部5省区280名基层工作人员参训的考核奖励业务骨干培训班，有效提升了考核奖励干部队伍的政治意识和专业素养。

四、公务员培训与监督工作

（一）扎实推进公务员思想道德建设。

一是党的十九大精神学习培训。印发《国家公务员局关于行政机关公务员管理部门认真学习宣传贯彻党的十九大精神的通知》（国公局发〔2017〕8号），对行政机关公务员学习贯彻党的十九大精神进行动员部署，引导广大公务员在学懂弄通做实上下功夫，更加坚定地把思想和行动统一到党的十九大精神上来。

二是公务员职业道德建设。将政务诚信作为公务员职业道德建设的主题，加强公务员诚信教育，深入推进公务员职业道德建设。

三是做好宪法宣誓相关工作。会同国务院办公厅举办国务院任命的国家工作人员宪法宣誓仪式，42个部门的92人进行了宣誓。对各部门开展宪法宣誓情况进行督导调研，推动工作深入开展。

（二）进一步加强公务员能力素质建设。

一是全面部署“十三五”公务员培训工作。召开全国行政机关公务员培训工作会议，总结党的十八大以来行政机关公务员培训工作取得的显著成绩，对贯彻落实《“十三五”行政机关公务员培训纲要》（国办发〔2016〕92号），做好今后一个时期公务员培训工作提出明确要求。会后，各地各部门积极贯彻落实会议精神，推动培训工作深入开展。

二是提升培训服务大局工作水平。围绕贯彻落实打赢脱贫攻坚战，会同国务院扶贫办出台《关于开展行政机关公务员脱贫攻坚培训的意见》（国公局发〔2017〕4号），并联合举办全国脱贫攻坚培训工作研讨班，强化示范带头作用。围绕贯彻落实国家区域协调发展战略，积极开展公务员对口培训，举办38期培训班，直接培训2 200名骨干公务员，有力推动了东部与西部、东北和中部区域经济新合作。围绕推动京津冀协同发展战略，举办了京津冀县市区公务员管理培训班，提高公务员管理工作主动服务京津冀协同发展战略的思想意识和能力本领。

三是继续抓好“四类培训”和基础建设。初任培训工作方面，先后举办13期培训班，对1 200余名中央机关新录用公务员进行了培训，进一步加强任职培训，与中央组织部联合在国家行政学院开展中央机关处长任职培训，培训新任职处长180余人，充分发挥处长任职培训班的示范作用，推进任职培训工作深入开展。推动专门业务培训和在职培训深入开展，会同国家行政学院做好2017年学员选调工作，组织举办厅局级公务员管理专题研讨班及2期培训管理者培训班。加强公务员特色实践教育基地建设，为北京中关村基地授牌。加强师资建设，与MPA教指委共同发放公务员培训兼职教师暨MPA校外导师师资聘书。

（三）做好公务员纪律惩戒和申诉有关工作。

一是认真研究《行政机关公务员处分条例》修订重点难点问题，不断完善纪律惩戒法规政策。

二是依法有序开展公务员申诉工作。会同中央组织部对中央机关公务员申诉公正委员会及其办事机构组成人员进行调整，积极推动各地各有关部门公务员申诉公正委员会组建。加强对申诉案件受理和审理工作的指导，推动地方和部门依法开展公务员申诉工作。

此外，认真履行中央经济责任审计、干部监督、诚信建设、MPA 教育、国防教育、国家语言文字工作、打击野生动植物非法贸易等联席会议成员单位职责。

五、公务员综合管理工作

（一）做好公务员法修订工作。

为贯彻落实好习近平总书记关于做好公务员法修订工作的重要指示精神，3 月，中央组织部、人力资源社会保障部、国家公务员局共同向党中央、国务院报送《关于研究修订公务员法有关考虑的请示》（人社部报〔2017〕62 号），得到中央办公厅的批复同意。5 月，成立修订公务员法工作领导小组和工作小组，制定工作方案，明确时间表和路线图，加强工作调度，落实工作责任。6 月，中央组织部、人力资源社会保障部、国家公务员局共同召开修订公务员法工作部署会议，研究部署公务员法修订工作。7 月，会同中央组织部在全国组织干部学院举办研究修订公务员法专题培训班，起草形成公务员法修订草案初稿。9 月，国家公务员局综合司分别组织人力资源社会保障部有关职能单位、国家公务员局局属各司对公务员法修订草案初稿进行专题研讨修改。会同中央组织部公务员管理办公室按照党的十九大精神对公务员法修订草案初稿进行修改。

（二）做好公务员统计工作。

3 月至 4 月，会同中央组织部相关职能部门开展 2016 年度全国公务员统计数据会审，编印统计资料，上报中央领导审示。5 月，通过《2016 年度人力资源和社会保障事业发展统计公报》公布公务员统计相关数据。5 月至 6 月，与中央组织部相关职能部门共同开展 2017 年公务员队伍建设专题统计选题分析工作，评审出各地各部门多篇优秀分析报告并予以通报。10 月，对公务员统计软件进行升级改版和测试。10 月下旬，中央组织部、人力资源社会保障部、国家公务员局共同印发《关于做好 2017 年全国公务员信息采集和公务员统计工作有关事项的通知》（组通字〔2017〕39 号），部署 2017 年度全国公务员统计工作。10 月底至 11 月初，在中国井冈山干部学院举办统计工作培训班。

（三）推进全国公务员管理信息系统建设。

积极推进全国公务员管理信息系统软件研发。5 月至 9 月，会同中央组织部相关职能部门共同开展信息系统软件相关功能模块的集中封闭研发工作。10 月初，完成对公务员管理信息系统汇总版一期软件的测试工作。10 月底至 11 月初，召开全国公务员信息采集工作部署会议，并组织开展相关培训工作。12 月，会同中央组织部召开部分中央和国家机关公务员信息采集工作推进会议，赴部分省、市联合开展全国公务员信息采集和统计调研督导工作。12 月初，会同中央组织部相关部门召开全国公务员管理信息系统汇总版一期软件开发项目初步验收会，完成了项目的初步验收工作。12 月底，全国公务员信息采集工作基本完成，基本实现机构、人员应入库尽入库，基本信息应采集尽采集。

（四）做好参照公务员法管理工作。

与中央组织部联合开展参照管理专题调研，了解全国参照管理整体情况，做好参照管理与事业单位分类改革有机衔接工作，指导各地处理好参照管理审批遗留问题。完善参照管理审批流程，依法做好事业单位参照管理审批和日常管理工作。

（五）重大会议。

1 月 20 日，中央组织部、人力资源社会保障部、国家公务员局在北京召开全国公务员管理工作会议。会议全面贯彻党的十八大和十八届三中、四中、五中、六中全会精神，深入贯彻习近平总书记系列重要讲话精神，按照全国组织部长会议及全国人力资源和社会保障工作会议部署，总结2016年工作，分析面临的形势，安排部署2017年工作。当日上午，中央组织部常务副部长陈希作工作报告，中央组织部副部长、人力资源社会保障部部长尹蔚民主持会议。各省（区、市）、新疆生产建设兵团、副省级市党委组织部分管副部长和政府公务员局主要负责同志，中央和国家机关各部委、各直属机构组织人事部门负责同志，中央组织部、人力资源社会保障部、国家公务员局有关司局负责同志参加会议。

7月28日，国家公务员局在北京召开2017年年中务虚会。会议深入学习贯彻习近平总书记系列重要讲话精神，研究分析公务员管理面临的新形势、新任务，总结上半年工作，部署落实下半年重点工作。与会同志围绕公务员管理改革、健全正向激励机制、基层公务员队伍建设和公务员能力建设等专题深入交流研讨。11月28日，国家公务员局在北京召开年终务虚会。会议认真学习贯彻党的十九大精神，以习近平新时代中国特色社会主义思想为指导，深入分析公务员管理工作面临的新形势、新任务，研究谋划2018年及今后一个时期公务员管理工作的总体思路、目标任务和重点举措。

城镇职工养老保险

2017年，在人力资源社会保障部党组的统一部署和坚强领导下，围绕“三抓一促”工作要求，以深化养老保险制度改革为重点，坚持深化改革与确保发放相结合、规范政策与创新机制相结合，认真履行全面从严治党两个主体责任，养老保险各项工作取得新的重要进展。

一、养老保险制度改革有序推进

按照党中央、国务院的部署和要求，人力资源社会保障部会同有关部门在深入调查研究、广泛听取意见、反复测算论证基础上，形成了改革和完善基本养老保险制度总体方案，正按计划有序推进相关改革工作。

二、积极推进企业职工基本养老保险基金中央调剂工作

人力资源社会保障部会同有关部门成立工作小组，开展调研和数据测算，召开部分省份人力资源社会保障、财政部门座谈会，起草了《国务院关于建立企业职工基本养老保险基金中央调剂制度的决定（稿）》和具体实施办法（稿），并向国务院有关领导同志作了专题汇报。《决定（稿）》经人力资源社会保障部党组会审议并原则通过后，印发各省（区、市）征求意见。

三、机关事业单位养老保险制度改革取得实质性进展

人力资源社会保障部会同财政部先后出台《关于机关事业单位基本养老保险关系和职业年金转移接续有关问题的通知》（人社部规〔2017〕1号）、《关于印发统一和规范职工养老保险个人账户记账利率办法的通知》（人社部发〔2017〕31号）等文件，保证了机关事业单位养老保险制度改革的顺利推进。同时，指导各地结合实际抓紧推动落实。

四、再次统一调整企业和机关事业单位退休人员基本养老金

经国务院批准，从1月1日起，提高企业和机关事业单位退休人员基本养老金水平，总体调整水平为2016年退休人员月人均基本养老金的5.5%左右。此次调整是企业退休人员第13次连调，也是第二次与机关事业单位同步调整，基本实现了各类退休人员待遇调整的“并轨”，共有1亿多退休人员受益。

五、进一步完善省级统筹制度

在对各地省级统筹情况进行调查摸底和赴有关省份调研的基础上，人力资源社会保障部会同财政部联合印发了《关于进一步完善企业职工基本养老保险省级统筹制度的通知》（人社部发〔2017〕72号），要求各地进一步统一政策，规范管理，在实现“六统一”的基础上，积极创造条件实现全省基金统收统支。

六、修订印发《企业年金办法》

会同财政部将《企业年金办法（稿）》报经国务院合法性审查后，12月18日，人力资源社会保障部、财政部正式印发《企业年金办法》（人力资源和社会保障部令第36号）。《企业年金办法》结合企业年金运行十几年来的情况，考虑与职业年金办法的平衡，在筹资规

模、企业缴费分配、权益归属、待遇领取条件和方式、覆盖范围等方面作了修改和完善。

七、积极研究养老保险第三支柱有关问题

通过委托课题、进行调研等方式，积极研究养老保险第三支柱有关问题。向国务院有关领导同志报送了养老保险第三支柱有关情况的报告，并按照国务院领导同志的批示精神，积极筹备并开展养老保险第三支柱工作，召集相关部门研究完善工作方案稿。

失业保险

2017年，全国失业保险工作以迎接党的十九大召开、学习宣传贯彻党的十九大精神为主线，认真贯彻落实中央决策部署，着眼维护就业局势总体稳定和提高保障改善民生水平，积极构建保生活、防失业、促就业三位一体功能，突出抓好参保扩面、提高待遇、降低费率、援企稳岗、技能提升等惠企利民政策措施制定实施，全面推进各项具体工作的开展，取得显著成效。

一、抓基本，制度总体运行平稳可持续

2017年，失业保险参保人数和保障水平继续呈增长态势。截至12月末，全国参保人数为18 784万人，同比增加695.4万人，参保人数较上年年末增加的有29个省份。其中，农民工参保4 897万人，占全国参保总人数的26.1%。全年共为458.1万名失业人员发放失业保险金，月人均领取1 111.4元，比上年平均水平增加60元，增长5.7%。

失业保险基金运行平稳可持续。全年全国基金收入1 113亿元，比上年减少9.5%。全年基金支出894亿元，比上年减少82亿元，减幅8.4%。其中，用于保障失业人员基本生活的失业保险待遇支出433亿元（含失业保险金、为领取保险金人员缴纳的医疗保险费、丧葬抚恤补助、价格临时补贴、农民合同制工人一次性生活补助等），占基金总支出的48.4%，较上年增加5.2个百分点；用于促进就业、预防失业支出434亿元（含职业培训补贴、职业介绍补贴、稳定岗位补贴、技能提升补贴、东部7省市扩大基金支出范围试点以及各地其他政策补贴等），占基金总支出的48.6%，比上年占比下降7.1个百分点；其他支出和转移支出27亿元，占基金总支出的3%，比上年占比上升1.7个百分点。基金累计结余5 552亿元，比上年年末增加219亿元，增幅4.1%。

二、保生活，兜牢民生底线有新作为

失业保险不断强化保生活基础功能，在兜牢民生底线上有新作为。坚持应保尽保，把民生网底铺得更宽，织得更密。年初，人力资源社会保障部向各省份下达参保扩面计划，并通过逐月调度、个别督促等方式压茬推进。各地积极主动跟进，层层压实责任，抓好任务落实，失业保险制度覆盖范围进一步扩大。

坚持应发尽发，打通“最后一公里”，让失业人员便捷享待、及时受益。着手修订失业保险金申领发放办法，推动进一步放宽申领条件，降低享待门槛。研究起草失业保险关系转移接续办法，确保参保职工不因择业流动中断失业保险关系。指导各地进一步增强服务意识，规范流程，简化手续，做好失业保险金发放工作。

出台调整失业保险金标准指导意见。人力资源社会保障部会同财政部印发《关于调整失业保险金标准的指导意见》（人社部发〔2017〕71号），指导各地循序渐进，分步实施，逐步将失业保险金标准提高到最低工资标准的90%，并形成增长机制。

三、防失业，促进稳定就业有新举措

着眼化解经济新常态下的新矛盾、新问

题，把防失业作为工作重点，增强预防失业功能，积极稳定就业，为经济社会发展提供助力。

深入实施稳岗补贴政策。指导各地全面铺开援企稳岗“护航行动”，树立服务品牌，推动政策实施。各地不等不靠，探索有效路子，不断强化稳岗补贴雪中送炭、扶困扶危的作用。全年共向38万户企业发放稳岗补贴约198亿元，惠及职工5 311万人，有效减少失业，稳定就业的“定海神针”政策效应进一步显现。

出台实施技能提升补贴政策。人力资源社会保障部会同财政部印发《关于失业保险支持参保职工提升职业技能有关问题的通知》（人社部发〔2017〕40号），指导各地对取得相应职业资格证书或职业技能等级证书的参保职工发放技能提升补贴。全年累计发放补贴2.8亿元，惠及参保职工11.4万人次。

优化失业动态监测预警。进一步提高就业失业形势研判和风险防范能力，指导经济、就业大省增加失业动态监测企业数量，监测企业和岗位数量达到5.2万户、2 700万个，为分析研判就业失业形势提供了有力支持。加强对去产能重点行业和重点地区的监测分析，增强失业动态监测指标设置的科学性，研究建立失业风险监测值和警戒线，提供了研判失业风险有效形式。

四、促就业，助力就业局势稳定有新担当

打出促就业政策组合拳，为推动实现更高质量、更加充分就业出招发力。

调整费率降成本。坚决落实国务院“继续大力实施减税降费政策，下决心降低企业负担，放水养鱼，为稳增长、促就业提供支撑”的部署要求，在精心研究测算的基础上，第三次阶段性降低失业保险费率。22个省份将失业保险费率降至1%。按2%费率计算，全年共减少征缴收入1 000亿元左右。

巩固试点促就业。指导东部7省（市）继续做好扩大失业保险基金支出范围试点工作。总结工作经验，评估工作成效，梳理政策思路，结合《失业保险条例》（以下简称《条例》）修订工作进展，提出试点政策与之衔接的办法，为推动工作的连续、平稳、规范实施打下了基础。

支持失业人员再就业。指导各地认真做好失业人员再就业和创业服务工作，以全面落实职业培训和职业介绍补贴制度为引领，加大促进就业资金投入，帮促失业人员尽快实现再就业。

五、抓改革，服务保障能力有新提升

服务经济社会发展，以改革创新的意识抓服务保障能力建设，提高全系统政策执行和落实能力。

抓顶层设计。着眼完善制度、管住长远，配合国务院法制办修订《条例》，把创新政策和实践经验充分吸纳进来，上升到立法层面。11月10日至12月10日，《条例》向社会公开征求意见。针对工作中遇到的新情况和实践中的重大问题，开展课题研究，为做好配套政策储备提供依据。

抓经办服务。积极推动服务平台建设和网上申报，变被动受理为主动服务，融入“五险统征”，推进“互联网+”“最多跑一次”为重要特征的经办服务体系建设。开展经办机构设置和基金统筹层次调研，摸清工作底数，着手研究管理办法，积极推动实现失业保险业务在一个窗口就能办理。收集整理各地经办机构信息，在部网站集中公开发布，便于参保单位和职工查询办事。

抓基金安全。不断加强内控机制建设，加大基金监管力度，确保基金安全平稳运行。

医疗保险

2017年，各级人力资源社会保障部门深入贯彻党中央、国务院一系列决策部署，扎实有序开展工作，在整合城乡居民基本医保制度、完善大病保险和精准扶贫政策、深化医保支付方式改革、开展国家医保药品目录调整和支付标准谈判等重点改革方面取得了新进展，医保在医改中的基础性作用得到增强。

一、圆满完成扩面计划，基金运行总体平稳

截至12月底，基本医保参保人数117 681万人，比上年年底增加43 290万人。其中职工医保参保人数30 323万人，比上年年底增加791万人；居民医保参保人数87 359万人，比上年年底增加42 499万人。增长较多的省份有：河南增加8 050万人，湖南增加4 260万人，广西增加4 077万人，湖北增加3 640万人，江苏增加3 635万人。全年基本医疗保险基金总收入17 932亿元，比上年增长37.1%，总支出14 422亿元，比上年增长33.9%，基金运行总体平稳。其中，职工医保基金总收入12 278亿元，总支出9 467亿元；居民医保基金收入5 653亿元，支出4 955亿元。

二、提高居民医保财政补助水平，保障水平稳步提高

会同财政部印发《关于做好2017年城镇居民基本医疗保险工作的通知》（人社部发〔2017〕36号），明确居民医保财政补助标准提高到人均450元，个人缴费提高到人均不低于180元。保障水平稳步提高，职工医保和居民医保政策范围内住院医疗费用基金支付水平稳定在80%以上和70%左右。

三、推进城乡居民基本医疗保险制度整合

加强指导和工作调度，加大督查力度，继续推进城乡居民基本医保制度整合。截至12月底，23个省份实现全民医保统一归口人力资源社会保障部门管理；80%以上地市启动实施城乡居民医保，城乡统一的医保一体化管理服务格局初步形成。从地方实践看，整合后，制度更加公平，管理服务水平提高，城乡居民特别是农村居民的医保待遇显著提升。

四、完善城乡居民大病保险制度，打好医保精准扶贫攻坚战

按照中央扶贫攻坚的总体部署，巩固完善大病保险制度，通过降低起付线、提高报销比例和封顶线等倾斜性政策，实行大病保险精准支付。制定印发《关于建立医保扶贫考核工作机制的通知》（人社厅发〔2017〕100号），督促地方落实医保扶贫工作。目前，绝大部分省份将贫困人口全部纳入基本医保和大病保险范围，22个省份落实了大病保险倾斜支付政策。

五、积极推进长期护理保险制度试点

指导试点城市按照《关于开展长期护理保险制度试点的指导意见》（人社厅发〔2016〕80号）积极稳妥做好试点工作。全国15个试点城市全部出台工作方案并启动试点。从已实现待遇支付的地方看，试点切实减轻了长期失

能人员特别是失能老人及家庭的经济负担，拉动了护理服务领域的就业，促进了护理服务体系和护理产业发展，改善了家庭生活质量，优化了医疗资源利用效率，产生了良好的社会影响。

六、全面推进医保支付方式改革

1月，国务院办公厅印发《关于进一步深化基本医疗保险支付方式改革的指导意见》（国办发〔2017〕55号），对全面推进医保支付方式改革作出部署，指导各地全面推行建立以按病种付费为主的多元复合支付方式。

七、调整完善国家医保药品目录

按照“补缺、选优、支持创新、鼓励竞争”思路调整国家医保药品目录，2月印发《关于印发国家基本医疗保险、工伤保险和生育保险药品目录（2017年版）的通知》（人社部发〔2017〕15号）。国内首次开展药品支付标准谈判，将36种价格昂贵的专利药品纳入了国家医保药品目录乙类范围并公布医保支付标准，谈判药品价格平均降幅44%。2017年新版国家医保药品目录（包括经谈判纳入的药品）共收载2 571种药品，增幅达17%。

八、基本医保跨省异地就医住院费用直接结算初步实现

完善相关政策和管理措施，加强对地方的政策指导。推进全国统一的跨省异地就医联网技术标准和业务规范实施，做好政策宣传。截至12月底，全国所有省份和统筹地区已全部接入国家异地就医结算系统并联网运行，覆盖全部参加基本医保和新农合的人员；90%以上的三级定点医疗机构已联接入网；符合规定的省内和跨省异地就医住院费用实现直接结算。

九、积极参与深化医药卫生体制改革

密切跟踪医改工作进展，协调推进人力资源社会保障领域医改工作。召开综合医改试点省工作座谈会，指导北京市稳妥推进医药分开综合改革，指导广东、天津等地拓展医保经办职能，加强医保对医疗服务的外部激励制约机制，发挥医保在医改中的基础性作用。组织开展“发挥医保对医改引领作用”的课题研究，对家庭医生签约服务、医联体建设、分级诊疗等重点难点工作进行专题调研和深入研究。参与药品审评审批制度改革、医疗行业综合监管、药品流通领域改革、建立现代医院管理制度、分级诊疗等医改重大改革项目。

工伤保险

2017年工伤保险战线深入学习贯彻党的十九大精神和习近平新时代中国特色社会主义思想，按照党的十九大报告中关于全面建成覆盖全民、城乡统筹、权责清晰、保障适度、可持续的多层次社会保障体系的总要求，不断完善工伤保险制度体系，找准工作重点，狠抓工作落实，各项工作取得积极进展。

一、推进以建筑业为重点的工伤保险参保扩面工作

一是印发《人力资源社会保障部办公厅关于进一步做好建筑业工伤保险工作的通知》（人社厅函〔2017〕53号），推动建立健全建筑业按项目参加工伤保险的长效工作机制，巩固建筑项目“先参保、再开工”政策成效。二是将建筑业新开工项目参保率写入人力资源和社会保障事业发展计划指标，把建筑业按项目参保工作纳入了常规性工作考核。坚持双月对各省（区、市）和新疆生产建设兵团建筑项目参保情况进行通报，提出下一步推进工作的要求。三是会同交通运输部、水利部等部门研究制定交通运输、水利、能源、铁路等建筑项目参加工伤保险的实施意见，将工程建设领域农民工全部纳入制度保障，进一步编牢织密工伤保险保障网。四是指导各地继续推进公务员参保，并开展快递从业人员等流动性大、劳动关系不稳定的就业群体参加工伤保险的政策研究，推进工伤保险更高水平的全覆盖。

截至12月底，全国新开工建筑项目123 184个，其中参保项目123 089个，参保率99.9%；在建建筑项目96 782个，其中参保项目95 103个，参保率98.3%；累计4 000多万人次建筑业农民工纳入工伤保险保障。全国参加工伤保险总人数为22 724万人，比上年年底增加834万人，其中农民工参保7 807万人。全年全国工伤保险基金收入854亿元，同比增长15.9%；基金支出662亿元，同比增长8.5%。2017年，全国享受工伤保险待遇共计193万人。

二、扎实做好相关政策研究完善工作

一是会同财政部印发《关于工伤保险基金省级统筹的指导意见》（人社部发〔2017〕60号），提出“统收统支”和“建立省级调剂金”两种方式，要求在省（区、市）实行统一的工伤保险参保范围和参保对象、统一的工伤保险费率政策和缴费标准、统一的工伤认定和劳动能力鉴定办法、统一的工伤保险待遇支付标准及统一的工伤保险经办流程和信息系统，确保在2020年年底全面实现省级统筹。二是会同财政部、国家卫生计生委、国家安全监管总局印发《工伤预防费使用管理暂行办法》（人社部规〔2017〕13号），明确了工伤预防费用于工伤事故、职业病预防的宣传和培训，工伤预防费的使用原则上不得超过统筹地区上年度工伤保险基金征缴收入的3%。三是印发了《关于工伤保险待遇调整和确定机制的指导意见》（人社部发〔2017〕58号），要求各地建立工伤保险待遇调整和确定机制，科学合理确定待遇调整水平，提高工伤保险待遇给付的服务与管理水平，原则上每两年至少调整一次，在社保领域率先全面启动待遇调整的科学化、规范

化工作。四是开展非因工伤残或因病丧失劳动能力程度鉴定标准修订研究。五是开展修订《工伤保险条例》研究，工伤保险待遇项目、标准与调整方法（因素）研究等课题研究。

三、做好工伤保险政策宣传培训工作

印发《人力资源社会保障部办公厅关于组织开展2017年全国工伤保险集中宣传活动的通知》（人社厅函〔2017〕100号），在全国组织开展了2017年工伤保险集中宣传活动。开展“工伤保险优秀影视作品”展播评选活动，在“中国工伤保险”微信公众平台上对21个省份选送的51部影视作品进行展播，并在人力资源社会保障部政务微信上通过32.5万人次的群众票选，选出18部群众最喜爱的优秀影视作品。借助与国家卫生计生委、国家安全监管总局、全国总工会、残联等部门开展职业病防治法宣传周、安全生产月、安全生产万里行、世界残疾人日、工伤保险集中宣传月的契机，联合开展政策宣传活动。与中国人力资源和社会保障出版集团联合制作推出80集《漫话〈工伤保险条例〉》动漫宣传片，逐条解读《工伤保险条例》。指导中国劳动保障报社编发了12期工伤保险宣传专版，继续加强工伤保险门户网站建设。根据年度培训计划安排，8月下旬在黑龙江省哈尔滨市举办工伤保险政策培训班，31个省（区、市）、新疆生产建设兵团和15个副省级市的人力资源社会保障系统工伤保险行政部门、工伤保险经办机构同志共计约170人参加培训，总体满意度达到98%以上。

四、切实做好工伤保险其他业务工作

一是继续发挥工伤保险部门协调机制的作用，与有关部门就工伤认定、待遇支付等工伤保险政策难点问题进行研讨和协商，为进一步完善工伤保险有关法律政策问题打好基础。二是加强工伤保险待遇支付管理，通过发放调查表格，全面了解掌握各地工伤保险待遇支付管理的制度建设、信息系统建设、机构设置以及住院人次、门诊人次和医疗费用等基本情况。由人力资源社会保障部相关职能单位组成5个调研组对10个省份、20个地市开展实地调研，聚焦突出问题，防范欺诈骗保行为。三是认真履行国务院安委会成员单位职责，牵头制定了人力资源社会保障部贯彻落实《中共中央 国务院关于推进安全生产领域改革发展的意见》重点任务分工实施方案。按照国务院安委会的统一部署，参加了有关省份2016年度安全生产责任考核和2017年安全生产大检查综合督查等工作。四是参加人力资源社会保障部与国际劳工组织共同举办的《社会保障（最低标准）公约》研讨会，参加与奥地利等国的双边社保协定谈判工作。五是做好信访相关工作，积极配合人力资源社会保障部办公厅处理有关疑难上访案例，认真研究信访中反映的突出问题，全年共处理人民来信1 585件。

生育保险

2017年，各级人力资源社会保障部门按照党中央、国务院统一部署，贯彻落实全面两孩政策，完善生育保险政策，确保参保职工公平享受生育保险待遇，各项工作取得积极进展，顺利完成全年工作目标。

一、生育保险覆盖人群稳步提高，基金运行平稳

随着全民参保计划的推进，生育保险覆盖面不断扩大，截至12月底，全国参加生育保险人数为19 300万人，比上年年底增加849万人，完成全年参保扩面计划。其中，机关937万人、事业单位2 466万人、企业15 434万人、其他人员462万人。全年全国生育保险基金收入642亿元，同比增长23.1%；支出744亿元，同比增长40.1%；累计结存564亿元。

享受生育保险待遇人数逐年增加，2017年为1 113万人次，比上年增加199万人次。待遇水平不断提高，人均达到18 126元，其中人均医疗费4 348元。

二、积极稳妥推进生育保险和基本医疗保险合并实施试点

为贯彻落实党的十八届五中全会精神和“十三五”规划纲要，积极稳妥推进生育保险和职工基本医疗保险合并实施。1月，国务院办公厅印发《生育保险和职工基本医疗保险合并实施试点方案》（国办发〔2017〕6号），明确了试点的指导思想、主要目标、试点内容和保障措施。

（一）试点方案主要内容。

试点方案遵循“保留险种、保障待遇、统一管理、降低成本”的总体思路，立足于实现一体化运行管理服务的目标，抓住参保扩面、待遇保障、基金管理、医疗服务激励约束和经办管理等环节，明确“四统一、一不变”的试点内容，即统一参保登记、统一基金征缴和管理、统一医疗服务管理、统一经办和信息服务，职工生育期间生育保险待遇不变。各试点城市于6月底前启动实施试点工作，总体工作进展顺利。

（二）贯彻落实情况。

按照国务院办公厅2017年6号文件要求，采取了以下措施。一是人力资源社会保障部办公厅、财政部办公厅、国家卫生计生委办公厅联合印发了《关于做好生育保险和职工基本医疗保险合并实施试点有关工作的通知》（人社厅发〔2017〕29号），成立了由三部委组成的部际两险合并实施试点工作小组，建立与试点城市沟通协调机制。2月，在安徽省合肥市召开合并实施试点工作动员部署会议，试点工作如期启动。二是各试点城市按照部际工作小组统一部署，及时出台试点方案，并结合地方实际细化完善措施。三是围绕两项保险合并实施试点总体目标任务，明确工作推进的时间、步骤，建立任务台账，加大督导检查力度，及时指导各地做好试点工作。四是做好试点总结评估工作，委托劳动和社会保障科学研究院对试点期间各项改革措施执行情况、实施效果、群众满意程度等内容进行全面总结评估。11月初，人力资源社会保障部在河南省郑州市召开

了试点工作专题会，交流试点工作进展情况，研究梳理试点有关问题，部署下一步工作。

三、加强生育保险基金运行情况研究分析

针对全面两孩政策下生育保险基金当期收不抵支问题，就生育保险基金运行新情况进行深入研究分析，提出风险防范措施。一是联合印发《关于开展生育保险情况调查的通知》，对全国各地生育保险政策规范、筹资与待遇调整、基金收支余情况等进行摸底调查。二是围绕国家实施全面两孩政策、生育保险基金面临的困境，认真查找分析生育保险基金当期收不抵支原因，分析预判基金运行趋势，并结合两险合并实施对职工医疗保险基金的影响，研究提出促进生育保险可持续发展的政策措施。三是指导地方按规定采取调整费率、申请财政补贴等方式妥善应对生育保险基金当期收不抵支问题，确保生育保险待遇支付。

城乡居民基本养老保险

一、城乡居民基本养老保险参保人数稳中有升

做好参保扩面工作。召开4次会议，举办1期培训班，开展20余次实地调研，督促指导参保扩面任务进展。在推动各地做好全民参保登记工作基础上，加大城乡居民养老保险政策宣传力度。3月30日，组织开展以“话说居民养老保险”为主题的12333全国统一咨询日活动，取得了良好成效。截至12月底，全国城乡居民养老保险参保人数51 255万人，超额完成年度目标任务，比上年年底净增408万人，其中60周岁以上实际领取待遇人数15 598万人。

二、城乡居民基本养老保险缴费水平持续提高

通过提高最低缴费档次、增加高档补贴等方式，推动各地提高城乡居民养老保险缴费水平。全国有8个省份和一些省份的部分市县提高了最低缴费档次标准，有28 657万人缴纳本年度保费，2017年全国城乡居民养老保险参保人均缴费282元，比上年净增51元，增长率22%。

三、多数省份提高城乡居民基本养老保险基础养老金

根据中央全面深化改革领导小组工作部署，人力资源社会保障部会同财政部通过实地调研，召开系统干部及部分人大代表、政协委员、专家学者会议，广泛听取意见建议，起草《关于建立城乡居民基本养老保险待遇确定和基础养老金正常调整机制的指导意见》，已经中央深改组、国务院常务会议审议通过。全国已有30个省级政府、2 835个县级政府及新疆生产建设兵团基础养老金高于国家规定的基础养老金最低标准。2017年，北京、天津、河北、内蒙古、黑龙江、上海、江苏、浙江、河南、湖北、湖南、广东、云南、陕西、青海、宁夏16个省级政府、1 295个县级政府发文再次提高当地基础养老金标准。当年全国城乡居民养老保险月人均养老金达到125元，比上年增加8元，增长率7%，其中基础养老金111元，比上年增加6元，增长率6%。

四、社会保险扶贫工作有序推进

会同财政部、国务院扶贫办，通过调研、座谈、协调等多种方式，掌握了解情况，广泛听取意见，起草政策文件，相继印发《人力资源社会保障部　财政部　国务院扶贫办关于切实做好社会保险扶贫工作的意见》（人社部发〔2017〕59号）和《人力资源社会保障部办公厅关于贯彻落实社会保险扶贫工作意见有关问题的通知》（人社厅发〔2017〕111号），对社会保险扶贫政策进行解读，并召开会议贯彻部署。截至2017年年底，已有23个省份制定出台了社会保险扶贫具体实施办法。超过1 681万60周岁以上的贫困老年人享受了城乡居民养老保险待遇，超过1 515万60周岁以下的贫困人员享受了代缴养老保险费服务。

五、被征地农民社会保障工作稳步推进

截至2017年年底，全国已有24个省份按

照社会保险法要求完善被征地农民社会保障政策，其中西藏、上海、新疆先后改革完善原有被征地农民社保政策，将符合条件的被征地农民纳入国家基本养老保险制度。根据全国调度数据汇总，截至2017年年底，全国将符合条件的被征地农民纳入基本养老保险制度并给予养老补贴的人数为4 159万人。持续跟踪指导农村土地征收制度改革试点县，做好被征地农民社会保障工作。组织试点县开展经验交流，推动试点县制定被征地农民社会保障实施办法。配合有关部门修改土地管理法，将被征地农民社会保障有关内容写入修正案草案中。

六、全国党员干部现代远程教育专题教材制播工作持续推进

召开了部党员干部现代远程教育专题教材制播工作领导小组会议。远教制播工作正在稳步推进。中央组织部对2016年度制播的专题教材进行评奖，人力资源社会保障部制作的《调解仲裁都是情——江苏省调解仲裁解除劳务派遣争议案例》获二等奖，《最坚实的依靠——贵州省城乡居民养老保险制度实施三年纪实》获三等奖。

社会保险经办管理

2017年是全面深化改革向纵深推进的关键之年。面对复杂的经济社会形势，在人力资源社会保障部党组的领导下，社保经办系统紧抓党的十九大召开这一历史契机，全面贯彻落实党中央、国务院各项重大决策部署，以深化社会保险制度改革为引领，进一步织密扎牢社会保障安全网，各项社会保险参保人数继续增加，各项保险待遇水平继续提高，基金收支运行平稳，基金规模继续扩大，社保经办管理规范化、信息化、专业化建设继续推进，服务体系建设取得了新突破。

一、着力推动改革任务落地，维护社会和谐稳定

全国跨省异地就医结算实现网络全面联通，省级平台、统筹地区全部入网，覆盖各类参保人员和就医类型，越来越多的群众得到了直接结算的便利。机关事业单位养老保险经办工作全面提速，各地普遍开始全面征收养老保险费并发放待遇，25个省份启动了中央驻地方单位的参保工作，参保登记人数达到4 959.9万人。健全经办服务标准化体系任务扎实推进，与国家卫生计生委和国家标准委联合出台《关于进一步健全社会保险经办服务标准化体系的意见》（人社部发〔2017〕104号）。省以下多险合一经办任务成果初现，全国共有1 045个（16个省级、200个地市级、829个县区级）经办机构组建了多险合一经办机构。天津、重庆、广西、宁夏、新疆、新疆生产建设兵团省市县三级均为多险合一经办机构。养老保险转移接续和制度衔接运转良好，制定出台了《机关事业单位基本养老保险关系和职业年金转移接续经办规程（暂行）》（人社厅发〔2017〕7号），指导各地开展机关事业单位和企业养老保险关系转移接续工作。全国办理职工养老保险关系跨省转移接续225万人次，转移资金607.9亿元。办理城乡养老保险制度衔接27.9万人次，转移资金11.6亿元。

二、实施全民参保计划，将更多人群纳入社会保障体系

以实现社会保险全覆盖为目标，深入推进全民参保计划，印发了《关于全面实施全民参保登记工作的通知》（人社厅发〔2017〕28号），在全国范围内全面启动实施全民参保登记工作。截至2017年年底，全国所有省份基本完成了数据比对、入户调查和数据上报工作，省级登记数据库全部建立，国家库已有13.3亿人的基础信息，占2016年全国人口的96%，基本完成全民参保登记数据整体入库的既定目标。

截至2017年年底，基本养老保险参保人数91 548万人（城镇职工40 293万人、城乡居民51 255万人），比上年年底增加2 771万人（城镇职工增加2 363万人、城乡居民增加408万人）；基本医疗保险参保人数达到117 681万人（城镇职工30 323万人、城乡居民87 359万人），比上年年底增加43 290万人（城镇职工增加791万人、城乡居民增加42 499万人）；工伤保险参保人数22 724万人，比上年年底增加834万人；生育保险参保

人数 19 300 万人，比上年年底增加 849 万人。基本医疗保险已基本实现全覆盖，基本养老保险覆盖率超过 80%。建筑业参加工伤保险“同舟计划”稳步实施，2017 年全国建筑业新开工项目参保率达到 99.9%，其中全国 24 个省份新开工项目参保率达到 100%，在建项目参保率达到 98.3%。

三、各项社会保险待遇稳步提高，人民群众获得感不断增强

（一）养老金标准连续调整。

2017 年企业退休人员基本养老金连续第 13 次调整，经过调整，执行企业制度退休人员月人均养老金提高至 2 490 元，比上年增加 128 元，增长 5.4%。机关事业单位和企业退休人员养老金第 2 次同步调整。全国城乡居民养老保险实际领取待遇人数 15 598 万人，比上年增加 328 万人，增长 2.1%；月人均待遇水平达到 125 元，比上年增加 8 元。

（二）医疗保险待遇进一步提高。

2017 年城镇职工基本医疗保险享受待遇 181 407 万人次，比上年增加 10 266 万人次，增长 6.0%。城乡居民基本医疗保险补助提高到人均 450 元，比上年增加 30 元，享受待遇 149 291 万人次，比上年增加 70 105 万人次。大病保险覆盖城乡居民超过 8 亿人，各省大病保险政策规定的支付比例不低于 50%，有效缓解了困难群体的大额医疗费用负担，受益人员的实际报销比例提高了 12 个百分点左右。顺利完成首次国家医保药品谈判工作，共有 36 种药品谈判成功，成功率达到 81.8%，谈判成功的药品统一纳入药品目录乙类范围。谈判确定的支付标准与上年平均零售价相比，平均降幅达到 44%，最高的达到 70%，在明显扩大保障范围的同时，有效控制了医保基金支出和社会医药费用负担。

（三）工伤、生育保险待遇水平随工资增长和社会经济发展得到提高。

2017 年工伤保险享受待遇 193 万人，一次性工亡补助金标准大幅提高，从 2012 年的 43.6 万元提高到 2017 年的 67.2 万元，增长 54.2%。

两孩政策的出台使得越来越多的育龄妇女享受到生育保险待遇，2017 年生育保险享受待遇 1 113 万人次，比上年增加 199 万人次，增长 21.8%。

四、基金管理得到加强，基金运行总体安全平稳

2017 年，全国四项社会保险（基本养老、基本医疗、工伤、生育）基金总收入 66 042 亿元，总支出 56 251 亿元，分别比上年增加 13 708 亿元、10 339 亿元，增长 26.2%、22.5%；基金征缴收入 48 487 亿元，比上年增加 9 235 亿元，增长 23.5%；基金累计结余 71 759 亿元，比上年年底增加 10 743 亿元，增长 17.6%，社会保险各项基金保持了收支总体平衡。人力资源社会保障部会同财政部、国家卫生计生委出台了《关于印发〈社会保险基金财务制度〉的通知》（财社〔2017〕144 号）。认真落实人力资源社会保障部、财政部进一步加强企业职工基本养老保险基金收支管理的规定，指导各地规范养老保险费率调整和参保缴费政策，规范基金收支行为。印发文件，对职业年金经办进行了详细规范。强化医疗行为监管，全面推开医保智能监控工作，实现医保费用结算从部分审核向全面审核转变，从事后纠正向事前提示、事中监督转变，从单纯管制向监督、管理、服务相结合转变。目前已有 21 个省级区域实现全覆盖，84%的统筹地区已开展智能监控工作。加大社保待遇领取核查和稽核工作力度，2017 年，全国实地稽核五项社会保险共查出少缴社会保险费 455 441 万元，补缴到账 429 325 万元；查出冒领社会保险待遇金额 25 452 万元，冒领追回到账 23 131 万元；稽核查出违规医疗、工伤和生育保险定点医疗机构和定点零售药店 4.9 万家，违规金额 49 752 万元，追回金额 47 225 万元（含罚金）。印发通知，正式启动为期两年的风险管理专项行动。

五、创新社保经办管理，提高便捷服务水平

（一）整合政府部门数据资源，推进互联网与社会保险经办深度融合。

以开展全民参保计划为契机，主动打破目前公共服务部门之间数据不通、信息不畅形成的“信息孤岛”情况，积极推动数据共享和互联互通，推动社保经办业务与“互联网＋”深度融合。梳理社会保险领域政务信息资源共享目录，开展社会保险领域政务信息共享工作。加强数据质量控制，建立数据质量控制模型。起草社会保险领域严重失信企业及其有关人员联合惩戒备忘录，研究社会保险领域“红黑灰”名单制度，开展失信企业筛查，发现3家企业欠费5 209万元，督促补交637万元并签订补缴计划，发现10家企业低报缴费基数并核实补缴95万元。

（二）社会保险标准化工作提质增速。

积极推进标准制定与宣贯工作，积极倡导“标准化＋”服务，截至2017年年底，已颁布社会保险国家和行业标准32项，全国专业标准化技术委员会考核评估工作圆满完成，标委会自身建设持续加强，已启动社会保险标准体系修订工作。

（三）构建全方位、一体化的社会保险公共服务体系。

积极推广“电子社保”示范城市建设工作成果，推广“综合柜员制”模式，推行网上服务一体化、移动化以及自助终端服务普及化、社银一体化、咨询服务多样化。社会保险业务档案规范化管理成效显著，全国市县两级社保经办机构规范管理达标率达到97.7％和92.8％。窗口单位作风建设成果显现，各地经办机构不断优化经办服务流程，扎实推动作风转改，认真落实“五制”“四公开”“三亮明”等服务规范和纪律要求，主动开展延伸服务，窗口作风逐年向好，群众满意度稳步提升。128个社保经办机构被评为“全国人力资源社会保障系统2014—2016年度优质服务窗口”，18个社保经办机构获得“全国人力资源社会保障系统先进集体”称号，13名经办人员获得“全国人力资源社会保障系统先进工作者”称号。

（四）积极贯彻国务院“放管服”决策部署。

登记制度改革从“五证合一”向“多证合一”迈进，各地普遍建立了一站式登记服务工作机制，实现了与工商部门的信息互联互通，办理登记手续的时间从2个月缩短至1～2个工作日，起到了群众少跑腿和减轻经办机构负担的双赢效果。各地全面取消社会保险行政部门实施的“两定机构”资格审查项目，完善经办机构与医药机构的协议管理。依法设立的各类医药机构，均可对照条件自愿向社保经办机构申请成为医保定点单位，通过评估流程和谈判协商，并与医保经办机构签署服务协议后，便可为参保人提供服务。

社会保险基金监管

2017年，全国社会保险基金监管系统全面贯彻党的十九大精神，坚持服务人力资源社会保障工作大局，加大基金安全监督检查力度，积极推进基本养老保险基金投资运营，促进年金基金规范管理，加强全国社会保障基金监管，各项工作迈上新的台阶。

一、深入开展基金安全监督检查

一是参与国务院第三次大督查。联合国家卫生计生委分赴山东、江苏、湖北、安徽4省，对国务院办公厅移交的医保问题进行实地核查。二是开展城乡居民养老保险经办机构内部控制专项检查。三是以养老保险重复领取、死亡冒领、违规提前退休及一次性补缴为重点，通过数据分析比对，组织核查疑（重）点信息，发现和查处违法违规行为。四是联合国家卫生计生委、公安部对2015年1月以来北京等15个省（区、市）新农合及居民医保基金在21家北京医院就医报销的相关材料数据进行核查，筛查疑点信息。五是开展个人账户和社保卡综合治理。六是配合开展城乡居民纳入跨省异地就医直接结算系统督查工作，赴江西进行实地督查。七是启动金保工程二期基金监管系统需求研究。

二、继续推进基本养老保险基金投资运营

一是继续推动地方投资。截至2017年年底，全国共有北京、山西、上海、安徽、河南、湖北、广西、云南、陕西9个省（区、市）签署了4 300亿元的委托投资合同，其中2 731.5亿元资金已经到账并开始投资。二是开展摸底调查，加强分类指导，督促重点省份加快工作进度。三是加强对托管合同、投资管理合同的合规性审核，确保各类投资组合依法合规。督促社保基金会作为受托机构制定会计核算、资产配置、资金管理等内部管理制度，逐步完善受托规则，健全受托管理机制。四是研究起草文件，进一步推动城乡居民基本养老保险基金委托投资。

三、促进年金基金规范管理

一是印发《职业年金基金归集账户管理暂行办法》（人社厅发〔2017〕110号）。二是按照国务院有关行政许可项目要求，进一步完善企业年金资格认定有关政策，完成企业年金基金管理机构资格延续工作，并对外发布。三是研究起草职业年金基金管理信息披露办法、会计核算办法。四是推动年金基金管理系统开发建设。五是推进企业年金（职业年金）减免增值税。六是参与做好养老保险第三支柱工作。七是加强企业年金市场监管。八是做好企业年金备案工作，2017年共备案企业年金单一计划6个、集合计划1个，备案养老金产品113个。截至2017年年底，全国企业年金积累基金达到12 897.67亿元，建立企业年金的企业80 429家，覆盖企业职工人数2 331.39万人。

四、加强全国社会保障基金监管

一是会同财政部审核全国社保基金2016年年度报告，批准社保基金会开展内地和香港股票市场互联互通交易，研究社保基金会体制机制改革方案和境内外投资管理办法。二是推动划转部分国有资本充实社保基金工作，配合

财政部完善划转实施方案，并着手研究划转后的监督和使用问题，国务院印发《划转部分国有资本充实社保基金实施方案》(国发〔2017〕49号)。三是加强日常监管，审定社保基金月度、季度、年度财务报告和年度审计报告。

五、加强系统工作人员能力建设

一是举办了全国社会保险基金监督工作初任培训班和全国社会保险基金监督检查证换证培训班，共计培训520人。二是为西藏自治区112名基金监管机构工作人员举办业务培训班。三是分别协助山东、重庆、云南等省（市）举办业务培训班，共计培训513人。截至2017年年末，全国基金监督工作人员共有7 400人经考试合格持有基金监督检查证。

劳动关系

一、积极稳妥做好化解过剩产能职工安置中的劳动关系处理工作

推动落实《关于做好2017年化解钢铁煤炭行业过剩产能中职工安置工作的通知》（人社部发〔2017〕24号）要求，指导地方做好职工安置工作，确保职工安置中劳动关系处理稳妥规范。吉林以省政府办公厅文件形式印发通知，核实去产能民营煤矿职工数据信息。天津、江苏、浙江、山东、江西等省份注重事前介入和政策指导，深入企业排查可能出现的劳动关系矛盾隐患，对去产能重点企业提前进驻，指导做好人员分流安置工作。甘肃要求相关市州开展职工安置“回头看”行动，进一步掌握、排查职工安置工作风险。总体来看，去产能过程中企业职工劳动关系处理平稳有序。同时，指导各地加强对劳动关系形势的监测和分析研判，积极开展劳动关系矛盾纠纷的排查，及时研究解决劳动关系重大问题。

二、着力规范企业劳动用工管理

一是加大对企业用工管理的指导和服务力度，继续指导各地以小微企业为重点全面实施劳动合同制度，推动企业职工劳动合同签订率不断提高，全国各类企业劳动合同签订率达到90%以上。北京完善劳动合同抽样调查统计制度，甘肃将劳动合同签订率纳入对市州的考核，吉林、黑龙江、浙江、福建、陕西、云南等地大力推广简易劳动合同示范文本，上海、江苏加强对新技术、新业态、新模式下劳动用工问题的调研。二是规范劳务派遣用工，维护劳务派遣工的合法权益。指导推动各地落实有关法律法规，调查了解各地全年劳务派遣工作情况。内蒙古出台文件，对劳务派遣用工行为进行了规范。重庆开展规范劳务派遣用工专项检查，建立劳务派遣信息台账。三是积极推进集体协商集体合同制度，总结提炼地方集体协商工作典型经验并进行推广。河北、吉林出台或修订集体协商条例，辽宁、江苏、安徽、福建、湖南、四川、新疆等地开展了集体协商要约行动，海南以酒店和餐饮行业为典型、江苏以板材行业为典型，召开集体协商推行会。

三、继续加强企业工资宏观调控工作

一是完善最低工资制度，开展最低工资评估。2017年，北京、天津、山西、内蒙古、吉林、黑龙江、上海、江苏、浙江、福建、山东、河南、湖北、湖南、贵州、陕西、甘肃、青海、宁夏等19个省份及深圳市调整了最低工资标准，平均调增幅度为11%。全国月最低工资标准最高的是上海，为2 300元；小时最低工资标准最高的是北京，为22元。二是指导各地完成2017年工资指导线发布工作。全国共有22个地区发布了企业工资指导线，基准线多在8%左右。北京、天津、内蒙古、吉林、广东、福建等地探索发布了重点行业工资指导线。三是探索建立企业薪酬调查和信息发布制度。开展了2017年企业薪酬调查工作，国家层面在全国31个省（区、市）的18个行业门类、约7万户企业开展调查。四是全面推动国有企业负责人薪酬制度改革落实。指导有关部门和地方审核兑现2016年中央企业负责

人薪酬并向社会公开，加强对落实中出现问题的督促整改。

四、加强劳动标准管理工作

一是做好特殊工时制度管理。加强对地方特殊工时审批指导，截至2017年年末，经各级人力资源社会保障部门审批且在有效期内实行特殊工时制度的企业14.5万户，涉及职工1 320万人。加强对实行特殊工时行业岗位研究，对各地和中央企业实行特殊工时制度涉及的行业和岗位进行全面摸底，修改完善特殊工时管理规定，推动管理体制改革。二是进一步推动落实带薪年休假制度。指导各地继续做好带薪年休假制度落实工作。根据人力资源社会保障部2017年11月开展的人力资源社会保障基本情况（60个城市）调查显示，超过58.7%的职工享受了带薪年休假。

五、健全协调劳动关系三方机制

召开了国家协调劳动关系三方会议第二十二次会议，明确三方工作要点。指导地方进一步健全组织体系，完善运行机制，充实职能任务，深化和谐劳动关系创建工作，充分发挥三方机制的作用。

六、继续推进构建和谐劳动关系综合试验区建设

指导天津、江苏、四川、广东、山东等地开展综合试验区建设，推动各地选择有代表性、具备条件的地区开展试点，为构建中国特色和谐劳动关系积极创造可复制、可推广的经验。

劳动人事争议调解仲裁

2017年，劳动人事争议调解仲裁工作在人力资源社会保障部党组的坚强领导下，全面贯彻落实党的十八大和十八届三中、四中、五中、六中全会精神，认真学习宣传贯彻党的十九大精神，牢固树立“四个意识”，以习近平新时代中国特色社会主义思想为指导，以进一步加强劳动人事争议处理效能建设为主线，以提高调解仲裁质量和效率为中心任务，着力完善制度、创新机制、提升能力，不断提高调解仲裁规范化、标准化、专业化、信息化水平，不断增强调解仲裁公信力，各项工作取得了新进展。

一、大量劳动人事争议案件得到及时有效处理

各地劳动人事争议调解仲裁机构深入贯彻落实中央要求，进一步加强劳动人事争议多元处理机制建设，通过加强调裁审衔接、优化办案程序、实行案件分类处理、提高终局裁决率等措施提高工作效能。全年共处理劳动人事争议案件166.5万件，涉及劳动者199.1万人，涉及金额416.4亿元；共办结案件157.5万件（含仲裁机构不予受理案件12.1万件），调解成功率67.9%，仲裁结案率95.9%，仲裁终结率63.4%。调解仲裁工作在矛盾纠纷多元化解机制中发挥了重要作用，为构建和谐劳动关系与维护社会稳定做出了贡献。

二、调解仲裁制度建设进一步加强

（一）加强劳动人事争议调解仲裁，完善多元处理机制。

会同中央综治办、最高人民法院、司法部、财政部、全国总工会、全国工商联、中国企联等部门和组织制定印发了《关于进一步加强劳动人事争议调解仲裁完善多元处理机制的意见》（人社部发〔2017〕26号，以下简称《多元意见》）。《多元意见》聚焦预防协商、调解、仲裁、调裁审衔接和基础保障五大机制，完善劳动人事争议多元处理机制，着力形成在党委领导、政府主导、综治协调下，人力资源社会保障部门发挥牵头作用，各有关部门和单位发挥职能作用，引导社会力量积极参与，合力化解劳动人事关系矛盾纠纷的工作格局。文件印发后，部相关职能单位及时通过以训代会的方式对文件内容进行解读，部署各地贯彻落实，并定期对工作情况进行调度。截至2017年年底，各省（区、市）都由多部门转发或制定了本地的贯彻落实文件，8个省（区、市）人力资源社会保障部门组织召开专门会议进行部署，13个省（区、市）将劳动人事争议调解仲裁工作纳入当地综治工作（平安建设）考评，黑龙江、浙江等地还出台了配套专项文件，各项贯彻落实工作正在有序推进。

（二）完善仲裁办案程序和加强仲裁员队伍建设。

修订实施《劳动人事争议仲裁办案规则》（人力资源和社会保障部令第33号，以下简称《办案规则》）和《劳动人事争议仲裁组织规则》（人力资源和社会保障部令第34号，以下简称《组织规则》）。《办案规则》和《组织规则》在劳动争议调解仲裁法确立的制度框架下，针对工作中存在的突出问题，完善了具体仲裁办案程序和加强仲裁员管理及保障的相关

规定。其中，《办案规则》从提高仲裁办案效能出发，依法细化了终局裁决的适用范围和计算标准，规范了仲裁调解、简易处理、集体劳动人事争议处理等程序，完善了申请仲裁时效、管辖、回避等办案程序。《组织规则》着力加强仲裁员队伍建设，明确了仲裁员的权利与义务，增加了仲裁员考核、培训和作风建设等内容，并对仲裁监督、仲裁委员会职责、仲裁庭组成等进行了规范和完善。

（三）规范裁审程序的衔接。

会同最高人民法院发布了《关于加强劳动人事争议仲裁与诉讼衔接机制建设的意见》（人社部发〔2017〕70号，以下简称《意见》）。《意见》积极把握裁审衔接工作规律，针对裁审工作实践中存在的问题，在总结各地经验的基础上，明确要逐步统一裁审受理范围和裁审法律适用标准，从案件受理、保全、执行等方面进一步规范裁审程序衔接。《意见》要求各地人力资源社会保障部门和人民法院要不断完善裁审衔接工作机制，逐步建立联席会议制度、信息共享制度、疑难复杂案件办案指导制度等，推动裁审衔接工作机制更加完善，运转更加顺畅，充分发挥劳动人事争议处理中仲裁的准司法制度优势和司法的引领、推动、保障作用，合力化解矛盾。

三、专业性劳动争议调解工作深入开展

（一）基层调解组织建设进一步加强。

重点推动乡镇（街道）劳动就业社会保障服务所（中心）调解组织建设，全国劳动就业社会保障服务所（中心）调解组织组建率达到90%以上。指导各地调解组织规范化建设逐步向社区（行政村）延伸，基层规范化建设全面铺开。天津市河西区建立区劳动人事争议调解中心，将辖区内街道原有的劳动关系协调员全部抽调到区调解中心集中办公，调解劳动争议案件；通过政府购买岗位的形式为各街道再配备两名合同制专职调解员。杭州市拱墅区祥符街道和西湖区转塘街道整合街道调解、监察、仲裁三方力量，建立“三位一体”“一岗三员”的劳动争议处理中心，并以此为平台，融合综治、司法、公安、工会等多部门和组织力量建立“1+X”多元化联调平台，实现劳动纠纷的统一受理、协同处理，努力做到劳动纠纷矛盾发现在一线、调处在基层。贵州省瓮安县发掘老党员、老教师、老模范、老退伍军人等优势资源成立“七老联调室”。昆明市盘龙区青云街道劳动人事争议调解中心在金沙社区设立“老王调解工作室”，多次成功调解涉案金额达到100多万元的劳动争议。基层调解工作的有效开展取得了良好社会效果。

（二）开展乡镇（街道）劳动争议调解综合示范工作。

6月，人力资源社会保障部办公厅印发通知，在全国选择93家单位开展乡镇（街道）劳动争议调解综合示范工作。通过推动示范单位夯实工作基础、创新工作模式、完善工作机制、提升服务水平，提高调解工作的规范化、标准化、专业化、信息化水平，通过以点带面、综合示范，促进提高乡镇（街道）调解工作质量和效率。随着示范工作的深入推进，逐渐形成了一批基层调解的先进经验，为全国基层劳动争议调解处理工作提供了有益借鉴。贵州省黔南自治州开展“四必建、一推广”活动（乡镇、街道和社区必建，职工达300人以上的企业必建，推广建设基层劳动争议调解组织），实现基层劳动人事争议调解组织全覆盖。重庆市坚持“示范一批、成熟一批、宣传一批、带动一批”的工作思路，在全市选定建立示范乡镇街道调解组织57家，把劳动争议预防调解示范工作抓细抓常，带动全市乡镇（街道）调解组织建设整体水平稳步提高。江苏省由点及面，推开委托调解、移送调解、特邀调解、调解协议书仲裁审查等工作制度。厦门市推广一个街（镇）、一个社区、一条商业街（楼宇）和8家小微企业连片抓建的“1118”和谐劳动关系示范工程做法，有效提升自我化解内部劳资纠纷能力。

（三）继续加强专业性劳动人事争议调解工作。

各地人力资源社会保障部门准确把握调解

仲裁工作在人力资源社会保障工作乃至经济社会发展中的基本定位，积极把劳动人事争议调解工作摆上当地党委、政府的重要议事日程。北京、江苏、浙江、福建、江西、山东、河南、广东、湖北、云南、甘肃、宁夏等12个省（区、市）和新疆生产建设兵团将劳动人事争议调解工作纳入平安建设综治考评，纳入党委政府的主要工作清单。各地人力资源社会保障部门注重加强与综治、司法、工会、工商联等部门和组织的协调配合，主动承担专业性劳动争议调解的牵头统筹责任，较好地形成了党委政府领导、人力资源社会保障部门主导、综治协调、有关部门和单位共同参与的“联调联处”工作机制。海南省由相关职能部门组成基层劳动争议调解组织建设领导小组，充分发挥各自职能优势，落实责任，整合资源，加大投入，按照“属地管理”“谁主管、谁负责”的原则，加强基层调解组织网络建设和工作指导。西安市雁塔区电子城街道注重加强各部门衔接协调，紧盯事前、事中、事后三个环节，在辖区劳动争议预防预警、工资集体协商、农民工法律援助等方面取得良好社会效果。

四、仲裁办案指导力度不断加大

（一）加大仲裁办案指导力度。

发布《2016年全国劳动人事争议仲裁典型案例》，组织编写《劳动人事争议仲裁办案规则和组织规则释义》，指导各地逐步统一办案标准，规范办案程序，加强仲裁机构建设和仲裁员管理。通过对争议案件进行分类处理、加大终局裁决力度、创新仲裁办案方式、完善仲裁办案管理等手段，进一步加强仲裁办案指导。终局裁决率已从“十一五”末期的5%提高到2017年的33.1%。

（二）进一步推动仲裁工作规范化、标准化。

开展劳动人事争议仲裁标准化建设研究，为推进仲裁标准化建设提供支撑。山东省初步形成了以“组织机构标准化、仲裁办案标准化、人员队伍专业化、基础保障规范化和仲裁工作信息化”为主要架构的仲裁院建设考核评价体系。海南省制定出台了《海南省劳动人事争议仲裁机构考评办法（试行）》，明确了在仲裁机构建设过程中人力资源社会保障部门、仲裁委员会和仲裁院的职责，考评内容包括基础设施建设、案件处理能力和日常工作的执行力等14个项目52项指标。陕西省制定了《陕西省劳动人事争议仲裁庭建设标准（试行）》。广州市研究制定了《广州市劳动人事争议仲裁工作规范化建设标准》，明确提出了规范化达标建设的指导原则、工作目标、内容、措施、实施步骤和具体标准。

（三）进一步提高仲裁机构服务当事人能力。

各地人力资源社会保障部门结合窗口作风建设，着力提升仲裁员队伍素质，推出各种便民措施，打造优质服务窗口。上海市崇明区仲裁院主动对接基层企业和劳动者需求，将以案说法融入案前预防、案中化解、案后建议各环节，案前打好预防针、案中做好服务员、案后当好建议员，推动劳动保障法律法规宣传常态化、制度化，推动劳动争议有效化解。广西壮族自治区人力资源社会保障厅和司法厅在全区建立完善劳动人事争议仲裁与法律援助工作衔接机制，在劳动人事争议仲裁院设立法律援助窗口或工作站，使符合条件的劳动者及时便捷地获得法律援助，实现法律咨询、援助代理、全程调解、仲裁裁决“四位一体”无缝对接。此外，一些地方的仲裁委还推出了网上立案预审、网上公布裁决书、企业微信服务群、流动仲裁庭、绿色通道、法律援助等便民措施。

五、调解仲裁队伍建设有新进展

通过增加事业编制、政府购买服务、开发公益岗位等途径充实基层调解人员，严格按照有关规定进行考录或公开招聘仲裁员，调解仲裁队伍规模不断壮大。对全国调解仲裁队伍建设基本情况进行了摸底调查，截至2017年4月30日，全国专兼职仲裁员达到2.65万人，其中专职仲裁员1.58万人，95%以上具有大专及以上学历。进一步加大培训力度，全年举办调解仲裁师资示范培训班6期，共培训学员1 200余人。落实《中国—加拿大劳动调解员和仲裁员能力建设合作项目备忘录》，组织1期赴加培训团、1期劳动争议调解仲裁师资培训班，邀请加方专家授课，取得很好效果。

六、调解仲裁信息化和宣传建设取得新成效

（一）大力推进调解仲裁信息化建设。

落实人力资源社会保障部关于“互联网＋调解仲裁”的要求，完善仲裁员管理信息系统，开发仲裁办案监测管理系统，推进仲裁办案系统建设和应用。截至2017年年底，已有30个省份完成了办案系统建设；在全国467个地市级以上仲裁机构中，已经使用办案系统的有426个，占91.2%。一些地方已经在利用信息化手段搭建网上调解仲裁服务平台，通过网上服务大厅、自助服务终端、移动服务终端、微信等服务平台，加大信息公开力度，公开办事须知、办理进度以及庭审安排，这些做法使得调解仲裁的工作领域逐步拓宽，服务能力大幅提升。黑龙江、天津、上海、江苏、浙江、重庆、宁夏等地注重发挥现代化信息技术手段优势，强化“互联网＋”理念，推动调解仲裁办案信息系统向基层调解组织延伸。天津调解办案信息系统覆盖市、区、街三级调解组织，涵盖案件办理全过程，建立了调解、仲裁信息系统信息交互功能模块，实现调解、仲裁信息系统互联互通。江苏省在全国率先开展网上调解工作，已经形成规模效应。重庆市研发调解仲裁手机App，实现在线查询、预约审批、网上调解等服务功能，有效提升了基层劳动人事争议调解仲裁工作效能。

（二）调解仲裁工作宣传效果明显。

充分发挥人力资源社会保障部门户网站调解仲裁司子网站、《中国劳动保障报》《调解仲裁》专刊、“中国劳动人事争议调解仲裁”微信公众号的宣传作用，加强全国调解仲裁工作处长、通讯员、统计员等三个微信工作群建设，对法规政策、基层经验、典型案例、专家访谈等进行广泛宣传。截至2017年年底，在《中国劳动保障报》刊发调解仲裁专版24期，刊发地方经验、专家点评、工作动态、典型案例、人物写真等文章155篇；发布“中国劳动人事争议调解仲裁”微信公众号97期，登载信息292篇；在人力资源社会保障部门户网站调解仲裁司子网站发布工作动态、图片新闻86条。调解仲裁宣传的规模效应初步形成。

机关事业单位工资福利离退休工作

2017年，机关事业单位工资福利离退休工作紧紧围绕迎接和学习贯彻党的十九大这一中心任务，按照全国人力资源和社会保障工作会议部署及部年度工作要点的安排，着力完善机关事业单位工资制度，扎实推进各项工作，取得明显成效。

一、完善体现不同职业群体特点的公务员工资制度

以建立适应公务员分类管理要求的工资制度为重点，加强对已出台政策的督导落实，推动工资制度由“大一统”模式向更加注重体现不同职业群体的特点转变。一是根据公务员职务与职级并行制度改革试点工作要求，经国务院批准，人力资源社会保障部、财政部印发公务员职务与职级并行制度改革试点配套工资政策，召开部署会组织实施，指导试点地区和试点单位做好组织实施工作，及时会同有关部门研究解决实施过程中出现的问题。二是积极推动法官、检察官工资制度改革试点工作，督促各地落实法官、检察官工资制度改革试点政策，及时跟踪各地工作进展，加大对进展迟缓省份的指导力度，做好最高法、最高检工资改革有关工作，截至2017年12月底，各地区改革增资基本兑现到位。三是为做好公安机关执法勤务警员职务序列改革试点工作，经国务院批准，人力资源社会保障部、财政部印发通知，明确公安机关执法勤务警员职务序列改革试点工资政策和公安机关警务技术职务序列改革试点工资政策，加强对试点地区的督导检查，采取实地督查等多种形式了解试点工作落实情况。四是逐步完善特殊岗位津贴政策，经国务院批准，人力资源社会保障部、财政部印发通知，完善人民警察值勤岗位津贴和法定工作日外加班补贴政策，新建政法委机关工作津贴等特殊岗位津贴项目。五是调整机关事业单位驻外非外交人员工资待遇，经国务院批准，人力资源社会保障部、财政部印发文件并部署实施，指导相关部门认真贯彻落实。此外，认真开展行政执法类、专业技术类公务员配套工资政策课题研究。

二、完善事业单位工作人员工资收入分配制度

根据事业单位分类改革等要求，深化事业单位工作人员工资收入分配制度改革。一是做好中央有关事业单位绩效工资组织实施工作，审定绩效工资实施方案，核定绩效工资总量。二是经国务院批准，人力资源社会保障部会同相关部门印发关于开展公立医院薪酬制度改革试点工作的指导意见，召开会议进行部署，在指导试点省份开展试点的基础上，印发通知扩大试点，推进试点工作平稳有序进行。三是为促进家庭医生签约服务工作开展，会同相关部门研究完善基层医疗卫生机构工作人员工资政策。四是研究完善事业单位高层次人才工资分配激励机制的指导意见，召开座谈会广泛征求地方和部门意见。

三、完善地区工资政策

按照完善机关事业单位工资制度的总体要求，研究完善多项地区工资政策，继续调控地

区工资差距，推动形成规范有序、科学合理的地区工资关系。一是研究实施地区附加津贴制度。在前期工作基础上，根据情况变化深入测算分析，细化完善相关政策考虑。二是研究完善公务员奖金制度。深入分析地方奖金发放情况，广泛征求地方和部门意见。三是落实艰苦边远地区津贴标准正常增长机制，经国务院批准，2017 年提高艰苦边远地区津贴标准。四是研究微调艰苦边远地区的范围和类别，拟订了具体方案，就有关重点难点问题到部分地方调研，召开座谈会听取意见建议。五是调整西藏特殊津贴标准，推动落实四省藏区工资倾斜政策。经国务院批准，人力资源社会保障部、财政部印发文件提高西藏特殊津贴标准，继续指导四省提高藏区干部职工工资收入水平。六是根据中央第六次西藏工作座谈会精神，人力资源社会保障部、财政部印发通知提高高海拔地区折算工龄补贴标准。七是贯彻落实中央扶贫开发工作会议精神，围绕提高国家级贫困县机关事业单位干部职工工资收入水平，落实各项工资倾斜政策。

四、认真做好其他工资工作

一是继续开展公务员和企业相当人员工资水平调查比较工作，工资试调查有序推进，研究工作取得阶段性成果，做好中央国家机关工资统发工作，完成 2017 年机关事业单位工资年报统计。二是经国务院批准，人力资源社会保障部会同财政部印发通知，调整在京中央事业单位退休人员补贴标准。三是根据中央领导的指示，就进一步做好院士退休工作进行深入研究。四是中央组织部、人力资源社会保障部印发通知，明确实行单独职务序列后法官、检察官退休年龄政策。五是中央组织部、财政部、人力资源社会保障部印发通知，提高生活长期完全不能自理离休干部护理费标准。

农民工工作和发展家庭服务业促进就业及人社扶贫工作

一、农民工工作

2017 年，各地区和国务院农民工工作领导小组各成员单位坚决贯彻党中央、国务院决策部署，有力地推动了农民工市民化进程，农民工获得感不断增强。

（一）落实积极的就业政策，农民工就业规模不断扩大。

大力开展农民工职业技能培训，全年培训农民工超过 2 100 万人次。大力开展就业扶贫行动，600.2 万名建档立卡农村贫困劳动力实现就业。2017 年农民工总量达到 2.87 亿人，其中外出农民工 1.72 亿人。

（二）健全权利保障制度机制，农民工劳动权益得到更好维护。

落实全面治理拖欠农民工工资问题的政策措施，完善行政执法与刑事司法衔接制度，定期开展专项执法检查和工作督查，被拖欠工资的农民工比重下降到 0.5%。积极推进工资集体协商，2017 年农民工月均收入达 3 485 元。大力推进建筑业按项目参加工伤保险工作，新开工建设项目参保率 99.73%，累计将 4 000 多万人次建筑业农民工纳入工伤保险保障。到 2017 年年底，农民工参加职工基本养老保险 6 202 万人、职工基本医疗保险 6 225 万人、工伤保险 7 807 万人、失业保险 4 897 万人。

（三）深化基本公共服务供给制度改革，面向农民工的基本公共服务不断改善。

统筹城乡义务教育，约 1 400 万名农民工随迁子女实现“两免一补”资金和生均公用经费基准定额资金可携带，随迁子女在公办学校接受义务教育的比例保持在 80%以上。各地普遍落实农民工随迁子女在输入地高考政策，2017 年在输入地参加高考人数达到 15 万余人。

（四）深化户籍制度改革，农民工进城落户渠道更加畅通。

完善落实支持农业转移人口市民化的政策体系，建立农业转移人口市民化奖励机制，中央财政仅 2017 年就下达奖励资金 200 亿元。全国 31 个省（区、市）均出台了户籍制度改革实施意见，普遍放宽了农民工进城落户条件，户籍人口城镇化率从 2012 年的 35.3%增长到 2017 年的 42.35%，8 000 多万农业转移人口成为城镇居民。

（五）完善关爱服务体系，农村留守儿童、妇女和老人关爱保护工作不断加强。

开展健康关爱和重点对象的干预帮扶与救助保护工作，为 76 万名无人监护留守儿童落实监护责任人，帮助 1.6 万名失辍学儿童返校留学。大力发展农村妇女手工艺。健全农村社区服务体系，推进农村老年人社区居家养老服务改革。

（六）加强民主政治权利保障和人文关怀，农民工社会地位不断提升。

加强农民工中的党工团组织建设，农民工加入工会人数达 1.4 亿人。因地制宜开展新市民培训，加强对农民工的人文关怀，农民工文明素质进一步提升。加强农民工工作宣传，把握舆论导向，支持中央电视台制播农民工专题系列节目《城市梦想》。各地结合实际开展本地区优秀农民工评选表彰活动，关心关爱农民工的社会氛围进一步形成。

（七）开展重点督察，督促工作落实。

国务院农民工工作领导小组各成员单位组成6个督察组，分别由教育部、司法部、人力资源社会保障部、住房城乡建设部、国家卫生计生委、全国总工会副部级领导任组长，对辽宁、安徽、福建、广东、重庆、甘肃进行重点督察，采取实地访谈与问卷调查相结合、明察与暗访相结合、指导与调研相结合的方式，督促检查各地区、各有关部门农民工工作目标任务完成情况。

（八）坚持问题导向，加强调查研究。

按照国务院领导同志有关批示精神和领导小组会议要求，针对新生代农民工在有序推进农民工市民化进程中面临的突出问题，组织开展新生代农民工就业和返乡创业、职业技能培训、随迁子女教育、住房和社会融合专题调研，形成了调研成果。

二、家庭服务业工作

发展家庭服务业促进就业部际联席会议各成员单位和各地发展家庭服务业工作协调机构认真学习贯彻党的十九大精神，按照党中央、国务院的决策部署以及发展家庭服务业促进就业部际联席会议第九次全体会议的安排，围绕“增加服务供给、提高服务质量”中心任务和“四个着力”的工作布局，坚持迎难而上、开拓进取，推动发展家庭服务业工作取得了新进展。

（一）着力落实和完善扶持家庭服务企业发展的政策体系。

一是进一步将发展家庭服务业纳入相关规划。《中共中央　国务院关于加强和完善城乡社区治理的意见》提出，鼓励和引导各类市场主体参与社区服务，鼓励相关企业以连锁经营方式进入社区，为居民提供质优价廉的家庭服务。《“十三五”国家老龄事业发展和养老体系建设规划》（国发〔2017〕13号）对“十三五”时期养老服务发展等内容提出任务要求。《“十三五”促进就业规划》（国发〔2017〕10号）提出，开展加快发展现代服务业行动，鼓励发展就业容量大、门槛低的家政护理等生活性服务业。国家发展改革委、民政部、人力资源社会保障部、财政部、商务部等部门，在牵头制定相关规划时，都将发展家庭服务业作为重点任务纳入规划。

二是多措并举，推进养老服务发展。国家发展改革委、民政部等部门围绕加快发展养老服务，推动出台《国务院办公厅关于进一步激发社会领域投资活力的意见》（国办发〔2017〕21号）、《国务院办公厅关于制定和实施老年人照顾服务项目的意见》（国办发〔2017〕52号）、《关于加快推进养老服务业放管服改革的通知》（民发〔2017〕25号），从多个方面推进完善养老服务体系建设，鼓励开展多层次养老服务。

三是开展促进家政服务提质扩容专项行动。国家发展改革委、人力资源社会保障部、商务部、全国总工会、共青团中央、全国妇联等17部门（单位）围绕促进和扩大家政服务消费，印发《家政服务提质扩容行动方案（2017年）》，提出了18项推动家政服务发展的政策措施。

四是加强对基础建设和试点改革的资金支持。国家发展改革委、民政部、财政部、商务部等部门围绕发展家庭服务业，加大了财政资金的支持力度。2017年，协调中央财政安排13.2亿元资金，继续支持社区和养老服务设施设备改扩建及更新改造。安排中央财政资金10亿元，支持有条件的城市开展居家和社区养老服务改革试点，通过以奖代补方式，鼓励和引导社会力量提供居家和社区养老服务、养老机构开展延伸服务，加强养老护理人员队伍建设，推进医养结合。目前，已支持北京市丰台区等26个区（市）开展改革试点。

五是加大就业扶持力度。各地区出台一系列政策措施，加大了地方财政资金投入，对从业人员实施社保补贴、稳定就业补贴、培训补贴。此外，一些地区积极支持社会资本参与家庭服务业发展。“58到家”借助母公司已经上市，湖北木兰花、北京E家洁等已经挂牌新三板，上海云家政、悦管家，北京阿姨帮，广州家政无忧，福建好慷在线等已经完成A轮、B轮融资，融资规模多在百万、千万美元以上。

（二）着力加强家庭服务行业规范化建设。

一是加强标准化建设。部际联席会议办公室指导全国家政服务标准化技术委员会积极开展家政服务标准体系研究，进一步建立完善家政服务国家标准体系，推动开展国家标准的宣传贯彻工作。民政、人力资源社会保障等部门依托行业龙头企业，加大了对养老服务、家政服务及病患陪护服务行业标准的制（修）订工作。商务部门对家政服务领域的行业标准、地方标准进行了全面复审。

二是研究推动家政服务市场监管。部际联席会议办公室会同国家发展改革委、商务部、全国总工会、全国妇联等部门（单位）围绕加强家政服务行业管理，研究起草促进家政服务业规范化发展以及开展家政服务市场专项检查文件。将家政服务中介机构守法情况，作为2018年春节后开展的人力资源市场专项检查行动的重要内容。

三是研究开展家政服务失信联合惩戒。商务部会同国家发展改革委、人力资源社会保障部、人民银行等30个部门起草了《关于对家政服务领域相关失信责任主体实施联合惩戒的合作备忘录》，拟对家政服务领域失信责任主体实施25条跨部门联合惩戒措施。

四是探索家政服务规范化管理措施。各地区积极开展形式多样的诚信企业创建、家政服务星级门店和星级家政服务员评选活动，不断规范家政服务企业和家政服务从业人员的服务行为。一些地区结合“3·15”曝光的问题以及媒体曝光的重大案件，积极协调力量加大了日常执法检查和专项检查的力度，不断规范家政服务市场经营秩序。

（三）着力加强家庭服务从业人员职业化建设。

一是持续开展家庭服务专项培训。人力资源社会保障部会同全国妇联，结合“十三五”精准扶贫，对建档立卡贫困妇女组织实施巾帼家政服务专项培训，促进贫困妇女到家政服务行业就业，实现家庭脱贫。各级妇联组织依托全国巾帼家政转移就业培训基地，积极开展家政服务相关培训，年培训人数约60万人次，每年帮助约50多万名妇女就业创业。各级工会实施技能培训促就业行动，每年培训家政服务员超过25万人次。各级团组织重点面向农村青年、去产能过程中的下岗青年积极开展家政服务培训，支持广大青年在家庭服务业就业创业。各地民政部门依托职业培训机构积极开展养老护理员培训。各地人力资源社会保障部门通过组织实施农民工职业技能提升计划——“春潮行动”，积极开展家政服务、病患陪护服务、养老护理等职业技能培训，仅北京全年培训家政服务员、病患护理员等就达6.4万人次。

二是大力加强家庭服务业专业人才培养。围绕提高家庭服务业培训能力，部际联席会议办公室举办首次全国家庭服务师资培训，对140名来自各地家庭服务培训示范基地及其他家政服务培训机构的师资进行培训。指导全国高等职业教育教学家政服务专业委员会，组织开展高等职业学校家政服务专业教学标准修订。民政部依托65个全国职业院校养老服务类示范专业点，开展养老服务专业建设和教学改革，加快养老服务人才的培养。

三是继续开展家庭服务培训示范基地建设。各省（区、市）基本完成了第一轮省级家庭服务培训示范基地认定，平均每个省（区、市）认定了5～6家。

四是积极开展家庭服务技能竞赛。各地区积极开展不同类别不同层次的家庭服务职业技能大赛，北京、天津、河北还联合举办“京津冀”大赛。举办职业技能大赛不仅促进了家庭服务培训工作，而且提高了从业人员的职业认同感。

（四）着力推进中心城市家庭服务体系建设。

一是组织实施家政服务劳务对接扶贫行

动。部际联席会议办公室会同各成员单位在全国范围内部署开展中心城市与贫困县家政服务劳务对接扶贫行动，并在石家庄市举办跨省劳务对接扶贫行动签约活动，现场签订77份跨省家政服务劳务对接协议。在全面推动落实跨省协议的同时，河北、山西、内蒙古、黑龙江、河南、广东、四川等省份还在省域内开展了中心城市与贫困县的家政服务劳务对接。各地通过集成职业介绍补贴、职业培训补贴、社会保险补贴、交通补贴等有关政策，加强对劳务对接扶贫行动的政策支持。

二是开展“百城万村”家政扶贫试点。商务部会同相关部门，重点在北京、上海、杭州等10个家政服务需求大的中心城市与安徽、江西、湖南等7个家政服务资源丰富省份的贫困县开展了家政扶贫试点，带动建档立卡贫困户稳步脱贫。

三是鼓励互联网技术与家庭服务业融合发展。各中心城市结合实施国家“互联网＋”战略，鼓励发展“互联网＋家庭服务业”“互联网＋家政服务”，取得明显成效。南京市家庭服务业协会、斑马电商云公司联合举办了南京首届斑马电商云家政节暨中国首届家庭服务业新服务峰会。这些企业通过互联网和通信技术与传统家政服务相结合，提高了家政服务在供需对接、客户和服务人员管理、市场推广等方面的效率。

四是加强经验交流推广工作。部际联席会议办公室利用部际联席会议简报、《中国劳动保障报》农民工专版、《家庭服务》杂志等载体，总结推广了一批中心城市家庭服务体系建设经验。同时，经国家统计局批准，人力资源社会保障部统计调查中心首次在全国范围内选定36个中心城市开展家庭服务业统计调查，为准确掌握行业发展状况提供支撑。

三、人社扶贫工作

人力资源社会保障部认真贯彻落实党中央、国务院关于脱贫攻坚的决策部署，立足职能，明确任务，落实责任，扎实推进人力资源社会保障各项扶贫工作。

（一）就业扶贫取得显著成效。

始终把就业扶贫作为重大政治任务，着力促进农村贫困劳动力通过就业增收实现脱贫。截至2017年年底，全国600.2万名贫困劳动力实现就业。

一是不断完善政策措施。指导各地贯彻落实并不断完善就业扶贫政策措施，力争对象全覆盖、渠道全涉及，同时增加补贴项目，提高补贴标准，提升就业扶贫政策的含金量，使贫困劳动力得到更多的帮助和补贴。

二是创新一系列工作举措。创设了扶贫车间、就业驿站、社区工厂、卫星工厂等就业创业新载体，探索了省内劳务协作、重大项目与贫困县结对子的劳务协作新渠道，开发了就业扶贫专岗、公益性岗位等托底帮扶新手段，促进贫困劳动力就业。

三是扎实推进就业服务。组织开展“春风行动”和“就业扶贫行动日”等活动，通过招聘会、宣讲会等方式为贫困劳动者送政策、送岗位、送信息，帮助他们转变观念，获得岗位。遴选1 400多个就业扶贫基地，在中国招聘网上开辟“就业扶贫　供需对接”专栏，集中发布就业扶贫基地名录和基地提供的20万个就业岗位信息，促进用人单位和贫困劳动力对接。一年来，全国人力资源社会保障部门共为贫困劳动力提供职业指导173.7万人次、职业介绍201.5万人次、创业服务75.4万人次。

四是不断夯实工作基础。建立了全国农村贫困劳动力就业扶贫信息平台，对所有建档立卡的贫困劳动者进行实名登记，已联系核实1 828万名贫困劳动力的就业失业状态，使农村贫困劳动力就业做到有数可依、有据可查，大大提升了就业扶贫质量。

（二）技能扶贫力度不断加大。

2017年，全国有206.3万名建档立卡贫困劳动力参加了职业技能培训。

一是大力实施农民工职业技能提升计划——“春潮行动”。全国人力资源社会保障部门组织开展包括贫困人口在内的农民工政府补贴性职业培训 898 万人次，其中就业技能培训 586 万人次，培训后 386 万人就业，岗位技能提升培训 236 万人次。

二是组织实施农民工等人员返乡创业培训五年行动计划，组织开展创业培训 76 万人次，培训后 36 万人创业就业。

三是进一步开展技能脱贫千校行动。1 061 所技工院校参与到技能脱贫千校行动之中，建档立卡贫困家庭子女在校生达 12.9 万人，其中当年招收 6.04 万人；面向建档立卡贫困家庭劳动者开展职业培训 15.6 万人次，培训后 9.96 万人就业创业。

（三）社保扶贫取得积极进展。

人力资源社会保障部会同财政部、国务院扶贫办印发《关于切实做好社会保险扶贫工作的意见》（人社部发〔2017〕59 号），部署社会保险扶贫工作。

一是减轻贫困人口参加城乡居民基本养老保险缴费负担。对建档立卡未标注脱贫的贫困人口、低保对象、特困人员等困难群体，为其代缴部分或全部最低标准城乡居民养老保险费。2017 年，全国享受代缴城乡居民基本养老保险费的贫困人口超过 1 515 万人，60 周岁以上享受城乡居民基本养老保险待遇的贫困老年居民超过 1 681 万人。城乡居民养老保险保障水平逐步提高，有 30 个省份、2 835 个县级政府在中央 70 元基础养老金标准之上加发了基础养老金，全国城乡居民养老保险月人均养老金 124 元。

二是贫困人口医疗保障水平得到提高。25 个省份均落实了建档立卡贫困人口参保缴费补助政策，将贫困人口全部纳入基本医保和大病保险，整合制度保障农村贫困人口待遇不降低。22 个省份城乡居民大病保险对贫困人口实施降低起付线、提高报销比例和封顶线等倾斜支付政策，切实减轻贫困人口医疗费用负担。加强基本医保、大病保险和医疗救助制度政策衔接，发挥制度保障合力。

（四）人事人才等其他扶贫工作不断加强。

一是大力加强贫困地区公务员培训，国家公务员局会同国务院扶贫办印发《关于开展行政机关公务员脱贫攻坚培训的意见》（国公局发〔2017〕4 号），举办了全国脱贫攻坚培训工作研讨班和贫困地区公务员发展能力提升专题培训班。二是加强和改进艰苦边远地区县乡事业单位公开招聘工作，配合国家卫生计生委等部门做好艰苦边远地区全科医生特设岗位计划实施工作，解决贫困地区全科医生紧缺问题。三是实施“三支一扶”计划，共招募约 0.81 万名高校毕业生到基层从事扶贫服务。四是开展艰苦边远地区各类专业技术人才培训，组织 24 期专家服务团赴新疆、西藏开展服务活动。五是研究调整艰苦边远地区津贴标准，调整提高西藏特殊津贴标准水平，推动落实四省藏区工资倾斜政策，提高高海拔地区折算工龄补贴。六是会同国务院扶贫办开展第二届全国脱贫攻坚奖评选表彰工作。七是扎实推进定点扶贫工作，人力资源社会保障部定点扶贫县山西省天镇县和安徽省金寨县 2017 年脱贫人数分别为 7 991 人和 26 275 人。

法 治 建 设

2017年，人力资源和社会保障法治工作紧紧围绕全面推进依法治国的总目标，紧紧围绕“民生为本、人才优先”的工作主线和人力资源社会保障工作大局，坚持问题导向，坚持稳中求进工作总基调，坚持深化人力资源社会保障制度改革和法治人社建设共同推进，坚持立法、执法、执法监督和普法一体建设，为人力资源和社会保障事业科学发展提供了有力的法治保障。

一、围绕人力资源社会保障领域改革推进立法

科学谋划全年立法任务，按照突出重点、稳中求进的指导思想，制订了人力资源社会保障部年度立法工作计划并抓好落实。一是按照中央关于增强劳动力市场灵活性的要求，做好劳动用工抽样调查、重点难点问题研究等工作，评估劳动合同法实施效果，搞好劳动合同法研究。二是行政法规制定工作取得新进展。配合国务院法制办做好《失业保险条例（修订草案）》和《人力资源市场条例（草案）》的修改审查工作。三是规章制定工作扎实推进，共发布了6个部令。2月16日，修订公布《专业技术人员资格考试违纪违规行为处理规定》（人力资源和社会保障部令第31号），自4月1日起施行。3月13日，发布《人力资源社会保障部关于修改〈外国人在中国就业管理规定〉的决定》（人力资源和社会保障部令第32号），自公布之日起施行。5月8日，修订公布《劳动人事争议仲裁办案规则》（人力资源和社会保障部令第33号）和《劳动人事争议仲裁组织规则》（人力资源和社会保障部令第34号），自7月1日起施行。10月9日，制定发布《事业单位公开招聘违纪违规行为处理规定》（人力资源和社会保障部令第35号），自2018年1月1日起施行。12月18日，修订公布《企业年金办法》（人力资源和社会保障部令第36号），自2018年2月1日起施行。

二、推进行政审批制度改革

一是配合审改办做好取消部本级2项和地方实施2项行政许可的研究论证、制定事中事后监管措施等工作。9月29日，国务院发布《关于取消一批行政许可事项的决定》（国发〔2017〕46号），取消了“列入政府管理范围的专业技术人员职业资格审批”，人力资源社会保障部按照要求公布了取消审批后的事中事后监管措施。二是加强行政许可标准化建设，组织开展行政许可标准化测评，设立了“部行政许可申请受理窗口”，集中统一受理行政许可申请。三是组织部内相关司局开展“放管服”改革专项督查自查工作，并撰写提交自查报告。四是配合做好与人力资源社会保障部职责相关的许可事项取消下放、“证照分离”改革、负面清单以及部分地方行政审批制度改革先行先试等研究征求意见工作。

三、加强行政执法监督

一是依法妥善处理行政争议。人力资源社会保障部本级全年共收到行政复议申请241件，其中受理113件；处理行政应诉案件109件，其中一审74件、二审35件。二是加强规

范性文件合法性审查。按照“应审必审、有错必纠”的要求，制定了《人力资源社会保障部规范性文件合法性审查试行办法》（人社厅发〔2017〕15号），提高规范性文件管理科学化、规范化水平。全年共对60份文件进行了合法性审查。三是全面落实行政执法责任制。制定了《人力资源社会保障部关于全面落实行政执法责任制的指导意见》（人社部发〔2017〕81号），明确了全面落实执法责任制的指导思想、基本原则，对界定执法职责、完善执法程序、组织评议考核、严格责任追究等都提出了指导意见和具体要求。

四、深入开展法治宣传教育

一是制定了《人力资源社会保障部关于贯彻“谁执法谁普法”普法责任制的实施意见》（人社部发〔2017〕98号），明确了普法责任制的指导思想、基本原则、普法内容和职责任务等内容，制定了普法工作台账和普法责任清单，通过普法责任制的建立，努力形成系统上下联动、部门齐抓共管、社会广泛参与的工作格局，不断推进普法深入开展。二是印发《关于做好技工院校人力资源和社会保障法治教育工作的通知》（人社厅函〔2017〕228号），要求技工院校从2017年新学期开始，将人力资源社会保障法律法规作为技工院校学生的必修课程，纳入教学计划。三是举办学习贯彻习近平总书记法治思想专题讲座暨人力资源社会保障部党组中心组学习（扩大）会，邀请中国社科院法学所所长、博士生导师李林教授作“在历史新起点上全面推进依法治国”专题讲座，部机关、国家公务员局处级以上干部、企事业单位司级干部、党办主任约350人参加。四是开展了形式多样的普法宣传活动。8月中旬至9月中旬，组织全国各地人力资源社会保障厅（局）开展了普法宣传月活动。9月中旬至10月中旬，开展人力资源社会保障法律法规知识网络竞赛活动，共有约500万人关注竞赛活动，参与练习150万人次，近14万人完成答题。12月上旬，围绕“12·4”国家宪法日，组织开展了面向全系统和社会公众的“学习贯彻党的十九大精神　维护宪法权威　推进法治人社建设”的集中宣传活动，不断扩大宣传覆盖面，增强法治宣传的实效。

五、其他工作有序推进

一是研究起草了人力资源社会保障部2016年度贯彻落实《法治政府建设实施纲要（2015—2020年）》情况的报告，经人力资源社会保障部党组会审议通过后报党中央、国务院，并按照要求向社会公布。二是组织做好《法治政府建设实施纲要（2015—2020年）》督查工作，对10项重点督查内容逐项研究并提出了工作措施，起草了督查报告并报法制办。三是8月召开全国人力资源和社会保障法治工作座谈会，对全面完成法治人社建设各项任务进行部署。四是按照国务院办公厅进一步做好“放管服”改革涉及的文件清理要求，组织对现行有效的规章和文件进行了清理，共宣布失效、废止文件102件。五是落实全国人大常委会要求，做好促进科技成果转化法、药品管理法、出境入境管理法、民族区域自治法等法律执法检查和草原生态环境保护工作的专项报告等工作。六是共办理130余件部外法律法规征求意见。

劳动保障监察

2017 年，全国劳动保障监察机构全面贯彻落实党的十九大精神，以《国务院办公厅关于全面治理拖欠农民工工资问题的意见》（国办发〔2016〕1 号）为统领，进一步采取坚决有力措施，着力解决拖欠农民工工资等突出违法问题，加大劳动保障监察制度建设力度，积极推进执法体制机制改革，认真做好劳动保障监察各项工作，推动构建源头预防、动态监管和失信惩戒相结合的监察执法体系，努力推进劳动保障监察事业实现新发展，劳动保障监察各项工作取得积极进展。

一、保障农民工工资支付制度机制建设取得新成果

一是制定治欠保支工作的时间表和路线图。为进一步贯彻国办发〔2016〕1 号文件和国务院第 163 次常务会议精神，确保到 2020 年实现基本无拖欠的工作目标，7 月，人力资源社会保障部办公厅制定《治欠保支三年行动计划（2017—2019）》（人社厅发〔2017〕80 号），明确以解决工程建设领域欠薪问题为重点，综合运用法律、行政、经济等手段，健全源头预防、动态监管、失信惩戒相结合的制度保障体系，用三年左右时间，形成制度完备、责任落实、监管有力的治理格局，实现被欠薪农民工比重逐年下降，力争到 2020 年实现农民工工资基本无拖欠。

二是制定并提请国务院办公厅印发《保障农民工工资支付工作考核办法》。为加强目标考核、落实属地监管责任，12 月 7 日，国务院办公厅印发《保障农民工工资支付工作考核办法》（国办发〔2017〕96 号，以下简称《办法》），该《办法》明确了对省级政府进行年度考核，确定了考核内容、考核方法、考核等级划分和考核结果运用。考核内容主要包括加强保障农民工工资支付工作的组织领导、建立健全工资支付保障制度、治理欠薪特别是工程建设领域欠薪工作成效等情况，涵盖了治欠保支工作各个方面。随后，人力资源社会保障部牵头制定印发 2017 年年度考核方案，对考核工作作出具体部署。同时，以治理工程建设领域欠薪问题为重点，推进“两金三制一入罪”。“两金”即工资保证金制度、欠薪应急周转金制度；“三制”是农民工实名制管理制度、工资按月足额支付制度、工程建设领域人工费用与其他工程款分账管理制度；“一入罪”是指对恶意欠薪涉嫌拒不支付劳动报酬犯罪的，依法移送司法机关追究刑事责任。

二、全力以赴做好 2018 年春节前保障农民工工资支付工作

一是联合国家发展改革委、公安部、司法部、财政部、住房城乡建设部、交通运输部、水利部、人民银行、国资委、工商总局等部门和全国总工会印发《关于开展农民工工资支付情况专项检查的通知》（人社部明电〔2016〕6 号），从 2017 年 12 月 1 日至 2018 年春节前，在全国范围内组织开展农民工工资支付情况专项检查工作。

二是制定《2018 年元旦春节期间保障农民工工资支付工作新闻宣传工作方案》，在全国开展集中宣传活动，联合北京市人民政府在

北京举行全国保障农民工工资支付集中宣传活动启动仪式，为保障农民工工资支付营造浓厚舆论氛围。人力资源社会保障部和各地人力资源社会保障部门通过新闻媒体集中曝光了多批拖欠劳动报酬典型案件，在社会上引起了强烈反响，对有恶意欠薪行为的企业起到了震慑和警示作用。

三是对各地切实做好2018年春节前治欠保支工作进行专项安排部署，要求各地提高政治站位，把治欠保支工作作为春节前的重要民生工作，同时，制定更加扎实有力的对策措施，全力以赴清理欠薪，确保农民工拿到工资返乡过年，确保打赢春节前治欠保支攻坚战。

四是牵头召开做好2018年春节前保障农民工工资支付工作视频会议，分析研判治欠保支形势，对做好2018年春节前保障农民工工资支付工作进行再动员再部署。

五是专项行动期间，配合国务院办公厅督查室，对部分地区开展2018年春节前保障农民工工资支付工作开展实地督查。按照统一部署，各地切实抓好2018年春节前保障农民工工资支付工作，加大欠薪问题排查力度，督促企业整改欠薪隐患；畅通举报渠道，确保农民工投诉“有门”；严格执法、综合施策，限时解决欠薪问题；健全应急处置机制，完善工作预案，对因欠薪引发的群体性事件迅速响应，及时妥善解决；加强宣传和舆论引导，完善行政司法联动措施，专项检查工作取得明显成效。

2017年，全国各级劳动保障监察机构共查处欠薪案件14.3万件，同比下降38.8%，为308.7万名劳动者追发工资等待遇250.1亿元，涉及劳动者人数同比下降17.1%，涉及工资数额同比下降28.7%，拖欠农民工工资问题得到有力遏制。

三、劳动保障监察日常执法和专项整治取得新成效

各级劳动保障监察进一步加强日常执法，扩大日常巡视检查和书面审查范围，及时发现和纠正违法行为。积极面向企业和劳动者开展劳动保障法律法规宣传，指导企业依法用工管理，引导企业自觉守法和劳动者依法理性维权。全面畅通劳动者举报投诉渠道，落实各项执法服务措施，举报投诉接待服务质量和案件查处效率进一步提升。2017年，全国各级劳动保障监察机构共查处各类劳动保障违法案件20.6万件，主动检查用人单位171.9万户次，督促用人单位与167.5万名劳动者补签劳动合同，为308.7万名劳动者追发工资等待遇250.1亿元，督促1.7万户用人单位办理社保登记，督促缴纳社会保险费12.9亿元，切实维护了劳动者合法权益和社会稳定。

针对劳动保障和人力资源市场领域出现的突出违法问题，人力资源社会保障部还在全国范围内组织开展专项整治活动，并联合有关部门组成工作组深入各地开展督查。2月9日，与解决企业拖欠工资问题部际联席会议各成员单位联合印发《关于继续开展拖欠农民工工资问题专项整治工作的通知》，部署各地在全国两会前开展专项整治行动。2月20日至3月20日，会同工商总局在全国组织开展清理整顿人力资源市场秩序专项行动。其间，共检查单位15.3万户次，查处违法案件5 967件，其中取缔非法职业介绍活动2 643件。专项行动的开展，打击了侵害求职者权益的违法行为，维护了广大求职者的合法权益，规范了人力资源市场秩序。7月3日至8月3日，组织开展用人单位遵守劳动用工与社会保险法律法规情况专项检查。其间，共检查各类用人单位43.2万户，查处各类违法案件40 584件，责令用人单位支付工资及补偿赔偿8.9亿元，依法维护了劳动者合法权益。

四、劳动保障监察制度建设迈出新步伐

一是推动各地落实《企业劳动保障守法诚信等级评价办法》（人社部规〔2016〕1号）和《重大劳动保障违法行为社会公布办法》（人力资源和社会保障部令第29号），各地人力资源社会保障部门共对3 672起重大劳动保障违法行为进行社会公布。

二是印发《拖欠农民工工资“黑名单”管理暂行办法》（人社部规〔2017〕16号），明确将符合规定条件的欠薪单位及其法定代表人、其他责任人列入“黑名单”，由相关部门依法依规实施联合惩戒。

三是会同国家发展改革委、人民银行等30个部门联合签署印发《关于对严重拖欠农民工工资用人单位及其有关人员开展联合惩戒的合作备忘录》，从限制政府资金支持、政府采购、招投标、生产许可、资质审核、融资贷款、市场准入、税收优惠、评优评先等方面，进一步明确了30条联合惩戒措施，使列入“黑名单”的用人单位及其有关人员在全国范围内“一处违法、处处受限”。

四是推行“双随机、一公开”执法方式，各地基本制定并公布了省级随机抽查事项清单，建立了执法人员数据库和监管对象数据库。同时，围绕落实中央关于“严格规范公正文明执法”的各项要求，推进劳动保障监察举报投诉案件省级联动处理机制建设，完善监察执法程序，规范执法裁量权。进一步推进劳动保障监察“两网化”建设，做好劳动保障监察信息监测工作，提高劳动保障监察案件上线率。进一步完善并落实与政府其他部门的执法协作，加强对劳动保障违法问题的综合治理。

五、劳动保障监察执法能力建设稳步推进

进一步加强劳动保障监察执法能力建设，指导各地按照当地党委、政府的统一安排，继续积极稳妥推进劳动保障监察执法体制改革，强化劳动保障监察机构的综合执法职能，减少监察执法层级，加强基层执法力量。组织开展劳动保障监察培训，为提升监察队伍业务素质和执法能力提供了有力支撑。进一步加强劳动保障监察队伍作风建设，认真落实人力资源社会保障部关于建立窗口单位作风建设长效机制的意见，切实提升作风建设水平。广泛开展执法宣传，加强宣传通讯员队伍建设，全年刊登劳动保障监察专版25期，进一步提升了劳动保障监察影响力，营造维护劳动者合法权益的社会舆论氛围。积极开展劳动保障监察领域国际交流合作。

规划统计

2017年，坚持围绕中心、服务大局，主动作为，稳中求进，积极发挥规划引领、决策支撑、服务保障作用，规划计划、统计调查、信息化等工作取得新的进展。

一、规划工作

（一）组织实施“十三五”规划。

一是组织实施人力资源和社会保障事业发展“十三五”规划纲要并配合国家发展改革委做好国家“十三五”规划实施工作。组织实施规划纲要，按期调度进展情况，推动重要指标、重大项目和重点任务的落实。组织开展“十三五”规划年度监测评估工作。

二是组织实施其他重点专项规划。组织开展《国家新型城镇化规划（2014—2020年）》中期评估工作。配合有关部门研究制定《加快推进新型城镇化建设行动方案》。印发了《“十三五”推进基本公共服务均等化规划》（国发〔2017〕9号）和《“十三五”脱贫攻坚规划》（国发〔2016〕64号）部内分工及实施方案。落实11个集中连片特困地区区域发展和扶贫攻坚规划并调度规划进展情况。配合编制相关区域规划并组织区域规划中人力资源和社会保障工作任务落实。印发《关于推进京津冀人力资源和社会保障事业协同发展的实施意见》，组织召开京津冀人力资源和社会保障事业协同发展第一次部省（市）联席会议，研究部署《实施意见》和重点任务分工方案的贯彻落实工作。

三是编制实施事业发展年度计划。组织编制实施2017年人力资源和社会保障事业发展计划，督促计划层层分解落实，加强计划执行监测分析，调度计划执行情况。经过努力，全年各项计划任务顺利完成。组织编制2018年人力资源和社会保障事业发展计划草案。

（二）加强对口支援工作。

贯彻落实中央第二次新疆工作座谈会和第六次中央西藏工作座谈会精神，继续推进人力资源社会保障系统对口支援新疆、西藏和四省藏区工作。梳理了有关新疆重大决策部署落实情况，组织开展对口援疆工作调研及对口支援新疆工作总结，组织开展中央有关新疆工作重大决策部署落实情况自查并组织开展调研检查。组织开展中央支持西藏和四省藏区经济社会发展重大政策项目贯彻落实情况和对口支援工作总结评估。调度支持西藏和四省藏区经济社会发展有关情况。组织召开对口支援青海省藏区人力资源和社会保障工作座谈会，汤涛副部长出席会议并作重要讲话，会议总结交流“十二五”人力资源社会保障系统对口支援青海省藏区工作经验，对“十三五”对口支援工作进行了部署。

（三）推进基层平台设施建设。

调度2010—2016年中央投资补助的基层劳动就业和社会保障服务设施建设进展情况，并对国家级贫困县服务设施建设情况进行了梳理。在河南省济源市组织召开基层劳动就业和社会保障服务平台座谈会并实地调研济源市基层平台，汤涛副部长出席会议并作重要讲话，会议总结交流基层公共服务平台建设的成功经验，研究下一步工作思路，进一步推进基层平台建设。

二、统计工作

一是加强统计综合管理确保数据质量。认真学习贯彻习近平总书记等中央领导同志关于统计工作的重要指示批示精神，制定实施加强统计工作意见，开展统计法规教育培训，强化人力资源和社会保障统计数据的审核把关，提高统计数据质量。

二是改革创新统计调查制度。适应人力资源和社会保障事业发展要求，修订完善统计调整制度，对人力资源社会保障基本情况调查、薪酬调查、家政服务业调查等重点专项调查开展调整、完善、报批等工作，更好地适应新的业务工作要求。

三是加大统计保障支撑事业发展力度。按时发布2017年度人力资源社会保障统计公报，继续印制统计公报中英文对照单行本，参与编辑多种统计资料，定期通过部门户网站和新闻发布会等渠道发布相关统计数据，做好统计数据的上报、交换、共享等工作。

四是加强统计分析和决策咨询工作。完善部内统计分析决策咨询制度，组织有关专家撰写统计分析报告和参考，在部《统计分析报告》和《国际统计监测》上刊发统计分析和监测文章近百篇，为领导决策和各项业务工作提供统计咨询。

五是按照中央人才办的统一要求，完成2017年度全国人才资源统计工作，配合中央组织部编写《中国人才资源统计报告2016》。

三、信息化工作

一是金保工程二期（中央本级）项目建设全面开展。2017年，金保工程二期建设全面展开。按照部领导有关“加强工程建设的组织管理，确保优质高效完成任务，真正经得起历史、实践的检验”的要求，依据部电子政务工程管理办法和项目实施计划，加强对项目的组织管理和调度。截至年底，共完成42个子项目的采购工作并启动项目实施工作，总计完成投资额4 970万元。根据部中心工作需要，优先启动了国家异地就医结算系统、中央国家机关公务员考试报名系统、社保卡及基础信息管理系统等重要信息系统的建设，部分系统已投入试运行并取得良好的应用成效。其中，国家异地就医结算系统已实现省级平台、统筹地区全部入网，开通跨省异地就医直接结算定点医疗机构8 499家，国家平台异地就医备案人员205万人，累计结算14.78万人次，日结算已突破2 000人次。全年共举办4期人力资源社会保障系统金保工程二期建设培训班，分别就金保工程二期规划与实施、异地就医结算、西藏信息化建设等主题对地方工作人员进行培训，共完成培训1 500人·天。根据金保工程二期全国整体立项的有关要求，截至年底，已完成安徽等11个省份金保工程二期可行性研究报告的审查并回复了审查意见。

二是新农保信息系统试点工程进入收尾阶段。按照“2017年年底完成工程建设任务，开展初步验收准备工作”的目标，进一步加大对项目工作组的调度监督力度，截至2017年年底，工程建设任务已基本完成，工程投资完成95%。已启动工程结算审核、文档的整理和电子化入库工作。

三是推进本部参建的电子政务工程。配合公安部开展人口基础信息库建设项目工程竣工验收，完成了工程决算编制和档案整理工作。配合工商总局完成了国家法人库一期项目初步设计及投资概算的编制和报批工作，向国家发展改革委报送了2018年投资计划申请，编制了项目实施计划。

四是金保工程项目管理信息系统正式上线。为了充分利用信息化、“互联网+”手段提升金保工程组织管理能力，促进项目管理工作的科学化、规范化水平，于上半年组织开发了金保工程项目管理信息系统，通过信息系统的使用进一步规范项目管理流程，明确管理要求和标准，堵塞管理漏洞，减少项目实施风险。5月，项目管理信息系统通过初步验收并正式上线试运行。系统运行平稳，工程建设各参与方通过系统完成采购、合同、实施、资金、资产、文档等各环节工作，实现项目全流程的信息化、网络化管理。

五是积极落实国家“互联网＋”行动计划和促进大数据发展行动纲要。根据《国务院关于积极推进“互联网＋”行动的指导意见》（国发〔2015〕40号）和部内分工方案，积极协调各相关单位，推进“互联网＋创业创新”“互联网＋益民服务”等行动计划任务的落实，向国家发展改革委报送了2017年工作进展情况，并推荐了人力资源社会保障领域“互联网＋”应用典型案例。根据国务院印发的《促进大数据发展行动纲要》（国发〔2015〕50号）和《政务信息资源共享管理暂行办法》（国发〔2016〕51号）的规定和要求，起草了《人力资源社会保障部政务信息资源共享管理暂行办法》（人社厅发〔2017〕39号）和《人力资源社会保障部政务信息资源目录》，经部务会审议通过，于4月正式印发，为本部开展政务信息资源共享和利用奠定了坚实的制度基础。根据落实大数据发展行动纲要部内分工方案，协调部属各有关单位推动相关任务的落实，并向国家发展改革委报送了2017年度工作总结和2018年工作计划。组织申报国家促进大数据发展重大工程。经过积极协调，人力资源社会保障部推荐申报的“医保基金风险防控大数据平台建设及应用”项目被确立为2017年度国家促进大数据发展重大工程项目。

六是积极推进各地新型智慧城市建设。按照新型智慧城市建设部际协调工作组工作部署，指导各地开展新型智慧城市创建工作，编制了就业和社会保障领域评价指标，参与了2017年中国智慧城市发展报告的编写工作。按照本部指导各地区推进智慧人社应用工作方案（2016—2018年），协调部属有关单位积极推进相关工作任务落实。

信息化建设

2017年，人力资源和社会保障信息化工作深入贯彻党的十八届三中、四中、五中、六中全会和党的十九大精神，按照全国人力资源和社会保障工作会议、全国“互联网＋人社”推进座谈会部署，积极推进“互联网＋”、大数据等战略规划落实，围绕人力资源和社会保障中心工作及各项改革任务要求，着力加强重点应用系统建设和信息资源开发利用，推进社会保障“一卡通”，不断开展信息化公共服务创新，取得新成效。

一、有序推进重点规划和项目实施

召开全国“互联网＋人社”推进座谈会，安排部署“互联网＋人社”2020行动计划。举办全国人社信息化创新应用展，集中展示150多个创新应用案例，促进各地学习交流实践经验。推进全国性基础服务平台建设，编制完成全国社保卡线上身份认证与支付结算服务平台项目建议书。全面启动金保工程二期建设，推动开展项目采购和系统建设。推进政务信息系统整合共享工作，与国家数据共享交换平台实现了接入。落实国务院相关决策部署，完善部本级协同共享机制，提升跨部门的协同治理和服务能力。

二、深入推进社会保障“一卡通”

截至12月底，全国社保卡持卡人数达10.88亿人，普及率78.7%，完成年度发卡任务。实际发卡城市（含省本级）达383个，地市覆盖率99.7%。完成社保卡国产密码算法升级方案及规范研究。启动第三代社保卡技术验证，印发相关技术规范文件，开展为期半年的技术验证工作。全面推进社保卡综合应用，开展第二批社保卡综合应用示范基地工作，确定河北唐山等38个地区为综合应用示范基地。全国所有省份和新疆生产建设兵团实现跨省异地就医持卡结算，各地普遍建立了快速发卡机制，部分地区开始探索线上用卡服务模式。启动中央国家机关事业单位工作人员发放社保卡工作，开展了发行应用方案制定和信息系统设计。继续开展人力资源和社会保障行业生物特征识别应用规范课题研究，完成人脸、指纹、指静脉等三种技术的生物特征数据采集、交换格式、存储、更新等数据类规范工作。研究生物特征识别线上身份认证方案。社保卡持卡人员基础信息库已在所有省份和新疆生产建设兵团正式上线运行。人力资源社会保障部持卡库中有基础信息的人员达13.9亿人，有基础信息的社保卡达9.8亿张，共接入省、市两级业务系统257个，有效支撑了跨地区用卡和基础信息共享。

三、全力保障重点改革任务落实

国家异地就医结算系统运行平稳，已经联通所有统筹地区，覆盖城镇职工、城乡居民各类医保群体，服务异地安置退休、异地长期居住、常驻异地工作和异地转诊四类跨省就医人群。截至12月底，接入医疗机构8 499家，实际住院结算14.78万笔，日最大结算量超过2 600笔，且业务量呈快速增长态势。完成部级全民参保登记系统建设，加快推动各地系统对接，逐步形成部省联动的数据定期上报机制，各地累计上报13亿条人员基础信息、29亿条参保数据。农村贫困劳动力就业信息平台上线运行，与国务院扶贫办实现数据交换，完成2 000余万人的信息比对，为精准就业服务提供了数据支持。指导各地充分利用教育部门数据，开展离校未就业高校毕业生实名登记工作。推动化解过剩产能职工安置系统应用，指导各地开展数据上报，准确掌握职工安置情况。

四、着力强化重点业务系统建设和应用

全部省份完成就业监测二期系统的软件实施和联调测试，按照新版监测指标开展数据上报工作。推进公共招聘网二期项目建设及联网实施，已有288家公共就业和人才服务机构实现联网。所有省份和新疆生产建设兵团已建成机关事业单位养老保险系统，并启动了业务办理。完成在京中央单位经办系统的部署和保障工作。开展社会保险关系转移系统改造，当年累计办理业务105.6万笔；养老保险参保待遇状态比对查询服务系统当年累计响应查询请求3 020万人次；异地退管系统当年累计办理协助认证结果95.5万笔。完成中央机关公务员考试报名系统的升级改版，承担中央机关公务员2018年度招考网上报名、2018年度公开遴选和公开选调网上报名，协助开展2018年度公安院校公安专业毕业生招考工作。配合完成公务员管理信息系统汇总版的研发及系统初验工作。推进劳动关系统一软件的应用实施。完成调解仲裁管理系统指标体系制定，升级完善了全国仲裁员管理系统。开展《劳动保障监察管理信息系统基础指标集与代码》修订工作。

五、深入开展信息资源服务和数据共享应用

截至12月底，就业监测数据上报量为4.7亿名劳动者。养老保险、医疗保险、失业保险、工伤保险、生育保险联网监测数据上报量分别达到8.85亿人、7.55亿人、1.77亿人、1.98亿人、1.69亿人。积极参与国家人口基础信息库项目建设，配合公安部完成系统最终验收，按季度为国家人口基础信息库提供数据，并利用人口库提供的服务，完成了上亿人次的异地生存状态核验、持卡人员信息核查。配合做好国家法人基础信息库的立项工作。推动与财政、工商、民政、质监、知识产权、扶贫等部门的数据共享。与财政部联合印发文件，指导地方财政部门与人力资源社会保障部门开展数据共享工作。开展大数据管理平台建设研究工作。继续推进人力资源和社会保障信用评价体系试点应用，已在重庆、洛阳等地开展人力资源社会保障个人信用评价支持创业担保贷款应用，在广东等地开展人力资源社会保障企业信用评价在劳动监察领域的探索应用。围绕人力资源和社会保障政策热点、痛点和难点，积极开展数据分析应用。配合完成部门常规性统计及对外数据服务工作。

六、加快完善公共服务信息化体系

深入研究公共服务信息平台及服务渠道应用技术，启动部本级平台建设。推进全国统一的“掌上12333”移动应用，覆盖12个省份的84个地市。推广短信应用，部级短信平台2017年短信推送量达到319万条。12333电话咨询服务实现地市全覆盖，2017年来电总量达到1.1亿次，综合接通率保持在80%以上。以“话说居民养老保险”为主题，成功举办第六届12333全国统一咨询日活动。配合落实“互联网＋政务服务”试点，制定《人力资源社会保障部“互联网＋政务服务”试点示范实施方案》，推进试点工作。部门户网站、中国就业网、世界技能大赛网站等稳定运行。

七、稳步夯实网络安全支撑能力

初步完成金保工程二期业务专网广域网改造准备工作，启动部本级电子政务内网项目建设。建立健全人力资源社会保障系统及部本级网络安全事件应急工作机制，制定网络安全事件应急预案，提高各地网络安全事件处置能力。人力资源社会保障部门均已实现与部和地市相应部门的三级网络互联，城域网覆盖95.8%的各类人力资源社会保障管理服务机

构，97.5%的街道、乡镇，定点医疗机构网络联通率达99.2%。30个省份和新疆生产建设兵团建立了业务专网DNS系统。部本级数据中心机房、网络、主机设备、网络设备等运行正常，部本级与32个省级节点网络实现安全畅通。加快推进国产密码应用工作，部本级及3个省份的电子认证系统已完成国产密码算法的升级改造。开展全国风险评估和隐患排查，研究风险隐患化解的具体措施，评估和完善行业应急机制。组织召开国产密码应用推进和业务专网终端安全防护建设试点总结会，推动业务专网整体安全防护。进一步加强信息安全漏洞监测和通报。

八、举办首届大数据创新应用大赛

部相关职能单位和有关社团联合举办首届全国社会保险大数据应用创新大赛。全国共有1 601人组成的1 335支队伍报名参赛。经过激烈角逐，47人组成的19支参赛队分别获奖，形成了百余篇创新实施方案，产出近500个优秀医保监控大数据算法，涌现出一批科技含量高、创新性强、社会效益好、具有较高实践价值的创新项目，对推进“互联网＋人社”行动具有重要借鉴意义。大赛组委会于10月13日在杭州向获奖选手颁奖。

九、加强经验交流和培训指导

结合“互联网＋人社”深化应用、异地就医结算、社保卡建设与应用、12333电话咨询服务、网络安全形势等重点任务，举办专项培训班、研讨会等培训交流活动，推动各项任务落实，促进全国人力资源和社会保障信息化建设工作。加强信息化援藏工作，组织西藏自治区金保工程二期建设培训班，帮助西藏自治区完成国家异地就医结算系统接入和社保卡首发工作。

科学研究

2017年，中国人事科学研究院和中国劳动保障科学研究院在人力资源社会保障部党组的领导下，全面贯彻党的十九大精神，认真开展“两学一做”学习教育，紧紧围绕部中心工作，以重点工作突破带动整体工作的推进，圆满完成了各项工作任务。

一、人事科学研究

中国人事科学研究院（以下简称人科院）全年完成科研项目98项，发表学术论文200余篇，出版专著多部。多项研究成果得到部领导的肯定性批示，供决策参考，并获学术界好评。

（一）认真完成部交办的各项科研任务。

全年共承担部及部属相关职能单位下达的课题22项，其中部重大课题4项、部级课题4项、其他委托课题14项。重点对公务员法修订及配套制度的完善、事业单位人员岗位管理、法官检察官工资制度改革、事业单位工资水平决定机制、人才公共服务体系建设、职业资格证书制度、创业孵化机构发展质量、网络招聘行业监管等人社领域的热点难点问题开展了研究。

（二）积极承担中央单位委托的研究工作。

先后共承担中央组织部、中央统战部、财政部、文化部、国家文物局、国家海洋局、中国科协、国家老龄委等下达或委托的课题17项，研究内容涉及事业单位人事制度改革、工资收入分配制度改革、岗位设置与绩效管理、干部挂职锻炼工作、国家中长期人才发展规划实施评估、老龄化及延迟退休政策背景下的干部队伍建设、军民融合中的人事薪酬问题等，研究成果得到有关方面好评，在制定有关政策和管理制度中发挥了作用。

（三）努力提供高质量的决策咨询。

承担了有关省市组织、人力资源社会保障部门委托的课题14项，承担中国化工集团、北京人民艺术剧院等企事业单位委托的课题13项，既为推动各地人才工作、人事制度改革及人力资源管理科学化贡献了智慧，也进一步提升了人科院的学术影响力。另外，还以非课题的形式（如组织专家咨询、专家评审等方式）为地方组织人力资源社会保障工作服务，获得了良好评价。

（四）动员国内科研力量开展协作攻关。

人科院组织科研合作网单位开展了20项合作课题研究，内容均涉及各地人力资源社会保障工作中的热点难点问题。这项工作已连续开展几年，受到各省（区、市）人社厅（局）的高度重视，也调动了全系统科研人员的积极性。同时，为落实中央关于加快创新驱动的战略部署，推动人力资源工作领域的改革发展，开展了主题论文征集活动，得到地方人力资源社会保障部门的积极响应，共征集论文近200篇，评选出获奖论文30余篇，并汇编成册，供广大人力资源实践与理论工作者参考。

（五）加强基础研究，完善制度建设。

人科院为夯实研究基础，积累学术资源，锻炼科研队伍，自主确立了13项课题。按照国家及人力资源社会保障部出台的一系列科研管理规定，加强了科研经费预算管理和支出审核，明确了科研经费使用中需实行政府采购的事项和程序，做好课题研究过程中的督促检查工作，提高了课题研究的效率和质量水平。通过加强科研档案管理，为人科院的长远发展积累了学术资源。

（六）进一步提升刊物、网站及学术出版工作质量。

定期编辑印发《中国人事科学》月刊，编译出版《国际行政科学评论》季刊。《中国人事科学》版面扩大，发稿量增加，刊载了一些有价值的文章，已申请该刊公开出版发行，得到部领导及相关部门的大力支持。《国际行政科学评论》的影响力持续扩大。

出版了《中国人事科学研究报告（2016）》《中国人力资源发展报告（2017）》及2017年度全国人事人才研究主题征文获奖论文集《经济新常态下的人力资源管理变革》等。这几项学术报告、论文集连年出版，其品牌效应正在形成。《中国人事科学研究报告》中的许多成果为推进人才、人事工作提供了参考，受到组织人社系统工作者的关注；《中国人力资源发展报告》的影响力在不断扩大，位居中国社会科学文献出版社“蓝皮书”系列中最受关注的读物前列；全国人事人才研究征文活动正得到越来越多的理论与实践工作者的响应。

2017年，人科院学术文库首批著作《劳动力市场发展及测量》《人才工作支撑创新驱动发展》《当代中国的行政改革》《外国公职人员行为道德准则》及《人力资源管理风险防控》等出版。与中国人事出版社合作的“公务通用能力系列读本”共9册正在组织编写之中。历时近五年的“人才强国研究出版工程”项目全部完成，由人科院组稿的89种著作出版发行，为人才工作提供了卷帙浩繁、内容丰富的参考文献。

（七）聚焦热点难点问题，开展多种形式的研讨活动。

人科院在全国人事人才研究领域一直发挥着牵头引领作用。每年定期组织开展主题征文活动，举办全国人事人才研究理论与方法培训班，召开全国人事人才科研工作交流会，组织全国人力资源社会保障系统科研机构开展合作课题研究，人事人才研究的凝聚力与向心力不断增强。

2017年，组织了多场国内学术研讨会，如事业单位改革发展研讨会、高等院校与公立医院绩效管理研讨会、人才发展环境营造与评估研讨会、“人力资源与经济协同发展”研讨会等。人科院与宁波市人民政府合作举办的第三届中国（宁波）人力资源服务创新创业大赛，既是推动人力资源服务事业发展的举措，也创新了学术交流研讨形式，取得的成果得到了人力资源社会保障部领导的肯定。

（八）组织开展国际学术交流。

在武汉举办了亚洲地区公共行政组织年会暨“基于共享发展的电子治理”国际研讨会，在厦门举办了亚洲公共行政网络年会暨“人力资源国际化与技术移民管理”国际研讨会，与欧洲公共行政学会合作，在意大利米兰共同举办了亚欧公共行政联合专场会。甄选2016年国际行政科学大会部分论文，组织专家进行翻译并编辑成册，将于2018年正式出版。参与了10余个出国（境）团组的组织工作，分别赴比利时、法国、韩国、美国等参加学术会议，进行学术交流。接待来自韩国、美国等16个国家和地区的人员来访，组织召开了多场外事接待交流会。这些活动的开展，不断扩大我国公共行政与人力资源研究的国际影响力。

二、劳动保障科学研究

中国劳动保障科学研究院（以下简称劳科院）围绕人力资源和社会保障中心工作，组织开展各类课题项目共计200多项。其中，国家社科基金重大项目3项，部级重大政策研究和部级课题12项，院级课题115项，横向课题100多项。

（一）就业创业问题研究。

劳科院组织开展60余项就业创业相关研究，有3项是国家社科基金重大项目。其中，“产业转型升级下的高校毕业生就业研究”，部分科研成果得到部领导批示肯定并在就业工作实践中应用，《人民日报》等媒体发布了项目的部分内容；“中国特色积极就业政策创新理论研究”，为进一步完善中国特色积极就业政策提供了理论与实践相结合的思想贡献；“化解产能过剩矛盾中职工就业和安置政策研究”，部分阶段性成果入选送中央领导参阅的《成果要报》，并送全国政协有关领导参阅。开展的其他课题项目如“2017年就业季度形势分析研究”，为就业形势和宏观经济形势研判提供重要参考；“就业新指标研究”，为完善就业失业统计监测体系，建立更加科学、灵敏的统计调查指标提供依据；“就业精准扶贫研究”，对就业精准扶贫的现状、有效的做法、存在的问题等进行了分析研究，提出相关政策建议；“连片特困地区就业扶贫问题研究”“非公有制经济参与精准扶贫的路径研究”等课题，为完善相关政策提出建议。与团中央中国青年就业创业基金会合作开展全国青年创业调查，形成《中国青年创业发展评估报告》，从机会、能力、心态和环境几个维度对青年创业情况进行了评估，研究青年创业发展问题。此外，还开展了“未来劳动力需求预测研究”“四众创业市场运作模式研究”“人力资源市场指数”“创业载体可持续发展研究”“人力资源服务业创新发展研究”“社会创业组织促进就业研究”“人工智能对就业的影响与对策研究”和“民营人力资源服务产业园运营机制研究”等课题研究。

（二）社会保障相关研究。

劳科院组织开展50多项有关社会保障制度改革与经办管理等方面的相关课题研究。社会保障综合研究，有国家发展改革委委托项目“我国社会保障制度运行的经济关联性指标构建思路”，基本科研业务费项目“社会保险征缴体制研究”“我国社会保险发展指数测算分析”等。养老保障研究，有国际劳工组织委托项目“中国基本养老金正常调整机制研究”，部内相关职能单位委托项目“机关事业单位养老保险制度改革实施情况评估”“基本养老保险基金中央调剂制度参数研究”“职业年金长寿风险应对策略研究”“个人养老金制度（第三支柱）国内外对比对我国的借鉴”“提前退休问题对策研究”“我国城镇企业职工基本养老保险财政责任研究”。医疗保险研究，有部科技办项目“构建我国长期护理保险制度设计研究”，国际劳工组织委托项目“医疗保险支付方式改革问题研究”，部内相关职能单位委托项目“发挥医保对医改引领作用的研究”“全面医保下社保与商保功能定位和保障衔接研究”“完善职工基本医保筹资与待遇调整机制研究”“新形势下医疗保险协议管理及运行机制研究”和“生育保险和基本医疗保险合并实施试点工作评估”。工伤保险研究，有部内相关职能单位委托项目“工伤保险待遇项目研究”“修订《工伤保险条例》研究”，以及合作项目“工伤保险与长期护理保险制度边界及政策衔接研究”。农村社会保险研究，有部内相关职能单位委托项目“农村土地征收制度改革试点县（市）被征地农民社会保障工作跟踪研究”“城乡居民基本养老保险参保人缴费意愿与缴费能力调查”“城乡居民基本养老保险待遇确定和基础养老金正常调整机制研究”“城乡居民基本养老保险参保缴费问题研究”。失业保险研究，有部内相关职能单位委托项目“失业保险关系转移接续研究”“失业保险经办模式比较研究”。社保管理服务研究，有部内相关职能单位委托项目“全民参保登记计划宣传方案及规范问题研究”“全民参保登记成本分析研究”“全民参保登记评估办法研究”，以及合作项目“全民参保登记实施效果评估”。

（三）收入分配问题研究。

劳科院组织开展劳动工资收入分配方面研究课题项目52项，其中包括2项部重大政策研究课题“加强公务员正向激励机制研究”“扩大中等收入群体相关政策研究”，部级课题“深化我国薪酬制度改革探索实现‘两个同步’长效机制研究”。开展国家标准委“基本公共服务共性技术及就业社保等关键标准应用研究”，国家发展改革委“深化工资收入分配改革、健全稳定可持续医保筹资机制研究”，国家社科基金项目“工资支付保障机制研究”。承担并完成了部内相关职能单位委托的课题，有“2017年度最低工资标准状况评估”“2017年薪酬调查数据分析研究”“上市公司高管与国有企业负责人薪酬对标体系研究”“适应公务员分类改革的工资政策研究”，并参与协助做好《工资支付保障条例》草案起草工作。承担并完成“协调推进完善收入分配、就业和社会保障配套改革政策研究”“我国社会平均工资数据形成和使用及影响研究”“国有企业工资决定机制研究”“健全工薪劳动者重点群体薪酬激励机制研究——以技术工人、科技人员为对象”“最低工资标准调整对企业的影响分析”“证券投资类人员收入分配问题研究”“发达国家工业化进程中工资成本增长规律研究”“行业工资分配差距变化主要影响因素分析”“我国农民工的收入政策研究”“提高低收入工薪劳动者收入水平的对策研究”“典型国家科研人员薪酬体系与我国比较研究”“我国地区工资收入差距适度性研究”“国外生活工资理念及制度研究”等基础科研资金支持课题研究任务。开展公务员、事业单位人员和企业相当人员薪酬情况调查，劳动力市场实时交易价位情况调查等。围绕社会热点，承担完成了中央宣传部、全国总工会、北京市总工会、江苏省总工会、广东省、内蒙古自治区等10多项政策研究课题项目。

（四）劳动关系问题研究。

劳科院组织开展40多项劳动关系相关研究，其中包括部级重大政策研究课题“人力资源和社会保障领域风险防控研究”，了解相关部门和地区面临的挑战、存在的难点与风险点，研究成果送部领导参阅；部重大科技项目“新常态下劳动基准立法面临的问题及对策研究”。其他课题有“平台经济发展对我国劳动关系的影响研究”，提出相关应对政策建议；“社会组织在协调劳动关系中的作用研究”，探讨了政府如何通过对社会组织的引导、扶持将其纳入社会治理中来并推动其在协调劳动关系中发挥积极作用；“重大劳动关系风险防范和化解机制研究”，借鉴其他领域对重大风险防控、地方预防和化解劳动关系领域突出矛盾的经验做法，从预防和化解两个层面提出构建重大劳动关系风险防控和化解机制的对策建议。为全面了解企业劳动用工情况，准确评估劳动合同制度实施状况，在北京等10个省市开展了3 000多家企业和3万多名劳动者参与的问卷调查，形成调查分析报告，供有关决策参考。围绕地方构建和谐劳动关系综合试验区建设开展研究，与部相关职能单位共同组织地方总结交流经验，与地方合作开展研究，推动和谐劳动关系综合试验区建设。

（五）综合性和基础性问题研究。

其中包括部重大政策研究课题“适应新业态特点的劳动用工和社会保障相关问题研究”，通过对经济新业态下就业、劳动用工、社会保障等现状和相关问题的分析，找到政策发力点，提出完善适应新业态特点的相关政策措施。其他课题有“协调推进完善收入分配、就业和社会保障配套改革政策研究”，社科基金重点课题“典型省份经济发展方式转变与产业、人口、教育、就业和迁移政策仿真模型研究”结项报告，国家发展改革委课题“劳动就业和社会保障公共服务能力建设研究”，国务院参事室委托的“新生代农民工发展调查”，以及科协创新战略研究院委托的“经济新常态下农民工发展战略研究”。院基本科研业务费课题有“农民工基本公共服务均等化问题研究”“家庭服务业从业人员职业能力提升问题研究”。

基础性研究主要有：持续开展企业薪酬数据调查和分析，开展公务员、事业单位人员和企业职工相当人员的工资薪酬调查，开展人力资源劳动力市场薪酬实时交易价位情况以及最低工资年度评估等。这些基础性的调查和研究，收集整理了机关企事业单位等的薪酬基础性资料和数据，为人力资源社会保障部决策以及开展研究等积累了宝贵的基础数据和资料。

（六）国际与地区比较研究。

其中包括部级课题“美国 ADP 就业指数编制方法及借鉴研究”，部内相关职能单位委托的“外籍家政服务人员”“中外促进青年就业政策制度比较研究”“我国履行相关国际劳工公约和相关未批公约情况报告”“2017 年国际统计监测分析”，院级重点课题“‘一带一路’沿线典型国家劳动保障规制研究”，以及开展有关沿线 20 个重点国家劳动保障法律法规资料收集和翻译工作。其他课题有“金砖国家新形态就业创业研究”“国外残疾人就业政策研究”“构建劳动者终身职业培训体系的国内外经验研究”“个人养老金制度（第三支柱）国内外对比对我国的借鉴”“德国医保 DRGs 支付方式以及对我国的启示研究”“美国、日本社区养老研究”“我国企业‘走出去’面临的劳工政策风险及防范研究”“国外生活工资理念及制度研究”“发达国家工业化进程中工资成本增长规律研究”“典型国家科研人员薪酬体系与我国比较研究”“港台地区及新加坡外籍家政工人管理政策研究”等。

为打造科研精品，劳科院开展了多方面的工作。一是拓展国际交流合作。完成出访任务 13 项，接待来访 11 项，取得良好效果。作为金砖国家劳动研究机构网的牵头单位，牵头制定了劳动研究机构网的章程，写入厦门金砖首脑会议成果。邀请国际劳工组织政策研究司代理司长李相宪、高级经济学家托宾、中国和蒙古局局长德美尔等参加在贵阳举办的国际就业形势研讨会。二是继续打造科研精品。资助 9 部专著、3 本文集等优秀科研成果出版。组织撰写《中国劳动保障发展报告（2017）》《中国薪酬发展报告 2016—2017》《2018 年国际人力资源社会保障报告蓝皮书》。三是根据工作需要，引进 1 名博士来院博士后科研工作站从事研究工作，在院内组织开展了高级专业技术职务评审工作。四是与国际劳工组织等国际组织、国内地方人力资源社会保障部门和企业加强合作研究，合作研究项目数量近 100 项。五是组织召开劳动经济理论与实践创新发展座谈会、第三届全国构建和谐劳动关系综合试验区经验交流会和国有企业混合所有制改革中人力资源管理面临的新挑战研讨会等专题研讨会，组织两期“中国劳动讲堂”，举办经办机构和定点医疗机构培训班。六是出版《部分国家（地区）最新医疗保障改革研究（2015 年报告）》、德国《社会照护保险法》《法定事故保险法》和《社会行政程序与社会数据保护法》。提高《中国劳动》杂志办刊质量，编发《中国薪酬》《社会保障研究》和《国际人社统计监测分析》。七是组织院内职工和地方研究机构同志参加业务培训，提高业务能力。八是加强文献信息服务，搞好门户网站整合，开展图书文献管理和网站内容维护工作。

窗口单位作风建设与干部教育培训和评比表彰

2017年，在人力资源社会保障部党组的坚强领导下，认真贯彻落实整体部署和要求，围绕中心，改革创新，扎实推进系统窗口单位作风建设，大力开展干部教育培训，抓好系统评比表彰工作，有效提高了系统和部内干部的党性修养和能力素质，进一步提高窗口单位干部服务能力、服务意识，为推动人力资源社会保障事业改革发展提供了有力支持。

一、扎实推进人社系统窗口单位作风建设

全国人力资源社会保障系统窗口单位作风建设全面贯彻习近平新时代中国特色社会主义思想和党的十九大精神，深入贯彻习近平总书记系列重要讲话精神，按照“五位一体”总体布局和“四个全面”战略布局，积极适应建设法治政府和服务型政府的要求，坚持以人民为中心的发展理念，以加强窗口单位标准化、信息化、便利化和工作队伍“四项建设”为重点，坚持统筹兼顾、改革创新，整体推进、重点突破，着力解决人民群众反映的突出问题，以优质服务让人民群众增强实实在在的获得感、幸福感。

一是加强工作部署。召开全国人社系统窗口单位作风建设工作协调领导小组第三次会议，统筹部署2017年工作任务，印发全国人社系统窗口单位作风建设工作要点及责任分工，确定要点16个、分工22项。

二是强化制度管理。印发《关于切实加强全国人力资源社会保障系统服务大厅管理服务工作的通知》（人社厅发〔2017〕77号），督促各地人力资源社会保障部门进一步提高服务质量，妥善处理突发情况。

三是坚持督导检查。组织开展全国人社系统窗口单位作风建设明察暗访，对12个省（区、市）5级共226个窗口单位进行明察暗访，部办公厅向各地印发《关于2017年全国人社系统窗口单位作风建设明察暗访情况的通报》（人社厅函〔2017〕226号），以领导小组办公室名义分别向这些省份印发点对点情况通报。根据有关舆情反映及后续处理情况，指导各地进一步加强窗口单位作风建设。

四是加强培训引导。举办全国人力资源社会保障系统市县人社窗口单位作风建设专题示范培训班，共有290名市县人力资源社会保障局长参加。在培训班期间，还召开3次窗口单位工作队伍建设专题调研会，深入了解各地工作情况。

二、积极推进干部教育培训工作

认真学习贯彻习近平新时代中国特色社会主义思想和党的十九大精神，落实中央和人力资源社会保障部党组关于干部教育培训一系列指示要求，坚持服务大局，从严治训，改革创新，注重质量，较好地完成了培训任务，为提升干部能力素质、推动人力资源社会保障事业改革发展提供了有力支持。

一是加强培训制度建设。印发了《人力资源社会保障部关于加强和改进业务培训班管理规定》（人社厅发〔2017〕18号）。

二是加强培训计划管理。印发2017年人力

资源社会保障部业务培训班计划。按照计划，全年举办培训班 138 个，培训约 3.4 万人次。部属培训机构按照年度培训计划备案，全年举办培训班 78 个，培训系统干部约 1.8 万人次。发布全国人力资源社会保障系统干部参加在线学习年度培训计划，新增课程 108 门。完成部属 9 家单位、26 个专业技术人员高研班申报。

三是面向部内干部组织开展有关培训。按照中央统一部署，制订本部干部深入学习贯彻党的十九大精神轮训计划，将于 2018 年年初开展培训，组织部机关、国家公务员局机关全体干部和事业（企业）单位全体司级干部、人事处长（综合处长、党办主任）、党支部书记参加培训。举办部机关青年干部学习贯彻十八届六中全会精神培训班、司级干部培训班、处级干部培训班、青年干部培训班和新入部干部培训班 5 期培训班。面向全国人力资源社会保障系统组织举办干部队伍建设培训班、全国人力资源社会保障系统市县人社窗口单位作风建设专题示范培训班、西部五地人力资源社会保障系统干部培训班、西南地区人力资源社会保障系统高级研修班、西藏人力资源社会保障系统高级研修班 5 期培训班，全年共培训系统及部内干部 1 016 人次。协调部相关职能机构开展 8 期学习贯彻十八届六中全会精神干部全员轮训，培训 1 036 人。举办 2 次人力资源社会保障部讲坛，分别围绕全面从严治党和加强媒体舆论引导作专题报告，约 650 人参加。

四是积极完成组织调训。完成中央组织部调训学员选派、司级干部专题研修报名及相关组织保障工作，共选派 194 人次参加中央组织部、国家行政学院调训，其中部领导、国家公务员局领导 9 人次参加专题研讨、研修。

五是支持干部加强学历教育。推荐 8 名同志参加在职学历教育，5 名同志参加中日、中英奖学金项目考试。

六是加强培训扶贫。开展对山西天镇、安徽金寨两县干部教育培训扶持工作。根据 2017 年培训班计划，结合本地需求，天镇县选派 48 人参加 24 个班次学习，金寨县选派 58 人参加 26 个班次学习。

三、认真组织开展评比表彰工作

2017 年年初，部务会研究通过《人力资源社会保障部 2017 年度评比表彰工作计划》。同时，按照中央有关要求，梳理、清理部属各单位开展的试点活动、示范活动 28 项。

组织开展了全国人力资源社会保障系统先进集体和先进工作者评比表彰活动，表彰全国人力资源社会保障系统先进集体 100 个和先进工作者 100 名。12 月 28 日至 29 日，全国人力资源和社会保障工作会议暨系统先进集体和先进工作者表彰大会在北京召开。人力资源社会保障部党组成员出席会议，国家公务员局党组成员，部属各单位、国家公务员局各司主要负责同志，各省（区、市）、新疆生产建设兵团、副省级市人力资源社会保障部门主要负责同志，中央国家机关各部委、各直属机构、各人民团体等有关部门负责同志参加会议。此次评比表彰还结合学习贯彻习近平新时代中国特色社会主义思想和党的十九大精神，开展了大规模、多层次、有重点的宣传工作，向中央宣传部推荐 2 个重大典型进行宣传，请新华社制作 5 个微视频进行宣传，部属“两报”对 32 个集体和 32 名个人进行宣传，其中，重点宣传的先进集体和先进工作者各 10 个。这些宣传工作确实起到了表彰先进、树立典型、鼓舞士气的作用，有效地调动了全国人力资源社会保障系统广大干部职工的积极性、主动性、创造性。

追授李永康同志全国人力资源社会保障系统先进工作者。2017 年 10 月 11 日，李永康同志在赴南疆工作期间，突发疾病，因公牺牲，年仅 54 岁。根据新疆生产建设兵团建议，人力资源社会保障部追授李永康同志全国人力资源社会保障系统先进工作者。

新闻宣传政务信息报刊与出版

2017年，以习近平新时代中国特色社会主义思想为指导，认真贯彻落实党的十九大和十八大及十八届三中、四中、五中、六中全会精神，牢固树立“四个意识”，紧紧围绕“讲好人社故事、唱响人社好声音，迎接宣传贯彻十九大”主题主线，聚焦重大改革和重点工作，加强策划统筹和正面宣传引导，人力资源和社会保障的主旋律更强劲、正能量更充沛。

一、人力资源社会保障宣传工作

全年召开新闻通气会、部领导出席媒体吹风会和新闻发布会、接受访谈20余次。受理各类媒体采访近500人次，中央主要媒体重要版面和重要栏目刊（播）人力资源社会保障稿件1 500余篇。部门户网站发布新闻稿件3 882条，开展在线访谈15次。部政务微信公众号累计推送304期、997条图文信息，订阅用户达36.2万人、总阅读人数超过1 006万人次。人力资源社会保障部人民日报客户端政务号关注量达1 631万人，部人民日报客户端政务号和“今日头条”部官方头条号累计发布信息1 916条。

（一）重大主题宣传取得新成效。

精心组织迎接、宣传、贯彻党的十九大工作，认真制定落实部综合宣传方案。一是制定落实部学习贯彻党的十九大精神宣传方案。组织部属媒体及中央主要媒体通过专题、专栏、专访等形式，深入解读宣传党的十九大关于人力资源社会保障工作的新阐述、新部署和人力资源社会保障系统学习宣传贯彻党的十九大精神的新进展、新成效。二是组织“砥砺奋进的五年”大型宣传活动。组织大型成就展，通过图表、视频、实物和互动体验等形式，集中展示五年来人力资源社会保障工作成就，受到社会各界的广泛赞誉。组织系列宣传报道活动，围绕人力资源社会保障重点热点工作，通过5个业务板块的多个专题形式，全媒体展示人力资源社会保障五年工作成就，形成规模和声势。部领导接受媒体访谈，中央主要媒体、部属媒体及新媒体重要版面和栏目作了系列报道。三是配合中央宣传部制作提供《不忘初心　继续前进》《将改革进行到底》《辉煌中国》等专题片素材，提升人力资源社会保障成就影响力。组织编写《增进人民福祉　促进人的全面发展——党的十八大以来人力资源社会保障事业改革与发展》图书，图文并茂地系统总结人力资源社会保障事业发展重要成果。

（二）重大政策宣传深入扎实。

一是结合深化职称制度改革、引导和鼓励高校毕业生到基层工作、医保异地就医结算、国家职业资格目录公布、国家基本医疗保险药品目录公布等工作，打出宣传组合拳，采用刊发政策全文、专访、评论员文章、署名文章等形式，组织新华社、中央电视台、《人民日报》、《经济日报》等中央媒体重点栏目和重要板块权威解读政策，广泛凝聚人力资源社会保障改革共识。二是结合阶段性降低社保费率、失业保险援企稳岗、人力资源服务业发展行动、构建和谐劳动关系等政策举措，通过新闻发布会、政策吹风会、集体采访等形式，组织媒体平台释疑解惑，不断增强人民群众的获得感和幸福感。三是结合就业援助月、春风行动、保障农民工工资支付专项活动等，组织人力资源社会保障系统通过发放宣传资料、现场咨询、播放公益广告及动漫短片等形式，掀起政策宣传热潮。

（三）重大活动宣传取得新突破。

一是围绕申办第46届世界技能大赛和参加第44届世界技能大赛活动，调动全媒体协同发力，集中报道7 000余篇，实现了中央宣传部发文专门部署大赛宣传、中央电视台同期播出3部公益宣传片、中央主流媒体集中发声等8个“首次”突破，在全社会营造了尊重技能、技能报国的浓厚氛围。二是围绕首届全国创业就业服务展示交流活动，综合运用新媒体、新技术、新应用，开展网上直播和建立网上展厅，跟踪报道活动盛况和创业就业成就，引起社会广泛关注。三是围绕金砖国家劳工就业部长系列会议，中央和地方媒体同步发声，着重邀请《中国日报》、中国国际电视台、中国国际广播电台等外宣媒体多语种参会报道，实现小语种报道零的突破，扩大了人力资源社会保障工作的国际影响。

（四）重大舆情应对处置及时有力。

坚持网络舆情监测和每个工作日编发《舆情快报》，强化月度舆情走势分析预判，及时为部里决策提供有价值的信息。坚持舆情工作与业务工作同研究、同部署，针对热点问题和重大舆情事件，及时组织做好引导处置工作。

（五）新媒体宣传异军突起。

一是进一步发挥部门户网站主阵地作用。加强日常信息更新，强化监测管理，配合做好部重大政策和活动的解读宣传工作，提高发布权威性。先后推出“春风行动”“砥砺奋进的五年”“双创周巡礼”“聚焦世赛”等专题专栏，围绕春节前保障农民工工资支付、生育保险与基本医疗保险合并试点等工作，邀请部相关职能单位负责人在线访谈。二是强化部政务微信协调管理工作。改进栏目设置和表现手段，提高发布质量，订阅用户稳步上升，初步形成《权威发布》《政策解读》《民生指南》《举案说法》等品牌栏目，中国政府网每月都采用转发，影响力不断扩大。三是加强精准化分众推送。人民日报客户端政务号常年位于部委政务发布前3名，“今日头条”部官方头条号进入2017年10月总榜前10名，并荣获2017年最具影响力中央国家机关头条号，有效扩大人力资源社会保障政策传播范围。

（六）部属宣传阵地管理进一步加强。

坚持守好、用好阵地，充分发挥部属媒体的人力资源社会保障宣传工作专业特长和主阵地作用，在部重大改革、重点工作、专项活动中组织系列专题、专栏和专访，严肃宣传纪律，确保不出现杂音和噪声。一是多次组织召开部属报刊出版单位负责人会议，集中传达学习迎接党的十九大宣传工作会议、2017年全国报刊管理工作会议、中央报刊主管单位工作会议精神，认真贯彻落实国家新闻出版广电总局有关工作要求。二是组织开展部属新闻单位采编经营两分开情况专项督查、出版单位“三审三校”制度专项检查、出版物“质量管理2017”专项检查工作，强化各环节控制，进一步提高出版质量，加强报刊出版阵地管理。三是组织部属报刊单位年检，记者证审核，新办、变更出版物申报，年度出版计划审核，2017年书号申办核发，重大选题备案等工作，确保各项新闻出版工作顺利开展。

（七）各项管理工作机制不断完善。

加强制度建设，宣传工作步入更加科学规范的轨道。一是印发《关于加强和改进人力资源社会保障基层宣传工作的意见》（人社厅发〔2017〕88号），加强对基层宣传工作内容方式、队伍阵地和工作机制等建设的指导。二是印发《关于进一步加强和改进人力资源社会保障网络宣传工作的意见》（人社厅发〔2017〕143号），为推动人力资源社会保障系统落实主体责任，加强网络宣传平台、内容和机制建设提供了遵循。三是印发《人力资源社会保障部舆情工作办法（试行）》，形成部舆情工作归口管理、分工负责和协同联动的工作机制。

（八）新闻发布工作水平得到提升。

全年共举行8次新闻发布活动，取得了良

好的宣传效果。一是重大发布活动成效显著。3月，尹蔚民部长、游钧副部长出席国务院新闻办“就业和社会保障”专题新闻发布会，介绍就业和社会保障工作相关情况并答记者问。全国两会期间，尹蔚民部长在人民大会堂“部长通道”接受新闻媒体采访，回应舆论关注的“就业形势”热点问题。11月，尹蔚民部长出席党的十九大期间“满足人民新期待　保障改善民生”专题记者招待会，宣传解读党的十九大报告并答记者问。尹蔚民部长接受《将改革进行到底》《不忘初心　继续前进》政论片专题采访，宣传党的十八大以来就业、社保等工作取得的辉煌成就。张建国、张义珍副部长出席国务院政策例行吹风会，就外国人来华工作许可制度、外国人才签证、进一步做好促进就业创业工作等答记者问。在重大发布平台开展权威发布解读，充分宣传了党的十八大以来人力资源社会保障工作取得的显著成效，充分展示了人力资源社会保障领域重大政策、重大改革的含金量，为事业改革发展营造了良好舆论氛围。二是定时定点新闻发布扎实推进。全年共举行4场季度例行新闻发布会、1场异地就医直接结算专题新闻发布活动，累计到场记者近200人次，发布会后48小时媒体刊发相关稿件7 000多篇。定期发布人力资源社会保障工作进展情况和下一步的工作安排，就舆论关注的促进就业创业政策、就业形势、高校毕业生就业、去产能职工安置、就业扶贫、城镇职工基本养老金的待遇调整、养老保险基金中央调剂制度、养老保险基金投资运营、医保异地就医直接结算、医保药品目录准入谈判、职业资格目录清单制度、保障农民工工资支付等热点问题回应社会关切。新闻发布会社会反响较好，定时定点新闻发布工作成为人力资源社会保障宣传的重要平台。

二、政务信息

政务信息工作紧紧围绕党中央、国务院重大决策部署以及人力资源社会保障中心工作，聚焦人力资源社会保障事业发展的重点、难点、热点、焦点问题，挖掘典型经验，及时反映工作进展情况，为领导同志了解实际情况和科学判断形势提供服务。通过整合工作职能、健全工作机制、拓宽信息渠道、加大信息上报下发力度等措施，政务信息工作科学化、规范化水平不断提升。全年共向党中央、国务院报送《人力资源社会保障部简报》41期、《要情快报》24期、专报信息稿件396篇，被国务院办公厅评为政务信息工作先进单位。采用各地人力资源社会保障部门报送信息234条，编发《工作信息》57期。

（一）服务领导决策功能进一步强化。

结合中共中央办公厅、国务院办公厅信息报送要点，围绕中央政治局常委会工作要点、《政府工作报告》等重要文件赋予人力资源社会保障部门的重点任务，围绕党的十九大、中央经济工作会议、全国两会、国务院简政放权放管结合优化服务电视电话会议等重要会议明确的人力资源社会保障工作任务，围绕人力资源社会保障部年度工作要点，不断强化信息意识，确保就业、社会保障、人才人事、工资收入分配、劳动关系等业务领域重点工作的进展情况及时上报。全年编辑报送的政务信息主要包括就业、社会保险等月度指标完成情况，高校毕业生就业、就业扶贫、钢铁煤炭行业去产能职工安置、调整退休人员基本养老金、医保全国联网和异地就医直接结算、落实社保降费率措施、社保卡发放、推进农民工返乡创业、职业培训、治欠保支、信息化建设、公务员考录等人力资源社会保障重点工作推进情况，新业态、人工智能对就业、劳动关系和社会保障的影响等新问题、新情况，人力资源社会保障重点难点工作推进中的新思路、新举措、新经验等，为党中央、国务院提供了高效的政务信息服务和决策支持。

（二）信息质量进一步提升。

充分发挥信息抓落实方面的重要作用，掌握部内重点工作的时间节点，主动约稿督查，确保重点工作进展情况及时上报。主动从文件简报、调研报告、重大活动中挖掘信息点，注重发现和提炼带有普遍性、苗头性、倾向性的问题，着重从大量一手信息中归纳、综合具有较大参考价值的深层次信息。加强信息培训，注重发挥部内相关职能单位对报送信息的积极性，提高工作人员信息编报能力，编发信息报送要点，加强沟通交流，督促其按时限报送信息。加强信息采用情况反馈，对被中共中央办公厅、国务院办公厅采用的信息按季度进行通报，及时向部属各单位反馈部领导关于信息工作的批示。在筛选、综合、分析、编辑和审核把关等环节上狠下功夫，对信息进行整体开发和综合利用，加工提炼、去粗取精，做到选点准确、直入正题、言简意赅。

（三）政务信息业务指导作用进一步加强。

一方面，精选专题，编辑专刊，对领导关心、社会关注，时间紧、任务重的工作，如异地就医直接结算、全民参保等，以通报的形式对全系统印发多期专刊，发挥督促、检查、引领作用，实现了部内相关职能单位通过《工作信息》对全系统的业务指导，促进了业务工作顺利开展；另一方面，加大采纳各地人力资源社会保障部门信息力度，紧盯人力资源社会保障重点业务工作推进情况，及时推广地方好的经验、好的做法，供各地在工作中借鉴参考。在广州召开部分省市督查信息工作座谈会，充分肯定各地政务信息工作的成绩，同时坚持问题导向，对地方报送信息存在的主要问题进行通报，对做好下一步工作提出了明确要求。会后，各地普遍加强了政务信息工作，向部里报送本地重要情况信息更加及时，较好发挥了信息报送主渠道作用。

三、部属报刊

（一）中国人事报刊社。

2017 年是人事报刊社奋力拼搏的一年。报刊社坚持稳中求进，报刊质量进一步提升，发行量稳步提高，影响力不断扩大，班子和干部队伍建设不断推进，为组织人社事业发展提供了有力支持。

《中国组织人事报》指导性和可读性不断增强，服务大局能力进一步提升。一是突出迎接宣传贯彻党的十九大主线。集中报道了党的十八大以来组织人社工作成就 41 篇，全面展示了组织人社事业改革的辉煌成就；及时、准确、充分地对党的十九大精神进行了全方位的宣传报道。二是全力服务两部中心工作。深入报道全国组织部长会议、全国人力资源和社会保障工作会议等重大部署；采用专家解读、图解等方式进行政策宣传；围绕重点问题组织开展评论，加强言论引导，凝聚共识。三是深入报道各地组织人社部门创新探索。大力宣传各地贯彻两部部署新思路、新举措，策划采写了地方典型 10 个系列、62 篇报道。四是深化报刊网微融合。网站、微信加大原创力度，在重点报道中与报刊同频共振，网上网下形成合力。全年出版《中国组织人事报》146 期，共 1 168 个版面。

《中国人才》由半月刊改为月刊。深入宣传习近平总书记人才工作新要求、新精神，围绕人才体制机制改革的重大典型、重大问题，推出系列《聚焦》进行深入报道。深入宣传党的十八大以来人才工作重大成就，及时做好党的十九大对人才工作的新部署、新要求的解读。举办了“我与人才二三事”征文活动，开展了“2017 全国人才工作创新案例征集评选活动”“第五届全国人才工作新闻摄影比赛”，取得良好反响。全年出版《中国人才》12 期。

创办《中国退役军人》，为月刊。这份杂志以创刊为契机，及时传递中央关于军转安置工作的新部署、新要求，全面报道全国军转安置工作电视电话会议工作部署。围绕安置工作中重点、难点问题进行专题策划、深度探讨。突出报道党的十八大以来的军转安置工作成就，及时报道各地军转部门学习宣传贯彻党的十九大动态；开通了《中国退役军人》微信公众号，加大推送频率。全年出版《中国退役军人》12 期。

《人事政策法规专刊》紧紧围绕人事法制建设、依法行政工作，及时刊发中央和各部委最新出台的人事人才政策法规，精心编辑政策问答、地方文件选编、法治巡礼、案例评析等栏目，进一步增强了实用性。全年出版《人事政策法规专刊》12 期。变更了人力资源社会保障部人事政策法规专刊编辑部法定代表人。

（二）中国劳动保障报社。

2017 年，中国劳动保障报社紧紧围绕部中心工作，发奋努力，各项工作都取得了显著成绩，报刊质量进一步提高，发行经营稳中有升，新媒体不断发展，队伍建设进一步加强，为报社进一步发展奠定了良好基础。

一是坚持正确办报导向。认真学习习近平总书记在党的新闻舆论工作座谈会上的讲话精神及“7·26”讲话，学习党的十九大报告等，围绕党和国家大局进行宣传，牢牢把握正确的办报导向。深入开展“走转改”活动，坚持“三贴近”原则，突出重点，不断创新报道形式，丰富报道内容，宣传报道的贴近性、指导性、权威性、可读性显著增强，影响力不断提升。

二是政务报道及时稳妥。全国两会期间，围绕人力资源社会保障工作重点热点，制作特刊，聚焦高校毕业生就业创业、农民工工资清欠、“互联网＋人社”、技能人才培养等专题，报纸用 8 期、27 个版面进行了全方位、多角度报道，共刊发两会新闻 224 篇（幅），其中文字稿件 119 篇、图片（图表、漫画）105 幅。新媒体积极参与两会报道，累计推送、上传稿件 357 篇。两会特刊推出“履职故事”专栏，重点报道来自基层一线的代表委员的提案议案、建议建言，生动展现其依法履职的风采，《中国记协简报》两次介绍了《中国劳动保障报》《履职故事》专栏的报道情况。

“砥砺奋进的五年”系列报道。从就业、社保、劳动关系、技能人才等多方面，全方位展示了党的十八大以来人力资源社会保障工作的发展成就，开设了《喜迎十九大特别报道·部长访谈》《砥砺奋进的五年·我（们）的故事》等栏目，运用多样的版式语言，增强报道的可读性。《中国人力资源社会保障》《中国社会保障》杂志以封面报道为龙头，推出系列策划，突出权威性、理论性，在人力资源社会保障系统赢得了声誉。

第 44 届世界技能大赛相关报道。开设《技能中国·关注世赛》《技能中国·冠军风采录》等栏目，从中国技能健儿出征开始，对大赛开幕、比赛过程、闭幕，中国选手载誉归来，李克强总理接见获奖选手，表彰总结会议等进行了系统报道。此外，还报道了上海市获得 2021 年第 46 届世界技能大赛举办权的消息，报道中突出习近平总书记在申办陈述阶段通过视频发表的致辞，配发了社评、人力资源社会保障部贺电、部长陈述等稿件。

党的十九大有关报道。推出了《新时代新思想新征程》特刊，开设了《学习宣传贯彻十九大精神》《十九大代表风采》《十九大时光》《党代表通道》等栏目，立足人力资源社会保障业务，采访了部分行业党的十九大代表，邀请专家撰写理论文章，深度解读人力资源社会保障工作发展成就。《中国人力资源社会保障》《中国社会保障》杂志推出《社保改革五年答卷》《社保扶贫合奏曲》等封面报道，报社新媒体开设《喜迎党的十九大》栏目进行专题报道。

三是业务宣传全面深入。除及时报道部重要工作、地方动态经验，持续做好就业培训、社会保障、医疗保障、劳动保障监察、农民工等专业内容报道外，还策划实施了多个宣传报道主题，如技能中国系列宣传活动、创业中国系列宣传活动、养老保险系列宣传报道等，对部中心工作，如“十三五”成就宣传报道、“互联网＋人社”、人社扶贫、去产能职工安置、供给侧结构性改革等，也进行了重点报道。

四是新媒体建设取得较大进展。中国劳动保障报社除一报（《中国劳动保障报》）三刊（《中国社会保障》《劳动和社会保障法规政策专刊》《中国人力资源社会保障》）外，新媒体矩阵逐步形成，并在宣传报道中发挥积极作用。凡是人力资源社会保障部的重大活动，报社都根据传统媒体和新媒体的传播特点，有节奏地开展宣传报道。新媒体建立了新的采编机制，在多次重要会议宣传报道中运行良好。2017年，人力资源社会保障部政务微信公众号关注人数总计34万人，总点击次数为880万人次；中国劳动保障报微信公众号总关注人数达到5万人，总阅读次数为150万人次；技能中国微信公众号总关注人数为10万人，总阅读次数为200万人次；中国工伤保险微信公众号总关注人数为85万人，总阅读次数为200万人次；中国劳动人事争议调解仲裁微信公众号总关注人数为3.6万人，总点击次数为60万人次。

四、出版工作

2017年，中国人力资源和社会保障出版集团认真学习和深入贯彻党的十九大及全国出版工作会议精神，紧密围绕部中心工作，努力克服不利因素，坚持开拓创新，积极进取，团结奋进，努力破解发展难题，推进改革攻坚，较好地完成各项工作任务，取得比较显著的成绩。全年出版新书604种，销售码洋4.76亿元，营业总收入3.1亿元，净资产达15.1亿元。社会效益显著，获批中央文化企业国有资本经营预算支出财政资金，第一期3 800万元；两个项目增补入选“十三五”国家重点图书出版规划；连续七年获得北京地区音像电子网络出版物奖励扶持专项资金；第六次荣获北京质量协会颁发的出版物优质奖。积极履行社会责任，开展公益活动，捐赠51万元设立全国技工院校“技能雏鹰”奖学金，捐赠价值330余万元图书。

（一）进一步加强专业化选题开发。

围绕部中心工作和政策宣传重点，策划出版了一系列兼具质量和效益的图书。为服务部中心工作，组织出版《增进人民福祉　促进人的全面发展——党的十八大以来人力资源社会保障事业改革与发展》《“十三五”促进就业规划》《国家基本医疗保险、工伤保险和生育保险药品目录（2017年版）》等图书。配合《工伤保险条例》宣传要求，出版了80集系列动漫宣传片《漫话〈工伤保险条例〉》《典型工伤保险案例解析》等一批双效益俱佳的重点产品。加强与地方合作，为各省厅公务员培训、专业技术人员继续教育量身定制培训用书。与人科院合作启动公务人员通用系列读本开发工作，扩大公务员系列图书品牌影响力。围绕一体化课程教学改革，继续推进一体化课程开发、试用工作页编写；同时探索与行业企业的合作模式，推动3D打印技术应用专业建设。策划出版的《技能之巅》《世界技能大赛知识普及读本（第二版）》《世界技能大赛知识周历2018》《技能成就梦想》及世界技能大赛宣传册、宣传片等世赛相关产品，取得了显著的经济效益和社会效益。《心理咨询师》系列国家教程、港口系列岗位培训教材和湖北紧缺技能人才培训教材等图书出版，大大缓解了鉴定教材销量下降压力。首批10个职业的国家基本职业培训包开发完成，并上报了第二批培训包开发方案。进一步加强与企业合作，加快企业教材开发进度，新启动17种企业教材的出版工作，形成在售品种80种的板块规模。继续加强与科研院所、高校合作，出版了“世界社会保障制度系列丛书”、《中国人力资源服务业发展报告（2017）》、《中国社会保险发展年度报告2016》、《中国养老金精算报告2018—2022》等在专业领域具有前瞻性和社会价值的学术著作。同时，在其他出版领域有了新尝试，出版了《历代传世家训》《领导干部学国学——论语》等传统文化类图书。

（二）加快数字出版发展进度。

加强与图书配套数字产品开发力度，开发图书配套课件50余种、考试用书配套学习软件50余种。围绕一体化课程教学改革，开发独立一体化数字教材92种。在打造国家基本职业培训包的基础上，与天津市人力资源社会保障局合作，开发天津市职业培训包，包含17个职业、72个标准包。申报和送评的《漫话〈工伤保险条例〉》（职工权益DVD版）获北京地区相关奖励专项资金补贴。以世界技能大赛相关图书为基础拍摄和制作的教学片、宣传片获得多方好评。人力资源社会保障法律法规U盘制作完成，开始上线销售。AR技术在职业教育专业教材实现初步应用，着力丰富教材形式，提升教材影响力。

（三）积极开拓营销新模式。

调整组织架构，构建四大功能模块，成立市场部，扎实推进分类营销，扩大图书品牌影响力。集团所属各个部门密切配合，多方协调，走访百余所技工院校，并举办技工院校教学管理人员培训研讨和一线教师师资培训班，积极推动有关文件印发，技工院校教材销售实现大幅增长。配合部工伤保险宣传活动，多层次推进有关工伤类图书，取得明显效益。多角度宣传世赛系列图书，着力扩大世赛相关产品的市场影响力，形成新的增长点。积极应对市场变化，协调发行站工作，强化渠道管理，同时摸索出自建代表处加分公司的全新发展模式。扎实推进重点产品和重点项目的销售拓展，销售码洋进一步增长，服务终端用户23万人次，数字化课程销售实现大幅增长。大力加强打击盗版工作，全年共查抄盗版图书19万余册，涉盗案值约800万元，从源头上净化了市场。

（四）生产经营和综合管理工作水平进一步提高。

生产保障部门加强调度协调，突出质量、效率和效益。着重质量建设，开展内部质检，保证书稿质量。积极应对印刷行业变化，多措并举保证图书生产用纸，同时降低生产成本；不断完善和规范CTP生产工艺流程，进一步缩短印刷周期，提升印刷品质量；严格筛选印厂，加强印装生产过程监督，当年集团396种出版物获评优质产品。进一步加强储运工作流程管理，确保图书入库和发运及时准确，全年入库图书2 093万册、码洋4.96亿元，发运图书2 076万册、码洋4.88亿元。进一步完善ERP系统，完成集团机房设备的搬迁工作，加强信息化建设。同时，按照中共中央、人力资源社会保障部、国家新闻出版广电总局的相关规定，结合集团发展目标，制定或修订相关规章制度，用制度规范工作流程，实现科学经营管理，促进生产协调有序。集团内部进行机构调整，大力加强编辑一线部门力量，整合生产经营部门，精简压缩管理部门，以优化组织结构进一步激发活力。

国际及与港澳台地区交流合作

2017年，人力资源社会保障部对外交流工作坚持服务国家整体外交和人力资源社会保障中心工作，深入开展多双边合作活动和技术合作项目，加快社保协定谈判进程，积极拓展与港澳台地区往来交流，各项工作均取得了显著成绩。

一、主动开展人力资源社会保障领域多边外交

世界技能组织主席西蒙·巴特利来华就上海申办第46届世界技能大赛进行全面考察评估，李克强总理接见巴特利一行。

人力资源社会保障部会同上海市、江苏省，举办2017年中国国际技能大赛，并在上海召开技能与发展国际研讨会；积极宣传上海申办优势。习近平主席在第46届世界技能大赛申办现场陈述阶段通过视频发表致辞，尹蔚民部长、应勇市长分别代表中国政府和申办城市进行现场陈述。经大会通过，上海市获得第46届世界技能大赛主办权。在同期举行的第44届世界技能大赛中，中国代表团获得15枚金牌、7枚银牌、8枚铜牌，名列金牌榜首位。

成功组织召开金砖国家劳工就业部长会议，会议通过了《2017年金砖国家劳工就业部长会议宣言》，以及《金砖国家劳动世界未来的治理共同立场文件》《金砖国家技能扶贫减贫行动计划》《金砖国家社会保障合作框架》和《金砖国家劳动研究机构网络工作章程》等成果文件，为金砖国家领导人厦门会晤做出贡献。

尹蔚民部长参加李克强总理主持的与主要国际经济组织领导人圆桌对话会。尹蔚民部长出席在德国召开的二十国集团劳工就业部长会议，在会上作了题为《携手应对挑战　塑造劳动世界的美好未来》的主旨发言。部领导分别出席第106届国际劳工大会、第四届持续消除童工全球大会、中欧劳动关系高层对话会并作专题发言。

高质量的多边活动充分阐述了中国主张，提高了中国在国际舞台上的话语权。

二、提升双边合作质量和水平

在习近平主席和沙特国王萨勒曼的见证下，尹蔚民部长与沙特劳动和社会发展大臣阿里·纳赛尔·艾尔加菲斯共同签署《中华人民共和国人力资源和社会保障部与沙特劳动和社会发展部劳动领域合作谅解备忘录》。

在李克强总理和卢森堡首相贝泰尔的见证下，张义珍副部长与卢森堡大公国驻华大使石泰峒共同签署了《中华人民共和国人力资源和社会保障部与卢森堡大公国社会保障部关于推动社会保障领域合作的谅解备忘录》。

尹蔚民部长等部领导访问捷克、保加利亚、俄罗斯、巴西等国；接待白俄罗斯劳动和社会保障部部长科斯塔耶维奇·伊琳娜·安纳托利耶夫娜，南非共和国公职部部长费丝·穆坦比，瑞士联邦经济与教育研究部国务秘书、经济总局局长茵艾辛-弗莱施，越南劳动、荣军和社会部副部长尹茂烨，伊朗合作社、劳动和社会福利部副部长霍加图拉·米尔赞等部级团组。

组织第七次中美劳工部门对话，深化了双方合作。推动青年国际实习交流计划，与法方

商签中法千人实习生计划补充协议，与德方磋商中德实习生计划协议文本。

三、继续深化技术合作

人力资源社会保障部与国际劳工组织就“推进集体协商制度，构建和谐劳动关系”项目合作举行了谅解备忘录签约仪式，并召开第一次项目指导委员会会议。在广西南宁举行东盟+3（中日韩）“一带一路”就业服务国际研讨会。会同全国总工会、中国企联、国家安全监管总局与国际劳工组织签署《中国体面劳动国别计划 2016—2020》。成功组织 10 期出国培训团组。

四、做好国际条约工作

尹蔚民部长在出席二十国集团劳工就业部长会议期间与西班牙王国就业和社会保障大臣法蒂玛·巴内兹·加西亚签署《中华人民共和国和西班牙王国社会保障协定》。张义珍副部长和卢森堡大公国驻华大使俞博生分别代表两国政府签署《中华人民共和国政府和卢森堡大公国政府社会保障协定》及其行政协议。与日本、塞尔维亚、捷克、奥地利、罗马尼亚等国的社保协定谈判取得积极进展。

五、加强国际组织人才工作

会同教育部组织鼓励支持大学生到国际组织实习任职高校巡讲，邀请联合国在北京、厦门、武汉、重庆等地高校开展人力资源外联宣介活动，受众近 5 000 人。国际组织人才信息服务平台年点击量突破 50 万次。组织联合国青年专业人员（Young Professionals Programme，YPP）考试和中文语言类笔译面试工作。

六、有序推进与港澳台交流合作工作

会同部有关职能单位积极研究港澳台居民在内地就业许可制度等问题，参与《香港澳门台湾居民在内地参加社会保险暂行办法》的制定等工作，协调做好内地与港澳关于建立更紧密经贸关系的安排协议磋商工作，参加由国家发展改革委牵头的粤港澳大湾区国际科技创新中心建设研究工作。尹蔚民部长分别会见香港特别行政区政务司司长张建宗一行、香港劳工及福利局局长罗致光一行，加强了内地和香港在劳工事务和社会福利领域的沟通交流。

社团活动

一、中国人才研究会

2017年，中国人才研究会在人力资源社会保障部党组的领导下，认真学习贯彻落实党的十八大、十九大精神和习近平总书记关于人才工作系列重要讲话精神，围绕中心工作，积极开展人才理论研究和学术交流，不断加强组织建设，较好完成各项任务，取得一定成绩。

（一）举办系列活动，促进学术交流。

8月15日，中国人才研究会和宁夏回族自治区人民政府共同主办的“开放与创新——海外高端人才走进宁夏”系列活动在银川举行。宁夏回族自治区和银川市相关部门负责人及来自美国、加拿大、澳大利亚、英国、德国、法国等14个国家和地区的高层次人才共200多人参加活动。特邀国外专家分为农林、医药、卫生、金融大数据等8个小组分别到宁夏大学、宁夏医科大学、宁夏共享集团等32家对口单位进行考察、技术咨询和洽谈合作。

9月18日，中国人才研究会和四川省乐山市人民政府共同主办的“中国旅游人才沙龙”在峨眉山举行。来自相关领域的专家学者分别就“全域旅游与人才培养”“人才——旅游业发展的核心竞争力”“旅游多样化趋势下的人才需求及开发”“‘互联网＋’时代旅游人才创业模式与路径优化”“旅游目的地营销体系构建——四川洪雅的案例”“旅游·人才·科技”“高校人才培养适应全域旅游发展的思考”“建设高水平旅游人才队伍，增强全域旅游发展驱动力”“影视旅游跨界生态及人才培养”“旅游人才培养面临的挑战——以上海为例”等主题作了发言。参会代表围绕旅游人才助力全域旅游发展进行了互动交流，近200人参加会议。

10月28日，中国人才研究会和北京大学共同主办的中国领导人才发展论坛在北京大学举行。来自河北省委组织部、国家行政学院、部分高校的专家教授及广西壮族自治区人力资源社会保障厅负责同志分别就“领导人才素质及成长规律探究”“中国领导力的构建与提升”“新发展时代的领导人才素质”“领导者选拔任用中的政治素质问题”“一个被忽略的问题：领导人才保护”“党政干部绩效管理的迷失与困惑”“集体领导力的有效性”“变动时代的关键领导力——自转领导”“北部湾经济区重大人才项目成果分享”“中国传统文化与组织中的领导行为”“党政领导干部流动政策分析”等主题作了发言。内地部分高等院校、科研院所、企事业单位及香港、澳门、台湾地区高校专家学者、企业代表近200人参加。

7月9日，中国人才研究会人才学专业委员会在山西大学举办了文化自信与人才学学科发展研讨会。会议共收到40篇相关论文，会上有13名研究人员分享了研究进展，涉及议题有“深挖中国文化思域融通的特点剖解文化自信”“直面官本位与文化自信的冲突”“人才史学构建”“人才统计学基本范畴”“人才学学科点建设对策”“人才学科的特性新思考”“提高人才学在当代的有用性”“国有企业人才发展导向的激励机制”“人才词源考辨”“人才话语体系创新”“差异化人才管理政策”“医学人才培养”“人才文化自信的核心价值”等。来自全国高校、企业、人才研究机构的90多名会员代表参加了会议。

7月21日，中国人才研究会举办了中青年人才研究工作者座谈会。会议提出，人才研究要实现三个转变，即从以理论研究为主向理论研究与应用性研究相结合转变，更多地开展应用性研究；从以宏观研究为主向宏观研究与微观研究相结合转变，进一步加强微观人才研究；从以机关事业单位的人才研究为主向机关事业单位的人才研究与企业的人才研究相结合转变，特别要注意体制外企业人才的研究。青年人才研究工作者应当更多地发挥优势，更好地发挥作用。中央党校、北京市委组织部、中国人事科学研究院和部分研究机构、高校与企业的专家学者出席会议并进行了热烈讨论。

8月24日至26日，中国人才研究会汽车人才专业委员会在安徽合肥举办中国汽车人才高峰论坛。中国汽车工业协会、清华大学及150多家整车与零部件企业领导、人力资源部门负责同志约300人参加会议。

11月2日，中国人才研究会工资福利专业委员会在北京泰康商学院举行了新形势下医院薪酬制度激励模式的创新与探索研讨会。相关领域的专家学者、实际工作者分别以“上海市公立医院薪酬制度改革试点工作有关情况”“福建省公立医院薪酬制度改革的成果”“坚持公益导向、强化制度构建——四川公立医院薪酬制度改革试点情况”“构建我国公立医院的薪酬治理体系”“医险结合医院的薪酬与激励体系”“公立医院薪酬激励机制”“医院绩效考核与分配制度改革的探索与实践”“龙华医院内部绩效考核分配制度改革”“公立医院薪酬分配改革实践与探索”为主题进行了演讲和经验介绍，还就“公立医院薪酬制度改革方向与路径”进行了对话交流和讨论。来自财政部、人力资源社会保障部、国家卫生计生委、国家质检总局等有关部委，部分省（区、市）地方政府和高等院校、科研院所、公立医院、相关企业等单位的100多人参加会议。

（二）重视学术研究，取得较好成果。

2017年，完成了《中国金融人才发展问题与对策研究》课题总报告和8个分课题报告。此项研究是上年受中国银监会、中国证监会、中国保监会和中国银行业协会委托承担的，中国金融监管部门、国有金融机构和高等院校、科研院所相关人才研究专家学者共同参与，组成课题组，经过一年多调研完成。课题成果包括《中国金融人才发展问题与对策研究》总报告和《中国金融人才队伍建设现状和发展趋势研究》《中国金融监管人才队伍的稳定与发展研究》《中国国有金融机构人才队伍稳定与发展研究》《中国高层次金融人才开发与激励保障机制研究》《国外金融人才引进与作用发挥现状及其对策研究》《中国中小金融机构人才队伍建设研究》《国际金融人才发展经验与做法的借鉴研究》《上海市金融人才发展经验与问题及对策研究》8个分报告。

（三）开展调研活动，提供决策参考。

2017年，开展了4次调研活动。5月20日，赴上海科技干部管理学院调研。该院以“科技创新管理”培训为特色，为上海、长三角区域乃至全国科技、经济发展做出了积极贡献。6月15日，赴沈阳就辽宁省人才研究会挂靠辽宁大学发展情况进行专题调研，对这一做法给予了肯定，表示赞同和支持。7月1日至11日，赴新疆开展军队转业干部自主择业工作调研。调研组先后在伊犁州、博州、塔城地区和乌鲁木齐市召开军队转业干部座谈会，慰问边防哨所驻防官兵；到自主择业干部培训基地实地考察，听取意见建议，研究加强对军队转业干部的培训、进一步加强管理服务工作的新路径和方法。8月25日至28日，赴海南就工资收入分配相关问题进行调研，先后召开9场座谈会，深入了解了各级各类单位工作人员的工资收入分配状况和存在的问题，听取意见建议。

中国人才研究会会长何宪参加并主持了上述主要学术交流活动、课题研究和调研活动。

2017年，中国人才研究会注册了微信公众号，采集、编辑、制作并推送21期、160多篇文章；重新设计、改版、制作了中国人才研究会网站。

二、中国继续工程教育协会

2017年，中国继续工程教育协会在人力资源社会保障部党组的领导下，全面贯彻落实党的十九大精神，以习近平新时代中国特色社会主义思想为指导，坚持新发展理念，围绕部中心工作和重点业务，积极参与实施国家专业技术人才知识更新工程，承接继续教育专项课题研究，深化拓展国际交流合作，密切联系理事会员单位，强化秘书处自身建设，努力推动专业技术人员继续教育工作，服务专业技术人才队伍建设。

（一）参与实施专业技术人才知识更新工程。

一是举办“专业技术人才继续教育质量评估体系建设”“海洋新兴产业与环境保护”等4期高级研修班，培训相关领域高层次骨干专业技术人才300人。

二是会同协会理事会员单位在环保、信息、知识产权等领域在线培训急需紧缺人才3 384人，完成国家级专业技术人员继续教育基地培训任务。

三是发挥国家级专业技术人员继续教育基地的示范引领作用，牵头召开国家级专业技术人员继续教育基地交流座谈会，推动基地间的横向联系与协作。

（二）承接继续教育专项课题研究。

一是承接中国工程院2017年咨询研究项目“工程技术人员职业资质认证国际发展趋势研究”。组建以清华大学聂建国院士为组长，以人力资源社会保障部有关职能单位、中国人事科学研究院、清华大学、北京理工大学、中国石油大学等单位专家力量为主的课题组，按课题计划开展研究工作。

二是受人力资源社会保障部有关职能单位委托，协助中国科学技术发展战略研究院完成《国家中长期人才发展规划纲要（2010—2020）》中期评估工作，形成《专业技术人才知识更新工程自评报告》。

三是受人力资源社会保障部有关职能单位委托，完成中央组织部“专业技术人员教育培训研究”课题工作。

（三）深化拓展国际交流与合作。

一是完成3次境外组团参会任务。分别于2月、6月赴美国、德国参加国际继续工程教育协会2017年冬季执委会和理事会，10月赴菲律宾参加亚太协会第27次执委会。

二是承办1次国际会议并邀请外方专家为培训班授课。9月，在京举办专业技术人才继续教育质量评估体系建设高级研修班。来自美国、英国、澳大利亚、比利时等国的10名外方专家，以及17个人力资源社会保障部门、22个国家级专业技术人员继续教育基地、16个相关继续教育机构的71名学员代表参训。

三是依托国际继续工程教育协会继续教育质量评估体系，开发中国继续教育机构质量管理自我评估模型。授权翻译国际继续工程教育协会《继续教育机构质量管理自我评估模型》中文版手册，探索在国内培训机构试点推广。

（四）密切联系理事会员单位。

一是5月在京召开协会六届二次常务理事会，研究讨论协会换届以来的工作情况及2017年工作计划，王晓初理事长作总结讲话，70多名理事单位代表参会。

二是应邀参加中国科学技术学会、贵州省继续教育协会等理事会员单位大型活动5次，赴7个省份、10个城市进行调研，推进在线培训、国家级基地建设等协会项目合作。

三是召开理事会员单位工作座谈会，就协会的重点业务工作和自身建设征集意见建议。

三、中国人才交流协会

2017年，中国人才交流协会认真贯彻落实党的十九大精神，按照人力资源社会保障部“十三五”规划纲要、全国人力资源和社会保障工作会议及协会第四届会员大会安排部署，围绕“民生为本、人才优先”工作主线，适应人力资源服务行业发展的新形势，团结带领广大会员，积极发挥桥梁纽带作用，努力推动公共就业人才服务，加强行业交流合作，促进人力资源服务业发展，协会凝聚力和向心力不断增强，社会影响力和品牌效应逐步扩大。

（一）发挥会员单位主渠道作用，积极促进高校毕业生就业创业。

一是与人力资源社会保障部全国人才流动中心共同承办了第四届大中城市联合招聘高校毕业生（春季）和第五届大中城市联合招聘高校毕业生（秋季）专场活动，举办了城市联合网络招聘大会、跨区域巡回招聘活动和现场招聘会，为2017届、2018届高校毕业生及往届离校未就业高校毕业生提供就业信息、就业指导和政策咨询等服务。城市联合网络招聘大会共有300余个省、市级公共就业人才服务机构参与，6.7万家用人单位提供113.8万个就业岗位，毕业生投递简历122.2万份。跨区域巡回招聘活动共有247个地区组团参与，组织8 065家用人单位提供20.3万条岗位信息，19.9万名高校毕业生入场求职。此外，各地举办高校毕业生现场招聘会1 161场，7.4万家用人单位提供163.1万个就业岗位。

二是参与承办了2017年全国人力资源市场高校毕业生就业服务周活动。各地人力资源服务机构和广大会员单位高度重视，全国共有214家人力资源服务机构积极参与，组织现场招聘会929场，8.1万家用人单位提供83.9万个就业岗位，参会毕业生80.9万人。参加网络招聘会的10.6万家用人单位提供58.1万个就业岗位，投递简历38万份，发放宣传材料132.5万份，开展就业指导836场，为11.7万名高校毕业生提供了就业指导服务。现场、网络招聘会以及民营机构举办的招聘会达成初步意向52万人。

（二）创新打造品牌人力资源服务活动，促进行业交流与合作。

一是与辽宁、吉林、黑龙江三省人力资源社会保障厅共同举办“振兴东北·人力资源服务业创新发展大会”。聚焦东北三省人力资源服务业发展政策协同、对口省市支持项目落地、人力资源服务新技术新产品宣传推广、人才供需对接等重点内容，邀请国内知名专家学者和人力资源服务机构，通过主题论坛、专场讲座、圆桌讨论等方式促进分享、对接和合作。人力资源社会保障部相关职能单位以及本协会会员单位、22个省（区、市）人力资源社会保障部门、人力资源服务行业代表、知名人力资源服务行业专家和人力资源服务企业代表1 000余人参会。活动取得积极成效，主论坛和高级人才寻访、海归精英创新、人力资源服务外包、人力资源评价、汽车人才、技能人才开发6个分论坛吸引国内50余位知名专家学者和企业家到会分享，得到了与会者的广泛好评。大会还举办了现场招聘会，168家单位参会，提供3 073个就业岗位，3 810人次进场求职，现场达成意向491人；网络招聘会发布单位310家，提供岗位5 670个，点击量82 086次。

二是与协会航天人才分会共同举办军工企业人力资源管理创新大会。大会主题鲜明，内容丰富，聚焦国防军工企业人力资源管理的热点难点问题，通过军工企业代表、军队外部标杆企业代表、知名学者专家演讲及小组讨论等方式，分享理论思考、趋势分析、发展构想，分享新项目、新产品以及成功的经验，为参会代表有效搭建了军工交流平台，起到了相互学习和交流的积极作用，为国防军工企业发展提供人才和智力支持，对促进国防军工企事业单位人力资源工作起到了积极的推动作用。来自国防科技企事业单位近500名领导和人力资源负责人参加了大会，近40家媒体对大会作了直播或新闻发布，获得了广泛的社会认知和良好的社会反响。

三是与协会人力资源外包服务专业委员会共同举办中国（广州）人力资源服务高峰论坛。此次活动采取“1+1”的模式，即一个人力资源服务展示和一个专题论坛相结合，邀请人力资源服务行业领导、机构负责人、专家学者到会分享新理念、新技术、新产品，搭建了全国性人力资源服务行业交流合作展示平台，吸引了政府部门领导、人力资源服务机构负责人和专家学者的广泛关注和参与。活动期间，协会发动分支机构、会员单位广泛参与，进行展览展示，承办专题论坛，扩大了协会的服务范围，提升了服务效果。

四是配合国家区域经济发展战略实施，推动区域人才交流合作与优化配置。协会参加了在杭州举办的全国省级人力资源服务行业协会联席会议；联合福建省公务员局、中国海峡人才市场等单位，共同举办第15届“6·18”海峡两岸人才交流合作大会，搭建促进海峡两岸人力资源服务机构、各类人才以及相关机构交流的平台。

（三）着力推动人力资源服务标准化建设，加强行业规范自律。

一是参与了标准体系修订工作。根据全国人力资源服务标准化技术委员会会议审议要求，参与开展了人力资源服务标准体系修订课题研究。课题组通过实地调研、专家访谈、组织专家研讨会等形式广泛征求意见，对《人力资源服务标准体系》进行修订完善，完成了课题研究报告。组织有关专家对标准体系修订稿开展了进一步论证，完成了《人力资源服务标准体系修订建议》。

二是参与了12项国家标准编制工作。主要有《人力资源服务机构能力指数》《人力资源服务术语》《高校毕业生就业指导服务规范》《人力资源外包服务规范》《公共就业服务　总则》《公共就业服务　术语》《公共就业服务中心设施设备要求》《就业登记管理服务规范》《失业登记管理服务规范》《就业援助服务规范》《职业介绍服务规范》《职业指导服务规范》等，这些标准已发布实施。

三是配合推进了人力资源服务标准宣贯工作。在人力资源社会保障部新闻发布会上，对《人力资源服务术语》等多项标准作了发布。《公共就业服务　总则》《高校毕业生就业指导服务规范》还在国家标准委新闻发布会上作了重点介绍。依托各类媒体和公众号，及时对12项国家标准进行了宣传，扩大了影响。在宣贯培训工作中，对《人力资源服务机构能力指数》国家标准进行解读和宣传推广。近70名省级人力资源服务机构工作人员参加了培训，为标准化工作实施推广培养了骨干。在《中国人才资讯》会刊开设《标准化建设》专栏，大力宣传党中央、国务院，以及人力资源社会保障部、国家标准委关于标准化建设的一系列指示精神，宣传全国各地人力资源服务机构推进标准化建设的做法和经验，有效推动了行业标准化建设进程。

（四）积极承担部里交办的工作任务，强化协会地位作用。

一是受人力资源社会保障部相关职能单位委托，承担了《中国人力资源服务业发展报告》的组织、编撰、发行工作。这既是一本政策手册，也是一本业务指南和实用性工具书，定期出版，面向社会公开发行。协会专门成立了编委会和编辑部，抽调行业内和会员单位的专家学者共同参与具体编写工作。报告主要介绍行业发展情况，总结经验，分析趋势，研讨热点，受到了行业的广泛关注和欢迎，发挥了积极作用。

二是配合人力资源社会保障部相关职能单位做好“全国人力资源诚信服务示范机构”评选工作，充分发挥行业协会职能作用，加强行业诚信建设，促进行业规范自律。共有128家单位被评选为“全国人力资源诚信服务示范机构”。

（五）全力做好会员服务工作，提升协会的凝聚力和影响力。

一是协会派员出席了北京人力资源服务行业协会六届一次会员大会、上交会国际人力资源主题论坛、中国（浙江）人力资源服务博览会、第二届（2017）广东省人力资源高峰论坛、全国省级人力资源（人才）服务行业协会联席会、吉林省人力资源服务行业协会第二届会员代表大会、晋冀鲁豫4省14市区域人才交流大会研讨会、2017中国镇江首届创新创业人才博览会，协会充分利用资源优势，积极支持指导会员单位举办活动，搭建交流合作平台。协会的大力支持和指导为会员单位的发展提供了坚强的保证和后盾，得到了行业和会员单位的欢迎，增强了协会的凝聚力和影响力。

二是组织会员单位参加人力资源服务业发展高级研修班、中国（浙江）人力资源服务业博览会等活动，履行行业社会组织服务职能，从会员单位需求出发，搭建高端学习培训平台，帮助其提升服务能力和水平。

三是支持协会分支机构发挥自身优势，促进人力资源的优化配置。指导国家机关分会举办促进江苏南京江北新区人力资源服务产业建设工作会议，为地方人力资源服务发展建设提供指导和支持。指导高级人才寻访专业委员会召开二届二次会员大会，并举办主题为“让精益与创新照亮前方”的中国高级人才寻访趋势大会，逾200名高端人才寻访机构的高级管理人员出席论坛。此次论坛在加强行业理论研究、促进会员单位合作互动、增强分会凝聚力和影响力等方面做了大量富有成效的工作，取得了可喜的成绩。支持汽车人力资源分会在河北省秦皇岛市举办“中国汽车自主品牌高层次专业技术人才能力提升”高级研修班，来自会员单位和全国汽车行业人力资源服务机构的代表70多人参训。此次高级研修班的举办对帮助会员单位开阔国际视野、加强改革创新、提升自主研发能力、推动汽车行业创新发展起到了积极的促进作用。

（六）切实加强自身建设，夯实协会发展基础。

一是召开协会第四届会员代表大会。会议于5月下旬在北京召开，学习贯彻党的十八大和十八届六中全会精神，落实中共中央办公厅、国务院办公厅《关于改革社会组织管理制度促进社会组织健康有序发展的意见》有关要求，贯彻人力资源社会保障部“十三五”规划纲要精神，审议了协会工作报告、章程修改方案、财务收支报告，选举产生协会第四届理事、常务理事、会长、副会长和秘书长，部署脱钩准备期协会主要工作设想。人力资源社会保障部相关职能单位负责人和协会理事单位代表240人参加会议。

二是10月在浙江省杭州市召开四届一次会长、秘书长办公（扩大）会，充分发挥副会长、副秘书长单位和分支机构的职能作用，研讨协会发展设想和重点工作项目。

三是加强分支机构建设。协会新建立了人力资源服务产业园区和人力资源外包服务两个专业委员会。5月下旬，这两个专业委员会召开第一次工作会议，研究确定了发展目标，选举产生了班子成员，并部署了主要工作。

四是改进会员服务工作。巩固深化《中国人才资讯》改版质量，编辑印刷出版了6期《中国人才资讯》会刊，发行6 000多册，为会员提供了学习交流平台。

五是加强协会组织体系建设，发展新会员19家，扩大了协会的覆盖面。

四、中国博士后科学基金会

2017年，中国博士后科学基金会深入学习党的十八大和十八届二中、三中、四中、五中、六中全会精神，认真学习贯彻党的十九大精神和习近平新时代中国特色社会主义思想，推进落实全国人力资源和社会保障工作会议部署，巩固“两学一做”常态化制度化建设成果，强化“四个意识”，紧紧围绕高层次专业技术人才队伍建设的需要，紧密结合“十三五”规划纲要，聚焦“高精尖缺”人才，主动适应新常态下博士后工作新需求，深化研究，丰富服务内容，提高服务水平，转变服务作风，提高服务效能，博士后工作取得新成绩。

（一）博士后科学基金资助工作。

2017年，中国博士后科学基金资助经费总额持续稳步增长，财政部下拨基金经费6.3亿元，较上一年度增加0.7亿元，其中用于面上资助3.8亿元，用于特别资助1.2亿元。全年共开展面上资助两批次、特别资助一批次，开展“博士后创新人才支持计划”资助和博士后优秀学术专著出版资助一批次，与中国科学院开展联合资助优秀博士后项目一批次。全年共资助博士后研究人员 8 068 人，资助出版优秀学术专著 30 部。

上年年底，发布了《2017 年度中国博士后科学基金资助指南》，明确 2017 年度博士后科学基金资助类型、申报条件、申报材料以及全年资助工作时间安排。2017 年完成第 61 批、第 62 批面上资助工作。申报面上资助的总人数 21 116 人，获资助 6 887 人，资助比例为 32.6%，资助总额 38 008 万元。其中，获一等资助 1 191 人，资助总额 9 528 万元；获二等资助 5 696 人，资助总额 28 480 万元（含“西部地区博士后人才资助计划”100 人，资助金额 500 万元）；共聘请通讯评议专家 6 115 人。完成第 10 批特别资助工作。申报特别资助的总人数 4 012 人，获资助 831 人，资助比例为 20.7%，资助总额 12 465 万元；共聘请通讯评议专家 1 239 人、会议评议专家 78 人。

开展“博士后创新人才支持计划”。为加速培养造就一批进入世界科技前沿的优秀青年科技创新人才，结合国家实验室等重点科研基地，瞄准国家重大战略、战略性高新技术和基础科学前沿领域，遴选应届或新近毕业的优秀博士进入国内博士后设站单位从事博士后研究工作，国家给予每人两年 60 万元的资助，其中日常经费 40 万元为生活费，博士后科学基金 20 万元为科研补助经费。经个人申报、设站单位推荐、专家评审，2017 年资助 300 人，资助科研补助经费总额 6 000 万元。

经博士后研究人员投稿、《博士后文库》编委会初审、《博士后文库》专家评审会议复审、科学出版社选题论证，2017 年度资助出版博士后优秀学术专著 30 部，资助总额 150 万元。

为支持中国科学院“率先行动”计划的实施，吸引、选拔和培养一批优秀青年科技人才，与中国科学院共同出资设立“支持‘率先行动’”联合资助优秀博士后项目。项目采取站前资助的方式，遴选并资助有意向进入中国科学院研究机构从事博士后研究的优秀应届博士毕业生或毕业三年内的博士开展博士后研究。经博士后研究人员申报、设站单位推荐、专家评审，确定资助 50 人，资助总额 500 万元。

按照《中国博士后科学基金资助规定》，在上海市和四川省开展博士后基金经费使用情况检查工作。编印《2018 年度中国博士后科学基金资助指南》。组织设站单位增补和更新博士后基金评审专家数据库，共增补 7 900 多名博士后基金评审专家，更新 16 000 多名专家的信息。编印《2016 年度中国博士后科学基金资助者选介》，总结和宣传博士后科学基金资助成效，展示获资助优秀博士后的风采。

（二）博士后科学基金会理事会工作。

按照民政部要求，完成博士后基金会 2016 年度年检工作。根据《中国博士后科学基金会章程》，8 月完成基金会第六届理事会换届工作及理事备案工作。

（三）博士后日常管理工作。

根据《关于贯彻落实〈国务院办公厅关于改革完善博士后制度的意见〉有关问题的通知》（人社部发〔2017〕20 号），配合人力资源社会保障部相关职能单位制定了《博士后日常管理有关工作操作办法》，明确管理改革工作的具体实施办法，完成中国博士后进出站办公系统相应程序更新配套，更新相关资料，进行政策宣讲、解答咨询和培训工作，保证文件正确、有效执行。

全面提升全国博士后进出站服务窗口服务质量。全国博士后进出站服务窗口按照“努力争创广大人民群众满意的优质服务窗口”的要求，进一步加强服务窗口的综合环境建设，健全工作机制，明确服务标准，规范办事流程，细化办事指南。按照“依法合规、秉公办事、便捷高效、优质服务”的原则，对仪容仪表、服务态度、服务语言、服务环境、服务质量、服务监督等进行了规范，做到服务受理“不推诿”、服务办理“不积压”、服务结果“不出错”，服务方式灵活多样。对于距离较远、往返困难及有其他特殊情况的服务对象，按照

“特事特办、急事急办”的原则，协调有关部门，开辟绿色服务通道。服务窗口实行首问负责制、一次性告知制、限时办结制和责任追究制，日办日结，提高了博士后及设站单位的满意度。

及时准确办理博士后进出站手续。全国博士后服务窗口现场服务 8 000 余人，平均每个工作日接待 30 多人；审核省市博士后进出站 17 900 余人；存档备案博士后进出站材料 25 000 多份；处理邮件、来函 20 000 多件。

科学统筹博士后日常经费拨款计划。编制 2017 年博士后日常经费预算 96 175 万元。严格按照财政部拨款要求，合理安排各类拨款内容，使拨款速度得到有效提升。积极配合做好博士后日常经费绩效评价工作，专家评分结果为 91 分，达到优秀水平。

（四）博士后国际交流工作。

继续加大博士后国际交流计划实施力度，探索开展多种形式的博士后国际交流活动。2017 年，共有 60 人获选“香江学者计划”，300 人获选博士后国际交流计划引进项目，120 人获选博士后国际交流计划派出项目，120 人获选博士后国际交流计划学术交流项目，40 人获选中德博士后交流计划。

全国博士后管委会办公室和德国亥姆霍兹联合会签署新的“中德博士后交流项目”协议书，协议合作期限 5 年，博士后岗位范围扩展到亥姆霍兹联合会下属全部 18 个研究中心。

指导珠海横琴新区成功举办 2017 中外博士后制度研讨会，并在珠海横琴召开博士后国际交流计划派出单位座谈会。在厦门市召开 2017 年度“香江学者计划”联席会议，在厦门大学成功举办第二届“香江学者计划”学术年会。

（五）博士后学术、人才与科技服务。

2017 年，与全国博士后管委会办公室、有关省（区、市）及部门共同主办，由有关博士后设站单位承办，在全国分专业领域开展了 34 场博士后学术交流活动。活动涉及理学、工学、农学、医学、哲学、社会科学等领域的 30 多个一级学科，来自全国 600 多家博士后设站单位的 3 600 多名博士后研究人员参加了活动，近 670 名知名专家应邀到会交流。活动收到了 1 400 多篇论文，入选或获评优秀论文 940 余篇。编印《全国博士后学术交流活动巡礼（2016）》画册。

与全国博士后管委会办公室共同印发《关于举办 2017 年博士后科技服务基层活动通知》，组织 12 批次“博士后科技服务团”赴河北唐山、宁夏吴忠、江西赣州、河南驻马店、湖北宜昌、云南玉溪、新疆乌鲁木齐、四川德阳、山东威海、广西防城港、安徽金寨和广东珠海开展博士后科技服务活动，共派出博士后研究人员 180 余人次，对接项目近 180 个。与江苏泰州、山东蓬莱、天津市、浙江江山合作开展博士后人才引荐及创新创业系列活动。

继续组织博士后赴地方开展挂职服务工作。其中，向广西钦州市选派 7 人，向辽宁葫芦岛市选派 6 人，向北京延庆区选派 18 人。

编印《2016 年中国博士后科技与人才服务掠影》。

（六）博士后联谊会活动。

指导北京博士后联谊会理事会换届及开展联谊会日常工作，指导其举办 2017 年北京博士后趣味运动会、博士后双十一单身派对、中国博士后科学基金申请讲座等活动。协助全国博士后管委会办公室举办“横琴杯”第五届全国博士后网球大赛。

（七）其他工作。

会同中国高级公务员培训中心在云南省昆明市、广东省深圳市、安徽省金寨县分别举办中国博士后科学基金业务培训班，在广西北海市、陕西省西安市、内蒙古呼和浩特市分别举办全国博士后工作管理人员培训班，近 600 家设站单位及地区博士后管理部门的管理人员 2 000 余人参加。维护管理中国博士后及中国博士后科学基金会网站。编辑出版《中国博士后工作年报（2016）》。“中国博士后”微信公众号 2017 年共推出 52 期。编辑出版 6 期《中国博士后》杂志，组织召开杂志理事单位年会。

五、中国劳动学会

2017年，中国劳动学会深入学习贯彻党的十九大精神和习近平新时代中国特色社会主义思想，按照人力资源社会保障部党组的统一部署，坚持围绕中心、服务大局，积极开展调查研究、学术交流和企业活动，努力推动事业发展和自身建设，各项工作取得了新的成效。

（一）围绕中心工作，积极开展理论研究。

4月中旬在广西柳州组织召开了“劳动关系学术研讨会暨中国劳动学会七届五次理事会会议”。研讨会主题聚焦“人社领域风险防控”，聘请劳动关系领域专家作专题报告，来自全国各地80余人参加了会议。

10月末，中国劳动学会学术委员会在党的十九大胜利闭幕之际，组织学术委员会委员、相关专家召开了“劳动经济理论与实践创新发展”座谈会。会议重点围绕党的十九大提出的我国劳动经济创新发展的新思路、新举措，就劳动就业、收入分配、社会保障、劳动关系、职业技能开发以及劳动法治建设等议题进行了深入研讨。人力资源社会保障部有关领导、中国劳动学会会长、学术专业委员会委员与专家，以及人力资源社会保障部相关职能单位的同志参加了会议。与会同志认为，党的十九大报告明确了我国劳动经济理论创新的方向、路径和突破点，对当前工作具有重要的引领性作用。部领导对学会及时召开此次会议给予了充分肯定并指出，过去5年人力资源社会保障工作在党中央、国务院的正确领导下，在人力资源社会保障系统的共同努力下取得的成绩，同学会专家贡献的智慧是密不可分的，希望各位专家一如既往地给予支持，为人力资源社会保障事业发展建言献策。

2017年，中国劳动学会承担了多项学术研究任务，开展“我国区域劳动力分布状况研究”等课题研究，深入基层调查，撰写课题报告，积极为政策制定提供参考。

（二）搭建平台，为企业会员和社会各界交流服务。

针对企业人力资源工作面临的重点难点问题，积极发挥学会联系政府、学术界、企业界的桥梁和纽带作用，为不断改进和提高企业人力资源管理能力提供帮助。11月初，中国劳动学会企业工作委员会在河北省正定县召开了“国有企业混合所有制改革中人力资源管理面临的新挑战”研讨会。会议组织企业界同志认真学习、深刻领会党的十九大精神，对国有企业混合所有制改革中人力资源管理面临的热点难点问题进行了深入交流研讨。中国劳动学会会长出席会议并致辞，会议还邀请了中国企业改革发展研究会负责同志以及有关企业人力资源管理方面的专家围绕会议主题作专题演讲。来自不同行业、不同地区的大中型国有企业代表及中国劳动学会企业工作委员会委员，共计70余人参加了会议。

为促进国内企业人力资源管理技术水平提升，积极搭建平台介绍和传播国际人力资源管理先进技术。上半年，支持会员单位在上海市举办了2017年中国（上海）国际人力资源服务产品与技术大会。人力资源相关技术领域的众多世界知名公司到会参展、宣传。

与会员单位合作，在太原市、贵阳市分别举办“中国劳动讲堂”地方分讲堂两期，组织专家走进地方，为企业宣讲法律法规与政策，以及人力资源管理的最新理论研究成果，为更多的基层人力资源管理从业者搭建与专家学者及政策主管部门面对面接触交流的机会，积极发挥学会的桥梁纽带作用。

（三）正式启动学会换届筹备工作。

根据国务院《社会团体登记管理条例》（国务院令第250号）和《中国劳动学会章程》等有关规定，中国劳动学会第七届领导机构于2017年任期届满，经向主管部门进行专项汇报，正式启动了换届筹备工作。学会按照换届规定程序，组织召开了在京常务理事会议，起草了《第八届理事会理事和常务理事推荐人选产生办法》，并送发各有关单位，安排新一届理事、常务理事人选推荐工作。

（四）规范社团管理，指导谋划学会发展。

为加强分支机构管理、总结分支机构工作，2017 年年初在北京组织召开了分支机构工作会议。会议通报了学会 2016 年的主要工作及 2017 年重点工作安排。中国劳动学会会长、在京副会长、秘书长、副秘书长，以及核工业、化工、冶金等行业分会和人力资源管理与开发、薪酬、劳动人事争议处理、劳动标准、信息化、劳动监察等分支机构负责同志参加了会议。

年内，由学会领导带队，赴柳州、上海等地开展调研活动，与当地人力资源社会保障厅（局）有关负责同志进行座谈，调研了解地方学会工作情况和经验，积极谋划开拓学会长远发展新途径。

六、中国社会保险学会

（一）组织建设。

一是规范会员管理。对原在册会员进行了会员信息普查和重新登记工作，此项工作已基本完成，初步建立了新会员信息库。

二是调整分支机构和学会领导成员。9 月，社会保险基金投资管理专业委员会召开了第二届会员代表大会，选举出新一届理事会、主任委员及各专业组牵头单位。经批准，对城乡居民养老保险专业委员会负责人进行部分调整，并筹备养老保险专业委员会。根据领导干部在社会团体兼职的新要求，经履行学会章程规定程序，调整学会部分兼职人员。

三是完善规章制度。新制定了学会 5 项内部管理制度，进一步规范了管理工作。目前，学会内部管理制度共 17 项。

四是坚持民主办会、开放办会。2017 年，学会以通讯形式分别召开 1 次理事会和 2 次常务理事会，审议和决定学会重大事项；召开 2 次会长工作会，研究和布置学会重要工作；召开 2 次会员（部内）工作联系会，学习党的十九大报告精神，交流新时期社会保险工作新思路，座谈心得体会，听取各相关单位对学会工作的意见和建议；举办集体学习活动，交流和讨论社会保险有关政策和业务知识。

（二）课题研究。

一是抓好重点课题研究。“完善养老保险基金投资监管体制研究”于 7 月结题。课题全面梳理了涉及养老金投资监管的各项制度、政策，深入调查了国内各层面、各领域的实际情况，充分借鉴国际经验，在广泛吸纳各方面意见、反复研究论证的基础上，形成了一个主报告，以及我国养老保险基金投资监管体制现状和挑战、金融监管改革、养老保险基金投资监管国际经验等三个分报告。课题报告呈报国务院有关领导同志，得到高度重视，批示有关部门专题研究、提出意见。“城镇职工基本养老保险缴费基数研究”完成课题中期报告。课题组召开 7 次课题研讨会，分别赴有关国家机关及北京、黑龙江、江苏、四川等地社保经办机构进行调研，并就 2016 年度基本养老保险缴费基数情况向全国 36 个主要城市社保经办机构发放了调查材料。

二是推进跨年度课题研究。跨年度研究课题共有 5 项，其中 1 项结题，4 项仍在进行。“医疗保险常用统计分析指标研究”于 1 月结题，形成“医疗保险统计分析常用指标目录”及课题研究报告，并提交给人力资源社会保障部有关单位及部分地方医保经办机构。“互联网+门诊慢病人群健康管理与送药服务研究”一期于 6 月结题，重点调查研究了送药上门服务的实施背景、主要做法、成效与问题、发展趋势，形成了可行性研究报告，二期于 7 月正式启动。“人社行业生物特征识别应用研究”和“社保数据社会化应用问题研究”两个课题属应用型研究，正在进行系统搭建、体系建设与模拟应用，并在部分地区进行了试点。“企业年金和职业年金基金管理配套政策研究”包括对 5 项政策的研究，其中《职业年金基金归集账户管理暂行办法》已完成并由人力资源社会保障部和财政部联合印发，其他 4 项政策研究仍在进行中。

三是启动新课题研究。学会及分支机构与

有关单位合作开展了5项新课题研究，分别是“综合性公证养老服务研究”“人社信用体系模型建设及社保数据社会化应用安全性监管研究”“医疗保险管理在定点医院中的运行研究”“定点药店协议管理研究”“中国社会保险管理服务发展报告（2016—2017）”。目前，这5项课题都已启动并按计划推进。

（三）学术活动。

一是举办全国社保大数据应用创新大赛。这是2017年度学会重点学术活动，经人力资源社会保障部领导同意，由学会主办，人力资源社会保障部相关职能单位参与指导，阿里云计算有限公司、杭州数梦工场科技有限公司具体承办。大赛于6月22日在全国“互联网＋人社”推进座谈会上启动。本次大赛以“汇智社保，助力‘互联网＋人社’”为主题，分设“助力‘互联网＋人社’行动”和“精准社保”两个赛题，吸引了全国及海外的大数据创新人才、专家学者，以及各级人力资源社会保障部门、科研院所、高新技术企业的积极参与，共有1 601人组成的1 335支队伍报名参赛。经过3个多月的比赛，47人组成的19支参赛队获奖。12月，邀请部分获奖队伍在人力资源社会保障部展示、汇报大赛成果。

二是开展跨领域战略合作。学会与中国公证协会签订战略合作协议，在构建全方位、综合化、多样性的公证养老法律服务体系方面进行全面合作，开展“综合性公证养老”法律服务机制试点，以推动社会化养老模式实现新突破。与中国保险学会签订战略合作协议，在相互制长期护理保险、社会保险与商业保险联合创新等方面进行共同研究，并在部分地区开设实验室进行试点。

三是举办学术研讨。学会及分支机构与有关单位合作，举办了一系列内容丰富的学术活动，如第二届中国医养保险高峰论坛、中国社会保险管理服务发展报告（2016—2017）暨职业年金运营管理研讨会、人力资源社会保障系统社会组织座谈会、医疗保险大数据控费高级研讨会、长期护理保险探索与实践专题研讨会、成都市长期护理相互保险项目研讨会、基本医疗保险异地就医医疗服务及费用监管研讨会等。

四是组织开展调研评估活动。受广西壮族自治区社保局委托，学会组织系统内及院校专家团队对广西探索开展的“一门式社保服务平台”进行了调研评估，并提出了评估报告。

（四）相关交往。

一是与国外有关机构合作。学会与法国教育系统相互健康保险机构签订了“相互保险在长期护理保险中的地位及在中国推广的可行性研究”课题协议，将对相互保险及长期护理保险在老龄化社会中促进医养结合进行研究。根据该协议，学会组织有关人员赴法国就相互保险及长期护理保险等内容进行了培训，学习和了解了法国相互保险和长期护理保险有关情况，与法国有关机构进行了交流与研讨，并实地考察了法国失能老年人养老、医疗照护机构。

二是与港澳台社保学会合作。继续与港澳台社会保险学会合作开展课题研究，共同举办学术研讨活动。由本学会统筹，港澳台社保学会及有关专家学者参与，完成了《老龄化背景下退休准备与养老应对研究》课题报告。应邀赴台参加第九届养老保险研讨会，与港澳台社会保险学会会员及有关专家学者进行了交流与研讨。

三是参与“两岸社会保障协调机制研讨”项目。这是国台办批准人力资源社会保障部2017年开展的交流项目，学会积极配合，负责与台湾有关方面的联系，先后三次组织或参加研讨，就两岸异地就业人员参加社会保险等事宜与台湾有关方面进行交流。

七、中国职工教育和职业培训协会

2017年，中国职工教育和职业培训协会认真贯彻落实党的十九大精神和习近平总书记系列重要讲话精神，在人力资源社会保障部党组的正确领导下，在部有关职能单位大力支持下，在全体会员的共同努力下，围绕中心，服务大局，务实创新，扎实奋进，完成了年初确定的各项任务，充分发挥了社团组织的积极作用。

（一）组织换届选举，完善管理制度。

2017年1月，第六次会员代表大会和六届一次理事会胜利召开。会议全面总结了第五届理事会五年来的主要工作，选举产生了第六届理事会，通过了中国职协章程（修改稿），研究部署了第六届理事会下一步工作。孙宝树会长出席会议并讲话，强调要进一步增强政治意识、大局意识、核心意识和看齐意识，不忘初心，牢记使命，继往开来，继续前进。会议主题鲜明、内容丰富，达到了圆满换届、交流情况、明确任务、鼓足干劲的目的。会后，根据民政部和人力资源社会保障部要求，完成了中国职协章程和新一届社团负责人备案等工作。根据中央从严管理社团及分支机构的有关要求，重新梳理了职协分支机构，起草了《职协分支机构管理办法》，完善了相关管理制度。

（二）聚力骨干会员，开展“共建共享共赢”活动。

为贯彻落实《技工教育“十三五”规划》（人社部发〔2016〕121号），更好地凝聚全国技工院校力量和发挥骨干会员的带动引领作用，职协顺应新形势下技工教育发展实际，以技校委员会为工作平台，在全国技工院校范围内开展了“共建共享共赢——加快推动全国技工院校共同创新发展活动”。2017年5月，在河北唐山技师学院召开第28届年会暨活动动员部署会。这次活动是职协倡导新理念、实施新举措、搭建新平台的一次大胆尝试，主要依托综合管理、政策研究、教学改革、校企合作、校园文化和技能大赛等6个工作委员会，以全国技工院校为对象，力争用5年左右时间，在理论研究、教学改革、专业建设等方面取得重大科研成果，在学校综合管理水平、师资队伍素质能力、人才培养质量、学生就业质量等方面实现全面提高，促进技工院校之间、技工院校和行业企业之间共同发展。此外，依托各工作委员会分别组织召开了全国技工院校校园文化建设交流研讨会、校企合作论坛、创新创业工作研讨会、技工院校综合管理校长论坛等活动，效果显著。

（三）全面谋划部署，规范培训管理。

根据《中共人力资源和社会保障部党组关于部属事业（企业）单位职业培训巡视反馈问题整改的通知》和部办公厅《部属事业单位职业培训管理暂行办法》，结合专业性社团组织特点和社会需求，职协对社会培训项目进行了统一规范。一方面，修改完善《中国职协职业培训工作方案》，制定《职业培训活动管理办法》等规定，进一步加强了对职业培训的管理；另一方面，针对技工院校干部教师队伍建设、科研课改、教学组织等实际需求，组织开展了不同主题的系列培训活动。培训紧贴实践、师资经验丰富、方法灵活多样、管理严而有序，取得良好效果，得到受训老师的一致好评。

（四）加强理论研究，做好世赛赞助。

组织开展2017年度优秀科研成果征集活动，召开专家评审会，完成约7 000项科研成果的评审，实现了成果数量、申报单位数量和覆盖地区数量上的“三大突破”。印发2017年重点研究课题指南，围绕高技能人才队伍建设、构建终身职业培训体系、企业职工培训体系、技工教育和社会化职业技能培训，确定重点研究方向，在优中选优的基础上，评选确定150余项课题在职协立项。受环境保护部对外合作中心委托，修改完成《中国制冷设备维修人员技能培训调查项目报告》，起草撰写《中国职协为中国制冷维修服务行业第二阶段HCFC淘汰管理计划提供技术支持服务的工作大纲》。全力做好世界技能大赛赞助工作，在人力资源社会保障部相关职能单位指导下，研究起草《社会赞助世界技能大赛参赛工作管理暂行办法》；与多家公司签署总价值近300万元人民币的赞助合同，利用赞助筹集资金，向第44届世界技能大赛参赛团提供包括服装、交通、通信、宣传等方面的款物支持和系列服务，为中国代表团在第44届世界技能大赛上取得优异成绩贡献了力量。

（五）落实资助政策，加强资金监管。

进一步明确技工院校学生资助管理工作要求、工作内容和操作流程，加强资助工作监督管理。4月，会同人力资源社会保障部相关职能单位在长沙组织召开全国技工院校学生资助管理工作座谈会，部署全年工作任务。组织开展春秋季学期新生学籍注册、休退转学生学籍异动处理、毕业学生管理及毕业证书打印查询等工作，强化和规范技工院校学籍管理。组织开展享受免学费和助学金学生申请、审核、申报和审批等工作，全面落实中职学校学生资助政策。指导推动各地加强技工院校学生资助管理日常工作监管，组织开展全国技工院校学生资助管理专项核查，针对大龄学生享受资助情况和学生学籍异动情况进行重点逐一核查，确保国家资助资金安全。组织开发照片管理功能模块软件，进一步完善技工院校信息系统功能。同时，不断加强对技工院校信息系统软硬件和数据库的维护。

在开展上述工作的同时，进一步发挥社会团体宣传平台的重要作用，在巩固《中国培训》杂志作为职业能力建设领域一个重要宣传阵地的基础上，注重发挥职协网站和微信公众号作用，推广经验做法，交流工作信息，推进改革创新，为营造高技能人才队伍建设的良好氛围发挥舆论引导作用。

八、中国就业促进会

2017年是实施“十三五”规划的重要一年，是全面深化改革向纵深推进的关键一年，也是中国共产党第十九次全国代表大会胜利召开的一年。中国就业促进会在人力资源社会保障部党组的领导下，在全国人力资源社会保障系统及社会各有关方面的大力支持和积极参与下，秉持“围绕中心、服务大局”的工作主线，主动适应新常态，在实干中推动发展，在发展中开拓创新，全面完成年度目标计划，取得了积极成果。

（一）坚持理论创新，为宏观决策建言献策。

一是紧扣就业工作需求，组织开展“关于我国就业统计的研究”课题。在回顾总结我国就业统计制度建立和发展变化基础上，对就业统计工作现状进行评估，分析面临的挑战和目标任务，提出进一步做好就业统计工作的意见建议，供政府部门决策参考。报告得到人力资源社会保障部领导高度重视，批示上报国务院参阅，同时转部相关职能单位在完善政策中参考。

二是分析就业走势变化，组织召开上半年就业形势分析会。受部相关职能单位委托，邀请有关专家结合各自研究领域，分析研判上半年国内外经济就业形势及当前我国就业领域存在的主要问题和风险点，就做好就业转型工作提出对策建议，并及时编印专家观点，供部务虚会参考。

三是关注就业前瞻问题，向主管部门建言献策。围绕新常态下就业创业工作要求，积极借鉴有关方面经验，提出“收集整理‘一带一路’沿线国家相关劳动法律”和“对人社领域重点史料整理工作予以重视纳入议程”两项建议，为主管部门宏观决策提供前瞻性参考。建议得到人力资源社会保障部领导高度重视，分别作出重要批示。

四是着眼就业热点问题，与国际劳工组织合作开展“关于中国公共和民营就业服务机构伙伴合作关系运行状况的研究”课题。系统分析我国推进公共和民营就业服务机构合作发展的实践经验、取得的进展和面临的问题，进一步明确加强公共与民营就业服务机构合作的必要性和积极意义，并对推进合作发展提出对策建议。

五是深入基层县市开展就业创业调研，并组织专家到基层宣讲。先后赴海南省文昌市、陕西省志丹县、重庆市江津区、湖北省麻城市，围绕大学生就业创业和农民工返乡创业等工作开展专项调研，总结基层工作亮点，反映基层工作诉求，并就推动基层就业创业工作提出相关建议。调研报告报送人力资源社会保障部领导和有关职能单位参阅。专家宣讲研究新成果、就业新政策获得基层同志欢迎。

（二）坚持项目推进，为中心工作加油助力。

一是受部相关职能单位委托，继续做好央企招聘应届高校毕业生信息公开发布工作。严格落实各项工作要求，做好信息审核基础工作，加强信息发布流程管理，为促进高校毕业生公平就业提供技术支持。

二是联合中国社会保险学会共同召开“总结经验、鉴史抚今”专题研讨会。围绕《世纪之交“两个确保”——就业社保改革攻坚纪实》宣传工作，探讨史料收集整理的经验做法和历史经验总结提炼的现实意义，并对今后开展此项工作的规律和方法提出意见建议。

三是与金拱门（中国）有限公司合作，组织开展“企业提升就业质量研究项目”。围绕党的十九大提出的促进更高质量就业的新要求，联合知名企业开展就业质量调查研究，探索企业在推进就业质量提升上的作用并予以推广。

四是积极发挥专业委员会优势，组织开展专项服务活动。依托创业专业委员会与部相关职能单位联合举办以“创业培训、创新引领”为主题的全国创业培训讲师大赛，全国 25 个省份近万名创业培训讲师参加。依托公共就业服务专业委员会举办“互联网＋就业服务”“公共与民营就业服务机构的合作”研讨交流，推进就业服务创新发展。依托失业保险专业委员会召开失业保险研讨会，推进《失业保险条例》修订。

五是推进海峡两岸民间组织交流。应台湾中华劳动与就业关系协会邀请，联合主办 2017 年劳动与就业关系学术研讨会，赴台湾介绍大陆近 5 年就业工作进展和经验成果，与海峡两岸专家学者围绕“人力发展与就业促进”专题进行研讨交流，增进海峡两岸相互了解。此外，还邀请台湾民间组织到大陆参访，宣传展示大陆就业创业成果，进一步促进海峡两岸就业领域合作交流。

（三）坚持舆论引导，为就业创业营造良好氛围。

一是组织开展 2017 年度就业十件大事及地方就业创新事件评选活动。总结盘点年度就业创业工作成果和突出亮点，宣传展示地方促进就业工作创新举措，为各级就业部门统揽就业全局、借鉴工作经验、谋划来年工作提供参考。

二是组织编写《聚焦中国就业（2017—2018）》《世纪之交“两个确保”——就业社保改革攻坚纪实》《与中国就业一路前行》等书籍，多角度、多层次展现就业改革发展历程，宣传就业创业工作成就，为做好新时期就业创业工作提供启发。

三是发挥多种媒体的宣传作用。建立中国就业促进会微信公众号并充分发挥新媒体宣传优势，进一步改进《中国就业》《就业工作通讯》等期刊，多维立体宣传就业创业工作最新政策、重大事件、重点工作和成果经验等，不断提高宣传质量。

四是配合“春风行动”，做好“就业创业指南扑克牌”项目宣传发行。结合就业扶贫及返乡创业最新政策进行全新改版，以生动灵活的形式向基层就业服务机构和扶贫地区开展就业创业政策宣传。

（四）坚持立足长远，为社团改革构建新格局。

一是顺利完成换届工作。组织召开第三次会员代表大会，总结回顾二届理事会工作成果，审议通过《中国就业促进会章程（修改案）》等文件，选举产生新一届理事和新一届领导成员。邀请人力资源社会保障部相关职能单位同志进行新政解读；组织开展创业、公共就业服务和失业保险专项领域研讨交流；召开新一届会长会、离任老同志座谈会，举行《与中国就业一路前行》首发式等，进一步凝聚合力，谋划就业促进会未来发展。

二是组织召开会长扩大会。学习贯彻国务院常务会议关于进一步扩大就业的工作部署，广泛听取对社团改革发展的意见建议，分享工作成果，交流工作信息，共同为就业促进会发展出谋划策。

三是强化会员服务联络机制。指定专人与会员建立点对点对接，建立一对一微信服务平台，畅通会员交流渠道，加强日常沟通联系，进一步提升服务质量。在工作中加强与人力资源社会保障部相关职能单位的联系合作。

四是支持指导会员开展工作。指导湖北省、成都市就业促进会完成换届，指导山东省就业促进会成立创业专业委员会；支持指导重庆、吉林、无锡举办创业大赛、创业博览会和就业质量评估活动；组织赴阿里巴巴集团北京总部调研等。

九、中国医疗保险研究会

2017 年，中国医疗保险研究会紧密围绕健康中国发展战略和“十三五”医改主线，紧扣医疗保险事业发展重点任务和中心工作，以研究会成立十年为契机，把握稳中求进的工作总基调，深入开展项目研究和学术活动，进一步强化自身能力，各项工作取得积极进展，以较好的工作成绩和良好的精神状态迎接党的十九大胜利召开。

（一）围绕经济社会发展，开展制度评估和战略研究。

一是围绕健康中国建设和“十三五”全民医保发展目标，在上年评估调研的基础上，评估专家组在年初完成《2016 年基本医疗保险评估报告》，并经人力资源社会保障部签报国务院领导。报告全面总结了 2016 年全民医保改革进展并充分反映地方实践遇到的突出问题，向国务院提出“坚持‘稳中求进’的总基调，确保医保基本制度的稳定”“在国家层面尽快明确由人力资源社会保障部门统一管理医疗保险”“抓住‘补短板’和‘建机制’两个中心环节，进一步完善城乡居民医保制度”和“总结人力资源社会保障部门试点经验，尽快出台在全国建立长期照护保险制度的指导意见”等 4 方面建议。在王东进会长的带领下，组织专家组先后赴广东、陕西、湖北、安徽、天津、上海、浙江、河南、云南开展评估调研。继续开展医疗保险评估体系研究，完成《医保制度运行评价指标》《医保制度与经济社会发展关系评价指标》《医保与医疗服务提供方关系评价指标》《医保与参保人健康关系评价指标》4 个分报告。

二是围绕“十三五”时期医疗保障制度发展战略，继续推进“建立更加公平可持续的医疗保障制度”研究项目，重点是医保制度建设与经济社会发展、与医药卫生事业发展的互动关系，目前已基本完成各子课题报告，形成总报告初稿，正在进一步完善并征求意见。

三是着眼于政策体系设计和制度衔接，启动医疗保险与医疗救助的衔接研究，结合建立重特大病保障和救助机制，围绕精准解决因病致贫，重点研究基本医保、大病保险和医疗救助的政策衔接和管理衔接。受人力资源社会保障部相关职能单位委托，启动人力资源社会保障部 2017 年重大政策研究项目“整合城乡居民基本医疗保险制度改革实施情况评估”。

四是围绕宏观经济形势，启动“中国经济发展走势对医疗保险的影响研究”，研究经济下行压力加大的情况对就业结构、财政收入、居民医疗需求、医疗服务供给等方面的影响，以及上述变化因素对全民医保制度可持续发展的影响。在完成调研和数据分析基础上，撰写了《中国经济发展走势对医疗保险筹资水平的影响分析》报告。

（二）积极配合人力资源社会保障部医疗保险的中心任务，全力提供技术支持。

一是推动长期照护保险制度的理论研究和试点探索。研究会作为试点领导小组成员单位，积极参与长期护理保险试点调研，推动地方试点开展，并给予技术指导。开展“长期照护保险制度研究”长期项目，完成德国、日本、美国、韩国、俄罗斯、新加坡等国长期照护资料收集和研究；在 2016 年对 7 个城市数千户居民的入户调查基础上，完成《中国长期照护需求调查数据分析报告》。完成供给服务问卷调查、数据处理和地方经验报告，对供给体系改革趋势进行分析和述评。完成服务市场分析和政策与制度演变分析。完成人力资源社会保障部2016年重大政策研究项目“我国长期护理保险制度架构研究”并提交报告。为借鉴部分国家长护制度标准体系建设的经验，明确我国长护制度标准体系的基本构架，研制失能等级评定、护理需求评定等急需的技术标准，启动“中国长期护理保险标准体系研究”项目。

二是为支持全国医疗保险异地就医联网结算系统的建设，提供有关医疗服务管理基础标准的研究成果。编制完成《社会保险医疗服务项目分类与代码》行业标准，并由人力资源社会保障部于2017年7月发布，10月1日起正式实施。结合全国异地就医结算和医疗服务智能审核系统建设及新出台的2017版药品目录，及时、持续更新《社会保险药品分类和代码》，并继续加强对地方应用的技术指导，为全国异地就医平台建设奠定技术标准基础。

三是参与国家药品目录调整工作，并为药品谈判提供技术支持。在人力资源社会保障部的统一领导下，研究会主动发挥技术资源优势，全力以赴参与药品目录调整工作。作为领导小组办公室成员单位，参与调整方案研究起草、专家组组建和药品基础数据库建设，特别是提供的药品基础数据、价格数据、使用量和使用费用数据，在评审过程中发挥重要作用。协助组织相关评审会议和部分省份投票遴选工作，协助记录汇总专家意见、数据库整理等具体技术事务。在对药品的经济学评价、明确药品限制适应证、分析新增药品对基金的影响等工作中，按要求提供咨询意见。为保证安全顺利完成工作，研究会还专门制定保密和廉政纪律要求。在药品谈判过程中，为专家评审提供数据分析、资料收集整理等支持工作，并牵头负责谈判品种的技术审评，向谈判组提交评审报告。

四是围绕深化医保支付方式改革，强化支付制度体系研究。对过去3年进行的医疗保险支付制度改革政策与标准体系研究项目进行结题，撰写课题总报告和分报告。完成二期研究项目的研究方案，召开二期项目启动会，选择6个实践性研究基地。为推动DRGs按病种付费试点实施，启动“DRGs相关技术标准体系研究”和“基于真实世界数据单病种支付参考规范研究”。

五是围绕基本医疗保险待遇调整开展政策研究。完成慢性病门诊保障政策研究和职工医保门诊统筹政策研究2个课题，召开课题结题会。基本完成职工补充医疗保险政策研究，提交报告初稿。

（三）围绕医改重要专题，开展医保基础性作用研究。

一是针对医疗服务供应体系与全民医保制度改革的关系和影响开展相关研究。为研究全民医保与分级诊疗体系的关系，开展“医保付费机制推进分级诊疗体系建设”和“分级诊疗在医疗保险中的作用”2个课题，分别完成国内外进展的基础研究，赴上海、河南等地开展综合调研，已初步完成研究报告并征求意见。为比较不同地区住院率差异，分析导致住院率差异的深层次原因，基本完成“医保参保人住院率需求研究”项目，形成研究报告初稿并修改完善。

二是开展医保应对医药定价机制改革的政策和管理措施的相关研究。完成基本医疗保险应对医药定价新机制的政策研究、基本医疗保险医药价格监测体系研究和医疗服务项目调整对医保医疗服务管理影响的研究3个课题。

（四）围绕医保大数据，加强标准化建设研究。

一是完成2016年全国基本医疗保险参保人员医疗服务利用调查研究报告和简要分析报告，并报送人力资源社会保障部领导。完成2017年基本医疗服务利用数据收集，共有86个统筹地区上报数据，目前已完成数据整理和标准化工作，着手开展数据分析和撰写报告。

二是为提升数据分析技术能力，基本完成完善医疗服务利用调查体系研究项目，并召开研讨会，汇总数据分析报告，着手撰写总报告。受人力资源社会保障部相关职能单位委托，开展基本大数据在医保中的应用项目研究，重点研究经济社会发展数据、个人行为数据以及医保自身数据如何应用于参保管理、医疗服务监督管理和医保基金结算管理。

三是进一步挖掘数据价值。与多家会员单位签订数据分析合作协议，开展数据专题分析，进一步提升数据的利用价值，拓宽研究会的研究资金筹集渠道。

（五）围绕全民医保“四更”目标，积极开展学术交流和宣传培训。

一是积极推动医保学术交流活动。以“不忘初心　砥砺前行”为主题召开2017年年会，以“健全全民医保机制，实现可持续发展”为主题召开二届五次会长工作会，以“新时代开启医保事业新征程”为主题召开二届五次常务理事会。召开2017年医疗保险研究工作会议，明确当年的研究任务，促进地方研究会的交流协作；支持医疗保险东部、中部、西部、北部论坛等区域性学术活动的筹办工作；积极参与省级医疗保险研究会的年会活动。

二是积极开展业务培训。针对当前众多省份医保主管领导新人多、业务相对生疏等问题，受人力资源社会保障部相关职能单位委托，与复旦大学联合组织召开3期医疗保险治理能力提升专题研讨会。以“支付制度改革”为主题举办对经办机构和定点医疗机构的培训班。

三是继续开展优秀论文征集评选。完成2016年优秀论文的专家评审、结果公示、获奖论文编辑出版等工作，在2017年年会上发布评奖结果。2017年以“健全全民医保　促进全民健康”为主题，启动新的论文征集评选活动，共征集论文900余篇。

四是开展国外（地区）法律及政策资料研究和学术交流。在开展世界主要国家和地区医疗保障制度改革政策追踪研究的基础上，出版《部分国家（地区）最新医疗保障改革研究（2015年报告）》，以加拿大、瑞士、墨西哥、巴西、美国、新西兰、德国、捷克、以色列等国为研究重点开展2016年度进展研究。组织对《德国法典》等相关法律进行翻译，目前第一阶段翻译工作基本完成，已出版德国《社会照护保险法》《法定事故保险法》和《社会行政程序与社会数据保护法》3册；基本完成《社会保险总论》《社会法总论》《农民医疗保险法》和《全住院和半住院医疗服务报酬法》的翻译，正在翻译《联邦护理条例》和《母亲保护法》。组织部分会员分别参加在美国举办的国际药物经济学与结果研究协会（ISPOR）第22届全球年会和在意大利举办的2017年国际卫生技术评估协会（HTAi）全球会议。顺利完成2017年台湾医疗保险管理研修交流团来大陆交流项目活动，以“长期照护保险”为主题召开海峡两岸医疗保险学术研讨会，与台湾健保学会续签合作备忘录。

五是《中国医疗保险》杂志被国家主管部门评定为A级学术期刊，2017年发行7.7万余册，完成2017年发行任务。两会前，经人力资源社会保障部批准，继续编印两会专刊，送两会代表委员参阅，全面、生动地报道医保事业发展成果，得到代表委员们的高度评价。《中国医疗保险研究动态资讯》继续保持每月2期出刊频率，就长期照护、分级诊疗等热点问题编印专刊，及时与地方医保刊物进行交换，择优转发，加快地方改革信息的传播速度。中国医疗保险信息网重点加快更新速度，加强安全管理，充实研究会活动内容和研究成果，关注度得到显著提高。“中国医疗保险”微信公众号关注人数超过10万人，及时报道医改重大事件，第一时间发布药品目录和药品谈判结果等重大信息，并独家访谈、约稿评审专家，进行舆论引导和正面宣传。

（六）围绕“智库”发展目标，加强队伍建设。

一是优化会员结构，提升会员学术规格。落实党政机关领导干部兼职的规定，在征求个人及单位意见基础上完成部分同志相关审批手续的办理工作。在各省份医疗保险研究会的协助下，对科研机构和定点医药机构会员进行扩容，收到近百份专家和机构的入会申请，及时更新会员信息库。

二是组建工伤保险专业委员会。组织征集会员，制定工作规则，设计组织架构，推荐相关人选，于 9 月 27 日在北京召开首届会员代表大会，同时举办工伤保险学术研讨会。

三是切实加强秘书处队伍建设。根据形势发展，以党的十九大精神为指引，进一步加强秘书处队伍建设，及时调整分工安排，提升团队士气，保质保量地做好新时期医保研究工作。参照事业单位薪酬改革方案，制定《研究会秘书处工作人员薪酬管理暂行办法》并报劳科院审批。按照人力资源社会保障部党组统一部署，加强党组织建设。全面落实从严治党战略部署，强化党风廉政制度建设。

地方人力资源和社会保障工作

北 京 市

2017年，北京市人力资源社会保障系统以习近平新时代中国特色社会主义思想为指引，深入学习贯彻党的十九大精神，深入学习贯彻习近平总书记系列重要讲话精神和治国理政新理念、新思路、新战略，习近平总书记两次视察北京重要讲话，在中央政治局常委会审议北京城市总体规划时的重要讲话精神及全国人力资源和社会保障工作会议部署，坚决落实党中央、国务院及市委、市政府决策部署，大力推动人力资源社会保障事业发展理念、发展方式、治理能力改革创新、转型完善，坚持抓重点、抓改革、抓风险防控、促公共服务能力提升，人力资源社会保障制度体系更加健全，运行管理更加高效，圆满完成各项目标任务，推动人力资源社会保障工作整体跃升。

一、就业局势总体稳定

（一）实施更加积极的就业政策。

坚决落实首都城市战略定位，在经济转型升级带来结构性就业压力增大的情况下，坚持把促进就业作为重大政治责任和第一位的工作，定向精准施策，对自主创新型企业、生活服务型企业及调整转型企业等给予一揽子补贴政策，支持1.6万家企业稳定岗位347万个。全年城镇新增就业42.2万人，全市城镇登记失业率为1.43%。

（二）持续做好重点人群精准就业帮扶。

结合高校毕业生、城乡就业困难人员、农村转移劳动力、企业分流职工等不同人群特点开展分类帮扶。面对区域功能优化调整、城市化建设进程中凸显的农村劳动力转移就业问题，通过鼓励用人单位优先招用、低收入农户劳动者精细化帮扶、公益性岗位托底安置等途径帮扶就业，全年帮扶城乡就业困难人员实现就业14.6万人。

（三）突出抓好创业带动就业工作。

围绕激发创新创业活力，深化大学生创业服务平台和创业板建设，组织优秀创业项目遴选和创新创业大赛，促进了产业链、创新链、资金链深度融合，全年扶持创业1.1万人，带动就业3万人。

（四）加强职业技能培训。

加快建设知识型、技能型、创新型劳动者大军，推行企业新型学徒制和企业职工技能提升补贴政策，启动技能人才国际合作培养试点，推进人力资源服务职教集团建设。在第44届世界技能大赛中取得历史突破性成绩，北京市7个集训基地参赛选手全部获奖，取得2金1银2铜2优胜的好成绩，向世界展现了北京培养青年技能人才的丰硕成果。

（五）完善公共就业服务体系。

健全“百姓就业”全媒体平台，推进人力资源服务产业园区建设，进一步丰富公共就业服务模式。大力推进京津冀人力资源社会保障公共服务共建共享，协同河北省及唐山市、曹妃甸区成立京津冀首家跨省、跨层级的人力资源社会保障服务中心，面向外迁企业就近集中提供各项人力资源社会保障服务，为支持雄安新区建设积累了经验。

二、社会保障制度更加公平可持续

（一）进一步深化养老保险制度改革。

深入推进机关事业单位养老保险制度改

革，以完善机关事业单位养老保险制度和城乡居民养老保险缴费激励机制为重点，完善养老保障政策体系，确保符合条件人员全部参保。进一步健全社保待遇确定和正常调整机制，提高社保相关待遇标准，在稳步提高保障水平的基础上完善社保待遇调整机制，首次一年两次上调城乡居民基础养老金和福利养老金，发挥好社保再分配功能。

（二）加快推进养老服务体系建设。

健全多层次养老服务体系，开展长期护理保险制度试点工作，形成了基本制度框架和体系，有效应对老龄化背景下日益增加的失能老人护理保障需要。健全退休人员管理模式，在全国首次以政府购买企业社保平台服务的方式，对大型市属国企退休人员集中实行社会化管理，减轻企业负担，助推国企深化改革。

（三）深入推进医药分开综合改革。

围绕建立分级诊疗制度，实施鼓励社区就医政策：统一社区与大医院医保药品报销范围，职工社区门诊报销比例高于大医院 20%，实行高血压、糖尿病等慢病长处方报销政策；将家庭病床、上门服务和转诊转院医疗费纳入医保报销范围。通过实施医事服务费医保定额报销、将 435 项医疗服务项目和药品阳光采购纳入报销范围、深化医疗行业人事薪酬制度改革，推动“三医联动”改革取得实效。为维护参保人医疗权益、提升医保基金可持续保障能力，将医保支付方式改革作为撬动医改的重要力量放在突出位置，强化基金预算精细化管理，针对不同群体和疾病，综合运用总额控制、按病种分组付费（DRGs）等多种支付方式，促使医疗机构规范行为、控制成本，加强医保智能监控与审核，有效控制了医疗费用不合理增长。

（四）异地就医直接结算工作运行平稳。

直接结算备案人员范围从异地安置退休人员扩大到异地长期居住人员、常驻异地工作人员和异地转诊人员，从职工基本医疗保险扩大到城乡居民基本医疗保险参保人员。全市有床位定点医疗机构已全部纳入直接结算定点范围，全面开展直接结算业务，结算人次、金额与医院数量均位居全国首位。

（五）整合城乡居民基本医保制度。

彻底打破制度城乡分割壁垒，建立了统一的城乡居民基本医疗保险制度，330 万城乡居民实现持卡就医，公平享有基本医保和均等化服务，标志着全市社会保险制度全面实现城乡统一。社会保障工作的不断推进，对于保障群众基本生活、增进人民福祉发挥了积极作用。

（六）强化经办服务，提升精确化、智能化、均等化水平。

丰富社保网上服务、自助终端和手机 App 等信息平台功能。完善社保智能化服务平台，70%以上社保业务实现网上办理，注册单位和个人分别达到 61.2 万户和 679.1 万人，在全国率先实现全民参保登记，加强社保基金收支管理，确保了基金运行安全平稳。

三、人才队伍建设有序推进

（一）优化人才培养模式。

印发《北京学者计划实施办法（试行）》，研究制订“北京青年学者”计划，给予经费支持，鼓励青年拔尖人才积极从事前沿研究和原始创新，填补科技发展空白，突破产业核心关键技术，实现高精尖产业领域的变革性突破，为“北京学者”计划建立“预备队”。2017 年新增“北京学者”14 名，累计评选出 42 名，经过连续培养，已有 6 人当选两院院士，8 人 9 次获得国家科学技术进步奖等三大奖，多人在国内外权威学术组织担任重要职务、在国际顶尖学术期刊上发表重要文章。

（二）创新人才评价机制。

冲破传统人才评价机制弊端，出台深化职称制度改革实施意见，构建分类评价标准体系，突出职业属性和岗位职责，调整完善职称系列、职称专业评价标准和权重，支持用人单位自主评价使用人才，促进人才各行其道、各有台阶、才尽其用。

（三）支持事业单位人才创新创业。

制定《关于支持和鼓励高校、科研机构等

事业单位专业技术人员创新创业的实施意见》，重点在劳动合同、岗位设置、薪酬待遇、社会保障、创业项目等方面制定特殊优惠政策。高等院校、科研院所的人员利用本人及其所在团队科技成果，可采取兼职创办企业、在职创办企业、在岗创业、到企业挂职、与企业项目合作、离岗创业等6种灵活多样的方式进行创新创业，并获得兼职报酬和成果转化收益。支持事业单位根据工作需要，通过设置流动岗位或特设岗位两种方式，聘用有创新实践经验的创新人才到本单位兼职。

四、公务员管理全面加强

适应提升干部队伍素质能力、干事创业活力的需要，逐步改革完善司法制度，研究制定法官检察官退出员额、等级按期晋升、等级择优选升三个办法。积极推进警察招录改革，通过双轨招警模式优化入警渠道。积极推进选调生和大学生村官工作并轨。聘任制公务员转制取得新突破，采用职数和专业技术岗位单列方式，妥善完成期满安置工作。健全公务员管理机制，出台平时考核实施办法，更加注重日常表现和工作实绩。

首次建立宪法宣誓制度，组织市政府正、副职领导向宪法宣誓。面试考官队伍得到加强，持证上岗率达80%。落实倾斜基层一线招录政策，有效缓解艰苦边远地区“招人留人难”问题。

五、工资收入分配制度改革积极推进

（一）进一步做好企业工资分配工作。

深入开展工资集体协商，推动形成企业职工工资正常增长机制。扎实推进市属国有企业负责人薪酬制度改革。实行技高者多得的技能人才收入分配政策，引导企业合理确定技能人才薪酬水平。组织开展薪酬调查，制定企业工资指导线和行业工资指导线，发布《北京市劳动力市场工资指导价位与企业人工成本状况》，开展国有企业工资内外收入监督检查。

（二）推行收入分配激励政策。

坚持创新驱动，建立以绩效工资为基础、多种激励奖励方式并存的分配制度，科研人才可以分享成果转化和技术服务收益，优秀人才薪酬不受工资总额限制。拓宽收入分配工作视野，针对技能人才、新型职业农民、科研人员、小微创业者、企业经营管理人员、基层干部、有劳动能力的困难群体7类群体，制定激励政策，助推中等收入群体扩大、城乡居民增收。

六、劳动关系协调水平持续提升

（一）着力规范企业用工行为。

进一步健全劳动合同制度，组织开展劳动合同期限届满情况年报统计工作，对快递业劳动用工管理情况开展调查，全市企业职工劳动合同签订率、城镇职工劳动合同续订率分别达到97.9%、94.7%。完善协调劳动关系三方机制，在全市各区、街乡以及出租汽车等行业建立三方会议制度，将工商联纳入三方机制，进一步增强企业组织代表性。

（二）加强劳动人事争议调解仲裁效能建设。

加强与市法院系统交流研讨，统一案件法律适用尺度，指导全市案件处理工作。研究印发《北京市劳动争议仲裁案件简易处理暂行办法》，明确简单案件标准界定、简易处理方式，缩短办案时限，着力提高办案效率。发挥“一裁终局”化解争议“小快灵”作用，注重仲裁环节调解，近50%的劳动争议在仲裁环节彻底化解。加强疑难问题研究，统一涉及多个仲裁委的集体争议案件处理尺度，有效维护首都劳动关系和谐稳定。全年受理争议案件8.1万件，结案率达96.31%。

（三）持续强化劳动监察执法能力建设。

加快建立信用信息共享机制，按照《企业诚信等级评价办法》《建设工程领域不良信用信息的采集与交换》和京津冀信用信息交换等机制，充分利用第三方平台，加强对执法过程产生的执法效果的综合评价，形成明确的信用评价等级，推进综合执法。在全市范围内实施

《跨区域案件接待办法》，让劳动者在所在辖区就可以进行维权，真正做到“让群众少跑腿、让信息多流转”。健全农民工工资联动执法和联合惩戒机制，出台实施农民工工资支付规定、不良信用信息采集交换、跨区域案件接待办法等规范性文件，加大执法检查力度，维护劳动者合法权益，全年共查处各类劳动保障违法案件1.7万件。

七、全面推进从严治党走向深入

对党建工作提出要求，作出安排部署，落实党建主体责任和监督责任，扎实推动“两学一做”学习教育制度化、常态化，加强领导班子和干部队伍建设，抓好市委巡视“回头看”整改落实，党建工作规范化、科学化水平不断提高。抓好理论学习，严格落实学习制度，组织全局各级党组织、各级党员干部深入学习习近平总书记系列重要讲话精神，特别是再次视察北京重要讲话精神，着力提高广大党员干部“四个意识”。深入推进党风廉政建设，坚持“以德育廉、以严立廉、以勤促廉、以纪清廉”，围绕社保基金和就业资金管理、公务员招录等重点领域和关键环节，完善廉政风险防控体系，形成更加严谨规范的权力运行机制。持续强化政风行风建设，大力弘扬首都人力资源社会保障精神，深化“党建结对共建”工程，全系统干部队伍素质和服务效能明显提升。

北京市人力资源和社会保障局

天 津 市

2017年，天津市人力资源社会保障系统全面贯彻党的十九大精神，坚持以习近平新时代中国特色社会主义思想为指引，着力服务经济发展、保障改善民生、促进社会和谐，完成了各项目标任务。

一、就业局势总体稳定

2017年，天津市实施更加积极的就业政策，制定并切实贯彻了《天津市人民政府关于做好当前和今后一段时期就业创业工作的实施意见》，就业规模持续扩大，就业结构不断优化，全年新增就业48.95万人。其中，单位新增就业45万人，占91.9%，民营企业新增就业26.9万人，占单位新增就业的59.8%，第三产业新增就业28.3万人，占单位新增就业的63%，同比增长15.5%，城镇登记失业率控制在3.8%以内。

（一）重点群体就业成效显著。

坚持把高校毕业生就业放在工作首位，实施高校毕业生就业创业促进计划，市人力资源社会保障局等六部门出台《关于印发进一步引导和鼓励高校毕业生到基层工作实施意见的通知》，支持高校毕业生面向基层就业创业，鼓励中小微企业吸纳高校毕业生就业，并向2 954名困难家庭大学生发放一次性求职创业补贴886.2万元，应届高校毕业生就业率达到90%以上。

（二）创业带动就业有效实施。

积极搭建融资、孵化和服务平台，支持各类劳动者自主创业。全年共组织5万人参加创业培训，选聘首批大学生创业导师100名，累计发展大学生创业孵化基地139个，发放创业担保贷款4.37亿元，扶持创业4.57万人，带动15.1万人就业。

（三）培训促进就业作用明显。

落实国家职业资格目录清单制度，取消涉及天津市的职业资格许可认定事项102项。百万技能人才培训福利计划圆满收官，发放职业资格证书53.5万人，3年累计达128.6万人，超额完成任务指标。发布2017—2018年度市场紧缺职业需求程度目录，涉及273个职业。推进职业培训包开发应用，有235个职业、1 028个培训包开展实验性培训。在第44届世界技能大赛上，天津市2名选手获得金牌。

（四）帮扶稳定就业有序开展。

稳妥做好化解过剩产能企业职工安置工作，采取内部退养、转岗就业、技能培训、公益托底等措施，分流安置职工6 476人。加大就业帮扶力度，综合运用社保补贴、岗位补贴等扶持政策，帮扶4.4万名困难人员就业，保持零就业家庭动态清零。制定失业保险基金支持职工技能提升的有关政策，发挥失业保险稳定就业、促进就业作用。

二、社会保障能力提升

坚持以人人享有、公平享有为目标，改革完善社会保障制度体系，加快推进制度全覆盖转向人群全覆盖，社会保障网进一步织密扎牢。

（一）持续扩大覆盖范围。

深入推动全民参保计划，开展全民参保登记入户调查，促进外来务工人员、灵活就业人员、职业农民等参保缴费，社保覆盖范围进一步扩大。2017年年底，天津市基本养老保险参保811.8万人，其中城镇职工养老保险655万人，城乡居民养老保险156.8万人；医疗保险参保1 088.5万人，其中城镇职工基本医疗保险554.2万人，城乡居民医疗保险534.3万人；工伤、失业、生育保险参保人数分别达到395.3万人、311.3万人、297万人。职工五项保险基金总收入1 259.6亿元，同比增长17.3%。

（二）不断提高待遇水平。

机关企事业单位退休人员养老金同步调整，人均增幅5.5%。居民基础养老金提高到每人每月277元。建立重特大疾病保障制度，36种国家谈判药品被纳入医保药品目录，提高儿童特殊病保障水平，对大病患者实施精准保障。居民医保政府补助标准增加到800元，二、三级医院住院报销比例分别提高5个百分点。提高1～4级工伤职工伤残津贴、供养亲属抚恤金等8项工伤保险待遇。失业保险金月发放标准由1 050元、1 010元提高到1 150元、1 110元。阶段性降低失业保险费率，单位费率及职工个人费率均为0.5%。

（三）完善养老保险制度。

完善职工养老保险个人窗口缴费、个人账户管理，出台城镇企业职工基本养老保险关系转移接续实施办法，明确五类来津人员养老保险关系转移接续问题，保障参保人员的养老保险权益。完善机关事业单位养老保险制度改革配套措施，出台了机关事业单位受处分、受行政刑事处罚人员参保缴费及待遇衔接，改革后职务升降人员待遇计发，改革前获得劳模称号等人员一次性退休补贴等办法，解决了特殊群体养老保险问题，确保改革平稳运行。

（四）改革医疗保险制度。

助推“三医”联动改革，出台支持分级诊疗、家庭医生签约和医联体建设政策措施，给予签约家庭医生每人每年40元服务费，签约人员基层就医门诊报销比例提高5个百分点，允许医联体打包付费、医保服务医师多机构执业。提前实现医保异地就医住院联网直接结算，与31个省份完成联网调试，145家天津市医疗机构被纳入异地就医机构范围，备案人数达24万人。深化医保付费方式改革，发挥医保基金总额管理刚性约束作用，糖尿病门特按人头付费在全市范围推广，110个住院病种实行按病种付费，医保基金运行更加安全高效。

三、人才集聚步伐加快

围绕京津冀协同发展和创新驱动发展战略，深化人才发展体制机制改革，完善人才政策体系，加大人才引育力度，为经济社会发展提供人才智力支撑。

（一）加大人才引进力度。

深入实施“千企万人”支持计划，累计认定企业1 199家，引育高端人才10 519人，5家企业获国家科学技术进步奖项，64家企业获天津市科学技术奖。成功举办津洽会人才智力引进、华博会海外人才对接洽谈、引进海外人才智力网上交流洽谈等活动。与北京、河北联合编制高层次和急需紧缺人才需求目录，集中发布三地750家重点用人单位岗位需求3 020个。推动海外人才离岸创新创业基地建设，建立15个海外人才工作站，聘请12名海外招才引智专员，发挥以才引才、以才荐才作用。天津市新引进留学回国人员4 030人，高层次外国专家4 700人次。

（二）完善人才培养体系。

深入实施“131”创新型人才培养工程，选拔113名第一层次人选和28个人才团队。出台《天津市人民政府办公厅关于改革完善我市博士后制度的实施意见》，资助32个企业博士后创新项目，选派30名优秀博士后赴国外学习交流，新建博士后科研工作站25个，总数达329个，新建博士后创新实践基地20个。深化职称制度改革，取消职称外语和计算机考试限制，下放中小学教师等系列评审权限，实行基层卫生专业技术人员职称单独评审。国家和天津市“千人计划”专家分别达到187人和887人，新增“百千万人才工程”人选6人。

（三）优化人才服务环境。

调整完善人才“绿卡”管理办法，将人才“绿卡”划分为A、B、C三种。“A”卡面向长江学者、“千人计划”人选等9类领军人才，“B”卡面向副高级职称以上科研人员、博士、博士后等7类高端人才，“C”卡面向来津工作或创业的硕士研究生及紧缺人才。“绿卡”新增金融、购房、交通补贴等8项服务功能，三类持卡人分别可享受17项、13项和7项公共服务，截至2017年年底，累计发卡4.36万张。出台人才公寓管理办法，认定首批市级人才公寓。实现京津冀人才职称资格、继续教育、外籍人才流动资质、人力资源从业资格等互认互准，保障人才在三地流动畅通无阻、评价效力衔接、使用一视同仁。

四、群众收入稳步增长

天津市委、市政府出台20条增加群众收入措施，以企业一线职工和中低收入群体为重点，促进工资收入合理增长。最低工资标准由1 950元提高到2 050元。防暑降温费、中夜班津贴等多项福利待遇与职工平均工资联动调整。颁布企业工资指导线，基准线、下线、上线分别调整为9%、3%、14%。发布住宿和餐饮业等7个行业工资指导线。大力开展工资集体协商，覆盖企业8.4万户、职工202万人。国企负责人薪酬制度改革深入推进，在市管国企层面全面实施。城镇居民人均可支配收入40 278元，同比增长8.5%。

五、人事管理科学规范

公务员公开招考稳妥实施，共招录公务员3 060人。公务员四类规范化培训扎实开展，组织各类培训班27期，累计培训30万人次。规范公务员履职行为，出台治理公务员不作为不担当、加强行政机关公务员管理监督工作、推进公务员职业道德建设等措施，督促公务员转变作风、担当作为。在市级机关及和平区、西青区实施公务员职务与职级并行试点改革。下放事业单位公开招聘自主权，完善事业单位公开招聘及笔试工作措施，招聘事业单位工作人员1万余人。鼓励事业单位科研人员离岗创业、兼职取酬，3年内保留档案和人事关系，工龄连续计算，工资正常晋升，允许参评职称。1 493名军转干部得到妥善安置。

六、劳动关系和谐稳定

全面推行劳动合同制度，劳动合同签订率保持在90%以上。总结推广滨海新区构建和谐劳动关系综合试验区建设经验成果，深入开展和谐劳动关系创建活动，累计命名和谐企业、和谐园区1.4万户、31家。完善女职工产假有关政策，明确产假天数、产假工资等问题。完善劳动人事争议仲裁办案规则，建成市、区、街、行业、企业五级调解网络，立案受理争议案件21 613件，时效内结案率100%。提高监察执法效能，完成市级劳动保障监察指挥中心实体化建设，出台了“治欠保支”三年行动计划和拖欠农民工工资“黑名单”管理办法，查处违法案件3 258件，补签劳动合同16 647份，补发拖欠劳动者工资8 113.3万元。

天津市人力资源和社会保障局

河 北 省

2017年，河北省人力资源社会保障工作坚持以习近平新时代中国特色社会主义思想为统领，深入学习宣传贯彻党的十九大精神，认真贯彻落实中央和省决策部署，坚持围绕中心、服务大局，坚持民生为本、人才优先，坚持改革创新、真抓实干，就业创业、社会保障、人才队伍建设、人事制度改革、工资收入分配、劳动关系协调等各项工作实现新突破，“两学一做”学习教育制度化、常态化扎实推进，全年目标任务圆满完成。

一、就业局势保持总体稳定

全省城镇新增就业82.1万人，失业人员再就业26.9万人，困难人员实现就业10.9万人，分别完成全年任务的107.3%、122%和136.4%。高校毕业生就业率达到95.34%。农村劳动力转移就业人数新增78.8万人，完成全年任务的157.6%。城镇登记失业率保持在3.68%的较低水平。零就业家庭动态为零。

(一) 圆满完成去产能职工安置任务。

出台《关于进一步做好去产能职工安置工作的若干意见》，明确延长企业内退年限、加大援企稳岗力度、公益岗位兜底安置等8条具体措施。从就业专项补助资金安排1亿元对有去产能任务的县（市、区）给予重点支持。全年钢铁、煤炭等6个行业96家去产能企业涉及分流职工54 857人全部得到妥善安置，安置率达100%。

(二) 突出做好高校毕业生就业工作。

深入实施就业创业促进计划，加强离校前与离校后信息衔接与资源共享，精准锁定服务对象，实施“一对一”帮扶指导。出台《进一步引导和鼓励高校毕业生到基层就业的实施意见》，“三支一扶”比上年增加100名招募指标。推动高校毕业生就业见习工作，开发就业见习岗位3.7万个，有效提高企业见习后留用率。大中专毕业生就业服务网络系统覆盖全省所有县（市、区），网络核发毕业生就业报到证31.8万份，办理毕业生就业手续16.2万人次。

(三) 促进创业带动就业。

实施创业三年行动计划（2016—2018年），省级设立1亿元创业扶持资金和8 000万元高校毕业生创业引导基金。发放创业担保贷款9.7亿元，扶持1.2万人创业，带动3万人就业。组织350名创业孵化工作人员参加清华大学高端培训和省级政策业务培训，建设各类创业孵化基地（园区）410个，吸纳就业9.3万人。

(四) 大力开展职业培训。

加大就业资金对技能培训的支持力度，面向贫困家庭子女、未就业大学毕业生、农民工、退役军人等重点群体，开展订单式、定岗式和定向式职业技能培训，实施企业新型学徒制试点，新建5个国家级、10个省级高技能人才培训基地。

(五) 全面提升就业服务水平。

构建“互联网＋就业服务”信息化格局，实现信息共享。组织就业援助月、春风行动、民营企业招聘周等就业服务系列活动，帮助1.2万名困难群众、31.6万名农村劳动力、4.8万名高校毕业生等群体实现就业。就近就地转移培训工程培训农村劳动力2万人，与京津鲁签订劳务对接协议 28 项，成功输送 4 388 人。人力资源服务机构数量超过 1 200 家，市场促进就业和配置人力资源的能力日益增强。

（六）深入实施就业脱贫工程。

制定就业创业精准扶贫工程实施方案，建立“农村贫困劳动力就业信息平台”，实现与扶贫开发信息系统的对接，摸清贫困劳动力基础信息。落实产业就业脱贫行动，通过开发岗位、劳务协作、技能培训、就业服务、权益维护等措施，帮助未就业贫困劳动力转移就业、自主创业和稳定就业。落实职业培训和创业担保贷款等就业创业扶持政策，鼓励贫困劳动力自主创业。对全省建档立卡贫困劳动力提供就业援助 29.6 万人次，培训 20 万人，实现就业 35.5 万人。

二、社会保障体系更加完善

2017 年，全省参加基本养老保险、基本医疗保险、失业保险、工伤保险、生育保险人数分别达到 4 963.4 万人、6 883.2 万人、529.7 万人、860.7 万人、737.8 万人。

（一）养老保险政策体系日益完善。

改革完善企业养老保险省级统筹制度，制定出台《关于改革完善企业职工基本养老保险省级统筹制度的意见》，建立基金缺口省市县三级政府分担机制，纳入市县党政领导班子和领导干部综合考核指标体系。深入实施全民参保登记计划，全省参保人员信息数据实现省集中（含省外参保人员）。加快推进机关事业单位养老保险制度改革，初步建成机关事业单位养老保险制度框架，政策体系不断完善。顺利完成养老金调整工作。企业离退休人员月平均养老金为 2 533 元，其中退休人员 2 516 元。城乡居民养老保险基础养老金月人均提高 10 元，达到 90 元。

（二）医疗保障服务水平稳步提高。

全面实施城乡居民医保制度，在全国率先完成制度整合，实现覆盖范围、筹资政策、保障待遇、医保目录、定点管理、基金管理“六统一”，药品目录由 1 346 种扩大到 3 112 种，报销比例平均提高 10 个百分点。下力解决因病致贫返贫问题，“基本医保＋大病保险＋医疗救助”三重保障已形成正常的运行机制，“一站式”报销结算全面实现，对建档立卡贫困人口参保个人缴费实行全额资助，省市三级医院住院合规费用报销比例可达 90％以上，县医院及乡镇卫生院可达 95％以上。全面推开异地就医直接结算制度，全省参保职工和城乡居民全部纳入国家跨省异地就医直接结算系统，符合条件的参保人均可享受异地住院直接结算便利。深化医保支付方式改革，研究起草《关于深化基本医疗保险支付方式改革的实施意见》，全面推行以按病种付费为主的多元复合付费方式，在邢台市、唐山市启动按病种分值付费、按疾病诊断相关分组付费（DRGs）试点。推进承德市长期护理保险制度、邯郸市合并实施生育和医疗保险制度两项国家试点建设。

（三）失业保险援企稳岗作用明显。

全年征收失业保险费 24.4 亿元，超额完成全年任务。为 13.9 万名符合条件的失业人员发放失业保险金和缴纳医疗保险费 12.1 亿元。落实援企稳岗政策，集中资金保障去产能重点企业，拨付稳岗补贴资金 13.6 亿元，惠及企业 593 家、职工 44.1 万人。

（四）工伤保险工作成效明显。

积极推动工伤保险省级统筹，制度建设取得突破性进展，实现了企业、事业、机关等所有人群的制度全覆盖。进一步提升工伤保险管办水平，实现全部业务全程信息化管理，认定、鉴定、经办协调联动，服务更加方便快捷，职工满意度明显提升。调整工伤保险浮动费率，将降费范围由钢铁、煤炭 2 个行业扩大到钢铁、煤炭、水泥、玻璃、焦炭、火电 6 个行业，已降费企业 1 543 家，为企业减负 1.6 亿元。

（五）社会保险基金监督不断加强。

加强社会保险基金监督制度建设，出台《河北省职业年金基金管理实施办法（试行）》，研究起草《河北省社会保险基金监督办法》。开展城乡居民养老保险内部控制制度检查、社会保险基金内部审计、社会保险基金安全评估、社会保险基金监督检查专项行动等监督检查。依托社会保险大数据平台，开发社会保险基金智能监控系统，推动社会保险大数据资源运用，对全省养老保险死亡冒领、重复领取、提前退休和一次性补缴等四项指标进行核查。

三、人才体制机制改革全面深化

深入实施人才兴冀战略，聚天下英才而用之，加快推进人才发展体制机制改革，增强人才引领创新发展的内生动力。

（一）创新人才政策。

深入实施人才兴冀工程，创新人才培养、引进、评价、使用、流动等机制，出台《河北省关于深化职称制度改革的实施意见》《关于加强新形势下引进外国人才工作的实施意见》《河北省关于外专“百人计划”的实施办法》《关于提升技能人才地位的若干意见》《河北省支持和鼓励事业单位专业技术人员创新创业实施办法》《河北省关于鼓励柔性引才暂行办法》等文件，进一步激发了人才创新创造活力。

（二）积极搭建创新创业平台。

在廊坊固安建设全国首个“中国（河北）博士后成果转化基地”，入驻博士后企业75家，吸引投资50亿元。协调华夏幸福股份有限公司，共建全国第一个“河北博士后创业基金”，首期规模1亿元。新批建国家高技能人才培养基地5个，省级高技能人才培养基地10个，国家级技能大师工作室5个，省级技能大师工作室10个。依托河北轨道运输职业技术学院，建设“河北省公共实训基地”，预计2018年年初建成投入使用，年培训能力1.5万人次。与河北省委组织部联合实施“名校英才入冀”计划，定向招聘北大、清华等重点高校和科研院所优秀毕业生来冀工作。

（三）加快高层次、高技能人才选拔培养。

评选河北省政府特殊津贴专家240人，“三三三人才工程”一二层次人选110人，优秀专家出国培训人选81人。评选“河北省突出贡献技师”100名，开展全省机关事业单位技师评审工作，评审通过1.7万人。积极参加世界技能大赛，第44届世界技能大赛河北省获得1枚铜牌，实现奖牌零的突破。

（四）加强外国人才智力引进工作。

启动实施外专百人计划，首批10名诺贝尔奖获得者、院士、首席科学家等外国专家入选，给予1 000万元支持。成功举办“5·18廊坊国外高端人才项目引进暨对接洽谈会”，106名高端外国专家参会，签约金额77.5亿元。全省已引进诺贝尔奖高端专家5人，首席科学家4人，外国院士16人，华裔科学家28人。启动实施外国人来华工作许可制度，推动国家外国专家局与河北省政府签署《引进外国人才智力支持雄安新区建设和冬奥会举办合作框架协议》，在秦皇岛市北戴河新区设立河北省首个“外国院士工作站”。

四、人事制度改革稳步推进

坚持从入口管理、考核激励、流动配置等关键环节入手，规范管理、创新制度，调动各级干部干事创业热情。

（一）公务员考录和遴选工作顺利开展。

落实“两个80%”要求，完成省市县乡公务员招录“四级联考”，95%以上招录计划安排到基层。指导各设区市和省直机关加强公开遴选制度建设，组织开展2017年省直机关公开遴选。完善事业单位公开招聘制度，规范公开招聘面试程序。全年全省组织公务员招录、专业技术资格、事业单位招聘等各类人事考试61.9万人次，考试安全顺利。

（二）积极推动重点改革任务落实。

积极推动开发区人事和薪酬制度改革，大力推行全员聘任制、绩效工资制。首批承担改革任务的开发区已按新机制入轨运行，提前完成改革任务。完成河北省公安厅、石家庄市公安局及下辖两区两县公安局6个试点单位的人民警察职务套改。县以下机关公务员职务与职级并行制度步入常态化管理，全省共有11.1万人晋升职级，占同口径公务员总数的45%。

（三）公务员教育管理进一步加强。

全省行政机关开展各级各类培训共计110期，培训3.5万人次。圆满完成2016年度全省各级行政机关人员考核工作。认真贯彻落实《河北省机关事业单位干部调配办法》，推进人员合理流动和干部资源合理配置。积极做好援疆、援藏干部选拔考核和面向新疆、西藏籍毕业生定向招聘工作。

（四）扎实做好军转干部安置和随军家属就业工作。

实行阳光安置政策，较好做到部队、军转干部、用人单位“三满意”，圆满完成军转干部安置任务。创新自主择业军转干部管理服务，实施就业创业“路桥工程”，举办首届全省自主择业军转干部“双创”成果展示与项目人才交流大会，就业创业率在85%以上。积极推动随军家属就业安置工作，将随军家属纳入各地职业培训计划，提供全方位就业服务。深入开展军队退役人员政策落实集中攻坚行动，全省企业军转干部总体稳定。

五、收入分配制度进一步完善

按照“托底、提中、稳高”的原则，统筹各群体利益关系，完善分配机制，加强指导调控，推动干部职工工资收入稳步提高。

（一）推动提高基层机关事业单位工作人员工资收入水平。

出台《关于完善收入分配政策提高基层机关事业单位工作人员待遇水平的实施办法》，为提高基层工作人员待遇水平提供了政策保障。完善奖励性补贴政策，推动落实平安建设奖、应休未休年休假工资报酬，提高目标绩效考核奖标准，干部职工获得感明显增强。

（二）深化重点领域薪酬制度改革。

公立医院薪酬制度改革试点工作进展顺利，印发《关于开展公立医院薪酬制度改革试点工作的实施意见》，唐山市试点工作初见成效。法官、检察官工资制度改革全面完成。公安机关执法勤务警员和警务技术职务序列改革配套工资政策顺利落实。调整提高人民警察法定工作日之外加班补贴和执勤岗位津贴。建立政法委机关工作津贴。

（三）完善企业工资收入分配机制。

科学测算2016年度年薪基本基数，印发通知确定2016年度省属国有企业负责人基本年薪基数。安排部署2016年度省属国有企业负责人薪酬清算兑现工作。提高企业工资协商质量，深入推进工资集体协商制度建设。发布2017年企业工资指导线，高、中、低线分别为12%、8%、3%。开展企业薪酬调查，发布363个职业（工种）工资指导价位，合理引导企业提高职工工资待遇。印发《关于调整夏季高温津贴试行标准的通告》，提高从事室外露天作业劳动者补贴标准。

六、劳动关系总体和谐稳定

深入贯彻《关于构建和谐劳动关系的实施意见》，健全劳动关系三方协调机制，加大源头治理和检查执法力度，妥善化解劳动矛盾纠纷，维护社会和谐稳定。

（一）扎实推进构建和谐劳动关系工作。

颁布实施《河北省构建和谐劳动关系评定标准》，印发《河北省女职工劳动保护特别规定》和《河北省企业集体协商条例》。开展人力资源服务机构诚信服务主题创建活动，优化人力资源服务、劳务派遣行政许可流程，积极营造人力资源市场营商环境，推进劳动用工备案工作，加强企业职工档案管理工作，在全省推广应用“流动人员人事档案公共服务管理信息系统”。

（二）依法解决各类信访问题。

落实领导包案接访、带案下访、主动约访等制度，开展“清积案、消重案、化新案”集中攻坚行动，有效控制信访增量，减少信访存量，信访总量呈逐年下降趋势，全年受理信访1.5万件，涉及2.2万人次，同比下降21%。全国两会、党的十九大等重要时期，信访形势保持稳定。全年受理劳动人事争议案件2.5万件，结案率达到97%，涉及劳动者2.9万人。

（三）保障农民工工资支付工作成效显著。

狠抓“三金三机制一入罪”制度落实，全面治理欠薪问题，组织各设区市和省直有关部门深入开展欠薪隐患排查和保障农民工工资支付情况专项检查。强化重要时期应急值守，实行逐日报告制度，对“双代”领域欠薪问题开展集中调研，督办解决欠薪问题。全省共处理拖欠工资类案件 9 125 件，为 13.9 万名农民工等劳动者追发工资等待遇 11.6 亿元。

七、公共服务能力进一步提高

坚持以推动公共服务均等化为目标，持之以恒抓基层、打基础，提高公共服务能力和水平。

（一）覆盖城乡的公共服务体系进一步健全。

加大乡镇（街道）公共服务平台建设力度，截至 12 月底，共支持全省 2 277 个乡镇（街道）开展标准化建设，“以奖代补”资金累计达到 2.4 亿元，乡镇（街道）公共服务平台建设基本实现全覆盖，张家口、承德、保定地区 10 个深度贫困县实现了村级公共服务平台建设全覆盖。全省认定 100 个省级充分就业社区、7 个国家级充分就业社区。

（二）信息化支撑能力明显增强。

以“互联网＋”为主线，以“一体化”“省集中”“一卡通”为重点，积极推广应用云计算、大数据、移动互联等新技术，在全国第一批出台“互联网＋人社”行动实施方案，建成全省统一的人力资源社会保障基础信息库，入库单位 100 多万家。开发一体化业务协同平台，制定人力资源社会保障各业务信息系统对接一体化业务协同平台接口标准，加快一体化业务信息系统建设，省集中人力资源社会保障信息系统达 12 个。加强社保卡发放应用，共发放社保卡 5 827 万张，2017 年新增发卡 972 万张，完成全年任务的 150％。

（三）“放管服”改革持续深化。

全面开展“放管服”改革不到位专项清理，进一步完善各项清单制度，研究制定 72 项省级政务服务事项目录清单和实施清单。加强事中事后监管，印发《河北省人力资源和社会保障厅“双随机、一公开”工作实施细则》。清理规范职业资格，衔接落实国务院取消的 434 项职业资格，取消省本级自行设立的 27 项职业资格事项，调整 28 项职业资格由就业准入类转为水平评价类。

八、京津冀协同发展深入推进

主动服务雄安新区规划建设，加强政策研究储备。主动服务 2022 年北京冬奥会，配合做好征迁群众安置、冰雪运动人才培养引进、医疗保障等工作。加快推进京津冀人力资源社会保障协同发展，挂牌成立京冀（曹妃甸）人力资源社会保障服务中心，联合制定《京津冀人力资源服务地方标准》。组织召开京津冀鲁劳务协作对接会，去产能重点市、雄安新区、深度贫困县与三地签订劳务协作框架协议 28 项，举办联合招聘会 34 场，实现就业 1.8 万人。认证京冀家政服务输出基地 30 多个，年内输送合格家政服务员 8 000 名以上。

九、机关自身建设进一步加强

落实全面从严治党要求，严格执行准则、条例，驰而不息抓好机关思想、作风、制度和廉政建设，激发干事创业热情，推动改革发展。以制度建设推动政治建设、思想建设、组织建设、作风建设、纪律建设，织密扎牢制度之网。以目标绩效考核保障党建工作任务落实，将党建及作风整顿纳入目标绩效管理，进行月调度、季通报，通过党建云平台实现无纸化考核评价。加强业务培训、绩效管理和实践锻炼，健全干部考核体系，积极开展干部挂职交流。坚持把纪律和规矩挺在前面，严格落实“两个责任”和“一岗双责”，加强中央八项规定执行监督检查，坚持抓早抓小，落实廉政谈话制度，开展警示教育，廉政建设取得明显成效。

河北省人力资源和社会保障厅

山 西 省

2017年，山西省人力资源社会保障系统深入贯彻习近平总书记关于全面深化改革的战略思想和省委、省政府一系列推进改革的决策部署，稳中求进、攻坚克难，年度目标任务全面完成，改革红利持续释放，发展成果广惠民生，各项工作取得显著成效。

一、坚持把促进就业作为第一民生

面对经济增速放缓、结构调整力度加大的新形势，坚持把促进就业作为第一民生任务，在抓好高校毕业生、城镇下岗失业人员、就业困难人员、军队退役人员和去产能职工等群体就业工作的同时，认真贯彻习近平总书记在深度贫困地区脱贫攻坚座谈会上的重要讲话精神，把促进农村贫困劳动力转移就业作为重大政治责任进行落实。全年城镇新增就业51.8万人，转移农村劳动力40.21万人，分别完成目标任务的115.11%和121.85%；城镇登记失业率3.43%，低于4.2%的控制目标。

（一）完善落实就业政策。

牵头起草了关于做好农村贫困劳动力转移就业扶贫工作、引导和鼓励高校毕业生到基层工作、做好当前和今后一段时期就业创业工作等6个文件，分别提请省政府和省委、省政府办公厅审定印发。这些文件紧紧围绕脱贫攻坚、促进转型发展、就业供给侧结构性改革、创新创业等战略性、全局性工作布局，完善了积极就业政策体系。

（二）促进创业带动就业。

指导阳曲、左云等20个县（市）开展创业型城市创建活动，在介休、文水等11个县开展农民工返乡创业试点。加快创业载体建设，推动建立创业孵化基地、创业园区139个，入驻创业实体8 856户，吸纳就业3.58万人。全年全省创业带动就业11.13万人，完成年度目标任务的111.3%。

（三）促进高校毕业生就业。

由省政府召开电视电话会议，部署推进2017年高校毕业生就业工作。印发《高校毕业生就业创业促进计划实施方案》，重点服务和扶持离校未就业毕业生就业，实行实名制跟踪。当年全省高校毕业生就业率达93.27%，创历年新高。同时，制定实施政府购买岗位劳动合同期满高校毕业生就业政策，有效化解群体性矛盾和消除不稳定隐患。

（四）帮扶困难群体就业。

及时将“4050”失业人员、零就业家庭成员、残疾人、企业下岗失业退役军人等困难群体纳入就业援助对象范围。全省共帮扶城镇失业人员再就业17.18万人，帮扶就业困难人员就业4.76万人，公益性岗位安置失业军队退役人员2 371人。零就业家庭基本做到“动态消零”。

（五）加大就业扶贫力度。

加强与京津冀、长三角、珠三角等地劳务协作，推进吕梁山护工、天镇保姆、忻州月嫂等劳务品牌建设，建立国家级就业扶贫基地31个。指导12个贫困县实施劳务输出“员工制”管理试点，扩大有组织劳务输出，促进稳定就业脱贫。开展全省“就业对接服务月”活动，组织省内外238家用人单位与58个贫困县进行劳务对接合作，达成就业意向4.2万人。圆满完成省政府部署的“民生实事”，落实《全省 6 万名建档立卡农村贫困劳动力免费职业培训实施方案》，下达资金 1.8 亿元，对 9 市 36 县的 7.4 万名建档立卡农村贫困劳动力实施免费职业培训，完成年度任务的 124.1%。帮助 9.1 万名农村贫困劳动力转移就业，完成年度目标任务的 130%。

（六）妥善安置去产能职工。

举办煤炭、钢铁去产能企业职工安置政策培训班，组织市、县人力资源社会保障部门及时与去产能企业对接。指导督促去产能企业履行职工安置主体责任，拓宽内部分流转岗渠道，依法依规处理劳动关系。落实去产能企业职工安置帮扶政策，下半年以来从失业保险基金中落实稳岗补贴 1.25 亿元，从就业专项资金中落实吸纳就业补助、离岗创业人员社会保险补贴、转岗培训补贴 1 396.15 万元。全省 29 户煤炭、钢铁去产能企业分流安置职工 19 757 人，安置率为 90%，其中钢铁去产能企业安置率达 100%。

（七）提高就业资金使用效率。

建立和实施就业资金使用和政策落实月度通报制度，开展政策落实和资金使用管理情况督查。全年就业专项资金支出 21.75 亿元，资金结余量从 8.74 亿元下降到 7.09 亿元。

（八）密集举办各类招聘活动。

发挥公共就业服务机构职能，省、市、县三级联动举办“新春招聘”“就业援助月”“人才智力交流大会”等活动，累计举办各类专项招聘活动 2 993 场，提供就业岗位 113.1 万个，达成就业意向 27.5 万人次。

二、不断完善覆盖城乡的社会保障制度体系

以推动机关事业单位养老保险制度改革入轨运行、破解深度贫困地区“因病致贫、因病返贫”问题和实施全民参保登记计划为重点，着力改革完善社会保障制度体系，民生保障网进一步织密扎牢。截至年底，城镇职工基本养老、城乡居民基本养老、城镇职工基本医疗、城乡居民基本医疗、失业、工伤、生育保险参保人数分别达 795.74 万人、1 554.21 万人、666.30 万人、2 552.56 万人、420.56 万人、584.05 万人、465.19 万人，完成目标任务的 105.40%、100.73%、102.51%、104.19%、101.83%、101.40%、101.57%。

（一）推动机关事业单位养老保险制度改革入轨运行。

在上年机关事业单位养老保险制度改革“1+6”政策体系的基础上出台政策，明确了养老保险关系和职业年金转移接续办法、制度改革期间职务升降人员养老金计发办法，进一步健全机关事业单位基本养老保险制度政策体系。截至年底，全省机关事业单位养老保险参保登记单位 29 603 家，占比 96.3%；参保 164.87 万人，其中在职 112.45 万人、退休 52.42 万人，总占比 95%；由各级养老保险经办机构支付待遇的人数达 40.56 万人，占比 77.4%。全省统一的机关事业单位养老保险信息管理系统于 5 月下旬部署并运行。

（二）改革城乡居民医保制度，助力脱贫攻坚。

在全面实现城乡居民医保制度“六统一”（覆盖范围统一、筹资政策统一、保障待遇统一、两定机构统一、医保目录统一、基金管理统一）的基础上，贯彻落实习近平总书记在深度贫困地区脱贫攻坚座谈会上的重要讲话精神，率先制定出台了基本医保、大病保险、补充医保和参保缴费救助、辅具免费适配救助、特困帮扶救助相结合的“三保险、三救助”特惠政策，通过降低基本医保起付线、创新医保经办模式，实现“医保”撬动“商保”，有效解决农村贫困人口因病致贫返贫等“支出型贫困”问题。全省 287 万贫困人口中已有 22.34 万人享受到特殊帮扶政策，支出保障资金 4.85 亿元。

此外，提前近 5 个月完成国家要求的“2017 年年底实现符合转诊条件的人员异地就医住院直接结算”目标，全年共与 30 个省（区、市）完成 9 934 人次跨省异地就医直接结算，费用 2.82 亿元。开展医保付费方式改

革，在所有定点医疗机构开展医保付费总额管理，在县乡医疗机构一体化改革试点县开展医保总额预算管理和打包付费支付方式改革，在省眼科医院等开展日间手术试点。积极推进医保封闭运行企业纳入社会统筹管理，已批复太原、大同、长治、晋城、阳泉、忻州、晋中等7市的纳入方案。在临汾市开展长期护理保险实施试点，指导忻州市、长治市开展委托商业保险机构参与医保经办服务试点。

（三）发挥失业保险“保障生活、促进就业、预防失业”功能。

再次降低失业保险费率至1%，每年可为企业减轻负担13亿元。将失业保险基金用于企业参保职工职业技能提升补贴，每年可惠及8.7万名职工。

（四）工伤保险制度不断完善。

完成《山西省实施〈工伤保险条例〉试行办法》修订工作，自6月1日起施行。完善工伤保险费率浮动机制，发挥工伤保险费率的经济杠杆作用，有效推进工伤预防。实施推进建筑业参加工伤保险“同舟计划”三年专项行动，有力推动建筑业参加工伤保险工作。

（五）开展生育保险和基本医疗保险合并实施试点。

按照“保留险种、保障待遇、统一管理、降低成本”的思路，在晋中市启动了生育保险和基本医疗保险合并实施试点。

（六）提高各项社保待遇。

提高机关企事业单位退休人员基本养老金标准，183.8万名企业退休人员和50.8万名机关事业单位退休人员月人均增加170元，增幅达5.5%，其中企业职工基本养老金实现“十三连调”，月人均达2 985元。提高城乡居民医保筹资和待遇水平，门诊统筹基金筹资标准由60元提高到100元，城乡居民基本医保财政补助标准由每人每年420元提高到450元。城乡居民住院医疗费用支付比例普遍提高了10%，平均达75%，将大病保险分段计算补偿的政策标准统一改为按75%报销，执行上述两个75%的报销比例后，城乡居民住院总费用报销比例达80%，比改革前提高15%。医保目录用药由1 500种扩大到2 800多种。提高工伤保险待遇，按5.5%的增幅提高工伤保险待遇，其中伤残津贴月人均增加170元，涉及1.16万人；生活护理费月人均增加116元，涉及1.05万人；供养亲属抚恤金月人均增加63元，涉及2.33万人。

（七）实施全民参保登记计划。

省全民参保登记数据库入库人数达3 698万人，省级全民参保库基本成型。入户调查入库人数519.03万人，占应入户调查人数的93.66%，已上传3 396万人，占上年全省常住人口数的92.22%，占全国第6次人口普查山西人口数的95.08%，基本完成全民参保登记数据整体入库的既定目标。

三、着力提高城镇居民收入水平

在加强企业工资宏观调控、落实体现不同职业群体特点的工资政策基础上，实行以增加知识价值为导向的分配政策，加快完善知识技术密集、高层次人才集中等事业单位收入分配激励机制。2017年全省城镇居民人均可支配收入29 132元，同比增长6.5%。

（一）加强企业工资宏观调控。

发布企业工资增长指导线，基准线为8%，上线为12%，下线为4%，积极引导企业在经济效益提高的基础上，增加职工收入。提高最低工资标准，将原来的一、二、三、四类地区分别调整至1 700元、1 600元、1 500元、1 400元，平均增幅5.5%，从10月1日起执行。

（二）落实体现不同职业群体特点的工资政策。

落实司法体制工资改革政策，全省274家法检单位的入额法官、检察官的工资，司法辅助、行政人员绩效考核奖金和人民警察值班岗位津贴、法定工作日之外加班补贴，政法委机关、司法机关、610办公室工作人员津贴都有所增加。提高县以下机关事业单位工作人员工资待遇，22.1万名乡镇机关事业单位工作人员按基层工作时间和职务层级不同月均增资600元，到县以下机关事业单位工作的高校毕业生级别工资、薪级可高定一至两档。

（三）建立以增加知识价值为导向的分配激励机制。

高校、科研院所、医院等知识技术密集、高层次人才集中的事业单位，引进高层次人才可在调入确定的薪级工资基础上向上浮动2级，绩效工资总量可在全额拨款事业单位5倍内自主申报，并自主确定基础性绩效工资和奖励性绩效工资分配办法，创新分配方式。按单位自主申报，主管部门同意，人力资源社会保障、财政部门核准的程序，核定下达省直近60家事业单位的绩效工资总量，并在阳泉市开展公立医院薪酬制度改革试点。

四、深化人才发展体制机制改革

以贯彻落实省委《深化人才体制机制改革的实施意见》为抓手，着力构建“注重凭能力、实绩和贡献评价人才”导向，促进形成人才引进政策的“洼地效应”，建立健全人才培养新机制，努力扩大人才队伍总量。

（一）改革人才评价制度。

实行职称评聘“4个取消”，各系列、各级别职称评价取消计算机应用能力考试要求，初、中级职称评价取消外语考试要求，高级职称评价县级及以下基层单位人员取消外语考试要求，应用型人才职称评价取消论文限制性要求。实行职称评聘分离，专业技术人员职称评审不受用人主体岗位设置的限制，实行“个人自主自愿申报、社会公开公正评价、人力资源社会保障部门全程监管”。下放职称评审权，在山西大学等24所高校自主开展高校教师正高级以下职称评审，在太原工业学院等17所高校自主开展高校教师副高级以下职称评审，在山西大医院等4所医院开展卫生系列高级职称自主评审。设立绿色通道，优秀青年专业技术人才可不受学历、任职年限、岗位等条件限制，破格晋升和聘用专业技术职务。高技能人才可直接参加对应层次的专业技术职务评聘。实行向基层倾斜政策，对长期在基层农村、艰苦边远地区工作，业绩突出的，放宽学历条件，采取单独制定标准、单独评审的办法予以倾斜。人才评价制度改革解决了长期以来广大基层专业技术人员反映强烈的实际问题，确立了职称评价的社会属性和功能定位，有利于各类人才脱颖而出。2017年工程、农业两大系列职称申报人数实现了翻番，其中基层一线专业技术人员占70%以上。

（二）创新人才引进方式。

全面对标发达地区，进一步完善引进海内外高层次人才政策。创新人才引进政策，提请省委印发《关于加强新形势下引进外国人才工作的实施意见》，会同省财政厅印发《关于引进人才随迁配偶生活补贴实施办法》《鼓励优秀博士毕业生来晋工作实施办法（试行）》《鼓励建设各类科研技术工作站实施办法（试行）》，与省委组织部联合起草了《山西省引进高层次人才实施办法》。组织开展留学人员科技项目择优资助活动，择优评审出38个水平先进、开发应用前景广阔、经济效益良好的项目给予资助，积极支持海外留学人员提高科研水平，尽快发展成长。配合启动实施“晋商晋才回乡创业创新”工程，推介山西良好的投资环境和优越的创业创新平台，邀请海内外晋商晋才回乡创业创新、反哺家乡，吸引更多创新要素和优秀人才集聚。

（三）健全人才培养机制。

推进“高端创新型人才培养引进”“新兴产业领军人才培育”和“专业技术人员知识更新”三大工程，2017年新选拔“百千万人才工程”国家级人选3人、“三晋学者”特聘教授（专家）2人、“青年三晋学者”特聘教授（专家）24人。围绕高端装备制造、现代煤化工、新材料、新能源、节能环保、生物医药、新一代信息技术等新兴产业领域，选拔培育139名创新创业领军人才，促进一批具有自主知识产权的重大科技成果转化和产业化。在转型升级发展重点领域开展大规模专业技术人员知识更新培训，举办国家级高级研修班5期、省级高级研修班 21 期，重点培养培训急需紧缺高层次人才 2 000 余人，全省各市、各行业共培训专业技术人员 70 余万人次。

到 2017 年年底，全省共有在晋两院院士 6 人，柔性引进院士 68 人，国家“千人计划”人才 16 人，“万人计划”人才 21 人，国家杰出青年科学基金获得者 16 人，“长江学者” 10 人，“百千万人才工程”国家级人选 41 人，享受政府特殊津贴专家 2 007 人，省“三晋学者” 86 人，省“百人计划”人才 454 人，省青年拔尖人才 45 人，省新型领军人才 252 人，省学术技术带头人 1 142 人，中华技能大奖获得者 10 人，全国技术能手 82 人。

五、提高人事管理科学化水平

推行机关事业单位人员总量调控结构优化、公务员招录机制、事业单位公开招聘制度和人才流动制度改革，鼓励企业技术人员到高校从事科研教学工作，支持高校科研院所专业技术人员离岗创业，最大限度地落实事业单位用人自主权。

（一）落实事业单位用人自主权。

下放人员计划分解权限，将人员计划分解权限下放到各市和省直主管部门，并提出“引进高层次人才的部门或单位可以突破上年度自然减员数”，2017 年全省人员计划下达单位减少 91.4%。这项改革变指令性计划为指导性计划，变具体性前置审批为总量性后置监管，最大限度地减少人员计划对单位用人自主权的干涉。改革人员流动办法，取消“进人计划卡”，对包括省属高等院校、科研院所和医疗卫生机构在内的省直单位人员流动权限进一步下放。改革实施后，每年办理调动人数减少了 75%，降低了 2/3 的制度性交易成本，有效激发了各类人才创新创造创业活力。利用空编引进高层次人才，明确省高等院校、省直科研院所、省直公立医院以及承担国家和省级重点项目的事业单位可按照编制部门确定的编制总量，自主使用空编引进正高以上职称或具有博士以上学历且直接从事教学、科研、临床工作的高层次人才，无须审批。对柔性引进的高层次人才，经双方协商，实行项目管理、协议工资，不占用编制。落实公开招聘自主权，下放省直公开招聘方案审核权限，变人力资源社会保障部门审核为主管部门审核、人力资源社会保障部门备案；下放高校公开招聘自主权，招什么人、以什么方式招人、什么时间招人，完全由高校自主确定。改进事业单位岗位设置聘用管理，省直各部门所属事业单位岗位聘用认定工作由主管部门在人力资源社会保障部门核准的岗位总量、结构比例和最高等级的限额内审核，省人力资源社会保障部门不再进行审核，改为备案管理。鼓励企业技术人员到高校从事科研教学工作，首次在高等院校设立流动岗，打通校企之间的科研和技能型人才流动壁垒，促进校企合作和深度融合，流动岗位的设立与使用由高校自主决定。鼓励支持高校科研院所专业技术人员离岗创业，高校、科研院所专业技术人员可携带专业技术、科研项目和成果离岗领办创办企业。离岗创业期间，保留各项人事关系，给予阶段性工资保障，社保费用由原单位与职工本人共同缴纳，允许创业失败离岗人员返回原单位工作，鼓励创业成功离岗人员辞职。

（二）加强公务员队伍管理。

经省长办公会议和省人力资源社会保障厅党组扩大会议研究，分别批准 7 个省直事业单位和 5 个市级事业单位参照公务员法管理。面向全国为省经信委公开招聘具有较强大数据业务研究或应用能力的聘任制公务员 2 人。组织省、市两级公务员遴选，共遴选公务员 116 人。对公务员考录报名与资格审查、笔试、体能测评与资格复审、面试、体检和考察等具体环节进行细化，提出了明确的时间要求，将招录周期由原来的 9 个月缩短至 6 个月。组织开展全省第四届“人民满意的公务员”和“人民满意的公务员集体”评选表彰活动，共表彰公务员 20 人、公务员集体 15 个，并为 30 名同志记个人一等功，为 20 个集体记一等功。省委组织部和省人力资源社会保障厅、公务员局在清华大学继续教育学院成立了“山西省公务员教育培训基地”，举办了4期全省组织人事干部履职能力提升培训班，近400人参加了培训。按照“贡献得赋分、笔试得评分、选岗凭总分”三结合的办法，圆满完成2017年度军转干部安置接收任务，全省计划安置705人、接收自主择业448人。

2017年，省直部分事业单位计划招聘865人，报名人数6.3万人，实际聘用646人。全省计划招录公务员3 655人，报名人数16.4万人，实际录用3 521人，其中行政系统1 982人，党群系统1 539人，完成招录计划的96.3%。

六、构建和谐稳定劳动关系

主动应对经济下行、化解产能过剩等对劳动关系的影响，创新协调、调处和执法机制，牢牢守住了不发生系统性区域性风险的底线，有效维护了劳动者权益，保持了劳动关系总体和谐稳定。

（一）深入推进劳动合同和集体合同工作。

重点督导小微企业、民营企业以及使用农民工较多的行业企业，依法与劳动者签订劳动合同，全省企业劳动合同签订率保持在98%以上。

（二）认真做好企事业单位改革中的劳动关系处理工作。

认真贯彻落实《山西省厂办大集体职工安置和社会保险实施办法》，指导企业做好改革中劳动关系处理、社会保险转移接续、内退职工待遇保障等工作，保障职工合法权益。

（三）健全农民工工资支付保障机制。

为落实国务院督察组到山西督察农民工欠薪陈案的要求，省政府召开专题会议并印发明电提出“三个清零”的工作目标，即欠薪存量案件限期清零、新发生的欠薪案件在3个月内清零、四季度发生的欠薪案件在年底前清零。全面推行“农民工工资无欠薪市县”创建活动。全年共查处欠薪案件1 846起，涉及4.9万人，追发工资等待遇5.15亿元，同比分别下降了27%、16%和27%，向社会公布典型欠薪违法案件67起，有效遏制了欠薪高发势头，所有案件全部实现清零。

（四）开展政府购买基层公共服务岗位人员就业帮扶。

县乡事业单位拿出一定比例的岗位，专门用于招聘政府购岗人员；支持原基层服务单位与购岗人员签订公益性岗位合同继续留用。

（五）开展信访问题源头化解专项行动。

按照省委、省政府的统一部署，2月至6月，组织开展了全省企业欠薪欠保信访问题源头化解活动。共走访企业军转干部26 877人，走访率100%；核准企业拖欠工资涉及退役士兵1 749人、金额3 385万元，清欠率100%；核准企业拖欠社会保险费涉及退役士兵9 175人次、金额2.06亿元，清欠率100%。共摸排出下岗失业退役士兵5 408人，对有就业意愿的全部进行了就业帮扶，实现上岗就业3 679人，帮扶率100%。共化解信访突出问题109项，涉及1 480人；补发职工工资等待遇8 339.09万元，涉及4 890人；补缴各项社会保险费2.17亿元，涉及18 355人，基本实现发现一起、处理一起，动态清零。

七、简政放权，提高公共服务能力

加强协同联动，优化再造工作流程和服务模式，提升信息化水平，推进公共服务体系建设，持续改进窗口单位作风，不断提高服务效率和质量，让群众办事更加方便快捷。改革完善企业职工退休审批办法，对参加企业基本养老保险的职工和城镇灵活就业人员，人力资源社会保障部门不再办理正常退休审核，由经办机构直接办理按月领取养老金手续，全省每年退休审核人数由9万人减少到2.8万人，降幅达70%，大幅减轻了企业负担。改革机关事业单位工人技术等级岗位考核办法，改革培训方式，取消集中培训，减轻了报考人员负担，每年近2万名报考人员每人节省时间成本8～10天、经济成本年人均1 000元左右。简化工资审核手续，简化事业单位工资审核，个人工资审批表由主管部门审核盖章入档，省直单位工资审核盖章由每年的16万人次减少到2万人次左右。下放高级专家延长退休年龄审批权限，非省管干部中的高级专家延退不再报省政府审批，审批权限下放至市人力资源社会保障局和省直主管部门。改革人员调动审批，将政府系统科以下干部和工人调动由原来的省人力资源社会保障厅三个相关职能处室审批，归口到现在一个“窗口”办理。改革行政审批制度，将16个行政审批事项由多个职能处室分别办理改为一个“窗口”统一受理，实行“阳光审批”。

八、加强自身建设，为事业发展提供保证

把加强党的领导、全面从严治党贯穿内部建设全过程，认真落实党建主体责任，全面提高机关党建科学化水平，切实加强基层党组织建设，不断提高干部队伍能力素质，为事业发展提供坚强保证。与省内高校、科研机构密切合作，共同破解人力资源社会保障领域改革发展难题。采取公开招标、竞争性谈判等方式，在机关事业单位养老保险和职业年金开户等方面与金融机构合作，实现阳光运营、保值增值。较好地完成了省委巡视整改工作，梳理出43项边巡边改问题，集中开展了“一问责、九清理”专项整治。按照巡视反馈意见，又梳理分解细化出50项问题，截至年底已整改完成47项。

山西省人力资源和社会保障厅

内蒙古自治区

2017年，内蒙古自治区各级人力资源社会保障部门全面贯彻落实自治区党委、政府的决策部署，坚持稳中求进工作总基调，深化改革，强化措施，狠抓落实，各项工作都取得了新进展，圆满完成了各项目标任务。

一、就业局势保持总体稳定

坚持实施就业优先战略和更加积极的就业政策，鼓励多渠道、多形式就业，全区实现城镇新增就业26.1万人，完成年度计划的105%；城镇登记失业率3.63%，低于4%的年度控制目标。全区就业形势总体保持稳定，为自治区经济社会发展做出了积极贡献。

（一）完善创业就业政策体系。

进一步加大政策扶持力度，提请自治区政府印发了《当前和今后一段时期就业创业工作的实施意见》和《“十三五”促进就业规划实施意见》等文件，细化实化政策措施，加大政策宣传力度，更好地发挥了政策促进就业的拉动效力。

（二）重点群体就业保持稳定。

在促进高校毕业生就业方面，深入实施高校毕业生就业创业促进计划和基层服务计划，组织高校毕业生就业服务月活动、离校未就业高校毕业生技能就业行动，高校毕业生就业总体平稳，全区高校毕业生实现就业或落实就业去向15.3万人，完成年度计划的117.5%。在促进农村牧区转移劳动力方面，通过“春风行动”“京蒙劳务对接”等活动，提升农牧民转移就业组织化程度，农牧民转移就业251.7万人，完成年度计划的102.7%，其中稳定转移6个月以上205.3万人。在援助困难群体就业方面，实现就业困难人员就业5.7万人、城镇失业人员再就业5.7万人，均完成年度计划的114%，零就业家庭保持动态清零，帮助417户零就业家庭中的427人实现了就业。化解煤炭、钢铁过剩产能职工安置工作基本完成。帮助4.81万名建档立卡贫困劳动力实现就业，做到了“就业一人、脱贫一户”。

（三）发挥创业带动就业作用。

深入实施“创业内蒙古行动”，推进创业孵化示范基地建设，大力支持大学生、农民工等群体创业，探索建立了全国首家“四众”创业市场，全年发放创业担保贷款18.2亿元，创业培训5.3万人，培训后成功创业3.7万人，带动就业12.2万人，全区高校毕业生自主创业13 071人，同比增加1 923人。

（四）着力提升劳动者就业能力。

加强职业技能培训，培育自治区就业技能培训品牌5个、知名品牌1个，培训城乡劳动者27.6万人，完成年度计划的106%。积极落实失业保险支持参保职工提升职业技能计划，为符合条件的企业职工发放技能提升补贴。援企稳岗政策覆盖企业890户，惠及职工13.7万人，支出失业保险基金1.58亿元。

（五）加强公共就业服务。

实施“互联网＋就业服务”，进一步拓展公共就业服务群体覆盖范围，劳动力市场供需匹配效率进一步提高。全年共举办各类线上线下人才交流会482场，提供就业岗位54.8万个。

二、社会保险制度平稳运行

坚持全覆盖、保基本、多层次、可持续方针，完善社会保障制度，社会保障能力稳步提高。

（一）社会保险覆盖范围持续扩大。

深入推进全民参保计划，加大信息采集和入户调查工作力度，全面比对核实各类人群参保情况，努力扩大社会保险覆盖面。全区城镇职工基本养老保险参保人数694.3万人、城乡居民基本养老保险参保人数743.4万人、基本医疗保险参保人数2 161.5万人、失业保险参保人数247.1万人、工伤保险参保人数307.7万人、生育保险参保人数307.6万人，均超额完成年度扩面任务。

（二）待遇水平稳步提高。

调整了企业和机关事业单位退休人员基本养老金水平，月人均增加151元；城乡居民基础养老金标准由每月90元提高到110元。城乡居民医保财政补助由420元提高到450元；城镇职工、城乡居民医保政策内住院费用平均报销比例达到85％和75％左右，均高于全国平均水平；执行新的基本医疗保险、工伤保险和生育保险药品目录，新增报销药品339种，增幅为15.4％。城乡居民大病保险实现全覆盖，完善重特大疾病保障机制，肾透析、器官移植、癌症放化疗等重特大疾病纳入门诊保障范围，有效减轻了患者家庭灾难性医疗费用支出造成的经济负担。

（三）社会保险制度进一步完善。

出台了深化基本医疗保险支付方式改革实施方案、基本医疗保险按病种付费改革试行办法，在全区三级、二级医疗机构确定117个病种开展单病种付费，建立了以按病种付费、按项目付费、按人头付费、门诊特殊慢性病结算管理相结合的多元付费方式，有效保障了参保人员权益，保证了基金平衡。从2017年1月起，失业保险缴费率由1.5％下降至1％，为企业减轻负担7.63亿元。在总结试点经验的基础上，出台了小微企业参加工伤保险的优惠政策，加大对小微企业和职工工伤风险的保障力度，为促进小微企业发展提供了有力支持。

（四）社保基金规模进一步扩大。

健全完善基金收支管理制度，严格监督检查，堵塞管理漏洞，加大对社保欺诈等违法案件的查处力度，严厉打击骗保诈保行为。2017年，全区累计征缴五项社会保险费831.42亿元，其中，城镇职工基本养老保险费604.48亿元，失业保险费15.41亿元，城镇职工基本医疗保险费189.74亿元，工伤保险费13.15亿元，生育保险费8.64亿元。

（五）经办服务水平不断提高。

异地就医直接结算工作取得突破性进展，在实现区内异地住院、购药直接结算基础上，2017年8月底，所有医保统筹地区全部接入国家异地就医结算平台，实现跨省异地就医住院费用直接结算。确定自治区跨省异地就医定点医疗机构154家，其中三级医疗机构53家，是三级医院全部接入跨省异地就医系统的13个省份之一，部分群众已享受到直接结算带来的便利。加快社会保障卡推广应用，全区社会保障卡持卡人数达到1 798.4万人。

三、人才队伍建设不断加强

深入实施人才强区工程，推进人才制度改革，创新人才政策，健全人才公共服务体系，优化人才发展环境，进一步激发了各类人才创新创业创造活力。

（一）推进人才政策创新。

积极深化人才发展体制机制改革，出台了深化职称制度改革实施意见、人才引进和流动实施办法、鼓励和支持事业单位专业技术人员创新创业的实施意见，“1＋N”人才政策体系逐步形成。

（二）加强专业技术人才队伍建设。

加大高层次人才引进力度，首次在清华大学举办了专项引才招聘活动，实施留学人员回国创业启动支持计划，开展海外赤子为国服务行动计划选拔推荐和留学人员科技活动择优资助工作，评选出“自治区杰出人才奖”10人、

“自治区突出贡献专家”100人、“百千万人才工程”国家级人选5人。深入实施专业技术人才知识更新培训项目，举办“白云鄂博稀土永磁材料”“智能制造”等高级研修项目11期，实施了内蒙古少数民族专业技术人员特殊培养计划，开展了“511人才培养工程”和“111企业经营管理人才培养工程”等人才专项工程，举办“服务业千人培训工程”国内培训班5期。

（三）加强高技能人才队伍建设。

实施高技能人才振兴计划，推动建立高技能人才培养使用激励机制，构建现代技工教育体系，广泛开展职业技能竞赛，举办了“匠心筑梦——魅力内蒙古”民族特色技能行活动，全年新增高技能人才4.91万人，完成年度计划的122.8%，新增2个国家级高技能人才培训基地和5个技能大师工作室。探索建立了自治区职业培训联盟，搭建校企培训合作平台，吸纳55所技工院校、职业院校和16家大中型企业加入培训联盟，通过“专业＋产业”“教学＋研发”“培养＋就业”等链条，将行业、企业、院校等市场主体和人才培养的各个环节有机联合，实现资源优化配置和功能整合。

四、人事制度改革进一步深化

深化人事制度改革，人事管理科学化、规范化水平不断提高。

（一）加强公务员考录和管理。

组织公务员“四级联考”和公安、司法等各类考录遴选工作，参加考试19.4万人次，公务员“阳光考录”得到了社会广泛好评。推进公务员职业道德建设，开展了“最美基层公务员”和“职业道德践行者”评选活动。探索平时考核信息化建设，加强“法定四类”培训和东西部对口培训，努力提高公务员的能力素质。

（二）规范事业单位人事管理。

完善事业单位岗位设置管理政策，适当提高基层事业单位中高级专业技术岗位结构比例。出台了事业单位专业技术二级岗位申报聘用办法。印发了进一步做好艰苦边远地区县乡事业单位公开招聘工作的通知，努力解决基层招人难、留人难等问题。开展了机关事业单位“吃空饷”问题专项治理情况专项督查。

（三）做好军转干部安置工作。

全面推行军转干部赋分选岗安置办法，加强自主择业军转干部服务管理，部分困难企业军转干部总体保持稳定。2017年国家下达自治区军转干部安置计划1 294人，其中，自主择业军转干部759人，计划分配军转干部535人，全部得到妥善安置。

五、工资收入分配制度改革有序推进

围绕扩大中等收入群体、缩小工资收入分配差距，逐步健全工资收入分配制度。

（一）完善机关事业单位工资制度。

积极推进公立医院薪酬制度改革，确定鄂尔多斯市为全区公立医院薪酬制度改革试点城市，出台了自治区公立医院薪酬制度改革试点工作的实施意见。完成了法官、检察官工资制度改革。

（二）加强企业工资收入宏观调控。

国有企业负责人薪酬改革进展顺利，出台了自治区直属国有企业负责人薪酬监督管理办法，对31户国有企业负责人薪酬进行监督检查和审计评估工作，盟市级国有企业薪酬制度改革全面进入实质性操作阶段。扩大工资集体协商覆盖面，公布了2017年企业工资指导线和13个行业工资指导线，调整了最低工资标准，每档增加120元，一至四类地区分别增加至1 760元、1 660元、1 560元、1 460元，平均增幅8.1%，进一步引导企业职工工资合理增长。

六、劳动关系保持总体和谐稳定

健全劳动关系协调机制和矛盾调处机制，劳动人事争议调解处理效能和劳动保障监察执法能力进一步提升，劳动关系总体和谐稳定。

（一）完善劳动关系协调机制。

认真落实自治区构建和谐劳动关系的实施意见，劳动关系三方协调机制不断健全。劳动用工备案工作取得突破性进展，累计掌握工商注册登记单位基本信息29万户，有效备案职工117万人，占企业用工的67.6%。积极落实和谐劳动关系评价规范和社会法人劳动保障失信惩戒办法，劳动关系和谐单位名单和社会法人劳动保障失信名单被分别纳入自治区诚信“红黑名单”诚信系统，向社会公开，守信激励、失信惩戒初见成效。这一做法被评为2017年内蒙古自治区“十大法制事件”。

（二）强化劳动人事调解仲裁工作。

加强基层调解组织建设，大中型企业劳动争议调解委员会组建率达82%，乡镇街道调解组织组建率达81.1%，均高于国家80%的目标。积极开展在线调解仲裁，加强“调裁审”衔接，提升案件“调裁审”工作效能，全区各级调解仲裁机构共处理争议1.68万件，同比减少21.1%，调解成功率为64.9%。其中，仲裁机构审结案件10 561件，结案率97.3%，终局裁决率40.9%，调解组织受理争议6 473件，办结6 085件。结案率、调解成功率、终局裁决率均高于国家90%、60%、30%的要求。

（三）加大劳动保障执法监察力度。

开展农牧民工工资支付、清理整顿人力资源市场秩序、规范用工秩序等专项行动，全区劳动保障监察机构主动检查企业4.2万户，涉及103.7万人，追发工资等待遇6.92亿元，督促征缴社会保险费5 064.6万元，移送拒不支付劳动报酬案件34件，公安机关立案30件，有效保障了劳动者的合法权益。

内蒙古自治区人力资源和社会保障厅

辽 宁 省

2017年，辽宁省各级人力资源社会保障部门围绕振兴发展大局，坚持改革创新提效，统筹兼顾、突出重点，担当作为、扎实工作，取得显著成效。

一、就业创业工作

全省城镇新增就业44.8万人，完成全年计划的112%。城镇登记失业人员42.7万人，同比减少4.6万人。城镇登记失业率3.8%，同比下降0.01个百分点，低于4.5%的年度控制目标。

一是大力促进高校毕业生就业创业。实施高校毕业生就业创业促进计划，组织2 649名高校毕业生参加就业见习、977人参加专业转换及技能提升培训，引领14 544人创业，对困难家庭高校毕业生进行兜底帮扶，离校未就业高校毕业生就业率达到91%。启动首届“百校千企”校园招聘系列活动，分区域、分行业大规模举办辽西地区、辽南地区、大型公益性、国企+民企、药企+食品企业等高校毕业生专场招聘，全省举办高校毕业生招聘会862场，提供就业岗位信息49.9万条。印发《关于进一步引导和鼓励高校毕业生到基层工作的实施意见》《关于支持高校毕业生到县域就业创业的意见》，大力宣传高校毕业生创业就业先进典型，首批选树了200余名自主创业和在基层就业做出突出成绩的高校毕业生典型，组建巡回报告团深入省内高校宣讲。

二是推动以创业带动就业。大力扶持大中专毕业生、复转军人、高等院校科研院所专业技术人员、返乡农民工等人员创业，提供创业担保贷款4.3亿元，涉及0.4万人。加强创业孵化基地建设，全省创业孵化基地达到361个，入孵企业1.4万户，吸纳就业9.9万人，举办了全省创业孵化基地运营管理现场交流实训。印发《辽宁省创业带头人管理办法》，扶持创业带头人1.5万人，带动就业9万人。开展创业文化周、创业创新博览会、创业创新大赛等创业活动6 301场，其中市级以上739场。

三是深化就业援助和公共就业服务。开展“春风行动”“就业援助月”“民营企业招聘周”“家庭服务业援助周”等活动，线上发布岗位信息104万条，线下举办各类招聘会3 000余场。多渠道安置煤炭行业2016年结转未分流职工1 961人和2017年去产能涉及的职工1 841人。将11.7万名新增就业困难人员纳入公益性岗位补贴和社保补贴范围，为28万人发放补贴30.5亿元，促进其稳定就业。帮扶60.2万名失业人员实现再就业、104万名农村劳动力转移就业，帮助零就业家庭4 947户4 950人就业，零就业家庭保持动态为零。大力推进就业扶贫工作，建立贫困劳动力实名制数据库，对19万名农村贫困劳动力信息进行核实，核实率达到98.5%。走进15个扶贫重点县开展就业帮扶系列活动，帮助4.4万名建档立卡农村贫困劳动力实现就业。

四是推进劳动者终身培训体系建设。全省培训城乡劳动者17.2万人，其中，城市登记失业人员和农村转移就业劳动力10.6万人，企业在职职工岗位技能提升培训3.9万人，创业培训8 429人，农村劳动力创业培训430人，完成省扶贫办下达指标的143%。开展专项培训，新型学徒制培训 2 043 人，产业园区定向培训 7 965 人，家庭服务业培训 10 639 人。实施失业保险技能提升补贴政策，取得初、中、高级职业技能等级证书的企业职工将分别获得 1 000 元、1 500 元、2 000 元的技能提升补贴。

五是加强就业失业动态监测。按月对 5 000 户重点行业企业用工裁员情况、人力资源市场供求状况、就业形势发展变化进行分析研判。向人力资源社会保障部上传就业信息监测数据 4 371 万条，覆盖劳动者 1 151.3 万人，数据质量排名和总体情况均位居全国第一。落实失业保险援企稳岗政策，为 1.03 万户企业发放稳岗补贴 7.5 亿元，涉及在岗职工 163 万人。

六是加大就业资金筹集使用力度。全省筹集就业专项资金 36.9 亿元，其中中央财政 32.5 亿元；支出 32.6 亿元，其中用于公益性岗位补贴 18.2 亿元、社保补贴 12.3 亿元、职业培训补贴 1.2 亿元、职业介绍补贴 0.2 亿元。

二、社会保障工作

一是确保企业职工基本养老保险按时足额发放。认真落实省委文件精神，编制并严格执行基金收支平衡预算。加大扩面力度，全省企业养老保险参保 1 729.3 万人，完成年计划的 102%，其中新增参保 39.8 万人，增收 21.2 亿元。强化基金征缴，全省企业养老保险征缴收入 984.7 亿元，完成年计划的 103.6%，同比增收 33.1 亿元，其中清理企业欠费 12.1 亿元、灵活就业人员补缴 19.9 亿元。地方财政加大投入力度，各市投入 51.3 亿元，通过压缩其他一般性财政支出、清理超编人员、变现国有资产等补充养老保险基金 9.4 亿元。各地主动上解养老保险风险基金，基金规模累计达到 295.6 亿元。严格基金支出管理，与公安、民政、司法、工商等部门建立协同工作机制，定期开展信息比对，加大对死亡人员冒领养老金、服刑人员违规领取养老金的核查力度，及时停发 3 669 名死亡、服刑等人员养老保险待遇，涉及金额 4 603 万元。全面加强企业职工退休，特别是特殊工种、病退等提前退休的审核审批管理和专项督查，防止了基金“跑冒滴漏”。2017 年，全省企业养老保险基金当期收入 1 598.7 亿元，当期支出 1 967.8 亿元，确保了养老金按时足额发放。提高了企业退休人员基本养老金标准，月人均增加 133 元。

二是全面启动机关事业单位养老保险改革。全省已参保 204.6 万人，其中在职职工 121.9 万人、退休人员 82.7 万人；121.6 万人缴费，82.1 万人退休养老金实现社会化发放；参保率达到 100%，缴费和发放率分别达到 99.8% 和 99.2%，全年基金总支出 51.6 亿元。提高了机关事业单位退休人员基本养老金标准，月人均增加 174 元。

三是继续提高城乡居民基本养老保险待遇水平。参保人数达到 1 036.2 万人，其中 60 周岁以上领取待遇人数 414.4 万人。基金当期征缴收入 61 亿元，支出 54.2 亿元。全省月人均领取待遇水平达到 117 元。

四是推进城镇基本医疗保险多项改革。城镇基本医保参保 2 277.5 万人，其中城镇职工 1 575.9 万人，城镇居民 701.6 万人，完成年计划的 100.3%，各市全部完成参保计划。基金当期收入 495.5 亿元，当期支出 465 亿元。城镇居民医疗保险政府补助标准由 420 元提高到 450 元，市县两级财政补助资金全部落实到位。在实现医保异地就医省内直接结算的基础上，全面实现全国跨省联网结算，已跨省结算 6 883 人次，其中就医地 1 907 人次，参保地 4 976 人次。在沈阳开展医疗生育保险合并实施试点，303.3 万名参保职工实现医疗生育保险合并管理，两项基金统筹使用。推进“三医联动”改革，在全国率先出台深化医保支付方式改革方案，出台了按病种付费工作指导意见，沈阳、大连、本溪、丹东、营口、铁岭、葫芦岛等市已经出台文件，沈阳市还启动了 DRGs 付费试点工作。城乡居民医保政策“六统一”取得进展。扩大了门诊特慢性疾病病种和基层医保用药范围，开展了省直医保门诊统筹试点。全面贯彻落实2017年版国家药品目录，新增药品339种，按照公平、公正、客观的原则，开展本省药品目录评审工作，积极支持省内医药企业参与竞争。

五是突出失业保险援企稳岗作用。全省参保679.9万人，完成年计划的100.7%，基金当期收入37.5亿元，当期支出24.7亿元。阶段性降低失业保险费率，为企业减轻负担16亿元。失业保险金标准提高3%，月人均达到1 023元。

六是提高工伤保险待遇水平。全省参保862.1万人，完成年计划的100%。工伤保险基金当期收入37.3亿元，当期支出31.6亿元。实施建筑行业按项目参保“同舟计划”，促进73.5万名农民工参加工伤保险。开展全省工伤认定和非因工伤或因病丧失劳动能力鉴定专项检查，全省工伤认定28 906人，劳动能力鉴定21 032人，评定伤残等级17 318人。进一步提高待遇水平，一级工伤人员伤残津贴、生活护理费和供养亲属抚恤金最低标准分别达到2 250元、1 760元和1 030元。

七是抓好生育保险参保工作。全省参保782.4万人，完成年计划的100.2%。基金当期收入17.5亿元，当期支出17亿元。

八是提高经办服务水平。全面推进全民参保登记工作，各市数据入库、入户调查和省级数据上传工作已经完成，全省入户调查登记552万人，已获取部级ID并上传4 233.2万人，占全省普查人口数4 374.6万人的97%。与公安、财政部门联手打击治理社会保险欺诈违法犯罪。加快发放社会保障卡，全省新发放183万张，完成年计划的102%，累计发卡达到3 103万张，覆盖73%的人口，各市均换发了加载金融功能的社会保障卡。

九是推进社会保险扶贫工作。出台了《关于切实做好社会保险扶贫工作的实施意见》，将建档立卡贫困人口、低保对象和特困人员纳入社会保险扶贫范围，79.5万名贫困人员参加了城乡居民养老保险，为20.7万名贫困人员代缴城乡居民养老保险费2 208.4万元，49.2万名贫困人员领取城乡居民养老金。对73万名城镇贫困人员参加居民医保给予政府补贴并全部纳入大病保险。

三、人才工作

一是完善人才工作体制机制。出台了《关于深化职称制度改革的实施意见》，将职称评审权限全部下放或调整，由用人单位自定标准、自主评审、自主发证，已核准47所高等院校、31家大型公立医院、6户大型企业组建评委会，自主开展职称评审工作，省直部门组建49个高级评委会，各市组建238个评委会。以品德、能力、业绩为导向，完善职称评价标准，突出评价专业技术人才的工作绩效和创新成果，进一步丰富评价方式，向一线倾斜，向基层倾斜，开辟绿色通道，指导完成了本省首批51名科技成果转化成绩优异人员的职称评定工作。把省属高校、公立医院、科研院所等事业单位公开招聘权限全部下放，并对招聘具有博士学位或副高级以上专业技术职务急需紧缺人才采取考核方式。出台以增加知识价值为导向的分配政策，弘扬工匠精神、加强技术工人队伍建设，营造企业家健康成长环境、弘扬优秀企业家精神、更好发挥企业家作用，加强新形势下引进外国人才工作，鼓励高等院校、科研院所专业技术人员离岗创业等系列文件，激发人才活力和鼓励创新、创业、创造。省委、省政府表彰奖励辽宁工匠95名、杰出科技工作者94名、优秀企业家92名，授予30名外国专家“辽宁友谊奖”。

二是加强专业技术人才队伍建设。全省专业技术人才总量328.46万人，比上年增加9.36万人。跟进全省产业发展、重大项目建设和三次产业、工业八大门类需要，编制了《辽宁省制造业人才发展规划》。实施“百千万人才工程”，新增“百千万人才工程”国家级人选5人，选拔省级工程人选1 289人，其中百层次130人、千层次265人、万层次894人。实施博士后集聚培养工程，全省新招收

328人，完成年计划的109%；继续实行敞开招收企业项目博士后制度，累计招收并资助企业项目博士后457人，完成企业技术改造项目565个，完成科技成果转化项目300个。实施专业技术人才知识更新工程，参加公需科目培训13.3万人次，培训急需紧缺人才6.1万人次。实施高校毕业生“三支一扶”计划，招募376人。实施高层次人才援助、万名专家服务基层、东北振兴与国企改革博士后论坛、百校千企人才对接计划等10个国家重点资助项目。与江苏省签订人才对口合作协议，组织开展辽宁·江苏人才对口交流合作系列活动。促进人力资源服务业发展，全省服务机构1 000家，从业人员1.5万人。严格人事人才考试管理，全省组织考试68项，参考人员253 091人，各项考试安全、顺利完成。

三是抓好高技能人才队伍建设。实施技能人才振兴计划和急需紧缺高技能人才培养计划，全省培养技能人才22万人，其中高技能人才近7万人；新增紧缺技师、高级技师3 037人，完成年计划的151.85%。出台《关于弘扬“工匠精神”加强全省技术工人队伍建设的实施意见》，拓展技能人才晋升等级，增设工匠技师和辽宁工匠，打通技能人才与专业技术人才互通互认渠道。指导省内企业自主评聘工匠技师1 679人。新建国家级高技能人才培训基地4个、技能大师工作室4个、省级技能大师工作站10个。开展2017年中国技能大赛——辽宁省“技师杯”职业技能竞赛和全省职工职业技能大赛等竞赛活动，圆满完成世界技能大赛中国集训基地集训备战任务。推动技工院校发展，5家技师学院与7家企业开展企业新型学徒制试点工作，涉及6个行业、近30个工种。深入推动一体化课程教学改革试点，试点技工院校达到22所，74%的技师学院参与试点，试点专业9个，基本涵盖全省技工院校的主要专业工种。

四是抓好国外智力项目引进。实施国家“千人计划”外专项目，新入选“千人计划”外专项目专家1人，29位专家新入选“高端外国专家项目”。积极做好国家引进外国人才项目计划申报实施工作，沈飞民用飞机有限责任公司MA700客机大部件、沈阳理工大学激光及等离子体表面处理技术等82个项目获国家批准并获得资金资助。实施省市引进外国人才项目计划156个，其中省级项目40个、沈阳市海外研发团队项目6个、大连市“海聚计划”项目110个。引进外国专家1 394人次，其中院士3人、教授或高级工程师199人、企业高管65人、拥有博士学位专家204人。举办了海外高层次人才项目洽谈对接会，达成8项合作意向。实行外国人来华工作许可“两证整合”，将外国人来华工作许可审批权限下放给各市。加强出国（境）培训管理，34个因公出国（境）培训项目获国家立项并得到资金资助，全省派出12个团组、177名技术管理人员赴国（境）外培训。实施外国专家暖心计划，全面做好外国专家医疗、法律、工作、生活服务工作。

四、人事管理工作

一是务实抓好公务员职位管理。调整政府机关公务员管理权限，把公务员职级晋升、转任、交流、选拔任用方案审核等10项管理权限调整给省政府各主管部门或下放给用人单位和各市，制定了职位管理工作监督检查办法。对全省专业技术类和行政执法类公务员职权范围情况、参照公务员法管理单位情况、县以下机关公务员职务与职级并行制度实施情况，进行了调查调研。在全省开展了机关借用人员的清理清退工作，共清退3 781人。有序开展公务员申诉工作，组建了省公务员申诉委员会。

二是从严抓好公务员考试录用工作。按照“从严从紧控制”原则和财政供养人员“只减不增”要求，开展全省公安机关及省属监狱系统公务员（人民警察）考录工作，录用1 922人。推进公安机关人民警察招录培养机制改革，公安院校公安专业毕业生录用人员1 132人，录用率达到97%，超过国家规定标准7个百分点。完成公安机关特殊招录和国家藏汉双语考生招录工作。

三是规范公务员考核奖励。增设了与经济社会发展密切相关的7个固定表彰项目，开展了5个临时表彰项目。对推动振兴发展的197个有功集体、481名有功个人给予及时奖励。推进公务员平时考核试点工作，试点范围覆盖省、市、县、乡四级，扩大到14个市和18个省直部门，共320家试点单位。深化争做人民满意公务员活动，命名了人民满意公务员示范单位50个、示范岗93个。向国家推报48个先进集体和67名先进个人。圆满完成省政府机关公务员年度考核备案工作。

四是多维度抓好公务员培训教育。制定《关于深入推进公务员职业道德建设工程的意见》，推动全省公务员职业道德建设深入开展。启动了省直行政机关处级领导干部学习党的十九大精神轮训班。围绕省委、省政府中心工作组织开展深化“放管服”改革、投资融资体制改革、推进供给侧结构性改革等重点专题培训班43期，培训县处级以上公务员3 300人次。开展对口培训，组织赴上海开展2期辽宁自贸试验区建设、赴浙江开展1期特色乡镇建设培训班。开展“能力素质提升”自主选学培训30场，培训公务员2 500人次。深入全省100个县（市）区开展百名名师送教下基层活动124场，培训基层公务员2万人次。制定《辽宁省行政机关公务员脱贫攻坚培训实施方案》，组织20多名创业导师及其团队深入15个贫困县（市）区开展“精准扶贫、精准脱贫”专题送教30场次。开展了“迎接十九大、实干促振兴”调查研究能力竞赛活动。组织全省22万名公务员参加在线学习，开发“书香辽宁”移动学习App，上传微课近200门，覆盖全省副县处级以上领导干部2.5万人。

五是调整下放省政府所属事业单位人事管理权限。把事业单位公开招聘、人员交流、聘用管理、绩效工资分配等管理权限调整给省政府各主管部门或下放给用人单位和各市，对下放的权限制定了工作流程和监管措施。省政府系统已有37家事业单位启动了1 572个岗位的公开招聘，已有24家单位完成招聘备案工作，共招聘715人，其中具有博士学位593人。跟进事业单位分类改革、转企改制人员安置工作，实现了平稳过渡。完善聘用制度，强化岗位管理，推进竞聘上岗，全省聘用合同签订率达到100%。开展全省机关事业单位“吃空饷”问题专项检查，建立了防治“吃空饷”问题长效机制。

六是做好军转干部安置工作。完善公平、公正、公开的“阳光安置”机制，全省接收安置军转干部4 891人，其中计划分配1 970人、自主择业2 921人，安置率100%。开展军转干部进高校专项培训试点工作，首批86名军转干部参加了专项培训。加强了自主择业信息平台建设和自主择业军转干部就业创业的指导，成立了4个省级创业孵化基地和2个省级就业示范基地。积极做好企业军转干部解困稳定工作，提高了企业退休军转干部生活补助金标准，落实“五包”措施，深入开展帮扶和关爱活动，保持了这一群体的总体稳定。

五、工资收入分配工作

一是做好企业工资收入分配工作。推进和规范工资集体协商，全省签订工资专项集体合约4.3万份，涉及企业4.2万户，覆盖职工332.6万人。稳慎调整最低工资标准，四类地区分别达到1 620元、1 420元、1 300元、1 120元。推进国有企业负责人薪酬制度改革，兑现了25户省属国有企业229名负责人2015年度基本年薪和绩效年薪，发布了2017年度省属国有企业负责人基本年薪基数。市属国有企业负责人薪酬制度改革工作取得实质性进展，89户市属国有企业548名负责人纳入改革范围。

二是调整机关事业单位工资收入分配。下放高校和自收自支事业单位工资日常审核等9项管理权限，为省直134家事业单位核增了绩效工资，允许省属高校、公立医院、科研单位突破绩效工资总量调控线并自主分配。完成省直及14个市法检系统增资兑现工作，惠及全省 2.3 万名法检干部职工。在本溪市启动了公立医院薪酬制度改革试点。落实人民警察值勤津贴、加班补贴标准调整和建立政法委工作津贴等增资工作。在全省开展了受处分处罚人员工资待遇清理规范工作。开展工资发放情况调查，建立工资清欠按月报送制度。

六、和谐劳动关系建设工作

一是推进和谐劳动关系建设。加强劳动合同和劳动标准化管理，扩大集体合同覆盖面，全省劳动合同签订率达到 94%。建立劳动关系群体性矛盾定期排查化解制度，对钢铁、煤炭等产能过剩企业及工程建设领域劳动关系矛盾进行了深入排查，针对“三供一业”分离移交、去产能、厂办大集体改革，指导企业解决劳动关系处置、经济补偿金支付、社保关系衔接等问题，使职工得到妥善安置。

二是加大劳动保障监察执法力度。组建了省劳动保障监察总队，主动巡视检查用人单位 6.05 万户，查处各类违法案件 5 881 件，结案率达到 100%。开展农民工工资支付情况、清理整顿人力资源市场秩序、用人单位遵守劳动用工和社会保险法律法规情况等专项检查，为 3.01 万名劳动者补签了劳动合同，为 4.84 万名劳动者追偿工资等待遇 6.72 亿元，督促用人单位缴纳社会保险费 5 485 万元。

三是做好劳动人事争议调解仲裁工作。开展劳动法律公益服务“千街万企行”活动和“示范仲裁院”建设活动，全省各级调解仲裁机构立案受理案件 3.3 万件，涉及劳动者 2.9 万人，当期审结案件 3.2 万件，涉案金额 13.5 亿元，仲裁结案率达 97.76%，终局裁决占裁决案件的 31.1%、调解成功率的 62.15%。

四是加大拖欠农民工工资问题治理力度。全年两次开展农民工欠薪治理大督查活动，督查督办农民工欠薪案件 492 件，为 4.7 万名农民工补发被拖欠工资 4.96 亿元，交办的 5 件农民工欠薪案件全部结案。

五是抓好信访维稳工作。全系统共接待处理群众来信来访 19 680 批、37 162 人次，同比下降 10.6%。推进依法逐级走访、分类处理信访诉求工作，开展“社会矛盾纠纷排查化解、清仓起底攻坚行动”，排查信访案件 358 件，化解 166 件。顺利完成春节、两会、党的十九大等重要时期维稳任务。省人力资源社会保障厅仲裁信访处被评为“2017 年全国信访系统先进集体”，大连市、鞍山市被评为“全省信访先进集体”。

六是推进法治人社建设。深入推进“放管服”改革，省人力资源社会保障厅下放或委托下放 3 个行政审批事项，将 1 个行政审批事项调整为行政确认事项。建立全省人力资源社会保障系统 52 项政务服务清单，明确 140 项职业资格目录清单。完成了《辽宁省工伤保险实施办法》修订起草工作。加强规章和规范性文件审核、管理、清理工作，对 1 件省政府规章提出拟废止意见。完成了厅发 1 051 件规范性文件的清理，宣布继续有效 285 件，宣布失效 521 件，宣布废止 245 件。全省办理行政复议案件 133 件、行政应诉案件 657 件。积极开展法律“六进”活动，推进了“谁执法谁普法”示范点建设。

辽宁省人力资源和社会保障厅

沈 阳 市

2017年，沈阳市人力资源社会保障系统紧紧围绕市委、市政府中心工作，牢固树立“大人社”工作理念，务实担当、勤奋进取，各项任务指标圆满完成。

一、就业创业

坚持把就业作为最大民生，实施就业优先战略和更加积极的就业政策，丰富完善促进就业创业的政策措施，不断优化就业创业服务体系，就业局势总体稳定。城镇新增就业9.68万人、城镇登记失业率3.12%，扶持创业带头人3 373人、带动就业2.05万人，零就业家庭实现动态为零。

一是政策进一步完善和落实。出台《关于做好当前和今后一段时期就业创业工作的实施意见》《关于进一步引导和鼓励高校毕业生到基层工作的实施意见》等一系列政策文件。成立“政策落实办”，对就业创业工作进行全面梳理，对其中8项政策进行重点督导和部署落实，促进政策红利充分释放。

二是高校毕业生就业工作成果显著。组织开展“高校毕业生就业援助月”、市人力资源社会保障系统“送政策、送岗位、送项目、送技能、送信息”进校园等系列活动，积极落实就业见习等就业政策，广泛征集就业岗位信息并开展对接，建立“沈阳市就业创业高校微信群”，实现政府与高校就业创业信息即时互动机制，离校未就业高校毕业生就业率达到95.9%，困难家庭高校毕业生全部实现就业。

三是兜底安置困难群体卓有成效。集中开展困难群体“大走访”“春风行动”等活动，对全市7 297名就业困难人员做到即时发现、即时入库、即时了解、即时帮扶，确保零就业家庭动态为零。全年发放困难群体和大龄灵活就业人员社保补贴和公益性岗位补贴5亿元，助推就业困难人员实现就业。

四是创业服务水平不断提升。深入推进“万人创业工程”，组织开展项目对接、高峰论坛、公益讲座、创业沙龙等活动270余场，2.9万余人参加。进一步完善创业政策体系，加大创业资金、创业场地等政策落实力度。进一步加强创业孵化基地建设，发放创业孵化基地运营补贴2 100万元。

五是公共就业服务深入开展。组织开展市人力资源社会保障局深入企业高校现场办公活动，举办沈阳利源轨道交通装备等重点项目专场招聘会、“民营企业招聘周”、中高级人才专场洽谈会等活动。普惠制就业培训顺利开展，人事档案及人事代理服务更加规范，市人力资源服务产业园建设稳步推进，人才市场等公共人力资源服务机构的资源配置主渠道作用得到有效发挥。

二、社会保障

企业养老、医疗、失业、工伤、生育五项保险参保人数分别达到374.7万人、505万人、143万人、178.9万人、303.3万人，发放社保卡520.9万张。

一是多措并举确保养老金发放。加强收支预算管理，强化扩面征缴，多方筹措资金，及时调度预警，确保全市122.3万名企业离退休人员养老金按时足额发放。

二是持续提高各项待遇水平。完成企业和机关事业单位退休人员基本养老金第二次同步调整，企业退休人员调整待遇117.2万人，月人均增资135.9元。机关事业单位调整待遇13.4万人，月人均增资172.4元。将居民医保缴费政府补助标准由每人每年420元提高到450元。

三是各项改革稳步推进实施。稳步推进机关事业单位养老保险制度改革，“参保”“缴费”“养老金发放”三项指标均达到100%。在全国率先开展DRGs疾病诊断相关分类应用管理及付费试点，开展生育保险和职工基本医疗保险合并实施试点。及时研究解决医改过程中医保方面的问题，研究制定家庭医生签约服务、实行分级诊疗等相关配套政策。

四是经办管理服务不断创新发展。完善“智慧医保”惠民服务平台，新增“企业办事”“诊间线上支付”“网上购药”等功能，在7家定点医疗机构实现医保账户和现金的线上混合缴费。完成跨省异地就医联网结算全国开通任务，运行新医保审核监控系统，医疗服务行为监控更加精准高效。完善工伤保险外网登记平台，实现网上工伤保险用工登记24小时办理。开展社保经办延伸服务，利用节假日对社会化管理的破产转制企业中953名孤寡、重病等特殊类别人员，实施“一对一”上门走访慰问。实行特殊群体劳动能力鉴定上门服务，针对病情较急、较重的人群或特殊患者进行预约登记、上门鉴定。

五是充分发挥社会保障援企稳岗功能。建立工伤保险费率浮动机制，降低企业负担。发挥失业保险稳定就业、促进就业的功能，对足额缴纳失业保险费、不裁员或少裁员的企业发放援企稳岗补贴，帮助企业稳定就业岗位；开展失业保险支持职工提升职业技能工作，从源头预防失业、促进就业；下调失业保险费率至单位和个人均为0.5%，为用人单位年均减负约3.5亿元。

三、人才队伍

2017年，沈阳市人力资源管理坚持创新政策聚人才、放宽视野引人才、围绕转型用人才、搭建舞台助人才、优化服务留人才，人才队伍呈现出“春暖燕归来”的迹象。

一是完善升级政策体系。贯彻落实《沈阳市建设创新创业人才高地的若干政策措施》，在原有政策基础上，研究制定23项新的配套政策，并组织开展两批高层次人才认定，共认定高层次人才838人。采取“人才+项目”的方式开展高层次人才创业创新资助工作，资助28个高层次人才团队创业创新项目。

二是广泛引进集聚人才。组织开展“博士沈阳行”、赴北京地区软件人才专场招聘会、“东北线”重点校园招聘等招才引智系列活动，实施博士后工作站资助工作，支持和推动企事业单位吸引人才集聚和回流，全年共引进“长江学者”4人、国家“千人计划”8人。积极开展“国家引进境外技术管理人才”和“高端外国专家”等项目以及海外人才招聘活动，新引进并办理外籍人才工作许可证600余人。

三是积极选拔培养人才。认真组织实施国家及省“百千万人才工程”“辽宁杰出科技工作者”“辽宁优秀企业家”评选推荐工作，全面推进专业技术人员继续教育。落实特殊津贴制度，评选出25名高层次专业技术人才享受沈阳市政府特殊津贴。全力打造“沈阳工匠”文化品牌，新建10个市级技能大师工作室，推进企业新型学徒培训、劳动预备制培训、技师培训，全力推动技能人才队伍素质提升，27人获得首批“辽宁工匠”，评选出“盛京大工匠”25名。

四是全面深化职称制度改革。推进市属高校、科研院所、大型公立医院、大型企业等单位自主开展职称评审工作。职称外语和计算机不再作为职称申报和评审的前置必要性条件。鼓励高等院校、科研院所等单位专业技术人员在职创业、离岗创业。对携带科技成果或利用自身专业优势离岗创业的，与原单位其他在岗人员同等享受参加职称评定、岗位等级晋升等方面的权利；鼓励对具有重大影响、对地方经济做出较大贡献、科技成果突出和引进的高层次人才，可直接评定相应级别职称；鼓励对在重大项目、重点工程、重点产业发展中做出突出贡献的专业技术人员破格评审职称。

五是优化人才管理服务。实施外国专家证和外国人就业证的“两证整合”工作。实施国家、省和市三级外国专家表彰项目，对做出重要贡献的外国人才进行表彰。设立高层次人才服务窗口，统筹提供落户、子女入学、企业注册等16项服务。完善外国专家服务体系，积极做好留学回国人员服务工作。

四、人事管理

着眼打造高素质的专业干部队伍，落实法规制度，创新管理手段，不断激发人事干部队伍活力。

一是公务员管理更加科学。深入推进平时考核试点，扎实开展及时奖励工作，组织两期60名立功受奖公务员疗休养活动。规范正处级领导干部交流轮岗，深入探索干部跨领域交流。组织全市公务员在坚持和弘扬“马上办、钉钉子”精神中开展“争先锋、打头阵”主题教育实践活动。分两批组织100名公务员，赴厦门和北京开展对口培训。开展“互联网＋培训”活动，公务员在线学习总人数达到3万余人，学时达标率在90％以上。

二是事业单位人事管理更加规范。进一步深化岗位设置与聘用工作，完成48家事业单位岗位设置方案调整和581家单位岗位聘用的审核备案。开展“农村义务教育阶段学校教师特设岗位计划”“赴高校招聘教师”“全科医生特设岗位计划”以及“符合条件的退役大学生士兵”等事业单位公开招聘工作。稳步开展离岗创业工作，稳慎做好生产经营类事业单位转企改革工作，出台《沈阳市事业单位转企改制人员安置的意见》。

三是工资制度改革扎实推进。研究制定《关于贯彻以增加知识价值为导向分配政策的实施细则》《关于深化高等院校、公立医院、科研机构深入分配制度改革的若干意见》，建立符合沈阳市高等院校、公立医院、科研机构实际，充分体现增加知识价值的收入分配机制。圆满完成法官、检察官工资制度改革任务，确保全市3 000多名涉改人员的工资待遇平稳入轨。扎实推进国有企业负责人薪酬制度改革，开展2017年度企业薪酬调查，发布全市企业、制造业企业以及第三产业人工成本构成情况，为企业开展工资集体协商提供参考依据。

四是军转安置任务顺利完成。继续实行双向选择的安置方式，创建公平透明环境，圆满完成1 796名军转干部计划安置任务。加强对自主择业军转干部的管理服务，举办各类培训和讲座班22期，召开春秋两季自主择业军转干部专场招聘会。全面启动“三引三回”项目中“引战友回驻地”工作，建立500余人的“战友人才数据库”，整理战友人才拟回沈投资合作项目30余个，并组织开展对接。

五、劳动关系

坚持底线思维，加强分析研判和预警评估，认真排查和积极防范矛盾风险，加大执法维权工作力度，保证劳动关系领域稳定和谐。

一是劳动关系协调力度不断加大。全市劳动合同签订率继续保持在98％以上，集体合同签订率97.6％，集体合同备案率100％，覆盖范围进一步扩大。坚持市区两级联动，推行积分制认证方式，深入开展和谐劳动关系创建活动。严格规范劳务派遣管理，将招工备案、工资手册审核、集体合同备案等业务归口统一办理，企业用工行为更加科学。

二是劳动人事争议调解仲裁效能明显提升。市政府印发《关于进一步推进劳动争议调处工作的实施意见》。积极推进劳动人事争议仲裁立案登记制，精简劳动仲裁立案要件，立案环节不再审查仲裁时效要件，办结时限由5个工作日缩短为即时办理。全面执行新的仲裁期限规定，仲裁期限由45个工作日明确为45天，节约当事人时间成本。全年立案受理案件8 188件，当期结案率96.3％。

三是劳动监察执法作用充分发挥。认真受理群众举报投诉案件，开展农民工工资支付等专项行动，推行“双随机、一公开”工作机制，出台《沈阳市建设领域农民工工资保证金管理办法（试行）》和《沈阳市建筑领域农民工工资政府应急周转金管理程序》。对沈阳东药医院等25家违反社会保险法律法规的单位进行行政处理和行政处罚。

四是信访维稳工作取得显著成果。实行局长带案接访制度，广泛开展矛盾纠纷排查化解工作，举行信访听证会，积极推进涉军群体信访事项，一系列信访诉求和棘手问题得到有效解决。成立10个督查组，深入区、县（市），围绕人力资源社会保障领域稳定情况及稳控措施进行督查。采取京沈联动，积极化解矛盾，圆满完成党的十九大期间维稳任务。

沈阳市人力资源和社会保障局

大　连　市

2017年，大连市人力资源社会保障系统深入贯彻落实党的十九大精神，按照中央及省市的工作要求，积极适应新常态，努力把握新机遇，主动作为促发展，各项工作取得明显成效。

一、积极的就业创业政策措施全面落实

坚持把就业工作摆在更加突出的位置，采取多种有力措施稳定就业局势，出台实施《大连市人民政府关于进一步做好当前和今后一段时间就业创业工作的实施意见》等一系列稳定和扩大就业的政策措施，开展一系列针对各类人员扩大就业的具体行动。

一是劳动者“想创业、会创业、能创业、创成业”的生态体系更加完善。积极开展“春风行动”，共收集就业岗位6.6万个，开展120场次各类型专场招聘活动，组织3 600余家用人单位开展招聘，达成就业意向2.7万人，为10.1万人提供了各类公共就业创业服务。新青年创业社区在大连正式启航。

二是高校毕业生“六个一批”就业服务举措落实落地，成功举办第十五届大连市创业就业博览会，200余个创业项目正式签约607份，2.1万名大中专院校毕业生达成就业意向。

三是公共就业创业服务水平不断提升，农村转移劳动力就业服务机制进一步健全，失业保险金与物价上涨联动机制、失业保险阶段性降低缴费费率、援企稳岗等“稳就业、保民生、促发展”举措成效显著。就业技能提升、职业技能鉴定等工作稳步推进，全市实现城镇新增就业10.1万人，占全省总量的近1/4。

四是重点群体就业帮扶更加全面。失业人员实现再就业12万人，就业困难人员实现就业12 532人。扶持创业带头人2 449人，创业带动就业10 345人，城镇登记失业率控制在3%以内，零就业家庭保持动态为零。2017年1月，针对各类就业困难人员开展就业援助月专项行动；7月，推出“保民生、促就业、援千企、送万岗”大型主题公共就业服务月活动。

大连市就业创业综合服务体系入选中国就业促进会主办的“2017年度中国就业十件大事及地方就业创新事件”，成为就业工作成果的突出亮点。

二、多层次的社会保障体系建设持续深化

积极健全完善社会保障体系，人民群众得到了更多改革和发展的实惠。

一是加快完善社会保险制度。机关事业单位基本养老保险制度改革正式启动，城镇居民基本医疗保险参保范围扩大至符合规定的农村户籍和持居住证人员，农民工基本医疗保险并入城镇职工基本医疗保险，工伤保险浮动费率管理办法和工伤职工工伤康复管理办法出台，医疗健康管理服务平台上线试运行。

二是不断提高社保待遇水平。企业退休人员基本养老金实现十三连调，机关事业单位退休人员基本养老金同步调整，城镇居民医保参保政府补助标准提高至550元，基本医疗保险目录范围进一步扩大，36种高值药品纳入医保支付范围，阶段性调整社保费率等措施为企

业减负达 26 亿元。6 月，大连市召开深化医保支付方式改革研讨会暨医保支付标准交流论坛。

三是持续完善社会保险服务。以按病种付费为主的多元复合式支付方式基本建立，跨省市异地就医直接结算 4 月正式开通，全民参保登记工作全面完成，社保基金专项监督工作扎实开展，审计问题整改得到有效落实，社会保障卡业务延伸至合作银行即时办结，企业退休人员领取待遇实现大数据即时认证。

三、需求导向的人才供给侧结构性改革稳步推进

主动服务产业发展和创新驱动，人才发展体制机制改革及职称制度改革持续深化。

一是高层次人才和重点产业紧缺人才引进、海外优秀专家集聚等计划有效实施。借力辽苏人才对口合作，推进连沪人才服务合作，以“人才大篷车”走进沪宁的形式，组织 70 余家重点企事业单位两次赴南宁、上海开展招才引智活动，充分展示了大连城市区位优势、人才政策、人才服务品牌，持续打造人才引聚的强磁场。

二是成功举办第二届大连人力资源服务创新与高端发展峰会、高技能人才表彰暨第十届职业技能竞赛颁奖大会，开展以“树诚信品牌，促行业发展”为主题的人力资源服务机构“诚信服务月”活动。

三是全面开展与上海的对口合作。11 月，上海市人力资源社会保障局应邀带领人才、外专等相关部门来大连市开展对口合作，通过座谈和实地调研，就多个方面工作达成一致。

四是领军人才培养、企业博士后人才集聚、专业技术人才知识更新等工程扎实推进。“人才大篷车”“人才咖啡”等服务内容进一步丰富，外国专家来华工作和外国人入境就业许可实现“两证合一”。全年认定引进高层次人才 15 人、产业紧缺人才 343 人、海外优秀专家 1 041 人次。培养专业技术人才 2.8 万人、技能人才 3.7 万人，261 名创新人才入选国家和省“百千万人才工程”。新增享受政府特殊津贴专家 64 人，荣获省、市级“友谊奖”外国专家 27 人次，入选首批辽宁杰出科技工作者、优秀企业家、大工匠共计 37 人。

四、科学规范的干部人事管理措施有效实施

公务员分类管理改革积极推进，公务员及时奖励、事业单位分类改革中人员分流安置工作有序进行。派驻街道基层税务所纳入职务与职级并行政策率先实施，市政府任命国家工作人员宪法宣誓仪式首次举办，“吃空饷”问题综合整治取得新成效，军转安置工作稳步推进，法官、检察官和司法辅助人员工资改革试点任务全面完成。连续 5 次在辽宁省公务员基本功大赛中获得总成绩第一名的佳绩。

五、以人为本的和谐劳动关系积极构建

坚持把维护社会和谐稳定作为一项硬任务，贯穿落实到工作各个方面。

一是市委、市政府出台《关于构建和谐劳动关系的实施意见》，深入开展以“稳就业、保岗位、稳增长”为主题的第十五个“双合同月”活动。

二是及时发布 2016 年企业人工成本信息和 2017 年人力资源市场 438 个职业（工种）工资指导价位信息，274 家模范劳动关系和谐企业受到通报表扬。

三是大力开展整治拖欠工资、非法职业中介专项行动，积极推动调裁衔接和裁审衔接，扎实开展领导接访、依法分类处理信访诉求、信访积案化解、矛盾纠纷排查稳控等工作，保持了劳动关系的和谐稳定。年初召开了全面治理拖欠农民工工资问题工作会议，全年劳动保障监察部门共追缴社保费 1.3 亿元，为 1.8 万名劳动者追回拖欠工资 2.8 亿元，在民意网“欠薪企业曝光台”曝光企业 95 家，查处非法职业中介 20 家。2017 年，各级劳动人事争议仲裁机构当期审结案件 8 527 件，立案信访事项办结率达到 100%。

六、服务引领的自身基础建设取得实效

信息化建设实现归口管理，启动实施业务流程再造工作，“四大管理体系、三大服务平台、两大管控系统、统一智能信息化”工作积极构建。深入推进“放管服”改革，出台实施优化营商环境“2＋5”系列方案，行政审批事项全部纳入行政服务中心实行一站式办理，“一线三网”百姓满意率显著提高，大连人力资源社会保障 12333 获评“全国 12333 电话咨询服务示范单位”。升级改造市人力资源社会保障局 OA 办公系统，推进档案中心数字化、智能化建设，扎实开展窗口服务和形象品牌建设，政务运行效能全面提升。

大连市人力资源和社会保障局

吉林省

2017年是党和国家历史上不平凡的一年。党的十九大确立了习近平新时代中国特色社会主义思想，开启了中国特色社会主义新时代。一年来，吉林省人力资源社会保障系统在喜迎党的十九大的浓厚氛围和学习贯彻党的十九大精神的蓬勃热潮中，狠抓谋划部署、强化执行落实，各项年度目标超额完成，就业和劳动关系保持和谐稳定，工资收入和社保待遇全面落实，人事人才队伍活力进一步激发，公共服务能力稳步提升。在全系统共同努力下，全年工作任务画上圆满句号。

一、积极就业政策全面落实，就业局势保持稳定

就业优先战略深入实施，将扩大就业纳入经济社会发展和民生实事刚性指标体系，省政府文件出台促就业稳就业政策措施，实行了就业创业工作目标责任制考评，组织实施了就业创业“5＋5”行动计划，建立了基层就业辅导员队伍，公共就业服务体系实现到村全覆盖，有利于促进就业创业的财政、金融、产业等综合性政策体系和体制机制逐步完善。重点群体就业创业强势推进，着力打造一批创业载体平台，进一步加大创业担保贷款扶持力度，持续开展“三支一扶”，全力实施农民工返乡创业工程，加大劳务输出基地建设和劳务品牌建设，在全国率先出台就业困难人员就业援助办法，公益性岗位保持适度规模。高校毕业生总体就业率保持在90％以上，全省农村劳动力转移就业保持400万人规模，零就业家庭援助率始终保持100％，农民工等人员返乡创业达7.2万人，返乡创业热潮业已形成。家庭服务业和人力资源服务业加快发展，12户家庭服务企业进入“全国百强”，打造了中国长春人力资源服务产业园，加强了人力资源市场诚信体系建设，城乡统一的人力资源市场服务体系基本建立。城镇登记失业率始终控制在4％以内，调查失业率下降。就业结构进一步优化，第二、第三产业吸纳就业的能力进一步增强。

二、统筹城乡的社会保障制度体系基本建立，制度功能作用有效发挥

社会保险制度体系更加完备。企业职工养老保险省级统筹“1＋11”制度政策体系基本形成。推出了进城落户农民、创业大学生等群体参加养老保险政策，启动实施机关事业单位养老保险制度改革，建立了统一的城乡居民养老保险制度，打通了各群体之间养老保险关系转移接续通道。医疗保险市级统筹制度全面实施，探索建立重特大疾病保障机制，在全国率先开展了长期护理保险制度试点，建立异地就医管理政策制度体系，首批接入国家跨省异地就医直接结算平台，开展医疗保险医疗服务监管体系和智能监控体系建设，建立城乡居民大病保险制度，城乡居民基本医疗保险制度整合和医疗保险支付制度改革扎实推进，支付制度改革得到国务院医改办肯定。全面实施失业保险技能提升补贴和稳岗补贴政策，失业保险助改革、促发展功能日益增强。工伤保险的预防、康复、补偿制度体系初步形成，制定实施公务员参加工伤保险政策，实现了有固定劳动（人事）关系职业人群的制度全覆盖。生育保险“一方缴费、三方受益”制度模式巩固增强。失业保险、工伤保险省级统筹制度稳步推进，生育保险市级统筹制度全面实施。经办管理服务能力明显提升，社会保险基金征缴管理、基金支付管理、基金财务管理、公共服务保障、组织机构保障、信息技术保障“六大工作体系”基本形成。率先以省为单位全面实施全民参保登记。开展了养老保险“三个专项行动”“一县一策”扩面征缴，压实了地方政府责任，确保了养老金按时足额发放。社会保险省级大集中一体化信息系统全面启用，“大医保”信息系统规划整体实施，“智慧社保医保”主体上线运行，统筹城乡的社会保险四级公共服务体系基本形成。各险种参保扩面任务和基金征缴任务全面超额完成，全年养老保险基金征缴超收 81 亿元，为养老保险可持续发展奠定了基础，也平稳度过了养老金保发放历史最困难时期。社会保险功能作用多元发挥，养老保险、医疗保险、失业保险、工伤保险待遇标准不断提高，改善了群众生活水平。统一了养老保险企业缴费标准，降低了失业保险、工伤保险、生育保险费率，大幅减轻了企业负担。在全国率先制定实施社会保险助力精准扶贫政策措施，提升了社会保险服务大局能力。

三、人才队伍建设成效显著，服务经济发展的能力显著增强

职称制度改革不断深入，制定实施了吉林省深化职称制度改革实施意见，稳步推进事业单位职称制度评聘结合改革，建立推行了“盲评初审、答辩复审、专家共议、现场公布结果”的具有吉林特色的职称评审机制。实践证明，机制运行公平有效，社会反响良好。专业技术人才队伍建设取得突破性进展，制定实施了促进专业技术人才发展的 7 项制度政策，从根源上破解了限制各类人才成长的体制机制瓶颈。扶持高层次人才创新创业基金池初步形成，专业技术人员知识更新工程和专家服务基层活动深入实施。技能人才发展环境逐步向好，制定实施了促进高技能人才成长的 6 项制度政策，在全国率先打开技能人才进入干部队伍、转型教师队伍、职称晋升三条通道。取消了 505 个职业资格许可认定事项，已建设 16 个国家级高技能人才培训基地、27 个国家级技能大师工作室、38 个省级职业技能实训基地、30 个省级首席技师工作室、20 个省级师徒工作间。外国人才引进热度持续升温，长春市入选“中国城市引才十强”，6 家单位被列为国家级引智示范基地和示范单位，“吉林大学中外高层次人才引进基地”正式揭牌。吉林农业大学、长春理工大学 2 所高校入选全国首批 22 所地方高校学科创新引智“111”计划。在全国率先建立“外国专家生活服务基地”，实施统一的外国人来华工作许可制度，外专局的职能作用得到充分发挥。全省 17 人入选国家外专千人计划，居东北首位。

四、人事制度改革积极推进，服务社会发展的行政职业能力不断增强

公务员管理制度政策体系逐步健全，制定 21 项管理办法和实施细则，首次组织实施宪法宣誓活动，重新启动参公管理审批，大力推进公务员分类改革试点和职位管理改革。公务员队伍结构有效改善，在全国率先建成集教、学、管于一体的公务员网络培训平台。在全国率先构建“五位一体”绩效管理运行机制，绩效奖励标准大幅度提高。事业单位人事制度改革平稳推进，在全国率先制定实施放活事业单位人才交流政策，研究出台了事业单位专业技术人员离岗创业实施细则，公开招聘制度更加完善，岗位设置实现主体入轨，考核制度不断改进，聘用制度大力推行，全省聘用合同签订率稳定在 95%以上。军转干部安置任务圆满完成，接收的计划分配军转干部全部妥善安置，各方面满意度逐步提升，党政机关（含参公单位）安置比例保持在 95%。吉林省军民融合创业孵化示范基地启动运行，为自主择业军转干部就业创业搭建了服务平台。企业军转干部保持总体稳定。

五、工资分配制度更加完善，收入水平稳步提高

机关事业单位工资分配制度改革持续深化，建立了基本工资正常调整机制，全面实施了县以下机关公务员职务职级并行制度、乡镇工作补贴制度，率先建立了法院、检察院司法办案补贴，调整落实了艰苦边远地区津贴和人民警察警衔津贴、值勤岗位津贴、加班补贴及政法委工作津贴，相关工作走在全国前列。国企负责人薪酬制度改革全面推进，配套政策体系基本形成，调整规范了省管企业负责人薪酬收入。企业职工工资水平稳步提高。健全最低工资标准调整机制，最高档已调整到 1 780 元。建立了企业工资指导线年度发布制度、企业薪酬年度调查制度和制造业人工成本监测制度。

六、和谐劳动关系有效构建，劳资权益保障有力

劳动关系工作合力逐步形成，健全了劳动关系、劳动监察、调解仲裁和信访四方面的制度政策体系，形成了“四轮驱动”促和谐保稳定的工作格局，依法规范劳务派遣用工，全面加大劳动监察执法力度，在基层广泛建立劳动争议调解机构，对重大信访案件实行预警督查，全省劳动用工备案率和备案企业劳动合同签订率始终保持在 94%以上，劳动监察案件结案率始终保持 100%，仲裁结案率始终保持在 90%以上，实现信访总量、群体访、越级非正常访“三个下降”，对此，省委、省政府予以肯定。农民工“治欠保支”成效明显，建立解决企业拖欠工资问题联席会议制度，实施违法行为社会公布、企业守法诚信等级评价、农民工待遇保障警示、欠薪案件责任制、农民工欠薪应急周转金、案件移送查处、纳入政府绩效考评等措施，全省“治欠保支”形势明显好转，近年来拖欠农民工工资立案数量、拖欠金额、涉及人数持续下降。去产能职工安置工作有序推进，多方面开展系列帮扶，较好地完成了钢铁煤炭行业去产能职工安置阶段性任务。

吉林省人力资源和社会保障厅

长春市

2017年，长春市人力资源社会保障部门紧紧围绕振兴东北老工业基地、建设东北亚区域性中心城市、全面深化改革等重大难点、热点工作，坚持以人民为中心的思想，践行“民生为本、人才优先”的工作职责，强化“打先锋、站排头”意识，全面落实“创建一流机关、打造一流队伍、培养一流作风、创造一流业绩”的总体工作目标，实现党的十八大以来人力资源社会保障工作的圆满收官，各项工作取得丰硕成果，进一步提升了工作的科学化水平，为深入贯彻落实党的十九大精神和要求奠定了坚实的基础。

一、创业就业工作成效显著

牢牢把握就业这一民生之本，把保持就业局势稳定作为重大政治责任。一是实施就业优先战略，重点群体就业成效显著。全市共开发就业岗位14.02万个，其中开发高校毕业生就业岗位8.6万个；城镇新增就业11.4万人，援助就业困难群体3 810人；城镇登记失业率3.51%，控制在4%以内。二是出台系列创业政策，激发全民创业活力。印发《长春市创业担保贷款管理办法》，在贷款额度、范围等7个方面有较大突破，实现“井喷式”增长，发放创业担保贷款5.18亿元，完成全年任务的216.6%，位列全省榜首。出台应届高校毕业生求职创业政策，为5 691人发放求职创业补贴资金581.07万元。三是延伸创业服务触角，鼓励创业带动就业。提供“精准创业”帮扶，培育28家大学生就业创业服务“示范社区”，实现14个县（市）区全覆盖。新建2家市级大学生创业园，市级大学生创业园总数达到15家。共同主办“长春市2017年青年科技创新创业大赛”，征集项目269个，为获奖项目颁发300万元项目扶持资金。四是全面强化基础建设，就业创业突出地域特色。长春转业军人创业孵化基地新址落成并投入使用，在全国率先成立自主择业军转干部功能型党支部，下设10个党小组，引导军转干部把目光投向创业发展、参与公益服务上来，具有长春特色的军转干部管理服务模式始终保持全国先进水平。

二、社会保障体系不断完善

以建立覆盖城乡居民的社会保障体系为目标，进一步织密扎牢民生保障网，不断提高保障水平和层次。一是改革攻坚取得实效，制度公平性显著增强。养老保险制度城乡统一进程提速，机关事业单位养老保险制度改革取得阶段性成果，事业单位养老保险4.2万人参保认定工作全部完成。强化扩面征缴，全民医保基本实现。二是全面升级优化服务，便民力度明显加大。实现医保跨省异地就医直接结算，与国家系统成功对接。升级社会保障卡，提供多元化服务，共采集有效数据信息651.5万条，制发社会保障卡389.7万张。工伤保险预防作用得到充分发挥，为5 150名一线职工提供免费体检，发放急救箱2 800个。三是不断增进群众福祉，保障标准稳步提升。大幅度提高城镇职工基本医疗保险统筹基金年度最高支付限额，由12万元提高到20万元，大额补充医疗保险年度最高支付限额由20万元提高到50万元。城镇居民医疗保险缴费补助标准人均提高

30元以上。伤残职工津贴、护理费和遗属补助标准平均提高6%。四是发挥社保基金调控功能，助力老工业基地振兴。阶段性降低失业保险费率，由1.5%降至1%，惠及企业1.1万余户，全年为企业减负1.44亿元，为个人减负0.96亿元。落实稳岗补贴政策，联合认定941家企业，发放金额1.45亿元，受惠职工22.5万人。

三、人才队伍建设取得新进展

主动适应全市经济社会发展需要，突出创新发展，持续推进人才强市战略。一是注重人才政策落实，加速政策转化实施。深入贯彻“人才新政20条”，对政策中涉及人力资源社会保障工作的内容专门制定实施细则，投入使用2 431套标准化人才公寓，可容纳5 000人入住，成为人才新政推出后兑现的首批政策。二是整合本地人才资源，搭建高端人才平台。凝聚创新发展“关键群体”力量，在全国副省级城市和省会城市中首开先河，成立长春市院士专家联合会，会员规模超百人，代表全省最高水准。瞄准“高精尖缺”项目，强力引进国外智力。经国家批准的引智项目有12个，获资助305万元，引进专家68人，是东北地区唯一获评“中国城市引才十强”称号的城市。三是强化基础调查研究，激活专技人才作用。对全市人才引进、开发、培养、管理、使用情况进行摸底调研，组织51名生物医药、光电信息、现代农业等方面的院士专家深入21户企业解决技术难题26项。突出重大项目引领，支持技能人才发展。高位对标开工建设长春市公共实训基地，部分工程接近封顶，建成后将实现年培训人员1.65万人次。超前谋划长春市技师学院新校区建设项目，征地工作已基本结束。

四、人事制度改革不断深化

积极推进人事制度改革，有效改善机关事业单位人员结构，着力提升干部队伍的素质能力、创新活力、服务水平。一是确保科学规范，促进公务员合理流动。通过统一招录，为全市补充522名公务员；办理调转任149人次，从基层遴选优秀年轻干部107人到市直机关各部门，公务员队伍进一步年轻化、专业化、高素质化。二是强化特色培训，打造公务员培训品牌。举办市直机关公务员“知学讲坛”“周末大讲堂”，培训6 175人。组织全市92名优秀公务员赴恩来干部学院、焦裕禄干部学院进行专题培训。重建网络培训管理系统及学习平台，全市公务员已全部进网。三是推行智能考核，启用公务员考核云平台。将公务员考核云平台与单位绩效考核深度融合，云平台成为开放、可升级的智能系统，实现公务员个人考核与单位绩效评比无缝对接。四是发挥“指挥棒”作用，绩效考核形成长春特色。坚持“一个制度、四个办法”工作格局，进一步增强指标体系的合理性、实用性、操作性，长春特色的绩效管理与考评体系基本形成。五是突出政治责任，实现军转干部“阳光安置”。稳妥完成253名计划分配军转干部、262名自主择业军转干部和50名随军随调家属安置任务。六是坚持“走出去、请进来”，实现人员内外交融。组织实施事业单位招聘“采兰计划”，深入京津杭等37所高校招才集贤，签约211人。面向北京大学、清华大学等高校学生开展“走进长春”活动，让国家重点高校学生到长春市机关事业单位和国有企业进行社会实践（实习）。

五、收入分配制度稳步落实

呼应全民对幸福感、获得感的需要，稳步推进并实现不同群体的增收期盼。一是持续实施“暖流计划”，形成长春增收模式。牵头全市28个部门，高标准落实2017年“暖流计划”6个方面、37项既定任务，直接或间接惠及城乡居民893.1万人次，增长37.4%；总增收39.7亿元，增长77.2%；人均增收445元，增长23.6%。为19.1万名群众提供30个健康类项目，减免费用3 255.7万元；提供21个就业创业类项目，惠及7万人，减免费用 1.48 亿元。初步形成以市委领导、政府推动、社会力量广泛参与为核心的促进城乡劳动者收入提升的“长春增收模式”，为本市第十次蝉联“中国最具幸福感城市”做出重要贡献。二是落实薪酬改革政策，分配激励导向作用有效发挥。研究制定《关于深化公立医院薪酬制度改革试点实施意见（试行）》，公立医院薪酬制度改革稳步推进，试点工作取得良好成效。全市国有企业负责人薪酬制度改革取得实质性进展，工作方案获批，改革进入实质操作层面。三是关爱不同群体，确保收入与福利水平稳步提高。提高低收入群体工资收入水平，调整市区最低工资标准至 1 780 元/月。连续 13 年提高企业退休人员基本养老金待遇水平，平均涨幅 134.97 元/月，受益人员达 46.3 万人。提高 20 世纪 60 年代精减退职职工生活补贴标准至 750 元/月。连续 3 年提高失业保险金标准至 1 256 元/月。保障机关事业单位退休人员工资水平，使 8.96 万名退休人员平均增收 180.77 元/月。为全市 1.7 万余名公务员开展健康体检。

六、劳动关系保持和谐稳定

创新开展劳动关系协调、信访综治维稳和行政执法工作，确保不发生系统性区域性风险。一是建立新型劳动关系，协调推进三方机制。在朝阳区开展“构建和谐劳动关系综合试验区”建设。积极推行集体协商和集体合同制度，集体合同建制率达 86.99%。二是建立实体化仲裁院，仲裁工作效能显著提高。仲裁院硬件建设全部到位，实现“处院分离”，全年累计处理案件 1 405 件，结案率达到 90.1%，维护劳动者合法利益 2 203 万元。三是强化依法行政，形成“精准支付”长春经验。依法规范用工，施工手续齐全的 346 处建设工地实名制达 100%，完成农民工实名制登记管理 4.04 万人。设立“农民工工资支付专用账户”，通过“精准支付”累计发放农民工工资 8.9 亿元，经验做法被刊登在《人民日报》上，省政府主要领导作出批示，要求在全省推广长春经验。四是结合实际情况，稳妥开展综治维稳工作。全年接待群众来信来访 235 件次、462 人次，确保重要时期的和谐稳定。高标准落实局长接待日工作，实现与来访群众良性互动，形成系统联动为群众解决难题的格局，解决涉及市人力资源社会保障部门的来访 12 件，有效化解社会矛盾。

七、公共服务能力实现跨越式提升

强化公共服务能力建设，以发展人力资源产业和提升服务软实力为载体，促进部门职能转变。一是对标发展需求，打造人力资源产业。全市人力资源服务业实现跨越式发展，人力资源企业达到近 200 家。经人力资源社会保障部批准，东北首家、全国第 9 家国家级人力资源服务产业园在长春建设并投入使用，安拓国际、科锐国际等国际、国内知名人力资源企业在产业园设立东北地区总部，入驻人力资源企业 27 家。以产业园为依托，成功举办第六届创博会暨人才开放合作交流周，确定“凝智、聚才、交流、开放——凝聚振兴长春发展力量”的鲜明主题，首次突出人才主题，组织“院士专家长春行”系列活动。首次举办中国长春人才发展论坛，提出引才聚才、就业创业“长春方案”。首次投入使用全国领先的智能招聘大厅，实现招聘求职无纸化模式。首次集中展示全市高技能人才成果，弘扬大国工匠精神。二是提高工作效能，强化一门服务。将人才中心、就业局、医保局、信息中心、产业园管理办公室等覆盖民生、人才服务领域的部门迁入产业园，打造一站式、集约化、量贩型综合服务体，并协调市政相关部门开通产业园公交专线，达到进一门、全办结的效果，工作效能大幅提升。三是创新服务理念，实现多元服务。出台惠民 30 项服务措施，省人力资源社会保障厅主要领导批示转发全省人力资源社会保障系统学习。注重“放管服”实效，向长春新区下放行政权力 79 项。建立“双随机、一公开”制度，调整权责清单 7 项。推进“一门式、一张网”改革，固化进厅上网事项 97 项，办件量达4.19万件。

八、人力资源社会保障事业展现蓬勃生机

市人力资源社会保障局党组坚决贯彻落实新时代党的建设的总要求，把坚持党的领导作为最高政治原则，牢固树立“四个意识”和“四个自信”，坚持以上率下、强化领导垂范。全面推进“两学一做”学习教育常态化、制度化。坚持“三会一课”，举办学习党的十九大精神主题演讲和“重走抗联路，实现伟大梦想”主题教育活动。开展专题民主生活会，解决问题，凝聚共识，增进团结。深入一线攻坚，开展“一线工作日”活动。坚决贯彻从严治党要求，深入强化“两个责任”和“一岗双责”的落实，对“四风”10种新的表现形式进行逐项对照梳理与整改。驰而不息推进脱贫攻坚，实现扶贫由“输血”向“造血”的转变，57名贫困人口人均增收3 000元。成立系统工会，进一步凝聚部门战斗力。开展“星级”服务窗口参观学习和窗口纪律作风整顿，举办“假如我是服务对象”演讲比赛，集中开展“六个走遍”活动，确保作风建设不断迈上新台阶。营造严管厚爱与凭能力和实绩用干部的氛围，机关风清气正、心齐气顺，干部队伍充满活力、奋发有为，各方面工作都实现了新的突破，人力资源社会保障事业展现蓬勃生机。

长春市人力资源和社会保障局

黑龙江省

2017年，黑龙江省人力资源社会保障部门把认真学习贯彻党的十九大精神、习近平总书记系列重要讲话，特别是对黑龙江省两次重要讲话精神作为首要的政治任务，按照省委、省政府决策部署，坚持“民生为本、人才优先”工作主线，聚焦发展大局，激发内生动力，着力改革创新，圆满完成全年目标任务。

一、就业局势保持总体稳定

（一）就业目标全面完成。

坚持实施就业优先战略和更加积极的就业政策，制定出台《关于做好当前和今后一段时期就业创业工作的实施意见》。城镇新增就业62.13万人，完成目标的112.96%；失业人员再就业46.73万人，完成目标的116.8%；城镇登记失业率为4.21%，低于控制目标0.29个百分点，低于上年0.01个百分点，是近5年最好水平。

（二）就业渠道和方式呈现多元化。

第一、第二产业就业趋稳，第三产业就业吸纳能力逐年提高，占比达74.83%，同比上升6.73个百分点。以互联网为基础的电商、微商、快递等新业态成为新的就业增长点，单位就业、自主创业和灵活就业等多元就业方式已经形成。

（三）创业带动就业取得积极成果。

制定《关于全省城镇转移就业职工创业孵化基地建设的指导意见》，各级人力资源社会保障部门自建或合建创业孵化基地144个、入驻企业2 396家，通过推动政策落地、实施专项行动、开展创业培训、搭建创业平台等方式，全省人力资源社会保障系统直接组织创业人数达3.43万人，同比增长16%，带动就业6.2万人，其中全省开展“双创周”活动429场。加强创业宣传，举办全省转岗职工暨龙煤集团分流人员创业典型宣传推介会。

（四）重点群体就业稳中向好。

建立离校高校毕业生实名制数据库和就业服务平台，高校毕业生就业率达96.7%，同比增加1.4个百分点，大专以上毕业生留省率为67.1%，同比增加3.4个百分点；技工院校毕业生初次就业率达96.1%以上。充分发挥各级各类公共就业服务机构作用，18.6万名困难人员实现就业，完成目标的124%，保持零就业家庭动态清零。

（五）职业培训不断加强。

跟进产业发展需求，大力开展各类职业技能培训，全年培训59.6万人次。开展企业新型学徒制试点，确定6家院校为试点单位，新型学徒制试点学徒430人。制定《技工教育改革创新发展行动计划2017—2020》，全省技工院校招生2.43万人，同比增长5%。

二、社会保障体系进一步完善

（一）覆盖范围持续扩大。

全省城镇企业职工基本养老保险、城乡居民基本养老保险、城镇基本医疗保险、工伤保险、生育保险、失业保险参保人数分别达1 091.4万人、839.6万人、2 892.64万人、519.11万人、355.07万人、315.13万人。

（二）社保改革稳步实施。

机关、参公管理事业单位和公益一、二类

事业单位养老保险参保登记基本完成，职业年金工作有序推进。城乡居民基本医疗制度全面整合；跨省异地就医直接结算 6 112 人次，医保基金支出 8 490 万元。

（三）待遇水平进一步提高。

企业和机关事业单位基本养老金同比分别增长 6%和 4.5%，城乡居民基础养老金由 70 元提高到 80 元；失业保险金标准同比增长 10%；工伤职工伤残津贴同比增长 8.3%。发放失业保险稳岗补贴 10.51 亿元，给予参保职工技能提升补贴，最高标准达 2 500 元。进一步降低失业保险费率，总费率由 1.5%阶段性降低到 1%。建立了工伤保险伤残津贴调整机制，按照统筹地区上年度职工月平均工资增长额的一定比例调整工伤保险待遇。

（四）经办服务水平不断提升。

深入实施全民参保计划，完成登记 3 659.9 万人。推行“阳光社保”，企业养老保险网上经办业务达 26 项，办理业务 55.9 万笔，实现“信息多跑路，企业少跑腿”。省直医保开展综合柜员制服务，实现业务“通收通办”“一窗式”办结。开展社保基金专项检查，建立社保基金非现场监督系统，对重复领取基金情况、死亡冒领养老金情况进行专项核查，堵塞基金流失漏洞，基金风险防控能力不断增强。

三、人才工作成效显著

（一）人才政策效应初步显现。

制定《关于进一步引导和鼓励高校毕业生到基层工作的实施意见》，拓宽高校毕业生到基层干事创业的渠道。专业技术人员离岗创业 256 人，其中 93%留在省内。省直事业单位自主招聘后，选人用人更加灵活便利，招聘各类人才 719 人。高层次人才作用进一步发挥，组织“专家服务基层”“博士后科技行”“千人计划专家走进哈尔滨”等活动，解决技术难题百余项。

（二）人才队伍建设进一步加强。

持续实施高技能振兴计划建设项目，建立 4 个国家级高技能人才培训基地、5 个国家级技能大师工作室和 15 个省级技能大师工作室。技能人才培养不断加强，高技能人才培训基地和技能大师工作室均达到 78 个，开展“龙江大工匠”“龙江技术能手”评选表彰，培养高技能人才 6.3 万人。加强对外人才交流合作，全面实施外国人来华工作许可制度，设立“龙江丝路带”引智专项，实施引智项目 68 个，引进外国专家 213 人次，选派 132 名中小企业管理人员赴瑞士培训。

（三）人才氛围日益浓厚。

利用各类媒体广泛宣传创新人才管理体制机制的政策和成效，推出了一批领军人才创新创造、大学生创业等典型。深化校企合作，推动 100 多所技工院校和 2 100 多家省内外企业深度合作，初步形成联合培养、产教融合、校企共赢的工作格局。

四、人事制度改革进一步深化

（一）公务员管理制度改革不断深入。

严格执行公务员法和公务员录用规定要求，对新录用主任科员以下非领导职务公务员，一律实行“凡进必考”。改革考录模式，继续实行分级分类考录，将考试划分为省市类、县乡类和公检法类，单独命制试题，同步组织考试。优化省、市（地）两级机关公务员来源和经历结构，加大公开遴选工作力度，全年共遴选公务员（含参公）266 人。积极推进公务员平时考核试点工作，加强培训监督和评比表彰综合管理。

（二）事业单位人事制度改革持续深化。

进一步规范事业单位选人进人，制发《关于进一步规范全省机关事业单位选人进人工作的通知》，全面营造风清气正的选人进人环境。深化职称制度改革，出台《黑龙江省关于深化职称制度改革的实施意见》，本着“干什么、评什么”的原则，结合行业领域特点分类综合评价专业技术人员的品德、能力和业绩，突出工作绩效、创新能力，取消职称外语、计算机的统一要求，优秀专业技术人才可破格晋升高级职称。

（三）军转安置任务圆满完成。

认真落实深化国防和军队改革期间做好军转安置工作各项要求，全省 1 720 名军转干部的安置任务提前完成，得到充分肯定，并在全国会议上作了典型发言。认真组织军转干部培训，自主择业军转干部管理服务不断加强。

五、工资收入水平持续提高

（一）提高全省最低工资标准。

组织各市地根据当地经济发展状况及平均工资增速等相关因素进行据实测算，制定全省最低工资标准调整方案，由原来的五档归并为三档，从 2017 年 10 月 1 日起调整全省最低工资标准，最高档标准由每月 1 480 元提高到 1 680 元，增长 13.5%；最低档标准由每月 1 030 元提高到 1 270 元，增长 23.3%。

（二）指导市地发布企业工资指导线。

各市地均发布了 2017 年企业工资指导线，并已通过当地政府或人力资源社会保障部门网站对外进行公布，上线、基准线、下线分别较上年平均提高 0.8、0.5、0.3 个百分点。

（三）推进机关事业单位工资制度改革。

启动了法官检察官、司法辅助和司法行政人员的绩效奖金核定工作。健全事业单位高层次人才收入分配激励政策，允许东北农业大学、黑龙江大学、黑龙江省农业科学院、黑龙江省科学院实施以增加知识价值为导向的分配政策试点工作，指导和鼓励 4 家试点单位探索对引进的高层次人员和急需紧缺人才实行协议工资、项目工资或年薪制。

六、劳动关系保持和谐稳定

（一）推进实行劳动合同制度和集体合同制度。

在农民工集中的建筑业、餐饮服务业等行业推广使用简易劳动合同文本，切实提高劳动合同签订率，全省各市地劳动合同签订率动态保持在 90%以上。落实《黑龙江省集体合同条例》，全面推进集体协商，全省各市地集体合同签订率超过 80%。

（二）稳步推进去产能职工安置工作。

认真开展 2017 年钢铁和煤炭行业去产能职工安置工作，通过加大政策宣讲、强化业务指导、跟踪督导检查等方式，推动相关市地和去产能企业多渠道分流安置职工，已分流安置 5 478 人，其中转岗安置 3 274 人、内部退养 21 人、解除劳动关系到其他单位就业 2 183 人。全力配合有关部门做好处置省属国有“僵尸企业”工作。

（三）加强劳动人事争议仲裁调解。

全面规范劳动人事争议仲裁办案活动，调解仲裁制度逐步健全，多元化处理机制进一步完善，专业性调解工作日渐加强，调解仲裁规范化、标准化、专业化、信息化水平不断提升，“互联网＋调解仲裁”信息化服务模式初步建立。全年各级仲裁机构处理争议案件 12 884 件，涉案金额 4.4 亿元，结案率 99.4%，一裁终局率 64.4%；各类基层调解组织受理争议案件 12 396 件，涉案金额 1.6 亿元，调解成功率 62.4%。

（四）加强劳动保障监察执法。

开展了农民工工资支付、清理整顿人力资源市场秩序等重点执法检查活动，严厉打击各类违法行为，切实保障劳动者合法权益。全省共检查用人单位 4.83 万户，督促用人单位为 4.9 万名劳动者补签了劳动合同，为 8 万名劳动者追发工资 60 253.6 万元，督促用人单位为 0.9 万名劳动者缴纳社会保险费 814.6 万元。受理投诉举报案件 1 621 件。

七、不断加强自身建设

坚持把学习宣传党的十九大精神作为首要政治任务来抓，各级人力资源社会保障部门党组织采取多种形式，层层传达学习，领导带头谈认识、讲体会，邀请省委讲师团成员和有关专家开展宣讲辅导，强化了坚持以人民为中心的思想，加深了对党的十九大精神和习近平总书记重要讲话精神实质的领会。扎实推进“两学一做”学习教育常态化、制度化，党员党性意识明显增强，先锋模范作用进一步发挥。不断加强党建工作，坚持把党建工作与业务工作同部署、同落实、同检查，有机结合、深度融合，努力打通服务中心工作“最后一公里”，省社保局、省医保局被省作风整顿领导小组评为“四零”承诺服务创建示范窗口。扎实开展机关作风整顿，坚持把作风整顿作为落实黑龙江省第十二次党代会“坚持把改进干部作风作为振兴发展的重要保证”要求的重要举措，加强领导、精心组织、全力推进，取得积极成效。

黑龙江省人力资源和社会保障厅

哈尔滨市

2017年，哈尔滨市人力资源社会保障部门全面贯彻落实习近平总书记系列重要讲话精神，在市委、市政府正确领导和上级业务部门精心指导下，始终坚持“民生为本、人才优先”工作主线，按照年初制定的“五个三”总体工作思路和规划的20项重点工作、11个惠民行动项目，锐意进取，奋力拼搏，圆满完成了各项目标任务，为推动全市经济和社会发展做出了积极贡献。

一、落实新一轮就业创业扶持政策，就业形势稳中向好

以让群众获得更稳定工作和更满意收入为目标，大力实施“就业质量提升工程”和“创业引领工程”，全年城镇新就业12.3万人，城镇新增就业11万人，失业人员实现再就业7.3万人，就业困难人员实现就业2.9万人，城镇登记失业率3.68%，超额完成目标任务。先后制定就业技能培训、见习基地认定、创业担保贷款、稳岗补贴申领、去产能职工安置等10余项配套措施，构建完善的就业创业体系。做好重点群体就业，把大学生、农民工、下岗职工摆在就业工作首位，开设了大学生“一站式”服务窗口，开辟农民工绿色通道，开展下岗职工专项帮扶工作，组织未就业高校毕业生实名登记，落实大学生就业见习补贴1 092万元。举办“春风行动”等系列农民工招聘会，提供用工岗位7.7万个，促进4.6万人转移就业。发放就业培训补贴2 177.6万元，提高了大学生和农民工就业率，保持零就业家庭动态为零。推进创业带动就业，建成国内首个城镇转移就业人员创业孵化基地，全年为2万多人提供就业创业服务，免费培训4 000余人，认定创业孵化基地13个、大学生就业创业见习基地118个，发放大学生创业种子资金930万元、创业担保贷款5 311万元，落地转化58个大学生创业大赛项目，带动就业2 465人。开展大规模职业技能培训，全年完成失业人员和农村转移劳动力职业技能培训2.14万人，失业人员创业培训6 946人，提升了就业技能，缓解了就业结构性矛盾。加强公共就业创业服务平台建设，拓展完善“就业地图”智能化手段和服务功能，整合各级就业服务平台，开展253个市级重点项目对接和246场系列招聘活动，全年办理求职登记27.5万人次，成功就业13.6万人次。

二、社保水平稳步提升，养老保险待遇不断提高

以让群众获得更可靠的保障为目标，推进城乡一体的社会保障体系建设，实现参保人数逐年增加，保障水平逐年提高。有序推进全民参保计划，养老、医疗、工伤、生育、失业五项保险参保人数分别达到137万人、375万人、135.3万人、90.8万人、97.4万人。城乡居民基本养老保险参保人数达到216.9万人，新农合参保人数达到357.6万人。持续升级医疗保障服务，完成城乡居民基本医疗保险制度整合，实现大病保险市级统筹。扩大异地就医直接结算业务定点服务范围，初步完成跨省异地就医直接结算平台与全国联网运行，城镇居民医疗保险和新农合正式开通跨省异地服

务。增加特殊疾病门诊治疗病种，扩大治疗支付项目，提高部分支付标准。着力推进建筑行业人员参加工伤保险，实现全市在建、新建建设项目从业人员全部参加工伤保险。

稳步提高养老保险待遇水平，连续 13 年调整企业退休人员基本养老金标准，从 2016 年的人均 2 210 元提高到 2 407 元。机关事业单位退休人员基本养老金人均增加 205 元。城乡居民基本养老保险基础养老金上调 10 元，市区被征地农民养老金上调 39 元，达到 754 元。扩大"助保贷款"政策覆盖面，将呼兰、阿城两区纳入实施范围，全年共为 1 545 名困难群众办理助保贷款 8 476 万元，904 人开始享受退休养老金待遇。

三、人事制度改革持续推进，人才服务全面发力

按照全面从严治党内在要求，加强干部人事管理制度化、规范化。完善公务员公开考录和管理教育机制，规范各项公开考录程序，加强面试考官考核培训，全年组织 28 712 名考生参加公务员考试，实现了"零差错、零事故"的目标。创新性开展全市市直机关"公务员周末大讲堂"，专题讲座涵盖党的十九大报告解读、作风整顿教育、舆情应对与处置等新时代中国特色社会主义思想和多方面实用理论，形成具有哈尔滨特色的"互联网＋培训"教育品牌。积极推进事业单位人事制度综合配套改革，拟定转企改制人员安置分流相关政策，完成 31 家市直部门（单位）岗位设置方案审核、批准。完善中、小学事业单位岗位管理制度，规范事业单位人员调配和离岗创业人员登记备案，参与完成哈尔滨交响乐团等多家单位改革整合工作。推进工资分配制度改革，完成检、法系统绩效工资总量数据测算和预拨工作，及时调整人民警察执勤岗位津贴、加班补贴标准，落实了公安薪酬制改革中"略低于军队，略高于地方"的总体要求。建立政法委机关工作津贴，将司法系统除人民警察外的公务员纳入执行范围。调整市野外地质勘探队等 3 家单位工作人员基本工资和运动员津贴标准，全市工资分配制度体系更趋科学合理。

始终把人才工作作为重中之重，坚持引进与培养、管理与服务相结合，统筹推进各类人才队伍建设。完善人才政策体系，注重发挥用人单位积极性，出台《哈尔滨英才集聚计划》和《关于进一步吸引培养人才支持重点产业发展若干政策》，从支持人才引进、科技创新到本土人才开发、人才服务保障等全方位降低门槛，提高待遇，提供支持，周到服务，形成具有鲜明特色的后发优势人才政策体系框架。稳步推进"筑巢引凤"工程，做好"孔雀东北回"相关"五大计划"实施，精心组织 31 场系列人才招聘会等引智活动，共引进各类各层次人才 837 人、产业发展急需紧缺人才 4 639 人，海外 28 个项目请进外国专家 120 人次。建立 4 个博士后科研工作站、25 个博士后创新创业实践基地，使用人才发展基金 2 221 万元、人才公寓 153 套。哈尔滨对俄高端技术转移孵化中心等 3 家企业被选树为引进国外智力推广基地和示范单位。加强高技术人才培养，新建 4 个市级重点领军人才梯队、11 个市级领军人才梯队，全市领军人才梯队增至 136 个。全年组织享受政府特殊津贴专家深入区县开展帮扶基层活动，起到较好的辐射帮带作用。大规模培养多技能实用人才，建立 1 个国家级、3 个省级、2 个市级多技能人才培训基地和 2 个国家级、3 个省级、7 个市级技能大师工作室。组建哈尔滨医药职业教育集团，全年培养各类技能人才 2.4 万人，为全市经济转型升级和社会全面发展提供了智力支撑。

四、推进和谐劳动关系建设，着力服务全市经济社会发展

出台《构建和谐劳动关系实施意见》，加强对企业用工情况的监测和劳动关系矛盾预警，规范企业用工和劳动合同网络备案。健全企业工资决定水平和正常增长机制，市本级最低工资标准由 1 480 元调整为 1 680 元，形成 331 个职位（工种）工资指导价位。推进社会

信用体系建设，搭建信用体系信息化平台，制定法规文件，完善企业诚信评定标准，建立诚信企业名单动态调整机制，全市劳动合同签订率达到98%，集体合同备案率达到87.5%。加大劳动监察执法力度，落实《全面治理拖欠农民工工资问题的意见》，围绕劳动关系领域存在的各类突出问题，组织开展规范劳务派遣用工、农民工工资支付等系列专项执法行动，加强源头治理，健全农民工工资治欠保支长效工作机制，为13 020名农民工追回拖欠工资2.9亿元。持续提升调解仲裁服务社会影响力，组建新一届市劳动人事争议仲裁委员会，建立多元处理机制，强化基层调解组织建设，与哈尔滨商业大学法学院签订实践基地共建协议，与同级法院建立裁审衔接制度，提升劳动争议调解仲裁水平，全年共处理劳动争议案件4 100多件，结案率99%以上，信访总量542件，结案率100%。

积极配合供给侧改革，立足职能职责，妥善安置阿城钢铁有限公司2 727名分流职工，推进落实全市149户厂办大集体企业改革补漏工作，涉及职工29 148人，支付经济补偿金3.2亿元。下调失业保险费率和工伤保险费率0.5和0.3个百分点，全年为企业减轻负担、降低成本共计5亿元。推进精准扶贫，选派驻村第一书记，组建扶贫工作队，落实主要领导驻村制度，在木兰县柳河镇石河村开展专项实用技能培训和就业创业招聘对接活动。完成招商引资任务，2个千万元以上项目成功落地，市人力资源社会保障局招商分局被市政府评为2017年度招商服务工作先进单位。做好军改期间军转干部安置工作，采取计划倾斜、公开选岗、双向选择、重点推荐等措施探索多元化安置渠道，顺利完成126名军转干部安置任务，并为2 131名企业退休军转干部增发生活补助金255.72万元，形成长效机制。

五、提升公共服务精细化水平，自身建设不断加强

深入推进“智慧人社”建设，大力提升公共服务精细化水平。完成金保工程二期改造升级，采取政府购买信息服务方式，构建高效、平稳、安全社保数据“云平台”。深度开发“就业地图”功能，新增支付宝“城市服务”、大学生到档查询、小额担保贷款网上申办等新型媒体服务客户端，在“首届全国创业就业服务展示交流活动”中获得“优秀项目奖”，成果推广至全省。全面升级自助服务系统，研制人力资源社会保障自助服务一体机，集合社保五险、就业创业和档案托管7大类业务模块30项业务功能，覆盖市区两级社保经办机构。推进简政放权、流程再造，建立全局工作多项“台账式”管理，取消7项年检事项，下放权力事项76项、服务事项33项，对外正式公布事项207项，减少审核环节94个、文件314份，办结时限由平均11.4小时减少到9.5小时，即时办结事项增至84项，提升了服务效率。

以“两学一做”学习教育常态化、制度化为契机，进一步转变作风，提升干部履职能力，夯实工作基础。深入开展作风整顿，聚焦5个方面25个突出问题，“开门”教育，深查细剖，建立整改台账，立行立改，全局“四个意识”明显加强，“五个好作风”初步形成，达到了“精神面貌明显改观、工作作风明显改进、纪律观念明显增强、自律能力明显提升、工作效率明显提高”的预期目标，涌现出共产党员先锋岗标兵4个、优秀共产党员先锋岗11个。群众调查问卷满意率达95%以上。

哈尔滨市人力资源和社会保障局

上　海　市

2017年，上海市人力资源社会保障部门认真贯彻党的十九大、十八大及历次全会精神，全面落实国家各项重大改革举措，在人力资源社会保障部的指导下，在上海市委、市政府的领导下，坚持改革创新，推进依法行政，通过各方面的共同努力，积极服务上海经济社会发展大局，聚精会神抓落实，创新机制求突破，凝心聚力促发展，在工作快节奏、热点频转换中全面完成了各项工作任务。

一、世界技能大赛申办参赛获得双丰收

（一）打好“三大战役”取得申赛成功。

世界技能大赛申办是党中央、国务院交给上海的一项重要任务，习近平总书记亲自为申办报告签署书面致辞并为申办陈述作视频重要讲话。李克强总理先后会见世界技能组织主席和在世界技能大赛上取得优异成绩的中国选手。按照国家部署，在人力资源社会保障部指导和上海市委、市政府领导下，精心打好“三大战役”。4月，顺利完成世界技能组织来沪考察接待工作，如愿取得申办资格；6月，成功举办2017中国国际技能大赛和国际技能研讨会，充分展示了上海办赛办会能力和水平，争取到更广泛的支持；10月，在阿联酋阿布扎比零瑕疵完成申办陈述，成功获得2021年第46届世界技能大赛举办权。

（二）实现金牌零的突破。

上海选手在第44届世界技能大赛上取得2金2优胜的佳绩，实现“金牌零的历史性突破”。《人民日报》头版刊发成功申办新闻并专发评论，中央电视台《新闻联播》、《解放日报》等主流媒体第一时间报道，170家媒体发布700余条信息，全社会崇尚技能、关注技能事业发展的良好氛围正在形成。

二、就业创业局势稳中向好

（一）较好完成各项主要就业工作指标。

2017年就业局势继续保持稳定，且好于往年。新增就业岗位57.9万个，户籍就业年龄段人口就业率始终保持在82%左右的较高水平。年底登记失业人数22.06万人，控制在24万人的目标范围内。

（二）促进各类群体实现就业。

继续加强青年、离校未就业高校毕业生、残疾劳动者、离土农民等重点群体就业帮扶和托底。将青年见习向高校阶段延伸，建设首批24家职业训练营，开发42个有针对性的职业训练项目。帮助8 427名长期失业青年实现就业创业。实施“残疾劳动者就业促进专项计划”。实现劳动年龄段内离土农民就业服务100%全覆盖。帮扶5.05万名就业困难人员实现就业。制定了公益性劳动组织转制方案，促进公益性劳动组织全面转制。

（三）落实各项创业扶持政策。

实施青年就业和新时期就业创业新政，指导各区全面开展创业型城区创建，启动第三轮创业带动就业三年行动计划评估。落实各项创业扶持政策，组织开展第五批市级创业孵化示范基地的认定工作，全市共有市级创业孵化示范基地103个。全年帮扶引领成功创业12 628人。

（四）推进劳动者职业培训。

制定《上海市社会化职业技能培训补贴操作办法》。研究完善了地方教育附加专项资金使用管理办法。扩大企业新型学徒制的试点企业和试点项目，做好试点工作阶段性总结，试点单位共 29 家，试点项目 53 个，已培养学徒约 2 300 人，其中新录用人员近 1 200 人。继续开展“双证融通”试点，“直通车式双证融通”项目全部纳入网络化管理。推进农民工职业技能培训工作。全年完成职业培训 106.8 万人，其中农民工技能培训 49.56 万人。完成养老护理技能培训 2.23 万人。

（五）加强公共就业服务。

来沪从业人员灵活就业登记进一步加强。开展对口支援地区就业扶贫。各级公共就业服务机构开展了“春风行动”，集中为来沪从业人员提供专场招聘、职业指导、创业咨询等就业服务。“乐业上海”“海纳百创”和“技能上海”三大公共就业服务品牌社会影响力持续提升。

三、社会保障制度更趋完善

（一）完善社会保障制度体系。

稳妥调整小城镇社会保险制度，镇保转职保 4 月 1 日平稳顺利完成，128 万名被征地人员转入职保，实现上海市社保体系与国家全面接轨。调整了本市企业养老金计发办法。完善了城乡居民养老保险办法。稳步推进建筑业工伤保险按项目参保。1 月 1 日起在徐汇、普陀、金山三个区先行开展了长期护理保险试点，全年提供社区居家照护约 92 万人次。8 月底提前超额完成人力资源社会保障部“百日攻坚”任务目标，实现医保异地就医直接结算。探索开展了医保个人账户购买商业医保试点，共计 81 511 人次购买。医保支付方式改革持续推进，阳光招采深入开展，公立医院药品采购“两票制”全面启动，制定发布了定点医药机构发展规划。

（二）稳妥提高社会保障待遇水平。

统筹调整了各类人员养老金水平和办法。调整了与社平工资相关的在职年龄段群体的收入保障标准，涉及最低工资、公益性岗位收入水平、社区工作者薪酬、工伤保险金、失业保险金，以及医保个人账户记入额、最高支付限额等。实施新版医保目录，把 36 种国家谈判药品和部分肿瘤分子靶向药纳入医保结算。

（三）加强社会保险的基金监管。

深入推进企业降费率，阶段性降低失业保险费率 0.5 个百分点，制度性降低职工医疗保险费率 0.5 个百分点，全年共减轻企业负担约 80 亿元。社保基金预警评估深入开展，基金征缴欠费情况大幅度改善。

四、人才集聚效应逐步显现

（一）细化落实“人才 30 条”。

细化落实了“人才 30 条”中牵头的 47 项重点工作，研究拟定了人力资源社会保障支持人才高峰建设的措施。向长宁、浦东两区下放了外国人就业许可审批权。积极主动服务上海大学、张江等重点区域，在人才引进、收入分配、服务管理等方面研究提出了人才高峰建设的政策措施。

（二）集聚海外智力资源。

全面实施外国人来华工作许可制度，外国人来华工作许可受理实施了“一次告知、二次办结、三次上门”。全年核发外国人工作许可证 34 551 份。外籍高校毕业生在“双自”地区就业突破两年工作经验的限制。全年共引进海外人才 110 426 人，在沪就业创业的外国人达到 21.5 万人，位居全国第一。全年有 1 人荣获 2017 年度中国政府友谊奖，3 人分获“白玉兰荣誉奖”和“白玉兰纪念奖”。推荐第八批国家“外专千人计划”人选 48 人，33 人申报上海“外专千人计划”，“浦江人才计划”资助 303 人。开展了完善海外人才引进管理服务体系课题研究。

（三）加强国内人才引进。

多层次、多渠道引进国内人才，全年共引进国内高层次、紧缺急需人才 6 529 人。畅通了“科创人才”引进绿色通道，全年通过国内科创人才新政引进 3 769 人。居住证转户籍 10 206 人。新办居住证积分 44 480 人，居住证积分续办确认 205 378 人。

（四）加强专业技术人才队伍建设。

选拔领军人才 106 人，入选国家“百千万人才工程”人选 10 人，131 名中青年专业技术人才入选上海人才发展资金项目。制定深入推进专业技术人才知识更新工程的实施细则，举办国家级和上海市级示范性高级研修班 80 期，培训 4 100 人次。

（五）加强高技能人才队伍建设。

推荐国家级技能大师工作室 5 个，资助市级技能大师工作室 29 个，资助首席技师 200 人，新建 13 家单位为第七批上海市高技能人才培养基地。年末，高技能人才占技能劳动者的比重提高到 32%。

五、人事制度改革不断深化，公务员队伍建设进一步加强

（一）深入推进事业单位人事制度改革。

取消了职称外语和计算机应用能力考试前置条件，完成上海市深化职称制度改革的实施意见起草工作，最大限度释放和激发专业技术人才创新创造创业活力。制定中小学高级教师职称评价标准，规范中小学高级教师职称评审。开展第三批正高级教师职称评审工作。组织 2017 年事业单位公开招聘集中招录工作。

（二）加强公务员管理工作。

深入推进公务员分类管理改革，基本完成行政执法类公务员第二批扩大试点，133 家单位列入行政执法类改革试点范围，共设置行政执法类职位 19 376 个。稳步实施上海市公安职务序列改革试点，继续深化浦东新区聘任制公务员试点。继续完善分类招录工作，完成了“工青妇群团”机关专职干部遴选、应届优秀大学毕业生选调等工作。扎实开展公务员分类招录、培训、考核。

（三）圆满完成军转安置任务。

提前圆满完成中央下达的军转安置任务，军转干部进高校专项培训工作作为上海模式在全国推广。

六、收入分配格局不断优化

（一）进一步完善收入分配制度。

调整了事业单位绩效工资水平，大幅提高了义务教育、高中教育工资水平。服务科创中心建设，制定实施了建设高水平地方高校创新团队收入分配办法。提高公立医院收入水平。完善落实法官、检察官和司法辅助人员工资制度改革实施方案。落实政法委机关工作津贴和人民警察值勤津贴、加班补贴标准。对公安人民警察绩效考核奖倾斜增加。研究完善了行政执法类公务员工资制度。进一步规范机关事业单位疗休养工作。

（二）继续提高职工收入水平。

调整最低工资标准。自 4 月 1 日起，上海市月最低工资标准增加 110 元，达到 2 300 元，最低工资标准继续保持全国最高；小时最低工资标准从 19 元提高到 20 元。完善社区工作者薪酬管理，社区工作者薪酬人均增长 26.5%。

七、劳动关系总体和谐稳定

（一）进一步促进和谐劳动关系建设。

在总结评估和谐劳动关系创建试点经验的基础上，全面推进新一轮和谐劳动关系创建活动。加强做好劳务派遣管理，依法开展劳务派遣行政许可工作。聚焦提高劳动力市场灵活性，加强对新业态用工关系管理和小微企业劳动关系的调研。

（二）进一步做好劳动人事争议处理。

深入开展先行调解，全面启动街镇劳动争议调解综合示范工作。进一步完善多部门劳动关系矛盾预防化解工作机制，仲裁机构与人民法院的裁审衔接机制更加顺畅。全年处理劳动人事争议案件 12.41 万件。

（三）加大劳动保障监察执法力度。

全面推行“双随机、一公开”制度，对监察执法全过程进行记录。有序推进专项检查行动，加大对恶意违法行为的处罚力度。落实新修订的上海市企业欠薪保障金筹集和垫付若干

规定的实施意见。建筑业欠薪综合治理体系基本形成，农民工工资支付工作机制不断健全。全年处理劳动保障监察举报投诉 1.37 万件，追缴社会保险费 4 843.78 万元，责令补发工资 5.66 亿元。处置群体性突发事件 194 件，垫付欠薪保障金 3 903.52 万元。

上海市人力资源和社会保障局

江　苏　省

2017年，面对复杂多变的宏观形势，江苏省人力资源社会保障系统在人力资源社会保障部和省委、省政府的正确领导下，坚持稳中求进工作总基调，坚持新发展理念，紧紧围绕民生为本、人才优先工作主线，改革创新，攻坚克难，砥砺奋进，不断推动江苏省人力资源社会保障事业迈上新台阶，为建设“强富美高”新江苏做出了积极贡献。

一、就业局势保持总体稳定

坚持把促进就业作为重大政治责任，深入实施就业优先战略和更加积极的就业政策，千方百计开发就业岗位，积极构建劳动者终身职业培训体系，高频次开展劳动力供需对接，深入开展“援企稳岗”行动，加快推进人力资源市场整合，就业工作取得显著成效，成为江苏民生改善的坚实基础、经济发展的基本支撑、社会稳定的“压舱石”。全年城镇新增就业148.56万人，同比增加5.34万人；城镇登记失业率为2.98%，同比下降0.02个百分点；新增转移农村劳动力26.27万人，累计转移人数达到1 927.86万人，转移率74.3%。

（一）政策体系更加完善。

将创业富民纳入省委、省政府“富民增收33条”，出台全民创业行动计划、职业技能提升行动计划、创业担保贷款实施办法等10多个配套文件，在创业担保贷款扩面提标降低门槛、扩大政府购买高技能人才培训成果范围等方面实现新突破。

（二）重点群体就业推进有力。

整合实施高校毕业生就业创业促进计划，全面开展离校未就业毕业生实名登记和跟踪服务，年末总体就业率达97.2%，同比提高0.3个百分点。100%妥善分流安置钢铁煤炭行业去产能企业职工2 318人。扎实推进精准就业扶贫三项行动，帮扶建档立卡低收入农户劳动力就业创业11.56万人。

（三）创业富民强力推进。

实施全民创业行动计划，聚焦大学生、农民等“六大群体”，全力抓好能力提升、政策拓展、载体建设、服务优化和氛围营造等措施落实，组织“创响江苏”系列活动，举办大学生创业大赛，开展创业型街镇、村居和园区建设，全年共扶持创业29.1万人，带动就业122.93万人，同比分别增长27.5%和37.65%。

（四）职业技能培训扎实开展。

实施职业技能提升行动计划，率先开展重点群体免费接受职业培训行动，创新制定失业保险支持参保职工提升职业技能政策，扎实推进新生代农民工技能提升、离校未就业高校毕业生技能就业等专项培训计划，开展各类培训243.73万人，其中城乡劳动者就业技能培训64.48万人、创业培训31.78万人、企业职工岗位技能提升培训147.47万人。

（五）服务实体经济成效明显。

坚持服务企业和促进就业并重，通过实施阶段性降低养老保险费率、再次调低失业保险费率、暂缓上调最低缴费基数等措施，全年减征社会保险费239.04亿元，惠及63万户企业。加大援企稳岗力度，向7.73万家企业发放稳岗补贴21.8亿元，惠及职工575.3万人。

二、社会保障体系加快完善

以增强公平性、适应流动性、保证可持续性为重点，不断拓展改革的广度和深度，民生保障网进一步织密扎牢。制度一体化建设水平持续提升，城乡统一的居民养老、医疗保险制度建立实施，企业和机关事业单位养老保险“双轨制”难题破解取得重大突破，覆盖城乡的大病保险制度率先建立并持续完善，医保支付方式改革深入推进，省内和跨省异地就医联网直接结算全面实现。

（一）养老保险制度改革有序推进。

全面推进机关事业单位养老保险制度改革，出台关于公布职工养老保险个人账户记账利率等参数的通知、关于过渡期内职务升降人员待遇处理办法的通知、关于对部分机关事业单位退休人员发放一次性退休补贴的通知、关于做实全额供款单位职业年金的通知等配套文件，基本完成省本级参保人员核定。贯彻落实社会保障切实做好征地补偿安置工作的通知，推进新增被征地农民刚性进保。及时贯彻落实国家关于企业职工养老保险关系转移接续、机关事业单位养老保险关系和职业年金转移接续有关政策并作出补充规定，促进参保人员在跨地区就业、跨制度流动时基本养老保险关系的顺畅转接。

（二）全民医保体系持续完善。

指导各地出台整合城乡居民基本医疗保险制度实施方案，所有未整合统筹地区均已完成城镇居民医保与新农合工作职能调整和经办机构移交。指导泰州市制定出台生育保险与职工基本医疗保险合并实施试点方案，并从7月1日起组织实施。在全面实现省内异地就医联网结算基础上，提前完成跨省异地就医直接结算系统与国家平台接入工作，并覆盖包括原新农合人员在内的所有基本医保参保人员。

（三）参保覆盖面持续扩大。

稳步实施全民参保计划，组织实施“同舟计划”专项扩面行动，会同相关部门为24.5万名残疾人全额代缴城乡居民基本养老保险、城乡居民医疗保险参保费用，主要险种参保率提高至97.7%。全省企业职工养老、城镇基本医疗、失业、工伤、生育保险参保人数分别为2 097.3万人、2 601.13万人、1 582.95万人、1 690.19万人、1 582.01万人，分别比上年年末增加50.88万人、110.6万人、44.73万人、55.26万人、71.69万人。

（四）待遇水平稳步提高。

出台2017年退休人员基本养老金调整方案，并统一机关事业单位退休人员与企业退休人员基本养老金调整办法，调整后增加的基本养老金于7月底前发放到位，人均增幅超过5.5%，惠及760多万名退休人员。城乡居民基本养老保险基础养老金最低标准从1月1日起由每人每月115元提高到125元。城乡居民医保人均财政补助最低标准提高到每人每年470元，职工医保和居民医保政策范围内住院医疗费用基金支付比例稳定在85%和70%左右，城乡居民大病保险受益人数13.58万人，基金支出7.7亿元。

三、人才队伍建设取得积极进展

大力实施创新驱动发展战略、科教与人才强省战略、人才优先发展战略，以深化人才发展体制机制改革为动力，以人才队伍建设为重点，全面推进各项人才工作。聚焦“高精尖缺”，坚持引培并举，人才强省建设步伐明显加快。人才队伍规模持续扩大，截至2017年年末，全省专业技术人才、高技能人才分别达717.5万人、358.2万人，均居全国首位。

（一）人才发展体制机制改革稳步推进。

制定出台贯彻落实省委“人才26条”实施细则，整体推进“人才26条”“科技创新40条”落地见效。制定深化高校教师职称制度改革的指导意见，下放66所本科院校教师职称评审权限。完成首批新型学徒制试点任务，启动技工院校中外合作办学工作。建立首家博士后创投中心。

（二）高层次人才队伍建设不断增强。

调整优化“六大人才高峰”选拔培养，战

略性新兴产业高层次人才项目入选数量和资助金额占比双双超过60%。积极参加江苏发展大会，组织开展“助力特色产业创新专家行”活动，实施省资助招收博士后和省博士后科研资助计划、留学回国人员创新创业计划，评选表彰10名江苏省留学回国先进个人，新增专业技术人才51.38万人，新增留学回国人员1.14万人，完成专业技术人才知识更新培训147.84万人。

（三）引智工作取得明显成效。

9名专家入选第七批国家“千人计划”外专项目，居历年之最。3名外国专家荣获年度中国政府友谊奖，人数创全国第一。新引进长期外国专家3 520人次，办理外国人来华工作许可证1.15万件。组织对接各类外国专家项目524个，其中国家级项目43个。新建国家引智成果示范推广基地2个。

（四）高技能人才队伍建设步伐加快。

制定发布江苏省紧缺型职业（工种）目录，将补贴范围扩大到紧缺职业（工种）高级工。高质量完成中国国际技能大赛苏州赛区承办任务，电气装置、工业机械装调、烘焙、糖艺/西点制作项目获得第44届世界技能大赛入场券。实施世界技能大赛“夺金计划”，本省选手在第44届世界技能大赛中取得2金1银1优胜的好成绩，特别是常州技师学院的宋彪以所有参赛选手最高分获得阿尔伯特·维达大奖。围绕让乡土人才“香”起来，以“技能·匠心·传承·创新·富民”为主题，成功举办赛、展、会、演“四位一体”的江苏省首届乡土人才传统技艺技能大赛活动。创建5个国家级高技能人才培训基地、5个国家级技能大师工作室。新增高技能人才31.66万人，新增技师、高级技师2.22万人。

（五）人力资源服务业健康发展。

大力实施人力资源服务业骨干企业培育、省级人力资源服务产业园区建设工程，新评选认定20家省级人力资源服务骨干企业，新建2家省级人力资源服务产业园，全省共有5 827家人力资源服务机构，其中7家企业挂牌上市。

四、人事制度改革不断推进

深入推进公务员和人事制度改革，全面提升干部队伍的素质能力、专业水平、干事创业活力。

（一）公务员分类改革稳步推进。

县以下机关公务员职务与职级并行制度全面实施，聘任制公务员管理试点启动实施，承担行政职能事业单位改革省直人员分流安置任务顺利完成。公务员队伍政治素质和履职能力进一步增强，平时考核实现全覆盖，表彰奖励制度更加完善，公开考录、公开遴选公务员3万多人，培训公务员59万人次。

（二）事业单位人事管理制度不断完善。

加强岗位动态管理，基本建立江苏事业单位工作人员“实名库”。组织开展省属事业单位统一公开招聘，指导各地各部门规范开展公开招聘工作。会同相关部门制定印发《关于建立机关事业单位防治“吃空饷”问题长效机制的实施意见》，拟定推进高水平大学建设的人事管理政策、公立医院实施人员备案制管理政策措施及事业单位车改涉改人员转岗分流安置政策，研究修订幼儿园、中小学岗位设置管理实施意见。

（三）工资制度改革逐步推进。

会同相关部门出台省管企业负责人薪酬管理配套文件，推动各设区市全部出台国企负责人薪改方案，完成2016年度薪酬清算兑现工作。经省政府同意，从7月1日起调整最低工资标准，一类地区月最低工资标准达1 890元，增长6.78%。根据国家部署，稳步推进司法工作人员工资制度改革，深化公立医院薪酬制度改革，不断完善适应机关事业单位特点的工资制度。

（四）军转安置工作扎实开展。

制定军转干部进高校专项培训、加强自主择业军转干部管理服务、政法部门接收安置军转干部工作等3个实施意见，调整完善军转安置工作政策答复口径。全面部署军转安置各项工作，会同省委组织部和省机构编制委员会办公室完成驻宁省部属单位接收安置计划编制报批工作，协调下达垂直管理系统接收安置军转干部计划，组织开展军转干部进高校专项培训工作，600多名军转干部纳入专项培训。

（五）进一步提升人事考试专业化管理水平。

健全制度体系，加快基础设施建设，加强精细化管理，强化队伍建设，全年组织实施各类人事考试100多项，考生150多万人，实现人事考试安全率100%。

五、劳动关系总体和谐稳定

完善劳动关系调整机制，创新劳动关系协商协调机制，加强劳动关系领域社会治理，保持劳动关系的和谐稳定。

（一）劳动关系协调机制不断完善。

启动实施省级和谐劳动关系综合试验区项目建设，建立劳动关系领域行政权力事项双随机一抽查制度，发挥劳动保障监察“两网化”管理及基层调解组织作用，及时调处各类争议纠纷。全省规模以上企业劳动合同签订率保持在98%以上，已建工会企业集体合同签订率保持在95%以上。

（二）欠薪问题治理力度持续加大。

开展农民工工资支付监控和保障机制示范地区建设活动，制定推行工程建设领域农民工工资支付管理办法，推进实名制管理、工资专用账户和银行代发工资等制度，拖欠农民工工资问题得到有效遏制，全年追发农民工工资等待遇和涉及人数同比分别下降19.04%和9.92%。

（三）仲裁监察效能进一步提升。

重抓全省联动的劳动保障监察举报投诉、劳动人事争议调解服务“两大平台”运行质量，开展劳动保障监察维权调度指挥中心建设，制定推行劳动人事争议调解仲裁多元处理机制，实施劳动保障监察“双随机”抽查和“互联网＋书面审查”，推进基层调解组织建设，劳动保障监察和仲裁结案率分别达100%和98.96%。

六、人力资源社会保障基本公共服务效能稳步提升

把提升公共服务能力摆在更加突出位置，主动适应群众需求，优化服务供给，为群众提供更加便捷高效的服务。

（一）“放管服”改革深入推进。

制定出台人力资源社会保障系统权力清单，理顺各层级监管职责，实现省市县权力名称、类型、依据、编码“四统一”。积极对接江苏政务服务“一张网”，建设运行江苏人力资源社会保障“旗舰店”，江苏人力资源社会保障“旗舰店”上线39个服务事项，15个高频热点服务事项汇聚江苏政务服务App。推进“不见面”审批服务改革，省人力资源社会保障厅不见面审批服务事项21项，已全部实现网上办理。

（二）标准化水平不断提高。

全面实施人力资源社会保障基层平台建设标准和服务规范，标准化街道（乡镇）、社区（村）人力资源社会保障平台建成率分别提高到89.56%、77.6%。基本就业创业和基本社会保险16项服务纳入江苏“十三五”时期基本公共服务清单，乡镇、街道就业社保服务纳入江苏“十三五”时期基层基本公共服务功能配置标准（试行）。

（三）智慧人社建设加快推进。

完善社会保障卡发放服务体系，社会保障卡公共服务项目开通率达到100%。着力提升信息系统支撑能力，全面实行机关事业单位养老保险参保网上登记和劳动保障监察书面审查业务在线申报，基本实现用人单位诚信等级评价和企业严重失信行为联动惩戒。加强12333服务效能建设，全年累计提供综合咨询服务1 662.36万人次。

江苏省人力资源和社会保障厅

南 京 市

2017年是南京市人力资源社会保障事业发展不平凡的一年，全市人力资源社会保障系统围绕以实际行动迎接党的十九大胜利召开、学习宣传和贯彻落实好党的十九大精神，按照江苏省党代会“两聚一高”主题、江苏省委对南京提出的“两高两强”新要求和南京市党代会“一个高水平建成、六个显著”奋斗目标，坚持以人民为中心的发展思想和稳中求进工作总基调，牢牢把握“民生为本、人才优先”工作主线，坚持深化改革、创新推进工作，坚守民生底线、有效防范风险，突出工作重点、打造亮点品牌，各项工作扎实有效推进，年度目标任务圆满完成。

一、就业创业规模与质量同步提升

始终把就业作为第一位的任务摆在突出位置，全力以赴稳就业、促创业、防失业，牢牢稳住就业基本盘，力促就业质量提高与富民增收，不以年度下达目标为工作尺度，在克服“三期叠加”给就业带来巨大压力的情况下，有效保持了就业态势持续稳定向好，城镇新增就业22.54万人，城镇登记失业率控制在1.82%，居全省前列。

一是推动出台新一轮积极就业创业政策。及时出台《市政府关于做好当前和今后一段时期就业创业工作的实施意见》，优化完善发展主导产业扩大就业、鼓励企业吸纳就业、稳定岗位援助就业等新一轮促进就业政策及服务，升级实施南京“创业政策3.0”，并聚焦打造创新名城，研究制订青年大学生“宁聚”计划，为南京发展集聚各类青年人才。扩大高校毕业生住房租赁补贴发放范围，延长补贴年限，全年累计补贴高校毕业生4.84万人，共计1.9亿元。进一步完善就业登记制度，将网络创业者及其雇员等新型就业形态人员纳入登记范围。

二是大力推动创业带动就业。立足人力资源社会保障推进大众创业万众创新，紧紧抓住创业富民“牛鼻子”，创业氛围进一步浓厚。全年培育创业者3.52万人，重点实施青年大学生创业引领计划，给予资金、场地、投融资等多方面扶持，当年大学生创业人数首次突破6 000人。遴选资助优秀大学生创业项目287个，成功举办第五届“赢在南京”青年大学生创业大赛、“创响江苏”暨南京双创周等品牌创业活动，在第三届中国“互联网+”大学生创新创业大赛中本市荣获2金5银（江苏省2金7银）的优异成绩，创业创新在全市蔚然成风。

三是促进重点群体就业。千方百计创造就业岗位，全年组织各类招聘会逾千场，提供就业岗位45万个，并注重改变传统的“骡马大市”方式，建立网上就业招聘平台，收到良好效果。继续把高校毕业生摆在就业工作首位，深入实施高校毕业生就业促进计划，开发见习实训岗位7 837个，扎实做好离校未就业高校毕业生实名登记与服务工作，实现实名制登记率和服务率双100%目标，高校毕业生年末总体就业率达99.2%，创历史新高。降低社保缴费率、发放稳岗补贴等，精准帮扶企业和就业困难人员，减轻企业负担近30亿元，1.49万名就业困难人员得到有效帮扶，实现再就业

10.85万人，城镇零就业家庭和农村零转移家庭动态清零。围绕提升劳动者就业技能，全年开展大规模职业培训逾40万人次，其中政府补贴培训11.1万人次，累计发放培训补贴5 064.13万元。

二、统筹城乡的社会保障体系更加健全

把织密扎牢社会保障安全网作为重要工作目标，积极构建更加公平更可持续的城乡社会保障体系。

一是社保制度改革加快推进。机关事业单位养老保险上线运行，妥善解决养老金发放渠道和银行账户设立问题，完成全市3 315家单位、21.53万人的参保核定登记工作，基本实现“全覆盖”。按照“六统一”要求全面启动城乡居民医保制度整合工作，实现职能、机构整合到位，并全力推进城乡一体“同城同待”具体政策衔接。加快推进跨省异地就医联网结算工作，通过江苏省平台接入国家异地就医平台已达26家，跨省及省内异地结算人数均占全省2/3以上。

二是社保待遇水平稳步提高。兼顾城乡各类群体，稳步提高社保各项待遇，企业退休人员月人均养老金水平达2 908元，城乡居民基本养老保险基础养老金和被征地人员老年生活困难补助标准同步提高。城镇居民医保财政补助最低标准提高到480元，职工医保和居民医保政策范围内住院费用报销比例稳定在85%和75%以上。职工生育保险待遇个人自付比例由30%降为25%，并进一步提高生育住院结算标准。失业保险金标准上调至最高1 890元/月、最低1 053元/月。

三是社保基金管理更加规范。作为全民参保登记全国试点城市，坚持政府主导、部门协作、资源共享、优势互补，率先建立动态更新的单位和个人电子地图，着力精准扩面，试点经验得到人力资源社会保障部的充分认可。严格社保缴费基数申报，强化社保征缴稽核、待遇领取稽核及医保稽核，持续开展医保定点药店专项整治行动，全面从严加强医保定点协议管理。通过规范社保基金收支管理，保持基金健康平稳运行，各项保险参保人数达1 916.85万人次，五项基金累计结余835.19亿元。

四是社保经办能力显著提升。研究建立宁镇扬社会保险转移接续机制，2018年正式启动上线。做好第五轮企业退休人员免费健康体检等社会化服务工作，完成体检44.43万人。推进社保公共服务智能化，“南京社保”网上服务事项达74项，社保证明免费自助打印服务年逾240万份。

三、海内外高层次人才队伍不断壮大

围绕实施人才强市和创新驱动战略，着眼集聚各类人才，坚持引培并举，突出以用为主，以政策引力和优化服务吸纳扶持人才落地、创新创业。

一是大力实施重大人才工程。围绕产业导向，加大人才引进力度，深入实施高层次创业人才引进计划，715个项目通过高层次创业人才引进计划区级评审，600多个项目入围高层次创业人才引进计划市级评审，高端人才团队引进计划圆满完成，累计引进113个高端团队。

二是切实强化“双高”人才培养。新选拔40名南京市有突出贡献中青年专家，9家单位获批江苏省博士后创新实践基地，61个项目入选“六大人才高峰”资助计划。深化职称制度改革，下放本科院校高等学校教师职称评定权限，全面修订各系列中级专业技术资格申报评审条件，职业资格清理工作有序推进。进一步完善技能人才队伍培养体系，加快培育新型技能型劳动大军。新评选7个南京市技能大师工作室，参加江苏省首届乡土人才传统技艺技能大赛获2金7银11铜，2017年新增高技能人才2.53万人，每万名劳动力中高技能人才达846人。全市专业技术人才和高技能人才总量分别达135.25万人和38.74万人。

三是广泛开展海外引智工作。加强海外人才工作站建设，广泛开展赴外招聘宣传推介活

动。成功举办第十届中国留学人员南京国际交流与合作大会，与海内外人才对接洽谈 3 000 多人次，近 350 个项目达成落户或合作意向，大会品牌影响和辐射效应进一步凸显。按照“两证整合”要求承接并做好外国人来华工作许可办理工作，已办理 2 000 多人次。全市新增留学回国人员 2 581 人，新引进外国专家 1 297 人。

四是创新完善引才育才生态环境。制发《创业南京生态报告》及《创新创业地图》，自 7 月 1 日起实施《南京市人才安居办法（试行）》，针对不同类型人才及其住房需求，量身定做涵盖“购、租、补”的五种安居方式，相应编制《南京市人才安居办法适用对象（目录）》，统筹开展人才认定工作。全面取消人才服务中心经营性收费项目，提升人事人才服务水平。

四、机关事业单位人事管理更加科学规范

认真贯彻落实《中华人民共和国公务员法》《事业单位人事管理条例》等法律法规及各项配套管理制度，积极构建“制度完善、执行规范、运行有序”的人事管理工作机制。

一是加强公务员队伍建设。严把“进口关”，圆满完成 2017 年度公务员考录工作，共招录公务员 938 人。公务员分类改革有序推进，顺利完成公安机关执法勤务和警务技术警员职务序列改革试点，对 5 966 名警员职务进行了套改。规范做好公务员表彰奖励工作，优化调整评比达标表彰保留项目。精心做好公务员“四类培训”，完成公务员在职培训 7.7 万人次。

二是健全事业单位人事管理制度。深入推进事业单位岗位管理、人员聘用和公开招聘三项基本制度，纳入岗位设置单位聘用合同签订率 100%，规范有序做好事业单位工作人员统一招聘工作，确保公平公正。探索推进义务教育学校教师“区管校用”、基层医务人员“区管院用”等适合行业特点的人事管理制度。

三是创新做好军转安置工作。认真贯彻军改期间军转安置工作部署要求，突出重点，改进方法，创新路径，拓展渠道，克服困难做好年度军转安置工作，在 2016 年市公安系统提前双选改革受到中央军委充分肯定的基础上，2017 年将技术九级纳入提前双选范围，250 名军转干部进入公安系统，全年妥善安置 1 150 人，圆满完成年度安置任务。积极推进军转干部进高校培训工作，努力提高军转干部培训实效。深入拓展自主择业军转干部就业创业新途径，着力做好能力培训、政策扶持、平台搭建、创业孵化等工作，接收安置自主择业军转干部 476 人。

五、劳动者合法权益得到切实维护

把协调稳定的劳动关系作为社会和谐的重要基础，积极推进和谐劳动关系创建，规范劳务派遣单位依法用工，强化劳资纠纷调处能力。全市规模以上企业劳动合同签订率和已建工会企业集体合同签订率均逼近 100%，雨花软件谷创成江苏省省级和谐劳动关系综合试验区，江宁未来科技城创成江苏省省级和谐劳动关系示范园区。加强企业工资分配宏观指导，开展企业薪酬调查和“春季要约”等行动，扩大企业工资集体协商覆盖面，落实企业最低工资标准，职工月最低工资标准从 1 770 元提高到 1 890 元。依法做好劳动人事争议调解仲裁，强化案件质量管理，提高仲裁效能，加强基层调解组织建设。2017 年仲裁委立案处理案件结案率 100%，劳动人事争议调解成功率 89.1%，仲裁管理信息系统按期运行率 100%。加强劳动保障监察执法，建立健全“治欠保支”长效机制，主动出击，联合行动，查处欠薪，动态清零。2017 年通过执法为 4 715 名劳动者追讨薪酬 7 649 万元，基本实现按月足额发放工资、实名制管理、工资保证金和农民工工资专用账户制度全覆盖，保持了近年未发生有重大影响的欠薪群体性事件的良好态势，被评为江苏省农民工工资支付监控和保障机制示范地区。

六、城乡一体公共服务体系更趋完善

聚焦城市发展和民生关切，围绕便民利民，不断健全完善人力资源社会保障基本公共服务体系，努力推进人力资源社会保障公共服务均等化、专业化、智能化。加强人力资源社会保障基层平台标准化建设，落实省级建设标准和服务规范，人力资源社会保障标准化街镇、社区（村）建成率分别达99％、93.66％。持续深化“互联网＋政务服务”建设，深化人力资源社会保障领域“放管服”改革，全面落实省、市政务服务“一张网”建设要求，梳理发布全市人力资源社会保障政务服务事项目录清单和服务指南，明确人力资源社会保障四级平台服务经办内容和要求。推进行政审批服务实现“网上批、快递送、不见面”，让办事全程在线，打通不见面审批的“最后一米”，网上公共服务提供率达80％。优化“南京社保”“创业南京”App服务，人力资源社会保障公共服务智能化水平进一步提升。加强12333电话咨询服务，实现省、市共建服务场所搬迁改造，人工服务接听量和综合满意率均居全省前列，被人力资源社会保障部认定为全国12333电话咨询服务示范单位。市人才服务中心被授予“全国人力资源社会保障系统先进集体”荣誉称号。

南京市人力资源和社会保障局

浙　江　省

2017年，浙江省各级人力资源社会保障部门紧紧围绕学习贯彻党的十九大、省党代会精神这一主线，认真落实省委、省政府的决策部署，砥砺奋进、攻坚克难、狠抓落实，圆满完成省政府年度各项目标考核任务，各项工作取得新的进展。

一、就业创业工作

全年城镇新增就业127.2万人，城镇登记失业率2.73%，就业形势分析和企业用工监测、失业预警工作进一步加强。制定出台促进就业创业、引导鼓励高校毕业生到基层工作的政策意见，政策体系更加完备。高校毕业生就业创业率稳定增长。深入开展劳动力余缺调剂工程，全年帮扶失业人员再就业45.1万人，其中困难人员就业12.9万人。大力推进农村电商创业，累计培训农村电商16.5万人次，扶持创业3万余人。狠抓创业政策落地，全省共发放创业担保贷款22亿元，同比增长95%，认定第三批省级创业孵化示范基地26个、首批省级创业培训示范基地11个。录播“奇思妙想浙江行”节目50期，各类创新创业活动蓬勃开展，各地鼓励创业、宽容失败的氛围更加浓厚。

二、社会保障工作

深入实施全民参保计划，全省企业职工基本养老保险参保人数2 501万人、城乡居民基本养老保险参保人数1 201万人，机关事业单位养老保险基本实现人员全覆盖，本省户籍法定人员参保率达到88.6%。工伤、生育、失业保险参保人数分别达到1 977万人、1 392万人、1 381万人。社会保险基金累计结余5 938亿元，运行总体平稳。完善被征地农民转保政策和基本养老保险省级调剂办法，进一步压实地方政府主体责任。统一机关事业单位和企业退休人员基本养老金调整办法，正常缴费企业退休人员月人均养老金达到3 085元，城乡居民基本养老保险基础养老金最低标准提高到135元，老农保遗留问题清零任务全面完成。国家新版基本医保药品目录和36个国家谈判药品顺利落地，107个病种实现按病种付费。提前完成跨省异地就医住院费用直接结算工作，全部接入国家异地就医平台。完善医保慢性病政策，宁波、嘉善、桐庐长期护理保险试点深入推进。制定城乡统一的失业保险政策，农民合同制职工与城镇职工享受同等待遇。完成《浙江省工伤保险条例》立法，在参保缴费、工伤认定、待遇保障等方面在全国率先取得突破。加强社保基金监管，推动各级成立社会保险监督委员会，健全第三方审计制度，组织开展城乡居民养老保险经办机构内控专项检查，医保智能监管继续深化。社保证明实现全省统一平台在线验证和查询打印，劳动能力再次鉴定实现网上申报。

三、人才队伍建设

贯彻全省人才工作会议精神，先后制订扩大海外工程师计划、高水平打造高技能人才队伍、加强外国人才引进、深化职称制度改革等一系列配套文件。发布海外引才渠道联络图，赴北美、欧洲，以及香港特别行政区、北京、上海等地开展引才活动，成功举办“浙洽会”海外人才项目洽谈、外国专家浙江行等活动。外国专家来华工作许可和外国人入境就业许可实现两证整合，5所省属高校的7个引智基地入选国家“学科创新引智计划”，居全国首位。创建全国首家国际人才创业创新园，外国高端人才创新集聚区建设初见成效。新选拔省151人才400人、“万人计划”青年拔尖人才50人、高技能领军人才20人，新授牌省级博士后工作站98个，招收培养博士后研究人员1 100人。本省选手在第44届世界技能大赛上获得2枚金牌、3个优胜奖，居全国第二，创历史最好成绩，世界技能大赛浙江军团荣获“浙江骄傲”2017十大年度人物。成功举办第五届中国（浙江）人力资源博览会。深入开展“百名干部联千企，服务基层促转型”活动，创新专家服务模式，服务企业、服务基层工作进一步提升。在省委第一次人才工作述职评议中，列16家成员单位第一名。

四、人事制度改革

推进公务员分类管理改革，完成公安机关执法勤务警员、警务技术序列职务套改试点工作。完善考录政策，全年共录用公务员8 061人，提前启动2018年招录工作，面向“双一流”高校选调应届毕业生。扎实开展“学法用法三年轮训行动”，巩固“日志式”管理平时考核成果，首次选树全省“最美公务员”105人，树立起践行社会主义核心价值观的榜样。推进事业单位职称评聘结合改革，探索工程系列社会化评价试点，加强职称督查复审，积极推行专业技术人员资格证书电子化管理。落实事业单位科研人员离岗创业创新政策，全省已有105人离岗创业。制定事业单位特设岗位和规范人员流动办法，完善高校、农林、文化等重点领域事业单位岗位结构比例调控机制，组织开展事业单位人事管理大检查。启动军转干部进高校专项培训试点，全年安置军转干部2 747人、随军家属698人，全省企业军转干部保持总体稳定。

五、工资收入分配工作

完善事业单位绩效工资管理方式，扩大用人单位收入分配自主权。开展公立医院薪酬制度改革试点，基本建立起薪酬水平决定机制和正常调整机制。落实法官、检察官工资制度改革政策，出台人民警察值勤岗位津贴、加班补贴和政法委工作津贴政策。开展企业薪酬调查和制造业人工成本监测，发布人力资源市场工资指导价位，提升工资集体协商质效。调整全省最低工资标准，最高档达到2 010元，居全国第三位。深入推进国企负责人薪酬制度改革，收入分配秩序更趋规范。

六、和谐劳动关系建设

加强劳动保障监察执法，农民工工资治欠保支工作有力有效。实施“浙江无欠薪”行动，建立考核验收指标体系，首批试点的17个县（市、区）创建工作进展顺利。推进“双爱”综合试验区创建，发布各市劳动关系和谐指数。加强仲裁效能建设，开展示范仲裁庭创建活动和要素式审理模式改革试点，在全国率先建立仲裁案件跨区域预受理制度，劳动人事争议案件结案率达到94%、调解率达到78%，乡镇（街道）劳动争议多元化解机制建设持续推进。在平安护航党的十九大、世界互联网大会等重大活动中，系统上下做到增光添彩不添乱，为全省大局做出了应有贡献。

七、“最多跑一次”改革

推动人力资源社会保障部与浙江省政府签署《共同推进“互联网+人社”行动提升公共服务水平合作协议》，成功承办全国“互联网+人社”推进座谈会，全面展示浙江省人力资源社会保障系统信息化建设成果。系统上下联动、协同攻坚，扎实推进“最多跑一次”改革，制定“八统一”标准和指导目录，初步形成“最多跑一次”标准化体系。在全国系统工作会议、省政府多次会议上介绍相关做法和经验。统一改造业务经办系统，全力打破信息孤岛，推动系统集成、数据集中、信息共享，在“一卡通办、同城通办”上取得实质性进展。推动“互联网＋人社”行动，加快数据省级集中和应用系统市级集中建设，信息化支撑引领能力进一步提升。社会保障卡持卡人数达到5 251万人，102项应用全部开通。推进基层服务平台建设，着力打造人力资源社会保障服务标准化体系，窗口单位作风持续改进，群众和企业办事的获得感、满意度明显增强。

八、六件实事全面落实

系统上下共同努力，以落实六件实事为牵引，有力推动面上各项工作的开展。外国人才智力引培工程扎实推进，海外工程师引进成果显著，全年引进各类国（境）外专家5.1万人次，入选国家“外专千人计划”14人，连续4年居全国首位，选派2 681名人才出国（境）培训。医保改革“三突破”任务高质量完成，医疗保险参保人数5 252万人，本省户籍人员基本医疗保险参保率达到98％以上，大病保险筹资标准和报销比例适度提高，通过第二轮谈判扩增21个特殊药品；基本医疗保险制度加快统一，丽水、温州基本建立全民医保制度，湖州、衢州、舟山分别实现职工医保制度和城乡居民医保制度全市统一。扶持残疾人创业就业不断加强，建立残疾人创业基地34个，组织残疾人电商培训1万余人次，帮扶1.4万名残疾人实现就业创业。完成职业资格许可认定清理规范，新建省级高技能人才实训基地6个、技能大师工作室36个，全年新增高技能人才30.7万人。信访积案化解工作有力有效，全年共化解各类积案167件，党的十九大期间无一人进京上访，受到省委、省政府的充分肯定。人力资源社会保障数据省集中明显提速，310个人力资源社会保障信息系统数据实现省集中，信息共享和业务协同加速推进，有力夯实了“最多跑一次”改革的基础。

浙江省人力资源和社会保障厅

杭　州　市

2017年，杭州市人力资源社会保障部门以“最多跑一次”改革为牵引，改革创新、狠抓落实，在促进就业创业、推进就业社保一体化改革、加快人才国际化步伐、推进人事制度改革和公务员队伍建设、构建和谐劳动关系等方面取得了新的成绩，有效发挥了保障民生和服务发展的功能。

一、就业创业

（一）就业局势保持稳定。

深化落实“就创新政27条”，修订《杭州市就业创业指数评价体系（试行）》，实施“就业援助精准服务年”系列活动，多措并举稳住就业形势。全年新增城镇就业29.71万人，接收高校应届毕业生7.93万人，其中研究生以上学历1万人，分别增长4.58%和21.7%，创历史最高水平；城镇登记失业率控制在1.7%的较低水平。发布《2016年度杭州市高校毕业生就业接收情况报告》，为企事业单位培养引进人才提供参考。

（二）大众创业持续推进。

出台新一轮大学生创业三年行动计划、成长型大学生创业企业投资引导基金管理办法，成功举办第五届中国杭州大学生创业大赛和大学生创业服务周活动，无偿资助大学生创业项目250个、1 267万元，资助留学生创业项目53个、960万元，新成立大学生创业企业1 561家，带动就业7 412人。发挥杭州市产业优势，深化网络创业，成功举办大学生网络创业大赛（综合场），实施农村电子商务就业创业认定和政策扶持。扶持大众创业，全市开展创业培训1万余人，新增发放创业担保贷款2.49亿元，建立“创业陪跑空间”，新增认定小微创业园6家，杭州众创大会促进投融资对接3 560万元，惠及创业者9 600人，创业创新氛围进一步浓厚。

（三）就业帮扶及时有力。

完善城乡失业人员就业帮扶政策，结合户籍制度改革做好原农村就业困难人员新老政策衔接，优化落实鼓励单位吸纳、灵活就业、公益性岗位安置等帮扶政策，促进城乡失业人员实现就业再就业。进一步推进政府购买公益性岗位服务工作，拱墅区、滨江区、上城区开展引入社会力量参与公益性岗位开发管理试点。完善灵活就业管理。全年帮扶失业人员实现就业再就业11.04万人，其中困难人员4.22万人。与贵州黔东南、湖北恩施两地开展扶贫协作，对口建立岗位开发、技能培训、就业服务和权益维护“四位一体”的工作机制，提供就业岗位2.12万个。

二、社会保障

（一）社保区域统筹深化推进。

稳妥实施机关事业单位养老保险制度改革，全市机关事业单位基本实现参保全覆盖。萧山、余杭、富阳三区社保纳入市本级统筹工作顺利推进。修订《杭州市基本医疗保障办法》《杭州市基本医疗保障办法市区实施细则》，出台《关于杭州市区基本养老保险统筹管理若干问题的意见》《关于萧山余杭富阳三区与主城区工伤保险一体化工作有关问题的通知》。完成政策调整、经办规范、信息系统建设等工作。大病保险市级统筹步伐加快。全市社保政策体系进一步健全。主城区和萧山、余杭、富阳三区一体化信息系统顺利上线。775.5万名参保人员医保正常使用，135.4万名退休人员和城乡居民养老金正常发放。7项社保基金清算顺利完成。

（二）社保全民覆盖基本实现。

全民参保登记工作持续推进，建立社会保险基础数据库动态管理机制，全市城乡居民全部纳入全民参保登记管理，参保登记率达到100%的“全民”目标。截至2017年年底，杭州市职工基本养老保险、基本医疗保险、工伤保险、生育保险、失业保险参保人数分别达583.45万人、954.43万人、462.44万人、390.73万人、416.01万人，比上年年末分别新增参保人数50.94万人、56.9万人、34.03万人、41.4万人、41.85万人，全市基本养老、医疗保险参保率巩固在95%、98%以上，基本实现“人人享有社会保障”。

（三）社保待遇水平持续提高。

继续提高企业退休人员养老金待遇，全市126.2万名企业退休人员月人均增加基本养老金153元，调整后主城区企业退休人员基本养老金平均水平为2 927.25元/月。实现参保人员跨省异地住院医疗费直接结算，主城区医保个人账户扩大使用范围并实行家庭共济，实施慢性病长期处方管理，一次处方医保用药量由最多4周延长至最多12周。实施特殊药品大病保险，全年报销特殊药品大病保险2 452人次、4 698.09万元。实施医疗救助，市本级救助医疗困难人员114万人次，困难基金支付2.35亿元。落实社保领域减负惠企供给侧改革要求，减征企业医保1个月，生育保险费率下浮0.2%，下调失业保险费率，全年为企业减负36.38亿元。

（四）基金监管进一步加强。

加强社保基金监管，健全第三方审计制度，开展城乡居民养老保险经办机构内控专项检查。完善医保智能监管平台，加强对医疗服务异常信息的实时监控，在不增加参保人员负担、两定机构稳步增长的前提下，实现医保基金累计结余逐年增长。

三、人才队伍建设

（一）重大人才政策持续创新。

落实“人才新政27条”，制定“人才若干意见22条”配套政策26个，在国内同类城市率先出台《关于加快推进杭州人才国际化的实施意见》和《杭州市加快发展人力资源服务业实施细则》，提出“全球聚才十条”“开放育才六条”等政策，形成更具竞争力的人才政策制度优势。连续7年入选“外籍人才眼中最具吸引力的中国城市”，人才净流入率和海外人才净流入率均居全国城市榜首。

（二）引才引智引项目有新突破。

实施《杭州市“115”引进国（境）外智力计划实施意见（2016—2020）》，全年引进资助国外智力项目229个，其中高端年薪项目23个。举办“2017浙江·杭州国际人才交流与项目合作大会”，进一步凸显国际元素、突出产业导向，举行“创新与未来产业”杭州论坛，签约项目206个、金额29.3亿元，同比分别增长10%、44.3%。举办“创客天下·2017杭州市海外高层次人才创新创业大赛”，遴选引进世界各地创新创业人才项目，20余个国家和地区的628个高质量项目报名参赛，已正式落地项目21个，注册资金1.5亿元。外国人入境就业许可和外国专家来华工作许可“两证合一”工作平稳实施。新入选“国家千人计划”人才16人、“省千人计划”人才51人；引进外籍人才6 150人、海归人才4 068人，同比分别增长10.6%、33%。

（三）人才培养培育加大力度。

加大高层次专业技术人才培养力度，新选拔“131”中青年培养人选755人，新设立省级博士后工作站23个，新选聘钱江特聘专家30人。深入实施培育“杭州工匠”行动计划，培养高技能人才3.99万人，新认定市首席技师20人、市技术能手69人、市级技能大师工作室35个、市技师工作站4个，建成省级技能大师工作室 4 个，组织 22 名高技能人才开展“杭州工匠”出国（境）培训，组织技能竞赛 163 场，带动岗位练兵 38.7 万人次。积极征战第 44 届世界技能大赛，取得 1 金 1 优胜的历史最好成绩。

（四）人才平台创新发展。

国家外专局与杭州市政府签订《共同推进杭州国家自主创新示范区建设国际人才创业创新园合作备忘录》，共建全国首个国际人才创业创新园。进一步建设国际人力资源产业园，集聚各类机构 240 家，其中国际人力资源中介机构 25 家，实现产值 165 亿元，税收突破 2.16 亿元。

四、人事制度改革

（一）加强公务员管理。

优化公务员考试录用工作，针对偏远地区乡镇设置岗位面向本地生源或本地户籍招考，建立面试基地，完善面试抽签办法，顺利实施公务员“四级联考”和紧缺职位、人民警察、特警等招考录用工作，全市组织招录公务员 949 人。创新公务员引才育才，在全国“双一流”大学开展选调生招考，探索公务员考录“理论＋实践”的培养锻炼新模式，开展新录用公务员接访、走访、暗访“三访”集训，出台《杭州市公务员行为守则》，推进公务员职业道德建设工程。县以下机关公务员职务职级制度平稳落地，公安警务序列改革试点稳步推进。

（二）深化事业单位人事制度改革。

深化事业单位分类招聘，实施高层次、紧缺专业技术岗位自主招聘和市属事业单位管理类、通用专业技术类岗位统一招聘，组织市属事业单位统一招聘考试 2 次，全年公开招聘 1 486 人。出台《杭州市进一步完善基层文化事业单位文化专业人才公开招聘工作的指导意见》，推进基层文化单位工作人员招聘工作改革。严控岗位设置结构比例，动态开展岗位管理，建立健全岗位晋升机制，落实全员聘用与考核。鼓励和支持科研人员离岗创业创新，办理离岗创业手续 4 人。

（三）完善机关事业单位工资制度。

稳慎推进机关事业单位各项工资制度改革，法官检察官工资制度改革、公安两个职务序列人民警察试点工资制度改革、公立医院薪酬制度改革试点顺利完成。继续完善收入分配政策，出台完善绩效工资实施办法，鼓励事业单位科研人员创业创新。加大对部分群体的收入分配倾斜力度，制定收入分配的倾斜办法，对儿科、护理、精神卫生等医护人员群体实施收入分配倾斜。调整市区事业单位部分退休人员生活补贴标准，月人均增资近 220 元。对新中国成立初期工作的部分老干部开展慰问。

（四）圆满完成军转安置任务。

积极服从军队改革大局，接收安置军转干部 738 人，其中自主择业 170 人。计划安置基本实现当年接收、当年安置、当年培训。自主择业军转干部退役金年审调整、医疗保障和培训工作精细实施。组织开展培训考试、随军家属专场招聘会等工作，妥善安置随调家属 7 人、随军家属 249 人。

五、劳动关系

（一）夯实劳动关系和谐基础。

扎实开展“企业关爱职工、职工热爱企业”活动，实施“双爱”活动示范区创建工作。规范劳务派遣用工行为，开展劳务派遣年度经营情况报告核验、劳务派遣用工情况专项检查。督促规范劳动合同签订，加强协调劳动关系三方机制建设，全市劳动合同签订率 98.45%。杭州市劳动关系和谐指数全省第一，实现七连冠。

（二）完善企业工资收入分配。

区、县（市）国有企业负责人薪酬制度改革有序开展。调整最低工资标准，从 2017 年 12 月 1 日起，市区（不含临安区）最低月工资标准调整为 2 010 元，非全日制工作的最低小时工资标准调整为 18.4 元。开展工资集体协商“集中要约行动”，积极推进行业性、区域性工资集体协商，全市签订工资专项集体合同 2.22 万份，涵盖企业 8.28 万余家，覆盖职工 320 万余人。发布 2017 年杭州市劳动力市场工资指导价位和养老护理员工资指导价位，为各类企业招工、劳动者求职以及双方协商确定工资报酬提供参考依据。市区全社会年平均工资提高到 61 174 元。

（三）创新基层劳动争议调处机制。

推广调解、仲裁、监察“三位一体”一站式基层劳动关系综合协调服务平台模式，建立乡镇（街道）劳动纠纷多元化解平台 22 家，基层劳动争议多元化解机制进一步完善。实施智慧调解工程，初步搭建乡镇（街道）劳动纠纷统一受理、联调联动、信息共享、协调办理的信息化平台。企业内部劳动纠纷预防化解机制创新突破，以企业调解组织、矛盾化解中心、“双爱”活动、职工之家为平台打造“四位一体”矛盾纠纷化解模式。建立市和区、县（市）两级仲裁委员会与人民法院的工作联系人制度，裁审衔接机制进一步健全。全市共处理劳动人事争议案件 10 912 件，结案率 94.87%。

（四）加大劳动保障监察力度。

全市各级劳动保障监察机构监督检查用人单位 17.5 万余户（次），立案查处各类劳动保障违法案件 7 544 件。组织实施防范处置企业拖欠工资，清理整顿人力资源市场秩序，用人单位遵守劳动用工和社会保险法律法规情况，以“招聘、介绍工作”为名从事传销活动，快递行业、劳务派遣用工情况等专项检查 7 次，针对性集中整治、规范劳动用工秩序。强化打击拖欠工资行为，全年向公安机关移送涉嫌拒不支付劳动报酬犯罪案件 62 件，公开曝光重大欠薪违法企业 25 家、“黑名单”企业 3 家和拒不支付劳动报酬罪获刑人员 9 人，为 2.78 万名劳动者追回工资待遇 2.41 亿余元。

六、人力资源社会保障基层基础

（一）探索“互联网＋人社”建设。

推进“互联网＋人社”行动，优化升级智慧就业、智慧监察、社会保险和医疗保险等信息系统，实时共享个人参保证明、养老金领取、医疗费用结算单等 6 类数据，推广运用电子社保卡、支付宝缴纳社保医保费用，开展医保移动支付试点，194 家定点医药机构实现无卡无现金看病配药。搭建“互联网＋”双创服务平台，高层次人才创业创新服务实现职称评审、项目申报、人才认定、购房申请、政策咨询等线上完成。全市 110 个事项在浙江政务服务网实现网上申请，21 个事项实现全流程网上办理“跑零次”。

（二）打响“文化养老”品牌。

优化退休人员社区管理信息系统，推进退休人员人事档案电子化建设。优化文化养老服务，举办退休人员文体活动 900 余场。退休干部（职工）大学“一校多点、辐射杭城”的办学模式得到社会广泛认可，全年共开设教学班 216 个、在读学员 8 200 余人次，分别比上年增长 13.1%和 8%，创历史新高。

（三）提升窗口服务品质。

打造便民高效优质窗口，完成基层社保服务综合标准化国家级试点和标准体系建立，建设街道（乡镇）人力资源社会保障站样板窗口 15 个。12333 咨询服务整体划转入 12345 市长公开电话。公布人力资源社会保障“最多跑一次”事项 34 项（含 97 个子项）、负面清单 6 项，目录内事项 100%实现最多跑一次，办事申请材料缩减 37.7%，其中 31 个事项下放由基层办理。市本级退休审批实现“一窗受理、按责转办、限时办结、结果反馈”一站式服务。市人才服务局窗口被共青团中央授予“全国青年文明号”。

杭州市人力资源和社会保障局

宁 波 市

2017年，宁波市人力资源社会保障系统围绕迎接党的十九大和学习贯彻党的十九大精神这条主线，以打造“4＋人社”发展格局为目标，以深入开展“大脚板走一线、小分队破难题”攻坚行动为牵引，积极应对民生保障新挑战，锐意改革，创新发展，各项工作取得了新成效。

一、就业形势总体保持平稳

以更高质量和更充分就业为目标，着力化解就业结构性矛盾，就业创业环境进一步优化。

（一）深入实施就业优先战略。

积极谋划实施促进当前和今后一段时期就业创业工作的有效举措，推动更高质量和更充分就业。全年城镇新增就业19.5万人，失业人员再就业7.2万人，就业困难人员就业1.8万人，登记失业率2％。市就业局被评为“十二五”全省残疾人工作先进集体。

（二）持续深化就业创业服务。

大力推进高校毕业生、残疾人就业创业，创新搭建“甬优桥”政校企新型合作平台，整合实现一体化多平台在线就业自助服务。全市各级人力资源市场服务企事业单位9.8万家次，同比增长22.7％；发布岗位148.8万个次，同比增长29.9％；求职登记86.08万人次，求人倍率为1.7，较之上年略有增加。

（三）坚持创业带动就业。

创新举办中国宁波青年大学生创业大赛，全年发放各类创业担保贷款6.3亿元，新增创业实体16.2万家，带动就业83.7万人。在全省率先打造“四有”创业服务品牌，创业集市作为全省唯一创业服务类项目入选首届全国创业就业服务主题展，并获评全国优秀项目。

二、社会保障体系更加完善

以人民为中心，着力完善多层次社保体系，民生获得感进一步增强。

（一）持续推进参保扩面工作。

全市户籍人口基本养老、基本医疗保险参保率分别达到94.3％、99.2％，分列全省第一、第三。在全省率先出台《宁波市工伤康复管理办法》《宁波市工伤保险定点服务机构协议管理办法》，建筑业工伤保险参保净增25.9万人，增长8.7％。将住建、交通、城管、水利四大行业建设项目基本纳入工伤保险范围，全市工伤保险待遇享受人数为3.1万人，基金支出9.2亿元。

（二）不断提高养老保障水平。

全市3 683家机关事业单位、25.5万人按期启用省系统参加机关事业单位养老保险，参保率达到100％。全市99万名企业退休人员、7.5万名机关事业单位退休人员月人均分别增加养老金137元、289元，各类待遇人员累计增资21.5亿元。从12月1日起将最低工资标准调整为2 010元、1 800元、1 660元，分别提高8.1％、8.4％、8.5％。统筹调整机关、企事业单位退休人员和其他各类群体的养老待遇，各类养老待遇在全省处于领先水平。

（三）健全完善社保政策。

认真做好被征地农民转保、“老农保”专项清理和区划调整政策统筹与业务移交指导等相关工作，4.4 万名被征地农民转入基本养老保险，如期完成 13.6 万名“老农保”专项清理工作。177 万名原新农合人员纳入城乡居民医保，167.5 万名参保人员免费享受健康体检。

（四）稳步实施医保制度改革。

完成全部 21 家医院异地就医备案、预付金拨付等工作，跨省异地就医直接结算取得落实国家文件、双向结算成功人次、异地备案人数三个全省第一。制定出台医保付费方式改革实施方案，在全省率先实施医保移动支付试点，按病种支付方式试点和基层门诊按人头支付试点取得新成效，医保历年账户使用范围进一步扩大。围绕公立医院改革、药品采购与定价机制改革、分级诊疗等一大批医改重点任务项目，制定完善关于调整基层医疗机构慢性病常用药品范围、加强儿科建设、医药购销和医疗服务领域专项治理等医保管理配套措施，确保全市医改工作扎实推进。

（五）积极防控基金安全风险。

深刻吸取近年来社保领域案件教训，全面开展基金专项核查检查和第三方审计，梳理排查一、二级内控风险点 58 个，在 47 项关键业务中实行电子复核及分级审批，803 家定点医疗机构、1 743 家定点零售药店实行定点服务协议管理，远程智能监管系统实现人脸识别并覆盖 908 家定点医药机构。全年共查实社保欺诈疑点信息 259 条，追回养老保险待遇 132 万元；发现并查处违规定点医药机构 266 家，追回各类违规费用 1 422 万元。在全省率先与银行签订《社保基金银行账户服务协议》，四大险种上千亿社保基金实现安全、平稳、高效、增值运行。

三、人才队伍建设再上台阶

以体制机制改革创新为突破，着力打造人才生态最优市，人才支撑作用进一步凸显。

（一）强化海外智力引进。

在副省级城市中率先与国家外专局签署引智合作框架协议，深化推进意大利 CSMT（布雷西亚技术多功能中心）中国中心以及与芬兰、乌克兰合作项目，完善“一县一品牌”特色引智平台，新增海外人才工作站 2 个。深化外国人来华工作许可“两证合一”改革，颁发全省第一张、全国第二张外国人工作许可证，办证数量领跑全省。

（二）深化人才培养开发。

优化“明日菁英”服务平台，全年累计举办各类人才招聘活动近 400 场次，近 5 万名大学生来甬工作。成功创建国家级专业技术人员继续教育基地，实现上海海事大学宁波研究生院落户，新建博士后工作站 21 个、进站博士 84 人。在全国率先发布技能人才发展蓝皮书，在全国计划单列市中率先承办“技能中国行——走进宁波”活动，新增技能大师工作室 10 个，世界技能大赛国家集训基地实现零的突破。

（三）深化体制机制创新。

在全省率先对塑机行业高级职称评审引入多维评价考核指标，相关做法在全国会议交流。深入落实科技人员离岗创业政策，30 人赴创业创新一线，占全省 1/3。率先打造“一核驱动、多团组联动”的人力资源产业园集群，鄞州八骏湾获评中国最美人力资源产业园，成功举办 2017 中国（宁波）人力资源服务创新创业大赛，6 家机构获评全国人力资源诚信服务示范机构。全市人力资源服务机构 950 家，年营业收入 260 多亿元，产业发展指标列全省第一。

（四）营造拴心留人环境。

创新举办高洽会、留创行等重大引才活动，组织 1 600 余家次单位赴 30 个城市 66 所高校招聘 6 600 余人。深入开展服务“三重企业”和千名专家服务基层活动，深入中科院材料所、兵科院宁波分院、诺丁汉大学、激智科技、江丰电子等单位帮助解决人才实际困难 70 余项。优化高层次人才服务联盟运行机制，全年服务人才 5 万余次，发放购房补贴 4.3 亿元、安家补助 3 000 余万元。全年新增各类人才 18 万人（总量达 219.6 万人），其中高技能人才 4.2 万人，高级职称以上人才 6 500 人，海外工程师 203 人。新增国家“百千万人才工程”人选 3 人、国家“外专千人计划”专家 2 人，新增省 151 人才 43 人、市领军和拔尖人才 516 人，国家“外专千人计划”以总数 13 人连续 6 年在副省级城市中位列第一。

四、人事制度改革持续深化

以提质增效为导向，着力建设高素质专业化队伍，机关事业单位人事管理进一步规范。

（一）广泛开展“最美公务员”选树活动。

97 人获评全市“最美公务员”，15 人获评全省“最美公务员”。升级市直机关公务员双对考核系统。在全省率先实行新录用公务员“以师带徒”培养制度，组织公务员“学法用法”三年轮训等各类脱产培训 35 期、3 919 人次。规范公务员考录工作，优化军转安置方案，新录用公务员 615 人，安置军转干部 468 人。

（二）深化事业单位人事制度改革。

强化人才开发理念，组织开展事业单位人事管理调研，研究制定激发事业单位活力的政策措施。首次组织开展面向 2019 届优秀高校毕业生选聘高层次紧缺人才工作。积极参与新一轮行政类事业单位改革和生产经营类事业单位改革。规范事业单位公开招聘工作，严格执行违纪违规行为处理规定，加强区县（市）监督指导，探索建立公开招聘应聘人员诚信档案库。

（三）优化目标管理考核体系。

加强对年度重点工作考核力度，适当减少纳入区县（市）“双底线”考核部分的重复内容考核分值，考核激励作用进一步发挥。根据省委巡视要求和市委、市政府决策部署，会同市财政局做好全市规范津贴补贴和目标考核奖工作，全面实现区县（市）津贴补贴发放“三统一”，目标考核奖达到规范要求，市直机关公务员待遇进一步提高。

五、法治和谐不断增强

以构建和谐劳动关系为主体，着力强化源头治理、综合治理，社会稳定基础进一步夯实。

（一）全力打赢护航重要时期维稳安保攻坚战。

党的十九大和第四届世界互联网大会等重要时期，坚持主要领导亲力亲为，认真落实每日会商、值班值守、安全防护等工作制度，自上而下深入开展安全生产自查自纠，健全完善多部门协调联动、分析研判、应急处置机制，深入实施信访积案化解实事工程，实现“三个坚决防止、三个确保”目标。市人力资源社会保障局被评为 2017 年度社会治安综合治理省级先进集体。

（二）突出抓好劳动关系协调。

深入开展“双爱”主题宣传和“双爱双示范”评选活动，切实加强企业规范用工制度建设，积极预防和化解劳动关系矛盾纠纷。企业劳动合同签订率达 98%，已建工会企业集体合同签订率达到 95%，劳动关系和谐指数列全省第二位。

（三）着力加强劳动保障监察执法和劳资纠纷调处。

完成国务院和省政府两级重点督办案件办理，部署推进“宁波无欠薪”行动，开展拖欠农民工工资问题、建筑施工企业劳动用工等专项检查，处理各类欠薪案件 5 351 件，追回拖欠工资 3.8 亿元，处置劳动人事争议案件 2.9 万件，结案率、调解率分别达到 92%、70% 以上。加大积案化解和初信初访办结力度，深入开展“压责任、强基础、化积案、破难题”专项行动，全年接待处理群众来信来访 10 221 批次，实现全年无新增积案目标。

六、公共服务质量明显提升

以“最多跑一次”改革为牵引，着力发挥撬动效应，公共服务品质进一步提升。

（一）实现标准化业务办理。

严格落实“八统一”和“一窗受理、集成服务”要求，完成全市人力资源社会保障系统 117 个“最多跑一次”事项，实现跑零次 37 项、全城通办 43 项。深入开展“两提两减三增”专项行动，申请材料精简率达24.9%，办理时限平均提速26.8%。网上办事项合计100项，基层办事项合计78项，一套统一规范的办事标准体系初步建立。

（二）积极推进“互联网+人社”行动。

初步完成信息一体化整体框架建设，基本形成“一库四平台”数据资源格局，实现全市19个业务系统数据集中，发布一体化电子档案、电子签章等应用标准规范，完成与市政务服务统一受理平台111个事项对接，宁波人社App、微信公众号、城市服务等新互联网服务上线，注册人数超85万人。完成余姚、象山社保统征系统及养老、工伤、生育保险支付系统市级集中。在全省率先启动宁波人社智慧中心项目建设，致力打造集监管、展示、指挥、交流和学习于一体的宁波市人力资源社会保障系统“指挥部”和“金名片”。

（三）探索创新便捷化特色服务。

深入开展“简化优化办事流程、着力提升服务效能”活动，全面实行快递免费送达办结文书和窗口服务“免填单”模式，全面转移社保卡业务至313个合作银行指定网点并实现全城社保卡业务即时办理，累计发放社保卡800多万张，新增自助服务一体机300台，退休认证人脸识别、参保证明网上打印及城乡居民体检预约等新应用受到普遍欢迎。12333电话咨询服务中心被授予“全国人力资源社会保障系统先进集体”和“全国12333电话咨询服务示范单位”荣誉称号。宁波市获评“全国第二批社会保障卡综合应用示范基地”。市人才服务中心被授予“全国人力资源诚信示范机构”荣誉称号。

宁波市人力资源和社会保障局

安 徽 省

2017年，安徽省各级人力资源社会保障部门围绕迎接党的十九大和学习贯彻党的十九大精神，深入贯彻落实中央和省委、省政府决策部署，主动适应经济发展新常态，牢牢把握稳中求进工作总基调，改革创新、砥砺奋进，推出了一批重要改革措施和重大政策，破解了难题，办成了大事，开创了人力资源社会保障工作新局面，事业发展呈现良好态势，满怀信心迈进了新时代。

一、主动融入大局，服务全省发展更加有位

（一）深入实施共享发展行动计划。

牵头承担安徽省共享发展行动专项小组办公室工作，突出抓好目标制定、任务分解、机制构建和项目建设，建立共享发展重点项目库，收入重点项目822个，完成投资1 142.2亿元，重大工程任务全面完成。省政府明确由省人力资源社会保障部门牵头负责城镇居民增收工作，全部门上下积极主动，快速行动，组建联席会议，建立收入预测模型，加强政策跟踪，全省城镇常住居民人均可支配收入同比增长8.5%，与经济增长同步。

（二）全力促进就业创业。

坚持把促进就业作为重大政治责任和第一位的工作，深入实施就业优先战略和更加积极的就业政策，出台《安徽省人民政府关于进一步促进当前和今后一段时期就业创业工作的通知》，提出新一轮具有安徽特色的20条促进就业创业政策。大力实施“创业江淮”行动计划，建成安徽省创业服务云平台，建立青年创业园等孵化基地677个，月增市场主体5.6万个。城镇新增就业68.2万人，城镇登记失业率2.88%，高校毕业生就业率达96.3%，为近年来最好水平。就业创业工作成为经济运行的突出亮点，国务院对安徽省就业工作给予表扬激励。

（三）积极服务实体经济发展。

实施阶段性降低社会保险费率政策，为企业减负26.8亿元。落实援企稳岗补贴政策，帮助困难企业缓缴社会保险费18.7亿元，发放稳岗补贴10.3亿元，稳定就业岗位481.4万个。牵头负责对蚌埠市开展送发展理念、送支持政策、送创新项目、送生产要素、服务实体经济的“四送一服”双千工程，被考评为优秀牵头单位。组织开展“万名专家服务基层”活动18期，培训各类人才2.1万人次，充分带动人才、技术、管理向基层和企业流动。

（四）稳妥推进去产能职工安置。

坚持化解产能无情、安置员工有爱，通过鼓励企业挖潜消化一批、落实岗位补贴稳定一批、实施内部退养分流一批等“六个一批”举措，整合培训补贴等12项普惠政策，创新内退人员稳岗补贴和社保补贴2项特惠政策，做到一心一意、一丝不苟、一视同仁、一人不落。深入实施“就业新起点计划”，帮助化解钢铁煤炭行业过剩产能中的失业人员尽快实现就业创业，2.4万名去产能分流职工转岗不下岗。

（五）深入实施就业扶贫工程。

将就业脱贫纳入安徽省扶贫攻坚十大工程，大力实施“精准帮扶精准就业精准脱贫专项行动计划（2017—2020年）”，全力以赴支

持大别山区等地扶贫开发。认定省级就业扶贫基地48个，推荐认定国家级就业扶贫基地47个，创新建设集就业扶贫车间、电商服务中心、公共就业和社会保障服务中心于一体的“就业扶贫驿站”1 282个，建立就业创业一站式服务中心37家，帮助13.2万名贫困劳动者就业创业。

二、聚焦热点难点，保障改善民生更加有效

（一）不断完善社会保障制度。

组织实施社会保障全覆盖工程，全面实施全民参保计划，覆盖城乡的社会保障体系基本形成。深化机关事业单位养老保险制度改革，完善城镇职工养老保险和统一的城乡居民养老保险制度。加快推进城乡居民基本医疗保险制度整合，巩固完善城镇居民大病保险制度，持续深化医保支付方式改革，全面实现跨省异地就医联网直接结算。工伤预防、补偿和康复的“三位一体”制度体系基本形成。失业保险预防失业、促进就业功能进一步增强。生育保险保障放开两孩生育作用更加彰显。

（二）认真落实社会保险待遇。

及时调整退休人员养老金待遇，人均每月增加143元，企业退休人员养老金月人均达到2 232元。报请省委、省政府研究决定将安徽省城乡居民基础养老金最低标准提高17元。清欠追回被征地农民社会保障资金26亿元。为全省60.2万名八类“老字号”人员代发生活补助金13.4亿元，为全省79.2万名被征地农民年发放养老金29.1亿元，为930万名老年城乡居民发放养老金近百亿元。城乡居民医疗保险各级财政补助标准提高到450元。失业保险总费率由1.5%降至1%，失业保险金计发比例由市本级最低工资标准的75%提高至90%，月人均增加214元。

（三）大力构建和谐劳动关系。

认真贯彻落实关于构建和谐劳动关系的意见，全面实行劳动合同制度，稳步推进集体协商制度，集体合同覆盖率达84%以上。健全协调劳动关系三方机制，推动县级以上政府建立协调劳动关系三方委员会。加快推进和谐劳动关系综合试验区建设，探索构建和谐劳动关系治理新模式。不断健全劳动人事争议调处机制，在全国率先开展仲裁院标准化建设，仲裁办案质量和效率持续提高。全年共受理劳动人事争议案件4.3万件，结案率98.1%。

（四）切实维护农民工权益。

扎实做好为农民工服务工作，开展农民工生产生活“四个一”体验活动，营造关心关爱农民工浓厚氛围。健全治理拖欠农民工工资问题长效机制，连续开展保障农民工工资支付、解决欠薪历史遗留问题专项整治、治欠保支专项督查和“清欠倒计时”百日行动等攻坚行动，农民工工资拖欠问题得到有效治理。全省各级劳动保障监察机构共检查各类用人单位3.1万户，为7.1万名劳动者追发被拖欠工资8.4亿元。全省查处工资类案件数、涉及人数、涉及金额同比下降58.9%、49.5%、41.5%，未发生重大群体性事件。

三、突出人才优先，强化才智支撑更加有力

（一）全力推进技工大省建设。

集成、拓展相关资源和措施，报请省政府出台支持技工大省建设10条政策措施，研究制定40条实施细则，助推全要素生产率的提升。出台名师带高徒实施办法、省级高技能人才培训基地项目实施管理办法、政府购买企业举办的技工院校人才培养服务等政策。深入实施高技能人才培养工程，全年组织技能培训262.5万人次，开展职业技能鉴定42万人次。加快发展技工教育，技工院校招生5.4万人，增幅、增量均居全国首位。安徽省选手参加第44届世界技能大赛取得“首次参赛、首夺奖牌”的历史性突破。2017年新增高技能人才10.3万人，全省技能人才总量达465.5万人。

（二）加快推进人才高地建设。

大力实施“江淮英才工程”，实施战略性新兴产业技术领军人才、知识更新“531”计划等重点项目，加大学术技术带头人和产业领军人才选拔力度。认定战略性新兴产业技术领军人才 250 人，选拔省学术和技术带头人及后备人选 236 人，6 人入选“百千万人才工程”国家级人选。新增省级留学人员创业园 1 个、省级继续教育基地 22 个、省级博士后科研工作站 44 个。全年新增专业技术人才 22.4 万人，全省专业技术人才总量达 342.4 万人。

（三）持续加大引智工作力度。

深入实施“外专百人计划”，组织开展“中美工程技术研讨会”“外国专家江淮行”“海外名师大讲堂”等活动，顺利举办“黄山友谊奖”颁奖暨外国专家建言献策活动。开展“外国专家大回访”活动，发现问题和征集需求意见 10 类、132 条，为创新服务方式提供了导向和依据。全年实施引智项目 262 个，引进各类外国人才 5 200 余人次，选派 541 人赴境外培训。1 名外国专家荣获中国政府友谊奖，18 名外国专家入选第五批省“外专百人计划”。培育和建立国家级、省级引智示范基地 24 个，设立海外引智工作站 5 个。

四、锐意探索创新，全面深化改革更加有为

（一）扎实推进民生领域改革。

研究制定进一步引导和鼓励高校毕业生到基层工作的实施意见，建立健全“下得去、留得住、干得好、流得动”的长效机制，鼓励引导大学生到艰苦边远地区干事创业。启动生育保险和职工基本医保合并实施试点，探索长期护理保险制度试点。研究出台《安徽省工伤保险省级统筹暂行办法》，健全省级调剂金管理办法等配套政策，工伤保险省级统筹制度框架基本确定，省级统筹工作整体平稳。启动养老保险基金委托投资运营，分两批划转资金 431.5 亿元。

（二）全面深化人才体制机制改革。

出台深化职称制度改革的实施意见，创造性建立事业单位岗位管理区域、行业、结构、人才、绩效等“五统筹”机制。创新建立基层医疗卫生机构岗位固定、人员流动、服务持续的“县管乡用”人才管理机制，在 6 个县（区）开展试点。围绕合肥综合性国家科学中心建设，研究制定 10 条人才新政，开辟海外高层次人才职称评审绿色通道，为科学中心量身定制江淮优才卡。研究制定加强新形势下引进外国人才工作的实施意见，提出了具有较强针对性的政策措施。全面实施外国人来华工作许可制度改革，建立健全部门协调机制，前移服务窗口，下放审批权限。

（三）持续深化人事制度改革。

积极推进公务员分类管理改革，重新启动事业单位参公管理审核审批工作。强力推进公安机关人民警察招录培养和艰苦边远地区公务员考录制度改革，新招录公务员 6 817 人。改进公务员考核办法，完善表彰奖励制度。报请省委、省政府表彰了一批安徽省人民满意的公务员和集体，组织举办先进事迹巡回报告会。健全公务员培训机制，举办五大发展行动计划等专题培训班 35 期，培训公务员 25 万人次。组织开展全省公务员学法用法在线考试，通过率达 98%以上。创新军转安置和培训方式，妥善安置军转干部 1 661 人。在高校院所设立流动岗位，打通体制内外人才流动渠道，吸引企业优秀人才到高校院所兼职任教。

（四）稳慎推进工资收入分配制度改革。

扎实推进司法体制改革，认真开展法官、检察官工资制度改革试点，首批试点市县完成基本工资套改和保留津贴核定。持续深化机关事业单位工资制度改革，全面推开公立医院薪酬制度改革试点。省属企业负责人薪酬制度改革政策落实到位，省直部门和市、县所属企业负责人薪酬制度改革基本完成。

五、紧扣服务提升，夯实基层基础更加有方

（一）不断健全公共服务体系。

扎实推进基层就业和社会保障公共服务设施项目建设，50 个县（区）、253 个乡镇项目建成使用，公共服务进一步向基层和农村延伸。新建了一批青年创业园，支持有关市建成军民融合产业园。全面整合县级公共就业和人才服务机构，推动人力资源市场公共服务与经营性服务分离。持续深化“多证合一、一照一

码”社会保险登记制度改革，主动提升服务水平。健全政府购买社会力量引进各类高层次人才服务体系，开展海（境）外人才招聘活动。主动预防化解人事考试安全风险，严格试题命制管理，周密组织笔试面试，规范考务工作，安全有序完成近百项人事考试任务。

（二）加快推进信息化建设。

研究出台深入推进“互联网＋安徽人社”行动实施意见，积极推动“信息化人社”向“互联网＋人社”转变。阳光政务平台建成运行，一网融合进程加速，服务事项实现网上办理。建立厅协同办公系统，办公自动化建设成效明显。加快推进机关事业单位养老保险、全民参保登记等信息系统建设，全面实现省内和跨省异地就医联网结算。出台江淮优才卡管理办法。实施安徽技工蓝卡认证制度，实行技能人才实名制信息管理，入库技工近400万人。新增全国社会保障卡综合应用示范基地2个，全省社会保障卡持卡人数达到4 993万人。

（三）切实加强干部队伍建设。

严格落实中央八项规定和省委三十条要求，在全系统扎实开展“讲重作”专题教育和警示教育，深入推进“两学一做”常态化、制度化建设，党员干部“四个意识”进一步增强。持续加强党风廉政建设，不断健全廉政风险防控机制，启动实施巡察试点，全面从严治党向纵深推进。加大系统干部教育培训力度，坚持解放思想不停步，坚决破除按部就班、故步自封，鼓励登高望远、改革创新干事业，事业发展理念、发展方式、工作方法不断改革创新，干部队伍活力得到充分激发。持续加强窗口单位作风建设，全面推进法治人社建设，公共服务能力和质量不断提升，人民群众的满意度不断提高。

安徽省人力资源和社会保障厅

福　建　省

2017年，福建省人力资源社会保障系统在人力资源社会保障部的科学指导和福建省委、省政府的正确领导下，坚持以习近平新时代中国特色社会主义思想为指导，紧紧围绕迎接党的十九大、宣传党的十九大、贯彻党的十九大这一中心任务，认真贯彻落实中央经济工作会议、全国人力资源和社会保障工作会议、福建省第十次党代会精神，以及省委十届三次、四次、五次全会精神，突出“再上新台阶、建设新福建”，按照“12333”（即落实一个人力资源社会保障专项规划，抓好人力资源和社会保障两个领域重点工作，突出人事人才、收入分配、养老保险三项改革，突出补齐公共服务、信息化、技工教育三个发展短板，突出加强机关党建、干部队伍、创新机制三项建设）总体工作思路，坚持党建引领，抓重点、促改革、补短板、防风险、优服务，着力增光添彩不添乱，各项工作取得显著成绩，多个领域取得突破进展，圆满完成各项目标任务。

一、就业局势总体保持稳定，就业目标提前实现

坚持把就业作为最大的民生，贯彻实施就业优先发展战略，制定实施符合本省实际的一系列就业政策，鼓励大众创业、万众创新，统筹做好重点群体就业，完善面向全体劳动者的职业培训制度，不断做大就业增量、盘活就业存量、引导就业流量。全年全省城镇新增就业60.49万人，完成年度目标任务的109.98%；城镇失业人员再就业19.96万人，完成年度目标任务的199.6%，其中城镇就业困难人员实现就业4.77万人，完成年度目标任务的159.0%；城镇登记失业率3.87%，控制在年度目标任务4.2%以内。省内院校高校毕业生年度就业率97.26%，高于上年同期水平。离校未就业高校毕业生实名登记就业率首次超过90%，达92.8%。

（一）抓形势研判。

组织开展全省企业用工专项调研，建立健全省市两级就业形势月度分析报告制度，加强对就业形势的跟踪分析和前瞻预测。在两节、毕业季等时点开展专项调查，进行动态监测，及时发现倾向性和苗头性问题，提出针对性政策建议。组织供给侧结构性改革与更高质量就业等省重点课题研究，有效实现成果转化。

（二）抓政策完善。

出台进一步引导和鼓励高校毕业生到基层工作的实施意见、做好当前和今后一段时期就业创业工作实施意见和2017年普通高等院校毕业生就业、失业保险技能提升补贴、创业担保贷款身份认定等政策，打造具有福建特色、面向全体劳动者的“就业创业政策超市”。实施大学生就业创业促进计划，高校毕业生就业公共服务水平进一步提升。实施“稳就业、防失业、促创业”行动计划，拓展创业政策，落实失业保险稳岗补贴、技能培训等系列措施，加强困难企业流出人员安置指导，36处煤矿纳入化解过剩产能工作计划，拟分流安置职工6 668人，截至年底已完成全员分流。

（三）抓创业扶持。

开展创业大本营专家巡回服务活动，加强高校毕业生、农民工等群体返乡创业政策扶

持，累计扶持创业大本营 64 家、资金 1 642 万元。实施大学生创业引领计划，资助评审 95 个优秀创业项目，分别给予 3 万～10 万元的资助，共计资助金额 435 万元。扶持建设 18 个高校毕业生创业孵化基地（大学生创业园），给予每个基地 20 万元或 40 万元补助经费，合计补助金额 420 万元。面向全省各行各业广泛征集创业导师，新评选省级创业导师 142 名，组织开展创业帮扶 700 余人次。

（四）抓就业扶贫。

实施人力资源社会保障系统精准扶贫攻坚行动计划和推进精准就业扶贫六条措施，将建档立卡贫困家庭劳动力纳入就业困难人员对象范围，并建立精准就业扶贫数据库，为 16.05 万名贫困家庭劳动力发放就业创业证，促进 3.7 万名贫困家庭劳动力转移就业，43 家企业被授予“全国就业扶贫基地”称号。

（五）抓技能提升。

持续推进产业技术工人队伍素质提升培训，开展岗前、在岗、转岗等各类针对性技能培训。持续开展“春潮行动”农民工职业技能提升培训，完成培训 22.35 万人次。开展“互联网＋”从业创业人员培训，完成培训 16.94 万人次。开展建档立卡贫困人口劳动年龄段内有培训意愿人员培训，完成培训 2.26 万人。

（六）抓继续教育。

积极实施专业技术人员知识更新工程，不断推进专业技术人员继续教育工作。在全省专业技术人员中开展“绩效管理与业务能力提升”“专业技术人员权益保护”等公共课培训。围绕重点领域、主导产业，广泛开展专业技术人员知识更新继续教育和高级研修，组织实施国家级高研班 5 期、省级高研班 89 期，选送 100 多名相关专业的中高级专业技术人员参加省外举办的国家级专业技术人员高研项目。

（七）抓督导落实。

强化政府在促进就业中的首要职责，出台促进就业目标责任制督查考核办法，首次采用量化考评方式，对各地政府整体工作细分评定档次，进一步提升督查实效。启动“就业政策宣传年”活动，在门户网站开辟政策宣传专栏，依托 12333 平台进行政策推送，组织人力资源社会保障局长、就业处长巡回宣讲数十场，编印发放就业政策一本通，不间断营造政策宣传热度。

二、全民参保登记计划全面实施，社会保障网扎得更实

围绕建立更加公平、更可持续的社会保障制度，扎实开展社会保险制度建设、全民参保登记、调整待遇等工作，着力做到应保尽保、应缴尽缴、应发尽发，不断织密扎牢社会保障网。截至 2017 年年底，全省城镇职工基本养老保险参保 1 022.31 万人，完成年度计划的 104.53％；城乡居民养老保险参保 1 493.74 万人，完成年度计划的 100.25％；失业保险参保 612.33 万人，完成年度计划的 104.85％；工伤保险参保 798.72 万人，完成年度计划的 108.52％。

（一）摸实数。

全面实施全民参保登记计划，完成入户调查 880 万人，入户调查完成率 100％，登记信息入库 3 917 万人，登记信息入库率 100％。推动机关事业单位养老保险制度改革实施，将符合政策规定的对象纳入参保。全省机关事业单位实现 100％参保征收和 100％待遇发放。着力清理老农保遗留问题，全省老农保完成对账 112.17 万人，占比 89.18％；完成清理 98.98 万人，占比 78.69％。扎实开展建筑业工伤保险专项扩面行动，在建项目参保率 97.02％，新开工项目参保率达 98.89％。

（二）定实策。

完善机关事业单位养老保险制度改革配套政策，促进新旧制度平稳衔接。明确视同缴费年限认定规定，调整职务升降人员养老金预发标准。贯彻落实阶段性降低社保费率政策，失业保险单位缴费费率由 1％降至 0.5％，工伤保险平均缴费费率由 0.564％降至 0.485％。

（三）出实招。

稳步开展职业年金投资运营准备工作。落

实2017年退休人员调整待遇工作，企业和机关事业单位退休人员待遇调整总体幅度为5.5%。城乡居民基本养老保险省定基础养老金达每人每月100元，比国家标准高30元。新增养老年龄段被征地农民按当地低保标准发放养老保障金，待遇水平大幅提升。全省工伤认定3.3万人，完成劳动能力鉴定16 499例，其中1～4级359例，5～6级400例，7～10级11 695例，未达级2 707例，因病鉴定1 338例。1～4级伤残职工平均伤残津贴高于2 800元。落实失业保险稳岗补贴政策，发放稳岗补贴37 946.49万元，享受补贴企业41 365户，受惠职工236.77万人。组织开展全省城乡居民养老保险经办机构内部控制执行情况、工伤保险基金管理使用情况专项检查和养老保险重点指标专项检查。牵头开展社会保险经办风险管理专项行动，强化非现场监督和现场监督有机结合，进一步加强社保基金监管，增强基金抗风险能力，确保基金安全。

三、人才优先发展战略加快推进，人才队伍活力增强

实施人才优先战略，不断深化人才发展体制机制改革，紧紧围绕全省重大战略、重点区域和重点产业，在人才引进、培养、使用和服务上下功夫，以高层次人才、高技能人才、高端外国专家为重点的各种人才队伍不断壮大。截至2017年年底，全省专业技术人才总量达252万人，其中高级专业技术人才21.5万人；技能人才总量达600.4万人，其中高技能人才102.6万人。

（一）抓引才。

制定实施加强人才服务、支持福州大数据产业发展、台湾高层次人才引进、外国人才引进服务等政策，建立首批14个海外引才联络站，制定实施2017—2018年度紧缺急需人才引进指导目录。引进国（境）外高层次和急需紧缺人才500多人次，国家高端引智项目立项103项（含厦门、厦门大学、华侨大学等3个计划单列市与单位）、经费资助近3 100万元。

（二）强高端。

推进国家“万人计划”、省“海纳百川”等高层次人才项目实施，7人入选“百千万人才工程”国家级人选，选拔推荐省“特支计划”百千万工程领军人才候选人23人、青年拔尖人才候选人36人，实地考评首批省企事业人才高地建设单位10家。实施《海峡博士后交流资助计划》，引进培养资助37人，引进招收博士后研究人员269人，全省在站博士后978人。2017年，全省新增高层次人才1.1万人。

（三）重技能。

新增国家级高技能人才培训基地4个、国家级技能大师工作室10个。遴选第三批福建省技能大师30人。加强职业技能竞赛，组织实施一类赛17项、二类赛2项，组织实施市级一类赛计划30项。深化技工教育改革，积极探索企业新型学徒制培养模式。加强技能人才培养，2017年新增技能人才24.1万人，其中高技能人才6.99万人。做好机关事业单位工勤人员考核管理工作，全年参加考核6 606人，获得证书1 684人。

（四）激活力。

省委办公厅、省政府办公厅印发《福建省深化职称制度改革的实施意见》，全面贯彻落实中央关于深化职称制度改革精神，健全职称制度体系，完善职称评价标准，创新职称评价机制，完善不拘一格选拔人才办法，促进职称评价与人才培养使用相结合，改进职称管理服务方式。组建第一届杰出人才认定委员会，开展首次高层次人才直接认定正高职称资格工作，直接认定享受教授、研究员待遇高级工程师15人，高级经济师1人。制定出台加强山区专业技术人才队伍建设十条措施，在人才引进、培养、评价、使用、激励、保障等方面支持山区人才队伍建设，更好地激发人才活力、服务山区发展。

四、人事管理从严从实，干部队伍素质有新提升

深入实施公务员法，积极探索公务员分类

改革，扎实推进公务员综合管理、分类考核、分类培训、阳光科学考录、表彰奖励、精准扶贫培训和职业道德建设等工作，公务员队伍建设有新提升。

（一）持续推进分类改革。

会同做好法官检察官、司法辅助人员分类管理，制定实施市县两级法院、检察院领导人员管理办法，启动第三批法官检察官入额遴选工作。深入实施县以下机关公务员职务与职级并行制度，办理职级晋升 4.1 万人。积极开展聘任制公务员试点工作，在聘（含续聘）13 人。

（二）打造“阳光”考录品牌。

坚持“公开、平等、竞争、择优”考录原则，做到“凡进必考”。顺利完成 2017 年度考试录用工作。全年省市县乡“四级联考”计划招录 4 016 人，17 万人报名，13 万人参加笔试，1.1 万人参加集中面试。此外，完成公安院校公安专业应届毕业生 613 人招考、定向招录培养公安专业人才 14 人，赴新疆招考维吾尔语专门人才 18 人，招考西藏籍藏汉双语应届毕业生 3 人等专项考试。注重倾斜基层，服务扶贫攻坚，设置 360 个专门职位，用于招考大学生退役士兵、参加“大学生村官”“三支一扶”等服务基层项目的高校毕业生。会同省委组织部实施 2017 年度省级机关公开遴选，遴选 40 个职位、60 人。

（三）着力提升能力素质。

制定《2017—2020 年福建省行政机关公务员培训纲要》，规划公务员培训工作。整合优质培训资源，创新省级调训方式，实施海外培训内地办、重点培训联合办、扶贫调训省市办，调训 2 800 人次，全省培训人数 35 万人次。开展全省应急管理网络培训，全省 20 万名公务员参训。

（四）发挥正向激励作用。

稳步推进公务员平时考核试点工作，强化考核结果使用。发挥表彰奖励激励作用，组织开展 23 个国家部委评选表彰项目、20 个省级系统评选表彰项目。树立以廖俊波为代表的各类先进典型，激励各级干部职工提升干事创业精气神。建立健全公务员诚信红黑名单制度，印发福建省公务员职业道德建设工程实施方案。

（五）深化事业单位改革。

贯彻落实事业单位人事管理条例，实行岗位结构动态调整机制，出台加强全省基层专业技术人才队伍建设的实施意见。推行聘用制度，全省推行聘用制度事业单位数占总数的 98%，已签订聘用合同人员数占总数的 96%。加强事业单位公开招聘指导和监管，实行基层和艰苦边远地区招聘政策倾斜，开展全省公开招聘中小学教师统一笔试，统一发布全省教师招聘信息，实施地质测绘、医疗卫生、中职学校等急需紧缺人才专项招聘。

（六）扎实做好军转干部安置工作。

积极推进军转干部“阳光安置”，加强军转干部教育培训和自主择业军转干部管理服务，认真做好企业军转干部有关工作，全年安置军转干部 2 493 人。

五、收入分配改革稳步推进，收入分配趋向有序合理

企业工资收入分配制度进一步完善，欠薪应急保障金、企业工资保证金等工资支付保障制度全面实施，机关事业单位工资收入分配制度改革和国有企业负责人薪酬制度改革稳步推进。

（一）加强企业工资分配宏观调控。

建立企业薪酬信息调查和发布制度。对全省 3 914 家企业、61.38 万名职工的薪酬数据开展调查，按季度对 7 个制造业行业共 151 家企业进行人工成本监测。省、市两级均发布工资指导线，全省各地共发布 3 436 条通用工种价位信息，各地发布的企业人工成本信息均覆盖 13 个以上行业。调整福建省最低工资标准，月最低工资标准各档平均增加 176.8 元，扣除物价影响后年均增幅 6%。稳妥推进国有企业负责人薪酬制度改革，通过召开会议、举办培训、印发催办函、开展调研督查活动等形式，加强工作督导，统筹推进全省改革工作，国有企业负责人薪酬制度改革省、市、县三级已全

面铺开。同时，在全省开展国有企业工资内外收入检查工作，进一步规范国有企业收入分配秩序。

（二）加强机关事业单位津贴补贴和绩效工资的规范监管。

贯彻国家和省有关部署，认真开展“1＋X”规范津贴补贴专项督查，在省直机关部署全覆盖交叉检查，持续推动“吃空饷”问题治理，形成高压态势。

（三）贯彻落实促进城乡居民增收实施意见。

会同省发改部门牵头出台福建省促进城乡居民增收意见，细化分解任务，落实工作责任，积极促进城乡各类群体增收。

六、劳动关系和谐稳定，劳动者合法权益得到有力维护

深入贯彻落实《中共福建省委　福建省人民政府关于构建和谐劳动关系的实施意见》，将和谐劳动关系构建工作列入省政府对设区市绩效考评和省综合治理考评（平安建设）内容，全面推广“无欠薪项目部”，深入开展欠薪综合治理，和谐劳动关系工作基础不断夯实。

（一）构建和谐劳动关系。

省、市、县均成立了由政府分管领导担任主任的协调劳动关系三方委员会，将非公有制企业构建和谐劳动关系情况纳入社会管理综合治理考评内容，强化政府构建和谐劳动关系责任考评。深入实施劳动合同制度，以小微企业和农民工为重点，通过加强法律宣传培训、推行使用简易劳动合同范本、加大执法检查力度等举措，不断提高劳动合同签订率和履行质量。以工资集体协商和行业性、区域性集体协商为突破口，进一步扩大集体合同的覆盖面。截至2017年年底，全省各类企业劳动合同签订率达97.31％，集体合同签订率达87.64％，全省企业用工备案有效单位数17.13万户、备案职工310.79万人。深入开展和谐劳动关系创建活动，大力推广厦门“1118”和谐劳动关系创建品牌，积极探索总结莆田“1＋N”矛盾多元调解模式，充分发挥基层和民间组织力量参与和谐劳动关系创建工作。以非公有制经济发达的石狮、晋江及厦门的思明区、湖里区为重点，开展和谐劳动关系综合试验区建设试点。截至2017年年底，全省有4个工业园区、27家企业被评为全国劳动关系和谐工业园区与和谐企业；66个工业园区、1 325家企业、20个乡镇（街道）、14个街道被评为省级劳动关系和谐工业园区、和谐企业、和谐乡镇（街道）。

（二）做好争议调解仲裁。

劳动人事争议仲裁实体化建设覆盖全省市、县（区），省市县三级组建劳动人事争议仲裁委员会93个，组建率达98.94％。改进仲裁办案机制和办案质量管理，提高劳动人事争议仲裁水平。全年全省共立案受理劳动人事争议案件4万件，仲裁结案率为93％。

（三）强化劳动保障监察。

出台《福建省治欠保支三年行动计划（2017—2019）》，健全欠薪综合治理长效机制，“无欠薪项目部”创建活动覆盖所有政府投资工程建设项目。加强劳动保障监察执法，组织开展拖欠农民工工资问题整治、欠薪风险隐患排查化解、解决拖欠农民工工资问题督查、用人单位遵守劳动用工和社会保险检查、农民工工资支付情况检查等专项行动。2017年，为8.26万名劳动者追讨工资等待遇5.77亿元。

七、基层基础进一步夯实，公共服务能力持续提升

坚持以人民为中心的发展思想，对照福建省“十三五”人力资源和社会保障事业专项规划要求，大力推进“互联网＋人社”行动计划，加快推进重点项目落实，加快建设公共服务平台，着力建成规范、便捷、高效的人力资源社会保障环境。

（一）推进重点项目落实。

省本级“社会保障公共服务中心”已经福建省人民政府同意，正在推进立项等工作。中

德合作智能制造实训基地项目已经批准立项，正在推进后续工作。出台福建省加强改进人力资源社会保障领域公共服务实施方案，明确32项简化优化公共服务措施任务分工和完成时限。

（二）推进基层公共服务设施建设。

全省9个设区市、平潭综合实验区和84个县（市、区）均建立公共就业服务机构，福州、厦门、龙岩、宁德、漳州、泉州、莆田7个设区市（三明、南平已列入建设规划），平潭综合实验区和30个县（市、区）实现养老保险统一场所经办。首次将用工服务、创业服务、政策宣传培训等列入就业服务补助范围，进一步缓解基层平台保障不足问题。

（三）推进“互联网＋人社”工作。

制定福建省“互联网＋人社”工作方案，推进服务事项网上办理。率先启用领取养老金资格人脸识别认证系统，通过手机、电脑即可实现企业离退休人员养老金领取资格在线认证服务，2017年通过该系统完成认证的离退休人员占应认证人员总数的91.6%。省机关事业单位人事管理平台在省直单位推广应用，实现工资审批管理的在线办理。

八、坚持全面从严治党，自身建设进一步加强

坚持党建引领。加强统一领导，强化主体责任，抓实理论武装，严格党内生活，夯实党建基础。同时，狠抓社会组织党的组织和党的工作“两个覆盖”，覆盖率分别达到80%和100%。对违纪案件进行查处通报，有效遏制了落实中央八项规定精神不够严格的歪风。

强化队伍建设。严格执行民主集中制，修订完善工作规则及内部管理机制，坚持按制度管人管事。完善内部协作和部门间沟通机制，增进共识、增加理解、增强合力。按照好干部“20字标准”，加强干部队伍建设，重视年轻干部培养使用，提振干事创业精气神。

突出问题整改。2017年作为全面从严治党主体责任落实情况重点检查单位，针对检查组提出的5个方面13个问题和问责建议，制定整改清单，细化为27个整改事项和40条具体整改措施，一件一件抓落实，一项一项抓整改，除坚持长期整改的1项外，其余事项均按时整改到位，并修订或新制定相关制度39项。

此外，机关效能建设、窗口单位作风建设、政策研究、法制宣传、规划统计、信息化建设、退休管理、老干部工作及信访维稳等也取得新进展。省人力资源社会保障厅被中共福建省委、省人民政府评为“厦门会晤筹备和服务保障工作先进单位”，被省社会管理综合治理委员会评为2017年度“省直平安单位”。

福建省人力资源和社会保障厅

厦 门 市

2017年，厦门市紧紧围绕人力资源社会保障工作大局，坚持“服务发展、服务民生、服务稳定”的工作主线，坚持改革创新，认真履行职责，狠抓就业创业与技能培训、人才服务、社会保障、和谐劳动关系、机关事业单位人事管理、工资收入分配等业务建设，各项工作有序有效开展。

一、就业

2017年城镇新增就业18.64万人，年末城镇登记失业率为3.47%。开展农民工技能提升培训，共培训20 183人，新增高技能人才13 567人。

（一）完善政策，建立健全就业创业政策体系。

出台做好当前和今后一段时期就业创业工作、进一步引导和鼓励高校毕业生到基层工作、做好普通高等学校毕业生就业创业工作等系列文件，促进重点群体就业创业。实施失业保险参保职工技能提升补贴，进一步降低失业保险费率，完善稳岗补贴裁员率计算方法。

（二）加强协作，推进东西部扶贫任务落实。

出台东西部扶贫协作任务“深化临夏州劳务协作”工作方案，对双方认可的合作运营机构输送的临夏州新来厦就业的务工人员给予劳务合作奖励，最高奖励累计不超过2 000元/人。对用人单位新招用临夏州劳动力并缴纳社会保险费的，参照用人单位招用就业困难人员给予社会保险补贴，补贴期限为2年。对临夏州在职职工、临夏州贫困家庭子女、毕业年度高校毕业生、城乡未继续升学的应届初高中毕业生、农村转移就业劳动者、城镇登记失业人员，岗位培训和结业培训补贴标准统一按900元/人。给予企业建设改造清真餐厅、清真食堂或就餐人员伙食补助。全年完成临夏州劳动力培训5 421人，办理就业登记输转人员2 331人。

（三）搭建平台，千方百计服务企业用工。

一是开展“春风行动”。全市公共就业服务机构在市、区各级人力资源市场及相关临时招聘点举办招聘会约300场，服务用人单位2万家次，提供岗位86万个次。春节后组织企业赴外省市开展外出招聘活动，参加当地“春风行动”现场招聘会20场，发放资料1.3万份，达成意向1 142人。二是推动省外劳务输入基地建设工作。建立四川南充市和达州市、江西赣州市和抚州市、甘肃临夏州、广西防城港市以及宁夏固原市等5省7地市26家营运机构为省外劳务输入基地。三是推进“就业大回归、建设新福建”招聘网点建设工作。构建了以乡镇为中心、行政村为招聘点的招聘网络，建立村级联系点26个。

（四）鼓励创业，促进以创业带动就业。

一是成功举办2017年创业项目推介会。共征集项目565个，吸引8 000多人参加，2 000余人次和190家参展商达成项目共识。二是落实各项创业优惠政策。全年累计发放创业扶持资金991.14万元，创业带动就业奖励61人、12.2万元，创业项目奖励188个、37.6万元。

二、社会保障

截至12月末，全市基本养老、工伤和失业保险参保人数分别达到273.79万人、211.34万人和211.09万人，分别比上年同期增长7.64%、9.9%和9.68%。全市基本养老、工伤和失业保险基金当年收入200.81亿元，比上年增加7.19亿元，增长3.71%；当年支出115.94亿元，比上年增加7.22亿元，增长6.64%。

（一）按时完成社会保险待遇足额发放，保障社会保险权益。

一是做好养老保险待遇的审核发放工作。企业退休人员月人均养老金3 422元，被征地养老保险退养人员月人均养老金1 521元，城乡居民月人均基本养老金262元。二是做好工伤保险待遇的审核支付工作。支付各项工伤保险待遇及专项费用36 570万元，补充工伤保险赔付2 104件，金额6 280万元。三是做好失业保险待遇的审核发放工作。发放失业人员失业保险金3.72万人、30 059.28万元，并为其缴纳职工医疗保险费5 778.26万元。发放外来失业人员一次性生活补助金4.5万人、4 157.47万元。发放灵活就业人员社保补贴4.84万人、32 142.77万元。

（二）加快落实惠民利民政策，做好社保经办管理工作。

一是继续实施机关事业单位养老保险制度改革。完成1 395家机关事业单位的参保登记、缴费工作，参保率达99.86%，在职参保人数6.63万人。完成职业年金基金归集户的公开招标工作，完善职业年金基金的归集流程，确保按时归集到省级职业年金归集户。二是执行城乡居民养老保险丧葬补助金制度。从2017年1月1日起，实行城乡居民养老保险待遇领取人员丧葬补助金制度，每人2 500元。全年共办理城乡丧葬补助金申领1 955人，发放金额488.75万元。三是努力探索劳动能力鉴定工作新模式。完成2017年政府购买劳动能力鉴定服务合同签约，在福建省率先设立专门的“劳动能力鉴定工作点”。全年完成劳动能力鉴定4 600例，组织专家现场鉴定248场次。四是加快发放失业保险稳岗补贴。全年累计发放企业稳岗补贴39 467家、2.35亿元。五是调整企业退休人员管理活动费标准。从2017年1月1日起，全市企业退休人员管理活动费调整为每人每年不少于300元。

三、人才

（一）创造条件，加大人才引进集聚力度。

一是深入推进厦台人力资源开发合作工作。举办第十二届台湾专业人才厦门对接会及第九届海峡论坛台湾专业人才厦门对接会，强化人才岗位需求开发、台湾人才市场开发。对接会吸引厦门、漳州、泉州、龙岩及浙江温州等地300多家用人单位参与，海峡两岸1 150余名各类人才以及近200名厦门及周边地区台籍学生和相关人才参加对接会。首设“众创空间专区”“实习见习专区”，引导台湾青年来厦就业创业、实习见习，并汇编发放《厦门市台湾人才创业厦门服务指南》。开展台籍应届生实习补贴申报工作，全年受理16家单位申请接收台湾实习生145名，发放补贴资金28.9万元。协助台湾泛亚人力资源集团所属沛亚人力资源公司共为282个职位推荐台湾专才1 031人次，面试对接362人次，成功引进30人，同比增长57.9%。继续认真落实台湾特聘专家制度，有43名台湾人才入选台湾特聘专家，40名台湾人才入选台湾特聘专才。二是做好人才住房服务工作。制定人才保障性住房政策。全年共审核发放创新创业人才住房补贴2 892人次、16 639.5万元，其中购房补贴2 819人次、16 564.2万元，租房补贴73人次、75.3万元。实施新引进人才生活补贴实施办法。三是提升外籍人员在厦就业服务便利水平。出台外国人来华工作服务指南，规范了引进地方急需紧缺技能型和实用型外籍人才评鉴标准，突破了重点企业、重点行业和重点项目单位在引进学历学位达不到要求但专业技能非常稀缺的外籍人才时，为其办理来华工作和居留许可等方面的瓶颈问题，解决了企业一线技术专才岗位需求。

（二）严格管理，规范人力资源市场秩序。

一是开展职业介绍机构清理整顿工作。公布逾期未参加年度验证的57家职业介绍所职业介绍许可失效。二是实施人力资源服务机构年度验证制度。对144家单位进行了年度验证，并将合法人力资源服务机构名单在网上公开。三是加强人力资源服务机构和人力资源服务业诚信体系建设。开展2015—2016年度厦门市市级人力资源诚信服务示范机构申报确定工作，共收到申报材料42份，拟确定15家机构为市级诚信示范机构。推荐厦门市人才服务中心参评全国人力资源诚信服务示范机构。

（三）搭建招才引智平台，服务产业发展。

一是做好留学人员服务工作。办理引进留学人员身份认定774人，同比增长2.4%；办理留学人员及其随迁家属来厦落户420人，同比增长30.1%；办理留学人员人事关系录用560人，同比增长25%；办理教育部学历学位认证材料审核、上传手续1 789份，同比增长14.2%；办理留学人员工作证561份；办理留学人员高定工资36人、安家费3人。二是举办各类洽谈会。全年共举办对接洽谈会6场，共有近500名海外人才来厦参会，达成初步对接意向近90项。留学人员创办企业14家。三是积极争取上级部门支持。扶持留学人员企业发展，共获得国家和省专项资金无偿资助450万元、市级留学人员专项资金无偿资助66万元，共计516万元，超额完成年度业绩指标的90%。四是积极支持企业引进急需紧缺高层次人才。发放留学人员生活津贴合计105.5万元。

（四）探索职称制度改革，推动优化职称评价体系。

一是在海沧区开展生物医药行业职称改革试点。创新管理服务方式，真正实现了职称评价与企业培养和使用人才相结合，破解了职称评价与单位用人脱节的难题。开展首次初中级职称评审，共32人通过中级职称评委会评审，获得中级职称任职资格，通过率84.33%。二是在厦门自贸片区开展航空维修产业职称改革试点。首次以一个产业为单位开展职称评审，通过完善职称评价标准，创新职称评价机制，改进服务方式，提高职称评审的科学化、社会化水平。开展首次初中级职称评审，89人获得初级职称任职资格，通过率97.8%；133人获得中级职称任职资格，通过率81%。

四、劳动关系

全年全市劳动保障监察机构共主动检查用人单位6 700户次，处理工资纠纷案件补发金额达1.05亿元。向司法机关移送拒不支付劳动报酬类案件2件，涉及劳动者58人，涉及金额44.86万元。全市仲裁机构和调解组织共处理劳动人事争议案件8 764件，调解成功率61.89%。

（一）协同联动，推进和谐劳动关系构建。

一是开展首届市级劳动关系和谐单位认定工作。制定了劳动关系和谐工业园区、镇（街道）、社区、商业街（楼宇）、企业等五类市级劳动关系和谐单位的创建标准，全年共有77家单位被认定为市级劳动关系和谐单位。二是推进建筑领域“无欠薪项目部”创建活动。全市180个在建工地项目创建了“无欠薪项目部”，其中政府投资工程项目121个全部创建“无欠薪项目部”，完成率达100%，非政府投资在建项目开展创建40个，超过年初预定目标的33%，部分工地实现了劳动欠薪零投诉。三是全面落实劳动合同制度。推动工资集体协商工作的全面开展，2017年集体合同签订率达87%，比前三年平均数增长9.2%。

（二）加强劳动保障监察，健全劳动保障监察制度。

一是全面推进劳动保障监察“两网化”建设。截至2017年年底，全市共建成街（镇）一级网格数43个、社区二级网格数492个，从市到社区（村）四级达到信息同步、数据联网的效果。二是大力开展劳动监察“双随机”抽查工作。全年共对390家用人单位进行了“双随机”抽查工作。三是全面推行用人单位工资支付行为信用等级评价工作。全年共对266家用人单位工资支付行为开展信用等级评价，评价出A级守信单位232家、B级一般失信单位7家、C级严重失信单位27家。同时，将评价等级名单抄报公共信用信息主管部门以及组织部门、统战部门和市解决企业工资拖欠问题部门联席会议有关成员单位，进行守信激励和失信惩戒。

（三）建立机制制度，加强劳动争议调解仲裁工作。

一是指导基层调解组织建立健全集体劳动争议预告及应急调解机制。二是制定各区派出庭或调解点硬件建设和软件建设具体标准。三是加快案件审结工作。建立预警通报制度及定期通报制度，开展“僵尸案”清理工作。

五、人事管理

（一）进一步完善公务员考录工作。

一是顺利完成公务员招考计划。2017年政府系统计划招考公务员和参公单位工作人员113人，设112个职位，110人完成录用报到。加强报名资格审查，查处1起考生伪造报名信息、恶意注册围考事件。二是大力充实公安队伍。指导做好公安院校公安专业应届毕业生招考工作，共招收28名公安院校应届毕业生、2名维吾尔语特殊人才充实公安队伍。

（二）积极稳妥做好事业单位补充编内工作人员工作。

一是按计划有序开展市、区属事业单位联合招聘。2017年秋季市、区属事业单位联合招聘岗位征集公布348个岗位，拟聘382人，21 758人应参加笔试（不含免笔试40人），实际14 590人参加考试，到考率为67.06%。二是指导、协助相关招聘工作。市公安文职人员服务中心2016年秋季专场招聘356人、2017年春季专场招聘88人，各镇（街）所属事业单位招聘编内统计工作人员37人。三是首次探索试点结构化面试和无领导小组讨论相结合的方式，取得较好成效。

（三）稳妥做好军转干部安置工作。

一是认真做好营职以下军转干部安置工作。全年共接收安置军转干部798人（计划分配684人、自主择业114人），较上年增加252人，同比增长46%，其中计划安置数占全省的38.5%。二是开展随军随调家属就业安置相关工作。全年安置人数较上年递增10%，共89名随军随调家属进入安置计划。三是做好企业军转干部解困维稳工作。全年上门走访慰问203人次，座谈约谈280多人次，解困2 800多人次，发放解困资金300多万元。

厦门市人力资源和社会保障局

江 西 省

2017年，面对复杂严峻的国内外形势，江西省人力资源社会保障部门紧紧围绕迎接党的十九大、宣传党的十九大、贯彻党的十九大中心任务，深入贯彻落实中央和人力资源社会保障部重要决策部署要求，坚持以人民为中心，扎实勤奋工作、持续改革创新、筑牢民生底线，圆满完成全年目标任务，各项工作取得新的进步发展。

一、就业局势保持稳定

（一）就业目标任务全面完成。

全年城镇新增就业55.77万人，失业人员再就业23.92万人，帮助6.24万名就业困难人员实现就业，分别完成年计划的123.93%、125.9%和156%。城镇登记失业率3.34%，低于年度控制目标1.16个百分点；零就业家庭继续保持动态清零。全省新增转移农村劳动力59.96万人，其中省内新增转移就业40.43万人，分别完成年计划的119.9%和115.5%。工业园区企业定向培训31.89万人，创业培训14.86万人，电商培训6.57万人，分别完成年计划的122.65%、123.81%和131.29%。

（二）重点群体就业保持稳定。

实施高校毕业生就业创业促进、基层成长、“三支一扶”计划，全年招募2 088名大学生服务基层，继续保持全国前列。全省实名登记2017届离校未就业高校毕业生44 409人，帮扶36 504人实现就业。为2.83万名应届困难高校毕业生发放一次性求职补贴2 830万元，同比增长26.25%。全省共为1 026名企业参保职工发放技能提升补贴154.7万元，为1 414家企业拨付稳岗补贴1.23亿元，惠及职工47万人。认真做好化解过剩产能中的职工分流安置工作，全省关闭退出的63家去产能煤矿企业的2 831名拟安置人员全部安置完毕，化解过剩产能工作被国务院办公厅通报表扬。开展春风行动、就业援助月、民营企业招聘周、高校毕业生就业服务月等专项活动，帮助42.8万人实现就业。

（三）就业扶贫工作稳步推进。

印发《关于进一步做好就业扶贫有关工作的通知》，加大政策扶持力度，帮扶建档立卡农村贫困劳动力32.57万人实现就业，占户籍贫困劳动力总数的63.84%。大力推进就业扶贫载体建设，全省建立就业扶贫示范园区60个、国家级就业扶贫基地46个、省级就业扶贫示范点600个、就业扶贫车间3 541个，开发就业扶贫专岗吸纳贫困劳动力54 722人。11月上旬，人力资源社会保障部、国务院扶贫办在赣州市召开全国就业扶贫经验交流现场会，江西省作了全面综合经验介绍，并播放了“6+1”就业扶贫模式专题视频片。《人民日报》、新华社、中央电视台、《中国劳动保障报》等主流媒体集中给予了宣传报道。

（四）创业促进就业更加高效。

出台《关于做好当前和今后一段时期就业创业工作的实施意见》《关于进一步引导和鼓励高校毕业生到基层工作的实施意见》《关于失业保险支持参保职工提升职业技能有关问题的通知》，最大限度地激发各类主体创业活力。实施高校毕业生就业创业促进计划，组织能力提升、创业引领、校园精准服务、就业帮扶、权益保护五大行动。开展首届青年创业风云人物评选活动，评选出 10 名“江西省青年创业风云人物”。连续 4 年举办江西省大学生创业公开课，得到江西省领导肯定。大力推进返乡创业，召开全省返乡创业工作现场推进会，以创建国家返乡创业试点县为契机，提供政策、资金、服务扶持。全省累计有 32.4 万人返乡创业，带动就业 149.2 万人。在德兴市等 20 个地区开展农民工等人员返乡创业试点，加大对返乡创业的扶持力度。出台《关于加快推进创业孵化基地建设的指导意见》，全省共建设创业孵化基地等创业平台 235 个，吸纳创业实体 1.73 万个，带动就业 15.69 万人。8 个项目入选首届全国创业就业服务展示交流活动，其中特展项目 2 个，占所有特展项目的 9.5%。转发《中国人民银行　财政部　人力资源社会保障部关于实施创业担保贷款支持创业就业工作的通知》，出台《江西省创业担保贷款业务操作办法》，全省新增发放创业担保贷款 130.59 亿元，直接扶持个人创业 8.7 万人次，带动就业 38.18 万人次，还款率达 99.94%。上线“创业百福 e 贷”和“创业微信贷”两个创业担保贷款在线申请服务平台，建成覆盖全省的“互联网＋创业担保贷款”双通道综合服务体系。

（五）公共就业服务水平不断提升。

积极推进公共就业服务信息系统建设，成立建设项目专家组，提供技术咨询和智力支撑。开发失业保险网上业务经办功能，实现失业保险金、稳岗补贴、职业技能提升补贴全流程网上经办。进一步扩大失业动态监测范围，监测企业新增 503 户，达到 1 050 户，监测岗位总数达 72 万个。深入推进人力资源产业园项目建设，在新增设立经开区、高新区、小蓝经开区 3 个省级人力资源服务产业园的基础上，获人力资源社会保障部批准设立中国南昌人力资源服务产业园。深入实施对口援疆工作，出台更优惠的援疆专业技术人员职称评聘政策，进一步提高援疆干部人才人均月生活补贴标准，积极帮助引导受援地富余劳动力来赣就业，全年在赣务工新疆阿克陶籍群众达 917 人次。

二、社会保障体系更加完善

（一）社会保障制度改革深入推进。

健全机关事业单位养老保险制度政策体系，完善职业年金个人账户记账利率等配套政策，全省机关事业单位养老保险参保 139.29 万人，参保人员基金收缴、待遇支付、调整待遇支付实现三个 100%，改革实施工作走在全国前列。完善企业职工养老保险省级统筹政策，出台省级调剂金管理办法；完善企业职工基本养老保险转移接续政策、国有农垦企业职工参保办法，实现全省企业职工养老保险制度的统一和全覆盖。全面实施城乡统一的居民基本医疗保险制度，机构、职能整合移交全部完成，数据整合进展顺利，农村居民实际报销比例提高近 10 个百分点，用药范围扩大 1 倍。出台进一步深化基本医疗保险支付方式改革实施意见，全面推行总额控制前提下的多元复合式医保支付方式。全面实施全民参保登记计划，出台《江西省整合城乡居民基本医疗保险制度推进全民参保登记工作实施方案》，共有 5 093 万人参保记录入库，入户调查完成率 99.81%。推进异地就医即时结算，出台异地就医直接结算经办规程等配套文件。全省 11 个设区市及省本级、286 家医疗机构已接入国家异地就医平台。扎实做好长期护理保险制度首批试点，确定首批 4 家定点护理服务机构。全面实现铁路、电力、铜业、煤炭四大行业医疗、工伤和生育保险属地化管理。

（二）社会保险扩面征缴稳中有进。

全省职工基本养老、基本医疗、失业、工伤、生育保险参保人数分别达 1 005.24 万人、4 726.39 万人、286.25 万人、502.11 万人、279.31 万人；城乡居民基本养老保险参保人数达 1 870 万人。五项社会保险（含机关事业单位养老保险和城乡居民医疗保险）基金征缴总收入 1 147.55 亿元，同比增长 59.77%。全面推进“助保贷款”，全省累计办理助保贷款业务 7 552 人次，发放贷款 21 875 万元。全面实施“同舟计划”，建筑业在建项目、新开工项目工伤保险参保率 100%。强化社会保险欠费清理收回，清理企业养老保险欠费 14 亿元。加强改制企业欠费挂账资金清偿，累计偿还挂账资金 63 亿元。

（三）社会保险待遇水平稳步提高。

连续第十三年调整企业退休人员、第二年调整机关事业单位退休人员养老金待遇，惠及全省 295 万名退休人员，企业和机关事业单位退休人员月人均基本养老金分别增加 132 元和 181 元。落实医疗保险精准扶贫政策，资助 288.86 万名建档立卡贫困人员参加城乡居民基本医疗保险，共报销医药费用 34.35 亿元。有贫困人口的 96 个县（市、区）全部实施了建档立卡贫困户参加城乡居民基本养老保险政府代缴工作，所涉及的 156.09 万人全部参保，其中财政代缴 135.23 万人，代缴金额 1.38 亿元。取消特困供养人员、最低生活保障对象及其他建档立卡农村贫困人口在一级、二级定点医疗机构住院的起付线。提高建档立卡农村贫困人口门诊特殊慢性病报销比例，将大病保险补偿比例起付线下降 50%，补偿比例提高 5%。全面实施 10 类重大疾病免费救治和 15 种重大疾病定额救治。

（四）基金抵御风险能力进一步增强。

出台《江西省企业职工基本养老保险省级调剂金管理暂行办法》《江西省企业职工基本养老保险财政补助资金管理暂行办法》《江西省社会保险基金征缴激励专项资金管理暂行办法》等文件，开展各项社保基金专项整治，组织社保基金审计整改，进一步规范基金管理使用。联合检察院、公安厅等 7 个部门出台《江西省查处挪用骗取社会保险基金行为办法》，开展城乡居民养老保险经办机构内部控制专项检查和养老保险重复领取、死亡冒领、违规提前退休和一次性补缴等专项核查。大力开展稽核工作，追回冒领养老保险费 560 万元、少缴养老保险费 383 万元、医疗保险待遇支付违规金额 488 万元、少缴医疗保险费 107 万元。全面推进医保智能监控系统建设，省本级和 11 个设区市全部上线医保智能监控系统。联合省卫生计生委等 11 个部门在全省开展医疗保险基金审计发现问题专项整治行动，整改问题资金 15.26 亿元，取消违规两定机构定点资格 25 家、违规医药服务机构营业资格 13 家，对违规两定机构罚款 2 462.49 万元，专项整治成果得到了省领导的批示肯定。

（五）经办服务能力建设持续推进。

全面推行“五证合一”登记制度，取消社会保险登记证定期验证和换证制度，对新成立的企业不再发放社会保险登记证。深入推动“互联网＋社保”，“多险合一”系统在省本级和新余、鹰潭、萍乡、景德镇、九江、宜春等 6 个设区市上线运行，城乡居民医疗保险信息系统在 10 个设区市上线运行，医保监控系统在省本级和全省 11 个设区市上线运行，机关事业单位养老保险、全民参保登记等信息系统加快推进，职业年金信息系统、手机 App 建设全面启动。大力简化优化办事流程，精简省本级社保事项“一次不跑”6 项、“只跑一次”43 项，取消无法律依据的证明和盖章。深入开展窗口单位作风建设，实行经办人员星级服务评定，建立大厅巡查、领导接待日等制度，在全国社保经办机构作风建设座谈会上作了经验交流和成果展播。认真做好统计精算等基础工作，连续 17 年获得全国社会保险统计一等奖。全省累计制发社保卡 3 150 万张，开通应用项目 102 个，联通了与银行、医院、药店及社区平台的接口，99%的县通过社保卡发放社保待遇，98%的县实现了持卡缴费。

三、人才队伍建设成效显著

（一）专业技术人才队伍建设进一步加强。

全省专业技术人才总量达到 268 万人。省人力资源社会保障厅出台《深化人才发展体制机制改革若干措施》，从政策松绑、资金整合、平台建设、服务下沉 4 个方面制定 20 条具体举措。印发加强基层专业技术人才队伍建设 19 条措施，人才队伍建设体制机制进一步健全。整合就业、社保、人才等资金，3年筹集35亿元支持高层次人才创新创业。组织“百千万人才工程”选拔推荐，新增省级人选100人，入选国家级人选10人，入选人数居全国第六、中部第一。实施“急需紧缺高层次人才引进计划”，组织赴美国和北京、上海等地开展招聘，举办首届赣商大会人才兴赣论坛，全年刚性引进博士以上高层次人才833人，同比增长25%。加快博士后事业发展，两名博士入选2017年度全国“博士后创新人才支持计划”，首次实现突破；新增博士后创新实践基地31个，组织第37批中国博士后科技服务团（江西赣州行）活动，举办本省首批博士后科技服务团活动，组织各领域高层次人才300余人次开展专家服务基层活动。扎实推进人事人才信息化建设，研发并上线运行人事人才业务系统，实现专业技术人员职称网上申报评审、专家网上管理、博士后网上办公。

（二）技能人才队伍建设进一步推进。

全省技能人才总量达到452万人。全年新增3个国家级和3个省级高技能人才培养示范基地，新增5个国家级和20个省级技能大师工作室。深入开展“振兴杯”职业技能大赛，新增11个行业省级竞赛，省级竞赛项目达到39个，参赛职业（工种）226个，带动技术比武岗位练兵60万人。作为全国唯一承办国家二类竞赛的省份，组织承办全国陶瓷行业职业技能竞赛和首届全国雕刻职业技能竞赛总决赛，本省选手包揽两个项目的前两名。在第44届世界技能大赛上，江西省选手邹芳忆获飞机维修项目优胜奖。调整设立了“赣鄱工匠”“能工巧匠”表彰项目。深入推进技工院校建设，全省现有85所技工院校，在校生13.7万人，新招生5.1万人，毕业生就业率稳定保持在98%以上。

（三）引进国外智力工作力度进一步加大。

省委、省政府印发了新时期引才引智综合性指导文件，设立省级引智专项经费，东华理工大学“质谱科学与仪器学科创新引智基地”成功入选2017年度“高等学校学科创新引智计划”。实施国家引智项目14个，资助引进海外人才61人次来赣工作。开展“江西省海外医疗科研人才引进计划”和“高端外国专家和急需紧缺海外工程师引进计划及资助项目”等省级引智项目54个，引进海外人才118人次来赣工作和服务。成功举办海智惠赣鄱论坛讲座5期，邀请英国、美国等国18名专家，包括诺贝尔奖获得者来赣进行交流、科研。启动省引才引智创业创新示范基地建设试点，首批选择晶能光电（江西）有限公司等6家单位，在经费、政策、活动、引才等方面予以重点扶持，试点经验得到国家外专局充分肯定，并在全国会议上作经验交流。加强与俄罗斯高层次人才交流合作，支持本省高校在莫斯科挂牌成立俄罗斯研发中心。加强出国（境）培训管理，不断提升培训质量和效益，全年派出各类团组24个、375人次。进一步加大“一村一品”建设，全年实施扶持项目202个，分配79个县（市、区）扶持资金1 680万元，其中分配46个贫困县扶持资金950万元，同比增长9.3%。

（四）人事考试和职业技能鉴定平稳有序。

严格人事考试考务组织管理，充分发挥公安、工信、教育等多部门联动协调机制作用，加大人防、技防投人，有效维护考试安全秩序。全年共组织实施各类人事考试62项、104.27万科次，报考人数54.07万人。扎实开展人事考试基础建设年活动，有序推进人事考试指挥中心项目建设。深入落实国家职业资格改革要求，认真组织实施职业技能考核鉴定，推进鉴定信息化建设，完成职业技能鉴定管理服务平台可行性研究报告编制、项目评审和招标。全年公布开展职业技能鉴定职业（工种）102个，完成考核鉴定31.2万人次，核发职业资格证书28.7万人次。

四、人事制度改革稳步推进

（一）公务员队伍建设不断加强。

坚持公平科学安全考录，组织实施全省录用公务员“四级联考”、公安机关面向公安院校公安专业毕业生考试录用人民警察和公安机关定向招录培养特殊公安专业人才考试，全省录用公务员 4 050 人。完善基层公务员录用制度，采取招录计划向基层倾斜、适当降低进入门槛、适当限制考生户籍、加大从大学生村官等服务基层项目人员中考录基层公务员力度等措施，有效缓解基层招人难、留人难问题。全省招录计划 75%为县乡机关，县乡基层职位中 19%面向本县户籍或生源报考，乡镇招考计划中 82%不限专业、75%不限工作经历、50%只需大专学历。严格评比达标表彰奖励审核，全年新增省级表彰项目 4 个、省级以下表彰项目 2 个，调整省级表彰项目 2 个。修订《江西省省直机关培训费管理办法》，抓好公务员“四类培训”和对口培训，全年公务员培训突破 20 万人次。加强公务员职位管理，规范公务员转任、调任、职数审核备案及公务员登记。创新遴选工作方式，全年共有 460 名基层公务员通过公开遴选转任至上级机关。

（二）事业单位人事管理不断加强。

会同省委组织部联合印发《关于进一步做好我省艰苦边远地区县乡事业单位公开招聘工作的通知》，进一步放宽年龄、专业、学历、户籍限制，改进面试考察方式和开考比例设置，鼓励和引导优秀人才到艰苦边远地区县乡事业单位干事创业。积极推进事业单位人事管理领域“放管服”改革，出台《关于进一步改进和优化省直事业单位人事管理服务的通知》，充分发挥用人单位在人才培养、吸引和使用中的主体作用。着眼解决基层医疗卫生单位招人难、留人难问题，明确从 2018 年开始由省人力资源社会保障厅和省卫生计生委统一组织全省卫生专业技术人员公开招聘。研究出台《省级公立医院按床位设岗改革试点方案》，在 3 家省级公立医院开始试点。认真做好中小学教师岗位聘用工作，调整提高小学和幼儿园高级岗位结构比例。开展全省中小学教师招聘、省直事业单位统一招聘和高层次人才招聘工作。修改完善专业技术二级岗位人选审定流程，组织全省专业技术二级岗位人选审定。

（三）职称制度改革不断深化。

省委办公厅、省政府办公厅印发《关于深化职称制度改革的实施意见》，进一步推进职称制度改革。健全完善职称评价标准，全面修订专业技术资格条件，对职称外语、计算机不作统一要求，新增会计系列正高级职称。扎实推进卫生高级职称评审制度改革，全面启动高等院校教师职称制度改革，深化中小学教师职称制度改革。进一步下放职称评审权，新增 7 家高级职称自主评审单位。开发专业技术人员信息系统，在高校、卫生、水利等系列实行网上申报评审。《人民日报》专题刊发江西省深化职称制度改革做法。

（四）军转安置任务顺利完成。

印发军转干部进高校培训工作的实施意见，在省直和 11 个设区市全部实行量化考核与积分选岗相结合的安置办法，统一军转干部考核赋分标准。全年计划分配军转干部实际安置报到 943 人，自主择业军转干部实际报到 307 人。不断加强自主择业军转干部管理服务，率先在全国完成自主择业信息平台系统建设，继续提高企业军转干部解困标准和生活补贴标准，全面落实企业军转干部医疗专项救助政策，深入开展关爱行动，企业军转干部群体保持稳定。

五、工资收入分配更加合理有序

（一）认真落实机关事业单位工资待遇。

进一步健全工资收入分配制度体系，制定出台《关于贯彻以增加知识价值为导向分配政策的实施意见》，梳理下放部分工资审核权限至省直主管部门，出台政法委机关工作津贴，人民警察法定工作日之外加班补贴、值勤岗位津贴等文件，印发调动及转换岗位人员工资确定问题、明确自雇服务人员补贴发放等办法。印发法官、检察官和司法辅助人员工资制度改革意见，全面部署法院、检察院工资制度改革工作。

（二）进一步完善事业单位绩效工资政策。

完善事业单位绩效工资政策，明确对高

校、科研院所及医疗卫生机构绩效工资总量适当倾斜、赣江新区绩效激励等政策。推进公立医院医务人员薪酬制度改革试点，确定新余市为公立医院综合改革试点城市。调整副厅事业单位部分管理人员岗位工资标准以及省直事业单位绩效工资基本标准线，核定185家、备案330余家省直事业单位绩效工资总量。

（三）加强企业工资分配指导调控力度。

深化国有企业负责人薪酬制度改革，印发《关于进一步规范省属企业负责人薪酬管理的通知》，发布2016年度、2017年度省属企业负责人薪酬计算基数。开展2016年度省属国有企业负责人薪酬和福利性待遇情况备案，组织省属企业负责人薪酬自查和监督检查，具体做法在全国人力资源和社会保障工作会议及全国国有企业负责人薪酬制度改革座谈会上作经验介绍。联合省内高校研究力量开展最低工资标准调整评估课题研究，研究成果被省政府采纳。调整最低工资标准，将区域类别由四类缩减为三类，一类区域由1 530元/月调整为1 680元/月。发布2017年企业工资指导线，基准线为8%，增长下线为3%，不设上线。完成南昌等5个国家试点城市、2 333户企业、15万名劳动者薪酬调查。省属国有企业在岗职工年平均工资增长9.07%。

六、劳动关系保持总体和谐稳定

（一）劳动关系协调工作进一步加强。

建立政府层面和谐劳动关系创建评选表彰制度，启动第一届江西省模范劳动关系和谐单位评选表彰工作。继续将和谐劳动关系列入政府责任目标考核体系，完善市县科学发展综合考评和谐劳动关系考核指标，制定和谐劳动关系单位量化评价标准。印发《关于推进构建和谐劳动关系综合试验区建设的指导意见》，确定12个工业园区、1个县作为第一批省级构建和谐劳动关系综合试验区建设试点单位，将江西昌南工业园区列为省、市、区三级共建试验区。开展劳务派遣核验，发布《2016年度劳务派遣核验工作公告》；加强特殊工时审批，共审批实行特殊工时制企业434户，涉及职工8.7万人。出台《江西省女职工劳动保护特别规定》，组织省内外主流媒体进行集中宣传报道。

（二）争议调解仲裁工作扎实推进。

全省劳动人事争议调解仲裁机构依法受理劳动人事争议案件18 322件，依法调处案件17 841件，仲裁结案率96.5%，调解成功率72%，终局裁决率39.7%，涉案金额4.6亿元，未引起大面积群体性事件，有效地化解了社会矛盾和纠纷。推进工业园区调解组织和乡镇街道调解平台建设，探索在工业园区建立仲裁委员会，设立派出庭。全省组建乡镇（街道）劳动争议调解组织1 541个，组建率100%。南昌市仲裁院在南昌人力资源服务产业园设立派出庭并投入运作；南昌市青山湖区塘山镇等3个劳动争议调解中心被确定为全国乡镇（街道）劳动争议调解综合示范工作点。

（三）劳动保障监察执法力度进一步加大。

认真落实《关于进一步做好为农民工服务工作的实施意见》和《关于全面治理拖欠农民工工资问题的实施意见》，有序推进农民工市民化。推进农民工工资实名制监管信息化，动态监测农民工工资支付全过程。全省11个设区市本级、105个县（区）及开发区共1 715个新开工建设项目纳入农民工工资实名制监管信息系统，通过专用账户为51 884名农民工发放工资16 417.49万元，纳入监管的建设项目未出现一起欠薪闹薪事件。组织开展农民工工资支付、清理整顿人力资源市场秩序专项检查和劳动保障年度书面审查工作。2017年，全省劳动保障监察机构共检查用人单位3.16万户，依法为7.82万名劳动者追回工资待遇6.28亿元。

（四）农民工服务和扶贫工作进一步加强。

进一步加强农民工服务调查研究，联合江西调查总队发布《2016年江西农村劳动力转移就业和农民工监测报告》，扎实开展第十一次全省农民工工作自查。稳步推进家庭服务业服务质量规范标准体系建设，制定并颁布《养老护理服务质量规范》和《医院陪护服务质量规范》。加强家政服务劳务对接，与上海市、福建省和江苏省签订劳务合作协议，确定鄱阳县、宁都县与南京市，遂川县与上海市，兴国县与福州市劳务对接，促进贫困劳动力转移就业。落实《江西省人力资源社会保障系统精准扶贫行动计划》，制定脱贫攻坚问题整改方案和整改工作清单，印发人力资源社会保障系统脱贫攻坚百日行动方案，建立省人力资源社会保障系统扶贫工作台账，迎接国家脱贫攻坚督察。

七、基础性综合性工作整体推进

（一）全面推进人力资源社会保障事业规划和法治人社建设。

分解省政府“十三五”规划纲要和省人力资源社会保障厅规划的主要任务，抓好贯彻落实。出台支持赣江新区加快发展 20 条意见，助力赣江新区打造创新创业高地。调整成立推进法治政府建设工作领导小组和法治宣传教育领导小组，制定《贯彻〈党政主要负责人履行推进法治建设第一责任人职责规定〉实施细则》，印发《江西省法治人社建设 2017 年工作要点》，确保法治建设任务落到实处。修订《江西省女职工劳动保护特别规定》，开展地方性法规调研评估。出台《规范性文件制定、审查和备案办法》，规范厅本级规范性文件制定和备案工作，全年共对 150 余件（次）政策文件和事项进行了合法性审查，对 1 400 多件规范性文件进行了清理。扎实推进人力资源社会保障领域普法工作，在全省人力资源社会保障系统开展“尊法学法守法用法　建设富裕美丽幸福江西”主题法治宣传教育活动，联合省普法办、《新法制报》举办“江西省百万网民学人社法律法规专场竞赛活动”。加强行政复议和行政应诉，依法妥善化解社会矛盾，全年省本级受理行政复议申请 18 件，审结 14 件，结案率 77.8%；省本级行政应诉案件 28 件，已审结 10 件，没有败诉案件。

（二）全面加强人力资源社会保障领域政务服务。

取消 9 项相关职业资格考试及收费，厅本级涉企收费项目实行“零收费”，下放“劳务派遣单位行政许可”部分权限。出台加强和改进人力资源社会保障领域公共服务实施方案，取消 9 项证明或手续，简化优化流程 12 项，部署 20 个长期推进的公共服务事项。梳理编制厅本级行政许可标准体系，全面建立“一库五清单”，建立近 300 万字的“政策法规库”，全部在省人社阳光政务信息系统网上办事大厅公开；编印《人力资源和社会保障法律法规规章汇编》，免费向全省人力资源社会保障系统发放。制定人力资源社会保障系统“双随机、一公开”实施细则，建立厅本级随机抽查事项清单、执法人员名录库和检查对象名录库，进一步规范执法行为。推进阳光政务系统建设，人社阳光政务信息系统在省、市、县三级人力资源社会保障部门上线运行，厅本级在江西人社阳光政务信息系统网上办事大厅提供面向单位和个人服务的人力资源社会保障业务办理事项 233 项，其中有 196 项实现网上在线办理，网上办理率达到 84.1%。稳步推进 12333 电话咨询服务，全省电话咨询总量达 754.4 万人次。

（三）全面深化全省人力资源社会保障系统作风建设。

认真组织学习宣传贯彻党的十九大精神，推进“两学一做”学习教育常态化、制度化，全面从严治党，并以党建带动工建、妇建、团建。健全机关联系基层、党员干部联系群众“双联系”制度，开展志愿服务和扶贫帮困活动。注重青年干部和基层一线优秀干部的选拔培养，进一步健全干部教育培训制度。召开全省人力资源社会保障系统党风廉政建设工作推进会，印发年度党风廉政建设工作要点，组织签订《党风廉政建设责任书》，建立平时考核、年终测评、交叉评查、联系点巡查四项制度，进一步健全人力资源社会保障系统窗口单位作风建设长效机制。全年会议数量同比减少 11.5%，发文数量同比减少 3.5%。组建江西省人力资源社会保障宣传中心，整合全厅人力资源社会保障新闻宣传、舆情和新闻发布职能，开通“江西人社”微信公众号，先后发布信息 424 条，关注人数达 3 万人。

2017 年，省人力资源社会保障厅首次获评全国文明单位荣誉称号，先后被评为全省综治工作先进集体、全省全面深化改革考评优秀单位、法治江西建设优秀单位。全省人力资源社会保障系统 3 个集体、3 名个人分别被授予全国人力资源社会保障系统先进集体和先进工作者荣誉称号。省外专局被评为“两刊两网”引智宣传工作先进单位。省人力资源社会保障厅劳动监察局（劳动监察总队）连续 6 年在中央综治办、人力资源社会保障部打击非法用工等违法犯罪活动综治考核中获得满分，连续 10 年在人力资源社会保障部、国家工商行政管理总局清理整顿人力资源市场秩序专项行动中获得通报表扬。

江西省人力资源和社会保障厅

山 东 省

2017年，山东省人力资源社会保障系统按照省委、省政府的部署，着力促改革、补短板、兜底线、防风险，牢牢把握“守住底线、突出重点、完善制度、引导预期”的民生工作要求，千方百计让人民群众共享发展成果，为实现创新发展、持续发展、领先发展做出人力资源社会保障部门的贡献。

一、就业形势持续稳定

紧紧围绕新旧动能转换重大工程，研究制定更加积极的就业创业政策，着力在扩大就业规模、提高就业质量、稳定就业岗位和促进创业上下功夫，就业格局发生可喜变化，就业稳定成为山东省经济社会运行总体稳定的重要标志。全省全年实现城镇新增就业128.28万人，超额完成年度任务，城镇登记失业率控制在3.4%。

（一）加强就业创业政策创新。

省委办公厅、省政府办公厅印发《关于进一步引导和鼓励高校毕业生到基层工作的实施意见》，省政府印发《关于印发山东省“十三五”促进就业规划的通知》《关于助推新旧动能转换做好当前和今后一段时期就业创业工作的意见》，推出一系列新的就业创业重大政策举措。

（二）重点群体就业保持稳定。

应届高校毕业生总体就业率达94.22%，同比提高0.45个百分点。农民工就业质量不断提高，在城镇稳定就业的劳动合同签订率达90%以上，城镇零就业家庭实现动态消零，农村“零转移就业贫困家庭”实现存量消零。打造“就业扶贫车间”升级版，组织评选218个省级示范就业扶贫车间，创新实行“就业扶贫车间”“互助扶贫公益岗位”“创业扶贫工坊”相结合扶贫模式，建档立卡贫困人口基本完成就业脱贫任务。

（三）创业带动就业成效显著。

9月中旬，承办首届全国创业就业服务展示交流活动，累计9万人次入场参观，11万多人次在线观展，山东参展创业就业服务成果374个。委托第三方社会机构组织开展2017年省级创业示范平台评估认定工作，共认定各类示范平台39个。17个市全部建成创业大学，省级示范创业大学达到11家。各市在所辖县（市、区）、驻地高校、创业孵化基地（园区）广泛设立分校、教学点，基本实现全覆盖。“建设创业大学加快创新人才培养”作为国务院第四次大督查发现的典型经验做法，被国务院办公厅通报表扬。举办“创业齐鲁训练营”活动，采取“5天集中培训+6个月后续服务”模式，组织464名初创企业经营者进行不间断的高层次进修，提升创业者的发展空间。截至年底，全省发放贷款83.3亿元，扶持5.9万人成功创业，带动就业26.9万人。其中，省创业担保中心发放创业担保贷款216笔、5.2亿元。

（四）基本公共服务能力稳步提升。

举办引才活动4 612场，引进各类人才36.2万余人。管理人事代理单位4.9万家，流动人才党员3.03万名，累计存管流动人员人事档案541万余份，妥善做好流动人才党员基本信息采集，积极开展流动人员人事档案管理服务规范年活动，全年累计为社会各界提供基本公共服务320余万人次，进一步促进人才合理流动和有效配置。开展“就业服务进校园”系列活动，举办省级高校毕业生集中招聘活动20场。开发“山东省高校毕业生就业集中招聘云平台”。开展山东省高校就业创业“双新成果”评选。启动首批400个省级“四型就业社区”评估认定，夯实基层就业工作基础。制定印发《山东省人力资源服务业转型升级实施方案》，引领推动人力资源服务业跨越发展。新建4家省级人力资源服务产业园，形成12家省级以上人力资源服务产业园布局，产业集聚效应进一步扩大。

二、编密织牢社会保障安全网

（一）持续扩面征缴。

深入实施全民参保计划，努力实现应保尽保，基本实现社会保险人员全覆盖。截至年底，全省职工基本养老、职工基本医疗、失业、工伤、生育保险参保人数分别达2 660.9万人、2 013.1万人、1 268.3万人、1 569.1万人、1 186.6万人，其中职工基本养老、职工基本医疗参保人数同比增加84.6万人、53.1万人。居民养老、医疗保险参保人数分别达4 530.6万人、7 282.6万人。大力推进建筑行业工伤保险“同舟计划”，新开工项目和在建项目按项目参保率均达到100%。职工基本养老、职工基本医疗、失业、工伤、生育保险基金征缴收入分别达到1 998亿元、705.8亿元、59.1亿元、55.9亿元、40.7亿元。

（二）提高社会保险待遇水平。

坚持“高效、便捷、及时、准确”原则，积极协调调度发放资金，圆满完成养老金调整待遇工作，连续13年调整退休人员基本养老金，企业退休人员平均养老金水平达到2 600多元。职工医保和居民医保政策范围内住院费用报销比例分别达到80%以上和70%左右。建立职工大病保险制度，完善居民大病保险制度，将18种抗肿瘤分子靶向药和特效药纳入大病保险报销范围。调整失业保险标准，平均达到1 030元。连续13年调整1～4级工伤职工伤残津贴、生活护理费和供养亲属抚恤金标准，加强工伤认定和劳动能力鉴定工作，全年受理工伤认定6.08万人，认定（视同）工伤6.01万人，组织劳动能力鉴定5.2万人次。居民医保政府补助提高到每人每年不低于450元。居民基本医疗保险累计对建档立卡贫困人口补偿医疗费用32.2亿元、大病保险累计补偿医疗费用4.14亿元。

（三）做好社会保险基金管理和风险防控。

加强基金预算管理，强化预算进度管理，提高精算技术分析应用水平，社保基金累计结余4 541.4亿元，同比增长4.1%。企业养老保险结余基金投资运营累计实现收益50多亿元。全面开展山东省社会保险经办风险管理专项行动，2017年年底各市社会保险经办机构已基本完成自查工作。举办山东省社会保险风险防控专题培训班，提高风险防控工作人员的业务水平。

三、人才队伍建设继续增强

（一）高层次人才队伍不断壮大。

围绕产业链、科技链打造人才链，先后印发《关于加强基层专业技术人才队伍建设的实施意见》《关于改革完善博士后制度的实施意见》《山东省鼓励社会力量引进高层次人才奖励实施办法》等一系列政策文件，在基层人才队伍建设、博士后制度、外国人才引进、高层次人才服务等领域进行重大政策创新，打造人才发展新优势。全省现有在鲁两院院士49人，“千人计划”专家205人，享受国务院政府特殊津贴专家3 260人，国家“百千万人才工程”人选176人，省有突出贡献的中青年专家1 297人。通过2017年度职称评审获得高级职称的专业技术人员达到1.7万人。组织实施完成国家级、省级高级研修项目计划101个，共培训急需紧缺和骨干人才6 859人。建立“产学研未来工匠联盟”和“京津冀鲁高技能人才联盟”，开展新型学徒制培养试点，打造一批技艺精湛的“齐鲁工匠”。全省技能人才数量达 1 106.4 万人，其中高技能人才 290.6 万人，新增高技能人才 21.82 万人，新增高技能人才评选确定 150 名齐鲁首席技师，完成金蓝领培训 1.3 万人，100.73 万人参加职业技能鉴定。2 名选手在第 44 届世界技能大赛中分获金牌和优胜奖，实现历史性突破。组织职业资格清理工作“回头看”活动，确保已取消职业资格落实到位。

（二）构建招才引智新格局。

创新人才引进政策，制定《关于进一步加强引进外国人才工作的意见》等政策，组织实施“外专双百计划”，着力引进一批“高精尖缺”的海外人才。出国培训质量不断提高，外国专家系列讲座取得新进展。全省现有国家“千人计划”外专项目专家 33 人，获中国政府友谊奖专家 66 人，获山东省政府“齐鲁友谊奖”专家 478 人。全年来鲁工作外国人才 4 万人次。

四、人事制度改革稳步推进

（一）强化公务员制度和队伍建设。

创新公务员考录制度，开展“人岗相适”考试试点，深化公安机关人民警察招录培养体制改革，探索开展定向招录残疾人试点，完善基层公务员考录制度，招考公务员 9 282 人。扎实推进公务员分类管理和聘任制改革试点，做好公务员表彰奖励工作，扩大公务员平时考核试点，深入开展争做人民满意公务员活动。制定印发《山东省“十三五”行政机关公务员培训规划》，深化公务员“四类培训”，精准组织实施公务员“双基”培训，提高公务员队伍的业务素质和能力水平。

（二）加强事业单位人事管理。

印发《山东省实行人员控制总量备案管理的事业单位人事管理办法（试行）》，明确人员控制总量管理人员的管理体制问题，实现同工同酬、同等待遇。创新人才引进机制，印发《山东省事业单位高层次急需紧缺人才特聘办法》《山东省事业单位特设岗位设置使用办法（试行）》《关于进一步做好县乡事业单位公开招聘工作的若干意见》，为事业单位引进高层次急需紧缺人才开辟特殊通道，为县乡基层事业单位引进人才拓宽渠道。印发《山东省事业单位工作人员考核办法》，明确考核的档次标准、结果运用，强化考核的激励约束作用。印发《关于支持和鼓励事业单位专业技术人员创新创业的实施意见》，支持和鼓励专业技术人员到企业开展创新活动，释放创新创业活力。提请省委、省政府印发《关于深化职称制度改革的实施意见》，对职称制度进行全面系统性改革。进一步向各市下放职称评审权限，改革基层卫生、会计、中职学校、非公领域等职称制度，分系列修订完善职称标准条件，打造“职称评审系统”开展网上服务，加强中评委管理。全面实施事业单位人事管理条例，健全完善人员聘用、公开招聘、考核奖惩、岗位设置管理等人事管理制度，符合山东特点的新型事业单位人事管理制度基本建立。截至年底，在全省实施岗位设置管理事业单位中，95.1%已核准岗位设置方案，94.4%已完成岗位聘用。省属事业单位共招聘工作人员 3 234 人。

（三）扎实做好军转安置工作。

妥善安置军转干部，完成 5 993 名军转干部的安置任务。扎实做好军转干部管理服务，认真落实企业军转干部解困维稳政策，军转干部保持总体稳定。

五、完善工资收入分配制度

完善公务员工资制度体系，稳步推进法官、检察官工资制度改革。深化事业单位收入分配制度改革，完善部分事业单位调整基本工资配套政策，开展公立医院薪酬制度改革试点。开展机关事业单位“吃空饷”问题治理工作，建立机关事业单位“吃空饷”问题解决长效机制，分别出台省直和各地预防和治理“吃空饷”问题的实施办法，巩固集中治理成果。落实政法委机关工作津贴，调整人民警察法定工作日之外加班补贴和值勤岗位津贴，调整地震、林业调查规划、测绘地理信息等事业单位职工野外工作津贴，制定传染病疫情防治人员临时性工作补助实施办法，调整离休干部特需经费标准。调整山东省月最低工资标准分别为1 810元、1 640元、1 470元，小时最低工资标准分别为18.1元、16.4元、14.7元，平均增幅5.8%。发布企业工资指导线，上线12%、基准线7.5%、下线3%。开展专项督查，突出解决难点问题，深化国有企业负责人薪酬制度改革。开展第9次企业薪酬调查，共调查5 543户企业、118万名职工的薪酬信息，启动制造业人工成本监测试点，近300户企业按季度上报监测数据，创新发布50个技能岗位工资基准价位和18份行业企业人工成本调研报告。

六、劳动关系保持和谐稳定

（一）推动劳动关系协调机制建设。

召开和谐劳动关系构建现场会，以山东省协调劳动关系三方名义联合评选命名100家劳动关系和谐企业、11个劳动关系和谐工业园区。做好职工分流安置工作，顺利分流安置去产能企业职工和济钢产能调整职工4万多人。为3.8万名退役士兵落实就业岗位，协调企业为2 373人办理内部退养，解决8.6万人养老保险和6.7万人医疗保险接续、参保问题。大力推进劳动合同制度实施，劳动合同签订率达到92.8%。

（二）争议调处效能进一步加强。

调解仲裁机构处理争议案件9.2万件，同比增长6.7%，当期受理争议涉及劳动者9.4万人，涉案金额18.3亿元，仲裁当期结案率达97.5%，调解成功率71.9%，终局裁决率30.6%。加强调解仲裁专业化培训，对300余名调解员和400余名仲裁员进行专业培训。

（三）劳动保障监察执法力度不断加大。

在省内组织开展保障农民工工资支付专项检查，共为5.88万名农民工追发工资待遇45 516.4万元，移送司法机关涉嫌犯罪案件26件，向社会公布欠薪严重违法单位107户。开展清理整顿人力资源市场秩序专项行动，查处各类违法案件415件，责令改正115件，责令退赔劳动者中介服务费、押金等费用39.23万元，取缔非法职业介绍活动225项，吊销（撤销、注销）许可证2本。

七、基本公共服务能力不断提升

（一）大力推进“放管服”改革。

简化办事环节和手续，调整1项行政许可，取消1项、下放2项行政权力。落实人力资源社会保障部印发的《国家职业资格目录》，组织职业资格许可和认定“回头看”活动，杜绝已取消的434项职业资格“死灰复燃”。公布省本级“零跑腿”事项15项，“只跑一次”事项65项。公布省、市、县、乡四级人力资源社会保障领域政务服务需提交的证明材料199种。印发申请人书面承诺制工作办法、行政许可授权首席代表资格条件和权限管理办法。

（二）不断筑牢基层平台。

基本建成省、市、县、乡、村五级公共服务网络，所有乡镇（街道）设立人力资源社会保障所（中心），近90%的社区、村设立人力资源社会保障服务站，基层平台配备工作人员8.2万人。向基层服务平台下沉服务项目69个，乡镇（街道）平台服务群众超过2亿人次。

（三）积极推动法治人社建设。

10月1日，《山东省劳动人事争议调解仲裁条例》正式施行。修订《规范性文件制定管理办法》，新制定规范性文件22件，延期21件，废止和失效26件，实现规范性文件的动态管理。印发《山东省人力资源社会保障行政执法信息公示实施办法》，修订《行政复议应诉管理办法》，办理行政复议案件7件，办理行政应诉案件39件。开展“就业之路·法律同行”普法宣传月活动，部署技工院校普法教育和“12·4”宪法宣传日活动，组织6 000余人参加人力资源社会保障部网上答题活动。

（四）加快信息化建设步伐。

稳步推进公共服务“标准化、信息化、一

体化”建设，加快实施“互联网＋人社”行动计划，编制《山东省“互联网＋人社”2020信息化发展暨“十三五”规划》。以“互联网＋”为引领，搭建起以微信、微博、12333服务热线、山东人社服务App、门户网站办事大厅和自助服务一体机为载体的“六位一体”网上公共服务系统，构建了关键信息基础设施安全防护体系，60多项业务实现网上经办。加快资源整合，大力推进综合柜员制，推进系统上下公共服务、业务办理和系统内外一体化的发展，形成了整体服务新优势。加快信息系统省集中建设，推动公共就业人才服务系统建设，开发精准扶贫模块，实现社会保障卡在就业领域身份认证。跨省异地就医结算实现了地域全覆盖、人群全覆盖。截至年底，全省共开通跨省异地就医结算定点医疗机构383家，实现跨省异地住院直接结算1.38万笔、费用4亿元。社会保障卡持卡人数达到7 572万人，社会保障卡在身份识别、缴费、待遇领取、医保结算、信息查询等方面得到广泛应用。举办山东省社会保障卡知识竞赛和山东省人力资源社会保障信息化创新应用展。

山东省人力资源和社会保障厅

济 南 市

2017年，济南市人力资源社会保障部门紧紧围绕“打造四个中心、建设现代泉城”中心任务，以建设“温暖人社”为主题，积极作为、扎实工作，各项工作取得显著成效，为保障改善民生、服务经济发展、促进社会和谐稳定发挥了积极作用。

一、就业创业

（一）加大创业政策落实力度。

扩大创业担保贷款覆盖面，累计发放创业担保贷款3.7亿元，政策红利得到充分释放。实施“创业泉城”行动计划，向475家小微企业发放创业补贴1 152.4万元，向4 826家个体工商户发放创业补贴1 339.4万元。加强创业载体建设，建成省、市、区三级创业孵化基地113个，孵化面积350万平方米。创新服务模式，济南市大学生创业孵化中心与山东大学合作，在全省率先实行远程视频创业教学。成功举办首届全国创业就业服务主题展。

（二）加强重点人群就业支持。

坚持把高校毕业生就业摆在首位，跨部门跨区域联合举办专场招聘会，围绕济南重点建设项目举办专题招聘会，进一步拓宽了高校毕业生就业渠道。“三支一扶”计划重点向乡镇等基层扶贫领域倾斜。市级大学生就业见习基地已达200余个，60%以上的毕业生被见习单位正式留用。济南生源高校毕业生就业率达94%。完善就业援助政策，连续10年提高补贴标准，全年援助就业困难人员2.37万人，发放补贴资金1.41亿元，城镇零就业家庭实现动态清零。协调安置企业去产能分流职工5 353人。大力开展“就业援助月”“春风行动”等主题招聘和“就业招聘进乡村”“招聘夜市”“赶招聘大集”等特色活动，提供就业岗位38.66万个。全年新增农村劳动力转移就业5.1万人。全年实现城镇新增就业18.9万人，城镇登记失业率为2.08%，低于控制目标1.92个百分点，就业局势保持总体稳定。

（三）大力开展就业精准扶贫。

打造“就业扶贫车间”80个，吸纳建档立卡贫困人口494人。技能培训964人，实现贫困人口转移就业7 144人。济南与重庆市、湖南省湘西州签订劳务扶贫协作框架协议。赴湖南省湘西州开展了劳务协作专场招聘会8场，提供就业岗位8 000多个，112名湘西务工人员来济南就业。选派讲师赴湖南省湘西州、重庆市武隆区开展精准扶贫培训教学，济南技师学院招收湘西州贫困家庭“两后生”68名。

（四）强化就业技能培训。

扎实推进就业培训五年规划，培训补贴标准提高约30%，城乡劳动者就业创业培训1.99万人，培训后就业率达85%以上。拓宽补贴申领发放渠道，在全省率先试点开展个人申领职业培训补贴直补模式，将驾驶员、物流师等5个专业定为试点专业。

（五）完善提升农民工服务。

依托全市五级农民工服务网络和网上服务（维权）平台，加强政府职能部门的协调联动，着力解决农民工在技能培训、子女教育、劳动权益等方面的现实问题，全年帮助农民工追讨工资1 850余万元。深入开展春季送岗位、夏季送清凉、冬季送温暖、四季送健康等“情系农民工”系列主题活动，让农民工更好地融入城市。

二、社会保障

（一）社会保障覆盖面不断扩大。

全市职工养老、医疗、失业、工伤、生育保险参保人数分别达 265.5 万人、228.7 万人、147.2 万人、187.5 万人、152.7 万人，居民养老和医疗保险参保人数分别达 229.3 万人和 408 万人，基本实现了社会保险制度全覆盖。各项社保基金总收入 435.5 亿元，同比增加 64.5 亿元。

（二）社保待遇不断提升。

连续 13 年提高企业退休人员养老待遇，月人均基本养老金达到 2 921 元，同步提高机关事业单位退休人员养老待遇。工伤职工一次性工亡补助金标准达到 67.2 万元。生育保险人均费用支出过万元，为全省最高。失业保险金标准提高至每人每月 1 080 元。居民养老保险基础养老金实现“七连涨”，每人每月达到 110 元。居民基本医疗保险财政补贴标准每人每年达到 450 元。为 16 万名被征地农民落实保障资金 7.8 亿元。大力实施社保精准扶贫，为贫困人员代缴居民养老保险费 500 余万元，报销基本医保、大病保险 1.4 亿元，为贫困失能老人按月发放 300 元护理补贴。

（三）社保改革不断深入。

有序推进机关事业单位养老保险制度改革，认真落实养老保险关系转移接续新政，做到了应保尽保、应发尽发。全面实施职工和居民大病医疗保险制度，为 17.9 万人次减轻医疗负担 4.7 亿元。完善了职工长期医疗护理保险制度，适当放宽了定点医护机构的准入标准，鼓励管理规范、社会信誉好的托养机构、家政公司与定点医护机构组成家护服务联合体，做好护理保险制度与基本医保制度的衔接，提高了待遇标准。推进居民基本医疗保险市级统筹，实现了居民医保缴费标准、待遇政策、定点管理、经办规程、信息系统、基金管理“六统一”。完善居民基本医疗保险政策，调整了个人缴费标准，扩大了门诊规定病种范围，提高了普通门诊统筹待遇，实行了居民医保参保人异地安置备案报销政策。

（四）经办服务水平不断提升。

开通了社保移动服务平台，“企业养老网上智能服务平台”上线运行，实现全国异地就医联网结算，社保基金网银主动缴费功能在市内六区范围推广，社保卡多功能应用加快推进。

（五）抓基金安全。

注重网上日常督查和专项督查，建立了跨省、跨市、跨县区协查机制。组织开展了劳务派遣机构社会保险费征缴、城乡居民养老保险经办机构内部控制等专项监督检查，有效防止了“跑冒滴漏”，确保了基金安全。

三、人才队伍

（一）完善人才政策体系。

围绕济南市“人才新政 30 条”，研究制定了人才来济就业生活补贴等实施细则，逐步建立了全方位、多层次的人才政策体系。深化职称制度改革，制定出台了《关于深化职称制度改革促进专业技术人员创新创业的实施意见》，充分发挥职称制度在专业技术人才选拔、培养和使用中的导向作用。出台《济南市专业技术人员继续教育规定》，建立继续教育考核和激励机制，开通济南市专业技术人员继续教育公共服务平台。推进“放管服”改革，有序下放职称评审权限。进一步放宽非公经济组织职称申报条件。完善基层专业技术人才职称评审倾斜政策，增设基层卫生高级专业技术职务资格。

（二）加大人才引进培养力度。

紧紧围绕“四个中心”建设人才需要，引进泉城“5150”引才倍增计划创新创业人才 32 人、泉城重点产业紧缺人才 2 425 人、外国专家项目 37 个、外国专家 174 人、海外留学归国人员 2 700 余人。新增国家“百千万人才工程”人选 1 人、国务院政府特殊津贴专家 12 人、中高级专业技术人才 5 800 人，全市专业技术人才总量达到 43 万人。实施出国（境）培训项目 26 个，培训 230 人次。

（三）抓好技能人才队伍建设。

成功举办第五届“英才杯”职业技能大赛，涌现了一批技术能手。全年新增高技能人才2.3万人，新增齐鲁首席技师5名、泉城首席技师59名、市突出贡献技师100名，创建国家级高技能人才培训基地1个，为全市实体经济建设提供了有力支撑。

（四）不断优化公共人才服务。

强化留学人员创业载体建设，济南留学人员国际企业孵化园新增留学人员企业16家，注册资金超过3亿元。创新博士后工作，国家博士后科研工作站增至22个，省级博士后实践创新基地达到8个，新设立市博士后创新实践工作站10个。着力实施院士专家服务基层行动计划，新增院士专家基层服务工作站29个。推行“互联网＋人才”管理服务模式，研发了高层次人才分类认定系统、泉城“5150”人才申报系统、泉城产业领军人才申报系统、人才落户管理系统等，中国济南人才网、人才泉城微官网上线运行。

（五）人力资源服务业不断发展壮大。

2017年济南市高新（国际）人力资源服务产业园被批准为省级人力资源服务产业园，并获得奖补资金300万元。山东铭源人力资源管理有限公司、上海外服（山东）人力资源服务有限公司等5家人力资源服务机构荣获全省人力资源服务十强企业称号，占年度全省十强企业的50%。开展行业诚信建设活动，山东铭源人力资源管理有限公司、山东华杰人力资源管理有限公司被人力资源社会保障部评选为全国人力资源服务诚信示范单位，济南新天地人力资源有限公司、济南仁和人力资源服务有限公司等4家人力资源机构被省人力资源社会保障厅评为全省人力资源服务诚信示范单位。

四、人事管理

（一）创新进人机制。

不断完善“阳光考录”办法，全市各级机关新招录公务员535人。创新事业单位选人机制，面向重点高校引进优秀毕业生200人。市属、县区属事业单位联动公开招聘人员347人。指导市卫生计生委下属22家直属事业单位公开招聘工作人员476人。首次组织市属12所中小学面向6所教育部直属师范类高校引进优秀毕业生53人。

（二）强化培训考核。

着力提升培训质量，课程内容紧扣理论和实际需求，师资选择侧重政府型专家学者与高校知名专家，培训形式注重案例、桌面推演，全年开展各类培训17期，培训人员1 650余人。不断完善公务员平时考核，全市推广应用手机App版和电脑平台版公务员平时考核信息系统，实现了平时考核全覆盖、全时控。事业单位岗位设置管理工作全面入轨并有序推进，对全市203家事业单位进行了岗位审核。

（三）深化工资制度改革。

按照体现岗位绩效和分级分类管理的原则，全面推进事业单位绩效工资改革，完成法院、检察院工资制度改革。建立了机关事业单位防治“吃空饷”长效机制，研究制定了《济南市市直机关事业单位预防和治理“吃空饷”问题实施办法》，强化人员日常管理、工资发放管理，强化监督管理和责任追究。

（四）狠抓考试安全。

实行考试项目化管理，共组织34项22万人次各类人事考试，做到了零失误。综合运用无线视频监控、人脸识别等技术，强化与公安、无线电管理等部门联动，严厉打击考试作弊行为，全年处理违纪违规考生389人。

（五）认真落实军转干部和退役士兵安置。

妥善安置计划分配和自主择业军转干部1 118人，安置到公务员和参公岗位比例达到80%。退役士兵事业单位安置计划提高至40%。军地双方联合开展自主择业军转干部就业创业培训模式被列为全省试点。

五、劳动关系

（一）强化劳动用工备案。

强化备案系统与社会保险系统的数据共享和业务联动，督促用人单位与职工依法签订劳动合同，全市劳动用工备案4.4万家、134万人，劳动合同签订率达99%以上，在城镇实现稳定就业的农民工劳动合同签订率达99%。

（二）强化企业收入分配宏观调控。

最低工资标准调整为每月市内五区1 810元、其他县（区）1 640元；最低小时工资标准平均增幅达5.83%。发布全市上年度社会平均工资，全市法人单位在岗职工平均工资增幅为9.25%。公布了2017年企业工资指导线，全市法人单位在岗职工平均工资基准线增长7.5%，上、下线分别增长12%、3%。深入推进市属国有企业负责人薪酬改革，实现了金融企业与其他国有企业的同步推进。

（三）强化劳动保障监察。

突出重点用人单位的日常监管，认真开展日常巡视检查，重点加强对农民工工资支付、人力资源市场秩序、落实防暑降温规定、劳动用工、社会保险缴纳的专项检查，共检查用人单位8 600家、24.8万人，补签劳动合同7 000余份，清欠社会保险费700余万元，受理案件到期结案率达98%。

（四）抓好劳动人事调解仲裁工作。

着力提高劳动人事调解仲裁工作效能，积极落实裁审衔接联席会议制度，试点要素式办案模式，开发使用调解仲裁智能化管理系统，在全市仲裁机构大力推广设立法律援助工作站。全市仲裁机构共立案受理5 277件，当期结案率97.20%，为劳动者挽回经济损失1.2亿元。

六、公共服务

（一）深入推进行政服务标准化。

全面系统地梳理和修订标准体系和体系内标准，新编制标准16项，调整完善59项，撤销9项，编印了《济南市人社基本公共服务标准汇编（修订版）》。以98.5分的全省历年最高分通过了国家人力资源社会保障行政服务标准化试点验收。

（二）加快推进基层平台规范化建设。

改造提升基层平台服务功能，开展基层平台规范化和标准化考核，对乡镇（街道）人力资源社会保障服务中心逐一进行检查验收。持续推动人力资源社会保障业务向基层下沉，通过规范台账、发布公告和强化监督考核等方式，推动49个约束性项目和7大类32项业务向基层下沉，把基层能办好的服务事项下放到位。开展了基层平台工作人员服务规范提升培训。

（三）积极探索“互联网＋人社”服务模式。

着力加快人力资源社会保障新媒体建设，建立了人力资源社会保障网站群、济南人社在线、“济南人社”微信公众号、“智慧就业”平台、农民工网上服务平台、“掌上社保”、自助终端等“七位一体”的服务平台，推动人力资源社会保障业务线上办理。

（四）深化窗口单位作风建设。

开展了窗口单位提质提效专项行动，采取暗访摸底、现场督导、问题整改，进一步提升人力资源社会保障服务窗口服务效能和服务质量。在全市人力资源社会保障系统开展了基层平台开放日活动，邀请市民代表亲身体验基层平台规范化和标准化建设服务情况，增进与群众的良好沟通。在全市人力资源社会保障系统开展“假如我是他”服务实践，采取学做结合、换位思考、问题查改、实践检验等多种形式，加快推进人力资源社会保障服务理念创新、路径创新、方法创新，着力提速提质提效。

（五）着力加强业务能力建设。

举办了8期人社业务大讲堂和2期年轻干部培训班，采取“请进来”和“走出去”相结合的方式，邀请业务骨干和国内各领域专家进行授课，依托省外知名院校开展知识培训和参观见学，共培训人力资源社会保障干部职工670人次。

济南市人力资源和社会保障局

青 岛 市

2017年，青岛市人力资源社会保障部门以学习贯彻党的十九大精神为引领，坚持民生为本、人才优先，聚焦助推新旧动能转换、推进供给侧结构性改革，深化改革创新，强化管理服务，各项工作取得新进展。

一、加强扶持，优化服务，就业形势保持稳定

全年城镇新增就业73万人，同比增长13.4%，城镇登记失业率3.12%，控制在4%的年度目标以内。政策性扶持创业2.1万人，创业带动就业6.6万人。

（一）实施新一轮就业创业政策。

制定《关于助推新旧动能转换做好当前和今后一个时期就业创业工作的实施意见》，在全国率先出台就业创业政策风险防控办法，建立就业创业政策风险防控长效管理机制。将新兴业态纳入创业政策扶持范围，将创业人员担保贷款贴息期限由2年延长至3年，将创业担保贷款额度提高到最高300万元。市政府办公厅印发失业预测预警和调控应急工作实施方案，实现全时段、全覆盖失业预警动态监控，确保就业局势稳定。

（二）优化就业创业公共服务。

建立全市企业用工定点监测制度。上线运行家庭服务业云平台。组织40个项目参加全国创业就业服务展示交流活动，取得较好成效。推进创业孵化载体建设，积极争创全国创业孵化示范基地，认定省级创业孵化基地（园区）11个、首批市级创业孵化示范基地（园区）7个，全市创业孵化基地共96个，在孵企业达到4 556家。

（三）强化职业技能培训。

开展就业技能培训补贴先垫后补，出台失业保险支持参保职工提升职业技能新政，提升劳动者技能素质和职业转换能力。加强职业培训机构建设和职业培训资金管理。深入推进技工教育集团化办学，产教融合水平进一步提升。完成国务院取消的7批职业资格清理工作，推进初、中级职业技能鉴定下放。实施技能帮扶万人工程，全年培训劳动者1.2万人。

（四）统筹做好重点群体就业。

实施开发基层公共管理岗位吸纳高校毕业生政策，鼓励引导高校毕业生面向基层就业。举办第四届职业生涯大赛，实施大学生创业培育海鸥行动，接收高校毕业生7.7万人。开展就业援助月活动，帮扶就业困难人员实现就业2.2万人，就业率达91%。推进就业与社会保障精准扶贫，农村贫困人口100%享受就业培训帮扶和养老医疗兜底保障。

二、深化改革，完善经办，社会保障体系更加完善

全年征缴各项社会保险费577.9亿元，各项社会保险待遇均按时足额发放，社会保障制度总体运行平稳。

（一）完善社会保险制度。

全面推进机关事业单位养老保险制度改革，顺利完成非营利性民办学校教师养老保险与公办学校教师同等待遇试点任务。在全国率先实施补充医疗保险制度，为7 323名重特大疾病和罕见病患者提供特药特材保障2.8万人

次，为5万名大病患者提供大额保障12.4万人次，累计支出3.4亿元，减轻了参保人医疗费用负担，中央电视台《焦点访谈》栏目对此作了专题报道。在全国率先将重度失智老人纳入长期护理保险范围，减轻家庭照护压力和经济负担。推进建筑业参加工伤保险“同舟计划”，全市新开工项目、在建项目参保率均达到100%。

（二）提高社会保险待遇水平。

企业退休人员养老金水平实现“十三连涨”，机关和事业单位退休人员养老金实现同步调整，惠及全市91.5万人。将失业保险金提高到每人每月1 080元。健全鼓励顺产激励机制，生育保险分娩医疗费人均定额结算标准提高400元。进一步提高居民医保、工伤保险待遇水平。继续落实单位养老保险缴费比例降至18%的政策，将失业保险缴费比例再降0.5个百分点、工伤保险平均缴费比例再降0.3个百分点，为参保单位减负38亿元。

（三）完善社会保险经办服务。

实施全民参保计划，参保人数达到860多万人。顺利实现异地跨省就医直接结算，全市76家定点医院实现异地结算1 988人次。出台《“互联网＋社保”三年行动计划》和《“标准化＋社保”三年行动计划》，全面开通社保卡102项应用，推广社保掌上预约系统，提升便民服务实效。

（四）加强社会保险基金监管。

创建社保基金运行监控制度，实现社保基金全程监控、实时管理。强化社会保险内部监控与外部稽查，开展风险防控专项行动。完善社保基金监督系统，健全涉嫌社保欺诈案件移送机制，确保社保基金安全运行。

三、创新政策，靶向引才，人才体制机制改革持续推进

全年引进各类人才13.1万人，同比增长8.5%，其中引进博士和正高级职称人才1 706人，同比增长16.5%；硕士、副高级职称和高技能人才1.4万人，同比增长15.2%。新增驻青院士5人、聘任院士3人、泰山系列人才工程专家66人，人才总量达到180万人。

（一）推进人才政策创新。

突出“高精尖”导向，出台顶尖人才认定和奖励资助实施细则、外籍雇员聘用管理工作意见等引才新政。稳步推进职称制度改革，进一步打破户籍、身份等限制，拓宽职称评审范围，合理界定下放评审权限，放宽基层专业技术人员专业限制，增设基层卫生高级职称，优化引才育才环境。

（二）实施重大引才专项行动。

面向全球开展海洋高层次人才引进活动，举办第10届海外高层次人才座谈会暨海外院士青岛行活动，吸引了22个国家的108名院士来青考察，集中签约33名院士。创新举办“百所高校千名博士青岛行”活动、第17届“蓝洽会”，近千名博士来青，签约21个千人计划项目、540个人才项目。成功举办2017国际城市管理青岛年会、全球智库创新（青岛）年会，吸引38名高端智库专家。青岛市连续6次入选“魅力中国——外籍人才眼中最具吸引力的十大城市”。

（三）加大高层次和高技能人才培养力度。

创新实施博士后培养留青计划，提高建站资助及安家补贴标准。健全院士专家经费管理制度、优秀专家工作站及优秀成果奖励经费管理制度，在全省率先推出专业技术人员继续教育导师制。制定高技能人才评审工作规程，高标准创建高技能人才培养平台，国家级技能领军人才数量居全国同类城市前列。

（四）优化人才公共服务。

建立人才服务清单制度，完善高层次人才服务绿色通道，发放高层次人才“服务绿卡”50余张。在全国率先完成外国人来华工作许可“两证合一”试点。建成国际人力资源服务产业园，推进院士专家创新创业园、博士创业园、留学人员创业园等高层次创新创业平台建设。深入推进积分落户制度，进一步简化手续，2 685人获得落户资格。

四、健全制度，加强管理，机关事业单位人事制度更加完善

（一）推进人事管理制度改革。

稳步推进公务员职务与职级并行试点。扩大聘任制公务员试点，完成第四批 5 个职位招聘。全面完成海洋国家实验室、蓝谷管理局、邮轮港管理局等功能区职员管理改革试点工作。突出知识价值导向，创新事业单位收入分配激励机制。

（二）完善考录招聘制度。

顺利完成面向本土优秀人才招考基层公务员、定向招考残疾人公务员等考录试点任务。出台事业单位公开招聘工作规程，推进公开招聘工作科学化、规范化，开展多元化招聘，圆满完成公务员考录、事业单位工作人员公开招聘工作。

（三）提升机关事业单位管理服务水平。

全面推行公务员平时考核，启动面向基层和机关基础岗位的“双基”公务员培训。开展“为民服务示范岗”“职业道德标兵”创建选树活动，推进公务员职业道德建设工程。规范完善专业技术三级岗位评聘制度，深入推进人事管理示范点创建活动，提升人事管理服务水平。

（四）稳妥做好军转工作。

在全国率先开展待安置军转干部实训，分层级开展安置军转干部集中培训，提升军转干部适应能力。建成启用自主择业军转干部创业培训基地，加大军转干部创业扶持力度。强化矛盾隐患排查化解，全市企业军转干部总体保持稳定。

五、完善体系，强化维权，劳动关系保持和谐稳定

全年受理劳动人事争议案件 11 212 件，立案查处劳动保障监察案件 4 695 件，按期结案率均超过 99%。

（一）完善政策体系。

按照市委、市政府《关于构建和谐劳动关系的意见》部署，出台完善多层次劳动关系三方机制、源头预防等一系列文件，在市直企业中推行劳动关系观察员制度，加强劳动关系协调工作的源头参与，完善劳动关系重大矛盾预警预报预防机制，建立起“分区域、分行业、多层次”劳动关系协调机制。

（二）加强收入分配宏观调控。

统筹推进市直企业、区（市）国有企业负责人薪酬制度改革工作，完善激励约束机制。提高最低工资标准，六区、四市月最低工资标准分别调整为 1 810 元、1 640 元，小时最低工资标准分别调整为 18.1 元、16.4 元。发布 2017 年企业工资指导线，基准线为平均工资增长 9%，上线为平均工资增长 13%，下线为平均工资增长 4%，引导企业合理确定工资增长幅度。

（三）加大劳动维权力度。

妥善做好改革、改制、重组、破产关闭企业劳动关系调整和职工分流安置工作，顺利完成退役士兵人力资源社会保障领域权益保障任务。加强劳动人事争议专业性预防调解，创新劳动保障监管方式，以全面治理拖欠农民工工资等违法问题为重点，开展用人单位遵守劳动用工和社会保险法律法规情况等专项检查，清欠社会保险费 6 000 万元，为 12 007 名劳动者追发工资待遇等 7 184.5 万元。

六、创新制度，完善服务，促发展惠民生能力实现新提升

（一）出台《深化改革创新助推新旧动能转换重大工程实施工作方案》。

围绕服务供给侧结构性改革，创新提出 17 个方面的措施，完善人力资源社会保障领域改造旧动能、服务新动能体制机制，助推全市新旧动能转换重大工程实施。

（二）深入推进“放管服”改革。

推广行政执法随机抽查制度，完善设立普通技工学校审批、人力资源服务许可等事项行政审批流程。实行“零跑腿”和“只跑一次”服务事项清单制度，简化优化公共服务流程，

取消证明材料 12 项、年检 3 项，发布公共服务事项清单 110 项，编制公共服务指南 88 项，群众办事创业更加便捷。

（三）深入推进公共服务“三化”建设。

聚焦“标准化、信息化、一体化”，加快推进人力资源社会保障“三化”建设，推行网上政务服务深度办理，启动大数据平台建设，推广“智慧人社”手机 App，率先开展人脸识别认证试点，开展基层平台精准服务年活动，服务效能进一步提升。

青岛市人力资源和社会保障局

河 南 省

2017年，在省委、省政府的领导下，在人力资源社会保障部的指导下，河南省人力资源社会保障系统坚持稳中求进工作总基调，贯彻落实以人民为中心的发展思想，全力以赴惠民生、不拘一格聚人才、凝神聚力抓改革、防控风险促稳定，为保障改善民生、促进全省经济社会发展做出了积极贡献。

一、就业形势总体稳定，实现稳中向好

坚持就业优先战略和积极就业政策，提前超额完成城镇新增就业110万人重点民生实事的目标任务，稳住了全省经济社会发展的“基本盘”。全年实现城镇新增就业144.21万人，新增农村劳动力转移就业63万人（农村劳动力转移就业总量达2 939万人，其中省内转移1 762万人、省外转移1 177万人），失业人员再就业43.98万人，就业困难人员实现就业17万人。城镇登记失业率为2.76%，低于4.5%的年度控制目标。国务院和省政府对河南省就业创业工作分别给予了表彰和激励。省人大常委会在对就业创业工作专题问询时，给予了充分肯定。在全国就业创业工作会上，河南省作了经验介绍。

一是高校毕业生就业保持稳定。织好高校毕业生就业的“经线”，全力推进高校毕业生就业创业促进计划，统筹实施高校毕业生基层服务项目，全省2017届高校毕业生累计实现就业47.86万人，整体就业率高于上年同期和全国平均水平。

二是大众创业带动就业持续增加。不断完善创业服务，成立“大众创业导师团”，举办“豫创天下”创业大赛，评定河南省大众创业扶持项目554个，认定省级创业孵化示范基地15个。建成中国中原大学生创业孵化园，已入住40多家创业企业。全年新增发放创业担保贷款109亿元，开展创业培训25.18万人次，扶持10.53万人自主创业，带动就业34.12万人。

三是农民工返乡创业成效显著。提请省政府先后两次召开全省支持农民工返乡下乡创业大会，强力推动返乡下乡创业工作。全年新增农民工返乡创业24.74万人，开展返乡农民工创业培训和创业辅导16.28万人次。建立总规模100亿元的省级农民工返乡创业投资基金。在全省优选206个返乡下乡创业项目，对优质项目给予资金支持。做实“三个抓手”，评选农民工返乡创业省级示范县20个、省级示范园区28个、示范项目50个和返乡下乡创业助力脱贫攻坚优秀项目30个。举办农民工“返乡下乡创业助力脱贫攻坚”项目大赛，35个优质项目获奖，其中12个项目与投资基金公司现场签订了投资意向协议。全省农民工返乡创业工作受到国务院领导的批示肯定，在国务院第四次大督查中受到国务院通报表彰。

四是公共就业服务扎实开展。组织开展“春风行动”“春季大型招聘会”等专项活动，全年举办各类招聘会1 900多场，提供就业岗位185万个，帮助54.7万人实现就业。加快公共就业服务信息化建设，推进全省公共招聘网联网工作，更好地为用人单位、求职者提供对接服务。

五是就业帮扶成效明显。开展送政策、送

服务、送培训、送岗位活动，确保就业扶贫政策落实到户、精准到人。帮助贫困劳动力转移就业 43.4 万人，帮助农村贫困劳动力通过转移就业实现脱贫增收。集中开展一系列就业援助专项活动，引导用工单位与就业困难人员进行精准对接，全省消除零就业家庭 2 426 户，帮助 2 996 名零就业家庭成员实现就业，新开发安置公益性岗位 4.13 万个。坚持以积极稳妥、不出现较大规模群体性事件为底线，有序推进去产能职工安置，指导去产能企业严格落实职工安置方案，确保分流人员就业有出路、创业有指导、生活有保障。共分流安置职工 32 386 人，当年职工安置任务全部完成。

六是人力资源市场建设不断加强。加强人力资源市场监管，维护人力资源市场秩序。深入开展人力资源诚信服务主题创建活动，全省 7 家人力资源服务机构被人力资源社会保障部确定为“全国人力资源诚信服务示范机构”。大力发展人力资源服务业，中国中原人力资源服务产业园区建成投入试运营。

二、社会保险整体运行平稳，实现稳中有进

全省基本养老保险、基本医疗保险、工伤保险、失业保险、生育保险参保人数均超额完成年度目标任务，参保人数分别达到 6 907.43 万人、10 410.7 万人、900.88 万人、805.57 万人、692.73 万人。各项社会保险基金总收入 2 568.51 亿元、总支出 2 378.89 亿元、累计结存 2 495.49 亿元。

一是全民参保登记计划全面实施。建立跨部门工作协调与保障机制，组织开展了信息比对、专题宣传、入户调查、自查自评等工作，省级集中的、以公民身份号码为唯一标识的全民参保登记信息数据库基本建立，共纳入全民参保登记数据库 1.14 亿人，为推动河南省“2020 年全面实现社会保险全覆盖”奠定了坚实基础。

二是全面落实困难群众大病补充医疗保险民生实事。在全国率先建立困难群众大病补充医疗保险制度，实现困难群众基本医疗保险、大病医疗保险、大病补充医疗保险“一站式”即时结算。全省享受大病补充保险的困难群众共 70.76 万人次，实际报销比例平均提高了 10.89 个百分点，有效缓解了困难群众因病致贫、因病返贫、因贫看不起病的问题。

三是全力推动社会保险助力脱贫攻坚。发挥社会保险扶贫的综合效应，印发《关于切实做好社会保险扶贫工作的意见》，基本实现困难群众参加社会保险全覆盖。率先在省级层面出台市县政府资助支持困难群众缴纳城乡居民基本养老保险、基本医疗保险费的政策，各级政府共资助支持 153.4 万建档立卡标注未脱贫人口、低保户和特殊供养人员缴纳城乡居民养老保险费，实现了困难群众参加社会保险应保尽保。

四是基本完成机关事业单位养老保险参保登记工作。进一步完善制度改革配套政策，初步搭建起政策框架体系，建立了全省集中统一的机关事业单位养老保险信息系统和数据库，基本完成机关事业单位养老保险参保登记工作，并按月实行征缴发放。全省参保登记单位 61 967 家，参保人员 363.03 万人，实行征缴发放 348.17 万人。

五是全面开通跨省异地就医直接结算功能。着力推动全国跨省异地就医即时结算工作，及时出台工作推进方案，建立了省级跨省异地就医财政专户，123 家定点医疗机构接入国家异地就医结算平台。全省所有统筹地区开通省内和跨省异地就医直接结算。

六是农民工参加工伤保险工作扎实推进。出台《关于进一步推进农民工参加工伤保险的意见》，加快推进建筑施工企业按项目参加工伤保险工作，全省参加工伤保险的农民工达到 198.8 万人，其中建筑业农民工参保 22 万人，较年初明显上升。

七是失业保险援企稳岗取得实效。连续 3 年降低失业保险费率，累计减征失业保险费 33.6 亿元，切实降低了用人单位成本，助推企业供给侧改革。全年累计发放稳岗补贴 4.6 亿元，惠及 1 492 家企业，稳岗 36.2 万人。

出台《关于企业失业保险参保职工使用职业技能提升补贴有关问题的通知》，对依法参加失业保险、累计缴费36个月、当年取得职业资格证书或职业技能等级证书的企业职工，使用失业保险基金给予补贴。

八是社会保险基金监督和管理工作得到加强。完善社会保险欺诈案件查处和防范工作机制，对欺诈骗保进行严厉打击。继续做好基本养老保险基金委托投资运营工作（2016年年底委托全国社会保障基金理事会投资运营的100亿元基本养老保险基金，2017年度收益率为5.23%），提高了基金保值增值能力。

三、人力资源开发和人才队伍建设得到加强，实现稳步提升

一是全民技能振兴工程深入推进。省人大常委会审议通过了《河南省职业培训条例》，是我国省级层面率先出台的第一部关于职业培训的地方性法规，实现了职业培训工作从政府主导向依法促进的历史性转变。提请省政府与人力资源社会保障部签署了新一轮《共同推进河南全民技能振兴工程　大规模开展职业技能培训备忘录》，通过建设职业培训法治示范区、中国工匠精神传承示范区，大力弘扬“工匠精神”，打造“技能河南”，推进职业培训工作提质增效。出台了《关于深化体制机制改革加快推进高技能人才工作的若干意见》《关于贯通技能人才与专业技术人才发展通道有关问题的通知》，构建了技能人才成长成才的政策和制度体系。组织各类职业技能培训342.67万人，新培养高技能人才18.92万人。确定2017年度全民技能振兴工程45个项目，新建15个国家级、省级高技能人才培养基地，5个省级高技能人才公共实训鉴定基地。

二是高层次人才集聚和培育工程取得新突破。积极落实《关于加强河南省高层次专业技术人才队伍建设的实施方案》《郑洛新自主创新示范区人才评价办法》《河南省外籍高层次人才认定办法（试行）》等有利于人才集聚和创新创造的政策措施。1人入选国家“万人计划”，7人入选国家“百千万人才工程”，培养培训高层次、急需紧缺专业技术人才10.5万人次，参加继续教育的专业技术人员达152.3万人次，新组建和培养高端研发创新团队13个、成员159人。新设博士后工作站10个，新建博士后创新实践基地41个，新招收博士后人员394人，新增留学回国人员3 752人。

三是招才引智工作力度不断加大。积极推动省政府与国家外国专家局签订《关于引进外国人才智力支持河南“三区一群”建设合作框架协议》，举办第四届“河南省海外高层次人才智力引进暨项目对接洽谈会”，执行引进国外技术、管理人才项目152个，入选国家级引智基地2个，资助聘请外国专家2 123人次，引进顶尖外国专家15人、高端外国专家84人，组织出国（境）培训793人。连续开展两届“圆梦中原”赴京招聘高校毕业生活动，签约7 000多人，已录用1 091人。活动提升了河南形象，展示了引才力度，产生了良好的社会影响。全省共引进博士等高层次人才2 400多人。

四是事业单位人事制度改革不断深化。创新事业单位人事管理办法和措施，出台《关于进一步简政放权完善事业单位岗位设置动态调整机制的指导意见》《关于加强和改进我省贫困县事业单位公开招聘工作的实施意见》《河南省事业单位专业技术二级岗位管理办法》，进一步落实事业单位在岗位管理、公开招聘人员调配等人事管理方面的自主权，人事管理机制不断完善。全省各级事业单位共招聘人员37 575人，其中博士2 266人、硕士5 037人，进一步壮大了事业单位人才队伍。

五是公务员队伍素质不断提升。做好公务员考录交流、登记备案、考核评价、表彰奖励工作。全省公开考录遴选6 506人，实施表彰项目45个。扎实推进公务员平时考核工作。稳步推进公务员聘任制，进一步拓宽选人用人渠道，满足行政机关对特殊人才的需求。围绕脱贫攻坚、环境治理等重点工作，加强教育培训，培训公务员27.8万人次，不断提升公务员的履职能力和服务水平。

四、劳动关系风险可控，实现和谐稳定

一是劳动者收入增长与经济增长同步专项工作成效明显。进一步加强企业工资分配宏观调控和指导，调整最低工资标准，发布工资指导线，完善落实机关事业单位工资政策，兑现公务员平时考核物质奖励，开展法官、检察官工资制度和公立医院薪酬制度改革试点，落实县以下机关公务员职务与职级并行晋升职级工资待遇和乡镇工作人员实行乡镇工作补贴，劳动者报酬和居民收入水平进一步提高。调整退休人员和城乡居民养老金待遇标准，全省机关企事业单位退休人员月人均提高146元，调整幅度达到5.91%，高于国家平均调整水平0.41个百分点。城乡居民养老保险基础养老金月最低标准从78元调整到80元，积极推动全省97个县（市、区）自行提高基础养老金标准，政策惠及全省1 450万城乡居民。第十一次调整提高失业保险金标准，平均每人每月同比增加96元，平均增长8.3%。

二是协调劳动关系三方机制进一步完善。提请省政府印发《关于成立河南省协调劳动关系三方委员会的通知》，成立协调劳动关系三方委员会，督促指导各省辖市、省直管县（市）建立协调劳动关系三方委员会，为构建全省和谐稳定的劳动关系奠定了坚实基础。全省企业劳动合同签订率为96.8%，集体合同覆盖率达到92.9%。

三是劳动人事争议调解仲裁效能建设全面提升。在仲裁院规范化建设、调解仲裁信息化建设、专业性调解组织建设、调解员仲裁员队伍能力建设、仲裁品牌和仲裁文化建设上实现了新突破。全省仲裁机构和调解组织共受理案件3.84万件，涉及劳动者4.71万人，仲裁档期结案率97.4%。

四是劳动者合法权益得到有效维护。全省共检查各类用人单位7.04万户，接受劳动者举报投诉3.06万件，为17.78万名劳动者追发劳动报酬10.15亿元。实施治欠保支三年行动计划（2017—2019），重点解决农民工工资拖欠问题，劳动者合法权益得到有效维护。

五、重点改革事项有序推进，实现改革带动

一是人才体制机制改革取得新突破。省委、省政府交办的50多项人才发展改革任务基本完成，制定出台了《关于加强河南省高层次专业技术人才队伍建设的实施方案》《关于深化体制机制改革加快推进高技能人才工作的若干意见》，提请省委、省政府制定出台《关于深化职称制度改革的实施意见》。推进高校全面开展职称自主评审，全年通过高级职称评审2万余人。积极推进职业资格制度改革，按规定取消了434个职业资格许可和认定事项。完善引导和鼓励高校毕业生到基层工作机制，组织实施高校毕业生“三支一扶”“政府购岗”等基层服务项目。完善提升军转干部“阳光安置”，全年安置3 251人，探索开展军转干部专项培训试点工作，认真做好自主择业军转干部管理服务和就业创业帮扶，企业军转干部群体总体稳定向好。

二是社会保障领域改革取得新成效。深入推进社保经办机构整合，全省16个省辖市、10个直管县（市）制定了实施方案。城乡居民医保整合工作全面完成，实施城乡统一的药品目录、诊疗项目和医疗服务设施范围标准，居民基本医保住院费用实际报销比例较整合前提高4.37个百分点。

三是国有企业相关改革取得新进展。完成省属企业29.7万名退休人员社会化管理服务工作，完成省属煤炭企业52万名职工的医疗保险、生育保险属地化管理工作，省人力资源社会保障厅被省委、省政府评为“国企改革攻坚战先进单位”。出台《进一步完善省管企业负责人薪酬制度》等配套改革文件，全面推进国有企业负责人薪酬制度改革。

四是人力资源社会保障领域“放管服”改革取得新提升。加大简政放权力度，权力事项大幅缩减。推进“互联网+政务服务”，同步建成实体和网上两个行政服务大厅，服务大厅被省政府确定为省直唯一一家服务型执法示范点，开通人力资源社会保障服务微信公众号、手机App，服务群众110余万人次。大力推进社会保障“一卡通”普及应用，新增持卡1 267.75万人，完成省级12333实体化建设。积极推进基层服务平台规范化建设，全国基层劳动就业和社会保障服务平台建设现场会在河南省济源市召开。

依法行政、信访维稳、平安建设、规划统计、干部教育、老干部服务、离休干部医疗保障、人事考试、政务信息公开、调研科研、后勤服务、厅属院校建设、对外劳务等工作全面推进，成效显著。省人力资源社会保障厅连续保持“平安建设先进单位”“省政府目标考核先进单位”“省级文明单位”等荣誉。

河南省人力资源和社会保障厅

湖 北 省

2017 年，湖北省人力资源社会保障系统紧紧围绕迎接党的十九大、学习党的十九大、贯彻党的十九大这一中心任务，在省委、省政府的坚强领导下，坚持稳中求进工作总基调，认真贯彻落实新发展理念，砥砺奋进、克难攻坚，各项指标超额完成，重大改革加快落地、重要政策密集出台、重点工作有力推进，事业发展呈现良好态势。

一、就业局势持续保持稳定

实施新的更加积极的就业创业政策，抓好重点群体就业和创业带动就业，以就业之稳支持了全省经济之稳。全省城镇新增就业 91.9 万人，完成年度目标 70 万人的 131.2%；城镇失业人员再就业 31.4 万人，完成年度目标 20 万人的 156.9%；就业困难人员就业 16.2 万人，完成年度目标 10 万人的 162.3%。城镇登记失业率 2.59%，低于年度控制目标 4.5%。

（一）完善更加积极的就业政策。

省政府出台了《关于做好当前和今后一段时期就业创业工作的实施意见》。出台引导和鼓励高校毕业生到基层工作的意见、大学生实习实训补贴政策、失业保险支持企业职工参加技能提升补贴政策等，形成了 5.0 版积极就业创业政策。湖北作为就业创业工作真抓实干、成效明显地区受到国务院通报表扬，给予 7 亿元奖励。

（二）大力实施“我选湖北”计划。

省委办公厅、省政府办公厅印发《关于实施“我选湖北”计划大力促进大学生在鄂就业创业的意见》，通过实施“10 项措施＋6 类政策＋3 项全省性活动”，促进大学生在湖北就业创业。组织“我选湖北·聚英才”“我选湖北·创立方”等系列活动，举办“我选湖北”计划进清华大学等高校系列巡回推介会，开展“我选湖北”大学生创业电视大赛，全年建成实习实训基地 2 717 个，吸引 35.1 万名大学生在鄂实习实训、37.8 万名大学生在鄂就业创业。组织 23 家省内人力资源服务机构成立“我选湖北”人才服务商联盟，发挥市场配置资源的重要作用。

（三）统筹推进重点群体就业。

组织开展“春风行动”，举办专场招聘会，加强劳务协作，促进农民工就近就业、返乡就业创业。连续 5 年开展“为农民工办实事”活动，2017 年 23 个成员单位为农民工办 52 件实事。多种措施积极推进家庭服务业发展促进就业。开展以“就业援助、真情帮扶”为主题的“就业援助月”活动，帮助就业困难人员、残疾登记失业人员、零就业家庭中的登记失业人员等实现就业。稳妥做好去产能职工安置工作，钢铁、煤炭行业去产能分流安置工作稳步推进，落实稳岗补贴政策，发放补贴 10.9 亿元，稳定岗位 223.2 万个。

（四）深入推进创业带动就业。

突出扶持大学生创业，安排 3 000 万元扶持 709 个大学生创业项目，为 17 个省级大学生创业孵化示范基地落实补助资金 873 万元。突出扶持农民工创业，实施返乡创业行动计划，全年新增返乡创业 4.1 万人，创办企业 7 470 家，带动就业 21.2 万人。安排 1 000 万元实施农家乐精准扶贫创业扶持项目。

（五）加快推进人力资源服务业发展。

促进创新发展，成功举办以“新经济·新人才·新服务”为主题的首届湖北人力资源就业创业博览会，吸引150余家人力资源服务机构、1 332家企业、30余所高校参会，形成合作意向2 100余个，达成合作项目520个。促进集聚发展，推进武汉市、黄石市、荆门市等地人力资源产业园建设，培育壮大人力资源市场主体，全年共举办行业业务交流、对接活动399场，行业培训153场。促进规范发展，实施湖北省《人力资源服务机构等级划分与评定》地方标准。评选100家人力资源省级诚信服务示范机构，规范市场秩序。

二、社会保障体系进一步健全

截至2017年年底，全省职工基本养老、基本医疗、失业、工伤、生育保险参保人数分别达到3 730.6万人、5 622.2万人、561.3万人、656.6万人、522.1万人。各项社会保险待遇按时按规定支付。城乡居民基本医疗保险制度已全面启动实施。社保由主要面向职工、面向城市，扩大到城乡，覆盖到全民。

（一）全面实施全民参保登记计划。

落实国家信息归集、数据清理、数据比对、入户调查要求，全年归集部门数据1.1亿人次，清理社保数据1.2亿人次，对803万名未参保人员进行入户调查，调查登记率达97%。五项社会保险参保人数达到1.1亿人次，覆盖面进一步扩大。社会保障卡持卡人数4 607万人，达到年度目标的107.4%。

（二）推进机关事业单位养老保险制度改革落地。

出台“老机保”衔接、关系转移接续等7个配套文件，政策体系基本形成。建成全省统一的机关事业单位养老保险信息管理系统并上线运行。全省机关（参公单位）、管理规范的事业单位基本纳入养老保险范畴，194.96万人参保。

（三）提高退休人员基本养老金水平。

统一提高企业和机关事业单位退休人员基本养老金，根据国家部署，在上年同步调整的基础上，2017年统一企业和机关事业单位基本养老金调整办法，全省505万名退休人员受益，平均增幅5.5%。按政策调整提高城乡居民基本养老保险基础养老金标准，落实省人力资源社会保障厅、省财政厅《关于提高城乡居民基本养老保险基础养老金标准的通知》精神，为全省722.8万名城乡居民调整基本养老保险基础养老金标准，每人每月由70元提高到80元。全省106个统筹区已全部调整到位。

（四）建立城乡居民基本医疗保险制度。

省政府印发《关于城乡居民基本医疗保险制度的实施意见》，督促17个市州出台实施办法，制定了全省统一的城乡居民医保业务经办规程，建成了城乡居民医保信息系统。实现城乡居民基本医疗保险制度全面整合，完成了“七统一”，即统一覆盖范围、统一筹资政策、统一保障待遇、统一医保目录、统一定点管理、统一基金管理、统一管理体制，3 820万名原新农合参保人员住院实际报销比例提高了3.1个百分点。

（五）实现跨省异地就医联网结算。

率先实现与国家交换平台联网对接，全省各地区118家医疗机构接入国家异地就医结算系统，为全国30个省份、4 711名参保患者提供住院医疗费用直接结算服务。

（六）医保支付方式改革取得实效。

全面实行和完善医保总额预算管理，职工医保统筹基金当期结余彻底扭转收不抵支的局面。各地开展按病种付费的病种数达到100个以上，并积极推行按人头、按床日等复合式支付方式改革。支持家庭医生签约服务和医联体建设，开展三级医院日间手术付费试点。

（七）完善工伤保险和生育保险制度。

出台工伤保险预防费使用管理暂行办法。依法调整了工伤职工伤残津贴、供养亲属抚恤金、生活护理费。启动工伤保险基金省级统筹。“同舟计划”全面完成，建筑业在建项目、新开工项目、固定职工均实现了100%参保。开展生育保险政策规范、基金运行情况调查，为医疗保险和生育保险合并实施做好准备。

（八）加强社会保险基金监管。

出台《湖北省社会保险基金监督办法》《关于做好社会保险欺诈案件行政执法与刑事司法衔接工作的通知》《关于印发查处和防范社会保险欺诈工作联席会议制度的通知》《湖北省社会保险基金安全监督管理约谈暂行办法》，督促22个市县完善73项医保基金监管措施办法，进一步完善监管制度体系。组织开展整治骗取医保基金专项行动、城乡居民养老保险内部控制专项检查、养老保险重点指标专项核查等。加大违法行为打击力度，全省依法查处社保欺诈案件414件，向公安机关、纪检部门移送18件。

三、人才队伍建设不断加强

围绕聚天下英才为湖北所用，省委、省政府出台了《关于深化人才引进人才评价机制改革推动创新驱动发展的若干意见》，在人才引进、人才评价方面形成了具有湖北特色的政策体系。围绕技能强省战略，落实部省共建技能强省备忘录，出台了技能人才振兴计划，在选拔培育“湖北工匠”上实现重大政策突破。主动履行政府人才综合管理职能，推进人才工作取得新进展。

（一）深入推进职称制度改革。

省委办公厅、省政府办公厅印发《关于深化职称制度改革的实施意见》，健全了职称制度体系，完善了职称评价标准，创新了职称评审机制，优化了职称管理服务。全面下放全省80所本科院校（含民办高校、独立学院、成人高校）和国家示范、国家骨干、省级示范性高等职业学校高校教师、实验技术系列高级职称评审权。开辟企业人才评价绿色通道，打破资历、台阶、常规、身份等限制，突出能力、业绩、贡献，为东湖高新区、中国（湖北）自贸试验区（武汉片区、宜昌片区）评定高级职称58人；出台企业人才考核认定高级经济师办法，270名中央驻鄂企业、非公有制企业高级生产经营管理人才被评为高级经济师。

（二）加强专业技术人才队伍建设。

省人力资源社会保障厅印发《关于加强中国（湖北）自由贸易试验区人才建设发展的通知》，省委组织部、省人力资源社会保障厅、省科技厅、省教育厅印发《关于推进人才创新创业超市建设的通知》。实施人才工程，紧贴产业发展开展“省突”“省贴”专家选拔，首次专项选拔“自贸创新突出贡献专家”5人，择优资助高层次人才科研项目49个。推进博士后青年创新人才队伍建设，全年招收博士后916人，出站448人，660人获得国家各类资助8 022万元。设置20个博士后创新岗位，择优资助优秀博士后研究项目77个，资助384万元。选拔聘任37个贫困县“湖北省专业技术人才奉献岗位计划”人选179人。承办13期国家级、省级专业技术人才高研班，培训产业紧缺人才600余人。促进人才服务基层，组织开展“千百人计划专家麻城行”“国家‘千人计划’专家服务天门行、鄂州行、恩施扶贫行”“第39批中国博士后科技服务团（湖北宜昌行）”等活动，促进签订各类合作协议53项。

（三）加强技能人才队伍建设。

全年新增高技能人才11.4万人，完成年度目标8万人的143%。推动人力资源社会保障部和湖北省人民政府签订共同推进湖北技能强省战略工程备忘录，省委办公厅、省政府办公厅印发《关于实施技能人才振兴计划建设技能强省的若干意见》。调整“湖北工匠”“湖北省技能大师”“湖北省技术能手”表彰项目，最高可奖励50万元。全省统筹举办各类职业技能竞赛73项，比赛职业（工种）超过200个，近50万人参加，参赛规模创新高。第44届世界技能大赛重型车辆维修项目成绩实现零的突破。推进3个国家级高技能人才培养基地、5个国家级技能大师工作室、10个省级高技能人才培训基地、20个省级技能大师工作室建设。推进技工院校结对帮扶建档立卡贫困家庭，参训比例达98.99%。

四、人事制度改革深入推进

（一）加强公务员队伍建设。

顺利完成全省省市县乡公务员“四级联考”、公安机关招录公务员及专项招考等工作，其中全省“四级联考”招录公务员7 068人。选取部分省直单位试点“湖北省公务员考核系统”，完成63家单位6万余人年度考核备案工作。探索先进模范荣誉工作站建设，指导省发展改革委等29家省直单位开展44项表彰活动。组织开展中部6省“创新驱动发展”培训、全省公务员培训管理者培训、基层公务员脱贫攻坚专题培训、省直机关基础岗位公务员培训、省直机关新录用公务员初任培训等。探索建立公务员诚信档案，深入推进公务员职业道德建设。举办全省公务员申诉工作业务培训，指导全省各地和垂管部门依法开展公务员申诉工作，切实维护公务员合法权益，保障机关正常工作秩序。稳妥推进公务员双职并行制度试点，省直机关和襄阳市、宜昌市职级套改和晋升工作全面启动，有序展开。

（二）深化事业单位人事管理改革。

规范事业单位公开招聘，采取统一分类设考和专项公开招聘模式，组织省直事业单位和11个市州参加全国笔试，制定省直事业单位公开招聘面试工作规程，降低学历门槛，放宽年龄要求，加强艰苦边远地区县乡事业单位公开招聘，全年事业单位公开招聘1.9万人。完善事业单位岗位管理，在全省教育系统建立岗位设置动态调整机制，开展专业技术二级、三级岗位聘用管理工作调研摸底和考核工作，深化职员制改革试点。加强防治“吃空饷”长效机制建设，规范人事管理。

（三）做好军转安置工作。

完成军转干部计划安置2 749人、自主择业安置840人，年度任务全面完成，安置进度和质量均有所提高。企业军转干部解困稳定工作受到国务院军转办肯定。

（四）提高人事考试质量。

突出抓好考试安全，全年顺利完成77项考试、参考63.92万人次、145.71万科次任务。

五、工资收入分配制度逐步完善

（一）落实公务员工资制度。

落实基本工资标准正常调整机制，完成2016年调资兑现任务，提高了机关事业单位工作人员基本工资标准，增加了离休人员离休费。出台职务与职级并行制度试点配套工资政策文件，并抓好兑现落实。印发调整运动员体育津贴，人民警察、野外地质勘探队和测绘地理信息系统测绘队工作人员基本工资标准等配套文件，转发国家关于人民警察加班补贴和执勤岗位津贴、政法委机关工作津贴三个津贴补贴文件，并指导各地做好兑现工作。

（二）完善事业单位绩效工资政策。

省人力资源社会保障厅、省财政厅出台《关于完善高校、科研院所、医院和新闻单位绩效工资有关政策的若干意见（试行）》，细化“人才二十条”中关于放宽事业单位绩效工资总量调控、扩大自主分配等政策措施。参与起草省委办公厅、省政府办公厅《关于实行以增加知识价值为导向分配政策的实施意见》，提出高校院所绩效工资分配激励、科技成果转化奖励等激励措施。实施公立医院薪酬制度改革试点，省人力资源社会保障厅、省财政厅、省卫生计生委印发《关于开展公立医院薪酬制度改革试点工作实施方案》，在鄂州市开展公立医院薪酬制度改革试点。

（三）推进国有企业负责人薪酬制度改革。

测算确定2016年省直企业年薪基数，督促薪酬审核部门审核兑现到位。完成2017年省直企业在岗职工平均工资统计工作，为2018年改革推进实施打下基础。加强对各市州薪酬制度改革指导。

六、构建和谐劳动关系取得新突破

（一）加强劳动关系协调。

调整全省最低工资标准，月最高档为

1 750 元，平均增幅 13%。发布湖北省企业工资指导线，加强企业工资宏观调控。以中小企业和劳动密集型企业为重点，推动提高企业劳动合同签订率。指导黄石市构建国家级和谐劳动关系综合试验区建设，全网一体化监管服务系统基本建成。推动全省 17 个市州、部分县市区成立协调劳动关系三方委员会，强化劳动关系重大问题协商。

（二）深入开展农民工工资清欠工作。

在全国率先将保障农民工工资支付工作纳入市州党政领导班子目标考核。全面推行工资专用账户管理、银行代发、实名制用工和工资保证金等制度。严厉打击欠薪涉嫌犯罪行为，全省共追回农民工工资待遇 7.9 亿元，公安机关立案调查涉嫌拒不支付劳动报酬犯罪案件 190 件。

（三）加强劳动保障监察执法工作。

推行“双随机、一公开”执法监管，规范劳动保障监察办案规程，开展执法突出问题专项治理，查处各类劳动保障违法案件 7 994 件，年底举报投诉案件结案率 99.2%。

（四）加强劳动人事争议调解仲裁工作。

完善劳动人事争议调解仲裁多元处理机制，开展全省“千名仲裁员服务万企”活动和“劳动仲裁制度恢复 30 周年·仲裁坚守者”推荐宣传活动，加强仲裁办案指导和裁审衔接工作，统一全省仲裁流程规范和文书标准。全年立案受理劳动人事争议案件 2.6 万件，年底劳动人事争议仲裁结案率达到 94.1%，劳动人事争议调解成功率达到 64.5%。

湖北省人力资源和社会保障厅

武 汉 市

2017年，在人力资源社会保障部和湖北省人力资源社会保障厅的指导支持下，在市委、市政府的领导下，武汉市人力资源社会保障部门认真学习贯彻落实党的十九大精神和习近平总书记治国理政新理念新思想新战略，坚决贯彻落实国家和省、市决策部署，围绕复兴大武汉总目标，聚力改革创新，奋力拼搏赶超，圆满完成了年度绩效和改革目标任务。

一、扎实推进创业带动就业，促进惠企惠民

全年全市城镇新增就业19.84万人，失业人员再就业4.8万人，帮扶困难群体就业2.8万人，扶持创业3.3万人，创业带动就业12.9万人，新发放创业担保贷款4.04亿元，年末城镇登记失业率2.84%。一是丰富就业创业政策体系，制定出台5个政策文件，落实就业优惠政策。二是精准服务企业用工，举办300多场“春风行动”等专项活动，促成9.31万人就业。通过“千名局级干部联系服务千家企业”“双万双联”活动，掌握企业用工动态，制定个性化帮扶方案，缓解企业“用工难”。三是大力推进“我选湖北”计划和“百万大学生留汉创业就业工程”，举办280多场高校毕业生供需见面会，连续举办22场在汉高校大型巡回招聘会，组织3 000多家企事业单位为大学生提供10万个高薪优岗，在全国率先出台大学毕业生指导性最低年薪标准。培训青年创新创业人员2.4万人，新增实习实训基地130个，建立66个大学生创业基地。申报省级大学生创业扶持项目，377个项目获得扶持资金1 653万元。资助264个优秀大学生创业项目957万元。举办大学生“互联网+”创新创业大赛和“创业·大武汉”等赛事，全年引进和留住大学毕业生突破30万人。四是全面落实稳岗补贴惠企政策，发放稳岗补贴5.22亿元，惠及企业3 368家。五是加大困难群体就业帮扶力度，为全市4.34万人发放公益性岗位补贴8.07亿元，全市建档立卡贫困劳动力2 913人全部建立实名台账，1 942人实现就业。实名登记2 704名离校未就业高校毕业生并帮助1 277人实现就业创业，为1.45万名毕业生发放一次性求职补贴1 161.92万元。

二、不断完善社会保障体系，提高人民获得感

全市社保扩面净增90.56万人次，社保综合覆盖率超过99%。一是社保政策体系不断完善，出台统一社保缴费基数上下限、职工养老保险参保补缴、“个转企”过渡期社保费率等政策，将160多家医养结合型养老机构纳入医保报销范畴。二是提高社保待遇水平，完成企业和机关事业单位退休职工养老金调整，企业退休人员养老金月人均水平达到2 650元。城乡居民基础养老金标准从每人每月225元提高到270元，增发的1.89亿元已全部发放到位。三是机关事业单位养老保险制度改革加速落地，4 117家机关事业单位已完成参保预登记，3 595家单位正式上线征收运行。12月15日，7.8万名退休人员首次实现养老金社会化发放。四是9月1日起正式实施城乡居民基本医疗保险制度，483万名城乡参保人员医保待遇总体提升。五是执行社保“降缓补”政策，

企业养老、工伤、失业保险缴费减少 23.4 亿元，为 61 家企业缓缴社会保险费 7 000 多万元。六是大力推进信息化建设，实现“三代卡”全国首发和“医保移动支付”全国首创，在全国创新性推出“电子社保卡”。正式接入国家跨省异地就医结算平台。七是推进建设项目参加工伤保险“同舟计划”，新建项目参保率 100%，在建项目参保率 100%，实现全部项目参保目标。

三、切实加强人才队伍建设，服务经济社会发展

一是“千企万人”计划首批认定 226 家企业，2 400 余名高层次人才被认定。二是加大高技能人才培养力度，开展“武汉工匠”培育计划，制定高技能人才与工程技术人才职业发展贯通办法。实施紧缺高技能人才振兴计划，开展首批 396 名优秀高技能人才培养工程项目。建成 24 个高技能人才培训（实训）基地和 27 个技能大师工作室，建设 20 个“武汉好手艺”民间工艺传承大师工作室。开展各类城乡劳动者职业技能培训 24.14 万人次。三是深入推进“城市合伙人”计划，确定第三批 153 名“城市合伙人”。四是全省首家省级人力资源服务产业园——武汉中央商务区园区已于 5 月 23 日正式开园运营。

四、不断深化人事制度改革，激发干事创业活力

全年新招录公务员 1 290 人，公开招聘事业单位工作人员 2 377 人，专项招聘事业单位工作人员 1 063 人。一是深化公务员履职尽责管理，签订公务员岗位责任书 4 万多份，组织开展系列主题活动，发布公务员职业道德建设工程实施意见。二是推行公务员聘任制改革，3 人在聘。开展公务员平时考核信息化试点，5 个区、17 个市直部门共计 5 400 余名公务员参加。落实职务与职级并行制度，全市有 245 人审核通过并晋升职级。三是启动公益二类事业单位人事制度改革试点，放宽事业单位用人自主权。全面实施事业单位专业技术人员离岗创业政策，截至年底，全市已批准 39 人，创办企业 30 家，开展创新项目 1 个。四是进一步扩大岗位设置管理覆盖面，完成 140 余家新增（含合并）市属、区属事业单位岗位设置和 130 余家事业单位岗位设置目标方案变更。五是推动职称制度改革，出台深化职称制度改革 10 条措施，4 所高校获高级职称自主评审权，江汉大学等 3 所公办高校探索高级职称评聘结合改革，外语、计算机应用能力考试成绩和继续教育证书适用政策得到松绑，量化评价标准在 22 个高级评委会全面推行。

五、大力推进依法行政，积极构建和谐稳定劳动关系

全市劳动人事争议仲裁结案 13 895 件，劳动保障举报投诉办结 2 217 件，法定期限内结案率 99%以上。一是扎实开展农民工工资拖欠问题治理，为 2.34 万名农民工追发工资 2.84 亿元，向公安机关移送涉嫌拒不支付劳动报酬罪案件 64 件。全市拖欠农民工工资案件数量、涉及人数和欠薪金额较上年同期分别下降 19.4%、52%和 31.5%。建立建设领域“一户一卡一制一金”管理制度，收取农民工工资保证金 4.89 亿元，覆盖 90.4%在建工程项目。二是建立劳动保障诚信体系和欠薪违法行为信用惩戒制度，制定重大劳动保障违法行为社会公布暂行办法。三是全面推行“双随机、一公开”监管，制定实施细则、抽查事项清单和监察执法全过程记录办法，建立抽查对象名录库和监察执法人员名录库，抽查 2 627 家人力资源服务机构和市管用人单位。四是开展“集体合同 123 攻坚行动”，推动武汉建筑业成功签订集体合同。行政机关负责人出庭应诉率 70%以上。五是合理调节收入分配，11 月 1 日起执行新的最低工资标准，明确了国有企业负责人薪酬制度改革后市管企业负责人的工资支付、公积金缴存以及福利性待遇等相关政策。

武汉市人力资源和社会保障局

湖 南 省

2017年，湖南省人力资源社会保障部门认真贯彻落实人力资源社会保障部和省委、省政府决策部署，突出抓好稳就业、促改革、防风险、强基础等重点工作，攻坚克难、开拓创新，圆满完成各项工作任务，人力资源社会保障事业发展实现整体跃升。

一、就业创业

坚持实施就业优先战略，制定和落实更加积极的就业政策，全省新增城镇就业75.13万人，连续多年保持在75万人以上；城镇登记失业率为4.02%，为近年来的新低。新增农村劳动力转移就业44.8万人，转移就业总规模1 551万人。实施高校毕业生就业创业促进计划，2017届离校未就业高校毕业生实名登记率、跟踪回访率、就业服务率均为100%，实名登记应届高校毕业生就业率达96.6%。强化去产能职工安置政策落实和服务保障，成功转岗分流职工9 000多人。加强就业援助和就业帮扶，实现失业人员再就业32.18万人、困难人员就业11.29万人，援助零就业家庭971户。大力推动创业带动就业，设立创新创业带动就业扶持资金，实施“2151工程”“双百工程”，评选创业带动就业示范基地25个，评估认定创业孵化基地85个，发放创业担保贷款30.18亿元，不断激发创业活力，释放就业动力。全省新增市场主体70.59万个，同比增长20.2%，带动就业近百万人。组织实施各类职业培训71.7万人次，共组织鉴定47.66万人次，取证办结38.37万人次。全面推进就业扶贫，拓展省内省外协作，组织长株潭三市与全省各贫困县建立“一对一”对接机制，确定109家企业为省级就业扶贫基地，湘西自治州与山东省济南市签订东西部对口协作框架协议，永顺县与浙江省建立家庭服务业劳务对接机制。推行“311”就业扶贫服务行动，为有就业意愿且未就业的贫困劳动力推荐3次岗位、提供1次职业指导、提供1次免费技能培训服务。在长沙市建立全国首家贫困劳动力劳务协作专门市场，依托全省劳务协作脱贫综合信息服务平台，线上线下推进人岗对接，多维度、多层次促进贫困劳动力转移就业。新增贫困劳动力转移就业14.59万人，累计转移就业70.7万人，人均年增收超过3万元。

二、社会保障

社会保障制度改革取得突破性进展。机关事业单位养老保险制度改革重大政策全部落地，全省145个统筹区、252.2万人启动了新制度经办。加快推进城乡居民医保从整合到融合发展，建立了以湖南省城乡居民医疗保险实施办法为核心，以特殊门诊、普通门诊等为补充的城乡居民医保政策体系，城乡居民公平享有医保待遇。出台深化医保支付方式改革的实施意见，106个单病种收付费标准在部省属公立医疗机构启动实施。顺利完成全省医保药品目录调整工作。启动了医疗生育保险合并试点、补充工伤保险试点等各项改革试点。社会保险覆盖面进一步扩大，全省参加基本养老保险、基本医疗保险、工伤保险、生育保险、失业保险人数分别达到4 595万人、6 906万人、783万人、562万人、563万人。享受被征地农民社会保障待遇119万人，参加工伤保险的农民工人数为275万人，建筑行业新开工项目参保率达100%，城乡居民大病保险全面覆盖。社会保险待遇水平稳步提高。连续13年调整提高企业退休人员养老金，月人均养老金达2 270元。城乡居民基本养老保险基础养老金最低标准提高到每人每月85元，月人均养老金95.82元。城乡居民医保补助标准提高到每人每年450元。职工和居民医保政策范围内报销比例分别稳定在80%和70%左右，大病保险人均补偿金额约6 700元。失业保险金标准提高到最低工资标准的85%，月人均失业保险待遇增加到1 140元。五项社会保险基金征缴1 681.77亿元，支出2 067.96亿元，各项社保待遇按时足额支付。认真落实“三去一降一补”，在前两轮降费减负的基础上，再次将失业保险费率由1.5%降至1%；发放稳岗补贴3.04亿元，惠及用人单位4 685户、职工90.9万人。扎实推进社会保障兜底扶贫，落实困难群众参保资助政策，为80.71万名困难人员代缴养老保险费6 738万元。强化贫困人员医疗保障，实施“一减免、一提高、一降低”扶助政策，对特困人员城乡居民医保个人缴费部分通过医疗救助等渠道给予全额资助，贫困人口住院费用报销比例提高10%，大病保险补偿起付线降低50%，630万特殊群体享受医保补贴缴费5.94亿元，183.39万人次贫困患者享受城乡居民基本医保住院报销补偿46.81亿元，9.45万人次贫困患者享受城乡居民大病保险“二次补偿”3.45亿元。

三、人才队伍建设

深化人才体制机制改革，坚持给用人单位放权、为人才松绑。改革实施30年的职称制度，进一步改标准、放权力、简程序、重倾斜、强监管，中小学教师、基层卫生专业技术人员、企业特别优秀人才职称评审改革取得率先突破，启动了技工院校系列正高级职称评审。出台支持和鼓励事业单位专业技术人员创新创业的实施意见，支持和鼓励专业技术人员创新创业。研究制定进一步引导和鼓励高校毕业生到基层工作的实施意见，支持引导高校毕业生到基层锻炼，成长成才。全面落实国务院取消的434项职业资格许可，降低职业准入门槛。围绕实施创新引领开放崛起战略，坚持“高精尖缺”导向，聚焦重点产业发展，推进人才供给侧结构性改革，提高人才供给质量，全省专业技术人才达306万人，高技能人才达128万人。实施“一链一才”产业人才计划，紧扣20个产业链形成20条人才链，发布重点产业人才需求目录，推进人才发展与产业发展的深度融合。组织开展“逐梦潇湘”和“海纳英才、智汇潇湘——博士潇湘名企行”活动，进行高端人才和智力引进对接。推进湖南技工大省建设，实施高技能人才振兴计划，筑牢技能人才队伍建设平台。深入实施国家“百千万人才工程”、专业技术人员知识更新工程、万名专家服务基层行动计划等10类人才工程，改革完善博士后制度，实施湖南省政府特殊津贴制度，持续深化高层次人才培养选拔机制。推进外国人来华工作许可“两证合一”，深入实施高端引智引才工程，举办了湘港澳人力资源服务对接活动，开展“外专千人计划”“外专百人计划”“海外名师惠三湘”等海外引智引才活动，引进外国人才来湘服务6 020人次，长期在湘工作的外国专家达2 500人左右。开通“96560”人才服务热线和微信公众号，建立海外高层次人才网上一站式服务平台，为海外高端人才提供标准化、特色化和个性化服务。

四、人事制度改革

集中推进基层公务员招录、深度贫困县招录、公安机关人民警察招录、特殊职位招录等各项改革，全年招录公务员9 235人，其中省市县乡“四级联考”招录8 431人，面向公安院校应届生招录769人，特殊职位、机要职位招录35人，517名县乡基层干部通过遴选走向上级机关。组织开展第六届湖南省人民满意公务员集体和个人评选表彰活动，评选表彰50个“湖南省人民满意的公务员集体”、30名

“湖南省人民满意的公务员”和65名记一等功同志。印发了《关于进一步规范事业单位岗位设置工作的通知》，逐一明确和细化岗位设置的工作流程，事业单位人员聘用、岗位管理、公开招聘三项基础制度实现全面入轨，事业单位人事管理逐步实现由固定用人向合同用人、由身份管理向岗位管理的历史性转变。积极支持深化国防和军队改革，将军转安置计划数30%细分到政法单位，全面完成了2 695名军转干部安置任务。第11次对企业退休军转干部增发生活困难补助，全方位做好自主择业军转干部服务工作。首次建立以省政府分管副省长为总召集人的考试联席会议制度，安全实施了54.05万人的组考任务。

五、工资收入分配

完成了全省278家法院、检察院的工资制度改革。株洲市、郴州市、张家界市55家公立医院薪酬制度改革有序推进，郴州市第一人民医院被推介为全国试点先进典型。在全国第二个建立机关工作人员暑期集中休假制度，全省各级机关每年8月分两批相对集中轮休。省管国有企业负责人薪酬制度改革进一步落地，31户省管国有企业主要负责人平均降薪21%，不同企业差距缩小到2.83倍，基本达到了规范有序和限制过高收入的目的，新的国有企业负责人薪酬决定机制基本建成落实，各市州国有企业负责人薪酬制度改革工作有序推进。加强工资宏观调控，2017年月最低工资标准提高到1 130～1 580元/月，增长10%～14%；2017年工资指导线的下、中、上线分别调整为2%、8%、14%。全省已建工会组织企业工资集体协商覆盖率稳定在90%以上。2016年度全省城镇在岗职工年平均工资提高到60 160元，比上年增长11.6%。

六、劳动关系

全面建立劳动合同制度，全省规模企业动态劳动合同签订率稳定在90%以上。劳务派遣、特殊工时、集体合同、女职工特殊劳动保护等政策稳步落实。全省累计取得行政许可的劳务派遣公司840家，使用劳务派遣工26.99万人。网上累计劳动用工备案单位2.67万户，备案142.9万条用工记录。累计实施特殊工时制度的单位706户，覆盖12.5万名劳动者。加大劳动保障监察力度，全省各级劳动保障监察机构共检查用人单位25 219户，受理举报投诉案件12 239件，结案11 627件，共督促用人单位签订或补签劳动合同2万余份，责令用人单位补缴社会保险费4 650万元。开展农民工工资支付情况专项检查，依法责令支付农民工工资及赔偿金7.19亿元。加强与公安机关协调配合，全省立案查处恶意欠薪案件192件，刑拘166人，逮捕52人，移送司法机关起诉145人。出台湖南省治理拖欠农民工工资问题三年行动计划，落实建设领域农民工劳动报酬支付管理规定，完善源头治理拖欠农民工工资的治本之策。制定实施湖南省用人单位劳动保障守法诚信等级评价试行办法，实行重大劳动保障违法行为向社会公布，建立健全企业失信惩戒动态监管机制。劳动人事争议仲裁案件坚持应受尽受，全省共处理劳动人事争议案件4.5万件，其中案外调解2.6万件，立案1.9万件。基层调解组织建设不断加强，全省共有2 300多个乡镇、街道劳动保障站建立了劳动争议调解组织，7 327家企业（其中规模企业4 237家）建立了劳动争议调解委员会。出台创建基层示范劳动人事争议调解组织标准，发布仲裁指导案例，加强调、裁、审衔接，调解仲裁制度机制进一步完善。

七、绩效评估

大幅度精简绩效评估指标，聚焦省委、省政府的中心工作，大幅度砍掉了一般性的考核指标，市州精简7%，省直单位精简57%，考核权重重点向创新开放、实体经济、供给侧结构性改革、脱贫攻坚、环境治理、民生保障、全面从严治党等指标倾斜。完善全省绩效管理信息平台，加强对指标任务进行实时监控和日常调度，全省104项评估指标总体完成较好，

10类、14个重点民生实事项目全部完成或超额完成。强化结果运用，考核结果与年底绩效资金挂钩。评估得分在同类单位中排名最后的，省委、省政府约谈其主要负责人；连续两年排名最后的，省委、省政府对其主要负责人进行诫勉谈话。

八、公共服务

大力推进“学习型、创新型、服务型、廉洁型”机关建设，推进“两学一做”学习教育常态化、制度化。强化就业公共服务，组织开展“春风行动”等系列公共就业服务活动，“就业去哪儿”成为全省高校毕业生就业创业公共服务的“金字招牌”。全面推广面部识别远程生存认证，实现社会保险银行自助终端自主缴费、社保关系省内电子化自主无障碍转移、养老金省内异地领取，网上经办服务覆盖率达到70％。推出医保经办“26项便民举措”“业务监管12条举措”。开展跨省异地就医结算“百日攻坚行动”和“百日优化行动”，全面开通跨省异地就医直接结算，全省接入国家系统的协议医疗机构287家，累计结算4 492人次。深入推进“互联网＋人社”2020行动计划与金保工程融合建设，打造业务协同“新平台”，建成了以全省人力资源基础数据库为基础，以全省公共就业服务、养老保险、医疗保险、人事人才、劳动关系等五大系统为支撑的“1＋5”的省级集中信息系统。全省社会保障卡持卡人数4 800万人，覆盖全省约70％的常住人口，开通应用102项。

湖南省人力资源和社会保障厅

广　东　省

2017年，广东省人力资源社会保障系统坚持以学习贯彻习近平新时代中国特色社会主义思想和党的十九大精神为主线，坚决落实习近平总书记关于广东工作“四个坚持、三个支撑、两个走在前列”的重要批示精神，紧紧围绕党中央、国务院和省委、省政府决策部署，在人力资源社会保障部具体指导下，注重民生为本、人才优先，注重促改革、补短板、兜底线、防风险，注重全面从严管党治党，大力推进全省人力资源社会保障事业创新发展。

一、服务中心大局

（一）推进精准扶贫，补齐民生事业短板。

深入实施就业、社保、技能精准扶贫精准脱贫三年攻坚方案。完善东西部劳务扶贫协作机制，全年为扶贫协作地区提供就业岗位10.11万多个（次），接收来粤就业贫困劳动力5.81万人。扎实推进对口支援，帮助西藏、新疆开展电商创业孵化服务，援助林芝、喀什技校建设。完善落实社会保险扶贫政策，结合推进全民参保计划，支持帮助贫困人员参保，逐步提高待遇水平。全省88所技工院校与100个县区开展对口帮扶，帮助贫困家庭子女1.16万人免学费入读技工院校并给予每名学生每年3 000元的生活费补助，全省技工院校农村户籍在校生占80%以上。

（二）深化“放管服”改革，激发市场活力。

开展“减证便民”行动，取消公共服务事项证明材料8项。推进职业资格清理整顿，实施国家职业资格目录清单制度，累计停止认定技能类职业资格68项，推进与香港特别行政区、澳门特别行政区职业资格证书互认。完成高水平大学建设人事制度改革试点，配合推进高等教育领域“放管服”改革。向自贸区下放高层次留学人员和海外科技专家进出境物品通关免身份证明办理等权限。全力打造“阳光人社”，出台“阳光政务”建设实施意见，推动决策、执行、管理、服务、结果和重点领域信息“六公开”，创新权力运行监督机制，着力实现触手可及的人力资源社会保障服务。实施“智慧人社”建设行动计划，省集中式人力资源社会保障一体化信息系统初步开发完成，社会保险、就业和劳动关系板块分别在清远、湛江试点应用。

（三）抓好重大问题研究，创新破解难题。

按照省委“大学习、深调研、真落实”要求，紧扣省委、省政府重大决策部署和人力资源社会保障事业发展不平衡不充分问题，在全系统开展提高保障和改善民生水平大调研。建立健全长效机制，省厅出台关于加强重大问题研究工作意见，制订计划推进25项重大课题研究。重点研究养老保险省级统筹、“三医联动”改革、第44届世界技能大赛、劳动力成本、新形势下引进外国人才工作、创新外国人才管理服务模式、高技能人才队伍建设、发展人力资源服务业、新经济新业态劳动关系、职称制度改革、博士博士后人才培养引进、省直与广州市直机关工资收入“同城同待遇”、引导和鼓励高校毕业生到基层工作等问题，以研究成果推动人力资源社会保障事业改革发展。

二、就业创业局势

大力推进大众创业万众创新，促进就业大

局稳中有升。制定贯彻国务院“十三五”促进就业规划实施意见，突出抓好高校毕业生等重点群体就业创业，全省城镇新增就业148.90万人，城镇登记失业率2.47%，促进创业12.79万人，带动就业43.20万人，累计支持建设区域性（特色性）创业孵化基地26个，全省人力资源社会保障部门建设认定的创业孵化基地628个。成功举办第二届广东“众创杯”创业创新大赛，新设技能工匠争先赛，大赛共吸引1.6万个项目参赛，举办配套活动300余场，掀起“双创”热潮。大力发展人力资源服务业，研究推进部省共建人力资源服务产业园，全省建有人力资源服务产业园区4家。实施全民技能提升储备计划，全年补贴技能晋升培训劳动者24.80万人次，出台失业保险支持参保职工提升职业技能政策。完善就业创业服务体系，修订完善广东省公共就业服务规范化手册，全省100%的街镇和96.1%的社区实现就业信息联网，广泛组织开展公共就业服务系列专项活动，其间举办高校毕业生、异地务工人员专场招聘会2 500多场次。实施就业困难人员分级帮扶，帮助就业困难人员实现就业17.26万人。

三、社会保障体系

（一）推动实现企业职工养老保险省级统筹。

按照“三统两有”的改革思路，出台省级统筹实施方案。自2017年7月1日起正式实施全省企业职工基本养老保险基金省级统收统支统管，充分尊重地区差异性，切实保护各地积极性，做到有差异、有保障。配套出台省级统筹考核办法，压实地市扩面征缴责任。截至年底，共调拨省级统筹基金100.38亿元，完全弥补68.25亿元缺口，基金统筹共济能力明显增强，有效解决粤东西北地区部分市养老金支付困难问题。

（二）发挥医保撬动作用，推动“三医联动”改革。

统筹推进医保制度改革，拟定深化医保制度改革若干意见等“1+8”制度文件。深化医保支付方式改革，全面实行按病种分值付费，2017年年底病种数超1 000种。配合做好公立医院改革，在全省城市地区和有条件的县域大力推广罗湖医疗集团做法，建立医保“总额预付、结余留用、合理超支分担”的激励约束机制，引导优质医疗资源下沉基层。全面实现省内和跨省异地就医直接结算，截至年底，上线省内直接结算医疗机构536家，累计结算99.81万人次，结算金额243.06亿元；上线跨省直接结算医疗机构684家，累计结算1.46万人次，结算金额3.50亿元。研究推动医保管理体制改革，推进医药采购改革。积极推动医保城乡一体化改革，推进生育保险和职工医保合并实施试点、长期护理保险试点。

（三）提高社保待遇水平，推进保障和改善民生。

2017年调整后，全省企业职工平均养老金水平达2 704元/月，职工、居民医保政策范围内住院费用报销比例分别达87%、76%。城乡居保基础养老金最低标准、居民医保年人均财政补助标准分别提高到120元、450元，全省失业保险金、工伤伤残津贴月人均水平分别达1 292元、3 270元。

（四）降低企业社保成本，助力实体经济发展。

配合省人大修订广东省社保基金监督条例。全省企业职工基本养老保险单位缴费比例统一至14%，低于14%的用3年时间逐步过渡，合理确定企业养老保险缴费基数上下限。推动符合条件的地市实施失业保险浮动费率制度，适度降低职工医疗保险和生育保险单位缴费费率，建立健全工伤保险费率浮动管理制度。为企业和职工减负效果显著。破解建筑业工伤维权难题，推动建筑工程项目参加工伤保险全覆盖，“先参保、再开工”态势已形成。全省五大险种累计参保2.81亿人次，单位缴费总费率21.48%，基金征缴收入4 967.13亿元，基金累计结余13 348.85亿元，社保卡累计持卡人数10 105万人、常住人口持卡率95.3%。

四、人才队伍建设

（一）以世界技能大赛为牵引，加强技能人才队伍建设。

实施技工教育创新发展行动计划，深化产教融合、校企合作，全省38所技工院校与150多家大型企业对接合作，10所技校与500多家企业、协会建立校企联盟，技工院校毕业生就业率达98%以上。打造高水平技师学院，成立广东省高技能人才培养联盟。在第44届世界技能大赛上，广东省21名选手参加18个项目决赛，取得5金4银6铜2优胜的优异成绩，金牌数和奖牌数均居全国第一，奖牌总数比上届增加7枚，占全国一半。承办第44届世界技能大赛全国选拔赛暨中国（深圳）国际技能邀请赛、2017年中国技能大赛——全国智能制造应用技术技能大赛。加强职业技能鉴定质量管理，全年组织鉴定104.54万人次，获证64.98万人次。全省技能人才总量达1 115万人，高技能人才达329万人。

（二）以创新驱动发展为引领，加强高层次人才队伍建设。

深入实施专业技术人才知识更新工程，在全省12个重点领域和9个现代服务业领域，全年培训高层次、急需紧缺和骨干专业技术人才10万人次。做好33名第六批省领军人才引进服务工作，实施“珠江人才计划”“广东特支计划”“扬帆计划”，评选南粤突出贡献奖5名、创新奖9名，获得中国政府友谊奖的外国专家1名。举办海内外高层次人才地市行活动9场次，累计邀请6名院士、70多名海外高层次人才、90多名其他高层次人才与410多家企事业单位参加活动，专家组共为各地市提供意见建议180多条，达成项目合作意向120多项，累计合作资金逾30亿元。出台《广东省人才驿站运行管理办法》，做好人才驿站管理工作，共建立肇庆、清远、汕尾、茂名、潮州、湛江、揭阳、云浮、阳江9个人才驿站。出台《关于加快新时代博士和博士后人才创新发展的若干意见》，提出创建博士工作站、提高在站博士后资助标准等18条创新措施，促进广东博士和博士后人才创新发展。举办博士科研人才专场引荐会和留学归国人才专场洽谈会4场，全年招收博士后1 912人，博士后在站规模扩大至约4 200人次。出台深化职称制度改革实施意见，稳妥推进中小学教师、基层卫生专业技术人员等职称改革，向全省高校全面下放教师职称评审权，向广州、深圳下放12个专业副高级职称评审权，开展全省知识产权专利人才职称评审。全省专业技术人才总量达573万人，高层次人才达74万人。

（三）以省产业发展需要为导向，加强海外人才队伍建设。

全面实施外国人来华工作许可制度，研究制定新形势下引进外国人才工作实施意见，举办“海外专家南粤行”活动4场。组织参加中国国际人才交流大会、2017中国海外人才交流大会暨第19届中国留学人员广州科技交流会。组团赴英国、法国和德国招才引智，在伦敦举办海外高层次人才座谈会，在伦敦、巴黎和柏林举办人才项目推介洽谈会3场次。组团赴俄罗斯、白俄罗斯和乌克兰举办人才项目推介洽谈活动，达成国际领先水平的人才项目20多个。利用省国际贸易促进委员会的23个驻境外经贸代表处开展引资引智引技合作，并达成新加坡和意大利2个工作站的合作意向。来粤工作的外国、港澳台地区人才分别达15万人次、23万人次。

五、人事制度改革

深化人事制度改革，激发队伍活力。开展公务员分类考录改革试点和退役大学生士兵定向招录，深入推进公安、审计、基层招录公务员改革任务，全省招录公务员14 412人（不含广州市、深圳市）。贯彻落实《聘任制公务员管理规定（试行）》，完成公安机关人民警察职务序列改革试点。制定广东省“十三五”行政机关公务员培训纲要，圆满完成全省公务员“四级联考”工作，从严规范管理全省评比达标表彰活动。举办全省事业单位人事管理政策业务培训班。创新科研人员离岗创业人事管理政策。积极稳慎做好承担行政职能和从事生产经营活动事业单位转企人员安置工作。推动出台做好深化国防和军队改革期间军转干部安置工作政策，完成国家下达的 4 922 名军转干部安置任务，妥善安置 1 500 名随军家属。完成全省机关事业单位防治“吃空饷”问题专项督查，建立健全全省机关事业单位防治“吃空饷”问题长效机制。

六、工资收入分配

深化收入分配制度改革，促进分配格局更加合理有序。完成 2016 年省级机关绩效考核工作，统筹提高离退休待遇。开展公立医院薪酬制度改革试点，积极推进国有企业负责人薪酬制度改革。建立人工成本监测分析制度，对全省 21 个地级以上市共 1 万户定点监测企业的人工成本水平及投入产出效益变化情况开展监测。完善企业薪酬调查及信息发布制度，制定发布本地区人力资源市场工资指导价位及行业人工成本信息，发布覆盖 6 个大类、58 个中类、329 个小类、1 176 个细类的人力资源市场工资指导价位及涵盖 18 大行业和 30 个细分制造业的行业人工成本信息。完善最低工资标准评估机制，通过问卷调查、实地访谈、统计分析等方式，对最低工资与企业成本、劳动者生活以及就业、人力资源流动、经济增长等方面的关系进行研究，形成《广东省最低工资标准评估报告（2017 年）》，为完善最低工资保障制度、科学合理制定最低工资标准提供参考。

七、劳动关系构建

（一）坚持先行先试，构建具有广东特色和谐劳动关系。

创新开展和谐劳动关系综合试验，按照“基层＋高校”“实践＋理论”模式在湾区 6 个区（市）进行试验，取得广州花都汽车行业协商、深圳盐田港口行业工会自律、深圳坪山“四型”（枢纽型、行业型、专业型、帮扶型）社会组织参与治理等成果。创新开展用工成本季度监测分析，发布人力资源市场工资指导价位及行业人工成本信息。创新构建覆盖全省的互联网维权平台，全省地市全部实现调解仲裁线上办案和网上信访。制定劳动人事争议仲裁员分级管理试行办法，率先启动仲裁员管理专业化探索。推进仲裁办案方式改革和基层调解工作规范化建设，推广“要素式”办案。2017 年全省共受理劳动人事争议案件 24.47 万件，调解成功率达 68.4％，仲裁结案率达 93.5％；全省各级人力资源社会保障部门作为行政复议机关共处理行政复议申请 906 件，同比增长 46.13％，处理一审行政应诉案件 2 384 件，同比减少 16.06％。

（二）坚持突出重点，聚焦欠薪顽疾，强化劳资纠纷治理。

建立健全用工实名制、工资分账、工资保证金、欠薪应急周转金等制度，督促有关地方和部门不折不扣落实“四个一律”。全年公布重大违法行为企业、移送涉嫌拒不支付劳动报酬案件均为历年之最，全省欠薪违法案件、欠薪群体性事件、欠薪涉及人数和金额同比分别下降 26.51％、34.26％、11.60％和 12.79％，列入“四级综治台账”重要纠纷隐患化解率达 97.55％。配合省人大修订劳动保障监察条例、工资支付条例等地方性法规，加大法制宣传教育和执法监督力度，法治人社工作进展顺利。开辟异地务工人员劳动报酬争议绿色通道，实行优先受理、优先开庭、优先审结，全年全省仲裁机构立案受理涉及农民工劳动争议案件 5.06 万件，为 9.09 万名农民工追回了工资、经济补偿等经济利益。

八、基础能力状况

突出抓好学习贯彻习近平新时代中国特色社会主义思想和党的十九大精神，切实提高政治站位，引领推动事业发展，聚焦事关全局的重大课题，谋划新时代广东人力资源社会保障事业改革发展，找准工作结合点和切入点，统筹抓好管党治党、就业创业、社会保险、人事人才、收入分配、技工教育和劳动关系等工作，出台实施全省社会保障领域首部省级重点专项规划——广东省社会保障事业发展“十三五”规划，奋力推进人力资源社会保障事业改革发展走在全国前列。推进“两学一做”学习教育常态化、制度化，大力加强班子和干部队伍建设，深化党风廉政建设。从严从实做好信访维稳工作，落实厅领导接访和带头处理信访突出问题制度，全年依法处理来信来访 2 342 批次、4 973 人次。建立全省社保基金运行分析研判机制，研究起草进一步加强基本医疗保险基金安全监管意见，在全系统部署开展全省城乡居民养老保险经办内控、养老保险重点指标核查以及医保定点医疗机构专项大检查，加大对社保违法违规行为特别是骗保问题查处力度，有效防范基金支付风险。坚持问题导向，批量化解困难群体的权益问题，妥善做好去产能职工安置工作，研究加强新业态职工权益保障，联合省高院等四部门印发意见畅通调解仲裁诉讼衔接机制，按照“三到位一处理”推动信访问题依法分流处理。集中开展企业军转干部社会矛盾专项治理，制定出台解困稳定指导意见，切实把省直及中直驻各地企业军转干部纳入当地解困政策范围，广泛开展走访慰问暖心活动。

广东省人力资源和社会保障厅

广　州　市

2017 年，广州市人力资源社会保障部门坚持以习近平新时代中国特色社会主义思想为指导，深入学习宣传贯彻党的十九大精神，在市委、市政府的坚强领导下，在人力资源社会保障部、省人力资源社会保障厅的正确指导下，统筹推进各项工作，上级部门下达的各项重点工作任务扎实完成，事业发展呈现“五新两稳”的新局面，为广州加快推动国家重要中心城市建设全面上水平做出了贡献。

一、劳动就业

（一）概况。

坚持就业优先战略，以实施积极就业政策、推动创业就业、促进重点群体就业等“三大举措”促进就业，就业局势始终保持稳定，劳动关系总体和谐稳定。全年城镇新增就业 33.35 万人；城镇登记失业人数 20.96 万人，实现再就业 15.36 万人，就业率 73.27%；城镇登记失业率为 2.4%，控制在 3.5%的目标以内。新增农村劳动力成功转移就业 4.66 万人。2017 届广州生源高校毕业生 5.21 万人，就业率 93.88%。各级公共就业服务机构促进创业 3.46 万人，创业带动就业 14.77 万人；人力资源社会保障部门共认定各级创业（孵化）基地 298 个，进驻企业 2.7 万户，带动就业 23.68 万人。仲裁案件结案率、调解成功率、信访办结率分别达 93.66%、63.42%、100%，劳动者权益得到更好保障。

（二）劳动关系。

加强劳动关系源头治理，健全劳动关系协调机制，规范劳动用工，深入推进和谐劳动关系创建活动，劳动关系整体和谐稳定。经市委、市政府同意，印发了构建广州市和谐劳动关系工作方案，成立了以副市长挂帅的市协调劳动关系三方委员会。牵头成立了广东省首家劳动人事争议三方联合调解中心，从市到区构筑了劳动人事争议三方联合调解体系。充分发挥街（镇）劳动争议调解综合示范工作的重要作用，建立 1 家部级、6 家省级、11 家市级的街（镇）劳动争议调解综合示范体系。全市获劳务派遣经营许可单位 1 263 家，分公司备案 121 家。共审批 1 600 家企业申请实施不定时工作制和综合计算工时工作制，共计涉及 435 674 名职工。2017 年度新申报并通过评审和通过年度报告的“广州市劳动关系和谐企业”分别为 948 家、1 146 家，新申报并通过评审和通过年度报告的“广州市劳动关系和谐社区（村）、街（镇）、园区”分别为 47 个和 28 个。全面推进花都区省市共建和谐劳动关系综合试验区各项工作。

（三）劳动工资。

积极推进企业工资集体协商工作，与市总工会、市工商联、市企业联合会等单位联合开展了 2017 年工资集体协商“春季要约”行动，推进企业工资集体协商工作。按照广东省的统一部署，将现行最低工资标准调整由两年一调改为三年一调，本年度最低工资标准暂按 2015 年 5 月发布的标准执行。印发了《广州市 2017 年人力资源市场工资指导价位》，指导各类企业合理确定不同岗位人员的工资水平。开展 2017 年度企业薪酬试调查工作，共调查样本企业 2 000 多户。

（四）劳动保障监察。

各级劳动保障监察机构加大执法力度，加强对重点行业的巡视检查，积极开展解决拖欠农民工工资问题、清理整顿人力资源市场秩序、劳动用工和高温天气劳动保护以及保障农民工工资支付情况等专项执法检查行动。切实做好党的十九大召开、全球财富论坛（广州）举办等重要时期人力资源社会保障领域社会矛盾排查化解工作，确保广州社会和谐稳定。制定了《规范广州市人力资源和社会保障行政处罚自由裁量权规定》，成立了解决拖欠农民工工资问题专项工作小组，进一步完善了劳动保障监察制度。截至 2017 年年末，全市劳动保障监察机构主动监察用人单位 8.3 万户，为 3.45 万名劳动者追回工资等待遇 3.06 亿元。

（五）职业技能培训和竞赛。

全面实施劳动力技能晋升培训补贴制度，全年共资助劳动力技能晋升培训 4.85 万人次。在阿联酋阿布扎比举行的第 44 届世界技能大赛上，广州市参赛选手取得了 2 金 1 银 3 铜 1 优胜的优异成绩，实现金牌零的突破，获奖数占全省的 41%、全国的 17%，参赛人数和获奖数量位居全国前列。完成“2017 技能中国行——走进广东”高技能人才成果展示工作，高技能人才首次被纳入海外人才范畴，开创了国内大型高技能人才交流的先河，也是技能中国、技能广东、技能广州三大层级专项高技能人才培育成果的首次汇聚展示，受到世界技能组织主席的充分肯定以及媒体和公众的广泛关注。全年组织市级二类竞赛逾 100 个职业（工种），39 家企业参加了竞赛，全面覆盖第二、第三产业，带动岗位练兵人数达 10 万人次。

二、社会保障

（一）概况。

截至年末，全市企业职工养老保险参保缴费 494.44 万人，离退休 95.49 万人；城乡居民养老保险参保 125.57 万人，缴费 55.29 万人。医疗保险参保 1 161.68 万人，其中职工医保 684.28 万人、城乡居民医保 477.4 万人，大病保险最高支付限额提高至 45 万元，职工医保统筹基金年度最高支付限额（含重大疾病医疗补助）为 80.2 万元/人，城乡居民医保基金（含大病医疗保险）年度最高支付限额为 64.8 万元/人。工伤保险参保 579.31 万人，生育保险参保 518.92 万人，失业保险参保缴费 540.8 万人。推进供给侧结构性改革，为企业降费减负 60.22 亿元。

（二）养老保险。

按照国家、省统一部署，积极做好养老保险各项配套政策的落实，平稳实施养老保险省级统筹，继续扩大养老保险覆盖面。正式实施机关事业单位工作人员养老保险制度改革，完成全市参保登记工作，启动征收缴费和待遇发放工作。做好养老金调整发放工作，调整后，企业退休人员基本养老保险待遇水平达到 3 471 元/月，城乡居民养老保险平均养老金达到 633 元/月。

（三）医疗保险。

积极推进公立医院综合配套改革，将调价后符合医保目录规定的基本医疗服务项目以及门诊诊查费全部纳入医保报销范围，支撑公立医院取消药品加成、医疗服务价格调整目标的实现。建立与家庭医生签约服务、医疗联合体相适应的医保支付制度。开展长期护理保险制度试点，自 8 月起，实现长期护理保险待遇给付，在广东省内率先建立起长期护理保险制度。深化医保支付方式改革，将按病种结算的病种扩大至 149 种，推进实施镇村一体化结算管理方式和按病种分值付费改革工作。执行新版国家医保药品目录和谈判药品，制定 2017 年版医院制剂目录，完善城乡居民医疗保险制度，提高医保和大病医保的待遇水平。推进“互联网＋医保”移动支付试点和异地就医即时结算工作，与全国 7 491 家定点医疗机构成功实现异地就医即时结算。

（四）工伤保险。

提高工伤残疾退休人员的退休待遇，人均伤残津贴达 4 537 元/月；提高工亡待遇和供养亲属抚恤金等待遇，丧葬补助金和一次性工亡补助金达 67.23 万元（不含供养亲属抚恤金），增长率 7.76%。降低工伤保险缴费费率，全年为企业减负 3.21 亿元。积极推进落实建筑业参加工伤保险“同舟计划”工作，开展建筑业“千企万人”工伤保险与安全生产集中培训活动，全力做好建筑业工伤保险参保扩面工作。推进工伤预防专项试点工作，积极开展工伤保险集中宣传活动。按《广州市工伤预防专项试点实施方案》开展为期 3 年的工伤预防专项试点工作。

（五）失业保险。

继续实施失业保险降费率、浮动费率政策，共计为符合条件的企业发放稳岗补贴 5.37 亿元，惠及 1.8 万家企业、199 万名职工。

（六）生育保险。

继续对参保职工符合法律法规的生育，无论一孩、两孩及以上，予以同等生育待遇保障。完成广东省直生育保险结存基金 1.25 亿元移交广州市管理工作。全年生育保险待遇享受 31.68 万人次（生育医疗待遇人次＋生育津贴人次），人均生育津贴 1.84 万元。

（七）退休人员社会化管理。

截至年末，全市共有 85.47 万名企业退休人员纳入社区管理，社区管理率 95.69%。春节、中秋两大节日，通过社保代发系统发放节日慰问金 5 015.68 万元，上门探访慰问社会化管理退休人员 138.58 万人次，发放慰问品及慰问金共计 6 303.01 万元。发放新中国成立前参加工作退休老工人的困难生活补贴 157 万元。为 64.91 万名社会化管理退休人员办理领取社会保险待遇资格认证，认证率 99.9%。协助 2.06 万名异地居住退休人员办理领取社会保险待遇资格认证。对行动不便的社会化管理退休人员提供上门认证服务。开通手机办理资格认证渠道。全市共有 38 个省级退管服务示范点，142 个市 4A 退管服务达标点。举办以“羊城夕阳红、喜迎十九大”为主题的一日游、游园会、登山、文艺汇演等系列文体活动，充实丰富退休人员精神文化生活。

三、人事人才

（一）概况。

着力实施更加积极、开放、有效、精准的人才政策，深入实施产业领军人才“1＋4”政策，制定高层次人才认定、培养资助、服务保障“三个方案”以及鼓励海外人才来穗创业“红棉计划”、高层次人才“岭南英杰工程”、促进人力资源服务机构创新发展办法等配套文件。共计发放人才绿卡 3 300 张。成功举办 2017 海交会，实现办会内容、参会群体、办会模式升级转变，吸引 3 500 多名海外人才携带 2 000 多个项目参会。截至年末，市属两院院士 31 人，“百千万人才工程”国家级人选 10 人，享受国务院政府特殊津贴人员 400 人，累计培养“121 人才梯队工程”后备人才 114 人，经认定的高层次人才 299 人。共设博士后工作站 95 个、博士后创新实践基地 83 个，在站博士后研究人员 431 人，同比增长 25%。技能人才总量达 253 万人，高技能人才 78 万人，累计有 8 名高技能人才入选国务院政府特殊津贴专家。

（二）人才引进与培养。

全年共引进人才入户 58 725 人（其中在职人才 37 977 人，高校毕业生 20 748 人），同比增长 41.1%。其中，本科以上学历人才同比增长 25.2%，高级工以上的高技能人才同比增长 87.9%。按照人口调控“以人才引进为主”的政策导向，积极配合市发展改革委等部门修改人口调控办法和引进人才入户管理办法。设立人才引进绿色通道，印发《关于设立广州市引进人才入户绿色通道的通知》，开通高层次人才入户“快车道”，为各类高层次人才入户广州提供一站式上门服务。入户取消计生前置，自 6 月 1 日起，不再将是否违反计划生育政策作为人才引进入户前置条件。规范知识产权入户，加强以专利申办入户的事中事后监管，堵塞制度漏洞，并于 12 月组织专家对 125 名申请人进行技术答辩。成功争取省人力资源社会保障厅将省注册民营企业技能人才引进入户从2018年起交由广州市办理，并将审批权限下放至各区。向省人力资源社会保障厅争取下放并新增组建12个副高级职称评委会，积极做好正高级职称评审权下放承接准备，继续推进中小学、卫生系列职称改革。顺利完成“外国人入境就业许可”和“外国专家来华工作许可”整合为“外国人来华工作许可”改革实施工作，截至年底，全市颁发外国人工作许可证9 145个。

（三）公务员招考。

面向社会公开招录公务员，经一系列严格的公开报名、笔试、面试、体检、考察等工作，共招录1 660人。

（四）公务员培训与考核奖惩。

积极开展各项公务员培训，全年共组织面授培训班136期，培训11 121人次。积极开展党的十八届六中全会精神全员培训工作，组织8 924名市直机关公务员参加专题面授培训。积极开展公务员任职培训、专项培训、专题培训。举办广州市对口梅州市、清远市乡镇公务员专题培训。网络培训方面，共52 293人参加，其中“网络大学堂”43 610人，“慕课堂”8 683人。

实现了公务员平时考核工作的全覆盖，通过将平时考核结果与年度考核结果挂钩，强化平时考核的执行力。共审核17个市级考核检查项目，审核和协助开展评比达标表彰项目43个。开发上线“广州市考核评比表彰项目管理系统”，将国家和省核准保留的考核、评比达标表彰项目申报、立项、核准、结果备案、奖励待遇核定情况实现集中动态管理，进一步建立和完善市级评比达标表彰项目长效管理机制。

（五）公务员职位管理。

出台了《广州市人民政府任命的国家工作人员宪法宣誓实施办法（试行）》，并于12月4日（宪法日）首次组织自8月以来市政府新任命的32名国家工作人员进行宣誓。出台了《关于进一步做好因公临时出国或赴港澳人员备案工作的通知》，对因公临时出国或赴港澳人员备案系统升级完善。继续推行公安机关及司法行政机关警员制度。核定全市公安机关、司法行政机关执法勤务机构和森林公安分局的警员职务晋升数额。共进行公务员职位设置511次。政府任免86批、223人，其中6批、43次上人大常委会。任前法律考试共20次、69人。职务任免备案2 999人。因公出国或赴港澳人员备案1 087人。

（六）军转干部安置和随军家属就业安置。

军转安置任务总量大幅增加，全年实际接收安置军转干部1 500余人，其中计划分配1 200余人，自主择业300余人。通过召开双选会、培训、讲座等多种形式，积极拓宽随军家属就业安置渠道，丰富就业扶助手段，全年实际安置随军家属350余人。

（七）事业单位人事管理。

积极开展高水平大学人事制度改革试点，全面落实试点高校“五个自主”。配合市教育局和市民政局分别制定实施了《广州市基础教育高层次人才引进办法（试行）》《广州市符合政府安排工作条件退役士兵安置工作实施办法（试行）》。推进中小学教师职称制度改革、教师招聘方式改革试点，做好深化医药卫生体制改革、公立医院综合改革、公务用车制度改革中的人事管理工作。组织全市145家事业单位在本市并赴重庆、长沙开展“事业单位优才计划”，共签约306人，其中硕士以上219人，占71.6%。配合市直事业单位引进50名正高级以上高层次人才，涵盖教育、医疗、文化等多个行业。简化市直事业单位人员聘用审核工作，对管理七级及以下岗位、专技八级及以下岗位、工勤三级及以下岗位的聘用备案权限下放至各主管部门。

（八）专业技术人才管理。

组织开展高层次人才选拔推荐工作，引进1名全职院士和3名双聘院士，1人入选“百千万人才工程”国家级人选，3人入选“广东特支计划”，16人获批准享受国务院特殊津贴。积极开展“121人才梯队工程”后备人才、“特支计划”专家、享受政府津贴专家的考核评估工作。通过组织专家帮扶、学术休假、国情研修、上门慰问等多种形式，加强高层次人才联系服务。实施博士后国际培养计划，对34名博士后提供国际培养资助，核发资助共计281.3万元；新设5个博士后创新实践基地，全年博士后研究人员进站备案157人，出站66人，退站3人。

平稳承接省下放职称评审权。在卫生等系列（专业）新增组建12个副高级职称评委会，全市副高级职称评委会增至30个，顺利完成新增评委会的承接和年度职称评审工作。继续推进中小学、卫生系列职称改革，全年中小学教师副高级职称评审通过1 734人，正高级职称评审通过33人。首次自主开展卫生系列副高级职称评审，通过614人。全年新增评委专家入库2 899人，出库318人，调整主任委员20人，全市职称评审专家库共计专家16 631人。通过评审和认定的方式，21 612人获得专业技术资格，其中高级资格4 120人、中级资格8 200人、初级资格9 292人。共组织各类职称政策性考试27项，报考人数达到19.1万人次，核发证书约8.5万本。

（九）高校毕业生接收和就业管理。

2017年，广州生源高校毕业生达5.21万人，进行实名制未就业登记共计1.8万人。截至12月31日，已就业约4.9万人，就业率93.88%，同比持平。有就业意愿的困难家庭高校毕业生就业率达100%。大力拓宽大学生就业渠道，举办各类“阳光就业”校园供需见面会和网络匹配会75场，参会单位1.3万家次，提供就业岗位约31.5万个。组织148名清华、北大等高校学生参与“走进广州”实习活动，组织652家次企事业单位赴省外举办32场供需见面会。全市共建立市级高校创业（孵化）基地21个，与科技孵化器共建创业基地3个。推进创业创新工作，精心组织“众创杯”大学生启航赛暨“赢在广州”第六届大学生创业大赛，首次在台湾设立赛区，吸纳港澳台地区专家评委，全省110所高等院校和港澳台地区高校共8 000多个项目参赛，培育和选拔出众多前景广阔的优秀大学生创业创新项目。

（十）技工教育。

2017年，全市共计有27所技工学校，在校生规模达10.93万人。当年招生3.21万人，其中中级工班占34.5%，高级工、预备技师班占65.5%，生源结构进一步优化。

广州市交通高级技工学校被确定为国家级高技能人才培训基地。广州市轻工高级技工学校、广州市机电高级技工学校分别成功申报广东省非物质文化遗产传承基地及广州市博士后创新实践基地。广州市工贸技师学院的林泽生技能大师工作室、广州市机电高级技工学校的黄德智技能大师工作室、广州白云工商高级技工学校的林壤明技能大师工作室被认定为“国家级大师工作室”。8所技工学校获广东省人力资源社会保障厅支持技工教育专项资金共4 325万元，组织选拔首批50名教师为2017年度广州市技工院校课程负责人培养对象。各技工院校先后与广汽集团、中国电信、中国移动、东风日产等国内外知名企业在课程建设、技术设备、实习就业等方面进行深度合作，开展共建高技能人才实训中心、教师企业实践基地、产品研发中心等合作项目，共计开设“校企双制班”“订单班”“冠名班”等346个。7所学校成为第44届世界技能大赛国家队6个项目的集训主基地和6个项目的集训副基地。各技工学校在省、市级以上各类竞赛中屡获殊荣，获得奖项近千个。

广州市人力资源和社会保障局

深　圳　市

2017年是党的十九大胜利召开之年，具有重要里程碑意义。深圳市人力资源社会保障系统坚决按照党中央和市委、市政府决策部署，以人民为中心，大力践行新发展理念，在提升民生福祉、服务创新驱动、助力供给侧结构性改革等方面取得突破性进展，充分发挥人力资源社会保障部门民生保障、人才智力支撑作用，各项工作取得新成绩。

一、学习宣传贯彻党的十九大精神，落实党中央的决策部署

坚决把学习宣传贯彻习近平新时代中国特色社会主义思想、党的十九大精神作为头等大事和首要政治任务，与学习贯彻习近平总书记对广东和深圳工作重要批示指示精神相结合，与推动全市人力资源社会保障事业向前发展相结合，紧紧围绕“学懂、弄通、做实”要求，推动学习宣传贯彻往深里走、实里抓。

（一）切实提高政治站位。

牢固树立“四个意识”，坚定“四个自信”，坚定政治立场，坚决维护以习近平同志为核心的党中央权威和集中统一领导，始终在政治立场、政治方向、政治原则、政治道路上同党中央保持高度一致，严守政治纪律和政治规矩。

（二）认真抓好学习贯彻。

周密部署、统筹谋划学习宣传贯彻工作，局党组先后6次召开党组会、党组扩大会、专题研讨会、工作务虚会，专题传达学习贯彻党的十九大精神，突出以上率下、突出人力资源社会保障特点，制定工作方案，启动大学习、大培训、大调研，持续深入开展全覆盖、多角度、多频率的学习贯彻活动，确保党的十九大精神在深圳人力资源社会保障领域落地生根。

（三）着力在做实上下功夫。

学懂弄通重在做实，坚持把学习成果转化为推动人力资源社会保障事业改革创新的动力，自觉以习近平新时代中国特色社会主义思想统领人力资源社会保障工作，认真对标党的十九大决策部署，对标全面建成小康社会的要求，对标全球先进，聚焦人力资源社会保障难题，深入开展调研，研究制定人力资源社会保障事业未来发展战略，提出新时代保障和改善民生的工作思路和工作举措，明确党的十九大精神贯彻落实时间表、任务书和施工图，推动深圳市人力资源社会保障事业创新发展。

二、坚持深化政务服务改革，人力资源社会保障工作活力迸发

简政放权，转变服务理念，优化服务供给，主动适应群众需求，着力打造人民满意的“服务型人社”。

（一）“一门式一网式”改革全面发力。

推进“标准化”建设，全面梳理、逐项规范、大力精简，累计压缩时限525日，简化环节36个，减少材料74项。推进“一窗化”建设，在全市成立首个专业分厅，实现“应进必进”，日均业务量约4 000件，群众满意度高达98%。服务窗口前移，在华为、富士康等企业布局设立一站式人才服务点。推进“信息化”建设，实现81项业务网上全流程办理，52项“零到场”。加快推进局电子证照库、人

力资源社会保障主数据应用平台建设，为企业、群众提供个性化的网上办事和信息查询服务。加快社保业务“同城通办”，更加利民便民。配合跨部门信息“一库共享”，共享数据量全市最高。

（二）简政放权纵深推进。

落实国家职业资格政策，累计取消48项技能类职业资格许可和认定。全面实施外国人来华工作许可制度，实现“外国专家来华工作许可”和“外国人就业许可”两证合一。人力资源中介机构、职业培训机构设立由行政许可调整为备案登记，15项人才服务、20余项就业业务全部下沉基层。高效承接省下放12个专业的高级职称评审权。下放高校职称评审权，推动深圳职业技术学院、深圳信息职业技术学院、深圳广播电视大学开展教师职称自主评审。扩大社会化职称评审专业覆盖面，推动华大基因、光启自主开展职称评审。

（三）智慧服务便民高效。

建设“掌上人社”，网上办理功能“全覆盖”。政务微信、门户网站等渠道启用咨询机器人，开启“一对一”智能、高效、精准服务。社会保险、租房补贴等更多人力资源社会保障业务进驻微信“城市服务”。与互联网企业合作，打通人力资源社会保障业务实名用户体系，开展学历核实网上自动比对，在全国率先实现养老金领取“刷脸”认证、医保移动支付。

三、坚持高质量更充分就业，大众创业万众创新蓬勃发展

大力实施促进就业和创业带动就业战略，主动适应新产业新业态新模式，多措并举破解结构性就业矛盾，保持就业局势总体稳定。

（一）就业渠道不断拓展。

2017年城镇新增就业10.1万人，城镇登记失业率2.2%，零就业家庭动态归零。深圳经济实现高质量发展，创造就业能力增强，华为、中兴等行业领军企业就业渠道作用明显。发放职业技能培训补贴，支持富士康、比亚迪等制造业企业稳定就业基本面。适应新经济、新业态条件下的劳动用工特点，有效支持腾讯等“互联网＋”企业、共享经济企业拓展就业新领域。第三产业、中小微企业就业吸纳能力进一步增强。

（二）创业带动就业效应明显。

聚焦深圳市产业发展规划，出台就业创业工作实施意见，持续增强创业带动就业能力。举办2017深圳“逐梦杯”大学生创新创业大赛、珠三角自主创业项目推介会。开展创业导师进基层活动，为2 000余名创业者提供“一对一”创业指导服务。全市共有市级创业孵化基地50个，累计进驻企业10 000余家，带动6万余人就业。全年发放自主创业补贴1 898万元，创业担保贷款4 394万元。

（三）重点群体就业保障有力。

出台高校毕业生职业技能培训补贴办法，实施高校毕业生就业促进计划，举办校园推介会、高校毕业生双选会。开展“南粤春暖”“春风行动”活动，举办500余场免费招聘会，提供近14万个岗位。

（四）精准扶贫扎实推进。

落实国家精准扶贫战略，聚焦劳务协作地区建档立卡贫困劳动力，一对一跟踪精细服务，新招广西百色、河池贫困劳动力到深就业478人。开展技能扶贫，自2016年以来累计招收贫困生838人，实现“培养一人、就业一人、脱贫一户”。

各区就业工作亮点纷呈。南山区打造“智汇南山、青春启航”品牌促进高校毕业生就业，龙岗区积极探索购买服务、促进辖区企业招用的贫困劳动力稳定就业，龙华区采取有效措施切实解决辖区重点企业招工难问题。

四、坚持体制机制创新，社会保障水平稳步提升

应对人口总量、结构新特点，织密扎牢民生保障网，持续增强群众获得感、幸福感、安全感。

（一）参保扩面稳步推进。

实施全民参保计划，社保五险总参保5 881万人次，同比增长6.5%，占全省的20.49%。其中，养老、医疗保险分别为1 134.32万人、1 396.11万人。各项社保基金当年结余977.47亿元。

（二）保障水平持续提升。

全市企业退休人员2017年调整待遇后月平均基本养老金为3 803元，居全国同等城市首位。医保参保人目录范围内住院费用平均记账比例为90%，居国内大中城市前列。2017年医保年度重疾补充保险自愿参保625万人，同比增长24%。将符合条件的参保少儿及大学生全面纳入财政补贴范围，共计补贴8.95亿元。全市77家医疗机构接入国家平台，80家医院实现省内异地就医直接结算，参保人可在省内异地456家医院实现住院费用直接结算，切实让参保人少"跑腿"、少"垫资"。深入实施"同舟计划"，补齐建筑行业工伤高风险保障短板。拟制《深圳市职工劳动能力鉴定管理办法》，完善鉴定工作制度。完善失业保险制度，提高失业保险待遇。

（三）深化改革持续发力。

贯彻落实企业职工基本养老保险省级统筹，确保省统筹方案在深圳市平稳实施。出台机关事业单位工作人员养老保险制度改革意见及相关配套文件，确保改革平稳过渡实施。推进"与分级诊疗相结合的医疗保险总额管理制度"，助力"罗湖模式"成为全国医改样板。按照国家部署，积极推动按疾病诊断相关分组付费（DRGs）改革试点工作，探索引领医保支付制度改革新方向。

（四）去降补政策持续实施。

全年社保降费减负94.02亿元（含生育津贴13.97亿元），发放稳岗补贴15.06亿元。取消企业退休人员社会化管理费，降低实体经济成本负担。

五、坚持人才优先发展，人才竞争比较优势加快形成

以"国际化、高端化、市场化、法治化"为引领，充分发挥市场配置作用，突出业绩、能力和市场导向，多元化多维度评价人才，以全球视野广聚天下英才。

（一）人才队伍规模持续扩大。

加大人才资助力度，提高城市人才竞争力。全市新增全职院士12人，累计29人。新增专业技术人才9.7万人，累计153.8万人，其中新增国内高层次人才730人，累计6 979人。新增技能人才23万人，累计331万人，其中高技能人才占比29%。新确认孔雀计划人才958人，累计2 954人。新引进海外留学人员1.8万人，累计近10万人。全年共引进各类人才26.3万人，同比增长42.5%，其中本科以上学历17.4万人。

（二）高层次人才培养力度不断加强。

紧密结合产业发展需求，制定和修订人才伯乐奖、鹏城杰出人才选拔培养办法、高层次人才奖励补贴发放办法等政策。博士后工作提质增效，支持创新型企业设立博士后工作站、创新实践基地，加大博士后招收规模，全年新引进进站博士后935人，同比增长20%，在站博士后达1 924人，占全省博士后总人数的44%。

（三）海外引才引智稳步推进。

积极争取以受委托方式实施外国人才签证制度。实施留学人员"放管服微改革"，留学人员业务办理"零跑动"。成功举办第十五届中国国际人才交流大会和第一届中国深圳创新创业大赛国际赛，6个项目正式落户深圳，充分发挥了人才与岗位的对接站、创新创业项目的推介台、人才交流信息的展示窗作用。举办11期"人才智路演、创业大讲堂"系列公益活动。

（四）技能人才工作成效显著。

弘扬工匠精神，强化"深圳技能大赛"和"工匠之星"竞赛品牌内涵，全年新增"全国技术能手"7名、"鹏城工匠"9名、"技能菁英"30名、"深圳市技术能手"251名。加强技能人才培养载体建设，新评审认定大师工作室6个、共23个，技师工作站14个、共103

个，高技能人才培训基地 25 个、共 148 个。深化国际合作、校企合作、产教融合，积极推进深圳工匠学院筹建，推进企业新型学徒制试点。成功举办第 44 届世界技能大赛全国选拔赛暨中国（深圳）国际技能邀请赛，在第 44 届世界技能大赛中，获得 1 银 2 铜的好成绩，实现深圳选手奖牌零的突破，奖牌数占全国的 1/10。

（五）人力资源服务业快速发展。

制定深圳市首部人力资源服务业扶持政策。建成近 13 万平方米的“一园多区”人力资源服务产业园，多家知名机构相继落户，人才园人力资源服务产业园发展模式荣获第五届南都街坊口碑榜十大金奖。

各区人才工作迈上新台阶。福田区全面铺开“福田英才荟”，盐田区建立“梧桐人才”库，龙华区建设“金字塔”人才政策体系，光明新区推出“亿元人才大礼包”和人才创新创业基金。

六、坚持深化人事制度改革，管理科学化水平明显提升

突出政治标准，围绕治理体系治理能力现代化要求，全面提升干部队伍素质能力、专业水平，激发干事创业活力。

（一）人事改革工作稳妥推进。

完善公务员管理政策，修订专业技术类气象职组公务员管理办法，做好与国家公务员分类和聘任制顶层设计衔接的准备工作。修订事业单位岗位管理办法，出台 2017 年度人才紧缺岗位和特殊岗位目录。完善中小学校长职级制管理办法配套制度和中小学赴外招聘政策。统筹研究推进非编人员规范管理。下放部分任免、聘用业务备案权限，加强事后监管。

（二）工资收入制度逐步完善。

落实国家调整机关事业单位基本工资标准和增加离休人员离休费工作。配合司法体制改革完善司法人员职业保障制度。

（三）干部队伍建设卓有成效。

全市公务员、职员 15.15 万人，本科以上学历占 86%。公开选拔 70 名紧缺专业人才担任街道领导班子成员。“双百苗圃计划”成效明显，公开招聘、选调紧缺专业公务员近 700 人，赴北上广重点高校招录 55 名选调生。充分发挥事业单位集聚专业人才效应，选聘紧缺及高层次人才 516 人，赴外地重点院校招聘应届优秀毕业生 2 000 人，公开招聘教师、医生等事业单位工作人员 7 000 余人。顺利完成 152 项人事考试任务。落实军改工作部署，接收安置计划分配军队转业干部 532 人、自主择业军队转业干部 97 人，高质量、高标准完成年度安置任务。

（四）履职能力培养落到实处。

深化公职人员“分类分级”培训，打造赴港培训和高校培训等精品项目。改革干部考核机制，深化公务员平时考核试点，建立全市行政执法人员日常考核制度，考核结果与执法人员任职、交流、教育、奖惩挂钩。

各区公职人员管理不断创新。罗湖区率先在全市全面建立正向激励机制，龙岗区积极探索“以事定费、购买服务”人力资源服务新路径，大鹏新区强化市场引才，引进紧缺专业博士、硕士进入公职人员队伍。

七、坚持完善劳资纠纷预防化解机制，劳动关系和谐稳定

坚持法治思维、法治方式，突出抓好风险预防化解，劳动关系和谐稳定。

（一）风险防控不断加强。

加大劳资领域风险隐患排查化解力度，顺利完成党的十九大等重要时期维稳工作任务，推动信访工作制度化、标准化、智能化。2017 年，全市人力资源社会保障信访总量 53 045 宗，涉及 81 302 人次，同比分别下降 1.33% 和 17.9%。

（二）协调机制创新发展。

积极开展部省、省市和谐劳动关系综合试验区建设，盐田区已初步确定为全国部省共建 3 个县区之一，坪山区开展省市共建试验区建设。自 2017 年 6 月 1 日起深圳市最低工资标

准调整为 2 130 元/月，在全国首创发布企业用工成本信息、社会组织工资指导价位。在全省率先发布劳务派遣服务规范、单位等级划分与评定地方标准。优化劳动争议调解机制，基层劳动争议调解组织综合示范经验在全国推广，全市各类劳动争议调解组织共调解案件 25 572 件，调解成功率 86.3%。依法开展欠薪保障工作，全年垫付欠薪案件 93 件，涉案金额共 1 524 万元。

（三）监察力度不断加强。

全市各级劳动监察机构共检查用人单位 29 740 家次，涉及劳动者 318.76 万人；参与处置 30 人以上劳资纠纷 101 件，同比下降 16.5%；向公安机关移送涉嫌拒不支付劳动报酬犯罪案件 79 件。出台全面治理拖欠劳务工工资问题实施方案，健全预防和解决拖欠工资长效机制。积极推进建筑工地劳务工实名制和分账制，源头预防和治理工程建设领域欠薪问题。开发建设劳资纠纷风险预警信息系统，构建全市劳资纠纷预警平台，强化风险预警防范。

（四）仲裁效能稳步提升。

全市仲裁机构共立案 30 916 件，同比下降 4%；结案率 92.79%，圆满完成省人力资源社会保障厅下达的结案任务。要素式办案模式改革得到部、省领导的高度肯定，在全国推广。率先探索“以事定费、以案配人、专业发展”，建立仲裁人员队伍长效管理机制。在全国率先建成裁审衔接信息同步共享平台，实现裁审衔接常态化、信息化。开展深圳市劳动争议裁审衔接课题研究工作，在全国率先对进入诉讼环节的仲裁案件进行实例分析。

各区劳动关系工作成绩显著。宝安区清理整顿人力资源市场秩序工作获人力资源社会保障部、国家工商行政管理总局通报表扬，龙岗区被确立为“全国劳动人事争议处置效能示范区”，坪山区社会组织和谐劳动关系促进会被评为“全国乡镇（街道）劳动争议调解综合示范单位”。

八、坚持全面从严治党，管党治党、正风肃纪出实效

牢固树立“全面从严治党永远在路上”的理念，坚持以政治建设为统领，抓党建、强班子、带队伍、促发展，推动人力资源社会保障领域管党治党不断向纵深发展。

（一）推进“两学一做”学习教育常态化制度化。

坚持分层推进、分类指导、分级引领和抓在平常、融入日常、严在经常，把“两学一做”学习教育纳入党支部“三会一课”等基本制度中，全局党员自觉尊崇党章、严格执行党纪、践行党员宗旨的思想自觉和行动自觉进一步提高。

（二）加强基层党建。

严格执行党内政治生活制度和党内监督制度，大力倡导学习研讨之风，推进基层党建标准化建设，增强基层党组织凝聚力、战斗力。

（三）加强廉政建设。

强化监督执纪“四种形态”运用，出台落实党风廉政建设主体责任和监督责任实施办法、谈话提醒工作实施意见，以专项资金内部审计为切入点，全面排查廉政风险点，纪律防线不断前移。

（四）加强作风建设。

提高政治站位，坚持以上率下，从严落实中央八项规定精神，锲而不舍反“四风”转作风。加强调查研究、完善制度，队伍建设、安全生产、法制建设、信息建设、窗口服务、新闻宣传、财务后勤等各项综合性、基础性工作进一步提升，人力资源社会保障工作规范化、科学化不断推进。

深圳市人力资源和社会保障局

广西壮族自治区

2017年，广西壮族自治区人力资源社会保障工作紧密围绕“民生为本、人才优先”的工作主线，践行“服务、管理、创新”的工作理念，积极贯彻落实中共中央有关文件精神，锐意进取、攻坚克难，创新工作方式，提高队伍素质，开创广西壮族自治区人力资源社会保障工作新局面。

一、就业局势总体稳定

累计实现城镇新增就业44.61万人，失业人员再就业10.43万人，就业困难人员实现就业3.66万人，农村劳动力转移就业新增72.37万人，分别完成年度目标任务的148.72%、130.35%、183.13%、108.83%。年末，城镇登记失业率2.21%。全区有组织向发达地区输送农村贫困劳动力12.13万人。

（一）全面落实就业新政策。

自治区人民政府印发《关于做好当前和今后一段时期就业创业工作的通知》，创新提出11条政策“干货”。抓好就业创业财政补贴政策落实，全区累计发放企业新增岗位社保补贴5 318万元，69 764个新增岗位享受补贴。

（二）大力推动创业带动就业。

推进创业孵化平台建设，出台《自治区级创业孵化示范基地认定办法》，对自治区级创业孵化示范基地给予100万元奖补。全区认定创业孵化基地166个，5 354家企业和项目入驻孵化基地，直接带动就业3.55万人。广西众创示范基地累计孵化项目162个，注册资本超过7.8亿元，专利和在申请专利161项，荣获“全国青年创业示范园区”称号。广西·中关村创业创新人才基地柔性引进海内外高层次人才58人，落地广西21人；开展各类创业创新活动逾80场次，12名国家“千人计划”专家及7名高端人才与广西相关产业部门开展实质性合作。完成第二届海内外高端人才创新创业成果展服务工作，组织参展项目103个，落地意向33项，签署落地协议20项。

（三）突出抓好高校毕业生就业。

自治区党委组织部、自治区教育厅、自治区人力资源社会保障厅联合印发《贯彻落实〈关于进一步引导和鼓励高校毕业生到基层工作的意见〉重点任务分工方案的通知》，进一步引导和鼓励高校毕业生到基层工作。组织实施“三支一扶”计划，报考人数达13 690人，平均开考比例1∶9.5，最终签订服务协议上岗722人。推进高校毕业生就业服务，举办线下线上招聘会294场，提供岗位约50万个。2017届离校未就业高校毕业生通过实名登记和就业帮扶实现就业71 915人，就业率96.5%。全区就业见习基地提供见习岗位4.27万个，吸纳见习生5 757人。引导4 283名未就业毕业生参与就业见习实践活动，见习期满留用率50.61%。

（四）精准就业扶贫持续发力。

出台《关于对企业以“公司+农户”经营模式带动贫困农户脱贫给予一次性补贴有关问题的通知》《关于做好就业扶贫车间建设吸纳贫困劳动力就业的通知》《开发乡村公益性岗位助力脱贫攻坚指导意见》等政策文件，帮助贫困劳动力通过就业创业实现脱贫。建立和完善农村劳动力资源数据库。自治区公共就业服务信息平台录入建档立卡贫困劳动力340万条信息（含已脱贫人员信息）。深化两广扶贫劳务协作，一方面，广东、广西人力资源社会保障部门签订《粤桂人力资源社会保障部门精准扶贫劳务协作框架协议》和《家政服务劳务对接扶贫行动协议》，各相关市、县也分别与广东结对帮扶市、县签订相应的劳务合作协议；另一方面，做好用人单位和农村贫困劳动力的精准对接，提高劳务输出脱贫的组织化程度，开展贫困劳动力“专场招聘”活动，在贫困地区举办专场招聘会759场，为10.02万名农村贫困劳动力提供免费的公共就业服务，收集企业信息46 761条，向贫困地区发布用工岗位85万个。

（五）扎实开展公共就业服务专项活动。

建设“大系统”，打造“互联网＋就业”新模式，实现“一点登录、全区查询”的公共就业信息服务，逐步形成“覆盖全区、辐射周边”的公共招聘新格局。通过实体大厅、网站等渠道发布6.9万家企业90多万个岗位用工信息，自治区本级印制11.5万册《服务惠民用工信息手册》发给各地。组织开展以“就业帮扶、真情相助”为主题的就业援助月专项活动，走访就业困难人员和零就业家庭9 317户，帮助就业困难人员实现就业7 888人，帮助零就业家庭至少一人实现就业213户、228人。联合举办以“促进转移就业，助力脱贫攻坚”为主题的“春风行动”，全自治区发放宣传材料246.15万份，组织653场专场招聘会，为110.93万人提供公共就业创业服务。组织开展以“促进供需精准对接，助力创新驱动发展”为主题的民营企业招聘周活动，自治区召开现场招聘会144场，4 344家企业参加，提供就业岗位158 552个，初步签订就业（意向）协议19 505份。组织开展充分就业社区推进认定工作，南宁市西乡塘区华强街道华强社区等5个社区被人力资源社会保障部认定为第四批国家级充分就业社区。

（六）农民工就业帮扶取得实效。

通过“春风行动”等系列活动和加强桂粤劳务协作等方式，促进农村劳动力转移就业，增加农民工资性收入，助力脱贫攻坚。进一步加强农民工培训载体建设。全年评审认定10个广西优秀劳务品牌，分别给予100万元的资金扶持，着力提升品牌培育基地培训能力，发挥其促进农民工稳定就业和提高就业质量的积极作用。举办第四届广西农民工技能大赛，累计有2.62万名农民工参赛，现场颁发职业资格证书1.8万本。鼓励、扶持农民工返乡创业带动就业，新确定宾阳县等10个县（市、区）为自治区农民工创业园建设试点县，分别给予500万元建设资金补助和10～20公顷用地指标扶持。截至年末，近年认定的38个农民工创业园已有入驻企业670家，吸纳农民工就业2.28万人，其中贫困人口就业3 837人。落实农民工创业担保贷款政策，全自治区累计发放贷款18.6亿元，帮助3.6万人解决创业资金短缺难题。

二、职业技能培训工作稳步推进

全自治区参加各类职业培训114 673人，其中就业技能培训77 494人，岗位技能提升培训11 016人，创业培训26 163人，取得证书14.03万人，实现就业3.74万人。

（一）“两后生”培训工作顺利完成。

推进全区48所技工院校结对帮扶54个贫困县贫困家庭“两后生”职业培训专项计划，帮助“两后生”掌握一技之长，提高职业素养，以技能就业带动家庭脱贫。全区技工院校招收“两后生”7 127人，完成目标任务的118.8%。收集整理区内外859家企业共5.16万条岗位信息，对“两后生”进行精准岗位推送。举办桂林站、玉林站等13场“两后生”就业帮扶现场招聘会，共提供4.47万个就业岗位。

（二）高技能人才工作迈出新步伐。

自治区新增7个国家级和4个自治区级高技能人才培训基地，3个国家级和10个自治区级技能大师工作室项目。年末，全区共有国家级和自治区级高技能人才培训基地39个，国家级和自治区级技能大师工作室 56 个。全年高技能人才新增 1.1 万人，技师、高级技师 1 200 人。选拔“广西技术能手”167 人。

（三）推进技工院校改革创新。

中职院校增设正高级职称，首次评审技工学校教师系列正高级职称，评出首批正高级讲师 8 名。以企业新型学徒制培训为突破口，引导企业和技工院校深度合作。进一步指导院校规范招生就业、校园管理、人才培养等工作，全年招生 5.17 万人，完成目标任务 4.5 万人的 114.8%。

（四）开创继续教育工作新局面。

组织实施国家级高级研修班 4 个，自治区级高级研修班 8 个，急需紧缺人才培养培训项目 7 个，培训专业技术人员 1 235 人次。组织公需科目继续教育线上学习 81.57 万人次，合格率 99.2%。首次举办全区继续教育业务培训班。新增 3 个自治区级继续教育基地。

三、社会保障不断加强

2017 年，自治区基本养老、基本医疗、失业、工伤、生育五项社会保险总参保人数达到 8 784.71 万人次；基金总收入 1 601.69 亿元、总支出 1 340.32 亿元、历年滚存结余 1 429.91 亿元。其中，城镇职工基本养老保险、失业保险、医疗保险、工伤保险、生育保险参保人数分别为 777.79 万人、302.13 万人、5 173.29 万人、388.79 万人、338.58 万人，完成计划的 104.4%、104.18%、110.07%、103.68%、109.22%。城乡居民养老保险参保人数 1 805.94 万人。社会保障卡持卡人数 3 344.89 万人，新增 758.52 万人，完成计划的 112.62%。城乡居民医疗保险参保人员财政补助标准提高到每人 450 元。

（一）各项社会保险制度建设有突出进展。

机关事业单位养老保险制度改革进展顺利，制度框架基本建立，配套制度逐步完善，社会保险经办机构正常收缴保费和发放待遇。制定出台《失业保险支持参保职工提升职业技能补贴暂行办法》，符合条件的职工可以申请补贴，补贴金额最低 1 000 元，最高 2 400 元。拟定《关于调整失业保险金标准的意见》，将标准提高到自治区最低工资标准一类的 80%，并于 2018 年 1 月正式实施。相继出台《广西城乡居民基本医疗保险暂行办法》及 9 个系列文件，搭建起自治区城乡居民基本医疗保险的制度框架。进一步深化医疗保险支付方式改革，出台改革实施方案，推进分类改革，实行多元复合式方式，重点推行按病种付费，探索建立按疾病诊断相关分组付费体系。出台《广西壮族自治区实施〈工伤保险条例〉办法》，初步实现工伤保险自治区统筹，调整提升多项待遇项目标准，明确部分补助金计发基数。制定实施公务员和参公单位参加工伤保险政策，填补广西本项制度空白。制定工伤保险浮动费率办法等多个政策文件，进一步健全自治区工伤保险省级统筹、工伤预防、待遇调整等政策支撑体系。

（二）实现社会保障“一卡通”。

推进社会保障信息系统建设，实现看病就医购药即时结算“一卡通”。有 2 519 家定点医疗机构、6 300 家定点零售药店实现全区范围内的异地就医购药即时结算，分别占基本医保定点医院和药店总数的 100%，均位居全国第一位。全区 15 个统筹地区已全部接入全国跨省异地就医直接结算系统，跨省就医人数达到 2 653 人次，直接结算费用 6 888.37 万元。

（三）推进城乡居民医保制度整合。

按照“统一制度、整合政策、均衡水平、完善机制、提升服务”要求，突出“整合制度政策、理顺管理体制、提升服务效能”三个重点，推进城镇居民医保和新农合制度整合，实现覆盖范围、筹资政策、保障待遇、医保目录、定点管理、基金管理“六统一”。全区城乡居民医疗保险参保 5 172.33 万人，参保率达到 97%以上。

（四）降低医保个人自付比例和扩大个人账户支出范围。

在不增加参保个人和财政负担的前提下，改革大额医疗费用统筹，通过招投标方式引入商业保险，对当年参保个人自付部分的医疗费用进行再次报销。实施政策创新，扩大职工基本医疗保险个人账户使用范围，允许医保个人账户资金在配偶、子女、父母及配偶父母等家庭成员中共济使用。

（五）制定出台被征地农民社保政策。

印发《广西壮族自治区被征地农民参加基本养老保险实施细则》和《广西壮族自治区被征地农民参加基本养老保险经办规程（试行）》，进一步完善被征地农民社保政策，规范和统一被征地农民参加基本养老保险的业务经办操作程序。开发全区统一的被征地农民信息系统功能模块，为被征地农民社保工作的顺利开展提供技术支持和保障。

（六）夯实社会保障基层公共服务。

乡镇（街道）就业和社会保障服务设施完成自治区级新建项目申报评审，给予财政资金补助。举办全区基层就业社保服务设施培训班。开展“服务惠民”专项活动，推进全区行政村综合服务中心建设，按照“有人员、有场地、有设备、有流程、有网络、有经费”六有标准建设村级就业社保窗口，每个县（市、区）按照不低于30%的建设率开展示范村建设。全区确定建设“服务惠民”示范村4 551个。

（七）加强社会保险基金监管和保值增值工作。

继续做好基本养老保险基金委托投资运营，继上年移交第一批300亿元投资运营后，年内完成第二批100亿元资金归集和移交。出台实施《广西壮族自治区社会保险基金安全管理约谈办法》《广西壮族自治区社会保险基金领域违法违规案件挂牌督办办法》《广西壮族自治区社会保险基金安全巡查规定》3项制度，事前预防、事中监督、事后督办制度不断完善。组织开展城乡居民养老保险经办机构内部控制专项检查、全区社会保险基金安全大检查、企业职工养老保险重点指标专项核查，采取政府购买服务、整合全区基金监督力量、交叉检查、自查等方式，实现社会保险基金监督行政检查三级全覆盖。

四、人才队伍持续壮大

2017年，自治区新增高技能人才20 668人。有各类专业技术人才170.2万人，其中国家“百千万人才工程”人选40人，享受国务院政府特殊津贴专家1 539人，自治区特聘专家132人，“十百千人才工程”第二层次人选589人。

（一）组织赴区外招聘重点领域急需紧缺高层次人才活动。

自治区党委组织部和人力资源社会保障厅组织有关企事业单位赴上海、哈尔滨、北京、武汉、重庆五地举办招聘会，用人单位累计接待应聘者9 000多人次，达成意向1 716人。

（二）加强高层次人才队伍建设。

制定《广西壮族自治区高层次人才认定办法（试行）》《广西壮族自治区特聘专家制度实施办法》，以及《广西加强博士后管理工作实施办法》，创新高层次人才工作机制。全面实施人才小高地提升工程，组织遴选第七批自治区级人才小高地8个。新建自治区博士后创新实践基地10个，获批国家级专家服务基地1个。全区招收博士后人员67人，出站39人。全区43名在站博士后人员获中国博士后科学基金资助。开展系列博士后学术论坛和“菜单式”博士后专家服务基层活动。实施人才工程项目，组织“百千万人才工程”国家级人选推荐工作，4名人才入选。组织遴选第六批自治区特聘专家20人。组织遴选第二十批广西“十百千人才工程”人选30人。组织事业单位高层次人才队伍建设情况专题调研，形成《关于广西农科院等7个事业单位专技人才队伍建设情况的调研报告》，加强对企事业单位专业技术人才工作的指导。开展“专业技术人才服务年”主题活动，到高校、企业开展专题宣讲。

（三）推进职称制度改革。

研究制定《关于深化职称制度改革的实施意见》。修改完善工程系列、经济系列、农业系列等16个系列（行业）评审条件。制定出台自治区职称外语和计算机应用能力考试不作统一要求政策和《广西壮族自治区职称推荐评审认定办法（试行）》等8个职称管理规范性文件。建立、调整高级评委库，入库专家13 123人。下放给工程系列、卫生系列、中小学教师系列15家单位副高级评审权，将高校教师系列副教授评审权限全部下放至高校。在经济、统计和技工学校教师等3个系列设置正高级。全年申报高级职称28 608人，评审通过14 964人。办理高级职称重新确认99人，遗失补办591人，在线审核高级职称信息48 324条。

（四）搞好基层专业技术人才队伍建设。

研究出台《关于加强基层专业技术人才队伍建设的实施意见》。畅通基层专业技术人员评审通道。针对累计工作满20年的乡村教师，实施职称评审申报不受岗位数量限制做法。适当降低卫生系列评审标准，保留乡镇卫生服务机构专业技术人员发展需要设置的副高级专业技术评审条件。

（五）引进国外智力工作取得新突破。

指导和资助区内单位实施引进国外技术、管理人才项目105个，来桂工作外国人约1 400人。出台《广西引进海外人才工作实施办法》，在全区全面实施外国人来华工作许可证制度。

五、人事制度改革继续推进

（一）事业单位人事制度改革。

优化政策措施，科学开展事业单位公开招聘工作，在市以下事业单位公开招聘工作中，继续采取根据岗位分类组织公共科目笔试。简化高层次及紧缺人才招聘程序等方式，在确保公平的基础上为用人单位提供更便捷的人才引进方式。教育卫生事业单位建立健全新的用人机制，解决岗位总量不足、岗位设置结构比例偏离单位实际工作需要等问题，根据实际需要核定岗位总量，纳入岗位总量管理人员在进人方式、聘用制度、岗位设置、竞聘上岗、工资福利待遇等方面实行统一的人事管理制度。印发《关于支持高校科研院所专业技术人员创新创业人事管理及有关问题的通知》，支持高校科研院所专业技术人员离岗创业、到企业兼职或在职创业、选派到企业创新创业，以及创新人才到高校科研院所兼职等，更具可操作性。探索高等教育领域简政放权放管结合优化服务改革工作。选择广西大学为深化人事制度综合改革试点单位，全面落实公开招聘、岗位设置、聘用管理等方面的自主权，探索职员制改革工作。

（二）公务员队伍建设。

印发《贯彻〈“十三五”行政机关公务员培训纲要〉实施方案》，多次组织“一带一路”建设、“大国崛起与国家安全”、“资源节约与环境保护”等专题培训班，组织自治区、市、县、乡四级公务员和参公管理人员完成法治政府与公务员法治能力建设、诚信体系建设等培训考试，提升公务员综合素质和依法行政能力。优化公务员招录方式，继续采取降低学历条件、单独划定合格分数线、乡镇职位不限专业、“二次报名”等措施，加大向基层倾斜力度。印发《关于进一步推进公务员公开遴选工作的通知》，明确公开遴选作为设区市以上机关从基层机关补充公务员的主渠道。按照国家统一部署，广西作为全国公务员分类改革10个试点省份之一，自治区公安厅、南宁市公安局等6个公安机关分类改革试点工作完成。完善人事考试工作制度，印发《关于同意建立广西人事考试工作厅际联席会议制度的函》，明确各单位职责分工。2017年，全区计划面向社会招录公务员（选调生）7 189个职位、8 857人，参加笔试18.7万人，参加面试2.3万人，实际录用8 138人。计划遴选公务员708人，超过历年遴选人数总和。首次探索开展公开选调公务员工作，全区计划公开选调处、科级领导职位12个。

（三）军转安置工作。

组织军地调研组，到驻桂基层部队开展“进军营·送政策·送服务”活动。做好军转干部适应性、上岗前培训工作，参训率100%。推动军转干部进高校培训工作。及时做好自主择业军转干部退役金的审核发放及其他相关待遇落实工作，认真开展自主择业军转干部管理服务工作和工作信息平台建设。做好随军家属就业工作，指导各市开展对等安置、定向招聘、推荐就业。发放未就业随军家属生活补助。

六、收入分配制度改革不断深化

（一）机关事业单位工资制度改革。

落实机关事业单位工作人员正常工资增长机制，逐步提高基层和边远地区工作人员工资收入水平。配合公安部门完成本级公安机关执法勤务警员和警务技术职务序列改革套改工资待遇兑现。做好机关事业单位离退休人员发放生活补助工作，提高离退休人员收入。

（二）推进公立医院、高校和科研院所薪酬制度改革试点工作。

自治区人力资源社会保障部门会同财政、卫生计生、医改等部门部署启动柳州市公立医院薪酬制度改革试点工作。确定3所自治区本级公立医院为薪酬制度改革试点单位。草拟《广西高校和科研院所高层次人才薪酬制度改革试点方案》。

（三）加强企业工资分配宏观调控。

调整最低工资，发布广西企业工资指导线，基准线8%、上线12%、下线2%。配合完成自治区本级国有企业负责人薪酬改革各项工作。指导各市开展市本级国有企业负责人薪酬改革工作，大部分市已出台市本级工作方案。

七、劳动关系和谐稳定

（一）构建和谐劳动关系。

成立自治区协调劳动关系三方委员会，统筹协调全区构建和谐劳动关系工作。各设区市、县（区）也相应成立协调劳动关系三方委员会，完善政府、工会、企业协商协调机制。印发《关于进一步推进集体协商签订集体合同工作的通知》等文件，健全三方协商协调工作机制，加强沟通与合作，明确三方委员会各成员单位的工作任务。开展劳动合同、集体合同签订情况交叉检查，对28个县相关情况进行现场检查。制定《劳动关系和谐单位认定办法（试行）》，推进和谐企业建设。

（二）依法规范劳动用工管理。

指导企业推行简易劳动合同示范文本，加强政策咨询服务，企业劳动用工管理得到改善和规范，提高劳动合同签订率。按照《关于进一步推进集体协商签订集体合同工作的通知》要求，抓好“要约证明”、行业区域协商关系，推进集体合同签订。全区企业劳动合同签订率95.76%。

（三）加强劳动保障监察和劳动人事争议仲裁工作。

印发《关于完善劳动人事争议仲裁与法律援助工作衔接机制的意见》，劳动人事争议仲裁院建立法律援助窗口或工作站，为经济困难的农民工等劳动者申请法律援助提供“一站式”服务，解决特殊群体“打官司难”的问题。印发《关于提升劳动人事争议仲裁公共服务效能的意见》，提升仲裁公共服务效能，推行案件快速处理机制。在立案登记、庭前指导、案件繁简分流、编制案例汇编指导类案审理、流动仲裁庭等方面创新探索，提高调解仲裁效能。推进调解仲裁办案信息系统建设，自治区、市、县三级劳动人事争议调解仲裁院利用信息化手段提高仲裁办案水平，14个设区市已实现全覆盖，72个县（市、区）开通并使用办案系统，覆盖率达77%。

劳动监察执法制度化、规范化、标准化、信息化步伐加大，建立各级解决企业拖欠工资问题联席会议制度，明确各单位职责，建立解决欠薪的长效机制。开展保障农民工工资支付、用人单位遵守劳动用工和社会保险法律法规等执法检查和专项整治行动。运用广西劳动保障监察管理信息系统和联动处理平台进行案件办理，基本实现“一点举报投诉、全网联动处理”的工作目标，开通劳动保障监察年度审查网上申报平台，给企业提供更便捷的服务。

全年处理劳动人事争议调解仲裁案件29 600件，其中受理调解案件13 763件，仲裁立案受理15 837件，仲裁结案率96.87%，调解成功率64.38%；受理涉及农民工争议案件8 144件，涉及农民工8 144人。仲裁机构接待法律援助来访3 832人次，为1 935名劳动者提供仲裁法律援助服务。主动巡查各类用工单位8.85万户，办结劳动监察投诉举报案件5 614件，办结率99.5%；追发劳动者工资等待遇9.94亿元，涉及劳动者9.44万人，其中追发农民工工资9.66亿元，涉及农民工8.37万人；督促用人单位为9.18万名劳动者补签劳动合同，责令1 426户用人单位补缴社会保险费6 192.54万元，涉及劳动者1.86万人。案件办结数同比增长4.97%，追发劳动者工资数、涉及劳动者人数分别下降40.76%、22.88%。

八、法治人社建设积极推进

深化行政审批制度改革，全区人力资源社会保障行政许可事项由2013年的16项精减到2017年的11项，非行政许可事项全部取消或按规定调整和下放至市、县实施。推动人力资源社会保障立法工作，加强规范性文件监督管理，建立清理长效机制，不断完善地方人力资源社会保障法规体系。推进行政决策科学化、民主化、法治化，坚持规范公正文明执法，强化对行政权力的制约和监督，依法有效化解社会矛盾，推动法治人社建设。

广西壮族自治区人力资源和社会保障厅

海 南 省

2017年，海南省人力资源社会保障系统深入学习贯彻党的十九大精神和海南省第七次党代会精神，坚决贯彻中央和省委、省政府决策部署，紧紧围绕年度目标任务，锐意改革，实干担当，推动各项工作平稳较快发展，事业发展迈上新的台阶。

一、突出重点群体，狠抓政策落实，就业局势保持总体稳定

牢牢把握就业工作的新特点新要求，以落实就业创业政策、帮扶重点群体、稳定就业岗位为重点，紧紧围绕“大众创业、万众创新”和“打赢脱贫攻坚战”部署要求，以提高就业质量为目标，进一步完善就业创业政策体系，实施更加积极、更具力度的扶持措施，就业主要指标情况良好，就业局势总体保持稳定。全省新增就业12万人，完成全年任务的133%；下岗失业人员再就业3.4万人，完成全年任务的100%；就业困难人员实现就业1.28万人，完成全年任务的128%；农村劳动力转移就业14.79万人，其中转移贫困劳动力3.59万人；城镇登记失业率为2.33%，控制在4%以内。2017届全省高校毕业生共51 814人，47 660人实现就业，初次就业率为91.98%。

（一）不断完善促进就业创业的政策体系。

省政府办公厅印发了《关于进一步做好当前和今后一段时期就业创业工作的实施意见》。其他出台的部门文件有《关于做好撤销就业补助资金专户后相关管理工作的通知》《海南省高校毕业生就业创业促进计划》《海南省农民工工作领导小组2017年工作要点》和《关于进一步做好引导农村劳动力外出务工工作的通知》。

（二）统筹推进重点群体就业工作。

认真做好高校毕业生实名登记工作，为11 579名高校毕业生开展了实名登记，跟踪实现就业5 850人。为6 410名困难家庭毕业生发放求职创业补贴，总计961.5万元。认真实施就业见习计划，参加就业见习的毕业生约500人。统筹组织精准扶贫专场招聘会、“就业援助月”活动和“春风行动”等就业服务活动。印发了《2017年贫困劳动力转移就业计划》，明确了各市县贫困劳动力转移的任务。截至12月底，转移贫困劳动力3.59万人。

（三）大力推动技能人才队伍建设。

投入1 000余万元，为信息技术、医药和餐饮等重点产业提供技能人才支持。会同省总工会开展了“天涯工匠”评选活动。会同省教育厅、省交通厅、省气象局等相关单位组织开展各行业、各类型的技能竞赛。认真做好技工院校服务与管理，完成了2016年度教师职称评定工作，开展了2017年实训设备“以奖代补”资金相关工作。开展年度技工院校学生资助检查工作，共资助4 620人次，拨付462万元助学金；免学费申领20 153人次，发放6 045万元。指导全省开展职业培训，共开办555个技能培训班，培训6.22万人。指导市县开展“全省禁毒大会战”。

（四）积极推进以创业带动就业工作。

牵头组织海南省2017年创业大赛，配合举办“科创杯”创新创业大赛。会同省发展改革委等部门组织了“大众创业万众创新活动

周”活动。加快推动创业孵化基地建设，全省共有创业孵化基地30个。指导市县落实小额担保贷款扶持政策，解决了创业人员的资金难题。组织约6 000名劳动者参加创业培训，提高了劳动者的创业能力。

二、着力推进改革，持续完善制度，社会保障工作水平进一步提升

（一）继续推进社保领域改革。

印发《海南省城镇从业人员基本养老保险省级统筹调剂金管理暂行办法》《海南省收回农垦国有土地使用权社会保险费补贴办法》《关于海南省参加企业职工基本养老保险有关问题的通知》《关于机关事业单位养老保险制度改革准备期养老保险费补缴和基金财务处理有关问题的通知》。会同省民政厅、省财政厅印发《关于机关事业单位工作人员及退休人员死亡丧葬补助金和一次性抚恤金发放有关问题的通知》，填补了机关事业单位养老保险制度改革后机关事业单位死亡人员丧抚费政策空白。

（二）大力加强社保制度建设。

先后印发《关于调整部分工作人员退休时加发退休费政策的通知》《海南省机关事业单位职业年金实施办法》《关于中央驻琼单位参加我省机关事业单位养老保险有关问题的通知》《关于参加机关事业单位养老保险的工作人员养老金核定有关问题的通知》《关于调整城乡居民基本养老保险缴费档次的通知》《海南省老农保与城乡居民基本养老保险制度衔接工作方案》。异地就医结算工作取得重大进展，在全国首个通过国家结算平台实现结算，与全国所有统筹区均已实现异地就医即时结算。启动全省基本医疗保险、工伤保险和生育保险药品目录（2017年版）调整，将国家首批谈判药物纳入省基本医疗保险支付范围。制定出台进一步深化基本医疗保险支付方式改革的实施方案，更好保障参保人员权益，控制医疗费用不合理增长。

（三）适度提高社保待遇水平。

调整全省企业和机关事业单位退休人员养老金，人均增加137元。将2018年度城镇居民医保和新农合的个人缴费标准调整为每人每年180元。不断扩大工伤保险覆盖范围，全省参保人数达到141.4万人，基金累计结余16.09亿元。逐步提高工伤保险待遇水平，1～4级伤残职工伤残津贴分别较上年提高312.3元/月、294.95元/月、277.6元/月和260.25元/月，生活护理费和供养亲属补助金人均提高173.5元/月。因工死亡一次性工亡补助金提高到67.232万元/人。印发了《海南省工伤保险浮动费率管理办法》，实际平均费率由原来的0.46%左右降至0.43%左右，远低于全国实际平均费率。全省失业保险参保人数达到168万人，基金累计结余35.11亿元。失业保险金月人均水平提高到1 372.61元/月，较上年提高80.36元/月。出台失业保险支持参保职工提升职业技能的相关政策，按800元、1 300元和1 800元三个档次为符合条件的职工发放补贴。发放失业保险稳岗补贴1 045.56万元。

（四）加强社保基金风险防范。

印发《关于开展城乡居民养老保险经办机构内部控制专项检查的通知》。2017年，全省城镇从业人员养老保险基金总收入271.12亿元、总支出231.97亿元、累计结余173.5亿元；城乡居民基本养老保险基金总收入27.88亿元、总支出13.67亿元、累计结余65.16亿元；城镇职工基本医疗保险基金总收入69.77亿元、总支出49.47亿元、累计结余98.1亿元；城乡居民医疗保险基金总收入13.51亿元、总支出11.03亿元、累计结余15.65亿元；工伤保险基金总收入5.1亿元、总支出1.61亿元、累计结余16.43亿元；生育保险基金总收入3.46亿元、总支出3.95亿元、累计结余4.86亿元。制定2017年度稽查工作方案，开展全省农垦企业劳动用工暨应缴未缴社保费稽查清理、养老保险重点指标专项检查。加强领取养老金资格认证，进一步防止冒领。

（以上收支不含调剂金）

三、围绕产业发展，加大人才工作力度，专业技术人才队伍建设持续加强

（一）不断加强专业技术人才引进培养力度。

以博士后工作站为依托，加强青年高层次创新人才的培养。印发了《关于改革完善我省博士后制度的实施意见》和《海南省博士后资助资金管理暂行办法》，共资助2个博士后创新项目和5个博士后面上资助，共41万元。截至年底，累计培养博士后43人。举办2017年度海南综合招才引智专场招聘会，印发了《关于充分发挥“候鸟型”人才作用的意见》，“候鸟”人才网投入使用，开展“候鸟”人才信息采集和岗位征集工作，全省已使用“候鸟”人才14 000多人，其中高层次“候鸟”人才2 000多人。出台《海南省引进人才落户实施办法》。研究起草了《关于加强新形势下外国人才引进工作的实施意见》《关于开展基层教育卫生人才激励机制改革试点的实施意见》《关于进一步引导和鼓励高校毕业生到我省基层工作的实施意见》。出台《海南省流动人员人事档案管理服务实施细则》和印发《关于我省事业单位专业技术人员创新创业有关问题的通知》。制定出台《关于调整海南省大中专学校毕业生报到有关事项的通知》，进一步简化大中专学校毕业生报到手续。办理人员调动审批及引进各类人才373人，其中硕士研究生43人、博士研究生47人，中级职称44人、高级职称58人；协助教育、卫计部门引进“好校长好老师”300名、“好院长好医生”27名。开展2017年高校毕业生“三支一扶”计划招募工作，招募91人；按时、足额发放190多名在岗“三支一扶”人员生活、工作补贴390.4万元，考核补贴37.7万元。

（二）大力加强专业技术人才队伍建设。

完成了高层次人才选拔和推荐工作。开展国家“万人计划”哲学社会科学领军人才推荐工作，向人力资源社会保障部推荐了4名候选人。完成了“百千万人才工程”国家级人选的评选、推荐工作，有3人获人力资源社会保障部批准。推荐上报了留学回国人员创业启动支持计划项目，有1个项目获得20万元资助。开展“515人才工程”第一、第二层次选拔工作，共51家单位推荐、280人申报，已完成受理和初审工作。通过组织专场职称评审认定，解决了6名留学回国人员的职称问题。指导海南大学、海南热带海洋学院2个国家级继续教育基地顺利完成了3个国家级高研班项目的培训任务，共有来自全国各地的181名专业技术人才参加培训。举办了社会工作和海洋产业专业技术骨干省级研修班，共培训急需紧缺人才96人；推荐了省内131名专业技术人员参加外省举办的国家级高级研修班，提高了专业技术人才队伍整体素质。全年全省开展专业技术人员岗位培训4.1万人次、急需紧缺人才培训3 700人次。

（三）严格落实“放管服”要求。

印发了《关于深化职称制度改革的实施意见》，对未来5年海南省深化职称制度改革工作进行了部署。落实“放管服”要求，进一步下放职称评审权限，已将副高级职称评审下放给各行业主管部门，将高校职称评审全部下放给高校，突出行业、高校在职称评审中的主导作用。提前调整了职称外语和计算机应用能力考试政策，对其不再作统一要求。为数以万计专业技术人才，特别是基层专业技术人才在职称评审上“松绑”，有力地调动他们申请职称的积极性，2017年教育、卫生和建筑等专业技术人员比较多的行业申请职称评审或考试的人数比往年增长1倍以上。强化对职称评审的专业技术资格考试监管工作，确保各类国考、省考活动的平稳开展。

四、积极推进人事制度改革，人事管理工作取得新成效

（一）做好计划分配军转干部安置工作。

2017年，海南省计划安置军转干部944人，其中计划分配军转干部571人、自主择业军转干部373人。截至12月，计划分配军转

干部全部完成定职定岗并发出报到通知，安置进度和安置质量继续走在全国前列。为全省1 981名自主择业军转干部发放退役金共计2.06亿元，补发退役金1 143.8万元。通过选送13名省直计划分配军转干部进海南师范大学进行为期一年融入式的带薪脱产教育培训，使他们尽快适应新岗位要求，实现从军队人才向地方经济建设人才的转型。

（二）认真组织实施各项公务员考录培训工作。

当年计划招录职位1 129个，参加笔试人数5.5万人。积极配合国家公务员局顺利完成海南省2017年度中直机关考试录用公务员面试工作，以及2018年度中直机关考试录用公务员笔试工作。组织和指导全省行政机关举办公务员各类培训班47期，培训4 075人。在线学习参训人数39 827人，参训率96.29%；完成人数27 642人，完成率66.83%。组织20名省直机关和市县人力资源社会保障部门公务员赴美国开展公务员提高行政效能培训工作。完成2017年全国第一期、第二期省部级以上荣誉称号获得者休假疗养活动。

（三）加强机关和事业单位人事管理。

继续推进政府绩效管理工作，印发《海南省省级机关绩效管理暂行办法》《海南省省级机关2017年度绩效管理工作实施方案》，建立正向激励机制。加强事业单位人事管理，会同省委组织部、省编办和省财政厅等印发《关于贯彻落实人力资源社会保障部等四部委〈关于建立机关事业单位防治“吃空饷”问题长效机制的指导意见〉的通知》。

（四）稳步推进收入分配制度改革。

开展公立医院薪酬制度改革试点工作，制定《关于开展公立医院薪酬制度改革试点方案》，将三亚市作为海南省城市公立医院改革试点地区。全面兑现法院、检察院2015年和2016年绩效奖金，法官、检察官工资制度改革政策全部落实到位。开展公务员工资试调查工作。做好人民警察和政法委机关人员补贴津贴政策解读、经办审核及待遇调整工作。调整全省最低工资标准，发布2016年企业工资增长指导线，企业薪酬分配秩序进一步规范。

五、着力健全长效机制，加大维权力度，构建和谐劳动关系工作基础更加稳固

（一）完善劳动保障监察法规制度。

提请省人大对《海南省劳动保障监察若干规定》进行修订，治欠保支系列政策措施在全国率先上升到法规层级，全省治欠保支工作进入法治化轨道。完善劳动保障监察行政执法与刑事司法衔接机制，落实企业失信“黑名单”联合惩戒制度，公布一批重大劳动保障典型违法案件，加大了惩处力度。

（二）加大整治拖欠农民工工资行为力度。

印发《海南省建设领域以银行保函方式缴纳农民工工资保证金的暂行办法》。开展农民工工资支付情况专项检查、专项整治和督查，清理整顿人力资源市场秩序专项行动等，为3.81万名农民工补发工资1.4亿元。督办重点欠薪案件22件，已结案20件，为654名农民工追回工资3 561.49万元。

六、加快信息化建设，公共服务体系建设水平不断提升

（一）加强信息化建设。

将信息化建设的重心由业务经办转移到公共服务领域，进一步提高公共服务信息化程度。大力推进社保卡建设，完成社保卡即时发卡、制卡工作，累计发放社保卡598万张。在全省86家医院实现使用社保卡办理就医结算。完成13个重点系统的安全等级保护测评工作。

（二）深入开展专项活动。

开展“建功美好新海南、献礼党的十九大”专题学习。推进大研讨大行动活动，围绕26个课题开展调研，形成9份调研成果上报省委，落实大研讨大行动成果出台或拟出台政策措施23项。

（三）加强作风建设。

深入推进全面从严治党，落实全面从严治党主体责任，扎实抓好“两学一做”学习教育

常态化、制度化，“四个意识”进一步增强。开展全国人力资源社会保障系统先进集体和先进个人评选推荐活动，2 个先进集体、2 个先进个人获批。在全省人力资源社会保障系统开展改进作风专项整治行动，加强窗口单位作风建设，提升服务能力。

海南省人力资源和社会保障厅

重 庆 市

2017年是极不平凡且具有里程碑意义的一年。一年来，重庆市人力资源社会保障系统坚持以习近平新时代中国特色社会主义思想为指导，全面落实习近平总书记视察重庆重要讲话精神，紧紧围绕迎接党的十九大、宣传党的十九大、贯彻党的十九大这一中心任务，稳增长、促改革、调结构、惠民生、防风险，圆满完成各项目标任务。

一、坚持民生为本、人才优先，各项工作成果可圈可点

完善落实新一轮积极就业政策，重点抓好高校毕业生就业创业、贫困人员就业帮扶、去产能企业职工安置、重点产业用工保障等工作，全年城镇新增就业74万人，城镇登记失业率3.4%，比年度控制目标低1.1个百分点。稳步实施机关事业单位养老保险制度改革、公立医院改革医保政策落地、生育保险与医疗保险合并实施等重大改革，基本养老金调整待遇、社保降费减负、扩面征缴、市属国有企业退休人员社会化管理移交等重点工作有序推进，城乡养老保险、医疗保险参保率巩固在95%以上。出台“鸿雁计划”实施办法，建立人才服务证制度，持续深化职称制度改革，加大对博士后、留学回国人员资助力度，实施“巴渝工匠2020”计划，进一步规范技工教育、技能鉴定和职业培训，选派7名选手参加第44届世界技能大赛，并取得1金2银4优胜的佳绩。推进公安机关人民警察招录培养、职务序列改革，抓好司法体制改革配套政策落地，开展事业单位岗位聘用“能上能下”试点，分层分类推进事业单位高层次人才组团招聘、高校优秀毕业生现场招聘、基层紧缺实用人才考核招聘，圆满完成年度军转安置任务。出台事业单位绩效工资分类管理办法，开展公立医院薪酬制度改革试点，持续深化国有企业负责人薪酬制度改革。推进和谐劳动关系综合试验区创建，开展劳动保障监察执法示范区建设，规范仲裁程序，加强预防调解示范和裁审衔接，全面治理农民工工资拖欠问题，劳动关系保持总体和谐稳定。同时，“互联网＋人社”行动全面开启，金砖国家劳工就业部长会议在渝顺利召开，成功举办首届中国·重庆西部人力资源服务博览会，部市共建的中国社会保险公共服务标准化示范基地正式投入使用，中国重庆人力资源服务产业园一期全面建成。

二、实施积极就业政策，就业局势保持总体稳定

面对经济增速放缓、结构深度调整、就业压力持续增大的新情况，始终坚持把保就业作为民生改善和社会和谐稳定的“压舱石”，大力实施就业优先战略和积极就业政策。完善落实新一轮就业政策，先后出台贯彻国家“十三五”促进就业规划、引导高校毕业生到基层工作、做好当前和今后一段时期就业创业工作的实施意见等一系列政策文件，新一轮就业创业政策体系基本形成。全年发放社保补贴、岗位补贴、就业补贴等各类补贴8.37亿元，惠及37万名城乡劳动者；发放失业保险稳岗补贴4.99亿元，惠及企业1.4万家。抓好重点群体就业创业，深入实施高校毕业生就业创业促

进计划和基层成长计划，为1.62万名2017届未就业高校毕业生提供定制化服务，应届高校毕业生就业率达95%；招募392名高校毕业生到乡镇基层从事“三支一扶”服务。妥善安置去产能分流职工2.78万人，安置率达96%以上。实施精准就业帮扶，帮扶18.5万名农村贫困劳动力转移就业；帮扶城镇就业困难人员就业13.21万人，城镇零就业家庭保持动态为零；新帮扶农村贫困劳动力就业1万余人，开展“就业援助月”等专项活动，回引农民工返乡创业就业32万人。实施“渝创渝新”创业促进行动计划，开展创业培训8.02万人，发放创业担保贷款35亿元，资助“泛海扬帆行动”项目120个。大力开展职业培训，完成新一轮职业培训成本和岗位需求程度调查工作，开展就业技能培训22.7万人。建立了覆盖3 000余家重点企业的用工和失业动态监测体系，强化“中介常态送工、蓄水池应急送工、预备制兜底送工”保障机制，协助智能终端企业及配套企业招工22.1万人。健全人力资源市场体系，加快人力资源服务产业发展，全市人力资源服务企业达到1 042家，2017年营业收入225.4亿元。

三、深化社保领域改革，统筹城乡社保体系基本建成

以推进社保制度全覆盖、稳步提高社保待遇、确保社保基金安全可持续为重点，注重从制度公平、方式创新、资源优化、群众满意上破解难题，建立了覆盖城乡的社保制度体系，形成了“制度城乡统筹、基金省级统筹、经办五险统筹”管理机制。推进机关事业单位养老保险制度改革，实现全市2.1万户参保单位、103万名参保人员全覆盖。全面建立城乡居民大病保险制度，优化职工大额医保办法；深化医保支付方式改革，完善总额控制付费办法，扩大单病种结算范围至100种；实施医保短缺药品集中带量采购试点，首批药品平均降价18%以上。推进建筑业按项目参加工伤保险，生育保险自7月1日起与医疗保险合并实施。推行全民参保计划，截至2017年年末，城乡养老、医疗、失业、工伤和生育保险参保人数分别达2 098万人、3 248万人、466万人、505万人和411万人，当年社保基金收入1 616亿元，较2012年855亿元翻了近一番。实施“低费基”、降费率、稳岗补贴等社保阶段性降费减负组合政策，全年为企业减负143亿元。稳步提高社保待遇，调整增加退休人员养老金，城镇职工医保住院政策范围内报销比例稳定在83%，城乡居民医保在二级及以下定点医疗机构住院报销比例稳定在75%，工伤待遇标准逐步调整增加。加强社保基金监管，采取大数据比对分析、购买第三方服务等手段，开展“养老保险重点指标核查”“医保监管强化年行动”“医媒拉客专项整治”“经办机构内控检查”等，严厉打击欺诈骗保不法行为，确保基金安全。

四、对接经济社会发展需求，加快推进人才队伍建设

深入实施人才强市战略，持续深化人才体制机制改革，截至2017年年末，全市专业技术人才、高技能人才总量分别达到160万人、97.5万人。创新引才引智，出台引进海内外英才的“鸿雁计划”，落实引进高层次人才优惠政策，全年引进紧缺优秀人才5 490人，其中博士517人，硕士1 809人，高层次外国专家64人。加强人才培养选拔，两院院士达到16人，国家“千人计划”专家99人，“百千万人才工程”国家级人选104人，享受国务院政府特殊津贴专家累计2 588人；“中华技能大奖”10人，“全国技术能手”158人，7名选手参加第44届世界技能大赛，荣获奖牌总数位居中西部首位。深化“放管服”改革，推进职称制度改革，突出品德、能力和业绩评价导向，实现向科技创新人才、企业人才和基层人才倾斜，畅通了科技人才、非公企业人才等职称评审渠道，198名人才通过职称评定绿色通道获得高级职称。深入推进职业资格改革，累计取消职业资格许可和认定事项434项。推

进技工教育一体化改革，建立技工教育联盟。扎实开展技能劳动者评价，鉴定颁证 34.9 万人。优化人才服务保障，创建院士专家工作站、首席专家工作室、技能大师工作室等培养平台 130 余个，建成博士后科研工作站、留学人员创业园等创新创业平台 1 000 余个，推进国家级专家服务基地建设，建成重庆市专家库，持续开展专家服务基层行动。

五、不断增强干部队伍活力，人事管理科学化水平明显提升

围绕促进干部想干事、能干事、干成事这个关键，坚持激励约束保障并举，不断提高干部队伍素质能力。持续加强公务员队伍建设，坚持“凡进必考”，考录工作科学化水平持续提升；将公开遴选作为公务员转任主渠道，修订《重庆市公开遴选公务员暂行办法》；建成公务员录用考试测评基地并为全国同步招考提供成套试题。规范评比达标表彰活动，实施表彰项目 30 个。完成人民警察职务序列改革试点工作，在江北区、南岸区公安分局两个试点单位完成职务套改后立即开展了首次晋升工作；推进公安机关人民警察招录培养体制改革，面向公安院校招录人民警察 451 名、面向社会公开招录 316 名。加强公务员能力素质培训，举办公务员各类培训班 39 期、集中调训公务员 3 172 人。持续推进事业单位人事制度改革，开展 5 所应用型科研院所职称评聘分开试点，推动岗位聘用能上能下。推进分级分类招聘，引进市属事业单位高层次人才 1 700 人，基层实用人才 6 200 人，赴高校招聘紧缺骨干人才 2 800 人。建立机关事业单位防治“吃空饷”问题长效机制，做好事业单位公务用车制度改革司勤人员安置工作。将军转安置作为助推国防和军队改革的重要任务，通过组织双选会、“双考”安置等举措，妥善安置团职及以下计划分配军转干部 1 028 人，接收安置自主择业军转干部 873 人；全面落实企业军转干部解困政策，企业军转干部持续保持总体稳定；统筹推进退役士兵就业帮扶、社保转移接续等工作。健全人事考试安全体系，安全组织人事考试 75 项次、43.7 万人次。完成人力资源开发培训项目 99 个，培训人员 51.3 万人次，培训综合效益持续提升。

六、完善工资收入分配政策，收入分配秩序进一步规范

围绕缩小收入分配差距、规范收入分配秩序，不断强化工资调控。完善最低工资政策，将最低工资标准调整时间由每两年至少调整一次改为两至三年调整一次，最低工资标准一档由 1 050 元/月提高到 1 500 元/月。完成企业薪酬调查，形成 305 个行业的工资指导价位。推进国有企业负责人薪酬制度改革，46 家市管国有企业改革有序推进，市级部门和区县所属国有企业改革全面实施。扎实推进企业工资集体协商，备案登记当期有效集体合同 4 万份，覆盖企业 18.2 万户、职工 420.1 万人。不断完善机关事业单位工资政策，调整优化工资收入结构，推进司法人员职业保障制度改革，完成全市 3 800 余名员额内法官、检察官基本工资套改；人民警察职务套改配套工资政策平稳实施，江北区、南岸区两个公安分局 3 233 人试点顺利；公立医院薪酬制度改革试点工作稳步推进、取得实效；建立完善事业单位绩效工资制度并实行动态调整，扩大事业单位自主分配权。

七、切实保障劳动者合法权益，劳动关系保持和谐稳定

坚持底线思维，注重从源头上预防化解侵害劳动者权益的突出问题，切实构建社会安定基础。组织成立市区两级协调劳动关系三方委员会，推动协调劳动关系三方机制向基层一线延伸，建立各级三方组织 950 个。开展劳动关系和谐企业创建，累计评定和谐劳动关系企业 3 219 户。推进劳动人事争议调解仲裁规范化、标准化、专业化、信息化建设，完善仲裁办案规则，持续推进裁审衔接，建立健全劳动人事争议多元化纠纷解决机制，调解组织实现乡镇（街道）全覆盖，仲裁委员会和仲裁院实现区县全覆盖，全市各级调解仲裁机构处理案件3.6万件，仲裁结案率达96.4%。加强劳动保障监察执法，《重庆市劳动保障监察条例》公布实施，建立了企业劳动保障守法诚信等级评价制度和用人单位劳动保障违法行为失信惩戒制度，深化“两网化”建设，三级网格覆盖到全市所有乡镇（街道）。出台本市全面治理拖欠农民工工资问题实施意见，加强“两金三制”，即农民工工资保证金、应急周转金和实名制管理、农民工工资专用账户、银行代发制度等长效机制建设。完善由劳务输出区县政府，人力资源社会保障、司法、工会等部门协同处理的重大维权机制，组织劳动保障专项执法检查、督查9次，检查单位1.3万户，为6.78万人补发工资等待遇15.12亿元，全市未发生因农民工欠薪等劳动关系纠纷引发的恶性事件，切实保障了劳动者合法权益，维护了社会稳定大局。

重庆市人力资源和社会保障局

四　川　省

2017年，四川省人力资源社会保障部门深入学习贯彻习近平新时代中国特色社会主义思想和党的十九大精神，坚决落实人力资源社会保障部、国家公务员局的决策部署，始终坚持以人民为中心的发展思想，围绕中心、服务大局，务实重行、开拓进取，努力推进人力资源社会保障事业取得新发展，为促进四川省经济发展、民生改善和社会和谐稳定做出了积极贡献。

一、就业促进工作取得新成效

大力实施就业优先战略和积极就业政策，牢牢把握经济新常态发展规律，切实发挥创业带动就业的倍增效益，统筹做好重点群体就业工作，全年城镇新增就业106.84万人，城镇失业人员再就业27.59万人，促进8.64万名就业困难人员实现就业，城镇登记失业率控制在4.5%以内，就业形势总体稳定、稳中向好。

（一）创业带动就业倍增效应凸显。

深入实施“大众创业、万众创新”，推动出台《四川省就业创业促进条例》《关于做好当前和今后一段时期就业创业工作的实施意见》《关于进一步引导和鼓励高校毕业生到基层工作的实施意见》等系列文件，通过实施降低门槛、税费减免、创业补贴等优惠政策，积极举办历时5个多月的四川省首届“天府杯”创业大赛等特色创业活动，大力支持创业园区、孵化基地建设，不断掀起全社会创新创业热潮。全年共扶持1.44万名大学生创业，省级大学生创业园区（孵化基地）全年共扶持7 860名大学生创业、带动（吸纳）3.5万人就业。全年新增返乡创业人员5.24万人、吸纳就业21.2万人。从2015年以来，全省累计返乡创业人员53.7万人，占全国返乡创业人数的11.9%，创办企业13.8万户，实现总产值3 646.4亿元，成功创建国家级返乡创业试点（示范）县20个。

（二）重点群体就业形势持续向好。

根据高校毕业生、就业困难人员、转岗职工、农民工等不同群体的特点，开展专项职业培训行动，落实培训补贴政策，创新培训模式，提高劳动者就业和转岗能力。坚持把促进高校毕业生就业放在就业工作首位，深入实施大学生就业创业促进计划，在全省高校毕业生总量再创新高的情况下，大学生初次就业率达到88.63%，5.17万名离校未就业高校毕业生实现就业。切实做好藏区彝区“9+3”学生就业促进工作，初次就业率达到98.54%，超额完成省委、省政府下达的目标任务。坚持把去产能职工安置工作放在维护社会稳定大局中去推进落实，全年安排就业专项资金7亿元，确保每一名分流职工转岗不下岗、转业不失业、就业有门路、生活有保障。零就业家庭实现动态清零。

（三）人力资源服务产业加快发展。

加快建立统一规范的人力资源市场，促进人力资源合理流动、有效配置，努力实现人口资源大省向人力资源大省转变。出台《四川省人力资源市场条例（草案）》。牵手上海外服集团开展高端人力资源服务战略合作，推动中国成都人力资源服务产业园建设，支持德阳市创建中国装备制造专业人才市场，着力打造多元化、多层次、专业化的人力资源服务产业链。中国成都人力资源服务产业园（高新园区）正式建成运营，已经吸纳汇聚47家国内外著名人力资源企业入驻，人力资源聚集效应正逐渐形成。

二、社会保障工作迈上新台阶

围绕建立健全更加公平、更可持续的社会保障制度，扎实推动各项社会保障工作取得积极进展。全年全省参加城镇职工基本养老、城乡居民基本养老、基本医疗、失业、工伤、生育保险的人数分别为2 275.24万人、3 074.77万人、8 164.68万人、757.67万人、866.16万人、769.63万人，全省社会保障卡持卡人数达5 880万人。

（一）社会保险制度改革不断深化。

实行退役军人养老保险和职业年金关系由省社会保险事业管理局与部队统接统转的办法。接入国家异地就医结算系统，开通省内异地就医联网医院607家、跨省异地就医联网医院343家。率先在全国上传全民参保登记数据，成为首个接受人力资源社会保障部工作评估并获得通过的省份。积极推进医保支付方式改革，全面推行按病种付费为主的多元复合式医保支付方式，各市（州）实施按病种付费的病种数量突破100种。不断完善城乡居民大病保险制度，督促指导成都市开展长期护理保险和内江市开展生育保险与基本医疗保险合并实施试点工作。深入实施和扩大建筑业农民工以建设项目参加工伤保险的“同舟计划”，全年新开工建筑业工程项目工伤保险参保率达100%。按人力资源社会保障部和省政府要求完成《四川省基本医疗保险、工伤保险和生育保险药品目录》调整执行工作。

（二）社保稳增长促发展政策落实有力。

研究出台省人力资源社会保障厅、省财政厅《关于机关事业单位养老保险制度改革后调整部分工作人员原退休费加发政策的通知》等文件。同步并轨调整机关企事业单位退休人员养老金，连续13年调整企业退休人员基本养老金，全省养老待遇水平稳步提升。继续落实失业保险费费率阶段性降低1%的政策，发放企业稳岗补贴7.1亿元、技能提升补贴361.8万元，为企业和职工减轻负担65亿元。

（三）社保基金监管安全网络更加严密。

组建成立社会保险基金监管局，专职负责社会保险基金规范运行。组织开展社会保险经办风险管理专项行动和医保骗保行为专项整治行动，扎实推动养老保险四级重点指标专项核查工作，与公安、人行等多个部门建立联席会议制度和定期沟通机制，形成合力惩治欺诈骗保的强大态势，切实维护社保基金安全。全面建成五险统征的经办服务体系，全省21个市（州）及省本级全面启动多险合一参保登记、征收和稽核工作，社会保险扩面征缴力度不断加大，社会保险经办服务水平不断提升。

三、人才人事制度改革彰显新作为

坚持为人才松绑、向用人单位放权，更大程度释放各类人才活力，全面提升人事管理的科学化水平。全省专业技术人才总量达到323万人，新增高技能人才19.5万人，其中技师、高级技师1.6万人。全年累计招录公务员1.3万人，安置军转干部4 031人。

（一）人才队伍建设不断强化。

研究出台《四川省专业技术人才队伍建设“十三五”规划》，省教育厅、省人力资源社会保障厅《关于下放中小学高级教师和中等专业学校高级讲师职称评审权的通知》，省教育厅、省人力资源社会保障厅《关于改进职称管理服务方式推进高等学校职称评审制度改革的意见》《四川省扩大高等学校科研院所医疗卫生机构人事自主权十条政策》等系列文件，最大限度地激发人才创新创造创业活力。全年新建25个博士后创新实践基地，已建博士后科研流动（工作）站、博士后创新实践基地354个，在站博士后研究人员2 011人。研究制定《四川省技能人才队伍建设“十三五”规划》，省委办公厅、省政府办公厅印发《关于加强技能人才队伍建设大力培养高素质产业大军的意见》，实施重点产业技能人才提升计划等五大工程，推动建设产教融合技工院校等五大平台，完善培养、评价、使用、引进、激励五大政策。首次由省政府召开全省技能人才队伍建设工作会议，成功举办首届“四川工匠杯”职业技能大赛，“技能四川”建设全面高位推进。成功承办第3届中国青年技能营活动。全年新建国家级省级高技能人才培训基地和技能大师工作室34个，培养选派3名选手参加第44届世界技能大赛，代表中国取得1金1银1优胜的佳绩。成功争取国家外专局在四川省开展军民融合人才智力引进试点工作，圆满完成外国人来华工作许可制度改革试点和优秀外籍高校毕业生在川就业试点，一批来川工作的留学人员通过绿色通道获得了高级职称。积极组织开展高校和科研院所急需人才招引工作，实施重大引智项目174个，引进“高精尖缺”外籍专家400余人，2名在川外国专家获得中国政府友谊奖，5名在川外国专家获省政府“天府友谊奖”。

（二）人事制度改革稳步推进。

制定出台四川省公务员职务与职级并行制度试点实施方案，稳步推进在省级机关和绵阳市、内江市进行试点，同步抓好县以下机关公务员职务与职级并行制度实施常态化工作。指导遂宁市做好聘任制公务员管理试点工作。圆满完成四川省“8·8”九寨沟地震抗震救灾及“6·24”茂县特大山体滑坡灾害抢险救灾先进集体和先进个人的评选表彰工作。精心办好公务员大讲堂和人力资源社会保障业务大培训，邀请相关领域负责同志和知名专家授课，全年培训公务员达50余万人次。进一步扩大事业单位人事管理自主权，开展“吃空饷”问题专项督查，不断提高人事管理的科学化、规范化水平。做好军转干部解困维稳工作，圆满完成年度安置任务。顺利完成全年231.3万人次人事考试工作。

四、收入分配制度改革取得新进展

坚持体现人力资本和劳动价值、促进机会公平、鼓励创新的收入分配政策，努力缩小工资收入分配差距、扩大中等收入群体。

（一）企业工资收入分配制度更加合理。

深化完善市（州）、省属国有企业负责人薪酬制度改革工作，改革后省属企业负责人平均薪酬下降8.35%。开展省属国有企业职业经理人薪酬制度改革试点，研究制定本省改革国有企业工资决定机制的意见。完善企业工资分配宏观指导，建立企业薪酬调查信息发布制度，稳慎把握最低工资标准调整频率和幅度，引导职工形成合理收入预期。

（二）机关事业单位工资制度不断完善。

适应公务员分类改革要求，组织实施公务员职务与职级并行制度试点配套工资政策。持续推进法官、检察官工资制度改革试点。提高人民警察值勤津贴、加班补贴，以及高海拔地区折算工龄补贴标准。开展公立医院薪酬制度改革试点，扩大高校院所和医疗卫生机构收入分配自主权，健全以增加知识价值为导向的激励机制。

五、和谐稳定劳动关系构建开创新局面

树立底线意识，运用法治思维，夯实稳定基础，全力抓好系统性区域性风险防控工作，确保大局和谐稳定。

（一）扎实做好劳动关系处理协调工作。

继续指导成都市新都区开展国家级构建和谐劳动关系综合试验区建设，启动省级构建和谐劳动关系综合试验区建设工作。建立健全协调劳动关系三方机制，指导自贡市、成都市新都区等10个市（区）升格为协调劳动关系三方委员会。创新建立构建和谐劳动关系工作通报约谈机制，稳妥化解过剩产能职工安置中的劳动关系问题，大力推动落实集体协商和合同制度，全年企业劳动合同签订率达到94.6%、集体合同签订率达到90.5%。着力化解信访积案，进一步健全完善人力资源社会保障领域信访热点难点问题处理化解机制，全力确保人力资源社会保障系统不发生有全国和全省影响的群体事件和极端事件。

（二）全面加强劳动监察执法和调解仲裁力度。

认真落实以责任制为核心的治理体系，开展欠缴社会保险费强制划拨工作，将总包直发和建账纳入政府目标考核。加大劳动保障监察执法力度，全面推广“双随机一抽查”工作，扎实开展拖欠农民工工资问题专项整治行动，确保农民工按时足额拿到工资。全年查办欠薪案件 7 779 件，为 23.5 万名农民工追发工资待遇 16.8 亿元，案件数和欠薪金额同比下降了 50%和 31%。深入开展示范仲裁院创建活动，加大调解仲裁力度，全省各级仲裁机构共受理各类劳动人事争议案件 3.67 万件，各类调解组织调处争议案件 2.73 万件，仲裁结案率 96.9%，调解成功率 64.2%。

六、人力资源社会保障脱贫攻坚做出新贡献

始终把脱贫攻坚作为最大政治任务，充分发挥主力军作用，全力推动就业扶贫、人才扶贫、社保扶贫各项工作，积极助力决战脱贫攻坚、决胜全面小康。

（一）着力抓好就业扶贫。

持续抓好《就业扶贫九条措施》落实落地，推动实现“一人就业、一家脱贫”。一是坚持做到精准识别。建立全省统一的贫困劳动力实名制数据库，实时掌握贫困劳动力的就业转移、自主创业等动态信息，做到底数清、情况明、更新快、信息准。二是充分发挥政策效应。采取吸纳就业奖补、扶贫基地奖补、转移输出补贴等系列措施，配套实施“送培训下乡”、专场招聘会、公益性岗位安置等 5 个办法，专门安排 3 亿元就业扶贫专项资金，督促引导贫困地区加大匹配投入力度。三是精心搞好用需对接。掌握技能培训需求，创新开展扶贫专班、田间课堂、农民夜校、订单定向培训等多种方式，做到“招生即招工、上课即上岗、结业即就业”，全年组织培训贫困劳动力 18.4 万人。四是分类开展工作指导。聚焦深度贫困地区的脱贫攻坚，结合藏区、彝区、贫困山区不同资源禀赋和产业特色，在南充市等地分片区召开全省就业扶贫推进会，展示成果，分享经验，提早部署深度贫困地区就业扶贫工作。五是有序推动转移就业。加强与广东省、浙江省劳务扶贫协作，组织开展省内对口帮扶，促进贫困劳动力省内外转移就业。全年实现贫困劳动力转移就业规模达 85.2 万人。

（二）着力抓好人才扶贫。

坚持扶贫与扶智相结合，通过实施人才招引、智力服务、提升培训等特别举措，推动人才政策向贫困地区倾斜，人才资源向贫困地区集中，切实发挥人才在长期稳定脱贫中的决定性作用。一是招人难留人难问题有效缓解。制定实施《关于加强基层专业技术人才队伍建设的实施意见》“18 条政策”，通过降低艰苦边远地区进人门槛，放宽学历、年龄、开考比例等条件限制，全年艰苦边远地区补充公务员 6 217 人，报考“三支一扶”计划大学生同比增长 48.6%，“三州”地区和 88 个贫困县县乡两级专业技术人才空编率分别降低 1.6%和 3.2%。二是智力支持服务更加有力有效。首次明确“三支一扶”等高校毕业生服务期满可直接考核招聘到乡镇事业单位，对基层人才职称实行“定向评价、定向使用”。精准对接贫困县产业经济发展，设立省级专家服务基地及“四大片区”专家服务基地 10 个，常年保持 1 000 名左右专家在贫困地区开展智力服务。三是贫困地区人才提升工程全面展开。会同省委组织部研究起草了《关于实施深度贫困县人才振兴工程的意见》，围绕教育、卫生、农业等 10 个领域实施定向培养、培训等五大工程，计划到 2020 年新增各类专业技术人才 5.51 万人。在全省“四大片区”培训乡镇长、第一书记、扶贫专干等脱贫一线干部 600 人，培训当地急需紧缺专业技术人才 1 100 人。

（三）着力抓好社保扶贫。

坚持把社保扶贫作为兜底线、补短板、促脱贫的重要任务，全力推动实现贫困人口参保全覆盖、不断提高社保待遇水平。一是努力做到贫困人口应保尽保。主动上门开展参保登记及缴费等经办服务，将所有贫困人员纳入参保

范围。二是突出解决因病致贫、因病返贫问题。建立健全基本医保、大病统筹、倾斜支付等保障制度，实现了贫困人口按政策报销个人医疗费用“零支付”或“微支付”。三是切实帮助减轻缴费负担。医疗保险实现贫困人口个人零缴费，为338万贫困人口代缴养老保险费。

七、人力资源社会保障公共服务供给能力实现新提升

坚持把建设群众满意的人力资源社会保障公共服务体系作为推动人力资源社会保障事业加快发展、创新发展的总纲，确定为全省系统“一号工程”，将“互联网+人社”信息化建设确定为全省系统“头等大事”，努力实现“四川人社事、最多跑一次”。

（一）着力提升基层平台承载能力。

制定人力资源社会保障公共服务设施平台建设标准，每年定向投入5 800万元用于就业社保经办服务体系建设，突出抓好乡镇（街道）、社区（村）平台及中央支持四川省藏区165个基层平台标准化项目建设，将44项经办服务延伸到乡镇（街道）、社区（村），形成“农村30分钟、社区10分钟”人力资源社会保障服务圈层，着力解决好服务群众“最后一公里”问题，打造方便快捷的“人社服务圈”。

（二）着力拓展线上多元服务渠道。

制定出台“互联网+人社”信息化建设的实施意见，推进人力资源社会保障信息数据和业务系统向上集中，对外实现与公安、工商、税务等部门数据共享，对内推动业务线上应用向人力资源社会保障全域拓展。省本级已开通线上办理的服务事项88项，位居省直部门前列，“24小时不打烊”的线上服务体系初步建立。

（三）着力强化服务协同能力。

实施“四川人社事、最多跑一次”改革，再造服务流程，精简申报材料，缩减办理时限，切实让群众“不跑路或少跑路、不交证或少交证、不填表或少填表、不盖章或少盖章”。梳理发布省本级经办服务项目252个，2017年实现“最多跑一次”达95.2%。大力实施社保经办“综合柜员制”，让群众“一门进、一窗办”。

（四）着力规范服务行为。

分级分类开展人力资源社会保障公共服务能力提升培训计划，培训人员3.6万余人次，以专业化人力资源社会保障服务不断提升群众满意度。组织开展100个优质服务窗口和100名优秀服务标兵“双百双优”评选表彰活动。持续深化政风行风建设，研究出台《关于加强全省人力资源和社会保障系统政风行风建设的实施意见》，派出5个工作组对21个市（州）246个各层级机关和窗口单位组织开展明察暗访，在四川省纪委监察厅组织的政风行风群众满意度测评排名中，人力资源社会保障系统排名连续4年持续攀升。

四川省人力资源和社会保障厅

成 都 市

2017年，在市委、市政府的正确领导下，在市人大、市政协的监督指导下，在各区（市）县党委政府、市级各部门和社会各界的关心支持下，成都市人力资源社会保障系统深入学习贯彻党的十九大精神，落实省市党代会部署，坚持“民生为本、人才优先”工作主线，自觉在建设国家中心城市工作大局中找准定位，锐意改革、积极进取，各项工作取得了较大成绩。

一、就业局势保持总体稳定

高校毕业生、返乡农民工等重点群体就业创业工作扎实推进，困难家庭高校毕业生就业率实现100%。本市户籍失业人员再就业率达95.96%。启动全民免费技术技能培训，建立“互联网＋”培训模式，培训城乡劳动者10.18万人次。实施就业精准扶贫，帮助1.57万贫困人口实现就业。强化就业帮扶，落实失业保险稳岗补贴，发放失业保险金15.19亿元、稳岗补贴5.62亿元。中国成都人力资源服务产业园核心功能区建成投入运营。对新经济下就业工作的研究成果得到市委主要领导肯定。全年城镇新增就业27.61万人，城镇登记失业率3.15%，动态消除零就业家庭。

二、社会保险体系不断完善

全民参保登记工作全面完成，受到人力资源社会保障部表扬。被征地农民参加社会保险“应保尽保”工作取得突出成效，积累多年的问题得到解决。机关事业单位养老保险制度改革有序推进。城乡社保待遇稳步提升，全市179.73万名企事业单位退休人员人均月养老金调增133.62元，达2 966.76元；68.03万名城乡居民养老保险缴费领取待遇人员人均月养老金调增28.43元，达485.5元；丧失劳动能力参保人员病残津贴月标准提高至590.31元。政府资助建档立卡贫困户参加城乡居民养老保险的办法出台实施，惠及全部建档立卡贫困人员。完善重特大疾病医疗保险制度，基本医疗目录外报销医疗费用1.1亿元，因病致贫、因病返贫问题得到进一步缓解。医保支付方式改革、城乡居民医保门诊统筹、公立医院取消药品加成、医保异地结算等重大改革任务稳步推进。长期照护保险制度试点启动，弥补制度短板，为国家顶层设计提供有益探索，获得人力资源社会保障部及全国社保智库专家高度评价。以“一制五化多平台”为核心的社保经办服务体系建成运行，基金监督工作全面加强，社保领域违法犯罪行为得到有效遏制。全市城镇职工基本养老、基本医疗、失业、工伤、生育五险参保分别达719.59万人、743.92万人、416.91万人、435.04万人、439.44万人；城乡居民基本养老、基本医疗保险参保分别达353.56万人、829.24万人。

三、人才队伍建设进一步加强

落实产业新政50条和人才新政12条，集成创新急需紧缺专技人才、技能人才、外国人才引育留用政策体系，建立人才信息定期发布机制。“技能成都”综合示范区建设加快推进，技能人才来蓉落户渠道进一步畅通，首席技师工作室资助、职业技能竞赛激励等措施有效实施，获批国家级高技能人才培训基地3个、国家级技能大师工作室1个。海外人才工作站数量增至4个，国家外专局海外人才招聘会永久落户成都。第三届“金沙友谊奖”评选活动成功举办。全年引进急需紧缺专技人才2 600人、外国人才1 800人，培养高技能人才9.36万人。

四、人事制度改革持续深化

县以下机关公务员职务职级并行全面实施，公务员聘任制试点稳步推进，公务员培训、考核和奖励机制不断完善。实施产业园区干部人事制度改革，建立以员额总控和岗位管理为核心的新型干部人事管理制度体系。创新事业单位人才管理体制机制，出台实施向用人主体放权、为人才松绑系列改革文件。人事考试任务、军转安置和随军家属安置任务全面完成。

五、收入分配制度改革稳步推进

出台《成都市事业单位实施灵活多样激励分配方式管理办法》，建立起按市场评价要素贡献分配的机制。公立医院薪酬制度改革试点稳步推进。国有企业负责人薪酬制度改革持续深化。

六、劳动关系保持和谐稳定

市委、市政府出台《关于构建和谐劳动关系的实施意见》，明确新时期全市构建和谐劳动关系6大重点任务、20项具体措施。国家级、省级和谐劳动关系综合试验区建设工作扎实推进。全市劳动合同签订率、集体合同签订率分别达96%、96.5%，劳动监察案件、仲裁案件结案率分别达97%、95%，为3.37万名农民工追发工资等待遇3 713.63万元。

七、党风廉政建设和干部队伍建设等持续加强

认真落实全面从严治党和党风廉政建设、反腐败工作部署要求，常态化、制度化开展“两学一做”学习教育，领导班子思想政治建设、从严治党制度建设和风险防控建章立制工作全面加强。正风肃纪持续深化，专项治理“微腐败”深入推进，全系统干部作风持续转变，风清气正、干事创业的良好氛围逐步形成。行政审批、政务公开、宣传调研、综合统计、信访维稳、建议提案办理、信息化建设、12333电话咨询、离退休人员服务等工作取得新的成绩和发展。

成都市人力资源和社会保障局

贵 州 省

2017年，贵州省人力资源社会保障系统认真贯彻落实人力资源社会保障部和贵州省委、省政府的决策部署，改革创新，奋发有为，以“开局就是决战、起步就是冲刺”的良好精神状态，扎实推进各项工作顺利开展。

一、就业局势保持总体稳定

一是目标任务指标顺利完成。全省实现城镇新增就业76.85万人，完成全年计划的102.5%；失业人员实现再就业、就业困难人员实现就业分别为14.39万人、7.82万人，完成全年计划的110.7%、111.8%；农业劳动力转移就业85.37万人，完成全年计划的122%；产业园区新增就业19.76万人。全省公益性岗位在岗人数6.41万人。全省城镇登记失业率为3.26%。

二是狠抓就业创业政策落地见效。先后制定出台了《贵州省2017年就业工作要点》《贵州省就业补助资金管理暂行办法》《2017年贵州省城镇新增就业考核办法》等文件，进一步丰富完善就业创业政策体系。同时，加大就业创业政策落实力度，积极兑现就业补助资金，充分发挥政策促进就业创业效应。为贯彻落实国务院《关于做好当前和今后一段时期就业创业工作的意见》和中共中央办公厅、国务院办公厅《关于进一步引导和鼓励高校毕业生到基层工作的意见》，研究起草了本省的实施意见，报请省委、省政府审定。

三是精准推进就业扶贫助力脱贫攻坚。组织发动就业扶贫脱贫春季攻势和秋季攻势，研究制定全省人力资源社会保障系统行动方案，通过送培训到家、送岗位到人的方式，促进贫困劳动力就业创业30.43万人。多渠道做好易地扶贫搬迁就业创业帮扶，帮助已搬迁的易地扶贫搬迁户劳动力实现就业创业10.79万人，其中就业10.47万人、创业0.32万人。牵头实施农村青壮年劳动力规范化技能培训40余万人，开展护工、家政等服务业人员培训1.5万人。深入贯彻落实习近平总书记在深度贫困地区脱贫攻坚座谈会上的重要讲话精神，精准开展贫困劳动力全员培训25.97万人。

四是多渠道促进高校毕业生就业。2017年重启“三支一扶”计划，并通过推进高校毕业生就业创业促进计划、加大对困难高校毕业生的就业援助、组织开展校园招聘活动、支持高校毕业生创新创业等多种方式，促进全省高校毕业生就业实现稳中向好。2017年，全省普通高校毕业生共有158 822人，年终就业率达到94%以上，高于全国平均水平。

五是稳妥推进化解过剩产能职工安置工作。按照国家及省关于推进供给侧结构性改革的部署，出台职工安置系列重要文件，推动安置工作平稳开展。全省纳入2016年化解过剩产能的151户企业（煤炭行业149户、钢铁行业2户）已全部制定职工安置方案或出具无职工安置需求证明材料，分流安置职工29 296人。

六是扎实推进创业带动就业。深入实施“全民创业行动计划”和“双百工程”，大力推进创业带动就业平台建设，着力优化创业服务环境。

二、社保制度运行总体平稳

一是参保人数稳步增加。全省职工基本养老保险、城乡居民基本养老保险、城镇基本医疗保险、失业保险、工伤保险和生育保险参保总量达 4 209.67 万人次，比 2012 年年底增长 47.62%。基金收支基本平衡。

二是保障水平调整提高。从 2017 年 1 月 1 日起调整增加企业和机关事业单位退休人员基本养老金，99.28 万名企业退休人员基本养老金月人均增加 145 元，37.34 万名机关事业单位退休人员基本养老金月人均增加 240 元。职工和城镇居民基本医疗保险政策范围内平均报销比例分别达到 81%和 70%左右，最高支付限额分别达到 40 万元和 30 万元，城镇居民基本医疗保险和新型农村合作医疗政府补助由人均 120 元提高至人均 380 元。失业保险金标准提高至 1 176 元。调整工伤职工伤残津贴、生活护理费和供养亲属抚恤金标准，1～6 级伤残津贴分别为 2 284 元、2 167 元、2 051 元、1 935 元、1 818 元和 1 664 元，供养亲属抚恤金分别为配偶 951 元、其他亲属 758 元，生活完全不能自理、大部分不能自理、部分不能自理的生活护理费分别为 2 212.25 元、1 769.8 元、1 327.35 元。

三是重点改革有序推进。机关事业单位养老保险制度改革全面实施，出台 20 余个配套政策，建成全省统一的经办信息系统，将全省 137 万名机关事业单位工作人员纳入养老保险制度保障范畴，推动该项重大改革在贵州省落地实施。对驻黔中央国家机关事业单位基本养老保险基金收支情况进行调查统计，并上报人力资源社会保障部、财政部。积极推进基本医疗保险、工伤保险和生育保险药品目录调整和落地执行工作。扎实开展跨省异地就医即时结算“百日攻坚”行动，提前 2 个月实现基本医保全国联网和跨省异地就医住院费用直接结算。同时，全民参保、医保支付方式改革、城乡医保整合、建筑业参加工伤保险、社保基金投资运营等各项改革都取得积极进展。

四是社保扶贫助力脱贫攻坚。贯彻落实人力资源社会保障部、财政部、国务院扶贫办《关于切实做好社会保险扶贫工作的意见》精神，深入特困县开展调研，获取了扶贫群体的数据，出台贵州省实施意见，发挥社保助力脱贫攻坚的作用。按照脱贫攻坚春季、秋季攻势要求，督促各地做好易地扶贫搬迁移民参加城乡居民基本养老保险衔接工作，织牢易地扶贫搬迁移民的社会保障网，解除他们搬迁的后顾之忧。保障被征地农民权益，严格征地社会保障手续报批审核工作，落实被征地农民资金到位。根据各地使用社保资金量和贫困县情况完成了省级补助资金 6 000 万元的分配。

三、人才队伍建设稳步推进

一是人才体制机制改革不断深化。继续推进聘任制公务员试点工作，指导省金融办、贵安新区规划建设局开展公务员引聘工作。积极推进人力资源市场建设，制定出台了《贵州省关于进一步加快人力资源服务业发展的意见》，进一步加强全省人力资源服务产业园区建设。强化国际人才资源竞争水平，制定《贵州省海外人才工作站管理暂行办法》。推进职称制度、博士后管理制度改革，出台《贵州省关于深化职称制度改革的实施意见》《贵州省关于改革完善博士后制度的实施意见》。

二是人才引进质量大幅提升。创新举办第五届人博会，现场引进高层次人才和急需紧缺人才 8 319 人，比上届增长了 50%，其中博士及副高级职称以上 815 人，硕士 6 834 人，现场项目路演活动签约项目 6 个，涉及合作金额 6 亿多元。首次举办“海内外百名博士后贵州行”活动，柔性引进清华大学、北京大学、中国科学院等博士后 138 人，智力服务在黔项目 100 多个，助推科技成果转化，促进产业转型升级。开展第四批“百千万人才工程”人选选拔，31 人通过评审进入实地考察。获国家外专局批复引进外国专家项目 16 个，已执行引进外国专家项目 9 个。

三是人才培养培训持续加强。举办公务员培训班18期，培训党政机关公务员1 786人。举办省直事业单位初聘培训2期，培训360人。完成国家级高研班1期，培训70人。指导行业开展技能竞赛9场，新增职业资格领证人数142 113人。累计完成全省专业技术人员继续教育公需科目“大数据”人才培养61万人。向国家外专局争取出国（境）培训项目34个，已执行16个，派出专业技术人才和管理干部294人。指导遵义医学院、铜仁学院、六盘水师范学院、兴义民族师范学院、遵义职业技术学院等申报并入选本省第三批省级专业技术人员继续教育基地，地方人才培养培训平台不断健全。

四、干部人事制度改革积极稳妥推进

一是公务员队伍建设不断加强。2017年公务员招考规模持续扩大，报名突破40万人，全省四级机关计划招录4 205人，实际录用4 062人。

二是公务员分类改革取得积极进展。出台公安机关人民警察职务序列改革方案、警务技术职务序列改革试点实施细则等5项政策，推动公安机关职务序列试点改革精准落地。专业技术类、行政执法类公务员分类管理改革按国家要求稳步推进。

三是事业单位人事管理逐步规范。自觉服务创新驱动发展战略，激发和释放事业单位专业技术人员创新创业活力，形成鼓励和支持事业单位人员创新创业的实施意见。指导全省做好事业单位公开招聘工作，在很大程度上解决乡（镇）事业单位特别是民族乡（镇）、艰苦边远乡（镇）招人难的问题。创新事业单位管理机制。

四是军转安置工作继续推进。创新军转安置工作体制，与省委组织部、省政法委、省编委办、省军区政治工作部联合印发《关于加强贵州省政法部门接收安置军队转业干部工作的指导意见》，顺利完成军转安置任务，企业军转干部解困维稳工作稳步推进。

五、工资收入分配制度改革稳慎推进

一是机关事业单位工资制度改革有序推进。积极探索事业单位绩效工资总量分类管理办法，合理确定绩效工资总量和水平。完善公务员工资制度，顺利实施人民警察分类改革配套工资政策，完成工资套改审批工作并及时兑现了套改后的增资部分。核定法院、检察院系统绩效考核奖金总量，完成了全省法院、检察院2015—2017年绩效考核奖金总量核定和对省高院、省检察院绩效考核奖金分配情况的备案审核工作。实施政法委机关工作津贴和调整人民警察加班补贴和执勤岗位津贴，率先在全国完成工资套改及增资兑现工作。公立医院薪酬制度改革试点、完善公务员奖金制度、完善机关事业单位福利费管理办法、省直机关事业单位工作人员带薪年休假制度落实办法等工作积极开展。

二是企业收入分配工作稳步开展。全面落实国有企业负责人薪酬制度改革工作，完成了省管国有企业负责人2015年薪酬的清算和监督检查工作。发布了省管国有企业负责人2016年薪酬基数，安排部署了省管国有企业负责人2016年薪酬清算工作。稳慎调整最低工资标准，最低工资标准为一类区1 680元/月，二类区1 570元/月，三类区1 470元/月，平均调增幅度为5%。完成了企业薪酬调查工作。开展2017年企业工资指导线的测算工作。

六、劳动关系保持和谐稳定

加强劳动关系协调，强化对化解过剩产能职工分流安置中劳动关系处理的监督指导，指导企业全面实行劳动合同制度，大力推进工资集体协商。建立了构建和谐劳动关系企业及和谐劳动关系综合试验区评价标准，探索推进构建和谐劳动关系综合试验区建设。着力开展治欠保支专项行动，全面实施治理拖欠农民工工资问题的“1+8”系列配套文件，启动劳动监察省级指挥中心建设，推动设立农民工工资支付专用账户，通过大数据平台对农民工进行实名制管理和工资发放实时监控，使得拖欠农民工工资案件数、拖欠农民工工资金额、涉及农民工人数实现了“三降低”。2017 年，全省各级劳动保障监察机构共查处工资类违法案件 2 219 件，清欠农民工工资 3.11 亿元，涉及农民工人数 1.54 万人。为农民工服务各项工作统筹推进，农民工平等享受城镇基本公共服务取得新进展。

七、各项基础工作取得突破性进展

在大力实施国家基层服务设施建设“一拖四”项目的基础上，自筹资金开展全省基层服务平台建设“三年会战”，县、乡两级平台建设基本实现全覆盖，处于全国领先水平。深入实施金保工程，“智慧人社云”项目启动建设，信息系统对业务的支撑能力显著提高，公共服务能力明显增强。人力资源社会保障扶贫工作扎实推进，定点扶贫和对口帮扶取得明显成效。群众来信来访和群体性事件得到妥善处理。法治人社建设稳步推进，依法行政水平显著提升，政务公开、舆论引导、新闻发布及时有效，宣传阵地建设全面深入，营造了事业发展的良好氛围。全面加强全省人力资源社会保障系统党的政治建设、思想建设、组织建设、作风建设，牢固树立“四个意识”，时刻与党中央保持高度一致，严格执行新形势下党内政治生活若干准则，深入贯彻执行中央八项规定和省委十项规定，坚持民主集中制，坚定不移推动全面从严治党向纵深发展，全省人力资源社会保障系统上下持续保持了风清气正的良好政治生态，为谱写新时代人力资源社会保障事业发展新篇章提供了坚强保障。

贵州省人力资源和社会保障厅

云南省

2017年，云南省人力资源社会保障系统围绕“三抓一促”认真落实，着力稳就业、保基本、兜底线、解难题、促公平、防风险、强队伍，对标一流、争先进位，完成年度各项目标任务。

一、人力资源社会保障工作贡献率

围绕服务脱贫攻坚、供给侧结构性改革、重大产业发展等重点工作，制定相应的配套政策措施。

实施社保优惠政策以减轻企业负担。针对经济转型升级，部分企业经营困难，研究出台了阶段性降低社保缴费费率、缓缴社保费、减免人力资源成本等一揽子惠民惠企政策措施，全年降低企业成本30亿元以上。

做好化解过剩产能职工安置工作以服务供给侧结构性改革。采取企业内部分流、转岗就业创业、实行内部退养、公益性岗位托底等4项措施，全力做好化解过剩产能职工安置工作。全年化解钢铁、煤炭行业过剩产能涉及企业17户（钢铁企业2户、煤炭企业15户），计划分流安置职工2 435人，实际完成上年度结转分流安置4 465人，当年分流安置2 001人。

开展“两个专项行动”服务促脱贫攻坚。针对云南素质型贫困是主因的实际情况（农村劳动力初中以下文化程度的超过80%），推进“技能扶贫”和“农村劳动力转移就业”两个专项行动，对贫困人口开展技能培训。2017年共实现累计转移就业1 443.27万人次，前三季度贫困地区农村常住居民人均工资性收入2 107元，同比增长10.1%，其中农民人均工资增幅达11.5%。4月，在云南召开金砖国家就业工作组会议，交流了云南省开展农村劳动力培训转移就业工作的做法。

落实财政补助相关政策。精准统计数据，做到不漏一人、全面覆盖。研究制定了医疗保险健康扶贫工作举措，建档立卡贫困人口在医保政策范围内报销比例达到70%以上。

深化人力资源社会保障改革释放改革红利。把深化改革作为推进人力资源社会保障工作规范提升的重要抓手，按照省委、省政府和人力资源社会保障部的部署要求，注重将改革的力度、发展的速度、社会各方面可承受度有机结合起来，抓改革举措落地见效。全年完成改革任务67项，重点推进改革20项。

二、就业创业

全省全年实现城镇新增就业49.02万人，完成44万人目标任务的111.41%；城镇失业人员再就业16.05万人，完成13万人目标任务的123.46%；城镇登记失业率为3.2%。

整合完善就业政策。出台了新一轮有利于稳定和扩大就业的政策措施，完善符合新产业、新业态用工特点的就业、社保等制度规定。

实施“云岭全民创业计划”。实施创业园区建设工程，加大创业资金投人，加强对创业群体的孵化和培训，优化全民创业环境，拓宽全民创业渠道。评审认定了66个省级“双创”平台，其中创业园区20个（含6个返乡农民工创业园）、众创空间20个、校园创业平台

26个。全省共设立创业担保基金37亿元，建立担保中心151个。共扶持创业12.24万人，完成12万人任务的101.98%；发放贷款128.28亿元，完成102亿元计划的125.76%。

做好重点群体就业创业工作。推进“云岭大学生创业引领计划”，开展高校毕业生就业服务月、高校毕业生网络联盟招聘周和民营企业招聘周等系列活动，通过“三支一扶”等基层服务项目鼓励大学生到基层就业，助推大学生就业创业。积极开展困难地区就业援助专项行动，开展贫困家庭子女、“两后生”、农民工、失业人员和转岗职工、退役军人免费接受技能培训行动。做好失地农民、农村低保家庭、残疾人等群体的就业援助工作，共帮助就业困难群体人员实现就业12.3万人，完成全年11万人目标任务的111.81%。对零就业家庭实行实名制动态跟踪管理，帮助1 576户城镇零就业家庭实现至少1人就业。

提高就业服务能力。建立公共就业创业服务标准体系。加强就业信息化建设和应用，打造提升“互联网＋就业服务”平台，完善就业失业统计监测制度和统计指标体系，建设覆盖全省劳动力资源管理信息监测体系。加大就业资金协调力度，严格资金监管，加强对边境务工人员的管理。

三、社会保障

以深化社保制度改革为引领，构建覆盖城乡的社保体系。2017年，全省五大保险参保人数达8 264.77万人次，基本实现各类群体全覆盖。

基本养老保险制度进一步完善。机关事业单位养老保险制度改革基本实施到位。圆满完成调整机关事业单位和企业退休人员基本养老金工作，企业退休人员基本养老金调整幅度为6.45%，机关事业单位退休人员基本养老金调整幅度为4.49%。从2017年1月1日起，城乡居民基础养老金标准从每月75元提高到85元。积极开展养老保险结存基金投资运营，经省政府批准，按程序将200亿元社保基金划拨全国社保基金理事会投资运营。同时，发展养老保障第二、第三支柱，鼓励有条件的企事业单位设立企业年金或职业年金。

推进被征地农民基本养老保障制度改革。在16个县开展了改革试点，将被征地农民养老保障制度整合到国家现行的城乡居民基本养老保险制度中，解决了社保制度“碎片化”问题。

实施城乡居民医疗保险制度整合。按照“六统一”原则，从2017年1月1日起，全省各地统一执行整合后的城乡居民基本医保政策，理顺了医保管理体制，提升了经办服务能力。各级财政补助标准在上年的基础上再上调30元，达到每人每年450元，从2017年7月1日起，个人缴费标准提高到每人每年180元。城镇职工医保政策范围内住院费用平均报销比例达到82.84%，报销比例稳中有升；城镇居民医保政策范围内住院费用平均报销比例稳定在75%左右，达到年度医药卫生体制改革工作目标。

推进医保异地结算。全省17个统筹区（含省本级）已全部接入国家跨省异地就医直接结算系统，实现了医保全国联网结算。省内开通异地就医定点医药机构6 085家，接入跨省异地就医直接结算国家平台的医疗机构320家。累计跨省结算1 866人次、3 503.22万元，其中国家平台累计结算1 456人次、2 510.15万元（发生异地就医238人次、154.14万元）。省内异地就医直接结算累计1 722.08万人次，费用121.8亿元。2017年，制发社会保障卡3 782万张，超额完成当年任务指标。在5家合作银行省内的3 800个网点柜面实现了补换卡业务和补换卡收费，163个银行网点开通即时发卡和补换卡业务，覆盖全省所有州市本级和50个区县。

推动“三医联动”改革。出台了深化医保制度改革、推进三医联动改革、深化医疗行业人事薪酬制度改革的20条具体措施。加大民族药、地方药扶持力度，12个重点新药和名优品种进入2017年版国家药品目录，68种省内名优药、民族药纳入云南省医保目录。

四、人事制度

围绕实现人事管理科学化的目标，强化“人”“事”精准匹配，深化干部人事制度改革，建立健全干部正向激励和职业保障机制。

深化改革。推进专业技术类、行政执法类公务员分类改革和行政类、生产经营类事业单位分类改革。组织实施省级机关后勤服务社会化改革。继续推进事业单位管理岗位职员等级晋升制度试点工作。组织开展机关事业单位“吃空饷”问题专项清理整治“回头看”和国有企业“吃空饷”问题专项清理整治工作，实现清理整治全覆盖，构建防治“吃空饷”长效机制。

严把“进口”。组织实施了全省公务员考录工作，加强公务员招录组织管理，执行《公务员考试录用违纪违规行为处理办法》和公务员面试有关规定，落实公务员调任办法，改进完善公开遴选和人事调配工作，严把录用关、选调关。开展集中清理全省县级以上机关事业单位长期借调下级部门工作人员工作。加强乡镇政府能力建设，解决乡镇基层招人难、留人难问题和县以上机关事业单位超编问题。

提升素质。全省全年共举办各类公务员培训班 122 期，培训人员 1.1 万人。深化沪滇合作人才培训机制，在上海 5 所高校挂牌建立了“云南人才培训基地”，举办 7 期沪滇合作人才培训班、74 期省院省校合作项目培训班。加强民族地区、贫困地区基层和机关基础岗位公务员培训。抓好军队转业干部的适应性、个性化和转岗培训，在全国率先开展军转干部进高校培训试点工作。加大专业技术人员继续教育培训力度。强化公务员法治教育和职业道德建设。

加强管理。制定出台公务员平时考核实施办法并全面推开，完善公务员和事业单位工作人员年度考核工作，探索建立行业主导的事业单位工作绩效考核制度。规范评比达标表彰工作，组织开展了第六届“人民满意公务员和公务员集体”评选表彰活动。建立正向激励机制，加大问责力度，推动干部能上能下，完善退出机制。

五、人才队伍

深化人才体制机制改革，优化综合服务环境，健全人才服务机制，构建高层次人才“一站式”服务窗口和“一条龙”服务绿色通道。

实施“云岭英才计划”。整合现有人才培养、引进项目和资源，加大“高精尖缺”人才引进力度。强化重要领域、重点产业、重大项目人才保障，以用带培、以用聚才，用好用活各类人才。实施“青年英才培养计划”，前置人才引进关口，制定出台了关于加强博士后人才培养的实施意见，设立省级博士后站和博士后科研基金，加大博士后站设站、招收和留用数量，加大留学人员引进力度。协调推进人才特区和人才创新创业园建设，强化引才项目落实落地。启动“百千万人才工程”国家级人选、享受省政府特殊津贴专家评选工作。

深化职称制度改革。制定了《关于深化职称制度改革的实施意见》，提出用 3 年时间，基本完成工程、卫生、农业、会计、高校教师、科学研究等职称系列改革任务；用 5 年时间，基本完成改革任务，建立以社会认可和业内认可为核心的差别化职称评价机制，基本形成符合云南省发展需求且设置合理、评价科学、管理规范、运转协调、服务全面的职称制度体系。制定出台了《关于进一步下放高校教师职称评审权的通知》，将云南省高校教师职称评审权下放到省内 61 所高校。

健全柔性引才机制。在上年建成大理、腾冲柔性引才基地的基础上，2017 年在西双版纳、普洱、丽江新建立 3 个柔性引才基地。全省已建成 239 个院士专家工作站和 206 个专家基层科研工作站，柔性引进了 66 名院士和 1 043 名专家，签订和开展合作项目 127 个。

做好外专引智工作。贯彻落实新形势下引进外国人才工作的意见，实施海外高层次人才和云岭高端外国专家等引进计划。全年共批复国家级、省级引智项目 95 个，申报外专千人计划 5 人，资助经费近 700 万元，新增省级基地单位 9 家，新增引进海内外高层次人才 1 514 人。实施外国人来华工作许可制度，办理外国人来华工作许可证 955 个。争取国家外国专家局出国（境）培训项目计划支持，实施引进外国专家到滇培训项目，全年全省共执行出国（境）培训项目 30 个、培训 260 人，引进外国专家到滇培训项目执行 16 个、培训 3 085 人。

推进局省合作。2017 年 6 月，云南省政府与国家外国专家局签署了“引进外国人才和智力支持云南辐射中心建设”合作框架协议。举办了第二届国际人才交流会，引进海外高层次人才近 100 人，促成 100 余个优秀人才智力项目落户云南。做好中国政府友谊奖和云南省“外国专家彩云奖”评选工作。

实施“技能强省行动计划”。制定出台“技能强省行动计划”总体方案，健全完善技能人才多元评价和激励机制，构建符合云南实际、具有区域特点的技能人才培养政策体系。2017 年 11 月，人力资源社会保障部和云南省政府签署了《共同推进云南省技能强省行动计划备忘录》。培养急需紧缺高技能人才，打造一支具有“工匠精神”的技能人才队伍。全年新增高技能人才 58 298 人。推进技工院校建设，共争取国家开发银行教育卫生补短板建设项目资金 37.5 亿元，加强技工院校基础设施建设。优化拓展专业设置，加大招生力度，全省技工院校在校生规模突破 14 万人，再创历史新高。落实中职教育免学费政策，强化校企合作、产教融合。开展技工教育与高等职业教育对接试点，依托云南技师学院、云南交通技师学院组建了云南工贸职业技术学院和云南交通运输职业技术学院，探索职业教育“双元制”培养模式。成功举办了“7·15 世界青年技能日主题活动暨技能中国行 2017——走进云南”活动。做好第 44 届世界技能大赛参赛集训和云南省级职业技能大赛工作。加快建设国际职业培训中心，加强技工教育国际交流合作。

六、收入分配

深化收入分配制度改革，统筹兼顾各类群体工资收入水平，推动共享发展，工资收入增长与经济发展水平相适应的收入分配制度逐步建立。

抓改革。做好机关事业单位正常工资增长工作，优化工资结构，机关事业单位薪酬更趋合理。推进法官、检察官工资制度改革试点工作，提高执法勤务机构警员职务序列人民警察基本工资、警衔津贴标准。开展公立医院薪酬制度改革试点工作。

抓规范。在上年清理取消 44 项省级奖励项目的基础上，按照省委、省政府的部署要求，继续做好津贴、补贴和奖金清理规范工作，建立完善省直机关绩效考核奖励制度。

抓导向。落实 500 元的乡镇工作岗位补贴、落实乡村教师工资待遇政策和集中连片特困地区乡村教师每月 500 元的生活补助，制定完善向基层一线和艰苦边远地区倾斜的收入分配政策。

抓统筹。突出“绩效评价”，继续改革完善企业薪酬分配制度，缩小收入差距。实施区域性、行业性工资集体协商制度，合理确定企业工资指导线。

七、劳动关系

顺应劳动关系新变化，完善政府、工会、企业共同参与的协商协调机制，做好为农民工服务和合法权益维护工作，解决好以拖欠农民工工资为重点的劳资关系问题。

做好为农民工服务工作。相继制作了农民工“一信一卡一册一课件一热线”（致农民工的公开信、农民工维权提示卡、农民工服务手册、农民工维权宣传课件、12333 热线）等维权宣传资料，制定出台人力资源社会保障部门服务农民工 16 条政策措施、12 项服务指南。

开展治理拖欠农民工工资问题专项行动。共清查出存在欠薪问题 49 个，清欠工资

3 277.3 万元、涉及农民工 2 298 人。2017 年 5 月，先后与云南籍外出务工人员相对集中的京、沪、渝等 9 个省市建立了劳动保障监察联动机制。

构建治理拖欠农民工工资问题长效机制。省政府办公厅印发了《关于进一步构建解决拖欠农民工工资问题长效机制的若干意见》，从健全责任落实、完善欠薪源头治理、健全工资支付监控、建立完善诚信激励和失信惩戒、完善部门联动处置等 5 个方面，进一步构建解决农民工工资拖欠问题的长效机制。

加强劳动人事争议调解仲裁工作。全省乡镇（街道）调解组织组建率 99%，建立仲裁院 151 家。2017 年，共处理劳动人事争议案件 2.56 万件，仲裁结案率 99%，其中一裁终局率达 48%，涉案金额 6.21 亿元。

加强劳动关系风险防控。推进法治人社建设，落实省委、省政府《关于进一步构建和谐劳动关系的实施意见》，完善政府、工会、企业共同参与的协商协调机制。

云南省人力资源和社会保障厅

西藏自治区

2017年，在西藏自治区党委、政府的坚强领导下，在人力资源社会保障部的有力指导下，在对口援藏省市和中央企业的无私援助下，西藏自治区人力资源社会保障系统紧紧围绕迎接党的十九大、宣传党的十九大、贯彻党的十九大这一中心任务，认真落实自治区政府及全国人力资源和社会保障工作会议部署，抓重点、攻难点，谋改革、促公平，守底线、保稳定，圆满完成了各项目标任务。

一、就业局势持续稳定

就业局势保持持续稳定，全年城镇新增就业5.5万人，培训农牧民5.9万人，转移农牧区富余劳动力110.5万人次，实现劳务收入27.9亿元，城镇登记失业率控制在2.7%以内。全年培训贫困人口5.0万人，实现贫困人口转移就业4.6万人，人力资源社会保障助力脱贫攻坚工作取得重要成果。

（一）就业创业政策体系不断完善。

出台了自治区委员会、自治区政府《关于促进高校毕业生就业创业的若干意见》，自治区政府《关于切实加强当前和今后一段时期就业创业工作的实施意见》，以及《西藏自治区高校毕业生市场就业补贴政策实施细则（试行）》《西藏自治区高校毕业生创业启动资金支持、场地租金及水电费补贴、社会保险补贴和基本生活补助实施细则》等文件。代拟了《关于进一步加强西藏籍少数民族高校毕业生内地就业创业工作的意见》，已经中央统战部专题研究并印发《中央统战部等6部门关于印发〈关于促进西藏籍少数民族高校毕业生和非西藏生源高校毕业生就业双向流动的意见〉的通知》。

（二）高校毕业生就业创业工作稳步推进。

抽调自治区财政厅、自治区发展改革委等22个部门相关单位人员，建立了高校毕业生就业联合办公机制。对高校毕业生市场就业生活补贴、住房保障补贴、求职补贴、学费和国家助学贷款代偿等18个方面提供支持，助力高校毕业生就业创业。筹集20亿元高校毕业生就业创业基金，切实保障高校毕业生就业创业工作顺利开展、高效推进。自治区高校毕业生就业工作取得突破性进展，应届高校毕业生就业率达90.02%，其中市场就业率55.87%。

（三）就业援藏工作扎实开展。

协助人力资源社会保障部召集援藏省（市）和四川省，在拉萨市召开了“西藏高校毕业生内地就业工作座谈会”。协助国务院国资委将就业援藏写入“中央企业援藏暨‘十三五’战略合作对接会议”备忘录。16个省（市）和5家中央企业开展了就业援藏工作，提供1.1万多个就业岗位。中央直属机构和17个对口援藏省（市）在西藏考录藏汉双语公务员203人。

（四）创业工作成效显著。

按照“搭建平台、精准服务、积极推进、大力宣传、完善制度”的工作思路，推进就业创业工作。西藏农牧学院大学生创业孵化基地挂牌运行，首批35个创业项目入驻，直接带动140名大学生就业。成立了由42名专家组成的“西藏自治区创业服务指导专家团队”，在区内4所高校开展“就业创业进校园专题活动”。成功举办“西藏自治区第一届创业项目投融资洽谈会”，8个项目与22家投资机构签订意向投资协议，意向融资1.58亿元。

（五）就业扶贫工作深入开展。

以市场需求为导向，以促进就业为目的，采取精准举措、超常力度，进一步加强技能培训、就业创业、劳动者维权工作，主动加强与援藏省市联系，积极搭建企业与贫困人口信息、交流、服务平台。2017年，实现贫困人口转移就业4.6万人。

二、社会保障体系不断健全

2017年，全自治区各项社会保险参保343.2万人次，基金收入71.4亿元。坚持全覆盖、保基本、多层次、可持续的方针，逐步完善政策体系，扩大保障覆盖面，提高待遇水平，统筹城乡的社会保障体系基本建成。

（一）政策制度体系不断完善。

出台了《关于参加企业职工基本养老保险人员一次性缴费有关问题的通知》《西藏自治区关于机关事业单位基本养老保险关系和职业年金关系转移接续有关问题的通知》《西藏自治区被征地农牧民参加基本养老保险暂行办法》等政策。

（二）社会保险待遇水平不断提高。

同步调整了企业和机关事业单位退休人员基本养老金水平。西藏自治区城乡居民养老保险基础养老金调整后为150元/月。城镇居民基本医疗保险财政补助标准提高到每人每年460元。工伤保险月人均伤残津贴达到4 571.32元，供养亲属抚恤金月人均达1 787.6元。人均失业保险金提高到每月1 042元。

（三）社会保险费率降低。

将企业职工基本养老保险单位缴费比例降为19%。两年内三次降低失业保险费率，为企事业单位累计减负1.8亿元。失业保险单位和个人缴费费率均降至0.5%。

（四）社会保险基金和专项资金等监督检查扎实开展。

研究制定了《关于加强社会保险基金监督管理工作的意见》。制定社会保险基金现场监督工作程序和非现场监督工作程序、社会保险基金举报受理程序。开展了城乡居民基本养老保险经办机构内部控制和城乡居民基本养老保险重点指标专项核查工作。开展2016年度全区就业专项资金绩效考评。会同财政部门做好委托全国社会保障基金理事会投资运营基本养老保险基金前期工作。对医保定点医疗机构、定点药品开展专项检查和年审工作。

（五）经办服务水平提升。

推行“一制四化”经办模式，逐步优化和规范经办流程，建立内控机制，推行层级审批制度。加快社会保险标准化和社会保险档案规范化建设。全力推进全民参保登记实施和五险统征工作，全民参保计划全区入户调查登记率已达到98%，登记数据入库量达到297万条。

三、人才队伍不断壮大

始终坚持人才资源是第一资源，大力实施人才强区战略，不断加强专业技术人才、高技能人才两支队伍建设，实现人才总量、结构、素质的大幅提升。截至2017年年底，全区专业技术人员达8.7万人，技能人才9.3万人。

（一）专业技术人员继续教育工作不断规范。

继续开展第二批第4期121名西藏特培学员选派培养工作。向人力资源社会保障部申报并获批3个高级研修项目、1个专家下基层服务项目、1个西部和东北地区高层次人才援助项目，5个项目已完成。组织实施17个专业技术人才知识更新工程项目。

（二）全区事业单位工作人员建库管理。

对“西藏自治区人事人才管理信息系统”进行升级和完善，7地（市）和51个区直单位已入库。截至2017年年底，事业单位工作人员共计106 252人。完成了专业技术人员摸底核查入库工作，共计8.7万人。

（三）高层次专业技术人才选拔培养使用工作加强。

补选23名自治区学术技术带头人。自治

区 3 人入选“百千万人才工程”国家级人选。完成了 1 201 人高级专业技术职务任职资格评审及资格确认工作。

（四）引才引智工作成效显著。

全年组织实施出国（境）培训项目 5 个，培训人数 45 人。引进国外智力项目 2 个，地方项目 5 个。印发了《外国人来藏工作管理暂行办法》，进一步规范外国人来藏工作管理服务。

（五）认真做好人才引进工作。

全年共下达人才引进指标 3 736 个，其中，区直单位和地（市）引进人才指标 2 136 个，公安、卫生、教育、广电、环保、交通、质检、文化系统专项人才引进指标 1 600 个。对 3 100 名人才办理了派遣手续，完成指标的 82.98％。

（六）扎实开展人事考试工作。

一是完成一级建造师、经济师等 27 项国家专业技术人员资格考试和 1 项区内职称政治考试，报名人数 28 956 人，共 37 742 科次。二是完成 2017 年度自治区第一批、第二批公开考录考试工作，报名人数共 49 703 人；组织实施了中央机关遴选、2018 年度中央机关录用公务员考试工作，报名人数共 2 153 人；完成 17 个援藏省（区、市）在藏招录藏汉双语公务员考试工作，报名人数共 2 534 人。三是协助区直相关部门顺利完成了免费医学生、中职师范生等 5 项人才招录考试，报名人数共 467 人。四是监督指导 15 个职称系列主管部门顺利完成职称业务考试考务组织工作。

四、人事制度改革不断深化

坚持深化干部人事制度改革，不断加强干部队伍建设，注重优化队伍结构，着力提升能力素质。

（一）公务员管理更加规范。

首次组织召开全区公务员管理工作会议。完成了 2016 年行政机关公务员统计工作，并获得全国优秀报表等次；2017 年共培训行政机关公务员 1 600 人次。积极向国家争取考核优惠政策，组织开展 2017 年度考核工作，并将优秀指标由原来的 20％提高到 25％。

（二）认真做好事业单位人事管理工作。

完成区卫生计生委等部门 45 家所属事业单位岗位设置，核准岗位 3 071 个。完成区体育局等部门 21 家所属事业单位首次岗位等级认定、调整工作，认定、调整岗位 2 586 个。监督指导区气象局、区文化厅等部门做好事业单位工作人员公开招聘工作。完成 2012 级 80 名农村订单定向免费医学生、2017 届 43 名免费中职师范生分配派遣工作。

（三）做好军转安置和解困维稳工作。

2017 年，接收自主择业军转干部 1 407 人，接收安置营职及以下计划分配军转干部 26 人。按时足额发放自主择业军转干部退役金。及时兑现部分企业军转干部“三大节日”“八一”建军节慰问金及困难补助。

五、工资结构不断优化

坚持以推动形成更加合理有序的工资收入分配格局为抓手，大力开展工资收入分配制度改革，逐步缩小工资收入差距，规范分配秩序。

（一）扎实推进机关事业单位调标增资兑现工作。

印发了《关于调整机关事业单位工作人员基本工资标准和增加机关事业单位离休人员离休费的通知》，完成了自 2016 年 7 月起的调标增资兑现工作，月人均增资 1 050 元，增幅为 11％。

（二）努力提高干部职工工资待遇。

认真开展高海拔地区折算工龄补贴调标增资兑现工作，按照 50％的增幅，从 2017 年 1 月 1 日起提高机关事业单位工作人员的高海拔地区折算工龄补贴标准。积极开展全区法官、检察官和司法辅助人员工资制度改革试点工作。

（三）完善企业工资收入分配制度。

稳妥推进国有企业负责人薪酬制度改革，

完善相关配套政策。以非公有制企业为重点，巩固和扩大工资集体协商覆盖范围，建立工资集体合同审查备案机制，已建工会企业集体合同签订率保持90%左右。

六、劳动关系保持和谐稳定

始终坚持标本兼治、综合治理，从维护社会公平正义、保障职工和企业切身利益出发，创新协调、调处和执法机制，坚守风险底线。

（一）劳动合同制度大力推进实施。

印发了《关于进一步加强劳动用工领域劳动合同管理工作的通知》，国有企业劳动合同签订率100%，农牧民工劳动合同签订率93.1%。

（二）治理欠薪工作机制建立并逐步完善。

先后出台了《西藏自治区工程建设领域劳动用工实名制管理和工资银行代发实施办法》《西藏自治区劳动保障监察管辖办法（试行）》和《西藏自治区企业劳动保障守法诚信等级评价办法》等各项政策措施。

（三）劳动保障监察力度不断加大。

各级劳动监察机构主动检查用人单位10 574户，补签劳动合同1.11万人，受理和处理举报投诉案件1 129件，追发劳动者工资等待遇1.21亿元，涉及劳动者人数0.92万人，督促缴纳社会保险费247.5万元，处理突发性案件49件。

（四）劳动人事争议调解仲裁工作有力开展。

全区共受理劳动人事争议案件1 593件，涉及10 234人，涉案金额19 500万元。结案1 567件，结案率98%。调解处理1 435件，仲裁裁决83件（一裁终局10件），其他方式处理11件。国有企业及非公经济组织劳动争议预防调解示范工作稳步推进。

七、全面深化改革引向深入

根据人力资源社会保障部安排部署，结合西藏实际，出台了一系列改革措施，全区人力资源社会保障领域改革深入推进。制定促进就业创业新政策。稳步推进机关事业单位养老保险制度改革。深入推进医疗保险领域改革，稳步实施基本医疗保险付费方式改革，建成了西藏自治区跨省异地就医结算平台。完善工伤、失业保险制度。开展公务员和事业单位工作人员考录招聘制度改革。大力推行县以下机关公务员职务与职级并行制度。稳慎推进事业单位人事制度改革，出台了职称制度改革意见，加强制度体系建设，列出职称制度改革任务清单。稳步推进国有企业负责人薪酬制度改革。持续深化“放管服”改革，不断转变政府职能，优化公共服务。全区人力资源社会保障领域改革的四梁八柱已经搭建，各项制度逐步成熟定型。

西藏自治区人力资源和社会保障厅

陕 西 省

2017 年，陕西省人力资源社会保障部门深入贯彻党的十九大和陕西省第十三次党代会精神，坚决执行省委、省政府决策部署，紧盯追赶超越目标，践行“五个扎实”要求，认真落实“五新”战略任务，人力资源社会保障事业发展取得新成效。

一、就业创业

全年全省城镇新增就业 45.5 万人，完成年度目标任务 36 万人的 126.4%；城镇登记失业率 3.28%，低于 4%的控制目标。争取中央就业补助资金 23.47 亿元，比上年增加 1.72 亿元。农村劳动力转移就业 670.8 万人，完成年度目标任务 520 万人的 129%。全年新增发放创业担保贷款 55.7 亿元，完成目标任务 53.5 亿元的 104%，直接扶持创业 4.5 万人，带动就业 15 万人。

（一）完善落实就业创业政策。

深入实施就业优先战略，提出关于加强就业创业工作的实施意见，编制“十三五”促进就业规划，出台就业补助资金管理、就业见习管理、高校毕业生就业创业促进计划等配套政策，启动实施新一轮就业创业政策。

（二）促进创业带动就业。

出台创业孵化基地（返乡创业园区）认定管理暂行办法，进一步规范认定管理工作，全年认定省级返乡创业示范园区 10 个、省级创业孵化基地 30 个，新增市级创业孵化基地 113 个，申报获批的中国西安人力资源服务产业园为西北首家国家级产业园。

（三）推进重点群体就业创业。

组织开展就业援助月、春风行动、民营企业招聘周、高校毕业生就业服务月和服务周等公共就业人才服务专项活动。联合西北工业大学等 4 所高校设立毕业生就业创业服务中心，为 1.8 万名就业见习高校毕业生发放见习补贴 1.2 亿元，举办省级人力资源经理、大学生创业明星校园行报告会 20 场，开展创业导师帮扶活动 9 场，全年审批发放高校毕业生创业基金贷款 996 万元，多渠道促进高校毕业生就业创业。做好去产能职工安置工作，全年全省共安置职工 1.91 万人。

二、社会保障

截至 2017 年年底，全省基本养老、城镇基本医疗、失业、工伤、生育保险参保人数分别达到 2 687.7 万人、1 251 万人、356.5 万人、459.4 万人、328.7 万人，均超额完成人力资源社会保障部下达的参保任务。

（一）推进社会保障制度改革。

推进被征地农民参加企业职工基本养老保险试点工作，指导韩城市为 233 名被征地农民发放基本养老金，并对政策进行评估。深化机关事业单位养老保险制度改革，先后出台 6 个配套文件，妥善解决“中人”待遇计发、养老保险转移接续等突出问题。深化基本医疗保险支付方式改革，建立完善适应不同人群、疾病、服务特点的多元复合医保支付方式，控制医疗费用不合理增长。

（二）稳步提高社会保险待遇水平。

首次用同一办法调整企业、机关事业单位退休人员基本养老金，企业退休人员基本养老金实现“十三连调”，同步调整 6 大类 18 个群体社保待遇，惠及370万人。城乡居民医保补助标准提高到470元，高于国家补助标准20元。连续12年提高工伤保险待遇水平，平均增幅8.1%。失业保险金待遇标准调整到最高1 260元，同比增加153.7元，待遇水平位居西部第一。调整提高城乡居民养老保险待遇水平，每人增加基础养老金5元，对建档立卡贫困人员缴费补贴50元，确保贫困人员参保续保不脱保。

（三）加强社会保险基金监管。

依法向省人大常委会报告社会保险基金使用管理情况，接受人大监督。在全国率先采取“双随机＋组长负责制”基金检查模式，实现抽查过程及时记录、全程留痕和责任可追溯的目标。加强行刑衔接，建立人力资源社会保障、公安联席会议制度，协同打击社会保险欺诈行为，维护社保基金安全完整。委托全国社会保障基金理事会运营的养老保险基金收益超过5%，走在全国前列。

（四）进一步提升经办服务能力。

在全省12个市区全面推开城镇企业职工养老保险综合柜员制试点，89个县区安装应用城乡居民养老保险基金财务金融管控平台，87%的企业开通了网上服务平台。城镇职工和居民实现省内、跨省异地就医直接结算，比国家规定时间提前4个月完成。

三、人事制度改革

（一）加强公务员队伍建设。

对全省公务员队伍结构进行分析研究，调整完善考录政策，全年共录用公务员4 545人，优化了全省公务员队伍结构。加强和改进省直部门公务员考核表彰奖励工作，进一步强化平时考核，发挥激励导向作用。围绕能力提升举办各类“公务员大讲堂”和“送教下基层”培训教育活动45期，公务员队伍整体素质得到提升。

（二）加快事业单位人事制度改革。

完善陕西省事业单位公开招聘实施办法，创新制定基层事业单位招聘工作政策，为全省事业单位公开招聘1.9万人，有效解决贫困县和艰苦边远县事业单位人才短缺的问题。严密组织事业单位公开招聘面试以及专业技术二级岗位实施工作，提高人事管理服务水平。

（三）顺利完成军转安置任务。

完善排名选岗与优先选用相结合的军转安置办法，进一步提高人岗适配度，全省共接收军转干部3 175人，较上年增加869人，安置任务总数位居全国第九位。

四、劳动关系

（一）做好为农民工服务工作。

协调农民工工作领导小组各成员单位，探索从新市民培训、住房、权益维护、子女教育、基本养老等方面推动农民工市民化进程。对宝鸡等4个市的农民工卫生计生工作和留守妇女儿童权益保障工作进行专项督查，促进服务农民工各项政策落实。完成《陕西省农民工社会融合评估报告》。

（二）加强劳动关系协调机制建设。

组织召开协调劳动关系三方会议，研究分析构建和谐劳动关系工作。推广简易劳动合同，开展全面落实企业劳动合同制度专项行动，重点提高小微企业劳动合同签订率和履行质量，全省企业劳动合同签订率达到97%以上。在陕西新闻联播栏目开辟专栏，大力宣传省级和谐劳动关系示范企业和示范工业园区，深入推进和谐劳动关系创建工作。2017年度，省人力资源社会保障厅被全国厂务公开协调小组授予“全国推动厂务公开民主管理工作先进单位”称号。

（三）强化劳动保障监察执法。

完善涉嫌拒不支付劳动报酬犯罪案件移送工作机制，加大对恶意欠薪的司法打击力度，实现“一点举报投诉、全省联动处理”和案件办理网上运行，依法向社会公布107起重大劳动保障违法行为，形成了有力震慑。扎实做好保障农民工工资支付工作，省政府领导先后4次主持召开专题会议，研究建立治欠保支长效机制，压实市县政府和主管部门监管责任，突出解决存量、遏制增量。集中开展解决欠薪陈案专项行动和专项整治督查活动，检查用人单位2.9万户，为6.4万名劳动者追发工资待遇7.5亿元。完善多部门联防联治机制，加大对新开工项目的监管责任，加强建设领域农民工工资支付工作管理，得到人力资源社会保障部充分肯定，并向全国推广。

五、人才队伍建设

（一）推进职称制度改革。

大力实施人才强省战略，印发深化职称制度改革的实施意见和3个配套文件，进一步完善评价标准，健全评审程序，有力地激发各类人才创新创业活力。开展职业资格清理“回头看”，涉及本省的421项职业资格全部清理到位。

（二）加强各类人才队伍建设。

积极推进重大人才项目工程，有5人入选“百千万人才工程”国家级人选，9人入选“香江学者计划”，新建博士后创新创业基地35个。深入落实国家高技能人才振兴计划，确定了10个省级高技能人才基地和15个省级技能大师工作室，新增高技能人才5.8万人。成功举办第三届“中国创翼”青年创业创新陕西赛区选拔赛，省人力资源社会保障厅被团中央、人力资源社会保障部授予“优秀组织奖”。深化全省人才发展体制机制改革，加强人力资源社会保障领域“放管服”工作，推出两批56项公共服务清单，其中涉及人才管理服务23项。

（三）做好引进海外人才和国外智力工作。

围绕重点产业实施引智项目，积极引进高层次人才，全年共实施引智项目236个（含留学人员资助项目49个）。在欧美国家建立陕西海外引才引智工作站7个，成功举办16场国际交流活动。新增省级引智示范推广基地和示范单位22个。2名外国专家获得中国政府友谊奖。全面实施外国人来华工作许可制度，办理相关业务6 510件次。

六、就业脱贫攻坚战

（一）加大就业扶贫工作力度。

先后出台9项政策，提出36个政策创新点，实施“转移就业拓展、自主创业扶持、技工教育赋能、职业培训提升、人才智力支撑、公共服务优化”6项扶贫工程，在全国率先开创了开发利用公益专岗的就业扶贫新模式，全省共开发公益专岗5.4万个，安置到岗5.2万人。全年向56个贫困县分配就业补助资金9.5亿元，是上年的4倍。在人力资源社会保障部、国务院扶贫办召开的全国就业扶贫经验交流会和首届杨凌脱贫攻坚论坛上，陕西省介绍了就业扶贫工作经验，中央电视台《新闻联播》以“陕西让贫困户依靠双手脱贫”为题，报道了陕西做法。

（二）加大贫困劳动力就业创业力度。

优选技工院校与贫困县（区）结对帮扶，39所技工教育赋能工程实施单位共招收建档立卡贫困学生2 133人，所有学生均实现免费入学。实施贫困地区和革命老区人才支持计划，开展10期专家、博士后服务基层活动，分别在延安市和商洛市丹凤县举办了3期基层农业、卫生专业技术人员培训班。扶持贫困地区农民工返乡创业，组织召开全省就业扶贫现场会，推广安康市平利县“社区工厂”经验。深入推进苏陕劳务协作，全省10个市的56个贫困县分别与江苏省对口市县实现常态对接，促成贫困劳动力2 750人实现就业脱贫。

（三）阳阴村精准帮扶项目措施全部落实。

制定丹凤县阳阴村帮扶整改实施方案，严格选派驻村工作队和第一书记，建立省人力资源社会保障厅117名处以上领导干部与阳阴村贫困户结对帮扶机制，创新网络视频点对点联系方式，实现帮扶双方可视对接。先后组织开展6次“送科技、送温暖”入村活动，支持做好香菇传统优势产业，发展油牡丹特色种植业和养殖业。筹集资金512万元用于该村基础设施建设，共修建24公里水泥道路、44口水井和蓄水池，完成3个村民小组输变电线路升级工作，开通电信网络服务，完成85户民居改造、5户危房改造、6户易地搬迁，扩建村委会和村小学。联系团县委启动电商进村，为阳阴村农副产品拓展拓宽销售渠道。

七、工资收入分配

（一）完善机关事业单位工资制度。

科学核定省属事业单位2017年度绩效工资总量。在宝鸡、延安、汉中3个市开展公立医院薪酬制度改革试点。落实单独职务序列后法官、检察官退休年龄政策，全面完成全省员额内法官、检察官工资套改及增资兑现工作。

（二）深化企业工资制度改革。

完善企业工资分配宏观指导制度，制定发布2017年企业工资指导线，调整提高最低工资标准，与陕西省经济发展水平保持一致，调整后达到每月1 380元至1 680元。制定省属企业负责人薪酬监督检查暂行办法，平稳推进国有企业负责人薪酬制度改革。

八、党建工作

一是全面加强领导班子和干部队伍建设。加强思想政治建设，严格执行民主集中制，不断提升组织领导能力，全面做好人才工作，扎实推进学习教育。二是持续加强基层党组织建设。落实抓党建主体责任，开展形式多样的组织活动，推进精神文明建设，持续改进工作作风，注重加强平时考核。三是扎实推进党风廉政建设。夯实主体责任，做好风险防控，强化执纪监督。四是着力抓好意识形态领域工作。落实领导责任，注重阵地管理，加强舆论引导。

九、其他工作

2017年，省人力资源社会保障厅共受理行政复议案件44件，参加行政应诉60次，胜诉率97%，依法依规化解行政争议，行政复议、应诉案件得到妥善处置。全年共完成人大代表建议和政协委员提案承办工作61件，办复率、见面率、回复率、满意率均达到100%。全年开展重大政策宣传活动98次，中央电视台宣传3次，《陕西新闻联播》宣传28次，《陕西日报》《华商报》《三秦都市报》等开辟专栏版面36个，刊发反映全省人力资源社会保障工作的稿件393篇；省市县三级联动，围绕就业扶贫、高校毕业生就业创业、社会保障等重大民生政策，组织开展两次大规模集中宣传活动，全方位展示陕西人力资源社会保障新形象。2017年，全省人力资源社会保障系统共有3个集体和3名个人被人力资源社会保障部分别授予全国人力资源社会保障系统先进集体和先进个人荣誉称号。

陕西省人力资源和社会保障厅

西　安　市

2017年，西安市人力资源社会保障部门全面贯彻落实党的十九大，党的十八届三中、四中、五中、六中全会精神和习近平总书记系列重要讲话精神，围绕“民生为本、人才优先”工作主线，坚持“深化改革、优化服务、强化落实、补齐短板”的工作思路，按照“改革要提速、创新要发力、难题要破解、政策要落地”的工作要求，抓重点、解难点、举亮点，真抓实干，精准发力，圆满完成了年度各项目标任务，实现了“十三五”良好开局。

一、促进就业创业富有成效

秉承“就业是最大的民生”理念，西安市坚持更加积极的就业政策，不断扩大就业规模、提高就业质量。全年全市城镇新增就业15.5万人，城镇登记失业率3.3%，农村劳动力转移就业78.9万人，城镇新增就业总量和排名继续位列陕西省第一。

一是扶持政策更全面。市人力资源社会保障局制定了《关于解决“就业难”问题的实施方案》，明确了解决“就业难”的总体思路、主要目标、重点任务和保障措施，建立解决“就业难”长效机制。进一步完善就业补助资金管理办法，技能培训补贴、技能鉴定补贴、就业见习补贴、创业培训补贴等各项补贴额度普遍提高。出台了《百万大学生留西安就业创业5年行动计划》和《关于进一步鼓励吸引高校毕业生在西安就业创业的意见》，升级扶持创业优惠政策，吸引更多高校毕业生特别是优秀毕业生在西安市就业创业。

二是就业创业氛围更浓厚。大力实施大学生创业引领、返乡农民工创业扶持、城镇失业人员创业帮扶、留学回国和引进人才创新创业支持“四大创业计划”和返乡农民工创业“七项行动计划”，着力完善创业扶持政策体系、创业融资支持体系、创业培训体系和创业服务体系，努力打造“大众创业、万众创新”新引擎。扎实开展了以“就业在古城、创业大西安”为主题的就业创业“九个一”系列活动，先后举办了创业大赛、国际创客节、高校毕业生求职大赛、创业明星评选表彰、就业创业校园行等一系列就业创业活动，提高西安市就业创业的影响力和美誉度。开展了“百万高校毕业生留西安就业创业校园行”活动。市级相关部门和区县、开发区“一把手”，以及部分企业家、创业明星、创业大咖等进校园宣讲，使更多大学生关注西安、了解西安，并最终留在西安、扎根西安，推动实现5年留下100万名高校毕业生的目标。发放创业贷款4 914笔8.35亿元，其中发放大学生贷款1 199笔11 467万元、小微企业贷款275笔46 717万元。

三是平台建设更完善。针对有就业愿望的大学生，建立大学生就业见习基地571个，组织大学生见习3 911人。针对有创业意愿的大学生，建立大学生创业实训基地105个。针对已经启动创业的劳动者，建立创业孵化基地72个，其中国家级3个、省级4个。针对大学生求职创业信息不畅的问题，发起组建了“西安大学生就业创业联盟”，组织就业创业供需信息交流，搭建统一的公共就业创业综合服务信息共享平台。

四是服务效能提升更明显。坚持把高校毕业生就业作为重中之重，积极开展就业指导进校园、精准招聘进校园等公共就业服务活动。2017 年，向 18 209 名困难大学生发放高校毕业生求职创业补贴 1 820.9 万元。大力实施离校未就业高校毕业生就业促进计划，对离校未就业高校毕业生实行实名登记、一对一服务。全面落实就业援助制度，开展以“就业帮扶、真情相助”为主题的就业援助月专项活动，组织各类招聘会 10 场，走访就业困难人员和零就业家庭 4 464 户，帮助 1 283 名就业困难人员实现就业，认定零就业家庭 54 户并帮助 53 人实现就业。组织开展以“促进转移就业、助力脱贫攻坚”为主题的“春风行动”专项活动，举行专场招聘会 142 场。组织就业培训 16 095 人、农村劳动力转移就业培训 78 846 人。开发公益性岗位 1 090 个。

五是就业扶贫工作更扎实。狠抓就业扶贫，积极助推脱贫攻坚工作取得成效，登记贫困劳动力转移就业 16 795 人、创业 319 人、技能培训 3 045 人。制定特设就业扶贫公益性岗位、鼓励贫困劳动力自主创业、培育就业扶贫基地等 16 条政策措施。全面实施转移就业拓展工程、自主创业扶持工程、技工教育赋能工程、职业培训提升工程、人才智力支撑工程、公共服务优化工程等六大工程，同步建立就业扶贫工作台账。扎实开展以“就业援助、技能培训、创业扶持、技校招生”为主要内容的就业创业精准扶贫专项活动，积极破解农村创业人员融资难、担保难等实际问题，认定 25 个创业担保贷款信用乡村，为自主创业贫困劳动力发放免担保政府贴息贷款。

二、社会保障水平稳步提升

坚持以人民为中心的发展思想，按照兜底线、织密网、建机制的要求，不断深化社会保障制度改革，织密织牢民生保障网。截至 12 月底，全市参加基本养老保险、城镇基本医疗保险、失业保险、工伤保险、生育保险人数分别为 630.8 万人、467.3 万人、154.9 万人、172.0 万人、151.2 万人。城乡居民基本养老保险、城镇基本医疗保险参保率分别达到 99.7%、97.1%。

一是深化养老保险制度改革。妥善解决机关事业单位养老保险试点遗留问题，全市 4 519 家机关事业单位 27.1 万名工作人员全部纳入制度覆盖范围，累计征缴基本养老保险费 64.07 亿元，职业年金 3.3 亿元。大力推广全民参保登记试点经验，建立了城乡一体的社会保险参保登记资源数据库，初步实现了对参保登记成果的运用。2017 年 10 月，西安市全民参保登记试点工作通过陕西省评估验收，综合评分位列全省第一。主动送政策上门，鼓励引导企业建立企业年金计划，建立企业年金计划的企业已达 15 家，涉及职工 11 965 人，积累基金达 6.9 亿元。

二是完善医疗保险制度。大幅提高了城镇基本医疗保险保障水平，降低了住院治疗的起付标准，增加了慢性病病种并提高了最高限额，扩大了医用材料的支付范围，提高了高龄老人、贫困人群的报销比例和床位费标准，将一级以上城市公立医院新增门诊诊查费纳入医保支付范围。进一步理顺参保缴费关系，解决群众反映较多的突出问题，取消了城镇居民医保原先的补费政策，进一步明确了外地户籍人员及其子女参保问题和退费问题。将城镇居民基本医疗保险政府补助标准由每人每年 440 元提高到每人每年 470 元，将少年儿童和大学生个人缴费标准由 90 元提高到 160 元。进一步加大对贫困人员的医疗保障力度，提高了贫困人群的医保报销比例，将城乡居民中贫困人群大病保险的起付线下调至 3 000 元。

三是加大失业保险支持就业力度。全年共发放稳岗补贴 5.6 亿元，在落实稳岗补贴实名制工作的基础上，打破了传统经办机构的限制，“技能提升补贴”审批建立了“职工自选经办、补贴同城同办、业务网上办理”新模式。在完善“企业、区县、市局”三级联动监测机制的基础上，加强了对监测数据的分析工作，落实了定期培训监测数据采集员制度，建立了监测数据上报考核制度、约谈迟报企业制度、微信提醒催报制度。失业动态监测企业数由349家增加到361家，监测就业岗位数由36.3万个增加到56.5万个，增幅达到55.7%，监测行业由16个扩展到18个。从5月1日起，将失业保险金标准统一由1 110元/月提高到1 260元/月。

四是工伤保险制度不断健全完善。覆盖面不断扩大，建筑施工企业参加工伤保险20.08万人，其中按建设项目参保的有9.4万人，新开工项目参保率达90.64%。工伤认定管辖体系趋于完善，重新划分和明确了市级和各区县、开发区人力资源社会保障部门工伤认定工作管辖范围和职责，简化和规范了认定程序和办理流程、办结时限。全年共认定工伤案件3 121件，不予认定18件。工伤保险待遇普遍提高，将一次性工亡补助金标准调整为67.23万元，并对工伤职工的伤残津贴、供养亲属抚恤金、生活护理费等工伤保险待遇标准进行了调整。广泛开展了工伤保险集中宣传活动，到工地上向施工人员讲解工伤保险政策，到企业开展针对重点人群的专题讲座、政策培训。

五是不断提升社保经办服务水平。推动社保经办综合柜员制升级提效，社保经办服务体系在全省率先达到国家级服务标准。持续开展"两定"机构专项治理，随机抽检、拉网排查3 445家医药机构，处理近百家违规医药机构，对19家定点医疗机构血液透析进行专项检查。推进西咸新区、西安市社保一体化进程，从5月1日起，西咸新区4 921名参加职工医保的人员已移交西安市管理，可使用西安市医保IC卡在西安市及西咸新区所有定点医疗机构和零售药店就医购药，享受与西安市参保人员同样的医保待遇。截至年底，97.8万西咸人实现同城同待遇。

三、人才高地活力加速释放

坚持把人才资源作为第一资源，始终保持求贤若渴的态度，以"猛虎下山"之精神，打赢人才"争夺战"。

一是全面实施人才新政。5月，市委、市政府印发《西安市深化人才发展体制机制改革打造"一带一路"人才高地若干政策措施》。随后，市人力资源社会保障局相继出台《西安市创新招才引智工作意见》《西安市D、E类人才分类认定办法（试行）》《西安市人社局落实引才考核工作方案（试行）》《西安市企事业单位设立博士后科研工作站（创新基地）申报程序》《西安市专业技术人才分类评价指导意见》以及《西安市创新招才引智工作意见》《西安"伯乐奖"实施细则》《引进海外高层次人才资助项目暂行办法》等"人才新政加强版"，政策优势进一步凸显。同时，不断完善人才工作创新试验基地工作机制，通过下放职称评审权、技能人才认定权、海外人才创新基地设立等形式，深化人才创新试验。

二是开展各类人才招聘活动。3月、10月分别组织西安地区重点单位赴外开展春季、秋季高端人才引进推介活动，收到博士简历1 814份。举办"2017西安留学回国人才招聘节"，通过开展系列专题活动，招聘现场510多名留学回国人才与用人单位达成意向。邀请20余所高校博士生代表150余人赴西安部分重点区域、行业、单位考察交流并组织50余家重点单位参加现场招聘会。同时，通过各类校园招聘、精准招聘等324场活动，提供就业岗位18.69万个，引进培养各类人才20.8万人，引才数量和质量实现"双提升"。

三是搭建平台吸引海外人才。2017年，先后以欧亚经济论坛、西商大会、科技人才峰会、中国国际人才交流大会、海交会为平台，高标准举办了"西商大会科技人才峰会""欧亚论坛海外高层次人才分会""硬科技大会高层次人才创新创业论坛"等高端活动，邀请了海内外顶尖专家座谈交流，宣传推介西安市，吸引更多海外人才来西安市创新创业。全面推行外国人来华工作网上申报，为1 585人办理工作许可证。同时，还与俄罗斯、德国相关大学签订人才培养和引进协议，并设立“西安海外人才工作站”。

四是成功获批西部首家“国字号”人力资源服务产业园。2017 年 6 月，人力资源社会保障部函复陕西省政府，同意在西安市建立国家级人力资源服务产业园，名称定为“中国西安人力资源服务产业园”。同时，高起点建设人力资源服务产业国际园区，与全球最大人力资源企业瑞士德科集团签订战略合作协议。经国家外专局同意，西安市将西北唯一的区域国际人才市场——“中国国际人才市场西安市场”推向市场，打造约 19 万平方米的“西安国际人才大厦”，并被认定为“中国·西安人力资源服务产业园（国际园区）”。

四、人事制度改革持续深化

以打造忠诚担当干净的西安铁军为目标，加快推进人事制度改革，不断提升人事管理科学化水平。

一是坚持“凡进必考”原则，为全市行政系统招录公务员 964 人，是近 5 年最多。研究制定了《公务员平时考核实施办法（试行）》，推动市级行政机关公务员轮岗交流规范开展。积极探索聘用制公务员，畅通选人用人渠道。坚持培训教育和实践锻炼并重，全方位、多举措培训公务员 15 562 人次。持续开展公务员执法情况检查，公务员管理水平有效提升。

二是完善事业单位公开招聘高层次及急需紧缺人才办法。出台了《关于调整中小学专业技术岗位结构比例的指导意见的通知》，对中小学、幼儿园按照新的结构比例进行岗位设置。出台了《西安市事业单位岗位设置动态管理试行办法》，推行岗位动态管理，激发事业单位活力。采取多种方式实施精准招聘，面向社会统一公开招聘 1 693 人，首次通过高层次及急需紧缺人才招聘办法招聘 170 人，组织实施博士专项招聘活动招聘 249 人，首次通过实施高水平大学校园招聘活动招聘 1 678 人，并通过专项招聘为各类事业单位招聘 581 人。

三是坚持功绩制、双向选择、包底分配“三步走”模式，顺利完成 675 名军转干部接收安置任务，并接收自主择业军转干部 1 154 人、接收随调家属 29 人。同时，严格落实企业军转干部解困政策，确保了企业军转干部的总体稳定。

五、工资收入格局逐步改善

坚持按劳分配原则，深入推进工资收入分配制度改革，合理调整收入分配关系，薪酬分配激励导向作用得到有效发挥。

一是全面完成员额内法官、检察官工资套改工作，推动人民警察法定工作日之外加班补贴兑现，统筹提高机关事业单位工作人员收入水平，落实未休假报酬。继续推行县以下机关公务员职务与职级并行制度，已审批符合晋升职级条件人员 1 991 人。落实乡镇干部工作补贴，完成 16 747 人的乡镇补贴审核工作。建立防治机关事业单位“吃空饷”长效联动机制，有效遏制“吃空饷”现象的发生。

二是深化企业工资收入分配制度改革，扎实推进市属国有企业负责人薪酬制度改革，开展市属国有企业在岗职工工资统计认定工作，发布市属国有企业在岗职工平均工资。从 5 月 1 日起，全日制月最低工资标准从 1 480 元调整为 1 680 元，增幅为 13.5%。进一步完善工资指导线和工资指导价位发布工作机制，工资收入差距逐步缩小，分配秩序日趋规范。

六、和谐劳动关系得到巩固

紧紧抓住人民最关心最直接最现实的利益问题，攻坚克难、坚守底线，和谐稳定劳动关系的基础更加牢固。

一是市委、市政府出台《关于构建和谐劳动关系的实施意见》，积极开展劳动关系和谐企业及园区创建活动。推进集体协商制度，加强对企业开展集体协商的指导，开展集体协商指导员培训，已建工会企业集体合同签订率达到 92.79%。开展专项行动，规范用工，对 200 户企业 2 000 名劳动者进行企业劳动用工情况问卷调查。进一步加强劳务派遣行政许可工作，开展劳务派遣法律法规培训，规范劳务派遣用工。

二是加快劳动人事争议仲裁派出庭建设，仲裁机构实体化建设达100%，标准庭建设达86%以上。建立矛盾多元化解机制，建立劳动人事争议基层调解组织近3 000家，乡镇街道达到100%，3 000余名调解员取得调解员证书。劳动人事争议和劳动保障监察案件结案率均保持在98%以上。

三是全力打赢农民工工资“治欠保支”攻坚战。常态化运行七部门“一厅式”办公，大力开展化解欠薪陈案专项行动，重拳打击恶意欠薪行为，共向社会公布44起重大劳动保障违法行为，为1.81万名农民工追讨工资待遇3.04亿元，案件数量、涉及人数和金额同比实现“三下降”，分别下降19.45%、15.02%和10.85%。

七、公共服务体系不断完善

市人力资源社会保障局始终把人民群众需求作为奋斗目标，以强基础、转作风、优服务为抓手，不断提高人力资源社会保障领域公共服务水平。深入实施行政效能革命，先后分两批公布81个“最多跑一次”事项，加快“互联网＋人社”建设，开通D、E类人才认定，稳岗补贴，技能提升补贴申领等14类61项网上经办服务。同时，锲而不舍狠抓窗口单位作风建设，弘扬践行“店小二”精神，广泛推行上门办、网上办、一次办、帮办、代办制度，努力为群众和企业提供“超五星级”服务，12333电话热线年服务量达98万人次，微信公众号矩阵已聚集30余万人关注。

西安市人力资源和社会保障局

甘 肃 省

2017年，在中央和省委、省政府的坚强领导下，甘肃省人力资源社会保障系统坚决贯彻落实中央和省委、省政府关于人力资源社会保障工作的部署要求，按照习近平总书记视察甘肃时的重要讲话和“八个着力”重要指示精神，积极完善政策，不断深化改革，积极促进就业创业，建立覆盖城乡居民的社会保障体系，进一步加强人才队伍建设，提升人事管理科学化水平，加强工资收入分配制度改革，甘肃省人力资源社会保障工作取得长足发展。

一、就业

2017年，甘肃省城镇新增就业43.78万人，完成年度目标任务的109.5%；城镇登记失业率2.71%，低于年度控制计划1.29个百分点；应届高校毕业生就业率达到92.4%，超额完成85%的年度目标任务。

（一）高校毕业生就业。

甘肃生源应届高校毕业生共152 117人，其中省内院校毕业生107 999人、回甘报到的省外院校未就业毕业生44 118人。截至年底，实现就业140 556人，就业率92.4%，比上年增长0.6%。报请省委办公厅、省政府办公厅出台《关于进一步引导和鼓励高校毕业生到基层工作的实施意见》。全省扶持引导10 000名未就业普通高校毕业生到战略性新兴产业骨干企业和市州、县市区各类企业及公建民营村级幼儿园服务，其中服务基层企业9 000名、到公建民营村级幼儿园服务1 000名。继续统筹实施四大基层服务项目，总共选拔6 699名大学生到基层服务。其中，“大学生村官”550名、“三支一扶”1 200名、“特岗教师”4 650名、“西部计划”299名。配合新疆南疆地区招录甘肃省高校毕业生。建立完善了就业困难高校毕业生数据库。加大困难毕业生就业援助力度，为省内高校26 095名应届毕业生，每人一次性发放1 000元求职创业补贴。

（二）城镇企业就业。

报请省政府印发了《关于做好当前和今后一段时期就业创业工作的实施意见》，整合产业、金融、财税、扶贫、教育等各方面政策措施，对促进就业、鼓励创业、引导劳动者到新业态就业等提出一揽子扶持政策。综合施策降低企业用工成本。助力供给侧结构性改革，统筹运用阶段性降低社保费率、发放失业保险补贴政策，失业保险费率、工伤保险平均费率分别降至1%、0.74%，为用人单位减负6.76亿元；发放失业保险稳岗补贴2.59亿元，涉及企业1 891户，受益职工47.86万人。妥善安置去产能分流职工，开展失业保险援企稳岗“护航行动”，适时启动技能提升补贴专项行动。进一步完善零就业家庭就业援助制度，建立统一的数据库和登记台账，开展“一对一”就业帮扶，确保零就业家庭动态清零。支持发展家庭服务业促进就业。2 612名去产能分流职工全部安置到位。

（三）创业带动就业。

积极争取中央转移支付，加大省市就业专项资金投入力度，不断优化资金使用结构，省级创业带动就业扶持资金投入7 000万元，为5个县区、34户初创企业、69个创业示范基地、150多名创业人员提供了创业补助。发放创业担保贷款 19.6 亿元、吸纳带动就业 5.83 万人，新增返乡创业农民工 3.9 万人、带动就业 18.7 万人。积极推进省级创业就业孵化示范基地（园区）创建工作，加强业务指导、孵化能力提升和日常管理，新建省级基地（园区）15 个。

（四）富余劳动力输转就业。

积极构建集培训鉴定、输转维权于一体的劳动力转移就业机制，促进就地就近转移就业。全年输转城乡富余劳动力 529.5 万人，完成年度目标任务的 105.9%，创劳务收入 1 028.7 亿元，完成年度计划的 106.1%。建立了东西部劳务协作精准对接机制，甘肃省与天津市以及定西、陇南、甘南、临夏两市两州与天津、青岛、福州、厦门分别签订了对口帮扶劳务合作协议，通过订单、定岗、定向稳定输转 1.1 万人。岷县、漳县异地安置富余劳动力 1 520 人全部实现转移就业。

（五）职业技能培训。

着力提高劳动者技能素质，分层分类开展就业技能培训、创业培训、岗位技能提升培训等各类培训，增强培训的针对性和实效性。完成职业技能培训 46.3 万人、职业技能鉴定 30.9 万人，开展职业技能培训鉴定维权上门服务 9.3 万人。新增高技能人才 1.35 万人，技能人才总量达到 140.7 万人，其中高技能人才 36.75 万人。持续推进离校未就业高校毕业生技能就业行动、农民工职业技能提升行动、残疾人职业技能提升计划等专项行动。

（六）就业援助。

积极开展就业援助活动，依托各级人力资源市场和基层公共就业服务平台，采取就业培训、职业介绍、开发公益性岗位等针对性措施，对高校毕业生、失业人员、复转军人、残疾人等重点群体给予就业援助和帮扶。全年共帮助 15.7 万名失业人员和 3.7 万名就业困难人员实现就业和再就业。

（七）公共就业服务。

开展充分就业社区创建和认定工作，继续开展就业援助月、春风行动、民营企业招聘周等就业服务活动，继续开展高校毕业生就业服务月、服务周、大中城市联合招聘、人才招聘和职业指导进校园等活动，举办了 2017 年中国·兰州人才智力交流大会暨高校毕业生就业服务月活动，共帮助 160 多万名城乡劳动力实现就业。省人力资源市场共举办招聘会 127 场次，提供就业岗位 35.4 万个，达成就业意向 12.1 万人。失业动态监测企业增加到 1 147 户，覆盖全省 14 个市州，涉及 18 个代表性行业和 67.5 万名职工。

（八）军转干部安置就业。

全省军转安置任务圆满完成，全年共安置 1 265 人，其中计划安置 437 人、自主择业 828 人。调整提高全省自主择业军转干部退役金标准，月人均增加 545 元。认真开展企业军转干部解困维稳矛盾排查等相关工作，确保了企业军转干部总体稳定。

二、社会保障

（一）社会保险参保扩面。

推进全民参保登记计划，努力扩大社会保险覆盖面，稳步扩大以养老、医疗保险为重点的全民参保计划实施范围，继续实施“同舟计划”，建立全面、完整、准确的参保基础数据库，促进和引导各类符合条件的人员参加社会保险。全民参保登记计划基本完成，截至 2017 年年底，本地参保直接入库 2 503 万人，入库率 96%。全省基本养老保险、基本医疗保险、失业保险、工伤保险、生育保险参保人数分别达到 1 691.5 万人、2 508.8 万人、165.4 万人、198.6 万人、175.3 万人。五项社会保险基金总收入 545.9 亿元，总支出 511.2 亿元，累计结余 766.4 亿元。强化社保基金监督，着力健全基金风险防控机制，社保基金运行总体平稳安全。

（二）社会保障制度改革。

异地就医实现全国联网直接结算，282 家定点医疗机构接入国家平台，上传 52 375 人备案信息，本省在外地就医人员已累计结算 1 684 人次。城乡居民医疗保险经办机构和信息系统整合工作全面完成。实施机关事业单位养老保险统一经办管理，已参保登记 2.25 万户单位、105.7 万人，占应参保人数的 92.6%。城镇基本医疗保险、工伤保险、生育保险药品目录（2017 年版）发布执行。启动实施小微企业和有雇工的个体工商户参加工伤保险三年行动计划，工伤保险制度覆盖范围进一步扩大。

（三）社会保障待遇调整。

调整提高了全省退休人员养老保险待遇，退休人员养老金平均上调 5.6%、月人均达到 2 440 元。失业保险金发放标准平均上调 10%，月人均达到 1 074 元。工伤伤残津贴平均上调 5.5%，月人均达到 2 667 元。居民医保人均财政补助标准提高到 450 元，职工和居民政策范围内住院费用平均报销比例分别达到 78%和 71%。

三、人事人才

（一）专业技术人才队伍建设。

着力加强高层次人才队伍建设，组织实施高层次人才选拔工作，3 名专业技术人才入选国家“百千万人才工程”，对 829 名甘肃省领军人才开展了聘期内考核，遴选领军人才补选候选人 102 名。新建 3 个国家级高技能人才培训基地，4 个国家级、10 个省级技能大师工作室。专家服务基层活动、“海外赤子为国服务行动支持计划”项目、“留学回国人员创业启动支持计划”、专业技术人才知识更新工程等圆满完成，顺利承办了人力资源社会保障部首次探索举办的国家高层次专家休假活动。全省专业技术人才达到 57.3 万人，高技能人才 36.7 万人。

（二）引进国外智力项目。

引进国外智力工作不断加强，报请省委、省政府出台了《关于做好新形势下引进外国人才工作的实施意见》，全面实施外国人来华工作许可制度，7 名外国专家荣获省政府“敦煌奖”，新建 17 个省级引智成果示范推广基地（示范单位），全年共执行引进国外人才项目 95 个，引进外国专家 204 人次。

（三）公务员管理。

公务员配套管理政策不断完善，录用、考核、奖励、培训规范化水平显著提升。坚持“凡进必考”和“阳光招录”，组织全省公务员“四级联考”招录工作，招录机关公务员和参照公务员法管理单位工作人员 1 743 人。全面推行公务员公开遴选工作，18 个省直单位遴选公务员 85 人。公务员管理规范化水平不断提高，顺利完成公安机关人民警察职务序列改革全国试点工作，组织 1 000 人次参加跨省联合等培训，近 14 万人参加了远程网络培训，公务员考核进一步加强。

（四）事业单位人事制度改革。

会同省委组织部印发《关于进一步做好艰苦边远地区县乡事业单位公开招聘工作的通知》，对国家确定的 17 个国家扶贫开发工作重点县、58 个集中连片特困地区及民族自治县的事业单位招聘工作制定了优惠政策。全年为省直事业单位发布招聘公告 9 期，招聘 2 237 人，其中考核招聘博士研究生 547 人、医疗卫生类紧缺专业技术人员 299 人、优秀运动员 65 人，考试招聘其他人员 1 326 人。截至 12 月底，已审批聘用 935 人。在做好省直事业单位公开招聘工作的同时，积极指导市州规范开展工作，全年审核批复兰州、白银等 12 个市州报送的招聘计划近 20 次，计划招聘 4 845 人。截至 12 月底，已审批聘用 3 657 人。印发《关于转发人力资源和社会保障部关于支持和鼓励事业单位专业技术人员创新创业的指导意见的通知》，要求各级人力资源社会保障部门、省直各单位按照文件精神，以及本省《关于事业单位工作人员离岗创业有关问题的通知》，鼓励事业单位人员离岗创业，截至 12 月底，全省离岗创业备案 1 500 多人，其中省直单位 114 人、市州单位近 1 400 人。

（五）职称评审。

报请省委、省政府出台了《关于全面深化职称制度改革的实施意见》，提出了允许企业实行内部等级岗位政策、实行特殊人才特殊评价、在少数民族州和县以下基层实行“单独分组、单独评审”、在精准扶贫工作中获得的奖励作为评审条件等创新举措，人才职业发展空间进一步拓展。下放职称评审权取得新进展，全年下放职称评审权4项，特别是首次将评审权全面下放到7所省内高等院校，率先实行了自主评审。

四、工资收入分配

（一）工资制度改革。

推进事业单位收入分配制度改革，促进事业单位工作人员增收。完善人民警察工资待遇政策，月人均增资1 550元。完成法官、检察官和司法行政（辅助）人员工资制度改革试点，月人均分别增资2 975元、1 772元。兑现高海拔地区折算工龄补贴增资政策，月人均增资120元。开展公立医院薪酬制度改革试点，试点地区用于激励的奖励性绩效工资比例达到绩效工资总量的60%。

（二）城镇居民收入。

突出就业增长的主体拉动作用，完善工资收入分配制度，积极拓宽增收渠道，全年共出台实施14项增收措施，城镇居民人均可支配收入达到27 763元，同比增长8.1%。在促进企业职工增收方面，调整提高全省最低工资标准，一至四类地区平均上调10.78%，分别达到每月1 620元、1 570元、1 520元、1 470元；调整发布2017年度企业在岗职工工资指导线，企业平均工资增长基准线、上线、下线分别为7%、13%、3%。

五、劳动关系

以小企业、农民工和劳务派遣等为重点，全面推进实施劳动合同制度，推进集体协商集体合同制度，全省劳动合同签订率和集体合同签订率分别达到94.6%和80.6%。和谐劳动关系创建活动深入开展，甘肃省被评为全国推动厂务公开民主管理工作先进单位，省协调劳动关系三方对92户企业、11家工业园区和13个乡镇进行了表彰。落实劳动人事争议多元处理机制，推进调解仲裁规范化、标准化、专业化、信息化建设，仲裁结案率、调解成功率分别达到95.2%、61.3%。积极推进劳动监察执法体制改革，全面完成执法权下移工作。坚持日常巡查与专项检查相结合，组织实施重大劳动保障违法行为社会公布和企业劳动保障守法诚信等级评价工作，推进行政司法联动机制，劳动保障监察执法效能不断提升。坚持源头治理、预防为主，以工程建设领域和政府投资类项目为重点，先后在全省组织开展了4次清欠农民工工资专项督查和整治活动。全年共检查用人单位27 767户，办结违法案件7 178件，结案率98%。追发劳动者工资等待遇8.72亿元，其中办结拖欠农民工工资案件5 749件，结案率98%，为6.65万名农民工追回工资6.98亿元，拖欠农民工工资案件数量、涉及农民工数量、拖欠总额、群体性突发事件数量同比分别下降4.6%、8%、6.8%、50%。农民工工作进一步加强，省政府对26名优秀农民工和23个农民工工作先进集体进行了表彰。甘肃省与天津市、福建省、山东省签署了《家政服务劳务对接扶贫行动协议》，家庭服务业培训示范基地建设积极推进。

六、综合基础工作

坚持思想建党和制度治党相结合，着力提高政治站位，切实增强“四个意识”，坚决维护党中央权威和集中统一领导，自觉在思想上政治上行动上同以习近平同志为核心的党中央保持高度一致。突出思想政治建设，认真学习贯彻党的十九大精神和习近平新时代中国特色社会主义思想，扎实推进“两学一做”学习教育常态化、制度化，坚持用党的创新理论成果武装头脑、指导实践、推动工作。

积极推进法治人社建设，深入实施人力资源社会保障领域“放管服”改革，9个行政审批事项全部入驻省政府政务大厅实行集中受理、统一办结，全年共办结140件，限时办结率100%。完善权责清单，开展“减证便民”专项行动，清理涉及企业、群众办事相关证明

57 项。行政争议得到妥善处理，重大执法决定法制审核制度试点工作启动开展。人力资源社会保障信息化建设取得重要进展，人力资源社会保障网上经办大厅开通运行，“五险合一”社保信息系统全面上线运行，医保智能监控系统基本建成，社会保障卡持卡人数达到1 601.8 万人，“大就业”信息系统实现市县全覆盖。

甘肃省人力资源和社会保障厅

青 海 省

2017年，青海省人力资源社会保障工作以“筑牢民生底线、增进人民福祉”为主要遵循，坚持目标导向、改革导向、问题导向，抓重点、补短板、强弱项、防风险，合力推进就业创业、社会保障、收入分配、人事人才、劳动关系等工作，高标准完成年度各项目标任务，为全面建成小康社会提供了坚实保障。

一、就业创业

实现城镇新增就业6.1万人，城镇失业人员再就业2.52万人，就业困难人员就业0.37万人，分别完成年度目标任务的103.4%、100.8%和123.3%；城镇登记失业率3.1%，较年度目标任务3.8%低0.7个百分点，较全国平均水平低0.8个百分点。

（一）努力促进重点群体就业工作。

组织未就业大中专毕业生专项培训7 545人，组织藏区高校毕业生赴援青省市就业见习1 840人，招募“三支一扶”服务人员760人。开展专场招聘270场次，发布岗位信息8.3万余条，达成就业意向1.5万人次。为1 932名困难应届高校毕业生发放一次性求职创业补贴193.2万元。年内确定去产能企业3户、分流安置职工3 046人。

（二）政策助力“拉面经济”提档升级。

出台了《关于进一步推动青海拉面经济发展促进就业创业的实施意见》，专题召开全省“拉面经济”推进会，举办首届拉面经济创新创业大赛，落实“拉面经济”专项扶持资金2 500万元，在全省掀起拉面促创业脱贫的热潮。截至12月底，在省外开办拉面经营店累计3.12万家，从业人员18.6万人。

（三）充分发挥创业促就业倍增效应。

制定出台了《青海省人民政府贯彻落实国务院关于做好当前和今后一段时期就业创业工作意见的实施意见》，举办了第三届创业大赛，组织开展了创业大讲堂、创业成果展等系列活动，全省1 047个创业项目参加大赛，21个创业项目获奖，328个优秀创业项目参加展示交流。截至12月底，全省已建成并投入运营的创业孵化基地、创业孵化园达39个，累计发放创业担保贷款5.5亿元，扶持创业3 229人，带动就业8 503人。

（四）持续推进“转移就业脱贫行动计划”。

突出精准识别、信息对接、定向培训和劳务对接等关键环节，有针对性地促进贫困劳动力脱贫。转移贫困家庭劳动力3.8万人次，扶持贫困劳动力自主创业113人，开发公益性岗位835个，组织技能培训6 946人次，全面超额完成年度就业扶贫任务。

（五）全程开展公共就业服务活动。

以“春风行动”“就业援助月”“民营企业招聘周”等活动为主体，大力推动“互联网+就业”建设，实现就业劳动信息实时监测、互联互通、精准对接。累计举办各类招聘会229场，进驻企业7 297家次，提供就业岗位6.8万个。继续加强就业援助工作，实现零就业家庭动态清零。

（六）分类实施城乡劳动力技能精准培训。

实施技能脱贫攻坚行动、去产能企业职工转业转岗技能提升、新市民和巾帼家政服务等10个培训项目，全面落实政府购买培训成果招投标、培训券使用管理和培训信息实名登记制度，促进了城镇未就业人员、农牧区劳动力及企业转岗职工技能和职业转换能力提升，全年组织培训城乡未就业劳动力9.4万人次，完成年度培训任务8万人次的118%，培训促就业成效明显。

二、社会保障

2017年，全省城镇职工基本养老保险参保138万人，城镇基本医疗保险参保543.7万人，失业保险参保41.5万人，工伤保险参保64.9万人，生育保险参保49.7万人，分别完成目标任务的103.8%、100.7%、100%、106.4%和101.4%。企业职工基本养老保险、职工基本医疗保险、失业保险、工伤保险、生育保险分别收缴基金89.26亿元、58.25亿元、2.66亿元、3.93亿元、1.66亿元，分别完成目标任务的105%、105.9%、106.4%、115.6%、97.6%。

（一）稳步推进基本养老保险改革。

出台《关于机关事业单位养老保险制度改革几个具体问题处理意见的通知》《关于机关事业单位建国前参加工作的老工人生活补贴发放问题的通知》等补充配套文件，督促指导各级社保经办机构规范参保登记、申报缴费和待遇发放，机关事业单位养老保险制度改革运行平稳。统筹调整了退休人员和城乡居民基本养老保险待遇，企业和机关事业单位退休人员基本养老金月人均增加223元，增长5.56%，40.68万名退休人员受益；城乡居民基础养老金由每人每月140元增加到155元，比国家标准高85元，51万人直接受益。

（二）全面完成综合医改任务。

进一步完善城乡居民基本医保省级统筹制度，城乡居民基本医保筹资标准由610元统一提高到680元，其中，财政补助提高到526元，个人缴费统一为154元。全面完成跨省异地就医直接结算工作任务，实现参保人员在全国各省市住院医疗费用的无障碍结算。在全国率先发布了《青海省基本医疗保险、工伤保险和生育保险药品目录（2017年版）》，药品种类较2012年版增长8.3%。深入推进医保支付方式改革，出台了《关于进一步深化基本医疗保险支付方式改革的实施方案》，明确了2017—2020年支付方式改革的目标任务、改革内容、配套措施和重点工作。制定出台了《青海省医疗保险按病种付费办法（试行）》，将170个病种和7个日间手术病种纳入按病种结算范围，在全省三、二、一级定点医疗机构全面开展住院医疗费用按病种结算和管理。按照“成熟一个、实施一个”的原则，完成了海西州、海北州、海南州、果洛州、黄南州城乡居民基本医保委托商保机构参与经办服务移交工作。加快推进医保智能化建设，实施全省统一模式的医保智能监控。继续医保脱贫攻坚行动计划，将全省39.7万建档立卡贫困人口纳入医疗保障范围，建档立卡贫困人口大病医疗保险起付标准由5 000元调整为3 000元，降低贫困人口门诊特殊病慢性病病种鉴定医院级别，极大地减轻了贫困人口就医负担。省人力资源社会保障厅医疗保险处被授予“全国人力资源社会保障系统先进集体”荣誉称号。

（三）充分发挥失业保险“保生活、防失业、促就业”的功能。

继续实施援企稳岗政策，实施失业保险支持参保职工提升职业技能补贴新政策。全省支付稳岗补贴1.07亿元，惠及企业1 004户、职工22.39万人。为62名企业职工发放职业技能提升补贴8.7万元。调高了失业保险金标准，由月人均1 080元统一调整到1 350元。继续落实阶段性降低社会保险费率政策，减轻企业负担3.36亿元。

（四）持续提升工伤保险覆盖面和待遇水平。

全力推动建筑业按项目参加工伤保险，加强部门协作，强化督查问责，顺利完成“同舟计划”，在建、新建建筑项目参保率均达到100%。再次调整提高工伤待遇标准，调整后伤残津贴、生活护理费、供养亲属抚恤金月人均分别达2 978.63元、1 840.70元、1 240.70元。

（五）全面推进全民参保登记工作。

全民参保登记计划工作是一项规模大、范围广的民生工程，在省委、省政府和人力资源社会保障部的正确领导下，省人力资源社会保障厅根据人力资源社会保障部《关于全面实施全民参保登记工作的通知》精神，专题研究并安排部署，全力贯彻落实。上半年先后完成了全民参保登记计划工作前期调研、方案和相关配套文件拟定。8月，省政府办公厅印发《青海省实施“全民参保登记计划”工作方案》。9月，省全民参保登记工作领导小组召开动员大会，专题动员部署，作出安排。通过省直各相关职能部门的通力配合、各级人力资源社会保障部门的共同努力，截至11月末，全省已入户调查41.5万人，占应入户调查人数的100%，全面完成了省政府确定的目标任务。

（六）不断加强社保基金监管工作。

根据人力资源社会保障部的统一部署，组织开展了城乡居民养老保险内控制度专项检查、养老保险四项指标专项核查，核查疑似死亡人员疑点信息达1.89万条，追回基金1 436.26万元。对西宁市、海东市医疗保险基金进行了专项审计，对查出的问题及时进行了整改，有效防范了重大责任事故的发生。同时，与省公安厅建立了查处和防范社会保险欺诈工作联席会议制度，及时查处和移送欺诈案件，确保了基金安全。

三、人事制度改革

（一）进一步完善考录招聘政策措施。

针对艰苦边远地区基层机关招人难的问题，通过采取放宽年龄、降低学历门槛和专业要求、增加定向考录比例、明确最低服务年限等倾斜政策，有效充实了基层工作力量。在全国率先实行了公安机关单独考录政策。在笔试、面试、体检、考察等环节，自觉接受社会监督，注重网络舆情监控，及时回应各方关切，有效预防了影响考试安全事件的发生。在2015年下放大学自主招聘权后，2017年又将省委党校、省社会科学院、艺术类学校新增为自主组织招聘单位，引才效果明显。全年全省考录招聘6 528人，完成年度计划5 000人的131%，报名参加招考人数达到18万人次。

（二）进一步规范公务员管理。

积极做好与国家分类管理配套政策衔接，对13个省直行政机关专业技术类、行政执法类公务员职位范围人员进行了统计摸底。开展了党政机关事业单位借调工作人员规范清理工作，促进了基层干部队伍稳定。扩大公务员平时考核试点范围，1市、7县、19家省直单位共1.7万名公务员参加平时考核试点，占全省公务员总数的30%。进一步规范评比达标表彰项目管理，报经国务院批准，新设立了“青海省脱贫攻坚奖”和“青海省人才工作‘伯乐奖’”2个省级表彰项目。启动实施了第三届全省人民满意的公务员评选表彰活动。

（三）进一步加强事业单位人事管理。

围绕人事制度改革，制定出台了加强和规范全省事业单位公开招聘工作、岗位设置管理工作相关政策。围绕人才体制机制改革，制定出台了支持和鼓励事业单位专业技术人才创新创业、事业单位特设岗位设置管理相关政策。严格事业单位人员流动审核管理，强化编外人员招聘监管，建立了防治“吃空饷”长效机制，积极推进落实事业单位分类改革、机关公务用车、农垦改革、综合医改等改革分工任务，事业单位人事管理工作不断加强和规范。年内完成省直事业单位2 900余人的岗位变更审核备案工作，全省事业单位合同签订率达99%。

（四）全面完成“三基”建设年度任务。

通过“青海干部教育网”和省厅门户网站在线学习、在职自学和岗位练兵等多种方式，公务员基本能力培训率达到95%以上。举办省直事业单位工作人员基本能力提升及新聘人员岗前培训班，共培训1 810人，指导西宁市、海东市组织实施事业单位基本能力测试2.3万人次。

（五）积极做好军转安置各项工作。

在全国率先完成年度军转安置任务，其中

计划分配 113 人，自主择业 820 人，受到国务院军转办的通报表扬。加强企业军转干部解困稳定工作，调整提高了部分企业军转干部解困补助标准，注重思想政治工作与关心关爱并重，确保了全省企业军转干部整体稳定。

四、人才队伍建设

（一）重视高层次人才选拔培养工作。

新增 2 名“百千万人才工程”国家级人选，选拔评定了 40 名青海省优秀专业技术人才。开展了第二批“高端创新人才千人计划”选拔工作，全省引进人才 186 人，培养人才 259 人，创新创业团队 19 个。制定出台了《“青海学者”计划实施办法》，进一步拓展人才成长通道，与高端创新人才千人计划共同构建高层次人才培养体系。

（二）全面深化职称制度改革。

完成了中小学教师职称制度改革。出台《关于进一步改革完善基层卫生专业技术人员职称评审和岗位管理工作的实施意见》。取消了全省职称外语、计算机考试统一要求。下放高校、科研机构正高级职称评审权。建立在站博士后人员职称申报“直通车”制度。支持推动西部矿业集团公司等企业自主开展职称评审工作。研究起草了《青海省深化职称制度改革的实施意见》，职称改革步入快车道。

（三）加强高技能人才培养。

开展首届企业单位首席技师选拔工作，认定命名 19 名企业单位首席技师。会同有关部门组织开展全省职业技能大赛及建筑、气象等行业技能大赛，为技能人才脱颖而出搭建了有效平台。在 2017 年中国技能大赛——第十三届“振兴杯”全国青年职业技能大赛中，省人力资源社会保障厅荣获“优秀组织奖”。2017 年，全省新增高技能人才 1 800 人，其中技师和高级技师 600 人，完成年度目标任务。截至年底，全省城镇技能型劳动者 31.1 万人，其中高级工以上等级高技能人才 8.69 万人，占比 27.9%。

（四）提升外专引智工作水平。

年内争取实施高端外国专家及技术引进、示范推广项目 47 个，有 380 名外籍专家来青服务。实施出国（境）培训项目 40 个、完成 700 人出国（境）培训任务。组织赴台专项交流学习 5 个班次、132 人。通过以上项目的实施，有效解决了项目单位的技术瓶颈问题，拓宽了视野。青海省引进的高端项目专家维克特·奥他祖·蒙松荣获 2017 年度中国政府友谊奖。

五、工资收入分配

（一）完成司法、医疗系统工资套改。

根据司法体制改革和综合医改部署要求，完成了员额内法官、检察官、司法辅助人员、司法行政人员的工资套改工作，全面启动了公立医院薪酬制度改革试点。

（二）进一步完善、兑现津贴补贴政策。

根据人力资源社会保障部及省政府部署，调整提高了高海拔折算工龄补贴标准，调整和建立了政法系统部分特殊岗位津贴标准，兑现了乡村教师生活补贴政策，有效调动了干部职工的积极性。

（三）继续加强企业工资分配宏观指导。

调整提高最低工资标准，将月最低工资标准全省统一调整为 1 500 元/人·月，增幅达 19%。开展企业薪酬调查工作，对全省 8 个市州、18 个行业门类（89 个大类）、1 320 户企业进行薪酬调查，在全国率先实现省、市（州）企业薪酬调查全覆盖。综合分析近 5 年（2012—2016 年）劳动生产率、职工工资水平、居民消费品价格水平等因素，发布了 2017 年企业工资指导线、人力资源市场工资指导价位以及企业人工成本信息。

（四）稳步推进深化国有企业负责人薪酬制度改革工作。

清算兑现了 2015 年度省管国有企业负责人年薪，测算公布了 2016 年度省管国有企业负责人基本年薪基数。

六、维护和谐劳动关系

2017年，全省企业劳动合同签订率92%，劳动人事争议仲裁结案率96.5%，劳动人事争议调解成功率63.1%，劳动保障监察举报投诉案件结案率98.7%，分别较年度目标任务高出1、1.5、3.1和3.7个百分点。

（一）全面治理拖欠农民工工资问题。

省人力资源社会保障厅组织开展了清欠回头看、农民工工资保证金收缴、政府投资项目清欠等联合督查12次，先后3次对23家拒不支付农民工工资典型案件在新闻媒体曝光，对4家拒不支付劳动报酬的企业和3个地区4名负责人进行集中约谈，向公安机关移送恶意欠薪案件15起，有效地打击了拒不支付农民工工资报酬的违法犯罪行为，确保了重要时期、关键节点农民工工资清欠工作的平稳可控。

（二）持续加强企业劳动用工管理。

继续深入推进集体合同制度攻坚计划，全省经审查的当期有效集体合同5 825份，覆盖职工47.98万人，企业集体合同签订率达84%，较年度目标任务高出1个百分点。强化劳动合同备案管理工作，实现对用人单位劳动用工的动态监管。依法规范劳务派遣用工行为，年内新审批劳务派遣经营机构12家，批准延期2家。相继组织开展了清理整顿人力资源市场秩序、用人单位遵守劳动用工和社会保险法律法规、保障农民工工资支付和打击非法用工等专项检查活动，累计检查用人单位7 000家，查处各类劳动保障违法案件近2 000件。

（三）加强劳动保障信用体系建设。

制定出台了企业劳动保障守法诚信等级评价、重大劳动保障违法行为社会公布实施办法，大力推行劳动保障信用等级评价，建立省级“两库一清单”和“双随机、一公开”监管机制，依法向社会公布了23起重大劳动保障违法行为，建立了欠薪企业“黑名单”并纳入政府公共信用平台，较好发挥了对违法失信行为的惩戒作用。

（四）健全完善劳动人事争议处理机制。

研究起草了《关于进一步加强全省劳动人事争议调解仲裁完善多元处理机制的实施意见》，组织开展了乡镇（街道）劳动争议调解综合示范活动和第二批非公企业、商（协）会劳动争议预防调解示范工作，依法处理劳动争议案件2 393件。

七、提升服务能力

（一）持续推动就业社保服务平台建设。

在“十二五”实现州县服务平台建设全覆盖的基础上，争取中央预算资金1.03亿元、省级配套资金775万元，实施了海东市公共实训基地续建项目，海西州、海北州创业孵化基地和公共实训基地，海南州公共实训基地等5个新建项目。省级人力资源社会保障公共服务中心完成内部装修，即将投入使用。

（二）全面加强人力资源市场建设。

开展了全省人力资源诚信服务主题创建活动，实施人力资源服务业发展行动计划，举办了“青海人力资源市场监管人员培训班”，修订了人才招聘、高级人才寻访等部分人力资源服务西宁市标准，开展了全省人力资源服务机构年度报告公示工作，市场监管进一步得到加强，从业人员综合能力素质有所提升，人力资源服务业发展有了新的突破。2017年，经营性人力资源服务机构营业额突破5亿元，纳税额超300万元。

（三）积极推进人力资源社会保障对口援青工作。

协助人力资源社会保障部召开部分省市对口支援青海省藏区人力资源社会保障工作座谈会，制定印发了《对口支援青海省藏区项目清单》。“十三五”人力资源社会保障部及对口援青省市安排人力资源社会保障援青项目47个，计划投入资金150.33亿元。相关工作得到省政府领导肯定和省对口援青办的通报表扬。

（四）大力推进全省人力资源社会保障信息化建设。

稳步扩大“省集中”建设成果，完成了企

业职工养老保险信息系统、城乡居民医疗保险信息系统整合，进一步完善了人力资源市场信息系统工作。启动了异地就医结算系统和全省医疗保险智能监控系统建设。加强社会保障卡发放应用工作，全省累计发放社会保障卡525万张，完成目标任务490万张的107%，覆盖全省户籍人口的87.8%。

（五）深入推进“放管服”改革。

紧紧围绕简政放权、职能转变、优化服务，对许可事项进行再梳理，保留行政审批事项全部移交省政府政务服务大厅集中办理。积极推行“互联网＋行政审批”，实现行政审批和社会服务项目全程网上办理。开通了人社微信公众号、手机App等，为群众提供了更加便捷的服务。

八、强化作风建设

（一）扎实推进“两学一做”学习教育常态化制度化。

把学习贯彻习近平总书记系列重要讲话及党的十九大精神、严肃和规范党内政治生活等作为学习重点，坚持规定动作不变形，自选动作有创新，对“两学一做”学习教育实行清单式布置、台账式督促，有力提升了系统干部职工的政治素养和党性修养。

（二）认真落实“710”工作制度。

坚定贯彻落实省政府“在政务工作中，一般事项必须在7天之内办结，复杂事项1个月内有结果，当年年初确定的所有事项在当年年底清零销号，确保既定事项件件有落实、事事有回音”的“710”工作制度。围绕省委、省政府重大决策部署及人力资源社会保障重点工作任务，分门别类建立工作台账，按照“谁负责、谁落实、谁销号”的要求，共建立7类10个台账，受理事项744项，实行周更新、月督查、季通报、年销号制度，年底前全部清零。这一做法得到省政府督查室的肯定，并在全省范围印发推广。

（三）广泛开展岗位练兵活动。

邀请专家教授进行专题讲授和集中培训，组织开展计算机和公文写作竞赛，每月确定一个专题，进行公开评审，开展“比、学、赶、帮、超”活动，有效增强了干部职工的工作责任心和积极性。

（四）持续推进窗口单位作风建设。

组织开展了全省人力资源社会保障系统窗口单位作风建设交叉检查和经验交流，全省10家单位被评为全国人力资源社会保障系统优质服务窗口，10家单位被评为全省人力资源社会保障系统优质服务窗口，省人力资源社会保障厅被授予“第五届全国文明单位”荣誉称号。

青海省人力资源和社会保障厅

宁夏回族自治区

2017年，宁夏回族自治区人力资源社会保障系统深入贯彻党的十九大和自治区十二次党代会精神，认真落实自治区党委、政府和人力资源社会保障部工作部署，坚持以人民为中心的发展思想，坚持稳中求进工作总基调，坚持以改革创新举措破解制约人力资源社会保障事业发展的重点、难点和薄弱环节，着力建设“责任、法治、服务、效能、廉洁”人社，全面完成各项工作任务。

一、就业创业

坚持把促进就业作为重大政治责任和首要任务，进一步落实和完善更加积极的就业政策，全区就业形势持续稳定向好，城镇新增就业8.25万人，城镇登记失业率3.87%，低于控制目标0.13个百分点，为新世纪以来最好水平。积极就业政策进一步完善，出台《关于进一步引导和鼓励高校毕业生到基层工作的实施意见》《关于做好当前和今后一段时期就业创业工作的实施意见》和《创业担保贷款管理办法》，以及贺兰山自然保护区国有企业职工安置和民营企业帮扶政策，促进城乡劳动力实现比较充分和更高质量就业。

（一）创业带动就业。

实施“塞上骄子回乡行”、“外语＋”复合型人才回乡创业“千百十”、高校毕业生创业引领等计划，组织全国创业引领者专项活动暨创业培训讲师大赛宁夏分赛等系列服务活动，并取得全国总决赛亚军的好成绩。新建成创业孵化园区15个，累计建成202个，其中新创建国家级创业孵化示范园区2个、自治区级创业孵化示范园区9个。全年创造新岗位3.56万个，带动就业6.65万人。

（二）重点群体就业。

深入实施高校毕业生就业创业促进计划，建立高校毕业生就业工作部门联席会议机制，设立高校毕业生就业工作站18个，鼓励和支持高校毕业生到基层就业创业，高校毕业生就业率达95.1%。扎实做好农村劳动力转移就业工作，深化与内蒙古、福建、江苏、浙江等省区的劳务协作，大力开发就近就地转移就业岗位，农村劳动力转移就业75.53万人，实现工资收入79.34亿元。大力开展春风行动、就业援助行动、家政服务提质扩容行动、家政服务劳务对接扶贫行动等活动，开发购买公益性岗位9 276个（自治区7 800个，市、县、区1 476个），帮助城乡困难人员就业，其中3 500个岗位专门用于安置农村建档立卡贫困家庭劳动力，为全国首创。大力推进就业扶贫工作，在全国率先组织开展就业扶贫百千万行动，创建就业扶贫示范基地152个，遴选就业扶贫劳务经纪人1 312名，全区建档立卡贫困家庭劳动力实现就业11.97万人。

（三）援企稳岗。

使用失业保险基金为2 288家企业发放援企稳岗补贴1.17亿元，通过降低社保缴费基数和费率，为2.14万家企业的83.8万名职工和21.3万名灵活就业人员减负17.75亿元。为5.15万名灵活就业人员发放社保补贴1.36亿元。圆满完成贺兰山国家级自然保护区环境整治中44家退出关停企业4 313名职工安置任务。

（四）职业技能培训。

实施劳动者素质提升计划，加强“订单、定岗、定向”培训，建立政府引导、社会参与、市场运作的培训新模式和“企业订单、培训机构列单、培训对象选单、政府买单”的培训新机制，组织岗位技能提升培训 1.6 万人，创业培训 1.23 万人，城乡劳动力就业技能培训 4.35 万人。

（五）公共就业服务。

进一步加强就业信息和失业动态监测，升级完善“一卡通”就业信息系统，积极开发“宁夏就业扶贫综合信息平台”，推动建立“创业培训＋担保贷款＋创新服务”三位一体帮扶机制，大力开展公共就业服务专项活动，全年区、市、县联动组织各类招聘会 420 场次，6.91 万人达成就业意向。

二、社会保障

（一）全民参保登记。

全区职工五险参保人数达到 590 万人次，其中企业职工养老保险 176.01 万人、机关事业单位养老保险 29.90 万人、失业保险 88.55 万人、医疗保险 123.46 万人、工伤保险 90.35 万人、生育保险 81.73 万人，城乡居民养老、医疗保险参保分别达 185.48 万人、494.76 万人，超额完成年度参保任务。建立“先参保、再开工”长效机制，工程在建项目、新建项目工伤保险参保率持续保持 100%，“同舟计划”目标任务提前完成。

（二）养老保险。

机关事业单位养老保险政策已出台 1 个实施意见和 5 个配套政策，参保人员包括在职职工 20.1 万人、退休人员 9.8 万人，养老金社会化发放率达 100%。19.18 万名被征地农民按新政策参加养老保险，其中 2012 年以来被征地农民参加养老保险 10.33 万人，两项参保率均达到 100%，走在全国前列。第四次上调城乡居民基础养老金，最低标准达到 120 元。企业退休人员养老金实现“十三连增”，2017 年月人均调增 162 元。第二次调增机关事业单位退休人员养老金，月人均调增 193 元。提请自治区人民政府同意，将城乡居民基本养老保险原 12 个缴费档次调整为 100 元、300 元、500 元、1 000 元、2 000 元、3 000 元 6 个档次，“多缴多得、长缴多得”激励机制进一步完善。

（三）医疗保险。

制定出台城镇职工基本医疗保险自治区级统筹经办规程和调剂金管理办法，“三医联动”和医保支付方式改革协调推进，颁布实施 2017 版药品目录，城乡居民医保财政补助标准由 472 元调整到 502 元，个人缴费一、二、三档分别由 90 元、250 元、505 元调整到 130 元、270 元、545 元，大病保险筹资标准由 32 元提高到 37 元，基金调剂能力和抗风险能力进一步增强，保障水平稳步提升。综合施策做好医保扶贫工作，在全面落实农村建档立卡贫困家庭参保人员享受政府补助参加基本医保、大病保险政策的同时，实施降低大病保险起付标准、扩大合规药品目录等倾斜政策，通过实行政府兜底保障，贫困患者当年住院医疗费用实际报销比例达到 91.7%，有效缓解了因病致贫、因病返贫问题。

（四）社会保险经办。

巩固提升社保“五险合一”经办体制改革成效，全区 43 家社保经办机构整合成 25 家，14 家机构实现了升格。完成了人员调整、岗位设置、业务融合。印发《社保“五险合一”业务经办规程》，推行“五证合一、一照一码”登记制度改革，按照“六统一”要求，推进多险合一高效经办，提升了社保经办公共服务水平。实现医保个人账户定点医疗机构“全区通”和跨省异地就医住院费用直接结算。全区 2 390 家医保协议药店实现同城化、无障碍刷卡购药，与全国 31 个省（区、市）和新疆生产建设兵团的 8 499 家跨省定点医疗机构实现联网结算，全年结算区内和跨省异地就医 370.96 万人次。跨省异地就医“六个一”工作成效显著，走在全国前列。会同自治区卫生计生委等部门建成并运行宁夏健康扶贫医疗保障“一站式”结算平台，将扶贫保、民政救助、财政报销、政府兜底等政策全部纳入“一站式”结算平台，实现了健康扶贫医疗保障“一站式”结算。

（五）社会保险基金监管。

组织开展养老保险重点指标专项核查和医疗机构监控工作，发现社会保险基金要情75起，追回社保费和违规基金2 474.71万元。将1.4万名医师纳入医保诚信管理，医保服务协议签订率达100%。在医保结算系统启用医疗机构医保医师标识，将违规查处结果与医保服务资格关联，对493名医保医师实施扣分，暂停医保服务资格24人。

三、人才工作

（一）人才制度改革。

提请自治区党委、政府出台《关于深化职称制度改革的实施意见》《关于加强新形势下引进海外人才工作的实施意见》，人才评价、激励和服务等管理机制进一步完善。坚持以品德、能力、业绩为导向，进一步深化职称制度改革，批准宁夏大学等21家单位开展自主评审，切实为用人单位放权，为人才松绑。

（二）重大人才工程项目。

选拔院士后备人才、第三批“塞上英才”、青年拔尖人才等高层次人才226人。推荐31名专家享受国务院政府特殊津贴、2名专家入选国家“百千万人才工程”，评选“塞上技能大师”16人、“自治区技术能手”30人。新建国家级继续教育基地2个、国家级高技能人才培训基地1个、技能大师工作室7个。开展高层次急需紧缺人才引进和宁夏籍海外人才归巢行动，组织128家企事业单位到北京、西安、吉林、湖北等地高校和人才市场集中招揽急需紧缺高层次人才，1 184人签订就业意向性协议。首次为22家企业兑现引才项目补助553.45万元。在人力资源社会保障部指导下，成功举办第二届中国“一带一路”人力资源高峰论坛。

（三）人才培养。

成功举办全国“煤制油化工智慧基地建设”博士后论坛，深入实施专业技术人员知识更新工程，争取国家级高级研修项目4个，并选派43名（其中少数民族7名）高层次专业技术人才参加外省（区）举办的37期国家级研修项目，组织各类专业技术人员培训班100期，培训1.3万人，网上在线培训15万人。实施贫困地区专业技术人员素质能力提升计划，培训1 959人。实施人力资源从业人员素质提升计划，培训高级管理人员75人。加强技能人才培训培养工作，积极组织参加国家举办的各类技能大赛，有9名选手获得“全国智能制造应用技术技能大赛”二等奖，实现零的突破。举办富有地方特色的各类技能竞赛8项，新培养高技能人才6 062人。

（四）招才引智和专家服务工作。

持续开展国内外引才活动，新建院士工作站、专家服务基地15个，海外人才工作站2个，柔性引进院士和知名专家47人、海外高端人才50人、外国专家641人次，选派212人出国（境）培训。全面实施外国人来华工作许可制度，办理外国人来华工作许可289件。组织开展第七届宁夏“六盘山友谊奖”评选表彰活动，10名外国人才获奖。组织500名专家深入基层开展服务活动，帮助基层培训技术骨干1万名，解决技术难题300个，3万余名群众受益。

四、人事管理

（一）公务员管理。

推动实现精准科学招录，首次自主命题，为全区各级机关和参公单位招考公务员1 085人。加强面试考官队伍建设，举办公务员录用面试考官培训班2期，新任考官167人。深入实施公务员素质能力提升工程，加强公务员职业道德建设，扎实开展公务员“四类培训”，举办各类培训班30期，培训1.89万人次，成功举办全区政府系统文秘人员公文写作比赛、全区公务员学习贯彻党的十九大暨自治区第十二次党代会精神知识竞赛。完成了林业、综合治理等 21 个行业系统的国家部委联合表彰评选推荐工作，推荐报送 60 个先进集体和 82 名先进个人。积极做好承担行政职能事业单位改革工作，研究出台《关于做好承担行政职能事业单位改革试点人员过渡登记工作的通知》。完成了民航宁夏机场公安局移交人员过渡登记工作。

（二）事业单位人事管理。

研究制定事业单位专业技术人员创新创业实施细则，建成事业单位人事综合管理平台，配合推进公立医院、国有林场、文化体育、高校和科研院所等事业单位改革，优化岗位设置引导专业技术人员向基层一线流动，为各级各类事业单位公开招聘、遴选工作人员 5 219 人，新聘任专业技术二级岗位人员 35 人。会同党委组织部等部门持续开展机关事业单位“吃空饷”问题专项整治行动。

（三）军转安置工作。

坚持“阳光安置”，促进人岗相适，圆满完成 252 名计划分配军转干部和 246 名自主择业军转干部接收安置任务。安置随军家属就业 22 人。企业军转干部保持总体稳定。

五、收入分配

公立医院薪酬制度改革试点扎实推进。开展企业薪酬调查，发布年度企业工资指导线，第 13 次调整最低工资标准，一、二、三类区分别由 1 480 元、1 390 元、1 320 元提高到 1 660 元、1 560 元、1 480 元，平均增幅达 12％以上。推动出台《关于实行以增加知识价值为导向分配政策的实施办法》，解冻事业单位调控线外奖励性工资增长，建立了平安建设考核奖。认真履行部门职责，推进实施脱贫富民战略，全区城镇居民可支配收入增长 8％以上。

六、劳动关系

（一）工作机制。

坚持问题导向，不断完善劳动关系工作机制，加快推进劳动保障监察综合执法体制改革，进一步提高劳动人事争议处理效能。提请自治区政府成立自治区协调劳动关系三方委员会和解决企业拖欠工资问题联席会议，建立相关工作制度。完善 12333 投诉举报和第三方网上欠薪舆情监测协查机制，将构建和谐劳动关系纳入自治区经济发展和平安宁夏建设重点考核指标，推进综合执法体制改革，加强劳动关系预警监控，劳动关系和谐稳定。

（二）保障农民工工资支付。

启动实施治欠保支三年行动计划，紧盯工资保证金收缴、劳动合同签订、实名制管理、分账管理、22％进度款拨付、工资银行卡发放 6 项主要监控指标，抓实属地责任、部门联动、支付主体责任和劳动保障监察效能 4 项措施，开展农民工工资保证金差异化缴存管理制度改革试点，对 30 家拖欠工资失信企业进行公开曝光，面向社会公布 11 种重大劳动保障违法行为，高压治欠、综合治欠机制进一步固化。全区各级劳动监察机构受理农民工工资案件 2 453 件，为 2.99 万名农民工清欠工资 3.9 亿元，同比分别下降 29.3％、51.4％ 和 58.3％，拖欠工资问题举报投诉案件数、拖欠金额和涉及人数呈大幅下降态势，全区治欠保支工作形势总体平稳向好。企业劳动合同签订率达 93.88％。

（三）劳动人事争议调解仲裁和信访工作。

全区各级仲裁机构立案受理劳动人事争议案件 5 146 件，仲裁结案率达 94.3％。各级调解组织受理劳动人事争议案件 5 866 件，调解成功率达 67％，高出目标任务 7 个百分点。全区人力资源社会保障系统接待群众来信来访 5 274 件次，涉及 1.4 万人次，办结率 98％。

七、自身建设

（一）党建和党风廉政建设。

坚持全面从严治党要求，严格执行落实“两个责任”，突出党组织政治功能，扎实推进“两学一做”学习教育常态化、制度化，规范权力运行和廉政风险防控，树立正确选人用人导向。

（二）窗口单位作风建设。

持续推进人力资源社会保障系统窗口改进作风专项行动，邀请民主党派人士、政风行风评议人员、社保监督员，不定期对窗口单位进行明察暗访，窗口单位作风显著提升。自治区政务大厅人力资源社会保障窗口等10个窗口被评为全国人力资源社会保障系统优质服务窗口，12333电话咨询服务中心被人力资源社会保障部评为“全国示范单位”。大力推进“放管服”改革，“6＋1”项社保业务下沉乡镇街道，97项人力资源社会保障政务服务实现“不见面、马上办”。

（三）信息化建设。

大力推动“互联网＋人社”行动，积极推进人力资源社会保障信息化应用。社保卡覆盖97.5％的户籍人口，涵盖人力资源社会保障业务应用92项，并逐步拓展到旅游、文化等领域应用。“省集中”平台覆盖全区670万服务人群，日均提供服务9.3万人次。12333电话、“网上人社”、“掌上12333”、微信、自助终端服务等公共服务平台不断完善并加以推广，全年共为1 082万人次提供数据查询和政务服务。人力资源社会保障信息化建设有效支撑起让老百姓“不推一扇门、不见一个人、办成所有事”，得到人力资源社会保障部肯定。

（四）政务公开。

加强厅门户网站、“两微一端”等公开载体建设，推进“五公开”，进一步拓展公开范围。借力媒体广泛宣传，强化政策解读，召开新闻发布会2次，公开政府信息2 000余条，在主要新闻媒体发布新闻1 000余条。积极回应社会关切，编发舆情周报（专报）56期，对所反映的舆情做到了快速反应、及时处理，有效化解了矛盾。

宁夏回族自治区人力资源和社会保障厅

新疆维吾尔自治区

2017年，新疆维吾尔自治区人力资源社会保障部门紧紧围绕社会稳定和长治久安总目标，深入贯彻落实党的十九大和自治区第九次党代会、自治区党委九届四次全体会议、自治区党委经济工作会议以及全国人力资源和社会保障工作会议精神，坚持“民生为本、人才优先”工作主线，实施更加积极的就业政策，深化社会保障制度改革，加强人事制度创新和人才队伍建设，积极构建和谐劳动关系，各项目标任务圆满完成。

一、就业创业工作成效明显

按照就业惠民工程的部署要求，坚持就业第一，统筹城乡、突出重点，多渠道多形式促进就业创业，初步探索走出一条适合新疆特点的就业增长方式转变新路子。全区实现城镇新增就业47万人，完成全年目标任务的108%；城镇登记失业率3.41%。农村富余劳动力累计转移就业275万人（次），完成年度目标的106%。区属应届普通高校毕业生就业率89.62%，同比上升5.42个百分点。就业困难人员实现就业5.85万人，完成年度目标任务的117%。零就业家庭继续保持动态为零。

（一）强化就业政策保障。

启动“政策落实年”活动，督导各地对未落实的就业政策实行清单管理，确保各项政策落地生效。

（二）统筹实施城乡大就业。

提请自治区人民政府印发《关于做好当前和今后一段时期就业创业工作的实施意见》，统筹城乡就业岗位和城乡劳动者，就业扶持政策继续从城镇就业向农村就业延伸、从城镇劳动者向农村劳动者延伸，以就业为导向健全统筹城乡的职业培训体系，加快建设均等化的公共就业服务体系，形成统筹城乡的就业政策体系和工作体系。

（三）多渠道推进农村富余劳动力有组织转移就业。

事不过夜、全疆联动、坚定坚决推动喀什和田地区城乡富余劳动力疆内跨区域有组织转移就业，全年计划转移4万人，实际转移4.7万人，初步探索建立了以政府主导为基础的有组织转移就业新机制。有序扩大转移内地就业规模，全年整建制转移内地企业就业20 859人，完成年度目标任务的104%。拓展就地就近转移就业新空间，因地制宜推行“卫星工厂”“民生坊”吸纳就业，扶持农村劳务合作组织带动就业，支持农业经济组织发展扩大就业，推动产业（工业）园区稳定就业，鼓励发展小微企业自主创业，组织短期季节性务工。印发《关于切实做好城乡富余劳动力有组织转移就业政策保障工作的通知》，制定11条保障措施，明确了政策支持标准、资金来源和资金管理使用责任。

（四）统筹推进高校毕业生和就业困难群体就业。

实施高校毕业生就业创业促进计划，印发《关于进一步引导和鼓励高校毕业生到基层工作的实施意见》，狠抓政策落实，加强实名登记管理和精准服务，推动毕业生到基层就业、企业就业和自主创业。实施“六个一批”行动计划，内地高校新疆籍毕业生就业率达到

93.74%，其中回疆内地高校新疆籍少数民族毕业生就业率达到 94.84%。组织 5 442 名未就业普通高校毕业生赴援疆省市培养。常态化实施就业困难人员“一对一”帮扶和零就业家庭 24 小时动态清零机制，坚持“一人一策”帮扶制度，强化跟踪服务，确保政策、岗位和服务到人。扎实推进去产能职工安置，分流安置钢铁、煤炭行业 132 家企业 1.1 万名职工，促进稳增长、保稳定。

（五）加强以就业为导向的职业培训。

大力推行订单、定岗、定向培训，实施纺织服装产业促就业岗前培训、高校毕业生创业培训、固定资产投资项目促就业技能培训等专项培训，增强劳动者就业技能。印发城乡劳动力有组织成建制转移就业企业岗前培训指导规程，开发培训教材，实现了喀什和田地区城乡富余劳动力有组织转移就业基础技能培训全覆盖。加强职业培训管理，印发《自治区职业培训质量管理办法》，推进职业培训信息管理系统应用，建立自治区、地州市、县市三级质量管理体系，开展培训质量评估。印发《自治区技工教育“十三五”规划》，组织自治区重点技工院校对口帮扶南疆技工院校，建设技工教育联盟，推动技工教育融合发展。实施失业保险支持参保职工提升职业技能政策，为 2 414 名企业职工发放补贴 385.4 万元。全区开展各类职业培训 125.9 万人（次），完成目标任务的 125.9%。

（六）大力推动创业促进就业。

印发《自治区创业担保贷款实施办法》，将个人创业担保贷款对象范围扩大到刑释解教人员、网络商户、建档立卡贫困人口、大学生村官、留学回国学生和残疾人，对自治区贫困县（市）符合条件的个人创业担保贷款给予全额贴息。搭建创业载体，评估认定 18 个自治区级创业型县市，新建 5 个自治区级创业孵化示范基地。成立新疆创业服务联盟，整合全区创业培训、创业指导、创业融资、创业孵化等资源，形成推动创业带动就业新机制。全年新增创业 7.68 万人，带动就业 16.59 万人，分别完成年度目标任务的 256%、184.3%。

（七）加快推进公共就业服务均等化。

村级公共就业服务平台建设覆盖率达到 75%，伊犁州、乌鲁木齐市、哈密市、巴州等 8 个地州市实现全覆盖。建立基层公共就业服务绩效评估制度和充分就业社区认定长效激励机制，已认定充分就业社区 1 150 个。

二、社会保障体系建设加快推进

按照社保惠民工程的部署要求，加快建设覆盖城乡的社会保障体系，完善社会保险制度，扩大社会保险覆盖面，稳步提高社会保险待遇，编织民生“安全网”。全区五项社会保险参保 2 584 万人次，较上年增加 154.66 万人次。发放社会保障卡 533 万张，完成年度任务的 471.68%，累计发放 1 740 万张。

（一）全面落实人身意外伤害保险和大病保险。

将新疆籍居民、参加自治区基本医疗保险的非新疆籍户籍居民、援疆工作人员等纳入人身意外伤害保险保障范围，实现应赔尽赔。大病保险实现城镇职工和城乡居民全覆盖，城乡居民大病保险运行平稳，城镇职工大病保险快速推进。

（二）推进社会保险制度改革。

深入推进机关事业单位养老保险制度改革，出台《自治区机关事业单位职业年金管理暂行办法》，制定解决原试点机关事业单位养老保险政策衔接具体问题的办法。全面推进城乡居民基本医疗保险制度整合工作，14 个统筹地区按照“六统一”要求全部实现了两项制度整合，新制度运行平稳。提请自治区人民政府出台《关于进一步深化基本医疗保险支付方式改革的实施意见》，在总额控制基础上全面推行以按病种付费为主的多元复合式医保支付方式。在克拉玛依市和昌吉州开展长期护理保险制度试点，在乌鲁木齐市开展城镇职工门诊医保费用统筹试点，为在全区推开积累经验。

（三）完善社会保险政策。

在普惠政策基础上对建档立卡贫困人口、

低保对象、特困人员等困难群体实行10多项特殊保障政策，完善被征地农民参加基本养老保险政策，全面将未落户新生儿纳入基本医保保障范围，将精神障碍疾病纳入城镇职工和城乡居民基本医疗保险门诊特殊慢性病管理范围，2017年版基本医疗保险、工伤保险、生育保险药品目录中药品品种增加19%，社保制度保障范围进一步扩大，保障作用进一步凸显。进一步阶段性降低失业保险单位费率，由1%降至0.5%，为企业降低运行成本6.12亿元，支持实体经济发展。持续实施失业保险稳岗补贴政策，为54家企业2.33万人发放稳岗补贴1 620万元。

（四）稳步提高社会保险待遇水平。

连续第二年同步调整企业和机关事业单位退休人员基本养老保险待遇，月人均增加养老金184元，增幅5.5%。继续提高城乡居民基本医保财政补助标准，城乡居民医保财政人均补助标准提高到每年不低于450元，个人人均缴费标准提高到每年不低于180元。提高工伤保险待遇，1～4级工伤人员月人均工伤津贴增加200元。进一步完善失业保险临时价格补贴与物价上涨挂钩联动机制，修订补助标准和计发办法，有力保障和改善了群众基本生活。

（五）进一步推进全民参保。

推进未参保人员在户籍地社区或农村兜底参加城乡居民基本保险，开展建档立卡贫困人口参保专项行动、企业参保扩面专项行动、在校学生参加基本医疗保险专项行动、建筑业从业人员参加工伤保险“同舟计划”专项行动，扩大参保缴费覆盖面。

（六）加强社会保险经办服务。

推进社保标准化建设，全区经办机构实现业务术语、服务形象、服务流程“三统一”，11个地县获批国家综合标准化试点和“先行城市”。推广昌吉州经验，推进社会保险综合柜员制。将城乡各类参保人员全部纳入跨省异地就医直接结算范围，实现了与全国各省（区、市）和新疆生产建设兵团的互联互通、即时结算，全年跨省异地就医直接结算3 953人次7 852万元。建设基本医疗保险、大病保险一体化结算信息平台，依托社会保障卡实现“一单式”结算。实现社会保障卡首次申领“立等可取”，合作银行受理网点实现县市全覆盖，实现了社会保障卡挂号就诊、跨省异地就医直接结算、社保缴费、领取待遇等96项应用，参保群众享受到更加高效、便捷的服务。

三、人才发展体制机制改革稳步实施

（一）深化职称制度改革。

研究拟定《自治区进一步深化职称制度改革的实施意见》，实行职称评审外语和计算机应用能力标准差别化政策，对参加“访惠聚”驻村工作（含南疆学前双语教育支教、驻村管寺）专业技术人员和内高班服务管理教师实施职称倾斜政策。在职称评审、收入分配、岗位设置等方面，出台推进丝绸之路经济带创新驱动发展试验区建设的特殊人才政策。在4所高校开展高级职称自主评审试点，向乌鲁木齐市下放建筑专业高级职称评审权，向3个行业协会下放相关专业初中级职称评审权。

（二）创新事业单位人事管理制度。

建立公开招聘计划一次审核、统一发布、全年实施的工作机制，实行公开招聘向基层、南疆四地州和艰苦行业倾斜政策，出台支持鼓励高校、科研院所专业技术人员创新创业的实施意见，制定事业单位跨岗位类别转岗聘任、工勤技能一级岗位聘任和管理、专业技术二级岗位聘任等政策，扩大并落实单位用人自主权，激发人才创新创业活力。

（三）完善人才选拔培养引进政策。

2名高层次人才入选国家“百千万人才工程”。印发《自治区天山英才工程实施细则》，调整选拔培养程序、资助方式、资助额度，选拔第二期培养人选517人。开展少数民族科技骨干特殊培养工作，共选拔400人，首次选拔11名非少数民族人员。全年新增高技能人才3.4万人，围绕重点发展领域建设10个高技能人才培训基地和20个技能大师工作室，组织750名技能人才赴援疆省市培训。研究拟定

《自治区关于加强新形势下引进外国人才工作的实施意见》，全面实施外国人来华工作许可。改进高层次人才和急需紧缺人才引进工作，81人入选2017年高层次人才引进工程，急需紧缺人才引进工作进一步规范、方式更加灵活多样，引才效果逐步凸显。

（四）稳步推进工资制度改革。

完成法官、检察官工资制度改革。印发《自治区公立医院薪酬制度改革试点实施方案》，在吐鲁番市8家公立医院试点。明确机关事业单位工作人员及离退休人员死亡后一次性抚恤金基数，调整体育运动员体育津贴标准。印发实施区属国有企业负责人薪酬制度改革配套政策，推进国有企业负责人薪酬制度改革。发布2017年企业工资指导线，批复7个地州市的劳动力市场工资指导价位。

（五）坚决落实军改期间军转安置任务。

妥善安置2 709名军转干部，不断优化管理服务流程，提升培训质量，保持了企业军转干部总体稳定。

四、公务员管理科学化水平进一步提升

（一）创新公务员招录方式。

面向社会公开招录公务员5 178人，南疆四地州占40.5%。公开招录实现首次建立职位申报网上审核系统、首次在内地省市设置笔试考场、首次应用面试信息化系统等“七个首次”。

（二）加强公务员分类管理。

开展聘任制公务员试点，自治区地矿局、乌鲁木齐高新区（新市区）、昌吉国家农业科技园区管理委员会等3家试点单位面向社会公开招聘9名聘任制公务员。印发《自治区留疆战士管理工作实施办法（试行）》，完善留疆战士招录方式、来源渠道、激励保障等政策，鼓励优秀退伍战士报考。

（三）改进公务员培训。

制定《自治区“十三五”公务员培训纲要》。完善公务员培训登记和统计制度，突出教育培训重点和特色，全区“四类培训”累计3万余人次。

五、劳动关系总体保持和谐稳定

（一）构建和谐劳动关系。

推动企业建立健全集体协商机制，继续开展集体协商集中要约行动月活动，25人以上企业集体协商建制率保持在85%以上。在阜康市、乌鲁木齐市经济技术开发区（头屯河区）启动区市共建和谐劳动关系综合试验区试点。

（二）加强劳动保障监察。

制定《新疆维吾尔自治区重大劳动保障违法行为社会公布实施办法》，面向社会公布10起拖欠劳动者报酬典型案件和10起重大劳动保障违法行为，发挥震慑作用。以清欠工作为重点，加大劳动保障监察专项检查，有效维护劳动者权益。启动治欠保支三年行动计划（2017—2019年），推动劳动用工实名制信息化管理、农民工工资专用账户、银行代发工资等制度在克拉玛依市、伊犁州等地全面铺开，全区40%以上在建工程项目实行了实名制信息化管理，各类劳动用工、劳动报酬等纠纷案件有所减少，劳动用工管理进一步规范。推行劳动保障监察执法“双随机、一公开”和“两网化”管理应用，上线运行劳动保障监察执法信息系统，开展网上劳动用工书面审查、网上经办举报投诉案件，推进举报投诉案件省级联动处理机制建设，实现“一点举报投诉、全网联动处理”。

（三）提高劳动人事争议调解仲裁质量。

加强裁审衔接，与高法等部门建立沟通协商机制，平稳处理多起关注度高、敏感性强的劳动人事争议仲裁案件，各级仲裁机构受理仲裁案件量同比下降15.3%，集体争议案件量同比下降42.2%，调解仲裁结案率达到96.5%。推进调解仲裁规范化建设，出台《关于进一步加强劳动人事争议调解仲裁完善多元处理机制的实施意见》，县级仲裁院组建率达到100%，乡镇（街道）调解组织组建率达到86.5%，100%的地州市级仲裁院和60%的县级仲裁院应用信息化系统办案，办案效率和质

量明显提高。

（四）推进人力资源社会保障信访工作。

健全信访工作机制，开展积案化解“百日攻坚”活动，做好重要节点信访维稳工作，人力资源社会保障信访处于量减序稳的良好态势，来访人次同比下降14%，来信同比下降61%，网上信访同比下降69%，有效防范和化解了人力资源社会保障领域风险。

新疆维吾尔自治区人力资源和社会保障厅

新疆生产建设兵团

2017年，新疆生产建设兵团人力资源社会保障部门在人力资源社会保障部的关心支持和兵团党委的正确领导下，以习近平新时代中国特色社会主义思想为指导，紧紧围绕新疆工作总目标，全面贯彻落实以习近平同志为核心的党中央治疆方略和对兵团的定位要求，认真落实中央有关文件精神、全国人力资源和社会保障工作会议精神及兵团的系列决策部署，改革创新、履职尽责、扎实奋进，各项工作稳步推进，目标任务如期完成。

一、就业工作

一是深入实施“就业优先”战略。制定印发了《2017年就业工作目标计划》和《2017年兵团职业培训指导计划》，与各师签订就业工作目标责任书，进一步强化了各级党政机关促进就业的责任，完善了就业工作体制机制。

二是积极推动人口集聚新引进劳动力就业。认真落实兵团领导有关以就业带动人口集聚指示要求，赴河南、陕西、甘肃3省开展了劳动力引进对接工作。全兵团累计实现新增人口就业安置7.7万人，超额完成兵团党委下达的工作任务。

三是修改完善就业创业政策。贯彻落实《国务院关于印发“十三五”促进就业规划的通知》精神，制定工作方案，提出了指导思想、基本原则和目标任务等总体要求，明确了任务分工，细化了工作措施。

四是统筹推进重点群体就业创业。积极推动少数民族聚居团场就业工作和少数民族劳动力转移就业工作。向广东省东莞市转移输送156名少数民族劳动力就业。实施“促进转移就业”“组织劳务创收”“加强技能和创业培训”专项行动计划，着力推动团场劳动力向设施农业、设施畜牧业和第二、第三产业转移，推动团场劳动力在三次产业间合理有序流动。扎实做好就业援助工作，连续11年保持零就业家庭动态为零，累计消除零就业家庭1.62万户，帮扶1.73万名零就业家庭成员实现就业。

五是不断强化职业能力建设。对各师（市）“两后生”情况开展调研，积极推进兵团“两后生”职业技能培训工作。实施“兵团高技能人才振兴计划”等专项行动，开展少数民族示范性免费就业技能培训。完成了技工院校学生学籍、免学费、助学金、资助资金管理以及毕业证书生成查询等工作。举办了2017年中国技能大赛——兵团第七届职业技能竞赛。积极推进农民工和家庭服务业工作。

2017年，兵团实现新增就业12.4万人，援助就业困难人员就业1.16万人，实现少数民族劳动力就业0.92万人，实现创业就业0.4万人，城镇登记失业率为2.6%。累计开展各类职业技能培训11.5万人（次），超额完成人力资源社会保障部年初下达的目标任务。

二、社会保障工作

一是退休人员养老金调整工作全面完成。制定了调整待遇方案，确保了调整待遇资金按时到位。调整待遇惠及兵团63.83万名退休人员，月人均增加养老金187元。

二是降低失业保险费率。制定方案，将失

业保险单位费率由1%降低至0.5%，总费率由1.5%降低至1%，为企业减负约2亿元。对依法参加失业保险，累计缴纳失业保险费36个月以上，取得初、中、高级职业资格证书的企业职工，分别给予1 000元、1 500元、2 000元的技能提升补贴。

三是社会保险缴费减负资金管理进一步规范。修订完善《兵团团场农牧职工社会保险缴费中央财政补助减负资金使用管理暂行办法》，制定减负资金分配方案，将14.57亿元全部用于补助团场农牧职工社会保险单位缴费，并向南疆团场、边境团场、少数民族聚居团场倾斜。2017年中央财政补助兵团城乡居民基本养老保险6 414万元按计划全部拨付各师。

四是养老保险关系转移接续政策不断完善。认真落实人力资源社会保障部《关于机关事业单位基本养老保险关系和职业年金转移接续有关问题的通知》等文件精神，进一步完善养老保险缴费和待遇核定政策。

五是居民医保筹资机制进一步健全。印发《关于做好2017年城镇居民基本医疗保险工作的通知》，将兵团居民医保财政补助标准由420元提高至450元，居民个人缴费同步提高30元，达到人均180元（其中成年居民230元、学生儿童130元）。

六是兵地社会保险融合发展加强。制定了《关于进一步推进兵地社会保险融合发展的实施意见》，搭建兵地社会保险统一平台，扩大兵地医疗保险定点机构互认覆盖面，加快推进医保关系转移接续、缴费年限认定、异地就医直接结算、实现社会保障“一卡通”等各项工作。

七是社会保险精准扶贫稳步推进。印发了《关于切实做好兵团社会保险扶贫工作的通知》，通过实施贫困人员参加居民医保个人缴费给予补助、提高贫困人员大病保险待遇水平、对贫困劳动力给予工伤待遇先行支付、将非就业妇女住院分娩费用纳入医保报销等措施，社会保险精准扶贫工作稳步推进。

八是大病保险政策体系进一步完善。制定了《关于兵团大病保险有关问题的通知》等政策，将职工大病保险年人均筹资标准由25元提高至50元。全面实施人身意外伤害保险，启动长期护理保险试点和门诊费用统筹试点工作。

九是医保支付方式改革进一步深化。制定了《关于加强兵团基本医疗保险基金预算管理发挥医疗保险基金控费作用的实施意见》，建立了绩效考核和通报制度。开展了兵团医疗保险按病种付费课题研究项目。

十是异地就医结算工作加快推进。与人力资源社会保障部签订了责任书，完成预付金测算、规范工作流程、信息系统建设、社保卡用卡环境改造和与系统联调等工作。兵团的15个统筹区全部接入国家异地就医直接结算平台，确保了兵团所有符合条件的跨省异地安置人员均可实现异地就医直接结算。将兵团回沪定居人员统一纳入国家异地就医结算系统。

2017年，兵团职工基本养老保险（含机关事业单位养老保险）、基本医疗保险（含居民医疗保险）、失业保险、工伤保险、生育保险参保人数分别达到168.24万人、245.02万人、66.56万人、79.98万人、67.8万人。五项保险征缴收入分别为101.86亿元、40.72亿元、2.90亿元、2.73亿元、1.26亿元。扩面与征缴均超额完成年初目标任务。

三、人才队伍建设

一是积极稳妥推进事业单位人事制度改革工作。制定印发了《关于进一步加强和改进事业单位公开招聘工作的通知》，明确“三严格、三统一”的新要求（即严格执行“逢进必考”要求、严格编制管理按岗聘用、严格规范招聘岗位设置条件，统一审核发布招聘方案、统一组织管理、统一审核备案）。服务兵团向南发展战略，制定《关于进一步做好南疆及艰苦边远团场事业单位公开招聘工作的通知》，为破解南疆所属团场及四类地区以上团场事业单位“招人难、留人难”问题提供了制度性依据。

二是兵团面向内地高校毕业生招聘教师工

作顺利开展。制订工作计划，两次召开工作部署会议，组成16个招聘工作组。在有关省份援疆前方指挥部的大力支持下，分别在河北、山西、辽宁等9个省设置了10个考点，有385人参加了笔试考试，招聘工作圆满完成。

三是防治“吃空饷”问题长效机制进一步健全。认真落实中央组织部等四部委《关于建立机关事业单位防治“吃空饷”问题长效机制的指导意见》，从机构编制、干部人事、工资发放管理等关键环节入手，开展了14个师、52个机关部门、8个直属机构机关事业单位防治“吃空饷”问题长效机制建立情况大检查。

四是事业单位人事管理信息工作加强。认真贯彻落实中央文件精神和兵团党委实施方案，完成了兵团团场综合配套改革中事业单位工作人员分流安置及纳编考试政策制定工作。对全兵团1 977家事业单位、64 121名工作人员实名制信息进行了数据采集分析，为团场综合配套改革工作提供了详尽的基础资料。

四、人事制度改革

一是职称制度改革工作全面推进。认真落实《关于深化职称制度改革的意见》，学习借鉴部分省区经验，完善兵团职称改革评价体系。修订发布了兵团高级职称评审量化赋分标准，编印了兵团专业技术管理与服务平台操作手册。聚焦“集聚人口”战略，提高南疆师团事业单位中高级岗位结构比例。向一师、三师、十四师和塔里木大学增加中高级岗位设置结构比例。基层事业单位在岗位聘任中“有资格、没有岗位”的突出问题基本解决。

二是专业技术人才服务体系建设加强。以高层次人才选拔推荐工作为重点，新入选享受国务院政府特殊津贴专家25人，“百千万人才工程”国家级推荐人选9人。申请立项和组织实施了5个国家级和兵团级高级研修项目，培训高级专业技术人才440人。选派14名南疆师团少数民族科技骨干赴北大、清华等高校和科研院所进行培训。通过国家和兵团级继续教育基地，培训各级各类专业技术人才3 300人次。

三是海外高层次人才和急需紧缺人才引进工作进一步加强。认真贯彻落实《中共中央国务院关于加强新形势下引进外国人才工作的意见》，成立了兵团、师（市）两级“外国人来华工作许可实施领导小组”。完成了兵团本级和各师（市）、院校外国人来华工作管理服务系统接入国家电子政务外网的工作。组团参加了在深圳市召开的第十五届中国国际人才交流大会。9名哈萨克斯坦国立农业大学的专家来兵团会谈访问；承办了第五届中国—以色列大规模突发事件卫生系统防范与应对国际研讨会及实场演练。石河子大学医学院第一附属医院被国家外专局评定为“国家级引智示范单位”。

四是人力资源市场建设进一步推进。积极推进兵团向南发展战略，认真落实“中央专项”计划，全年招收专项安置人员23 410人。认真贯彻落实中共中央办公厅、国务院办公厅《关于进一步引导和鼓励高校毕业生到基层工作的意见》，引进“三支一扶”大学生267人。军队转业干部安置工作顺利实施。

五、工资收入分配工作

一是稳步推进兵团员额内法官、检察官、司法辅助人员和司法行政人员工资制度改革。完成了兵、师、垦区三级法院、检察院员额内法官职务等级套改和检察官、司法辅助人员、司法行政人员的绩效考核奖金总量核定等审核工作。完成了新疆维吾尔自治区高级人民法院兵团分院、兵团人民检察院的绩效考核奖金分配指导意见及分配办法和各师（市）中级人民法院、检察分院的绩效考核奖金分配办法的审核工作。

二是配合团场综合配套完成工资改革工作。对各师（市）、团场领导干部收入情况进行了摸底，提出了团场领导干部收入分配方案。制定了推进团场国有企业负责人薪酬制度改革的实施方案和《关于做好团场国有企业负责人薪酬制度改革工作的指导意见》，为团场综合配套改革后国有企业负责人薪酬制度改革提供政策保障。

三是稳步推进兵团国有企业负责人薪酬制度改革工作。对各师（市）贯彻落实《兵团办公厅关于加快推进兵团深化国有企业负责人薪酬制度改革工作的通知》情况进行督导检查，对改革工作进行再推进、再督促、再落实。确定了2016年度兵团本级国有企业负责人基本年薪基数。

四是事业单位绩效工资管理进一步规范。印发了《关于做好2017年度兵团事业单位绩效工资总量核定工作的通知》，对各师（市）及兵直事业单位的绩效工资总量核定工作进行了审核、规范。

五是全面落实人民警察待遇。认真落实人力资源社会保障部、财政部《关于执行人民警察值勤岗位津贴有关问题的通知》精神，在集中调研、大量数据测算的基础上，按照向基层一线倾斜和差别化工资待遇管理原则，初步形成了具有新疆特色的差别化的人民警察待遇方案，与自治区同步向人力资源社会保障部作了请示，待批复后组织实施。

六、劳动关系工作

研究拟定了《兵团党委　兵团贯彻〈中共中央　国务院关于构建和谐劳动关系的意见〉的实施意见》，制定兵团加强南疆师团劳动合同管理的指导意见。进一步加强和规范仲裁员管理和劳动人事争议调解仲裁工作，制定了《新疆生产建设兵团劳动人事争议仲裁员管理暂行办法》，加强了对各师劳动关系、劳动人事争议调解仲裁工作的指导，处理劳动人事争议仲裁案件1 286件。加强了农民工工资支付检查监督，督促支付农民工工资上亿元。开展了清理整顿人力资源市场秩序专项行动，加大了行政复议、行政应诉工作力度，结案率100%。认真落实信访工作责任制，维护了兵团社会稳定。

七、基础性工作

一是社保基金风险防控能力进一步提升。编制了2017年度社会保险基金预算及2016年度基金决算，有效规范了大病保险资金的收支行为。出台了《兵团医疗保险稽核实施办法》和《兵团医保医师管理办法》，对定点医疗机构、药店有针对性地开展了稽核，追回违规资金165.06万元。

二是维护基金安全。加大打击医疗保险欺诈行为，追回医疗保险基金14.84万元。开展了兵团城乡居民养老保险经办机构内部控制专项检查和养老保险重点指标专项核查工作。

三是加快推进人力资源社会保障系统信息化建设。社保卡累计发放量达183万张。完成了全国各省份跨省持卡限时结算。完善了兵团机关事业单位养老保险待遇发放功能。

四是完成了全国专业技术人员资格考试兵团考区考务工作，组织开展各类技能人员职业技能鉴定考核工作。

新疆生产建设兵团人力资源和社会保障局

统 计 资 料

（一）综　　合

表 1—1　　　　历年国内生产总值增长及构成

年份	国内生产总值	第一产业	第二产业	第三产业
一、绝对数（亿元）				
2000	100 280	14 717	45 665	39 898
2001	110 863	15 503	49 661	45 700
2002	121 717	16 190	54 106	51 422
2003	137 422	16 970	62 697	57 754
2004	161 840	20 904	74 287	66 649
2005	187 319	21 807	88 084	77 428
2006	219 439	23 317	104 362	91 760
2007	270 232	27 788	126 634	115 811
2008	319 516	32 753	149 957	136 806
2009	349 081	34 162	160 172	154 748
2010	413 030	39 363	191 630	182 038
2011	489 301	46 163	227 039	216 099
2012	540 367	50 902	244 643	244 822
2013	595 244	55 329	261 956	277 959
2014	643 974	58 344	277 572	308 059
2015	689 052	60 862	282 040	346 150
2016	743 586	63 673	296 548	383 365
2017	827 122	65 468	334 623	427 032
二、比上年增长（%）				
2000	8.5	2.3	9.5	9.8
2001	8.3	2.6	8.5	10.3
2002	9.1	2.7	9.9	10.5
2003	10.0	2.4	12.7	9.5
2004	10.1	6.1	11.1	10.1
2005	11.4	5.1	12.1	12.4
2006	12.7	4.8	13.5	14.1
2007	14.2	3.5	15.1	16.1
2008	9.7	5.2	9.8	10.5
2009	9.4	4.0	10.3	9.6
2010	10.6	4.3	12.7	9.7
2011	9.5	4.2	10.7	9.5
2012	7.9	4.5	8.4	8.0
2013	7.8	3.8	8.0	8.3
2014	7.3	4.1	7.4	7.8
2015	6.9	3.9	6.2	8.2
2016	6.7	3.3	6.3	7.7
2017	6.9	3.9	6.1	8.0

续表

年份	国内生产总值	第一产业	第二产业	第三产业
三、构成（%）				
2000	100.0	14.7	45.5	39.8
2001	100.0	14.0	44.8	41.2
2002	100.0	13.3	44.5	42.2
2003	100.0	12.3	45.6	42.0
2004	100.0	12.9	45.9	41.2
2005	100.0	11.6	47.0	41.3
2006	100.0	10.6	47.6	41.8
2007	100.0	10.3	46.9	42.9
2008	100.0	10.3	46.9	42.8
2009	100.0	9.8	45.9	44.3
2010	100.0	9.5	46.4	44.1
2011	100.0	9.4	46.4	44.2
2012	100.0	9.4	45.3	45.3
2013	100.0	9.3	44.0	46.7
2014	100.0	9.1	43.1	47.8
2015	100.0	8.8	40.9	50.2
2016	100.0	8.6	39.9	51.6
2017	100.0	7.9	40.5	51.6

表 1—2　　历年分城乡就业人员年末人数及构成　　单位：万人

年份	就业人数			构成（%）		
	合计	城镇	乡村	合计	城镇	乡村
1998	70 637	21 616	49 021	100	30.6	69.4
1999	71 394	22 412	48 982	100	31.4	68.6
2000	72 085	23 151	48 934	100	32.1	67.9
2001	72 797	24 123	48 674	100	33.1	66.9
2002	73 280	25 159	48 121	100	34.3	65.7
2003	73 736	26 230	47 506	100	35.6	64.4
2004	74 264	27 293	46 971	100	36.8	63.2
2005	74 647	28 389	46 258	100	38.0	62.0
2006	74 978	29 630	45 348	100	39.5	60.5
2007	75 321	30 953	44 368	100	41.1	58.9
2008	75 564	32 103	43 461	100	42.5	57.5
2009	75 828	33 322	42 506	100	43.9	56.1
2010	76 105	34 687	41 418	100	45.6	54.4
2011	76 420	35 914	40 506	100	47.0	53.0
2012	76 704	37 102	39 602	100	48.4	51.6
2013	76 977	38 240	38 737	100	49.7	50.3
2014	77 253	39 310	37 943	100	50.9	49.1
2015	77 451	40 410	37 041	100	52.2	47.8
2016	77 603	41 428	36 175	100	53.4	46.6
2017	77 640	42 462	35 178	100	54.7	45.3

注：1990 年以后从业人员数字根据 2000 年、2010 年人口普查数进行了调整。

表 1—3　　历年分产业就业人员年末人数及构成　　单位：万人

年份	就业人数				构成（%）			
	合计	第一产业	第二产业	第三产业	合计	第一产业	第二产业	第三产业
1998	70 637	35 177	16 600	18 860	100	49.8	23.5	26.7
1999	71 394	35 768	16 421	19 205	100	50.1	23.0	26.9
2000	72 085	36 043	16 219	19 823	100	50.0	22.5	27.5
2001	72 797	36 399	16 234	20 165	100	50.0	22.3	27.7
2002	73 280	36 640	15 682	20 958	100	50.0	21.4	28.6
2003	73 736	36 204	15 927	21 605	100	49.1	21.6	29.3
2004	74 264	34 830	16 709	22 725	100	46.9	22.5	30.6
2005	74 647	33 442	17 766	23 439	100	44.8	23.8	31.4
2006	74 978	31 941	18 894	24 143	100	42.6	25.2	32.2
2007	75 321	30 731	20 186	24 404	100	40.8	26.8	32.4
2008	75 564	29 923	20 553	25 087	100	39.6	27.2	33.2
2009	75 828	28 890	21 080	25 857	100	38.1	27.8	34.1
2010	76 105	27 931	21 842	26 332	100	36.7	28.7	34.6
2011	76 420	26 594	22 544	27 282	100	34.8	29.5	35.7
2012	76 704	25 773	23 241	27 690	100	33.6	30.3	36.1
2013	76 977	24 171	23 170	29 636	100	31.4	30.1	38.5
2014	77 253	22 790	23 099	31 364	100	29.5	29.9	40.6
2015	77 451	21 919	22 693	32 839	100	28.3	29.3	42.4
2016	77 603	21 496	22 350	33 757	100	27.7	28.8	43.5
2017	77 640	20 944	21 824	34 872	100	27.0	28.1	44.9

表 1—4　　历年城镇分经济类型就业人员构成　　单位：万人

年份	合计	国有单位	集体单位	股份合作单位
1998	21 616	9 058	1 963	136
1999	22 412	8 572	1 712	144
2000	23 151	8 102	1 499	155
2001	24 123	7 640	1 291	153
2002	25 159	7 163	1 122	161
2003	26 230	6 876	1 000	173
2004	27 293	6 710	897	192
2005	28 389	6 488	810	188
2006	29 630	6 430	764	178
2007	30 953	6 424	718	170
2008	32 103	6 447	662	164
2009	33 322	6 420	618	160
2010	34 687	6 516	597	156
2011	35 914	6 704	603	149
2012	37 102	6 839	589	149
2013	38 240	6 365	566	108
2014	39 310	6 312	537	103
2015	40 410	6 208	481	92
2016	41 428	6 170	453	86
2017	42 462	6 064	406	77

续表

年份	联营单位	有限责任公司	股份有限公司	私营企业
1998	48	484	410	973
1999	46	603	420	1 053
2000	42	687	457	1 268
2001	45	841	483	1 527
2002	45	1 083	538	1 999
2003	44	1 261	592	2 545
2004	44	1 436	625	2 994
2005	45	1 750	699	3 458
2006	45	1 920	741	3 954
2007	43	2 075	788	4 581
2008	43	2 194	840	5 124
2009	37	2 433	956	5 544
2010	36	2 613	1 024	6 071
2011	37	3 269	1 183	6 912
2012	39	3 787	1 243	7 557
2013	25	6 069	1 721	8 242
2014	22	6 315	1 751	9 857
2015	20	6 389	1 798	11 180
2016	18	6 381	1 824	12 083
2017	13	6 367	1 846	13 327

年份	港澳台商投资单位	外商投资单位	个体	其他
1998	294	293	2 259	5 689
1999	306	306	2 414	6 817
2000	310	332	2 136	8 134
2001	326	345	2 131	9 299
2002	367	391	2 269	9 907
2003	409	454	2 377	10 338
2004	470	563	2 521	10 680
2005	557	688	2 778	10 749
2006	611	796	3 012	10 950
2007	680	903	3 310	11 038
2008	679	943	3 609	11 177
2009	721	978	4 245	10 960
2010	770	1 053	4 467	11 097
2011	932	1 217	5 227	9 362
2012	969	1 246	5 643	8 666
2013	1 397	1 566	6 142	5 747
2014	1 393	1 562	7 009	4 167
2015	1 344	1 446	7 800	3 368
2016	1 305	1 361	8 627	2 830
2017	1 290	1 291	9 348	2 143

表 1—5　　历年分经济类型单位职工人数　　单位：万人

年份	合计	在岗职工	国有单位	在岗职工
1998	14 314	12 337	10 044	8 809
1999	13 928	11 773	9 675	8 336
2000	13 468	11 259	9 260	7 878
2001	12 892	10 792	8 710	7 409
2002	12 517	10 558	8 103	6 924
2003	10 969	10 492	6 875	6 621
2004	12 182	10 576	7 383	6 438
2005	12 193	10 850	6 895	6 232
2006	12 337	11 161	6 829	6 170
2007	12 459	11 427	6 718	6 148
2008	12 369	11 515	6 592	6 126
2009	12 551	11 824	6 471	6 078
2010	12 889	12 251	6 488	6 145
2011	14 413	13 681	6 704	6 362
2012	15 236	14 403	6 839	6 467
2013	18 108	17 057	6 365	6 012
2014	18 278	17 212	6 312	5 956
2015	18 062	16 977	6 208	5 856
2016	17 888	16 768	6 170	5 811
2017	17 644	16 508	6 064	5 708

年份	城镇集体单位	在岗职工	其他单位	在岗职工
1998	2 458	1 900	1 812	1 628
1999	2 233	1 652	2 020	1 785
2000	2 008	1 447	2 200	1 935
2001	1 753	1 241	2 429	2 142
2002	1 527	1 071	2 887	2 563
2003	1 356	950	3 244	2 920
2004	1 210	851	3 588	3 287
2005	1 066	769	4 131	3 849
2006	988	726	4 520	4 264
2007	914	684	4 827	4 595
2008	812	623	4 965	4 766
2009	735	578	5 345	5 168
2010	693	558	5 707	5 548
2011	603	562	7 106	6 757
2012	590	549	7 808	7 387
2013	566	522	11 177	10 523
2014	537	494	11 429	10 762
2015	481	444	11 373	10 677
2016	453	418	11 265	10 539
2017	406	374	11 174	10 426

注：本表中职工人数包括在岗职工和离岗职工人数。

表 1—6　　历年分企业、事业、机关职工人数　　单位：万人

年份	企业				事业				机关	
	合计	国有	集体	其他	合计	国有	集体	其他	合计	国有
1998	10 524	6 394	2 320	1 810	2 729	2 595	132	2	1 061	1 055
1999	10 112	5 998	2 095	2 019	2 745	2 611	133	2	1 071	1 066
2000	9 628	5 564	1 867	2 197	2 761	2 622	136	3	1 079	1 075
2001	9 054	5 017	1 612	2 425	2 758	2 617	137	4	1 080	1 075
2002	8 713	4 446	1 388	2 879	2 731	2 588	136	7	1 073	1 069
2003	7 172	3 067	820	2 910	2 724	2 582	132	10	1 072	1 068
2004	8 321	3 660	1 088	3 573	2 753	2 621	117	15	1 107	1 103
2005	8 275	3 209	953	4 113	2 806	2 678	110	19	1 111	1 108
2006	8 377	2 996	881	4 500	2 836	2 711	104	21	1 123	1 121
2007	8 456	2 846	810	4 800	2 864	2 736	102	26	1 138	1 136
2008	8 350	2 693	719	4 938	2 871	2 752	92	27	1 149	1 147
2009	8 482	2 545	649	5 287	2 867	2 759	80	27	1 161	1 159
2010	8 734	2 482	608	5 644	2 921	2 812	80	29	1 192	1 187
2011	9 991	2 466	514	7 011	3 096	2 972	83	41	1 263	1 255
2012	10 673	2 467	499	7 707	3 193	3 067	85	42	1 303	1 296
2013	13 517	1 968	475	11 073	3 184	3 062	84	38	1 316	1 314
2014	13 592	1 830	444	11 317	3 243	3 116	85	42	1 343	1 342
2015	13 325	1 674	394	11 257	3 250	3 128	79	43	1 379	1 377
2016	13 121	1 608	368	11 145	3 249	3 126	78	45	1 410	1 407
2017	12 823	1 454	319	11 049	3 242	3 120	79	42	1 462	1 460

年份	机关		民间非营利组织				其他			
	集体	其他	合计	国有	集体	其他	合计	国有	集体	其他
1998	6									
1999	5									
2000	5									
2001	4									
2002	4									
2003	4									
2004	4									
2005	3									
2006	2									
2007	2									
2008	2									
2009	1	1	14	2	1	11	27	5	3	18
2010	2	3	17	2	1	13	25	4	3	18
2011	1	7	25	3	2	21	37	8	3	27
2012	1	6	29	3	2	24	39	7	3	28
2013	1	1	32	3	2	27	59	17	4	38
2014	1	1	38	3	2	33	62	21	5	36
2015	1	1	40	5	3	32	68	25	4	39
2016	1	2	41	5	2	34	67	24	4	38
2017	1	2	49	4	2	43	68	26	4	38

注：

1. 本表中职工人数包括在岗职工和离岗职工人数。

2. 以前年度民间非营利组织和其他单位按照登记注册情况并入了机关、事业和企业单位，从 2009 年起新增列民间非营利组织和其他两个分类。

表 1—7　　历年分行业在岗职工年末人数　　单位：万人

年份	合计	农、林、牧、渔业	采掘业	制造业	电力、燃气及水的生产和供应业	建筑业	地质勘查业、水利管理业	交通运输、仓储和邮电通信业
1978	9 499	830	652	3 595	107	623	178	669
1980	10 444	788	697	3 947	118	710	188	714
1985	12 358	777	795	4 620	142	900	197	823
1989	13 742	782	842	5 206	180	900	199	874
1990	14 059	780	882	5 304	192	896	197	895
1991	14 508	769	905	5 443	203	940	199	916
1992	14 792	758	898	5 508	215	995	202	921
1993	14 849	708	925	5 469	232	1 153	144	826
1994	14 849	680	904	5 434	244	1 072	137	835
1995	14 908	660	914	5 439	257	1 053	134	824
1996	14 845	617	886	5 293	272	1 035	128	830
1997	14 668	612	851	5 083	282	1 004	128	824
1998	12 337	546	702	3 769	281	846	115	701
1999	11 773	519	650	3 496	283	778	110	682
2000	11 259	494	581	3 240	282	744	109	659
2001	10 792	458	544	3 010	284	733	104	629
2002	10 558	430	537	2 907	285	756	96	613

年份	批发和零售贸易、餐饮业	金融、保险业	房地产业	社会服务业	卫生、体育和社会福利业	教育、文化艺术和广播电影电视业	科学研究和综合技术服务业	国家机关、政党机关和社会团体	其他
1978	1 079	65	31	166	247	736	92	430	
1980	1 239	89	37	218	287	817	105	490	
1985	1 518	126	36	271	342	962	131	718	
1989	1 675	184	43	327	382	1 117	147	885	
1990	1 715	195	44	344	392	1 143	152	929	
1991	1 786	208	48	369	410	1 181	156	974	
1992	1 844	223	54	386	421	1 212	159	996	
1993	1 796	239	66	422	416	1 205	166	1 030	55
1994	1 833	261	72	447	428	1 249	174	1 017	63
1995	1 828	273	77	449	438	1 291	178	1 027	66
1996	1 807	288	82	458	451	1 345	176	1 075	103
1997	1 774	298	84	480	464	1 403	179	1 080	125
1998	1 256	301	89	451	469	1 451	168	1 084	108
1999	1 110	300	90	453	473	1 480	165	1 088	96
2000	977	294	93	457	476	1 500	164	1 091	99
2001	840	292	97	463	481	1 512	154	1 088	104
2002	733	287	107	483	480	1 517	151	1 056	120

续表

年份	合计	农、林、牧、渔业	采矿业	制造业	电力、热力、燃气及水生产和供应业	建筑业	交通运输、仓储和邮政业	信息传输、软件和信息技术服务业	批发和零售业	住宿和餐饮业
2003	10 492	460	481	2 899	292	774	610	104	592	159
2004	10 576	438	491	2 960	294	778	598	111	551	163
2005	10 850	414	498	3 096	294	854	579	117	508	167
2006	11 161	402	518	3 250	296	910	579	125	486	170
2007	11 427	386	524	3 358	298	962	584	137	479	172
2008	11 515	362	526	3 329	297	971	583	144	487	178
2009	11 824	328	539	3 380	297	1 050	589	158	493	185
2010	12 251	328	546	3 519	299	1 133	582	168	506	191
2011	13 681	311	600	4 022	324	1 519	642	208	622	228
2012	14 334	339	631	4 262	345	2 010	668	223	712	265
2013	17 057	256	622	5 166	389	2 513	816	319	854	282
2014	17 212	252	583	5 152	389	2 518	830	327	850	268
2015	16 977	240	534	4 980	382	2 416	823	340	843	256
2016	16 768	230	477	4 805	377	2 354	819	355	834	250
2017	16 508	219	443	4 553	367	2 284	812	385	805	240

年份	金融业	房地产业	租赁和商务服务业	科学研究和技术服务业	水利、环境和公共设施管理业	居民服务、修理和其他服务业	教育	卫生和社会工作	文化、体育和娱乐业	公共管理、社会保障和社会组织
2003	286	108	168	206	164	47	1 402	472	122	1 146
2004	287	120	176	208	165	47	1 425	477	118	1 170
2005	295	133	199	213	170	47	1 445	491	117	1 213
2006	300	140	215	220	176	50	1 466	506	117	1 235
2007	311	151	223	228	181	51	1 484	522	119	1 260
2008	326	157	247	240	179	50	1 491	536	119	1 292
2009	347	175	263	255	184	55	1 502	564	122	1 337
2010	370	195	281	273	193	56	1 527	595	124	1 365
2011	417	233	273	282	203	57	1 563	644	128	1 406
2012	528	274	292	331	244	62	1 653	719	138	1 542
2013	447	352	399	368	226	69	1 623	727	138	1 491
2014	467	379	426	386	232	72	1 657	765	137	1 518
2015	478	394	450	389	233	70	1 665	794	140	1 550
2016	498	407	463	398	229	71	1 657	819	142	1 584
2017	501	419	495	400	230	73	1 656	850	143	1 632

表 1—8　　历年分经济类型单位在岗职工平均工资及增长情况　　单位：元/年

年份	在岗职工平均工资	国有单位	城镇集体单位	其他单位	比上年增长
1997	6 470	6 747	4 512	8 789	4.2
1998	7 479	7 668	5 331	8 972	15.6
1999	8 346	8 543	5 774	9 829	11.6
2000	9 371	9 552	6 262	10 984	12.3
2001	10 870	11 178	6 867	12 140	16.0
2002	12 422	12 869	7 667	13 212	14.3
2003	14 040	14 577	8 678	14 574	13.0
2004	16 024	16 445	9 723	16 519	14.1
2005	18 364	19 313	11 283	18 244	14.6
2006	21 001	22 112	13 014	20 755	14.4
2007	24 932	26 620	15 595	24 058	18.7
2008	29 229	31 005	18 338	28 387	17.2
2009	32 736	35 053	20 958	31 319	12.0
2010	37 147	39 471	24 430	35 843	13.5
2011	42 452	44 695	29 261	41 449	14.3
2012	47 593	49 750	34 431	46 682	12.1
2013	52 388	54 225	39 669	51 972	10.1
2014	57 361	58 992	43 631	57 092	9.5
2015	63 241	67 415	47 638	61 611	10.3
2016	68 993	74 990	51 708	66 371	9.1
2017	76 121	84 043	56 762	72 459	10.3

表 1—9　　历年全国企业、事业、机关单位在岗职工平均工资　　单位：元/年

年份	在岗职工平均工资	企业				事业				机关	
		小计	国有	集体	其他	小计	国有	集体	其他	小计	国有
1997	6 470	6 322	6 647	4 443	8 788	6 867	6 925	5 743	9 530	6 990	6 994
1998	7 479	7 405	7 644	5 264	8 970	7 620	7 689	6 206	10 858	7 740	7 746
1999	8 346	8 168	8 350	5 670	9 828	8 665	8 748	6 970	10 913	8 925	8 930
2000	9 371	9 189	9 324	6 144	10 985	9 634	9 749	7 388	10 560	10 020	10 025
2001	10 870	10 453	10 619	6 667	12 136	11 491	11 640	8 518	14 628	12 125	12 136
2002	12 422	11 873	12 109	7 426	13 206	13 246	13 438	9 399	15 568	14 005	14 020
2003	14 040	13 578	14 028	8 401	14 575	14 564	14 770	10 448	15 147	15 736	15 757
2004	16 024	15 559	16 336	9 513	16 255	16 489	16 690	11 773	17 335	17 869	17 887
2005	18 364	17 853	19 069	10 909	18 242	18 720	18 926	13 602	18 621	20 828	20 840
2006	21 001	20 555	22 246	12 547	20 756	21 259	21 466	15 887	20 668	23 360	23 370
2007	24 932	24 046	26 284	14 882	24 053	25 805	26 029	19 828	25 048	28 763	28 773
2008	29 229	28 359	30 780	17 616	28 388	29 758	30 004	22 682	28 205	33 869	33 878
2009	32 736	31 622	34 778	20 041	31 362	34 053	34 276	26 900	31 924	37 397	37 410
2010	37 147	36 256	39 938	23 338	35 891	38 411	38 626	31 260	36 661	40 512	40 561
2011	42 452	42 020	46 288	28 115	41 550	43 254	43 522	36 378	37 218	44 303	44 388
2012	47 593	47 284	51 698	33 274	46 780	48 426	48 683	41 400	43 097	48 513	48 608
2013	52 388	52 270	56 962	38 322	52 032	53 291	53 463	47 439	51 914	51 894	51 905
2014	57 361	57 359	62 236	42 036	57 164	58 125	58 304	52 246	56 344	55 939	55 962
2015	63 241	61 904	67 303	45 857	61 655	67 828	68 197	56 629	60 720	65 829	65 853
2016	68 993	66 580	71 533	49 100	66 437	76 216	76 655	63 818	66 278	75 124	75 172
2017	76 121	72 703	78 275	53 267	72 525	85 450	86 016	70 894	69 895	85 304	85 358

年份	机关		民间非营利组织				其他			
	集体	其他	小计	国有	集体	其他	小计	国有	集体	其他
1997	6 338									
1998	6 675									
1999	7 827									
2000	8 718									
2001	8 960									
2002	9 302									
2003	9 742									
2004	12 101									
2005	15 365									
2006	17 897									
2007	21 803									
2008	25 298									
2009	30 394	26 434	29 529	49 985	24 868	26 439	24 249	38 003	16 991	21 532
2010	31 338	26 214	33 750	54 207	27 953	30 867	26 264	37 897	18 222	24 708
2011	39 612	30 197	37 015	57 700	29 235	34 741	30 663	42 019	24 550	28 505
2012	39 608	29 971	42 887	67 214	39 755	40 635	35 421	46 635	29 206	33 225
2013	41 020	47 424	46 849	67 401	43 004	44 792	44 167	58 328	35 120	38 828
2014	41 702	42 494	49 530	69 474	45 816	47 834	53 341	72 950	39 144	43 661
2015	49 879	50 654	53 477	60 775	53 823	52 414	58 923	64 220	43 570	57 340
2016	52 920	48 145	57 995	66 405	60 678	56 662	63 333	76 424	52 067	56 227
2017	59 609	53 159	71 802	101 446	59 121	70 038	69 569	86 467	52 717	59 385

注：以前年度民间非营利组织和其他单位按照登记注册情况并入了机关、事业和企业单位，从 2009 年起新增列民间非营利组织和其他两个分类。

表 1—10　　历年分行业职工平均工资　　单位：元/年

年份	合计	农、林、牧、渔业	采掘业	制造业	电力、煤气及水的生产和供应业	建筑业	地质勘查业、水利管理业	交通运输、仓储和邮电通信业
1978	615	470	676	597	850	714	708	694
1980	762	616	854	752	1 035	855	895	832
1985	1 148	878	1 324	1 112	1 239	1 362	1 406	1 275
1989	1 935	1 389	2 378	1 900	2 241	2 166	2 199	2 197
1990	2 140	1 541	2 718	2 073	2 656	2 384	2 465	2 426
1991	2 340	1 652	2 942	2 289	2 922	2 649	2 707	2 686
1992	2 711	1 828	3 209	2 635	3 392	3 066	3 222	3 114
1993	3 371	2 042	3 711	3 348	4 319	3 779	3 717	4 273
1994	4 538	2 819	4 679	4 283	6 155	4 894	5 450	5 690
1995	5 500	3 522	5 757	5 169	7 843	5 785	5 962	6 948
1996	6 210	4 050	6 482	5 642	8 816	6 249	6 581	7 870
1997	6 470	4 311	6 833	5 933	9 649	6 655	7 160	8 600
1998	7 479	4 528	7 242	7 064	10 478	7 456	7 951	9 808
1999	8 346	4 832	7 521	7 794	11 513	7 982	8 821	10 991
2000	9 371	5 184	8 340	8 750	12 830	8 735	9 622	12 319
2001	10 870	5 741	9 586	9 774	14 590	9 484	10 957	14 167
2002	12 422	6 398	11 017	11 001	16 440	10 279	12 303	16 044

年份	批发和零售贸易、餐饮业	金融、保险业	房地产业	社会服务业	卫生、体育和社会福利业	教育、文化艺术和广播电影电视业	科学研究和综合技术服务业	国家机关、政党机关和社会团体	其他
1978	551	610	548	392	573	545	669	655	
1980	692	720	694	475	718	700	851	800	
1985	1 007	1 154	1 028	777	1 124	1 166	1 272	1 127	
1989	1 660	1 867	1 925	1 926	1 959	1 883	2 118	1 874	
1990	1 818	2 097	2 243	2 170	2 209	2 117	2 403	2 113	
1991	1 981	2 255	2 507	2 431	2 370	2 243	2 573	2 275	
1992	2 204	2 829	3 106	2 844	2 812	2 715	3 115	2 768	
1993	2 679	3 740	4 320	3 588	3 413	3 278	3 904	3 505	3 371
1994	3 537	6 712	6 288	5 026	5 126	4 923	6 162	4 962	5 213
1995	4 248	7 376	7 330	5 982	5 860	5 435	6 846	5 526	6 295
1996	4 661	8 406	8 337	6 778	6 790	6 144	8 048	6 340	7 184
1997	4 845	9 734	9 190	7 553	7 599	6 759	9 049	6 981	6 838
1998	5 865	10 633	10 302	8 333	8 493	7 474	10 241	7 773	8 481
1999	6 417	12 046	11 505	9 263	9 664	8 510	11 601	8 978	10 068
2000	7 190	13 478	12 616	10 339	10 930	9 482	13 620	10 043	11 098
2001	8 192	16 277	14 096	11 869	12 933	11 452	16 437	12 142	12 590
2002	9 398	19 135	15 501	13 499	14 795	13 290	19 113	13 975	14 215

注：1998 年以后为城镇非私营单位在岗职工口径。

续表

年份	合计	农、林、牧、渔业	采矿业	制造业	电力、热力、燃气及水生产和供应业	建筑业	交通运输、仓储和邮政业	信息传输、软件和信息技术服务业	批发和零售业	住宿和餐饮业
2003	14 040	6 969	13 682	12 496	18 752	11 478	15 973	32 244	10 939	11 083
2004	16 024	7 611	16 874	14 033	21 805	12 770	18 381	34 988	12 923	12 535
2005	18 364	8 309	20 626	15 757	25 073	14 338	21 352	40 558	15 241	13 857
2006	21 001	9 430	24 335	17 966	28 765	16 406	24 623	44 763	17 736	15 206
2007	24 932	11 086	28 377	20 884	33 809	18 758	28 434	49 225	20 888	17 041
2008	29 229	12 958	34 405	24 192	39 204	21 527	32 796	56 642	25 538	19 481
2009	32 736	14 911	38 224	26 599	42 668	24 625	36 224	59 919	29 031	21 193
2010	37 147	17 345	44 496	30 700	48 323	28 127	41 536	66 598	33 520	23 812
2011	42 452	20 393	52 569	36 494	53 723	32 657	47 646	70 619	40 295	27 847
2012	47 593	23 419	57 471	41 483	59 215	37 284	53 923	80 402	46 165	31 898
2013	52 388	26 557	60 787	46 290	68 552	42 839	58 869	91 404	50 264	34 990
2014	57 361	29 058	62 172	51 225	74 893	46 661	64 376	101 434	55 870	38 232
2015	63 241	32 971	59 920	55 192	80 528	49 767	69 772	112 935	60 449	41 773
2016	68 993	34 746	61 229	59 346	85 260	52 805	74 638	123 447	65 381	44 306
2017	76 121	38 139	70 300	64 402	91 749	56 384	81 332	134 278	71 640	47 456

年份	金融业	房地产业	租赁和商务服务业	科学研究和技术服务业	水利、环境和公共设施管理业	居民服务、修理和其他服务业	教育	卫生和社会工作	文化、体育和娱乐业	公共管理、社会保障和社会组织
2003	22 457	17 182	16 501	20 636	12 095	12 900	14 399	16 352	17 268	15 533
2004	26 982	18 712	18 131	23 593	13 336	14 152	16 277	18 617	20 730	17 609
2005	32 228	20 581	20 992	27 434	14 753	16 642	18 470	21 048	22 885	20 505
2006	39 280	22 578	23 648	31 909	16 140	18 935	21 134	23 898	26 126	22 883
2007	49 435	26 425	26 965	38 879	19 064	21 550	26 162	28 258	30 662	28 171
2008	61 841	30 327	31 735	46 003	22 182	23 801	30 185	32 714	34 494	32 955
2009	70 265	32 591	34 318	50 866	24 551	25 704	35 042	36 380	38 319	36 268
2010	80 772	36 392	38 502	57 316	27 229	28 665	39 624	41 132	42 245	39 329
2011	91 364	43 345	45 900	65 238	30 750	33 713	43 907	47 258	48 711	43 214
2012	100 690	47 327	52 315	70 441	34 584	35 586	48 566	53 753	54 414	47 471
2013	112 330	51 887	62 260	77 921	38 595	38 888	52 882	59 371	60 486	50 723
2014	122 049	56 543	66 421	83 671	42 001	42 266	57 709	64 804	65 646	54 745
2015	132 788	61 381	71 410	90 786	47 046	45 524	68 090	73 444	74 301	64 431
2016	140 421	66 736	76 123	98 153	51 950	48 206	76 242	82 031	81 187	73 403
2017	150 426	70 608	80 925	109 595	56 698	51 464	85 472	91 838	88 974	83 321

表 1—11　　分地区企业、事业、机关单位在岗职工平均工资

（2017 年）　　单位：元/年

地区	合计	企业	事业
	在岗职工平均工资	在岗职工平均工资	在岗职工平均工资
全国	**76 121**	**72 703**	**85 450**
北京	134 994	131 108	167 304
天津	96 965	88 309	132 198
河北	65 266	63 624	68 368
山西	61 547	61 292	61 878
内蒙古	67 688	63 803	72 338
辽宁	62 545	61 536	65 735
吉林	62 908	61 386	65 624
黑龙江	59 995	56 395	66 876
上海	130 765	131 539	125 940
江苏	79 741	74 068	107 011
浙江	82 642	71 928	126 368
安徽	67 927	62 967	78 563
福建	69 029	63 578	90 614
江西	63 069	57 279	74 454
山东	69 305	63 232	87 667
河南	55 997	52 650	65 508
湖北	67 736	63 730	74 855
湖南	65 994	61 896	75 620
广东	80 020	75 858	100 377
广西	66 456	61 151	73 132
海南	69 062	65 243	78 178
重庆	73 272	66 817	92 478
四川	71 631	65 617	82 223
贵州	75 109	67 486	84 078
云南	73 515	59 127	95 498
西藏	115 549	95 276	123 307
陕西	67 433	67 458	68 083
甘肃	65 726	59 062	73 623
青海	76 535	70 319	83 749
宁夏	72 779	69 335	77 245
新疆	68 641	66 814	74 485

注：本表为城镇非私营单位在岗职工平均工资。

续表

地区	机关	民间非营利组织	其他
	在岗职工平均工资	在岗职工平均工资	在岗职工平均工资
全国	**85 304**	**71 802**	**69 569**
北京	139 801	103 925	61 311
天津	138 256	48 892	81 119
河北	64 808	54 035	56 032
山西	62 963	27 226	38 380
内蒙古	73 924	35 207	56 221
辽宁	63 156	41 515	59 032
吉林	66 397	52 355	48 366
黑龙江	69 235	75 000	60 683
上海	127 930	93 892	99 616
江苏	118 282	68 049	90 066
浙江	134 581	71 978	90 215
安徽	79 411	45 907	71 035
福建	93 891	50 527	65 307
江西	77 838	69 750	58 912
山东	83 334	53 331	64 729
河南	62 342	51 320	58 850
湖北	84 698	39 593	69 411
湖南	67 331	52 879	78 394
广东	105 226	56 808	68 164
广西	75 712	31 740	59 001
海南	75 084	44 388	54 222
重庆	89 029	49 120	64 817
四川	84 209	51 004	54 646
贵州	86 135	45 599	62 414
云南	98 224	54 704	49 462
西藏	122 058		27 355
陕西	66 572	43 922	56 774
甘肃	74 586	33 955	44 767
青海	86 948	30 087	42 683
宁夏	79 609	46 994	70 210
新疆	67 720	39 804	49 339

表 1—12　历年居民消费价格指数和商品零售价格指数

（以上年为 100）

年份	全国居民消费价格指数	城镇	商品零售价格指数	城镇
1998	99.2	99.4	97.4	97.4
1999	98.6	98.7	97.0	97.0
2000	100.4	100.8	98.5	98.5
2001	100.7	100.7	99.2	98.9
2002	99.2	99.0	98.7	98.5
2003	101.2	100.9	99.9	99.6
2004	103.9	103.3	102.8	102.1
2005	101.8	101.6	100.8	100.5
2006	101.5	101.5	101.0	101.0
2007	104.8	104.5	103.8	103.3
2008	105.9	105.6	105.9	105.5
2009	99.3	99.1	98.8	98.7
2010	103.3	103.2	103.1	102.8
2011	105.4	105.3	104.9	104.7
2012	102.6	102.7	102.0	101.9
2013	102.6	102.6	101.4	101.3
2014	102.0	102.1	101.0	101.0
2015	101.4	101.5	100.1	100.0
2016	102.0	102.1	100.7	100.7
2017	101.6	101.7	101.1	101.1

表 1—13　历年城乡居民收入及增长情况　单位：元/年

年份	城镇居民人均可支配收入	农村居民人均纯收入	除物价因素比上年实际增长（%）	
			城镇居民人均可支配收入	农村居民人均纯收入
1998	5 425	2 162	5.8	4.3
1999	5 854	2 210	9.3	3.9
2000	6 280	2 253	6.4	2
2001	6 860	2 366	8.2	4.2
2002	7 703	2 476	13.4	4.8
2003	8 472	2 622	9.0	4.3
2004	9 422	2 936	7.7	6.8
2005	10 493	3 255	9.6	6.2
2006	11 760	3 587	10.4	7.4
2007	13 786	4 140	12.2	9.5
2008	15 781	4 761	8.4	8.0
2009	17 175	5 153	9.8	8.5
2010	19 109	5 919	7.8	10.9
2011	21 810	6 977	8.4	11.4
2012	24 565	7 917	9.6	10.7
2013	26 955	8 895.9	7	9.3
2014	28 844	9 892	6.8	9.2
2015	31 195	10 772	6.6	7.5
2016	33 616		5.6	
2017	36 396		6.5	

注：自 2016 年起，国家统计局不再推算农村居民人均纯收入。

（二）就业与失业

表 2—1　　分地区城镇单位就业人员年末人数

（2017 年）　　单位：万人

地区	合计	企业	事业	机关	民间非营利组织	其他
全国	**17 643.8**	**12 822.6**	**3 242.1**	**1 462.4**	**48.9**	**67.9**
北京	812.9	656.1	97.7	37.4	16.0	5.6
天津	269.5	215.4	36.8	15.5	0.7	1.1
河北	535.3	294.1	165.1	75.5	0.3	0.3
山西	428.7	275.3	105.7	46.5	0.4	0.8
内蒙古	280.6	159.4	79.6	41.3	0.1	0.3
辽宁	519.5	361.2	111.2	45.2	0.7	1.2
吉林	307.1	195.0	81.9	28.7	0.5	1.0
黑龙江	413.0	285.1	87.4	38.4	0.1	1.9
上海	632.3	554.5	56.5	17.1	2.9	1.4
江苏	1 484.6	1 248.0	168.2	63.0	0.7	4.7
浙江	1 054.5	847.2	133.5	59.4	7.5	6.9
安徽	516.2	357.4	110.4	45.2	1.3	1.8
福建	672.5	542.1	87.8	40.0	1.3	1.2
江西	463.5	319.8	95.0	48.0	0.001	0.7
山东	1 192.9	877.3	216.4	92.7	1.8	4.7
河南	1 129.3	815.0	218.6	85.2	2.7	7.8
湖北	695.0	491.7	150.0	51.3	0.2	1.8
湖南	565.7	365.8	129.6	60.4	2.1	7.8
广东	1 963.1	1 637.4	211.4	103.7	3.6	7.0
广西	398.0	228.6	119.8	46.5	1.1	2.0
海南	100.9	62.4	24.0	11.6	1.3	1.5
重庆	406.4	303.4	73.1	28.3	0.6	1.0
四川	792.2	519.3	179.0	91.2	1.0	1.7
贵州	315.2	172.5	94.2	46.7	0.3	1.6
云南	422.4	265.5	101.9	54.7	0.1	0.2
西藏	33.3	9.3	10.1	13.8		0.01
陕西	510.4	348.4	108.9	51.0	1.1	1.1
甘肃	259.2	145.4	74.7	38.8	0.02	0.3
青海	63.3	35.1	17.4	10.4	0.4	0.04
宁夏	71.1	41.6	19.9	9.4	0.1	0.1
新疆	335.0	193.1	76.1	65.5	0.1	0.2

注：本表中的城镇单位是指城镇非私营单位。

数据来源：国家统计局。

表 2—2　　分地区企业、事业、机关单位在岗职工年末人数

（2017 年）

单位：万人

地区	合计	企业	事业	机关	民间非营利组织	其他
全国	**16 508**	**11 947**	**3 067**	**1 386**	**44**	**63**
北京	756.4	609.5	93.2	35.0	13.6	5.1
天津	252.2	201.5	34.5	14.5	0.7	1.1
河北	498.4	270.2	155.7	71.9	0.2	0.3
山西	410.0	263.6	100.5	44.8	0.4	0.7
内蒙古	271.7	153.1	78.0	40.3	0.1	0.3
辽宁	488.7	337.6	105.8	43.5	0.7	1.1
吉林	291.7	186.0	76.6	27.7	0.5	0.9
黑龙江	364.5	245.6	82.1	35.0	0.1	1.8
上海	588.7	517.3	52.1	16.2	1.9	1.2
江苏	1 394.6	1 174.2	155.9	59.2	0.6	4.6
浙江	993.5	798.1	125.5	56.4	7.0	6.4
安徽	464.9	316.2	104.7	41.2	1.2	1.6
福建	618.0	496.4	81.7	37.4	1.3	1.2
江西	427.5	292.8	88.4	45.5	0.001	0.7
山东	1 130.3	825.6	209.0	89.4	1.8	4.5
河南	1 083.3	778.6	212.4	82.8	2.7	6.8
湖北	638.9	448.9	139.8	48.3	0.2	1.7
湖南	520.4	329.8	123.0	58.0	2.1	7.5
广东	1 892.8	1 575.8	205.2	101.7	3.4	6.7
广西	366.3	209.5	111.4	42.9	1.1	1.5
海南	96.9	59.7	23.2	11.1	1.3	1.4
重庆	369.2	271.3	69.0	27.4	0.6	1.0
四川	733.2	476.7	168.8	85.1	1.0	1.6
贵州	285.5	157.3	85.3	41.2	0.3	1.5
云南	375.6	232.0	93.5	49.8	0.1	0.2
西藏	30.2	7.8	9.5	13.0		0.008
陕西	471.6	319.8	102.2	47.4	1.0	1.1
甘肃	237.4	131.1	69.7	36.2	0.02	0.3
青海	62.0	33.9	17.3	10.3	0.4	0.04
宁夏	66.9	39.2	18.9	8.6	0.1	0.1
新疆	326.6	187.1	74.8	64.5	0.1	0.2

注：本表中的城镇单位是指城镇非私营单位。

数据来源：国家统计局。

表 2—3　　分地区城镇私营个体就业人员年末人数

（2017 年）　　单位：万人

地区	合计	私营企业就业人员	个体就业人员
全国	**22 674.7**	**13 327.2**	**9 347.5**
北京	734.2	688.6	45.6
天津	201.4	126.2	75.1
河北	572.3	206.2	366.2
山西	356.7	134.5	222.2
内蒙古	499.4	220.8	278.6
辽宁	551.8	265.1	286.6
吉林	433.2	180.2	252.9
黑龙江	355.2	59.4	295.9
上海	714.4	674.4	39.9
江苏	2 553.9	1 828.1	725.8
浙江	1 753.6	1 207.7	545.9
安徽	1 013.6	449.6	564.0
福建	938.1	653.8	284.3
江西	580.7	296.4	284.3
山东	954.8	494.0	460.8
河南	1 114.0	488.2	625.8
湖北	871.1	345.9	525.2
湖南	524.6	124.5	400.1
广东	3 551.1	2 449.6	1 101.5
广西	519.0	248.7	270.3
海南	156.0	88.4	67.5
重庆	921.9	674.9	247.0
四川	561.3	257.9	303.4
贵州	231.3	98.2	133.1
云南	403.0	221.4	181.6
西藏	90.9	48.1	42.8
陕西	485.9	162.7	323.2
甘肃	244.2	124.8	119.5
青海	84.2	25.5	58.7
宁夏	116.7	67.9	48.8
新疆	586.3	415.5	170.8

表 2—4　　历年全国城镇登记失业人数及登记失业率

年份	城镇登记失业人数（万人）	登记失业率（%）
1997 年年底	577	3.1
1998 年年底	571	3.1
1999 年年底	575	3.1
2000 年年底	595	3.1
2001 年年底	681	3.6
2002 年年底	770	4.0
2003 年年底	800	4.3
2004 年年底	827	4.2
2005 年年底	839	4.2
2006 年年底	847	4.1
2007 年年底	830	4.0
2008 年年底	886	4.2
2009 年年底	921	4.3
2010 年年底	908	4.1
2011 年年底	922	4.1
2012 年年底	917	4.1
2013 年年底	926	4.1
2014 年年底	952	4.1
2015 年年底	966	4.1
2016 年年底	982	4.0
2017 年年底	972	3.9

表 2—5

分地区城镇登记失业情况

（2017 年）

地区	城镇登记失业人数（万人）	城镇登记失业率（%）
北京	8.1	1.4
天津	26.0	3.5
河北	39.9	3.7
山西	26.5	3.4
内蒙古	27.1	3.6
辽宁	42.7	3.8
吉林	26.3	3.5
黑龙江	39.7	4.2
上海	22.1	3.9
江苏	34.7	3.0
浙江	33.8	2.7
安徽	29.0	2.9
福建	17.1	3.9
江西	32.3	3.3
山东	45.7	3.4
河南	40.7	2.8
湖北	37.1	2.6
湖南	44.5	4.0
广东	37.1	2.5
广西	14.7	2.2
海南	5.5	2.3
重庆	14.3	3.4
四川	55.8	4.0
贵州	14.9	3.2
云南	19.8	3.2
西藏	1.9	2.7
陕西	23.4	3.3
甘肃	9.6	2.7
青海	4.7	3.1
宁夏	5.1	3.9
新疆	10.0	2.6
新疆兵团	3.9	2.7

表 2—6 **分地区城镇登记失业基本情况**

（2017 年） 单位：万人

地区	上年年末结转登记失业人数	本年新登记的失业人数	女性	就业转失业人数	本年失业人员就业人数
北京	8.0	16.8	6.8	13.7	15.7
天津	25.8	9.8	4.3	6.9	9.6
河北	39.7	42.1	17.1	10.3	41.9
山西	25.7	19.5	6.6	2.5	17.5
内蒙古	26.7	22.2	10.9	6.4	21.3
辽宁	47.3	88.2	38.7	60.9	82.1
吉林	25.7	32.6	15.6	10.1	30.4
黑龙江	39.6	58.6	24.8	34.3	54.1
上海	24.3	38.0	15.4	21.9	38.6
江苏	35.2	116.1	53.5	79.4	115.3
浙江	33.9	46.3	23.0	23.4	44.0
安徽	30.4	28.6	13.9	6.2	29.5
福建	16.3	31.6	15.5	16.6	29.3
江西	31.3	27.9	12.2	4.5	26.9
山东	44.8	66.0	30.1	33.4	63.0
河南	43.6	39.5	15.7	9.9	39.2
湖北	32.9	52.1	24.2	11.4	45.7
湖南	44.9	31.5	14.7	9.2	31.3
广东	38.0	58.9	30.0	21.4	54.5
广西	18.1	14.6	6.8	4.4	14.6
海南	5.1	4.7	2.2	2.7	4.1
重庆	15.7	31.5	16.0	10.2	30.7
四川	56.3	48.7	23.7	27.1	45.9
贵州	14.8	12.6	5.4	2.5	12.5
云南	20.1	38.0	16.2	9.0	37.6
西藏	1.8	1.7	1.0	0.2	1.6
陕西	22.7	21.3	10.1	2.4	20.4
甘肃	9.8	26.5	13.2	5.6	26.6
青海	4.6	6.7	2.2	1.4	6.6
宁夏	5.1	16.9	9.1	9.5	17.0
新疆	9.7	42.0	20.0	7.5	41.2
新疆兵团	3.5	19.4	8.6	8.0	20.5

续表

地区	本年年末登记失业人数	女性	长期失业者	城镇登记失业率（%）
北京	8.1	3.3	0.2	1.4
天津	26.0	12.8	0.05	3.5
河北	39.9	16.3	2.9	3.7
山西	26.5	7.8	3.3	3.4
内蒙古	27.1	12.2	3.5	3.6
辽宁	42.7	21.1	5.5	3.8
吉林	26.3	10.7	1.0	3.5
黑龙江	39.7	17.0	1.2	4.2
上海	22.1	8.1	6.6	3.9
江苏	34.7	15.0	2.2	3.0
浙江	33.8	14.4	2.9	2.7
安徽	29.0	12.8	0.9	2.9
福建	17.1	7.9	1.5	3.9
江西	32.3	10.9	1.0	3.3
山东	45.7	19.2	3.4	3.4
河南	40.7	18.3	1.5	2.8
湖北	37.1	16.2	2.0	2.6
湖南	44.5	16.7	0.6	4.0
广东	37.1	17.4	1.8	2.5
广西	14.7	7.2	1.1	2.2
海南	5.5	2.7	0.2	2.3
重庆	14.3	7.1	0.4	3.4
四川	55.8	27.5	1.9	4.0
贵州	14.9	6.6	0.7	3.2
云南	19.8	8.5	2.8	3.2
西藏	1.9	1.0	0.3	2.7
陕西	23.4	7.5	2.2	3.3
甘肃	9.6	4.2	1.1	2.7
青海	4.7	1.6	0.7	3.1
宁夏	5.1	2.3	0.2	3.9
新疆	10.0	5.5	0.5	2.6
新疆兵团	3.9	2.1	0.2	2.7

（三）技工教育、职业培训与技能鉴定

表 3—1 **历年技工院校综合情况**

年份	技工院校个数（个）	招生人数（万人）	在校学生人数（万人）	毕业生人数（万人）	在职教职工人数（万人）
一、绝对数					
1998	4 362	59.5	181.3	69.5	29.0
1999	4 098	51.5	156.1	66.2	26.9
2000	3 792	50.4	140.1	64.6	24.0
2001	3 470	55.1	134.7	47.7	22.0
2002	3 075	73.3	153.0	45.4	20.3
2003	2 970	91.6	193.1	45.3	20.2
2004	2 884	109.7	234.4	53.5	20.4
2005	2 855	118.4	275.3	69.0	20.4
2006	2 880	134.8	320.8	86.4	21.5
2007	2 995	158.5	367.1	99.7	24.0
2008	3 075	161.4	397.5	109.0	24.7
2009	3 064	156.4	414.3	115.2	25.8
2010	2 998	158.6	421.0	121.3	26.5
2011	2 914	163.5	429.4	118.9	26.5
2012	2 892	156.8	422.8	120.2	26.7
2013	2 882	133.5	386.6	116.9	26.9
2014	2 818	124.4	339.0	106.8	26.5
2015	2 545	121.4	321.5	94.6	26.0
2016	2 526	127.2	323.2	93.1	26.5
2017	2 490	130.9	338.2	90.5	26.9
二、比上年增长（%）					
1998	−0.8	−19.0	−6.1	−0.7	−6.5
1999	−6.1	−13.3	−13.9	−4.6	−7.1
2000	−7.5	−2.3	−10.2	−2.5	−11.0
2001	−8.5	9.4	−3.8	−26.1	−8.3
2002	−11.4	33.0	13.6	−4.9	−7.4
2003	−3.4	24.9	26.2	−0.2	−0.7
2004	−2.9	19.8	21.4	18.1	1.0
2005	−1.0	7.9	17.4	29.0	0.0
2006	0.9	13.9	16.5	25.2	5.4
2007	4.0	17.6	14.4	15.4	11.6
2008	2.7	1.8	8.3	9.3	2.9
2009	−0.4	−3.1	4.2	5.7	4.6
2010	−2.2	1.4	1.6	5.4	2.6
2011	−2.8	3.1	2.0	−2.0	0.0
2012	−0.8	−4.1	−1.5	1.1	0.8
2013	−0.3	−17.4	−9.4	−2.9	0.9
2014	−2.2	−6.8	−12.3	−8.6	−1.6
2015	−9.7	−2.4	−5.2	−11.4	−1.8
2016	−0.7	4.7	0.5	−1.6	1.8
2017	−1.4	2.9	4.7	−2.8	1.3

续表

年份			兼职教师人数（万人）	培训社会人员人次数（万人次）	培训社会人员结业人数（万人）
	文化技术理论课教师	生产实习指导教师			
一、绝对数					
1998	11.0	3.8	2.7	165.1	
1999	11.2	3.8	2.9	149.1	144.6
2000	10.5	3.5	2.7	158.5	156.7
2001	10.0	3.4	2.6	151.7	163.9
2002	9.5	3.2	2.6	208.6	196.9
2003	9.6	3.4	3.0	226.9	223.7
2004	9.6	3.8	2.9	265.6	257.5
2005	9.7	3.8	3.2	273.3	270.1
2006	10.4	4.2	3.6	337.7	330.2
2007	11.2	5.0	3.8	380.7	369.8
2008	12.2	5.4	4.1	400.0	389.8
2009	12.5	6.0	4.3	484.1	382.9
2010	12.7	6.3	4.4	468.4	371.3
2011	12.9	6.3	4.3	527.5	416.1
2012	13.0	6.6	4.3	551.3	441.6
2013	13.4	6.5	4.1	525.3	397.1
2014	13.2	6.2	4.2	508.5	372.3
2015	13.2	6.0	4.1	476.6	378.9
2016	13.7	6.0	4.3	451.6	349.9
2017	14.0	5.9	4.4	456.4	326.1
二、比上年增长（%）					
1998	−4.6	−4.0	0.8	20.0	
1999	1.9	−0.1	9.5	−9.7	16.5
2000	−6.9	−6.7	−6.3	6.3	8.4
2001	−4.9	−3.7	−4.1	−4.3	4.6
2002	−5.0	−6.8	−2.4	37.6	20.2
2003	1.5	7.3	17.4	37.6	20.2
2004	0.0	11.8	−3.3	17.1	15.1
2005	1.0	0.0	10.3	2.9	4.9
2006	7.2	10.5	12.5	23.6	22.3
2007	7.7	19.0	5.6	12.7	12.0
2008	8.9	8.0	7.9	5.1	5.4
2009	2.8	11.6	5.2	21.0	−1.8
2010	1.2	4.3	1.0	−3.2	−3.0
2011	1.8	−0.4	−1.7	12.6	12.1
2012	0.3	6.1	0.6	4.5	6.1
2013	3.3	−2.2	−6.0	−4.9	−11.2
2014	−1.3	−4.3	2.8	−3.2	−6.2
2015	−0.3	−4.2	−2.5	−6.3	1.8
2016	3.5	0.3	5.7	−5.2	−7.6
2017	2.6	−1.9	2.6	1.1	−6.8

表 3—2 　　**分地区技工院校综合情况**

（2017 年）

地区	技工院校个数（个）		在职教职工人数（人）					
		职业培训定点培训机构数		女性	文化技术理论课教师			
						高级讲师	讲师	助理讲师
全国	**2 490**	**1 256**	**268 565**	**121 752**	**140 145**	**38 323**	**50 705**	**36 679**
北京	28	12	3 224	1 611	1 318	384	441	301
天津	24	23	2 414	1 061	1 034	307	392	248
河北	177	51	13 331	6 556	7 462	2 464	2 698	1 481
山西	86	37	9 322	4 758	4 252	1 096	1 401	1 181
内蒙古	51	43	7 038	3 583	4 042	1 328	1 322	918
辽宁	102	28	7 513	3 612	4 323	1 360	1 597	743
吉林	62	29	3 928	1 912	2 159	763	768	485
黑龙江	127	60	10 999	5 028	5 243	2 045	1 898	1 013
上海								
江苏	118	77	18 160	8 641	9 532	2 614	3 688	2 320
浙江	77	61	11 381	5 397	6 818	2 132	2 390	1 730
安徽	89	46	7 519	3 117	4 324	1 356	1 589	1 091
福建	62	29	4 436	2 094	2 296	686	648	472
江西	85	35	10 084	4 409	5 677	1 712	2 034	1 412
山东	194	85	29 294	12 512	17 088	4 636	6 630	4 582
河南	149	64	13 446	5 987	6 334	1 572	2 374	2 077
湖北	124	57	8 122	3 394	4 606	1 382	1 831	1 107
湖南	131	63	11 128	3 730	5 448	1 790	2 104	1 390
广东	162	50	30 362	13 822	14 360	2 328	5 432	4 144
广西	44	33	6 594	3 023	3 021	633	1 046	1 010
海南	11	7	1 776	768	807	190	275	271
重庆	51	29	4 637	2 161	2 220	528	767	760
四川	84	44	10 775	4 955	5 750	1 499	2 106	1 486
贵州	60	48	7 333	3 364	3 676	865	1 179	1 262
云南	34	23	5 127	2 113	3 240	1 013	961	1 007
陕西	135	56	11 319	5 098	4 732	1 119	1 415	1 299
甘肃	82	41	4 564	1 698	2 168	490	951	711
青海	14	14	1 357	626	649	184	162	169
宁夏	25	11	2 816	1 452	1 560	447	488	392
新疆	102	100	10 566	5 270	6 006	1 400	2 118	1 617

续表

地区	生产实习指导教师	高级实习指导教师	一级实习指导教师	二级实习指导教师	三级实习指导教师	技师、高级技师	一体化教师人数（人）	兼职教师人数（人）
全国	**58 653**	**7 611**	**12 057**	**10 036**	**4 837**	**19 024**	**75 408**	**44 152**
北京	459	109	107	84	11	121	1 037	1 313
天津	500	132	176	98	33	35	769	309
河北	2 511	404	539	367	145	803	2 645	2 035
山西	1 955	224	325	299	165	778	1 906	2 113
内蒙古	1 383	235	291	178	140	452	1 574	756
辽宁	949	122	192	134	68	336	1 397	1 015
吉林	735	133	124	79	91	269	1 320	634
黑龙江	2 092	264	335	247	155	675	3 076	1 458
上海								
江苏	4 703	549	947	925	304	1 451	6 254	3 294
浙江	2 441	344	440	380	199	942	3 913	1 643
安徽	1 370	157	200	175	100	581	2 193	1 512
福建	995	166	222	205	89	170	1 300	1 001
江西	2 090	200	443	354	223	713	2 456	2 002
山东	5 477	973	1 375	945	276	1 653	9 056	3 474
河南	3 571	498	906	656	235	1 114	4 016	2 344
湖北	1 850	420	453	280	108	443	2 002	928
湖南	3 693	474	1 084	785	321	942	3 683	2 435
广东	8 250	482	1 572	1 345	589	3 325	10 331	2 810
广西	1 516	130	195	258	106	675	1 390	768
海南	460	72	136	121	33	71	564	178
重庆	926	117	173	127	153	327	1 233	1 222
四川	2 224	199	338	363	263	763	2 746	1 391
贵州	1 498	273	201	202	155	519	1 639	1 403
云南	1 170	202	165	259	67	298	1 894	1 737
陕西	2 500	286	424	530	371	715	1 914	2 184
甘肃	919	105	239	191	213	150	615	839
青海	434	104	136	110	25	58	472	261
宁夏	271	53	39	37	23	57	818	684
新疆	1 711	184	280	302	176	588	3 195	2 409

续表

地区	招生人数（人）	高级班学生	农业户口学生	在校学生人数（人）	女生	高级班学生	毕业生人数（人）	获得中级职业资格	获得高级职业资格
全国	**1 309 068**	**430 382**	**1 037 330**	**3 382 075**	**997 445**	**1 160 615**	**904 789**	**504 947**	**238 777**
北京	11 098	3 365	6 588	32 019	8 750	8 165	11 581	6 803	3 402
天津	9 933	2 046	7 500	22 283	6 102	4 155	5 550	3 835	1 681
河北	52 997	7 650	49 107	110 598	29 474	12 982	33 969	25 802	6 664
山西	31 818	7 059	25 573	99 345	30 032	26 952	29 225	21 429	3 423
内蒙古	5 935	1 529	2 876	16 455	3 625	2 905	5 813	2 742	1 130
辽宁	24 424	3 451	16 919	64 213	16 127	9 119	18 913	8 192	2 976
吉林	15 831	5 323	11 539	34 715	8 839	11 065	6 865	4 065	1 404
黑龙江	24 360	4 881	17 514	55 893	17 345	17 350	21 235	13 878	5 088
上海									
江苏	105 615	36 243	67 668	253 325	82 829	80 646	69 631	40 982	24 298
浙江	47 189	19 844	35 056	141 668	39 870	56 349	33 106	22 412	8 659
安徽	54 595	14 439	45 171	89 513	31 112	25 226	16 399	8 514	2 875
福建	33 381	4 750	25 260	70 021	23 294	11 026	16 203	11 902	2 619
江西	52 346	6 314	39 786	134 949	48 168	14 507	33 536	26 505	3 874
山东	129 109	51 716	114 294	332 634	95 152	135 675	103 815	31 370	37 073
河南	108 355	38 771	88 867	264 736	79 254	84 141	85 320	35 096	19 856
湖北	31 620	7 257	24 496	77 910	22 669	24 619	21 944	11 905	4 766
湖南	39 563	15 566	36 663	146 878	33 611	71 636	28 339	16 164	11 545
广东	188 840	84 706	151 897	553 727	160 098	257 225	146 514	81 024	52 476
广西	51 777	11 037	46 076	121 470	39 754	28 823	28 526	21 722	2 374
海南	9 182	2 689	4 736	22 025	4 305	7 988	5 511	2 990	735
重庆	31 370	8 281	22 728	97 315	32 880	27 398	25 590	16 743	2 871
四川	46 180	14 568	34 456	113 961	36 690	32 849	32 730	23 591	4 273
贵州	35 486	1 259	21 609	86 366	22 993	16 917	20 064	11 206	5 876
云南	51 890	31 758	41 779	140 760	38 454	86 634	26 698	8 344	7 236
陕西	66 245	38 487	57 672	153 498	44 268	78 695	37 961	17 519	16 851
甘肃	12 697	1 434	10 297	37 370	12 579	5 648	14 886	10 782	2 545
青海	6 312	563	4 719	17 369	6 081	1 905	5 087	2 052	219
宁夏	2 783	1 159	1 822	6 716	2 091	2 860	264	29	235
新疆	28 137	4 237	24 662	84 343	20 999	17 155	19 514	17 349	1 753

表 3—3　　分地区技工院校培训情况

（2017 年）　　单位：人

地区	招生院校数（个）	培训社会人员数（人次）	按培训对象分组				就业人数	高级班学生
			失业人员	劳动预备制人员	在职职工	农村劳动者		
全国	**1 853**	**4 564 075**	**364 649**	**234 065**	**2 371 914**	**868 299**	**883 593**	**274 814**
北京	19	116 459	2 004	699	92 366	13 516	11 478	3 371
天津	24	72 285	3 286	7 390	47 256	6 582	5 488	1 677
河北	93	156 775	11 605	4 913	89 785	33 684	33 158	6 632
山西	60	141 647	5 478	929	109 286	10 188	28 236	4 719
内蒙古	36	80 607	13 386	1 787	39 416	15 715	5 679	1 432
辽宁	66	212 285	5 102	1 143	68 919	3 342	18 400	4 055
吉林	51	82 138	37 176	650	28 992	7 522	6 574	1 596
黑龙江	86	125 631	27 519	4 765	42 296	37 673	20 422	7 625
上海								
江苏	106	383 606	26 179	22 557	255 754	46 550	68 078	24 040
浙江	71	275 712	10 815	12 392	189 583	40 684	32 820	8 648
安徽	59	202 314	38 808	6 396	97 748	32 686	16 187	4 149
福建	44	85 038	8 222	2 182	52 338	12 759	15 906	3 507
江西	74	114 194	2 720	2 352	41 959	58 793	33 223	4 004
山东	157	424 532	47 653	25 202	209 127	77 763	102 230	46 611
河南	118	402 422	14 441	9 159	258 528	70 188	83 018	27 052
湖北	71	113 454	21 097	5 419	44 875	36 568	21 282	6 836
湖南	63	170 763	15 500	20 343	83 307	37 129	27 950	11 545
广东	154	285 910	12 704	20 026	174 913	34 256	143 539	56 465
广西	39	68 866	4 445	9 270	22 556	22 876	27 079	2 918
海南	10	29 085	290	1 086	11 127	997	5 194	1 416
重庆	40	139 177	10 903	5 113	83 278	16 290	24 831	4 870
四川	64	127 922	7 561	12 954	46 845	29 794	31 978	5 831
贵州	51	68 347	3 867	6 863	26 772	25 806	19 477	5 794
云南	34	251 233	21 059	37 898	47 500	80 580	25 625	8 247
陕西	133	118 999	2 537	3 910	73 477	29 724	37 293	16 950
甘肃	29	60 858	786	681	7 994	6 809	14 334	2 670
青海	12	35 634	491	799	17 706	12 686	4 708	168
宁夏	12	15 670	211	210	9 778	5 213	257	228
新疆	77	202 512	8 804	6 977	98 433	61 926	19 149	1 758

续表

地区	培训社会人员结业人数	按获取证书分组			
		初级职业资格	中级职业资格	高级职业资格	技师和高级技师资格
全国	**3 261 066**	**713 807**	**590 022**	**314 172**	**77 165**
北京	97 172	20 850	11 912	15 344	4 294
天津	68 599	20 053	22 938	24 453	1 155
河北	111 661	25 014	24 476	6 005	4 299
山西	129 670	6 162	12 601	4 863	1 792
内蒙古	56 351	8 798	7 024	1 416	763
辽宁	39 557	5 187	6 828	3 920	1 557
吉林	40 617	8 403	2 858	3 198	261
黑龙江	107 523	38 656	14 323	3 937	1 014
上海					
江苏	290 364	39 797	78 415	51 178	5 751
浙江	189 761	43 360	17 406	31 614	7 296
安徽	177 313	24 233	29 359	19 309	1 127
福建	56 549	9 754	10 011	6 686	643
江西	111 751	12 713	36 757	3 886	2 883
山东	241 389	90 615	49 393	26 848	8 988
河南	283 654	56 014	32 824	17 990	6 742
湖北	91 641	25 642	14 664	2 788	898
湖南	161 399	50 413	64 929	12 909	2 504
广东	189 554	29 866	36 880	25 166	3 235
广西	54 797	19 647	10 518	4 005	1 050
海南	26 088	172	1 098	158	61
重庆	96 003	14 366	11 648	3 893	2 463
四川	107 949	19 444	38 789	14 467	9 081
贵州	56 631	16 126	7 006	4 272	885
云南	87 090	57 450	9 952	9 203	5 087
陕西	92 058	20 939	26 494	4 425	647
甘肃	60 378	6 027	1 940	4 212	205
青海	24 059	5 118	328	679	80
宁夏	14 265	2 948	1 034	1 403	440
新疆	197 223	36 040	7 617	5 945	1 964

表 3—4　　分地区就业训练中心综合情况

（2017 年）　　单位：人

地区	就业训练中心个数（个）	在职教职工总人数	教师	兼职教师人数	培训人数	结业人数	就业人数
全国	**2 583**	**35 439**	**21 800**	**21 158**	**3 624 088**	**3 178 574**	**2 197 610**
北京	6	222	139	107	16 835	10 406	11 334
天津	18	177	69	245	33 364	31 923	17 920
河北	443	6 511	3 682	1 900	315 546	252 040	171 575
山西	74	1 649	669	455	148 598	129 985	54 901
内蒙古	63	375	231	189	48 996	48 682	43 963
辽宁	71	704	423	610	56 133	44 294	23 982
吉林	54	391	243	325	22 043	15 331	14 908
黑龙江	130	722	496	1 217	136 787	102 983	71 825
上海							
江苏	101	1 679	951	1 559	488 177	477 689	317 894
浙江	45	491	227	1 291	101 851	94 256	52 401
安徽	59	1 694	1 189	482	61 553	58 767	39 727
福建	41	330	123	254	26 400	21 181	16 326
江西	124	1 079	574	721	228 443	224 131	197 748
山东	224	4 951	3 528	2 023	246 891	200 576	149 449
河南	146	2 159	1 227	876	279 109	242 447	159 060
湖北	106	1 440	762	845	318 699	265 867	181 014
湖南	222	2 955	2 238	1 845	296 581	281 752	267 664
广东	103	1 854	1 030	1 305	175 888	118 550	58 689
广西	19	662	462	184	14 160	13 497	6 427
海南							
重庆	20	78	57	179	18 851	18 730	
四川	118	811	368	637	95 850	83 841	39 371
贵州	28	69	22	145	18 280	14 264	8 140
云南							
西藏							
陕西	147	2 717	1 909	1 442	206 928	188 157	116 122
甘肃	54	472	244	217	123 740	119 618	73 404
青海	17	378	251	230	11 692	11 140	6 144
宁夏	7	40	27	41	2 682	2 682	2 592
新疆	143	829	659	1 834	130 011	105 785	95 030

表 3—5　　分地区民办职业培训机构综合情况

（2017 年）　　单位：人

地区	职业培训机构个数（个）	在职教职工	教师	兼职教师	培训人数	结业人数	就业人数
全国	**20 391**	**325 836**	**192 944**	**119 993**	**12 393 905**	**10 570 112**	**7 637 748**
北京	351	6 006	3 512	2 348	322 052	265 445	135 725
天津	423	5 798	3 406	3 667	329 894	314 326	99 061
河北	833	10 103	6 138	3 304	523 972	494 039	465 310
山西	508	7 570	4 543	2 536	380 152	346 750	212 073
内蒙古	385	4 522	2 879	2 448	134 296	111 304	85 911
辽宁	748	8 163	4 756	3 328	202 792	185 975	99 722
吉林	487	4 206	2 806	1 964	197 856	177 895	109 830
黑龙江	631	4 818	3 074	1 797	68 502	55 273	22 199
上海	434	47 030	17 293	3 743	1 068 442	945 511	1 006 160
江苏	1 383	17 607	11 089	8 932	927 053	592 561	521 469
浙江	931	11 755	4 657	5 095	434 750	349 295	229 292
安徽	946	10 594	6 855	4 946	340 896	255 976	210 972
福建	543	6 265	3 776	3 275	314 024	250 918	156 823
江西	757	8 246	5 380	2 943	353 564	315 173	222 665
山东	1 742	18 966	12 029	7 250	643 771	586 859	418 931
河南	962	14 533	8 993	4 706	596 852	516 632	332 632
湖北	648	11 433	7 566	3 366	354 086	297 344	208 296
湖南	556	5 748	4 101	2 675	294 323	276 969	246 876
广东	1 428	13 538	7 365	5 443	714 819	561 002	358 465
广西	1	50	40	10	1 240	218	
海南	174	496	366	1 318	45 579	38 742	16 780
重庆	572	8 269	4 221	2 633	1 027 814	886 381	718 620
四川	1 380	22 166	14 262	8 549	749 857	643 410	401 025
贵州	330	7 256	4 736	2 792	227 651	203 787	109 215
云南	798	32 994	24 700	8 294	720 560	652 234	411 580
西藏	87	1 394	938	511	63 205	40 369	37 246
陕西	658	13 484	8 141	9 453	353 172	302 900	163 602
甘肃	564	5 689	3 948	2 419	288 625	261 310	148 655
青海	192	2 005	1 466	793	91 484	79 452	60 632
宁夏	313	6 619	4 832	4 256	304 531	297 838	237 534
新疆	626	8 513	5 076	5 199	318 091	264 224	190 447

表 3—6　分地区职业技能鉴定综合情况

（2017 年）

地区	年末职业技能鉴定机构数（个）			
		鉴定所数	鉴定站数	其他
全国	**8 071**	**3 503**	**4 255**	**313**
行业合计	**2 345**	**9**	**2 336**	
地方合计	**5 708**	**3 494**	**1 919**	**295**
企业试点单位	**18**			**18**
北京	30	29		1
天津	128	93	24	11
河北	368	348	15	5
山西	202	151	49	2
内蒙古	127		126	1
辽宁	124	115	9	
吉林	22	21	1	
黑龙江	49	36	13	
上海	503	303	200	
江苏	577	316	2	259
浙江	54	29	25	
安徽	414	1	413	
福建	145	141	4	
江西	360	283	77	
山东	176	3	173	
河南	380	275	89	16
湖北	164	164		
湖南	67	67		
广东	44	44		
广西	14	14		
海南	14	4	10	
重庆	62	62		
四川	724	308	416	
贵州	152	152		
云南	289	198	91	
西藏	29	29		
陕西	224	113	111	
甘肃	36	36		
青海	61	29	32	
宁夏	62	61	1	
新疆	56	38	18	
新疆兵团	51	31	20	

续表

地区	年末考评人员人数（人）	本年鉴定考核人数（人）	初级	中级
全国	**308 612**	**14 729 033**	**4 959 459**	**5 465 266**
行业合计	**89 560**	**2 546 084**	**810 597**	**817 338**
地方合计	**204 847**	**11 937 378**	**4 077 961**	**4 549 640**
企业试点单位	**14 205**	**245 571**	**70 901**	**98 288**
北京	2 394	130 864	39 621	32 305
天津	3 331	58 782	13 665	14 146
河北	3 924	360 114	148 253	105 640
山西	4 053	323 878	105 993	101 280
内蒙古	10 125	191 847	58 623	67 584
辽宁	929	232 184	61 617	100 989
吉林	509	108 063	38 725	37 509
黑龙江	1 036	144 897	43 669	39 203
上海	3 898	380 191	166 757	105 138
江苏	4 245	1 264 515	237 195	635 616
浙江	10 011	865 825	221 458	309 745
安徽	10 289	374 233	131 992	168 061
福建	1 614	290 472	60 900	135 072
江西	379	312 028	67 177	198 990
山东	930	1 114 187	441 935	349 185
河南	33 795	491 162	200 624	128 870
湖北	2 752	453 979	102 800	188 470
湖南	5 151	476 564	169 910	183 998
广东	58 266	1 045 362	294 959	411 008
广西	2 773	297 069	137 862	131 285
海南	206	29 972	13 785	12 063
重庆	932	356 547	101 293	204 549
四川	12 232	746 157	158 116	345 831
贵州	3 028	212 350	97 416	85 132
云南	11 768	623 660	339 462	148 208
西藏	322	11 333	6 000	4 500
陕西	6 852	327 256	120 738	137 205
甘肃	205	242 335	155 362	80 873
青海	102	50 543	42 037	3 682
宁夏	2 745	110 650	86 257	18 343
新疆	4 786	248 881	194 167	35 472
新疆兵团	1 265	61 478	19 593	29 688

续表

地区				本年获取证书人数（人）	
	高级	技师	高级技师		初级
全国	**3 610 460**	**540 693**	**153 155**	**11 987 218**	**4 207 073**
行业合计	**726 816**	**136 056**	**55 277**	**1 857 892**	**533 604**
地方合计	**2 820 102**	**394 098**	**95 577**	**9 999 945**	**3 634 534**
企业试点单位	**63 542**	**10 539**	**2 301**	**129 381**	**38 935**
北京	40 721	13 941	4 276	93 537	37 140
天津	15 681	10 437	4 853	55 908	12 480
河北	79 318	19 526	7 377	320 003	137 278
山西	106 263	9 324	1 018	300 902	99 277
内蒙古	50 974	14 030	636	164 891	53 946
辽宁	41 894	23 946	3 738	184 821	50 913
吉林	23 683	6 658	1 488	78 055	28 707
黑龙江	49 235	11 606	1 184	128 950	41 375
上海	94 565	10 594	3 137	237 739	123 478
江苏	360 354	28 455	2 895	1 090 735	212 222
浙江	302 625	27 328	4 669	731 729	192 370
安徽	62 723	10 611	846	305 210	113 551
福建	82 935	10 021	1 544	240 647	52 236
江西	39 758	5 523	580	286 683	64 696
山东	269 914	37 429	15 724	972 312	416 579
河南	147 702	12 097	1 869	445 477	194 293
湖北	140 106	12 000	10 603	392 922	94 576
湖南	88 382	29 791	4 483	383 662	156 118
广东	281 026	47 195	11 174	649 818	217 314
广西	24 562	2 871	489	256 919	124 336
海南	3 802	274	48	21 846	11 160
重庆	38 117	8 423	4 165	313 276	92 862
四川	219 447	20 115	2 648	664 650	144 598
贵州	28 384	1 082	336	191 595	88 780
云南	125 934	8 606	1 450	561 234	325 518
西藏	433	400		8 364	4 000
陕西	64 956	3 681	676	279 696	97 795
甘肃	5 759	246	95	226 348	145 280
青海	4 668	134	22	38 981	33 165
宁夏	4 415	1 430	205	92 993	74 192
新疆	11 282	4 619	3 341	222 464	175 698
新疆兵团	10 484	1 705	8	57 578	18 601

续表

地区				
	中级	高级	技师	高级技师
全国	**4 541 983**	**2 804 674**	**330 333**	**103 155**
行业合计	**616 728**	**580 087**	**85 833**	**41 640**
地方合计	**3 879 908**	**2 185 245**	**239 922**	**60 336**
企业试点单位	**45 347**	**39 342**	**4 578**	**1 179**
北京	29 103	22 217	3 541	1 536
天津	13 634	15 332	9 853	4 609
河北	95 007	68 243	13 647	5 828
山西	96 810	97 588	6 448	779
内蒙古	62 510	37 963	10 022	450
辽宁	79 760	35 421	16 582	2 145
吉林	30 180	14 810	3 383	975
黑龙江	35 876	41 908	8 885	906
上海	65 049	44 546	3 329	1 337
江苏	566 872	291 112	18 419	2 110
浙江	273 199	247 097	16 982	2 081
安徽	137 114	49 244	5 093	208
福建	118 469	63 464	5 590	888
江西	185 287	32 675	3 607	418
山东	309 668	209 549	25 172	11 344
河南	120 223	122 213	7 276	1 472
湖北	169 623	113 857	7 975	6 891
湖南	145 318	61 180	18 334	2 712
广东	253 631	155 767	18 955	4 151
广西	111 915	17 848	2 444	376
海南	8 056	2 516	98	16
重庆	183 769	29 774	4 382	2 489
四川	309 537	195 421	13 623	1 471
贵州	75 625	25 925	944	321
云南	131 807	97 806	5 266	837
西藏	3 664	400	300	
陕西	119 471	59 207	2 720	503
甘肃	75 312	5 415	246	95
青海	2 735	2 978	97	6
宁夏	14 222	3 438	1 021	120
新疆	28 561	10 530	4 420	3 255
新疆兵团	27 901	9 801	1 268	7

（四）劳动关系与监察

表 4—1　　历年劳动人事争议仲裁案件处理情况　　单位：件

项目	1998 年	1999 年	2000 年	2001 年	2002 年	2003 年
上期未结案件数	3 475	3 840	6 374	8 739	12 472	16 276
案件受理情况						
当期案件受理数	93 649	120 191	135 206	154 621	184 116	226 391
＃集体劳动争议案件数	6 767	9 043	8 247	9 847	11 024	10 823
劳动者申诉案件数	84 829	114 152	120 043	146 781	172 253	215 512
劳动者当事人数（人）	358 531	473 957	422 617	467 150	608 396	801 042
＃集体劳动争议劳动者当事人数（人）	251 268	319 445	259 445	286 680	374 956	514 573
争议原因						
劳动报酬				45 172	59 144	76 774
社会保险				31 158	56 558	76 181
变更劳动合同	2 840	3 469	3 829	4 254	3 765	5 494
解除劳动合同	13 069	18 108	21 149	29 038	30 940	40 017
终止劳动合同	4 752	8 031	10 816	10 298	12 908	12 043
其他	9 515	8 626	12 549			
案件处理情况						
结案数	92 288	121 289	130 688	150 279	178 744	223 503
处理方式						
仲裁调解	31 483	39 550	41 877	42 933	50 925	67 765
仲裁裁决	25 389	34 712	54 142	77 250	77 340	95 774
其他方式	35 155	47 027	34 669	35 096	50 479	59 954
处理结果						
用人单位胜诉	11 937	15 674	13 699	31 544	27 017	34 272
劳动者胜诉	48 650	63 030	70 544	71 739	84 432	109 556
双方部分胜诉及其他	27 365	37 459	37 247	46 996	67 295	79 475
案外调解案件数				63 939	77 342	58 451

续表

项目	2004 年	2005 年	2006 年	2007 年	2008 年	2009 年	2010 年
上期未结案件数	17 117	17 829	22 165	25 424	33 084	83 709	77 926
案件受理情况							
当期案件受理数	260 471	313 773	317 162	350 182	693 465	684 379	600 865
#集体劳动争议案件数	19 241	16 217	13 977	12 784	21 880	13 779	9 314
劳动者申诉案件数	249 335	293 710	301 233	325 590	650 077	627 530	558 853
劳动者当事人数（人）	764 981	744 195	679 312	653 472	1 214 328	1 016 922	815 121
#集体劳动争议劳动者当事人数（人）	477 992	409 819	348 714	271 777	502 713	299 601	211 755
争议原因							
劳动报酬	85 132	103 183	103 887	108 953	225 061	247 330	209 968
社会保险	88 119	97 519	100 342	97 731			
变更劳动合同	4 465	7 567	3 456	4 695			
解除劳动合同	42 881	54 858	55 502	67 565	139 702	43 876	31 915
终止劳动合同	14 140	14 015	12 366	12 696			
案件处理情况							
结案数	258 678	306 027	310 780	340 030	622 719	689 714	634 041
处理方式							
仲裁调解	83 400	104 308	104 435	119 436	221 284	251 463	250 131
仲裁裁决	110 708	131 745	141 465	149 013	274 543	290 971	266 506
其他方式	64 550	69 974	64 880	71 581	126 892	147 280	117 404
处理结果							
用人单位胜诉	35 679	39 401	39 251	49 211	80 462	95 470	85 028
劳动者胜诉	123 268	145 352	146 028	156 955	276 793	255 119	229 448
双方部分胜诉及其他	94 041	121 274	125 501	133 864	265 464	339 125	319 565
案外调解案件数	70 840	93 561	130 321	151 902	237 283	185 598	163 997

续表

项目	2011 年	2012 年	2013 年	2014 年	2015 年	2016 年	2017 年
上期未结案件数	42 308	36 151	34 478	31 796	39 580	37 977	38 545
案件受理情况							
当期案件受理数	589 244	641 202	665 760	715 163	813 859	828 410	785 323
#集体劳动争议案件数	6 592	7 252	6 783	8 041	10 466	9 745	7 513
劳动者申诉案件数	568 768	620 849	641 932	690 418	784 229	801 190	762 572
劳动者当事人数（人）	779 490	882 487	888 430	997 807	1 159 687	1 112 408	979 016
#集体劳动争议劳动者当事人数（人）	174 785	231 894	218 521	267 165	341 588	289 924	203 963
争议原因							
劳动报酬	200 550	225 981	223 351	258 716	321 179	345 685	331 463
社会保险	149 944	159 649	165 665	160 961	158 002	145 671	135 211
变更劳动合同							
解除劳动合同	118 684	129 108	147 977	155 870	182 396	188 642	169 456
终止劳动合同							
案件处理情况							
结案数	592 823	643 292	669 062	711 044	812 461	827 717	790 448
处理方式							
仲裁调解	278 873	302 552	311 806	321 598	362 814	389 109	390 278
仲裁裁决	244 942	268 530	283 341	313 175	368 409	366 742	336 073
其他方式	69 008	72 210	73 915	76 271	81 238	71 866	64 097
处理结果							
用人单位胜诉	74 189	79 187	82 519	82 541	90 785	92 405	89 928
劳动者胜诉	195 680	213 453	217 551	250 284	287 544	285 824	259 898
双方部分胜诉及其他	322 954	350 652	368 992	378 219	434 132	369 429	440 622
案外调解案件数	194 338	212 937	215 595	227 447	258 114	240 101	208 491

注：自 2011 年起，将解除和终止劳动合同两项合并统计，解除劳动合同数为解除、终止劳动合同数之和。

表 4—2　　分地区劳动人事争议仲裁案件处理情况

（2017 年）　　单位：件

地区	上期未结案件数	案件受理情况				
		当期案件受理数	集体劳动争议案件	劳动者申诉案件	劳动者当事人数（人）	集体劳动争议劳动者当事人数
全国	**38 545**	**785 323**	**7 513**	**762 572**	**979 016**	**203 963**
北京	4 700	80 662	693	79 759	80 662	13 733
天津	1 906	21 613	180	21 440	24 395	3 289
河北	353	18 029	109	17 523	21 477	1 881
山西	120	8 310	45	8 016	11 917	2 051
内蒙古	569	10 290	75	10 064	12 666	2 611
辽宁	523	32 735	321	32 524	39 269	7 456
吉林	376	6 931	64	6 572	9 593	1 763
黑龙江	397	12 884	37	12 781	14 278	1 275
上海	6 072	57 327	121	56 333	60 359	2 350
江苏	1 054	66 637	634	64 506	82 389	19 643
浙江	3 430	49 135	531	48 796	67 646	18 005
安徽	545	23 516	147	22 720	30 437	5 547
福建	1 438	23 821	469	22 748	38 671	14 000
江西	279	8 358	60	7 816	11 037	2 233
山东	1 651	53 162	188	52 867	61 599	5 158
河南	635	23 831	200	22 921	29 146	4 033
湖北	1 750	25 928	71	23 173	27 648	1 877
湖南	555	18 869	280	17 650	26 300	5 459
广东	7 597	99 202	2 403	96 760	167 054	67 521
广西	658	15 837	20	15 687	17 232	1 318
海南	77	4 367	25	4 276	4 601	474
重庆	1 307	28 108	65	26 433	28 398	1 495
四川	1 254	36 670	382	35 993	44 765	8 744
贵州	405	11 688	32	11 242	12 144	632
云南	53	14 277	132	14 116	14 277	5 081
西藏	15	296	5	295	416	71
陕西	136	11 665	23	10 788	12 610	410
甘肃	106	3 811	45	3 639	5 499	1 473
青海	53	1 289	21	1 284	2 062	620
宁夏	291	5 146	83	4 952	7 842	2 561
新疆	218	10 016	52	8 003	11 696	1 199
新疆兵团	22	913		895	931	

续表

地区	案件受理情况			
	按争议类型分			
	劳动报酬	社会保险待遇	其中：工伤保险	解除、终止劳动合同
全国	**331 463**	**135 211**	**84 577**	**169 456**
北京	50 012	1 462	803	426
天津	11 630	1 385	1 115	3 711
河北	6 026	5 251	2 963	2 925
山西	2 916	2 536	1 650	1 266
内蒙古	4 637	2 076	903	2 244
辽宁	16 929	3 828	2 494	5 459
吉林	2 501	1 064	793	1 015
黑龙江	5 289	2 277	2 226	563
上海	23 405	3 862	2 835	20 175
江苏	28 309	12 451	10 782	19 081
浙江	17 526	15 214	11 321	8 797
安徽	8 615	9 770	2 780	2 663
福建	11 796	4 037	3 174	4 269
江西	2 663	2 638	1 547	1 882
山东	25 534	5 829	4 996	13 965
河南	8 292	6 191	2 342	4 823
湖北	7 757	7 739	2 255	6 859
湖南	5 290	5 564	3 102	4 561
广东	39 876	10 396	9 459	33 023
广西	7 883	2 434	675	3 089
海南	1 527	152	51	968
重庆	9 266	5 612	4 544	7 146
四川	15 262	6 330	4 493	8 858
贵州	2 980	3 894	2 982	2 326
云南	4 412	4 241	1 239	1 831
西藏	112	72	55	61
陕西	2 525	2 869	681	4 555
甘肃	1 440	799	573	839
青海	371	241	182	447
宁夏	1 904	1 598	590	810
新疆	4 303	3 187	834	723
新疆兵团	475	212	138	96

续表

地区	案件处理情况							案外调解案件数
	结案数	处理方式			处理结果			
		仲裁调解	仲裁裁决	其他方式	用人单位胜诉	劳动者胜诉	双方部分胜诉及其他	
全国	**790 448**	**390 278**	**336 073**	**64 097**	**89 928**	**259 898**	**440 622**	**208 491**
北京	80 713	38 683	34 490	7 540	13 290	6 942	60 481	736
天津	22 227	12 756	9 471		2 500	8 485	11 242	3 310
河北	18 039	10 407	6 957	675	1 791	10 203	6 045	5 109
山西	8 322	4 953	3 156	213	606	5 320	2 396	2 031
内蒙古	10 561	4 911	4 653	997	794	5 123	4 644	2 330
辽宁	32 546	14 567	15 860	2 119	3 455	13 265	15 826	7 307
吉林	7 106	2 971	3 639	496	950	4 633	1 523	4 180
黑龙江	13 200	4 520	6 675	2 005	1 084	7 076	5 040	3 841
上海	58 379	25 215	25 713	7 451	14 978	11 059	32 342	8 383
江苏	66 986	37 252	22 056	7 678	7 814	25 594	33 578	20 014
浙江	49 798	29 432	12 506	7 860	3 278	15 552	30 968	6 235
安徽	23 594	14 035	8 286	1 273	1 646	9 090	12 858	16 905
福建	24 055	13 684	8 852	1 519	1 728	9 111	13 216	4 899
江西	8 339	3 657	4 051	631	844	4 284	3 211	2 632
山东	53 454	31 648	19 917	1 889	3 764	16 616	33 074	12 883
河南	23 851	12 622	10 215	1 014	2 303	11 955	9 593	7 676
湖北	26 056	13 683	10 872	1 501	2 376	8 581	15 099	6 798
湖南	19 186	9 629	7 772	1 785	1 126	12 082	5 978	16 876
广东	99 828	42 745	51 725	5 358	10 434	19 579	69 815	31 017
广西	15 978	5 692	8 992	1 294	2 000	6 138	7 840	4 832
海南	4 252	1 485	2 398	369	602	1 172	2 478	233
重庆	28 345	13 064	11 854	3 427	3 343	7 905	17 097	5 942
四川	36 749	16 418	17 469	2 862	3 775	13 892	19 082	15 792
贵州	11 785	5 250	5 932	603	1 234	4 940	5 611	2 277
云南	14 222	6 664	6 561	997	875	7 709	5 638	6 002
西藏	289	183	83	23	21	134	134	1 266
陕西	11 666	5 331	5 506	829	1 052	3 326	7 288	1 574
甘肃	3 724	1 698	1 836	190	329	2 018	1 377	1 803
青海	1 295	666	558	71	182	705	408	251
宁夏	5 125	2 146	2 583	396	441	2 778	1 906	1 792
新疆	9 868	4 083	4 896	889	1 244	4 336	4 288	2 555
新疆兵团	910	228	539	143	69	295	546	1 010

表 4—3 **劳动保障监察情况**

（2017 年）

监察案件情况（件）	2017 年	监察执法效果情况	2017 年
结案数	205 923	**主动监察**	
案件分类		检查单位数（万户）	172
内部劳动保障规章制度	1 179	涉及劳动者人数（万人）	6 911
订立和解除劳动合同	15 913	投诉结案数（件）	169 341
女职工特殊劳动保护	54	举报结案数（件）	20 649
未成年工特殊劳动保护	245	审查用人单位报送的书面材料涉及用人单位数（万户）	208
工作时间和休息休假	11 303	补签劳动合同（万人）	167
支付工资和最低工资标准	142 602	**追发劳动者工资等待遇**	
参加社会保险和缴纳社会保险费	24 743	涉及劳动者人数（万人）	309
职业介绍	792	金额（亿元）	250
职业技能培训和职业技能考核	87	**督促缴纳社会保险费**	
其他	21 553	单位数（万户）	3
案件处理情况		金额（万元）	128 759
责令限期改正	102 238	督促办理社会保险登记单位数（户）	16 692
行政处理决定	5 503	取缔非法职业中介机构（户）	1 971
行政处罚决定	8 982	清退风险抵押金金额（万元）	977
警告	2 224	审查用人单位规章数（万件）	53
罚款	7 609	纠正用人单位违法规章数（万件）	3
其他行政处罚	116	向社会公布重大违法行为数（件）	3 672

（五）社会保障

表 5—1　　历年全国社会保险基金收支及累计结余　　单位：亿元

年份	合计	基本养老保险	失业保险	基本医疗保险	工伤保险	生育保险
基金收入						
1995	1 006.0	950.1	35.3	9.7	8.1	2.9
2000	2 644.9	2 278.5	160.4	170.0	24.8	11.2
2001	3 101.9	2 489.0	187.3	383.6	28.3	13.7
2002	4 048.7	3 171.5	215.6	607.8	32.0	21.8
2003	4 882.9	3 680.0	249.5	890.0	37.6	25.8
2004	5 780.3	4 258.4	290.8	1 140.5	58.3	32.1
2005	6 975.2	5 093.3	340.3	1 405.3	92.5	43.8
2006	8 643.2	6 309.8	402.4	1 747.1	121.8	62.1
2007	10 812.3	7 834.2	471.7	2 257.2	165.6	83.6
2008	13 696.1	9 740.2	585.1	3 040.4	216.7	113.7
2009	16 115.6	11 490.8	580.4	3 671.9	240.1	132.4
2010	19 276.1	13 872.9	649.8	4 308.9	284.9	159.6
2011	25 153.3	18 004.8	923.1	5 539.2	466.4	219.8
2012	30 738.8	21 830.2	1 138.9	6 938.7	526.7	304.2
2013	35 252.9	24 732.6	1 288.9	8 248.3	614.8	368.4
2014	39 827.7	27 619.9	1 379.8	9 687.2	694.8	446.1
2015	46 012.1	32 195.5	1 367.8	11 192.9	754.2	501.7
2016	53 562.7	37 990.8	1 228.9	13 084.3	736.9	521.9
2017	67 154.2	46 613.8	1 112.6	17 931.6	853.8	642.5
基金支出						
1995	877.1	847.6	18.9	7.3	1.8	1.6
2000	2 385.6	2 115.5	123.4	124.5	13.8	8.3
2001	2 748.0	2 321.3	156.6	244.1	16.5	9.6
2002	3 471.5	2 842.9	186.6	409.4	19.9	12.8
2003	4 016.4	3 122.1	199.8	653.9	27.1	13.5
2004	4 627.4	3 502.1	211.3	862.2	33.3	18.8
2005	5 400.8	4 040.3	206.9	1 078.7	47.5	27.4
2006	6 477.4	4 896.7	198.0	1 276.7	68.5	37.5
2007	7 887.9	5 964.9	217.7	1 561.8	87.9	55.6

续表

年份	合计	基本养老保险	失业保险	基本医疗保险	工伤保险	生育保险
2008	9 925.1	7 389.6	253.5	2 083.6	126.9	71.5
2009	12 302.6	8 894.4	366.8	2 797.4	155.7	88.3
2010	15 018.9	10 755.3	423.3	3 538.1	192.4	109.9
2011	18 652.9	13 363.2	432.8	4 431.4	286.4	139.2
2012	23 331.3	16 711.5	450.6	5 543.6	406.3	219.3
2013	27 916.3	19 818.7	531.6	6 801.0	482.1	282.8
2014	33 002.7	23 325.8	614.7	8 133.6	560.5	368.1
2015	38 988.1	27 929.4	736.4	9 312.1	598.7	411.5
2016	46 888.4	34 004.3	976.1	10 767.1	610.3	530.6
2017	57 145.0	40 423.8	893.8	14 421.7	662.3	743.5
累计结余						
1995	516.8	429.8	68.4	3.1	12.7	2.7
2000	1 327.5	947.1	195.9	109.8	57.9	16.8
2001	1 622.8	1 054.1	226.2	253.0	68.9	20.6
2002	2 423.4	1 608.0	253.8	450.7	81.1	29.7
2003	3 313.8	2 206.5	303.5	670.6	91.2	42.0
2004	4 493.4	2 975.0	385.8	957.9	118.6	55.9
2005	6 073.7	4 041.0	519.0	1 278.1	163.5	72.1
2006	8 255.9	5 488.9	724.8	1 752.4	192.9	96.9
2007	11 236.6	7 391.4	979.1	2 476.9	262.6	126.6
2008	15 225.6	9 931.0	1 310.1	3 431.7	384.6	168.2
2009	19 006.5	12 526.1	1 523.6	4 275.9	468.8	212.1
2010	23 407.5	15 787.8	1 749.8	5 047.1	561.4	261.4
2011	30 233.1	20 727.8	2 240.2	6 180.0	742.6	342.5
2012	38 106.6	26 243.5	2 929.0	7 644.5	861.9	427.6
2013	45 588.1	31 274.8	3 685.9	9 116.5	996.2	514.7
2014	52 462.3	35 644.5	4 451.5	10 644.8	1 128.8	592.7
2015	59 532.5	39 937.1	5 083.0	12 542.8	1 285.3	684.4
2016	66 349.7	43 965.2	5 333.3	14 964.3	1 410.9	675.9
2017	77 311.6	50 202.2	5 552.4	19 385.6	1 606.9	564.5

注：

1. 从 2010 年起基本养老保险中含城乡居民社会养老保险。

2. 工伤保险累计结余包括储备金。

表 5—2　　历年全国基本养老保险基金收支及累计结余　　单位：亿元

指标	1995 年	2000 年	2001 年	2002 年	2003 年	2004 年	2005 年	2006 年	2007 年	2008 年
一、基金收入	950.1	2 278.1	2 489.0	3 171.5	3 680.0	4 258.4	5 093.3	6 309.7	7 834.2	9 740.2
（一）城镇职工	950.1	2 278.1	2 489.0	3 171.5	3 680.0	4 258.4	5 093.3	6 309.7	7 834.2	9 740.2
1. 企业	950.1	2 088.3	2 235.1	2 783.6	3 209.4	3 728.5	4 491.7	5 632.5	7 010.6	8 800.1
2. 事业、机关		189.8	253.0	387.8	470.6	529.9	601.6	677.2	823.6	940.1
（二）城乡居民										
二、基金支出	847.6	2 115.5	2 321.3	2 842.9	3 122.1	3 502.1	4 040.3	4 896.7	5 964.9	7 389.6
（一）城镇职工	847.6	2 115.5	2 321.3	2 842.9	3 122.1	3 502.1	4 040.3	4 896.7	5 964.9	7 389.6
1. 企业	847.6	1 970.0	2 116.5	2 502.8	2 716.2	3 031.2	3 495.3	4 287.3	5 153.6	6 507.6
2. 事业、机关		145.4	204.4	340.1	405.9	470.9	545.0	609.4	811.3	882.0
（二）城乡居民										
三、累计结余	429.8	947.1	1 054.1	1 608.0	2 206.5	2 975.0	4 041.0	5 488.9	7 391.4	9 931.0
（一）城镇职工	429.8	947.1	1 054.1	1 608.0	2 206.5	2 975.0	4 041.0	5 488.9	7 391.4	9 931.0
1. 企业	429.8	761.0	818.6	1 243.5	1 764.8	2 499.3	3 506.7	4 869.1	6 758.2	9 241.0
2. 事业、机关		186.1	233.2	364.5	441.7	475.7	534.3	619.8	633.2	690.0
（二）城乡居民										

指标	2009 年	2010 年	2011 年	2012 年	2013 年	2014 年	2015 年	2016 年	2017 年
一、基金收入	11 490.8	13 872.9	18 004.8	21 830.2	24 732.6	27 619.9	32 195.5	37 990.8	46 613.8
（一）城镇职工	11 490.8	13 419.5	16 894.7	20 001.0	22 680.4	25 309.7	29 340.9	35 057.5	43 309.6
1. 企业	10 420.6	12 218.4	15 484.8	18 363.0	20 848.7	23 305.4	26 613.2	28 692.6	32 929.8
2. 事业、机关	1 070.3	1 201.1	1 409.9	1 638.0	1 831.7	2 004.2	2 727.7	6 364.9	10 379.7
（二）城乡居民		453.4	1 110.1	1 829.2	2 052.3	2 310.2	2 854.6	2 933.3	3 304.2
二、基金支出	8 894.4	10 755.3	13 363.2	16 711.5	19 818.7	23 325.8	27 929.4	34 004.3	40 423.8
（一）城镇职工	8 894.4	10 554.9	12 764.9	15 561.8	18 470.4	21 754.7	25 812.7	31 853.8	38 051.5
1. 企业	7 886.6	9 409.9	11 425.7	14 008.5	16 741.5	19 847.2	23 140.9	25 865.1	28 541.1
2. 事业、机关	1 007.8	1 145.0	1 339.3	1 553.3	1 729.0	1 907.4	2 671.8	5 988.7	9 510.4
（二）城乡居民		200.4	598.3	1 149.7	1 348.3	1 571.2	2 116.7	2 150.5	2 372.2
三、累计结余	12 526.1	15 787.8	20 727.8	26 243.5	31 274.8	35 644.5	39 937.1	43 965.2	50 202.2
（一）城镇职工	12 526.1	15 365.3	19 496.6	23 941.3	28 269.2	31 800.0	35 344.8	38 580.0	43 884.6
1. 企业	11 774.3	14 547.2	18 608.1	22 968.0	27 192.3	30 626.3	34 115.2	36 970.3	41 385.2
2. 事业、机关	751.8	818.1	888.5	973.3	1 076.9	1 173.7	1 229.6	1 609.8	2 499.3
（二）城乡居民		422.5	1 231.2	2 302.2	3 005.7	3 844.6	4 592.3	5 385.2	6 317.6

注：从 2010 年起基本养老保险中含城乡居民社会养老保险。

表 5—3　　历年全国参加城镇职工基本养老保险职工及离退休人员人数　单位：万人

年份	职工		离退休人员	
	合计	企业	合计	企业
1990	5 200.7	5 200.7	965.3	965.3
1991	5 653.7	5 653.7	1 086.6	1 086.6
1992	7 774.7	7 774.7	1 681.5	1 681.5
1993	8 008.2	8 008.2	1 839.4	1 839.4
1994	8 494.1	8 494.1	2 079.4	2 079.4
1995	8 737.8	8 737.8	2 241.2	2 241.2
1996	8 758.4	8 758.4	2 358.3	2 358.3
1997	8 670.9	8 670.9	2 533.0	2 533.0
1998	8 475.8	8 475.8	2 727.3	2 727.3
1999	9 501.8	8 859.2	2 983.6	2 863.8
2000	10 447.5	9 469.9	3 169.9	3 016.5
2001	10 801.9	9 733.0	3 380.6	3 171.3
2002	11 128.8	9 929.4	3 607.8	3 349.2
2003	11 646.5	10 324.5	3 860.2	3 556.9
2004	12 250.3	10 903.9	4 102.6	3 775.0
2005	13 120.4	11 710.6	4 367.5	4 005.2
2006	14 130.9	12 618.0	4 635.4	4 238.6
2007	15 183.2	13 690.6	4 953.7	4 544.0
2008	16 587.5	15 083.4	5 303.6	4 868.0
2009	17 743.0	16 219.0	5 806.9	5 348.0
2010	19 402.3	17 822.7	6 305.0	5 811.6
2011	21 565.0	19 970.0	6 826.2	6 314.0
2012	22 981.1	21 360.9	7 445.7	6 910.9
2013	24 177.3	22 564.7	8 041.0	7 484.8
2014	25 531.0	23 932.3	8 593.4	8 013.6
2015	26 219.2	24 586.8	9 141.9	8 536.5
2016	27 826.3	25 239.6	10 103.4	9 023.9
2017	29 267.6	25 856.3	11 025.7	9 460.4

表 5—4　　历年全国基本养老保险待遇水平　　单位：元/月

年份	平均离退休费							
	全部离退休人员				统筹范围内离退休人员			
	合计	企业	机关	事业	合计	企业	机关	事业
1998	495	455	656	624	413	413	—	—
1999	548	495	746	723	503	494	721	725
2000	595	526	835	827	559	544	947	871
2001	643	548	1 018	944	576	556	940	894
2002	734	636	1 147	1 068	648	618	1 077	1 031
2003	784	663	1 277	1 173	674	640	1 124	1 091
2004	810	673	1 378	1 243	705	667	1 223	1 154
2005	889	734	1 534	1 369	758	716	1 257	1 208
2006	—	—	—	—	873	832	1 364	1 290
2007	—	—	—	—	1 002	947	1 711	1 576
2008	—	—	—	—	1 168	1 121	1 822	1 663
2009	—	—	—	—	1 294	1 246	1 959	1 816
2010	—	—	—	—	1 426	1 380	2 055	1 929
2011	—	—	—	—	1 574	1 528	2 241	2 105
2012	—	—	—	—	1 750	1 700	2 352	2 380
2013	—	—	—	—	1 917	1 869	2 587	2 544
2014	—	—	—	—	2 105	2 061	2 668	2 695
2015	—	—	—	—	2 318	2 251	3 251	3 240
2016	—	—	—	—	2 519	2 373	3 858	3 921
2017	—	—	—	—	2 719	2 500	4 204	

年份	平均退休费							
	全部退休人员				统筹范围内退休人员			
	合计	企业	机关	事业	合计	企业	机关	事业
1998	528	442	606	603	—	—	—	—
1999	606	481	707	702	—	—	—	—
2000	655	512	788	805	—	—	—	—
2001	689	531	964	921	—	—	—	—
2002	706	615	1 095	1 014	627	599	1 022	1 009
2003	757	644	1 221	1 151	654	621	1 069	1 069
2004	782	653	1 328	1 220	683	646	1 162	1 129
2005	861	714	1 469	1 346	737	698	1 196	1 180
2006	—	—	—	—	853	815	1 294	1 262
2007	—	—	—	—	977	925	1 639	1 543
2008	—	—	—	—	1 145	1 100	1 740	1 628
2009	—	—	—	—	1 270	1 225	1 876	1 778
2010	—	—	—	—	1 405	1 362	1 982	1 895
2011	—	—	—	—	1 555	1 511	2 167	2 073
2012	—	—	—	—	1 733	1 686	2 271	2 347
2013	—	—	—	—	1 902	1 856	2 514	2 514
2014	—	—	—	—	2 091	2 050	2 592	2 665
2015	—	—	—	—	2 304	2 240	3 193	3 210
2016					2 508	2 362	3 846	3 911
2017					2 710	2 490	4 199	

注：2016 年各地启动机关事业单位养老保险制度，参保人群扩大，按政策规定参保人员范围重新界定，与往年略有不同。自 2017 年本表反映执行机关事业单位制度数据。

表 5—5　　历年分地区城镇职工基本养老保险参保人数　　单位：万人

地区	2001 年		2002 年		2003 年		2004 年		2005 年	
	合计	离退休人员	合计	离退休人员	合计	离退休人员	合计	离退休人员	合计	离退休人员
全国	**14 182.5**	**3 380.6**	**14 736.6**	**3 607.8**	**15 506.7**	**3 860.2**	**16 352.9**	**4 102.6**	**17 487.9**	**4 367.5**
北京	425.9	124.3	436.2	133.2	448.5	141.5	459.7	148.6	520.0	155.2
天津	281.4	85.2	296.0	91.4	283.3	97.6	298.1	102.9	308.3	107.7
河北	641.4	145.3	643.5	154.0	665.5	163.6	683.4	172.0	707.9	184.2
山西	365.6	81.8	361.8	85.4	364.4	88.1	376.7	93.3	383.4	98.2
内蒙古	290.6	65.3	292.9	70.8	300.9	72.6	318.8	82.0	338.9	86.1
辽宁	1 022.7	288.9	1 039.2	302.2	1 070.4	315.5	1 101.0	333.8	1 193.6	360.8
吉林	389.1	99.6	397.7	104.9	427.0	115.5	439.0	123.1	455.9	131.0
黑龙江	692.5	178.5	689.8	187.4	714.3	196.0	738.1	207.3	768.9	223.2
上海	683.5	239.9	699.8	246.9	715.6	254.6	770.9	265.3	830.0	290.7
江苏	888.1	212.7	1 063.5	252.9	1 135.2	271.4	1 214.1	288.8	1 345.6	307.9
浙江	610.4	125.1	701.1	132.6	801.2	144.2	888.0	152.4	962.3	160.9
安徽	432.7	98.5	432.3	102.8	456.6	113.6	463.9	118.8	471.7	124.8
福建	242.0	58.4	285.1	61.6	364.2	79.4	377.5	83.7	409.6	88.9
江西	328.8	78.2	339.8	82.6	355.9	93.4	371.8	99.9	387.4	105.5
山东	1 022.6	191.3	1 043.0	205.3	1 135.9	219.3	1 218.7	232.2	1 302.4	248.6
河南	736.6	141.9	757.8	161.5	751.1	171.0	781.1	181.1	814.0	194.2
湖北	612.1	137.7	628.8	147.2	732.4	177.9	780.5	195.4	804.0	206.4
湖南	603.4	148.0	616.5	157.7	636.2	167.5	691.7	185.4	718.6	195.2
广东	1 370.3	187.0	1 405.4	193.5	1 482.2	203.8	1 588.8	220.4	1 796.1	231.2
广西	248.9	58.7	257.2	63.5	264.8	66.3	279.3	70.2	288.6	73.3
海南	108.2	30.5	111.2	31.9	116.7	33.6	120.0	35.2	120.9	36.5
重庆	270.3	82.3	280.3	87.8	280.0	92.4	283.9	96.8	290.2	100.5
四川	578.9	169.4	589.2	178.1	605.5	187.5	668.0	202.7	793.4	230.7
贵州	159.0	42.4	168.9	44.9	168.0	48.0	174.9	50.0	183.7	51.7
云南	243.1	69.6	252.1	74.1	257.3	77.8	255.3	79.4	258.7	81.9
西藏	7.1	2.6	7.0	2.6	7.3	2.8	7.6	3.0	7.7	3.1
陕西	345.4	83.4	352.0	90.8	362.4	97.4	369.3	102.5	376.1	107.8
甘肃	188.4	45.3	188.0	48.1	192.0	51.2	194.5	53.5	197.3	55.1
青海	51.9	14.9	54.2	15.0	56.4	15.9	58.5	16.5	60.0	16.9
宁夏	57.9	13.2	59.0	13.7	60.7	14.3	62.5	15.2	67.5	16.1
新疆	258.4	77.6	262.1	79.6	269.3	83.0	294.8	87.3	302.1	89.0
中国人民银行	19.8	3.1	19.8	3.3	19.8	3.4	17.1	3.5	17.1	3.7
中国农业发展银行	5.4	0.2	5.5	0.3	5.6	0.4	5.8	0.4	5.7	0.5

续表

地区	2006年		2007年		2008年		2009年		2010年	
	合计	离退休人员	合计	离退休人员	合计	离退休人员	合计	离退休人员	合计	离退休人员
全国	**18 766.3**	**4 635.4**	**20 136.9**	**4 953.7**	**21 891.1**	**5 303.6**	**23 549.9**	**5 806.9**	**25 707.3**	**6 305.0**
北京	603.6	160.9	671.0	171.2	757.2	180.1	826.7	188.2	981.3	195.5
天津	328.2	112.7	344.8	119.2	376.5	129.3	401.5	136.5	431.5	143.6
河北	747.5	196.0	795.6	210.2	862.5	222.7	919.5	238.0	988.4	259.5
山西	486.9	112.7	506.7	120.2	539.4	128.0	563.8	136.6	591.0	147.3
内蒙古	356.6	91.1	370.9	96.6	389.5	102.9	410.8	112.8	430.7	119.2
辽宁	1 248.8	383.0	1 299.7	408.1	1 406.2	429.9	1 457.4	449.4	1 496.9	472.7
吉林	480.2	138.9	501.7	147.8	525.3	155.4	554.3	171.1	599.5	206.6
黑龙江	801.0	236.5	826.8	253.0	857.8	276.0	920.3	333.7	952.2	363.0
上海	891.7	314.4	932.4	340.5	967.7	357.8	1 001.1	376.0	1 049.5	392.2
江苏	1 469.8	328.1	1 602.3	353.3	1 751.6	378.6	1 883.1	415.4	2 033.0	449.1
浙江	1 052.6	170.9	1 167.1	182.3	1 386.9	194.8	1 527.4	209.6	1 702.2	223.6
安徽	495.2	133.8	530.3	144.8	578.4	158.1	628.2	169.5	669.5	177.5
福建	456.1	93.6	512.8	98.1	557.2	102.6	585.9	108.1	635.5	113.5
江西	415.0	111.6	475.0	118.5	550.3	128.5	581.9	135.9	607.6	145.5
山东	1 368.0	261.7	1 457.1	282.2	1 565.9	305.0	1 661.0	326.0	1 773.0	345.1
河南	863.8	208.2	912.9	224.7	972.0	239.1	1 019.1	254.5	1 079.3	270.3
湖北	850.8	220.5	886.8	235.3	932.3	252.0	982.0	273.6	1 039.8	301.6
湖南	751.6	209.9	784.0	227.3	829.1	235.3	879.1	246.1	938.9	265.4
广东	1 972.3	243.5	2 226.8	257.2	2 444.3	273.0	2 716.4	294.2	3 215.2	339.6
广西	302.7	77.1	325.5	82.2	368.1	95.0	411.3	118.0	449.3	138.1
海南	132.0	38.0	141.7	39.7	156.2	42.0	168.1	43.2	180.8	45.4
重庆	317.3	107.9	344.8	112.7	406.1	130.7	492.8	176.5	584.4	192.5
四川	842.7	244.9	917.4	269.4	1 017.9	306.7	1 176.2	393.5	1 300.9	439.0
贵州	193.2	54.1	205.9	56.5	215.9	59.3	235.6	63.5	257.3	67.0
云南	267.4	83.8	279.4	87.6	293.7	89.3	306.5	90.2	317.4	92.3
西藏	7.6	3.1	8.1	3.0	8.5	3.1	9.2	3.1	9.9	3.2
陕西	391.5	111.4	408.1	117.4	433.4	124.4	458.8	131.0	550.4	150.3
甘肃	201.2	57.7	208.4	60.6	221.0	64.0	230.9	67.5	242.5	71.3
青海	62.5	17.4	65.2	18.0	68.3	18.6	71.3	19.3	74.4	20.0
宁夏	72.3	16.7	77.0	17.7	82.6	18.8	89.4	20.0	107.8	30.5
新疆	313.3	90.9	327.7	93.7	346.3	97.6	356.9	100.6	393.8	119.2
中国人民银行	17.2	3.9	17.3	4.1	17.5	4.2	17.5	4.4	17.7	4.6
中国农业发展银行	5.6	0.5	5.6	0.6	5.6	0.7	5.6	0.7	5.7	0.8

续表

地区	2011 年		2012 年		2013 年		2014 年		2015 年	
	合计	离退休人员	合计	离退休人员	合计	离退休人员	合计	离退休人员	合计	离退休人员
全国	**28 391.3**	**6 826.2**	**30 426.8**	**7 445.7**	**32 218.4**	**8 041.0**	**34 124.4**	**8 593.4**	**35 361.2**	**9 141.9**
北京	1 089.4	201.2	1 206.4	210.7	1 311.3	220.0	1 392.6	228.9	1 424.2	236.7
天津	458.7	148.8	490.3	156.9	520.7	168.4	545.4	175.3	565.2	180.9
河北	1 059.8	285.3	1 125.6	312.3	1 194.7	335.1	1 262.0	353.6	1 320.5	368.5
山西	623.8	158.9	648.7	168.9	672.4	180.5	692.0	190.9	714.3	201.4
内蒙古	452.4	136.6	471.9	153.0	496.5	172.7	524.9	192.7	579.0	208.1
辽宁	1 556.6	486.5	1 609.2	510.4	1 729.5	557.8	1 769.2	601.9	1 780.2	640.5
吉林	617.5	221.1	632.2	234.6	655.2	248.4	676.7	261.1	693.6	273.7
黑龙江	981.0	380.0	1 013.0	401.6	1 062.1	422.2	1 090.1	443.4	1 118.0	471.1
上海	1 382.7	406.5	1 416.9	423.8	1 429.9	437.5	1 457.4	452.4	1 493.8	465.4
江苏	2 223.9	483.1	2 427.5	547.0	2 582.1	594.3	2 691.9	637.6	2 779.9	681.1
浙江	1 919.2	253.4	2 183.3	347.8	2 375.4	398.9	2 548.0	468.8	2 504.3	570.3
安徽	729.3	191.5	783.8	205.4	811.3	219.1	829.2	232.3	857.5	246.7
福建	695.1	118.2	756.5	125.5	812.8	133.2	848.3	140.2	883.7	147.1
江西	653.0	168.7	707.4	189.1	754.2	207.0	783.9	221.1	823.1	235.2
山东	1 907.1	373.1	2 063.2	416.3	2 259.6	459.2	2 370.2	511.5	2 477.5	554.4
河南	1 168.4	287.9	1 270.6	306.0	1 350.0	325.6	1 431.6	342.3	1 508.7	359.8
湖北	1 113.4	341.7	1 171.4	367.3	1 219.4	395.9	1 266.2	419.2	1 315.5	440.6
湖南	988.2	277.9	1 048.0	300.4	1 091.7	329.5	1 118.9	349.0	1 160.1	369.0
广东	3 800.7	372.6	4 034.1	390.2	4 183.0	421.3	4 809.5	445.9	5 086.5	473.3
广西	483.8	151.5	512.7	163.6	538.4	172.6	557.6	180.3	576.6	186.9
海南	199.9	47.8	214.2	52.5	231.5	57.1	242.3	59.9	249.8	62.0
重庆	647.6	220.1	716.9	247.0	773.1	275.4	825.5	293.3	849.3	304.9
四川	1 494.2	495.4	1 615.4	541.7	1 720.3	596.2	1 839.7	648.1	1 939.0	688.9
贵州	282.1	71.3	309.4	77.7	337.3	82.6	361.5	87.1	392.1	94.8
云南	342.8	104.2	364.5	110.7	384.3	115.7	397.9	118.7	412.9	121.8
西藏	11.2	3.2	13.3	3.5	14.0	3.5	15.2	3.7	16.2	3.8
陕西	588.6	155.5	643.5	177.1	685.0	191.9	716.5	200.3	751.7	207.5
甘肃	263.0	85.1	277.4	93.7	288.4	99.9	298.8	105.0	306.2	109.2
青海	81.5	25.2	86.0	26.2	90.3	27.6	94.6	28.8	100.1	30.1
宁夏	121.4	36.4	131.2	39.9	143.8	41.9	151.4	44.2	157.5	46.4
新疆	431.5	131.9	458.8	139.0	476.3	143.8	490.8	149.1	499.4	154.8
中国人民银行	17.8	4.8	17.9	5.0	18.0	5.2	18.0	5.5	18.1	5.8
中国农业发展银行	5.8	1.0	5.9	1.0	6.0	1.1	6.5	1.3	6.7	1.4

续表

地区	2016年		2017年	
	合计	离退休人员	合计	离退休人员
全国	**37 929.7**	**10 103.4**	**40 293.3**	**11 025.7**
北京	1 546.6	275.4	1 604.5	283.1
天津	639.0	208.6	655.0	213.8
河北	1 403.1	391.3	1 535.8	433.8
山西	760.2	216.6	798.7	243.0
内蒙古	655.0	236.5	694.3	257.1
辽宁	1 800.3	679.7	1 949.8	754.4
吉林	706.8	286.7	814.5	332.2
黑龙江	1 144.1	488.5	1 206.1	523.9
上海	1 527.1	476.3	1 548.2	489.2
江苏	2 861.5	724.2	3 034.5	796.1
浙江	2 506.9	663.9	2 712.4	747.5
安徽	892.2	257.9	1 077.0	322.9
福建	979.8	174.0	1 022.1	182.0
江西	957.3	284.6	1 005.2	307.7
山东	2 576.4	607.4	2 660.9	638.8
河南	1 848.4	450.3	1 897.6	460.0
湖北	1 355.0	458.0	1 546.6	526.1
湖南	1 186.7	362.9	1 279.3	422.7
广东	5 392.4	524.6	5 287.1	569.0
广西	751.9	240.7	777.8	251.9
海南	224.9	66.5	240.9	68.9
重庆	952.2	346.3	989.2	360.8
四川	2 157.6	777.8	2 335.1	816.0
贵州	423.6	99.6	588.2	141.3
云南	581.8	168.0	591.5	171.3
西藏	21.1	6.0	42.9	9.2
陕西	790.8	213.6	953.3	246.4
甘肃	315.0	114.1	429.8	141.6
青海	132.3	41.4	138.3	42.8
宁夏	189.3	57.8	205.2	60.2
新疆	625.0	196.5	646.4	204.3
中国人民银行	18.2	6.1	18.2	6.1
中国农业发展银行	6.9	1.6	6.9	1.6

表 5—6　　分地区城镇职工基本养老保险情况

（2017 年）　　单位：万人，亿元

地区	参保职工年末人数	企业	参保离退休人员年末人数	基金收支情况		
				基金收入	基金支出	累计结余
全国	**29 267.6**	**25 856.3**	**11 025.7**	**43 309.6**	**38 051.5**	**43 884.6**
北京	1 321.4	1 264.9	283.1	2 223.0	1 394.3	4 394.9
天津	441.2	398.3	213.8	894.3	836.1	463.2
河北	1 102.0	880.4	433.8	1 439.2	1 411.6	735.2
山西	555.7	443.4	243.0	1 234.6	1 082.3	1 457.7
内蒙古	437.2	346.4	257.1	853.5	707.2	605.2
辽宁	1 195.5	1 063.9	754.4	1 863.2	2 207.0	572.8
吉林	482.3	421.0	332.2	764.1	767.0	340.0
黑龙江	682.2	607.4	523.9	1 240.5	1 534.2	—486.2
上海	1 059.0	996.0	489.2	2 767.4	2 571.1	2 068.8
江苏	2 238.5	2 097.3	796.1	2 885.6	2 555.3	3 730.8
浙江	1 964.9	1 816.4	747.5	3 052.6	2 636.7	3 709.8
安徽	754.1	650.4	322.9	993.3	784.6	1 393.9
福建	840.1	747.4	182.0	785.3	666.5	820.0
江西	697.6	602.9	307.7	974.1	862.6	638.1
山东	2 022.2	1 775.3	638.8	2 289.3	2 358.7	2 315.7
河南	1 437.6	1 182.1	460.0	1 521.5	1 471.8	1 104.0
湖北	1 020.5	907.5	526.1	1 793.6	1 864.2	751.6
湖南	856.6	684.5	422.7	1 448.1	1 349.1	1 104.1
广东	4 718.0	4 538.0	569.0	3 457.0	1 898.0	9 245.1
广西	525.9	417.4	251.9	977.0	881.9	556.7
海南	172.0	149.6	68.9	271.1	232.0	173.5
重庆	628.3	561.0	360.8	1 434.7	1 372.4	897.1
四川	1 519.0	1 328.1	816.0	3 295.9	2 276.4	3 245.8
贵州	446.9	346.3	141.3	667.1	575.7	619.2
云南	420.1	297.3	171.3	1 096.0	958.9	950.8
西藏	33.7	15.1	9.2	130.8	84.7	123.6
陕西	706.9	567.7	246.4	1 049.2	961.8	566.1
甘肃	288.2	205.0	141.6	391.3	363.5	403.7
青海	95.6	76.2	42.8	197.6	205.5	55.8
宁夏	145.0	125.5	60.2	243.0	221.4	217.7
新疆	442.1	343.4	204.3	1 006.1	906.0	1 074.0
中国人民银行	12.1		6.1	55.3	41.7	16.0
中国农业发展银行	5.3		1.6	14.1	11.2	20.0

表 5—7　　历年全国养老金社会化发放人数　　单位：万人

年份	社会化发放人数	纳入社区管理的企业退休人数	纳入社区管理的企业退休人员比例（%）
2005	4 001.0	2 655.2	68.3
2006	4 232.0	2 832.8	68.8
2007	4 535.8	3 136.0	71.2
2008	4 829.1	3 461.0	73.2
2009	5 303.3	3 879.0	75.2
2010	5 805.8	4 344.0	76.2
2011	5 367.0	4 725.0	77.3
2012	6 865.5	5 328.0	78.3
2013	7 201.0	5 620.0	79.1
2014	8 093.2	6 038.0	80.2
2015	8 383.9	6 597.0	81.1
2016	8 620.5	7 086.0	82.0
2017	9 142.9	7 589.0	83.0

注：社会化发放人数是指企业、企业化管理的事业单位及其他参保人员中的离退休人员。

表 5—8　分地区养老金社会化发放人数

（2017 年）　　单位：万人

地区	社会化发放人数
全国	**9 142.9**
北京	249.5
天津	185.2
河北	266.8
山西	193.3
内蒙古	226.5
辽宁	665.8
吉林	301.9
黑龙江	481.6
上海	433.1
江苏	718.3
浙江	684.2
安徽	260.1
福建	111.7
江西	261.8
山东	528.1
河南	282.5
湖北	471.1
湖南	293.0
广东	537.3
广西	196.3
海南	58.1
重庆	325.3
四川	623.6
贵州	103.2
云南	123.1
西藏	3.7
陕西	198.3
甘肃	119.1
青海	32.1
宁夏	50.5
新疆	98.5
新疆兵团	59.4

注：社会化发放人数是指企业、企业化管理的事业单位及其他参保人员中的离退休人员。

表 5—9　　历年分地区城镇基本医疗保险参保人数　　单位：万人

地区	2001 年		2002 年		2003 年		2004 年		2005 年	
	合计	退休人员	合计	退休人员	合计	退休人员	合计	退休人员	合计	退休人员
全国	**7 285.9**	**1 815.2**	**9 401.2**	**2 475.4**	**10 901.7**	**2 926.8**	**12 403.6**	**3 359.2**	**13 782.9**	**3 761.2**
北京	240.7	89.4	321.1	113.2	436.1	134.7	483.9	141.7	574.8	155.1
天津	139.6	46.8	250.2	103.8	254.7	108.5	263.0	104.8	299.1	118.3
河北	282.5	61.5	330.4	73.0	383.2	84.7	472.5	108.9	562.1	139.6
山西	157.3	34.4	216.7	49.5	245.5	51.3	295.5	63.9	324.9	73.0
内蒙古	196.9	45.5	221.7	54.2	252.3	66.1	274.2	78.1	292.0	86.0
辽宁	313.6	90.4	619.0	188.7	697.7	217.2	783.7	247.3	864.2	280.0
吉林	124.2	27.8	176.9	39.8	230.8	55.3	270.0	67.5	283.0	73.9
黑龙江	308.3	89.2	392.8	108.2	435.2	122.1	544.1	151.7	602.9	170.4
上海	680.5	238.9	694.8	245.9	709.6	250.6	714.1	260.9	728.6	275.9
江苏	456.0	113.5	690.9	183.2	815.0	227.6	976.7	261.6	1 124.1	303.0
浙江	352.7	100.0	423.4	117.0	510.3	139.5	569.2	150.3	639.6	163.1
安徽	232.8	53.6	273.4	65.6	318.2	79.8	362.2	97.7	387.1	112.7
福建	171.0	38.3	230.0	54.7	247.8	61.8	285.9	69.5	333.0	77.2
江西	71.6	12.2	106.6	22.7	188.2	45.7	250.4	65.8	276.7	75.0
山东	490.2	86.0	625.6	119.5	691.1	138.0	771.9	153.5	861.5	176.7
河南	460.3	94.8	537.4	115.2	567.9	126.9	590.0	136.8	641.5	154.1
湖北	255.4	54.5	338.1	80.6	416.6	110.1	466.8	132.5	502.0	147.2
湖南	351.6	83.7	398.1	108.3	423.5	116.1	477.0	133.9	503.4	146.6
广东	544.8	84.4	717.7	118.8	877.0	146.4	1 034.2	168.9	1 235.3	180.3
广西	150.1	33.4	201.8	54.1	235.0	66.1	272.2	77.8	285.9	82.3
海南	40.9	8.5	52.6	11.5	63.1	15.4	78.6	22.3	87.2	24.5
重庆	36.8	9.7	58.7	18.0	121.8	41.7	206.3	76.2	237.7	91.9
四川	437.6	128.3	480.6	150.1	531.2	173.8	587.6	196.5	647.0	220.2
贵州	31.1	6.9	94.6	26.6	134.1	38.2	152.6	44.0	180.5	51.5
云南	185.7	45.6	238.4	65.0	281.5	81.4	302.3	89.6	320.7	95.5
西藏					6.0	1.8	7.1	2.8	15.2	4.8
陕西	231.4	49.4	261.8	65.1	301.0	77.4	325.6	86.8	348.8	101.3
甘肃	109.9	23.6	124.1	26.0	146.0	32.8	165.8	40.6	176.6	46.2
青海	38.3	12.6	51.1	16.3	56.4	17.8	60.2	19.5	62.0	20.4
宁夏	17.2	4.0	36.8	10.1	48.1	12.7	55.6	14.6	64.5	17.2
新疆	177.0	48.1	235.7	70.6	276.7	85.3	304.4	93.2	321.1	97.5

续表

地区	2006年		2007年		2008年		2009年		2010年	
	合计	退休人员	合计	退休人员	合计	退休人员	合计	退休人员	合计	退休人员
全国	**15 731.9**	**4 151.5**	**22 311.4**	**4 600.0**	**31 821.7**	**5 007.9**	**40 147.0**	**5 526.9**	**43 262.9**	**5 943.5**
北京	679.5	163.9	929.4	172.9	1 017.1	182.4	1 083.9	191.8	1 207.3	215.1
天津	344.2	126.0	403.8	133.2	484.5	141.8	605.3	150.6	960.9	157.5
河北	615.9	158.6	746.3	183.9	1 083.1	199.5	1 421.1	219.7	1 518.1	238.0
山西	353.8	82.2	460.6	98.3	593.9	108.8	879.0	128.5	923.5	140.0
内蒙古	316.2	93.1	451.6	103.8	612.5	108.6	805.3	117.8	886.4	124.7
辽宁	959.3	307.4	1 200.2	346.5	1 507.5	386.5	1 895.6	444.5	2 056.2	464.1
吉林	376.3	101.2	767.2	118.2	937.4	131.8	1 242.8	147.4	1 333.8	179.9
黑龙江	708.2	192.9	826.7	202.3	1 056.3	216.0	1 544.3	256.5	1 560.8	278.4
上海	1 023.3	291.0	1 096.8	306.4	1 355.2	320.9	1 583.8	372.5	1 665.2	388.8
江苏	1 274.3	338.5	2 136.6	365.4	2 837.6	390.3	3 031.0	418.6	3 249.4	443.2
浙江	730.6	172.9	946.2	185.5	1 322.6	198.3	1 784.4	211.8	1 963.8	226.8
安徽	441.2	124.7	953.3	137.1	1 323.8	148.1	1 435.8	160.4	1 529.3	169.3
福建	370.1	85.2	477.4	91.0	796.5	101.4	1 137.2	114.7	1 200.6	120.7
江西	313.3	86.5	784.7	121.6	1 207.1	149.4	1 300.4	151.6	1 326.4	166.5
山东	996.1	199.9	1 292.3	227.8	1 847.0	256.2	2 540.2	287.8	2 770.6	316.7
河南	704.1	173.3	897.7	197.4	1 549.4	220.8	1 970.1	243.7	2 043.7	258.7
湖北	565.3	166.6	870.5	196.3	1 435.7	210.9	1 811.7	236.2	1 860.0	239.8
湖南	560.5	162.4	724.5	181.9	1 321.6	206.5	1 831.9	225.6	1 894.5	236.9
广东	1 421.1	197.9	2 281.6	218.0	3 551.8	240.3	4 568.5	259.4	5 043.2	314.5
广西	302.0	88.7	361.4	99.2	568.2	103.8	850.0	110.6	935.2	123.0
海南	91.0	25.6	155.3	29.9	249.7	34.0	283.8	41.5	323.3	43.2
重庆	257.5	97.4	327.5	104.7	550.6	115.1	769.5	120.8	830.8	125.6
四川	734.5	247.8	1 020.0	270.6	1 413.8	296.7	1 912.7	317.3	2 063.1	348.3
贵州	199.2	57.8	293.8	66.1	404.3	73.0	567.0	85.1	602.5	88.2
云南	331.5	98.8	400.3	101.8	618.2	103.6	762.5	118.3	820.5	121.4
西藏	16.5	5.0	19.2	5.8	32.4	5.3	36.0	6.4	38.6	6.6
陕西	377.1	111.4	459.3	123.2	717.3	132.8	890.0	145.2	947.2	151.2
甘肃	195.8	51.7	449.5	61.6	522.2	68.8	557.4	77.7	588.8	85.9
青海	64.5	22.0	95.8	23.0	93.6	24.5	104.8	24.6	140.3	25.2
宁夏	73.1	19.9	114.0	21.4	158.7	22.7	186.0	23.8	188.3	26.4
新疆	335.8	101.2	367.9	105.1	652.1	109.0	755.0	114.7	790.5	119.0

续表

地区	2011年		2012年		2013年		2014年		2015年	
	合计	退休人员	合计	退休人员	合计	退休人员	合计	退休人员	合计	退休人员
全国	**47 343.2**	**6 278.6**	**53 641.3**	**6 624.2**	**57 072.6**	**6 941.8**	**59 746.9**	**7 254.8**	**66 581.6**	**7 531.2**
北京	1 347.8	232.8	1 431.6	239.1	1 514.9	249.8	1 604.3	260.1	1 656.6	269.5
天津	972.8	162.5	981.3	168.9	1 001.5	177.3	1 023.6	183.6	1 054.1	190.4
河北	1 562.2	248.2	1 644.4	261.5	1 674.5	275.6	1 697.5	286.3	1 663.7	300.3
山西	1 005.1	150.8	1 055.9	157.2	1 086.3	166.9	1 101.2	175.5	1 113.8	179.4
内蒙古	907.3	124.3	967.7	132.4	986.2	134.5	998.1	138.6	1 008.1	141.4
辽宁	2 120.1	494.1	2 251.9	524.8	2 333.3	546.9	2 387.2	576.7	2 396.2	597.7
吉林	1 350.6	188.2	1 370.0	194.0	1 378.6	197.5	1 380.0	197.5	1 380.6	199.7
黑龙江	1 578.0	293.6	1 580.3	309.6	1 580.4	311.6	1 586.4	324.3	1 594.8	330.1
上海	1 591.8	404.1	1 638.6	421.5	1 650.5	438.4	1 678.5	453.2	1 719.2	465.8
江苏	3 500.5	470.9	3 608.8	508.9	3 427.6	543.6	3 797.5	577.0	4 014.3	610.8
浙江	2 244.1	243.3	2 806.8	277.1	4 121.1	299.5	4 847.6	324.1	4 964.1	353.7
安徽	1 612.9	181.9	1 660.0	191.5	1 660.8	203.3	1 756.4	211.9	1 737.6	221.1
福建	1 217.2	126.2	1 262.9	130.2	1 283.8	136.4	1 293.0	143.0	1 301.2	146.8
江西	1 329.7	170.9	1 438.6	180.4	1 476.6	189.8	1 494.2	197.7	1 530.4	201.3
山东	2 947.8	337.5	3 101.2	365.6	3 647.9	391.7	3 988.0	411.4	9 235.8	439.9
河南	2 122.3	272.2	2 222.2	293.2	2 297.2	313.4	2 340.0	327.2	2 344.9	336.6
湖北	1 932.5	254.6	1 960.3	264.7	1 960.6	280.7	1 968.0	286.9	1 972.1	296.3
湖南	1 941.2	242.9	2 341.9	248.8	2 316.2	257.5	2 300.7	261.8	2 662.3	267.1
广东	6 767.1	340.5	8 421.8	362.8	9 179.8	383.8	9 804.2	420.9	10 136.0	439.7
广西	981.3	128.8	1 011.5	133.6	1 031.0	137.8	1 067.3	143.8	1 077.6	148.8
海南	352.4	45.3	378.5	47.5	406.5	50.6	386.8	53.7	389.8	55.6
重庆	1 324.8	133.1	3 219.1	147.9	3 234.8	158.9	3 256.8	167.0	3 266.3	174.0
四川	2 248.4	366.0	2 383.8	381.8	2 486.0	394.5	2 576.5	407.5	2 650.7	418.8
贵州	629.0	93.3	648.3	96.3	672.1	98.1	687.1	99.9	955.5	105.2
云南	865.8	126.6	882.4	129.5	1 118.8	133.3	1 135.9	138.6	1 140.8	140.7
西藏	43.7	6.6	50.1	7.1	54.8	7.2	58.9	7.8	61.8	8.1
陕西	1 090.4	172.8	1 118.8	175.8	1 244.3	181.7	1 246.2	184.4	1 247.3	187.4
甘肃	590.8	88.2	616.5	87.7	622.8	90.2	630.6	96.2	635.0	99.8
青海	151.6	25.9	172.3	26.7	181.3	27.6	190.4	29.1	195.2	30.4
宁夏	188.8	27.1	561.8	28.5	565.5	29.5	578.6	31.0	584.8	32.2
新疆	825.2	125.2	851.9	129.6	877.1	134.3	885.1	138.2	891.0	142.6

续表

地区	2016 年		2017 年	
	合计	退休人员	合计	退休人员
全国	**74 391.6**	**7 811.6**	**117 681.4**	**8 034.3**
北京	1 708.8	277.8	1 771.4	286.2
天津	1 066.8	195.4	1 088.5	201.0
河北	6 672.1	306.2	6 883.1	312.4
山西	1 121.2	185.4	3 215.3	189.2
内蒙古	1 019.8	146.1	2 161.5	148.4
辽宁	2 376.0	612.9	2 277.5	608.4
吉林	1 380.9	204.8	1 380.9	207.6
黑龙江	1 599.9	354.0	2 892.6	350.6
上海	1 806.7	477.0	1 839.8	489.7
江苏	3 984.4	641.2	7 619.1	679.8
浙江	4 993.3	383.2	5 251.6	414.5
安徽	1 621.5	231.1	2 108.1	237.7
福建	1 297.9	150.2	3 768.6	155.1
江西	1 807.0	202.8	4 762.4	191.8
山东	9 188.8	465.6	9 295.7	486.3
河南	2 360.7	344.6	10 410.7	344.4
湖北	1 981.8	300.5	5 622.2	316.2
湖南	2 646.1	272.5	6 906.3	285.4
广东	10 150.2	460.6	10 365.1	479.1
广西	1 096.4	155.0	5 173.3	160.2
海南	387.2	57.1	419.5	60.4
重庆	3 259.3	179.5	3 248.5	184.9
四川	5 056.8	439.4	7 714.8	458.4
贵州	973.6	108.3	1 001.3	111.5
云南	1 163.6	144.5	4 463.8	147.3
西藏	65.4	8.6	69.9	9.1
陕西	1 248.0	188.5	1 251.0	190.5
甘肃	643.3	106.0	2 512.2	108.0
青海	196.7	31.8	549.0	32.8
宁夏	594.0	33.0	618.2	34.6
新疆	923.2	148.0	1 039.6	152.7

表 5—10　　分地区城镇基本医疗保险基本情况

（2017 年）

地区	年末参保人数（万人）	基金收支情况（亿元）		
		基金收入	基金支出	累计结余
全国	**117 681.4**	**17 931.6**	**14 421.7**	**19 385.6**
北京	1 771.4	1 065.8	920.1	609.5
天津	1 088.5	357.5	274.2	282.5
河北	6 883.1	749.6	616.5	790.5
山西	3 215.3	371.7	322.9	421.4
内蒙古	2 161.5	311.9	268.0	301.9
辽宁	2 277.5	496.9	464.0	459.2
吉林	1 380.9	195.6	174.5	282.7
黑龙江	2 892.6	433.6	387.5	427.2
上海	1 839.8	1 404.4	729.4	2 085.7
江苏	7 619.1	1 368.7	1 149.4	1 463.6
浙江	5 251.6	1 234.1	989.5	1 568.6
安徽	2 108.1	339.8	269.4	403.3
福建	3 768.6	478.6	382.4	631.0
江西	4 762.4	474.9	341.6	444.5
山东	9 295.7	1 194.8	1 094.2	979.2
河南	10 410.7	894.2	753.9	809.6
湖北	5 622.2	697.4	578.6	569.5
湖南	6 906.3	676.4	561.1	583.5
广东	10 365.1	1 565.0	1 245.0	2 474.8
广西	5 173.3	374.7	264.6	477.3
海南	419.5	83.3	60.5	113.7
重庆	3 248.5	410.6	392.2	311.6
四川	7 714.8	1 023.2	762.7	1 126.1
贵州	1 001.3	186.4	143.3	188.5
云南	4 463.8	503.2	406.8	431.5
西藏	69.9	39.5	21.9	61.4
陕西	1 251.0	287.7	246.0	343.1
甘肃	2 512.2	248.4	224.6	178.5
青海	549.0	69.1	51.6	87.3
宁夏	618.2	93.1	85.8	81.4
新疆	1 039.6	301.4	239.3	397.0

表 5—11　　分地区城镇职工基本医疗保险基本情况

（2017 年）

地区	年末参保人数（万人）			基金收支情况（亿元）			
	合计	职工	退休人员	基金收入	基金支出	累计结余	统筹基金
全国	**30 323**	**22 288**	**8 034**	**12 278.3**	**9 466.9**	**15 851.0**	**9 699.1**
北京	1 569	1 283	286	1 040.1	898.0	571.6	570.6
天津	554	353	201	303.5	240.1	212.7	97.9
河北	987	675	312	387.7	305.4	605.5	369.0
山西	664	475	189	213.7	186.5	288.8	111.2
内蒙古	495	347	148	198.9	162.6	240.6	153.0
辽宁	1 576	967	608	456.5	430.3	406.7	212.8
吉林	576	368	208	161.7	143.4	238.0	160.6
黑龙江	844	493	351	285.5	259.7	320.6	161.9
上海	1 495	1 005	490	1 340.4	663.7	2 079.6	1 299.1
江苏	2 601	1 921	680	978.6	810.0	1 282.9	681.5
浙江	2 117	1 703	414	895.0	663.2	1 481.1	1 034.4
安徽	809	571	238	259.6	203.0	323.9	194.1
福建	819	664	155	290.7	220.1	534.7	231.7
江西	559	367	192	178.0	131.5	230.4	146.7
山东	2 013	1 527	486	739.6	631.6	780.4	632.5
河南	1 228	884	344	360.8	265.2	494.7	249.3
湖北	1 019	703	316	371.9	318.5	338.5	114.3
湖南	867	582	285	313.6	243.3	389.3	161.8
广东	3 963	3 484	479	1 152.5	867.2	2 107.4	1 505.5
广西	557	397	160	194.4	147.4	278.5	129.8
海南	210	149	60	69.8	49.5	98.1	89.8
重庆	640	455	185	250.3	241.1	217.5	58.2
四川	1 526	1 068	458	649.7	449.5	890.0	579.4
贵州	410	299	112	153.9	120.5	141.6	53.1
云南	491	344	147	250.3	192.2	299.1	137.7
西藏	40	31	9	34.8	18.3	63.3	45.8
陕西	620	429	191	246.5	204.1	305.0	153.7
甘肃	320	212	108	114.2	94.6	117.0	69.6
青海	94	61	33	62.4	44.6	87.9	30.8
宁夏	123	89	35	58.1	49.3	64.9	55.6
新疆	535	382	153	265.7	212.3	360.7	207.8

表 5—12　　分地区城乡居民基本医疗保险基本情况

（2017 年）

地区	年末参保居民人数（万人）	基金收支情况（亿元）		
		基金收入	基金支出	累计结余
全国	**87 359**	**5 653.3**	**4 954.8**	**3 534.6**
北京	202	25.6	22.1	37.9
天津	534	54.0	34.1	69.8
河北	5 896	361.9	311.1	185.0
山西	2 551	157.9	136.3	132.6
内蒙古	1 666	113.1	105.5	61.3
辽宁	702	40.4	33.7	52.5
吉林	805	33.9	31.1	44.7
黑龙江	2 049	148.1	127.7	106.6
上海	345	64.0	65.7	6.1
江苏	5 018	390.1	339.3	180.7
浙江	3 134	339.0	326.3	87.4
安徽	1 299	80.2	66.4	79.5
福建	2 949	188.0	162.3	96.3
江西	4 204	296.9	210.1	214.1
山东	7 283	455.2	462.6	198.8
河南	9 182	533.5	488.7	314.9
湖北	4 603	325.5	260.1	231.0
湖南	6 039	362.8	317.8	194.2
广东	6 402	412.4	377.8	367.4
广西	4 617	180.4	117.2	198.8
海南	210	13.5	11.0	15.6
重庆	2 608	160.3	151.1	94.1
四川	6 188	373.5	313.2	236.1
贵州	591	32.5	22.8	46.9
云南	3 972	252.9	214.6	132.4
西藏	30	4.7	3.5	−1.9
陕西	631	41.2	42.0	38.0
甘肃	2 192	134.2	130.1	61.5
青海	455	6.7	7.1	−0.5
宁夏	495	35.0	36.5	16.5
新疆	505	35.8	26.9	36.3

表 5—13　　历年分地区失业保险参保人数　　单位：万人

地区	2001 年		2002 年		2003 年		2004 年		2005 年	
	年末参保人数	年末领取失业保险金人数	年末参保人数	年末领取失业保险金人数	年末参保人数	年末领取失业保险金人数	年末参保人数	年末领取失业保险金人数	年末参保人数	年末领取失业保险金人数
全国	**10 355**	**312**	**10 182**	**440**	**10 373**	**415**	**10 584**	**419**	**10 648**	**362**
北京	287.2	5.5	299.6	4.8	306.6	5.2	308.2	3.8	357.5	3.5
天津	214.3	10.8	196.3	12.4	193.5	9.4	195.1	5.1	197.5	3.8
河北	513.2	7.3	488.6	7.2	484.2	8.3	479.0	11.0	461.2	13.3
山西	286.0	5.9	278.9	4.5	284.1	5.7	286.5	5.4	288.5	4.8
内蒙古	217.7	5.4	219.7	7.1	221.6	5.7	222.3	5.8	222.2	4.9
辽宁	656.7	20.3	591.2	82.2	622.2	67.0	616.2	81.7	607.7	46.5
吉林	283.8	13.2	284.0	15.6	292.9	16.2	282.2	12.2	199.4	7.5
黑龙江	532.6	12.5	466.0	19.6	479.0	12.6	475.8	9.7	459.6	10.3
上海	430.7	13.1	436.0	14.4	441.1	14.0	487.8	15.9	466.1	17.8
江苏	766.5	39.5	735.6	49.7	761.6	48.9	797.1	43.6	838.3	30.2
浙江	391.1	33.0	390.0	27.5	396.8	17.4	428.4	11.3	444.7	7.2
安徽	375.2	11.5	378.8	17.5	380.8	23.4	371.1	26.4	360.3	24.3
福建	239.6	9.6	249.5	11.1	266.4	10.0	266.4	9.5	266.6	8.6
江西	235.9	2.1	226.7	3.9	215.5	5.9	226.6	7.2	230.7	6.0
山东	700.2	20.5	701.2	30.1	719.1	30.1	747.5	30.6	771.1	32.2
河南	676.1	10.0	670.4	16.8	680.0	18.7	681.6	22.3	681.9	29.2
湖北	420.8	26.1	416.1	25.1	390.1	18.7	391.3	17.0	391.5	14.8
湖南	352.0	4.4	326.6	7.9	347.5	10.5	380.5	9.8	382.7	11.3
广东	819.5	21.2	890.2	26.2	954.1	25.9	1 005.8	23.4	1 099.1	20.4
广西	217.7	5.0	215.5	7.6	219.1	8.9	226.4	9.8	219.9	9.4
海南	56.1	0.7	60.2	1.7	57.7	1.8	57.9	2.1	56.7	2.0
重庆	210.0	7.7	205.3	9.1	199.5	8.1	193.4	9.2	188.2	6.4
四川	412.2	11.9	402.9	14.0	400.0	12.6	398.6	12.6	380.5	15.6
贵州	136.4	1.2	132.2	1.6	128.0	1.3	129.9	1.2	129.3	1.3
云南	190.7	3.6	183.2	4.6	183.0	6.6	173.2	10.5	180.3	9.1
西藏	6.3		7.1		7.1		6.7		6.7	
陕西	304.9	3.5	315.7	7.3	323.3	8.2	325.5	7.2	326.7	8.6
甘肃	162.7	1.1	161.0	2.7	162.1	3.8	161.0	4.3	160.0	5.4
青海	35.7	1.4	32.2	1.0	33.2	1.3	33.1	1.2	33.2	1.1
宁夏	34.7	0.7	35.7	0.8	36.3	1.0	36.4	1.2	37.2	1.2
新疆	188.2	3.9	185.2	5.7	186.5	7.4	192.4	7.7	202.4	5.6

续表

地区	2006年		2007年		2008年		2009年		2010年	
	年末参保人数	年末领取失业保险金人数	年末参保人数	年末领取失业保险金人数	年末参保人数	年末领取失业保险金人数	年末参保人数	年末领取失业保险金人数	年末参保人数	年末领取失业保险金人数
全国	**11 187**	**327**	**11 645**	**286**	**12 400**	**261**	**12 715**	**235**	**13 376**	**209**
北京	482.2	3.1	535.3	3.0	614.3	2.6	675.7	1.8	774.2	1.6
天津	216.7	3.6	221.5	3.3	232.5	3.2	239.2	3.1	246.1	3.5
河北	470.8	13.4	473.3	11.6	481.7	9.8	484.4	10.4	493.4	9.0
山西	296.0	5.2	299.0	6.0	312.2	7.3	293.3	6.1	305.7	4.6
内蒙古	223.5	5.0	223.7	4.7	225.5	3.1	229.7	2.5	230.9	2.1
辽宁	614.1	25.9	622.1	19.6	622.7	15.7	625.3	13.4	626.9	11.4
吉林	224.4	10.2	228.7	13.9	233.7	16.5	241.4	14.3	245.1	7.8
黑龙江	457.5	17.8	464.1	15.3	467.6	10.3	471.3	9.3	472.9	8.8
上海	476.4	18.5	491.5	14.9	511.8	14.0	523.5	14.6	556.2	11.6
江苏	901.1	22.7	968.5	21.2	1 052.2	21.5	1 079.1	19.7	1 153.8	19.7
浙江	504.4	6.5	584.7	6.3	731.1	6.3	784.5	5.5	875.0	5.8
安徽	362.6	17.9	364.5	14.1	373.1	12.8	377.8	10.5	384.0	7.8
福建	293.1	6.8	318.2	5.7	338.7	4.6	348.1	3.6	374.2	3.2
江西	241.0	4.9	251.5	5.3	266.3	3.4	275.5	3.4	265.3	8.2
山东	789.7	30.3	814.9	27.8	864.1	24.9	899.5	23.0	931.2	20.7
河南	682.8	28.0	682.9	21.6	683.4	18.4	690.2	16.7	696.7	14.7
湖北	395.5	12.0	405.7	8.9	422.9	7.4	440.3	7.0	469.7	6.4
湖南	386.3	10.2	389.0	8.6	390.1	8.3	392.0	8.3	399.5	6.9
广东	1 208.2	16.7	1 295.5	14.3	1 471.9	13.7	1 470.7	12.8	1 627.3	10.6
广西	222.3	8.1	223.8	7.2	234.6	8.0	237.0	7.6	238.4	6.2
海南	59.1	2.3	66.2	2.5	84.7	3.3	97.5	2.8	112.5	1.6
重庆	193.0	4.8	196.7	4.1	210.1	4.4	215.9	4.7	237.4	3.7
四川	400.0	16.3	418.2	11.3	436.9	12.2	463.5	10.0	464.7	9.1
贵州	131.1	1.5	134.5	1.4	141.4	1.3	144.6	1.1	152.5	1.2
云南	183.0	6.4	185.8	4.3	191.9	3.7	198.7	3.5	209.6	3.2
西藏	7.5		7.2	0.0	7.8	0.0	8.8	0.0	9.3	0.0
陕西	326.5	14.1	327.2	13.6	329.3	9.1	331.0	9.3	331.6	7.5
甘肃	160.5	7.5	161.8	7.1	162.6	5.6	164.1	3.7	164.2	2.4
青海	34.0	1.0	34.7	2.1	35.4	2.3	36.0	1.0	36.6	0.4
宁夏	38.3	1.2	40.1	1.5	44.4	1.4	44.9	1.1	47.6	1.0
新疆	205.4	4.8	213.6	4.7	224.8	6.1	231.8	4.9	242.9	8.3

续表

地区	2011年		2012年		2013年		2014年		2015年	
	年末参保人数	年末领取失业保险金人数	年末参保人数	年末领取失业保险金人数	年末参保人数	年末领取失业保险金人数	年末参保人数	年末领取失业保险金人数	年末参保人数	年末领取失业保险金人数
全国	**14 317**	**197**	**15 225**	**204**	**16 417**	**197**	**17 043**	**207**	**17 326**	**227**
北京	881.0	2.0	1 006.7	2.3	1 025.1	2.4	1 057.1	3.0	1 082.3	3.4
天津	258.8	2.8	268.7	2.0	278.7	2.0	287.6	2.6	295.3	7.1
河北	498.7	8.4	501.7	7.9	505.0	7.1	508.7	7.1	511.0	8.0
山西	309.4	4.3	391.0	3.8	400.7	3.1	407.7	3.0	411.3	3.1
内蒙古	232.5	2.5	232.8	2.5	233.4	2.3	236.3	2.4	242.1	2.9
辽宁	632.3	9.7	660.7	7.4	663.2	7.6	664.3	8.5	665.3	9.7
吉林	247.2	5.1	251.5	4.6	258.8	6.0	258.7	2.2	261.2	2.2
黑龙江	474.5	7.1	476.2	7.7	477.4	7.1	478.4	4.8	312.8	3.7
上海	604.2	11.2	617.4	10.9	625.7	9.9	634.1	9.8	641.8	9.5
江苏	1 238.2	29.9	1 332.2	32.7	1 389.3	29.9	1 442.7	32.1	1 490.9	34.2
浙江	980.6	7.4	1 065.6	7.0	1 144.3	7.8	1 210.3	8.2	1 260.2	9.0
安徽	397.7	6.7	402.2	6.1	409.0	6.1	422.0	6.5	436.6	7.7
福建	430.9	3.6	459.1	4.6	496.7	4.2	524.1	4.5	546.3	5.0
江西	263.5	5.4	272.2	3.3	271.1	1.5	271.8	1.3	281.5	1.4
山东	964.9	19.8	1 009.8	19.1	1 089.6	17.8	1 154.3	19.9	1 203.8	21.6
河南	701.2	13.3	724.2	11.4	741.3	10.5	773.3	10.2	783.3	8.3
湖北	498.2	5.1	508.6	4.8	511.3	5.2	519.0	5.6	528.4	6.0
湖南	415.6	7.0	449.9	6.0	461.7	6.1	509.5	6.9	521.2	6.7
广东	1 875.4	10.5	2 008.7	9.8	2 702.2	8.8	2 840.2	10.9	2 930.1	13.9
广西	240.8	5.2	243.4	5.5	253.4	5.6	259.0	6.1	273.2	6.2
海南	126.0	1.8	139.5	1.8	150.8	2.1	157.5	2.0	164.8	2.0
重庆	268.6	2.9	323.5	2.8	389.7	3.4	439.1	2.8	439.5	3.5
四川	536.8	8.1	585.5	24.5	613.5	24.1	635.8	29.8	661.0	33.2
贵州	160.5	1.1	173.5	1.0	185.2	1.3	191.9	1.5	205.3	1.7
云南	216.8	3.3	224.7	3.8	232.5	4.5	236.9	5.3	243.3	5.9
西藏	9.6	0.0	10.6		11.0	0.002	12.5	0.004	11.4	0.01
陕西	332.2	4.5	339.1	3.5	339.7	3.2	344.3	2.9	347.7	3.0
甘肃	163.8	1.5	163.6	1.2	163.1	1.0	162.4	1.0	162.8	1.0
青海	37.3	0.6	37.9	0.7	38.5	0.5	39.3	0.4	40.1	0.4
宁夏	60.0	1.2	70.5	1.1	71.3	1.1	73.5	1.3	76.6	1.3
新疆	260.2	5.0	273.7	4.2	283.9	4.8	290.2	4.7	294.9	4.9

续表

地区	2016年		2017年	
	年末参保人数	年末领取失业保险金人数	年末参保人数	年末领取失业保险金人数
全国	**18 089**	**230**	**18 784**	**220**
北京	1 115.0	3.7	1 170.9	3.9
天津	302.5	7.4	311.3	8.4
河北	515.9	7.9	529.7	7.2
山西	415.2	3.0	420.6	3.0
内蒙古	241.1	3.0	247.1	2.5
辽宁	665.4	10.7	679.9	10.5
吉林	262.0	2.7	263.7	2.8
黑龙江	313.2	3.9	315.1	4.1
上海	947.3	10.5	961.8	11.1
江苏	1 538.1	34.0	1 583.0	32.1
浙江	1 317.0	9.0	1 380.9	8.9
安徽	448.5	8.8	472.4	8.1
福建	575.5	5.2	612.3	4.9
江西	282.6	1.6	286.3	1.7
山东	1 222.9	22.0	1 268.3	20.1
河南	788.1	7.6	805.6	7.5
湖北	541.9	6.9	561.3	6.4
湖南	537.5	7.0	563.7	6.8
广东	3 020.1	15.4	3 163.7	14.6
广西	283.7	5.9	302.1	5.4
海南	170.2	2.2	168.1	2.2
重庆	447.1	4.2	466.3	3.9
四川	702.0	29.8	776.7	27.4
贵州	218.1	2.4	235.7	2.2
云南	251.2	5.6	259.8	5.1
西藏	15.19	0.003	15.2	0.002
陕西	352.2	2.8	356.5	2.9
甘肃	164.3	1.1	165.4	0.9
青海	40.8	0.4	41.5	0.3
宁夏	95.6	1.3	88.5	1.2
新疆	298.7	4.5	310.8	4.0

表 5—14　　**分地区失业保险基金情况**

（2017 年）　　单位：亿元

地区	基金收入	基金支出	累计结余
全国	**1 112.6**	**893.8**	**5 552.4**
北京	82.2	65.9	237.9
天津	37.9	50.7	91.4
河北	27.7	27.1	158.5
山西	25.2	12.3	178.5
内蒙古	17.0	7.3	128.9
辽宁	38.9	26.6	282.5
吉林	21.4	12.1	125.7
黑龙江	19.7	17.2	167.8
上海	87.2	98.5	169.9
江苏	88.0	100.0	428.0
浙江	74.2	63.3	411.9
安徽	26.1	25.2	116.4
福建	24.3	16.6	171.6
江西	9.6	3.8	77.2
山东	67.6	65.2	300.1
河南	32.5	19.8	188.4
湖北	26.2	21.0	178.5
湖南	23.2	16.5	132.9
广东	113.5	71.5	683.3
广西	19.4	15.2	133.9
海南	5.9	5.2	35.1
重庆	17.2	15.5	113.8
四川	136.0	62.2	415.3
贵州	13.8	11.3	80.2
云南	17.0	11.4	133.4
西藏	2.0	0.3	18.2
陕西	20.4	14.3	159.6
甘肃	10.5	5.9	83.1
青海	3.3	1.6	29.2
宁夏	4.8	3.2	36.3
新疆	19.9	27.2	84.8

表 5—15　　历年分地区工伤保险基本情况　　单位：万人

地区	2001 年		2002 年		2003 年		2004 年		2005 年	
	参保人数	享受待遇人数	参保人数	享受待遇人数	参保人数	享受待遇人数	参保人数	享受待遇人数	参保人数	享受待遇人数
全国	**4 345**	**19**	**4 406**	**27**	**4 575**	**33**	**6 845**	**52**	**8 478**	**65**
北京	204.7	0.1	221.1	0.7	242.9	1.2	258.9	2.5	303.9	3.0
天津							147.2	0.1	162.9	0.9
河北	163.1	0.8	146.7	0.4	145.7	0.4	273.9	0.9	361.4	1.3
山西	71.8	0.0	46.3	0.1	48.4	0.0	104.0	0.1	151.4	0.5
内蒙古	26.7	0.5	23.8	0.2	31.8	0.3	85.0	0.5	110.2	0.7
辽宁	390.6	5.0	390.5	6.0	345.8	7.3	404.2	8.2	474.6	9.1
吉林	30.7	1.1	36.6	1.5	37.1	1.2	114.3	3.1	136.7	2.2
黑龙江	104.4	0.1	119.0	0.9	130.9	1.1	202.7	4.3	257.5	3.8
上海							488.3	0.1	523.7	0.5
江苏	473.9	0.7	480.0	1.3	503.0	1.7	577.2	2.7	680.2	3.7
浙江	219.7	0.6	226.0	1.0	287.7	1.4	360.4	2.7	453.1	4.8
安徽	73.4	0.2	69.8	0.3	68.0	0.4	102.0	0.5	148.2	1.7
福建	159.0	0.2	170.7	0.3	172.3	0.6	205.4	0.8	239.1	1.3
江西	137.8	0.2	129.3	0.2	129.7	0.3	134.7	0.4	153.6	0.8
山东	285.5	0.6	277.7	1.1	281.8	1.5	476.7	4.7	578.7	5.7
河南	196.0	0.5	218.8	0.7	210.6	0.5	324.7	1.1	404.0	1.5
湖北	182.3	1.3	183.2	1.7	189.2	1.4	187.2	1.8	230.3	1.1
湖南					8.6	0.0	203.3	0.3	228.2	0.7
广东	990.1	5.2	1 049.9	8.0	1 120.0	9.7	1 215.1	11.3	1 605.1	12.9
广西	124.1	0.1	117.3	0.2	120.3	0.3	133.5	0.7	144.4	0.8
海南	69.5	0.0	68.9	0.1	68.2	0.1	64.5	0.1	68.9	0.1
重庆	25.0	0.1	29.7	0.1	26.5	0.2	122.6	0.4	154.1	1.2
四川	179.3	0.5	167.4	0.6	161.4	1.2	195.6	1.6	270.5	2.0
贵州	1.7	0.0	1.3	0.0	1.3	0.0	1.2	0.0	65.8	0.1
云南	97.3	0.6	89.0	0.9	84.1	1.2	150.9	1.1	166.9	1.2
西藏									1.9	
陕西	24.5	0.1	25.6	0.0	35.1	0.1	115.1	0.7	149.2	1.8
甘肃	9.5	0.0	8.7	0.0	8.0	0.0	42.0	0.1	70.1	0.4
青海	7.1	0.0	6.6	0.0	6.6	0.0	15.7	0.1	20.5	0.3
宁夏	11.4	0.0	16.0	0.0	15.2	0.1	19.1	0.3	23.5	0.3
新疆	86.3	0.1	86.0	0.1	94.6	0.5	119.5	0.7	139.1	0.9

续表

地区	2006年		2007年		2008年		2009年		2010年	
	参保人数	享受待遇人数	参保人数	享受待遇人数	参保人数	享受待遇人数	参保人数	享受待遇人数	参保人数	享受待遇人数
全国	**10 268**	**78**	**12 173**	**96**	**13 787**	**118**	**14 896**	**130**	**16 161**	**147**
北京	465.3	1.5	609.2	1.6	666.5	1.8	747.1	4.1	823.8	4.4
天津	209.7	1.7	257.2	2.3	274.9	2.7	292.2	3.1	304.5	4.1
河北	402.4	2.4	481.3	6.0	520.8	5.3	559.3	6.0	594.4	7.5
山西	201.4	3.3	229.1	3.9	261.0	4.6	280.7	4.3	292.4	4.9
内蒙古	131.6	0.8	163.6	1.3	185.4	1.4	199.1	1.6	207.5	1.8
辽宁	510.0	8.5	572.3	9.1	659.6	8.5	695.8	9.0	730.0	10.0
吉林	174.7	3.0	206.8	2.6	234.9	4.1	272.2	3.0	300.5	3.7
黑龙江	303.0	3.9	351.7	4.9	390.9	4.5	401.8	5.6	415.1	6.2
上海	817.7	0.7	884.4	0.9	950.4	1.2	934.0	1.3	961.0	1.7
江苏	812.7	5.6	921.0	6.6	1 056.6	8.4	1 118.1	9.3	1 205.5	9.8
浙江	603.9	7.4	1 002.9	11.2	1 261.8	16.9	1 331.1	18.0	1 475.1	20.2
安徽	200.2	2.0	248.7	2.2	292.9	2.9	320.6	3.9	351.1	4.4
福建	261.0	1.5	294.8	1.9	346.1	2.2	379.3	2.3	417.7	2.4
江西	207.9	1.5	251.3	1.7	313.6	2.0	340.2	1.9	371.7	2.7
山东	647.3	5.8	745.0	7.0	865.0	8.8	1 064.6	9.2	1 211.2	10.2
河南	421.0	1.7	448.3	2.6	500.2	3.1	521.0	3.2	551.7	3.0
湖北	275.5	1.5	327.5	2.0	360.9	2.4	410.7	2.7	444.0	3.1
湖南	280.1	2.0	342.4	2.6	403.5	3.9	472.1	5.3	516.0	7.4
广东	1 868.2	13.5	2 113.9	13.8	2 302.3	15.2	2 435.5	15.0	2 657.8	14.7
广西	161.1	0.8	182.4	0.9	204.9	1.1	221.7	1.2	235.7	1.4
海南	71.5	0.2	78.4	0.2	86.1	0.2	90.1	0.3	95.8	0.3
重庆	165.4	1.8	181.1	1.6	208.2	4.2	226.5	4.7	266.0	5.6
四川	304.9	2.3	397.3	3.2	464.6	4.6	515.8	6.1	583.8	6.0
贵州	90.5	0.6	110.5	0.9	129.0	1.1	143.3	1.4	162.2	1.9
云南	173.8	1.1	188.5	1.6	202.5	2.3	215.1	2.4	227.4	4.6
西藏	2.3	0.0	3.7	0.0	5.9	0.0	8.3		8.8	0.0
陕西	210.3	0.7	232.0	1.0	247.6	1.4	264.9	1.4	278.6	1.6
甘肃	86.3	0.3	98.2	0.4	108.9	0.8	119.7	0.8	130.1	1.1
青海	23.1	0.4	25.3	0.4	29.9	0.5	40.1	0.5	43.2	0.5
宁夏	24.2	0.3	30.5	0.1	37.5	0.2	42.4	0.2	48.9	0.3
新疆	161.3	1.2	194.1	1.4	214.5	1.6	232.3	1.9	249.3	2.0

续表

地区	2011年		2012年		2013年		2014年		2015年	
	参保人数	享受待遇人数	参保人数	享受待遇人数	参保人数	享受待遇人数	参保人数	享受待遇人数	参保人数	享受待遇人数
全国	**17 696**	**163**	**19 010**	**191**	**19 917**	**195**	**20 639**	**198**	**21 432**	**202**
北京	862.4	4.7	897.2	4.8	920.3	4.8	961.0	5.0	1 020.1	4.7
天津	320.4	3.8	330.1	3.4	335.1	3.3	345.2	3.3	385.6	3.4
河北	640.4	8.6	694.8	9.1	737.0	10.5	778.7	10.4	809.7	9.6
山西	337.6	5.5	529.6	8.4	550.0	9.7	563.1	11.1	573.1	10.1
内蒙古	225.3	3.2	248.9	2.5	277.4	2.2	289.9	2.3	297.1	2.4
辽宁	779.1	11.3	819.1	14.0	856.7	13.2	903.1	13.2	918.6	13.8
吉林	331.6	3.3	359.4	4.2	392.1	5.3	415.6	4.6	435.6	11.3
黑龙江	450.0	8.2	470.6	6.8	493.1	7.2	505.5	6.3	512.0	6.5
上海	939.5	2.5	898.9	6.1	904.1	6.6	920.5	6.9	932.9	7.0
江苏	1 327.0	10.7	1 420.7	12.3	1 487.3	13.6	1 540.1	14.3	1 594.1	14.7
浙江	1 610.8	22.2	1 731.7	23.8	1 826.1	22.6	1 899.4	22.6	1 930.1	20.4
安徽	422.0	5.6	457.9	8.8	473.2	8.1	508.3	8.3	528.9	8.3
福建	496.9	2.8	540.9	3.4	607.5	3.5	627.3	3.9	691.0	3.9
江西	387.9	3.0	410.9	5.5	431.5	4.5	461.2	4.7	500.6	4.6
山东	1 276.1	10.8	1 339.6	11.9	1 371.9	11.2	1 421.5	11.8	1 473.5	11.1
河南	655.5	3.5	720.6	4.8	773.1	4.6	805.7	4.6	856.7	5.0
湖北	481.0	4.5	522.6	4.0	556.9	5.7	576.7	4.9	640.1	4.9
湖南	635.5	7.0	693.8	7.8	731.2	8.3	747.9	8.7	778.0	9.3
广东	2 847.8	15.4	2 962.8	16.7	3 057.3	16.7	3 092.6	17.1	3 122.7	16.8
广西	272.5	1.5	312.4	1.8	325.6	1.9	338.2	1.8	360.5	1.9
海南	104.0	0.3	119.5	0.4	123.4	0.3	126.1	0.3	131.5	0.3
重庆	337.1	6.2	374.9	8.0	406.8	8.0	426.1	8.1	428.5	7.5
四川	650.8	6.5	689.4	8.0	690.1	8.3	709.7	8.6	753.2	7.9
贵州	194.0	2.2	238.2	2.7	260.4	2.3	275.4	2.3	290.2	2.8
云南	243.4	3.6	295.3	4.0	334.3	4.4	341.7	4.0	368.1	4.3
西藏	11.8	0.0	14.2	0.1	14.8	0.0	24.3	0.1	26.9	0.1
陕西	326.8	1.9	350.4	2.2	378.1	3.0	404.0	2.9	427.3	3.0
甘肃	150.2	1.4	158.5	1.8	167.7	1.8	175.1	2.2	182.6	2.3
青海	45.6	0.5	49.2	0.6	52.3	0.6	54.7	0.6	58.0	0.5
宁夏	58.3	0.3	63.9	0.4	72.7	0.5	82.2	0.5	80.8	0.6
新疆	274.6	2.0	294.1	2.4	309.5	2.5	318.2	2.8	324.4	2.9

续表

地区	2016 年		2017 年	
	参保人数	享受待遇人数	参保人数	享受待遇人数
全国	**21 889**	**196**	**22 724**	**193**
北京	1 060.2	4.6	1 117.9	4.4
天津	388.1	3.4	395.3	3.6
河北	840.0	9.8	860.7	10.0
山西	576.0	11.4	582.6	6.3
内蒙古	303.2	2.7	307.8	2.4
辽宁	886.6	13.8	862.1	13.8
吉林	440.7	4.9	441.4	5.1
黑龙江	522.2	6.5	519.1	6.2
上海	943.5	6.5	958.1	6.4
江苏	1 633.9	15.1	1 690.2	14.3
浙江	1 880.7	18.7	1 977.2	19.4
安徽	544.6	8.7	565.5	10.5
福建	733.8	4.2	798.7	4.3
江西	502.1	4.5	517.1	5.1
山东	1 510.9	11.1	1 569.1	11.1
河南	877.0	4.8	900.9	5.4
湖北	651.1	7.9	656.6	6.5
湖南	773.3	11.1	782.8	11.9
广东	3 246.2	14.5	3 402.0	14.5
广西	374.1	1.8	388.8	1.6
海南	137.4	0.3	141.4	0.4
重庆	454.9	7.0	504.6	6.7
四川	799.1	7.6	876.0	7.6
贵州	305.0	2.5	332.5	2.4
云南	372.8	3.7	383.7	4.4
西藏	26.9	0.1	33.4	0.1
陕西	441.6	3.0	459.3	2.8
甘肃	188.4	2.5	198.6	1.9
青海	59.8	0.5	64.9	0.5
宁夏	83.5	0.5	90.3	0.5
新疆	331.9	2.4	345.1	2.5

表 5—16 **分地区工伤保险基金情况**

（2017 年） 单位：亿元

地区	基金收入	基金支出	累计结余	储备金结存
全国	**853.8**	**662.3**	**1 606.9**	**269.7**
北京	37.9	33.0	48.3	30.6
天津	11.0	11.3	14.7	0.7
河北	46.4	39.6	35.3	5.6
山西	35.1	32.5	61.0	6.7
内蒙古	14.1	10.9	42.4	5.2
辽宁	37.4	31.6	40.1	12.6
吉林	15.8	11.1	38.2	3.2
黑龙江	23.7	24.0	32.0	5.9
上海	38.8	30.7	68.2	10.7
江苏	85.3	58.9	136.9	27.7
浙江	58.2	51.0	93.6	13.4
安徽	24.5	17.6	48.7	5.4
福建	20.0	15.9	62.3	11.8
江西	19.8	13.9	43.0	2.6
山东	58.9	42.2	100.6	14.2
河南	31.1	22.2	65.9	11.6
湖北	23.1	15.2	47.1	2.9
湖南	42.0	31.2	69.4	6.5
广东	73.9	51.2	275.3	55.9
广西	12.6	5.5	41.5	4.6
海南	5.1	1.6	16.4	1.7
重庆	22.7	18.7	6.7	
四川	32.7	26.2	67.4	6.8
贵州	15.1	12.6	22.5	0.1
云南	16.6	12.7	27.8	4.0
西藏	1.5	0.6	4.7	
陕西	17.3	14.2	35.1	7.6
甘肃	9.2	7.1	15.6	1.0
青海	4.0	2.8	8.3	3.6
宁夏	5.4	4.4	10.6	0.8
新疆	14.4	11.8	27.1	6.1

注：工伤保险累计结余包括储备金。

表 5—17　**分地区工伤认定情况**

（2017 年）

单位：人

地区	认定工伤数	视同工伤数	不予认定工伤人数	当期不予受理申请人数
全国	**1 032 009**	**9 205**	**15 137**	**5 676**
北京	22 125	356		
天津	18 220	135	154	43
河北	53 588	586	942	50
山西	20 347	351	163	57
内蒙古	8 708	250	240	70
辽宁	28 901	500	300	121
吉林	10 194	238	81	11
黑龙江	13 850	332	105	82
上海	47 400	301	504	64
江苏	113 168	509	1 527	442
浙江	154 794	401	597	491
安徽	32 624	209	190	56
福建	32 257	209	363	117
江西	15 901	119	338	180
山东	59 447	637	695	181
河南	24 884	548	298	70
湖北	24 026	249	533	204
湖南	43 187	295	885	168
广东	143 059	966	3 414	1 504
广西	11 001	199	426	55
海南	2 949	51	68	54
重庆	35 871	121	696	1 085
四川	37 888	282	1 012	212
贵州	18 311	146	274	96
云南	15 104	294	442	49
西藏	589	20	8	8
陕西	15 992	326	173	56
甘肃	5 522	152	97	33
青海	2 652	42	32	13
宁夏	5 783	81	143	22
新疆	11 542	242	353	62
新疆兵团	2 125	58	84	20

表 5—18 **分地区劳动能力鉴定情况**

（2017 年） 单位：人

地区	申请鉴定人数						评定伤残等级人数				存在生活自理障碍人数
	小计	初次申请	再次申请	改变结论	复查申请	改变结论	小计	一至四级	五至六级	七至十级	
全国	**621 945**	**602 536**	**12 499**	**2 663**	**6 910**	**2 567**	**529 197**	**13 921**	**14 363**	**500 913**	**5 582**
北京	14 749	14 088	111	8	550	494	12 141	875	562	10 704	120
天津	8 910	8 600	147	31	163	49	8 393	128	337	7 928	71
河北	28 730	27 818	315	118	597	249	20 394	582	555	19 257	173
山西	15 517	15 080	254	75	183	98	14 629	1 302	856	12 471	371
内蒙古	6 868	6 623	194	68	51	16	5 588	276	288	5 024	119
辽宁	18 405	16 932	364	62	1 109	275	15 449	541	632	14 276	298
吉林	7 041	6 605	200	68	236	76	6 005	229	260	5 516	89
黑龙江	13 401	12 149	391	96	861	126	11 338	696	497	10 145	207
上海	40 247	39 248	758	160	241	178	35 105	158	290	34 657	125
江苏	78 173	77 036	767	37	370	94	68 717	752	1 138	66 827	416
浙江	84 673	82 890	1 653	387	130	50	77 906	515	1 221	76 170	316
安徽	17 205	16 459	593	149	153	35	15 395	295	374	14 726	166
福建	16 445	15 838	539	118	68	53	12 362	359	408	11 595	149
江西	11 317	10 663	452	30	202	35	9 809	340	332	9 137	151
山东	33 846	32 773	725	129	348	88	25 720	754	963	24 003	497
河南	12 776	12 218	353	100	205	61	11 633	440	545	10 648	228
湖北	12 412	11 737	527	127	148	54	11 272	364	393	10 515	269
湖南	22 276	21 747	451	70	78	22	19 396	532	476	18 388	193
广东	70 551	69 138	1 242	87	171	70	59 128	486	1 073	57 569	261
广西	4 498	4 388	94	30	16	4	3 419	95	113	3 211	50
海南	426	421	4	2	1	1	414	19	15	380	15
重庆	24 299	23 284	681	181	334	207	21 574	1 402	438	19 734	281
四川	30 372	29 347	675	266	350	81	22 185	1 089	793	20 303	429
贵州	13 001	12 683	217	62	101	52	11 429	402	366	10 661	136
云南	6 401	6 315	65	12	21	7	5 951	279	197	5 475	110
西藏	414	398	14	5	2	1	360	13	14	333	22
陕西	7 843	7 548	212	23	83	42	7 245	356	529	6 360	121
甘肃	3 320	3 195	82	21	43	14	3 098	170	142	2 786	55
青海	1 247	1 209	26	9	12	5	1 199	54	66	1 079	20
宁夏	5 608	5 493	103	28	12	5	3 561	135	93	3 333	40
新疆	9 311	8 980	279	101	52	12	6 899	237	354	6 308	59
新疆兵团	1 663	1 633	11	3	19	13	1 483	46	43	1 394	25

表 5—19　　历年分地区生育保险基本情况　　单位：万人，万人次

地区	2001 年		2002 年		2003 年		2004 年		2005 年	
	参保人数	享受待遇人次	参保人数	享受待遇人次	参保人数	享受待遇人次	参保人数	享受待遇人次	参保人数	享受待遇人次
全国	**3 455**	**24**	**3 488**	**28**	**3 655**	**36**	**4 384**	**46**	**5 408**	**62**
北京									226.1	1.1
天津									157.4	0.6
河北	131.5	0.8	95.4	0.7	94.1	0.4	114.1	0.4	215.9	0.8
山西	108.0	0.3	84.3	0.3	84.3	0.2	93.2	0.2	95.6	0.3
内蒙古	27.9	0.3	23.4	0.1	40.3	0.2	66.7	0.4	105.8	1.5
辽宁	227.8	1.2	216.1	1.2	199.1	1.5	215.9	2.1	220.1	2.7
吉林	24.0	0.1	32.7	0.1	34.0	0.1	35.1	0.2	35.3	0.8
黑龙江	68.2	0.2	153.2	1.2	167.5	2.7	187.3	3.5	156.6	2.9
上海	443.7	0.1	452.9	3.7	461.1	4.1	505.6	4.9	539.3	5.8
江苏	483.5	4.6	486.1	4.1	504.1	7.2	552.7	9.2	630.9	11.2
浙江	187.6	1.7	193.7	1.9	215.0	2.1	239.8	3.0	284.9	3.7
安徽	23.4	0.1	23.6	0.2	23.9	0.2	37.6	0.2	53.5	0.5
福建	118.2	0.9	123.7	1.0	139.4	1.4	146.5	1.7	161.8	2.1
江西	120.2	0.8	109.4	0.7	108.7	0.6	107.6	0.5	117.8	0.8
山东	331.8	3.4	322.8	3.8	336.5	4.1	390.8	4.7	461.2	5.5
河南	196.4	1.1	205.9	1.1	199.2	1.1	201.2	1.5	228.4	1.5
湖北	182.1	1.1	182.7	0.8	182.1	0.6	179.9	0.6	175.9	0.6
湖南	3.7	0.01	3.4	0.05	3.3	0.04	212.9	0.5	250.2	3.2
广东	250.1	2.4	258.7	2.5	330.8	3.0	376.7	3.6	419.4	4.2
广西	113.5	1.2	106.8	1.1	111.1	1.2	134.8	1.6	141.4	1.9
海南	10.8	0.1	23.2	0.2	28.4	0.2	31.7	0.4	34.9	0.5
重庆	23.6	0.2	19.9	0.1	16.5	0.1	12.9	0.03		
四川	178.1	1.6	166.4	1.2	165.1	1.3	187.4	1.4	212.5	1.4
贵州	1.1	0.002	0.9	0.01	0.9	0.0	2.3	0.01	52.1	0.0
云南	96.1	1.2	86.9	1.0	82.8	1.4	142.3	2.3	156.1	2.5
西藏										
陕西	4.6	0.1	5.4	0.1	14.6	0.1	36.2	0.2	43.1	0.8
甘肃	5.0	0.03	5.1	0.04	6.8	0.04	31.0	0.1	40.0	0.3
青海	6.6	0.1	4.3	0.05	5.2	0.1	5.8	0.1	6.5	0.1
宁夏	8.7	0.1	15.0	0.2	15.1	0.2	18.4	0.2	21.6	0.2
新疆	78.9	1.0	86.4	1.0	85.7	2.0	117.4	2.5	164.1	4.7

续表

地区	2006年		2007年		2008年		2009年		2010年	
	参保人数	享受待遇人次	参保人数	享受待遇人次	参保人数	享受待遇人次	参保人数	享受待遇人次	参保人数	享受待遇人次
全国	**6 459**	**108**	**7 775**	**113**	**9 254**	**140**	**10 876**	**174**	**12 336**	**211**
北京	263.3	6.7	290.6	9.8	324.1	11.8	346.8	12.8	372.2	12.6
天津	180.1	7.7	194.0	3.9	196.5	4.7	204.6	4.8	212.0	5.6
河北	264.2	1.7	338.5	2.5	408.5	5.2	489.9	6.7	561.5	5.2
山西	98.1	0.4	104.4	0.3	148.3	0.7	185.8	0.9	211.6	1.7
内蒙古	122.1	2.1	139.1	1.7	154.6	1.6	182.9	2.0	233.9	2.2
辽宁	378.7	4.9	423.0	13.2	460.2	11.7	531.2	13.5	593.0	13.5
吉林	117.7	0.6	173.6	1.6	227.9	2.5	289.9	4.6	310.5	5.6
黑龙江	172.7	3.1	216.8	3.1	241.9	3.2	270.0	3.3	290.1	3.4
上海	555.1	16.8	592.0	7.3	609.9	7.1	625.1	6.5	657.3	7.7
江苏	711.5	12.8	794.1	14.5	907.2	19.5	962.5	23.3	1 086.4	24.4
浙江	382.7	6.9	505.0	6.1	690.0	8.1	750.7	10.4	863.7	12.4
安徽	78.6	1.0	175.6	1.9	231.0	3.5	303.6	4.6	346.9	5.0
福建	173.5	2.0	250.4	2.7	273.9	3.2	317.8	4.5	374.4	4.9
江西	123.2	1.1	137.8	0.8	156.6	0.6	163.0	0.7	170.0	1.0
山东	488.8	10.0	563.3	8.2	638.0	10.3	703.0	14.4	774.1	18.0
河南	238.4	2.0	279.1	2.2	313.4	2.8	379.8	4.0	412.9	5.3
湖北	194.5	0.8	224.6	1.1	278.0	2.9	357.1	6.5	381.8	11.0
湖南	308.5	5.2	369.3	5.6	431.5	6.2	502.4	9.0	527.1	12.1
广东	464.8	4.8	659.1	6.6	1 011.2	9.7	1 586.3	12.5	2 038.5	24.3
广西	145.2	1.9	163.5	2.3	176.5	3.0	199.0	3.2	218.5	3.6
海南	40.6	0.7	66.7	0.8	79.8	1.1	85.0	1.2	92.6	1.5
重庆	96.8	0.6	116.9	2.2	141.6	2.6	155.5	3.7	175.7	4.9
四川	274.1	1.9	323.3	3.6	373.0	4.4	426.4	5.8	484.2	5.9
贵州	72.1	0.7	89.1	1.2	135.9	1.8	152.5	1.9	164.3	2.3
云南	159.5	2.6	165.1	2.2	168.4	2.6	181.1	2.8	210.2	4.0
西藏			9.4	0.0	12.4	0.1	14.2	0.2	14.8	0.3
陕西	86.3	0.5	120.9	0.9	147.6	1.6	164.4	2.1	180.1	2.4
甘肃	47.0	0.4	53.3	0.7	59.1	0.6	71.2	0.7	82.0	1.0
青海	7.2	0.2	6.2	0.2	6.3	0.1	6.3	0.1	6.4	0.1
宁夏	18.1	0.4	19.2	0.4	25.1	0.4	30.7	0.5	39.8	0.6
新疆	195.6	7.5	211.6	5.6	225.4	6.4	236.8	6.6	249.4	8.4

续表

地区	2011 年		2012 年		2013 年		2014 年		2015 年	
	参保人数	享受待遇人次	参保人数	享受待遇人次	参保人数	享受待遇人次	参保人数	享受待遇人次	参保人数	享受待遇人次
全国	**13 892**	**265**	**15 429**	**353**	**16 392**	**522**	**17 039**	**613**	**17 771**	**642**
北京	395.3	14.9	844.7	27.9	883.2	41.1	915.6	53.2	941.6	52.8
天津	234.6	6.6	242.7	8.0	249.1	24.8	260.7	22.2	269.7	19.4
河北	593.1	5.5	634.8	9.7	667.6	15.7	684.0	22.5	713.0	18.5
山西	253.7	2.1	407.6	3.1	445.6	5.2	454.2	7.4	456.5	8.0
内蒙古	263.3	4.8	274.8	4.3	285.0	6.5	293.7	8.0	302.6	7.8
辽宁	664.7	15.1	713.9	19.4	752.3	25.9	783.9	28.5	789.3	29.6
吉林	335.9	6.7	350.4	9.4	365.9	11.2	367.0	14.0	367.5	14.0
黑龙江	350.1	3.6	353.1	4.2	355.1	6.9	356.1	7.8	357.1	6.4
上海	703.1	8.8	711.5	11.7	713.9	22.0	717.5	24.0	735.4	22.9
江苏	1 199.2	44.2	1 276.2	55.5	1 355.6	78.7	1 374.6	93.6	1 471.7	95.3
浙江	979.8	14.9	1 084.8	19.4	1 173.2	39.9	1 248.9	46.1	1 285.2	51.0
安徽	400.1	6.3	430.1	9.0	458.5	10.6	482.8	13.6	499.3	15.9
福建	451.9	5.7	484.3	8.2	539.6	12.1	556.7	12.8	598.3	14.0
江西	200.1	0.8	204.2	2.0	217.8	2.5	241.1	3.3	251.3	4.7
山东	857.8	19.7	919.0	19.9	974.4	47.1	1 046.5	56.2	1 111.3	48.1
河南	460.7	6.3	520.3	12.0	569.6	13.6	590.2	15.7	609.5	16.5
湖北	420.9	13.6	452.9	18.8	465.3	18.5	480.6	19.9	500.2	22.3
湖南	538.8	15.3	546.0	14.8	536.0	14.8	537.6	17.0	544.0	20.5
广东	2 339.7	32.6	2 484.9	40.1	2 711.6	45.0	2 801.3	50.8	3 081.8	67.0
广西	243.8	3.9	254.7	5.1	270.2	7.7	280.2	8.6	307.9	9.6
海南	100.7	2.2	116.0	3.2	120.2	4.0	122.0	3.8	127.1	4.7
重庆	216.6	5.4	253.5	8.2	280.4	10.2	347.5	12.5	354.3	18.3
四川	601.7	6.8	654.4	12.5	689.1	18.0	730.4	21.7	670.3	24.8
贵州	198.1	2.6	221.6	3.1	238.7	4.4	248.8	6.4	263.6	7.5
云南	216.5	3.5	239.2	4.6	270.9	11.2	279.3	13.2	289.8	12.0
西藏	16.1	0.3	18.2	0.4	20.7	0.5	22.8	0.5	23.8	0.7
陕西	211.6	2.8	223.7	3.1	240.3	4.3	250.8	5.3	265.3	6.4
甘肃	110.1	1.7	129.5	2.5	135.1	3.2	143.7	3.9	154.1	3.5
青海	6.7	0.2	33.8	0.3	42.8	1.7	45.8	3.4	48.0	5.0
宁夏	59.3	1.0	66.4	1.9	68.4	3.7	71.3	4.9	73.7	2.6
新疆	268.1	7.0	281.6	10.3	296.1	11.1	303.0	12.7	307.9	12.4

续表

地区	2016年		2017年	
	参保人数	享受待遇人次	参保人数	享受待遇人次
全国	**18 451**	**914**	**19 300**	**1 113**
北京	981.0	51.9	1 035.2	68.6
天津	285.0	28.1	296.9	27.4
河北	710.3	33.8	737.8	36.3
山西	458.5	8.9	464.2	14.2
内蒙古	305.3	8.5	307.6	11.5
辽宁	790.1	31.7	782.4	44.2
吉林	367.8	17.1	370.1	17.1
黑龙江	358.0	9.4	355.1	8.9
上海	956.1	28.2	972.0	36.4
江苏	1 510.3	170.3	1 582.0	167.1
浙江	1 294.4	62.1	1 393.0	77.2
安徽	517.6	21.8	554.1	23.5
福建	625.8	20.9	634.5	27.5
江西	258.9	7.8	279.3	13.5
山东	1 139.1	73.4	1 186.6	90.9
河南	646.8	24.5	692.7	30.5
湖北	511.9	30.2	522.1	35.2
湖南	542.9	27.4	561.9	34.0
广东	3 161.9	117.8	3 300.9	169.6
广西	319.6	13.0	338.6	20.4
海南	136.5	6.0	140.3	8.8
重庆	365.7	24.3	411.3	26.6
四川	713.1	31.8	776.3	34.3
贵州	286.3	10.8	304.0	20.5
云南	295.9	16.2	307.9	22.2
西藏	24.9	0.9	29.1	1.4
陕西	283.4	9.1	328.7	12.6
甘肃	162.7	6.8	175.3	7.7
青海	49.7	3.7	50.0	3.8
宁夏	76.5	4.4	81.7	6.2
新疆	315.0	13.0	328.4	14.6

表 5—20

分地区生育保险基本情况

（2017 年）

地区	年末参保人数（万人）	基金收支情况（亿元）		
		基金收入	基金支出	累计结余
全国	**19 300**	**642.5**	**743.5**	**564.5**
北京	1 035.2	80.7	88.3	29.1
天津	296.9	12.7	19.7	10.6
河北	737.8	15.0	18.7	16.2
山西	464.2	8.3	9.4	19.6
内蒙古	307.6	9.3	8.1	18.3
辽宁	782.4	17.6	17.0	14.5
吉林	370.1	7.6	8.7	12.8
黑龙江	355.1	6.8	6.4	15.3
上海	972.0	78.6	68.1	42.1
江苏	1 582.0	56.7	72.3	27.4
浙江	1 393.0	45.4	50.1	36.7
安徽	554.1	11.6	13.1	12.6
福建	634.5	14.2	20.1	17.1
江西	279.3	6.0	9.0	7.6
山东	1 186.6	52.7	62.2	23.2
河南	692.7	19.8	23.1	27.3
湖北	522.1	14.4	17.1	23.5
湖南	561.9	14.1	15.2	24.4
广东	3 300.9	87.1	110.6	93.1
广西	338.6	9.2	13.6	13.6
海南	140.3	3.5	4.0	4.9
重庆	411.3	0.0	0.0	0.0
四川	776.3	20.9	26.4	13.4
贵州	304.0	7.9	9.2	7.8
云南	307.9	12.6	17.5	4.4
西藏	29.1	1.9	1.2	2.6
陕西	328.7	6.1	8.1	13.0
甘肃	175.3	4.8	7.1	6.4
青海	50.0	2.0	2.7	3.3
宁夏	81.7	4.4	4.8	1.9
新疆	328.4	11.0	11.8	21.5

表 5—21　　分地区城乡居民基本养老保险情况

（2017 年）

地区	参保人数（万人）	实际领取待遇人数（万人）	基金收支情况（亿元）		
			基金收入	基金支出	累计结余
全国	**51 255.0**	**15 597.9**	**3 304.2**	**2 372.2**	**6 317.6**
北京	213.1	86.6	45.9	37.6	147.3
天津	156.5	79.5	78.5	36.2	244.3
河北	3 474.1	996.5	162.7	120.7	291.1
山西	1 554.2	403.1	75.2	45.9	175.6
内蒙古	743.4	213.7	56.9	43.8	88.4
辽宁	1 036.2	393.5	61.2	54.2	69.6
吉林	668.4	245.7	38.3	26.8	54.8
黑龙江	839.3	266.7	48.0	30.4	70.0
上海	78.8	50.3	62.5	63.3	76.5
江苏	2 338.2	1 069.8	312.6	252.0	565.5
浙江	1 200.7	533.1	158.6	157.5	151.9
安徽	3 429.5	915.0	150.2	96.5	321.7
福建	1 493.7	446.3	85.8	65.8	143.9
江西	1 870.0	467.5	86.3	48.8	174.8
山东	4 530.6	1 476.6	369.8	230.9	822.5
河南	5 010.2	1 364.0	208.2	155.7	403.3
湖北	2 214.6	697.4	137.2	90.7	248.5
湖南	3 322.0	945.1	159.8	110.3	271.3
广东	2 586.8	847.6	188.2	170.6	402.7
广西	1 805.9	570.2	93.9	65.6	138.8
海南	285.9	72.8	27.9	13.7	65.2
重庆	1 109.0	362.6	66.8	50.9	116.9
四川	3 074.9	1 126.2	250.2	159.8	442.2
贵州	1 748.5	448.9	63.3	44.4	110.3
云南	2 258.9	516.6	92.0	51.7	231.8
西藏	183.1	25.1	12.3	4.6	22.2
陕西	1 733.8	479.2	92.0	69.9	193.2
甘肃	1 262.4	308.7	61.9	37.4	138.6
青海	239.1	45.3	17.0	10.7	33.1
宁夏	185.5	39.6	12.2	8.3	27.3
新疆	607.4	104.7	29.2	17.3	74.3

（六）人才队伍建设

表 6—1　　公有经济企事业单位专业技术人才分职务情况

（2017 年）　　单位：万人

地区	专业技术人才总数	高级	中级	初级
全国	**3 148.5**	**455.3**	**1 166.7**	**1 184.7**
中央	784.7	106.9	220.0	254.6
北京	54.9	8.0	17.3	18.4
天津	30.7	6.5	12.7	9.4
河北	117.9	18.7	49.6	46.3
山西	89.9	9.1	33.5	42.8
内蒙古	54.1	12.1	20.1	20.8
辽宁	73.8	18.9	35.8	17.5
吉林	53.4	9.5	21.0	20.9
黑龙江	70.3	15.9	29.4	22.4
上海	71.3	6.6	22.4	21.1
江苏	119.3	24.4	54.0	35.6
浙江	104.7	17.6	41.4	38.2
安徽	83.2	11.0	35.2	33.7
福建	70.2	9.7	27.9	26.9
江西	74.2	10.6	29.2	31.4
山东	183.6	23.8	73.5	77.2
河南	139.9	17.9	58.5	60.1
湖北	78.9	11.8	37.7	26.9
湖南	97.6	12.9	43.2	37.4
广东	155.1	18.9	71.5	55.1
广西	76.3	7.1	34.5	30.9
海南	14.6	1.7	5.3	7.1
重庆	48.7	6.8	18.6	19.7
四川	117.3	17.1	42.9	51.6
贵州	71.2	8.0	27.0	29.7
云南	85.3	17.1	32.2	32.1
西藏	8.9	0.5	2.1	5.9
陕西	79.7	8.7	26.8	39.4
甘肃	58.1	6.1	19.3	29.8
青海	13.5	2.0	4.7	6.5
宁夏	13.5	2.6	4.9	5.5
新疆	53.7	6.9	14.8	29.7

注：专业技术人才数据中包括具有专业技术和管理双重身份的 419.1 万人。

表 6—2　　公有经济企事业单位专业技术人才分学历情况

（2017 年）　　单位：万人

地区	合计	研究生	大学本科	大学专科	中专	高中及以下
全国	**3 148.5**	**285.3**	**1 731.7**	**849.6**	**213.9**	**68.1**
中央	784.7	118.4	430.8	175.2	33.7	26.5
北京	54.9	9.5	33.4	9.1	1.8	1.0
天津	30.7	4.0	19.3	5.4	1.5	0.4
河北	117.9	6.2	64.1	36.8	9.5	1.3
山西	89.9	5.0	48.0	27.4	7.6	1.9
内蒙古	54.1	3.7	30.9	15.2	3.5	0.9
辽宁	73.8	6.9	42.5	18.6	4.6	1.2
吉林	53.4	3.3	26.8	15.2	6.6	1.5
黑龙江	70.3	4.3	37.7	20.8	6.8	0.9
上海	71.3	10.6	42.1	13.8	2.9	1.9
江苏	119.3	12.4	78.5	20.9	5.8	1.8
浙江	104.7	9.2	73.5	17.5	2.8	1.7
安徽	83.2	4.6	42.3	27.1	8.0	1.2
福建	70.2	4.7	38.4	19.6	6.4	1.1
江西	74.2	3.9	34.9	24.7	9.1	1.6
山东	183.6	14.1	106.8	43.3	15.0	4.5
河南	139.9	7.9	66.4	48.4	15.9	1.3
湖北	78.9	5.2	39.3	24.7	7.9	1.8
湖南	97.6	5.0	46.1	33.0	10.8	2.7
广东	155.1	11.6	88.7	42.4	9.9	2.6
广西	76.3	4.7	38.7	25.9	6.1	0.8
海南	14.6	0.7	6.4	5.1	1.9	0.4
重庆	48.7	3.8	29.1	13.3	1.7	0.7
四川	117.3	5.8	59.5	42.4	7.5	2.2
贵州	71.2	3.0	40.1	23.3	4.1	0.8
云南	85.3	4.9	48.8	26.0	4.5	1.2
西藏	8.9	0.4	4.8	3.4	0.3	0.1
陕西	79.7	5.8	39.1	25.6	7.0	2.2
甘肃	58.1	2.6	32.1	18.1	4.2	1.1
青海	13.5	0.5	7.8	4.2	0.7	0.3
宁夏	13.5	0.8	8.5	3.6	0.6	0.1
新疆	53.7	2.1	26.1	19.8	5.3	0.5

注：专业技术人才数据中包括具有专业技术和管理双重身份的 419.1 万人。

表 6—3　　事业单位管理人员分学历情况

（2017 年）　　单位：万人

地区	合计	研究生	大学本科	大学专科	中专	高中及以下
全国	**378.3**	**30.0**	**191.7**	**115.5**	**25.9**	**15.2**
中央	27.8	9.1	13.7	3.7	0.5	0.8
北京	8.4	1.2	5.6	1.3	0.2	0.2
天津	4.1	0.4	2.6	0.8	0.2	0.1
河北	18.0	0.7	8.1	6.5	2.0	0.7
山西	12.8	0.5	6.8	4.3	0.9	0.3
内蒙古	11.1	0.6	5.6	3.5	0.6	0.7
辽宁	14.5	1.0	7.7	4.5	0.9	0.5
吉林	10.5	0.6	5.0	3.2	1.3	0.4
黑龙江	9.7	0.6	4.7	3.2	0.9	0.4
上海	6.1	0.6	3.7	1.2	0.2	0.3
江苏	14.8	1.5	8.3	3.5	0.7	0.9
浙江	12.3	1.2	7.3	2.9	0.3	0.6
安徽	10.0	0.6	4.7	3.6	0.7	0.3
福建	6.4	0.4	3.9	1.5	0.4	0.1
江西	11.3	0.4	4.7	4.0	1.3	0.9
山东	30.6	2.0	16.9	8.0	2.3	1.4
河南	29.7	1.1	12.6	11.6	3.6	0.8
湖北	16.5	0.8	6.7	6.3	1.4	1.3
湖南	14.4	0.7	6.2	5.4	1.6	0.5
广东	19.9	1.2	10.5	6.1	1.0	1.1
广西	6.3	0.6	2.9	2.1	0.4	0.4
海南	2.2	0.1	1.0	0.7	0.2	0.2
重庆	6.1	0.4	3.2	2.2	0.1	0.2
四川	14.2	0.7	7.0	5.1	0.7	0.6
贵州	13.9	0.4	7.6	4.9	0.6	0.3
云南	4.7	0.4	2.8	1.2	0.1	0.1
西藏	1.0	0.1	0.5	0.3	0.1	0.03
陕西	14.2	0.9	6.7	4.8	1.2	0.5
甘肃	15.3	0.4	8.6	5.1	0.8	0.4
青海	1.4	0.1	0.8	0.4	0.1	0.0
宁夏	1.9	0.1	1.0	0.6	0.1	0.1
新疆	8.4	0.3	4.3	3.1	0.5	0.2

注：2015 年事业单位统计口径不含参公管理事业单位。

表 6—4　　公有经济企业经营管理人才分学历情况

（2017 年）　　单位：万人

地区	合计	研究生	大学本科	大学专科	中专	高中及以下
全国	**612.0**	**48.4**	**319.2**	**165.3**	**37.8**	**41.3**
中央	362.2	33.2	208.5	89.3	15.3	16.0
北京	17.2	2.1	9.1	4.0	0.8	1.2
天津	4.0	0.2	2.1	1.0	0.3	0.3
河北	6.4	0.4	2.8	2.0	0.6	0.5
山西	24.1	0.9	9.7	8.1	2.6	2.8
内蒙古	3.2	0.2	1.2	1.1	0.3	0.5
辽宁	6.8	0.3	2.8	2.5	0.6	0.7
吉林	2.5	0.1	1.1	0.8	0.3	0.2
黑龙江	11.0	0.3	4.1	4.1	1.8	0.8
上海	17.0	1.6	8.9	4.3	0.9	1.3
江苏	8.9	0.7	4.1	2.6	0.6	0.9
浙江	7.4	0.4	3.7	2.2	0.4	0.6
安徽	7.8	0.3	2.4	2.5	1.4	1.3
福建	7.3	0.4	4.0	1.7	0.5	0.6
江西	5.8	0.3	2.5	1.7	0.5	0.8
山东	19.3	1.4	9.2	5.0	2.3	1.4
河南	8.8	0.3	3.3	3.5	0.8	0.8
湖北	4.8	0.4	1.9	1.4	0.6	0.5
湖南	6.4	0.1	1.8	2.5	0.8	1.1
广东	18.7	1.4	9.0	4.8	1.4	2.2
广西	5.8	0.4	2.7	1.8	0.5	0.4
海南	2.5	0.1	0.7	0.7	0.4	0.7
重庆	7.7	0.5	3.6	2.5	0.4	0.7
四川	10.2	0.5	4.2	3.6	0.8	1.1
贵州	7.1	0.2	3.1	2.2	0.8	0.8
云南	5.4	0.4	2.7	1.5	0.4	0.4
西藏	0.3	0.01	0.04	0.1	0.04	0.1
陕西	13.4	0.9	5.7	4.3	1.0	1.4
甘肃	6.0	0.2	3.0	1.9	0.5	0.4
青海	1.1	0.04	0.4	0.4	0.1	0.1
宁夏	1.1	0.1	0.5	0.4	0.1	0.1
新疆	1.7	0.1	0.6	0.6	0.2	0.2